邵雍全集

［宋］邵雍 著

郭彧 于天寶 點校

壹

上海古籍出版社

圖書在版編目(CIP)數據

邵雍全集／(宋)邵雍著；郭彧點校. —上海：上海古籍出版社，2015. 9（2025. 5 重印）
ISBN 978-7-5325-6530-6

Ⅰ. ①邵… Ⅱ. ①邵… ②郭… Ⅲ. ①邵雍(1011~1077)—全集 Ⅳ. ①B244. 31

中國版本圖書館 CIP 數據核字(2012)第 146697 號

封面题签：杨建臣

ISBN 978-7-5325-6530-6

邵 雍 全 集
（全五册）
[宋]邵 雍 著
郭 彧 于天寶 點校
上海世紀出版股份有限公司
上 海 古 籍 出 版 社 出版
（上海市闵行区号景路159弄1-5号A座5F 邮政编码201101）
（1）網址：www. guji. com. cn
（2）E-mail：gujil@guji. com. cn
（3）易文網網址：www. ewen. co
常熟人民印刷有限公司印刷
開本 890×1240 1/32 印張 83. 5 插頁 25 字數 1,350,000
2015年9月第1版 2025年5月第10次印刷
印數：6,951—8,000
ISBN 978-7-5325-6530-6

B·783 定價：380. 00元
如有質量問題，請與承印公司聯繫

前言

一、邵雍的生平成就

邵雍，字堯夫，人稱安樂先生、百源先生。北宋真宗大中祥符四年（辛亥年，公元一〇一一年）十二月二十五日（辛丑月甲子日甲戌辰）生於衡漳（今河南林縣康節村），卒於熙寧十年（丁巳年，公元一〇七七年），享年六十七歲，卒謚康節。幼年隨父邵古遷共城（今河南輝縣），三十七歲時移居洛陽。奇才蓋世，人品峻潔。名流學士如富弼、吕公著、程頤、程顥、張載等皆與之交遊，司馬光待之如兄長。以隱居不仕著稱。著有《皇極經世》、《伊川擊壤集》、《漁樵問對》等。其學問精湛，融會貫通，尤精於《易》，並創立先天之學。後人尊稱「邵子」。

邵雍祖上姬姓，出於召公世系，爲周文王後代。他早年即胸懷大志。居共城時，其母李氏過世，他便築廬於蘇門山，布衣蔬食守喪三年。時李挺之爲共城縣令，聽説邵雍好學，便造訪其廬。邵雍遂拜其爲師，從學義理之學、性命之學與物理之學。數年之後，邵雍學有所成，但不事張揚，所以瞭解他的人很少。時有新鄉人王豫同邵雍論學，他自恃自己學問足可當邵雍之師，誰知議論過後卻深爲邵雍的學識所折服，於是便虔誠地拜其爲師。邵雍移居洛陽之後，所悟「先天之學」進一步完善，又收張崏等爲弟子，傳授《先天圖》及「先天之學」。

邵雍四十五歲時娶王允修之妹爲妻，後二年得子，名伯温。嘉祐六年，邵雍五十一歲時，丞相富弼讓邵雍出來做官，甚至説「如不欲仕，亦可奉致一閑名目」，被他婉言謝絶。當時神宗下詔天下舉士，吕公著、吴充、祖無澤等人皆推薦邵雍，朝廷連下三道詔書，任命邵雍爲秘書省校書郎、潁川團練推官。邵雍再三推辭，不得已而受官，又稱病不肯赴職。

邵雍在洛陽閑居近三十年。冬夏則閉門讀書，春秋兩季出遊。樂天知命，常以詩言志，以園林景色、醇酒茗茶自娱平生。一心效法聖人，觀物得理，究天人之際，立言不朽。嘗有詩云：「秖恐身閑心未閑」、「若蘊奇才必奇用，不然須負一生閑」。的確是一位具有遠大抱負的儒者。

邵雍不支持王安石所推行的新法，但也不公開反對。他把這種不滿的心情通過吟詩唱和的形式表達出來。如「自從新法行，常苦樽無酒」、「懷觴限新法，何故便能傾」、「侯門深處還知否，百萬流民在露頭」等詩句，反映了他對待新法的態度。他也是一位能夠權變知時的智者。有門生故舊爲反對新法要「投劾而去」，他勸説道：「此賢者所當盡力之時，新法固嚴，能寬一分，則民受一分賜矣。投劾何益耶？」

二程兄弟與邵雍同巷里居住近三十年，世間事無所不論。程顥嘗説：「邵堯夫於物理上盡説得，亦大段洩露他天機。」又説：「堯夫之學，先從理上推意，言象數，言天下之理。」以「内聖外王之道」評價邵雍之學，以「振古之豪傑」評價邵雍其人。

熙寧十年三月，邵雍有病，後臥床百餘日而不能起。至七月四日病危，五日淩晨去世，享年六十七。遺囑命治喪之事從簡，一如其父，葬從伊川先塋。邵雍病中，司馬光前來探視。邵雍對他說：「某病勢不起，且試與觀化一巡也。」司馬光寬慰他：「堯夫不應至此。」邵雍說：「死生亦常事耳。」當時正值張載從關中來，他給邵雍診脈後說：「先生脈息不虧，自當勿藥。」又要給邵雍推命吉凶，說：「先生信命乎？載試爲先生推之。」邵雍回答：「世俗所謂之命，某所不知，若天命則知之矣。」張載說：「既曰天命，則無可言者。」邵雍《閑行吟》云：「買卜稽疑是買疑，病深何藥可能醫。夢中說夢重重妄，牀上安牀疊疊非。列子御風徒有待，夸夫逐日豈無疲。勞多未有收功處，踏盡人間閑路歧。」可見他是一個不信世俗之命，不搞卜筮稽疑那一套智數的儒者。程頤前來探病，說：「先生至此，他人無以致力，願先生自主張。」邵雍說：「平生學道固至此矣，然亦無主張。」又說：「正叔可謂生薑樹頭生，必是樹頭生也。」其時邵雍聲息已很微弱，就舉起兩手做手勢，程頤不明白，問：「從此與先生訣矣，更有可以見告者乎？」邵雍說：「面前路徑常須寬，路徑窄則無著身處，況能使人行也！」邵雍病重之中猶有「以命聽於天，於心何所失」、「唯將以命聽於天，此外誰能閑計較」、「死生都一致，利害漫相尋。湯劑功非淺，膏肓疾已深。然而猶灼艾，用慰友朋心」等詩句，足見他對待生死的樂天態度。

邵雍去世後，邵伯温請程顥爲其父作墓誌銘。程顥月下渡步於庭，思索良久對程頤説：「顥已得堯夫墓誌矣。堯夫之學可謂安且成。」遂於墓誌中有「先生之學爲有傳也」，「語成德者，昔難其居。若先生之道，就所至而論之，可謂安且成矣」等語。哲宗元祐中，賜謚「康節」。歐陽修之子歐陽棐作謚議：「君少篤學，有大志，久而後知道德之歸。且以爲學者之患，在於好惡，惡先成於心，而挾其私智以求於道，則弊於所好，而不得其真。故求之至於四方萬里之遠，天地陰陽屈伸消長之變，無所不可而必折衷於聖人。雖深於象數，先見默識，未嘗以自名也。其學純一不雜，居之而安，行之能成，平夷渾大，不見圭角，其自得深矣。按謚法，温良好樂曰康，能固所守曰節。」南宋咸淳三年正月，封邵雍爲新安伯，從祀孔廟。

程顥、張峪、歐陽棐皆評價邵雍之學「純一不雜」，則是因其學問不雜以「智數」。脱脱《宋史》將邵雍列入《道學傳》，李贄《藏書》將邵雍列入《德業儒臣傳》，則表明邵雍是有宋道學（或稱理學）的大家。邵雍亦自云：「君子之學，以潤身爲本，其治人應物皆餘事也。」又云：「物理之學既有所不通，不可以强通。强通則有我，有我則天地而入於術矣。」又云：「爲學養心患在不由直道，去利欲。由直道，任至誠，則無所不通。天地之道直而已，當以直求之。若用智數以徑求之，是屈天地而循人欲也。不亦難乎！」脱脱對此也有評論：一些人「因雍之前知」就説邵雍能從一切物體的聲音、氣色、動作方面推其吉凶之變，於是就摘取人世間那些已經發生的事，説邵雍都有言在先了。其實是「雍蓋未必然也」。對於邵雍的「遇事能前知」，程頤的分析是：「其心虚明，自能知之。」

邵雍作爲宋代著名的理學家、易學家，詩人，先天學説的創始人，與周敦頤、張載、程顥、程頤并稱「北宋五子」。他的著述及其所反映的理學思想，在中國哲學史、易學史及宋明理學史上均佔有重要地位。邵雍弟子張峪述邵雍行狀曰：「先生治《易》、《詩》、《春秋》之學，窮意言象數之藴，明皇帝王霸之道，著書十萬餘言。研精極思三十年，觀天地之消長，推日月之盈縮，考陰陽之度數，察剛柔之形體，故經之以元，紀之以會，參之以運，終之以世。又斷自唐虞，迄于五代，本諸天道，質以人事，興廢治亂，靡所不載。」

二、邵雍的《皇極經世》及其先天之學

邵雍的易學成就，主要表現在「先天之學」方面。邵雍創建了先天象數學理論，成爲後代先天象數學派的開山者。邵雍以後湧現出一大批著名的象數學者，著名的宋代有王湜、張行成、祝秘、廖應淮，明代有朱隱老、黄畿，清代有王植、何夢瑶等。這些學者從不同的向度發揮或發展了邵雍的先天象數學説。

以先天學説爲基礎構建起來的《皇極經世》，是邵雍思想的代表作。該書體系龐大，内容涵蓋宇宙生成論、自然觀、歷史觀和社會政治理論等。關於「皇極經世」含義，朱伯崑先生認爲「其所謂皇極經世，即按三皇所立的至高法則，觀察和推測人類歷史的變化以御世。因爲此法則爲

伏羲氏所立，故又稱其易學著作爲《皇極經世》。」「皇極」最早出現在《尚書·洪範》中，有「建用皇極」、「惟皇作極」的表述，言治道則上推三皇，有追尋道統本源之意；「經世」，是經邦濟世、治理人世之意。該書力求構造一個囊括宇宙、自然、社會、人生的完整的觀念體系。這是一個最高法則，以此，上應宇宙，下應人事而不惑。

邵雍把從傳説中的帝堯即位之甲辰年，到五代後周顯德六年己未（公元九五九年）這三千多年的重大歷史事件編在《皇極經世》書中的元會運世時間體系中。該書通過編年的形式表達作者的歷史哲學。作者中年以後卜居洛陽安樂窩，與司馬光、二程等名流吟詩唱和，探討學問，編撰《皇極經世》的思想構架就是在這一段時期形成的。與此同時由於王安石變法，司馬光政治失意，亦隱居在洛陽，與邵雍爲鄰。司馬光著名的《資治通鑒》亦是在這個時期成書。司馬光非常尊重邵雍的學識，待之如兄長。《皇極經世》與《資治通鑒》在表達歷史哲學方面有異曲同工之妙。

邵雍受到《易傳》思想的啟發，對其思想加以發揮敷衍，成爲《皇極經世》最主要的思想來源。比如受到「天地定位」章啟發開出的「先天圖式」，從「易有太極，是生兩儀，兩儀生四象，四象生八卦，八卦定吉凶」而展開的八卦生成思想。老子的《道德經》中也提到「一生二，二生三，三生萬物」、「人法地，地法天，天法道，道法自然」。揚雄通過擬《易》而作《太玄》，北周衛元嵩作《元包經傳》。邵雍的《皇極經世》，就是努力構造自己時空觀體系的一部書。在該體系中，表達了作者對歷史上的朝代消長、興替，萬物的存在狀態的看法，用其子邵伯温的話説就是：「窮日月星辰飛走動植之數，以盡天地萬物之理；述皇帝王霸之事，以明大中至正之道。陰陽之消長，古今之治亂，較然可見矣。故書謂之《皇極經世》，篇謂之《觀物》焉。」

朱熹云：「程、邵之學固不同，然二程所以推尊康節者至矣。蓋以其信道不惑，不雜異端，班於温公、横渠之間。」余敦康先生頗爲推崇邵雍的「宇宙意識與人文情懷」，認爲邵雍的「宇宙意識有似於道家，這種人文情懷就有似於儒家了」，稱讚邵雍是一個「儒道兼綜的人物，雖曠達而仍有執著的人文情懷……他的先天之學是一種内聖外王之道」。

今人研究邵雍的思想，如果想要全面準確地把握，那就必須對邵雍著作做深入研究。邵雍博大精深的思想對中國哲學史、易學思想史有着深遠的影響。邵雍的人文情懷、安樂精神和真善境界，不僅對後世易學家、理學家産生了重要影響，而且對當今的世俗人生仍然有着可資借鑒的意義。

劉師培在《漢宋學術異同論》中説：「宋人象數之學，精語尤多……而邵子《觀物内篇》曰『象起於形，數起於質，名起於言，意起於用』，其析理尤精，遠出周、張之上。又以水火土石爲地體，以代《洪範》之五行，地質之學已啟其萌。此則宋儒學術遠邁漢儒矣，與荒渺不經之説迥然殊途。」

三、《伊川擊壤集》及邵雍的詩學成就

《伊川擊壤集》這部詩集表達了邵雍「自樂」和「樂時」的思想。邵雍追求宇宙和人類的最高「至理」，亦即追尋人類社會發展的本源規律，從而使自己的思想得到安頓，獲得精神上的「安樂」。《伊川擊壤集》以文學詩歌的形式表現其哲學思想，其精神實質與《皇極經世》是一致的。

邵堯夫喜飲酒吟詩，「興至輒哦詩自詠」。《四庫提要》以爲「邵子之詩，其源亦出白居易，而晚年絶意世事，不復以文字爲長，意所欲言自抒胸臆，原脱然於詩法之外」。歷代有人喜愛其詩，南宋大詩人辛棄疾有《讀邵堯夫詩》云：「飲酒已輸陶靖節，作詩猶愛邵堯夫。」元代虞集早年斗室攻讀，書「邵堯夫詩」，將書室題爲「邵庵」，被人尊稱邵庵先生。邵堯夫詩形成「擊壤體」，仿效者又形成「擊壤派」，是我國古代理學詩派最重要的一支，流行宋、明數百年之久，在日本也頗有影響。

《擊壤集》卷首有康節自序，自謂其詩「不限聲律，不訟愛惡，不立固必，不希名譽，如鑑之應形，如鐘之應聲」，「哀而不傷，樂而不淫，雖吟詠性情而不累於性情，不同於一般詩人之作也。康節之詩，學白居易，平白如話，味薄意淡。朱國禎《湧幢小品》謂「佛語衍爲寒山詩，儒語衍爲《擊壤集》」。宋人多於詩中言哲理，康節實肇其端。

邵堯夫以詩言理，然不出於勉強，更有不少詠史詩闡述他對歷朝興廢的看法、對歷史人物作用的探究，其中《觀大棋吟》、《經世吟》等均爲詠史詩長篇巨作，爲中國詩史所罕見；寫景詩數量也不少，無論是出遊山水還是居家即景遣興，都可見他對四時物象觀察的細緻，更有部分是借景發明其理學觀；還有些詠懷詩，寫他安貧守道的生活狀態，辭官不做的決心，對名利的鄙夷，及對世態人心的看法；還有一部分爲唱和詩，表達他對友人的尊敬、感謝、勸誡；更多的是自述心跡與行止。其詩集中不少箴言直指人心，即便在今天，對人們認識人生與社會，仍有相當的意義。從文學史方面來看，其詩學觀、詩的文學價值，以及「擊壤體」的形成，都大有研究的必要。

總目

伊川擊壤集

附録

邵雍資料彙編

邵子全書序

宋邵堯夫先生所著書，有《皇極經世》、《觀物内外篇》、《伊川擊壤集》，各若干卷。考功玄仗徐公刻之以傳。夫先生之學，易學也。古聖人洗心退藏而吉凶與民同患者，其理微矣，而盡之於《易》。先生事李之才，殫厥心力，始盡其學，而一時獨秦玠、鄭夬、查伯復、俞邦翰數人稍通其説，餘或以爲數學而忽之，不知先生通天地陰陽之紀、察日月星宿之會、明鬼神幽顯之理、達龜筮鈐决之奥，觀運處身，臨政治國，咸於此出。程伯子推爲内聖外王之學，而先生亦自以經世名其書，豈虚也哉？余考先生雖學出希夷，而實本諸先天方圓圖。圓圖：乾兑離震居左，爲天卦；巽坎艮坤居右，爲地卦，兩儀分而運行不息者主之。方圖：西、北、東、南各十六卦，陰陽之醇氣，物不能生，迨西南天交於地，東北地交於天，陰陽互藏其宅而物乃生焉，其閒天門、地户、鬼方、人路森然具備，而易道變化該之矣。先生觀乎天地四時運行消長而往來於其閒，微而思慮之形，著而言行之動，以至造化之神靈，鬼神之幽賾，靡不先知而豫定者，是書特指其緘要以示人，非故創爲奇也。編中律吕圖、聲音圖、十二辰與十六位圖、太極圖、既濟陰陽圖，不一而足，而絶無一語述其所以然。蓋自宓羲氏以不言爲教，其傳古，其味深，至先生獨契其精微。伊川乃稱堯夫差法冠絶古今，又以爲似揚雄而不盡如之。噫，此豈雄之所能辨哉？先生之少也，鶩精於討論，刳心於象數，迨良師指授乃物理與性命，其學彌進而彌邃，見於史傳，可攷也。故學者欲成先生之學在求師，欲師先生之師在立志。夫子焉不學？而亦何常師之有？志之不立，局局搶榆之見，曰如是爲理，如是爲數，内者主之，外者奴之，以爲望洋而無有極也，則亦曲守師説者之過也。

明南京國子監司業後學朱國禎撰

刻邵子全書序

余讀《易》而識聖人之詔世也，其慮深；讀《詩》而識聖人之存世也，其迹著；讀《書》而識聖人之憂世也，其情危；讀《春秋》而識聖人之律世也，其義嚴。夫治亂之相倚也，天也；識之蚤而圖之力，人也。「城復」是惕，「苞桑」是期，聖人於否泰，卷卷焉；其詔天下以撥亂反正者明且切矣，故曰其慮深。萬國奉一王，猶四肢戴元首也。周衰，列國各相雄長而王室陵遲，黍離替矣。聖人以《雅》、《頌》存治世之音，以《國風》存亂世之音，曩日離合景象宛若睹焉，故曰其迹著。秦僻在戎翟，《春秋》不以比君數，《秦誓》何以能爲《書》終也？以帝王始而以秦終，聖人其有隱憂乎，故曰其情危。《春秋》有天道焉，有君道焉，有臣道焉。先正所謂「亂臣賊子」，誅死者於前，懼生者於後也，故曰其義嚴。嗚呼，兼四經而勒成一家言，則康節先生之《皇極經世》是已。先生以運經世，所載興廢失得甚具，則《易》否泰之慮也。《易》詳理，《經世》詳事，欲人緣理證事而不謬于理也。獨法否泰者，否泰，乾坤之交而諸卦由生也。以會經運，列正統於上，臚竊據於下，則《三百篇》之旨也。《三百篇》紀傳之體，而《經世》年表之體也。始自堯即位未之甲辰，書曰「欽若昊天，敬授人時」，則《春秋》所以明天道也。其間三晉求爲諸侯於周，不書

「命」，不予天子之命之也，明君道也。武后廢帝爲王，改唐爲周，猶書「唐孝昭皇帝十一年」，不予武氏之廢之改之也，明臣道也、婦道也。終自周顯德西之己未，書曰「北征契丹」。嗟夫，周之必併於秦也，宋之必胥爲夷也，不可謂孔、邵不知也。秦益之後，可以主中國即聖人，不必廢之。以夷主夏，乾坤大變故也，故奮筆而書曰「北征」，而先生之心滋戚矣。總之四經、《經世》所載不出治亂之故，治亂之故不出陰陽消長之運，陰陽消長之運不出先天一圖。是以先生所總元會運世之數，與夫陰陽剛柔、律吕聲音、動植飛走之數，無非發揮先天之藴。故曰「圖雖無文，吾終日言而不離乎是」，又曰「天地與身皆易地，己身殊不異庖羲」，則先生之學淵矣，微矣。彼以數名先生者，抑何淺之乎知先生哉！先生當熙寧之時，值金陵用事之際，觀天察時，已知天下必無可爲之會，是以其身不得不隱。身隱矣，而畏天悲人、憂時憫事之念終不能一日忘也。是以不得不托之言，托之言而卒無可柰何，是以不得不委運于大化，順適于去來而時發洩其情于《擊壤集》。《擊壤》陶然自得，不異浴沂詠歸氣象。然曰：「仲尼豈欲輕辭魯，孟子何嘗便去齊。」夫寧鑿坏塞竇、拽尾泥中者之爲適乎哉？又曰：「返魂丹向何人用，續命湯于甚處施。」先生之志，寧不悲夫？是道也，惟子輿、子房先得之，故曰「孟子善用易」，又曰「留侯善藏其用」，蓋契之者深矣。自此學不講，而天時人事之故，卒世懵然。以屈子之忠焉而沉，以莊生之曠焉而放，皆不可謂聞道。然誠心質行，猶諒于人也。世儒役其身于榮辱之塗，而汨其心于欣戚之境，老死不知厭足，則不可令先生見矣。嗚呼，吾又安得起先生九京，與之一破功名貧富障哉！先生書，以元會運世相經者三十四篇，以聲音律呂唱和爲圖者十六篇，統名之曰《觀物篇》，凡五十，爲卷十；《内篇》十二，舊爲卷二，今仍《性理》本，益以伯温解，爲卷三；《外篇》上下，出門弟子所記，爲卷二；《擊壤》詩二千餘首，爲卷六。而《性理》本首二卷内，一元消長之數圖，則三十四篇之總也；四象體用之數圖，則十六篇之總也。大概出伯温所著。《指要》等書則出蔡西山所衍説者，謂當删去，而晦翁嘗稱其推究縝密，故寧過而存之。《漁樵對問》、《無名公傳》故見《性理》，而《懷古賦》等篇則從别本得之，因併以入。遺行誌狀則附於後，通爲二十四卷。其序當先《觀物篇》，次《觀物内外篇》，次《擊壤集》。今以《性理》久列學官，不欲割裂，遂如舊著之前云。

萬曆丙午六月之望檇李後學徐必達書於銓曹書院

皇極經世

點校説明

邵雍所撰《皇極經世》，宋代傳本不一，晁公武《郡齋讀書志》與陳振孫《直齋書録解題》著録十卷，《宋史》本傳則謂六十卷。明初《正統道藏》太玄部收録的《皇極經世》爲十二卷本，清乾隆年間修《四庫全書》時將《皇極經世書》收入子部術數類，爲十四卷本。儘管分卷不同，但内容差别不大。

道藏本《皇極經世》之元會運世部分，一至十二篇爲「以元經會」，十三至二十三篇爲「以會經運」，二十四至三十四爲「以運經世」，此三合爲先天象數之推演，以明歷史興衰演化回環之數。三十五至五十篇爲律吕聲音，排列四聲清濁律吕變化之規律；五十一至六十二篇爲觀物内篇，論所以爲書之意，窮日月星辰、飛走動植之數，以盡天地萬物之理，述皇帝王霸之事，以明大中至正之道；六十三至六十四爲觀物外篇，系康節殁後門弟子所編，内容爲門弟子記録其平昔言語，合爲二篇，雖傳録之際不能無差，然亦足以發明成書。

今整理《皇極經世》，以上海涵芬樓影印明《正統道藏》本（簡稱道藏本）爲底本。以下列出各部分之參校本：

（一）卷一至卷十（元會運世、聲音律吕），參校本爲文淵閣《四庫全書》本《皇極經世書》

（簡稱四庫本）。

（二）卷十一（觀物内篇），參校本除文淵閣《四庫全書》本《皇極經世書》外，另有明胡廣《性理大全書》本《皇極經世書》（簡稱大全本）；《四庫全書》本張行成《皇極經世索隱》（簡稱索隱本）。

（三）卷十二（觀物外篇），參校本除文淵閣《四庫全書》本《皇極經世書》外，另有明胡廣《性理大全書》本《皇極經世書》；《四庫全書》本張行成《皇極經世觀物外篇衍義》（簡稱衍義本）。

爲便於讀者進一步理解《皇極經世》，本書另收録了邵雍之子邵伯温所撰《皇極經世系述》、南宋張行成所撰《皇極經世觀物外篇衍義》、《道藏輯要》之《皇極經世書》，以及整理者郭彧所撰《皇極經世三簡表》、《皇極經世夏商周年表》、《邵雍六十四卦易數表》等八個附録。

目録

皇極經世卷第四

皇極經世卷第五

皇極經世卷第一

以元經會之一　觀物篇之一

日甲一月子一星甲一

辰子一　辰丑二　辰寅三
辰卯四　辰辰五　辰巳六
辰午七　辰未八　辰申九
辰酉十　辰戌十一　辰亥十二

星乙二

辰子十三　辰丑十四　辰寅十五
辰卯十六　辰辰十七　辰巳十八
辰午十九　辰未二十　辰申二十一
辰酉二十二　辰戌二十三　辰亥二十四

星丙三

辰子二十五　辰丑二十六　辰寅二十七
辰卯二十八　辰辰二十九　辰巳三十
辰午三十一　辰未三十二　辰申三十三

辰酉三十四
辰戌三十五
辰亥三十六

星丁四

辰子三十七
辰丑三十八
辰寅三十九
辰卯四十
辰辰四十一
辰巳四十二
辰午四十三
辰未四十四
辰申四十五
辰酉四十六
辰戌四十七
辰亥四十八

星戊五

辰子四十九
辰丑五十
辰寅五十一
辰卯五十二
辰辰五十三
辰巳五十四
辰午五十五
辰未五十六
辰申五十七
辰酉五十八
辰戌五十九
辰亥六十

星己六

辰子六十一
辰丑六十二
辰寅六十三
辰卯六十四
辰辰六十五
辰巳六十六
辰午六十七
辰未六十八
辰申六十九
辰酉七十
辰戌七十一
辰亥七十二

星庚七

辰子七十三
辰丑七十四
辰寅七十五
辰卯七十六
辰辰七十七
辰巳七十八
辰午七十九
辰未八十
辰申八十一

辰酉八十二
辰戌八十二
辰亥八十四

星辛八
辰子八十五
辰丑八十六
辰寅八十七

辰卯八十八
辰辰八十九
辰巳九十

辰午九十一
辰未九十二
辰申九十三

辰酉九十四
辰戌九十五
辰亥九十六

星壬九
辰子九十七
辰丑九十八
辰寅九十九

辰卯一百
辰辰一百一
辰巳一百二

辰午一百三
辰未一百四
辰申一百五

辰酉一百六
辰戌一百七
辰亥一百八

星癸十
辰子一百九
辰丑一百十
辰寅一百十一

辰卯一百十二
辰辰一百十三
辰巳一百十四

辰午一百十五
辰未一百十六
辰申一百十七

辰酉一百十八
辰戌一百十九
辰亥一百二十

星甲十一
辰子一百二十一
辰丑一百二十二
辰寅一百二十三

辰卯一百二十四
辰辰一百二十五
辰巳一百二十六

辰午一百二十七
辰未一百二十八
辰申一百二十九

辰酉一百三十
辰戌一百三十一
辰亥一百三十二

星乙十二

辰子一百三十三
辰丑一百三十四
辰寅一百三十五
辰卯一百三十六
辰辰一百三十七
辰巳一百三十八
辰午一百三十九
辰未一百四十
辰申一百四十一
辰酉一百四十二
辰戌一百四十三
辰亥一百四十四

星丙十三

辰子一百四十五
辰丑一百四十六
辰寅一百四十七
辰卯一百四十八
辰辰一百四十九
辰巳一百五十
辰午一百五十一
辰未一百五十二
辰申一百五十三
辰酉一百五十四
辰戌一百五十五
辰亥一百五十六

星丁十四

辰子一百五十七
辰丑一百五十八
辰寅一百五十九
辰卯一百六十
辰辰一百六十一
辰巳一百六十二
辰午一百六十三
辰未一百六十四
辰申一百六十五
辰酉一百六十六
辰戌一百六十七
辰亥一百六十八

星戊十五

辰子一百六十九
辰丑一百七十
辰寅一百七十一
辰卯一百七十二
辰辰一百七十三
辰巳一百七十四
辰午一百七十五
辰未一百七十六
辰申一百七十七

星己十六

辰酉一百七十八 辰戌一百七十九 辰亥一百八十

辰子一百八十一 辰丑一百八十二 辰寅一百八十三

辰卯一百八十四 辰辰一百八十五 辰巳一百八十六

辰午一百八十七 辰未一百八十八 辰申一百八十九

星庚十七

辰酉一百九十 辰戌一百九十一 辰亥一百九十二

辰子一百九十三 辰丑一百九十四 辰寅一百九十五

辰卯一百九十六 辰辰一百九十七 辰巳一百九十八

辰午一百九十九 辰未二百 辰申二百一

星辛十八

辰酉二百二 辰戌二百三 辰亥二百四

辰子二百五 辰丑二百六 辰寅二百七

辰卯二百八 辰辰二百九 辰巳二百一十

辰午二百一十一 辰未二百一十二 辰申二百一十三

星壬十九

辰酉二百一十四 辰戌二百一十五 辰亥二百一十六

辰子二百一十七 辰丑二百一十八 辰寅二百一十九

辰卯二百二十 辰辰二百二十一 辰巳二百二十二

辰午二百二十三 辰未二百二十四 辰申二百二十五

辰酉二百二十六
辰戌二百二十七
辰亥二百二十八

星癸二十

辰子二百二十九
辰丑二百三十
辰寅二百三十一
辰卯二百三十二
辰辰二百三十三
辰巳二百三十四
辰午二百三十五
辰未二百三十六
辰申二百三十七
辰酉二百三十八
辰戌二百三十九
辰亥二百四十

星甲二十一

辰子二百四十一
辰丑二百四十二
辰寅二百四十三
辰卯二百四十四
辰辰二百四十五
辰巳二百四十六
辰午二百四十七
辰未二百四十八
辰申二百四十九
辰酉二百五十
辰戌二百五十一
辰亥二百五十二

星乙二十二

辰子二百五十三
辰丑二百五十四
辰寅二百五十五
辰卯二百五十六
辰辰二百五十七
辰巳二百五十八
辰午二百五十九
辰未二百六十
辰申二百六十一
辰酉二百六十二
辰戌二百六十三
辰亥二百六十四

星丙二十三

辰子二百六十五
辰丑二百六十六
辰寅二百六十七
辰卯二百六十八
辰辰二百六十九
辰巳二百七十
辰午二百七十一
辰未二百七十二
辰申二百七十三

星丁二十四

辰酉二百七十四
辰戌二百七十五
辰亥二百七十六

辰子二百七十七
辰丑二百七十八
辰寅二百七十九

辰卯二百八十
辰辰二百八十一
辰巳二百八十二

辰午二百八十三
辰未二百八十四
辰申二百八十五

星戊二十五

辰酉二百八十六
辰戌二百八十七
辰亥二百八十八

辰子二百八十九
辰丑二百九十
辰寅二百九十一

辰卯二百九十二
辰辰二百九十三
辰巳二百九十四

辰午二百九十五
辰未二百九十六
辰申二百九十七

星己二十六

辰酉二百九十八
辰戌二百九十九
辰亥三百

辰子三百一
辰丑三百二
辰寅三百三

辰卯三百四
辰辰三百五
辰巳三百六

辰午三百七
辰未三百八
辰申三百九

星庚二十七

辰酉三百一十
辰戌三百一十一
辰亥三百一十二

辰子三百一十三
辰丑三百一十四
辰寅三百一十五

辰卯三百一十六
辰辰三百一十七
辰巳三百一十八

辰午三百一十九
辰未三百二十
辰申三百二十一

辰酉三百二十二 辰戌三百二十三 辰亥三百二十四

星辛二十八

辰子三百二十五 辰丑三百二十六 辰寅三百二十七

辰卯三百二十八 辰辰三百二十九 辰巳三百三十

辰午三百三十一 辰未三百三十二 辰申三百三十三

辰酉三百三十四 辰戌三百三十五 辰亥三百三十六

星壬二十九

辰子三百三十七 辰丑三百三十八 辰寅三百三十九

辰卯三百四十 辰辰三百四十一 辰巳三百四十二

辰午三百四十三 辰未三百四十四 辰申三百四十五

辰酉三百四十六 辰戌三百四十七 辰亥三百四十八

星癸三十

辰子三百四十九 辰丑三百五十 辰寅三百五十一

辰卯三百五十二 辰辰三百五十三 辰巳三百五十四

辰午三百五十五 辰未三百五十六 辰申三百五十七

辰酉三百五十八 辰戌三百五十九 辰亥三百六十

以元經會之二　觀物篇之二

月丑二

星甲三十一

辰子三百六十一 辰丑三百六十二 辰寅三百六十三

辰卯三百六十四 辰辰三百六十五 辰巳三百六十六
辰午三百六十七 辰未三百六十八 辰申三百六十九
辰酉三百七十 辰戌三百七十一 辰亥三百七十二

星乙三十二

辰子三百七十三 辰丑三百七十四 辰寅三百七十五
辰卯三百七十六 辰辰三百七十七 辰巳三百七十八
辰午三百七十九 辰未三百八十 辰申三百八十一
辰酉三百八十二 辰戌三百八十三 辰亥三百八十四

星丙三十三

辰子三百八十五 辰丑三百八十六 辰寅三百八十七
辰卯三百八十八 辰辰三百八十九 辰巳三百九十
辰午三百九十一 辰未三百九十二 辰申三百九十三
辰酉三百九十四 辰戌三百九十五 辰亥三百九十六

星丁三十四

辰子三百九十七 辰丑三百九十八 辰寅三百九十九
辰卯四百 辰辰四百一 辰巳四百二
辰午四百三 辰未四百四 辰申四百五
辰酉四百六 辰戌四百七 辰亥四百八

星戊三十五

辰子四百九 辰丑四百一十 辰寅四百一十一

辰卯四百一十二
辰辰四百一十三
辰巳四百一十四

辰午四百一十五
辰未四百一十六
辰申四百一十七

辰酉四百一十八
辰戌四百一十九
辰亥四百二十

星己三十六

辰子四百二十一
辰丑四百二十二
辰寅四百二十三

辰卯四百二十四
辰辰四百二十五
辰巳四百二十六

辰午四百二十七
辰未四百二十八
辰申四百二十九

辰酉四百三十
辰戌四百三十一
辰亥四百三十二

星庚三十七

辰子四百三十三
辰丑四百三十四
辰寅四百三十五

辰卯四百三十六
辰辰四百三十七
辰巳四百三十八

辰午四百三十九
辰未四百四十
辰申四百四十一

辰酉四百四十二
辰戌四百四十三
辰亥四百四十四

星辛三十八

辰子四百四十五
辰丑四百四十六
辰寅四百四十七

辰卯四百四十八
辰辰四百四十九
辰巳四百五十

辰午四百五十一
辰未四百五十二
辰申四百五十三

辰酉四百五十四
辰戌四百五十五
辰亥四百五十六

星壬三十九

辰子四百五十七
辰丑四百五十八
辰寅四百五十九

辰卯四百六十　辰辰四百六十一　辰巳四百六十二
辰午四百六十三　辰未四百六十四　辰申四百六十五
辰酉四百六十六　辰戌四百六十七　辰亥四百六十八

星癸四十

辰子四百六十九　辰丑四百七十　辰寅四百七十一
辰卯四百七十二　辰辰四百七十三　辰巳四百七十四
辰午四百七十五　辰未四百七十六　辰申四百七十七
辰酉四百七十八　辰戌四百七十九　辰亥四百八十

星甲四十一

辰子四百八十一　辰丑四百八十二　辰寅四百八十三
辰卯四百八十四　辰辰四百八十五　辰巳四百八十六
辰午四百八十七　辰未四百八十八　辰申四百八十九
辰酉四百九十　辰戌四百九十一　辰亥四百九十二

星乙四十二

辰子四百九十三　辰丑四百九十四　辰寅四百九十五
辰卯四百九十六　辰辰四百九十七　辰巳四百九十八
辰午四百九十九　辰未五百　辰申五百一
辰酉五百二　辰戌五百三　辰亥五百四

星丙四十三

辰子五百五　辰丑五百六　辰寅五百七

辰卯五百八 辰辰五百九 辰巳五百一十

辰午五百一十一 辰未五百一十二 辰申五百一十三

辰酉五百一十四 辰戌五百一十五 辰亥五百一十六

星丁四十四

辰子五百一十七 辰丑五百一十八 辰寅五百一十九

辰卯五百二十 辰辰五百二十一 辰巳五百二十二

辰午五百二十三 辰未五百二十四 辰申五百二十五

辰酉五百二十六 辰戌五百二十七 辰亥五百二十八

星戊四十五

辰子五百二十九 辰丑五百三十 辰寅五百三十一

辰卯五百三十二 辰辰五百三十三 辰巳五百三十四

辰午五百三十五 辰未五百三十六 辰申五百三十七

辰酉五百三十八 辰戌五百三十九 辰亥五百四十

星己四十六

辰子五百四十一 辰丑五百四十二 辰寅五百四十三

辰卯五百四十四 辰辰五百四十五 辰巳五百四十六

辰午五百四十七 辰未五百四十八 辰申五百四十九

辰酉五百五十 辰戌五百五十一 辰亥五百五十二

星庚四十七

辰子五百五十三 辰丑五百五十四 辰寅五百五十五

辰卯五百五十六　辰辰五百五十七　辰巳五百五十八

辰午五百五十九　辰未五百六十　辰申五百六十一

辰酉五百六十二　辰戌五百六十三　辰亥五百六十四

星辛四十八

辰子五百六十五　辰丑五百六十六　辰寅五百六十七

辰卯五百六十八　辰辰五百六十九　辰巳五百七十

辰午五百七十一　辰未五百七十二　辰申五百七十三

辰酉五百七十四　辰戌五百七十五　辰亥五百七十六

星壬四十九

辰子五百七十七　辰丑五百七十八　辰寅五百七十九

辰卯五百八十　辰辰五百八十一　辰巳五百八十二

辰午五百八十三　辰未五百八十四　辰申五百八十五

辰酉五百八十六　辰戌五百八十七　辰亥五百八十八

星癸五十

辰子五百八十九　辰丑五百九十　辰寅五百九十一

辰卯五百九十二　辰辰五百九十三　辰巳五百九十四

辰午五百九十五　辰未五百九十六　辰申五百九十七

辰酉五百九十八　辰戌五百九十九　辰亥六百

星甲五十一

辰子六百一　辰丑六百二　辰寅六百三

辰卯六百四
辰辰六百五
辰巳六百六

辰午六百七
辰未六百八
辰申六百九

辰酉六百一十
辰戌六百一十一
辰亥六百一十二

星乙五十二

辰子六百一十三
辰丑六百一十四
辰寅六百一十五

辰卯六百一十六
辰辰六百一十七
辰巳六百一十八

辰午六百一十九
辰未六百二十
辰申六百二十一

辰酉六百二十二
辰戌六百二十三
辰亥六百二十四

星丙五十三

辰子六百二十五
辰丑六百二十六
辰寅六百二十七

辰卯六百二十八
辰辰六百二十九
辰巳六百三十

辰午六百三十一
辰未六百三十二
辰申六百三十三

辰酉六百三十四
辰戌六百三十五
辰亥六百三十六

星丁五十四

辰子六百三十七
辰丑六百三十八
辰寅六百三十九

辰卯六百四十
辰辰六百四十一
辰巳六百四十二

辰午六百四十三
辰未六百四十四
辰申六百四十五

辰酉六百四十六
辰戌六百四十七
辰亥六百四十八

星戊五十五

辰子六百四十九
辰丑六百五十
辰寅六百五十一

辰卯六百五十二
辰辰六百五十三
辰巳六百五十四

辰午六百五十五
辰未六百五十六
辰申六百五十七

辰酉六百五十八
辰戌六百五十九
辰亥六百六十

星己五十六

辰子六百六十一
辰丑六百六十二
辰寅六百六十三

辰卯六百六十四
辰辰六百六十五
辰巳六百六十六

辰午六百六十七
辰未六百六十八
辰申六百六十九

辰酉六百七十
辰戌六百七十一
辰亥六百七十二

星庚五十七

辰子六百七十三
辰丑六百七十四
辰寅六百七十五

辰卯六百七十六
辰辰六百七十七
辰巳六百七十八

辰午六百七十九
辰未六百八十
辰申六百八十一

辰酉六百八十二
辰戌六百八十三
辰亥六百八十四

星辛五十八

辰子六百八十五
辰丑六百八十六
辰寅六百八十七

辰卯六百八十八
辰辰六百八十九
辰巳六百九十

辰午六百九十一
辰未六百九十二
辰申六百九十三

辰酉六百九十四
辰戌六百九十五
辰亥六百九十六

星壬五十九

辰子六百九十七
辰丑六百九十八
辰寅六百九十九

辰卯七百　辰辰七百一　辰巳七百二

辰午七百三　辰未七百四　辰申七百五

辰酉七百六　辰戌七百七　辰亥七百八

星癸六十

辰子七百九　辰丑七百一十　辰寅七百一十一

辰卯七百一十二　辰辰七百一十三　辰巳七百一十四

辰午七百一十五　辰未七百一十六　辰申七百一十七

辰酉七百一十八　辰戌七百一十九　辰亥七百二十

以元經會之三　觀物篇之三

月寅三　星甲六十一

辰子七百二十一　辰丑七百二十二　辰寅七百二十三

辰卯七百二十四　辰辰七百二十五　辰巳七百二十六

辰午七百二十七　辰未七百二十八　辰申七百二十九

辰酉七百三十　辰戌七百三十一　辰亥七百三十二

星乙六十二

辰子七百三十三　辰丑七百三十四　辰寅七百三十五

辰卯七百三十六　辰辰七百三十七　辰巳七百三十八

辰午七百三十九　辰未七百四十　辰申七百四十一

星丙六十三

辰酉七百四十二　辰戌七百四十三　辰亥七百四十四
辰子七百四十五　辰丑七百四十六　辰寅七百四十七
辰卯七百四十八　辰辰七百四十九　辰巳七百五十
辰午七百五十一　辰未七百五十二　辰申七百五十三
辰酉七百五十四　辰戌七百五十五　辰亥七百五十六

星丁六十四

辰子七百五十七　辰丑七百五十八　辰寅七百五十九
辰卯七百六十　辰辰七百六十一　辰巳七百六十二
辰午七百六十三　辰未七百六十四　辰申七百六十五
辰酉七百六十六　辰戌七百六十七　辰亥七百六十八

星戊六十五

辰子七百六十九　辰丑七百七十　辰寅七百七十一
辰卯七百七十二　辰辰七百七十三　辰巳七百七十四
辰午七百七十五　辰未七百七十六　辰申七百七十七
辰酉七百七十八　辰戌七百七十九　辰亥七百八十

星己六十六

辰子七百八十一　辰丑七百八十二　辰寅七百八十三
辰卯七百八十四　辰辰七百八十五　辰巳七百八十六
辰午七百八十七　辰未七百八十八　辰申七百八十九

星庚六十七

星辛六十八

星壬六十九

星癸七十

辰酉七百九十
辰戌七百九十一
辰亥七百九十二
辰子七百九十三
辰丑七百九十四
辰寅七百九十五
辰卯七百九十六
辰辰七百九十七
辰巳七百九十八
辰午七百九十九
辰未八百
辰申八百一
辰酉八百二
辰戌八百三
辰亥八百四
辰子八百五
辰丑八百六
辰寅八百七
辰卯八百八
辰辰八百九
辰巳八百一十
辰午八百一十一
辰未八百一十二
辰申八百一十三
辰酉八百一十四
辰戌八百一十五
辰亥八百一十六
辰子八百一十七
辰丑八百一十八
辰寅八百一十九
辰卯八百二十
辰辰八百二十一
辰巳八百二十二
辰午八百二十三
辰未八百二十四
辰申八百二十五
辰酉八百二十六
辰戌八百二十七
辰亥八百二十八
辰子八百二十九
辰丑八百三十
辰寅八百三十一
辰卯八百三十二
辰辰八百三十三
辰巳八百三十四
辰午八百三十五
辰未八百三十六
辰申八百三十七

辰酉八百三十八 辰戌八百三十九 辰亥八百四十

星甲七十一

辰子八百四十一 辰丑八百四十二 辰寅八百四十三
辰卯八百四十四 辰辰八百四十五 辰巳八百四十六
辰午八百四十七 辰未八百四十八 辰申八百四十九
辰酉八百五十 辰戌八百五十一 辰亥八百五十二

星乙七十二

辰子八百五十三 辰丑八百五十四 辰寅八百五十五
辰卯八百五十六 辰辰八百五十七 辰巳八百五十八
辰午八百五十九 辰未八百六十 辰申八百六十一
辰酉八百六十二 辰戌六百八十三 辰亥八百六十四

星丙七十三

辰子八百六十五 辰丑八百六十六 辰寅八百六十七
辰卯八百六十八 辰辰八百六十九 辰巳八百七十
辰午八百七十一 辰未八百七十二 辰申八百七十三
辰酉八百七十四 辰戌八百七十五 辰亥八百七十六

星丁七十四

辰子八百七十七 辰丑八百七十八 辰寅八百七十九
辰卯八百八十 辰辰八百八十一 辰巳八百八十二
辰午八百八十三 辰未八百八十四 辰申八百八十五

辰酉八百八十六　辰戌八百八十七　辰亥八百八十八

星戊七十五

辰子八百八十九　辰丑八百九十　辰寅八百九十一

辰卯八百九十二　辰辰八百九十三　辰巳八百九十四

辰午八百九十五　辰未八百九十六　辰申八百九十七

辰酉八百九十八　辰戌八百九十九　辰亥九百

星己七十六

辰子九百一　辰丑九百二　辰寅九百三

辰卯九百四　辰辰九百五　辰巳九百六

辰午九百七　辰未九百八　辰申九百九

辰酉九百一十　辰戌九百一十一　辰亥九百一十二

星庚七十七

辰子九百一十三　辰丑九百一十四　辰寅九百一十五

辰卯九百一十六　辰辰九百一十七　辰巳九百一十八

辰午九百一十九　辰未九百二十　辰申九百二十一

辰酉九百二十二　辰戌九百二十三　辰亥九百二十四

星辛七十八

辰子九百二十五　辰丑九百二十六　辰寅九百二十七

辰卯九百二十八　辰辰九百二十九　辰巳九百三十

辰午九百三十一　辰未九百三十二　辰申九百三十三

辰酉九百三十四
辰戌九百三十五
辰亥九百三十六

星壬七十九

辰子九百三十七
辰丑九百三十八
辰寅九百三十九
辰卯九百四十
辰辰九百四十一
辰巳九百四十二
辰午九百四十三
辰未九百四十四
辰申九百四十五
辰酉九百四十六
辰戌九百四十七
辰亥九百四十八

星癸八十

辰子九百四十九
辰丑九百五十
辰寅九百五十一
辰卯九百五十二
辰辰九百五十三
辰巳九百五十四
辰午九百五十五
辰未九百五十六
辰申九百五十七
辰酉九百五十八
辰戌九百五十九
辰亥九百六十

星甲八十一

辰子九百六十一
辰丑九百六十二
辰寅九百六十三
辰卯九百六十四
辰辰九百六十五
辰巳九百六十六
辰午九百六十七
辰未九百六十八
辰申九百六十九
辰酉九百七十
辰戌九百七十一
辰亥九百七十二

星乙八十二

辰子九百七十三
辰丑九百七十四
辰寅九百七十五
辰卯九百七十六
辰辰九百七十七
辰巳九百七十八
辰午九百七十九
辰未九百八十
辰申九百八十一

辰酉九百八十二
辰戌九百八十三
辰亥九百八十四

星丙八十三

辰子九百八十五
辰丑九百八十六
辰寅九百八十七
辰卯九百八十八
辰辰九百八十九
辰巳九百九十
辰午九百九十一
辰未九百九十二
辰申九百九十三
辰酉九百九十四
辰戌九百九十五
辰亥九百九十六

星丁八十四

辰子九百九十七
辰丑九百九十八
辰寅九百九十九
辰卯一千
辰辰一千一
辰巳一千二
辰午一千三
辰未一千四
辰申一千五
辰酉一千六
辰戌一千七
辰亥一千八

星戊八十五

辰子一千九
辰丑一千一十
辰寅一千一十一
辰卯一千一十二
辰辰一千一十三
辰巳一千一十四
辰午一千一十五
辰未一千一十六
辰申一千一十七
辰酉一千一十八
辰戌一千一十九
辰亥一千二十

星己八十六

辰子一千二十一
辰丑一千二十二
辰寅一千二十三
辰卯一千二十四
辰辰一千二十五
辰巳一千二十六
辰午一千二十七
辰未一千二十八
辰申一千二十九

辰酉一千三十　辰戌一千三十一　辰亥一千三十二

星庚八十七

辰子一千三十三　辰丑一千三十四　辰寅一千三十五
辰卯一千三十六　辰辰一千三十七　辰巳一千三十八
辰午一千三十九　辰未一千四十　辰申一千四十一
辰酉一千四十二　辰戌一千四十三　辰亥一千四十四

星辛八十八

辰子一千四十五　辰丑一千四十六　辰寅一千四十七
辰卯一千四十八　辰辰一千四十九　辰巳一千五十
辰午一千五十一　辰未一千五十二　辰申一千五十三
辰酉一千五十四　辰戌一千五十五　辰亥一千五十六

星壬八十九

辰子一千五十七　辰丑一千五十八　辰寅一千五十九
辰卯一千六十　辰辰一千六十一　辰巳一千六十二
辰午一千六十三　辰未一千六十四　辰申一千六十五
辰酉一千六十六　辰戌一千六十七　辰亥一千六十八

星癸九十

辰子一千六十九　辰丑一千七十　辰寅一千七十一
辰卯一千七十二　辰辰一千七十三　辰巳一千七十四
辰午一千七十五　辰未一千七十六　辰申一千七十七

辰酉一千七十八　辰戌一千七十九　辰亥一千八十

以元經會之四　觀物篇之四

月卯四　星甲九十一

辰子一千八十一　辰丑一千八十二　辰寅一千八十三

辰卯一千八十四　辰辰一千八十五　辰巳一千八十六

辰午一千八十七　辰未一千八十八　辰申一千八十九

星乙九十二

辰酉一千九十　辰戌一千九十一　辰亥一千九十二

辰子一千九十三　辰丑一千九十四　辰寅一千九十五

辰卯一千九十六　辰辰一千九十七　辰巳一千九十八

辰午一千九十九　辰未一千一百　辰申一千一百一

辰酉一千一百二　辰戌一千一百三　辰亥一千一百四

星丙九十三

辰子一千一百五　辰丑一千一百六　辰寅一千一百七

辰卯一千一百八　辰辰一千一百九　辰巳一千一百一十

辰午一千一百一十一　辰未一千一百一十二　辰申一千一百一十三

辰酉一千一百一十四　辰戌一千一百一十五　辰亥一千一百一十六

星丁九十四

辰子一千一百一十七　辰丑一千一百一十八　辰寅一千一百一十九

辰卯一千一百二十
辰辰一千一百二十一
辰巳一千一百二十二
辰午一千一百二十三
辰未一千一百二十四
辰申一千一百二十五
辰酉一千一百二十六
辰戌一千一百二十七
辰亥一千一百二十八

星戊九十五

辰子一千一百二十九
辰丑一千一百三十
辰寅一千一百三十一
辰卯一千一百三十二
辰辰一千一百三十三
辰巳一千一百三十四
辰午一千一百三十五
辰未一千一百三十六
辰申一千一百三十七
辰酉一千一百三十八
辰戌一千一百三十九
辰亥一千一百四十

星己九十六

辰子一千一百四十一
辰丑一千一百四十二
辰寅一千一百四十三
辰卯一千一百四十四
辰辰一千一百四十五
辰巳一千一百四十六
辰午一千一百四十七
辰未一千一百四十八
辰申一千一百四十九
辰酉一千一百五十
辰戌一千一百五十一
辰亥一千一百五十二

星庚九十七

辰子一千一百五十三
辰丑一千一百五十四
辰寅一千一百五十五
辰卯一千一百五十六
辰辰一千一百五十七
辰巳一千一百五十八
辰午一千一百五十九
辰未一千一百六十
辰申一千一百六十一
辰酉一千一百六十二
辰戌一千一百六十三
辰亥一千一百六十四

星辛九十八

辰子一千一百六十五
辰丑一千一百六十六
辰寅一千一百六十七

辰卯一千一百六十八
辰辰一千一百六十九
辰巳一千一百七十
辰午一千一百七十一
辰未一千一百七十二
辰申一千一百七十三
辰酉一千一百七十四
辰戌一千一百七十五
辰亥一千一百七十六

星壬九十九

辰子一千一百七十七
辰丑一千一百七十八
辰寅一千一百七十九
辰卯一千一百八十
辰辰一千一百八十一
辰巳一千一百八十二
辰午一千一百八十三
辰未一千一百八十四
辰申一千一百八十五
辰酉一千一百八十六
辰戌一千一百八十七
辰亥一千一百八十八

星癸一百

辰子一千一百八十九
辰丑一千一百九十
辰寅一千一百九十一
辰卯一千一百九十二
辰辰一千一百九十三
辰巳一千一百九十四
辰午一千一百九十五
辰未一千一百九十六
辰申一千一百九十七
辰酉一千一百九十八
辰戌一千一百九十九
辰亥一千二百

星甲一百一

辰子一千二百一
辰丑一千二百二
辰寅一千二百三
辰卯一千二百四
辰辰一千二百五
辰巳一千二百六
辰午一千二百七
辰未一千二百八
辰申一千二百九
辰酉一千二百一十
辰戌一千二百一十一
辰亥一千二百一十二

星乙一百二

辰子一千二百一十三
辰丑一千二百一十四
辰寅一千二百一十五

辰卯一千二百一十六　辰辰一千二百一十七　辰巳一千二百一十八
辰午一千二百一十九　辰未一千二百二十　辰申一千二百二十一
辰酉一千二百二十二　辰戌一千二百二十三　辰亥一千二百二十四

星丙一百三

辰子一千二百二十五　辰丑一千二百二十六　辰寅一千二百二十七
辰卯一千二百二十八　辰辰一千二百二十九　辰巳一千二百三十
辰午一千二百三十一　辰未一千二百三十二　辰申一千二百三十三
辰酉一千二百三十四　辰戌一千二百三十五　辰亥一千二百三十六

星丁一百四

辰子一千二百三十七　辰丑一千二百三十八　辰寅一千二百三十九
辰卯一千二百四十　辰辰一千二百四十一　辰巳一千二百四十二
辰午一千二百四十三　辰未一千二百四十四　辰申一千二百四十五
辰酉一千二百四十六　辰戌一千二百四十七　辰亥一千二百四十八

星戊一百五

辰子一千二百四十九　辰丑一千二百五十　辰寅一千二百五十一
辰卯一千二百五十二　辰辰一千二百五十三　辰巳一千二百五十四
辰午一千二百五十五　辰未一千二百五十六　辰申一千二百五十七
辰酉一千二百五十八　辰戌一千二百五十九　辰亥一千二百六十

星己一百六

辰子一千二百六十一　辰丑一千二百六十二　辰寅一千二百六十三

星庚一百七

辰卯一千二百六十四
辰辰一千二百六十五
辰巳一千二百六十六
辰午一千二百六十七
辰未一千二百六十八
辰申一千二百六十九
辰酉一千二百七十
辰戌一千二百七十一
辰亥一千二百七十二
辰子一千二百七十三
辰丑一千二百七十四
辰寅一千二百七十五

星辛一百八

辰卯一千二百七十六
辰辰一千二百七十七
辰巳一千二百七十八
辰午一千二百七十九
辰未一千二百八十
辰申一千二百八十一
辰酉一千二百八十二
辰戌一千二百八十三
辰亥一千二百八十四
辰子一千二百八十五
辰丑一千二百八十六
辰寅一千二百八十七

星壬一百九

辰卯一千二百八十八
辰辰一千二百八十九
辰巳一千二百九十
辰午一千二百九十一
辰未一千二百九十二
辰申一千二百九十三
辰酉一千二百九十四
辰戌一千二百九十五
辰亥一千二百九十六
辰子一千二百九十七
辰丑一千二百九十八
辰寅一千二百九十九

星癸一百十

辰卯一千三百
辰辰一千三百一
辰巳一千三百二
辰午一千三百三
辰未一千三百四
辰申一千三百五
辰酉一千三百六
辰戌一千三百七
辰亥一千三百八
辰子一千三百九
辰丑一千三百十
辰寅一千三百一十一

辰卯一千三百一十二
辰辰一千三百一十三
辰巳一千三百一十四
辰午一千三百一十五
辰未一千三百一十六
辰申一千三百一十七
辰酉一千三百一十八
辰戌一千三百一十九
辰亥一千三百二十

星甲一百一十一

辰子一千三百二十一
辰丑一千三百二十二
辰寅一千三百二十三
辰卯一千三百二十四
辰辰一千三百二十五
辰巳一千三百二十六
辰午一千三百二十七
辰未一千三百二十八
辰申一千三百二十九
辰酉一千三百三十
辰戌一千三百三十一
辰亥一千三百三十二

星乙一百一十二

辰子一千三百三十三
辰丑一千三百三十四
辰寅一千三百三十五
辰卯一千三百三十六
辰辰一千三百三十七
辰巳一千三百三十八
辰午一千三百三十九
辰未一千三百四十
辰申一千三百四十一
辰酉一千三百四十二
辰戌一千三百四十三
辰亥一千三百四十四

星丙一百一十三

辰子一千三百四十五
辰丑一千三百四十六
辰寅一千三百四十七
辰卯一千三百四十八
辰辰一千三百四十九
辰巳一千三百五十
辰午一千三百五十一
辰未一千三百五十二
辰申一千三百五十三
辰酉一千三百五十四
辰戌一千三百五十五
辰亥一千三百五十六

星丁一百一十四

辰子一千三百五十七
辰丑一千三百五十八
辰寅一千三百五十九

辰卯一千三百六十
辰辰一千三百六十一
辰巳一千三百六十二
辰午一千三百六十三
辰未一千三百六十四
辰申一千三百六十五
辰酉一千三百六十六
辰戌一千三百六十七
辰亥一千三百六十八

星戊一百一十五

辰子一千三百六十九
辰丑一千三百七十
辰寅一千三百七十一
辰卯一千三百七十二
辰辰一千三百七十三
辰巳一千三百七十四
辰午一千三百七十五
辰未一千三百七十六
辰申一千三百七十七
辰酉一千三百七十八
辰戌一千三百七十九
辰亥一千三百八十

星己一百一十六

辰子一千三百八十一
辰丑一千三百八十二
辰寅一千三百八十三
辰卯一千三百八十四
辰辰一千三百八十五
辰巳一千三百八十六
辰午一千三百八十七
辰未一千三百八十八
辰申一千三百八十九
辰酉一千三百九十
辰戌一千三百九十一
辰亥一千三百九十二

星庚一百一十七

辰子一千三百九十三
辰丑一千三百九十四
辰寅一千三百九十五
辰卯一千三百九十六
辰辰一千三百九十七
辰巳一千三百九十八
辰午一千三百九十九
辰未一千四百
辰申一千四百一
辰酉一千四百二
辰戌一千四百三
辰亥一千四百四

星辛一百一十八

辰子一千四百五
辰丑一千四百六
辰寅一千四百七

辰卯一千四百八　辰辰一千四百九　辰巳一千四百一十
辰午一千四百一十一　辰未一千四百一十二　辰申一千四百一十三
辰酉一千四百一十四　辰戌一千四百一十五　辰亥一千四百一十六

星壬一百一十九

辰子一千四百一十七　辰丑一千四百一十八　辰寅一千四百一十九
辰卯一千四百二十　辰辰一千四百二十一　辰巳一千四百二十二
辰午一千四百二十三　辰未一千四百二十四　辰申一千四百二十五
辰酉一千四百二十六　辰戌一千四百二十七　辰亥一千四百二十八

星癸一百二十

辰子一千四百二十九　辰丑一千四百三十　辰寅一千四百三十一
辰卯一千四百三十二　辰辰一千四百三十三　辰巳一千四百三十四
辰午一千四百三十五　辰未一千四百三十六　辰申一千四百三十七
辰酉一千四百三十八　辰戌一千四百三十九　辰亥一千四百四十

以元經會之五　觀物篇之五

月辰五星甲一百二十一

辰子一千四百四十一　辰丑一千四百四十二　辰寅一千四百四十三
辰卯一千四百四十四　辰辰一千四百四十五　辰巳一千四百四十六
辰午一千四百四十七　辰未一千四百四十八　辰申一千四百四十九

辰酉一千四百五十
辰戌一千四百五十一
辰亥一千四百五十二

星乙一百二十二

辰子一千四百五十三
辰丑一千四百五十四
辰寅一千四百五十五
辰卯一千四百五十六
辰辰一千四百五十七
辰巳一千四百五十八
辰午一千四百五十九
辰未一千四百六十
辰申一千四百六十一
辰酉一千四百六十二
辰戌一千四百六十三
辰亥一千四百六十四

星丙一百二十三

辰子一千四百六十五
辰丑一千四百六十六
辰寅一千四百六十七
辰卯一千四百六十八
辰辰一千四百六十九
辰巳一千四百七十
辰午一千四百七十一
辰未一千四百七十二
辰申一千四百七十三
辰酉一千四百七十四
辰戌一千四百七十五
辰亥一千四百七十六

星丁一百二十四

辰子一千四百七十七
辰丑一千四百七十八
辰寅一千四百七十九
辰卯一千四百八十
辰辰一千四百八十一
辰巳一千四百八十二
辰午一千四百八十三
辰未一千四百八十四
辰申一千四百八十五
辰酉一千四百八十六
辰戌一千四百八十七
辰亥一千四百八十八

星戊一百二十五

辰子一千四百八十九
辰丑一千四百九十
辰寅一千四百九十一
辰卯一千四百九十二
辰辰一千四百九十三
辰巳一千四百九十四
辰午一千四百九十五
辰未一千四百九十六
辰申一千四百九十七

辰酉一千四百九十八
辰戌一千四百九十九
辰亥一千五百

星己一百二十六

辰子一千五百一
辰丑一千五百二
辰寅一千五百三
辰卯一千五百四
辰辰一千五百五
辰巳一千五百六
辰午一千五百七
辰未一千五百八
辰申一千五百九
辰酉一千五百一十
辰戌一千五百一十一
辰亥一千五百一十二

星庚一百二十七

辰子一千五百一十三
辰丑一千五百一十四
辰寅一千五百一十五
辰卯一千五百一十六
辰辰一千五百一十七
辰巳一千五百一十八
辰午一千五百一十九
辰未一千五百二十
辰申一千五百二十一
辰酉一千五百二十二
辰戌一千五百二十三
辰亥一千五百二十四

星辛一百二十八

辰子一千五百二十五
辰丑一千五百二十六
辰寅一千五百二十七
辰卯一千五百二十八
辰辰一千五百二十九
辰巳一千五百三十
辰午一千五百三十一
辰未一千五百三十二
辰申一千五百三十三
辰酉一千五百三十四
辰戌一千五百三十五
辰亥一千五百三十六

星壬一百二十九

辰子一千五百三十七
辰丑一千五百三十八
辰寅一千五百三十九
辰卯一千五百四十
辰辰一千五百四十一
辰巳一千五百四十二
辰午一千五百四十三
辰未一千五百四十四
辰申一千五百四十五

辰酉一千五百四十六
辰戌一千五百四十七
辰亥一千五百四十八

星癸一百三十

辰子一千五百四十九
辰丑一千五百五十
辰寅一千五百五十一
辰卯一千五百五十二
辰辰一千五百五十三
辰巳一千五百五十四
辰午一千五百五十五
辰未一千五百五十六
辰申一千五百五十七
辰酉一千五百五十八
辰戌一千五百五十九
辰亥一千五百六十

星甲一百三十一

辰子一千五百六十一
辰丑一千五百六十二
辰寅一千五百六十三
辰卯一千五百六十四
辰辰一千五百六十五
辰巳一千五百六十六
辰午一千五百六十七
辰未一千五百六十八
辰申一千五百六十九
辰酉一千五百七十
辰戌一千五百七十一
辰亥一千五百七十二

星乙一百三十二

辰子一千五百七十三
辰丑一千五百七十四
辰寅一千五百七十五
辰卯一千五百七十六
辰辰一千五百七十七
辰巳一千五百七十八
辰午一千五百七十九
辰未一千五百八十
辰申一千五百八十一
辰酉一千五百八十二
辰戌一千五百八十三
辰亥一千五百八十四

星丙一百三十三

辰子一千五百八十五
辰丑一千五百八十六
辰寅一千五百八十七
辰卯一千五百八十八
辰辰一千五百八十九
辰巳一千五百九十
辰午一千五百九十一
辰未一千五百九十二
辰申一千五百九十三

星丁一百三十四

辰酉一千五百九十四
辰戌一千五百九十五
辰亥一千五百九十六
辰子一千五百九十七
辰丑一千五百九十八
辰寅一千五百九十九
辰卯一千六百
辰辰一千六百一
辰巳一千六百二
辰午一千六百三
辰未一千六百四
辰申一千六百五

星戊一百三十五

辰酉一千六百六
辰戌一千六百七
辰亥一千六百八
辰子一千六百九
辰丑一千六百一十
辰寅一千六百一十一
辰卯一千六百一十二
辰辰一千六百一十三
辰巳一千六百一十四
辰午一千六百一十五
辰未一千六百一十六
辰申一千六百一十七

星己一百三十六

辰酉一千六百一十八
辰戌一千六百一十九
辰亥一千六百二十
辰子一千六百二十一
辰丑一千六百二十二
辰寅一千六百二十三
辰卯一千六百二十四
辰辰一千六百二十五
辰巳一千六百二十六
辰午一千六百二十七
辰未一千六百二十八
辰申一千六百二十九

星庚一百三十七

辰酉一千六百三十
辰戌一千六百三十一
辰亥一千六百三十二
辰子一千六百三十三
辰丑一千六百三十四
辰寅一千六百三十五
辰卯一千六百三十六
辰辰一千六百三十七
辰巳一千六百三十八
辰午一千六百三十九
辰未一千六百四十
辰申一千六百四十一

辰酉一千六百四十二
辰戌一千六百四十三
辰亥一千六百四十四

星辛一百三十八

辰子一千六百四十五
辰丑一千六百四十六
辰寅一千六百四十七
辰卯一千六百四十八
辰辰一千六百四十九
辰巳一千六百五十
辰午一千六百五十一
辰未一千六百五十二
辰申一千六百五十三
辰酉一千六百五十四
辰戌一千六百五十五
辰亥一千六百五十六

星壬一百三十九

辰子一千六百五十七
辰丑一千六百五十八
辰寅一千六百五十九
辰卯一千六百六十
辰辰一千六百六十一
辰巳一千六百六十二
辰午一千六百六十三
辰未一千六百六十四
辰申一千六百六十五
辰酉一千六百六十六
辰戌一千六百六十七
辰亥一千六百六十八

星癸一百四十

辰子一千六百六十九
辰丑一千六百七十
辰寅一千六百七十一
辰卯一千六百七十二
辰辰一千六百七十三
辰巳一千六百七十四
辰午一千六百七十五
辰未一千六百七十六
辰申一千六百七十七
辰酉一千六百七十八
辰戌一千六百七十九
辰亥一千六百八十

星甲一百四十一

辰子一千六百八十一
辰丑一千六百八十二
辰寅一千六百八十三
辰卯一千六百八十四
辰辰一千六百八十五
辰巳一千六百八十六
辰午一千六百八十七
辰未一千六百八十八
辰申一千六百八十九

辰酉一千六百九十　辰戌一千六百九十一　辰亥一千六百九十二

星乙一百四十二

辰子一千六百九十三　辰丑一千六百九十四　辰寅一千六百九十五

辰卯一千六百九十六　辰辰一千六百九十七　辰巳一千六百九十八

辰午一千六百九十九　辰未一千七百　辰申一千七百一

辰酉一千七百二　辰戌一千七百三　辰亥一千七百四

星丙一百四十三

辰子一千七百五　辰丑一千七百六　辰寅一千七百七

辰卯一千七百八　辰辰一千七百九　辰巳一千七百一十

辰午一千七百一十一　辰未一千七百一十二　辰申一千七百一十三

辰酉一千七百一十四　辰戌一千七百一十五　辰亥一千七百一十六

星丁一百四十四

辰子一千七百一十七　辰丑一千七百一十八　辰寅一千七百一十九

辰卯一千七百二十　辰辰一千七百二十一　辰巳一千七百二十二

辰午一千七百二十三　辰未一千七百二十四　辰申一千七百二十五

辰酉一千七百二十六　辰戌一千七百二十七　辰亥一千七百二十八

星戊一百四十五

辰子一千七百二十九　辰丑一千七百三十　辰寅一千七百三十一

辰卯一千七百三十二　辰辰一千七百三十三　辰巳一千七百三十四

辰午一千七百三十五　辰未一千七百三十六　辰申一千七百三十七

辰酉 一千七百三十八
辰戌 一千七百三十九
辰亥 一千七百四十

星己 一百四十六

辰子 一千七百四十一
辰丑 一千七百四十二
辰寅 一千七百四十三
辰卯 一千七百四十四
辰辰 一千七百四十五
辰巳 一千七百四十六
辰午 一千七百四十七
辰未 一千七百四十八
辰申 一千七百四十九
辰酉 一千七百五十
辰戌 一千七百五十一
辰亥 一千七百五十二

星庚 一百四十七

辰子 一千七百五十三
辰丑 一千七百五十四
辰寅 一千七百五十五
辰卯 一千七百五十六
辰辰 一千七百五十七
辰巳 一千七百五十八
辰午 一千七百五十九
辰未 一千七百六十
辰申 一千七百六十一
辰酉 一千七百六十二
辰戌 一千七百六十三
辰亥 一千七百六十四

星辛 一百四十八

辰子 一千七百六十五
辰丑 一千七百六十六
辰寅 一千七百六十七
辰卯 一千七百六十八
辰辰 一千七百六十九
辰巳 一千七百七十
辰午 一千七百七十一
辰未 一千七百七十二
辰申 一千七百七十三
辰酉 一千七百七十四
辰戌 一千七百七十五
辰亥 一千七百七十六

星壬 一百四十九

辰子 一千七百七十七
辰丑 一千七百七十八
辰寅 一千七百七十九
辰卯 一千七百八十
辰辰 一千七百八十一
辰巳 一千七百八十二
辰午 一千七百八十三
辰未 一千七百八十四
辰申 一千七百八十五

辰酉一千七百八十六　辰戌一千七百八十七　辰亥一千七百八十八

星癸一百五十　辰子一千七百八十九　辰丑一千七百九十　辰寅一千七百九十一

辰卯一千七百九十二　辰辰一千七百九十三　辰巳一千七百九十四

辰午一千七百九十五　辰未一千七百九十六　辰申一千七百九十七

辰酉一千七百九十八　辰戌一千七百九十九　辰亥一千八百

以元經會之六　觀物篇之六

月巳六星甲一百五十一　辰子一千八百一　辰丑一千八百二　辰寅一千八百三

辰卯一千八百四　辰辰一千八百五　辰巳一千八百六

辰午一千八百七　辰未一千八百八　辰申一千八百九

辰酉一千八百一十　辰戌一千八百一十一　辰亥一千八百一十二

星乙一百五十二　辰子一千八百一十三　辰丑一千八百一十四　辰寅一千八百一十五

辰卯一千八百一十六　辰辰一千八百一十七　辰巳一千八百一十八

辰午一千八百一十九　辰未一千八百二十　辰申一千八百二十一

辰酉一千八百二十二　辰戌一千八百二十三　辰亥一千八百二十四

星丙一百五十三　辰子一千八百二十五　辰丑一千八百二十六　辰寅一千八百二十七

辰卯一千八百二十八
辰辰一千八百二十九
辰巳一千八百三十
辰午一千八百三十一
辰未一千八百三十二
辰申一千八百三十三
辰酉一千八百三十四
辰戌一千八百三十五
辰亥一千八百三十六

星丁一百五十四

辰子一千八百三十七
辰丑一千八百三十八
辰寅一千八百三十九
辰卯一千八百四十
辰辰一千八百四十一
辰巳一千八百四十二
辰午一千八百四十三
辰未一千八百四十四
辰申一千八百四十五
辰酉一千八百四十六
辰戌一千八百四十七
辰亥一千八百四十八

星戊一百五十五

辰子一千八百四十九
辰丑一千八百五十
辰寅一千八百五十一
辰卯一千八百五十二
辰辰一千八百五十三
辰巳一千八百五十四
辰午一千八百五十五
辰未一千八百五十六
辰申一千八百五十七
辰酉一千八百五十八
辰戌一千八百五十九
辰亥一千八百六十

星己一百五十七

辰子一千八百六十一
辰丑一千八百六十二
辰寅一千八百六十三
辰卯一千八百六十四
辰辰一千八百六十五
辰巳一千八百六十六
辰午一千八百六十七
辰未一千八百六十八
辰申一千八百六十九
辰酉一千八百七十
辰戌一千八百七十一
辰亥一千八百七十二

星庚一百五十七

辰子一千八百七十三
辰丑一千八百七十四
辰寅一千八百七十五

辰卯一千八百七十六
辰辰一千八百七十七
辰巳一千八百七十八

辰午一千八百七十九
辰未一千八百八十
辰申一千八百八十一

辰酉一千八百八十二
辰戌一千八百八十三
辰亥一千八百八十四

星辛一百五十八

辰子一千八百八十五
辰丑一千八百八十六
辰寅一千八百八十七

辰卯一千八百八十八
辰辰一千八百八十九
辰巳一千八百九十

辰午一千八百九十一
辰未一千八百九十二
辰申一千八百九十三

辰酉一千八百九十四
辰戌一千八百九十五
辰亥一千八百九十六

星壬一百五十九

辰子一千八百九十七
辰丑一千八百九十八
辰寅一千八百九十九

辰卯一千九百
辰辰一千九百一
辰巳一千九百二

辰午一千九百三
辰未一千九百四
辰申一千九百五

辰酉一千九百六
辰戌一千九百七
辰亥一千九百八

星癸一百六十

辰子一千九百九
辰丑一千九百一十
辰寅一千九百一十一

辰卯一千九百一十二
辰辰一千九百一十三
辰巳一千九百一十四

辰午一千九百一十五
辰未一千九百一十六
辰申一千九百一十七

辰酉一千九百一十八
辰戌一千九百一十九
辰亥一千九百二十

星甲一百六十一

辰子一千九百二十一
辰丑一千九百二十二
辰寅一千九百二十三

辰卯一千九百二十四
辰辰一千九百二十五
辰巳一千九百二十六

辰午一千九百二十七
辰未一千九百二十八
辰申一千九百二十九

辰酉一千九百三十
辰戌一千九百三十一
辰亥一千九百三十二

星乙一百六十二

辰子一千九百三十三
辰丑一千九百三十四
辰寅一千九百三十五

辰卯一千九百三十六
辰辰一千九百三十七
辰巳一千九百三十八

辰午一千九百三十九
辰未一千九百四十
辰申一千九百四十一

辰酉一千九百四十二
辰戌一千九百四十三
辰亥一千九百四十四

星丙一百六十三

辰子一千九百四十五
辰丑一千九百四十六
辰寅一千九百四十七

辰卯一千九百四十八
辰辰一千九百四十九
辰巳一千九百五十

辰午一千九百五十一
辰未一千九百五十二
辰申一千九百五十三

辰酉一千九百五十四
辰戌一千九百五十五
辰亥一千九百五十六

星丁一百六十四

辰子一千九百五十七
辰丑一千九百五十八
辰寅一千九百五十九

辰卯一千九百六十
辰辰一千九百六十一
辰巳一千九百六十二

辰午一千九百六十三
辰未一千九百六十四
辰申一千九百六十五

辰酉一千九百六十六
辰戌一千九百六十七
辰亥一千九百六十八

星戊一百六十五

辰子一千九百六十九
辰丑一千九百七十
辰寅一千九百七十一

辰卯一千九百七十二　辰辰一千九百七十三　辰巳一千九百七十四
辰午一千九百七十五　辰未一千九百七十六　辰申一千九百七十七
辰酉一千九百七十八　辰戌一千九百七十九　辰亥一千九百八十

星己一百六十六

辰子一千九百八十一　辰丑一千九百八十二　辰寅一千九百八十三
辰卯一千九百八十四　辰辰一千九百八十五　辰巳一千九百八十六
辰午一千九百八十七　辰未一千九百八十八　辰申一千九百八十九
辰酉一千九百九十　辰戌一千九百九十一　辰亥一千九百九十二

星庚一百六十七

辰子一千九百九十三　辰丑一千九百九十四　辰寅一千九百九十五
辰卯一千九百九十六　辰辰一千九百九十七　辰巳一千九百九十八
辰午一千九百九十九　辰未二千　辰申二千一
辰酉二千二　辰戌二千三　辰亥二千四

星辛一百六十八

辰子二千五　辰丑二千六　辰寅二千七
辰卯二千八　辰辰二千九　辰巳二千一十
辰午二千一十一　辰未二千一十二　辰申二千一十三
辰酉二千一十四　辰戌二千一十五　辰亥二千一十六

星壬一百六十九

辰子二千一十七　辰丑二千一十八　辰寅二千一十九

辰卯二千二十　辰辰二千二十一　辰巳二千二十二

辰午二千二十三　辰未二千二十四　辰申二千二十五

辰酉二千二十六　辰戌二千二十七　辰亥二千二十八

星癸一百七十

辰子二千二十九　辰丑二千三十　辰寅二千三十一

辰卯二千三十二　辰辰二千三十三　辰巳二千三十四

辰午二千三十五　辰未二千三十六　辰申二千三十七

辰酉二千三十八　辰戌二千三十九　辰亥二千四十

星甲一百七十一

辰子二千四十一　辰丑二千四十二　辰寅二千四十三

辰卯二千四十四　辰辰二千四十五　辰巳二千四十六

辰午二千四十七　辰未二千四十八　辰申二千四十九

辰酉二千五十　辰戌二千五十一　辰亥二千五十二

星乙一百七十二

辰子二千五十三　辰丑二千五十四　辰寅二千五十五

辰卯二千五十六　辰辰二千五十七　辰巳二千五十八

辰午二千五十九　辰未二千六十　辰申二千六十一

辰酉二千六十二　辰戌二千六十三　辰亥二千六十四

星丙一百七十三

辰子二千六十五　辰丑二千六十六　辰寅二千六十七

辰卯二千六十八 辰辰二千六十九 辰巳二千七十
辰午二千七十一 辰未二千七十二 辰申二千七十三
辰酉二千七十四 辰戌二千七十五 辰亥二千七十六

星丁一百七十四

辰子二千七十七 辰丑二千七十八 辰寅二千七十九
辰卯二千八十 辰辰二千八十一 辰巳二千八十二
辰午二千八十三 辰未二千八十四 辰申二千八十五
辰酉二千八十六 辰戌二千八十七 辰亥二千八十八

星戊一百七十五

辰子二千八十九 辰丑二千九十 辰寅二千九十一
辰卯二千九十二 辰辰二千九十三 辰巳二千九十四
辰午二千九十五 辰未二千九十六 辰申二千九十七
辰酉二千九十八 辰戌二千九十九 辰亥二千一百

星己一百七十六

辰子二千一百一 辰丑二千一百二 辰寅二千一百三
辰卯二千一百四 辰辰二千一百五 辰巳二千一百六
辰午二千一百七 辰未二千一百八 辰申二千一百九
辰酉二千一百一十 辰戌二千一百一十一 辰亥二千一百一十二

星庚一百七十七

辰子二千一百一十三 辰丑二千一百一十四 辰寅二千一百一十五

辰卯二千一百一十六　辰辰二千一百一十七　辰巳二千一百一十八

辰午二千一百一十九　辰未二千一百二十　辰申二千一百二十一

辰酉二千一百二十二　辰戌二千一百二十三　辰亥二千一百二十四

星辛一百七十八

辰子二千一百二十五　辰丑二千一百二十六　辰寅二千一百二十七

辰卯二千一百二十八　辰辰二千一百二十九　辰巳二千一百三十

辰午二千一百三十一　辰未二千一百三十二　辰申二千一百三十三

辰酉二千一百三十四　辰戌二千一百三十五　辰亥二千一百三十六

星壬一百七十九

辰子二千一百三十七　辰丑二千一百三十八　辰寅二千一百三十九

辰卯二千一百四十　辰辰二千一百四十一　辰巳二千一百四十二

辰午二千一百四十三　辰未二千一百四十四　辰申二千一百四十五

辰酉二千一百四十六　辰戌二千一百四十七　辰亥二千一百四十八

星癸一百八十

辰子二千一百四十九　辰丑二千一百五十　辰寅二千一百五十一

辰卯二千一百五十二　辰辰二千一百五十三　辰巳二千一百五十四

辰午二千一百五十五　辰未二千一百五十六　辰申二千一百五十七唐堯二十一

辰酉二千一百五十八唐堯五十一　辰戌二千一百五十九虞舜九　辰亥二千一百六十虞舜三十九

皇極經世卷第二

以元經會之七　觀物篇之七

月午七星甲一百八十一

辰子二千一百六十一　夏禹八　　辰丑二千一百六十二　夏太康二

辰寅二千一百六十三　夏仲康二　　辰卯二千一百六十四　夏王相二十

辰辰二千一百六十五　夏少康二十三　　辰巳二千一百六十六　夏少康五十三①

辰午二千一百六十七　夏王槐四　　辰未二千一百六十八　夏芒八

辰申二千一百六十九　夏不降四　　辰酉二千一百七十　夏不降三十四

辰戌二千一百七十一　夏扃五　　辰亥二千一百七十二　夏廑十四

星乙一百八十二

辰子二千一百七十三　夏孔甲二十三　　辰丑二千一百七十四　夏發十一

辰寅二千一百七十五　夏癸二十二　　辰卯二千一百七十六　夏癸五十二

辰辰二千一百七十七　商太甲十七　　辰巳二千一百七十八　商沃丁十四

---

① 「五十三」，原作「五十六」，據四庫本改。

辰午二千一百七十九商太庚十五　辰未二千一百八十商雍己三

辰申二千一百八十一商大戊①二十一　辰酉二千一百八十二商大戊五十一

辰戌二千一百八十三商仲丁六　辰亥二千一百八十四商亶甲八

星丙一百八十三

辰子二千一百八十五商祖辛十　辰丑二千一百八十六商沃甲二十四

辰寅二千一百八十七商祖丁二十九　辰卯二千一百八十八商陽甲三

辰辰二千一百八十九商盤庚二十五　辰巳二千一百九十商小乙六

辰午二千一百九十一商武丁八　辰未二千一百九十二商武丁三十八

辰申二千一百九十三商祖甲二　辰酉二千一百九十四商祖甲三十二

辰戌二千一百九十五商武乙一②　辰亥二千一百九十六商帝乙二十五

星丁一百八十四

辰子二千一百九十七商受辛十八　辰丑二千一百九十八周成王九

辰寅二千一百九十九周康王二　辰卯二千二百周昭王六

辰辰二千二百一周昭王三十六　辰巳二千二百二周穆王十五

辰午二千二百三周穆王四十五　辰未二千二百四周懿王八

---

① 「大」，四庫本作「太」，通。下同。

② 「一」，四庫本作「二」。

辰申二千二百五周考王十三　辰酉二千二百六周厲王十二

辰戌二千二百七周厲王四十二①　辰亥二千二百八周宣王二十一

星戊一百八十五

辰子二千二百九周幽王五　辰丑二千二百十周平王二十四

辰寅二千二百一十一周桓王三②　辰卯二千二百一十二周莊王十

辰辰二千二百一十三周惠王二十　辰巳二千二百一十四周襄王二十五

辰午二千二百一十五周定王十　辰未二千二百一十六周靈王五

辰申二千二百一十七周景王八　辰酉二千二百一十八周敬王十三

辰戌二千二百一十九周敬王四十三　辰亥二千二百二十周貞定③二十二④

星己一百八十六

辰子二千二百二十一周威烈十三⑤　辰丑二千二百二十二周安王十五

辰寅二千二百二十三周顯王十二⑥　辰卯二千二百二十四周顯王四十二⑦

---

①「四十二」，原作「四十一」，據四庫本改。

②「三」，四庫本作「二」。

③「定」，四庫本作「王」。

④「二十二」，四庫本作「二十三」。

⑤「十三」，四庫本作「九」。

⑥「十二」，四庫本作「十六」。

⑦「四十二」，四庫本作「十七」。

星庚一百八十七

辰辰二千二百二十五 周赧王十八　辰巳二千二百二十六 周赧王四十八

辰午二千二百二十七 秦始皇十　辰未二千二百二十八 漢高祖九①

辰申二千二百二十九 漢文帝四　辰酉二千二百三十 漢景帝十

辰戌二千二百三十一 漢武帝二十四　辰亥二千二百三十二 漢武帝五十四

辰子二千二百三十三 漢宣帝十七　辰丑二千二百三十四 漢成帝六

辰寅二千二百三十五 漢平帝四　辰卯二千二百三十六 漢光武十一

辰辰二千二百三十七 漢明帝七　辰巳二千二百三十八 漢和帝六

辰午二千二百三十九 漢安帝十八　辰未二千二百四十 漢桓帝八

辰申二千二百四十一 漢靈帝十七　辰酉二千二百四十二 漢獻帝二十六②

辰戌二千二百四十三 魏帝芳五 蜀帝禪二十二 吴帝權二十三③

辰亥二千二百四十四 晉武帝④ 吴帝皓十⑤

---

①「九」，四庫本作「元」。

②「二十六」，四庫本作「二十五」。

③「二十三」，四庫本作「二十二」。

④「帝」下，四庫本有「十」。

⑤「十」，四庫本作「十二」。

星辛 一百八十八

辰子 二千二百四十五 晉惠帝 十三① 辰丑 二千二百四十六 晉成帝 九

辰寅 二千二百四十七 晉哀帝 三 辰卯 二千二百四十八 晉武帝 二十二 後魏道武 十②

辰辰 二千二百四十九 宋帝義隆 九③ 後魏大武 元 辰巳 二千二百五十 宋武帝 二 後魏文成 三

辰午 二千二百五十一 齊武帝 二 後魏孝文 十四 辰未 二千二百五十二 梁武帝 十三 後魏宣武 十五

辰申 二千二百五十三 梁武帝 四十三 西魏文帝 十一 辰酉 二千二百五十四 陳宣帝 七 後周武帝 十二④

辰戌 二千二百五十五 隋煬帝 六⑤ 辰亥 二千二百五十六 唐太宗 九

星壬 一百八十九

辰子 二千二百五十七 唐高宗 十五 辰丑 二千二百五十八 唐中宗 十一

辰寅 二千二百五十九 唐玄宗 十二⑥ 辰卯 二千二百六十 唐玄宗 四十三

辰辰 二千二百六十一 唐德宗 五 辰巳 二千二百六十二 唐憲宗⑦ 九

辰午 二千二百六十三 唐武宗 四 辰未 二千二百六十四 唐僖宗 元

---

① 「十三」，四庫本作「十四」。
② 「十」，四庫本作「一」。
③ 「宋」，原作「晉」，據四庫本改；「九」，四庫本作「元」。
④ 「十二」，四庫本作「十五」。
⑤ 「六」，四庫本作「元」。
⑥ 「十二」，四庫本作「十三」。
⑦ 「憲」，原作「獻」，據四庫本改。

辰申二千二百六十五 唐昭宗十六　辰酉二千二百六十六

辰戌二千二百六十七 宋太祖五　辰亥二千二百六十八 宋太宗十九

星癸一百九十

辰子二千二百六十九 宋仁宗二　辰丑二千二百七十 宋仁宗三十二①

辰寅二千二百七十一　辰卯二千二百七十二

辰辰二千二百七十三　辰巳二千二百七十四

辰午二千二百七十五　辰未二千二百七十六

辰申二千二百七十七　辰酉二千二百七十八

辰戌二千二百七十九　辰亥二千二百八十

星甲一百九十一

辰子二千二百八十一　辰丑二千二百八十二

辰寅二千二百八十三　辰卯二千二百八十四

辰辰二千二百八十五　辰巳二千二百八十六

辰午二千二百八十七　辰未二千二百八十八

辰申二千二百八十九　辰酉二千二百九十

辰戌二千二百九十一　辰亥二千二百九十二

---

①「三十二」，原作「二十二」，據四庫本改。

星乙一百九十二

辰子二千二百九十三
辰丑二千二百九十四
辰寅二千二百九十五
辰卯二千二百九十六
辰辰二千二百九十七
辰巳二千二百九十八
辰午二千二百九十九
辰未二千三百
辰申二千三百一
辰酉二千三百二
辰戌二千三百三
辰亥二千三百四

星丙一百九十三

辰子二千三百五
辰丑二千三百六
辰寅二千三百七
辰卯二千三百八
辰辰二千三百九
辰巳二千三百一十
辰午二千三百一十一
辰未二千三百一十二
辰申二千三百一十三
辰酉二千三百一十四
辰戌二千三百一十五
辰亥二千三百一十六

星丁一百九十四

辰子二千三百一十七
辰丑二千三百一十八
辰寅二千三百一十九
辰卯二千三百二十
辰辰二千三百二十一
辰巳二千三百二十二
辰午二千三百二十三
辰未二千三百二十四

辰申二千三百二十五
辰酉二千三百二十六
辰戌二千三百二十七
辰亥二千三百二十八

星戊一百九十五

辰子二千三百二十九
辰丑二千三百三十
辰寅二千三百三十一
辰卯二千三百三十二
辰辰二千三百三十三
辰巳二千三百三十四
辰午二千三百三十五
辰未二千三百三十六
辰申二千三百三十七
辰酉二千三百三十八
辰戌二千三百三十九
辰亥二千三百四十

星己一百九十六

辰子二千三百四十一
辰丑二千三百四十二
辰寅二千三百四十三
辰卯二千三百四十四
辰辰二千三百四十五
辰巳二千三百四十六
辰午二千三百四十七
辰未二千三百四十八
辰申二千三百四十九
辰酉二千三百五十
辰戌二千三百五十一
辰亥二千三百五十二

星庚一百九十七

辰子二千三百五十三
辰丑二千三百五十四
辰寅二千三百五十五
辰卯二千三百五十六

辰辰二千三百五十七
辰巳二千三百五十八
辰午二千三百五十九
辰未二千三百六十
辰申二千三百六十一
辰酉二千三百六十二
辰戌二千三百六十三
辰亥二千三百六十四

星辛一百九十八

辰子二千三百六十五
辰丑二千三百六十六
辰寅二千三百六十七
辰卯二千三百六十八
辰辰二千三百六十九
辰巳二千三百七十
辰午二千三百七十一
辰未二千三百七十二
辰申二千三百七十三
辰酉二千三百七十四
辰戌二千三百七十五
辰亥二千三百七十六

星壬一百九十九

辰子二千三百七十七
辰丑二千三百七十八
辰寅二千三百七十九
辰卯二千三百八十
辰辰二千三百八十一
辰巳二千三百八十二
辰午二千三百八十三
辰未二千三百八十四
辰申二千三百八十五
辰酉二千三百八十六
辰戌二千三百八十七
辰亥二千三百八十八

星癸二百

辰子二千三百八十九
辰丑二千三百九十
辰寅二千三百九十一
辰卯二千三百九十二
辰辰二千三百九十三
辰巳二千三百九十四
辰午二千三百九十五
辰未二千三百九十六
辰申二千三百九十七
辰酉二千三百九十八
辰戌二千三百九十九
辰亥二千四百

星甲二百一

辰子二千四百一
辰丑二千四百二
辰寅二千四百三
辰卯二千四百四
辰辰二千四百五
辰巳二千四百六
辰午二千四百七
辰未二千四百八
辰申二千四百九
辰酉二千四百十
辰戌二千四百一十一
辰亥二千四百一十二

星乙二百二

辰子二千四百一十三
辰丑二千四百一十四
辰寅二千四百一十五
辰卯二千四百一十六
辰辰二千四百一十七
辰巳二千四百一十八
辰午二千四百一十九
辰未二千四百二十

辰申二千四百二十一
辰酉二千四百二十二
辰戌二千四百二十三
辰亥二千四百二十四

星丙二百三

辰子二千四百二十五
辰丑二千四百二十六
辰寅二千四百二十七
辰卯二千四百二十八
辰辰二千四百二十九
辰巳二千四百三十
辰午二千四百三十一
辰未二千四百三十二
辰申二千四百三十三
辰酉二千四百三十四
辰戌二千四百三十五
辰亥二千四百三十六

星丁二百四

辰子二千四百三十七
辰丑二千四百三十八
辰寅二千四百三十九
辰卯二千四百四十
辰辰二千四百四十一
辰巳二千四百四十二
辰午二千四百四十三
辰未二千四百四十四
辰申二千四百四十五
辰酉二千四百四十六
辰戌二千四百四十七
辰亥二千四百四十八

星戊二百五

辰子二千四百四十九
辰丑二千四百五十
辰寅二千四百五十一
辰卯二千四百五十二

辰辰二千四百五十三　辰巳二千四百五十四

辰午二千四百五十五　辰未二千四百五十六

辰申二千四百五十七　辰酉二千四百五十八

辰戌二千四百五十九　辰亥二千四百六十

星己二百六

辰子二千四百六十一　辰丑二千四百六十二

辰寅二千四百六十三　辰卯二千四百六十四

辰辰二千四百六十五　辰巳二千四百六十六

辰午二千四百六十七　辰未二千四百六十八

辰申二千四百六十九　辰酉二千四百七十

辰戌二千四百七十一　辰亥二千四百七十二

星庚二百七

辰子二千四百七十三　辰丑二千四百七十四

辰寅二千四百七十五　辰卯二千四百七十六

辰辰二千四百七十七　辰巳二千四百七十八

辰午二千四百七十九　辰未二千四百八十

辰申二千四百八十一　辰酉二千四百八十二

辰戌二千四百八十三　辰亥二千四百八十四

星辛二百八

辰子二千四百八十五
辰丑二千四百八十六
辰寅二千四百八十七
辰卯二千四百八十八
辰辰二千四百八十九
辰巳二千四百九十
辰午二千四百九十一
辰未二千四百九十二
辰申二千四百九十三
辰酉二千四百九十四
辰戌二千四百九十五
辰亥二千四百九十六

星壬二百九

辰子二千四百九十七
辰丑二千四百九十八
辰寅二千四百九十九
辰卯二千五百
辰辰二千五百一
辰巳二千五百二
辰午二千五百三
辰未二千五百四
辰申二千五百五
辰酉二千五百六
辰戌二千五百七
辰亥二千五百八

星癸二百一十

辰子二千五百九
辰丑二千五百一十
辰寅二千五百一十一
辰卯二千五百一十二
辰辰二千五百一十三
辰巳二千五百一十四
辰午一千五百一十五
辰未二千五百一十六

辰申二千五百一十七　辰酉二千五百一十八
辰戌二千五百一十九　辰亥二千五百二十

以元經會之八　觀物篇之八

月未八星甲二百一十一
辰子二千五百二十一　辰丑二千五百二十二
辰寅二千五百二十三　辰卯二千五百二十四
辰辰二千五百二十五　辰巳二千五百二十六
辰午二千五百二十七　辰未二千五百二十八
辰申二千五百二十九　辰酉二千五百三十
辰戌二千五百三十一　辰亥二千五百三十二

星乙二百一十二
辰子二千五百三十三　辰丑二千五百三十四
辰寅二千五百三十五　辰卯二千五百三十六
辰辰二千五百三十七　辰巳二千五百三十八
辰午二千五百三十九　辰未二千五百四十
辰申二千五百四十一　辰酉二千五百四十二
辰戌二千五百四十三　辰亥二千五百四十四

星丙二百一十三

辰子二千五百四十五　辰丑二千五百四十六

辰寅二千五百四十七　辰卯二千五百四十八

辰辰二千五百四十九　辰巳二千五百五十

辰午二千五百五十一　辰未二千五百五十二

辰申二千五百五十三　辰酉二千五百五十四

辰戌二千五百五十五　辰亥二千五百五十六

星丁二百一十四

辰子二千五百五十七　辰丑二千五百五十八

辰寅二千五百五十九　辰卯二千五百六十

辰辰二千五百六十一　辰巳二千五百六十二

辰午二千五百六十三　辰未二千五百六十四

辰申二千五百六十五　辰酉二千五百六十六

辰戌二千五百六十七　辰亥二千五百六十八

星戊二百一十五

辰子二千五百六十九　辰丑二千五百七十

辰寅二千五百七十一　辰卯二千五百七十二

辰辰二千五百七十三　辰巳二千五百七十四

辰午二千五百七十五　辰未二千五百七十六

辰申二千五百七十七
辰酉二千五百七十八
辰戌二千五百七十九
辰亥二千五百八十

星己二百一十六

辰子二千五百八十一
辰丑二千五百八十二
辰寅二千五百八十三
辰卯二千五百八十四
辰辰二千五百八十五
辰巳二千五百八十六
辰午二千五百八十七
辰未二千五百八十八
辰申二千五百八十九
辰酉二千五百九十
辰戌二千五百九十一
辰亥二千五百九十二

星庚二百一十七

辰子二千五百九十三
辰丑二千五百九十四
辰寅二千五百九十五
辰卯二千五百九十六
辰辰二千五百九十七
辰巳二千五百九十八
辰午二千五百九十九
辰未二千六百
辰申二千六百一
辰酉二千六百二
辰戌二千六百三
辰亥二千六百四

星辛二百一十八

辰子二千六百五
辰丑二千六百六
辰寅二千六百七
辰卯二千六百八

辰辰二千六百九
辰巳二千六百一十
辰午二千六百一十一
辰未二千六百一十二
辰申二千六百一十三
辰酉二千六百一十四
辰戌二千六百一十五
辰亥二千六百一十六

星壬二百一十九

辰子二千六百一十七
辰丑二千六百一十八
辰寅二千六百一十九
辰卯二千六百二十
辰辰二千六百二十一
辰巳二千六百二十二
辰午二千六百二十三
辰未二千六百二十四
辰申二千六百二十五
辰酉二千六百二十六
辰戌二千六百二十七
辰亥二千六百二十八

星癸二百二十

辰子二千六百二十九
辰丑二千六百三十
辰寅二千六百三十一
辰卯二千六百三十二
辰辰二千六百三十三
辰巳二千六百三十四
辰午二千六百三十五
辰未二千六百三十六
辰申二千六百三十七
辰酉二千六百三十八
辰戌二千六百三十九
辰亥二千六百四十

星甲二百二十一

辰子二千六百四十一　辰丑二千六百四十二
辰寅二千六百四十三　辰卯二千六百四十四
辰辰二千六百四十五　辰巳二千六百四十六
辰午二千六百四十七　辰未二千六百四十八
辰申二千六百四十九　辰酉二千六百五十
辰戌二千六百五十一　辰亥二千六百五十二

星乙二百二十二

辰子二千六百五十三　辰丑二千六百五十四
辰寅二千六百五十五　辰卯二千六百五十六
辰辰二千六百五十七　辰巳二千六百五十八
辰午二千六百五十九　辰未二千六百六十
辰申二千六百六十一　辰酉二千六百六十二
辰戌二千六百六十三　辰亥二千六百六十四

星丙二百二十三

辰子二千六百六十五　辰丑二千六百六十六
辰寅二千六百六十七　辰卯二千六百六十八
辰辰二千六百六十九　辰巳二千六百七十
辰午二千六百七十一　辰未二千六百七十二

辰申二千六百七十三
辰酉二千六百七十四
辰戌二千六百七十五
辰亥二千六百七十六

星丁二百二十四

辰子二千六百七十七
辰丑二千六百七十八
辰寅二千六百七十九
辰卯二千六百八十
辰辰二千六百八十一
辰巳二千六百八十二
辰午二千六百八十三
辰未二千六百八十四
辰申二千六百八十五
辰酉二千六百八十六
辰戌二千六百八十七
辰亥二千六百八十八

星戊二百二十五

辰子二千六百八十九
辰丑二千六百九十
辰寅二千六百九十一
辰卯二千六百九十二
辰辰二千六百九十三
辰巳二千六百九十四
辰午二千六百九十五
辰未二千六百九十六
辰申二千六百九十七
辰酉二千六百九十八
辰戌二千六百九十九
辰亥二千七百

星己二百二十六

辰子二千七百一
辰丑二千七百二
辰寅二千七百三
辰卯二千七百四

辰辰二千七百五
辰巳二千七百六
辰午二千七百七
辰未二千七百八
辰申二千七百九
辰酉二千七百一十
辰戌二千七百一十一
辰亥二千七百一十二

星庚二百二十七

辰子二千七百一十三
辰丑二千七百一十四
辰寅二千七百一十五
辰卯二千七百一十六
辰辰二千七百一十七
辰巳二千七百一十八
辰午二千七百一十九
辰未二千七百二十
辰申二千七百二十一
辰酉二千七百二十二
辰戌二千七百二十三
辰亥二千七百二十四

星辛二百二十八

辰子二千七百二十五
辰丑二千七百二十六
辰寅二千七百二十七
辰卯二千七百二十八
辰辰二千七百二十九
辰巳二千七百三十
辰午二千七百三十一
辰未二千七百三十二
辰申二千七百三十三
辰酉二千七百三十四
辰戌二千七百三十五
辰亥二千七百三十六

星壬二百二十九

辰子二千七百三十七　辰丑二千七百三十八
辰寅二千七百三十九　辰卯二千七百四十
辰辰二千七百四十一　辰巳二千七百四十二
辰午二千七百四十三　辰未二千七百四十四
辰申二千七百四十五　辰酉二千七百四十六
辰戌二千七百四十七　辰亥二千七百四十八

星癸二百三十

辰子二千七百四十九　辰丑二千七百五十
辰寅二千七百五十一　辰卯二千七百五十二
辰辰二千七百五十三　辰巳二千七百五十四
辰午二千七百五十五　辰未二千七百五十六
辰申二千七百五十七　辰酉二千七百五十八
辰戌二千七百五十九　辰亥二千七百六十

星甲二百三十一

辰子二千七百六十一　辰丑二千七百六十二
辰寅二千七百六十三　辰卯二千七百六十四
辰辰二千七百六十五　辰巳二千七百六十六
辰午二千七百六十七　辰未二千七百六十八

辰申二千七百六十九
辰酉二千七百七十
辰戌二千七百七十一
辰亥二千七百七十二

星乙二百二十二

辰子二千七百七十三
辰丑二千七百七十四
辰寅二千七百七十五
辰卯二千七百七十六
辰辰二千七百七十七
辰巳二千七百七十八
辰午二千七百七十九
辰未二千七百八十
辰申二千七百八十一
辰酉二千七百八十二
辰戌二千七百八十三
辰亥二千七百八十四

星丙二百二十三

辰子二千七百八十五
辰丑二千七百八十六
辰寅二千七百八十七
辰卯二千七百八十八
辰辰二千七百八十九
辰巳二千七百九十
辰午二千七百九十一
辰未二千七百九十二
辰申二千七百九十三
辰酉二千七百九十四
辰戌二千七百九十五
辰亥二千七百九十六

星丁二百二十四

辰子二千七百九十七
辰丑二千七百九十八
辰寅二千七百九十九
辰卯二千八百

辰辰二千八百一
辰巳二千八百二
辰午二千八百三
辰未二千八百四
辰申二千八百五
辰酉二千八百六
辰戌二千八百七
辰亥二千八百八

星戊二百三十五

辰子二千八百九
辰丑二千八百十
辰寅二千八百一十一
辰卯二千八百一十二
辰辰二千八百一十三
辰巳二千八百一十四
辰午二千八百一十五
辰未二千八百一十六
辰申二千八百一十七
辰酉二千八百一十八
辰戌二千八百一十九
辰亥二千八百二十

星己二百三十六

辰子二千八百二十一
辰丑二千八百二十二
辰寅二千八百二十三
辰卯二千八百二十四
辰辰二千八百二十五
辰巳二千八百二十六
辰午二千八百二十七
辰未二千八百二十八
辰申二千八百二十九
辰酉二千八百三十
辰戌二千八百三十一
辰亥二千八百三十二

星庚 二百三十七

辰子 二千八百三十三

辰丑 二千八百三十四

辰寅 二千八百三十五

辰卯 二千八百三十六

辰辰 二千八百三十七

辰巳 二千八百三十八

辰午 二千八百三十九

辰未 二千八百四十

辰申 二千八百四十一

辰酉 二千八百四十二

辰戌 二千八百四十三

辰亥 二千八百四十四

星辛 二百三十八

辰子 二千八百四十五

辰丑 二千八百四十六

辰寅 二千八百四十七

辰卯 二千八百四十八

辰辰 二千八百四十九

辰巳 二千八百五十

辰午 二千八百五十一

辰未 二千八百五十二

辰申 二千八百五十三

辰酉 二千八百五十四

辰戌 二千八百五十五

辰亥 二千八百五十六

星壬 二百三十九

辰子 二千八百五十七

辰丑 二千八百五十八

辰寅 二千八百五十九

辰卯 二千八百六十

辰辰 二千八百六十一

辰巳 二千八百六十二

辰午 二千六百六十三

辰未 二千六百六十四

星癸二百四十

辰申二千六百六十五　辰酉二千八百六十六

辰戌二千八百六十七　辰亥二千八百六十八

辰子二千八百六十九　辰丑二千八百七十

辰寅二千八百七十一　辰卯二千八百七十二

辰辰二千八百七十三　辰巳二千八百七十四

辰午二千八百七十五　辰未二千八百七十六

辰申二千八百七十七　辰酉二千八百七十八

辰戌二千八百七十九　辰亥二千八百八十

以元經會之九　觀物篇之九

月申九星甲二百四十一

辰子二千八百八十一　辰丑二千八百八十二

辰寅二千八百八十三　辰卯二千八百八十四

辰辰二千八百八十五　辰巳二千八百八十六

辰午二千八百八十七　辰未二千八百八十八

辰申二千八百八十九　辰酉二千八百九十

辰戌二千八百九十一　辰亥二千八百九十二

星乙二百四十二

辰子二千八百九十三
辰丑二千八百九十四
辰寅二千八百九十五
辰卯二千八百九十六
辰辰二千八百九十七
辰巳二千八百九十八
辰午二千八百九十九
辰未二千九百
辰申二千九百一
辰酉二千九百二
辰戌二千九百三
辰亥二千九百四

星丙二百四十三

辰子二千九百五
辰丑二千九百六
辰寅二千九百七
辰卯二千九百八
辰辰二千九百九
辰巳二千九百一十
辰午二千九百十一
辰未二千九百十二
辰申二千九百十三
辰酉二千九百十四
辰戌二千九百十五
辰亥二千九百十六

星丁二百四十四

辰子二千九百十七
辰丑二千九百十八
辰寅二千九百十九
辰卯二千九百二十
辰辰二千九百二十一
辰巳二千九百二十二
辰午二千九百二十三
辰未二千九百二十四

辰申二千九百二十五
辰酉二千九百二十六
辰戌二千九百二十七
辰亥二千九百二十八

星戊二百四十五

辰子二千九百二十九
辰丑二千九百三十
辰寅二千九百三十一
辰卯二千九百三十二
辰辰二千九百三十三
辰巳二千九百三十四
辰午二千九百三十五
辰未二千九百三十六
辰申二千九百三十七
辰酉二千九百三十八
辰戌二千九百三十九
辰亥二千九百四十

星己二百四十六

辰子二千九百四十一
辰丑二千九百四十二
辰寅二千九百四十三
辰卯二千九百四十四
辰辰二千九百四十五
辰巳二千九百四十六
辰午二千九百四十七
辰未二千九百四十八
辰申二千九百四十九
辰酉二千九百五十
辰戌二千九百五十一
辰亥二千九百五十二

星庚二百四十七

辰子二千九百五十三
辰丑二千九百五十四
辰寅二千九百五十五
辰卯二千九百五十六

辰辰二千九百五十七
辰巳二千九百五十八
辰午二千九百五十九
辰未二千九百六十
辰申二千九百六十一
辰酉二千九百六十二
辰戌二千九百六十三
辰亥二千九百六十四

星辛二百四十八

辰子二千九百六十五
辰丑二千九百六十六
辰寅二千九百六十七
辰卯二千九百六十八
辰辰二千九百六十九
辰巳二千九百七十
辰午二千九百七十一
辰未二千九百七十二
辰申二千九百七十三
辰酉二千九百七十四
辰戌二千九百七十五
辰亥二千九百七十六

星壬二百四十九

辰子二千九百七十七
辰丑二千九百七十八
辰寅二千九百七十九
辰卯二千九百八十
辰辰二千九百八十一
辰巳二千九百八十二
辰午二千九百八十三
辰未二千九百八十四
辰申二千九百八十五
辰酉二千九百八十六
辰戌二千九百八十七
辰亥二千九百八十八

星癸二百五十

辰子二千九百八十九　辰丑二千九百九十

辰寅二千九百九十一　辰卯二千九百九十二

辰辰二千九百九十三　辰巳二千九百九十四

辰午二千九百九十五　辰未二千九百九十六

辰申二千九百九十七　辰酉二千九百九十八

辰戌二千九百九十九　辰亥三千

星甲二百五十一

辰子三千一　辰丑三千二

辰寅三千三　辰卯三千四

辰辰三千五　辰巳三千六

辰午三千七　辰未三千八

辰申三千九　辰酉三千一十

辰戌三千一十一　辰亥三千一十二

星乙二百五十二

辰子三千一十三　辰丑三千一十四

辰寅三千一十五　辰卯三千一十六

辰辰三千一十七　辰巳三千一十八

辰午三千一十九　辰未三千二十

辰申三千二十一　辰酉三千二十二
辰戌三千二十三　辰亥三千二十四

星丙二百五十三

辰子三千二十五　辰丑三千二十六
辰寅三千二十七　辰卯三千二十八
辰辰三千二十九　辰巳三千三十
辰午三千三十一　辰未三千三十二
辰申三千三十三　辰酉三千三十四

星丁二百五十四

辰戌三千三十五　辰亥三千三十六
辰子三千三十七　辰丑三千三十八
辰寅三千三十九　辰卯三千四十
辰辰三千四十一　辰巳三千四十二
辰午三千四十三　辰未三千四十四
辰申三千四十五　辰酉三千四十六

星戊二百五十五

辰戌三千四十七　辰亥三千四十八
辰子三千四十九　辰丑三千五十
辰寅三千五十一　辰卯三千五十二

辰辰三千五十三　辰巳三千五十四
辰午三千五十五　辰未三千五十六
辰申三千五十七　辰酉三千五十八
辰戌三千五十九　辰亥三千六十

星己二百五十六

辰子三千六十一　辰丑三千六十二
辰寅三千六十三　辰卯三千六十四
辰辰三千六十五　辰巳三千六十六
辰午三千六十七　辰未三千六十八
辰申三千六十九　辰酉三千七十
辰戌三千七十一　辰亥三千七十二

星庚二百五十七

辰子三千七十三　辰丑三千七十四
辰寅三千七十五　辰卯三千七十六
辰辰三千七十七　辰巳三千七十八
辰午三千七十九　辰未三千八十
辰申三千八十一　辰酉三千八十二
辰戌三千八十三　辰亥三千八十四

星辛二百五十八

辰子三千八十五　辰丑三千八十六

辰寅三千八十七　辰卯三千八十八

辰辰三千八十九　辰巳三千九十

辰午三千九十一　辰未三千九十二

辰申三千九十三　辰酉三千九十四

辰戌三千九十五　辰亥三千九十六

星壬二百五十九

辰子三千九十七　辰丑三千九十八

辰寅三千九十九　辰卯三千一百

辰辰三千一百一　辰巳三千一百二

辰午三千一百三　辰未三千一百四

辰申三千一百五　辰酉三千一百六

辰戌三千一百七　辰亥三千一百八

星癸二百六十

辰子三千一百九　辰丑三千一百一十

辰寅三千一百一十一　辰卯三千一百一十二

辰辰三千一百一十三　辰巳三千一百一十四

辰午三千一百一十五　辰未三千一百一十六

辰申三千一百一十七　辰酉三千一百一十八
辰戌三千一百一十九　辰亥三千一百二十

星甲二百六十一

辰子三千一百二十一　辰丑三千一百二十二
辰寅三千一百二十三　辰卯三千一百二十四
辰辰三千一百二十五　辰巳三千一百二十六
辰午三千一百二十七　辰未三千一百二十八
辰申三千一百二十九　辰酉三千一百三十
辰戌三千一百三十一　辰亥三千一百三十二

星乙二百六十二

辰子三千一百三十三　辰丑三千一百三十四
辰寅三千一百三十五　辰卯三千一百三十六
辰辰三千一百三十七　辰巳三千一百三十八
辰午三千一百三十九　辰未三千一百四十
辰申三千一百四十一　辰酉三千一百四十二
辰戌三千一百四十三　辰亥三千一百四十四

星丙二百六十三

辰子三千一百四十五　辰丑三千一百四十六
辰寅三千一百四十七　辰卯三千一百四十八

辰辰四千一百四十九
辰巳三千一百五十
辰午三千一百五十一
辰未三千一百五十二
辰申三千一百五十三
辰酉三千一百五十四
辰戌三千一百五十五
辰亥三千一百五十六

星丁二百六十四

辰子三千一百五十七
辰丑三千一百五十八
辰寅三千一百五十九
辰卯三千一百六十
辰辰三千一百六十一
辰巳三千一百六十二
辰午三千一百六十三
辰未三千一百六十四
辰申三千一百六十五
辰酉三千一百六十六
辰戌三千一百六十七
辰亥三千一百六十八

星戊二百六十五

辰子三千一百六十九
辰丑三千一百七十
辰寅三千一百七十一
辰卯三千一百七十二
辰辰三千一百七十三
辰巳三千一百七十四
辰午三千一百七十五
辰未三千一百七十六
辰申三千一百七十七
辰酉三千一百七十八
辰戌三千一百七十九
辰亥三千一百八十

星己二百六十六

辰子三千一百八十一　辰丑三千一百八十二

辰寅三千一百八十三　辰卯三千一百八十四

辰辰三千一百八十五　辰巳三千一百八十六

辰午三千一百八十七　辰未三千一百八十八

辰申三千一百八十九　辰酉三千一百九十

辰戌三千一百九十一　辰亥三千一百九十二

星庚二百六十七

辰子三千一百九十三　辰丑三千一百九十四

辰寅三千一百九十五　辰卯三千一百九十六

辰辰三千一百九十七　辰巳三千一百九十八

辰午三千一百九十九　辰未三千二百

辰申三千二百一　辰酉三千二百二

辰戌三千二百三　辰亥三千二百四

星辛二百六十六

辰子三千二百五　辰丑三千二百六

辰寅三千二百七　辰卯三千二百八

辰辰三千二百九　辰巳三千二百一十

辰午三千二百一十一　辰未三千二百一十二

辰申三千二百一十三
辰酉三千二百一十四
辰戌三千二百一十五
辰亥三千二百一十六

星壬二百六十九

辰子三千二百一十七
辰丑三千二百一十八
辰寅三千二百一十九
辰卯三千二百二十
辰辰三千二百二十一
辰巳三千二百二十二
辰午三千二百二十三
辰未三千二百二十四
辰申三千二百二十五
辰酉三千二百二十六
辰戌三千二百二十七
辰亥三千二百二十八

星癸二百七十

辰子三千二百二十九
辰丑三千二百三十
辰寅三千二百三十一
辰卯三千二百三十二
辰辰三千二百三十三
辰巳三千二百三十四
辰午三千二百三十五
辰未三千二百三十六
辰申三千二百三十七
辰酉三千二百三十八
辰戌三千二百三十九
辰亥三千二百四十

以元經會之十　觀物篇之十

月酉十星甲二百七十一

辰子三千二百四十一　辰丑三千二百四十二

辰寅三千二百四十三　辰卯三千二百四十四

辰辰三千二百四十五　辰巳三千二百四十六

辰午三千二百四十七　辰未三千二百四十八

辰申三千二百四十九　辰酉三千二百五十

辰戌三千二百五十一　辰亥三千二百五十二

星乙二百七十二

辰子三千二百五十三　辰丑三千二百五十四

辰寅三千二百五十五　辰卯三千二百五十六

辰辰三千二百五十七　辰巳三千二百五十八

辰午三千二百五十九　辰未三千二百六十

辰申三千二百六十一　辰酉三千二百六十二

辰戌三千二百六十三　辰亥三千二百六十四

星丙二百七十三

辰子三千二百六十五　辰丑三千二百六十六

辰寅三千二百六十七　辰卯三千二百六十八

辰辰三千二百六十九
辰巳三千二百七十
辰午三千二百七十一
辰未三千二百七十二
辰申三千二百七十三
辰酉三千二百七十四
辰戌三千二百七十五
辰亥三千二百七十六

星丁二百七十四

辰子三千二百七十七
辰丑三千二百七十八
辰寅三千二百七十九
辰卯三千二百八十
辰辰三千二百八十一
辰巳三千二百八十二
辰午三千二百八十三
辰未三千二百八十四
辰申三千二百八十五
辰酉三千二百八十六
辰戌三千二百八十七
辰亥三千二百八十八

星戊二百七十五

辰子三千二百八十九
辰丑三千二百九十
辰寅三千二百九十一
辰卯三千二百九十二
辰辰三千二百九十三
辰巳三千二百九十四
辰午三千二百九十五
辰未三千二百九十六
辰申三千二百九十七
辰酉三千二百九十八
辰戌三千二百九十九
辰亥三千三百

星己二百七十六

辰子三千二百一

辰丑三千二百二

辰寅三千二百三

辰卯三千二百四

辰辰三千二百五

辰巳三千二百六

辰午三千二百七

辰未三千二百八

辰申三千二百九

辰酉三千二百一十

辰戌三千二百一十一

辰亥三千二百一十二

星庚二百七十七

辰子三千二百一十三

辰丑三千二百一十四

辰寅三千二百一十五

辰卯三千二百一十六

辰辰三千二百一十七

辰巳三千二百一十八

辰午三千二百一十九

辰未三千二百二十

辰申三千二百二十一

辰酉三千二百二十二

辰戌三千二百二十三

辰亥三千二百二十四

星辛二百七十八

辰子三千二百二十五

辰丑三千二百二十六

辰寅三千二百二十七

辰卯三千二百二十八

辰辰三千二百二十九

辰巳三千二百三十

辰午三千二百三十一

辰未三千二百三十二

辰申三千三百三十三
辰酉三千三百三十四
辰戌三千三百三十五
辰亥三千三百三十六

星壬二百七十九

辰子三千三百三十七
辰丑三千三百三十八
辰寅三千三百三十九
辰卯三千三百四十
辰辰三千三百四十一
辰巳三千三百四十二
辰午三千三百四十三
辰未三千三百四十四
辰申三千三百四十五
辰酉三千三百四十六
辰戌三千三百四十七
辰亥三千三百四十八

星癸二百八十

辰子三千三百四十九
辰丑三千三百五十
辰寅三千三百五十一
辰卯三千三百五十二
辰辰三千三百五十三
辰巳三千三百五十四
辰午三千三百五十五
辰未三千三百五十六
辰申三千三百五十七
辰酉三千三百五十八
辰戌三千三百五十九
辰亥三千三百六十

星甲二百八十一

辰子三千三百六十一
辰丑三千三百六十二
辰寅三千三百六十三
辰卯三千三百六十四

辰辰三千三百六十五　辰巳三千三百六十六

辰午三千三百六十七　辰未三千三百六十八

辰申三千三百六十九　辰酉三千三百七十

辰戌三千三百七十一　辰亥三千三百七十二

星乙二百八十二

辰子三千三百七十三　辰丑三千三百七十四

辰寅三千三百七十五　辰卯三千三百七十六

辰辰三千三百七十七　辰巳三千三百七十八

辰午三千三百七十九　辰未三千三百八十

辰申三千三百八十一　辰酉三千三百八十二

辰戌三千三百八十三　辰亥三千三百八十四

星丙二百八十三

辰子三千三百八十五　辰丑三千三百八十六

辰寅三千三百八十七　辰卯三千三百八十八

辰辰三千三百八十九　辰巳三千三百九十

辰午三千三百九十一　辰未三千三百九十二

辰申三千三百九十三　辰酉三千三百九十四

辰戌三千三百九十五　辰亥三千三百九十六

星丁二百八十四

辰子三千三百九十七　辰丑三千三百九十八
辰寅三千三百九十九　辰卯三千四百
辰辰三千四百一　辰巳三千四百二
辰午三千四百三　辰未三千四百四
辰申三千四百五　辰酉三千四百六
辰戌三千四百七　辰亥三千四百八

星戊二百八十五

辰子三千四百九　辰丑三千四百一十
辰寅三千四百一十一　辰卯三千四百一十二
辰辰三千四百一十三　辰巳三千四百一十四
辰午三千四百一十五　辰未三千四百一十六
辰申三千四百一十七　辰酉三千四百一十八
辰戌三千四百一十九　辰亥三千四百二十

星己二百八十六

辰子三千四百二十一　辰丑三千四百二十二
辰寅三千四百二十三　辰卯三千四百二十四
辰辰三千四百二十五　辰巳三千四百二十六
辰午三千四百二十七　辰未三千四百二十八

辰申三千四百二十九
辰酉三千四百三十
辰戌三千四百三十一
辰亥三千四百三十二

星庚二百八十七

辰子三千四百三十三
辰丑三千四百三十四
辰寅三千四百三十五
辰卯三千四百三十六
辰辰三千四百三十七
辰巳三千四百三十八
辰午三千四百三十九
辰未三千四百四十
辰申三千四百四十一
辰酉三千四百四十二
辰戌三千四百四十三
辰亥三千四百四十四

星辛二百八十八

辰子三千四百四十五
辰丑三千四百四十六
辰寅三千四百四十七
辰卯三千四百四十八
辰辰三千四百四十九
辰巳三千四百五十
辰午三千四百五十一
辰未三千五百五十二
辰申三千四百五十三
辰酉三千四百五十四
辰戌三千四百五十五
辰亥三千四百五十六

星壬二百八十九

辰子三千四百五十七
辰丑三千四百五十八
辰寅三千四百五十九
辰卯三千四百六十

辰辰三千四百六十一
辰巳三千四百六十二
辰午三千四百六十三
辰未三千四百六十四
辰申三千四百六十五
辰酉三千四百六十六
辰戌三千四百六十七
辰亥三千四百六十八

星癸二百九十

辰子三千四百六十九
辰丑三千四百七十
辰寅三千四百七十一
辰卯三千四百七十二
辰辰三千四百七十三
辰巳三千四百七十四
辰午三千四百七十五
辰未三千四百七十六
辰申三千四百七十七
辰酉三千四百七十八
辰戌三千四百七十九
辰亥三千四百八十

星甲二百九十一

辰子三千四百八十一
辰丑三千四百八十二
辰寅三千四百八十三
辰卯三千四百八十四
辰辰三千四百八十五
辰巳三千四百八十六
辰午三千四百八十七
辰未三千四百八十八
辰申三千四百八十九
辰酉三千四百九十
辰戌三千四百九十一
辰亥三千四百九十二

星乙 二百九十二

辰子 三千四百九十三
辰丑 三千四百九十四
辰寅 三千四百九十五
辰卯 三千四百九十六
辰辰 三千四百九十七
辰巳 三千四百九十八
辰午 三千四百九十九
辰未 三千五百
辰申 三千五百一
辰酉 三千五百二
辰戌 三千五百三
辰亥 三千五百四

星丙 二百九十三

辰子 三千五百五
辰丑 三千五百六
辰寅 三千五百七
辰卯 三千五百八
辰辰 三千五百九
辰巳 三千五百一十
辰午 三千五百一十一
辰未 三千五百一十二
辰申 三千五百一十三
辰酉 三千五百一十四
辰戌 三千五百一十五
辰亥 三千五百一十六

星丁 二百九十四

辰子 三千五百一十七
辰丑 三千五百一十八
辰寅 三千五百一十九
辰卯 三千五百二十
辰辰 三千五百二十一
辰巳 三千五百二十二
辰午 三千五百二十三
辰未 三千五百二十四

辰申三千五百二十五

辰酉三千五百二十六

辰戌三千五百二十七

辰亥三千五百二十八

星戊二百九十五

辰子三千五百二十九

辰丑三千五百三十

辰寅三千五百三十一

辰卯三千五百三十二

辰辰三千五百三十三

辰巳三千五百三十四

辰午三千五百三十五

辰未三千五百三十六

辰申三千五百三十七

辰酉三千五百三十八

辰戌三千五百三十九

辰亥三千五百四十

星己二百九十六

辰子三千五百四十一

辰丑三千五百四十二

辰寅三千五百四十三

辰卯三千五百四十四

辰辰三千五百四十五

辰巳三千五百四十六

辰午三千五百四十七

辰未三千五百四十八

辰申三千五百四十九

辰酉三千五百五十

辰戌三千五百五十一

辰亥三千五百五十二

星庚二百九十七

辰子三千五百五十三

辰丑三千五百五十四

辰寅三千五百五十五

辰卯三千五百五十六

辰辰三千五百五十七　辰巳三千五百五十八

辰午三千五百五十九　辰未三千五百六十

辰申三千五百六十一　辰酉三千五百六十二

辰戌三千五百六十三　辰亥三千五百六十四

星辛二百九十八

辰子三千五百六十五　辰丑三千五百六十六

辰寅三千五百六十七　辰卯三千五百六十八

辰辰三千五百六十九　辰巳三千五百七十

辰午三千五百七十一　辰未三千五百七十二

辰申三千五百七十三　辰酉三千五百七十四

辰戌三千五百七十五　辰亥三千五百七十六

星壬二百九十九

辰子三千五百七十七　辰丑三千五百七十八

辰寅三千五百七十九　辰卯三千五百八十

辰辰三千五百八十一　辰巳三千五百八十二

辰午三千五百八十三　辰未三千五百八十四

辰申三千五百八十五　辰酉三千五百八十六

辰戌三千五百八十七　辰亥三千五百八十八

星癸 三百

辰子 三千五百八十九　辰丑 三千五百九十
辰寅 三千五百九十一　辰卯 三千五百九十二
辰辰 三千五百九十三　辰巳 三千五百九十四
辰午 三千五百九十五　辰未 三千五百九十六
辰申 三千五百九十七　辰酉 三千五百九十八
辰戌 三千五百九十九　辰亥 三千六百

以元經會之十一　觀物篇之十一

月戌 十一　星甲 三百一

辰子 三千六百一　辰丑 三千六百二
辰寅 三千六百三　辰卯 三千六百四
辰辰 三千六百五　辰巳 三千六百六
辰午 三千六百七　辰未 三千六百八
辰申 三千六百九　辰酉 三千六百一十
辰戌 三千六百一十一　辰亥 三千六百一十二

星乙 三百二

辰子 三千六百一十三　辰丑 三千六百一十四
辰寅 三千六百一十五　辰卯 三千六百一十六

辰辰三千六百一十七

辰巳三千六百一十八

辰午三千六百一十九

辰未三千六百二十

辰申三千六百二十一

辰酉三千六百二十二

辰戌三千六百二十三

辰亥三千六百二十四

星丙三百三

辰子三千六百二十五

辰丑三千六百二十六

辰寅三千六百二十七

辰卯三千六百二十八

辰辰三千六百二十九

辰巳三千六百三十

辰午三千六百三十一

辰未三千六百三十二

辰申三千六百三十三

辰酉三千六百三十四

辰戌三千六百三十五

辰亥三千六百三十六

星丁三百四

辰子三千六百三十七

辰丑三千六百三十八

辰寅三千六百三十九

辰卯三千六百四十

辰辰三千六百四十一

辰巳三千六百四十二

辰午三千六百四十三

辰未三千六百四十四

辰申三千六百四十五

辰酉三千六百四十六

辰戌三千六百四十七

辰亥三千六百四十八

星戊三百五

辰子三千六百四十九
辰丑三千六百五十
辰寅三千六百五十一
辰卯三千六百五十二
辰辰三千六百五十三
辰巳三千六百五十四
辰午三千六百五十五
辰未三千六百五十六
辰申三千六百五十七
辰酉三千六百五十八
辰戌三千六百五十九
辰亥三千六百六十

星己三百六

辰子三千六百六十一
辰丑三千六百六十二
辰寅三千六百六十三
辰卯三千六百六十四
辰辰三千六百六十五
辰巳三千六百六十六
辰午三千六百六十七
辰未三千六百六十八
辰申三千六百六十九
辰酉三千六百七十
辰戌三千六百七十一
辰亥三千六百七十二

星庚三百七

辰子三千六百七十三
辰丑三千六百七十四
辰寅三千六百七十五
辰卯三千六百七十六
辰辰三千六百七十七
辰巳三千六百七十八
辰午三千六百七十九
辰未三千六百八十

辰申三千六百八十一
辰酉三千六百八十二
辰戌三千六百八十三
辰亥三千六百八十四

星辛三百八

辰子三千六百八十五
辰丑三千六百八十六
辰寅三千六百八十七
辰卯三千六百八十八
辰辰三千六百八十九
辰巳三千六百九十
辰午三千六百九十一
辰未三千六百九十二
辰申三千六百九十三
辰酉三千六百九十四
辰戌三千六百九十五
辰亥三千六百九十六

星壬三百九

辰子三千六百九十七
辰丑三千六百九十八
辰寅三千六百九十九
辰卯三千七百
辰辰三千七百一
辰巳三千七百二
辰午三千七百三
辰未三千七百四
辰申三千七百五
辰酉三千七百六
辰戌三千七百七
辰亥三千七百八

星癸三百一十

辰子三千七百九
辰丑三千七百一十
辰寅三千七百一十一
辰卯三千七百一十二

辰辰 三千七百一十三
辰巳 三千七百一十四
辰午 三千七百一十五
辰未 三千七百一十六
辰申 三千七百一十七
辰酉 三千七百一十八
辰戌 三千七百一十九
辰亥 三千七百二十

星甲 三百一十一

辰子 三千七百二十一
辰丑 三千七百二十二
辰寅 三千七百二十三
辰卯 三千七百二十四
辰辰 三千七百二十五
辰巳 三千七百二十六
辰午 三千七百二十七
辰未 三千七百二十八
辰申 三千七百二十九
辰酉 三千七百三十
辰戌 三千七百三十一
辰亥 三千七百三十二

星乙 三百一十二

辰子 三千七百三十三
辰丑 三千七百三十四
辰寅 三千七百三十五
辰卯 三千七百三十六
辰辰 三千七百三十七
辰巳 三千七百三十八
辰午 三千七百三十九
辰未 三千七百四十
辰申 三千七百四十一
辰酉 三千七百四十二
辰戌 三千七百四十三
辰亥 三千七百四十四

星丙三百一十三

辰子三千七百四十五　辰丑三千七百四十六
辰寅三千七百四十七　辰卯三千七百四十八
辰辰三千七百四十九　辰巳三千七百五十
辰午三千七百五十一　辰未三千七百五十二
辰申三千七百五十三　辰酉三千七百五十四
辰戌三千七百五十五　辰亥三千七百五十六

星丁三百一十四

辰子三千七百五十七　辰丑三千七百五十八
辰寅三千七百五十九　辰卯三千七百六十
辰辰三千七百六十一　辰巳三千七百六十二
辰午三千七百六十三　辰未三千七百六十四
辰申三千七百六十五　辰酉三千七百六十六
辰戌三千七百六十七　辰亥三千七百六十八

星戊三百一十五

辰子三千七百六十九　辰丑三千七百七十
辰寅三千七百七十一　辰卯三千七百七十二
辰辰三千七百七十三　辰巳三千七百七十四
辰午三千七百七十五　辰未三千七百七十六

辰申三千七百七十七
辰酉三千七百七十八
辰戌三千七百七十九
辰亥三千七百八十

星己三百一十六

辰子三千七百八十一
辰丑三千七百八十二
辰寅三千七百八十三
辰卯三千七百八十四
辰辰三千七百八十五
辰巳三千七百八十六
辰午三千七百八十七
辰未三千七百八十八
辰申三千七百八十九
辰酉三千七百九十
辰戌三千七百九十一
辰亥三千七百九十二

星庚三百一十七

辰子三千七百九十三
辰丑三千七百九十四
辰寅三千七百九十五
辰卯三千七百九十六
辰辰三千七百九十七
辰巳三千七百九十八
辰午三千七百九十九
辰未三千八百
辰申三千八百一
辰酉三千八百二
辰戌三千八百三
辰亥三千八百四

星辛三百一十八

辰子三千八百五
辰丑三千八百六
辰寅三千八百七
辰卯三千八百八

辰辰三千八百九　辰巳三千八百一十
辰午三千八百一十一　辰未三千八百一十二
辰申三千八百一十三　辰酉三千八百一十四
辰戌三千八百一十五　辰亥三千八百一十六

星壬三百一十九

辰子三千八百一十七　辰丑三千八百一十八
辰寅三千八百一十九　辰卯三千八百二十
辰辰三千八百二十一　辰巳三千八百二十二
辰午三千八百二十三　辰未三千八百二十四
辰申三千八百二十五　辰酉三千八百二十六
辰戌三千八百二十七　辰亥三千八百二十八

星癸三百二十

辰子三千八百二十九　辰丑三千八百三十
辰寅三千八百三十一　辰卯三千八百三十二
辰辰三千八百三十三　辰巳三千八百三十四
辰午三千八百三十五　辰未三千八百三十六
辰申三千八百三十七　辰酉三千八百三十八
辰戌三千八百三十九　辰亥三千八百四十

星甲 三百二十一

辰子 三千八百四十一
辰丑 三千八百四十二
辰寅 三千八百四十三
辰卯 三千八百四十四
辰辰 三千八百四十五
辰巳 三千八百四十六
辰午 三千八百四十七
辰未 三千八百四十八
辰申 三千八百四十九
辰酉 三千八百五十
辰戌 三千八百五十一
辰亥 三千八百五十二

星乙 三百二十二

辰子 三千八百五十三
辰丑 三千八百五十四
辰寅 三千八百五十五
辰卯 三千八百五十六
辰辰 三千八百五十七
辰巳 三千八百五十八
辰午 三千八百五十九
辰未 三千八百六十
辰申 三千八百六十一
辰酉 三千八百六十二
辰戌 三千八百六十三
辰亥 三千八百六十四

星丙 三百二十三

辰子 三千八百六十五
辰丑 三千八百六十六
辰寅 三千八百六十七
辰卯 三千八百六十八
辰辰 三千八百六十九
辰巳 三千八百七十
辰午 三千八百七十一
辰未 三千八百七十二

辰申三千八百七十三
辰酉三千八百七十四
辰戌三千八百七十五
辰亥三千八百七十六

星丁三百二十四

辰子三千八百七十七
辰丑三千八百七十八
辰寅三千八百七十九
辰卯三千八百八十
辰辰三千八百八十一
辰巳三千八百八十二
辰午三千八百八十三
辰未三千八百八十四
辰申三千八百八十五
辰酉三千八百八十六
辰戌三千八百八十七
辰亥三千八百八十八

星戊三百二十五

辰子三千八百八十九
辰丑三千八百九十
辰寅三千八百九十一
辰卯三千八百九十二
辰辰三千八百九十三
辰巳三千八百九十四
辰午三千八百九十五
辰未三千八百九十六
辰申三千八百九十七
辰酉三千八百九十八
辰戌三千八百九十九
辰亥三千九百

星己三百二十六

辰子三千九百一
辰丑三千九百二
辰寅三千九百三
辰卯三千九百四

辰辰三千九百五

辰巳三千九百六

辰午三千九百七

辰未三千九百八

辰申三千九百九

辰酉三千九百一十

辰戌三千九百一十一

辰亥三千九百一十二

星庚三百二十七

辰子三千九百一十三

辰丑三千九百一十四

辰寅三千九百一十五

辰卯三千九百一十六

辰辰三千九百一十七

辰巳三千九百一十八

辰午三千九百一十九

辰未三千九百二十

辰申三千九百二十一

辰酉三千九百二十二

辰戌三千九百二十三

辰亥三千九百二十四

星辛三百二十八

辰子三千九百二十五

辰丑三千九百二十六

辰寅三千九百二十七

辰卯三千九百二十八

辰辰三千九百二十九

辰巳三千九百三十

辰午三千九百三十一

辰未三千九百三十二

辰申三千九百三十三

辰酉三千九百三十四

辰戌三千九百三十五

辰亥三千九百三十六

星壬三百二十九

辰子三千九百三十七　辰丑三千九百三十八

辰寅三千九百三十九　辰卯三千九百四十

辰辰三千九百四十一　辰巳三千九百四十二

辰午三千九百四十三　辰未三千九百四十四

辰申三千九百四十五　辰酉三千九百四十六

辰戌三千九百四十七　辰亥三千九百四十八

星癸三百三十

辰子三千九百四十九　辰丑三千九百五十

辰寅三千九百五十一　辰卯三千九百五十二

辰辰三千九百五十三　辰巳三千九百五十四

辰午三千九百五十五　辰未三千九百五十六

辰申三千九百五十七　辰酉三千九百五十八

辰戌三千九百五十九　辰亥三千九百六十

以元經會之十二　觀物篇之十二

月亥十二星甲三百三十一

辰子三千九百六十一　辰丑三千九百六十二

辰寅三千九百六十三
辰卯三千九百六十四
辰辰三千九百六十五
辰巳三千九百六十六
辰午三千九百六十七
辰未三千九百六十八
辰申三千九百六十九
辰酉三千九百七十
辰戌三千九百七十一
辰亥三千九百七十二

星乙三百三十二

辰子三千九百七十三
辰丑三千九百七十四
辰寅三千九百七十五
辰卯三千九百七十六
辰辰三千九百七十七
辰巳三千九百七十八
辰午三千九百七十九
辰未三千九百八十
辰申三千九百八十一
辰酉三千九百八十二
辰戌三千九百八十三
辰亥三千九百八十四

星丙三百三十三

辰子三千九百八十五
辰丑三千九百八十六
辰寅三千九百八十七
辰卯三千九百八十八
辰辰三千九百八十九
辰巳三千九百九十
辰午三千九百九十一
辰未三千九百九十二
辰申三千九百九十三
辰酉三千九百九十四

辰戌三千九百九十五　辰亥三千九百九十六

星丁三百三十四

辰子三千九百九十七　辰丑三千九百九十八

辰寅三千九百九十九　辰卯四千

辰辰四千一　辰巳四千二

辰午四千三　辰未四千四

辰申四千五　辰酉四千六

辰戌四千七　辰亥四千八

星戊三百三十五

辰子四千九　辰丑四千一十

辰寅四千一十一　辰卯四千一十二

辰辰四千一十三　辰巳一千一十四

辰午四千一十五　辰未四千一十六

辰申四千一十七　辰酉四千一十八

辰戌四千一十九　辰亥四千二十

星己三百三十六

辰子四千二十一　辰丑四千二十二

辰寅四千二十三　辰卯四千二十四

辰辰四千二十五　辰巳四千二十六

辰午四千二十七
辰未四千二十八
辰申四千二十九
辰酉四千三十
辰戌四千三十一
辰亥四千三十二

星庚三百三十七

辰子四千三十三
辰丑四千三十四
辰寅四千三十五
辰卯四千三十六
辰辰四千三十七
辰巳四千三十八
辰午四千三十九
辰未四千四十
辰申四千四十一
辰酉四千四十二
辰戌四千四十三
辰亥四千四十四

星辛三百三十八

辰子四千四十五
辰丑四千四十六
辰寅四千四十七
辰卯四千四十八
辰辰四千四十九
辰巳四千五十
辰午四千五十一
辰未四千五十二
辰申四千五十三
辰酉四千五十四
辰戌四千五十五
辰亥四千五十六

星壬三百三十九

辰子四千五十七
辰丑四千五十八

辰寅四千五十九　辰卯四千六十

辰辰四千六十一　辰巳四千六十二

辰午四千六十三　辰未四千六十四

辰申四千六十五　辰酉四千六十六

辰戌四千六十七　辰亥四千六十八

星癸三百四十

辰子四千六十九　辰丑四千七十

辰寅四千七十一　辰卯四千七十二

辰辰四千七十三　辰巳四千七十四

辰午四千七十五　辰未四千七十六

辰申四千七十七　辰酉四千七十八

辰戌四千七十九　辰亥四千八十

星甲三百四十一

辰子四千八十一　辰丑四千八十二

辰寅四千八十三　辰卯四千八十四

辰辰四千八十五　辰巳四千八十六

辰午四千八十七　辰未四千八十八

辰申四千八十九　辰酉四千九十

星乙三百四十二

辰戌四千九十一
辰亥四千九十二
辰子四千九十三
辰丑四千九十四
辰寅四千九十五
辰卯四千九十六
辰辰四千九十七
辰巳四千九十八
辰午四千九十九
辰未四千一百
辰申四千一百一
辰酉四千一百二

星丙三百四十三

辰戌四千一百三
辰亥四千一百四
辰子四千一百五
辰丑四千一百六
辰寅四千一百七
辰卯四千一百八
辰辰四千一百九
辰巳四千一百一十
辰午四千一百一十一
辰未四千一百一十二
辰申四千一百一十三
辰酉四千一百一十四

星丁三百四十四

辰戌四千一百一十五
辰亥四千一百一十六
辰子四千一百一十七
辰丑四千一百一十八
辰寅四千一百一十九
辰卯四千一百二十
辰辰四千一百二十一
辰巳四千一百二十二

辰午四千一百二十三　辰未四千一百二十四

辰申四千一百二十五　辰酉四千一百二十六

辰戌四千一百二十七　辰亥四千一百二十八

星戊三百四十五

辰子四千一百二十九　辰丑四千一百三十

辰寅四千一百三十一　辰卯四千一百三十二

辰辰四千一百三十三　辰巳四千一百三十四

辰午四千一百三十五　辰未四千一百三十六

辰申四千一百三十七　辰酉四千一百三十八

辰戌四千一百三十九　辰亥四千一百四十

星己三百四十六

辰子四千一百四十一　辰丑四千一百四十二

辰寅四千一百四十三　辰卯四千一百四十四

辰辰四千一百四十五　辰巳四千一百四十六

辰午四千一百四十七　辰未四千一百四十八

辰申四千一百四十九　辰酉四千一百五十

辰戌四千一百五十一　辰亥四千一百五十二

星庚三百四十七

辰子四千一百五十三　辰丑四千一百五十四

辰寅四千一百五十五
辰卯四千一百五十六
辰辰四千一百五十七
辰巳四千一百五十八
辰午四千一百五十九
辰未四千一百六十
辰申四千一百六十一
辰酉四千一百六十二
辰戌四千一百六十三
辰亥四千一百六十四

星辛三百四十八

辰子四千一百六十五
辰丑四千一百六十六
辰寅四千一百六十七
辰卯四千一百六十八
辰辰四千一百六十九
辰巳四千一百七十
辰午四千一百七十一
辰未四千一百七十二
辰申四千一百七十三
辰酉四千一百七十四
辰戌四千一百七十五
辰亥四千一百七十六

星壬三百四十九

辰子四千一百七十七
辰丑四千一百七十八
辰寅四千一百七十九
辰卯四千一百八十
辰辰四千一百八十一
辰巳四千一百八十二
辰午四千一百八十三
辰未四千一百八十四
辰申四千一百八十五
辰酉四千一百八十六

星癸 三百五十

辰戌 四千一百八十七
辰亥 四千一百八十八
辰子 四千一百八十九
辰丑 四千一百九十
辰寅 四千一百九十一
辰卯 四千一百九十二
辰辰 四千一百九十三
辰巳 四千一百九十四
辰午 四千一百九十五
辰未 四千一百九十六
辰申 四千一百九十七
辰酉 四千一百九十八
辰戌 四千一百九十九
辰亥 四千二百

星甲 三百五十一

辰子 四千二百一
辰丑 四千二百二
辰寅 四千二百三
辰卯 四千二百四
辰辰 四千二百五
辰巳 四千二百六
辰午 四千二百七
辰未 四千二百八
辰申 四千二百九
辰酉 四千二百一十
辰戌 四千二百一十一
辰亥 四千二百一十二

星乙 三百五十二

辰子 四千二百一十三
辰丑 四千二百一十四
辰寅 四千二百一十五
辰卯 四千二百一十六
辰辰 四千二百一十七
辰巳 四千二百一十八

辰午四千二百一十九
辰未四千二百二十
辰申四千二百二十一
辰酉四千二百二十二
辰戌四千二百二十三
辰亥四千二百二十四

星丙三百五十三

辰子四千二百二十五
辰丑四千二百二十六
辰寅四千二百二十七
辰卯四千二百二十八
辰辰四千二百二十九
辰巳四千二百三十
辰午四千二百三十一
辰未四千二百三十二
辰申四千二百三十三
辰酉四千二百三十四
辰戌四千二百三十五
辰亥四千二百三十六

星丁三百五十四

辰子四千二百三十七
辰丑四千二百三十八
辰寅四千二百三十九
辰卯四千二百四十
辰辰四千二百四十一
辰巳四千二百四十二
辰午四千二百四十三
辰未四千二百四十四
辰申四千二百四十五
辰酉四千二百四十六
辰戌四千二百四十七
辰亥四千二百四十八

星戊三百五十五

辰子四千二百四十九
辰丑四千二百五十

辰寅四千二百五十一　辰卯四千二百五十二
辰辰四千二百五十三　辰巳四千二百五十四
辰午四千二百五十五　辰未四千二百五十六
辰申四千二百五十七　辰酉四千二百五十八
辰戌四千二百五十九　辰亥四千二百六十

星己三百五十六

辰子四千二百六十一　辰丑四千二百六十二
辰寅四千二百六十三　辰卯四千二百六十四
辰辰四千二百六十五　辰巳四千二百六十六
辰午四千二百六十七　辰未四千二百六十八
辰申四千二百六十九　辰酉四千二百七十
辰戌四千二百七十一　辰亥四千二百七十二

星庚三百五十七

辰子四千二百七十三　辰丑四千二百七十四
辰寅四千二百七十五　辰卯四千二百七十六
辰辰四千二百七十七　辰巳四千二百七十八
辰午四千二百七十九　辰未四千二百八十
辰申四千二百八十一　辰酉四千二百八十二

辰戌四千二百八十三
辰亥四千二百八十四

星辛三百五十八

辰子四千二百八十五
辰丑四千二百八十六
辰寅四千二百八十七
辰卯四千二百八十八
辰辰四千二百八十九
辰巳四千二百九十
辰午四千二百九十一
辰未四千二百九十二
辰申四千二百九十三
辰酉四千二百九十四
辰戌四千二百九十五
辰亥四千二百九十六

星壬三百五十九

辰子四千二百九十七
辰丑四千二百九十八
辰寅四千二百九十九
辰卯四千三百
辰辰四千三百一
辰巳四千三百二
辰午四千三百三
辰未四千三百四
辰申四千三百五
辰酉四千三百六
辰戌四千三百七
辰亥四千三百八

星癸三百六十

辰子四千三百九
辰丑四千三百一十
辰寅四千三百一十一
辰卯四千三百一十二
辰辰四千三百一十三
辰巳四千三百一十四

辰午四千三百一十五

辰未四千三百一十六

辰申四千三百一十七

辰酉四千三百一十八

辰戌四千三百一十九

辰亥四千三百二十

皇極經世卷第三

以會經運之一　觀物篇之十三

開物始月寅之中經星之己七十六

經星之己七十六
經星之庚七十七
經星之辛七十八
經星之壬七十九
經星之癸八十
經星之甲八十一
經星之乙八十二
經星之丙八十三
經星之丁八十四
經星之戊八十五

經星之己八十六
經星之庚八十七
經星之辛八十八
經星之壬八十九
經星之癸九十
經日之甲一
經月之卯四
經星之甲九十一
經星之甲九十一
經星之乙九十二
經星之丙九十三
經星之丁九十四
經星之戊九十五
經星之己九十六
經星之庚九十七
經星之辛九十八

經星之壬九十九
經星之癸一百
經星之甲一百一
經星之乙一百二
經星之丙一百三
經星之丁一百四
經星之戊一百五
經星之己一百六
經星之庚一百七
經星之辛一百八
經星之壬一百九
經星之癸一百十
經星之甲一百一十一
經星之乙一百一十二
經星之丙一百一十三
經星之丁一百一十四

經星之戊(一百一十五)
經星之己(一百一十六)
經星之庚(一百一十七)
經星之辛(一百一十八)
經星之壬(一百一十九)
經星之癸(一百二十)

經日之甲一
經月之辰五
經星之甲一百二十一
經星之甲(一百二十一)
經星之乙(一百二十二)
經星之丙(一百二十三)
經星之丁(一百二十四)
經星之戊(一百二十五)
經星之己(一百二十六)
經星之庚(一百二十七)

經星之辛一百二十八
經星之壬一百二十九
經星之癸一百三十
經星之甲一百三十一
經星之乙一百三十二
經星之丙一百三十三
經星之丁一百三十四
經星之戊一百三十五
經星之己一百三十六
經星之庚一百三十七
經星之辛一百三十八
經星之壬一百三十九
經星之癸一百四十
經星之甲一百四十一
經星之乙一百四十二
經星之丙一百四十三

經星之丁一百四十四
經星之戊一百四十五
經星之己一百四十六
經星之庚一百四十七
經星之辛一百四十八
經星之壬一百四十九
經星之癸一百五十

經日之甲一

經月之巳六

經星之甲一百五十一

經星之甲一百五十一
經星之乙一百五十二
經星之丙一百五十三
經星之丁一百五十四
經星之戊一百五十五
經星之己一百五十六

經星之庚一百五十七
經星之辛一百五十八
經星之壬一百五十九
經星之癸一百六十
經星之甲一百六十一
經星之乙一百六十二
經星之丙一百六十三
經星之丁一百六十四
經星之戊一百六十五
經星之己一百六十六
經星之庚一百六十七
經星之辛一百六十八
經星之壬一百六十九
經星之癸一百七十
經星之甲一百七十一
經星之乙一百七十二

經星之丙一百七十三

經星之丁一百七十四

經星之戊一百七十五

經星之己一百七十六

經星之庚一百七十七

經星之辛一百七十八

經星之壬一百七十九

經星之癸一百八十

經日之甲一

經月之巳六

經星之癸一百八十

經辰之子二千一百四十九

經辰之子二千一百四十九①

經辰之丑二千一百五十

① 自此列「經辰之子」至以下「經辰之亥」十二列，四庫本無。

經辰之寅二千一百五十一

經辰之卯二千一百五十二

經辰之辰二千一百五十三

經辰之巳二千一百五十四

經辰之午二千一百五十五

經辰之未二千一百五十六

經辰之申二千一百五十七

經辰之酉二千一百五十八

經辰之戌二千一百五十九

經辰之亥二千一百六十

以會經運之二　觀物篇之十四

經日之甲一

經月之巳六

經星之癸一百八十

經辰之子二千一百四十九

甲子　乙丑　丙寅　丁卯　戊辰
己巳　庚午　辛未　壬申　癸酉
甲戌　乙亥　丙子　丁丑　戊寅
己卯　庚辰　辛巳　壬午　癸未
甲申　乙酉　丙戌　丁亥　戊子
己丑　庚寅　辛卯　壬辰　癸巳

經辰之丑二千一百五十

甲午　乙未　丙申　丁酉　戊戌
己亥　庚子　辛丑　壬寅　癸卯
甲辰　乙巳　丙午　丁未　戊申
己酉　庚戌　辛亥　壬子　癸丑
甲寅　乙卯　丙辰　丁巳　戊午
己未　庚申　辛酉　壬戌　癸亥

經辰之寅二千一百五十一

甲子　乙丑　丙寅　丁卯　戊辰
己巳　庚午　辛未　壬申　癸酉

甲戌　乙亥　丙子　丁丑　戊寅
己卯　庚辰　辛巳　壬午　癸未
甲申　乙酉　丙戌　丁亥　戊子
己丑　庚寅　辛卯　壬辰　癸巳

經辰之卯二千一百五十二

甲午　乙未　丙申　丁酉　戊戌
己亥　庚子　辛丑　壬寅　癸卯
甲辰　乙巳　丙午　丁未　戊申
己酉　庚戌　辛亥　壬子　癸丑
甲寅　乙卯　丙辰　丁巳　戊午
己未　庚申　辛酉　壬戌　癸亥

經辰之辰二千一百五十三

甲子　乙丑　丙寅　丁卯　戊辰
己巳　庚午　辛未　壬申　癸酉
甲戌　乙亥　丙子　丁丑　戊寅
己卯　庚辰　辛巳　壬午　癸未

甲申　乙酉　丙戌　丁亥　戊子
己丑　庚寅　辛卯　壬辰　癸巳

經辰之巳二千一百五十四

甲午　乙未　丙申　丁酉　戊戌
己亥　庚子　辛丑　壬寅　癸卯
甲辰　乙巳　丙午　丁未　戊申
己酉　庚戌　辛亥　壬子　癸丑
甲寅　乙卯　丙辰　丁巳　戊午
己未　庚申　辛酉　壬戌　癸亥

經辰之午二千一百五十五

甲子　乙丑　丙寅　丁卯　戊辰
己巳　庚午　辛未　壬申　癸酉
甲戌　乙亥　丙子　丁丑　戊寅
己卯　庚辰　辛巳　壬午　癸未
甲申　乙酉　丙戌　丁亥　戊子
己丑　庚寅　辛卯　壬辰　癸巳

經辰之未二千一百五十六

甲午　乙未　丙申　丁酉　戊戌

己亥　庚子　辛丑　壬寅　癸卯

甲辰唐堯　乙巳二　丙午三　丁未四　戊申五

己酉六　庚戌七　辛亥八　壬子九　癸丑十

甲寅十一　乙卯十二　丙辰十三　丁巳十四　戊午十五

己未十六　庚申十七　辛酉十八　壬戌十九　癸亥二十

經辰之申二千一百五十七

甲子二十一　乙丑二十二　丙寅二十三　丁卯二十四　戊辰二十五

己巳二十六　庚午二十七　辛未二十八　壬申二十九　癸酉三十

甲戌三十一　乙亥三十二　丙子三十三　丁丑三十四　戊寅三十五

己卯三十六　庚辰三十七　辛巳三十八　壬午三十九　癸未四十

甲申四十一　乙酉四十二　丙戌四十三　丁亥四十四　戊子四十五

己丑四十六　庚寅四十七　辛卯四十八　壬辰四十九　癸巳五十

經辰之酉二千一百五十八

甲午五十一　乙未五十二　丙申五十三　丁酉五十四　戊戌五十五

己亥 五十六　庚子 五十七　辛丑 五十八　壬寅 五十九　癸卯 六十
甲辰 六十一 洪水方割，命鯀治之。　乙巳 六十二　丙午 六十三　丁未 六十四
戊申 六十五　己酉 六十六　庚戌 六十七　辛亥 六十八　壬子 六十九
癸丑 七十 徵舜登用。①　甲寅 七十一　乙卯 七十二 薦舜于天命之位。　丙辰虞舜 正月上日，舜受命于文祖。
丁巳 二　戊午 三　己未 四　庚申 五　辛酉 六
壬戌 七　癸亥 八

經辰之戌二千一百五十九

甲子 九　乙丑 十　丙寅 十一　丁卯 十二　戊辰 十三
己巳 十四　庚午 十五　辛未 十六　壬申 十七　癸酉 十八
甲戌 十九　乙亥 二十　丙子 二十一　丁丑 二十二　戊寅 二十三
己卯 二十四　庚辰 二十五　辛巳 二十六　壬午 二十七　癸未 二十八 帝堯殂落。
甲申 二十九　乙酉 三十　丙戌 三十一 月正元日，舜格于文祖。　丁亥 三十二
戊子 三十三　己丑 三十四　庚寅 三十五　辛卯 三十六　壬辰 三十七
癸巳 三十八

① 「用」，四庫本作「庸」。

經辰之亥二千一百六十

甲午 三十九　乙未 四十　丙申 四十一　丁酉 四十二　戊戌 四十三

己亥 四十四　庚子 四十五　辛丑 四十六　壬寅 四十七　癸卯 四十八

甲辰 四十九　乙巳 五十　丙午 五十一　丁未 五十二　戊申 五十三

己酉 五十四　庚戌 五十五　辛亥 五十六　壬子 五十七　癸丑 五十八

甲寅 五十九　乙卯 六十　丙辰 六十一 薦禹于天命之位。　丁巳夏禹 正月朔日，受命于神宗。

戊午 二　己未 三　庚申 四　辛酉 五　壬戌 六

癸亥 七

以會經運之三　觀物篇之十五

經日之甲一

經月之午七

經星之甲一百八十一

經辰之子二千一百六十一

甲子 八　乙丑 九　丙寅 十　丁卯 十一　戊辰 十二

己巳 十三　庚午 十四　辛未 十五　壬申 十六　癸酉 十七①

甲戌 十八　乙亥 十九　丙子 二十　丁丑 二十一　戊寅 二十二

己卯 二十三　庚辰 二十四　辛巳 二十五　壬午 二十六　癸未 二十七 東巡，至于會稽崩。

甲申夏啓　乙酉 二　丙戌 三　丁亥 四　戊子 五

己丑 六　庚寅 七　辛卯 八　壬辰 九　癸巳夏太康

經辰之丑二千一百六十二

甲午 二　乙未 三　丙申 四　丁酉 五　戊戌 六

己亥 七　庚子 八　辛丑 九　壬寅 十　癸卯 十一

甲辰 十二　乙巳 十三　丙午 十四　丁未 十五　戊申 十六

己酉 十七　庚戌 十八　辛亥 十九　壬子 二十　癸丑 二十一

甲寅 二十二　乙卯 二十三　丙辰 二十四　丁巳 二十五　戊午 二十六

己未 二十七　庚申 二十八　辛酉 二十九 太康失邦，有窮后羿拒于河而死。　壬戌夏仲康

癸亥 二

① 「十七」下，四庫本有「舜陟方乃死」五字。

經辰之寅二千一百六十三

甲子 三　乙丑 四　丙寅 五　丁卯 六　戊辰 七

己巳 八　庚午 九　辛未 十　壬申 十一　癸酉 十二

甲戌 十三　乙亥夏相　丙子 二　丁丑 三　戊寅 四

己卯 五　庚辰 六　辛巳 七　壬午 八　癸未 九

甲申 十　乙酉 十一　丙戌 十二　丁亥 十三　戊子 十四

己丑 十五　庚寅 十六　辛卯 十七　壬辰 十八　癸巳 十九

經辰之卯二千一百六十四

甲午 二十　乙未 二十一　丙申 二十二　丁酉 二十三　戊戌 二十四

己亥 二十五　庚子 二十六　辛丑 二十七

壬寅 二十八　寒浞殺有窮后羿，代立，使子澆及豷伐斟灌、斟鄩氏，滅相，封澆于過，封豷于戈。相之臣靡逃于有鬲氏①，相之后緡還于有仍氏，始生少康。

癸卯夏少康 始生。二②　甲辰 三③　乙巳 四　丙午 五　丁未 六

戊申 七　己酉 八　庚戌 九　辛亥 十　壬子 十一

---

① 「鬲」，原作「苗」，據四庫本改。

② 「二」，四庫本無。

③ 「三」，四庫本作「二」。

癸丑 十二　甲寅 十三　乙卯 十四　丙辰 十五　丁巳 十六
戊午 十七　己未 十八　庚申 十九　辛酉 二十　壬戌 二十一
癸亥 二十二

經辰之辰二千一百六十五

甲子 二十三　乙丑 二十四　丙寅 二十五　丁卯 二十六　戊辰 二十七
己巳 二十八　庚午 二十九　辛未 三十　壬申 三十一　癸酉 三十二
甲戌 三十三　乙亥 三十四　丙子 三十五　丁丑 三十六　戊寅 三十七
己卯 三十八　庚辰 三十九　辛巳 四十①
壬午 夏少康立。夏之臣靡自鬲收斟灌、斟鄩之燼以滅浞，而立少康。少康既立，遂滅澆于過，滅豷于戈，以絕有窮氏之族。　癸未 二
甲申 三　乙酉 四　丙戌 五　丁亥 六　戊子 七
己丑 八　庚寅 九　辛卯 十　壬辰 十一　癸巳 十二

經辰之巳二千一百六十六

甲午 十三　乙未 十四　丙申 十五　丁酉 十六　戊戌 十七
己亥 十八　庚子 十九　辛丑 二十　壬寅 二十一　癸卯 二十二

---

①「四十」，四庫本作「三十九」。

甲辰夏杼　乙巳二　丙午三　丁未四　戊申五
己酉六　庚戌七　辛亥八　壬子九　癸丑十
甲寅十一　乙卯十二　丙辰十三　丁巳十四　戊午十五
己未十六　庚申十七　辛酉夏槐　壬戌二　癸亥三

經辰之午二千一百六十七

甲子四　乙丑五　丙寅六　丁卯七　戊辰八
己巳九　庚午十　辛未十一　壬申十二　癸酉十三
甲戌十四　乙亥十五　丙子十六　丁丑十七　戊寅十八
己卯十九　庚辰二十　辛巳二十一　壬午二十二　癸未二十三
甲申二十四　乙酉二十五　丙戌二十六　丁亥夏芒　戊子二
己丑三　庚寅四　辛卯五　壬辰六　癸巳七

經辰之未二千一百六十八

甲午八　乙未九　丙申十　丁酉十一　戊戌十二
己亥十三　庚子十四　辛丑十五　壬寅十六　癸卯十七
甲辰十八　乙巳夏泄　丙午二　丁未三　戊申四
己酉五　庚戌六　辛亥七　壬子八　癸丑九

甲寅 十　乙卯 十一　丙辰 十二　丁巳 十三　戊午 十四
己未 十五　庚申 十六　辛酉夏不降　壬戌 二　癸亥 三

經辰之申二千一百六十九

甲子 四　乙丑 五　丙寅 六　丁卯 七　戊辰 八
己巳 九　庚午 十　辛未 十一　壬申 十二　癸酉 十三
甲戌 十四　乙亥 十五　丙子 十六　丁丑 十七　戊寅 十八
己卯 十九　庚辰 二十　辛巳 二十一　壬午 二十二　癸未 二十三
甲申 二十四　乙酉 二十五　丙戌 二十六　丁亥 二十七　戊子 二十八
己丑 二十九　庚寅 三十　辛卯 三十一　壬辰 三十二　癸巳 三十三

經辰之酉二千一百七十

甲午 三十四　乙未 三十五　丙申 三十六　丁酉 三十七　戊戌 三十八
己亥 三十九　庚子 四十　辛丑 四十一　壬寅 四十二　癸卯 四十三
甲辰 四十四　乙巳 四十五　丙午 四十六　丁未 四十七　戊申 四十八
己酉 四十九　庚戌 五十　辛亥 五十一　壬子 五十二　癸丑 五十三
甲寅 五十四　乙卯 五十五　丙辰 五十六　丁巳 五十七　戊午 五十八
己未 五十九　庚申夏扃　辛酉 二　壬戌 三　癸亥 四

經辰之戌二千一百七十一

甲子五 乙丑六 丙寅七 丁卯八 戊辰九

己巳十 庚午十一 辛未十二 壬申十三 癸酉十四

甲戌十五 乙亥十六 丙子十七 丁丑十八 戊寅十九

己卯二十 庚辰二十一 辛巳夏廑 壬午二 癸未三

甲申四 乙酉五 丙戌六 丁亥七 戊子八

己丑九 庚寅十 辛卯十一 壬辰十二 癸巳十三

經辰之亥二千一百七十二

甲午十四 乙未十五 丙申十六 丁酉十七 戊戌十八

己亥十九 庚子二十 辛丑二十一 壬寅夏孔甲 癸卯二

甲辰三 乙巳四 丙午五 丁未六 戊申七

己酉八 庚戌九 辛亥十 壬子十一 癸丑十二

甲寅十三 乙卯十四 丙辰十五 丁巳十六 戊午十七

己未十八 庚申十九 辛酉二十 壬戌二十一 癸亥二十二

以會經運之四　觀物篇之十六

經日之甲一

經月之午七

經星之乙①一百八十二

經辰之子二千一百七十三

甲子二十三　乙丑二十四　丙寅二十五　丁卯二十六　戊辰二十七

己巳二十八　庚午二十九　辛未三十　壬申三十一　癸酉夏皋

甲戌二　乙亥三　丙子四　丁丑五　戊寅六

己卯七　庚辰八　辛巳九　壬午十　癸未十一

甲申夏發　乙酉二　丙戌三　丁亥四　戊子五

己丑六　庚寅七　辛卯八　壬辰九　癸巳十

經辰之丑二千一百七十四

甲午十一　乙未十二　丙申十三　丁酉十四　戊戌十五

己亥十六　庚子十七　辛丑十八　壬寅十九　癸卯夏癸

---

①「乙」，原作「甲」，據四庫本改。

甲辰二 乙巳三 丙午四 丁未五 戊申六

己酉七 庚戌八 辛亥九 壬子十 癸丑十一

甲寅十二 乙卯十三 丙辰十四 丁巳十五 戊午十六

己未十七 庚申十八 辛酉十九 壬戌二十 癸亥二十一

經辰之寅二千一百七十五

甲子二十二 乙丑二十三 丙寅二十四 丁卯二十五 戊辰二十六

己巳二十七 庚午二十八 辛未二十九 壬申三十 癸酉三十一

甲戌三十二 乙亥三十三 丙子三十四 丁丑三十五 戊寅三十六

己卯三十七 庚辰三十八 辛巳三十九 壬午四十 癸未四十一

甲申四十二 乙酉四十三 丙戌四十四 丁亥四十五 戊子四十六

己丑四十七 庚寅四十八 辛卯四十九 壬辰五十 癸巳五十一

經辰之卯二千一百七十六

甲午五十二 乙未商湯 丙申二 丁酉三 戊戌四

己亥五 庚子六 辛丑七 壬寅八 癸卯九

甲辰十 乙巳十一 丙午十二 丁未十三 戊申商太甲

己酉二 庚戌三 辛亥四 壬子五 癸丑六

甲寅七 乙卯八 丙辰九 丁巳十 戊午十一

己未 十二　庚申 十三　辛酉 十四　壬戌 十五　癸亥 十六

經辰之辰二千一百七十七

甲子 十七　乙丑 十八　丙寅 十九　丁卯 二十　戊辰 二十一

己巳 二十二　庚午 二十三　辛未 二十四　壬申 二十五　癸酉 二十六

甲戌 二十七　乙亥 二十八　丙子 二十九　丁丑 三十　戊寅 三十一①

己卯 三十二　庚辰 三十三　辛巳商沃丁　壬午 二　癸未 三

甲申 四　乙酉 五　丙戌 六　丁亥 七　戊子 八

己丑 九　庚寅 十　辛卯 十一　壬辰 十二　癸巳 十三

經辰之巳二千一百七十八

甲午 十四　乙未 十五　丙申 十六　丁酉 十七　戊戌 十八

己亥 十九　庚子 二十　辛丑 二十一　壬寅 二十二　癸卯 二十三

甲辰 二十四　乙巳 二十五　丙午 二十六　丁未 二十七　戊申 二十八

己酉 二十九　庚戌商太庚　辛亥 二　壬子 三　癸丑 四

甲寅 五　乙卯 六　丙辰 七　丁巳 八　戊午 九

---

①「一」字，底本脱，據文意及四庫本補。

己未十　庚申十一　辛酉十二　壬戌十三　癸亥十四

經辰之午二千一百七十九①

甲子十五　乙丑十六　丙寅十七　丁卯十八　戊辰十九

己巳二十　庚午二十一　辛未二十二　壬申二十三　癸酉二十四

甲戌二十五　乙亥商小甲　丙子二　丁丑三　戊寅四

己卯五　庚辰六　辛巳七　壬午八　癸未九

甲申十　乙酉十一　丙戌十二　丁亥十三　戊子十四

己丑十五　庚寅十六　辛卯十七　壬辰商雍己　癸巳二

經辰之未二千一百八十

甲午三　乙未四　丙申五　丁酉六　戊戌七

己亥八　庚子九　辛丑十　壬寅十一　癸卯十二

甲辰商太戊　乙巳二　丙午三　丁未四　戊申五

己酉六　庚戌七　辛亥八　壬子九　癸丑十

甲寅十一　乙卯十二　丙辰十三　丁巳十四　戊午十五

①「一」，原作「四」，據四庫本改。

己未 十六　庚申 十七　辛酉 十八　壬戌 十九　癸亥 二十

經辰之申二千一百八十一

甲子 二十一　乙丑 二十二　丙寅 二十三　丁卯 二十四　戊辰 二十五
己巳 二十六　庚午 二十七　辛未 二十八　壬申 二十九　癸酉 三十
甲戌 三十一　乙亥 三十二　丙子 三十三　丁丑 三十四　戊寅 三十五
己卯 三十六　庚辰 三十七　辛巳 三十八　壬午 三十九　癸未 四十
甲申 四十一　乙酉 四十二　丙戌 四十三　丁亥 四十四　戊子 四十五
己丑 四十六　庚寅 四十七　辛卯 四十八　壬辰 四十九　癸巳 五十

經辰之酉二千一百八十二

甲午 五十一　乙未 五十二　丙申 五十三　丁酉 五十四　戊戌 五十五
己亥 五十六　庚子 五十七　辛丑 五十八　壬寅 五十九　癸卯 六十
甲辰 六十一　乙巳 六十二　丙午 六十三　丁未 六十四　戊申 六十五
己酉 六十六　庚戌 六十七　辛亥 六十八　壬子 六十九　癸丑 七十
甲寅 七十一　乙卯 七十二　丙辰 七十三　丁巳 七十四　戊午 七十五
己未商仲丁　庚申 二　辛酉 三　壬戌 四　癸亥 五

經辰之戌二千一百八十三

甲子六　乙丑七　丙寅八　丁卯九　戊辰十

己巳十一　庚午十二　辛未十三　壬申①　癸酉二

甲戌三　乙亥四　丙子五　丁丑六　戊寅七

己卯八　庚辰九　辛巳十　壬午十一　癸未十二

甲申十三　乙酉十四　丙戌十五　丁亥商河亶甲　戊子二

己丑三　庚寅四　辛卯五　壬辰六　癸巳七

經辰之亥二千一百八十四

甲午八　乙未九　丙申商祖乙　丁酉二　戊戌三

己亥四　庚子五　辛丑六　壬寅七　癸卯八

甲辰九　乙巳十　丙午十一　丁未十二　戊申十三

己酉十四　庚戌十五　辛亥十六　壬子十七　癸丑十八

甲寅十九　乙卯商祖辛　丙辰二　丁巳三　戊午四

己未五　庚申六　辛酉七　壬戌八　癸亥九

① 「壬申」下，四庫本有「商外壬」三字。

以會經運之五　觀物篇之十七

經日之甲一

經月之午七

經星之丙一百八十三

經辰之子二千一百八十五

甲子十　乙丑十一　丙寅十二　丁卯十三　戊辰十四

己巳十五　庚午十六　辛未商沃甲　壬申二　癸酉三

甲戌四　乙亥五　丙子六　丁丑七　戊寅八

己卯九　庚辰十　辛巳十一　壬午十二　癸未十三

甲申十四　乙酉十五　丙戌十六　丁亥十七　戊子十八

己丑十九　庚寅二十　辛卯二十一　壬辰二十二　癸巳二十三

經辰之丑二千一百八十六

甲午二十四　乙未二十五　丙申商祖丁　丁酉二　戊戌三

己亥四　庚子五　辛丑六　壬寅七　癸卯八

甲辰九　乙巳十　丙午①　丁未　戊申

己酉　庚戌　辛亥　壬子　癸丑

甲寅　乙卯　丙辰　丁巳　戊午

己未　庚申　辛酉　壬戌　癸亥

經辰之寅二千一百八十七

甲子　乙丑　丙寅　丁卯　戊辰②

己巳③　庚午　辛未　壬申　癸酉

甲戌　乙亥　丙子　丁丑　戊寅

己卯　庚辰　辛巳　壬午　癸未

甲申　乙酉　丙戌　丁亥　戊子

己丑　庚寅　辛卯　壬辰　癸巳商陽甲

經辰之卯二千一百八十八

甲午二　乙未三　丙申四　丁酉五　戊戌六

---

① 「丙午」下，四庫本有「十一」二字。直標至「丁卯」爲「三十二」。

② 「戊辰」下，四庫本有「商南庚」三字。

③ 「己巳」下，四庫本有「二」字，直標至「壬辰」爲「二十五」。

己亥 七　庚子商盤庚　辛丑 二　壬寅 三　癸卯 四
甲辰 五　乙巳 六　丙午 七　丁未 八　戊申 九
己酉 十　庚戌 十一　辛亥 十二　壬子 十三　癸丑 十四
甲寅 十五　乙卯 十六　丙辰 十七　丁巳 十八　戊午 十九
己未 二十　庚申 二十一　辛酉 二十二　壬戌 二十三　癸亥 二十四

經辰之辰二千一百八十九

甲子 二十五　乙丑 二十六　丙寅 二十七　丁卯 二十八　戊辰商小辛
己巳 二　庚午 三　辛未 四　壬申 五　癸酉 六
甲戌 七　乙亥 八　丙子 九　丁丑 十　戊寅 十一
己卯 十二　庚辰 十三　辛巳 十四　壬午 十五　癸未 十六
甲申 十七　乙酉 十八　丙戌 十九　丁亥 二十　戊子 二十一
己丑商小乙　庚寅 二　辛卯 三　壬辰 四　癸巳 五

經辰之巳二千一百九十

甲午 六　乙未 七　丙申 八　丁酉 九　戊戌 十
己亥 十一　庚子 十二　辛丑 十三　壬寅 十四　癸卯 十五
甲辰 十六　乙巳 十七　丙午 十八　丁未 十九　戊申 二十

己酉二十一　庚戌二十二　辛亥二十三　壬子二十四　癸丑二十五

甲寅二十六　乙卯二十七　丙辰二十八　丁巳商武丁　戊午二

己未三　庚申四　辛酉五　壬戌六　癸亥七

經辰之午二千一百九十一

甲子八　乙丑九　丙寅十　丁卯十一　戊辰十二

己巳十三　庚午十四　辛未十五　壬申十六　癸酉十七

甲戌十八　乙亥十九　丙子二十　丁丑二十一　戊寅二十二

己卯二十三　庚辰二十四　辛巳二十五　壬午二十六　癸未二十七

甲申二十八　乙酉二十九　丙戌三十　丁亥三十一　戊子三十二

己丑三十三　庚寅三十四　辛卯三十五　壬辰三十六　癸巳三十七

經辰之未二千一百九十二

甲午三十八　乙未三十九　丙申四十　丁酉四十一　戊戌四十二

己亥四十三　庚子四十四　辛丑四十五　壬寅四十六　癸卯四十七

甲辰四十八　乙巳四十九　丙午五十　丁未五十一　戊申五十二

己酉五十三　庚戌五十四　辛亥五十五　壬子五十六　癸丑五十七

甲寅五十八　乙卯五十九　丙辰商祖庚　丁巳二　戊午三

己未四 庚申五 辛酉六 壬戌七 癸亥商祖甲

經辰之申二千一百九十三

甲子二 乙丑三 丙寅四 丁卯五 戊辰六

己巳七 庚午八 辛未九 壬申十 癸酉十一

甲戌十二 乙亥十三 丙子十四 丁丑十五 戊寅十六

己卯十七 庚辰十八 辛巳十九 壬午二十 癸未二十一

甲申二十二 乙酉二十三 丙戌二十四 丁亥二十五 戊子二十六

己丑二十七 庚寅二十八 辛卯二十九 壬辰三十 癸巳三十一

經辰之酉二千一百九十四①

甲午三十二 乙未三十三 丙申商廩辛 丁酉二 戊戌三

己亥四 庚子五 辛丑六 壬寅商庚丁 癸卯二

甲辰三 乙巳四 丙午五 丁未六 戊申七

己酉八 庚戌九 辛亥十 壬子十一 癸丑十二

甲寅十三 乙卯十四 丙辰十五 丁巳十六 戊午十七

① 「二千一百」，原作「一千二百」，據四庫本改。

己未十八　庚申十九　辛酉二十　壬戌二十一　癸亥商武乙

經辰之戌二千一百九十五

甲子二　乙丑三　丙寅四　丁卯商太丁　戊辰二

己巳三　庚午商帝乙　辛未二　壬申三　癸酉四

甲戌五　乙亥六　丙子七　丁丑八　戊寅九

己卯十　庚辰十一　辛巳十二　壬午十三　癸未十四

甲申十五　乙酉十六　丙戌十七　丁亥十八　戊子十九

己丑二十　庚寅二十一　辛卯二十二　壬辰二十三　癸巳二十四

經辰之亥二千一百九十六

甲午二十五　乙未二十六　丙申二十七　丁酉二十八　戊戌二十九

己亥三十　庚子三十一　辛丑三十二　壬寅三十三　癸卯三十四

甲辰三十五　乙巳三十六　丙午三十七　丁未商受辛　戊申二

己酉三　庚戌四　辛亥五　壬子六　癸丑七

甲寅八　乙卯九　丙辰十　丁巳十一　戊午十二

己未十三　庚申十四　辛酉十五　壬戌十六　癸亥十七 錫周文王，命爲西伯。

以會經運之六　觀物篇之十八

經日之甲一

經月之午七

經星之丁一百八十四

經辰之子二千一百九十七

甲子十八　乙丑十九　丙寅二十　丁卯二十一　戊辰二十二

己巳二十三周文王没，武王即位。　庚午二十四　辛未二十五　壬申二十六

癸酉二十七　甲戌二十八　乙亥二十九　丙子三十　丁丑三十一

戊寅三十二　己卯周武王　庚辰二　辛巳三　壬午四

癸未五　甲申六　乙酉七　丙戌周成王　丁亥二

戊子三　己丑四　庚寅五　辛卯六　壬辰七

癸巳八

經辰之丑二千一百九十八

甲午九　乙未十　丙申十一　丁酉十二　戊戌十三

己亥十四　庚子十五　辛丑十六　壬寅十七　癸卯十八

甲辰十九　乙巳二十　丙午二十一　丁未二十二　戊申二十三
己酉二十四　庚戌二十五　辛亥二十六　壬子二十七　癸丑二十八
甲寅二十九　乙卯三十　丙辰三十一　丁巳三十二　戊午三十三
己未三十四　庚申三十五　辛酉三十六　壬戌三十七　癸亥周康王

經辰之寅二千一百九十九

甲子二　乙丑三　丙寅四　丁卯五　戊辰六
己巳七　庚午八　辛未九　壬申十　癸酉十一
甲戌十二　乙亥十三　丙子十四　丁丑十五　戊寅十六
己卯十七　庚辰十八　辛巳十九　壬午二十　癸未二十一
甲申二十二　乙酉二十三　丙戌二十四　丁亥二十五　戊子二十六
己丑周昭王　庚寅二　辛卯三　壬辰四　癸巳五

經辰之卯二千二百

甲午六　乙未七　丙申八　丁酉九　戊戌十
己亥十一　庚子十二　辛丑十三　壬寅十四　癸卯十五
甲辰十六　乙巳十七　丙午十八　丁未十九　戊申二十
己酉二十一　庚戌二十二　辛亥二十三　壬子二十四　癸丑二十五

甲寅二十六　乙卯二十七　丙辰二十八　丁巳二十九　戊午三十
己未三十一　庚申三十二　辛酉三十三　壬戌三十四　癸亥三十五

經辰之辰二千二百一

甲子三十六　乙丑三十七　丙寅三十八　丁卯三十九　戊辰四十
己巳四十一　庚午四十二　辛未四十三　壬申四十四　癸酉四十五
甲戌四十六　乙亥四十七　丙子四十八　丁丑四十九　戊寅五十
己卯五十一　庚辰周穆王　辛巳二　壬午三　癸未四
甲申五　乙酉六　丙戌七　丁亥八　戊子九
己丑十　庚寅十一　辛卯十二　壬辰十三　癸巳十四

經辰之巳二千二百二

甲午十五　乙未十六　丙申十七　丁酉十八　戊戌十九
己亥二十　庚子二十一　辛丑二十二　壬寅二十三　癸卯二十四
甲辰二十五　乙巳二十六　丙午二十七　丁未二十八　戊申二十九
己酉三十　庚戌三十一　辛亥三十二　壬子三十三　癸丑三十四
甲寅三十五　乙卯三十六　丙辰三十七　丁巳三十八　戊午三十九
己未四十　庚申四十一　辛酉四十二　壬戌四十三　癸亥四十四

經辰之午二千二百三

甲子四十五　乙丑四十六　丙寅四十七　丁卯四十八　戊辰四十九

己巳五十　庚午五十一　辛未五十二　壬申五十三　癸酉五十四

甲戌五十五　乙亥周共王①　丙子二　丁丑三　戊寅四

己卯五　庚辰六　辛巳七　壬午八　癸未九

甲申十　乙酉十一　丙戌十二　丁亥周懿王　戊子二

己丑三　庚寅四　辛卯五　壬辰六　癸巳七

經辰之未二千二百四

甲午八　乙未九　丙申十　丁酉十一　戊戌十二

己亥十三　庚子十四　辛丑十五　壬寅十六　癸卯十七

甲辰十八　乙巳十九　丙午二十　丁未二十一　戊申二十二

己酉二十三　庚戌二十四　辛亥二十五　壬子周孝王②　癸丑二

甲寅三　乙卯四　丙辰五　丁巳六　戊午七

---

①「共」，四庫本作「恭」。

②「周孝王」，原作「周考王」，據四庫本改。

己未八　庚申九　辛酉十　壬戌十一　癸亥十二

經辰之申二千二百五

甲子十三　乙丑十四　丙寅十五　丁卯周夷王　戊辰二
己巳三　庚午四　辛未五　壬申六　癸酉七
甲戌八　乙亥九　丙子十　丁丑十一　戊寅十二
己卯十三　庚辰十四　辛巳十五　壬午十六　癸未周厲王
甲申二　乙酉三　丙戌四　丁亥五　戊子六
己丑七　庚寅八　辛卯九　壬辰十　癸巳十一

經辰之酉二千二百六

甲午十二　乙未十三　丙申十四　丁酉十五　戊戌十六
己亥十七　庚子十八　辛丑十九　壬寅二十　癸卯二十一
甲辰二十二　乙巳二十三　丙午二十四　丁未二十五　戊申二十六
己酉二十七　庚戌二十八　辛亥二十九　壬子三十　癸丑三十一
甲寅三十二　乙卯三十三　丙辰三十四　丁巳三十五　戊午三十六
己未三十七　庚申三十八　辛酉三十九　壬戌四十　癸亥四十一

經辰之戌二千二百七

甲子 四十二　乙丑 四十三　丙寅 四十四　丁卯 四十五　戊辰 四十六
己巳 四十七　庚午 四十八　辛未 四十九　壬申 五十　癸酉 五十一
甲戌周宣王　乙亥 二　丙子 三　丁丑 四　戊寅 五
己卯 六　庚辰 七　辛巳 八　壬午 九　癸未 十
甲申 十一　乙酉 十二　丙戌 十三　丁亥 十四　戊子 十五
己丑 十六　庚寅 十七　辛卯 十八　壬辰 十九　癸巳 二十

經辰之亥二千二百八

甲午 二十一　乙未 二十二　丙申 二十三　丁酉 二十四　戊戌 二十五
己亥 二十六　庚子 二十七　辛丑 二十八　壬寅 二十九　癸卯 三十
甲辰 三十一　乙巳 三十二　丙午 三十三　丁未 三十四　戊申 三十五
己酉 三十六　庚戌 三十七　辛亥 三十八　壬子 三十九　癸丑 四十
甲寅 四十一　乙卯 四十二　丙辰 四十三　丁巳 四十四　戊午 四十五
己未 四十六　庚申周幽王　辛酉 二　壬戌 三　癸亥 四

皇極經世卷第四

以會經運之七　觀物篇之十九

經日之甲一
經月之午七
經星之戌一百八十五
經辰之子二千二百九

甲子　五
乙丑　六
丙寅　七
丁卯　八
戊辰　九
己巳　十
庚午　十一

辛未	東周平王	晉文侯	齊莊公	宋戴公	楚若敖	秦襄公
壬申	二	十二	二十六	三十一	二十一①	二
癸酉	三魯惠	十三	二十七	三十二	二十二	三
甲戌	四	十四	二十八	三十三	二十三	四
乙亥	五	十五	二十九	三十四	二十四	五
丙子	六	十六	三十	宋武公	二十五	六
丁丑	七	十七	三十一	二	二十六	七
戊寅	八	十八	三十二	三	楚霄敖	八
己卯	九	十九	二十三	四	二	九
庚辰	十	二十	三十四	五	三	十
辛巳	十一	二十一	三十五	六	四	十一
壬午	十二	二十二	三十六	七	五	十二
癸未	十三	二十三	三十七	八	六	秦文公
甲申	十四	二十四	三十八	九	楚蚡冒②	二

① 「二十一」，四庫本作「二十二」。下一年「二十二」，四庫本作「二十三」，依此類推。
② 「蚡冒」，原作「蚡胃」，據四庫本改。

乙酉	十五	二十五	三十九	十	二	三
丙戌	十六	二十六	四十	十一	三	四
丁亥	十七	二十七	四十一	十二	四	五
戊子	十八	二十八	四十二	十三	五	六
己丑	十九	二十九	四十三	十四	六	七
庚寅	二十	三十	四十四	十五	七	八
辛卯	二十一	三十一	四十五	十六	八	九
壬辰	二十二	三十二	四十六	十七	九	十
癸巳	二十三	三十三	四十七	十八	十	十一

經辰之丑二千二百一十

甲午	二十四	三十四	四十八	宋宣公	十一	十二
乙未	二十五	三十五	四十九	二	十二	十三
丙申	二十六	晉昭侯	五十	三	十三	十四
丁酉	二十七	二	五十一	四	十四	十五
戊戌	二十八	三	五十二	五	十五	十六
己亥	二十九	四	五十三	六	十六	十七

庚子	三十	五	五十四	七	十七	十八
辛丑	三十一	六	五十五	八	楚武王	十九
壬寅	三十二	七①	五十六	九	二	二十
癸卯	三十三	晉孝侯	五十七	十	三	二十一
甲辰	三十四	二	五十八	十一	四	二十二
乙巳	三十五	三	五十九	十二	五	二十三
丙午	三十六	四	六十	十三	六	二十四
丁未	三十七	五	六十一	十四	七	二十五
戊申	三十八	六	六十二	十五	八	二十六
己酉	三十九	七	六十三	十六	九	二十七
庚戌	四十	八	六十四	十七	十	二十八
辛亥	四十一	九	齊釐公	十八	十一	二十九
壬子	四十二	十	二	十九	十二	三十

① 「七」，四庫本作「晉孝侯」。按：四庫本以本年爲晉孝侯即位之年，依此推之，底本下一年「癸卯、晉孝侯」，四庫本作「癸卯、二」。以下逐年仿此。

癸丑 四十三	十一	三	宋穆公	十三	三十一
甲寅 四十四	十二	四	二	十四	三十二
乙卯 四十五	十三	五	三	十五	三十三
丙辰 四十六	十四	六	四	十六	三十四
丁巳 四十七	十五	七	五	十七	三十五
戊午 四十八	晉鄂侯	八	六	十八	三十六
己未 四十九魯隱	二	九	七	十九	三十七
庚申 五十	三	十	八	二十	三十八
辛酉 五十一	四	十一	九	二十一	三十九
壬戌 周桓王	五	十二	宋殤公	二十二	四十
癸亥 二	六	十三	二	二十三	四十一

經辰之寅二千二百一十一

甲子 三	晉哀侯	十四	三	二十四	四十二
乙丑 四	二	十五	四	二十五	四十三
丙寅 五	三	十六	五	二十六	秦寧公
丁卯 六	四	十七	六	二十七	二

戊辰	七	五	十八	七	二十八	三
己巳	八	六	十九	八	二十九	四
庚午	九魯桓	七	二十	九	三十	五
辛未	十	八	二十一	宋莊公	三十一	六
壬申	十一	九①	二十二	二	三十二	七
癸酉	十二	晉小子侯	二十三	三	三十三	八
甲戌	十三	二	二十四	四	三十四	九
乙亥	十四	三②	二十五	五	三十五	十
丙子	十五	四	二十六	六	三十六	十一
丁丑	十六	晉侯緡	二十七	七	三十七稱王	十二
戊寅	十七	二	二十八	八	三十八	秦出公
己卯	十八	三	二十九	九	三十九	二
庚辰	十九	四	三十	十	四十	三

① 「九」，四庫本作「孚侯」。按：四庫本以此年爲晉孚侯即位之年。

② 「三」，四庫本作「涽侯」。按：四庫本以此年爲「涽侯」即位之年。

辛巳	二十	五	三十一	十一	四十一	四
壬午	二十一	六	三十二	十二	四十二	五
癸未	二十二	七	三十三	十三	四十三	秦武公
甲申	二十三	八	齊襄公	十四	四十四	二
乙酉	周莊王	九	二	十五	四十五	三
丙戌	二	十	三	十六	四十六	四
丁亥	三	十一	四	十七	四十七	五
戊子	四魯莊	十二	五	十八	四十八	六
己丑	五	十三	六	宋湣公①	四十九	七
庚寅	六	十四	七	二②	五十	八
辛卯	七	十五	八	三	五十一	九
壬辰	八	十六	九	四	楚文王	十
癸巳	九	十七	十	五	二	十一

① 「宋湣公」，四庫本作「十九」。

② 「二」，四庫本作「宋湣公」。按：四庫本以此年爲宋湣公即位之年。

經辰之卯二千二百一十二

甲午	十	十八	十一	六	三	十二
乙未	十一	十九	齊無知	七	四	十三
丙申	十二	二十	齊桓公	八	五	十四
丁酉	十三	二十一	二	九	六	十五
戊戌	十四	二十二	三	十	七	十六
己亥	十五	二十三	四	宋桓公	八	十七
庚子	周釐王	二十四	五	二①	九	十八
辛丑	二	二十五	六	三	十	十九
壬寅	三	晉武公②	七	四	十一	二十
癸卯	四	二	八	五	十二	二十一
甲辰	五	三	九	六	十三	秦德公
乙巳	周惠王	晉獻公	十	七	楚杜敖	二

① 「二」，四庫本作「宋桓公」。按：四庫本以此年爲宋桓公即位之年。
② 「晉武公」，四庫本作「晉武侯」。

丙午	二	二	十一	八	三	秦宣公
丁未	三	三	十二	九	三	二
戊申	四	四	十三	十	四	三
己酉	五	五	十四	十一	楚成王	四
庚戌	六	六	十五	十二	二	五
辛亥	七	七	十六	十三	三	六
壬子	八	八	十七	十四	四	七
癸丑	九	九	十八	十五	五	八
甲寅	十	十	十九	十六	六	九
乙卯	十一	十一	二十	十七	七	十
丙辰	十二	十二	二十一	十八	八	十一
丁巳	十三	十三	二十二	十九	九	十二
戊午	十四	十四	二十三	二十	十	秦成公
己未	十五	十五	二十四	二十一	十一	二
庚申	十六魯閔	十六	二十五	二十二	十二	三
辛酉	十七	十七	二十六	二十三	十三	四

壬戌	十八魯僖	十八	二十七	二十四	十四	秦穆公
癸亥	十九	十九	二十八	二十五	十五	二

經辰之辰二千二百一十三

甲子	二十	二十	二十九	二十六	十六	三
乙丑	二十一	二十一	三十	二十七	十七	四
丙寅	二十二	二十二	三十一	二十八	十八	五
丁卯	二十三	二十三	三十二	二十九	十九	六
戊辰	二十四	二十四	三十三	三十	二十	七
己巳	二十五	二十五	三十四	三十一	二十一	八
庚午	周襄王	二十六①	三十五	三十二	二十二	九
辛未	二	晉奚齊、卓子②	三十六	宋襄公	二十三	十
壬申	三	晉惠公	三十七	二	二十四	十一
癸酉	四	二	三十八	三	二十五	十二

① 「二十六」，四庫本作「奚齊、卓子」。按：四庫本以此年爲奚齊、卓子即位之年。

② 「晉奚齊卓子」，四庫本作「晉惠公」。按：四庫本以此年爲晉惠公即位之年。又「卓」原作「串」，據四庫本改。

甲戌	五	三	三十九	四	二十六	十三
乙亥	六	四	四十	五	二十七	十四
丙子	七	五	四十一	六	二十八	十五
丁丑	八	六	四十二	七	二十九	十六
戊寅	九	七	四十三	八	三十	十七
己卯	十	八	齊孝公	九	三十一	十八
庚辰	十一	九	二	十	三十二	十九
辛巳	十二	十	三	十一	三十三	二十
壬午	十三	十一	四	十二	三十四	二十一
癸未	十四	十二	五	十三	三十五	二十二
甲申	十五	十三①	六	十四	三十六	二十三
乙酉	十六	晉懷公、文公②	七	宋成公	三十七	二十四
丙戌	十七	二	八	二	三十八	二十五

①「十三」，四庫本作「晉懷公」。按：四庫本以此年爲晉懷公即位之年。

②「晉懷公、文公」，四庫本作「晉文公」。

丁亥 十八	三	九	三	三十九	二十六
戊子 十九	四	十	四	四十	二十七
己丑 二十	五	齊昭公	五	四十一	二十八
庚寅 二十一	六	二	六	四十二	二十九
辛卯 二十二	七	三	七	四十三	三十
壬辰 二十三	八	四	八	四十四	三十一
癸巳 二十四	九	五	九	四十五	三十二

經辰之巳二千二百一十四

甲午 二十五	晉襄公	六	十	楚穆王	三十三
乙未 二十六魯文	二	七	十一	二	三十四
丙申 二十七	三	八	十二	三	三十五
丁酉 二十八	四	九	十三	四	三十六
戊戌 二十九	五	十	十四	五	三十七
己亥 三十	六	十一	十五	六	三十八
庚子 二十一	七	十二	十六	七	三十九
辛丑 三十二	晉靈公	十三	十七	八	秦康公

壬寅	三十三	二	十四	宋昭公	九	二
癸卯	周頃王	三	十五	二	十	三
甲辰	二	四	十六	三	十一	四
乙巳	三	五	十七	四	十二	五
丙午	四	六	十八	五	十三	六
丁未	五	七	十九	六	十四	七
戊申	六	八	二十	七	楚莊王	八
己酉	周匡王	九	齊懿公	八	二	九
庚戌	二	十	二	宋文公	三	十
辛亥	三	十一	三	二	四	十一
壬子	四	十二	齊惠公①	三	五	十二
癸丑	五魯宣	十三	二②	四	六	秦共公③

①「齊惠公」，四庫本作「四」。
②「二」，四庫本作「齊惠公」。按：四庫本以此年爲齊惠公即位之年。
③「秦共公」，原作「秦其公」，據四庫本改。

甲寅	六	晉成公①	三	五	七	二
乙卯	周定王	二②	四	六	八	三
丙辰	二	三	五	七	九	四
丁巳	三	四	六	八	十	五
戊午	四	五	七	九	十一	秦桓公
己未	五	六	八	十	十二	二
庚申	六	七	九	十一	十三	三
辛酉	七	八	十	十二	十四	四
壬戌	八	晉景公	十一	十三	十五	五
癸亥	九	二	齊頃公	十四	十六	六

經辰之午二千二百一十五

甲子	十	三	二	十五	十七	七
乙丑	十一	四	三	十六	十八	八

① 「晉成公」，四庫本作「十四」。

② 「二」，四庫本作「晉成公」。按：四庫本以此年爲晉成公即位之年。

丙寅	十二	五	四	十七	十九	九	
丁卯	十三	六	五	十八	二十	十	
戊辰	十四	七	六	十九	二十一	十一	
己巳	十五	八	七	二十	二十二	十二	
庚午	十六	九	八	二十一	二十三	十三	
辛未	十七魯成	十	九	二十二	楚共王	十四	
壬申	十八	十一	十	二十三	二	十五	
癸酉	十九	十二	十一	宋共公	三	十六	
甲戌	二十	十三	十二	二	四	十七	
乙亥	二十一	十四	十三	三	五	十八	
丙子	周簡王	十五	十四	四	六	十九	吳壽夢
丁丑	二	十六	十五	五	七	二十	二
戊寅	三	十七	十六	六	八	二十一	三
己卯	四	十八	十七	七	九	二十二	四
庚辰	五	十九	齊靈公	八	十	二十三	五
辛巳	六	晉厲公	二	九	十一	二十四	六

壬午 七	二	三	十	十二	二十五	七
癸未 八	三	四	十一	十三	二十六	八
甲申 九	四	五	十二	十四	二十七	九
乙酉 十	五	六	十三	十五	秦景公	十
丙戌 十一	六	七	宋平公	十六	二	十一
丁亥 十二	七	八	二	十七	三	十二
戊子 十三	八	九	三	十八	四	十三
己丑 十四魯襄	晉悼公	十	四	十九	五	十四
庚寅 周靈王	二	十一	五	二十	六	十五
辛卯 二	三	十二	六	二十一	七	十六
壬辰 三	四	十三	七	二十二	八	十七
癸巳 四	五	十四	八	二十三	九	十八

經辰之末二千二百一十六

甲午 五	六	十五	九	二十四	十	十九
乙未 六	七	十六	十	二十五	十一	二十
丙申 七	八	十七	十一	二十六	十二	二十一

丁酉	八	九	十八	十二	二十七	十三	二十二
戊戌	九	十	十九	十三	二十八	十四	二十三
己亥	十	十一	二十	十四	二十九	十五	二十四
庚子	十一	十二	二十一	十五	三十	十六	二十五
辛丑	十二	十三	二十二	十六	三十一	十七	吳諸樊
壬寅	十三	十四	二十三	十七	楚康王	十八	二
癸卯	十四	十五	二十四	十八	二	十九	三
甲辰	十五	晉平公	二十五	十九	三	二十	四
乙巳	十六	二	二十六	二十	四	二十一	五
丙午	十七	三	二十七	二十一	五	二十二	六
丁未	十八	四	二十八	二十二	六	二十三	七
戊申	十九	五	齊莊公	二十三	七	二十四	八
己酉	二十	六	二	二十四	八	二十五	九
庚戌	二十一	七	三	二十五	九	二十六	十
辛亥	二十二	八	四	二十六	十	二十七	十一
壬子	二十三	九	五	二十七	十一	二十八	十二

癸丑	二十四	十	六	二十八	十二	二十九	十三
甲寅	二十五	十一	齊景公	二十九	十三	三十	吳餘祭
乙卯	二十六	十二	二	三十	十四	三十一	二
丙辰	二十七	十三	三	三十一	十五	三十二	三
丁巳	周景王	十四	四	三十二	楚郟敖	三十三	四
戊午	二	十五	五	三十三	二	三十四	五
己未	三	十六	六	三十四	三	三十五	六
庚申	四魯昭	十七	七	三十五	楚靈王①	三十六	七
辛酉	五	十八	八	三十六	二②	三十七	八
壬戌	六	十九	九	三十七	三	三十八	九
癸亥	七	二十	十	三十八	四	三十九	十

經辰之申二千二百一十七

甲子	八	二十一	十一	三十九	五	四十	十一

① 「楚靈王」，四庫本作「四」。
② 「二」，四庫本作「楚靈王」。按：四庫本以此年爲楚靈王即位之年。

乙丑	九	二十二	十二	四十	六	秦哀公	十二
丙寅	十	二十三	十三	四十一	七	二	十三
丁卯	十一	二十四	十四	四十二	八	三	十四
戊辰	十二	二十五	十五	四十三	九	四	十五
己巳	十三	二十六	十六	四十四	十	五	十六
庚午	十四	晉昭公	十七	宋元公	十一	六	十七
辛未	十五	二	十八	二	十二	七	吴餘眛
壬申	十六	三	十九	三	楚平王	八	二
癸酉	十七	四	二十	四	二	九	三
甲戌	十八	五	二十一	五	三	十	四
乙亥	十九	六	二十二	六	四	十一	吴王僚
丙子	二十	晉頃公	二十三	七	五	十二	二
丁丑	二十一	二	二十四	八	六	十三	三
戊寅	二十二	三	二十五	九	七	十四	四
己卯	二十三	四	二十六	十	八	十五	五
庚辰	二十四	五	二十七	十	九	十六	六

辛巳	二十五	六	二十八	十二	十	十七	七
壬午	周敬王	七	二十九	十三	十一	十八	八
癸未	二	八	三十	十四	十二	十九	九
甲申	三	九	三十一	十五	十三	二十	十
乙酉	四	十	三十二	宋景公	十四	二十一	十一
丙戌	五	十一	三十三	二	楚昭王	二十二	吴王闔閭①
丁亥	六	十二	二十四	三	二	二十三	二②
戊子	七	十三	三十五	四	三	二十四	三
己丑	八	十四	三十六	五	四	二十五	四
庚寅	九	晉定公	三十七	六	五	二十六	五
辛卯	十	二	三十八	七	六	二十七	六
壬辰	十一魯定	三	三十九	八	七	二十八	七
癸巳	十二	四	四十	九	八	二十九	八

①「吴王闔閭」，四庫本作「十二」。

②「二」，四庫本作「吴王闔閭」。按：四庫本以此年爲吴王闔閭即位之年。

經辰之酉二千二百一十八

甲午	十三	五	四十一	十	九	三十	九	
乙未	十四	六	四十二	十一	十	三十一	十	
丙申	十五	七	四十三	十二	十一	三十二	十一	
丁酉	十六	八	四十四	十三	十二	三十三	十一	
戊戌	十七	九	四十五	十四	十三	三十四	十三	
己亥	十八	十	四十六	十五	十四	三十五	十四	
庚子	十九	十一	四十七	十六	十五	三十六	十五	
辛丑	二十	十二	四十八	十七	十六	秦惠公①	十六	
壬寅	二十一	十三	四十九	十八	十七	二	十七	
癸卯	二十二	十四	五十	十九	十八	三	十八	
甲辰	二十三	十五	五十一	二十	十九	四	十九	
乙巳	二十四	十六	五十二	二十一	二十	五	二十	越句踐
丙午	二十五	十七	五十三	二十二	二十一	六	吳夫差二	

① 「秦惠公」，原作「秦哀公」，據四庫本改。

丁未	二十六魯哀	十八	五十四	二十三	二十二	七	二	三
戊申	二十七	十九	五十五	二十四	二十三	八	三	四
己酉	二十八	二十	五十六	二十五	二十四	九	四	五
庚戌	二十九	二十一	五十七	二十六	二十五	秦悼公	五	六
辛亥	三十	二十二	五十八孺子	二十七	二十六	二	六	七
壬子	三十一	二十三	齊悼公	二十八	二十七	三	七	八
癸丑	三十二	二十四	二	二十九	楚惠王	四	八	九
甲寅	三十三	二十五	三	三十	二	五	九	十
乙卯	三十四	二十六	四	三十一	三	六	十	十一
丙辰	三十五	二十七	齊簡公	三十二	四	七	十一	十二
丁巳	三十六	二十八	二	三十三	五	八	十二	十三
戊午	三十七	二十九	三	三十四	六	九	十三	十四
己未	三十八	三十	四	三十五	七	十	十四	十五
庚申	三十九	三十一	齊平公	三十六	八	十一	十五	十六
辛酉	四十	三十二	二	三十七	九	十二	十六	十七
壬戌	四十一	三十三	三	三十八	十	十三	十七	十八

癸亥 四十二	三十四	四	三十九	十一	秦厲公	十八	十九

經辰之戌二千二百一十九

甲子 四十三	三十五	五	四十	十二	二	十九①	二十②
乙丑 四十四	三十六	六	四十一	十三	三	二十	二十一
丙寅 周元王	三十七	七	四十二	十四	四	二十一	二十二
丁卯 二	晉出公③	八	四十三	十五	五	二十二	二十三
戊辰 三	二	九	四十四	十六	六	吴亡	二十四滅吴
己巳 四	三	十	四十五	十七	七		二十五
庚午 五	四	十一	四十六	十八	八		二十六
辛未 六	五	十二	四十七	十九	九		二十七
壬申 周④	六	十三	四十八	二十	十		二十八
癸酉 二	七	十四	四十九	二十一	十一		

① 「十九」以下各行原遞縮一行，據四庫本改。
② 「二十」以下各行原遞縮一行，據四庫本改。
③ 「晉出公」，原作「晉幽公」，據四庫本改。
④ 以下四庫本有「慎定」，實當作「貞定」。

甲戌	三	八	十五	五十	二十二	十二
乙亥	四	九	十六	五十一	二十三	十三
丙子	五	十	十七	五十二	二十四	十四
丁丑	六	十一	十八	五十三	二十五	十五
戊寅	七	十二	十九	五十四	二十六	十六
己卯	八	十三	二十	五十五	二十七	十七
庚辰	九	十四	二十一	五十六	二十八	十八
辛巳	十	十五	二十二	五十七	二十九	十九
壬午	十一	十六	二十三	五十八	三十	二十
癸未	十二	晉哀公	二十四	五十九	三十一	二十一
甲申	十三	二	二十五	六十	三十二	二十二
乙酉	十四	三	二十六	六十一	三十三	二十三
丙戌	十五	四	齊宣公	六十二	三十四	二十四
丁亥	十六	五	二	六十三	三十五	二十五
戊子	十七	六	三	六十四	三十六	二十六
己丑	十八	七	四	宋昭公	三十七	二十七

庚寅	十九	八		五		二	三十八	二十八
辛卯	二十	九		六		三	三十九	二十九
壬辰	二十一		十		七	四	四十	三十
癸巳	二十二		十一		八	五	四十一	三十一

經辰之亥二千二百二十

甲午	二十三	十二	九	六	四十二	三十二
乙未	二十四	十三	十	七	四十三	三十三
丙申	二十五	十四	十一	八	四十四	三十四
丁酉	二十六	十五	十二	九	四十五	秦悼公①
戊戌	二十七	十六	十三	十	四十六	二
己亥	二十八哀王	十七	十四	十一	四十七	三
庚子	周思王、考王②	十八	十五	十二	四十八	四
辛丑	二	十九	十六	十三	四十九	五

① 「秦悼公」，四庫本作「桓公」。實當作「秦躁公」。
② 「考王」，原作「孝王」，據四庫本改。

壬寅	三	晉幽公	十七	十四	五十	六
癸卯	四	二	十八	十五	五十一	七
甲辰	五	三	十九	十六	五十二	八
乙巳	六	四	二十	十七	五十三	九
丙午	七	五	二十一	十八	五十四	十
丁未	八	六	二十二	十九	五十五	十一
戊申	九	七	二十三	二十	五十六	十二
己酉	十	八	二十四	二十一	五十七	十三
庚戌	十一	九	二十五	二十二	楚簡王	秦懷公
辛亥	十二	十	二十六	二十三	二	二
壬子	十三	十一	二十七	二十四	三	三
癸丑	十四	十二	二十八	二十五	四	秦靈公
甲寅	十五	十三	二十九	二十六	五	二
乙卯	十六	十四	三十	二十七	六	三
丙辰	周威烈	十五	三十一	二十八	七	四
丁巳	二	十六	三十二	二十九	八	五

戊午 三 十七 三十三 三十 九 六
己未 四 十八 三十四 三十一 十 七
庚申 五 晉烈公 三十五 三十二 十一 八
辛酉 六 二 三十六 三十三 十二 九
壬戌 七 三 三十七 三十四 十三 十
癸亥 八 四 三十八 三十五 十四 十一

以會經運之八 觀物篇之二十

經日之甲一
經月之午七
經星之巳一百八十六
經辰之子二千二百二十一

甲子 九 五 三十九 三十六 十五 十二
乙丑 十 六 四十 三十七 十六 十三
丙寅 十一 七 四十一 三十八 十七 秦簡公
丁卯 十二 八 四十二 三十九 十八 二

戊辰	十三	九	四十三	四十	十九	三			
己巳	十四	十	四十四	四十一	二十	四			
庚午	十五	十一	四十五	四十二	二十一	五			
辛未	十六	十二	四十六	四十三	二十二	六			
壬申	十七	十三	四十七	四十四	二十三	七			
癸酉	十八	十四	四十八	四十五	二十四	八			
甲戌	十九	十五	四十九	四十六	楚聲王	九			
乙亥	二十	十六	五十	四十七	二	十			
丙子	二十一	十七	五十一	宋悼公①	三	十一			
丁丑	二十二	十八	齊康公	二	四	十二			
戊寅	二十三	十九	二	三	五	十三	韓景侯	魏文侯	趙烈侯
己卯	二十四	二十	三	四	楚悼王	十四	七	二十三	七
庚辰	周安王	二十一	四	五	二	十五	八	二十四	八
辛巳	二	二十二	五	六	三	十六	九	二十五	九

①「宋悼公」，原作「宋韓公」，據四庫本改。

壬午 三 二十三 六 七 四 秦惠公 韓烈侯 二十六 趙武侯
癸未 四 二十四 七 八 五 二 二 二十七 二
甲申 五 二十五 八 宋休公① 六 三 三 二十八 三
乙酉 六 二十六 九 二 七 四 四 二十九 四
丙戌 七 二十七 十 三 八 五 五 三十 五
丁亥 八 晉孝公 十一 四 九 六 六 三十一 六
戊子 九 二 十二 五 十 七 七 三十二 七
己丑 十 三 十二 六 十一 八 八 三十三 八
庚寅 十一 四 十四 七 十二 九 九 三十四 九
辛卯 十二 五 十五 八 十三 十 十 三十五 十
壬辰 十三 六 十六 九 十四 十一 十一 三十六 十一
癸巳 十四 七 十七 十 十五 十二 十二 三十七 十二

經辰之丑二千二百二十二

甲午 十五 八 十八 十一 十六 十三 十三 三十八 十二

① 「宋休公」，原作「宋休王」，據四庫本改。

乙未	十六	九	後齊太公	十二	十七	秦出子	韓文侯	魏武侯	趙敬侯
丙申	十七	十	二	十三	十八	秦獻公	二	二	二
丁酉	十八	十一	齊桓公	十四	十九	二	三	三	三
戊戌	十九	十二	二	十五	二十	三	四	四	四
己亥	二十	十三	三	十六	二十一	四	五	五	五
庚子	二十一	十四	四	十七	二十二	五	六	六	六
辛丑	二十二	十五	五	十八	楚肅王	六	七	七	七
壬寅	二十三	十六	六	十九	二	七	八	八	八
癸卯	二十四	十七	齊威王	二十	三	八	九	九	九
甲辰	二十五	晉靜公	二	二十一	四	九	十	十	十
乙巳	二十六	晉亡	三	二十二	五	十	韓哀侯	十一	十一
丙午	周烈王		四	二十三	六	十一	二	十二	十二
丁未	二		五	宋辟公	七	十二	三	十三	趙成侯
戊申	三		六	二	八	十三	四	十四	二
己酉	四		七	三	九	十四	五	十五	三

庚戌	五		八	宋剔成①	十	十五	韓懿侯②	十六	四
辛亥	六		九	二	十一	十六	二③	魏惠王	五
壬子	七		十	三	楚宣王	十七	三	二	六
癸丑	周顯王		十一	四	二	十八	四	三	七
甲寅	二周分爲二		十二	五	三	十九	五	四	八
乙卯	三	二	十三	六	四	二十	六	五	九
丙辰	四	三	十四	七	五	二十一	七	六	十
丁巳	五	四	十五	八	六	二十二	八	七	十一
戊午	六	五	十六	九	七	二十三	九	八	十二
己未	七	六	十七	十	八	二十四	十	九	十三
庚申	八	七	十八	十一	九	秦孝公	十一	十	十四
辛酉	九	東周傑亡④	十九	十二	十	二	十二	十一	十五

①「剔成」，原作「剔威」，據四庫本改。
②「韓懿侯」，四庫本作「六」。
③「二」，四庫本作「韓懿侯」。按：四庫本以此年爲韓懿侯即位之年。
④「立」，原作「亡」，據四庫本改。

壬戌	十	二	二十	十三	十一	三	十三	十二	十六
癸亥	十一	三①	二十一	十四	十二	四	韓昭侯	十三	十七

經辰之寅二千二百二十三

甲子	十二		二十二	十五	十三	五	二	十四	十八
乙丑	十三		二十三	十六	十四	六	三	十五	十九
丙寅	十四		二十四	十七	十五	七	四	十六	二十
丁卯	十五		二十五	十八	十六	八	五	十七	二十一
戊辰	十六		二十六	十九	十七	九	六	十八	二十二
己巳	十七		二十七	二十	十八	十	七	十九	二十三
庚午	十八		二十八	二十一	十九	十一	八	二十	二十四
辛未	十九		二十九	二十二	二十	十二	九	二十一	二十五
壬申	二十		三十	二十三	二十一	十三	十	二十二	趙肅侯
癸酉	二十一		三十一	二十四	二十二	十四	十一	二十三	二

① 「三」，自上頁「乙卯」行下「二」至此，四庫本除「東周傑立」作雙行小字置「辛酉九」下，其餘無。下頁據四庫本將齊國以下各提上一欄，以便再下頁排入燕國。

甲戌	二十二	三十二	二十五	二十三	十五	十二	二十四	三
乙亥	二十三	三十三	二十六	二十四	十六	十三	二十五	四
丙子	二十四	三十四	二十七	二十五	十七	十四	二十六	五
丁丑	二十五	三十五	二十八	二十六	十八	十五	二十七	六
戊寅	二十六	三十六	二十九	二十七	十九	十六	二十八	七
己卯	二十七	齊宣王	三十	二十八	二十	十七	二十九	八
庚辰	二十八	二	三十一	二十九	二十一	十八	三十	九
辛巳	二十九	三	三十二	三十	二十二	十九	三十一	十
壬午	三十	四	三十三	楚威王	二十三	二十	三十二	十一
癸未	三十一	五	三十四	二	二十四	二十一	三十三	十二
甲申	三十二	六	三十五	三	秦惠王	二十二	三十四	十三
乙酉	三十三	七	三十六	四	二	二十三	三十五	十四
丙戌	三十四	八	三十七	五	三	二十四	三十六	十五
丁亥	三十五	九	三十八	六滅越	四	二十五	魏襄王	十六
戊子	三十六	十	三十九	七	五	二十六	二稱王	十七

己丑	三十七	十一	四十	八	六	韓宣惠	三	十八	
庚寅	三十八	十二	四十一	九	七	二	四	十九	
辛卯	三十九	十三	宋元王	十	八	三	五	二十	
壬辰	四十	十四	二	十一	九	四	六	二十一	
癸巳	四十一	十五	三	楚懷王	十	五	七	二十二	

經辰之卯二千二百二十四

甲午	四十二	十六	四	二	十一	六	八	二十三	
乙未	四十三	十七	五	三	十二	七	九	二十四	
丙申	四十四	十八	六	四	十三	八	十	趙武靈	
丁酉	四十五	十九	七	五	十四	九	十一	二	
戊戌	四十六	齊湣王	八	六	十五	十	十二	三	燕易王
己亥	四十七	二	九	七	十六	十一	十三	四	二
庚子	四十八	三	十	八	十七	十二	十四	五	三
辛丑	周慎靚	四	十一	九	十八	十三	十五	六	燕王噲
壬寅	二	五	十二	十	十九	十四	十六	七	二
癸卯	三	六	十三	十一	二十	十五	魏哀王	八	三

甲辰	四	七	十四	十二	二十一	十六	二	九	四
乙巳	五	八	十五	十三	二十二	十七	三	十	五
丙午	六	九	十六	十四	二十三	十八	四	十一	六
丁未	周赧王	十	十七	十五	二十四	十九	五	十二	七
戊申	二	十一	十八	十六	二十五	二十	六	十三	八
己酉	三	十二	十九	十七	二十六	二十一	七	十四	燕昭王
庚戌	四	十三	二十	十八	二十七	韓襄王	八	十五	二
辛亥	五	十四	二十一	十九	秦武王	二	九	十六	三
壬子	六	十五	二十二	二十	二	三	十	十七	四
癸丑	七	十六	二十三	二十一	三	四	十一	十八	五
甲寅	八	十七	二十四	二十二	四	五	十二	十九	六
乙卯	九	十八	二十五	二十三	秦昭襄	六	十三	二十	七
丙辰	十	十九	二十六	二十四	二	七	十四	二十一	八
丁巳	十一	二十	二十七	二十五	三	八	十五	二十二	九
戊午	十二	二十一	二十八	二十六	四	九	十六	二十三	十
己未	十三	二十二	二十九	二十七	五	十	十七	二十四	十一

庚申	十四	二十三	三十	二十八	六	十一	十八	二十五	十二
辛酉	十五	二十四	三十一	二十九	七	十二	十九	二十六	十三
壬戌	十六	二十五	三十二	三十	八	十三	二十	二十七	十四
癸亥	十七	二十六	三十三	楚頃襄	九	十四	二十一	趙惠文①	十五

經辰之辰二千二百二十五

甲子	十八	二十七	三十四	二	十	十五	二十二	二	十六
乙丑	十九	二十八	三十五	三	十一	十六	二十三	三	十七
丙寅	二十	二十九	三十六	四	十二	韓釐王	魏昭王	四	十八
丁卯	二十一	三十	三十七	五	十三	二	二	五	十九
戊辰	二十二	三十一	三十八	六	十四	三	三	六	二十
己巳	二十三	三十二	三十九	七	十五	四	四	七	二十一
庚午	二十四	三十三	四十	八	十六	五	五	八	二十二
辛未	二十五	三十四	四十一	九	十七	六	六	九	二十三
壬申	二十六	三十五	四十二	十	十八	七	七	十	二十四

① 「趙惠文」，原作「趙文惠」，據四庫本改。

癸酉	二十七	三十六	四十三	十一	十九	八	八	十一	二十五
甲戌	二十八	三十七	四十四	十二	二十	九	九	十二	二十六
乙亥	二十九	三十八滅宋宋亡		十三	二十一	十	十	十三	二十七
丙子	三十	三十九		十四	二十二	十一	十一	十四	二十八
丁丑	三十一	齊襄王		十五	二十三	十二	十二	十五	二十九
戊寅	三十二	二		十六	二十四	十三	十三	十六	三十
己卯	三十三	三		十七	二十五	十四	十四	十七	三十一
庚辰	三十四	四		十八	二十六	十五	十五	十八	三十二
辛巳	三十五	五		十九	二十七	十六	十六	十九	三十三
壬午	三十六	六		二十	二十八	十七	十七	二十	燕惠王
癸未	三十七	七		二十一	二十九	十八	十八	二十一	二
甲申	三十八	八		二十二	三十	十九	十九	二十二	三
乙酉	三十九	九		二十三	三十一	二十	魏釐王	二十三	四
丙戌	四十	十		二十四	三十二	二十一	二	二十四	五
丁亥	四十一	十一		二十五	三十三	二十二	三	二十五	六
戊子	四十二	十二		二十六	三十四	二十三	四	二十六	七

己丑	四十三	十三		二十七	三十五	韓桓惠	五	二十七	八
庚寅	四十四	十四		二十八	三十六	二	六	二十八	燕武成
辛卯	四十五	十五	二十九	三十七	三	七	二十九	二	
壬辰	四十六	十六	三十	三十八	四	八	三十	三	
癸巳	四十七	十七	三十一	三十九	五	九	三十一	四	
經辰之巳二千二百二十六									
甲午	四十八	十八	三十二	四十	六	十	三十二	五	
乙未	四十九	十九	三十三	四十一	七	十一	三十三	六	
丙申	五十	二十	三十四	四十二	八	十二	趙孝成	七	
丁酉	五十一	齊王建	三十五	四十三	九	十三	二	八	
戊戌	五十二	二	三十六	四十四	十	十四	三	九	
己亥	五十三	三	楚考烈	四十五	十一	十五	四	十	
庚子	五十四	四	二	四十六	十二	十六	五	十一	
辛丑	五十五	五	三	四十七	十三	十七	六	十二	
壬寅	五十六	六	四	四十八	十四	十八	七	十三	
癸卯	五十七	七	五	四十九	十五	十九	八	十四	

甲辰 五十八	八	六	五十	十六	二十	九	燕孝王
乙巳 周滅	九	七	五十一滅周	十七	二十一	十	二
丙午	十	八	五十二	十八	二十二	十一	三
丁未	十一	九	五十三	十九	二十三	十二	燕王喜
戊申	十二	十	五十四	二十	二十四	十三	二
己酉	十三	十一	五十五	二十一	二十五	十四	三
庚戌	十四	十二	五十六①	二十二	二十六	十五	四
辛亥 東周惠君亡	十五	十三	秦孝文、莊襄	二十三	二十七	十六	五
壬子	十六	十四	二	二十四	二十八	十七	六
癸丑	十七	十五	三	二十五	二十九	十八	七
甲寅	十八	十六	四	二十六	三十	十九	八
乙卯	十九	十七	秦始皇	二十七	三十一	二十	九
丙辰	二十	十八	二	二十八	三十二	二十一	十
丁巳	二十一	十九	三	二十九	三十三	趙悼襄	十一

① 「五十六」，四庫本「孝文」列於此下而非次行。

戊午	二十二	二十	四	三十	三十四	二	十二
己未	二十三	二十一	五	三十一	魏景湣	三	十三
庚申	二十四	二十二	六	三十二	二	四	十四
辛酉	二十五	二十三	七	三十三	三	五	十五
壬戌	二十六	二十四	八	三十四	四	六	十六
癸亥	二十七	二十五	九	韓王安	五	七	十七

經辰之午二千二百二十七

甲子	二十八	楚幽王	十	二	六	八	十八
乙丑	二十九	二	十一	三	七	九	十九
丙寅	三十	三	十二	四	八	趙王遷	二十
丁卯	三十一	四	十三	五	九	二	二十一
戊辰	三十二	五	十四	六	十	三	二十二
己巳	三十三	六	十五	七	十一	四	二十三
庚午	三十四	七	十六	八	十二	五	二十四
辛未	三十五	八	十七滅韓	韓亡	十三	六	二十五
壬申	三十六	九	十八		十四	七	二十六

癸酉	三十七	十	十九滅趙	十五	趙亡	二十七
甲戌	三十八	楚負芻	二十	魏王假		二十八
乙亥	三十九	二	二十一滅燕	二		燕亡
丙子	四十	三	二十二滅魏	魏亡		
丁丑	四十一	四	二十三			
戊寅	四十二	楚亡	二十四滅楚			
己卯	四十三		二十五			
庚辰	齊亡		二十六滅齊			
辛巳			二十七			
壬午			二十八			
癸未			二十九			
甲申			三十			
乙酉			三十一			
丙戌			三十二			
丁亥			三十三			
戊子				三十四		

己丑　三十五
庚寅　三十六
辛卯　三十七
壬辰　秦二世
癸巳　二

經辰之未二千二百二十八

甲午　漢高祖先入關　楚伯王後入關①　秦亡
乙未　二　二
丙申　三　三
丁酉　四　四
戊戌　五　五
己亥　六　楚亡
庚子　七
辛丑　八

①「伯王」，四庫本作「項王」。

壬寅 九
癸卯 十
甲辰 十一
乙巳 十二
丙午 十三
丁未 漢惠帝
戊申 二
己酉 三
庚戌 四
辛亥 五
壬子 六
癸丑 七
甲寅 漢吕后立惠帝養子①
乙卯 二

① 「惠帝養子」，四庫本作「無名子」。

丙辰 三
丁巳 漢呂后立養子恒山王爲帝①
戊午 二
己未 三
庚申 四
辛酉 漢文帝
壬戌 二
癸亥 三
經辰之申二千二百二十九
甲子 四
乙丑 五
丙寅 六
丁卯 七
戊辰 八

① 四庫本無「養子」、「爲帝」四字。

己巳 九
庚午 十
辛未 十一
壬申 十二
癸酉 十三
甲戌 十四
乙亥 十五
丙子 十六
丁丑 十七
戊寅 十八後元①
己卯 十九
庚辰 二十
辛巳 二十一
壬午 二十二

① 四庫本自此以後帝王在位中途改元，時間重計。

癸未 二十三
甲申 二十四
乙酉 漢景帝
丙戌 二
丁亥 三
戊子 四
己丑 五
庚寅 六
辛卯 七
壬辰 八中元
癸巳 九
經辰之酉二千二百三十
甲午 十
乙未 十一
丙申 十二
丁酉 十三

戊戌 十四後元
己亥 十五
庚子 十六
辛丑漢武帝①
壬寅 二
癸卯 三
甲辰 四
乙巳 五
丙午 六
丁未 七元光
戊申 八
己酉 九
庚戌 十
辛亥 十一

① 「帝」後，四庫本有「建元」二字。

壬子 十二
癸丑 十三元朔
甲寅 十四
乙卯 十五
丙辰 十六
丁巳 十七
戊午 十八
己未 十九元狩
庚申 二十
辛酉 二十一
壬戌 二十二
癸亥 二十三
經辰之戌二千二百三十一
甲子 二十四
乙丑 二十五元鼎
丙寅 二十六

丁卯 二十七
戊辰 二十八
己巳 二十九
庚午 三十
辛未 三十一元封
壬申 三十二
癸酉 三十三
甲戌 三十四
乙亥 三十五
丙子 三十六
丁丑 三十七太初
戊寅 三十八
己卯 三十九
庚辰 四十
辛巳 四十一天漢
壬午 四十二

癸未 四十三
甲申 四十四
乙酉 四十五太始
丙戌 四十六
丁亥 四十七
戊子 四十八
己丑 四十九征和
庚寅 五十
辛卯 五十一
壬辰 五十二
癸巳 五十三後元
經辰之亥二千二百三十二
甲午 五十四
乙未 漢昭帝始元
丙申 二
丁酉 三

戊戌 四
己亥 五
庚子 六
辛丑 七元鳳
壬寅 八
癸卯 九
甲辰 十
己巳 十一
丙午 十二
丁未 十三元平
戊申 漢宣帝本始
己酉 二
庚戌 三
辛亥 四
壬子 五地節
癸丑 六

甲寅 七
乙卯 八
丙辰 九元康
丁巳 十
戊午 十一
己未 十二
庚申 十三神爵
辛酉 十四
壬戌 十五
癸亥 十六

以會經運之九　觀物篇之二十一

經日之甲一
經月之午七
經星之庚一百八十七
經辰之子二千二百三十三

甲子　十七五鳳
乙丑　十八
丙寅　十九
丁卯　二十
戊辰　二十一甘露
己巳　二十二
庚午　二十三
辛未　二十四
壬申　二十五黄龍
癸酉　漢元帝初元
甲戌　二
乙亥　三
丙子　四
丁丑　五
戊寅　六永光
己卯　七

庚辰 八
辛巳 九
壬午 十
癸未 十一建昭
甲申 十二
乙酉 十三
丙戌 十四
丁亥 十五
戊子 十六竟寧
己丑 漢成帝建始
庚寅 二
辛卯 三
壬辰 四
癸巳 五河平

經辰之丑二千二百三十四

甲午 六
乙未 七
丙申 八
丁酉 九陽朔①
戊戌 十
己亥 十一
庚子 十二
辛丑 十三鴻嘉
壬寅 十四
癸卯 十五
甲辰 十六
乙巳 十七永始
丙午 十八
丁未 十九

---

①「陽朔」，原作「龍朔」，據四庫本改。

戊申　二十
己酉　二十一元延
庚戌　二十二
辛亥　二十三
壬子　二十四
癸丑　二十五綏和
甲寅　二十六
乙卯　漢哀帝建平
丙辰　二
丁巳　三
戊午　四
己未　五元壽
庚申　六
辛酉　漢平帝元始
壬戌　二
癸亥　三

經辰之寅二千二百三十五

甲子 四

乙丑 五

丙寅 漢孺子居攝①

丁卯 二

戊辰 三初始②

己巳 漢王莽稱新室，改建國元年

庚午 二

辛未 三

壬申 四

癸酉 五

甲戌 六天鳳

乙亥 七

① 「居攝」，原作「初始」，據四庫本改。
② 「初始」，原作「始初」，據四庫本改。

丙子 八
丁丑 九
戊寅 十
己卯 十一
庚辰 十二地皇
辛巳 十三
壬午 十四
癸未 十五劉玄稱更始
甲申 漢光武帝①
乙酉 二稱帝稱建武
丙戌 三
丁亥 四
戊子 五
己丑 六

① 「帝」後，四庫本有「封蕭王」三字。

庚寅 七
辛卯 八
壬辰 九
癸巳 十

經辰之卯二千二百三十六

甲午 十一
乙未 十二
丙申 十三
丁酉 十四
戊戌 十五
己亥 十六
庚子 十七
辛丑 十八
壬寅 十九
癸卯 二十
甲辰 二十一

乙巳 二十二
丙午 二十三
丁未 二十四
戊申 二十五
己酉 二十六
庚戌 二十七
辛亥 二十八
壬子 二十九
癸丑 三十
甲寅 三十一
乙卯 三十二
丙辰 三十三①
丁巳 三十四
戊午 漢明帝永平

① 是年，四庫本有「中元」二字。

己未 二
庚申 三
辛酉 四
壬戌 五
癸亥 六

經辰之辰二千二百三十七

甲子 七
乙丑 八
丙寅 九
丁卯 十
戊辰 十一
己巳 十二
庚午 十三
辛未 十四
壬申 十五
癸酉 十六

甲戌 十七

乙亥 十八

丙子 漢章帝建初

丁丑 二

戊寅 三

己卯 四

庚辰 五

辛巳 六

壬午 七

癸未 八

甲申 九元和

乙酉 十

丙戌 十一

丁亥 十二章和

戊子 十三

己丑 漢和帝永元

庚寅 二
辛卯 三
壬辰 四
癸巳 五

經辰之巳二千二百三十八

甲午 六
乙未 七
丙申 八
丁酉 九
戊戌 十
己亥 十一
庚子 十二
辛丑 十三
壬寅 十四
癸卯 十五
甲辰 十六

乙巳 十七①

丙午 漢殤帝延平

丁未 漢安帝永初

戊申 二

己酉 三

庚戌 四

辛亥 五

壬子 六

癸丑 七

甲寅 八元初

乙卯 九

丙辰 十

丁巳 十一

戊午 十二

① 是年，四庫本有「元興」二字。

己未　十三
庚申　十四永寧
辛酉　十五建光①
壬戌　十六延光
癸亥　十七
經辰之午二千二百三十九
甲子　十八
乙丑　十九
丙寅　漢順帝永建
丁卯　二
戊辰　三
己巳　四
庚午　五
辛未　六

①「建光」，原作「建元」，四庫本同，據《後漢書·安帝紀》改。

壬申　七陽嘉

癸酉　八

甲戌　九

乙亥　十

丙子　十一永和

丁丑　十二

戊寅　十三

己卯　十四

庚辰　十五

辛巳　十六

壬午　十七漢安

癸未　十八

甲申　十九①

乙酉　漢沖帝永嘉

① 是年，四庫本有「建康」二字。

丙戌 漢質帝本初
丁亥 漢桓帝建和
戊子 二
己丑 三
庚寅 四和平
辛卯 五元嘉
壬辰 六
癸巳 七永興
經辰之未二千二百四十
甲午 八
乙未 九永壽
丙申 十
丁酉 十一
戊戌 十二延熹
己亥 十三
庚子 十四

辛丑　十五
壬寅　十六
癸卯　十七
甲辰　十八
乙巳　十九
丙午　二十
丁未　二十一永康
戊申　漢靈帝建寧
己酉　二
庚戌　三
辛亥　四
壬子　五熹平①
癸丑　六
甲寅　七

① 「熹平」，原作「嘉平」，據四庫本改。

乙卯 八
丙辰 九
丁巳 十
戊午 十一光和
己未 十二
庚申 十三
辛酉 十四
壬戌 十五
癸亥 十六

經辰之申二千二百四十一

甲子 十七中平
乙丑 十八
丙寅 十九
丁卯 二十
戊辰 二十一

己巳 二十二先①

庚午 漢獻帝初平

辛未 二

壬申 三

癸酉 四

甲戌 五興平

乙亥 六

丙子 七建安

丁丑 八

戊寅 九

己卯 十

庚辰 十一

辛巳 十二

壬午 十三

① 「先」，此處四庫本作「光熹，又昭寧、永漢」。

癸未 十四
甲申 十五
乙酉 十六
丙戌 十七
丁亥 十八
戊子 十九
己丑 二十
庚寅 二十一
辛卯 二十二
壬辰 二十三
癸巳 二十四
經辰之酉二千二百四十二
甲午 二十五
乙未 二十六
丙申 二十七
丁酉 二十八

戊戌	二十九		
己亥	三十		
庚子	魏文帝		
辛丑	二黃初	蜀先帝	
壬寅	三	二章武	吳大帝
癸卯	四	蜀後主建興①	二黃武②
甲辰	五	二	三
乙巳	六	三	四
丙午	七	四	五
丁未	魏明帝太和	五	六
戊申	二	六	七
己酉	三	七	八黃龍③
庚戌	四	八	九

①「建興」，原作「建平」，據四庫本改。
②「黃武」，原作「神武」，據四庫本改。
③「黃龍」，原作「黃初」，據四庫本改。

辛亥	五	九	十
壬子	六	十	十一嘉禾
癸丑	七青龍	十一	十二
甲寅	八	十二	十三
乙卯	九	十三	十四
丙辰	十	十四	十五
丁巳	十一景初	十五	十六
戊午	十二	十六延熙	十七①
己未	十三	十七	十八
庚申	魏帝芳正始②	十八	十九
辛酉	二	十九	二十
壬戌	三	二十	二十一
癸亥	四	二十一	二十二

① 「十七」後，四庫本有「赤烏」二字。
② 「正始」，原作「平始」，據四庫本改。

經辰之戌二千二百四十三

甲子　五	二十二	二十三
乙丑　六	二十三	二十四
丙寅　七	二十四	二十五
丁卯　八	二十五	二十六
戊辰　九	二十六	二十七
己巳　十嘉平	二十七	二十八
庚午　十一	二十八	二十九
辛未　十二	二十九	三十
壬申　十三	三十	三十一①
癸酉　十四	三十一	吴帝亮
甲戌　魏帝正元髦②	三十二	二③
乙亥　二	三十三	三

① 「三十一」後，四庫本有「神鳳建興」四字。
② 「魏帝正元髦」，四庫本作「魏高貴正元」。
③ 「二」後，四庫本有「五鳳」二字。

丙子 三甘露	三十四	四太平
丁丑 四	三十五	五
戊寅 五	三十六	吴帝烈①
己卯 六	三十七	二
庚辰 魏帝奂景元②	三十八	三
辛巳 二	三十九	四
壬午 三	四十	五
癸未 四	蜀亡③	六
甲申 五④		吴帝皓元興⑤
乙酉 晉武帝太始⑥		二甘露

---

①「帝烈」，四庫本作「帝休永安」。
②「奂」，四庫本作「道」。
③「蜀亡」，四庫本作「蜀炎興亡」。
④「五」後，四庫本有「咸熙」二字。
⑤「帝皓元興」，四庫本作「帝始元興」。
⑥「太始」，四庫本作「泰始」。

丙戌　二　　三寶鼎①

丁亥　三　　四

戊子　四　　五

己丑　五　　六②

庚寅　六　　七

辛卯　七　　八

壬辰　八　　九③

癸巳　九　　十

經辰之亥二千二百四十四

甲午　十　　十一

乙未　十一咸寧　　十二天册④

---

①「寶鼎」，原作「寶昌」，據四庫本改。

②「六」後，四庫本有「建衡」二字。

③「九」後，四庫本有「鳳凰」二字。

④「天册」，原作「大武」，據四庫本改。

丙申	十二	十三①
丁酉	十三	十四
戊戌	十四	十五
己亥	十五	十六
庚子	十六②	吳亡
辛丑	十七	
壬寅	十八	
癸卯	十九	
甲辰	二十	
乙巳	二十一	
丙午	二十二	
丁未	二十三	
戊甲	二十四	

①「十三」後，四庫本有「天璽」二字。
②「十六」後，四庫本有「太康滅吳」四字。

己酉 二十五
庚戌 二十六①
辛亥 晉惠帝②
壬子 二
癸丑 三
甲寅 四
乙卯 五
丙辰 六
丁巳 七
戊午 八
己未 九
庚申 十③

① 「二十六」後，四庫本有「太熙永熙」四字。
② 「晉惠帝」後，四庫本有「永平元康」四字。
③ 「十」後，四庫本有「永康」二字。

辛酉　十一永寧①
壬戌　十二②
癸亥　十三

以會經運之十　觀物篇之二十二

經日之甲一
經月之午七
經星之辛一百八十八
經辰之子二千二百四十五
甲子　十四永安、建武、永興　漢劉淵元熙
乙丑　十五　　　二
丙寅　晉懷帝永嘉③　　　三　　　後蜀李雄永武④

---

①「永寧」，原作「永字」，據四庫本改。
②「十二」後，四庫本有「大安」二字。
③「懷帝永嘉」，四庫本作「光熙懷帝」。
④「永武」，四庫本作「大武」。

丁卯 二①	四	二	
戊辰 三	五永鳳	三	
己巳 四	六河瑞	四	
庚午 五	漢劉聰光興	五	
辛未 六蒙塵平陽	二②	六	
壬申 七	三、	七	
癸酉 晉愍帝建興	四	八	
甲戌 二	五建元	九	前涼張寔永興
乙亥 三	六	十	二
丙子 四蒙塵平陽	七麟嘉	十一	三
丁丑 東晉元帝建武③	八	十二	四
戊寅 二④	前趙劉曜光初	十三	五

① 「二」後，四庫本有「永嘉」二字。
② 「二」後，四庫本有「嘉平」二字。
③ 「建」字原只存末畫一捺，據四庫本補。
④ 「二」後，四庫本有「稱帝太興」。

己卯	三稱帝大武	二	十四	六	後趙石勒趙王
庚辰	四	三	十五	涼張茂永元	二
辛巳	五	四	十六	二	三
壬午	六永昌	五	十七	三	四
癸未	晉明帝太寧①	六	十八	四	五
甲申	二	七	十九	涼張駿太元	六
乙酉	三	八	二十	二	七
丙戌	晉成帝咸和②	九	二十一	三	八
丁亥	二	十	二十二	四	九
戊子	三	前趙亡	二十三	五	十
己丑	四		二十四	六	十一
庚寅	五		二十五	七	十二③
辛卯	六		二十六	八	十三

① 「明帝」，原作「昭帝」，據四庫本改。
② 「咸和」，原作「戍知」，據四庫本改。
③ 「二」後，四庫本有「建平」二字。

壬辰 七	二十七	九	十四
癸巳 八	蜀李班	十	趙延熙①

經辰之丑二千二百四十六

甲午 九	蜀玉恒②	十一	二
乙未 十③	二	十二	趙建武④
丙申 十一	三	十三	二
丁酉 十二	四	十四	三
戊戌 十三	蜀李壽漢興	十五	四
己亥 十四	二	十六	五
庚子 十五	三	十七	六
辛丑 十六	四	十八	七
壬寅 十七	五太和⑤	十九	八

① 「延」前，四庫本有「石弘」二字。
② 「玉」前，四庫本有「李期」二字。
③ 「十」後，四庫本有「咸康」二字。
④ 「建」前，四庫本有「石虎」二字。
⑤ 四庫本無「太和」二字。

癸卯 晉康帝建元	漢李勢①	二十	九		
甲辰 二	二	二十一	十		
乙巳 晉穆帝永和②	三	二十二	十一		
丙午 二	四嘉寧	二十三永樂③	十二		
丁未 三④	蜀漢亡	涼張重華	十三		
戊申 四		二	十四		
己酉 五		三	十五太寧	前燕慕容後燕元⑤	
庚戌 六		四	十六⑥	二	
辛亥 七		五	後趙亡	三滅趙	前秦苻健⑦皇始
壬子 八		六		四元璽	二

---

①「勢」後，四庫本有「太和」二字。
②「穆帝」，原作「楚帝」，據四庫本改。
③「永樂」二字，四庫本置於次行「張重華」下。
④「三」後，四庫本有「滅蜀」二字。
⑤「慕容後燕元」，四庫本作「慕容儁元年」。
⑥「十六」後，四庫本有「石祗永寧」四字。
⑦「苻健」，原作「符犍」，據四庫本改。

癸丑 九	涼張祚和平①	五	三
甲寅 十	二	六	四
乙卯 十一	涼玄靚太始②	七	五
丙辰 十二	二	八	秦苻生壽光③
丁巳 十三④	三	九光壽	秦苻堅永興⑤
戊午 十四	四	十	二
己未 十五	五	十一	三甘露⑥
庚申 十六	六	燕慕容暐建熙⑦	四
辛酉 十七	七	二	五
壬戌 晉哀帝隆和	八	三	六

① 「和平」，原作「永平」，據四庫本改。
② 「玄靚」，原作「李觀」，四庫本作「玄觀」，據《晉書》卷八六《玄靚傳》改。
③ 「苻生」，原作「符堅」，據四庫本改。
④ 「十三」後，四庫本有「升平」二字。
⑤ 「苻堅」，原作「符璽」，據四庫本改。
⑥ 「甘露」，原作「甘路」，據四庫本改。
⑦ 「燕慕容暐建熙」，四庫本作「前燕」。

癸亥 二興寧	涼天錫太清	四	七

經辰之寅二千二百四十七

甲子 三	二	五	八
乙丑 四	三	六	九①
丙寅 晉帝奕太和②	四	七	十
丁卯 二	五	八	十一
戊辰 三	六	九	十二
己巳 四	七	十	十三
庚午 五	八	前燕亡	十四滅燕
辛未 晉文帝咸安	九		十五
壬申 二	十		十六
癸酉 晉武帝寧康	十一		十七
甲戌 二	十二		十八

①「九」後，四庫本有「建元」二字。

②「帝奕」，四庫本作「廢帝」。

乙亥	三		十三				十九
丙子	四太元		涼亡				二十滅涼
丁丑	五						二十一
戊寅	六						二十二
己卯	七						二十三
庚辰	八						二十四
辛巳	九						二十五
壬午	十						二十六
癸未	十一	後燕慕容垂燕元					二十七
甲申	十二	二	後秦姚萇白雀①				二十八
乙酉	十三	三	二	後魏	西秦乞伏國仁建義		秦苻丕太安
丙戌	十四建興②	四建興	三③	二拓跋珪改登國④	二	後涼呂光太安	秦苻登太初
丁亥	十五	五	四	三	三	二	二

① 「姚萇」，原作「姚長」，據四庫本改。
② 四庫本無「建興」二字。
③ 「三」後，四庫本有「建初」二字。
④ 「拓跋珪」，原作「托跋珪」，據四庫本改。

戊子	十六	六	五	四	秦乾歸太初	三	三	
己丑	十七	七	六	五	二	四①	四	
庚寅	十八	八	七	六	三	五	五	
辛卯	十九	九	八	七	四	六	六	
壬辰	二十	十	九	八	五	七	七	
癸巳	二十一	十一	十	九	六	八	八	

經辰之卯二千二百四十八

甲午	二十二	十二	秦姚興皇初	十	七	九	前秦亡	
乙未	二十三	十三	二	十一	八	十龍飛②		
丙申	二十四	燕寶永康③	三④	十二	九	十一		
丁酉	晉安帝隆安	二	四	十三	十	十二	南涼禿烏⑤	北涼段業神璽⑥

① 「四」後，四庫本有「麟嘉」二字。
② 「龍飛」，四庫本在次行「丙申 十二」後。
③ 「寶永康」，原作「實永寧」，據四庫本改。
④ 「三」後，四庫本有「皇始」二字。
⑤ 「禿烏」，四庫本作「禿髮烏孤」。
⑥ 「段業神璽」，四庫本無。

戊戌　二	燕盛長樂①	五②	十四	十一	十三	二太初	二	南燕慕容元年③	
己亥　三	二④	六弘始	十五	十二	涼呂纂咸寧	三	三天璽	二	
庚子　四	三	七	十六	十三	二	涼利鹿建和⑤	四	三建平	西涼李暠⑥
辛丑　五	燕熙光始	八	十七	十四	三	二	北涼⑦	四	二
壬寅　六⑧	二	九	十八	十五	涼呂隆⑨	涼傉檀弘昌	二永安	五	三
癸卯　七	三	十	十九	十六	二	二	三	六	四
甲辰　八	四	十一	二十⑩	十七	後涼亡	三	四	七	五
乙巳　九⑪	五	十二	二十一	十八		四	五	燕超⑫	六建初

①「長樂」，四庫本作「建平」。
②「五」後，四庫本有「天興」二字。
③「慕容元年」，四庫本作「慕容德稱元年」。
④「二」後，四庫本有「長樂」二字。
⑤「利鹿建和」，四庫本作「利鹿孤建和」。
⑥「暠」後，四庫本有「庚子」二字。
⑦「涼」後，四庫本有「沮渠蒙遜」四字。
⑧「六」後，四庫本有「元興」二字。
⑨「隆」後，四庫本有「神鼎」二字。
⑩「二十」後，四庫本有「天錫」二字。
⑪「九」後，四庫本有「義熙」二字。
⑫「超」後，四庫本有「太上」二字。

丙午十	北燕高云正始①	十三	二十二	十九	五	六二	七	夏②
丁未十一	二	十四	二十三	二十更始	六	七三	八	二
戊申十二	三	十五	魏明帝永興③	二十一	七	八四	九	三
己酉十三滅南燕	北燕馮跋太平	十六	二	二十二	八	九南燕亡	十	四
庚戌十四	二	十七	三	西秦熾盤永康	九	十	十一	五
辛亥十五	三	十八	四	二	十	十一	十二	六
壬子十六	四	十九	五	三	十一	十二④	十三	七
癸丑十七	五	二十	六神瑞	四	十二	十三	十四	八鳳翔
甲寅十八	六	二十一	七	五	南涼亡	十四	十五	九
乙卯十九	七	二十二	八泰常	六	十五	十六	十	
丙辰二十	八	秦姚泓永和	九	七	十六	十七	十一	
丁巳二十一	九	後秦亡	十	八	十七	西涼李歆嘉興	十二	

① 「云」，四庫本作「靈」。
② 「夏」後，四庫本有「赫連勃勃」四字。
③ 「永興」，四庫本在「己酉 十三」下。
④ 「十二」後，四庫本有「玄始」二字。

戊午 晉德文	十	十一	九	十八 二	十三昌武①
己未 二元熙	十一	十二	十②	十九 三	十四真興③
庚申 宋武帝永和④	十二	十三	十一	二十	四 十五
辛酉 二	十三	十四	十二	二十一	五十六
壬戌 三	十四	十五	十三	二十二	六 十七
癸亥 宋義符景平	十五	十六	十四	二十三滅西涼	西涼亡十八

經辰之辰二千二百四十九

甲子 宋文帝元嘉	十六	魏太武始光	十五	二十四	十九
乙丑 二	十七	二	十六	二十五	夏昌承光⑤
丙寅 三	十八	三	十七	二十六	二
丁卯 四	十九	四	十八	二十七	三

① 「昌武」，原作「武昌」，據四庫本改。
② 「十」後，四庫本有「建弘」二字。
③ 「真興」，「興」原脱，據四庫本補。
④ 「永初」，原作「永和」，據四庫本改。
⑤ 「承光」，原作「永光」，據四庫本改。

戊辰	五	二十	五①	西秦暮末永弘②	二十八承玄	夏定勝光
己巳	六	二十一	六	二	二十九	二
庚午	七	北燕馮弘太興	七	三	三十義和	三滅西秦
辛未	八	二	八滅夏	西秦亡	三十一	夏亡
壬申	九	三	九延和		三十二	
癸酉	十	四	十		北涼牧犍③	
甲戌	十一	五	十一		二	
乙亥	十二	六	十二太延		三	
丙子	十三	北燕亡	十三滅北燕		四	
丁丑	十四		十四		五	
戊寅	十五		十五		六	
己卯	十六		十六④		北涼亡	

① 「五」後，四庫本有「神麚」二字。
② 「暮末永弘」，原作「慕末永嘉」，據四庫本改。
③ 「牧犍」後，四庫本有「永和」二字。
④ 「十六」後，四庫本有「滅北涼」三字。

庚辰	十七	十七太平真君
辛巳	十八	十八
壬午	十九	十九
癸未	二十	二十
甲申	二十一	二十一
乙酉	二十二	二十二
丙戌	二十三	二十三
丁亥	二十四	二十四
戊子	二十五	二十五
己丑	二十六	二十六
庚寅	二十七	二十七
辛卯	二十八	二十八①
壬辰	二十九	魏②

①「二十八」後，四庫本有「正平」二字。

②「魏」後，四庫本有「文成興安」四字。

癸巳　宋帝駿建武①　　二

經辰之巳二千二百五十

甲午　二②　　三③

乙未　三　　四太安

丙申　四　　五

丁酉　五④　　六

戊戌　六　　七

己亥　七　　八

庚子　八　　九⑤

辛丑　九　　十

壬寅　十　　十一

①「帝駿建武」，四庫本作「孝武」。
②「二」後，四庫本有「孝元」二字。
③「三」後，四庫本有「興光」二字。
④「五」後，四庫本有「大明」二字。
⑤「九」後，四庫本有「和平」二字。

癸卯	十一	十二
甲辰	宋①	十三
乙巳	宋帝彧太始②	十四
丙午	二	魏③
丁未	三	二④
戊申	四	三
己酉	五	四
庚戌	六	五
辛亥	七	魏⑤
壬子	宋帝昱元徽⑥	二
癸丑	二	三
甲寅	三	四

① 「宋」後，四庫本有「帝業永光」四字。
② 「帝彧太始」，四庫本作「明帝太始」。
③ 「魏」後，四庫本有「獻文天安」四字。
④ 「二」後，四庫本有「皇興」二字。
⑤ 「魏」後，四庫本有「孝文延興」四字。
⑥ 「帝昱元徽」，四庫本作「大豫帝昱」。

乙卯　四　　五①
丙辰　五　　六永和
丁巳　宋順帝準昇明②　　七③
戊午　二　　八
己未　齊高帝建元　　九
庚申　二　　十
辛酉　三　　十一
壬戌　四　　十二
癸亥　齊武帝永明　　十三
經辰之午二千二百五十一④
甲子　二　　十四
乙丑　三　　十五

①「五」後，四庫本有「承明」二字。
②「順帝準昇明」，四庫本作「順帝昇平」。
③「七」後，四庫本有「太和」二字。
④「五十一」，「一」字，原脱，據四庫本補。

丙寅 四 十六
丁卯 五 十七
戊辰 六 十八
己巳 七 十九
庚午 八 二十
辛未 九 二十一
壬申 十 二十二
癸酉 齊昭業隆昌 二十三
甲戌 齊明帝建武 二十四
乙亥 二 二十五遷居洛陽
丙子 三 二十六改姓元氏
丁丑 四 二十七
戊寅 五① 二十八

①「五」後，四庫本有「永泰」二字。

己卯 齊寶卷永元① 二十九
庚辰 二 魏宣武景明
辛巳 齊寶融中興 二
壬午 梁武帝天監 三
癸未 二 四
甲申 三 五正始
乙酉 四 六
丙戌 五 七
丁亥 六 八
戊子 七 九永平
己丑 八 十
庚寅 九 十一
辛卯 十 十二
壬辰 十一 十三延昌

①「寶卷」，四庫本作「寶泰」。

癸巳 十二　十四

經辰之未二千二百五十一

甲午 十三　十五

乙未 十四　十六

丙申 十五　魏明帝熙平

丁酉 十六　二

戊戌 十七　三神龜

己亥 十八　四

庚子 十九普通　五正光

辛丑 二十　六

壬寅 二十一　七

癸卯 二十二　八

甲辰 二十三　九

乙巳 二十四　十孝昌

丙午 二十五　十一

丁未 二十六大通　十二

戊申 二十七　魏孝莊建義，永安①

己酉 二十八中大通　二

庚戌 二十九　魏帝曄建明②

辛亥 三十　魏帝恭普泰③

壬子 三十一　魏帝脩太昌、永熙④

癸丑 三十二　二

甲寅 三十三　西魏寶炬　東魏善見静帝天平

乙卯 三十四大同　二大統　二

丙辰 三十五　三　三

丁巳 三十六　四　四

戊午 三十七　五　五元象⑤

①「孝莊建義永安」，原作「孝昭義熙永寧」，據四庫本改。

②「帝曄」，原作「帝皞」，四庫本作「帝煜」，據《魏書》卷一九下《景穆十二王列傳》改。

③「泰」後，四庫本有「朗中興」三字。

④「帝脩太昌」，原作「帝循天□」，據四庫本改。四庫本無「永熙」二字。

⑤「元象」，「象」字原闕，據四庫本補。

己未 三十八	六	六興和
庚申 三十九	七	七
辛酉 四十	八	八
壬戌 四十一	九	九
癸亥 四十二	十	十武定

經辰之申二千二百五十三

甲子 四十三	十一	十一
乙丑 四十四	十二	十二
丙寅 四十五①	十三	十三
丁卯 四十六太清	十四	十四
戊辰 四十七	十五	十五
己巳 梁文帝大寶②	十六	十六
庚午 二	十七	北齊宣帝天保

① 「五」後，四庫本有「中大同」三字。

② 「梁」後，四庫本有「簡」字。「大寶」，四庫本在「庚午 二」後。

辛未　梁①			十八	二
壬申　梁元帝承聖			西魏帝欽元年	三
癸酉　二			二	四
甲戌　梁恭帝②			西魏恭帝元年	五
乙亥　二紹泰	後梁蕭詧大定③			六
丙子　三太平	二	周閔帝元年		七
丁丑　陳武帝永定	三	周明帝元年		八
戊寅　二	四	二		九
己卯　三	五	三武成		十
庚辰　陳文帝天嘉④	六	周武帝永定		齊昭帝皇建⑤
辛巳　二	七	二⑥		齊武帝太寧

①「梁」後，據四庫本有「楝天正」三字。
②「帝」後，據四庫本有「方智」二字。
③「梁」，原作「南涼」，「大定」，原作「天定」，四庫本同，據《北史》卷九三《僭僞附庸傳》改。
④「天嘉」，原作「太嘉」，據四庫本改。
⑤「建」上，底本不清，四庫本作「皇」，是，據補。
⑥「二」後，四庫本有「保定」二字。

壬午	三	後梁蕭巋天保①	三	二河清
癸未	四	二	四	三
甲申	五	三	五	四
乙酉	六	四	六	齊高緯天統
丙戌	七②	五	七③	二
丁亥	陳④	六	八	三
戊子	陳宣帝	七	九	四
己丑	二太建⑤	八	十	五
庚寅	三	九	十一	六
辛卯	四	十	十二	七
壬辰	五	十一	十三⑥	八

①「梁」，四庫本作「涼」。
②「七」後，四庫本有「天康」二字。
③「七」後，四庫本有「天保」二字。「保」實當作「和」。
④「陳」後，四庫本有「伯宗光天」四字。「天」實當作「大」。
⑤「太建」，四庫本無。
⑥「十三」後，四庫本有「建德」二字。

癸巳 六	十二	十四	九

經辰之酉二千二百五十四

甲午 七	十三	十五	十
乙未 八	十四	十六	十一
丙申 九	十五	十七	十二隆化
丁酉 十	十六	十八滅北齊	北齊亡
戊戌 十一	十七	周宣帝大成①	
己亥 十二	十八	周静帝大象	
庚子 十三	十九	二	
辛丑 十四	二十	隋文帝②	
壬寅 十五	二十一	二	
癸卯 陳叔寶至德	二十二	三	
甲辰 二	二十三	四	

① 「大成」，原作「天成」，四庫本同，據《周書》卷七《宣帝紀》改。
② 「帝」後，四庫本有「開皇」二字。

乙巳 三	二十四	五
丙午 四	後梁蕭琮廣運①	六
丁未 五禎明納國于寶②		七
戊申 六		八
己酉 陳亡		九滅陳
庚戌		十
辛亥		十一
壬子		十二
癸丑		十三
甲寅		十四
乙卯		十五
丙辰		十六
丁巳		十七
戊午		十八

① 「梁」，四庫本作「涼」。
② 「于寶」，四庫本作「于隋」。

己未　十九
庚申　二十
辛酉　二十一仁壽
壬戌　二十二
癸亥　二十三

經辰之戌二千二百五十五

甲子　隋煬帝
乙丑　二大業
丙寅　三
丁卯　四
戊辰　五
己巳　六
庚午　七
辛未　八
壬申　九
癸酉　十

甲戌　十一
乙亥　十二
丙子　十三
丁丑　隋亡①
戊寅　唐高祖武德
己卯　二
庚辰　三
辛巳　四
壬午　五
癸未　六
甲申　七
乙酉　八
丙戌　唐太宗
丁亥　二貞觀

①「亡」後，四庫本有「帝侑義寧」四字。

戊子　三
己丑　四
庚寅　五
辛卯　六
壬辰　七
癸巳　八

經辰之亥二千二百五十六

甲午　九
乙未　十
丙申　十一
丁酉　十二
戊戌　十三
己亥　十四
庚子　十五
辛丑　十六
壬寅　十七

癸卯 十八
甲辰 十九
乙巳 二十
丙午 二十一
丁未 二十二
戊申 二十三
己酉 二十四
庚戌 唐高宗永徽
辛亥 二
壬子 三
癸丑 四
甲寅 五
乙卯 六
丙辰 七顯慶
丁巳 八
戊午 九

己未 十
庚申 十一
辛酉 十二①
壬戌 十三
癸亥 十四

以會經運之十一 觀物篇之二十三

經日之甲一
經月之午七
經星之壬一百八十九
經辰之子二千二百五十七

甲子 十五麟德
乙丑 十六
丙寅 十七乾封

①「二」後，四庫本有「龍朔」二字。

丁卯 十八

戊辰 十九總章

己巳 二十

庚午 二十一咸亨①

辛未 二十二

壬申 二十三

癸酉 二十四

甲戌 二十五上元

乙亥 二十六

丙子 二十七儀鳳

丁丑 二十八

戊寅 二十九

己卯 三十調露

庚辰 三十一永隆

① 「咸亨」，原作「咸寧」，據四庫本改。

辛巳　三十二開耀
壬午　三十三永淳
癸未　三十四弘道
甲申　唐中宗嗣聖　武后廢帝爲盧陵王，遷之均，立豫章王旦，改元文明，①再改元光宅。
乙酉　二武后徙帝于房②
丙戌　三
丁亥　四
戊子　五
己丑　六武后改元永昌
庚寅　七武后改元載初，又改國爲周，元曰天授，豫章王旦爲皇嗣。
辛卯　八
壬辰　九武后改元如意，再改長壽。
癸巳　十

① 「文明」，原作「大明」，據四庫本改。
② 「房」後，四庫本有「陵，改元垂拱」五字。

經辰之丑二千二百五十八

甲午　十一武后改元延載

乙未　十二武后改元證聖，再改元天册萬歲。

丙申　十三武后改元萬歲登封，再改萬歲通天。

丁酉　十四武后改元神功

戊戌　十五武后改元聖曆，召帝房陵①。

己亥　十六

庚子　十七武后改元久視

辛丑　十八武后改元大足，再改元長安。

壬寅　十九

癸卯　二十

甲辰　二十一

乙巳　二十二復唐，改元神龍，中宗年號。

丙午　二十三

---

①「陵」後，四庫本有「復政」二字。

丁未 二十四景龍
戊申 二十五
己酉 二十六
庚戌 唐睿宗景雲
辛亥 二
壬子 唐玄宗先天
癸丑 二開元
甲寅 三
乙卯 四
丙辰 五
丁巳 六
戊午 七
己未 八
庚申 九
辛酉 十
壬戌 十一

癸亥 十二

經辰之寅二千二百五十九

甲子 十三

乙丑 十四

丙寅 十五

丁卯 十六

戊辰 十七

己巳 十八

庚午 十九

辛未 二十

壬申 二十一

癸酉 二十二

甲戌 二十三

乙亥 二十四

丙子 二十五楊妃入①

①「入」後，四庫本有「宮」字。

丁丑 二十六
戊寅 二十七
己卯 二十八
庚辰 二十九
辛巳 三十
壬午 三十一天寶
癸未 三十二
甲申 三十三
乙酉 三十四
丙戌 三十五
丁亥 三十六
戊子 三十七
己丑 三十八
庚寅 三十九
辛卯 四十
壬辰 四十一

癸巳 四十二

經辰之卯二千二百六十

甲午 四十三

乙未 四十四

丙申 唐肅宗至德

丁酉 二

戊戌 三乾元

己亥 四

庚子 五上元

辛丑 六

壬寅 七寶應

癸卯 唐代宗廣德

甲辰 二

乙巳 三永泰

丙午 四大曆

丁未 五

戊申 六
己酉 七
庚戌 八
辛亥 九
壬子 十
癸丑 十一
甲寅 十二
乙卯 十三
丙辰 十四
丁巳 十五
戊午 十六
己未 十七
庚申 唐德宗建中
辛酉 二
壬戌 三
癸亥 四

經辰之辰二千二百六十一

甲子 五興元
乙丑 六貞元
丙寅 七
丁卯 八
戊辰 九
己巳 十
庚午 十一
辛未 十二
壬申 十三
癸酉 十四
甲戌 十五
乙亥 十六
丙子 十七
丁丑 十八
戊寅 十九

己卯　二十
庚辰　二十一
辛巳　二十二
壬午　二十三
癸未　二十四
甲申　二十五
乙酉　二十六順宗不及年①
丙戌　唐憲宗元和
丁亥　二
戊子　三
己丑　四
庚寅　五
辛卯　六
壬辰　七

①「年」後，四庫本有「永貞」二字。

癸巳 八
經辰之巳二千二百六十二
甲午 九
乙未 十
丙申 十一
丁酉 十二
戊戌 十三
己亥 十四
庚子 十五
辛丑 唐穆宗長慶
壬寅 二
癸卯 三
甲辰 四
乙巳 唐敬宗寶曆
丙午 二
丁未 唐文宗太和

戊申 二
己酉 三
庚戌 四
辛亥 五
壬子 六
癸丑 七
甲寅 八
乙卯 九
丙辰 十開成
丁巳 十一
戊午 十二
己未 十三
庚申 十四
辛酉 唐武宗會昌
壬戌 二
癸亥 三

經辰之午二千二百六十三

甲子 四

乙丑 五

丙寅 六

丁卯 唐宣宗大中①

戊辰 二

己巳 三

庚午 四

辛未 五

壬申 六

癸酉 七

甲戌 八

乙亥 九

丙子 十

①「大中」，原作「太平」，據四庫本改。

丁丑 十一
戊寅 十二
己卯 十三
庚辰 唐懿宗咸通
辛巳 二
壬午 三
癸未 四
甲申 五
乙酉 六
丙戌 七
丁亥 八
戊子 九
己丑 十
庚寅 十一
辛亥 十二
壬辰 十三

癸巳 十四
經辰之未二千二百六十四
甲午 唐僖宗乾符
乙未 二
丙申 三王仙芝陷淮南
丁酉 四黄巢陷沂、鄆
戊戌 五
己亥 六
庚子 七① 廣明 黄巢陷兩京，稱齊，金統
辛丑 八中和
壬寅 九
癸卯 十黄巢走藍關
甲辰 十一
乙巳 十二光啓

① 「七」，原闕，據四庫本補。

丙午	十三建身①	王潮據福州				
丁未	十四	二				
戊申	十五文德	三				
己酉	唐昭宗龍紀	四	錢鏐據杭州	王建據成都		
庚戌	二②	五	二	二		
辛亥	三	六	三	三	楊行密據揚州	
壬子	四景福③	七	四	四	二	
癸丑	五	八	五	五	三	
甲寅	六乾寧	九	六	六	四	李茂貞據鳳翔
乙卯	七	十	七	七	五	二
丙辰	八	十一	八	八	六	三
丁巳	九	十二	九	九	七	四
戊午	十光化	閔王審知	十	十	八	五

①「建身」，當爲「建貞」。
②「二」後，四庫本有「大順」二字。
③「景福」，原作「景德」，據四庫本改。

己未	十一	二	十一	十一	九	六
庚申	十二	三	十二	十二	十	七
辛酉	十三天復	四	十三	十三	十一	八
壬戌	十四	五	十四封越王	十四	十二封吳王	九
癸亥	十五	六	十五	十五	十三	十
經辰之申二千二百六十五						
甲子	十六天祐	七	十六	十六	十四	十一
乙丑	唐哀帝	八	十七	十七	吳渥立	十二
丙寅	二	九	十八	十八	二	十三
丁卯	梁全忠開平	十	十九	十九	三	十四
戊辰	二	十一	二十	蜀王建稱帝	吳渭立	十五
己巳	三	十二	二十一	二武成	二	十六
庚午	四	十三	二十二	三	三	十七

辛未	五乾化①	十四	二十三	四②	四	十八	
壬申	梁友珪鳳曆	十五	二十四	五	五	十九	
癸酉	梁友貞乾化	十六	二十五	六	六	二十	
甲戌	二	十七	二十六	七	七	二十一	
乙亥	三貞明③	十八	二十七	八	八	二十二	
丙子	四	十九	二十八	九通正	九	二十三	
丁丑	五	二十	二十九	十天漢	十	二十四	南漢劉陟乾亨
戊寅	六	二十一	三十	十一光天④	十一	二十五	二
己卯	七	二十二	三十一	蜀王衍乾德	十二渭帝武義	二十六	三
庚辰	八	二十三	三十二	二	二	二十七	四
辛巳	九龍德	二十四	三十三	三	吴溥,立順義	二十八	五
壬午	十	二十五	三十四	四	二	二十九	六
癸未	後唐莊宗同光	二十六	三十五	五	三	附于後唐	七

① 「乾化」,原作「乾祐」,據四庫本改。
② 「四」後,四庫本有「永平」二字。
③ 「貞明」,原作「貞昭」,四庫本無,據《新五代史》卷三《末帝紀》改。
④ 「光天」,原作「天光」,據四庫本改。

甲申 二	二十七	三十六	六	四	八	
乙酉 三滅蜀	閩延翰	三十七	蜀亡	五	九白龍	
丙戌 後唐明宗天成	閩延鈞	三十八		六	十	
丁亥 二	二	三十九		七①	十一	契丹耶律德光天顯
戊子 三	三	四十		八	十二大有	二
己丑 四	四	四十一		九②	十三	三
庚寅 五長興	五	四十二		十	十四	四
辛卯 六	六	四十三		十一	十五	五
壬辰 七	七③	四十四		十二	十六	六
癸巳 後唐閔帝	八	吳王元瓘		十三	十七	七
經辰之酉二千二百六十六						
甲午 後唐從珂清泰④	九	二	蜀孟知祥明德	十四	十八	八

①「七」後，四庫本有「乾真」二字。按當作「乾貞」。
②「九」後，四庫本有「大和」二字。
③「七」後，四庫本有「光啟」二字。按當作「龍啟」。
④「從珂」，原作「從河」，據四庫本改。「從」字前，四庫本尚有「應順」二字。

乙未 二	閩永和王昶	三	蜀孟昶明德	十五大祚①	十九	九
丙申 晉敬塘天福②	二通文	四	二	十六	二十	十
丁酉 二	三	五	三	南唐李昪③	二十一	十一
戊戌 三	四	六	四④	二	二十二	十二會同
己亥 四	閩延義永隆	七	五廣政⑤	三	二十三	十三
庚子 五	二	八	六	四	二十四	十四
辛丑 六	三	九	七	五	二十五	十五
壬寅 七	四	吳錢佐⑥	八	六	二十六⑦	十六
癸卯 晉重貴	五	二	九	七	南漢玢晟	十七

---

① 「天祚」，原作「天祐」，據四庫本改。
② 「敬塘」，四庫本作「石塘」。
③ 「昪」後，四庫本有「昪元」二字。
④ 「四」後，四庫本有「廣政」二字。
⑤ 四庫本無「廣政」二字。
⑥ 「錢佐」，原作「錢伍」，據四庫本改。
⑦ 「六」後，四庫本有「份光天」三字。按「份」當作「玢」。

甲辰	二開運	閩延政天德①	三	十	南唐李璟保大②	二應乾乾和		十八
乙巳	三	二	四	十一	二	三		十九
丙午	四	三	五	十二	三	四		二十
丁未	漢知遠	閩留從効③	六	十三	四	五	契丹兀欲天禄④	
戊申	二乾祐	二	吴錢俶	十四	五	六	二	
己酉	漢隱帝承祐	三	二	十五	六	七	三	
庚戌	二	四	三	十六	七	八	四	
辛亥	周郭威廣順	五	四	十七	八	九	契丹述律應曆⑤	北漢劉崇乾祐
壬子	二	六	五	十八	九	十	二	二
癸丑	三	七	六	十九	十	十一	三	三
甲寅	四顯德	八	七	二十	十一	十二	四	四
乙卯	周世宗	九	八	二十一	十二	十三	五	五

①「天德」，原作「大德」，據四庫本改。
②「李璟」，原作「李景」，據四庫本改。
③「留從効」，「効」字原闕，四庫本作「孝」，據《新五代史》補改。
④「兀欲」，原作「元欲」，據四庫本改。
⑤「述律應曆」，原作「耶律明立」，據四庫本改。

丙辰 二	十	九	二十二	十三	十四	六	北漢承鈞天會
丁巳 三	十一	十	二十三	十四①	十五	七	二
戊午 四	十二	十一	二十四	十五	十六	八	三
己未 五	十三	十二	二十五	十六	南漢鋹大寶②	九	四
庚申 宋太祖建隆	十四	十三	二十六	十七	二	十	五
辛酉 二	十五	十四	二十七	十八	三	十一	六
壬戌 三	十六	十五	二十八	南唐李煜③	四	十二	七
癸亥 四乾德	閩洪進	十六	二十九	二	五	十三	八

經辰之戌二千二百六十七

甲子 五	二	十七	三十	三	六	十四	九
乙丑 六滅蜀	三	十八	蜀亡	四	七	十五	十
丙寅 七	四	十九		五	八	十六	十一
丁卯 八	五	二十		六	九	十七	十二

① 「四」後，四庫本有「交泰」二字。
② 「鋹」，四庫本作「張」。
③ 「李煜」，原作「李昱」，據四庫本改。

戊辰	九開寶	六	二十一	七	十	十八	十三
己巳	十	七	二十二	八	十一	契丹明記保寧	北漢繼元廣運
庚午	十一	八	二十三	九	十二	二	二
辛未	十二	九	二十四	十	十三	三	三
壬申	十三	十	二十五	十一	南漢亡	四	四
癸酉	十四	十一	二十六	十二		五	五
甲戌	十五	十二	二十七	十三		六	六
乙亥	十六	十三納國	二十八	南唐亡		七	七
丙子	宋太宗太平興國		二十九納國			八	
丁丑	二					九	九
戊寅	三					十	十
己卯	四滅北漢					十一乾亨	北漢亡
庚辰	五					十二	
辛巳	六					十三	
壬午	七					十四	
癸未	八					契丹隆緒統和	

甲申 九雍熙 二

乙酉 十 三

丙戌 十一 四

丁亥 十二 五

戊子 十三端拱 六

己丑 十四 七

庚寅 十五淳化 八

辛卯 十六 九

壬辰 十七 十

癸巳 十八 十一

經辰之亥二千二百六十八

甲午 十九 十二

乙未 二十至道① 十三

丙申 二十一 十四

①「至道」，四庫本作「孟道」。

丁酉 二十二	十五
戊戌 宋真宗咸平	十六
己亥 二	十七
庚子 三	十八
辛丑 四	十九
壬寅 五	二十
癸卯 六	二十一
甲辰 七景德	二十二
乙巳 八	二十三
丙午 九	二十四
丁未 十	二十五
戊申 十一大中祥符	二十六
己酉 十二	二十七
庚戌 十三	二十八
辛亥 十四	二十九

壬子 十五 三十開泰①
癸丑 十六 三十一
甲寅 十七 三十二
乙卯 十八 三十三
丙辰 十九 三十四
丁巳 二十天禧 三十五
戊午 二十一 三十六
己未 二十二 三十七
庚申 二十三 三十八
辛酉 二十四 三十九②
壬戌 二十五③ 四十
癸亥 宋仁宗天聖 四十一

---

① 「開泰」，原作「朝宋」，據四庫本改。
② 「九」後，四庫本有「太平」二字。
③ 「五」後，四庫本有「乾興」二字。

以會經運之十二　觀物篇之二十四

經日之甲一
經月之午七
經星之癸二百九十
經辰之子二千二百六十九

甲子　二　四十二
乙丑　三　四十三
丙寅　四　四十四
丁卯　五　四十五
戊辰　六　四十六
己巳　七　四十七
庚午　八　四十八
辛未　九　四十九①

①「九」後，四庫本有「景福」二字。

壬申 十明道	契丹宗真重熙①	西夏元昊②顯道
癸酉 十一	三	二
甲戌 十二③	四	三開運、廣運
乙亥 十三	五	四
丙子 十四	六	五大慶
丁丑 十五	七	六
戊寅 十六寶元	八	七天授禮法延祚④
己卯 十七	九	
庚辰 十八康定	十	
辛巳 十九慶曆	十一	
壬午 二十	十二	
癸未 二十一	十三	

---

① 「契丹宗真重熙」，原作「聲興重」，據四庫本改。
② 「元昊」，「昊」原作「是」，四庫本作「吴」，據《宋史》卷四八五《夏國傳》改。
③ 「二」後，四庫本有「景祐」二字。
④ 「天授禮法延祚」，原作「天受理法延」，四庫本「禮」作「理」，據《宋史》卷四八五《夏國傳》補改。

甲申 二十二 十四
乙酉 二十三 十五
丙戌 二十四 十六
丁亥 二十五 十七
戊子 二十六 十八
己丑 二十七皇祐 十九
庚寅 二十八 二十
辛卯 二十九 二十一
壬辰 三十 二十二
癸巳 三十一 二十三
經辰之丑二千二百七十
甲午 三十二至和 二十四
乙未 三十三 契丹洪基清寧①
丙申 三十四嘉祐 二

① 「基清寧」三字，據四庫本補。

丁酉	三十五	三
戊戌	三十六	四
己亥	三十七	五
庚子	三十八	六
辛丑	三十九	七
壬寅	四十	八
癸卯	四十一	九
甲辰	宋英宗治平①	十
乙巳	二	十一②
丙午	三	十二改國大遼
丁未	四	十三
戊申	宋神宗熙寧③	十四
己酉	二	十五

---

① 「治平」，原作「治正」，四庫本無，據《宋史》卷一三《英宗紀》改。
② 「一」後，四庫本有「咸雍」二字。
③ 「宋神宗」，四庫本作「今上」。

庚戌	三	十六
辛亥	四	十七
壬子	五	十八
癸丑	六	十九
甲寅	七	二十
乙卯	八	二十一
丙辰	九	二十二
丁巳	十①	二十三
戊午	十一	
己未	十二	
庚申	十三	
辛酉	十四	
壬戌	十五	
癸亥	十六	

① 四庫本自此年以後無數字及皇帝謚號。

經辰之寅二千二百七十一

甲子　十七

乙丑　十八

丙寅　宋哲宗

丁卯　二

戊辰　三

己巳　四

庚午　五

辛未　六

壬申　七

癸酉　八

甲戌　九

乙亥　十

丙子　十一

丁丑　十二

戊寅　十三

己卯 十四
庚辰 十五
辛巳 宋徽宗
壬午 二
癸未 三
甲申 四
乙酉 五
丙戌 六
丁亥 七
戊子 八
己丑 九
庚寅 十
辛卯 十一
壬辰 十二
癸巳 十三
經辰之卯二千二百七十二
甲午 十四

乙未 十五
丙申 十六
丁酉 十七
戊戌 十八
己亥 十九
庚子 二十
辛丑 二十一
壬寅 二十二
癸卯 二十三
甲辰 二十四
乙巳 二十五
丙午 宋欽宗
丁未 宋高宗
戊申 二
己酉 三
庚戌 四

辛亥　五
壬子　六
癸丑　七
甲寅　八
乙卯　九
丙辰　十
丁巳　十一
戊午　十二
己未　十三
庚申　十四
辛酉　十五
壬戌　十六
癸亥　十七

經辰之辰二千二百七十三

甲子　十八
乙丑　十九

丙寅 二十
丁卯 二十一
戊辰 二十二
己巳 二十三
庚午 二十四
辛未 二十五
壬申 二十六
癸酉 二十七
甲戌 二十八
乙亥 二十九
丙子 三十
丁丑 三十一
戊寅 三十二
己卯 三十三
庚辰 三十四
辛巳 三十五

壬午 三十六
癸未 宋孝宗
甲申 二
乙酉 三
丙戌 四
丁亥 五
戊子 六
己丑 七
庚寅 八
辛卯 九
壬辰 十
癸巳 十一
經辰之巳二千二百七十四
甲午 十二
乙未 十三
丙申 十四

丁酉 十五
戊戌 十六
己亥 十七
庚子 十八
辛丑 十九
壬寅 二十
癸卯 二十一
甲辰 二十二
乙巳 二十三
丙午 二十四
丁未 二十五
戊申 二十六
己酉 二十七
庚戌 宋光宗
辛亥 二
壬子 三

癸丑 四
甲寅 五
乙卯 宋寧宗
丙辰 二
丁巳 三
戊午 四
己未 五
庚申 六
辛酉 七
壬戌 八
癸亥 九

經辰之午二千二百七十五

甲子 十
乙丑 十一
丙寅 十二
丁卯 十三

戊辰 十四
己巳 十五
庚午 十六
辛未 十七
壬申 十八
癸酉 十九
甲戌 二十
乙亥 二十一
丙子 二十二
丁丑 二十三
戊寅 二十四
己卯 二十五
庚辰 二十六
辛巳 二十七
壬午 二十八
癸未 二十九

甲申 三十
乙酉 宋理宗寶慶元年
丙戌 二
丁亥 三
戊子 紹定元年
己丑 二
庚寅 三
辛卯 四
壬辰 五
癸巳 六
經辰之未二千二百七十六
甲午 端平元年
乙未
丙申
丁酉 嘉熙元年
戊戌

己亥
庚子
辛丑 淳祐元年
壬寅
癸卯
甲辰
乙巳
丙午
丁未
戊申
己酉
庚戌
辛亥
壬子
癸丑 寶祐元年
甲寅

乙卯

丙辰

丁巳

戊午

己未　開慶元年

庚申　景定元年

辛酉

壬戌

癸亥

經辰之申二千二百七十七

甲子

乙丑　宋度宗

丙寅

丁卯

戊辰

己巳

庚午
辛未
壬申
癸酉
甲戌
乙亥 幼主
丙子 元至元十三年宋亡
丁丑
戊寅
己卯
庚辰
辛巳
壬午
癸未
甲申
乙酉

丙戌
丁亥
戊子
己丑
庚寅
辛卯
壬辰
癸巳

經辰之酉二千二百七十八

甲午
乙未
丙申
丁酉
戊戌
己亥
庚子

辛丑
壬寅
癸卯
甲辰
乙巳
丙午
丁未
戊申
己酉
庚戌
辛亥
壬子
癸丑
甲寅
乙卯
丙辰

丁巳
戊午
己未
庚申
辛酉
壬戌
癸亥

經辰之戌二千二百七十九

甲子
乙丑
丙寅
丁卯
戊辰
己巳
庚午
辛未

壬申 癸酉 甲戌 乙亥 丙子 丁丑 戊寅 己卯 庚辰 辛巳 壬午 癸未 甲申 乙酉 丙戌 丁亥

戊子

己丑

庚寅

辛卯

壬辰

癸巳

經辰之亥二千二百八十

甲午

乙未

丙申

丁酉

戊戌

己亥

庚子

辛丑

壬寅

癸卯
甲辰
乙巳
丙午元亡
丁未
戊申大明洪武元年
己酉
庚戌
辛亥
壬子
癸丑
甲寅
乙卯
丙辰
丁巳
戊午

己未
庚申
辛酉
壬戌
癸亥
閉物終月戌之中經星之戌三百一十五
經辰之子二千二百六十九
經辰之丑二千二百七十
經辰之寅二千二百七十一
經辰之卯二千二百七十二
經辰之辰二千二百七十三
經辰之巳二千二百七十四
經辰之午二千二百七十五
經辰之未二千二百七十六
經辰之申二千二百七十七
經辰之酉二千二百七十八

經辰之戌二千二百七十九
經辰之亥二千二百八十
經星之甲一百九十一
經星之甲一百九十一
經星之乙一百九十二
經星之丙一百九十三
經星之丁一百九十四
經星之戊一百九十五
經星之己一百九十六
經星之庚一百九十七
經星之辛一百九十八
經星之壬一百九十九
經星之癸二百
經星之甲二百一
經星之乙二百二
經星之丙二百三

經星之丁二百四
經星之戊二百五
經星之己二百六
經星之庚二百七
經星之辛二百八
經星之壬二百九
經星之癸二百十
經日之甲一
經月之未八
經星之甲二百一十一
經星之甲二百一十一
經星之乙二百一十二
經星之丙二百一十三
經星之丁二百一十四
經星之戊二百一十五
經星之己二百一十六

經星之庚二百一十七
經星之辛二百一十八
經星之壬二百一十九
經星之癸二百二十
經星之甲二百二十一
經星之乙二百二十二
經星之丙二百二十三
經星之丁二百二十四
經星之戊二百二十五
經星之己二百二十六
經星之庚二百二十七
經星之辛二百二十八
經星之壬二百二十九
經星之癸二百三十
經星之甲二百三十一
經星之乙二百三十二

經星之丙二百三十三
經星之丁二百三十四
經星之戊二百三十五
經星之己二百三十六
經星之庚二百三十七
經星之辛二百三十八
經星之壬二百三十九
經星之癸二百四十
經日之甲一
經月之申九
經星之甲二百四十一
經星之甲二百四十一
經星之乙二百四十二
經星之丙二百四十三
經星之丁二百四十四
經星之戊二百四十五

經星之己二百四十六
經星之庚二百四十七
經星之辛二百四十八
經星之壬二百四十九
經星之癸二百五十
經星之甲二百五十一
經星之乙二百五十二
經星之丙二百五十三
經星之丁二百五十四
經星之戊二百五十五
經星之己二百五十六
經星之庚二百五十七
經星之辛二百五十八
經星之壬二百五十九
經星之癸二百六十
經星之甲二百六十一

皇極經世卷第四

經星之乙二百六十二
經星之丙二百六十三
經星之丁二百六十四
經星之戊二百六十五
經星之己二百六十六
經星之庚二百六十七
經星之辛二百六十八
經星之壬二百六十九
經星之癸二百七十
經日之甲一
經月之酉十
經星之甲二百七十一
經星之甲二百七十一
經星之乙二百七十二
經星之丙二百七十三
經星之丁二百七十四

經星之戊二百七十五
經星之己二百七十六
經星之庚二百七十七
經星之辛二百七十八
經星之壬二百七十九
經星之癸二百八十
經星之甲二百八十一
經星之乙二百八十二
經星之丙二百八十三
經星之丁二百八十四
經星之戊二百八十五
經星之己二百八十六
經星之庚二百八十七
經星之辛二百八十八
經星之壬二百八十九
經星之癸二百九十

經星之甲二百九十一

經星之乙二百九十二

經星之丙二百九十三

經星之丁二百九十四

經星之戊二百九十五

經星之己二百九十六

經星之庚二百九十七

經星之辛二百九十八

經星之壬二百九十九

經星之癸三百

經日之甲一

經月之戌十一

經星之甲三百一

經星之甲三百一

經星之乙三百二

經星之丙三百三

經星之丁三百四
經星之戊三百五
經星之己三百六
經星之庚三百七
經星之辛三百八
經星之壬三百九
經星之癸三百十
經星之甲三百一十一
經星之乙三百一十二
經星之丙三百一十三
經星之丁三百一十四
經星之戊三百一十五
①

---

① 此處，四庫本有「閉物經月戊之終」七字。

皇極經世卷第五

以運經世之一　觀物篇之二十五

經元之甲一①

經會之巳六②

經運之癸一百八十③

經世之子二千一百四十九

經世之子二千一百四十九

經世之丑二千一百五十

經世之寅二千一百五十一

經世之卯二千一百五十二

① 「元」，原作「世」，據四庫本改，後各篇同。

② 「會之巳」，原作「世之已」，據四庫本改，後各篇同。

③ 「運」，原作「世」，據四庫本改，後各篇同。

經世之辰二千一百五十三
經世之巳二千一百五十四
經世之午二千一百五十五
經世之未二千一百五十六

甲午
乙未
丙申
丁酉
戊戌
己亥
庚子
辛丑
壬寅
癸卯
甲辰　唐帝堯肇位于平陽，號陶唐氏。命羲、和，欽若昊天，曆象日月星辰，敬授人時。朞三百六旬有六日，以閏月定四時成歲，曰載。建寅月爲始。允釐百工，庶績咸熙。

乙巳
丙午
丁未
戊申
己酉
庚戌
辛亥
壬子
癸丑
甲寅
乙卯
丙辰
丁巳
戊午
己未
庚申

辛酉

壬戌

癸亥

經世之申二千一百五十七

甲子　唐帝堯二十一年。

乙丑

丙寅

丁卯

戊辰

己巳

庚午

辛未

壬申

癸酉

甲戌

乙亥

丙子
丁丑
戊寅
己卯
庚辰
辛巳
壬午
癸未
甲申
乙酉
丙戌
丁亥
戊子
己丑
庚寅
辛卯

壬辰

癸巳　經世之酉二千一百五十八

甲午　唐帝堯五十一年。

乙未

丙申

丁酉

戊戌

己亥

庚子

辛丑

壬寅

癸卯

甲辰

乙巳

丙午

丁未

戊申

己酉

庚戌

辛亥

壬子　鯀治水，績用不成。①

癸丑　帝堯求禪，明明揚測陋。始徵舜登庸，歷試諸難，釐降二女于溈汭，作嬪于虞，以觀法焉。

甲寅

乙卯　舜言底可績，帝以德薦之于天②，而命之位。

丙辰　正月上日，舜受命于文祖。用璇璣玉衡，以齊七政，類于上帝，禋于六宗，望于山川，徧于羣神。輯五瑞五玉，班于羣后。肇十有二州，封十有二山。四時行巡狩。協時月正日。同律度量衡。修五禮。象以典刑。流共工于幽州，放驩兜于崇山，竄三苗于三危，殛鯀于羽山，四罪正而天下咸服。

① 「不」，四庫本作「弗」。
② 「之」，四庫本無。

丁巳
戊午
己未
庚申
辛酉
壬戌
癸亥
經世之戌二千一百五十九
甲子　虞帝舜九年。
乙丑
丙寅
丁卯
戊辰
己巳
庚午
辛未

壬申

癸酉

甲戌

乙亥

丙子

丁丑

戊寅

己卯

庚辰

辛巳

壬午

癸未　帝堯殂落。①

甲申

乙酉

①「帝堯殂落」，四庫本無。

丙戌　月正元日，舜格于文祖，號有虞氏，都蒲坂。詢四嶽，闢四門，明四目，①達四聰。咨十有二牧，命九官。以伯禹爲司空，稷司農，契司徒，皋陶司士，垂司工，益司虞，夷司禮，夔典樂，龍司言。此九人使宅百揆，三載考績。黜陟幽明，庶績其凝。

丁亥

戊子

己丑

庚寅

辛卯

壬辰

癸巳

甲午　虞帝舜三十九年。

經世之亥二千一百六十

乙未

丙申

①「目」原作「日」，據四庫本改。

丁酉
戊戌
己亥
庚子
辛丑
壬寅
癸卯
甲辰
乙巳
丙午
丁未
戊申
己酉
庚戌
辛亥
壬子

癸丑
甲寅
乙卯
丙辰　帝舜求代，以功薦禹于天而命之位。
丁巳　正月朔旦，禹受命于神宗。正天下水土，分九州、九山，九川、九澤，會于四海。修其六府，
咸則三壤，①成賦中邦。
戊午
己未
庚申
辛酉
壬戌
癸亥

①「壤」，原作「孃」，據四庫本改。

以運經世之二　觀物篇之二十六

經元之甲一①

經會之午七

經運之甲一百八十一

經世之子二千一百六十一

經世之子二千一百六十一

甲子　夏王禹八年。

乙丑

丙寅

丁卯

戊辰

己巳

庚午

① 「一」，四庫本作「乙」。

辛未

壬申

癸酉　帝舜陟方乃死。

甲戌　禹都安邑。徙居陽翟。大會諸侯于塗山，執玉帛者萬國，防風氏後至，戮焉。

乙亥

丙子

丁丑

戊寅

己卯

庚辰

辛巳

壬午

癸未　夏王禹東巡狩，至于會稽崩，元子啓踐位。

甲申　啓與有扈戰于甘之野。

乙酉

丙戌

丁亥
戊子
己丑
庚寅
辛卯
壬辰　夏王啓崩，元子太康踐位。
癸巳
甲午　夏王太康二年。
經世之丑二千一百六十二
乙未
丙申
丁酉
戊戌
己亥
庚子
辛丑

壬寅
癸卯
甲辰
乙巳
丙午
丁未
戊申
己酉
庚戌
辛亥
壬子
癸丑
甲寅
乙卯
丙辰
丁巳

戊午

己未

庚申

辛酉　夏王太康失邦，盤遊無度，畋于有洛之表，十旬不返。有窮后羿因民不忍，距于河而死，子仲康立。

壬戌　命胤侯征羲氏、和氏。

癸亥

經世之寅二千一百六十三

甲子　夏王仲康三年。

乙丑

丙寅

丁卯

戊辰

己巳

庚午

辛未

壬申

癸酉

甲戌　夏王仲康崩，子相繼立，依同姓諸侯斟灌、斟鄩氏。

乙亥

丙子

丁丑

戊寅

己卯

庚辰

辛巳

壬午

癸未

甲申

乙酉

丙戌

丁亥

戊子

己丑

庚寅

辛卯

壬辰

癸巳

經世之卯二千一百六十四

甲午　夏王相二十年。①

乙未

丙申

丁酉

戊戌

己亥

庚子

① 「二十」，原作「二十二」，據四庫本删下「二」字。

辛丑

壬寅　寒浞殺有窮后羿，使子澆及豷伐斟灌、斟鄩氏以滅相。①相之臣靡逃于有鬲氏，相之后還于有仍氏，遂生少康。

癸卯

甲辰

乙巳

丙午

丁未

戊申

己酉

庚戌

辛亥

壬子

癸丑

①「滅」，原作「濟」，據四庫本改。

甲寅

乙卯

丙辰

丁巳

戊午

己未

庚申

辛酉

壬戌

癸亥

經世之辰二千一百六十五

甲子　夏王少康生二十三年。

乙丑

丙寅

丁卯

戊辰

己巳

庚午

辛未

壬申

癸酉

甲戌

乙亥

丙子

丁丑

戊寅

己卯

庚辰

辛巳

壬午

癸未　夏之遺臣靡自有鬲氏收斟灌、斟鄩二國之燼，以滅寒浞而立少康。少康立，遂滅澆于過，滅豷于戈，以絶有窮氏之族。①

甲申
乙酉
丙戌
丁亥
戊子
己丑
庚寅
辛卯
壬辰
癸巳　經世之巳二千一百六十六
甲午　夏王少康立十三年。
乙未

① 四庫本此條内容在前一年「壬午」項下。

丙申
丁酉
戊戌
己亥
庚子
辛丑
壬寅
癸卯　夏王少康崩，子杼踐位。
甲辰
乙巳
丙午
丁未
戊申
己酉
庚戌
辛亥

壬子
癸丑
甲寅
乙卯
丙辰
丁巳
戊午
己未
庚申　夏王杼崩，子槐踐位。
辛酉
壬戌
癸亥
經世之午二千一百六十七
甲子　夏王槐四年。
乙丑
丙寅

丁卯
戊辰
己巳
庚午
辛未
壬申
癸酉
甲戌
乙亥
丙子
丁丑
戊寅
己卯
庚辰
辛巳
壬午

癸未
甲申
乙酉
丙戌　夏王槐崩，子芒踐位。
丁亥
戊子
己丑
庚寅
辛卯
壬辰
癸巳
經世之未二千一百六十八
甲午　夏王芒八年。
乙未
丙申
丁酉

戊戌
己亥
庚子
辛丑
壬寅
癸卯
甲辰　夏王芒崩，子泄踐位。
乙巳
丙午
丁未
戊申
己酉
庚戌
辛亥
壬子
癸丑

甲寅
乙卯
丙辰
丁巳
戊午
己未
庚申　夏王泄崩，子不降踐位。
辛酉
壬戌
癸亥　經世之申二千一百六十九
甲子　夏王不降四年。
乙丑
丙寅
丁卯
戊辰

己巳
庚午
辛未
壬申
癸酉
甲戌
乙亥
丙子
丁丑
戊寅
己卯
庚辰
辛巳
壬午
癸未
甲申

乙酉

丙戌

丁亥

戊子

己丑

庚寅

辛卯

壬辰

癸巳

經世之酉二千一百七十

甲午　夏王不降三十四年。

乙未

丙申

丁酉

戊戌

己亥

庚子
辛丑
壬寅
癸卯
甲辰
乙巳
丙午
丁未
戊申
己酉
庚戌
辛亥
壬子
癸丑
甲寅
乙卯

丙辰
丁巳
戊午
己未　夏王不降崩，弟扃立。
庚申
辛酉
壬戌
癸亥
經世之戌二千一百七十一
甲子　夏王扃五年。
乙丑
丙寅
丁卯
戊辰
己巳
庚午

辛未
壬申
癸酉
甲戌
乙亥
丙子
丁丑
戊寅
己卯
庚辰　夏王扃崩，子廑踐位。
辛巳
壬午
癸未
甲申
乙酉
丙戌

丁亥
戊子
己丑
庚寅
辛卯
壬辰
癸巳

經世之亥二千一百七十二

甲午　夏王廑十四年。
乙未
丙申
丁酉
戊戌
己亥
庚子
辛丑　夏王廑崩，不降子孔甲立。

壬寅
癸卯
甲辰
乙巳
丙午
丁未
戊申
己酉
庚戌
辛亥
壬子
癸丑
甲寅
乙卯
丙辰
丁巳

戊午
己未
庚申
辛酉
壬戌
癸亥

以運經世之三　觀物篇之二十七

經元之甲一
經會之午七
經運之乙一百八十二
經世之子二千一百七十三
　經世之子二千一百七十三
甲子　夏王孔甲二十三年。
乙丑
丙寅

丁卯

戊辰

己巳

庚午

辛未

壬申　夏王孔甲崩，子臯踐位。

癸酉

甲戌

乙亥

丙子

丁丑

戊寅

己卯

庚辰

辛巳

壬午

癸未　夏王皐崩，子發踐位。
甲申
乙酉
丙戌
丁亥
戊子
己丑
庚寅
辛卯
壬辰
癸巳
經世之丑二千一百七十四
甲午　夏王發十一年。
乙未
丙申
丁酉
戊戌

己亥
庚子
辛丑
壬寅　夏王發崩，子癸踐位，是謂之桀。
癸卯
甲辰
乙巳
丙午
丁未
戊申
己酉
庚戌
辛亥
壬子
癸丑
甲寅

乙卯
丙辰
丁巳
戊午
己未
庚申
辛酉
壬戌
癸亥

經世之寅二千一百七十五

甲子　夏王癸二十二年。
乙丑
丙寅
丁卯
戊辰
己巳

庚午

辛未

壬申

癸酉

甲戌

乙亥　始嬖妹喜。

丙子

丁丑　成湯即諸侯位，自商丘徙治亳，①始用伊尹。

戊寅　成湯征葛。

己卯　成湯薦伊尹于夏王。

庚辰

辛巳

壬午　湯伊尹醜夏，②復歸于亳。

---

① 「治」，四庫本作「至」。
② 「湯伊尹醜夏」，四庫本作「伊尹醜」。

癸未

甲申 桀因成湯于夏臺。

乙酉

丙戌

丁亥

戊子

己丑

庚寅

辛卯

壬辰

癸巳

經世之卯二千一百七十六

甲午①

乙未 伊尹相成湯，伐桀。升自陑。遂與桀戰于鳴條之野。桀敗，走三朡。遂伐三朡，俘厥寶

① 四庫本此年有「夏王癸五十二年」七字。

玉，放桀于南巢。還至大垌，①仲虺作《誥》。歸至亳，乃大誥萬方。南面，朝諸侯，建國曰商。以丑月爲歲始，曰祀，與民更始。

丙申

丁酉

戊戌

己亥

庚子

辛丑

壬寅

癸卯

甲辰

乙巳

丙午

丁未　商王成湯崩，元子太甲踐位。不明，伊尹放之桐宮。

① 「大垌」，原作「大垌」，據四庫本改。

戊申

己酉

庚戌 商王太甲思庸，伊尹乃冕服，奉嗣王于亳，返政。

辛亥

壬子

癸丑

甲寅

乙卯

丙辰

丁巳

戊午

己未

庚申

辛酉

壬戌

癸亥

經世之辰二千一百七十七

甲子　商王太甲十七年。

乙丑

丙寅

丁卯

戊辰

己巳

庚午

辛未

壬申

癸酉

甲戌

乙亥

丙子

丁丑

戊寅

己卯

庚辰　商王太甲崩，子沃丁踐位。

辛巳

壬午

癸未

甲申

乙酉

丙戌

丁亥

戊子

己丑

庚寅

辛卯

壬辰

癸巳

經世之巳二千一百七十八

甲午　商王沃丁十四年。
乙未
丙申
丁酉
戊戌
己亥
庚子
辛丑
壬寅
癸卯
甲辰
乙巳
丙午
丁未
戊申
己酉　商王沃丁崩，弟太庚立。

庚戌

辛亥

壬子

癸丑

甲寅

乙卯

丙辰

丁巳

戊午

己未

庚申

辛酉

壬戌

癸亥

經世之午二千一百七十九

甲子　商王太庚十五年。

乙丑
丙寅
丁卯
戊辰
己巳
庚午
辛未
壬申
癸酉
甲戌　商王太庚崩，子小甲踐位。
乙亥
丙子
丁丑
戊寅
己卯
庚辰

辛巳
壬午
癸未
甲申
乙酉
丙戌
丁亥
戊子
己丑
庚寅
辛卯　商王小甲崩，弟雍己立。
壬辰
癸巳
經世之未二千一百八十
甲午　商王雍己三年。
乙未

丙申

丁酉

戊戌

己亥

庚子

辛丑

壬寅

癸卯　商王雍己崩，弟太戊立，是謂中宗。伊陟、臣扈，格于上帝。巫咸乂王家，①大修成湯之政。

甲辰

乙巳

丙午

丁未

戊申

① 「乂」，原作「又」，據四庫本改。

己酉
庚戌
辛亥
壬子
癸丑
甲寅
乙卯
丙辰
丁巳
戊午
己未
庚申
辛酉
壬戌
癸亥

經世之申二千一百八十一①

甲子　商王太戊二十一年。

乙丑

丙寅

丁卯

戊辰

己巳

庚午

辛未

壬申

癸酉

甲戌

乙亥

丙子

①「八十」，「一」原脱，據四庫本補。

丁丑
戊寅
己卯
庚辰
辛巳
壬午
癸未
甲申
乙酉
丙戌
丁亥
戊子
己丑
庚寅
辛卯
壬辰

癸巳

經世之酉二千一百八十二

甲午　商王太戊五十一年。

乙未

丙申

丁酉

戊戌

己亥

庚子

辛丑

壬寅

癸卯

甲辰

乙巳

丙午

丁未

戊申
己酉
庚戌
辛亥
壬子
癸丑
甲寅
乙卯
丙辰
丁巳
戊午　商王中宗崩，子仲丁踐位。遷于囂。
己未
庚申
辛酉
壬戌
癸亥

經世之戌二千一百八十三

甲子　商王仲丁六年。

乙丑

丙寅

丁卯

戊辰

己巳

庚午

辛未　商王仲丁崩，國亂，弟外壬立。

壬申

癸酉

甲戌

乙亥

丙子

丁丑

戊寅

己卯
庚辰
辛巳
壬午
癸未
甲申
乙酉
丙戌　商王外壬崩，國復亂，弟河亶甲立。①徙居相。
丁亥
戊子
己丑
庚寅
辛卯
壬辰

① 「立」，原作「之」，據四庫本改。

癸巳

經世之亥二千一百八十四

甲午　商王河亶甲八年。

乙未　商王河亶甲崩，子祖乙踐位，圮于耿。徙居邢，巫賢爲相。

丙申

丁酉

戊戌

己亥

庚子

辛丑

壬寅

癸卯

甲辰

乙巳

丙午

丁未

戊申
己酉
庚戌
辛亥
壬子
癸丑
甲寅　商王祖乙崩，子祖辛踐位。①
乙卯
丙辰
丁巳
戊午
己未
庚申
辛酉

① 四庫本此年無事件。

壬戌
癸亥

以運經世之四　觀物篇之二十八

經元之甲一
經會之午七
經運之丙一百八十三
經世之子二千一百八十五
　經世之子二千一百八十五
甲子　商王祖辛十年。
乙丑
丙寅
丁卯
戊辰
己巳

庚午　商王祖辛崩，弟沃甲立。①
辛未
壬申
癸酉
甲戌
乙亥
丙子
丁丑
戊寅
己卯
庚辰
辛巳
壬午
癸未

① 「甲」，原作「丁」，據四庫本改。

甲申
乙酉
丙戌
丁亥
戊子
己丑
庚寅
辛卯
壬辰
癸巳

經世之丑二千一百八十六

甲午　商王沃甲二十四年。①
乙未　商王沃甲崩，國亂，兄祖丁立。②

---

① 四庫本此年無内容。
② 四庫本此年無内容。

丙申
丁酉
戊戌
己亥
庚子
辛丑
壬寅
癸卯
甲辰
乙巳
丙午
丁未
戊申
己酉
庚戌
辛亥

壬子
癸丑
甲寅
乙卯
丙辰
丁巳
戊午
己未
庚申
辛酉
壬戌
癸亥
經世之寅二千一百八十七
甲子　商王祖丁二十九年。
乙丑
丙寅

丁卯　商王祖丁崩，國亂，沃甲之子南庚立。
戊辰
己巳
庚午
辛未
壬申
癸酉
甲戌
乙亥
丙子
丁丑
戊寅
己卯
庚辰
辛巳
壬午

癸未
甲申
乙酉
丙戌
丁亥
戊子
己丑
庚寅
辛卯
壬辰　商王南庚崩，國亂，祖丁之子陽甲立。諸侯不朝。①
癸巳
　經世之卯二千一百八十八
甲午　商王陽甲二年。
乙未

① 四庫本此年内容在後一年「癸巳」項下。又，四庫本無「國」字。

丙申
丁酉
戊戌
己亥　商王陽甲崩，弟盤庚立。復歸于亳，改號曰殷。
庚子
辛丑
壬寅
癸卯
甲辰
乙巳
丙午
丁未
戊申
己酉
庚戌
辛亥

壬子
癸丑
甲寅
乙卯
丙辰
丁巳
戊午
己未
庚申
辛酉
壬戌
癸亥

經世之辰二千一百八十九

甲子　商王盤庚二十五年。
乙丑
丙寅

丁卯　商王盤庚崩，弟小辛立。
戊辰
己巳
庚午
辛未
壬申
癸酉
甲戌
乙亥
丙子
丁丑
戊寅
己卯
庚辰
辛巳
壬午

癸未
甲申
乙酉
丙戌
丁亥
戊子　商王小辛崩，弟小乙立。
己丑
庚寅
辛卯
壬辰
癸巳
經世之巳二千一百九十
甲午　商王小乙六年。
乙未
丙申
丁酉

戊戌
己亥
庚子
辛丑
壬寅
癸卯
甲辰
乙巳
丙午
丁未
戊申
己酉
庚戌
辛亥
壬子
癸丑

甲寅
乙卯
丙辰　商王小乙崩，子武丁踐位，是謂高宗。甘盤爲相。以夢求傅説，得之。①
丁巳
戊午
己未
庚申
辛酉
壬戌
癸亥
經世之午二千一百九十一
甲子　商王武丁八年。
乙丑
丙寅

① 「之」後，四庫本有「于傅巖」三字。

丁卯
戊辰
己巳
庚午
辛未
壬申
癸酉
甲戌
乙亥
丙子
丁丑
戊寅
己卯
庚辰
辛巳
壬午

癸未
甲申
乙酉
丙戌
丁亥
戊子
己丑
庚寅
辛卯
壬辰
癸巳
　經世之未二千一百九十二
甲午商王武丁三十八年。①
乙未

①「商王」，原作「商三」，據四庫本改。

丙申
丁酉
戊戌
己亥
庚子
辛丑
壬寅
癸卯
甲辰
乙巳
丙午
丁未
戊申
己酉
庚戌
辛亥

壬子
癸丑
甲寅
乙卯　商王高宗崩，弟祖庚立。
丙辰
丁巳
戊午
己未
庚申
辛酉
壬戌　商王祖庚崩，弟祖甲立。
癸亥
經世之申二千一百九十三
甲子　商王祖甲二年。
乙丑
丙寅

丁卯
戊辰
己巳
庚午
辛未
壬申
癸酉
甲戌
乙亥
丙子
丁丑
戊寅
己卯
庚辰
辛巳
壬午

癸未
甲申
乙酉
丙戌
丁亥
戊子
己丑
庚寅
辛卯
壬辰
癸巳　周文王生。
經世之酉二千一百九十四
甲午　商王祖甲三十二年。
乙未　商王祖甲崩，子廩辛踐位。
丙申
丁酉

戊戌
己亥
庚子
辛丑　商王廩辛崩，弟庚丁立。
壬寅
癸卯
甲辰
乙巳
丙午
丁未
戊申
己酉
庚戌
辛亥
壬子
癸丑

甲寅
乙卯
丙辰
丁巳
戊午
己未
庚申
辛酉
壬戌　商王庚丁崩，子武乙踐位，徙居河北。
癸亥

經世之戌二千一百九十五

甲子　商王武乙二年。
乙丑
丙寅　商王武乙震死，太丁立。①

①「太」前，四庫本有「子」字。

丁卯

戊辰

己巳 商王太丁崩，子帝乙踐位。

庚午

辛未

壬申

癸酉

甲戌

乙亥

丙子

丁丑

戊寅

己卯 周文王始即諸侯位。

庚辰

辛巳

壬午

癸未
甲申
乙酉
丙戌
丁亥
戊子
己丑
庚寅
辛卯
壬辰
癸巳

經世之亥二千一百九十六

甲午　商王帝乙二十五年。
乙未
丙申
丁酉

戊戌
己亥
庚子
辛丑
壬寅
癸卯
甲辰
乙巳
丙午　商王帝乙崩，次子受辛立，是謂之紂。
丁未
戊申
己酉
庚戌
辛亥
壬子
癸丑

甲寅　始嬖妲己。
乙卯
丙辰
丁巳
戊午
己未
庚申
辛酉　商囚文王于羑里。
壬戌
癸亥　商紂乃放文王。歸于國，①錫命爲西方諸侯。②

以運經世之五　觀物篇之二十九

經元之甲一

① 「商」後，四庫本有「王」字。四庫本無「乃」字。
② 「侯」後，四庫本有「伯」字。

經會之午七

經運之丁一百八十四

經世之子二千一百九十七

經世之子二千一百九十七

甲子　商王受辛十八年。西伯伐崇。自岐徙居豐。

乙丑　周西伯伐密須。

丙寅　周西伯戡黎。

丁卯　周西伯伐邗。①

戊辰

己巳　周文王没，元子發踐位，是謂武王。葬文王于畢。

庚午

辛未

壬申

癸酉

①「邗」，原作「邢」，據四庫本改。

甲戌
乙亥
丙子
丁丑　周武王東觀兵于盟津。
戊寅　商王受殺太師比干，①囚箕子。微子以祭器奔周。
己卯　吕尚相。武王伐商。師逾盟津，大陳兵于商郊，敗之于牧野，殺受，②立其子武庚爲後。還歸，③在豐踐天子位。南面，朝諸侯。大誥天下。以子月爲歲始，曰年，與民更始。
庚辰　命管叔、蔡叔、霍叔守邶、鄘、衛之三邑，謂之三監。
辛巳
壬午
癸未
甲申
乙酉　周武王崩，元子誦踐位，是謂成王。周公爲太師，召公爲太保。二公分治陜、洛，受顧命，

①「受」，四庫本作「紂」。
②「受」，四庫本作「紂」。
③「歸」，四庫本作「師」。

率天下諸侯夾輔王室。葬武王于畢。

丙戌　三監及淮夷叛。周公東征，大誥天下。

丁亥

戊子　三監平。始黜商命，①殺武庚，命微子啓于宋，以祀商後。②封康叔于衛，以保商民。命箕子于高麗。辟管叔于商，囚蔡叔于郭鄰，降霍叔爲庶人，不齒。東征淮夷，魯侯伯禽誓師于費，淮夷平，遂踐奄。肅慎來賀。

己丑

庚寅　往營成周。命召公相宅。

辛卯

壬辰　成周既成，周公分政成周東郊，③以王命誥《多士》。

癸巳

經世之丑二千一百九十八

甲午　周成王九年。

①「始」，四庫本作「治」。

②「以祀商後」，四庫本作「代商侯」。

③「政」，四庫本作「正」。

乙未

丙申　周公没，命君陳分政成周東郊。①葬周公于畢。

丁酉

戊戌

己亥

庚子

辛丑

壬寅

癸卯

甲辰

乙巳

丙午

丁未

戊申

①「政」，四庫本作「正」。

己酉
庚戌
辛亥
壬子
癸丑
甲寅
乙卯
丙辰
丁巳
戊午
己未
庚申
辛酉
壬戌　周成王崩，召公、畢公受顧命，輔元子釗踐位，是謂康王。

癸亥　周康王元年，命畢公代君陳分政成周東郊。①

經世之寅二千一百九十九

甲子　周康王二年。

乙丑

丙寅

丁卯

戊辰

己巳

庚午

辛未

壬申

癸酉

甲戌

乙亥

①「政」，四庫本作「正」。

丙子
丁丑
戊寅
己卯
庚辰
辛巳
壬午
癸未
甲申
乙酉
丙戌
丁亥
戊子 周康王崩，子瑕踐位，是謂昭王。
己丑
庚寅
辛卯

壬辰
癸巳　經世之卯二千二百
甲午　周昭王六年。
乙未
丙申
丁酉
戊戌
己亥
庚子
辛丑
壬寅
癸卯
甲辰
乙巳
丙午

丁未
戊申
己酉
庚戌
辛亥
壬子
癸丑
甲寅
乙卯
丙辰
丁巳
戊午
己未
庚申
辛酉
壬戌

癸亥　經世之辰二千二百一

甲子　周昭王三十六年。①

乙丑

丙寅

丁卯

戊辰

己巳

庚午

辛未

壬申

癸酉

甲戌

乙亥

① 四庫本此年無内容。

丙子
丁丑
戊寅
己卯 周昭王南巡，不返。子滿立，是謂穆王。
庚辰
辛巳
壬午
癸未
甲申
乙酉
丙戌
丁亥
戊子
己丑
庚寅
辛卯

壬辰

癸巳　經世之巳二千二百二

甲午　周穆王十五年。

乙未

丙申

丁酉

戊戌

己亥

庚子

辛丑

壬寅

癸卯

甲辰

乙巳

丙午

丁未
戊申
己酉
庚戌
辛亥
壬子
癸丑
甲寅
乙卯
丙辰
丁巳
戊午
己未
庚申
辛酉
壬戌

癸亥　經世之午二千二百三

甲子　周穆王四十五年。

乙丑

丙寅

丁卯

戊辰

己巳

庚午

辛未

壬申

癸酉

甲戌　周穆王崩，子繄扈踐位，是謂共王。

乙亥

丙子

丁丑

戊寅
己卯
庚辰
辛巳
壬午
癸未
甲申
乙酉
丙戌 周共王崩，子囏踐位，是謂懿王。
丁亥
戊子
己丑
庚寅
辛卯
壬辰
癸巳

經世之未二千二百四

甲午　周懿王八年。①

乙未

丙申

丁酉

戊戌

己亥

庚子

辛丑

壬寅

癸卯

甲辰

乙巳

丙午

① 四庫本無「周懿王八年」五字。

丁未

戊申

己酉

庚戌

辛亥　周懿王崩，穆王子辟方立，是謂孝王。

壬子

癸丑

甲寅

乙卯

丙辰

丁巳

戊午

己未

庚申

辛酉

壬戌

癸亥
　經世之申二千二百五
甲子　周孝王十三年。
乙丑
丙寅　周孝王崩，懿王子燮立，①是謂夷王。國自此衰矣。
丁卯
戊辰
己巳
庚午
辛未
壬申
癸酉
甲戌
乙亥

---

①「燮」，原作「爕」，據四庫本改。

丙子
丁丑
戊寅
己卯
庚辰
辛巳
壬午　周夷王崩，子胡踐位，①是謂厲王。
癸未
甲申
乙酉
丙戌
丁亥
戊子
己丑

①「胡」，原作「起」，據四庫本改。

庚寅
辛卯
壬辰
癸巳
經世之酉二千二百六
甲午　周厲王十二年。
乙未
丙申
丁酉
戊戌
己亥
庚子
辛丑
壬寅
癸卯
甲辰

乙巳
丙午
丁未
戊申
己酉
庚戌
辛亥
壬子
癸丑　周厲王好利，①以榮公爲卿。
甲寅
乙卯
丙辰　殺諫臣以爲謗己者。
丁巳
戊午

① 四庫本無「周」字。

己未　周厲王爲國人所逐，出奔彘。周、召二伯行政，謂之共和。太子静匿于召公家。文、武之德自此盡矣。

庚申

辛酉

壬戌

癸亥

經世之戌二千二百七

甲子　周厲王四十二年，在彘。

乙丑

丙寅

丁卯

戊辰

己巳

庚午

辛未

壬申

癸酉　周厲王死于彘。周、召二伯立太子静，是謂宣王。有仲山甫、尹吉甫、方叔、申伯爲輔，大修文、武之功。

甲戌　周宣王北伐玁狁，①至于太原，吉甫爲將。

乙亥　周宣王南征荆蠻，方叔爲將。

丙子

丁丑

戊寅

己卯

庚辰

辛巳

壬午

癸未

甲申

乙酉

① 四庫本無「周」字。後條同。

丙戌
丁亥
戊子
己丑
庚寅
辛卯
壬辰
癸巳
經世之亥二千二百八
甲午　周宣王二十一年。
乙未　宣王封弟友于鄭。①
丙申
丁酉
戊戌

① 四庫本此年無内容。

己亥
庚子
辛丑
壬寅
癸卯
甲辰
乙巳　伐魯，立孝公。
丙午
丁未
戊申
己酉
庚戌
辛亥
壬子　伐姜戎，①師敗于千畝，遂失南國。

① 「姜」，原作「羌」，據四庫本改。

癸丑　料民于太原。
甲寅
乙卯
丙辰
丁巳
戊午
己未　周宣王崩，太子宫湦踐位，是謂幽王。
庚申
辛酉
壬戌　始嬖褒姒。
癸亥

以運經世之六　觀物篇之三十

經元之甲一
經會之午七
經運之戊一百八十五

經世之子二千二百九

經世之子二千二百九

甲子[前777年]周幽王五年。廢申后及太子宜臼，以褒姒爲后，伯服爲太子，虢石父爲卿。

乙丑

丙寅

丁卯

戊辰

己巳

庚午[前771年]申侯以犬戎伐周，敗幽王于驪山，殺之。晉、秦率鄭、衛之君逐犬戎，立太子宜臼，是謂平王。東徙居洛邑，是謂東周。

辛未[前770年]周平王錫晉文侯、秦襄公，命秦分岐西，晉分河内。

壬申[前769年]秦立西畤，祠白帝。魯惠公即位。

癸酉

甲戌

乙亥[前766年]秦文公即位。

丙子

丁丑
戊寅
己卯［前762年］秦東徙居汧渭之間。
庚辰
辛巳
壬午
癸未［前758年］衛莊公即位。
甲申
乙酉［前756年］秦作鄜畤。
丙戌
丁亥
戊子
己丑
庚寅
辛卯
壬辰

癸巳

經世之丑二千二百一十

甲午［前747年］周平王二十四年。

乙未［前746年］晉昭侯即位。

丙申［前745年］晉昭侯封弟成師于曲沃。

丁酉［前744年］鄭莊公即位。

戊戌［前743年］鄭莊公封弟段于京城。①

己亥

庚子［前741年］衛公子州吁阻兵。

辛丑［前740年］楚亂，熊通弑其君，代立。

壬寅［前739年］晉亂，大夫潘父弑其君昭侯而納桓叔，②不克。國人殺潘父而立君之弟平，是謂孝侯。

癸卯

①「段」，原作「叚」，據四庫本改。

②「而納」，四庫本作「入曲沃」。

甲辰

乙巳

丙午

丁未

戊申[前733年]衛州吁出奔。

己酉

庚戌[前731年]晉曲沃桓叔卒,子莊伯繼。齊莊公卒,了釐公立。

辛亥

壬子[前729年]宋桓公疾,讓其弟穆公。

癸丑

甲寅

乙卯

丙辰

丁巳[前724年]晉曲沃莊伯入翼,弑其君孝侯。國人逐莊伯,立孝侯子,是謂鄂侯。

戊午

己未[前722年]魯隱公立。

庚申

辛酉[前720年]周平王崩，其孫林立，是謂桓王，與鄭交惡。宋穆公病，讓其兄之子殤公。世子馮奔鄭。

壬戌[前719年]衛公子州吁作難，弑其君桓公，代立。宋會陳、蔡、衛三國之師伐鄭。殺州吁于濮。國人迎公之弟晉于邢而立之，是謂宣公。

癸亥[前718年]晉曲沃莊伯以鄭、邢之師攻翼，王使尹①、武氏爲之助，翼侯出奔隨。莊伯叛王，王使虢伐莊伯，復奔曲沃。晉人及虢侯立翼侯子光，是謂哀侯。鄭伐宋。

經世之寅二千二百一十一

甲子[前717年]周桓王三年。晉翼侯自隨入于鄂，是謂鄂侯。

乙丑[前716年]晉曲沃莊伯卒，子稱繼，是謂武公。

丙寅[前715年]宋、齊、衛之君盟于瓦屋。

丁卯[前714年]秦自汧渭之間徙居郿。②

戊辰[前713年]齊會魯、鄭之師伐宋。

① 「尹」後，四庫本有「氏」字。
② 「郿」，原作「雍」，據四庫本改。

己巳［前712年］魯亂，羽父子翬弑其君隱公，①立惠公之子，是謂桓公。羽父爲之太宰。②

庚午

辛未［前710年］宋亂，太宰華督殺司馬孔父及弑其君殤公，迎穆公子馮于鄭立，③是謂莊公。

壬申［前709年］晉曲沃武公敗晉師于汾旁，獲哀侯，晉人立其子，是謂小子侯。

癸酉［前708年］晉曲沃武公弑其君哀侯于曲沃。

甲戌［前707年］周桓王以蔡、衛、陳之師伐鄭，不利，矢中王肩。

乙亥［前706年］蔡人殺陳佗。戎伐齊，④鄭使公子忽救之，有功。⑤楚伐隨，俾請王之號于周。

丙子［前705年］晉曲沃武公入翼，殺小子侯。王使虢仲伐稱，復歸曲沃。⑥虢仲立哀侯弟滑。⑦

丁丑［前704年］秦亂，寧公卒，三父廢世子而庚立它子。⑧是年，楚熊通伐隨，東開地至濮上，遂稱王，是謂武王。

---

①「羽父」，四庫本作「公」。
②「羽父爲之太宰」，四庫本作「翬爲之輔」。
③「鄭」後，四庫本有「而」字。「立」後，四庫本有「之」字。
④「戎」前，四庫本有「北」字。
⑤四庫本無「有功」二字。
⑥「復」前，四庫本有「稱」字。
⑦「滑」，四庫本作「緡」。
⑧「它」，四庫本作「出」。

戊寅

己卯

庚辰［前701年］鄭莊公卒，世子忽繼。宋執鄭祭仲，立突，是謂厲公，忽奔衛，祭仲專政。衛宣公殺其二子伋、壽。

辛巳［前700年］衛宣公卒，子朔立，是謂惠公。

壬午［前699年］齊會宋、衛、燕伐魯，不利。

癸未［前698年］秦三父殺它子而立世子，①是謂武公。齊釐公卒，世子諸兒繼，是謂襄公。宋會齊、蔡、衛、陳伐鄭。②

甲申［前697年］周桓王崩，太子佗嗣位，③是謂莊王。鄭祭仲殺雍糾而逐厲公，④迎忽反政，是謂昭公。秦伐彭戲氏至于華山。⑤齊襄公削公子無知禄。宋會魯、衛、陳伐鄭。

乙酉［前696年］衛公子伋、壽傅逐惠公，立伋之弟黔牟，惠公出奔齊。⑥宋會魯、衛、陳、蔡

① 「它」，四庫本作「出」。
② 四庫本無「衛」字。
③ 「位」，四庫本作「立」。
④ 「糾」，四庫本作「斜」。
⑤ 四庫本無「至」字。
⑥ 四庫本無「惠」字。

伐鄭。

丙戌[前695年]秦夷三父族。鄭高渠彌弑其君昭公，立其弟子亹，渠彌專政。①

丁亥[前694年]周有黑肩之難。齊襄公殺魯桓公于濼，立其子同，是謂莊公。又會諸侯于首止，殺鄭子亹。高渠彌逃歸，與祭仲迎公子嬰于陳，立之。

戊子[前693年]周王姬下降于齊。

己丑[前692年]周葬桓王。

庚寅

辛卯[前690年]周伐隨，責尊楚也。齊伐紀，紀侯大去其國。楚武王帥師伐隨，②子繼，③是謂文王，始都郢。

壬辰[前689年]齊會宋、魯、陳、蔡伐衛，入惠公。

癸巳[前688年]衛惠公復入，殺二公子洩。④黔牟奔周。

經世之卯二千二百一十二

---

① 四庫本無「渠」字。

② 「楚武王帥師伐隨」，四庫本作「楚王卒于伐隨」。

③ 「子」後，四庫本有「貲」字。

④ 「洩」，四庫本作「傅」。

甲午［前687年］周莊王十年。秦滅小虢。

乙未［前686年］齊公子無知以葵丘之戎卒入弑襄公，①代立。公子糾奔魯，小白奔莒。

丙申［前685年］齊人殺無知，公子小白入，是謂桓公。糾後入，不克。齊伐魯，殺糾，其傅召忽死之，管仲請囚，又相桓公。

丁酉［前684年］魯敗齊師于長勺，敗宋師于乘丘。楚敗蔡師于莘，以蔡侯獻舞歸。②自是江漢之國皆服于楚。

戊戌

己亥［前682年］周莊王崩，太子胡齊嗣位，是謂釐王。宋亂，南宫萬殺其君閔公及其大夫仇牧、太宰華督，③立公子游。羣公子奔蕭。復以蕭攻萬，及殺游，④立公弟御説，是謂桓公。

庚子［前681年］齊會宋、陳、蔡、邾之師伐魯，三敗之，取遂。又會魯于柯，遂復其侵地，曹沫劫盟故也。

辛丑［前680年］齊會陳、曹及王人伐宋。楚師入蔡。

---

①「戎卒」，四庫本作「戍人」。

②「以蔡侯」，原作「齊侯」，據四庫本改。

③「殺」，四庫本作「弑」。「閔」，四庫本作「湣」。「仇牧」，原作「地牧」，據四庫本改。

④「攻萬」，原脱，據四庫本補。

壬寅[前679年]齊桓公會宋、陳、衛、鄭之君盟于鄄。晉曲沃武公滅翼,以重寶入周,得請爲諸侯。

癸卯[前678年]齊桓公會宋、陳、魯、衛、鄭、許、滑、滕之君盟于幽。①秦武公卒,弟德公立。楚滅鄧。

甲辰[前677年]周釐王崩,太子閬踐位,②是謂惠王。晉武公卒,子獻公詭諸繼。秦徙居雍。楚文王卒,世子囏繼,是謂杜敖。

乙巳[前676年]秦德公卒,子宣公繼。③

丙午

丁未[前674年]周有五大夫之難,④邊伯、石速、蔿國以蔡、衛之師攻王,立弟頹。王出,居鄭之櫟。

戊申[前673年]鄭厲公及虢叔入王于成周,殺頹而執仲父及五大夫,難遂平。

---

①「宋陳」,四庫本作「陳宋」。

②「閬踐位」,四庫本作「閔嗣位」。

③「宣公」,原作「宣王」,據四庫本改。

④「五大夫」,原作「三大夫」,據四庫本改。下條「五大夫」同。

己酉［前672年］秦作密畤，敗晉師于河曲。晉伐驪，獲驪女以爲姬。①陳公子完奔齊。楚亂，弟惲弑其君囏，②代立，③是謂成王。

庚戌［前671年］楚修好于周及諸侯。

辛亥［前670年］衛惠公卒，子懿公繼。

壬子［前669年］晉有驪姬之難，殺群公子，自翼徙居絳。

癸丑［前668年］晉伐虢，④責納群公子也。

甲寅［前667年］周惠王錫齊桓公，命爲伯。

乙卯［前666年］晉城曲沃及蒲。⑤楚伐鄭。

丙辰

丁巳［前664年］齊伐山戎，至于孤竹，以救燕，俾修貢天子。秦宣公卒，弟成公立。楚殺令尹子元，以鬬穀於菟爲令尹。

---

① 四庫本無「驪」字。

② 「弑」，四庫本作「殺」。

③ 「代立」，原作「伐立」，據四庫本改。

④ 「晉伐虢」，原作「晉代虢」，據四庫本改。

⑤ 「城」，原作「滅」，據四庫本改。

戊午

己未[前662年]魯亂，叔牙弒其君莊公。子開立，①是謂湣公。季友立世子班，不克，奔陳。

庚申[前661年]晉滅霍、魏、耿，以耿封趙夙，以魏封畢萬。

辛酉[前660年]魯亂，慶父以莊姜弒湣公，代立。季友逐慶父而立公子申，是謂釐公。②狄滅衛，殺懿公。齊桓公攘戎狄而立戴公，東徙渡河，③野處曹邑。④戴公卒，弟燬立，是謂文公。自曹邑徙居楚丘。⑤晉伐東山皋落氏。秦成公卒，弟任好立，⑥是謂穆公。

壬戌[前659年]秦伐茅津。⑦齊會宋、鄭、魯、曹、邾之君于檉。

癸亥[前658年]齊城楚丘以居衛，又會江、黃之君于貫。晉滅虢。

經世之辰二千二百一十三

甲子[前657年]周惠王二十年。齊會宋、江、黃之君于陽穀。⑧

---

① 四庫本無「子」字。
② 「釐」，四庫本作「僖」。
③ 「徙」，四庫本作「處」。
④ 「曹」，四庫本作「漕」。
⑤ 「曹」，四庫本作「漕」。
⑥ 「任好」，原作「伍好」，據四庫本改。
⑦ 「茅津」，原作「芽津」，據四庫本改。
⑧ 四庫本無「宋」字。「陽穀」，「陽」字原脱，據四庫本補。

乙丑[前656年]齊會宋、陳、魯、衛、鄭、許、曹之師伐蔡,①遂入楚,盟于召陵,執陳轅濤塗。②晉殺世子申生,公子重耳走蒲,夷吾奔屈。蔡娶晉女爲夫人。③

丙寅[前655年]齊桓公會宋、陳、魯、衛、鄭、許、曹之君及王世子盟于[首止]。④晉伐蒲,重耳奔翟。又伐虞及虢,虢君奔周。是年秦始得志于諸侯,⑤百里奚、蹇叔爲之輔。楚滅弦。

丁卯[前654年]齊伐鄭。晉伐屈。夷吾奔梁。

戊辰

己巳[前652年]周惠王崩,太子鄭踐位,⑥是謂襄王。太叔作難。齊帥宋、衛、許、曹、陳會王人于洮。⑦晉伐翟,不利于齧桑。

庚午[前651年]齊桓公會宰孔周公及宋、衛、鄭、許、曹之君于葵丘。宋襄公立。晉獻公卒,公子奚齊立,大夫里克及丕鄭殺之,⑧大夫荀息立其弟卓子。

---

① 四庫本無「陳」字。
② 「轅濤塗」,「塗」原作「涂」,據四庫本改。
③ 「蔡」,四庫本作「秦」。
④ 「宋陳」,四庫本作「陳宋」。底本「于」下有闕文,四庫本作「首止」,據補。
⑤ 「年秦」二字,原脱,據四庫本補。
⑥ 「踐」,四庫本作「嗣」。
⑦ 「帥」,四庫本作「師」。「王人」,原作「正人」,據四庫本改。
⑧ 底本「及」後有闕文,四庫本闕文處作「丕鄭」,據補。「丕鄭」二字原脱,據四庫本補。

辛未[前650年]晉里克殺其君卓子及大夫荀息而納夷吾，夷吾入，是謂惠公。惠公既立，殺里克而絶秦。

壬申[前649年]周亂，叔帶以戎伐周，①秦、晉來救。

癸酉[前648年]②

甲戌[前647年]齊桓公會宋、陳、魯、衛、鄭、許、曹之君，盟于鹹。晉饑，秦輸之粟。

乙亥[前646年]秦饑，晉閉之糴，而又伐之。楚滅英。

丙子[前645年]齊桓公會宋、陳、魯、衛、鄭、許、曹之君，盟于牡丘以救徐。管仲卒，易牙專政。

秦伐晉，敗之于韓原，獲其君夷吾。夷吾獻河西地，乃得還，仍以世子圉爲質。

丁丑[前644年]戎攻周，③齊會諸侯師戍周。又會宋、魯、衛、陳、鄭、許、邢、曹之君于淮，④以全鄫。

戊寅[前643年]齊桓公卒，五公子争國，公子無詭立，易牙專政。世子昭出奔宋。

---

① 「戎」，四庫本作「戍」。

② 此年底本無内容，四庫本作「齊使管仲平周難。楚滅黄」。

③ 「戎」，四庫本作「戍」。

④ 四庫本無「衛」字。

己卯［前642年］宋會曹、衛、邾伐齊，殺無詭，①敗四公子，立世子昭，是謂孝侯。狄伐衛。

庚辰［前641年］秦滅梁。

辛巳

壬午［前639年］宋襄公會楚、陳、蔡、鄭、許、曹六國之君于盂，②爲楚所執。楚成王執襄公于會以伐宋，盟而釋之。③

癸未［前638年］齊入王叔帶于周。秦、晉徙陸渾之戎于伊川。宋會衛、許、滕伐鄭，不利。晉公子圉自秦逃歸。楚救鄭，大敗宋師于泓。

甲申［前637年］周頹叔、桃子以狄師伐鄭，遂以狄女隗氏爲后。宋襄公卒，子成公壬臣繼。齊伐宋。楚伐陳。

乙酉［前636年］周襄王廢狄后，頹叔、桃子以狄師攻周，王出居鄭之氾，叔帶代立，與狄后居于温。晉有郤芮之難，惠公卒，世子圉繼，是謂懷公，秦穆公使人殺之，而入公子重耳，是謂文公，趙衰爲原大夫，專政。

丙戌［前635年］秦、晉之師滅王叔帶于温，而納王于成周。王享晉文公于郟，而命益之河内

---

① 「殺無詭」，四庫本作「無詭子」。

② 「盂」，原作「盍」，據四庫本改。

③ 「襄」前，四庫本有「宋」字。「釋」，原作「梓」，據四庫本改。

地。衛文公卒，世子成公鄭繼。楚圍陳，以入頓子。

丁亥[前634年]宋背楚親晉。楚滅夔，伐宋，又伐齊。①

戊子[前633年]齊孝公卒，弟潘父殺世子，代立，是謂昭公。晉救宋，作三軍，楚使子玉伐宋。②

己丑[前632年]周襄王狩于河陽。晉會齊、宋、蔡、秦之師伐衛，大敗楚師于城濮，遂會齊、宋、蔡、鄭、魯、衛之君，盟于踐土。楚救鄭，不利，殺令尹子玉得臣。

庚寅[前631年]晉會王人及諸侯于翟泉。

辛卯[前630年]衛成公自陳如周，周請晉納成公于衛而誅大夫元咺及公子瑕。秦、晉圍鄭。

壬辰[前629年]魯取濟西田。衛徙居帝丘。

癸巳[前628年]晉文公卒，世子歡繼，是謂襄公。

經世之巳二千二百一十四

甲午[前627年]周襄王二十五年。③秦穆公伐鄭，晉敗秦師于殽，獲其帥孟明視、西乞術、白乙丙。魯僖公卒，世子興繼，是謂文公。

---

①「又」，原作「父」，據四庫本改。

②「子玉」，原作「子五」，據四庫本改。

③「二十五年」，「二」原作「一」，據四庫本改。

乙未［前626年］晉歸秦三帥。楚亂，世子商臣弒其君惲，①代立，是謂穆王。
丙申［前625年］秦伐晉，不利于彭衙。②
丁酉［前624年］秦伐晉，取王官。楚伐江，晉師來救。
戊戌［前623年］秦伐西戎，破國十二。楚滅江。
己亥［前622年］晉趙成子衰卒，③子盾繼事。楚滅六。
庚子［前621年］秦穆公卒，世子罃繼，是謂康公。葬穆公，三良爲殉。晉襄公卒。
辛丑［前620年］晉世子夷臯繼，是謂靈公。宋成公卒，④國亂，弟禦殺世子代立，⑤國人殺禦，立公子杵臼，⑥是謂昭公。齊率宋、衛、陳、鄭、許、曹之君會趙盾于扈。
壬寅［前619年］周襄王崩，太子壬臣嗣位，是謂頃王。
癸卯［前618年］周葬襄王。晉會諸侯人救鄭。秦伐晉，取武遂。

① 「弒」，四庫本作「殺」。
② 「彭衙」，原作「彭衛」，據四庫本改。
③ 「趙成子」，「成」原作「襄」，據四庫本改。
④ 「宋」，原作「衛」，據四庫本改。
⑤ 四庫本無「子」字。
⑥ 「立公」，四庫本作「公立」。

甲辰［前617年］晉伐秦，取少梁。秦伐晉，取北徵。①

乙巳［前616年］魯敗狄于鹹，獲其帥喬如。

丙午［前615年］秦伐晉，取羈馬。

丁未［前614年］楚穆王卒，世子莒繼，是謂莊王。

戊申［前613年］周頃王崩，國亂，公卿争權，晉趙盾平周亂而立王子班，是謂匡王。宋及諸侯盟于新城。齊昭公卒，國亂，公子商人殺世子舍，代立，是謂懿公。

己酉［前612年］秦伐蔡。齊伐魯。

庚戌［前611年］齊修郪丘之盟。宋人弑其君昭公，弟鮑立，是謂文公。楚滅庸。

辛亥［前610年］晉會衛、陳、鄭伐宋。

壬子［前609年］魯文公卒于臺下，襄仲殺世子惡而立公子佞，②是謂宣公，三桓專政。秦康公卒，世子稻繼，是謂共公。齊亂，大夫丙歜殺其君懿公，③立公子元，是謂惠公。宋亂，羣公子作難。

---

①「北」，四庫本作「比」。
②「佞」，原作「倐」，據四庫本改。
③「殺」，四庫本作「弑」。

癸丑[前608年]齊取魯濟西。①晉伐鄭。楚侵陳及宋。

甲寅[前607年]周匡王崩，弟瑜立，是謂定王。鄭敗宋師于大棘，獲其太宰華元。晉伐鄭。秦伐晉。晉趙盾弒其君靈公，迎襄公弟黑臀于周，立之，是謂成公。

乙卯[前606年]周葬匡王。楚伐陸渾之戎，遂觀兵于周郊。

丙辰[前605年]鄭亂，公子作難。

丁巳[前604年]晉伐陳以救鄭。秦共公卒，世子稻繼，②是謂桓公。

戊午[前603年]晉趙盾、衛孫免侵陳。

己未[前602年]晉會諸侯于黑壤。

庚申[前601年]晉伐秦。楚滅舒、蓼。

辛酉[前600年]晉侯會宋、衛、陳、鄭于扈，陳不至，遂伐陳。晉成公卒于扈，公子據立，是謂景公。趙盾卒，子朔繼事。

壬戌[前599年]齊歸魯濟西田。齊惠公卒，公子無野繼，③是謂頃公，大夫崔杼奔衛。陳亂，夏徵舒弒其君靈公。晉伐鄭，楚師來救。楚伐鄭，晉師來救。

---

①「西」後，四庫本有「田」字。
②「世子稻繼」，四庫本作「子繼」。
③「繼」，四庫本作「立」。

癸亥[前598年]楚伐陳，誅夏徵舒，納公孫寧、儀行父于陳。①

經世之午二千二百一十五

甲子[前597年]周定王十年。楚伐鄭，大敗晉師于河上。晉屠岸賈作難于下宮，殺趙朔及其族，朔妻匿于公宮，生武。

乙丑[前596年]楚伐宋。

丙寅[前595年]楚圍宋。

丁卯[前594年]周定王殺二伯。晉滅赤狄及潞氏。②

戊辰[前593年]周宣王榭火。③晉滅申氏，又平王室之亂。

己巳[前592年]晉會諸侯之君于斷道。

庚午[前591年]魯宣公卒，世子黑肱繼，是謂成公。晉伐齊。楚莊王卒，世子審繼，是謂共王。

辛未[前590年]周伐茅戎，不利。

---

① 「儀」後，四庫本有「行父」二字。原脱，據四庫本補。
② 「狄」，原作「伏」，據四庫本改。
③ 「周」，原作「楚」，據四庫本改。

壬申［前589年］齊伐衛，①敗魯、衛之師于新築。②晉會諸侯之師救衛，大敗齊師于鞌。③宋文公卒，子瑕繼，是謂共公，華元專國，兩盟于晉、楚。楚會十國之人于蜀。④

癸酉［前588年］晉會宋、衛、魯、曹伐鄭。鄭兩伐許。

甲戌［前587年］晉伐楚，救鄭。

乙亥［前586年］周定王崩，太子夷嗣位，是謂簡王。晉會齊、宋、衛、魯、鄭、曹、邾、杞八國之君，盟于蟲牢。楚伐鄭。

丙子［前585年］楚伐鄭，晉救鄭。是年，壽夢稱王于吴。

丁丑［前584年］晉會齊、宋、魯、衛、曹、邾、莒八國之君于馬陵以救鄭。吴王壽夢始通好中國。

戊寅［前583年］晉殺大夫趙同、趙括。⑤

己卯［前582年］晉會齊、宋、魯、衛、鄭、曹、邾、杞八國之君，盟于蒲。齊頃公卒，子環繼，是謂靈公。晉伐鄭。秦伐晉。楚伐莒，入鄆。

---

① 「伐」後，四庫本有「魯」字。
② 四庫本無「衛」字。
③ 「鞌」，原作「安革」二字，據四庫本改。
④ 「國之人于蜀」五字原脱，據四庫本補。
⑤ 「同趙括」三字原脱，據四庫本補。

庚辰［前581年］晉景公有疾，授世子州蒲位，①是謂厲公。景公卒，程嬰攻屠岸賈［于公宫］，②滅其族，復趙武、趙朔之封邑。程嬰請死。

辛巳［前580年］秦、晉修夾河之盟。③

壬午［前579年］晉、楚同盟于宋。晉敗狄于交剛。④

癸未［前578年］魯成公朝于周。晉會齊、宋、魯、衛、鄭、曹、邾、滕八國之師，⑤伐秦，敗之于麻遂。

甲申［前577年］秦桓公卒，子景公繼。⑥

乙酉［前576年］晉會諸侯之君于戚。宋共公卒，國亂，大司馬唐山殺世子肥，右師華元、左師魚石誅唐山，⑦而立公子成，是謂平公。楚遷許于葉。⑧吳大會諸侯之君于鍾離。

---

① 「授世子」三字原脱，據四庫本補。
② 「于公宫」三字原脱，據四庫本補。
③ 「夾河之盟」四字原脱，據四庫本補。
④ 「宋晉」二字原脱，據四庫本補。「宋」屬上讀，「晉」屬下讀。
⑤ 「晉會」二字原脱，據四庫本補。
⑥ 「公繼」二字原脱，據四庫本補。
⑦ 「左」，原作「右」，「魚石」，原作「子魚」，據四庫本改。
⑧ 「葉」，原作「業」，據四庫本改。

丙戌[前575年]晉伐鄭，大敗楚師于鄢陵。①楚救鄭，不克，矢中王目，誅令尹側。

丁亥[前574年]晉會諸侯，盟于柯陵。是年，晉殺三郤。

戊子[前573年]晉亂，欒書弒其君厲公，迎公子周于周，立之，是謂悼公。魯成公卒，子午繼，是謂襄公。楚會鄭伐宋，入彭城。②晉侯會宋公、魯仲孫蔑、衛侯、邾子、齊崔杼，同盟于虛朾。③

己丑[前572年]周簡王崩，太子泄心嗣位，是謂靈王。晉會諸侯之師伐宋，圍彭城。

庚寅[前571年]周葬簡王。晉伐鄭，會諸侯之師于戚，以城虎牢。

辛卯[前570年]晉會八國之君，盟于雞澤。楚伐吴，至于衡山。

壬辰[前569年]晉用魏絳。楚伐陳。

癸巳[前568年]晉會諸國之師于戚城，④又救陳。吴會魯、衛之君于善道。

經世之未二千二百一十六

甲午[前567年]周靈王五年。

---

① 「鄢」，原作「鄂」，據四庫本改。

② 四庫本無「入」字。

③ 「虛朾」，原作「虛杅」，據四庫本改。

④ 「國」，四庫本作「侯」。

乙未[前566年]晉會七國之君于鄬。
丙申[前565年]晉會諸國之君于邢丘。鄭子駟殺羣公子。
丁酉[前564年]秦伐晉。晉會十一國之君伐鄭，楚亦伐鄭。鄭兩盟晉、楚。
戊戌[前563年]晉率十一國之君會吴壽夢于柤，①以滅偪陽。②又會十一國之師伐鄭，又伐秦。楚伐宋，又救鄭。
己亥[前562年]晉兩會十一國之師伐鄭，賜魏絳食采安邑。秦伐晉，救鄭。魯三桓分軍。楚伐鄭，又伐宋。
庚子[前561年]楚會秦伐宋。吴壽夢卒，長子諸樊繼。
辛丑[前560年]楚共王卒，③子昭廢世子，代立，是謂康王。吴伐楚，不利。
壬寅[前559年]晉率齊、宋、魯、衛、鄭、曹、莒、邾、滕、薛、杞、小邾十二國之君，會吴諸樊于向，④又會諸侯之師伐秦。衛亂，孫林父、甯殖作難，⑤衛侯出奔齊。楚伐吴，有功。

①「柤」，原作「租」，據四庫本改。
②「偪陽」，原作「逼陽」，據四庫本改。
③「王」，原作「公」，據四庫本改。
④「向」，原作「衛」，據四庫本改。
⑤「甯殖」，原作「甯桓」，據四庫本改。

癸卯［前558年］晉悼公卒，子彪繼，是謂平公。

甲辰［前557年］晉侯會宋、魯、衛、鄭、曹、莒、邾、薛、杞、小邾十國之君，盟于溴梁，①執莒子、邾子以歸。又伐楚，至于方城。

乙巳

丙午［前555年］晉用范、中行，會宋、衛、魯、鄭、曹、莒、邾、滕、杞、小邾十一國之師伐齊，②敗之于靡下，進圍臨淄，齊靈公奔莒。

丁未［前554年］齊廢世子光，以公子牙爲世子，崔杼復廢牙，立光爲世子。靈公卒，光繼，是謂莊公，崔杼當國。鄭簡公誅大夫子孔，③以子産當國。

戊申［前553年］晉侯會十二國之君，④盟于澶淵。

己酉［前552年］晉侯會八國諸侯，盟于商壬。欒盈奔楚。

庚戌［前551年］晉會十一國之君，盟于沙隨。楚殺令尹子南。晉欒盈自楚適齊。

辛亥［前550年］欒盈自齊復入于晉，不克，死。范、中行滅欒氏之族。齊伐晉，取朝歌。

---

① 「溴梁」，「溴」原作「大」，四庫本作「溴」，據《左傳》襄十六年改。
② 「滕」後，四庫本有「薛」字。
③ 「子孔」，原作「子札」，據四庫本改。
④ 「十二」，原作「十一」，據四庫本改。

壬子[前549年]晉會十一國之君于夷儀。楚伐吴，又會諸侯伐鄭。①

癸丑[前548年]齊亂，崔子弑其君莊公，②立異母弟杵臼，是謂景公，崔杼爲右相，慶封爲左相。晉敗齊師于高唐。③楚會陳伐鄭及滅舒鳩。吴伐楚，不利，諸樊死，弟餘祭立，封季札于延陵。

甲寅[前547年]衛亂，甯喜、孫林父争權，林父不勝，奔晉，甯喜弑其君剽。晉執甯喜，求衛侯于齊而納之，④封林父于宿。齊慶封夷崔杼族而專國。鄭封子産六邑。⑤楚會陳、蔡伐鄭。

乙卯[前546年]晉用趙武爲正卿，是謂文子，與韓宣子起、魏武子絳同執國命，⑥會諸侯大夫于宋。⑦衛誅甯喜。晉、楚、齊、秦同會于宋，⑧從向戌之請，將弭兵也。⑨

丙辰[前545年]周靈王崩，太子貴嗣位，是謂景王。齊慶封弛政，其子舍及田、鮑、高、欒之徒逐

---

①「會諸侯」三字，原在「楚」後，據四庫本改。
②「子」，四庫本作「杼」。
③「唐」，四庫本作「堂」。
④「侯于」原作「公子」，據四庫本改。
⑤「鄭」，據四庫本補。
⑥「國命」二字原脱，據四庫本補。
⑦「侯」後，四庫本有「之」字。
⑧「會」下原有「兵」字，據四庫本删。
⑨「也」，原誤作「步」，據四庫本改。

之，慶封奔魯，又適吴。楚康王卒，世子麇繼，是謂郟敖。

丁巳［前544年］晉智伯會十國諸侯人城杞。①楚用叔圍爲令尹。吴亂，餘祭遇弑，②弟餘昧立。

季札使魯、齊、鄭、晉。

戊午［前543年］蔡亂，世子弑其君，代立。鄭亂，羣公子争寵。宋災。晉會諸侯人于澶淵。③

己未［前542年］魯襄公卒，世子又卒，④國人立齊歸之子禂，⑤是謂昭公，季武子專政。⑥

庚申［前541年］晉趙武會諸國之大夫于虢。⑦楚亂，令尹圍弑其君麇，代立，是謂靈王，公子比奔晉，薳罷爲令尹。

辛酉［前540年］晉韓宣子起使魯。

壬戌［前539年］魯昭公朝晉。齊晏嬰使晉。鄭伯朝晉，⑧又朝楚。

---

①「人」，四庫本作「入」。
②「遇弑」，原作「過蔡」，據四庫本改。
③「人于澶淵」四字原脱，據四庫本補。
④「公卒世子又」五字原脱，據四庫本補。「公卒」屬上讀，「世子又」屬下讀。
⑤「禂」，原作「惆」，四庫本作「裯」，據《左傳》襄公三十一年改。
⑥「子專政」三字原脱，據四庫本補。
⑦「國」，四庫本作「侯」。
⑧「伯」，原作「侯」，據四庫本改。

癸亥[前538年]楚會十一國之君于申，執徐子于會，又會七國諸侯師伐吴之朱方以誅齊慶封。①吴拔楚三邑。

經世之申二千二百一十七

甲子[前537年]周景王八年。楚會諸侯伐吴。秦景公卒，世子繼，是謂哀公。

乙丑[前536年]齊北伐燕。楚東伐吴，吴敗楚師于乾谿。②

丙寅[前535年]楚起章華臺。③

丁卯[前534年]楚滅陳，執其公子招，放之于越。

戊辰

己巳[前532年]晉平公卒，世子夷繼，是謂昭公。④齊陳、鮑逐欒、高氏于魯，⑤分其室。

庚午[前531年]晉韓起會齊、宋、魯、衛、鄭、曹、杞之大夫于厥慭。⑥楚誘蔡侯于申，殺之，公子棄疾滅蔡，守之，執其世子有歸，用之。

① 四庫本無「師」字。「朱方」二字原脱，據四庫本補。
② 四庫本無「吴」字。
③ 「起章華臺」四字原脱，據四庫本補。
④ 「昭」，原作「元」，據四庫本改。後同。
⑤ 「魯」，原作「晉」，據四庫本改。
⑥ 「之」，原作「邾」，據四庫本改。

辛未［前530年］魯朝晉。楚伐徐。

壬申［前529年］晉昭公會齊、衛、鄭、曹、莒、邾、滕、薛、杞、小邾之君，盟于平丘，①魯不得與，執季孫意如以歸。楚公子比自晉歸，弒其君于乾谿。公子棄疾自蔡入，殺比代立，是謂平王。釋陳、蔡二君歸國。吴滅州來。

癸酉［前528年］楚復諸侯侵地，觀從用政。

甲戌［前527年］晉伐鮮虞。楚費無忌爲太子建逆婦于秦。吴餘昧卒，季札逃，國人立餘昧子僚。

乙亥［前526年］晉昭公卒，子去疾立，是謂頃公。楚誘戎蠻子，殺之。

丙子［前525年］晉滅陸渾之戎。吴伐楚。

丁丑［前524年］周鑄大錢。宋、衛、陳、鄭災。②楚遷許于白羽。

戊寅［前523年］楚用費無忌專政，放太子建于城父。

己卯［前522年］齊景公與大夫晏嬰入魯，問禮。宋有華氏之難，大夫華亥、華定、向寧奔陳。楚世子建自城父奔宋，又適鄭，又適晉。其傅伍奢及其一子死于楚，子員奔吴。③

① 「平」，原作「靈」，據四庫本改。
② 「災」，原作「吴」，據四庫本改。
③ 自「其傅伍奢」至句末，四庫本作「楚殺其傅伍奢及其子尚，伍員奔吴」。

庚辰［前521年］宋華亥、華定、向寧入宋南里，叛。

辛巳［前520年］周景王崩，葬景王，王室亂，三王子争國，國人立猛，是謂悼王。王子朝殺猛，代立，晉逐朝而入丐，是謂敬王。宋華亥、華定、向寧奔楚。楚世子建及晉師襲鄭，①不克，死，其子勝奔吴。

壬午［前519年］召氏、尹氏入王子朝于成周，單子、劉子以王出居狄泉。②楚徙都鄂，囊瓦子常爲令尹。吴伐楚，敗陳、蔡、頓、胡、沈之師于雞父，滅胡、沈，獲陳夏齧，楚建之子勝啓之也。

癸未［前518年］楚城郢。吴公子光伐楚，拔巢及鍾離，二女争桑故也。③

甲申［前517年］魯有三桓之難，④昭公奔齊，齊景公唁之于野井。晉趙鞅會宋、魯、衛、曹、邾、滕、薛、小邾之人于黄父。⑤

乙酉［前516年］晉趙鞅會諸侯之師，入王于成周，召、尹二氏之族以王子朝奔楚。楚平王卒，世

① 四庫本無「楚」字。
② 「居」，四庫本作「奔」。
③ 「女」，四庫本作「子」。
④ 「三桓」，四庫本作「二王」。
⑤ 「黄」，四庫本作「冀」。

子珍繼，①是謂昭王。

丙戌[前515年]晉韓、趙、魏三家大滅公族祁氏、羊舌氏，分其地。②楚令尹子常殺費無忌。③吴季札使晉。公子光弑其君僚，代立，是謂闔廬，專諸、伍員爲相。

丁亥[前514年]魯昭公自鄆如晉，次于乾侯。楚大夫伯嚭奔吴。

戊子

己丑[前512年]晉頃公卒，世子午繼，是謂定公。④吴滅徐以侵楚。

庚寅[前511年]晉定公使大夫荀躒納魯昭公，不克。吴伐楚，拔舒。

辛卯[前510年]晉韓不信會齊、宋、魯、衛、曹、鄭、莒、薛、杞、小邾之師，⑤城成周。魯昭公卒于乾侯，三桓立其弟宋，是謂定公。吴伐越。

壬辰[前509年]晉人執宋仲幾于京師。楚令尹子常敗吴師于豫章。

癸巳[前508年]吴敗楚師于豫章。

① 「珍」，四庫本作「軫」。
② 「分」，原作「外」，據四庫本改。
③ 「殺」，四庫本作「誅」。
④ 「公」，原作「侯」，據四庫本改。
⑤ 四庫本無「衛」字。「鄭」字據四庫本補。「杞」原作「祀」，據四庫本改。

經世之酉二千二百一十八

甲午［前507年］周敬王十三年。

乙未［前506年］晉定公會劉子宋、蔡、魯、衛、陳、鄭、許、曹、莒、邾、頓、胡、滕、薛、杞、小邾之君及齊大夫于召陵，①以伐楚。楚昭王北伐蔡。②吴師入郢，令尹子常奔鄭，昭王奔鄖，又奔隨，使申包胥求救于秦。許徙居容城。吴王闔廬敗楚師于柏舉，五戰及郢，遂入其國，燒其宫，平其基，③伍子胥啓之也。④

丙申［前505年］魯陽虎囚季桓子。⑤秦救楚，敗吴師于稷。楚昭王自鄖復歸于郢，封吴夫概于堂谿。越乘虚破吴，入其國。吴王弟夫概自堂谿亡歸，代立，闔廬逐夫概，概奔楚。

丁酉［前504年］周有儋翩之難，王出居姑蕕。⑥楚去郢，復都鄀。鄭滅許。

戊戌［前503年］晉師入周敬王于成周。齊取鄆爲陽虎邑。

① 「劉子」二字，據四庫本補。
② 「王」，四庫本作「公」。
③ 「基」，四庫本作「墓」。
④ 「啓」，四庫本作「爲」。
⑤ 「魯陽虎囚季桓子」，四庫本作「魯陽貨囚季氏」。
⑥ 「蕕」，四庫本作「猶」。

己亥[前502年]魯有陽虎之難，攻三桓，不克，竊寶玉、大弓走陽關。①

庚子[前501年]秦哀公卒，子惠公繼。

辛丑[前500年]魯以孔丘爲司寇，從定公會齊景公于夾谷。齊復魯侵地，晏嬰在會。

壬寅[前499年]宋公之弟辰及大夫仲佗、石彄、公子地自陳入于蕭以叛。②鄭子産卒。

癸卯[前498年]孔子去魯，適衛。

甲辰[前497]魯孔子在衛。晉六卿相攻。

乙巳[前496年]衛世子蒯聵奔宋。魯孔子自衛之宋，又如陳。楚會吳伐陳，滅頓。吳王闔廬伐越，不利，死，子夫差立，以伯嚭爲太宰。是年，於越勾踐敗吳師于檇李，③稱王于會稽。

丙午[前495年]魯定公卒，子蔣繼，是謂哀公。楚滅胡。

丁未[前494年]晉趙鞅圍范、中行氏于朝歌，中行走邯鄲。楚會陳、隨、許圍蔡。吳敗越于夫椒，伏而釋之。越王勾踐伐吳不利，使大夫文種行成委質以臣妾，遂棲于會稽。

戊申[前493年]衛靈公卒，其孫輒立。晉趙鞅會陽虎，以師入衛世子蒯聵，不克，居之于戚城。魯孔子復過宋。楚伐蔡。吳徙蔡于州來。於越范蠡歸國。

---

①「關」，原作「開」，據四庫本改。
②「佗」，四庫本作「陀」。
③「於越」，原作「放越」，據四庫本改。後同。

己酉［前492年］秦惠公卒，子悼公繼。魯孔子在陳。

庚戌［前491年］魯孔子之蔡。

辛亥［前490年］齊伐宋。晉伐衛。齊景公卒，子荼繼，是謂孺子。晉韓、趙、魏敗范、中行氏于邯鄲。

壬子［前489年］齊亂，田乞弑其君孺子，迎公子陽生于魯，而立之，是謂悼公。高昭子死，國惠子奔莒。魯孔子復至陳。楚昭王救陳，軍于城父，卒丁師，世子章繼，是謂惠王。吴伐陳。魯伐邾。宋伐曹。

癸丑［前488年］吴會魯于鄫，以伐齊，徵百牢于魯。

甲寅［前487年］宋滅曹。楚令尹子西召平王世子建之子勝于吴，以爲巢大夫，號白公。吴伐魯，盟于城下而還。

乙卯［前486年］宋伐鄭。楚伐陳。吴伐齊。

丙辰［前485年］齊田乞卒，子常繼事，是謂成子。齊亂，鮑子弑其君悼公，立其子壬，是謂簡公，田常專國。魯孔子自陳復至于衛。楚伐陳。吴會魯伐齊，以救陳，殺大夫伍員。

丁巳［前484年］孔子自衛返魯。子貢使齊及吴、越、晉。齊伐魯，吴救魯，敗齊師于艾陵。越伐吴。①

戊午［前483年］楚白公勝復奔吴，子西復召之。吴會魯、衛之君于橐皋，移兵攻晉。

己未［前482年］晉定公及諸侯會吴夫差于黄池。越伐吴，入其郛，執其世子友而還。

庚申［前481年］魯西狩獲麟。齊田常殺相闞止及弑其君簡公于舒州，②立其弟鷔，是謂平公，割安平以東自爲湯邑。③孔子于魯請討，④不克。秦悼公卒，子厲公繼。晉伐鄭。宋桓魋出奔衛，又奔齊。楚巢大夫白公勝殺令尹子西，逐其君，代立。

辛酉［前480年］魯使子服景伯使齊，子貢爲介，齊歸魯侵地。衛世子蒯聵自戚入，是謂莊公。輒出奔魯。楚葉公以兵入誅白公，而迎章復位，滅陳而縣之。

壬戌［前479年］魯孔子卒。

癸亥［前478年］晉伐衛，莊公出奔，國人立公子班師。齊伐衛，執班師而立公子起。越敗吴師于笠澤。

經世之戌二千二百一十九

---

① 「伐」，四庫本作「朝」。
② 「舒州」，原作「徐州」，據四庫本改。
③ 「湯」，四庫本作「封」。
④ 四庫本無「于魯」二字。

甲子[前477年]周敬王四十三年。衛石圃逐其君起,①而迎輒復位,起奔齊。

乙丑[前476年]周敬王崩,太子嗣位,是謂元王。齊田常卒,子盤繼事,是謂襄子。吴會齊、晉之師伐楚。越伐吴。

丙寅[前475年]晉定公卒,子鑿繼之。知伯伐鄭,取九邑。越人伐吴。

丁卯[前474年]越伐吴,圍其國。

戊辰[前473年]越滅吴,破姑蘇,②殺其王并其大夫,北會諸侯于徐州,③致貢于周,太宰范蠡辭禄游五湖,殺大夫文種,遂兼有吴地。

己巳

庚午

辛未[前470年]周元王崩,太子介嗣位,是謂貞定王。

壬申

癸酉[前468年]魯季康子卒,三桓作難,弑其君哀公,立其子寧,是謂悼公。

甲戌

① 「石圃」,原作「石國」,據四庫本改。
② 「破」,原作「被」,據四庫本改。
③ 四庫無「州」字。

乙亥
丙子
丁丑［前464年］晉伐鄭。
戊寅
己卯
庚辰［前461年］秦伐大荔。
辛巳
壬午
癸未［前458年］晉趙簡子鞅卒，子毋卹繼事，①是謂襄子，同智伯、韓康子、魏桓子滅范、中行氏，②四分其地及逐其君，立公孫驕，是謂哀公。秦取晉武城。
甲申［前457年］晉伐秦，復武城。
乙酉［前456年］齊平公卒，子積繼，是謂靈公。晉智伯及韓、魏二家兵攻趙襄子于晉陽。
丙戌［前455年］晉三家兵圍晉陽。

① 「子毋卹繼事」，四庫本作「子母卹繼」。
② 「智」，四庫本作「知」。

丁亥[前454年]晉韓康子、魏桓子復合趙襄子之兵攻智伯，滅之于晉陽，三分其地。齊田盤卒，子白繼事，是謂莊子。

戊子

己丑

庚寅

辛卯

壬辰

癸巳

經世之亥二千二百二十

甲午[前447年]周貞定王二十三年。楚滅蔡。

乙未[前446年]秦厲公卒，子躁公繼。

丙申[前445年]秦伐義渠，虜其王以歸。①楚滅杞，東開地至泗上。

丁酉

戊戌

---

①「虜」，四庫本作「獲」。

己亥［前442年］周貞定王崩，太子去疾嗣位，是謂哀王，王叔襲殺哀王，①代立，是謂思王。
庚子［前441年］周亂，弟少嵬殺其王叔，代立，是謂考王。
辛丑［前440年］晉哀公卒，②子柳繼，是謂幽公，公室止有絳及曲沃。
壬寅
癸卯
甲辰
乙巳
丙午
丁未
戊申
己酉［前432年］秦躁公卒，弟懷公立。③楚惠王卒，子中繼，是謂簡王。
庚戌［前431年］魯悼公卒，子元公繼。楚滅莒。
辛亥

① 「王」，原作「三」，據四庫本改。
② 「卒」，四庫本作「疾」。
③ 「公」，四庫本作「王」。

壬子
癸丑[前428年]秦庶長鼂弒其君懷公，立躁公孫，是謂靈公。
甲寅
乙卯[前426年]周考王崩，太子午嗣位，是謂威烈王。河南惠公封其少子于鞏，稱東周君。
丙辰[前425年]晉趙襄子卒，兄之子浣繼事，是謂獻子，治中牟。襄子弟桓子逐獻子，代立。韓康子卒，子武子繼事。魏桓子卒，子斯繼事，是謂文侯。
丁巳[前424年]趙桓子卒，國人殺其子而迎獻子復位。
戊午[前423年]秦攻魏少梁。
己未[前422年]秦作上下畤。
庚申
辛酉[前420年]魏文侯殺晉幽公，立其弟止，是謂烈公。
壬戌
癸亥

邵雍全集

[宋] 邵雍 著

郭彧 于天寶 點校

貳

上海古籍出版社

皇極經世卷第六

以運經世之七　觀物篇之三十一

經元之甲一
經會之午七
經運之己一百八十六
經世之子二千二百二十一
　經世之子二千二百二十一
甲子［前417年］周威烈王九年，魏城少梁。
乙丑［前416年］秦靈公卒，季父立，是謂簡公。
丙寅
丁卯［前414年］魏伐秦。韓伐鄭。
戊辰［前413年］齊伐晉。魏伐中山。
己巳

庚午［前411年］齊田莊子卒，子太公和繼。趙城平城。

辛未［前410年］魯元公卒，子顯繼，是謂穆公。

壬申［前409年］晉韓武子卒，子景侯虔繼。趙獻子卒，子烈侯藉繼。魏伐秦。

癸酉［前408年］韓伐鄭，取雍丘。魏滅中山。楚簡王卒，子當繼，是謂聲王。

甲戌［前407年］鄭伐韓，取負黍。

乙亥［前406年］宋昭公卒，子悼公購繼。趙以白公仲爲相。①

丙子［前405年］齊宣公卒，子康公貸繼，田會以廩丘叛。②

丁丑

戊寅［前403年］晉韓、趙、魏求爲諸侯于周。

己卯［前402年］周威烈王崩，太子驕嗣位，是謂安王。楚聲王遇盜卒，子疑立，是謂悼王。

庚辰［前401年］秦攻魏陽狐。③

辛巳［前400年］秦簡公卒，子惠公繼。韓景侯卒，子烈侯繼。趙烈侯卒，弟武侯立。魏文侯以

① 「白」，四庫本作「田」。

② 「廩丘」，原作「廩兵」，據四庫本改。

③ 「陽狐」，原作「陽孤」，據四庫本改。

卜子夏、段干木爲師，西門豹爲將守鄴，吴起爲將守西河，魏成子爲相，①樂羊爲將，同韓、趙伐楚，②至于乘丘。

壬午

癸未

甲申［前397年］韓，盗殺相俠累。

乙酉

丙戌［前395年］晉烈公卒，子孝公繼。

丁亥

戊子［前393年］魏伐鄭，城酸棗，又敗秦軍于注。③楚伐韓，取負黍。

己丑

庚寅［前391年］齊田和徙其君康公于海上，食一城。秦伐韓宜陽，取六邑。④韓、趙大敗楚師于大梁。

---

① 「魏」，四庫本作「田」。
② 「伐」，底本原作「代」，據四庫本改。
③ 「于」，底本不清楚，據四庫本補。
④ 「取六邑」，四庫本作「拔六城」。

辛卯[前390年]魯伐齊于平陸。①齊伐魏，取襄陵。

壬辰[前389年]秦伐魏陰晉。②

癸巳[前388年]齊田和會魏文侯于濁澤，求爲諸侯。魏請于周及諸侯，皆許之。

經世之丑二千二百二十二

甲午[前387年]周安王十五年。秦惠公卒，子出公繼。③韓烈侯卒，子文侯繼。魏文侯卒，子武侯繼。趙武侯卒，烈侯子敬侯繼。④

乙未[前386年]田和稱諸侯于齊，列于周紀。魏攻趙邯鄲。

丙申[前385年]韓伐鄭，取陽城，伐宋，執宋公于彭城。魏城安邑及王垣。趙破齊師于靈丘。⑤齊太公和卒，子桓公午繼。秦庶長改殺出公及其母，⑥迎靈公之子于河西，⑦立之，是謂獻公。

---

①「伐」，四庫本作「敗」。

②「陰」，四庫本作「侵」。

③「子出公」，四庫本作「出子悼公」。

④「烈侯」，據四庫本補。

⑤四庫本無「師」字。

⑥「公」，四庫本作「子」。

⑦「河西」，「西」原作「上」，據四庫本改。

丁酉［前384年］趙破齊師于廩丘。
戊戌［前383年］魏敗趙師于兔臺。
己亥［前382年］齊、魏以衛伐趙，取剛平。
庚子［前381年］趙會楚伐魏，取棘蒲。楚悼王卒，宗室作亂，殺吴起，①王子繼，是謂肅王，②誅害吴起者七十餘家。③
辛丑［前380年］齊伐燕，取桑丘。
壬寅［前379年］齊康公死于海上。齊桓侯卒，子因齊立，是謂威王。
癸卯［前378年］晉孝公卒，子静公俱酒繼。韓、趙、魏伐齊，至于靈丘。
甲辰［前377年］韓文侯卒，子哀侯繼。趙攻中山，戰于房子。魯穆公卒，子共公繼。
乙巳［前376年］周安王崩，太子喜嗣位，是謂烈王。魏武侯、韓哀侯、趙敬侯同滅晉而三分其地，以静公爲家人，食端氏一城。
丙午［前375年］韓滅鄭，徙都之。趙敬侯卒，子成侯繼。宋休公卒，子辟公繼。
丁未

---

① 「宗室作亂殺吴起」，四庫本作「盜殺相吴起」。
② 「肅王」，「肅」原作「簡」，據四庫本改。
③ 「七十餘」，原作「十七」，據四庫本改。

戊申［前373年］魯伐齊，入陽關。趙伐齊，至博陵。

己酉［前372年］魏拔齊薛陵，攻趙北藺。趙拔衛鄉邑七十三。①宋辟公卒，子剔成繼。

庚戌［前371年］韓嚴弑其君哀侯，立其子懿侯。魏武侯卒，公子爭國，趙伐魏，立公子罃，是謂惠王。趙敗秦軍于鄗安。

辛亥［前370年］趙伐齊取甄，②魏敗趙師于覃懷。齊威王烹阿大夫，封即墨大夫萬家。楚肅王卒，弟良夫繼，是謂宣王。

壬子［前369年］周烈王崩，弟扁嗣位，是謂顯王。齊西敗趙、魏之師于濁澤。趙輸長城。③魏入觀齊。魏敗韓師于馬陵。

癸丑［前368年］韓、魏及周一。④

甲寅［前367年］趙、韓分周爲二。

乙卯［前366年］魏會趙攻秦，不利于宅陽。⑤

---

① 「衛」，原作「魏」，四庫本同，據《史記》卷四三《趙世家》改。

② 「取甄」，四庫本作「至鄄」。

③ 「輸長城」三字原脱，據四庫本補。

④ 「及周一」，四庫本作「攻周」。

⑤ 「宅」，四庫本作「洛」。

丙辰［前365年］齊攻秦，不利于石門。魏伐宋，取儀臺。
丁巳［前364年］周顯王西賀秦獻公。魏與秦會于杜平。
戊午
己未［前362年］秦獻公卒，子孝公繼，敗魏師于少梁。魏敗韓師于澮。
庚申［前361年］魏拔趙皮牢。
辛酉［前360年］周致文武胙于秦孝公。①東周君惠公卒，子傑繼。韓、趙、魏伐齊。
壬戌［前359年］秦用衛鞅。韓懿侯卒，子昭侯繼。
癸亥

經世之寅二千二百二十三

甲子［前357年］周顯王十二年。宋取韓黄池。齊封騶忌爲成侯。
乙丑［前356年］趙會燕于河上，會齊于平陸。魯、衛、宋、鄭朝魏。
丙寅［前355年］魯共公卒，子康公繼。齊會趙于郊，會魏于平陸，會秦于杜平。
丁卯［前354年］秦敗魏師于元里，取少梁。魏圍趙邯鄲。

---

① 四庫本無「周」字。

戊辰［前353年］韓攻東周君，取陵觀及邢丘。齊田忌、孫臏救趙，敗魏師于桂陵。①是年，齊始稱王。

己巳［前352年］秦大良造衛鞅會韓、趙之師圍魏襄陵。

庚午［前351年］韓用申不害爲相。秦、趙伐魏，魏歸趙邯鄲，盟于漳水之上。

辛未［前350年］趙成侯卒，世子繼，是謂肅侯。秦開阡陌，大築冀闕于咸陽，②自雍徙都之。

壬申

癸酉［前348年］趙奪晉君端氏，徙之屯留。秦初爲賦。

甲戌

乙亥［前346年］魯康公卒，子景公繼。

丙子

丁丑

戊寅［前343年］周顯王錫秦孝公，命爲伯。齊威王卒，子宣王辟彊繼。

己卯［前342年］諸侯西賀秦。

① 四庫本無「師」字。

② 「冀闕」，「闕」原作「室」，據四庫本改。

庚辰[前341年]齊救韓、趙，①田忌、田嬰、孫臏大敗魏師于馬陵，獲將龐涓及世子申。

辛巳[前340年]楚宣王卒，子威王繼。秦奪魏河西七百里。魏去安邑，徙都大梁。

壬午

癸未[前338年]秦孝公卒，子惠文君繼，是謂惠王。商鞅奔魏，魏不受，復入于秦。②

甲申[前337年]秦惠文君夷商鞅族。蘇秦入秦，不受。③

乙酉[前336年]周顯王西賀秦。孟軻爲魏卿。

丙戌[前335年]秦拔韓宜陽。魏惠王卒，子襄王繼。齊宣王會魏襄王于鄄。

丁亥[前334年]蘇秦會趙、燕、韓、魏、齊、楚六國之師，盟于洹水之上以攻秦，至于函谷。韓作高門。是年，楚滅越，獲其王無彊，盡取其地，東開地至浙江。魏始稱王。齊田嬰爲相。④

戊子[前333年]燕文公卒，子易王立。韓昭侯卒，子惠王立。楚敗齊師于徐州。齊田嬰詐楚，故不利。

己丑[前332年]齊會魏伐趙，又伐燕，取十城。

---

① 「齊」後，四庫本有「人」字。四庫本無「趙」字。
② 四庫本無「復」字。
③ 「不」前，四庫本有「秦」。
④ 四庫本無「齊」字。

庚寅［前331年］秦伐魏。

辛卯［前330年］宋亂，公弟偃弒其君，代立，是謂元王。

壬辰［前329年］楚威王卒，子懷王槐繼。魏伐楚，取陘山。秦伐魏，取汾陰。

癸巳［前328年］秦用張儀爲相。陳軫適楚。楚滅蜀。魏輸秦上郡。

經世之卯二千二百二十四

甲午［前327年］周顯王四十二年。齊會魏攻韓之桑丘。

乙未［前326年］趙肅侯卒，子定繼，是謂武靈王。齊用孟軻爲上卿。

丙申［前325年］孟軻去齊。

丁酉［前324年］秦始稱王。齊宣王卒，子湣王地繼。秦築上郡塞。

戊戌［前323年］韓、燕稱王。楚破魏襄陵，八城，①移兵攻齊。秦張儀會齊、楚，執政于齧桑。

己亥［前322年］秦張儀出相魏。燕會韓、魏二君于區鼠。

庚子［前321年］周顯王崩，子定嗣位，是謂慎靚王。是年，趙始稱王。齊封田嬰于薛。盜殺蘇秦于齊，蘇代復相燕。燕易王卒，②子噲繼，子之專國。蘇代使齊。

---

① 「八」，四庫本作「入」。

② 四庫本無「易」字。

辛丑［前320年］宋伐楚，取地三百里，始稱王。秦、齊交婚。

壬寅［前319年］魏襄王卒，子哀王繼。張儀復相。①

癸卯［前318年］楚會齊、趙、韓、魏、燕攻秦，不利，齊獨後。秦樗里疾大敗六國之師，獲將申差及韓、魏二公子。

甲辰［前317年］齊敗魏師于觀津，與秦争雄雌。魯景公卒，子平公繼。秦敗韓師于濁澤，韓請割名都［一以助伐楚，既而背之］，②秦又伐韓，敗韓師于岸門，楚救不至。燕王噲以國屬子之。

乙巳［前316年］齊伐燕。秦伐趙，拔中都及西陽。

丙午［前315年］周慎靚王崩，子延繼，是謂赧王，稱西周君。秦拔義渠二十五城，又取韓之石章。

丁未［前314年］楚、齊和親。燕亂，將市被攻子之不克，反攻世子，又不克，死。

戊申［前313年］楚攻秦，不利。秦伐齊，楚救不至。秦張儀紿楚，③樗里疾攻趙。

己酉［前312年］楚懷王大伐秦，不利，又伐，又不利。秦庶長魏章會齊、韓之師大敗楚師于藍田，

---

①「相」後，四庫本有「秦」字。

②「一以助伐楚既而背之」九字原脱，據四庫本補。

③「紿」，四庫本作「結」。

又敗之于丹水之陽，獲其將屈丐，遂取漢中地，置黔中郡。韓宣王卒，世子蒼繼，是謂襄王。齊以五都兵攻燕。燕亂，國人立太子平，是謂昭王。

庚戌［前311年］楚屈原使齊。秦張儀使楚，會楚、齊、韓、趙、魏、燕六國西事秦，至咸陽而秦惠王卒，世子武王繼。①燕起金臺，以禮郭隗，樂毅自魏往，②鄒衍自齊至，劇辛自趙至。

辛亥［前310年］秦會魏于臨晉，張儀、魏章適魏，③樗里疾、甘茂爲相。

壬子［前309年］楚合齊以善韓。

癸丑［前308年］秦武王會魏哀王于應，會韓襄王于臨晉。

甲寅［前307年］東、西二周君相攻。楚圍韓之雍氏。④秦甘茂拔韓之宜陽，武王舉周鼎，絶臏而死，⑤國人迎母弟稷于趙而立之，是謂昭襄王，太后臨朝稱制，魏冉專政。趙武靈王改用胡服。

乙卯［前306年］秦復韓武遂，嚴君疾、向壽爲相，甘茂適魏。

① 四庫本無「世」字。
② 「往」，四庫本作「至」。
③ 「魏」，四庫本作「衛」。
④ 「氏」，四庫本作「邱」。
⑤ 「臏」，四庫本作「脈」。

丙辰［前305年］楚絶齊以善秦。
丁巳［前304年］秦昭襄王會楚懷王于黄棘，①復之上庸。
戊午［前303年］齊、韓、魏攻楚，楚求救于秦。魯平公卒，子文公賈繼。秦取韓武遂，拔魏蒲坂。
己未［前302年］秦復魏蒲坂，會韓于武遂。
庚申［前301年］楚伐秦，不利。秦昭襄王會齊、韓、魏伐楚，敗之于重丘。
辛酉［前300年］齊孟嘗君入秦爲質。
壬戌［前299年］楚懷王放大夫屈原于江濱，與秦昭襄王會于武關，不復，國人迎太子横于齊而立之，是謂頃襄王，其弟子蘭爲令尹。齊歸秦涇陽君，孟嘗君自秦逃歸。秦會齊、魏伐楚，取八城。趙拔燕中山，攘地北至代，②西至九原。③
癸亥［前298年］齊會韓、魏伐秦，至于函谷。秦伐楚，取十六城。趙武靈王稱主父，會群臣于東宫，廢太子章而授庶子何位，④是謂惠文王，以肥義爲之相。北略地，南入秦，稱使者。

經世之辰二千二百二十五

① 「秦昭襄王會楚懷王」，四庫本作「秦昭王與楚懷王會」。
② 「代」前，四庫本有「燕」字。
③ 「原」，四庫本作「源」。
④ 「位」，四庫本作「立」。

甲子［前297年］周赧王十八年。楚懷王于秦逃歸，不克。

乙丑［前296年］楚懷王死于秦，①楚遂絶秦。魏哀王卒，子昭王繼。齊會韓、魏、趙、宋五國之兵攻秦，至鹽氏而還。秦與韓、魏河北及封陵以和。韓襄王卒，子釐王繼。趙主父滅中山，徙其王于膚施，封廢太子章于代，號安陽君，使田不禮爲之相。

丙寅［前295年］秦免樓緩相，穰侯魏冉復相，率師攻魏。趙安陽君及田不禮作難，②公子成及大夫李兑平之，主父死于沙丘宫。

丁卯［前294年］秦向壽伐韓，拔武始。

戊辰［前293年］楚與秦復和。韓伐秦，不利。秦左庶長白起大敗韓及諸侯之師于伊闕，取城五，坑軍二十四萬，獲將公孫喜。

己巳［前292年］楚逆婦于秦。秦魏冉免相，大良造白起伐魏取垣，攻楚拔宛。

庚午［前291年］秦魏冉復相，封陶邑，司馬錯伐韓軹及鄧。

辛未［前290年］齊有田甲之難，免孟嘗君相。魏獻河東地方四百里入秦。韓獻武遂二百里入秦。趙會齊伐韓。

① 「死」，四庫本作「卒」。
② 四庫本無「田」字。

壬申［前289年］齊復孟嘗君相。秦伐韓，拔六十一城。
癸酉［前288年］齊、秦約稱東、西帝，復罷。
甲戌［前287年］齊孟嘗君謝病。①秦昭襄王巡漢中及上郡、河北，拔魏新垣及曲陽。
乙亥［前286年］齊滅宋，至于泗上，十二諸侯、鄒、魯之君皆稱臣，南取楚之淮北，西侵韓、趙、魏。魏獻秦安邑，秦伐魏之河内，攻韓之夏山。
丙子［前285年］齊孟嘗君以薛屬魏。秦昭襄王會楚頃襄王于宛，會趙惠文王于中陽，伐齊拔九城。
丁丑［前284年］燕樂毅會秦、楚、韓、趙、魏五國之師伐齊，大敗齊師于濟西，遂入臨菑，拔城七十，拜樂毅上卿，封昌國君，留圍齊即墨及莒。齊湣王保莒。楚使淖齒救齊，殺齊湣王于莒。莒人立其子法章，是謂襄王。荀卿行祭酒。
戊寅［前283年］楚頃襄王會秦昭襄王于鄢。秦穰侯伐魏至于國。
己卯［前282年］秦昭襄王會韓釐王于新城，會魏昭王于新明，伐趙拔二城，伐韓取六邑。
庚辰［前281年］楚會魏、趙伐秦。秦伐楚，魏冉復相。趙使藺相如入秦獻璧。
辛巳［前280年］楚割上庸及漢中，請和于秦。秦白起拔趙二城，司馬錯拔楚上庸。燕昭王卒，

---

① 「孟嘗君」，「君」原作「郡」，據四庫本改。

子惠王繼，以騎劫代樂毅將。①樂毅奔趙。趙惠文王與秦昭襄王會于澠池，藺相如相。

壬午[前279年]齊田單大破燕軍于即墨，②獲將騎劫，復城七十，迎襄王自莒入臨菑，封田單安平君。秦白起拔楚西陵。

癸未[前278年]楚頃襄王出奔陳，郢陷于秦。大良造白起破楚入郢，燒夷陵，以郢爲南郡，封起武安君。

甲申[前277年]秦拔楚巫及黔中，作黔中郡。魏昭王卒，子安釐王繼。

乙酉[前276年]楚東收江旁十五邑以扞秦。③魏拔秦二城，封無忌信陵君。

丙戌[前275年]秦兵圍大梁，魏入溫請和。秦以穰侯爲相國。韓暴鳶救魏，不利。趙廉頗拔魏房子、安陽。

丁亥[前274年]魏芒卯攻韓，④不利。秦師救韓，敗趙、魏之師十五萬于華陽，魏入南陽請和，以其地爲南陽郡。

戊子[前273年]韓釐王卒，子桓惠王繼。趙取東胡地。

① 四庫本無「將」字。
② 「破」，四庫本作「敗」。
③ 「收」，四庫本作「取」。
④ 「芒卯」，「芒」原作「苙」，據四庫本改。

己丑［前272年］楚黄歇奉太子完入秦爲質求平，又助韓、魏伐燕。齊田單拔燕中陽。①秦會楚、韓、趙、魏伐燕。燕惠王卒，子武成王繼。趙藺相如伐齊。

庚寅［前271年］秦穰侯伐齊，取剛壽，以廣陶邑。范雎自魏入秦。

辛卯［前270年］秦師伐韓，以逼周。

壬辰［前269年］秦中更胡傷攻趙閼與。趙奢擊之，有功，封馬服君，與廉頗同位，秦人爲之少懼。

癸巳［前268年］秦拔魏懷城。②

經世之巳二千二百二十六

甲午［前267年］周赧王四十八年。秦太子卒于魏。

乙未［前266年］秦拔魏郪丘，罷穰侯相國及宣太后權，以客卿范雎爲相，封應侯，魏冉就國。趙惠文王卒，③子丹繼，是謂孝成王，太后專政。

丙申［前265年］齊襄王卒，子建繼。田單救趙。秦以安國君爲太子，宣太后卒，拔趙三城，進圍邯鄲。趙出長安君爲質于齊，求救。趙勝爲相，封平原君。

---

① 四庫本無「齊」字。
② 「城」，四庫本作「義」。
③ 「惠文王」原作「文惠王」，據四庫本改。

丁酉[前264年]齊用田單爲相。秦白起攻韓，拔九城。

戊戌[前263年]楚頃襄王卒，太子完自秦亡歸，繼，是謂考烈王，以左徒黄歇爲令尹，號春申君，封于吴，食淮北地。秦白起拔韓南郡。

己亥[前262年]楚獻地于秦乞和。秦五大夫賁伐韓，拔五十城，①以斷太行路。韓馮亭以上黨入于趙，趙受韓上黨。廉頗軍長平。

庚子[前261年]楚伐魯，取徐州。秦白起攻趙長平。

辛丑[前260年]秦武安君大敗趙軍于長平，進圍邯鄲。趙以趙括代廉頗將，長平遂陷，兵四十萬爲秦所坑。

壬寅[前259年]秦分軍爲三，罷武安君白起將，以王齕代攻趙，拔趙武安及皮牢，司馬梗北定上黨。趙使蘇代使秦。

癸卯[前258年]秦加范睢相國，王齕圍邯鄲，張唐攻魏。燕武成王卒，子孝王繼。趙平原君求救于楚、魏。

甲辰[前257年]楚春申君、魏信陵君救趙。秦起武安君白起，不克，殺之于杜郵。

乙巳[前256年]周赧王會齊、韓、趙、魏兵出伊闕攻秦，不利，西奔秦。秦昭王滅周，盡入其地三

---

①「五十」，四庫本作「十五」。

十六城，徙其王于畀狐。楚滅魯，以齊荀卿爲蘭陵令。

丙午[前255年]秦徙周民及九鼎于咸陽。蔡澤自燕入秦，代范睢相。燕孝王卒，子喜繼。

丁未[前254年]楚、齊、韓、燕、趙皆服命于秦，魏獨後，秦使將軍樛伐之，取吴城。

戊申[前253年]秦郊上帝于雍丘。趙徙都鉅鹿。

己酉[前252年]趙平原君卒。

庚戌[前251年]秦昭襄王卒，太子安國繼，是謂孝文王，立三日又卒，子楚立，是謂莊襄王，以華陽夫人爲后，子政爲太子。吕不韋爲丞相，封文信侯，食河南十萬户。楚春申君入弔于秦。燕將栗腹攻趙，不利。趙廉頗破燕軍于鄗，封頗信平侯。①

辛亥[前250年]東周君會諸侯攻秦不利，没于秦。秦丞相吕不韋平東周，盡入其地，置三川郡，徙其君于陽人。趙廉頗伐燕，圍其國。

壬子[前249年]秦蒙驁拔趙太原，拔韓滎陽及成皋。

癸丑[前248年]秦蒙驁拔魏高都，又舉趙三十城。楚、齊、魏、韓、燕、趙攻秦，不利。

甲寅[前247年]秦莊襄王卒，太子政繼，是謂始皇帝，以吕不韋爲相國，號仲父，同太后專政，李

① 四庫本無「頗」字。

斯爲舍人。齊田單屠聊城。魏無忌自趙歸國，率楚、齊、韓、趙、燕五國之師，攻秦軍于河外，①走蒙驁，追至函谷。

乙卯［前246年］秦蒙驁平晉陽。②

丙辰［前245年］趙孝成王卒，子偃繼，是謂悼襄王，以樂乘代廉頗將，頗奔魏。

丁巳［前244年］秦蒙驁攻魏拔二城，攻韓拔十二城。

戊午［前243年］魏安釐王卒，③子景湣王繼，④信陵君亦卒。趙將李牧拔燕二城。

己未［前242年］秦拔魏二十城，置東郡。趙伐燕，獲將劇辛。

庚申［前241年］楚考烈王會齊、韓、趙、魏、燕五國之兵伐秦，至于函谷，不利，東徙都壽春，春申君就國于吴。

辛酉［前240年］秦拔魏之汲，趙拔魏之鄴。

壬戌［前239年］秦封嫪毐長信侯，關政于内。韓桓惠王卒，子安繼。

癸亥［前238年］長信侯嫪毐作難，攻蘄年宫不克，伏誅，徙太后于雍，流蜀者四千家。楚考烈王

① 「攻」，四庫本作「敗」。
② 「蒙」字原脱，據四庫本補。
③ 四庫本無「安」字。
④ 「繼」，四庫本作「卒」。

卒，子幽王悍繼。

經世之午二千二百二十七

甲子［前237年］秦始皇帝十年。呂不韋坐嫪毐事免相，李斯爲相。齊、趙來置酒。復華陽太后于甘泉宫。

乙丑［前236年］秦王翦、桓齮拔趙九城。趙悼襄王卒，子遷繼。秦兵攻鄴。

丙寅［前235年］秦會魏伐楚及韓，文信侯呂不韋自殺。

丁卯［前234年］秦桓齮大敗趙軍十萬于平陽。韓公子非使秦，不還。

戊辰［前233年］秦桓齮破趙宜安及赤麗。①韓王安朝秦。

己巳［前232年］秦伐趙，一軍攻鄴，一軍攻狼孟。燕太子丹自秦逃歸。趙李牧扞秦有功。

庚午［前231年］魏獻秦麗邑。

辛未［前230年］秦内史騰滅韓，獲其王，以其地爲潁川郡。

壬申［前229年］秦王翦下井陘，大破趙軍，進圍鉅鹿。趙以趙葱代李牧，②顔聚代司馬尚將。

癸酉［前228年］秦王翦滅趙，獲其王，以其地爲趙郡。楚幽王卒，母弟猶立，庶兄負芻殺猶，代

---

①「麗」，四庫本作「巖」。

②「趙葱」，「葱」原作「忽」，據四庫本改。

立。魏景湣王卒，子假繼。趙亡，公子嘉稱王于代，①會燕軍于上谷。

甲戌［前227年］秦王翦破燕軍于易水。燕荆軻使秦，不還。

乙亥［前226年］秦王翦、王賁滅燕，獲其太子丹。翦謝病，還，拔楚十城。②

丙子［前225年］秦王賁滅魏，決河灌大梁，獲其王。

丁丑［前224年］秦王翦破楚，殺其將項燕。楚喪師于鄿，③走壽春。

戊寅［前223年］秦王翦、蒙武滅楚，獲其王，以其地爲楚郡。

己卯［前222年］秦王賁平遼東，獲燕王，平代，獲趙太子。王翦定越，以其地爲會稽郡。

庚辰［前221年］秦王翦滅齊，獲其王，以其地爲齊郡。東至海及朝鮮，西至臨洮、羌中，南至北嚮户，北至陰山、遼東。分天下地爲三十六郡，罷侯置守。鑄天下兵爲十二金人。徙天下豪富十二萬户于咸陽。大建宫室，作阿房。爲萬世業，稱始皇帝，更以建亥月爲歲首。

辛巳［前220年］西巡狩。至于隴右、北地，及回中乃復。

壬午［前219年］東巡狩。至于鄒嶧，封太山，禪梁甫，南登瑯琊。丞相隗林、王綰、卿士李斯、王戊、五大夫趙嬰、將軍楊樛及九侯，勒帝功于金石，表于海上。遂南至于衡山，浮江自南郡

---

① 「公子嘉」，原作「太子喜」，四庫本同，據《資治通鑑》卷六改。
② 四庫本無「十」字。
③ 「鄿」，四庫本作「蕲」。

由武關乃復。
癸未[前218年]東巡狩，至于博浪沙中遇盜，遂登之罘，①刻石紀功，北由上黨乃復。
甲申
乙酉
丙戌[前215年]北巡狩。至于碣石，由上郡乃復。使蒙恬擊胡，取河南地。
丁亥[前214年]南取陸梁地，爲桂林、象郡。又北斥匈奴，②自榆中並河以東屬之陰山，爲三十四縣。城河上，爲塞。又使蒙恬渡河取高闕、陶山、北假中，以築亭障。
戊子[前213年]置酒咸陽宫，聚天下書，焚之。
己丑[前212年]聚天下學士于驪山，坑之。廣阿房宫，自咸陽達于渭南。
庚寅
辛卯[前210年]南巡狩。至于雲夢，左丞相馮去疾留守，右丞相李斯從行，少子胡亥請行，至九疑浮江，東至于會稽，又北至于瑯琊，③由平原達沙丘，崩。左丞相李斯、宦氏趙高矯帝書，④

① 「之罘」，原作「罘罳」，據四庫本改。
② 「匈奴」，「匈」原作「兇」，據四庫本改。
③ 「瑯琊」，四庫本作「琅邪」。
④ 「矯」，四庫本作「假」。

更立少子胡亥，賜上郡太子、將軍蒙恬死。遂還咸陽，胡亥立，是謂二世皇帝。葬始皇帝于驪山。

壬辰［前209年］宦氏趙高爲郎中令，①專政。東巡狩，至于會稽北，又至于遼東乃復。大殺王族及群臣。復廣阿房，徵天下材士，以五萬人爲屯衛，②咸陽三百里内不得食其穀。③戍卒陳勝稱王于楚。關東郡邑皆殺其令長以應陳勝而西攻秦。陳勝將武臣稱王于趙，魏咎稱王於魏，狄人田儋稱王于齊，楚人項梁兵會稽，④徐人劉季稱兵豐沛。陳勝兵西攻秦，至于戲。

癸巳［前208年］秦殺右丞相馮去疾、將軍馮劫及囚左丞相李斯，諫罷阿房故也。將軍章邯滅陳勝于城父，⑤破項梁于定陶，平田儋于臨濟，渡河北攻趙。田儋死，其弟榮立儋子市爲王。陳勝將秦嘉立勝子景駒爲王，項梁殺景駒，求楚懷王孫心，立之，保盱眙。項梁死，其子羽軍彭城，其將劉季軍碭山。楚王心收項梁軍，自盱眙徙彭城，以劉季爲碭郡長，封武安侯，

① 「郎中令」，原作「中郎令」，四庫本同，據《史記》卷六《秦始皇本紀》改。後同。
② 「屯衛」，「衛」原作「尉」，據四庫本改。
③ 四庫本無「内」字。
④ 「兵」，原作「稱王」，據四庫本改。
⑤ 「章邯」，「章」原作「張」，據四庫本改。

俾南略地而西攻秦，以項羽爲魯國公，封長安侯，俾北救趙而西攻秦，約先入關者王。

經世之未二千二百二十八

甲午［前207年］秦二世三年。郎中令趙高稱丞相，殺李斯及弑其君胡亥于望夷宫，代立不克，立二世兄之子嬰爲王。嬰立，夷趙高三族。沛公兵十萬由武關入，至咸陽，秦子嬰降于軹道，收圖籍，封宫室府庫，示秦人以約法三章，①還軍灞上，以待東諸侯。項羽北救趙，殺大將軍宋義，②至鉅鹿大敗章邯軍于洹水，秦軍降者二十萬，西坑之于新安，③合齊、趙、魏、韓、燕五國之兵四十萬，由函谷而入，會沛公于戲，而屠咸陽，殺子嬰，收子女玉帛，焚宫室府庫。

乙未［前206年］項羽渝約，自主封建。立楚王心爲義帝，徙之江南，都郴。封沛公季爲漢王，遷之漢中，都南鄭。分秦關中爲三：一封降將章邯爲雍王，都廢丘；一封降將司馬欣爲塞王，都櫟陽；一封降將董翳爲翟王，都高奴。分齊爲三：一封齊將田都爲臨菑王，都臨菑；一封齊將田安爲濟北王，都博陽；一封齊王田市爲膠東王，徙即墨。④分楚爲三：一

①「秦」，四庫本作「衆」。
②「宋義」，「義」原作「毅」，據四庫本改。
③「西」，四庫本作「悉」。
④「徙」，四庫本作「都」。

封楚將英布爲九江王，都六；一封楚將共敖爲臨江王，都江陵；一封番君吴芮爲衡山王，①徙郴。②分趙爲二：一封楚將張耳爲常山王，都襄國；一封趙王歇爲代王，徙鴈門。③分韓爲二：一封楚將申陽爲河南王，都洛陽；一封韓將韓成爲韓王，④都陽翟。分魏爲二：一封趙將司馬卬爲殷王，⑤都朝歌；一封魏王豹爲魏王，徙平陽。⑥分燕爲二：一封燕將臧荼爲燕王，都薊；一封燕王韓廣爲遼東王，徙無終。⑦封吴芮將梅鋗十萬户侯，趙歇將陳餘環三縣。田市將田榮不及封。羽自稱西楚霸王，⑧王梁地九郡，都彭城。諸王之在戲下者，咸遣罷兵就國。羽亦東出，使人殺義帝于江上，殺韓王成，以鄭昌代之。臧荼殺韓廣于燕，并有其地，田榮殺田都、田安、田市于齊，并有其地，稱齊王。彭越受榮符以覆梁地，陳餘受榮兵以破常山。趙王歇自代遷都鉅鹿。張耳走漢。項羽北破田榮于齊。榮死，弟横立榮子廣，復保城陽。

① 「番君」，「番」原作「蕃」，據四庫本改。
② 「徙」，四庫本作「都」。
③ 「徙」，四庫本作「都」。
④ 四庫本無「韓將」二字。
⑤ 「司馬卬」，「卬」原作「印」，據四庫本改。
⑥ 「徙」，四庫本作「都」。
⑦ 「徙」，四庫本作「都」。
⑧ 「霸」，四庫本作「伯」。

丙申[前205年]漢王自南鄭東，收三秦、二韓五諸侯兵，①合三河士五十六萬，東伐楚。入彭城，取重寶美女，爲置酒高會。項羽至自伐齊，大破漢軍于睢水，②殺十餘萬，并獲漢王父母妻子。漢王退保滎陽，築甬道以通敖倉粟。使將韓信、張耳攻魏、趙，丞相蕭何兵至自關中。自此，日戰于京、索間。

丁酉[前204年]楚圍漢于滎陽，拔之。紀信、周苛、樅公死之。③漢退師保成皋。九江王英布降于漢。彭越破楚軍于下邳。韓信、張耳平魏、趙，還軍脩武。漢王自成皋北渡河至脩武。使張耳收兵趙地。④韓信伐齊。盧綰、劉賈南渡白馬津，會彭越攻楚。楚又拔漢成皋。

戊戌[前203年]漢復取成皋，與楚對兵廣武。韓信平齊，乞封假王。項羽請和，約分天下于鴻溝。歸漢王父母妻子。⑤還軍至陽夏，漢軍復至，楚復敗漢軍。漢又大會韓信、彭越、英布及諸侯兵于垓下。

己亥[前202年]漢滅楚。項羽死于東城，漢王以魯國公禮葬羽于穀城。楚之諸侯而王者並降

---

① 四庫本無「諸」字。
② 「破」，四庫本作「敗」。
③ 「周苛」，「苛」原作「竒」，「樅公」，「樅」原作「摐」，據四庫本改。
④ 「趙」，四庫本作「越」。
⑤ 「王」字原脱，據四庫本補。

封侯。封齊王韓信爲楚王，治下邳；建成侯彭越爲梁王，治定陶；九江王英布爲淮南王，治廣陵；韓王信爲韓王，治陽翟；衡山王吴芮爲長沙王，治臨湘。肇帝位于汜水之陽，西都長安，大建宫室。燕王臧荼不恭命，①攻下代郡，往平之，獲臧荼，以太尉盧綰爲燕王。齊王田廣卒，叔横立，入于海。

庚子[前201年]帝游雲夢，會諸侯于陳。執楚王韓信歸，降爲淮陰侯。分其地爲二，一封劉賈爲荆王，治淮東；一封弟交爲楚王，治淮西。别封子肥爲齊王。徙韓王信爲太原王。匈奴寇馬邑，韓王信以衆叛。帝尊父太公爲太上皇。

辛丑[前200年]帝北征韓王信于銅鞮，信走匈奴，遂征匈奴，②至于平城。匈奴圍帝于平城七日。樊噲北定代。以兄仲爲代王。

壬寅[前199年]建未央宫。代王劉仲自鴈門逃歸，廢爲合陽侯，以陳豨爲代王。

癸卯[前198年]大朝諸侯于未央宫。趙相貫高事覺。

甲辰[前197年]太上皇及太上后崩。陳豨以鴈門叛，帝北征。誅淮陰侯韓信并夷三族。蕭何爲相國。

---

① 「荼」，四庫本作「茶」。
② 「征」，四庫本作「及」。

乙巳［前196年］梁王彭越以定陶叛，平之，夷三族。淮南王英布以廣陵叛，兼有淮東西地。

丙午［前195年］帝征淮南，平之，夷英布三族。周勃平代，獲陳豨于當城。帝崩，太子盈踐位，是謂惠帝，太后吕氏臨朝稱制，蕭何、曹參、陳平、周勃輔政，葬高祖于長陵。盧綰以燕叛。

丁未［前194年］太后殺趙王如意及母夫人戚氏。齊王肥獻陽城，爲魯元公主湯沐邑。

戊申［前193年］相國蕭何卒，曹參爲相國。

己酉［前192年］城長安。

庚戌［前191年］除挾書律。

辛亥［前190年］相國曹參卒，王陵爲右丞相，陳平爲左丞相。

壬子［前189年］太尉樊噲卒，周勃爲太尉。

癸丑［前188年］惠帝崩，立無名子爲帝，葬惠帝于安陵，封吕氏四人爲王、六人爲侯，罷王陵相，進陳平右丞相，以審食其爲左丞相。關政于內，①太后專制，名雉。

甲寅

乙卯

丙辰

① 「于」字據四庫本補。

丁巳[前184年]幽無名子于永巷，殺之。立恒山王義爲帝。①

戊午[前183年]尉它稱帝南越。

己未[前182年]匈奴寇狄道。

庚申[前181年]太后殺趙王友，以梁王呂産爲相國、趙王呂禄爲上將軍，分統南北軍。

辛酉[前180年]太后呂氏崩。丞相陳平、太尉周勃、朱虚侯劉章、曲周侯酈商及子寄誅呂産，②獲南北軍，夷呂氏三族，廢恒山王義，迎高祖中子代王恒于鴈門，立之，是謂文帝。以宋昌爲衛將軍，專南北軍，丞相陳平讓周勃右丞相而爲左丞相，灌嬰爲太尉，張武爲中郎。

壬戌[前179年]以皇子啓爲皇太子。周勃免相，陳平兼左右丞相。

癸亥[前178年]丞相陳平卒，周勃復相。始作銅虎符。

經世之申二千二百二十九

甲子[前177年]漢孝文皇帝三年。免周勃相，以灌嬰爲相。王興居以濟北叛，平之。匈奴寇北地。

乙丑[前176年]絳侯周勃下廷尉。

---

① 「義爲帝」，原作「爲義帝」，據四庫本改。

② 「誅」後，四庫本有「呂禄」二字。

丙寅

丁卯［前174年］王長以淮南叛，徙之蜀。放賈誼于長沙。

戊辰

己巳

庚午

辛未

壬申

癸酉

甲戌［前167年］除肉刑。

乙亥

丙子［前165年］祀上帝。

丁丑

戊寅［前163年］改稱元年，是謂後元。

己卯

庚辰

辛巳

壬午
癸未［前158年］匈奴寇雲中、上郡。命六將屯備，周亞夫軍細柳。
甲申［前157年］文帝崩，太子啓踐位，是謂孝景皇帝，葬太宗于灞陵。
乙酉［前156年］與匈奴約和親。
丙戌
丁亥［前154年］吴王濞、膠西王卬、楚王戊、趙王遂、濟南王辟光、菑川王賢、膠東王雄渠七國連叛。誅御史大夫晁錯。七國平。梁孝王霸有東土。
戊子［前153年］以皇子榮爲皇太子。
己丑［前152年］以公主嬪于匈奴。
庚寅
辛卯［前150年］廢皇太子榮，以膠東王徹爲皇太子。太尉周亞夫爲丞相。
壬辰［前149年］改稱元年，是謂中元。
癸巳
經世之酉二千二百三十
甲午［前147年］漢孝景皇帝十年。周亞夫免相。
乙未

丙申
丁酉
戊戌[前143年]載改元年，①是謂後元。周亞夫下獄，死。
己亥
庚子[前141年]景帝崩，皇太子徹踐位，是謂孝武皇帝，葬景帝于陽陵。
辛丑[前140年]改建元元年。
壬寅[前139年]竇嬰免相，田蚡免太尉。
癸卯
甲辰
乙巳
丙午
丁未[前134年]改元元光，始令郡國貢孝廉，董仲舒起焉。
戊申[前133年]命將五兵三十萬大伐匈奴，不利。
己酉

①「載」，四庫本作「再」。

庚戌[前131年]竇嬰棄市。田蚡卒。
辛亥[前130年]廢皇后陳氏，以衛子夫爲皇后，①弟青爲將軍。
壬子[前129年]命將四大伐匈奴，無功。
癸丑[前128年]改元元朔。
甲寅[前127年]衛青伐匈奴有功，收河南，置朔方、五原郡。
乙卯
丙辰[前125年]匈奴寇上郡。
丁巳[前124年]匈奴寇鴈門，衛青伐之有功，拜大將軍。公孫弘爲丞相，封平津侯。
戊午[前123年]衛青征匈奴，大有功。霍去病爲嫖姚校尉。張騫通西域有功，封博望侯。
己未[前122年]改元元狩，獲白麟故也。淮南王安、衡山王賜二國叛，平之。册據爲皇太子。
庚申[前121年]霍去病征匈奴，至于居延，拜驃騎將軍。李廣征匈奴無功，謫爲庶人。
辛酉
壬戌[前119年]衛青、霍去病、李廣大伐匈奴。李廣自殺。
癸亥[前118年]丞相李蔡自殺。

---

①「子夫」，四庫本作「夫人」。

經世之戌二千二百三十一

甲子［前117年］漢孝武皇帝二十四年。大司馬霍去病卒。

乙丑［前116年］改元元鼎。

丙寅［前115年］丞相翟青下獄，死。

丁卯［前114年］徙函谷關于新安。

戊辰［前113年］封方士欒大爲樂通侯。

己巳［前112年］南越王相吕嘉叛。諸侯坐酎金輕，奪爵者一百六十人。丞相趙周下獄死。①樂通侯欒大坐誣罔，棄市。西羌及匈奴寇五原。

庚午［前111年］南寇平。東越王餘善叛。卜式爲御史大夫。②

辛未［前110年］改元元封。帝征匈奴，至于北海。東越殺餘善降。有事于東、西、中三嶽及禪梁甫。東巡狩，至于碣石。西歷九原，歸于甘泉。

壬申［前109年］復巡太山，作瓠子隄。朝鮮寇遼東。

癸酉［前108年］朝鮮殺其王右渠以降。祀汾陰后土。

---

① 「趙周」，「周」原作「同」，據四庫本改。

② 「卜式」，「卜」原作「下」，據四庫本改。

甲戌

乙亥［前106年］南巡狩，至于盛唐。大司馬衛青卒。

丙子［前105年］西幸回中及祀汾陰后土。①

丁丑［前104年］改元太初。東巡大山。②更以建寅月爲歲首。西伐大宛。起建章。

戊寅［前103年］北幸河東，祀后土。騎二萬征匈奴，不復。

己卯［前102年］東巡海上。匈奴寇張掖、酒泉。

庚辰［前101年］李廣利平大宛，獲其王及汗血馬。

辛巳［前100年］改元天漢。中郎將蘇武使匈奴。③北幸河東。

壬午［前99年］東巡至于海上，又西幸回中。將軍李陵征匈奴，不還。

癸未［前98年］東巡太山，又北幸常山。匈奴寇鴈門。

甲申［前97年］大伐匈奴，不利。朝諸侯于甘泉宮。

乙酉［前96年］改元太始。

丙戌［前95年］西幸回中。

---

①「汾陰」，「汾」原作「分」，據四庫本改。

②「大」，四庫本作「太」。

③「匈奴」，「奴」原作「使」，據四庫本改。

丁亥[前94年]東巡海上。
戊子[前93年]東巡太山。
己丑[前92年]改元征和。①巫蠱事起。
庚寅[前91年]太子殺江充，相劉屈氂攻太子，②戰于長安，太子敗死，皇后自殺，諸邑公主皆坐巫蠱死。
辛卯[前90年]大伐匈奴。巫蠱事覺，誅丞相劉屈氂。
壬辰[前89年]東巡海上。天下疲于兵革。
癸巳[前88年]改元後元。重合侯馬通叛。
經世之亥二千二百三十二
甲午[前87年]漢孝武皇帝五十四年。册皇子弗陵爲皇太子。帝幸盩厔五柞宫，崩。大司馬霍光受顧命。③太子弗陵嗣皇帝位，是謂昭帝。葬世宗于茂陵。大將軍霍光專政。
乙未[前86年]改元始元。
丙申

① 「征」，原作「正」，據四庫本改。
② 「劉屈氂」，「氂」原作「鳌」，據四庫本改。後同。
③ 「受」字據四庫本補。

丁酉
戊戌
己亥
庚子
辛丑［前80年］改元元鳳。誅鄂邑長公主及燕王旦，左將軍上官桀謀害霍光事覺故也。
壬寅
癸卯
甲辰［前77年］丞相田千秋卒。
乙巳［前76年］丞相王訢卒。
丙午
丁未［前74年］改元元平。帝崩，昌邑王賀立，葬昭帝于平陵。①賀立不明，大將軍霍光廢之，迎戾太子孫詢，立之，是謂孝宣皇帝。邴吉爲相。②
戊申［前73年］改元本始。

① 「昭帝」，原作「世宗」，據四庫本改。
② 「邴」，四庫本作「丙」。

己酉［前72年］命將五兵十五萬，大伐匈奴。
庚戌
辛亥［前70年］皇后許氏遇毒，崩。霍光以女上皇后。
壬子［前69年］改元地節。
癸丑［前68年］大司馬大將軍霍光卒，子禹繼事。
甲寅［前67年］册皇子奭爲皇太子。
乙卯［前66年］大司馬霍禹謀逆事覺，夷三族，廢皇后霍氏。
丙辰［前65年］改元元康。
丁巳［前64年］册王氏爲皇后。
戊午［前63年］太子太傅疏廣、太子少傅疏受謝病，歸東海。
己未
庚申［前61年］改元神雀。趙充國伐西羌。
辛酉
壬戌［前59年］蕭望之爲御史大夫。
癸亥［前58年］潁川太守黄霸賜爵關内侯。河南太守嚴延年棄市。

以運經世之八　觀物篇之三十二

經元之甲一
經會之午七
經運之庚一百八十七
經世之子二千二百三十三
經世之子二千二百三十三
甲子［前57年］漢孝宣皇帝十七年。改元五鳳。左馮翊太守韓延壽棄市。貶蕭望之爲太子太傅，坐慢丞相邴吉也。平通侯楊惲棄市，坐怨望也。
乙丑
丙寅［前55年］丞相邴吉卒。黄霸爲相。
丁卯
戊辰［前53年］改元甘露。
己巳

庚午［前51年］匈奴呼韓邪單于來朝。①于定國爲相。
辛未
壬申［前49年］改元黄龍。宣帝崩于未央宫，皇太子奭踐位，是謂孝元皇帝。
癸酉［前48年］改元初元。葬中宗于杜陵。
甲戌［前47年］册皇子驁爲皇太子。盗殺蕭望之。
乙亥
丙子［前45年］幸河東。
丁丑
戊寅［前43年］改元永光。
乙卯②
庚辰［前41年］西羌平。
辛巳
壬午

① 「呼韓邪」，「邪」原作「增」，據四庫本改。
② 是年，四庫本有「西羌叛。韋玄成爲相」八字。

癸未［前38年］改元建昭。
甲申
乙酉［前36年］匡衡爲相。
丙戌
丁亥
戊子［前33年］改元竟寧。帝崩，皇太子驁即位，①是謂孝成皇帝。葬高宗于渭陵。王鳳爲大司馬大將軍，專政。
己丑［前32年］改元建始。
庚寅
辛卯［前30年］王商以誣免相。②匡衡爲庶人。
壬辰［前29年］河大決。王商爲相。
癸巳［前28年］改元河平。
經世之丑二千二百三十四

①「即」，四庫本作「踐」。
②「以誣」，四庫本作「薛宣」。

甲午［前27年］漢孝成皇帝六年。

乙未

丙申

丁酉［前24年］改元陽朔。京兆尹王章下獄死。張禹爲相。

戊戌［前23年］王音爲御史大夫。

己亥［前22年］大司馬王鳳卒，弟音繼事。

庚子

辛丑［前20年］改元鴻嘉。

壬寅［前19年］幸雲陽。

癸卯［前18年］廢皇后許氏。

甲辰

乙巳［前16年］改元永始。封王莽新都侯。册趙飛燕爲皇后。

丙午［前15年］大司馬王音卒。王商爲大司馬，翟方進爲相，孔光爲御史大夫。

丁未

戊申［前13年］大司馬王商免，王根爲大司馬。

己酉［前12年］改元元延。

庚戌

辛亥

壬子

癸丑［前8年］改元綏和。

甲寅［前7年］成帝崩，皇太子欣踐位，是謂孝哀皇帝。太后王氏臨朝稱制。大司馬王根專政。

葬成帝于延陵。王根罪免，丁明爲大司馬，①孔光爲丞相。

乙卯［前6年］改元建平。册傅氏爲皇后，傅喜爲大司馬，朱博爲大司空。

丙辰［前5年］傅喜免，丁明復爲大司馬。孔光免。朱博自殺。

丁巳［前4年］相平當薨，②王嘉爲相。

戊午［前3年］息夫躬下獄死。

己未［前2年］改元元壽。王嘉以下獄死。③大司馬丁明免。

庚申［前1年］哀帝崩，元帝孫中山王子衎即位，是謂孝平皇帝，年方九歲，太后衛姬臨朝，以王

① 「大司馬」，「大」字據四庫本補。

② 「平當」，四庫本作「王商」。

③ 「王」前，四庫本有「相」字。四庫本無「以」字。

莽爲太傅，輔政王室。元始五年，立莽女爲皇后。①

辛酉［1年］改元元始。封大司馬王莽安漢公。

壬戌

癸亥

經世之寅二千二百三十五

甲子［4年］漢孝平皇帝四年。王莽以女上皇后。

乙丑［5年］王莽弑帝于未央宮，立元帝孫孺子嬰，莽加九錫。

丙寅［6年］王莽改元居攝。

丁卯［7年］王莽稱假皇帝。翟義立嚴鄉侯信于東都，莽將王邑滅之。

戊辰［8年］王莽改元初始。

己巳［9年］王莽竊國命，改國爲新室，元曰建國，降孺子嬰爲定安公。

庚午②

辛未

---

① 此年，四庫本作「三公分職，董賢爲大司馬，孔光爲大司徒，彭宣爲大司空。帝崩，太皇太后王氏稱制，罷董賢大司馬，以王莽爲大司馬、録尚書事，廢太后趙氏，迎元帝庶孫中山王衎，立之，是謂平帝。葬哀帝于義陵。王莽專政」。

② 是年，四庫本有「王莽大殺宗室。校書郎揚雄投天禄閣，不克死」十八字。

壬申

癸酉

甲戌[14年]王莽改元天鳳。四夷交侵中國。

乙亥

丙子

丁丑①

戊寅

己卯[19年]校書郎揚雄卒。②

庚辰[20年]王莽改元地皇。兵起綠林。

辛巳

壬午[22年]劉玄稱兵宛、鄴。③劉秀及兄伯升稱兵舂陵。

癸未[23年]劉玄稱帝，元曰更始，以劉伯升爲司徒，劉秀爲太常偏將軍。是年，大破莽將王尋、王邑軍于昆陽三輔，遂滅莽于漸臺。劉玄拜劉秀破虜大將軍，行大司馬事，使持節巡撫河

---

① 是年，四庫本有「羣盜起」三字。

② 「揚雄」，「揚」原作「楊」，據四庫本改。

③ 「鄴」，原作「業」，據四庫本改。

北。王郎〔以王〕子林稱帝邯鄲。①

甲申［24年］劉玄西入長安，殺漢孺子嬰。大將軍劉秀北徇薊，還拔邯鄲，誅王郎，受劉玄蕭王，又號爲銅馬帝，破赤眉大肜於射犬。赤眉西入函關，攻更始。李憲自立稱王。淮南秦豐自號楚黎王。董憲起東海。延岑稱兵漢中。②

乙酉［25年］蕭王肇帝位于河朔之鄗，國曰漢，元曰建武，南次洛陽，③都之。赤眉陷長安，稱帝，殺劉玄。公孫述稱帝成都，元曰龍興。劉永稱帝睢陽。隗囂稱兵隴右。盧芳稱兵安定。彭寵稱王薊門。

丙戌［26年］赤眉焚長安宮室、陵寢。銅馬、青犢、尤來立孫登爲帝于上郡，④其將樂方殺之。

丁亥［27年］赤眉降漢于宜陽，長安平。蓋延平劉永于睢陽。隗囂以西州格命。李憲稱帝淮南。

戊子

①「以王」二字原脱，據四庫本補。

② 四庫本此年作「劉玄西入長安，殺漢孺子嬰。大將軍劉秀北狥薊還，拔邯，鄲誅王郎，受玄封蕭王，又敗赤眉賊于射犬。赤眉西攻長安。劉永擅命。睢陽公孫述稱王巴蜀。李憲稱王淮南。秦豐稱王黎邱。張步稱兵瑯琊。董憲稱兵東海。延岑稱兵漢中。田戎稱兵夷陵」。

③「次」，四庫本作「拔」。

④「青」，四庫本作「赤」。

己丑[29年]彭寵爲家奴所殺，來降，封不義侯，薊門平。朱祐平秦豐于黎丘，滅張步于臨淄。

盧芳稱帝五原。帝徵嚴光，不起。

庚寅[30年]馬成平李憲于淮南。吴漢平董憲于東海。隗囂以西州入于蜀。

辛卯

壬辰[32年]西征。馮異、竇融破隗囂于隴右。

癸巳[33年]隗囂死，子純立。來歙、馮異伐蜀，入天水。

經世之卯二千二百三十六

甲午[34年]漢光武皇帝十年。西征，滅隗純于隴右。

乙未[35年]西征蜀，至于南陽。吴漢、岑彭大破蜀軍于荆門。

丙申[36年]吴漢拔成都，誅公孫述及將田戎、岑延。

丁酉[37年]盧芳自五原亡入匈奴。

戊戌[38年]天下平。

己亥[39年]大司徒歐陽歙下獄死。

庚子[40年]交阯女徵側叛。青、徐、幽、冀盜起。

辛丑[41年]南巡。廢皇后郭氏爲中山太后，册貴人陰氏爲皇后。

壬寅[42年]西巡。史歆以成都叛，吴漢復平之。馬援伐交阯。幸長安。

癸卯[43年]南巡。馬援平交阯，封新息侯。廢皇太子彊爲東海王，以東海王莊爲皇太子。①
甲辰[44年]大司徒戴涉下獄死。
乙巳
丙午
丁未
戊申
己酉[49年]馬援破武陵蠻。
庚戌[50年]作壽陵。
辛亥
壬子
癸丑
甲寅[54年]東巡狩。
乙卯

① 「莊」，四庫本作「陽」。「子」後，四庫本有「改名莊」三字，屬下讀。

丙辰[56年]東封太山，禪梁甫。改元中元。西幸長安。馮魴爲司空。①
丁巳[57年]帝崩。皇太子莊踐位，是謂孝明皇帝。葬世祖于原陵。
戊午[58年]改元永平。
己未
庚申
辛酉
壬戌[62年]北巡。②
癸亥[63年]東巡。③
經世之辰二千二百三十七
甲子[64年]漢孝明皇帝七年。
乙丑
丙寅
丁卯[67年]南巡狩。

① 「馮魴」，「魴」原作「房」，據四庫本改。
② 「巡」後，四庫本有「至于鄴」三字，下讀。
③ 「巡」後，四庫本有「至于岱」三字，下讀。

戊辰

己巳[69年]牟融爲司空。

庚午[70年]河大決。

辛未

壬申[72年]東巡狩。

癸酉[73年]司徒邢穆、駙馬都尉韓光下獄死。①

甲戌

乙亥[75年]帝崩。皇太子炟踐位,②是謂孝章皇帝。葬顯宗于節陵。

丙子[76年]改元建初。

丁丑

戊寅

己卯[79年]鮑昱爲太尉。③桓虞爲司徒。詔于白虎觀議五經異同。

庚辰

---

① 「駙馬」,「駙」原作「附」,據四庫本改。

② 「炟」,原作「坦」,據四庫本改。

③ 「鮑昱」,「昱」原作「宣」,據四庫本改。

辛巳
壬午［82年］廢皇太子爲清河王，①立皇子肇爲皇太子。北幸鄴，西幸長安。
癸未［83年］東巡狩。
甲申［84年］改元元和。南巡狩。鄧彪爲太尉。②
乙酉［85年］東巡狩。
丙戌［86年］北巡狩。
丁亥［87年］改元章和。南巡狩。
戊子［88年］帝崩。皇太子肇踐位，是謂孝和皇帝。太后竇氏臨朝稱制。竇憲爲車騎將軍，專政。葬肅宗于敬陵。以鄧彪爲太尉、録尚書事。③
己丑［89年］改元永元。竇憲敗匈奴于稽落山。以竇憲爲大將軍。④
庚寅
辛卯［91年］帝加元服。班超平西域。

① 「子」下，四庫本有「慶」字。
② 「彪」，四庫本作「弘」。
③ 四庫本無「以」字。
④ 此年四庫本作「改元永元。竇憲敗匈奴于稽落，勒功燕然，還爲大將軍」。

壬辰［92年］竇憲作逆事覺，伏誅。帝始親萬機。
癸巳
經世之巳二千二百三十八
甲午［94年］漢孝和皇帝六年。
乙未
丙申
丁酉［97年］司徒劉方有罪自殺。
戊戌
己亥
庚子［100年］張酺罷太尉，張禹爲太尉。
辛丑［101年］魯恭爲司徒。
壬寅［102年］廢皇后陰氏，册貴人鄧氏爲皇后。徐防爲司空。
癸卯［103年］南巡。
甲辰［104年］司徒魯恭罷免，徐防爲司徒，陳寵爲司空。
乙巳［105年］改元元興。帝崩。皇子隆立，是謂殤帝。太后鄧氏臨朝稱制。車騎將軍鄧騭專政。

丙午[106年]改元延平。葬穆宗于慎陵。帝又崩，鄧騭迎章帝孫祐立之，是謂孝安皇帝。葬殤帝于康陵。尹勤爲司空。

丁未[107年]改元永初。①魯恭爲司徒，張禹爲太尉，張敏爲司空。周章謀廢立不克，自殺。

戊申[108年]鄧騭爲大將軍。

己酉[109年]帝加元服。

庚戌[110年]海寇亂。

辛亥[111年]西羌入寇。張禹免太尉。

壬子[112年]太后鄧氏有事于太廟。劉愷爲司空。

癸丑

甲寅[114年]改元元初。司馬苞爲太尉。

乙卯[115年]册閻氏爲皇后。劉愷爲司徒，袁敞爲司空。

丙辰[116年]李咸爲司空。

丁巳

戊午

① 「永初」，「初」原作「和」，據四庫本改。

己未

庚申［120年］改元永寧。楊震爲司徒。

辛酉［121年］改元建光。太后鄧氏崩，帝始親政事。特進鄧騭、度遼將軍鄧遵下獄死。①

壬戌［122年］改元延光。

癸亥［123年］司徒楊震爲太尉。

經世之午二千二百三十九

甲子［124年］漢孝安皇帝十八年。東巡。廢皇太子保爲濟陰王。楊震罷太尉，馮石爲太尉。

乙丑［125年］帝南巡，崩于葉。太后閻氏臨朝稱制，閻顯爲車騎將軍，專政。立章帝玄孫北鄉侯懿，誅大將軍耿寶，葬恭宗于恭陵。懿又卒，車騎將軍閻顯及大長秋江京閉宫門，擇立它子，中黄門孫程十九人殺江京，迎濟陰王立之，②是謂孝順皇帝。顯兵入北宫，不勝。孫程取閻顯及江京之黨，殺之，亂乃定。以王禮葬北鄉侯。馮石爲太傅，劉喜爲太尉，李郃爲司徒。

丙寅［126年］改元永建。皇太后閻氏崩。桓焉爲太傅，朱寵爲太尉，朱倀爲司徒。

① 「度」，原作「渡」，據四庫本改。
② 「王」，原作「侯」，據四庫本改。

丁卯
戊辰
己巳[129年]帝加元服。龐參爲太尉，王龔爲司空，劉俊爲司徒。
庚午[130年]班勇棄市。
辛未
壬申[132年]改元陽嘉。册梁氏爲皇后。
癸酉[133年]施延爲太尉。
甲戌[134年]黄尚爲司徒，王卓爲司空。
乙亥
丙子[136年]改元永和。王龔爲太尉。
丁丑[137年]郭虔爲司空。
戊寅[138年]劉壽爲司徒。
己卯[139年]誅中常侍張逵。①
庚辰

①「張逵」，「逵」原作「達」，據四庫本改。

辛巳［141年］趙誠爲司空，梁冀爲大將軍。

壬午［142年］改元漢安。遣張綱等八使持節巡行天下。廣陵寇亂。趙峻爲太尉，胡廣爲司徒。

癸未［143年］彭門寇亂。

甲申［144年］改元建康。帝崩。皇太子炳踐位，是謂沖帝。太后梁氏臨朝稱制，大將軍梁冀專政。葬敬宗于憲陵。盜發憲陵。免尚書欒巴爲庶人。

乙酉［145年］改元永嘉。帝崩。太后梁氏、大將軍梁冀迎肅宗孫纘立之，是謂質帝。葬沖帝于懷陵。江淮寇亂，九江賊稱黄帝，歷陽賊稱黑帝。

丙戌［146年］改元本初。①梁冀弑帝，迎肅宗曾孫志立之，是謂桓帝。李固罷免。梁冀專政。

丁亥［147年］改元建和。梁冀以女上皇后。杜喬爲太尉，胡廣罷免。李固、杜喬下獄死。

戊子［148年］帝加元服。趙誡爲太尉，袁湯爲司徒。

己丑

庚寅［150年］改元和平。太后梁氏崩。

辛卯［151年］改元元嘉。黄瓊爲司空，尋罷免。

壬辰

---

① 「本初」，「本」原作「太」，據四庫本改。

癸巳[153年]改元永興。袁成、逢隗爲三公。

經世之未二千二百四十

甲午[154年]漢孝桓皇帝八年。黄瓊爲太尉，尹頌爲司徒。

乙未[155年]改元永壽。韓縯爲司空。

丙申

丁酉

戊戌[158年]改元延熹。

己亥[159年]皇太后梁氏崩。大將軍梁冀謀逆事覺，夷三族。黄門單超擅命，①胡廣、韓縯滅死。②

庚子[160年]白馬令李雲直諫，死于獄。太山及長沙寇亂。

辛丑[161年]武庫火。

壬寅

癸卯

① 「黄門」，「門」原作「開」，據四庫本改。

② 「滅」，原作「滅」，據四庫本改。

甲辰［164年］南巡。楊秉爲太尉。①

乙巳［165年］廢皇后鄧氏，册貴人竇氏爲皇后。陳蕃爲太尉，竇武爲大將軍。

丙午［166年］黨錮事起，司隸李膺等三百人下獄。

丁未［167年］改元永康。帝崩。太后竇氏臨朝稱制。

戊申［168年］竇武迎肅宗玄孫解犢侯宏立之，②是謂靈帝。竇武録尚書事，專政。改元建寧。葬威宗于宣陵。中常侍曹節、王甫殺太傅陳蕃、大將軍竇武及尚書尹勳、侍中劉瑜、屯騎校尉馮述，夷其族，徙太后竇氏于南宫，謀誅宦氏不克故也。胡廣爲太尉，劉寵爲司徒。

己酉［169年］朋黨事復起，殺李膺等百人。

庚戌

辛亥［171年］帝加元服，册宋氏爲皇后。

壬子［172年］改元嘉平。太后竇氏崩。誣構事大起。

癸丑［173年］段熲爲太尉，③楊賜爲司空。

甲寅［174年］李咸爲太尉。

---

① 「楊秉」，「秉」原作「東」，據四庫本改。

② 「侯」前，四庫本有「亭」字。

③ 「段熲」，原作「叚顥」，據四庫本改。後同。

乙卯［175年］五經文皆刻石于太學。袁隗爲司徒。

丙辰［176年］劉寬爲太尉，楊賜爲司徒。①

丁巳［177年］大伐鮮卑。孟鹹爲太尉，②陳躭爲司空。

戊午［178年］改元光和。合浦、交阯内寇。廢皇后宋氏。大鬻爵，至三公。袁滂爲司徒。

己未［179年］諸貴臣下獄，死者相繼，宦氏誣故也。劉郃爲司徒，③段熲爲太尉，張濟爲司空。

庚申［180年］陳躭爲司徒。册何氏爲皇后。

辛酉［181年］作宫市，帝遊，以驢爲駕。

壬戌

癸亥

經世之申二千二百四十一

甲子［184年］漢孝靈皇帝十七年。④黄巾寇起。鄧盛爲太尉，張温爲司空。侍中向栩、張鈞下

① 「司徒」，「徒」原作「空」，據四庫本改。
② 「孟鹹」，「鹹」原作「郁」，據四庫本改。
③ 「劉郃」，「郃」原作「劭」，據四庫本改。
④ 「漢」前，四庫本有「改元中平」四字。

獄死。閹人大起誣構。①黄巾平。

乙丑［185年］黑山賊起。崔烈爲司徒，張延爲太尉，許相爲司空。三輔寇亂。陳躭、劉陶坐直言死。

丙寅［186年］張温爲太尉。江夏兵起。前太尉張延下獄死。

丁卯［187年］賣官至關内侯。曹嵩爲太尉。三輔盗起，漁陽賊稱帝。

戊辰［188年］天下群盗起，黄巾賊復寇郡國稱帝。②置八校尉，以捕天下群盗。馬日磾爲太尉，曹操爲典軍校尉，袁紹爲中軍校尉，董重爲驃騎將軍。

己巳［189年］帝崩。皇太子辯踐位。皇太后何氏臨朝稱制，大將軍何進專政。改元光熹。封皇弟協爲渤海王。殺上軍校尉蹇碩、驃騎將軍董重及太皇太后董氏，議立協故也。徙協爲陳留王。中常侍張讓、段珪殺大將軍何進，中郎袁術以兵攻東宫，張讓、段珪以帝及陳留王走北宫，③何苗攻北宫，司隸校尉袁紹兵入，大殺閹竪。讓、珪以帝及陳留王出走小平津，尚書盧植兵追及之，讓、珪投于河死，盧植以帝及陳留王還宫。改元昭寧。董卓自太原入，廢帝爲弘農王，立陳留王協，是謂獻帝。徙太后何氏于永安宫。改元永漢。卓殺太后何氏及

①「構」，四庫本作「搆」。
②「郡」，四庫本作「羣」。
③「走」，原作「是」，據四庫本改。

弘農王辯于永安宫，①稱相國，專制。黄琬爲太尉，楊彪爲司徒，荀爽爲司空。袁紹入冀州。

庚午［190年］改元初平。天下兵起。群校尉推袁紹爲主，同攻董卓。卓大殺宗室及官屬，遷帝西都長安。孫堅起兵荆州。白波賊寇東郡。劉虞爲太傅，种拂爲司空。

辛未［191年］董卓稱太師，大焚洛陽宫闕及徙居民于長安。孫堅敗董卓兵于陽人，入洛，脩完諸帝陵寢，引軍還魯陽。黑山賊寇常山，黄巾賊擾太山。

壬申［192年］董卓將王允、吕布誅卓于長安，夷三族。卓將李榷、郭汜陷長安，殺王允。吕布走袁紹。榷、汜擅政。以皇甫嵩爲太尉，淳于嘉爲司徒。曹操破黄巾于壽張。孫堅卒，子策代總其衆。

癸酉［193年］李榷、郭汜屠三輔。朱儁爲太尉，趙温爲司空。袁紹、袁術交兵東方。

甲戌［194年］改元興平。帝加元服。楊彪爲太尉。孫策據有江南。

乙亥［195年］李榷、郭汜争權，相攻于長安。楊定、楊奉、董承以帝東還。②曹操破吕布于定陶，遂有兖州。布走劉備。

丙子［196年］帝還洛陽，改元建安。曹操徙帝都許昌。

---

① 「殺」，四庫本作「弑」。
② 「董承」，「承」原作「丞」，據四庫本改。

丁丑[197年]袁術稱帝九江，拜袁紹大將軍。①曹操破袁術于揚州。吕布襲劉備于下邳。劉備走曹操。

戊寅[198年]曹操平吕布于下邳，兼有徐州。

己卯[199年]袁術死。袁紹破曹操將公孫瓚于易水。②孫策破劉勳于廬江。

庚辰[200年]曹操大敗袁紹于官渡。劉備去曹操奔劉表于荆南。江南③孫策卒，弟權繼事。

辛巳

壬午[202年]袁紹卒，子尚繼事，以弟譚爲將軍。

癸未[203年]袁尚、袁譚相攻，譚敗，奔曹操。

甲申[204年]曹操破袁尚于鄴，兼有冀州。尚走青州，譚復奔尚。

乙酉[205年]曹操滅袁氏于青州，譚死，尚走烏丸。

丙戌[206年]曹操破高幹于太原，幹走荆州。

丁亥[207年]曹操破烏丸于聊城，袁尚走遼東，死。

戊子[208年]曹操殺太中大夫孔融，遂領丞相。荆州劉表卒，子琮繼事。劉備起諸葛亮于南

---

①「拜」，四庫本作「并」。

②「袁紹破」三字據四庫本補。「于」前原有「屯」字，據四庫本删。

③「南」，四庫本作「州」。

陽，亮以吴周瑜兵大破曹操于赤壁，遂有荆州，稱牧，治公安。

己丑[209年]孫權會劉備于京口，劉備表孫權爲徐州牧，孫權表劉備爲荆州牧。

庚寅[210年]曹操起銅爵臺于鄴。孫權南收交州。①

辛卯[211年]曹操平關中。益州劉璋會劉備于葭萌。孫權自京口徙治秣陵。

壬辰[212年]曹操割河已北屬鄴。②孫權城石頭，改秣陵爲建業。

癸巳[213年]曹操以冀之十郡稱魏國公，加九錫。劉備攻劉璋于成都。孫權扞曹操于濡須。③

經世之酉二千二百四十二

甲午[214年]漢獻帝二十六年。曹操弑皇后伏氏及二皇子，④又破張魯米賊于漢中。劉備克成都，據有巴、蜀。孫權取劉備三郡。

乙未[215年]曹操以女上皇后，又平張魯于漢中。孫權、劉備連兵攻曹操。

丙申[216年]曹操進爵爲魏王，南伐吴。

丁酉[217年]曹操用天子服器。孫權稱表曹操，報以婚禮。

---

①「收」，四庫本作「牧」。
②「已」，四庫本作「以」。
③「扞」，四庫本作「捍」。
④「弑」，四庫本作「殺」。

戊戌[218年]少府耿紀、司直韋晃殺曹操不克，伏誅。操攻劉備，進攻漢中。

己亥[219年]劉備取曹操漢中，稱王。孫權取劉備荊州，稱牧。關羽死之。

庚子[220年]改元建康。曹操卒，子丕繼事。是年，丕代漢命于鄴，是謂文帝，改國曰魏，元曰黃初。降帝爲山陽公。葬太祖曹操于西陵。自鄴徙都洛陽。

辛丑[221年]魏郊祀天地。是年，劉備稱帝成都，建國曰蜀，元曰章武，諸葛亮爲相。孫權自建業徙都鄂，改鄂爲武昌。

壬寅[222年]魏加兵于吴。蜀伐吴不利，敗丁猇亭。是年，孫權稱王武昌，是謂文帝，建國曰吴，元曰黃武，通使于蜀，以脩前好。

癸卯[223年]蜀主備卒于白帝城，太子禪繼，是謂後主，改元建興。魏與蜀和親。

甲辰[224年]魏伐吴。

乙巳[225年]魏伐吴，治兵廣陵。①蜀諸葛亮平四郡蠻。

丙午[226年]魏帝丕終，太子叡嗣位，是謂明帝，司馬懿爲驃騎大將軍。

丁未[227年]魏改元太和，有事于南郊及明堂。蜀諸葛亮出師漢中。

戊申[228年]蜀諸葛亮圍魏陳倉。吴破魏石亭。

---

①「治」，原作「始」，據四庫本改。

己酉［229年］蜀克魏武都。吴孫權稱帝，改元黄龍，自武昌復徙都建業。

庚戌［230年］魏伐蜀，假司馬懿黄鉞。蜀諸葛亮攻魏天水。

辛亥［231年］蜀圍魏祁山。①

壬子［232年］蜀息軍黄沙。吴改元嘉禾。

癸丑［233年］魏改元青龍。蜀伐魏，師出褒斜。

甲寅［234年］魏南伐吴至于壽春，西伐蜀至于渭南。②蜀諸葛亮卒于師。吴伐魏，師出合肥。

是年，漢山陽公卒。

乙卯［235年］魏大起洛陽宫室，司馬懿爲太尉。蜀以蔣琬爲大將軍，專國事。

丙辰

丁巳［237年］魏改元景初。公孫淵以遼東叛，稱王。

戊午［238年］魏司馬懿平遼東。蜀改元延熙。吴改元赤烏。

己未［239年］魏明帝叡終，齊王芳繼，司馬懿及曹爽輔政。

庚申［240年］魏改元正始。

---

① 「祁山」，「祁」原作「岐」，據四庫本改。

② 「渭」，原作「魏」，據四庫本改。

辛酉［241年］吴全琮伐魏，軍出淮南。

壬戌［242年］蜀姜維伐魏，軍出漢中。

癸亥［243年］魏帝加元服。司馬懿伐吴至于舒。蜀蔣琬伐魏，軍出漢中。吴伐魏，軍出六安。

經世之戌二千二百四十三

甲子［244年］魏主芳五年。蜀主禪二十一年。吴主權二十三年。魏曹爽伐蜀無功。

乙丑［245年］蜀伐魏，費禕師出漢中。吴將馬茂作難，夷三族。

丙寅

丁卯［247年］魏曹爽專政，何晏秉機。司馬懿稱病。

戊辰［248年］蜀伐魏，費禕師出漢中。

己巳［249年］魏曹爽奉其君謁高平陵，太傅司馬宣王稱兵于内，夷大將軍曹爽及其支黨曹義、曹訓、曹彦、何晏、丁謐、鄧颺、畢軌、李勝、桓範、張當三族，①迎帝還宫，改元嘉平，復皇太后。懿加九錫，專國事。

庚午［250年］魏伐吴南郡。

---

① 「丁謐」，「謐」原作「謐」，據四庫本改。

辛未［251年］魏司馬懿宣王卒，子師繼事。吴改元太元。

壬申［252年］魏伐吴，不利。吴改元神鳳，權卒，子亮繼，改元建興。

癸酉［253年］吴、蜀伐魏。

甲戌［254年］魏亂，司馬師廢其君芳，立高貴鄉公髦，改元正元，師假黄鉞，專制，稱景王。蜀伐魏，姜維拔魏三城。吴改元五鳳。

乙亥［255年］魏司馬師伐吴，平淮南，還許昌卒，子昭繼事，①爲大將軍録尚書事，專制。蜀姜維敗魏軍于臨洮。吴孫峻敗魏于壽春。②

丙子［256年］魏改元甘露，大敗蜀軍于上邽。司馬昭稱文王，假黄鉞。吴改元太平，大將軍孫峻卒，國亂。

丁丑［257年］魏大將軍諸葛誕以揚州叛，入于吴。蜀伐魏，姜維師出洛谷。吴王亮始親政事。③

戊寅［258年］魏司馬昭伐吴，拔壽春，誅諸葛誕。蜀改元景耀，宦氏黄皓專政。吴亂，大將軍孫綝廢其君亮，立亮弟休，改元永安。綝作逆，伏誅。

己卯

---

①「子」，當爲「弟」。

②「魏」後，四庫本有「軍」字。

③「王」，四庫本作「主」。「政事」二字原脱，據四庫本補。

庚辰[260年]魏亂，司馬昭弑其君髦，立常道鄉公璜，改元景元。昭加九錫，稱晉國公，①專制。

辛巳

壬午[262年]魏鄧艾、鍾會伐蜀。

癸未[263年]魏滅蜀，徙其君于洛陽。蜀改元炎興，是年國亡。吴出軍壽春救蜀，不克。

甲申[264年]司馬昭進爵爲晉王，增郡二十，用天子服器，改元咸熙，以檻車徵鄧艾。鍾會以蜀叛。吴孫休卒，濮陽王興、中軍張布廢休子䨼，②立權廢子和之子皓，改元元興。皓立，誅興及布。

乙酉[265年]魏司馬昭卒，子炎繼事。是年，炎代魏命，是謂武帝，改國爲晉，元曰太始。降其君璜爲陳留王，徙于鄴。吴徙都武昌，改元甘露。

丙戌[266年]吴改元寶鼎，復還建業。

丁亥[267年]晉立子衷爲皇太子。

戊子[268年]吴伐晉。

己丑[269年]吴改元建衡，南伐交阯。③

---

① 「晉國公」，「晉」原作「進」，據四庫本改。

② 「䨼」，四庫本作「而」。

③ 「阯」，四庫本作「趾」。後同。

庚寅[270年]吴孫秀奔晉。

辛卯[271年]吴平交阯。蜀劉禪卒于晉。

壬辰[272年]晉賈充以女上太子妃，遂爲司空。吴改元鳳凰。

癸巳[273年]晉何曾爲司徒。吴師寇晉弋陽。

經世之亥二千二百四十四

甲午[274年]晉武帝十年。吴主皓十年。①晉分幽州，城平州。

乙未[275年]晉改元咸寧。吴改元天册。②

丙申[276年]晉東西夷十七國内附。吴改元天璽。③

丁酉[277年]晉四夷内附。吴改元天紀，將邵凱、夏祥逃入于晉。

戊戌[278年]吴劉翻、祖始逃入于晉。

己亥[279年]晉命賈充督楊渾、瑯琊王伷、王渾、王戎、胡奮、杜預、唐彬、王濬七將兵二十萬伐吴。是年汲人發魏襄王塚，得書七十五卷。

庚子[280年]晉平吴，徙孫皓于洛陽，改元太康。

①「主」，四庫本作「王」。
②「册」，四庫本作「璽」。
③四庫本無「改元天璽」四字。

辛丑
壬寅［282年］東西夷二十九國修貢。山濤爲司徒，衛瓘爲司空。賈充卒。
癸卯［283年］孫皓卒。魏舒爲司徒。
甲辰
乙巳
丙午
丁未
戊申
己酉［289年］汝南王亮爲司馬，假黄鉞。
庚戌［290年］改元太熙。武帝崩，太子衷踐位，是謂惠帝，册妃賈氏爲皇后，改元永熙。葬武帝于峻陵。王渾爲司徒，何劭爲太師，裴楷爲少師，和嶠爲少保，王戎爲少傅，衛瓘爲太保，石鑒爲司空。
辛亥［291年］改元永平。①皇后賈氏專制，夷十二大臣族，太傅楊駿、太保衛瓘、汝南王亮

①「永平」，四庫本作「元康」。

皆被戮焉。廢太后楊氏爲庶人，徙之金墉。遣諸王就國。改元元康。趙王倫爲大將軍。①

壬子［292年］賈氏弑皇太后楊氏于金墉。②

癸丑

甲寅

乙卯［295年］武庫火。

丙辰［296年］張華爲司空。秦雍寇亂。齊萬年稱兵涇陽，楊茂搜稱兵百頃。

丁巳［297年］王戎爲司徒，何劭爲僕射。

戊午

己未［299年］賈后廢皇太子遹爲庶人，及其二子送之金墉。裴頠爲僕射。

庚申［300年］改元永康。皇后賈氏徙皇庶人于許昌，殺之。趙王倫、梁王肜廢皇后賈氏爲庶人，送金墉，殺之，誅宰相張華及僕射裴頠、侍中賈謐，又誅嵇康、吕安、石崇、潘岳于東市。

---

①「大將軍」，四庫本作「征西將軍」。

②「氏」，四庫本作「后」。

倫假黄鉞，①稱相國，②專制，以彤爲太宰，册羊氏爲皇后。賈氏黨趙廞以成都叛。③流人李特殺趙廞于成都。張軌以涼州叛。

辛酉［301年］趙王倫竊命，徙帝于金墉，改元建始。齊王冏、成都王穎、河間王顒兵入誅趙王倫及其黨，迎帝反正。冏大司馬，專制，以穎爲大將軍，顒爲太尉，改元永寧。

壬戌［302年］長沙王乂、河間王顒、成都王穎、新野王歆、范陽王虓兵入誅齊王冏，送其族于金墉，殺之。乂稱太尉，專制，改元太安。流人李特以六郡稱牧廣漢。④

癸亥［303年］河間王顒、成都王穎、東海王越執長沙王乂，送之金墉，殺之。顒稱太宰，專制于長安。陸機、陸雲兵死。石冰以徐、揚亂。⑤李特攻成都不克，死，子雄繼。

以運經世之九　觀物篇之三十二

經元之甲一

① 「假」，原誤作「解」，據四庫本改。
② 「相國」，四庫本作「國相」。
③ 「趙廞」，「廞」原作「欽」，據四庫本改。下同。
④ 「牧」，四庫本作「兵」。
⑤ 「石冰」，「冰」原作「水」，據四庫本改。「徐揚」，四庫本作「楊徐」。

經會之午七

經運之辛一百八十八

經世之子二千二百四十五

經世之子二千二百四十五

甲子［304年］晉惠帝十四年。河間王顒廢皇后羊氏及皇太子覃，徙之金墉。表成都王穎爲太弟，加九錫，鎮鄴。改元永安。右衛將軍陳軫復羊氏皇后及覃太子，大會司徒王戎及東海王越、高密王簡、平昌公模、吴王晏、豫章王熾、襄陽王範、左僕射荀藩八部兵，奉帝北伐鄴，師敗于湯陰，嵇紹死之。帝如北軍。穎以帝歸鄴，改元建武。顒將張方入洛，復廢皇后羊氏及覃太子。安北將軍王浚、東瀛公騰以烏丸攻鄴，①穎師敗，帝還洛陽。河間王使張方徙帝西都長安，亦復羊氏皇后及永安年號，廢穎太弟，②以豫章王熾爲太弟，改元永興，王戎豫朝政。始分東西臺。是年，李雄逐羅尚于成都，稱王。單于左賢王劉淵稱王離石，國曰漢，元曰元熙。

乙丑［305年］東海王越嚴兵徐方。范陽王虓抗師許昌。成都王穎擁兵河北。③河間王顒又復

①「丸」後，四庫本有「兵」字。

②「穎」前，四庫本有「廢」字據四庫本補。

③「河」後，四庫本有「間」字

廢羊氏皇后，以穎爲大將軍，都督河北。虓、越將周權入洛，又復羊氏皇后。洛陽令何喬殺周權，又廢羊氏皇后。虓、越攻穎不已，①穎敗，棄鄴走洛陽。虓、越攻洛陽，穎奔顒于長安。漢劉淵攻晉劉琨于板橋，不利。

丙寅[306年]東海王越、范陽王虓兵攻長安，河間王顒、成都王穎走南山。虓、越將祁弘、宋胄以帝東還洛陽，復以羊氏爲皇后，改元光熙。越稱太傅。録尚書事，專制。虓爲司空，卒，越遂弒帝，立太弟熾，是謂懷帝。引温羨爲司徒，王衍爲司空。顒、穎野死。李雄稱帝成都，國曰蜀，元曰太武，謂之後蜀。

丁卯[307年]晉改元永嘉。東海王越稱大丞相，鎮許昌。以后父梁芬爲太尉。成都王黨汲桑陷鄴。王彌稱兵青、徐。漢劉淵破晉河東諸郡。晉劉琨獨保晉陽。

戊辰[308年]劉淵稱帝蒲子，改元永鳳，拔晉平陽，居之。王彌、石勒附于漢。石勒攻常山，王彌攻洛陽，焚建春門。

己巳[309年]東海王越入洛，殺大臣十餘人，以左僕射山簡征東南大將軍，②都督荆州，南鎮襄陽。③漢劉淵改元河瑞。石勒兵出鉅鹿，王彌兵出上黨，劉聰兵出壺關，同攻晉洛陽。

---

① 「越」後，四庫本有「兵」字。
② 四庫本無「南」字。
③ 「襄陽」「陽」字據四庫本補。

庚午[310年]東海王越徵兵天下，諸侯咸無從者，自率兵出許昌。漢劉淵卒，子和繼，弟楚王聰殺和代立，①改元光興，以北海王義爲皇太弟，劉曜爲相國，石勒爲大將軍。

辛未[311年]天下亂。晉詔兖州苟晞會諸侯兵伐許昌，會東海王越卒，乃止。是年，洛陽陷，王衍爲石勒獲，②王師十二敗，帝及傳國六璽皆没于寇，長安亦陷，南陽王模亦没于寇。漢劉曜、王彌、石勒拔晉洛陽，俘其帝于平陽，改元嘉平。劉曜拔晉長安，保之。石勒害王彌于己吾而并其衆。蜀李雄拔晉梓潼及涪城，改元玉衡。

壬申[312年]晉懷帝在平陽，賈疋逐劉曜于長安三輔，與閻鼎、梁芬、梁綜、麴允、麴特奉秦王鄴爲皇太子，③以入長安。鎮東將軍瑯琊王睿帥亡衆大集壽春。苟晞保蒙城不利，降于石勒。劉琨保晉陽不利，奔常山。拓跋猗盧以兵六萬來救，大敗劉曜、劉粲于狼孟，④劉琨復保陽曲。漢劉聰納劉殷女二人爲皇后，孫四人爲貴妃，拔晉太原，復失之。

癸酉[313年]晉懷帝死于平陽，皇太子鄴稱帝長安，是謂愍帝，改元建興，以梁芬爲司徒，麴允爲使持節領軍、録尚書事，索綝爲尚書左僕射，瑯琊王睿爲左丞相、都督陝東諸軍事，南陽王保爲

---

① 「弟」，四庫本作「叔」。
② 「石勒獲」，四庫本作「軍帥」。
③ 「鄴」，原作「業」，據四庫本改。下同。
④ 「孟」，四庫本作「猛」。

右丞相、都督陝西諸軍事。山東郡縣悉陷于寇，漢石勒鎮襄國。曹嶷攻下三齊，據有廣固。

甲戌[314年]晉以瑯琊王睿爲大司馬，荀組爲司空，①劉琨爲大將軍，封涼州張軌爲太尉。西平郡王軌卒，子寔繼，稱西河王，國曰涼，元曰永興，城姑臧，是謂前涼。漢劉聰立三皇后，改元建元。劉曜圍晉長安，石勒圍晉幽州。

乙亥[315年]晉進左丞相、瑯琊王睿大都督中外軍事，②右丞相、南陽王保爲相國，司空荀組爲太尉，大將軍劉琨爲司空。陶侃平江表，獲杜弢。漢劉聰立皇星后，③授石勒專命俾征伐。④勒拔晉濮陽。

丙子[316年]晉長安陷于寇，帝出降于豆田中。漢劉曜拔晉長安，俘其帝于平陽，改元麟嘉。石勒拔晉太原。劉琨走幽州，依段匹磾。

丁丑[317年]晉帝在平陽。瑯琊王睿渡江，稱晉王于建康，元曰建武。以西陽王羕爲太尉，⑤王敦爲大將軍，王導都督中外。帝死于平陽。

---

① 「荀組」，原作「苟祖」，據四庫本改。下同。
② 「軍」前，四庫本有「諸」字。
③ 「皇」，原作「星」，據四庫本改。
④ 「伐」後，四庫本有「晉」字。
⑤ 「羕」，原作「羲」，四庫本作「業」，《資治通鑑》卷九〇改。

戊寅［318年］晉王睿稱帝建康，①改元大興，②以子紹爲太子，是謂東晉元帝。劉琨爲段匹磾所害。王敦稱牧荆州，王導開府建康。漢劉聰卒，子粲繼，改元漢昌，將靳準殺粲，代立。相國劉曜自長安入至赤壁稱帝，改元光初，加大將軍，勒九錫，封趙國公。國人誅靳準以迎曜。

己卯［319年］晉南陽王保保祁山，稱晉王。漢劉曜還長安，改國曰趙，是謂前趙，殺石勒使者王循。石勒稱王襄國，國曰趙，元曰趙王，③是謂後趙，以張賓爲之相，號大執法，以弟虎爲之將，號元輔。

庚辰［320年］晉南陽王保走桑城，死。涼亂，張茂殺寔，代立，改元永和。④

辛巳［321年］晉王導爲司空。⑤幽州陷，段匹磾没于石勒。鮮卑慕容廆受晉持節，都督遼東、遼西。

壬午［322年］晉改元永昌。大將軍王敦以武昌叛，破石頭，稱丞相，⑥都督中外。太保西陽王羕

---

① 「帝」後，四庫本有「于」字。
② 「大」，四庫本作「太」。
③ 四庫本無「王」字。
④ 自「涼亂」至句末，四庫本作「涼亂，殺張寔，寔弟茂代領其衆」。
⑤ 「空」後，四庫本有「録尚書事」四字。
⑥ 「稱」，四庫本作「自爲」。

進位太宰，加司空。王導進位尚書令。石虎寇太山。梁碩以淮陰叛。①帝憂憤死，皇太子紹嗣位，是謂明帝。石勒拔劉曜河南。

癸未[323年]晉改元太寧。王敦假黄鉞。劉曜、石勒皆入寇。趙劉曜拔晉陳安，收隴城、陜城及上邽。②趙石勒滅晉曹嶷于廣固。涼張茂稱藩于前趙。

甲申[324年]晉王敦寇江寧，帝御六軍敗敦于越城，敦死于蕪湖。王導爲太宰。③蜀李雄以兄之子班爲太子。涼張茂卒，兄子駿立，改元太元。④

乙酉[325年]晉以子衍爲皇太子。石勒入寇，以陶侃爲征西大將軍，都督荆、湘、梁、雍。明帝終，太子衍嗣位，是謂成帝，太后庾氏稱制，司徒王導録尚書事，同中書令庾亮關政。⑤遼西亂，段遼弑其主自立。趙石勒拔晉司、兖、豫三州及劉曜新安、許昌。⑥

丙戌[326年]晉改元咸和。進王導大司馬，假黄鉞，都督中外軍事。蜀李雄攻進涪城。⑦趙石

①「碩」，原作「顧」，據四庫本改。
②「陜城」前，四庫本作「陜西城」。
③「宰」，四庫本作「保」。
④「太元」，四庫本作「太光」。
⑤「關」，四庫本作「輔」。
⑥「兖」，原作「衮」，據四庫本改。
⑦「進」，四庫本作「晉」。

勒攻晉汝南。

丁亥[327年]晉豫州祖約、歷陽蘇峻、彭城王雄、章武王休連兵犯建業，司馬流距戰不克，死于慈湖。

戊子[328年]晉蘇峻敗王師于西陵，①入宮，稱驃騎將軍，録尚書事，徙帝于石頭。虞潭與庾冰、王舒稱義三吴，②會征西將軍陶侃、平南將軍温嶠、平北將軍魏該，③圍峻白石，④滅之。峻弟逸代，總其衆。韓晃寇宣城。祖約奔石勒。勒大敗劉曜於洛陽，獲之，遂滅前趙，用徐光爲中書令。

己丑[329年]晉蘇逸據石頭，⑤帝野次。滕含敗逸于石頭，逸退保吴興。王允之敗逸于溧陽，⑥滅之。趙石生進收長安，石虎破上邽，殺劉熙、劉胤三千人，進平隴右。

庚寅[330年]晉陸玩、孔愉爲左右僕射，⑦起新宫于苑。陶侃擒郭默于尋陽。蜀李雄攻晉巴

---

① 「王」，四庫本作「内」。
② 四庫本無「與」字。
③ 「北」，原作「比」，據四庫本改。
④ 「峻」後，四庫本有「于」字。
⑤ 「據」，四庫本作「拔」。
⑥ 「王允之」，「之」字，據四庫本補。「溧陽」，「溧」原作「漂」，據四庫本改。
⑦ 「玩」原作「阮」，據四庫本改。下同。

東。涼張駿稱藩于石勒。趙石勒稱帝，自襄國徙都鄴，改元建平。

辛卯[331年]晉以陸玩爲尚書令。

壬辰[332年]晉徙居新宮，①進太尉陶侃大將軍。趙石勒卒，子弘繼，改元延熙，加石虎九錫，專政，稱丞相魏王，殺中書令徐光及右長史程遐。

癸巳[333年]晉遼東公慕容廆卒，子皝繼。蜀李雄卒，子班繼，叔父壽專政。趙亂，石堪出奔譙城，②石朗稱兵洛陽，石生抗軍長安，石虎咸滅之。

經世之丑二千二百四十六

甲午[334年]東晉成帝九年。蜀李班爲庶兄越所殺，立雄子期，改元玉恒，越專政。涼張駿受晉大將軍命。

乙未[335年]晉改元咸康。石虎入寇，假大司馬王導黄鉞，出兵戍慈湖、牛渚、蕪湖。趙亂，石虎殺弘代立，稱攝天王，改元建武。

丙申

丁酉[337年]鮮卑慕容皝稱王遼東。趙石虎稱趙天王。③

---

①「宮」，原作「官」，據四庫本改。
②「堪」，原作「弘」，據四庫本改。
③「趙」，原作「正」，據四庫本改。

戊戌[338年]單于冒頓拓跋什翼犍稱王定襄，國曰代，元曰建國。蜀亂，李壽自漢中入，殺期代立，改國爲漢，元曰漢興。慕容皝攻後趙。

己亥[339年]晉王導卒。伐蜀。

庚子[340年]晉陸玩爲司空。遼東慕容皝獻伐石虎之捷。漢李壽拔晉丹州。

辛丑[341年]晉慕容皝求爲假燕王，徙居和龍。

壬寅[342年]晉成帝崩，母弟瑯琊王岳立，是謂康帝。封成帝二子，丕爲瑯琊王，奕爲東海王。①中書監庾冰、中書令何充、尚書令諸葛恢輔政。②漢李壽卒，子勢繼，改元太和。

癸卯[343年]晉改元建元。

甲辰[344年]晉康帝崩，太子聃繼，③是謂穆帝，太后稱制。趙石虎伐涼不利，伐燕有功。

乙巳[345年]晉改元永和。會稽王昱録尚書六條事，④專政。

丙午[346年]晉桓温伐蜀。漢李勢平李弈，改元嘉寧。涼張駿卒，子重華繼，改元永樂。趙石虎攻涼金城。

---

①「奕」，原作「弈」，據四庫本改。
②「尚書令」，四庫本作「參録尚書事」。
③「聃」，四庫本作「冊」。
④「昱」下，四庫本有「爲撫軍大將軍」六字。

丁未[347年]晉桓温滅蜀，徙李勢于建康。蜀復亂，范賁稱帝成都。涼張重華敗石虎于枹罕。①趙石虎攻晉竟陵。

戊申[348年]晉桓温爲征西大將軍，入長安，至于灞上。遼東慕容皝卒，子儁繼。

己酉[349年]晉平蜀亂。鮮卑慕容儁稱王遼東，②國曰燕，元曰燕元，是謂前燕。趙石虎稱帝，改元大寧。③虎卒，子世繼，張豺爲相，專制。内難作，石遵自關右入，殺世及張豺代立。石冰自薊門入，殺遵不克。石閔殺遵，立石鑒，改元青龍，閔稱大將軍，專政。苻洪稱兵廣川。④

庚戌[350年]趙石鑒殺大將軍閔及李農不克，閔殺鑒代立，復姓冉氏，改國曰魏，元曰永興，大滅石氏宗室。鑒弟祗稱帝襄國，以將劉顯南攻冉氏不克，殺祗以降。閔破襄國，誅顯，滅其族。將苻健自枋頭入關，⑤逐杜洪于長安，據之。將魏統以兖州、冉遇以豫州、樂弘以荆州、鄭系以洛州入于晉。⑥劉淮以幽州入于燕。燕南略地至幽、冀。

---

①「枹」，原作「抱」，據四庫本改。
②「儁」，四庫本作「雋」。
③「大」，四庫本作「太」。
④「苻」，原作「符」，據四庫本改。
⑤「苻健」，原作「符健」，據四庫本改。下同。
⑥「弘」，四庫本作「引」。

辛亥［351年］趙將周成以廩丘、高昌以野王、樂立以許昌、李歷以衛州請附于晉。劉啓、姚弋仲亦奔于晉。魏冉閔攻燕不利，死，國亡。石虎將苻健稱天王于長安，國曰秦，元曰皇始，是謂前秦。敗晉軍于五丈原。燕慕容儁南伐魏，滅冉閔于昌城。

壬子［352年］晉武陵王晞爲太宰，會稽王昱爲司徒，大將軍桓温爲太尉。魏冉智以鄴降。燕慕容儁稱帝，自和龍徙居中山，改元天璽。秦苻健稱帝長安。

癸丑［353年］涼、秦相攻。涼張重華卒，子耀靈繼，①伯父祚殺耀靈代立，改元和平。②

甲寅［354年］晉太尉桓温伐秦至灞上，秦苻健敗晉軍于白鹿原，又敗之于子午谷。

乙卯［355年］晉將段龕敗燕軍于狼山。右軍王羲之辭官歸。涼宋混、張瓘殺張祚，立耀靈弟玄靚，改元太始。燕南攻晉，不利。秦苻健卒，子生繼。

丙辰［356年］晉桓温敗姚襄軍于伊水，遂復洛陽。秦苻生改元壽光。③

丁巳［357年］晉改元升平，帝加元服，王彪之爲左僕射。燕改元光壽，自中山徙都鄴。秦苻生虐用其人，雄子堅殺生代立，去帝稱天王，改元永興，以王猛、吕婆樓、强汪、梁平老爲之輔。④

---

①「耀」，四庫本作「曜」，下同。
②「和」，原作「永」，據四庫本改。
③「光」，四庫本作「元」。
④「汪」，原作「注」，據四庫本改。

戊午[358年]晉將馮鴦以衆入于燕。燕拔晉上黨。

己未[359年]晉伐燕不利,燕敗晉于東阿。秦改元甘露,以王猛爲中書令,尹京兆。

庚申[360年]晉仇池公楊俊卒,子世繼。燕慕容儁卒,子暐繼,改元建熙,慕容恪爲太宰,專政,慕容評爲太傅,慕容根爲太師,慕容垂爲河南大都督。根作逆,伏誅。

辛酉[361年]晉穆帝終,立成帝子瑯琊王丕,是謂哀帝。

壬戌[362年]晉改元隆和。燕師攻晉洛陽。

癸亥[363年]晉改元興寧。桓温爲大司馬,假黄鉞,都督中外軍事,北伐。涼張天錫殺玄靚代立,①改元太清。燕將慕容評攻晉許昌。

經世之寅二千二百四十七

甲子[364年]東晉哀帝三年。餌丹有疾,太后稱制。燕、秦入寇洛陽。

乙丑[365年]晉哀帝終于餌丹,母弟瑯琊王奕立。洛陽陷于燕。司馬勳以梁州叛,稱成都王。秦改元建元。匈奴二右賢王以朔方叛,平之。②

丙寅[366年]晉改元太和。會稽王昱爲丞相。燕、秦入寇。涼張天錫受晉命大將軍,都督隴

① 「張」,原作「帥」,據四庫本改。
② 「二」,四庫本作「左」。

右。燕拔晉魯郡，秦拔晉南鄉。

丁卯［367年］燕攻晉竟陵，秦攻晉涼州。

戊辰［368年］秦苻雙以上邽、苻柳以蒲坂叛，①王猛悉平之。

己巳［369年］晉大司馬桓温北伐燕不利，歸罪袁真，袁真以壽陽入于燕。燕大將慕容垂敗晉師于枋頭，以衆降秦，評害功故也。秦救燕有功，取燕之金墉，責無信也。

庚午［370年］晉壽陽袁真卒，子瑾繼。桓温敗瑾于壽陽。廣漢及成都寇亂。王猛滅燕于鄴，徙慕容暐于長安，收郡五十七，猛留鎮鄴。

辛未［371年］晉桓温平壽陽，獲袁瑾以歸，廢其君奕爲海西王，立會稽王昱，改元咸安，是謂文帝，温稱丞相，鎮姑熟，專制，殺太宰武陵王晞、新蔡王晃，仍降海西王爲公及害其二子與母。

壬申［372年］晉命百濟餘句爲鎮東將軍，②領樂浪守。庾希以海陵叛，入于京口。文帝昱終，子曜嗣，是謂武帝，桓温還姑熟。秦王猛平慕容桓于遼東，滅仇池公楊纂于秦州。

癸酉［373年］晉改元寧康。大司馬桓温卒，太后稱制，王彪之爲尚書令，謝安爲尚書僕射，專

---

①「柳」，原作「抑」，據四庫本改。「坂」，四庫本作「阪」。

②「百」，原作「苗」，據四庫本改。

政。張天錫貢方物。秦拔晉成都及梓潼。

甲戌[374年]晉桓石破秦軍于墊江。張育稱王于蜀，秦復平之。

乙亥[375年]秦大將軍王猛卒。

丙子[376年]晉改元太元，帝加元服。①皇太后委政桓沖，桓豁爲將軍，謝安爲尚書，監録尚書事。秦滅前涼，徙張天錫于姑臧，又平朔方，獲拓跋什翼犍，②徙之長安。

丁丑[377年]晉、秦二國抗衡天下。

戊寅[378年]晉作新宫。

己卯[379年]晉敗秦軍于淮南，秦拔晉襄陽。③

庚辰[380年]晉李遜以交阯叛。秦苻洛以和龍叛。

辛巳[381年]晉謝石爲尚書僕射，桓石攻秦有功。四夷六十二國脩貢于秦。

壬午

癸未[383年]晉伐蜀，敗秦軍于武當。秦苻堅舉國南伐，晉謝安帥謝琰、謝玄、桓沖、桓伊大敗秦

---

① 四庫本據無「帝」字。

② 「拓」，原作「托」，據四庫本改。下同。

③ 「秦拔晉襄陽」，四庫本作「遂拔秦襄陽」。

師于肥水，進圍洛陽。秦苻堅喪師壽春，①苻融没于戰，②諸將咸叛。慕容垂稱王滎陽，北居中山，國曰燕，元曰燕元，是謂後燕，攻苻丕于鄴。丁零翟真以行唐叛。③仇池楊世入于晉。④

甲申［384年］晉假謝安黄鉞，都督軍事，鎮廣陵，⑤領荆南十五州，復襄陽。秦苻朗以青州降。秦苻堅來乞師，遣劉牢之救鄴。秦將姚萇稱王萬年，國曰秦，元曰白雀，是謂後秦。慕容沖稱王阿房，慕容泓稱王華池，慕容永稱王長子，吕光稱王酒泉。萇、沖兵互逼長安。⑥燕北伐高句麗，復遼東故也。

乙酉［385年］晉謝安救秦，至于長安，復洛陽以還，卒。秦苻堅没于姚萇，子丕自鄴攻晉陽，稱帝，改元太安。慕容沖屠長安。秦將乞伏國仁稱牧洮罕，⑦國曰秦，元曰建義，是謂西秦。燕慕容垂南平鄴，徙都之。秦姚萇獲苻堅于五將山，歸殺之于新平。⑧是年，冒頓拓跋什翼

① 「春」，四庫本作「陽」。
② 「苻」前，四庫本有「秦」字。
③ 「丁零」，原作「句町」，據四庫本改。後同。
④ 「池」後，四庫本有「公」字。
⑤ 「鎮」，原作「領」，據四庫本改。
⑥ 「兵互逼」，四庫本作「稱兵進逼」。
⑦ 「洮罕」，四庫本作「秦河二州」。
⑧ 「平」，四庫本作「市」。

珪稱王定襄之成樂，國曰魏，元曰登國，是謂後魏道武皇帝。

丙戌[386年]秦苻丕爲慕容永所敗，走晉東垣，①爲晉將馮該所殺，其衆奔杏城。苻登稱帝隴東，②改元太初。苻堅將吕光稱牧姑臧，國曰涼，元曰太安，是謂後涼。燕慕容垂稱帝于鄴，改元建興。慕容沖爲將段隨、韓延所害，③其衆奔垂。慕容永稱帝長子。秦姚萇稱帝，徙居長安，改元建初。

丁亥[387年]晉以子德宗爲太子，敗翟遼于洛口。秦苻登東攻姚萇，封乞伏國仁爲苑川王。

戊子[388年]秦苻登攻姚萇，不利。秦乞伏國仁卒，弟乾歸立，稱河南王，改元太初，徙都金城。

己丑[389年]晉陸納爲尚書令。彭城妖賊亂。翟遼圍滎陽。秦姚萇西攻苻登。涼吕光稱三河王，改元麟嘉。

庚寅[390年]晉敗翟遼于滑臺，永嘉寇亂。秦苻登攻姚萇，不利。

辛卯[391年]晉王珣爲左僕射，謝琰爲右僕射。

壬辰[392年]晉蔣喆以青州亂。慕容垂平丁零翟釗于滑臺。西秦乞伏乾歸開地至巴及隴。

癸巳[393年]秦苻登攻姚萇，不利。秦姚萇卒，子興繼，去帝稱王。

---

① 「坦」，原作「桓」，據四庫本改。
② 「帝」後，四庫本有「于」字。
③ 「段隨韓延」，原作「段木延」，據四庫本改。

經世之卯二千二百四十八

甲午［394年］東晉孝武帝二十二年。後魏道武皇帝十年。秦苻登攻姚興不利，戰死，子崇立，奔湟中，稱帝，改元延初，爲乞伏乾歸所滅。燕慕容垂平慕容永于長子。秦姚興復稱帝槐里，①改元皇初。涼呂光徙居樂都。

乙未［395年］燕慕容垂攻魏不利，魏破燕師于黍谷。②

丙申［396年］晉武帝泛舟于泉池，没，太子德宗嗣位，是謂安帝，會稽王道子專政。燕慕容垂拔魏平城，垂卒于上谷，子寶繼，改元永康。太原陷于魏，魏拔燕并州，圍中山，稱帝，改元皇始。涼呂光稱天王，改元龍飛。

丁酉［397年］晉改元隆安。兖州王恭、豫州庾楷、吴郡王欽各以城叛。燕慕容寶北走龍城，慕容詳稱帝中山，慕容麟殺詳代立，③慕容德自丁零入，④又殺麟代立，徙居鄴。中山陷于魏。呂光寇西秦，自金城復徙居苑川。涼呂光將禿髮烏孤稱王廉川，國曰涼，元曰太初，是謂南涼。涼呂光將沮渠蒙遜立段業爲牧于張掖，國曰涼，元曰神璽，是謂北涼。

① 「槐」，四庫本作「魏」。
② 「黍谷」，四庫本作「參合陂」。
③ 「麟」，原作「普隣」，據四庫本改。下同。
④ 「德」，原作「賀隣」，據四庫本改。

戊戌［398年］晉北伐燕，師敗于管城。兖州王恭、豫州庾楷、荆州殷仲堪、廣州桓玄兵犯建業，敗内師于白石。假會稽王道子黄鉞，玄師敗走潯陽。杜炯以京口亂。①燕慕容寶南伐，至于黎陽乃復，將蘭汗殺寶代立于龍城，稱昌黎王，改元青龍，寶子盛誅蘭汗，稱王，改元建平，稱帝，再改元長樂。鄴陷于魏，范陽王慕容德自鄴南走滑臺，稱王，改元上元，②是謂南燕。魏拔燕之鄴及信都，改元天興，自盛樂徙居平城。涼秃髮烏孤克金城，敗吕光于街亭，稱武威天王。

己亥［399年］秦姚興拔晉洛陽。燕慕容德拔晉青州。仇池楊盛稱藩于晉。妖賊孫恩陷晉會稽，晉謝琰、劉牢之往伐，劉裕始參軍政。秦姚興去帝號稱王，改元弘始。魏南攻滑臺。涼吕光傳子紹位，稱太上皇。光卒，兄篡殺紹代立。③涼秃髮烏孤徙居樂都，烏孤卒，弟利鹿孤立，又徙居西平，仍附于姚興。涼段業稱天王，改元天璽，大將沮渠蒙遜出守西安。燕慕容德逐辟閭渾于廣固，徙居之，滑臺没于魏。

庚子［400年］晉司馬劉裕敗孫恩于臨海，以揚州元顯爲十六州都督。燕慕容盛去帝號，稱庶人

---

①「炯」，四庫本作「冏」。
②「上元」，四庫本作「年」。
③「弘」，四庫本作「洪」。

天王,①破高句麗。秦姚興破西秦,俘其王乞伏乾歸于長安。涼呂篡改元咸寧,大司馬呂弘殺篡不克。②涼利鹿孤改元建和。涼將李暠稱牧秦州,國曰涼,元曰庚子,是謂西涼。燕慕容德稱帝廣固,改元建平。

辛丑[401年]晉平孫恩,劉裕出守下邳。燕慕容盛將段璣行弒盛,叔父熙誅璣稱帝,改元光始。秦姚興放乞伏乾歸還苑川。涼呂超弒其君篡,③立其兄隆,改元神鼎,稱藩于姚興。涼秃髮利鹿孤稱西河王。涼大將沮渠蒙遜自西安入,殺段業,代立,改元永安。

壬寅[402年]晉改元元興。桓玄據荆州,建牙夏口。假揚州元顯黄鉞,顯軍敗,玄入于建業,稱侍中丞相録尚書事,又稱太尉,總百揆。乃殺都督元顯及會稽王道子,以瑯琊王德文爲太宰,改元大亨。劉軌以冀州叛。④秦姚興伐呂光有功,拒魏不利,魏敗秦軍于蒙坑。涼秃髮利鹿孤卒,弟傉檀立,⑤改元弘昌,徙居樂都。涼沮渠蒙遜稱藩于姚興。

癸卯[403年]晉加桓玄九錫,稱相國、楚王,用天子器服。玄竊命,徙其帝于永安宫,降爲平固

---

①「天王」,原作「大」,據四庫本改。
②「弘」,四庫本作「宏」。
③「弒」,四庫本作「殺」。
④「冀」,原作「翼」,據四庫本改。
⑤「檀」,原作「擅」,據四庫本改。下同。

王，遷之潯陽，改國曰楚，元曰永始。①

甲辰[404年]晉帝在潯陽。劉裕唱義，帥沛國劉毅、東海何無忌二州兵大破桓玄兵于京口，又敗玄將桓弘于廣陵、吴甫之于江乘、皇甫敷于羅落。玄逼帝走江陵，裕又敗玄兵于溢口。玄復逼帝東下，裕又敗玄兵于崢嶸洲，又破之于覆舟山，迎帝入江陵。玄敗死于枚洄洲，其將桓振復陷江陵，幽帝。譙縱以成都叛，稱王。秦姚興入十二郡脩好，②貢于晉。魏改元天錫。涼吕隆奔姚興，國亡。涼傉檀去年號，求姑臧於姚興。燕慕容德卒，兄之子超立。

乙巳[405年]晉平桓振。帝自江陵還建業，改元義熙。劉裕都督中外，録尚書事，還鎮丹徒。涼傉檀受姚興命，徙姑臧。燕慕容超改元太上。涼李暠徙居酒泉，改元建初，稱藩于晉。

丙午[406年]晉伐蜀，敗譙縱于白帝。孔安國爲尚書左僕射，大將軍劉裕開府京口。仇池楊盛稱藩。燕慕容超三將奔晉。③燕慕容熙將馮跋殺熙，立慕容雲，復姓高氏，稱王，改元正始。秦姚興將赫連勃勃稱天王于朔方，國曰夏，元曰龍昇。

丁未[407年]晉劉裕入朝，殺東陽太守殷仲文、南蠻校尉殷叔文、晉陵太守殷道叔、永嘉太守駱

---

① 「永」，四庫本作「光」。
② 四庫本無「好」字。
③ 「將」，原作「軍」，據四庫本改。

球。①姚興攻秃髮傉檀及赫連勃勃。乞伏乾歸復稱王苑川，改元更始。涼秃髮傉檀攻沮渠蒙遜及赫連勃勃。

戊申［408年］晉劉裕入總朝政，北敗慕容超于臨朐，出大峴，進圍廣固。魏國亂，后萬人同子申弑其君珪，②次子紹誅萬人及申，自立，是謂明帝。《魏史》云：賀夫人及子紹弑珪。③秦乾歸南攻姚興。涼傉檀復稱王姑臧，改元嘉平。夏勃勃南攻姚興。

己酉［409年］晉劉裕滅南燕，徙慕容超于建業。後燕國亂，將馮跋用幸臣離班殺雲，④代立，稱天王，改元太平，是謂北燕。魏改元永興。秦乾歸平枹罕。⑤夏赫連攻姚興。⑥

庚戌［410年］晉始興賊盧循兵寇建業，劉裕大破之，循走潯陽，再破之于豫章。裕假黄鉞。蜀兵陷巴東。秦乞伏乾歸〔爲〕兄之子公府所殺，⑦子熾磐誅公府而自立，⑧改元永康。涼沮渠蒙遜攻李暠有功。夏赫連勃勃攻姚興不利。

---

①「球」，四庫本作「求」。
②「弑」，四庫本作「殺」。
③「夫」，四庫本作「大」。「紹」，四庫本作「如」。
④「將」前，四庫本有「苻」字。
⑤「枹」，原作「抱」，據四庫本改。
⑥「連」後，四庫本有「勃勃」二字。
⑦「爲」字據四庫本補。按：據《資治通鑑》卷一一六記載，乞伏乾歸死當爲壬子年六月事。
⑧「磐」，原作「盤」，據四庫本改。後同。

辛亥[411年]晉劉裕南攻盧循。①盧循走交州，死。劉毅以江陵叛。涼沮渠蒙遜攻秃髮傉檀，有功。夏赫連勃勃攻姚興，不克。

壬子[412年]晉劉裕殺劉藩及謝琨，遂平劉毅于江陵。涼傉檀徙居樂都，姑臧陷于沮渠蒙遜。涼蒙遜拔秃髮傉檀姑臧，徙居之，稱西河王，改元玄始。②

癸丑[413年]晉朱齡石平蜀。魏改元神瑞，與秦姚興和親。秦熾磐破土谷渾于澆河。涼傉檀攻蒙遜，不利。夏改元鳳翔，城統萬。③

甲寅[414年]秦乞伏熾磐滅南涼秃髮傉檀。

乙卯[415年]晉荆州刺史司馬休之、雍州刺史魯宗之叛，裕攻破之，逐之于江陵。劉穆之爲尚書僕射。④秦姚興卒，子泓繼，弟弼作難不克。⑤魏改元太常。

丙辰[416年]晉劉裕北伐姚泓，拔洛陽，進逼潼關。加裕九錫，總百揆，封宋國公。秦姚泓改元永和，洛陽陷于晉，姚懿、姚恢内叛，兵逼長安，姚紹平之。秦乞伏熾磐拔沮渠蒙遜河湟。

---

①「攻」，四庫本作「敗」。
②「玄」，四庫本作「弘」。
③「城統萬」，四庫本作「築統萬城」。
④「僕」前，四庫本有「左」字。
⑤「難」，四庫本作「亂」。

夏赫連勃勃拔姚泓陰密。

丁巳[417年]晉劉裕平長安，滅後秦，執姚泓以歸，以子義真守長安，裕加宋王。魏南攻晉，兵敗于河曲。①涼李暠卒，子歆立，改元嘉興。

戊午[418年]晉劉裕弒其君德宗，立其弟瑯琊王德文，②是謂恭帝。長安陷于夏。涼李歆稱藩于晉。夏赫連勃勃拔晉之長安，稱帝，改元昌武。③

己未[419年]晉改元元熙。宋王劉裕自揚州入，用天子服器。秦乞伏熾磐改元建弘。夏赫連勃勃還居統萬，改元真興。

庚申[420年]劉裕代晉命于揚州，是謂武帝，改國曰宋，元曰永初。降其君德文爲零陵王。

辛酉[421年]宋零陵王德文卒。

壬戌[422年]宋武帝劉裕終，子義符繼。魏攻宋滑臺。

癸亥[423年]宋改元景平。魏攻宋金墉，明帝終，④太子燾繼，⑤是謂太武皇帝。涼沮渠蒙遜滅

---

① 「曲」，四庫本作「西」。
② 「德文」，原作「昌明」，據四庫本改。
③ 「昌武」，原作「武昌」，據四庫本改。
④ 「帝」後原有「紹」字，據四庫本删。
⑤ 「太」字據四庫本補。

西涼，執李歆歸于姑臧。

經世之辰二千二百四十九

甲子［424年］宋帝義符二年。臣徐羡之、傅亮行弑，立其弟義隆，是謂文帝。還都建業，改元元嘉。魏太武元年，改元始光。

乙丑［425年］魏武帝以崔浩爲相。夏赫連勃勃卒，子昌繼，改元承光。①

丙寅［426年］宋文帝誅執政徐羡之、傅亮，謝晦以荆州叛，平之。魏拔夏之長安。

丁卯［427年］魏西破夏赫連昌。

戊辰［428年］魏改元神䴥。武帝破夏于統萬，俘赫連昌以歸，西北開地三千里。秦乞伏熾磐卒，子暮末繼，②改元永弘。③涼沮渠蒙遜改元承玄。夏之統萬陷于魏，弟定代立，徙居平涼，改元勝光。④

己巳

---

①「光」，原作「先」，據四庫本改。

②「暮」，原作「慕」，據四庫本改。後同。

③「弘」，原作「嘉」，據四庫本改。

④「勝」，四庫本作「始」。

庚午［430年］宋之金墉陷于魏。燕馮跋卒，弟弘殺跋之子翼，①代立，改元太興。魏拔宋洛陽。涼沮渠蒙遜改元義和。夏赫連定攻秦暮末。

辛未［431年］宋之滑臺陷于魏。夏滅西秦于苑川，俘其君乞伏暮末。魏滅夏于平涼，俘其君赫連定。②

壬申［432年］宋謝靈運棄市于廣州。魏改元延和，遼西内附。

癸酉［433年］宋謝惠連卒。涼沮渠蒙遜卒，子牧犍繼，改元永和。

甲戌［434年］魏南開地至漢中。

乙亥［435年］魏改元太延。

丙子［436年］宋誅檀道濟。魏滅北燕，虜馮弘于遼西。

丁丑

戊寅

己卯［439年］魏滅北涼于姑臧，③獲沮渠牧犍以歸。

庚辰［440年］魏改元太平真君，與宋稱南北朝。

---

① 四庫本無「之」字。

② 「俘」，原作「浮」，據四庫本改。

③ 「滅」，四庫本作「伐」。

辛巳

壬午

癸未［443年］魏克仇池。

甲申

乙酉

丙戌［446年］魏毁象教。①

丁亥［447年］魏攻長安。②

戊子

己丑

庚寅［450年］魏南開地江淮，③夷宰相崔浩三族。

辛卯［451年］魏改元正平，伐宋至于瓜步。

①「象教」，四庫本作「經像佛教」。

②「攻」，四庫本作「城」。

③「南」後，四庫本有「伐」字。

壬辰［452年］魏國亂。中常侍宗愛弑其君武帝，①立南安王余，②改元承平，又殺之。群臣迎武帝孫濬立之，是謂文成皇帝，改元興安。夷宗愛三族。元壽樂爲太宰，都督中外，録尚書事。③

癸巳［453年］宋國亂。太子劭弑其君文帝，代立，改元太初。少子武陵王駿稱帝新亭，克建康，誅元凶，④改元孝建，⑤是謂孝武皇帝。

經世之巳二千二百五十

甲午［454年］宋孝武皇帝二年。魏文成皇帝三年，改元興光。

乙未［455年］魏改元太安。

丙甲

丁酉［457年］宋改元大明。

戊戌

① 「侍」，原作「寺」，據四庫本改。
② 「南安王余」，原作「南定王餘」，據四庫本改。
③ 「事」，四庫本作「官」。
④ 「凶」，原作「二」，據四庫本改。
⑤ 「孝建」，原作「建武」，據四庫本改。

己亥
庚子［460年］魏改元和平。
辛丑
壬寅
癸卯
甲辰［464年］宋孝武皇帝終，①太子業嗣位，改元永光。②
乙巳［465年］宋改元景和。③業立不明，臣壽寂殺之，迎湘東王彧立之，④改元太始，是謂明帝。
魏文成帝終，太子弘嗣位，是謂獻文皇帝。
丙午［466年］宋晉安王子勛以潯陽叛，稱帝，平之。册子昱爲太子。魏師入寇。魏改元天安，盡取宋江北地。大丞相乙渾謀逆，⑤伏誅。
丁未［467年］魏改元皇興。

① 四庫本無「皇」字。
② 「永光」，四庫本作「景和」。
③ 「景和」，四庫本作「永光」。
④ 「彧」，原作「或」，據四庫本改。
⑤ 「乙」，原作「元」，據四庫本改。

戊申

己酉①

庚戌

辛亥［471年］魏獻文授太子宏位，是謂孝文皇帝，弘稱太上皇，改元延興。

壬子［472年］宋改元太豫。明帝失道，②死，太子昱立。

癸丑［473年］宋改元元徽。

甲寅［474年］宋桂陽王休範以江州叛，兵犯建業，右衛將軍蕭道成平之。

乙卯［475年］魏改元承明。③

丙辰［476年］宋建平王景素謀殺蕭道成，不克。道成爲司空，録尚書事。魏太后馮氏弑太上皇。

丁巳［477年］宋國亂。蕭道成弑其君昱，④廢爲蒼梧王，立明帝子準，⑤改元昇明。道成假黄鉞，稱齊國公，專制。魏改元太和。⑥

---

① 是年，四庫本作「魏拔宋青州」。

② 「失」，四庫本作「大」。

③ 按：魏改元事在下年六月。

④ 「弑」，四庫本作「殺」。

⑤ 「準」，原作「准」，據四庫本改。後同。

⑥ 「魏」原無，四庫本同，據《資治通鑑》卷一三四補。「太」原作「大」，據四庫本改。

戊午

己未[479年]宋相國蕭道成稱王。是年，代宋命于建業，改國曰齊，元曰建元，是謂太祖，以子賾爲皇太子，降其君準爲汝陰王，①殺之。

庚申

辛酉

壬戌[482年]齊高帝道成終，太子賾嗣位，是謂武帝，以子懋爲太子，攻魏淮南。

癸亥[483年]齊改元永明。

經世之午二千二百五十一

甲子[484年]齊武帝二年。魏孝文帝十三年。

乙丑

丙寅

丁卯

戊辰

己巳

① 「王」，四庫本作「君」。

庚午

辛未

壬申[492年]魏伐蠕蠕。

癸酉[493年]齊武帝終，太子懋亦卒，①其孫昭業立。

甲戌[494年]齊改元隆昌。五月西昌王蕭鸞行弑，廢其君爲鬱林王，立其弟昭文，改元延興。鸞假黄鉞，稱宣城王，都督中外，專制。十月，宣城王蕭鸞廢昭文爲海陵王，殺之，代立，是謂明帝，改元建武，以子寳卷爲太子。魏大伐于齊。②

乙亥[495年]齊大殺宗室。是年，魏自平城徙都洛陽，用中國禮樂。

丙子[496年]魏改姓元氏。

丁丑

戊寅[498年]齊改元永泰，明帝鸞終，太子寳卷嗣位。魏伐齊，拔新野。

己卯[499年]齊改元永元，以子誦爲太子。魏孝文帝終，子恪繼嗣位，③是謂宣武皇帝。彭城王勰受顧命輔政。

---

①「亦」，四庫本作「再」。

②四庫本無「于」字。

③「子」前，四庫本有「太」字。四庫本無「繼」字。

庚辰[500年]齊崔惠景以廣陵叛，兵犯建業，蕭懿平之。寶卷殺懿，蕭衍稱兵襄陽，蕭穎胄稱兵荆州。①魏改元景明，彭城王勰拔齊壽春。

辛巳[501年]齊蕭衍立南康王寶融于江陵，以兵圍臺城。國人殺寶卷而入寶融于建業，是謂和帝，改元中興。衍稱相國司空，假黄鉞，録尚書事，專制。廢寶卷爲東昏侯。蕭寶夤奔魏。

壬午[502年]齊蕭衍被九錫，封梁王。四月衍代齊命于建業，是謂武帝，改國爲梁，元曰天監，以子統爲皇太子，降其君寶融爲巴陵王，殺之于姑熟。

癸未

甲申[504年]魏改元正始。

乙酉

丙戌

丁亥[507年]東西夷四十國脩貢于魏。

戊子[508年]魏改元永平。殺太師元勰。

己丑[509年]戎夷二十四國脩貢于魏。

庚寅

① 「穎胄」，原作「賴」，據四庫本改。

辛卯[511年]東西夷二十九國脩貢于魏。

壬辰[512年]魏改元延昌。

癸巳

經世之未二千二百五十二

甲午[514年]梁武帝十三年。魏武帝十五年。

乙未[515年]魏宣武終,太子詡嗣位,是謂孝明皇帝,太后胡氏稱制。劉騰、元叉爲輔相。

丙申[516年]魏改元熙平。

丁酉

戊戌[518年]魏改元神龜。

己亥

庚子[520年]梁改元普通。魏改元正光,幽靈太后胡氏于北宮。

辛丑

壬寅

癸卯

甲辰

乙巳[525年]魏改元孝昌。相劉騰、元叉罪免爲庶人。迎太后胡氏于北宮,還政。中山、上谷、彭城寇亂。

丙午

丁未［527年］梁帝衍没身于同泰寺，①改元大通。魏諸郡寇亂。②

戊申［528年］魏改元武泰。太后胡氏殺其帝詡，立無名子。大都督爾朱榮自太原入，殺無名子及太后胡氏、諸王、貴臣于河陰，立長樂王攸，是謂莊帝，改元建義，又改元永安。榮都督中外諸軍事，稱太原王，還晉陽，專制。

己酉［529年］梁改元中大通。衍復没身于同泰寺，群臣以錢幣贖衍還政。③元顥自梁入洛，稱帝，改元建武，徙攸于河北。爾朱榮自晉陽入，逐元顥，迎攸返政。

庚戌［530年］魏帝攸殺爾朱榮于洛陽宫，爾朱兆自晉陽入，徙攸于河東，殺之。爾朱世隆立長廣王曄于長子，改元建明。

辛亥［531年］梁昭明太子統卒，晉安王綱爲太子。魏爾朱兆廢曄，立廣陵王子恭于洛陽，④是謂

---

① 「衍」，四庫本作「闡」，下同。

② 「郡」，四庫本作「都」。

③ 「幣贖」，四庫本作「億萬購」。

④ 「廣」，原作「惠」，據四庫本改。

節閔，①改元普泰，②還鎮晉陽。冀州刺史高歡稱兵信都，立章武王子渤海太守朗于信都，改元中興，歡稱丞相。

壬子［532年］魏高歡襲據鄴，③敗爾朱兆于韓陵、西平、并州；④南入洛，廢恭，殺之；又廢朗于河陽，殺之；立平陽王脩于洛陽，⑤改元太昌，再改元永熙，還鎮鄴，專制。爾朱兆走秀容，死。脩立，是謂武帝。

癸丑［533年］魏高歡平爾朱氏。

甲寅［534年］魏高歡入洛，⑥帝脩西走長安。歡立清河王子善見，是謂靜帝，改元天平，徙洛陽四十萬户于鄴，都之，是謂東魏。歡鎮太原，都督中外，專制。宇文泰廢脩于長安，殺之，立南陽王寶炬，是謂文帝，改元大統，是謂西魏。泰都督中外，專制。

乙卯［535年］梁改元大同。

丙辰［536年］侯景爲東魏右僕射、南行臺。

---

① 「閔」，四庫本作「愍」。
② 「泰」，四庫本作「太」。
③ 四庫本無「襲」字。
④ 「敗」，四庫本作「叛」。
⑤ 「立」，原作「又廢」，據四庫本改。
⑥ 「入」，四庫本作「之」。

丁巳[537年]西魏宇文泰大破東魏高歡軍于沙苑。

戊午[538年]東魏改元元象。高歡大破西魏宇文泰兵于洛陽。

己未[539年]東魏改元興和。

庚申

辛酉

壬戌

癸亥[543年]東魏改元武定。高歡大破西魏宇文泰軍于邙山,①遂拔洛陽。

經世之申二千二百五十三

甲子[544年]梁武帝四十三年。西魏文帝十一年。東魏靜帝十一年。

乙丑

丙寅[546年]梁武帝三失身于同泰寺,②改元中大同,羣臣及皇太子畢會于同泰寺,③是夜,同泰大火。

丁卯[547年]梁改元太清。東魏渤海王高歡卒于晉陽,子澄繼事。侯景以河南十三州叛,慕容

① 「邙」,原作「芒」,據四庫本改。
② 四庫本無「寺」字。
③ 四庫本無「寺」字。

紹宗敗侯景於長社。景南走壽春，附于梁，封爲河南王。

戊辰[548年]侯景兵犯梁建業，立蕭正德于南闕。①

己巳[549年]侯景破梁臺城，殺衍，立太子綱，是謂文帝。景稱大丞相，都督中外軍事，專制。②湘東王繹開府江陵，③將王僧辯、陳霸先率兵攻侯景。④東魏盜殺高澄于晉陽，弟洋自鄴還晉陽，繼事。

庚午[550年]梁改元大寶。⑤侯景稱相國、漢王，逼綱走西州。西魏拔梁之安陸，取漢中地。東魏高洋入總百揆，進爵爲齊王。五月，洋代東魏命，是謂宣帝，改國爲齊，元曰天保，降其君善見爲中山王。

辛未[551年]侯景廢梁帝綱，又殺之，立豫章王棟，⑥改元天正，又廢之，代立，改國爲漢，元曰太始。西魏文帝寶炬卒，子欽繼。

壬申[552年]梁湘東王繹平侯景，使將朱買臣殺棟，稱帝江陵，是謂元帝，改元承聖，以陳霸先爲

---

①「正」，原作「王」，據四庫本改。

②「制」，四庫本作「政」。

③「繹」，原作「緯」，據四庫本改。後同。

④「攻」，四庫本作「討」。

⑤「大」，四庫本作「太」。

⑥「棟」原作「揀」，據四庫本改。後同。

征北大將軍，王僧辯爲揚州刺史。武陵王紀稱帝成都，年用天正。西魏稱元年。

癸酉［553年］梁平武陵王于蜀。西魏宇文泰殺尚書元烈。

甲戌［554年］梁蕭詧引西魏兵陷江陵，殺繹及諸王。大將軍陳霸先、揚州刺史王僧辯立繹之子晉安王方智于潯陽，是謂恭帝，還都建業。王僧辯爲太尉，居内。陳霸先爲司空，鎮丹徒。西魏宇文泰弑其君欽，立齊王廓，改元元年。泰用蕭詧南征，拔江陵，殺繹，徙其民于長安。

乙亥［555年］梁貞陽侯蕭明自齊入至東關，太尉王僧辯拒之不勝，遂迎蕭明入建業立之，降方智爲太子，改元天成。司空陳霸先自丹徒入，①殺王僧辯，廢蕭明爲司徒，封建安公，復立方智，改元紹泰。霸先爲尚書，都督中外，專制。是年，蕭詧稱帝江陵，改元大定，北附于宇文氏，是謂後南梁。

丙子［556年］梁改元太平。陳霸先稱相國，敗齊軍于江上。西魏宇文泰卒，子覺繼事。是年，覺代西魏命于長安，是謂閔帝，改國爲周，是謂後周，元稱元年，降其君廓爲宋國公。

丁丑［557年］梁相國陳霸先進爵爲陳王。十月，陳霸先代梁命于建業，是謂武帝，改國曰陳，②

---

① 「空」，四庫本作「徒」。

② 「曰」，四庫本作「爲」。

元曰永定。降其君方智爲江陰王。周亂，宇文護弒其君覺，①立宇文毓，是謂明帝，稱元年。護爲太宰，專制。

戊寅[558年]梁蕭莊以郢州稱帝，求援于齊。②

己卯[559年]陳武帝霸先終，③兄臨川王蒨立，是謂文帝，以子伯宗爲太子。周宇文毓稱天王，改元武成。齊宣帝洋卒，④子殷繼于晉陽，以諸父演爲太師，湛爲司馬。元氏宗室無少長皆殺之，投于漳水。

庚辰[560年]陳改元天嘉。周亂，宇文護弒其君毓，立其弟邕，是謂武帝。齊改元乾明，太師高演弒其君殷，⑤代立，是謂昭帝，改元皇建。⑥

辛巳[561年]周改元保定。齊帝演卒于晉陽，大司馬湛立，改元太寧，⑦是謂武成。

①「弒」，四庫本作「殺」。
②「求」，四庫本作「救」。
③「終」，四庫本作「殂」。
④「帝」，四庫本作「王」。
⑤「太」，原作「大」，據四庫本改。
⑥「建」，四庫本作「慶」。
⑦「太」，四庫本作「大」。

壬午[562年]齊改元河清,①還都鄴。後南梁蕭詧卒,②子巋繼,改元天保。③

癸未

甲申[564年]周、齊戰于洛陽。

乙酉[565年]齊高湛傳子緯位,改元天統。

丙戌[566年]陳改元天康。文帝蒨終,太子伯宗嗣立。④庶兄頊録尚書,都督中外軍事,專制。

周改元天和。

丁亥[567年]陳改元光大。

戊子[568年]陳亂,安成王陳頊弑其君伯宗,代立,是謂宣帝。

己丑[569年]陳改元太建,以子叔寶爲太子。

庚寅[570年]齊改元武平。

辛卯

壬辰[572年]陳將吴明徹伐齊有功。周襲封李淵爲唐國公,誅太宰晉公護,改元建德。

① 「河清」,四庫本作「清河」。
② 「梁」,四庫本作「涼」。
③ 「保」,原作「寶」,據四庫本改。
④ 「立」,四庫本作「位」。

癸巳［573年］陳伐齊有功。

經世之酉二千二百五十四

甲午［574年］陳宣帝頊七年。周武帝邕十五年。齊武帝緯十年。後南梁蕭巋十二年。

乙未［575年］周大伐齊，圍其晉州及洛陽。

丙申［576年］周拔齊平陽及晉陽。齊拒周不利，晉州陷于周，緯走并州，周圍并州，緯走鄴，改元隆化。兄安德王延宗稱帝并州，①改元德昌。②并州又陷于周。

丁酉［577年］周軍圍齊之鄴，緯傳子恒位，改元承光，緯走青州，恒又禪丞相任成王湝，湝稱守國天王。③鄴又陷于周，國遂亡，緯亦就擒于青州。

戊戌［578年］周改元宣政。帝邕卒于伐齊，子贇繼，是謂宣帝。以楊堅爲上柱國大司馬，都督揚州。改元天成。

己亥［579年］陳將吳明徹伐周不利于吕梁，淮南之地盡没于周。周帝贇傳子闡位，④是謂靜帝，贇稱天元大帝，改元大象。

---

①「安」，原作「宗」，四庫本闕，據《資治通鑑》卷一七二改。
②「德昌」，原作「昌德」，四庫本作「建德」，據《資治通鑑》卷一七二改。
③四庫本無「湝」字。
④「闡」，原作「衍」，據四庫本改。後同。

庚子[580年]周大帝贇終，大司馬楊堅自揚州入總朝政，①假黄鉞，都督中外軍事，專制。堅召宇文宗室在藩者六王至長安，皆殺之。天下兵起，尉遲迥稱兵相州，宇文冑稱兵榮州，石遜稱兵建州，席毗稱兵沛郡，席叉羅稱兵兖州，②王謙稱兵益州。堅悉平之，進爵爲隋王，用天子服器。鄖州蕭難以鄖州入于陳。③

辛丑[581年]周改元大定。是年，隋王楊堅代後周命于長安，是謂文帝，改國曰隋，元曰開皇。以高熲、虞慶則、李德林、康世、康暉、元巖、長孫毗、楊尚希、楊惠十人爲之輔，册妃獨孤氏爲皇后，子勇爲太子，廣爲晉王。降其君闡爲介國公，殺之。

壬寅[582年]陳宣帝頊終，子叔寶繼，是謂後主。隋起新宫于龍首岡。

癸卯[583年]陳改元至德。隋徙居新宫。

甲辰[584年]後南梁蕭巋朝隋。

乙巳[585年]後南梁蕭巋卒，子琮繼。

丙午[586年]隋成國公梁士彦、杞國公宇文忻、舒國公劉昉謀興復，不克，伏誅。梁蕭琮改元廣運。

---

①「總」，四庫本作「繼」。

②「又」，原作「人」，據四庫本改。

③「鄖」，四庫本作「八」。

丁未［587年］陳改元禎明。梁蕭琮納國于隋。太傅安平王蕭巖、荆州刺史蕭瓛降于陳。①

戊申［588年］隋命晉王廣、秦王俊、清河公楊素督總管九十兵五十一萬爲八路，②大伐陳，以壽春爲行臺府。

己酉［589年］隋師滅陳，以陳後主叔寶歸于長安。

庚戌［590年］蘇、越、饒、泉、婺、樂安、蔣山、永嘉、餘杭、交阯未服，楊素悉平之。

辛亥

壬子

癸丑

甲寅［594年］東巡，封泰山。

乙卯

丙辰

丁巳

戊午［598年］伐高麗，無功。

① 「瓛」，原作「獻」，據四庫本改。
② 「俊」，原作「浚」，據四庫本改。

己未
庚申［600年］廢太子勇，立晉王廣爲皇太子。
辛酉［601年］改元仁壽。命十六使巡行天下。
壬戌［602年］命七大臣定禮。
癸亥
經世之戌二千二百五十五
甲子［604年］隋文帝二十四年。帝崩，晉王廣即位，是謂煬帝，改元大業。①
乙丑②
丙寅③
丁卯④

① 此年，四庫本作「隋文帝二十四年。皇太子廣行弑于仁壽宫，代立，是謂煬帝。是年，幸洛陽，建東都于郟鄏，以洛州爲豫州」。
② 是年，底本無事，四庫本作「改元大業，册妃蕭氏爲皇后，子晉王昭爲皇太子。以宇文述爲左衛大將軍，郭衍爲左武衛大將軍，于仲文爲右武衛大將軍。尚書令楊素爲太子太師。安德王雄爲太子太傅。河間王宏爲太子太保。遵河由汴渚達于淮，謂之通濟渠。幸東都」。
③ 是年，底本無事，四庫本作「幸江都還，次東都。太子昭卒。封孫侗爲越王，侑爲代王，浩爲秦王」。
④ 是年，底本無事，四庫本作「還長安。北巡榆林，作宫于晉陽。光禄賀若弼、禮部郎宇文弢、太常卿高熲伏誅。西北大築亭障」。

戊辰①

己巳［609年］西幸河右。征吐谷渾，至于覆袁川。②

庚午［610年］南幸江都。

辛未［611年］北幸涿郡。

壬申［612年］以兵一百二十萬三千八百爲二十四軍，③分左右道，大伐遼東，不利，全陷九軍。

癸酉［613年］以代王侑留守長安，越王侗留守東都，秦王浩從駕，征遼東，復大集兵于涿郡。天下羣盗起。楊玄感以本兵叛于黎陽。

甲戌［614年］高麗請降，乃班師。扶風盜稱帝，延安寇稱王，離石賊稱天子。

乙亥［615年］北巡，至于雁門，爲突厥所圍。

丙子［616年］南幸江都。羣盜李密稱兵河南，竇建德稱兵河北，林士弘稱兵江南，徐圓朗稱兵山東，④劉武周稱兵代北，薛舉稱兵隴右。

丁丑［617年］煬帝在江都。唐公李淵自晉陽入，立代王侑于長安，以江都帝爲太上皇，改元義

---

①「是年，底本無事，四庫本作「北巡五原，作宮于汾陽。遵河由清水達于海，謂之永濟渠。引沁水南達于河，北通涿郡」。

②四庫本無「川」字。

③「一百二十萬」，四庫本作「百一十三萬」。

④「山東」，四庫本作「東山」。

寧，淵稱唐王，專制。羣盜竇建德稱王河北。李密進據鞏洛，①稱公，國曰魏，元曰永平。薛舉稱帝隴右，國曰秦，元曰秦興。梁師都稱兵夏州。李軌稱兵涼州。蕭銑稱兵巴陵。李子通稱兵海陵。朱粲稱兵冠軍。沈法興稱兵毗陵。杜伏威稱兵歷陽。

戊寅［618年］五月，唐王李淵代隋命于長安，是謂神堯皇帝，改國曰唐，元曰武德，以裴寂、劉文靜爲輔相，世子建成爲皇太子，次子世民爲秦王。降其君爲酅國公。②是年，宇文化及弒煬帝于江都，立秦王浩爲主，③化及稱王，專制。北轉至魏州，化及又殺浩代立，稱帝，國曰許，元曰天壽，又北走聊城。王世充立越王侗于東都，改元皇泰，④世充稱鄭王，專制。群盜：竇建德進有河北，都樂壽；隴右薛舉卒，子仁果立；⑤劉武周進有河東，稱帝，國曰漢，元曰天興；梁師都進有朔方，稱帝，國曰梁，元曰永隆；李軌進有河右，稱帝，國曰涼，元曰安樂；蕭銑進有江右及嶺表，⑥稱帝，國曰梁，元曰鳳鳴；李子通進有江都，稱帝，國曰吴，元曰明政；朱粲進有山南，稱帝，國曰楚，元曰昌達；沈法興進有江東，稱王，國曰

---

①「鞏」，據四庫本作「興」。
②「酅」，原作「鄗」，據四庫本改。
③「浩」，原作「皓」，據四庫本改。後同。
④「泰」，原作「始」，據四庫本改。
⑤「果」，原作「杲」，據四庫本改。後同。
⑥「右」，四庫本作「南」。

梁，元曰延康；林士弘稱帝虔州，國曰楚，元曰太平；杜伏威進有淮南，受唐封楚王。秦王平隴右，獲薛仁果。

己卯［619年］唐秦王平河右，獲李軌。李密與王世充相攻，不利，奔唐，復叛，死于邢公峴。①徐世勣以河南十郡降。竇建德滅宇文化及于聊城，自立爲帝，甫有黎陽之地，②稱國曰夏，元曰五鳳。蕭銑滅林士弘于虔州。③杜伏威南保江都。李子通西保江陵。王世充殺越王侗于東都，稱帝，國曰鄭，元曰開明。朱粲降于唐，復殺唐使者，奔王世充。

庚辰［620年］唐秦王平河東，劉武周走突厥。李子通滅沈法興于江東，徙居餘杭。工部尚書獨孤懷恩以謀逆伏誅。

辛巳［621年］唐秦王平河南、河北，獲王世充及竇建德以歸。杜伏威滅子通于餘杭。竇建德將劉黑闥復稱兵河北。④

壬午［622年］唐李靖滅蕭銑于金陵。江南及嶺表平。

癸未［623年］唐秦王平河北，獲劉黑闥。又平徐圓朗于曹州。江淮杜伏威來朝，其將輔公祏稱

---

① 「邢公峴」，四庫本作「桃林」。
② 「自立爲帝，甫」，四庫本作「自樂壽，徙于洛南」。
③ 「弘」，四庫本作「宏」。
④ 「將」上，四庫本有「故」字。

王丹徒，①國曰宋。

甲申［624年］唐李靖平輔公祏于江淮。

乙酉［625年］唐加秦王中書令。

丙戌［626年］皇太子建成、齊王元吉作難，殺秦王不克。秦王以長孫無忌、尉遲敬德、侯君集、張公謹、王君廓、房玄齡、杜如晦、長孫順德、柴紹、羅藝、劉師玄、李世勣、劉弘基、王孝恭平之于玄武門。②帝乃授秦王世民位，退居太安宫，稱太上皇。高士廉爲侍中，房玄齡爲中書令，蕭瑀爲尚書右僕射。

丁亥［627年］改元貞觀。尚書封倫卒。蕭瑀爲左僕射，長孫無忌爲右僕射。

戊子［628年］平梁師都于朔方。

己丑［629年］相裴寂以罪免。房玄齡爲尚書左僕射，杜如晦爲尚書右僕射，李靖爲兵部尚書，魏徵守祕書監，關議朝政。③

庚寅［630年］李靖平突厥，獲頡利可汗。戴胄、蕭瑀參預朝政，④温彦博爲中書令。

---

①「祏」，原作「祐」，據四庫本改。後同。「丹徒」，四庫本作「丹陽，徙」。

②「恭」，四庫本作「公」。

③「關議」，四庫本作「參預」。

④「瑀」，原作「琮」，據四庫本改。

辛卯[631年]春，大蒐于昆明。冬，幸温湯。
壬辰[632年]祀南郊。
癸巳[633年]魏徵爲侍中。頒新定五經于天下。
經世之亥二千二百五十六
甲午[634年]唐廣孝皇帝九年。
乙未[635年]李靖平吐谷渾，獲其王，放還本國。太上皇崩于太安宫，葬高祖于獻陵。
丙申[636年]魏徵遷特進。温彦博遷右僕射。
丁酉[637年]幸洛陽宫。
戊戌[638年]高士廉爲右僕射。
己亥[639年]幸九成宫。荒服十國來脩貢。
庚子[640年]侯君集平高昌，獲其王以歸。弘化公主嬪于吐谷渾。至日圜丘祀昊天上帝。
辛丑[641年]幸洛陽。文成公主嬪于吐蕃。
壬寅[642年]幸岐陽。
癸卯[643年]圖二十四勳臣于凌煙閣。①内難作，皇子齊王祐以齊叛。廢太子承乾爲庶人，徙

①「勳」，四庫本作「功」。

之黔。幽魏王泰于北苑，徙之均。①以晉王治爲皇太子。誅侯君集。至日，祀南郊。

甲辰［644年］岑文本、馬周爲中書令。幸洛陽及親征遼東。

乙巳［645年］平高麗。

丙午［646年］李勣破薛延陀。②荒服十一國脩貢。

丁未［647年］起翠微宫于終南山。

戊申［648年］阿史那平龜兹，獲其王以歸。征松州蠻。③司空房玄齡、特進蕭瑀卒。褚遂良爲中書令。

己酉［649年］帝崩于翠微宫，皇太子治踐位。葬太宗于昭陵。長孫無忌、褚遂良輔政。復李勣官，仍加特進。于志寧、張行成進侍中知政事。

庚戌［650年］改元永徽。褚遂良罷政。

辛亥［651年］征賀魯至于金嶺。④至日，有事于南郊。

---

①「徙」，四庫本作「役」。
②「陀」，四庫本作「陁」。
③「州」，四庫本作「外」。
④「嶺」，原作「領」，據四庫本改。

壬子[652年]册陳王忠爲皇太子。韓瑗、來濟爲相,宇文節爲侍中,柳奭爲中書令。①

癸丑[653年]駙馬都尉房遺愛、柴令武、薛萬徹、荆王元景及二公主以謀逆伏誅,遂殺吴王恪。褚遂良復爲右僕射。睦州女寇亂。

甲寅[654年]築長安羅城。親謁昭陵。

乙卯[655年]廢皇后王氏、良娣蕭氏爲庶人,②册昭儀武氏爲皇后。罷長孫無忌、褚遂良政事,以許敬宗、李義府爲相。武后殺庶人王氏及蕭氏。崔敦禮爲中書令。

丙辰[656年]廢皇太子忠爲梁王,册代王弘爲皇太子。改元顯慶,杜正倫爲相。

丁巳[657年]幸許、洛。以洛陽爲東都。李義府進中書令,許敬宗進侍中。貶相韓瑗、來濟爲州刺史。

戊午[658年]蘇定方平賀魯,獲其王。

己未[659年]殺長孫無忌、褚遂良于流所。幸東都。

庚申[660年]廢梁王忠爲庶人。蘇定方平百濟,獲其王扶餘。

辛酉[661年]改元龍朔。

---

①「奭」,四庫本作「爽」。

②「娣」,原作「姊」,四庫本同,據《舊唐書》卷六《則天皇后紀》改。

壬戌[662年]還長安。進門下、尚書、中書爲東、中、西三臺，分侍中、中書令爲左、右相。造蓬萊宮。許圉師爲左相，尋下獄。

癸亥[663年]起含元殿于蓬萊宫。李義府爲右相，尋配流嶲州，死。改來年爲麟德。

以運經世之十　觀物篇之三十四

經元之甲一

經會之午七

經運之壬一百八十九

經世之子二千二百五十七

經世之子二千二百五十七

甲子[664年]唐弘孝皇帝十五年。殺西臺侍中上官儀，又殺庶人忠于流所。竇德玄爲左相，①劉祥道爲右相。

乙丑[665年]帝同皇后巡東海，封泰山。陸敦信爲右相。

丙寅[666年]帝同皇后至自泰山。改元乾封。劉仁軌爲右相。

① 「德」，原作「隱」，據四庫本改。

丁卯［667年］禁工商乘馬。戴至德、李安期、張文瓘並同東西臺三品。

戊辰［668年］李勣平高麗，執其王。①祀明堂。改元總章。

己巳［669年］帝同皇后幸九成宫。郝處俊同東西臺三品。②李勣卒。

庚午［670年］改元咸亨。③

辛未［671年］帝同皇后幸東都及許昌，皇太子監國。④閻立本爲中書令。⑤

壬申［672年］帝及皇后至自東都。

癸酉［673年］帝及皇后幸九成宫。

甲戌［674年］皇后稱天后，帝爲天皇。改元上元。帝同皇后幸東都。帝有疾。

乙亥［675年］皇太子弘卒，以雍王賢爲皇太子。

丙子［676年］帝及皇后自東都還。改元儀鳳。來恒、薛元超、李義琰、高智周並同中書門下三品，李敬玄、劉仁軌爲中書令。

① 「執」，四庫本作「獲」。
② 「郝處俊」，原作「張文瓘」，據四庫本改。
③ 此後，四庫本有「薛仁貴征吐蕃不利」八字。
④ 「子」後，四庫本有「弘」字。
⑤ 「閻立本爲中書令」，四庫本作「中書令閻立本、黄門侍郎郝處俊從行」。

丁丑

戊寅[678年]改來年爲通乾。

己卯[679年]甘露降，改元調露。帝同皇后幸東都。裴行儉大伐突厥。

庚辰[680年]廢皇太子賢爲庶人，立英王哲爲皇太子。①帝同皇后幸汝州及嵩山。②裴炎、崔知温、王德真並同中書門下三品。③改元永隆。帝及皇后至自東都。

辛巳[681年]裴行儉平突厥，虜其王伏念。改元開耀。裴炎進侍中，崔知温、薛元超進中書令。

壬午[682年]改元永淳。帝及皇后幸東都。起奉天宫于嵩之陽。④劉景先、郭待舉、郭正一、岑長倩、魏玄同並同中書門下平章事。

癸未[683年]改元弘道。帝崩于東都，皇太子哲嗣位，是謂昭孝皇帝，天后稱制。劉仁軌進尚書左僕射，岑長倩進兵部尚書，⑤魏玄同進黄門侍郎，劉齊賢進侍中，裴炎進中書令。

甲申[684年]改元嗣聖。皇后廢帝爲廬陵王，⑥遷之均，立豫王旦。改元文明。侍中裴炎進爵

---

① 「立」，四庫本作「以」。

② 四庫本無「同」字。「州」，四庫本作「陽」。「山」，四庫本作「岳」。

③ 「炎」，原作「琰」，據四庫本改。

④ 「宫」，原作「觀」，據四庫本改。

⑤ 「兵」，原作「六」，據四庫本改。

⑥ 「皇」，四庫本作「天」。

爲侯，王德真進侍中，劉禕之、武承嗣進中書平章事。葬高宗于乾陵。再改元光宅。徐敬業以揚州舉兵，①南攻潤州，②平之。殺宰相裴炎。又改來年爲垂拱。來俊臣、周興大行誣構，謂之羅織。

乙酉［685年］武后徙帝居房陵。③改中書、門下爲鳳閣、鸞臺。④

丙戌［686年］蘇良嗣爲文昌左相，韋待價爲文昌右相，並同鳳閣鸞臺三品。

丁亥［687年］武后賜宰相劉禕之死。張光輔爲鳳閣侍郎。

戊子［688年］武后稱聖母。關寡人瑯琊王沖及越王貞舉兵以討亂，不克。大夷王室。⑤

己丑［689年］武后改元永昌，稱聖皇，大殺王族，又殺納言魏玄同及内史張光輔，⑥引王本立、范履冰、邢文偉爲相。

庚寅［690年］武后改元載初，以建子月爲歲首，祀明堂，以曌爲名，以詔爲制，大殺王族，改國爲周，元曰天授，稱皇帝。降豫王旦爲皇嗣，立武氏七廟，封武氏三人爲王，引傅游藝爲相，改

---

① 「舉兵」，四庫本作「叛」。
② 「攻」，四庫本作「拔」。
③ 「陵」，原作「陸」，據四庫本改。
④ 「門下」二字據四庫本補。
⑤ 是年，底本無事，四庫本作「武后稱聖母。關東八王謀興復，博州瑯琊王沖及父蔡州越王貞先發。悉平之，大夷王室」。
⑥ 「光」，原作「公」，據四庫本改。

魚爲龜。

辛卯[691年]武后祀明堂。格輔元、樂思晦並同鳳閣鸞臺平章事，①歐陽通爲納言。殺宰相岑長倩、格輔元及納言歐陽通。用狄仁傑爲相。

壬辰[692年]武后祀明堂。改元如意，再改元長壽。楊執柔、崔元琮、李昭德、姚璹、李元素爲相，②狄仁傑下獄。

癸巳[693年]武后祀明堂，稱金輪皇帝。引豆盧欽望、韋巨源、陸元方爲相，婁師德亦相。

經世之丑二千二百五十八

甲午[694年]唐昭孝皇帝十一年，在房陵。武后祀明堂。改元延載。引蘇味道、王孝傑、楊再思、杜景儉、李元素、周允元相繼爲相。③

乙未[695年]武后改元證聖。明堂火。稱天册，再改元天册萬歲。

丙申[696年]武后封中岳。改元萬歲登封。祀新明堂。④再改元萬歲通天。契丹李盡忠以孫萬榮叛，陷營、冀。命二十八將討之，不利。引王方慶、李道廣爲相。

---

① 「輔元」原作「元輔」，據四庫本改。後同。
② 「崔元琮」，四庫本作「崔元綜」。
③ 「允元」，原作「元允」，據四庫本改。
④ 四庫本無「新」字。

丁酉[697年]武后祀明堂。河朔平。再用婁師德爲相。魏王武承嗣、梁王武三思並同鳳閣鸞臺三品。改元神功。狄仁傑、杜景儉復相。誅司業少卿來俊臣，遂及内史李昭德。

戊戌[698年]武后祀明堂。改元聖曆。召帝于房陵，返政。突厥執武延秀及行人閻知微，以破嬀、檀，寇趙、定。①姚元崇、李嶠爲相。

己亥[699年]武后幸嵩山，封皇嗣旦爲相王。引魏元忠、吉頊爲相，又引王及善、豆盧欽望爲左右相。

庚子[700年]武后幸汝陽。建三陽宫于嵩山之陽。改元久視，復舊正朔。張錫、韋安石爲相。武三思爲特進。②相吉頊配流嶺表。③内史狄仁傑卒。

辛丑[701年]改元大足。武后幸嵩之三陽宫。又改元長安。④李懷遠、顧琮、李迥秀爲相。⑤

壬寅[702年]武后祀南郊。

癸卯[703年]武后幸東都。朱敬則爲相。

---

① 「寇趙定」，四庫本作「定趙用」，「用」屬下讀。
② 「爲」，原作「罷」，據四庫本改。
③ 「頊」，原作「瑱」，據四庫本改。
④ 「改元」，原作「而還」，據四庫本改。
⑤ 「秀」字，原脱，據四庫本補。

甲辰[704年]張柬之同平章事,①韋安石納言,李嶠内史。②

乙巳[705年]武后改元神龍。張柬之、崔玄暐、③桓彦範、敬暉、袁恕己平張易之及昌宗之亂。徙武后于上陽宫,④除周號。⑤以相王旦爲安國王,太平公主爲鎮國公主,⑥賞定亂功也。韋氏復正皇后位,武三思進位司空相。⑦武后崩于東都之上陽宫。⑧祝欽明、唐休璟爲相。

丙午[706年]帝還長安。附武后于乾陵。⑨以宫人上官婉兒爲昭容,⑩武三思居中用事。封張柬之、桓彦範、崔玄暐、袁恕己、敬暉五人爲王,復貶爲州司馬,殺之于流所。進魏元忠、李嶠爲中書令,李懷遠同中書平章事。册衛王重俊爲皇太子。開長寧、安樂二公主府。大行斜封墨制。于惟謙爲相,蘇瓌進侍中。

---

①「張」前,四庫本有「韋嗣立宗楚客崔元暐」九字。
②「嶠」,原作「蟜」,據四庫本改。
③「暐」,原作「暉」,據四庫本改,下同。
④「徙」,原作「彼」,據四庫本改。
⑤「周」後,四庫本有「國」字。
⑥「主」,原作「生」,據四庫本改。
⑦「三」,原作「王」,據四庫本改。
⑧「陽」,原作「楊」,據四庫本改。
⑨「附」,原作「拊」,「后」,原作「台」,據四庫本改。
⑩「婉」,原作「苑」,據四庫本改。

丁未［707年］李多祚以羽林兵討武三思，①又討皇后韋氏，②不克，敗死。太子重俊出奔，野死。宗楚客、蕭至忠爲相。③改元景龍。

戊申［708年］安樂公主假皇后車服出遊。④張仁亶爲相。

己酉［709年］作宫市。韋嗣立、崔湜爲相。⑤

庚戌［710年］殺諫臣燕欽融于殿庭。皇后韋氏及安樂公主行弑于内寢，立温王重茂爲嗣，改元唐隆。以裴談、張錫、張嘉福、岑羲爲相。臨淄王隆基以劉幽求、薛崇簡、鍾紹京、麻嗣宗兵入誅韋温、紀處訥、宗楚客、武延秀、馬秦客、葉靜能、趙履温、楊均及皇后韋氏、安樂公主、上官昭容。葬中宗于定陵。臨淄王隆基稱平王，降重茂嗣，尊父相王旦爲帝，是謂興孝皇帝。既踐位，以鍾紹京、劉幽求、薛崇簡、崔日用爲相，立平王隆基爲皇太子，⑥改元景雲。追廢皇后韋氏、安樂公主爲庶人。⑦姚元之爲相。

---

①「討」，四庫本作「誅」。

②「討」，四庫本作「殺」。

③「客」後，四庫本有「紀處訥」三字。

④四庫本無「遊」字，而有「敕武延秀」四字。

⑤「湜」後，四庫本有「韋温鄭愔蘇瓌趙彦昭相繼」十一字。「相」後，四庫本有「李嶠爲特進」五字。

⑥「立」，四庫本作「册」。

⑦「追」，原作「進」，據四庫本改。

辛亥[711年]皇太子隆基監國，郭元振、張説、竇懷貞、陸象先、魏知古爲相，劉幽求進侍中相。

壬子[712年]祀南郊，改元太極，祀北郊，改元延和。帝傳位于皇太子隆基，是謂明孝皇帝。既踐位，改元先天。黜劉幽求、鍾紹京、張暐官。

癸丑[713年]太平公主、竇懷貞、岑羲、蕭至忠、常元楷、薛稷、賈膺福、李慈、李欽、李猷、崔湜、盧藏用、傅孝忠、僧惠範作逆，①伏誅。進姜皎、李令問、王毛仲、王守一官，復劉幽求、鍾紹京、張暐官，令知政事。講武于驪山。改元開元。用盧懷慎、姚崇爲相。改中書爲紫微。

甲寅

乙卯[715年]册郢王嗣謙爲皇太子。

丙辰[716年]太上皇崩，葬睿宗于喬陵。源乾曜、蘇頲爲相。姚崇讓宋璟爲相。

丁巳[717年]幸洛陽。嬪永樂公主于契丹。

戊午[718年]至自東都。

己未

庚申[720年]張嘉貞爲相。

辛酉[721年]相姚崇卒。

---

①「膺」，原作「應」，據四庫本改。

壬戌[722年]幸東都。①

癸亥

經世之寅二千二百五十九

甲子[724年]唐明孝皇帝十三年。廢皇后王氏爲庶人。幸東都，宋璟守長安。

乙丑[725年]封泰山。用源乾曜、張説爲左右相。

丙寅[726年]李元紘、杜暹爲相。還東都。

丁卯[727年]至自東都。

戊辰[728年]蕭嵩爲相。

己巳[729年]張説、宋璟爲左右相。謁喬、定、獻、昭、乾五陵。裴光庭爲相。

庚午[730年]北討契丹。

辛未[731年]幸東都。

壬申[732年]至自東都。宋璟免相。

癸酉[733年]韓休、張九齡、裴耀卿爲相。

甲戌[734年]幸東都。李林甫爲相。

---

① 此後，四庫本有「長安竊發」四字。

乙亥

丙子［736年］至自東都。牛仙客爲相。是年，太真楊氏入宫，李林甫用事。

丁丑［737年］廢皇太子瑛爲庶人。罷張九齡相，仍黜之。相宋璟卒。監察御史周子諒言牛仙客事，殺死于朝。①

戊寅［738年］册忠王璵爲皇太子。相李林甫領隴右河西節度，②牛仙客領河東節度。③

己卯［739年］平突厥，獲其王。追封孔宣父爲文宣王，顔回爲兖國公，④餘哲並爲侯。

庚辰

辛巳［741年］命安禄山爲平盧軍節度使。

壬午［742年］改元天寶。李適之爲相。⑤開莊、文、列、庚桑子四學。⑥裴耀卿進尚書右僕射。

癸未

甲申［744年］改元爲載。命安禄山爲范陽節度使，作太真妃楊氏養子。

① 「殺」，四庫本作「杖」。
② 「度」後，四庫本有「使」字。
③ 「度」後，四庫本有「使」字。
④ 「兖」，原作「梵」，據四庫本改。
⑤ 「適」，原作「通」，據四庫本改。
⑥ 「庚」，原作「耕」，據四庫本改。

乙酉[745年]册太真妃楊氏爲貴妃。契丹殺公主，叛。

丙戌[746年]陳希烈爲左相。右相李林甫大行誣構，首陷韋堅。

丁亥[747年]改温泉爲華清宫。

戊子[748年]以宦人高力士爲驃騎大將軍，關總中外。①賜安禄山鐵券。幸華清宫。

己丑[749年]幸華清宫。

庚寅[750年]幸華清宫。權歸韓國、虢國、秦國三夫人及鴻臚卿楊銛、宰相楊國忠五家。安禄山進封東平郡王。

辛卯[751年]幸華清宫。安禄山入朝，乞兼河東。討雲南不利。

壬辰[752年]幸華清宫。李林甫卒，楊國忠爲右相。

癸巳[753年]幸華清宫。楊國忠大行誣構。進封哥舒翰西平郡王。

經世之卯二千二百六十

甲午[754年]唐明孝皇帝四十三年。受朝于華清宫。韋見素爲相。始以詩賦取士。楊國忠進位守司空。

乙未[755年]安禄山以范陽叛，兵陷東都。皇太子璵爲元帥監國。高仙芝、封常清軍敗。以哥

---

① 四庫本無「總」字。

舒翰將兵二十萬守潼關。

丙申[756年]潼關不守。帝西幸蜀，至馬嵬，兵亂，殺宰相楊國忠及貴妃楊氏。禄山陷長安，稱帝東都，國曰燕，元曰聖武。皇太子西至靈武，即皇帝位，是謂宣孝皇帝，改元至德，以廣平王俶爲元帥，裴冕爲相，尊蜀中帝爲太上皇，移軍彭原。恒山陷，①顔杲卿死于東都。

丁酉[757年]朔方節度使郭子儀、太原節度使李光弼兵入逐安禄山將，大敗之于香積，遂復兩京。帝還長安，太上皇至自成都。封廣平王俶爲成王。苗晉卿代韋見素爲左相。安禄山爲子慶緒所殺，代立，退保相州，改元天成。

戊戌[758年]唐改元乾元，以成王俶爲皇太子，李揆、王璵爲相。九節度圍安慶緒于相州，軍潰。禄山將史思明殺安慶緒，稱帝魏州。

己亥[759年]唐改元順天，李峴、吕諲、第五琦爲相。史思明復陷東都。

庚子[760年]唐改元上元。宦人李輔國逼太上皇入西宫。劉展以揚州叛。

辛丑[761年]太上皇崩于西宫，帝亦不豫，皇太子俶監國，苗晉卿行冢宰。史思明爲子朝義所殺，代立，保東都。

壬寅[762年]改元寶應。皇后張氏謀立越王係，内臣李輔國、程元振幽皇后張氏于别殿，殺

---

① 「恒山」，原作「安禄山」，據四庫本改。

之。帝崩，皇太子俶踐位，是謂孝武皇帝，以雍王适爲元帥，元載爲相，程元振爲驃騎大將軍，居中用事。復東都及河朔。史朝義走幽州，幽人殺之以獻。

癸卯[763年]吐蕃犯長安，别立武王宏，帝出居陝。①郭子儀收京城，帝還長安，放武王宏于華州，葬玄宗于泰陵，葬肅宗于建陵，改元廣德。僕固懷恩以汾州叛。罷苗晉卿、裴遵度相，以李峴爲相。

甲辰[764年]以雍王爲皇太子。吐蕃寇邠及奉天。王縉、杜鴻漸代劉晏、李峴爲相。

乙巳[765年]改元永泰。吐蕃大掠畿甸。帝御六軍屯于苑，命九節度以本軍討賊。吐蕃又會回紇寇奉天，②僕固懷恩啓之也。郭子儀復以回紇隨白元光討吐蕃于靈武。③崔旰以西川亂。

丙午[766年]改元大曆。周智光以華叛。

丁未[767年]吐蕃大寇靈武。郭子儀鎮涇陽。

戊申[768年]吐蕃再寇靈武。

己酉[769年]裴冕爲相。

---

①「陝」，四庫本作「郟」。
②四庫本無「又」字。
③「討」，四庫本作「破」。

庚戌[770年]臧玠以潭州叛。①

辛亥

壬子[772年]回紇掠京城。朱泚節度幽州。②

癸丑[773年]郭子儀大敗吐蕃于靈武。

甲寅

乙卯[775年]魏博節度使田承嗣擅取洺、衛、磁、相四州。③河陽及陜州軍亂。

丙辰[776年]淄青李正己擅取齊海、登、萊、沂、密、德、棣、曹、濮、兖、鄆，請命封隴西王，李寶臣封隴西王，李忠臣封西平王，段秀實封張掖王。崔寧破吐蕃。河陽軍亂。

丁巳[777年]誅宰相元載并夷其族。貶相王縉括州刺史。楊綰、常衮爲相。

戊午[778年]回紇寇太原。吐蕃寇靈武。

己未[779年]汴州軍亂。皇太子适監國。帝崩，皇太子适踐位，是謂孝文皇帝。④葬代宗于元陵。貶相常衮，以崔祐甫爲相，郭子儀爲尚父。

①「玠」，原作「介」，據四庫本改。
②「泚」，四庫本作「滔」。
③四庫本無「使」字。
④「孝文」，原作「文孝」，據四庫本改。後同。

庚申［780年］改元建中。朱泚領四鎮節度使。劉文喜以涇亂。册宣王誦爲皇太子。楊炎爲相。劉晏貶忠州，尋賜死。①

辛酉［781年］盧杞爲相，貶相楊炎崖州司馬。尚父郭子儀卒。②淄青李正己卒，其子納自立。梁崇義反，淮西帥李希烈討斬之。③田悦圍邢州，馬燧救之，田悦敗走。

壬戌④

癸亥［783年］李希烈陷汝州，執刺史李元平。東都行營節度使哥舒曜討李希烈。兵馬使劉德信及李希烈戰于扈澗，敗績。命涇州姚令言以本軍救東都，兵至作亂，入長安立朱泚爲帝于含元殿。渾瑊奉帝出居奉天。朱泚兵頓乾陵。朔方節度使李懷光以本軍救奉天，朱泚退保京城。李懷光以本軍叛。李希烈陷襄陽、許、鄭及汴州，哥舒曜走洛陽。貶宰相盧杞新州司馬。⑤

---

①「劉晏貶忠州，尋賜死」，四庫本作「貶相劉晏自殺」。

②「尚父郭子儀卒」，此後四庫本作「淄青李正己、魏博田悦、恒定李惟岳各擁本部兵叛。李希烈平梁崇義于襄陽，封之爲南平王。河東馬燧、澤潞李抱真破田悦于洹水」。

③「希」，原作「義」，據四庫本改。

④是年，底本無事，四庫本作「宣武劉洽、神策曲環破李納于徐州。幽州朱滔平李惟岳于東鹿。朱滔、田悦、王武俊、李希烈稱王，相推爲盟主。關播始相」。

⑤此年，四庫本作「李希烈陷岐州。太師顔真卿宣撫淮寧軍事，不還。哥舒曜以鳳翔、邠寧、涇原軍大伐于東師喪扈澗，命涇州姚令言以本軍衛東都，兵至滻水，返戈入長安，立朱泚爲帝于含元殿，渾瑊奉帝出居奉天。朱泚兵頓乾陵。朔方節度使李懷光以本兵救奉天，朱泚退保京城。李懷光以本軍叛。李希烈陷襄陽、許、鄭及汴州。哥舒曜走洛陽。貶宰相盧杞新州司馬。蕭復、劉從一、姜公輔爲相」。

經世之辰二千二百六十一

甲子［784年］唐孝文皇帝五年。在奉天，改元興元。王武俊格命，李懷光走河中。①帝移軍梁州，渾瑊及吐蕃敗朱泚于武功。李晟收京師。②涇原兵馬使田希鑒殺馮河清，③以涇州叛。④李抱真、王武俊敗朱滔于涇城。⑤淄青李納亦歸款。⑥田希鑒殺姚令言以涇州降。李晟平涇亂，⑦殺朱泚。⑧李希烈將李澄以滑州格命。劉洽、曲環敗李希烈于陳州。盧翰爲相。

乙丑［785年］改元貞元。李希烈陷南陽。渾瑊平李懷光于河中。

丙寅［786年］劉滋、崔造、齊映、李勉相繼爲相。⑨陳仙奇殺李希烈，以蔡州降。以□□爲豫州

---

①「中」，原作「東」，據四庫本改。
②「師」，四庫本作「城」。
③「涇原兵馬使」，四庫本作「迎帝還宮」。「鑒」，原作「鑑」，據四庫本改。後同。
④「叛」後，四庫本有「行軍司馬田緒殺田悦，以魏博降」十三字。
⑤「敗」，四庫本作「平」。「滔」，四庫本作「泚」。
⑥「亦歸款」，四庫本作「格命」。
⑦「涇」後，四庫本有「州」。
⑧「朱泚」，四庫本作「田希鑒」。
⑨「劉滋、崔造、齊映」六字原脱，據四庫本補。

刺史。①吴少誠又殺陳仙奇，以蔡州請命，以吴少誠爲蔡州刺史。②吐蕃寇涇隴。

丁卯［787年］〔張延賞、柳渾、李泌爲相。渾瑊〕會吐蕃于平涼，③吐蕃竊兵發于會，渾瑊逃歸，馬燧請之謬也。

戊辰［788年］福建軍亂，邠寧亦軍亂。④李晟、馬燧、李泌連相國。徵夏縣處士陽城爲諫議大夫。

己巳［789年］董晉、竇參爲相。韋臯破吐蕃于嶲州。

庚午［790年］吐蕃陷北庭。

辛未

壬申［792年］襄州軍亂。趙憬、陸贄爲相。貶相竇參郴州別駕。吐蕃入寇。

癸酉［793年］賈眈、盧邁爲相。宣武軍亂。

甲戌［794年］南詔異牟尋破吐蕃于神川，⑤韋臯破吐蕃于峩和。元誼以田緒叛于洺。黄少卿以

---

①「以□□爲豫州刺史」，四庫本作「陳仙奇爲蔡州刺史」。

②「以」前，四庫本有「復」字。

③「張延賞柳渾李泌爲相渾瑊」十一字原脱，據四庫本補。

④「亦軍」，四庫本作「軍亦」。

⑤「尋」字，原脱，據四庫本補。

欽叛。①

乙亥

丙子［796年］崔損、趙宗儒爲相。

丁丑［797年］韋皋破吐蕃于巂州。②

戊寅［798年］鄭餘慶爲相。栗鍠殺刺史以明州叛。

己卯［799年］汴州軍亂。吴少誠以陳、蔡叛。伐淮西不利。

庚辰［800年］伐蔡不利，又伐，又不利。徐州軍亂。貶相鄭餘慶郴州司馬。齊抗爲相。蔡州吴少誠順命。

辛巳［801年］韋皋大破吐蕃于雅州，封皋南康郡王。

壬午

癸未［803年］高郢爲相。吐蕃請和。

甲申［804年］吐蕃、南詔、日本修貢。

乙酉［805年］正月帝崩，皇太子誦踐位。王叔文、王伾用事。韋執誼、賈耽、鄭珣瑜、高郢、杜佑

①「欽」，原作「邢」，據四庫本改。

②「巂」，原作「雟」，據四庫本改。

爲相。罷宫市物。①貶京兆尹李實通州長史，削民故也。册廣陵王純爲皇太子。罷鄭珣瑜、高郢相，以杜黄裳、袁滋爲相。帝不豫，八月授位于太子，徙居興慶宫。皇太子純踐位，是謂章武皇帝。②葬德宗于崇陵。貶王伾開州司馬、王叔文渝州司馬、韋執誼崖州司户。以鄭餘慶、鄭絪爲相。

丙戌［806年］改元元和。太上皇崩于興慶宫。杜佑行冢宰事。葬順宗于豐陵。王士真爲相。劉闢以西川叛，高崇文平之。誅王叔文于貶所。

丁亥［807年］武元衡、李吉甫爲相。李錡以潤州叛，③平之。

戊子［808年］裴垍爲相。

己丑［809年］册鄧王寧爲皇太子。王承宗以鎮叛。蔡州吴少誠卒，弟少陽繼事。

庚寅［810年］用權德輿爲相。

辛卯［811年］罷李藩相，用李吉甫、李絳爲相。皇太子寧卒。

壬辰［812年］册遂王恒爲皇太子。魏博軍亂。

癸巳［813年］振武軍亂。

---

① 「宫」，四庫本作「官」。

② 「章」，原作「彰」，據四庫本改。後同。

③ 「錡」，原作「奇」，據四庫本改。

經世之巳二千二百六十二

甲午[814年]唐章武皇帝九年。蔡州吴少陽卒，子元濟繼事，以淮西逆命。

乙未[815年]伐淮西。盗殺宰相武元衡。以裴度爲相，會兵伐王承宗于鎮。淄青李師道以嵩僧叛，會兵伐淄青。

丙申[816年]大伐淮西及鎮。①李逢吉、王涯爲相。黄洞蠻屠巖州。宿州軍亂。

丁酉[817年]崔群、李鄘爲相。裴度大伐淮西，將李愬入蔡，獲吴元濟以獻，淮西平。裴度復相。

戊戌[818年]鎮州王承宗、淄青李師道順命。李夷簡、皇甫鎛、程异爲相。

己亥[819年]劉悟殺李師道，以淄青十二州降。令狐楚爲相。沂及安南軍亂。以方士柳泌爲台州刺史。帝餌金石有疾。

庚子[820年]帝崩。皇太子恒踐位，是謂文忠皇帝。段文昌、崔植爲相。貶皇甫鎛崖州司户。安南平。葬憲宗于景陵。鎮王承宗卒，弟承元繼事。

辛丑[821年]改元長慶。杜元穎、王播爲相。劉總棄幽州，以張弘靖代之。幽州軍亂，逐張弘靖，立朱克融爲留後。鎮州軍亂，殺田弘正，立王廷湊爲留後。瀛州軍亂，幽軍拔瀛州。鎮軍圍深州。相州軍亂。

---

①「鎮」後，四庫本有「陽」字。

壬寅[822年]册景王湛爲皇太子。幽州朱克融陷滄州，會鎮州王廷湊兵攻深州。王智興逐崔群，以徐州亂。元稹、裴度、李逢吉爲相。李岕逐李愿，以汴州亂。鎮軍救饒陽及博野。①王國清以浙西叛。德州軍亂。

癸卯[823年]牛僧孺爲相。

甲辰[824年]帝崩。皇太子湛踐位，是謂昭愍皇帝。②貶侍郎李紳端州司馬。李逢吉、牛僧孺爲相。又以李程、竇易直爲相。葬穆宗于光陵。

乙巳[825年]改元寶曆。牛僧孺免相。

丙午[826年]裴度復相。内命亂③，中人弑帝于飲所。④群臣誅賊，立江王昂，⑤是謂昭獻皇帝。以韋處厚爲相。幽州軍亂，殺其帥朱克融。

丁未[827年]改元大和。⑥貶相李逢吉。葬敬宗于莊陵。

戊申[828年]鎮州王廷湊逆命。安南軍亂。路隨爲相。

---

①「軍」，四庫本作「兵」。
②「愍」，四庫本作「武」。
③「裴度復相。内命亂」，四庫本作「裴度復内相。會亂」。
④「中」，四庫本作「宫」。
⑤「昂」，原作「卬」，四庫本作「邛」，據《資治通鑑》卷二四三改。
⑥「大」，據四庫本作「太」。

己酉［829年］魏博軍亂，殺節度使史憲誠，①立何進滔爲留後。李宗閔爲相。南詔蠻陷成都。

庚戌［830年］興元軍亂，殺節度使李絳，温造平之。牛僧孺、宋申錫爲相。

辛亥［831年］幽州軍亂。貶相宋申錫開州司馬，内臣王守澄誣故也。

壬子

癸丑［833年］李德裕、王涯爲相，罷李宗閔相。册魯王永爲皇太子。

甲寅［834年］幽州軍亂。復李宗閔相。

乙卯［835年］鄭注、李訓用事。貶李德裕袁州長史。罷李宗閔相，貶爲潮州司户。用李訓、賈餗、李固言、舒元輿爲相。出鄭注爲鳳翔尹。李訓誅宦氏不克，走南山。中尉仇士良屠宰相李訓、王涯、賈餗、舒元輿及王播、郭行餘、羅立言、李孝本、韓約十餘家。②監軍張仲清屠鄭注于鳳翔。李訓野死。引鄭覃、李石爲相。中尉仇士良、魚志弘并爲大將軍，③遣内養馳四方，交殺州縣官吏。

丙辰［836年］改元開成。李固言爲相。

丁巳［837年］陳夷行爲相。河陽軍亂。

---

①「憲」，原作「獻」，據四庫本改。

②「家」，四庫本作「人」。

③「魚志弘」，原作「虞志弘」，據四庫本改。後同。

戊午［838年］盜傷宰相李石于親仁里。①楊嗣復、李珏爲相。易定軍亂。皇太子有罪，卒于少陽院。

己未［839年］崔鄲爲相。册陳王成美爲皇太子，監國。

庚申［840年］帝有疾。中尉仇士良、魚志弘册潁王炎爲皇太子，②廢皇太子成美復爲陳王。帝崩，皇太子炎立，是謂昭肅皇帝。楊嗣復行冢宰。殺陳王成美、安王溶于邸，二中尉封國公。崔鄲、崔珙、陳夷行爲相。葬文宗于章陵。③楊嗣復、李珏罷相，李德裕復相。

辛酉［841年］改元會昌。用李紳爲相。貶相楊嗣復、李珏爲州司馬。幽州軍亂。

壬戌［842年］李德裕專政。

癸亥［843年］劉稹以澤、潞叛。

經世之午二千二百六十三

甲子［844年］唐昭肅皇帝四年。太原軍亂。邢、洺、磁三州叛。澤、潞二州平。杜悰、崔鉉爲相。④貶相崔珙爲州司馬。

---

①「傷」，四庫本作「殺」。

②「潁」，原作「潁」，據四庫本改。「炎」，四庫本作「瀍」。

③「章」，原作「竟」，據四庫本改。

④「杜悰」，原作「杜琮」，四庫本作「杜宗」，據《資治通鑑》卷二四七改。

乙丑［845年］罷崔鉉、杜悰相。①李回、崔元式、鄭肅爲相。大除象教。

丙寅［846年］帝餌金石有疾。命光王怡爲皇太叔。帝崩，太叔怡立，是謂獻文皇帝。用白敏中、盧商、韋琮相。葬武宗于端陵。

丁卯［847年］改元大中。貶相李德裕潮州司馬。

戊辰［848年］周墀、馬植、崔龜從爲相。

己巳［849年］罷周墀、馬植相。再貶李德裕崖州司户。崔鉉、魏扶爲相。幽州軍亂。

庚午［850年］魏扶罷相，令狐綯爲相。

辛未［851年］魏謩爲相。

壬申［852年］裴休爲相。

癸酉［853年］鄭郎爲相。

甲戌

乙亥

丙子

丁丑［857年］魏謩出尹成都。崔慎由、蕭鄴爲相。

---

①「杜琮」，據四庫本改。

戊寅[858年]劉瑑、夏侯孜爲相。宣、洪寇亂。

己卯[859年]蔣伸爲相。①册鄆王温爲皇太子。帝崩，皇太子温踐位，是謂恭惠皇帝。令狐綯行冢宰。

庚辰[860年]葬宣宗于貞陵。令狐綯出尹河中。杜審權、杜悰爲相。改元咸通。宣、洪寇亂。

辛巳[861年]相蕭鄴出尹太原。蔣伸罷相。林邑蠻入寇。

壬午[862年]徐州軍亂。林邑蠻陷交阯及安南都護。②

癸未[863年]楊收、曹確、高璩爲相。蠻陷安南州。

甲申[864年]杜審權出刺潤州。蕭寘爲相。蠻寇邕、管。

乙酉[865年]徐商爲相。高駢平林邑蠻，復安南都護。

丙戌[866年]夏侯孜出尹成都。路巖爲相。

丁亥[867年]楊收觀察浙西。于琮爲相。

戊子[868年]湘潭戍軍亂，立龐勛爲帥，歸陷徐、宿、滁、和、濠五州。貶楊收端州司馬，移驩州，賜死。

---

① 「伸」，原作「申」，據四庫本改。後同。

② 「阯」，四庫本作「趾」。

己丑[869年]蔣伸罷相，劉瞻爲相。徐商出尹江陵。命十八將伐徐，以康成訓爲軍帥，①徐寇平。蠻復寇東西二川。

庚寅[870年]相曹確病免，韋保衡爲相。大黜官吏。王鐸爲相。

辛卯[871年]相路巖出尹成都。

壬辰[872年]劉鄴出刺幽州，于琮出刺襄州。趙隱爲相，大行黜陟。命沙陀李國昌移鎮雲中，國昌以大同阻命。

癸巳[873年]征李國昌。蕭倣爲相。册普王儇爲皇太子。韋保衡行冢宰。帝崩，皇太子儇踐位，是謂恭定皇帝，兩軍中尉居中用事。黜冢宰韋保衡，仍賜死，復前貶官吏。②

經世之未二千二百六十四

甲午[874年]唐恭定皇帝元年。葬懿宗于簡陵。崔彦昭、鄭畋、盧攜爲相。改元乾符。蠻寇兩川。

乙未[875年]浙西及曹、濮寇亂。王鐸復相。

丙申[876年]相蕭倣病免。浙西寇平。曹濮王仙芝陷江淮南北十五州，至江南，乞符節于朝，

①「帥」，原作「師」，據四庫本改。

②「貶」，四庫本作「之」。

不聽。李蔚爲相。

丁酉[877年]冤句寇黄巢陷沂、鄆，南會王仙芝將尚讓于蔡之查牙山，破隋及江陵。沙陀李國昌寇朔州。

戊戌[878年]江陵寇平。黄巢擾淮北、淮南及江南、廣南。李國昌陷嵜嵐。昭義軍亂。鄭從讜爲相，李蔚出守東都。

己亥[879年]黄巢據嶺表，乞符節于朝，不聽。罷盧攜、鄭畋相，以崔沆、豆盧瑑爲相。盧攜復相。

庚子[880年]改元廣明。鄭從讜出尹太原。沙陀軍敗北。黄巢軍北逾五嶺，破湖、湘及江淮、揚州。高駢距之不利，發徐、兖、許軍赴溵水以捍東都。溵水軍潰，黄巢陷東都，西攻陝、虢，潼關失守。罷盧攜相，王徽、裴徹爲相。黄巢陷長安，稱帝，國曰齊，元曰金統。帝出南山。

辛丑[881年]帝移軍興元。蕭遘爲相，鄭畋爲都統，楊復光爲監軍。羽書飛天下，沙陀順命，請勤王。黄巢攻鳳翔，帝移幸成都。改元中和。以韋昭度爲相。河中王重榮軍屯沙苑，涇原唐弘夫軍屯渭北，①易定王處存軍屯渭橋，鄜延托跋思恭軍屯武功，鳳翔鄭畋軍屯盩厔，邠

---

①「涇」，原作「經」，據四庫本改。

寧朱玫軍屯興平，①荆襄王鐸軍至自行在，王徽都督潞州。

壬寅[882年]帝在成都。黄巢保長安，其將朱温以同州降，錫名全忠。沙陀李克用自代北至，軍屯良田。②

癸卯[883年]帝在成都。諸將合攻，大破巢軍于渭南，巢走藍關，遂收京城。以李克用爲河東節度使，朱全忠爲宣武軍節度使。巢軍東走，圍陳、蔡，蔡州秦宗權以城降賊，合巢兵攻陳州，以春磨圍陳三百日，③陳刺堅守，不陷。

甲辰[884年]帝在成都。以鄭昌圖爲相。汴州朱全忠及關東諸侯鎮帥兵會河東李克用兵，大破巢軍于太康及西華，又北破之于中牟，又東滅之于冤句，巢寇平。朱全忠圖李克用于汴之上元驛，不克，自此二帥交惡。④朝廷封李克用隴西郡王以和解之。

乙巳[885年]帝至自成都，改元光啓。秦宗權保逆陳、蔡，王鎔專兵鎮陽，李昌符抗兵鳳翔，王重榮擅兵蒲、陜，⑤諸葛爽擁兵孟、洛，孟方立控兵邢、洺，李克用阻兵并、代，朱全忠瀆兵汴、

---

①「玫」，原作「政」，據四庫本改。
②「良」，四庫本作「梁」。
③「春」，原作「春」，據四庫本改。
④「帥」，原作「師」，據四庫本改。
⑤「陜」，四庫本作「郟」。

滑，時溥弄兵徐、泗，朱瑾窮兵齊、鄆，王敬武握兵淄、青，高駢玩兵淮南，劉漢宏恃兵浙東，王處存結兵易、定，李可舉堅兵幽、薊。中尉田令孜取河中王重榮解州鹽池不克，引邠寧師伐河中，重榮會太原師攻令孜，京師軍亂，邠將朱玫敗歸邠州。神策軍大掠都市，令孜以帝幸鳳翔。封宣武節度朱全忠爲沛郡王。錢鏐始受封爲杭州刺史。

丙午［886年］帝在鳳翔。河中王重榮條罪攻田令孜，令孜以帝移幸興元。相蕭遘、裴徹、鄭昌圖召邠軍迎帝還都。朱玫軍至自鳳翔，令孜以帝移軍過散關，朱玫追帝不及，至遵途獲皇子襄王熅。興元節度石君涉合朱玫軍破棧，以絶帝歸路。帝至興元，石君涉棄城走朱玫軍。帝以孔緯、杜讓能爲相，出田令孜爲劍南節度使。李鋌、楊守亮、楊守宗敗朱玫軍于鳳翔。朱玫逼蕭遘立襄王熅于鳳翔，玫稱大丞相，率百官還京，奉熅稱帝，改元建貞。罷蕭遘相，以鄭昌圖、裴徹爲相，宣諭四方，加諸鎮官。常山、太原、宣武、河中不受命。王重榮、李克用敗朱玫將王行瑜于鳳翔，行瑜退攻興元，以邠軍還長安，殺朱玫，大掠京城。裴徹、鄭昌圖以襄王熅奔河中，王重榮殺襄王熅以獻。蔡將孫儒陷鄭及許、洛、懷、孟、陜、虢，榮將諸葛爽據河陽，①李罕之據澤州，張宗奭據懷州，秦宗權稱帝陳、蔡，王潮據福州。

①「榮」，四庫本作「巢」。

丁未[887年]帝自興元移軍鳳翔，以張濬爲相。揚州軍亂，牙將畢師鐸囚帥高駢。召秦宗權之宣州觀察，秦彦爲揚州節度使。蔡兵攻汴，兖鄆之師敗蔡軍于邊孝，①蔡將孫儒棄鄭及許、洛、懷、孟、陝、虢。張宗奭取洛陽，李罕之取河陽，同附于全忠。張宗奭賜名全義。京師楊守立、李昌符争道，戰于通衢，昌符敗走隴州。河中軍亂，牙將常行儒殺其帥王重榮，立其弟重盈爲留後。楊行密與蔡將孫儒争揚州，行密拔揚州。秦彦、畢師鐸奔孫儒于高郵，復攻行密，行密求救于汴，汴軍援行密于淮口。②東川顧彦朗、壁州王建攻成都。

戊申[888年]帝至自鳳翔，改元文德。觀軍容使楊復恭專命，李鋌爲相，册壽王傑爲皇太弟。帝崩，皇太弟傑踐位，是謂景文皇帝。韋昭度行冢宰。魏州軍亂，殺帥樂彦貞，小校羅宗弁爲留後。張全義拔河陽，李罕之走澤州，蔡將孫儒拔揚州，楊行密走宣城，朱全忠攻徐州，蔡將趙謴以荆襄降于汴，全忠敗蔡人于龍坂，蔡將申蘩執秦宗權降于汴，③淮西平。④全忠兼領蔡州節度使。王建大寇劍南。韋昭度出尹成都。葬僖宗于靖陵。

己酉[889年]改元龍紀。以劉崇望爲相，封朱全忠東平王。王建陷成都，稱留後。太原李克用

---

①「師敗蔡軍于邊孝」，四庫本作「帥合兵大破其軍」。
②「援」，四庫本作「授」。
③「申」，原作「由」，據四庫本改。
④「平」，四庫本作「朱」，下讀。

攻邢、洺。杭州錢鏐拔宣城，獲劉浩。

庚戌［890年］改元大順。孟遷以邢入于太原。李克用攻雲州，幽州援之，敗李克用于蔚州。幽州李匡威、雲州赫連鐸會汴兵攻太原李克用。潞州軍亂，殺李克恭，降于汴。克用將安建以邢、洺、磁三州降于全忠。宰相張濬帥京兆孫揆、華州韓建出陰地關，會汴將葛從周兵入潞州。太原兵攻潞州，幽、雲兵攻鴈門。太原將康君立入潞州，①克用敗幽、雲之兵于鴈門，將李存信又敗張濬、韓建兵于陰地，遂收晉、絳。②朝廷復克用官，貶張濬連州刺史。崔昭緯、徐彦若爲相。克用將李存孝以邢入于汴。

辛亥［891年］中尉楊復恭致政，復恭不受命，陳兵于昌化里，命天威軍使李順節討之不利，兩軍中尉劉景宣、西門重遂殺天威軍使李順節于銀臺門，③順節兵散，大掠京城。復恭奔興元。鄭延昌爲相。太原李克用攻邢州，責叛己也。宣武朱全忠攻魏州，責不助討也。鎮州援邢州，克用攻鎮州，幽兵援鎮州，汴兵攻宿州，幽、鎮兵攻定州。處存求援于太原。④宣州楊行密滅孫儒，據有揚州，封行密爲淮南王。

①「康」，四庫本作「匡」。
②「收」，四庫本作「拔」。「絳」，四庫本作「降」。
③「軍使」，原作「兵破」，據四庫本改。
④「援」，四庫本作「救」。

壬子[892年]改元景福。鳳翔李茂貞、邠州王行瑜、華州韓建、同州王行約、秦州李茂莊兵陷興元，殺守亮及楊復恭。左軍中尉西門重遂殺天威軍使賈德晟于京師，①部下奔鳳翔。太原李克用會易、定兵，敗鎮兵于堯山。

癸丑[893年]鳳翔李茂貞舉兵犯闕，敗覃王兵于盩厔。帝誅中軍西門重遂、李周潼，貶相杜讓能，岐兵乃止。進茂貞中書令，封秦王。以王行瑜爲尚父，王摶爲相。成都王建與李茂貞争東川。幽軍亂，逐其帥李匡威于鎮，以其弟匡籌爲留後。汴兵滅徐，兼領其鎮。李克用敗鎮州王鎔于平山，鎔乞盟，遂許盟而退。②

甲寅[894年]改元乾寧。崔胤爲相。王摶出鎮湖湘。③李茂貞擁山南十五州以抗王室。汴兵敗兖、鄆之師于東阿。朱瑄、朱瑾求救于太原。李克用拔邢州獲李存孝，拔雲州獲赫連鐸，拔幽州獲李匡籌，用幽人請以匡籌將劉仁恭爲留後。④

乙卯[895年]河中王重盈卒。太原李克用請以王珂襲重盈，封于朝。邠州王行瑜、鳳翔李茂貞、華州韓建請以王珙襲重盈，封于朝。朝廷先許克用。陝州王珙、絳州王瑶以兵攻珂于

---

① 「左」，原作「在」，據四庫本改。
② 「而退」，原作「于還」，據四庫本改。
③ 「湘」，四庫本作「南」。
④ 「用」，原作「其」，據四庫本改。

河中。王行瑜、李茂貞兵入長安行廢，不克，殺宰相韋昭度及李磎，各以兵二千留京師而去。李克用渡河稱討，同州王行實棄郡奔京師，與兩軍中尉駱全瓘、劉景宣逼帝西幸。①帝以李筠、李君實兵出，次南山，都人畢從。②命延王戒丕、丹王允從李克用西討。封淮南楊行密弘農王，亦從西討。克用敗邠軍于梨園。帝還京，邠州平。行瑜野死，封克用爲晉王。克用還太原。崔昭緯罷相，徐彦若爲相。董昌以浙東叛，稱王，國曰羅平，元曰大聖。

丙辰[896年]岐兵犯長安。韓建逼帝幸華州，建進封中書令兼兩京軍。③陸扆、王搏、崔胤、孫偓爲相。魏州羅弘信敗太原之師于莘，以絶李克用兖、鄆之援。克用攻魏，下十城。湖南軍亂，立馬殷爲留後。④錢鏐平浙東，獲董昌，授鏐中書令。相王搏觀察浙東，陸扆出刺陝州。⑤

丁巳[897年]帝在華州。孫偓罷相，鄭綮爲相。册德王裕爲皇太子。封韓建爲昌黎王。鄭綮病免，朱朴爲相。韓建殺禁衛李筠，以散衛兵，罷八王兵柄，仍殺之，貶相朱朴，殺帝侍衛馬

① 「瓘」，底本、四庫本作「珍」，據《舊唐書》卷二〇上《昭宗紀》改。
② 「人」，原作「官」，據四庫本改。
③ 「軍」，四庫本作「尹」。
④ 「殷」，原作「商」，據四庫本改。
⑤ 「陝」，原作「硤」，據四庫本改。

道殷、許巖士。帝封兩浙錢鏐吴王，俾救難王室。汴將龐師古拔鄆州，朱瑄野死。①汴將葛從周拔兖州，朱瑾奔淮南。兖、鄆、曹、濮、齊、棣、沂、密、徐、宿、陳、蔡、許、鄭、滑盡入于汴。②全忠以八郡兵攻淮南，朱瑾以淮南兵敗汴兵于清口，獲將龐師古，又敗汴軍于渒河，走葛從周，楊行密遂據有江淮。幽州劉仁恭敗李克用于安塞。③福州王潮卒，弟審知繼事。

戊午［898年］帝在華州。以崔遠爲相，册何氏爲皇后。帝還長安，改元光化。以華州爲興德府。韓建進封潁川王。汴將葛從周拔李克用之邢、洺、磁。氏叔琮拔趙匡凝之隨、唐、鄧。④澤州李罕之拔克用之上黨，歸于汴。⑤幽州劉守文拔汴之滄州。魏博羅弘信卒，子紹威稱留後。

己未［899年］復陸扆相。蔡軍以崔珙奔淮南。幽兵寇趙、魏，魏引汴兵破之。汴將氏叔琮攻太原，不利。陜州軍亂，牙將殺其帥王珙，立李璠爲留後，又殺之，降于汴。青州王師範將牛從毅以海州入于淮南。

---

①「瑄」，原作「軍」，據四庫本改。
②「沂密」二字原闕，據四庫本補。
③「于安塞」，原作「子安寒」，據四庫本改。
④「氏」，原作「民」，據四庫本改。後同。
⑤「于」，原作「下」，據四庫本改。

庚申［900年］相崔胤誣殺宰相王摶、樞密使宋道弼、景務修。朱全忠會魏軍攻幽之滄、德州。李克用拔汴之邢州，又以三鎮兵攻鎮州，王鎔乞和乃還。汴將張存敬攻幽之滄州，又拔祁州，又敗定州王處直于沙河，進攻定州，處直以定州降于全忠。罷崔遠相，以裴贄、裴樞爲相。徐彦若觀察青海。中尉兩軍劉季述、王仲先幽帝于東内，令皇太子裕監國。相崔胤、張濬告難于全忠，全忠自定還汴護駕。將孫德昭、周承誨、董彦誅劉季述、王仲先。帝自幽所還政。

辛酉［901年］誅神策使李師度、徐彦回，①窘帝故也。降皇太子裕爲德王，改元天復。汴將張存敬由含山路拔李克用之河中及晉絳。朱全忠兼領河中節度，②進封梁王。梁軍大舉攻晉之太原，晉將孟遷以澤入于梁。梁將氏叔琮長驅出團柏，屯軍洞渦，③葛從周以趙、魏兵入土門，陷承天，會天大雨乃復。宰相崔胤受全忠命逼帝幸東都，④未及行，中尉韓全誨以李茂貞兵勒帝幸鳳翔。⑤罷崔胤相，崔胤至三原促全忠西攻，⑥全忠以四鎮兵破華州，⑦由京城

① 「李」，四庫本作「季」。
② 「領」，原作「須」，據四庫本改。
③ 「渦」，原作「過」，據四庫本改。
④ 「命」，四庫本作「旨」。
⑤ 「勒」，四庫本作「刼」。
⑥ 「三」，原作「太」，據四庫本改。
⑦ 四庫本無「四」字。

西圍鳳翔，又破邠州，獲李繼徽，以絕其援。

壬戌［902年］帝在鳳翔。封淮南楊行密吴王、兩浙錢鏐越王，俾救難王室，皆不至。李克用南攻，朱全忠自鳳翔至河中，令將拔晉之汾州，①進圍太原不利，全忠自河中復至鳳翔。鄜州節度使李周彝以兵援鳳翔，〔汴將孔勛乘虚陷〕鄜州，②周彝以兵降全忠，邠寧鄜坊又入于梁。鳳翔李茂貞乃誅宦氏韓全誨，③以解全忠之圍。

癸亥［903年］帝還長安。進朱全忠元帥，復崔胤相。全忠誅宦氏七百人，罷陸扆相，以裴樞、王溥爲相。④青州王師範拔梁之兖州，全忠東攻青州。成都王建復李茂貞之秦隴，⑤以脩好于全忠。王師範會淮南兵敗梁軍于臨淄，梁將楊師厚敗青軍于臨朐，王師範以青州降。淮南楊行密攻鄂州，荆南成汭救鄂，澧朗軍乘虚陷江陵，趙匡凝乘虚陷荆州。成汭憤死。岐兵逼長安。梁軍屯河中，全忠逼帝都洛陽，殺宰相崔胤、六軍使鄭仁規、皇城使王建勲、飛龍使陳班、閤門使王建襲、客省使王建義、左僕射張濬，⑥緩遷故也。柳璨、崔遠代相。

①「令」，四庫本作「命」。
②「汴將孔勛乘虚陷」七字原脱，據四庫本補。
③「乃」，四庫本作「逐」。
④「溥」，原作「搏」，據四庫本改。
⑤「復」，四庫本作「寇」。
⑥「班」，原作「莊」；「閤」，原作「閣」，據四庫本改。

經世之申二千二百六十五

甲子［904年］唐景文皇帝十六年。東徙至穀水，梁王朱全忠坑帝侍從二百人。①至洛陽改元天祐。②以張漢瑜爲相。楊崇本以邠兵寇關輔，③全忠西攻，行弑于别宫，④立輝王祚，是謂哀帝。李克用以本部兵據太原。⑤

乙丑［905年］梁王全忠逼帝授禪，殺宰相裴樞、崔遠、陸扆及九王，用張文蔚、楊涉爲相，盡黜朝廷官吏。⑥太原李克用、鳳翔李茂貞、成都王建、襄陽趙匡凝同謀興復。梁將楊師厚敗趙匡凝于江湄，進拔襄陽，匡凝將王建武以荆南兵衆降，⑦唐、鄧、復、郢、隨、襄、荆南又入于梁。⑧匡凝奔淮南。朱全忠加九錫，總百揆，天下元帥，進封魏王，不受。再逼授禪，殺樞密使蔣玄暉、豐德庫使應頊、〔尚食〕使朱建武及宰相柳璨、太常卿張廷範、太常少卿裴磵、温

---

①「二」，四庫本作「三」。
②「祐」，原作「祚」，據四庫本改。
③「邠」，原作「頒」，據四庫本改。
④「弑」，四庫本作「殺」。「别」，四庫本作「洛」。
⑤「據」，四庫本作「保」。
⑥「黜」，四庫本作「出」。
⑦「武」，原作「玄」，據四庫本改。
⑧「隨」，原作「據」，據四庫本改。

變、知制誥張茂昭及皇后何氏。①淮南楊行密卒，子渥繼事。太原李克用會契丹阿保機于雲州，②進兵河北。

丙寅［906年］魏州牙兵亂，朱全忠坑之，進圍幽之滄州，幽人求救于太原，李克用會幽軍攻上黨，梁將丁會以澤潞降。全忠自長蘆還大梁。

丁卯［907年］朱全忠代唐命于汴，改國曰梁，元曰開平。薛貽矩、韓建爲相。降帝爲濟陰王，③徙之曹河東。晉王李克用、淮南吴王楊渥、劍南蜀王王建、山南秦王李茂貞、兩浙越王錢鏐、荆南渤海王高季昌、湖南楚王馬殷、泉南閩王王審知、廣南南海王劉隱並行唐年。

戊辰［908年］梁攻河東。④用于兢、張榮爲相。殺濟陰王于曹州。荆南高季昌、湖南馬殷、兩浙錢鏐附于梁。⑤是年，劍南王建稱帝成都，國曰蜀，元曰武成。⑥河東李克用、淮南楊渥、山南李茂貞、泉南王審知、南海劉隱行唐年。河東李克用卒，子存勗繼。誅亂命李克寧、李存

---

①「豐」，原作「灃」，「應」原作「殷」，「尚食」二字原脱，「範」，原作「弘」，今據四庫本改、補。
②「會」，原作「攻」，據四庫本改。
③「陰」字，原脱，據四庫本補。
④「東」，原作「裏」，據四庫本改。
⑤「殷」，原作「商」，據四庫本改。
⑥「成」，原作「康」，據四庫本改。

顥。①〔敗梁軍于潞之三垂崗〕。②淮南楊渥爲部將張顥所殺，代立。〔大將徐温自金陵入〕誅顥，③立渥弟渭，温專制。

己巳[909年]梁自汴徙都洛陽，郊祀天地。趙光逢、杜曉爲相。④張奉以沙州亂，劉知俊以同州叛。丹襄軍亂。泉南王審知、南海劉隱附于梁。劉隱卒，弟巖立。⑤河東李存勗、淮南楊渭、山南李茂貞行唐年。

庚午[910年]梁之鎮州王鎔、定州王處直請附于晉。河東李存勗東下河北。

辛未[911年]梁改元乾祐。北攻鎮、定，軍敗于柏鄉。蜀改元永平。是年，李存勗將劉守光稱帝幽州。

壬申[912年]梁北攻鎮、定，屠棗强乃復。六月，郢王友珪行弑，代立，改元鳳曆，殺博王友文于汴。冀王友謙以河中入于晉。許州軍亂。晉王李存勗敗燕軍于龍岡，進圍幽州。

癸酉[913年]梁六軍殺友珪，立均王友貞于汴，復乾祐三年。晉李存勗平幽州，獲劉守光及父

---

① 「寧」，原作「寕」，據四庫本改。
② 「敗梁軍于潞之三垂崗」九字原脱，據四庫本補。
③ 「大將徐温自金陵入」八字原脱，據四庫本補。
④ 「曉」，原作「撓」，據四庫本改。
⑤ 「巖」，原作「涉」，據四庫本改。後同。

仁恭以歸。

甲戌[914年]梁將王殷以徐叛，附于吳。晉李存勗開霸府于太原。

乙亥[915年]梁改元貞明。鄴王楊師厚卒，分其地六州爲兩鎮，魏軍遂亂，囚其帥賀德倫，以六州入于晉。蜀拔山南之秦鳳。階成宫大火。晉李存勗東下，大會兵于魏郊。

丙子[916年]梁之河北皆入于晉。趙光逢、鄭珏爲相。攻晉不利。蜀改元通正，拔山南之隴州。晉李存勗敗梁軍于故元城。吳封相徐温爲齊國公，屬之以金陵、丹陽、毗陵、宣城、新安、池陽六郡，鎮金陵。

丁丑[917年]梁册兩浙錢鏐爲天下兵馬元帥。是年，劉巖以南海稱帝，國曰漢，元曰乾亨。蜀改元天漢，誅降將劉知俊于炭市。晉李存勗拔梁之楊劉城。

戊寅[918年]梁之鄆、濮陷于晉。蜀改元天光，建遇毒死，子衍立。晉李存勗擁太原、魏博、幽、滄、鎮定、邢洺、麟、勝、雲、朔十鎮之師，大閲于魏郊，敗梁軍于胡柳。

己卯[919年]梁張守進以兖入于晉。蜀改元乾德。晉逼梁之河南。是年，楊渭稱帝淮南，國曰吳，元曰武義，徐温爲大丞相，都督中外，封東海王。

庚辰[920年]梁李琪爲相，陳州妖寇亂，晉兵入寇。吳楊渭卒，弟溥立。晉存勗拔梁之同州。

辛巳[921年]梁改元龍德。惠王友能以陳叛。吳改元順義。晉鎮、定亂。契丹犯幽州。

壬午[922年]晉李存勗平鎮、定，又敗契丹于易水。

癸未[923年]河東晉王李存勗稱帝魏州，是謂莊宗，國曰唐，元曰同光，是謂後唐。以豆盧革爲相、郭崇韜樞密使。①自魏由鄆而南，敗梁將王彦章于中都，長驅入汴，殺友貞于建國樓，降之爲庶人。潞州軍亂。淮南楊溥、兩浙錢鏐、山南李茂貞、湖南馬殷請附。吴楊溥去帝號稱王。荆南高季興、泉南王審知行梁年。

甲申[924年]唐自汴徙都洛陽，平上黨。

乙酉[925年]唐帝存勗北巡魏郊。以樞密使郭崇韜同魏王繼岌伐蜀，七旬平之，獲其主王衍以歸，至秦川驛族殺之。以孟知祥鎮成都。荆南高季興請附。蜀改元咸康，國亡。漢改元白龍。泉南王審知爲子延翰所殺，代立。

丙戌[926年]唐内命亂，皇后劉氏使人殺樞密使郭崇韜于蜀。魏軍變，以鎮帥李嗣源伐之，②嗣源至，魏軍又變，二軍奉李嗣源入汴。唐帝存勗東征至萬勝乃復。内軍又變，殺存勗于絳霄殿。嗣源入洛稱帝，是謂明宗，改元天成。誅宰相豆盧革、韋説，以鄭珏、任圜爲相，安重誨爲樞密使。魏王繼岌自成都入，至渭橋殺之。荆南逆命，泉南稱附。泉南王延翰爲弟延鈞所殺，③代立。

①「盧」，原作「蘆」，據四庫本改。
②「伐」，四庫本作「代」。
③「弟」後，四庫本有「王」字。

丁亥[927年]唐以馮道、崔協爲相。盧臺及浚儀軍亂。①淮南楊溥復稱帝，改元乾貞。宰相徐温卒，養子知誥繼事，于金陵稱王。是年，北狄耶律德光稱帝潢水，國曰契丹，元曰天顯。

戊子[928年]唐以王建立爲相。王都以定叛。高季興以荆南入于吴。漢改元大有。

己丑[929年]唐以趙鳳爲相，安重誨專政。吴改元大和。

庚寅[930年]唐改元長興。河中軍亂。②西川孟知祥、東川董璋連叛。

辛卯[931年]唐以李愚爲相。罷安重誨樞密使，③以趙延壽、范延光爲樞密使。東西二川相攻。

壬辰[932年]唐孟知祥平東川，獲董璋，稱表，封知祥爲蜀王。吴王錢鏐卒，子元瓘繼。福州王延鈞稱帝，國曰閩，元曰光啓。

癸巳[933年]唐以劉昫爲相。④潞王從珂出尹鳳翔。石敬瑭移鎮太原。⑤帝嗣源病。秦王從榮以河南府兵攻端門，不克，敗死。明宗終，立宋王從厚，是謂閔帝。馮道、李愚爲相，專政。朱弘昭、馮贇爲樞密使。

---

① 「儀」，四庫本作「義」。

② 「軍」，四庫本作「兵」。

③ 「使」字，原脱，據四庫本補。

④ 「昫」，原作「煦」，四庫本作「照」，據《資治通鑑》卷二七八改。

⑤ 「瑭」，原作「塘」，據四庫本改。後同。

經世之酉二千二百六十六

甲午[934年]後唐閔帝從厚元年，改元順應。以鳳翔潞王從珂移鎮太原，從珂自岐入逐從厚，代立于洛宫，改元清泰。從厚出奔衛州，就殺之。是年，孟知祥以兩川稱帝成都，①國曰蜀，元曰明德。知祥卒，子昶繼。

乙未[935年]唐以韓昭胤爲相。忻州戍軍亂。吴改元天祚。閩改元永和，臣李倣弑其君延鈞，立其子昶。

丙申[936年]唐以馬裔孫爲相。以太原石敬瑭移鎮汶陽。石敬瑭自太原入以北狄耶律德光，稱帝入洛，代唐命，改國爲晉，元曰天福。以并州從事桑維翰、趙瑩爲相。馮道依舊相。輸冀、代之北入于狄。從珂火死于玄武樓。荆南、兩浙稱附。閩王昶誅李倣，改元通文。

丁酉[937年]晉以李崧爲相。河陽張從賓、魏州范延光、滑州符彦饒、袁州盧文進不從命，②悉平之。吴大將徐知誥代吴命于金陵，改國曰齊，③易號爲唐，元曰昇元，復姓李氏，易名爲昪。以宋齊丘、徐玠爲左右相。徙其君于丹徒，殺之。

① 「兩」，四庫本作「西」。
② 「袁」，四庫本作「安」。
③ 「齊」，原作「濟」，據四庫本改。

戊戌［938年］晉徙都汴。魏州范延光順命，①封高平王，移鎮汶陽。北狄耶律德光改元會同。

己亥［939年］閩亂，連重遇殺其君昶，立其叔父延羲，改元永隆。

庚子［940年］晉用和凝爲相。李金全以安叛，命馬全節以十郡之師平之。②

辛丑［941年］晉帝石敬瑭北過鄴。③〔安從進以襄叛〕，④安重榮以鎮叛。⑤兩浙錢元瓘卒，⑥子弘佐繼。

壬寅［942年］晉帝石敬瑭終于鄴，從子齊王重貴立。侍衛將軍景延廣專政。始貳于狄。漢劉巖卒，子玢繼，改元光大。

癸卯［943年］晉楊光遠以青叛。北狄入寇。漢亂，弟晟弒其君玢，代立，改元應乾，再改元乾和。江南李昇卒，子璟繼，改元保大，宋齊丘、周京爲相。平白雲巒于虔州。閩王延羲弟延政亦稱帝建州，國曰殷，元曰天德。

---

①「州」，四庫本作「帥」。「順」，四庫本作「服」。
②「全」，原作「安」，據四庫本改。
③「過」，四庫本作「巡」。
④「安從進以襄叛」六字原脱，據四庫本補。
⑤「叛」，原作「洛」，據四庫本改。
⑥「元瓘」，原作「鏐」，據四庫本改。

甲辰［944年］晉改元開運。北狄入寇，至于魏博。封晉陽劉知遠爲太原王，劉昫爲相。①閩亂，大將朱文進殺其君延羲，代立，以福州稱附于晉。

乙巳［945年］北狄大入寇晉河朔至于磁、相。②封劉知遠北平王，罷和凝、桑維翰相，以馮玉爲相，李崧知樞密院事。

丙午［946年］晉大將杜重威、李守貞及裨將張彦澤以軍降狄于中渡。彦澤以兵五百人入汴，爲狄清路，幽其君重貴于開封府。南唐平閩之建州，③滅王延政。

丁未［947年］正月，契丹耶律德光入汴滅晉，改國爲遼。④誅張彦澤，徙其君重貴于北荒，致之龍城。二月，北平王劉知遠稱帝晉陽，年用天福，是謂高祖。五月，契丹潰于汴，耶律德光留相蕭翰守汴，翰求後唐明宗子從益立之而去。六月，劉知遠留子崇于太原，南入汴代命，建國曰漢，用蘇逢吉、蘇禹珪爲相，又以竇貞固、李濤爲相。楊邠、郭威爲樞密使。相馮道、李崧自欒城至。杜重威以魏州拒命。閩國分爲三。荆南、兩浙稱附于漢。吴越錢弘佐卒，弟弘倧立。狄契丹耶律德光還至欒城，卒，兄之子几欲代立，歸國，廢德光母，改元天禄。

①「昫」，原作「顥」，四庫本作「照」，據《資治通鑑》卷二八四改。
②「磁」，四庫本作「磁」。
③「南」，四庫本作「署」，屬上讀。
④「爲」，四庫本作「曰」。

戊申[948年]漢改元乾祐。帝知遠終，子周王承祐繼。罷李濤相，以楊邠爲相。平鄴，誅杜重威。①李守貞以河中阻命，王景崇以鳳翔叛，趙思綰以永興抗命，郭威以樞密使西伐之。浙東亂，大將胡思進廢其君弘倧，立其弟俶。

己酉[949年]漢之蒲、雍、岐三叛平。契丹寇河北。命郭威以樞密使北伐鎮、鄴。

庚戌[950年]漢夷宰相楊邠、侍衛將軍史弘肇、三司使王章，②賜澶州王殷、魏州郭威、王峻死。十二月，樞密使郭威以魏兵入，渡河敗内軍于劉子陂，其主承祐野死。③郭威至汴，請宰相馮道迎其君之弟承珪于徐州，還至澶淵。軍變入汴，④太后命威監國。降承珪爲湘陰公，誅宰相蘇逢吉及劉銖。

辛亥[951年]正月，監國郭威代漢命于汴，是謂太祖，改國曰周，元曰應順。王峻、范質、馮道爲相。⑤湘陰公死于宋州。兗州慕容彦超不受命。荆南兩浙稱附。⑥太原劉崇稱帝河東，國

① 「誅」，原作「攻」，據四庫本改。
② 「弘」字，原脱，據四庫本改。「章」後，四庫本有「族」字。
③ 「主」，原作「王」，據四庫本改。
④ 「入」前，四庫本有「復」字。
⑤ 「范質」二字原脱，據四庫本補。
⑥ 「受命荆南兩浙稱」七字原脱，據四庫本補。

曰漢，年用乾祐。江南唐平湖南，①徙其屬于金陵。北狄亂，契丹瓦欲爲其族述乾所殺。②德光子述律平其亂，代立，改元應曆，易名爲明。③

壬子［952年］周平兖州。

癸丑［953年］周以皇后弟柴榮爲皇太子，④封晉王，尹開封府。流王峻于商州、王殷于登州，皆殺之。李穀、馮道爲相。

甲寅［954年］周鄭仁誨、王溥爲相。改元顯德。太祖威終，晉王榮紹位于汴宫。河東劉崇以契丹之師入寇。周主榮親征，大破劉崇于高平，誅不用命者將校七十人，進攻太原，不克。澤、潞、汾、遼、忻、代、嵐、石迎降。宰相馮道卒于□州。⑤

乙卯［955年］周大伐江南及蜀。漢劉崇卒，子承鈞繼。

丙辰［956年］周廣汴之外城。⑥南伐取唐之滁、和，敗其君于渦口。漢劉承鈞改元天會。

---

①「江南唐平湖」五字原脱，據四庫本補。
②「瓦」，四庫本作「元」。
③「明」，四庫本作「璟」。
④「以」，四庫本作「册」。「弟」，四庫本作「姪」。
⑤「州」前，底本有闕文，四庫本無空格。
⑥「之」，四庫本作「都」。

丁巳[957年]周李穀罷相。王朴爲樞密使，伐江南有功。唐改元交泰，兵敗于紫金山，①請以江北地求和于周。

戊午[958年]周受唐江北地。南海漢劉晟卒，子鋹繼，改元大寶。唐請附于周，殺宰相宋齊丘及陳覺、李知古。

己未[959年]周北征契丹，至于瓦橋，寧、雄、瀛、莫迎降。周帝榮有疾，乃復榮妃符氏爲皇后，子崇訓爲皇太子，封梁王。周魏仁溥、范質爲相。趙匡胤進位檢校太傅、充殿前都點檢使。世宗榮終，皇太子崇訓嗣位。②

庚甲

辛酉

壬戌

癸亥

經世之戌二千二百六十七

經世之亥二千二百六十八

---

① 「兵敗」，原作「軍攻」，據四庫本改。

② 是年，四庫本作「周征契丹，至于瓦橋，取瀛、莫、易，置雄、霸，遂趣幽州，寧、雄、瀛、莫迎，有疾，乃還。復册妃符氏爲皇后，子崇訓爲皇太子，封梁王。用魏仁溥、范質爲相。趙匡胤進位檢校太傅、充殿前都點檢。世宗榮終，皇太子崇訓嗣位」。

皇極經世卷第七

觀物篇之三十五

日日聲平闢
多良千刀妻
宮心●●●
日日聲七，下唱地之用音一百五十二，是謂平聲闢音。平聲闢音一千六十四。

日日聲平之一闢
開音清和律一之一
古古古古　多可个舌
一音　古古古古　禾火化八

水水音開清
古黑安夫卜東
乃走思■■■
水水音九，上和天之用聲一百一十二，是謂開音清聲。開音清聲一千八。

水水音開之一清
平聲闢唱吕一之一①
古甲九癸　多多多多
一音　□□近揆　多多多多

① 四庫本上下欄與此相反。

一聲 古古古古 開宰愛○
古古古古 回每退○
古古古古 良兩向○
一音 古古古古 光廣況○
二聲 古古古古 丁井亘○
古古古古 兄永瑩○
古古古古 千典旦○
一音 古古古古 元犬半○
三聲 古古古古 臣引艮○
古古古古 君允巽○
古古古古 刀早孝岳
一音 古古古古 毛寶報霍
四聲 古古古古 牛斗奏六
古古古古 ○○○玉
古古古古 妻子四日
一音 古古古古 衰○帥骨

一聲 坤巧丘弃 多多多多
□□乾虯 多多多多
黑花香血 多多多多
二音 黃華雄賢 多多多多
一聲 五瓦仰□ 多多多多
吾牙月堯 多多多多
安亞乙一 多多多多
三音 □爻王寅 多多多多
一聲 母馬美米 多多多多
目皃眉民 多多多多
夫法□飛 多多多多
四音 父凡□吠 多多多多
一聲 武晚□尾 多多多多
文万□未 多多多多
卜百丙必 多多多多
五音 步白葡鼻 多多多多

五聲　古古古古　○○○德
古古古古　龜水貴北
古古古古　宮孔衆○
一音　古古古古　龍甬用○
六聲　古古古古　魚鼠去○
古古古古　烏虎兔○
古古古古　心審禁○
一音　古古古古　○○○十
七聲　古古古古　男坎欠○
古古古古　○○○妾
古古古古　●●●●
一音　古古古古　●●●●
八聲　古古古古　●●●●
古古古古　●●●●
古古古古　●●●●
一音　古古古古　●●●●

一聲　普朴品匹　多多多多
旁排平瓶　多多多多
東丹帝■　多多多多
六音　兑大弟■　多多多多
一聲　土貪天■　多多多多
同覃田■　多多多多
乃妳女■　多多多多
七音　内南年■　多多多多
一聲　老冷吕■　多多多多
鹿犖离■　多多多多
走哉足■　多多多多
八音　自在匠■　多多多多
一聲　草采七■　多多多多
曹才全■　多多多多
思三星■　多多多多
九音　寺□象■　多多多多

九聲　古古古古　●●●●
古古古古　●●●●
古古古古　●●●●
一音　古古古古　●●●●
十聲　古古古古　●●●●

開音清和律一之二

黑黑黑黑　多可个舌
二音　黑黑黑黑　禾火化八
一聲　黑黑黑黑　開宰愛○
黑黑黑黑　回每退○
黑黑黑黑　良兩向○
二音　黑黑黑黑　光廣況○
二聲　黑黑黑黑　丁井亘○
黑黑黑黑　兄永瑩○

一聲　□□□■　多多多多
□□□■　多多多多
■山手■　多多多多
十音　■士石■　多多多多
一聲　■□耳■　多多多多
■□二■　多多多多
■莊震■　多多多多
十一音　■乍□■　多多多多
一聲　■叉赤■　多多多多
■崇辰■　多多多多
■卓中■　多多多多
十二音　■宅直■　多多多多
一聲①　■坼丑■　多多多多
■茶呈■　多多多多

①「一聲」，原作「二聲」，據四庫本改。

黑黑黑黑 千典旦○

二音三聲 黑黑黑黑 元犬半○

黑黑黑黑 臣引艮○

黑黑黑黑 君允巽○

黑黑黑黑 刀早孝岳

二音四聲 黑黑黑黑 毛寶報霍

黑黑黑黑 牛斗奏六

黑黑黑黑 ○○○玉

黑黑黑黑 妻子四日

二音五聲 黑黑黑黑 衰○帥骨

黑黑黑黑 ○○○德

黑黑黑黑 龜水貴北

黑黑黑黑 宮孔衆○

二音六聲 黑黑黑黑 龍甬用○

黑黑黑黑 魚鼠去○

黑黑黑黑 烏虎兔○

平聲闢唱呂一之二

古甲九癸 良良良良

一音二聲 □□近揆 良良良良

坤巧丘弃 良良良良

□□乾虯 良良良良

黑花香血 良良良良

二音二聲 黃華雄賢 良良良良

五瓦仰□ 良良良良

吾牙月堯 良良良良

安亞乙一 良良良良

三音二聲 □爻王寅 良良良良

母馬美米 良良良良

目皃眉民 良良良良

夫法□飛 良良良良

四音二聲 父凡□吠 良良良良

武晚□尾 良良良良

文万□未 良良良良

二音七聲

黑黑黑黑　心審禁○
黑黑黑黑　○○○十
黑黑黑黑　男坎欠○
黑黑黑黑　○○○妾

二音八聲

黑黑黑黑　●●●●
黑黑黑黑　●●●●
黑黑黑黑　●●●●
黑黑黑黑　●●●●

二音九聲

黑黑黑黑　●●●●
黑黑黑黑　●●●●
黑黑黑黑　●●●●
黑黑黑黑　●●●●

二音十聲

黑黑黑黑　●●●●
黑黑黑黑　●●●●
黑黑黑黑　●●●●
黑黑黑黑　●●●●

五音二聲

卜百丙必　良良良良
步白葡鼻　良良良良
普朴品匹　良良良良
旁排平瓶　良良良良

六音二聲

東丹帝■　良良良良
兑大弟■　良良良良
土貪天■　良良良良
同覃田■　良良良良

七音二聲

乃妳女■　良良良良
内南年■　良良良良
老冷吕■　良良良良
鹿犖离■　良良良良

八音二聲

走哉足■　良良良良
自在匠■　良良良良
草采七■　良良良良
曹才全■　良良良良

開音清和律一之三

安安安安　多可个舌

三音一聲

安安安安　禾火化八
安安安安　開宰愛○
安安安安　回每退○
安安安安　良兩向○

三音二聲

安安安安　光廣況○
安安安安　丁井亘○
安安安安　兄永瑩○
安安安安　千典旦○

三音三聲

安安安安　元犬半○
安安安安　臣引艮○
安安安安　君允巽○
安安安安　刀早孝岳

三音四聲

安安安安　毛寶報霍
安安安安　牛斗奏六
安安安安　○○○玉

思三星■　良良良良

九音二聲

寺□象■　良良良良
□□□■　良良良良
□□□■　良良良良
■山手■　良良良良

十音二聲

■士石■　良良良良
■□耳■　良良良良
■□二■　良良良良
■莊震■　良良良良

十一音二聲

■乍□■　良良良良
■叉赤■　良良良良
■崇辰■　良良良良
■卓中■　良良良良

十二音二聲

■宅直■　良良良良
■坼丑■　良良良良
■茶呈■　良良良良

安安安安　妻子四日

三音　五聲

安安安安　衰○帥骨
安安安安　○○○德
安安安安　龜水貴北
安安安安　宮孔衆○

三音　六聲

安安安安　龍甬用○
安安安安　魚鼠去○
安安安安　烏虎兔○
安安安安　心審禁○

三音　七聲

安安安安　○○○十
安安安安　男坎欠○
安安安安　○○○妾
安安安安　●●●●

三音　八聲

安安安安　●●●●
安安安安　●●●●
安安安安　●●●●

平聲闢唱呂一之三

古甲九癸　千千千千

一音　三聲

□□近揆　千千千千
坤巧丘弃　千千千千
□□乾虯　千千千千
黑花香血　千千千千

二音　三聲

黃華雄賢　千千千千
五瓦仰□　千千千千
吾牙月堯　千千千千
安亞乙一　千千千千

三音　三聲

□爻王寅　千千千千
母馬美米　千千千千
目皃眉民　千千千千
夫法□飛　千千千千

四音　三聲

父凡□吠　千千千千
武晚□尾　千千千千
文万□未　千千千千

安安安安　●●●●

三音九聲

安安安安　●●●●
安安安安　●●●●
安安安安　●●●●
安安安安　●●●●

三音十聲

安安安安　●●●●
安安安安　●●●●
安安安安　●●●●

開音清和律一之四

夫夫夫夫　多可个舌

四音一聲

夫夫夫夫　禾火化八
夫夫夫夫　開宰愛○
夫夫夫夫　回每退○
夫夫夫夫　良兩向○

四音二聲

夫夫夫夫　光廣況○
夫夫夫夫　丁井亘○
夫夫夫夫　兄永瑩○

卜百丙必　千千千千

五音三聲

步白𤰇鼻　千千千千
普朴品匹　千千千千
旁排平瓶　千千千千
東丹帝■　千千千千

六音三聲

兌大第■　千千千千
土貪天■　千千千千
同覃田■　千千千千
乃妳女■　千千千千

七音三聲

内南年■　千千千千
老冷吕■　千千千千
鹿犖离■　千千千千
走哉足■　千千千千

八音三聲

自在匠■　千千千千
草采七■　千千千千
曹才全■　千千千千

夫夫夫夫　千典旦○

四音　三聲

夫夫夫夫　元犬半○
夫夫夫夫　臣引艮○
夫夫夫夫　君允巽○
夫夫夫夫　刀早孝岳

四音　四聲

夫夫夫夫　毛寶報霍
夫夫夫夫　牛斗奏六
夫夫夫夫　○○○玉
夫夫夫夫　妻子四日

四音　五聲

夫夫夫夫　衰○帥骨
夫夫夫夫　○○○德
夫夫夫夫　龜水貴北
夫夫夫夫　宮孔衆○

四音　六聲

夫夫夫夫　龍甬用○
夫夫夫夫　魚鼠去○
夫夫夫夫　烏虎兔○

思三星■　千千千千

九音　三聲

寺□象■　千千千千
□□□■　千千千千
□□□■　千千千千
■山手■　千千千千

十音　三聲

■士石■　千千千千
■□耳■　千千千千
■□二■　千千千千
■莊震■　千千千千

十一音　三聲

■乍□■　千千千千
■叉赤■　千千千千
■崇辰■　千千千千
■卓中■　千千千千

十二音　三聲

■宅直■　千千千千
■坼丑■　千千千千
■茶呈■　千千千千

夫夫夫夫 心審禁○

四音七聲

夫夫夫夫 ○○○十
夫夫夫夫 男坎欠○
夫夫夫夫 ○○○妾
夫夫夫夫 ●●●●

四音八聲

夫夫夫夫 ●●●●
夫夫夫夫 ●●●●
夫夫夫夫 ●●●●
夫夫夫夫 ●●●●

四音九聲

夫夫夫夫 ●●●●
夫夫夫夫 ●●●●
夫夫夫夫 ●●●●
夫夫夫夫 ●●●●

四音十聲

夫夫夫夫 ●●●●
夫夫夫夫 ●●●●
夫夫夫夫 ●●●●

平聲闢唱呂一之四

古甲九癸 刀刀刀刀

一音四聲

□□近揆 刀刀刀刀
坤巧丘弃 刀刀刀刀
□□乾虯 刀刀刀刀
黑花香血 刀刀刀刀

二音四聲

黃華雄賢 刀刀刀刀
五瓦仰□ 刀刀刀刀
吾牙月堯 刀刀刀刀
安亞乙一 刀刀刀刀

三音四聲

□爻王寅 刀刀刀刀
母馬美米 刀刀刀刀
目皃眉民 刀刀刀刀
夫法□飛 刀刀刀刀

四音四聲

父凡□吠 刀刀刀刀
武晚□尾 刀刀刀刀
文万□未 刀刀刀刀

开

開音清和律一之五

五音一聲
卜卜卜卜多可个舌
卜卜卜卜禾火化八
卜卜卜卜開宰愛○
卜卜卜卜回每退○

五音二聲
卜卜卜卜良兩向○
卜卜卜卜光廣況○
卜卜卜卜丁井亘○
卜卜卜卜兄永瑩○

五音三聲
卜卜卜卜千典旦○
卜卜卜卜元犬半○
卜卜卜卜臣引艮○
卜卜卜卜君允巽○

五音四聲
卜卜卜卜刀早孝岳
卜卜卜卜毛寶報霍
卜卜卜卜牛斗奏六
卜卜卜卜○○○玉

五音四聲
卜百丙必刀刀刀刀
步白葡鼻刀刀刀刀
曹朴品匹刀刀刀刀
旁排平瓶刀刀刀刀

六音四聲
東丹帝■刀刀刀刀
兑大弟■刀刀刀刀
土貪天■刀刀刀刀
同覃田■刀刀刀刀

七音四聲
乃妳女■刀刀刀刀
内南年■刀刀刀刀
老冷吕■刀刀刀刀
鹿犖离■刀刀刀刀

八音四聲
走哉足■刀刀刀刀
自在匠■刀刀刀刀
草采七■刀刀刀刀
曹才全■刀刀刀刀

卜卜卜卜　妻子四日

五音五聲

卜卜卜卜　衰○帥骨
卜卜卜卜　○○○德
卜卜卜卜　龜水貴北
卜卜卜卜　宮孔衆○

五音六聲

卜卜卜卜　龍甬用○
卜卜卜卜　魚鼠去○
卜卜卜卜　烏虎兔○
卜卜卜卜　心審禁○

五音七聲

卜卜卜卜　○○○十
卜卜卜卜　男坎欠○
卜卜卜卜　○○○妾
卜卜卜卜　●●●●

五音八聲

卜卜卜卜　●●●●
卜卜卜卜　●●●●
卜卜卜卜　●●●●

思三星■　刀刀刀刀

九音四聲

寺□象■　刀刀刀刀
□□□■　刀刀刀刀
□□□■　刀刀刀刀
■山手■　刀刀刀刀

十音四聲

■士石■　刀刀刀刀
■□耳■　刀刀刀刀
■□二■　刀刀刀刀
■莊震■　刀刀刀刀

十一音四聲

■乍□■　刀刀刀刀
■叉赤■　刀刀刀刀
■崇辰■　刀刀刀刀
■卓中■　刀刀刀刀

十二音四聲

■宅直■　刀刀刀刀
■蚸丑■　刀刀刀刀
■茶呈■　刀刀刀刀

トトトト ●●●●
五音 トトトト ●●●●
九聲 トトトト ●●●●
トトトト ●●●●
トトトト ●●●●
五音 トトトト ●●●●
十聲 トトトト ●●●●
トトトト ●●●●

開音清和律一之六

東東東東 多可个舌
六音 東東東東 禾火化八
一聲 東東東東 開宰愛○
東東東東 回每退○

平聲闢唱呂一之五

古甲九癸 妻妻妻妻
一音 □□近揆 妻妻妻妻
五聲 坤巧丘弃 妻妻妻妻
□□乾虯 妻妻妻妻
黑花香血 妻妻妻妻
二音 黄華雄賢 妻妻妻妻
五聲 五瓦仰□ 妻妻妻妻
吾牙月堯 妻妻妻妻
安亞乙一 妻妻妻妻
三音 □爻王寅 妻妻妻妻
五聲 母馬美米 妻妻妻妻
目皃眉民 妻妻妻妻

東東東東　良兩向○

六音　二聲

東東東東　光廣況○
東東東東　丁井亘○
東東東東　兄永瑩○
東東東東　千典旦○

六音　三聲

東東東東　元犬半○
東東東東　臣引艮○
東東東東　君允巽○
東東東東　刀早孝岳

六音　四聲

東東東東　毛寶報霍
東東東東　牛斗奏六
東東東東　○○○玉
東東東東　妻子四日

六音　五聲

東東東東　衰○帥骨
東東東東　○○○德
東東東東　龜水貴北

夫法□飛　妻妻妻妻

四音　五聲

父凡□吠　妻妻妻妻
武晚□尾　妻妻妻妻
文万□未　妻妻妻妻
卜百丙必　妻妻妻妻

五音　五聲

步白精鼻　妻妻妻妻
普朴品匹　妻妻妻妻
旁排平瓶　妻妻妻妻
東丹帝■　妻妻妻妻

六音　五聲

兑大弟■　妻妻妻妻
土貪天■　妻妻妻妻
同覃田■　妻妻妻妻
乃妳女■　妻妻妻妻

七音　五聲

内南年■　妻妻妻妻
老冷吕■　妻妻妻妻
鹿犖离■　妻妻妻妻

東東東東　宮孔衆○
六音　東東東東　龍甬用○
六聲　東東東東　魚鼠去○
東東東東　烏虎兔○
東東東東　心審禁○
六音　東東東東　○○○十
七聲　東東東東　男坎欠○
東東東東　○○○妾
東東東東　●●●●
六音　東東東東　●●●●
八聲　東東東東　●●●●
東東東東　●●●●
東東東東　●●●●
六音　東東東東　●●●●
九聲　東東東東　●●●●
東東東東　●●●●

走哉足■　妻妻妻妻
八音　自在匠■　妻妻妻妻
五聲　草采七■　妻妻妻妻
曹才全■　妻妻妻妻
思三星■　妻妻妻妻
九音　寺□象■　妻妻妻妻
五聲　□□□■　妻妻妻妻
□□□■　妻妻妻妻
■山手■　妻妻妻妻
十音　■士石■　妻妻妻妻
五聲　■□耳■　妻妻妻妻
■□二■　妻妻妻妻
■莊震■　妻妻妻妻
十一音　■乍□■　妻妻妻妻
五聲　■叉赤■　妻妻妻妻
■崇辰■　妻妻妻妻

東東東東　●●●●
六音　東東東東　●●●●
十聲　東東東東　●●●●
東東東東　●●●●

開音清和律一之七

乃乃乃乃　多可个舌
七音　乃乃乃乃　禾火化八
一聲　乃乃乃乃　開宰愛○
乃乃乃乃　回每退○
乃乃乃乃　良兩向○
七音　乃乃乃乃　光廣況○
二聲　乃乃乃乃　丁井亘○
乃乃乃乃　兄永瑩○
乃乃乃乃　千典旦○
七音　乃乃乃乃　元犬半○
三聲　乃乃乃乃　臣引艮○
乃乃乃乃　君允巽○

■卓中■　妻妻妻妻
十二音　■宅直■　妻妻妻妻
五聲　■坼丑■　妻妻妻妻
■茶呈■　妻妻妻妻

平聲闢唱呂一之六

古甲九癸　宮宮宮宮
一音　□□近揆　宮宮宮宮
六聲　坤巧丘弃　宮宮宮宮
□□乾虯　宮宮宮宮
黑花香血　宮宮宮宮
二音　黃華雄賢　宮宮宮宮
六聲　五瓦仰□　宮宮宮宮
吾牙月堯　宮宮宮宮
安亞乙一　宮宮宮宮
三音　□爻王寅　宮宮宮宮
六聲　母馬美米　宮宮宮宮
目皃眉民　宮宮宮宮

乃乃乃乃　刀早孝岳

七音

四聲

乃乃乃乃　毛寶報霍

乃乃乃乃　牛斗奏六

乃乃乃乃　○○○玉

乃乃乃乃　妻子四日

七音

五聲

乃乃乃乃　哀○帥骨

乃乃乃乃　○○○穗

乃乃乃乃　龜水貴北

乃乃乃乃　宮孔衆○

七音

六聲

乃乃乃乃　龍甬用○

乃乃乃乃　魚鼠去○

乃乃乃乃　烏虎兔○

乃乃乃乃　心審禁○

七音

七聲

乃乃乃乃　○○○十

乃乃乃乃　男坎欠○

乃乃乃乃　○○○妾

夫法□飛　宮宮宮宮

四音

六聲

父凡□吠　宮宮宮宮

武晚□尾　宮宮宮宮

文万□未　宮宮宮宮

卜百丙必　宮宮宮宮

五音

六聲

步白葡鼻　宮宮宮宮

普朴品匹　宮宮宮宮

旁排平瓶　宮宮宮宮

東丹帝■　宮宮宮宮

六音

六聲

兑大弟■　宮宮宮宮

土貪天■　宮宮宮宮

同覃田■　宮宮宮宮

乃妳女■　宮宮宮宮

七音

六聲

内南年■　宮宮宮宮

老冷吕■　宮宮宮宮

鹿犖离■　宮宮宮宮

七音八聲

乃乃乃乃　●●●●
乃乃乃乃　●●●●
乃乃乃乃　●●●●
乃乃乃乃　●●●●
乃乃乃乃　●●●●

七音九聲

乃乃乃乃　●●●●
乃乃乃乃　●●●●
乃乃乃乃　●●●●
乃乃乃乃　●●●●

七音十聲

乃乃乃乃　●●●●
乃乃乃乃　●●●●
乃乃乃乃　●●●●

開音清和律一之八

走走走走　多可个舌

八音一聲

走走走走　禾火化八
走走走走　開宰愛○
走走走走　回每退○

走哉足■　宮宮宮宮

八音六聲

自在匠■　宮宮宮宮
草采七■　宮宮宮宮
曹才全■　宮宮宮宮
思三星■　宮宮宮宮

九音六聲

寺□象■　宮宮宮宮
□□□■　宮宮宮宮
□□□■　宮宮宮宮
■山手■　宮宮宮宮

十音六聲

■士石■　宮宮宮宮
■□耳■　宮宮宮宮
■□二■　宮宮宮宮
■莊震■　宮宮宮宮

十一音六聲

■乍□■　宮宮宮宮
■叉赤■　宮宮宮宮
■崇辰■　宮宮宮宮

走走走走　良兩向○

八音　二聲

走走走走　光廣況○
走走走走　丁井亘○
走走走走　兄永瑩○

八音　三聲

走走走走　千典旦○
走走走走　元犬半○
走走走走　臣引艮○
走走走走　君允巽○

八音　四聲

走走走走　刀早孝岳
走走走走　毛寶報霍
走走走走　牛斗奏六
走走走走　○○○玉

八音　五聲

走走走走　妻子四日
走走走走　衰○帥骨
走走走走　○○○德
走走走走　龜水貴北

■卓中■　宮宮宮宮

十二音　六聲

■宅直■　宮宮宮宮
■坼丑■　宮宮宮宮
■茶呈■　宮宮宮宮

平聲闢唱呂一之七

一音　七聲

古甲九癸　心心心心
□□近揆　心心心心
坤巧丘弃　心心心心
□□乾虯　心心心心

二音　七聲

黑花香血　心心心心
黃華雄賢　心心心心
五瓦仰□　心心心心
吾牙月堯　心心心心

三音　七聲

安亞乙一　心心心心
□爻王寅　心心心心
母馬美米　心心心心
目皃眉民　心心心心

八音 六聲

走走走走 宮孔衆○
走走走走 龍甬用○
走走走走 魚鼠去○
走走走走 烏虎兔○
走走走走 心審禁○

八音 七聲

走走走走 ○○○十
走走走走 男坎欠○
走走走走 ○○○妾
走走走走 ●●●●

八音 八聲

走走走走 ●●●●
走走走走 ●●●●
走走走走 ●●●●
走走走走 ●●●●

八音 九聲

走走走走 ●●●●
走走走走 ●●●●
走走走走 ●●●●

四音 七聲

夫法□飛 心心心心
父凡□吠 心心心心
武晚□尾 心心心心
文万□未 心心心心

五音 七聲

卜百丙必 心心心心
步白莆鼻 心心心心
普朴品匹 心心心心
旁排平瓶 心心心心

六音 七聲

東丹帝■ 心心心心
兑大弟■ 心心心心
土貪天■ 心心心心
同覃田■ 心心心心

七音 七聲

乃妳女■ 心心心心
内南年■ 心心心心
老冷吕■ 心心心心
鹿犖离■ 心心心心

走走走走 ●●●●

八音 十聲

走走走走 ●●●●
走走走走 ●●●●
走走走走 ●●●●

開音清和律一之九

思思思思 多可个舌

九音 一聲

思思思思 禾火化八
思思思思 開宰愛○
思思思思 回每退○
思思思思 良兩向○

九音 二聲

思思思思 光廣況○
思思思思 丁井亘○
思思思思 兄永瑩○
思思思思 千典旦○

九音 三聲

思思思思 元犬半○
思思思思 臣引良○
思思思思 君允巽○

走哉足■ 心心心心

八音 七聲

自在匠■ 心心心心
草采七■ 心心心心
曹才全■ 心心心心

思三星■ 心心心心

九音 七聲

寺□象■ 心心心心
□□□■ 心心心心
□□□■ 心心心心
■山手■ 心心心心

十音 七聲

■士石■ 心心心心
■□耳■ 心心心心
■□二■ 心心心心
■莊震■ 心心心心

十一音 七聲

■乍□■ 心心心心
■叉赤■ 心心心心
■崇辰■ 心心心心

九音　四聲

思思思思　刀早孝岳
思思思思　毛寶報霍
思思思思　牛斗奏六
思思思思　○○○玉

九音　五聲

思思思思　妻子四日
思思思思　衰○帥骨
思思思思　○○○德
思思思思　龜水貴北
思思思思　宮孔衆○

九音　六聲

思思思思　龍甬用○
思思思思　魚鼠去○
思思思思　烏虎兔○
思思思思　心審禁○

九音　七聲

思思思思　○○○十
思思思思　男坎欠○
思思思思　○○○妾

十二音　七聲

■卓中■　心心心心
■宅直■　心心心心
■坼丑■　心心心心
■茶呈■　心心心心

平聲闢唱呂一之八

一音　八聲

古甲九癸　●●●●
□□近揆　●●●●
坤巧丘弃　●●●●
□□乾虬　●●●●
黑花香血　●●●●

二音　八聲

黄華雄賢　●●●●
五瓦仰□　●●●●
吾牙月堯　●●●●
安亞乙一　●●●●

三音　八聲

□爻王寅　●●●●
母馬美米　●●●●
目皃眉民　●●●●

思思思思 ●●●●
九音 思思思思 ●●●●
八聲 思思思思 ●●●●
思思思思 ●●●●
思思思思 ●●●●
九音 思思思思 ●●●●
九聲 思思思思 ●●●●
思思思思 ●●●●
思思思思 ●●●●
九音 思思思思 ●●●●
十聲 思思思思 ●●●●
思思思思 ●●●●

開音清和律一之十

■■■■ 多可个舌
十音 ■■■■ 禾火化八
一聲 ■■■■ 開宰愛○
■■■■ 回每退○

夫法□飛 ●●●●
四音 父凡□吠 ●●●●
八聲 武晚□尾 ●●●●
文万□未 ●●●●
卜百丙必 ●●●●
五音 步白葡鼻 ●●●●
八聲 普朴品匹 ●●●●
旁排平瓶 ●●●●
東丹帝■ ●●●●
六音 兑大弟■ ●●●●
八聲 土貪天■ ●●●●
同覃田■ ●●●●
乃妳女■ ●●●●
七音 内南年■ ●●●●
八聲 老冷吕■ ●●●●
鹿犖离■ ●●●●

十音
二聲

■■■■良兩向○
■■■■光廣況○
■■■■丁井亘○
■■■■兄永瑩○

十音
三聲

■■■■千典旦○
■■■■元犬半○
■■■■臣引艮○
■■■■君允巽○

十音
四聲

■■■■刀早孝丘
■■■■毛寶報霍
■■■■牛斗奏六
■■■■○○○玉

十音
五聲

■■■■妻子四日
■■■■衰○帥骨
■■■■○○○德
■■■■龜水貴北

八音
八聲

走哉足■●●●●
自在匠■●●●●
草采七■●●●●
曹才全■●●●●

九音
八聲

思三星■●●●●
寺□象■●●●●
□□□■●●●●
□□□■●●●●

十音
八聲

■山手■●●●●
■士石■●●●●
■□耳■●●●●
■□二■●●●●

十一音
八聲

■莊震■●●●●
■乍□■●●●●
■叉赤■●●●●
■崇辰■●●●●

■■■■ 宮孔衆○ ●●●●

十音六聲

■■■■ 龍甬用○ ●●●●

■■■■ 魚鼠去○ ●●●●

■■■■ 烏虎兔○ ●●●●

■■■■ 心審禁○ ●●●●

十音七聲

■■■■ ○○○十 ●●●●

■■■■ 男坎欠○ ●●●●

■■■■ ○○○妾 ●●●●

■■■■ ●●●● ●●●●

十音八聲

■■■■ ●●●● ●●●●

■■■■ ●●●● ●●●●

■■■■ ●●●● ●●●●

■■■■ ●●●● ●●●●

十音九聲

■■■■ ●●●● ●●●●

■■■■ ●●●● ●●●●

■■■■ ●●●● ●●●●

■卓中■ ●●●●

十二音八聲

■宅直■ ●●●●

■坼丑■ ●●●●

■茶呈■ ●●●●

平聲闢唱呂一之九

古甲九癸 ●●●●

一音九聲

□□近揆 ●●●●

坤巧丘弃 ●●●●

□□乾虯 ●●●●

黑花香血 ●●●●

二音九聲

黃華雄賢 ●●●●

五瓦仰□ ●●●●

吾牙月堯 ●●●●

安亞乙一 ●●●●

三音九聲

□爻王寅 ●●●●

母馬美米 ●●●●

目皃眉民 ●●●●

	■■■■	●●●●
十音	■■■■	●●●●
十聲	■■■■	●●●●
	■■■■	●●●●

開音清和律一之十一

	■■■■	多可个舌
十一音	■■■■	禾火化八
一聲	■■■■	開宰愛○
	■■■■	回每退○
	■■■■	良兩向○
十一音	■■■■	光廣況○
二聲	■■■■	丁井亘○
	■■■■	兄永瑩○
	■■■■	千典旦○
十一音	■■■■	元犬半○
三聲	■■■■	臣引艮○
	■■■■	君允巽○

	夫法□飛	●●●●
四音	父凡□吠	●●●●
九聲	武晚□尾	●●●●
	文万□米	●●●●
	卜百丙必	●●●●
五音	步白精鼻	●●●●
九聲	普朴品匹	●●●●
	旁排平瓶	●●●●
	東丹帝■	●●●●
六音	兑大弟■	●●●●
九聲	土貪天■	●●●●
	同覃田■	●●●●
	乃妳女■	●●●●
七音	内南年■	●●●●
九聲	老冷吕■	●●●●
	鹿犖离■	●●●●

十一音 四聲

■■■■ 刀早孝岳
■■■■ 毛寶報霍
■■■■ 牛斗奏六
■■■■ ○○○玉

十一音 五聲

■■■■ 妻子四日
■■■■ 衰○帥骨
■■■■ ○○○德
■■■■ 龜水貴北

十一音 六聲

■■■■ 宮孔衆○
■■■■ 龍甬用○
■■■■ 魚鼠去○
■■■■ 烏虎兔○

十一音 七聲

■■■■ 心審禁○
■■■■ ○○○十
■■■■ 男坎欠○
■■■■ ○○○妾

八音 九聲

■走哉足■ ●●●●
■自在匠■ ●●●●
■草采七■ ●●●●
■曹才全■ ●●●●

九音 九聲

■思三星■ ●●●●
■寺□象■ ●●●●
■□□□■ ●●●●
■□□□■ ●●●●

十音 九聲

■山手■ ●●●●
■士石■ ●●●●
■□耳■ ●●●●
■□二■ ●●●●

十一音 九聲

■莊震■ ●●●●
■乍□■ ●●●●
■叉赤■ ●●●●
■崇辰■ ●●●●

■■■■　●●●●
十一音　■■■■　●●●●
八聲　■■■■　●●●●
■■■■　●●●●

■■■■　●●●●
十一音　■■■■　●●●●
九聲　■■■■　●●●●
■■■■　●●●●

■■■■　●●●●
十一音　■■■■　●●●●
十聲　■■■■　●●●●
■■■■　●●●●

■卓中■　●●●●
十二音　■宅直■　●●●●
九聲　■坼丑■　●●●●
■茶呈■　●●●●

平聲闢唱呂一之十

古甲九癸　●●●●
一音　□□近揆　●●●●
十聲　坤巧丘弃　●●●●
□□乾虯　●●●●

黑花香血　●●●●
二音　黃華雄賢　●●●●
十聲　五瓦仰□　●●●●
吾牙月堯　●●●●

開音清和律一之十二

■■■■多可个舌

十二音 一聲

■■■■禾火化八
■■■■開宰愛○
■■■■回每退○
■■■■良兩向○

十二音 二聲

■■■■光廣況○
■■■■丁井亘○
■■■■兄永瑩○
■■■■千典旦○

十二音 三聲

■■■■元犬半○
■■■■臣引艮○
■■■■君允巽○
■■■■刀早孝岳

十二音 四聲

■■■■毛寶報霍
■■■■牛斗奏六
■■■■○○○玉

三音 十聲

安亞乙一●●●●
□爻王寅●●●●
母馬美米●●●●
目皃眉民●●●●
夫法□飛●●●●

四音 十聲

父凡□吠●●●●
武晚□尾●●●●
文万□未●●●●
卜百丙必●●●●

五音 十聲

步白莆鼻●●●●
普朴品匹●●●●
旁排平瓶●●●●
東丹帝■●●●●

六音 十聲

兑大弟■●●●●
土貪天■●●●●
同覃田■●●●●

■■■■　妻子四日
十二音　五聲
■■■■　衰○帥骨
■■■■　○○○德
■■■■　龜水貴北
■■■■　宮孔衆○
十二音　六聲
■■■■　龍甬用○
■■■■　魚鼠去○
■■■■　烏虎兔○
■■■■　心審禁○
十二音　七聲
■■■■　○○○十
■■■■　男坎欠○
■■■■　○○○妾
■■■■　●●●●
十二音　八聲
■■■■　●●●●
■■■■　●●●●
■■■■　●●●●

乃妳女■　●●●●
七音　十聲
内南年■　●●●●
老冷吕■　●●●●
鹿犖离■　●●●●
走哉足■　●●●●
八音　十聲
自在匠■　●●●●
草采七■　●●●●
曹才全■　●●●●
思三星■　●●●●
九音　十聲
寺□象■　●●●●
□□□■　●●●●
□□□■　●●●●
■山手■　●●●●
十音　十聲
■士石■　●●●●
■□耳■　●●●●
■□二■　●●●●

■■■■ ●●●●

十二音 ■■■■ ●●●●

九聲 ■■■■ ●●●●

■■■■ ●●●●

■■■■ ●●●●

十二音 ■■■■ ●●●●

十聲 ■■■■ ●●●●

■■■■ ●●●●

觀物篇之三十六

日月聲平翕

禾光元毛衰

龍○●●●

日月聲七，下唱地之用音一百五十二，是謂平聲翕音。平聲翕音一千六十四。

■莊震■ ●●●●

十一音 ■乍□■ ●●●●

十聲 ■叉赤■ ●●●●

■崇辰■ ■■■■

■卓中■ ●●●●

十二音 ■宅直■ ●●●●

十聲 ■坼丑■ ●●●●

■茶呈■ ●●●●

水火音開濁

□黃□父步兑

內自寺■■■

水火音九，上和天之用聲一百一十二，是謂開音濁聲。開音濁聲一千八。

日月聲平之二翕

開音濁和律二之一

□□□□ 多可个舌

一音 □□□□ 禾火化八

一聲 □□□□ 開宰愛○

□□□□ 回每退○

□□□□ 良兩向○

一音 □□□□ 光廣況○

二聲 □□□□ 丁井亘○

□□□□ 兄永瑩○

□□□□ 千典旦○

一音 □□□□ 元犬半○

三聲 □□□□ 臣引艮○

□□□□ 君允巽○

□□□□ 刀早孝岳

一音 □□□□ 毛寶報霍

四聲 □□□□ 牛斗奏六

□□□□ ○○○玉

水火音開之二濁

平聲翕唱呂二之一

古甲九癸 禾禾禾禾

一音 □□近揆 禾禾禾禾

一聲 坤巧丘弃 禾禾禾禾

□□乾虬 禾禾禾禾

黑花香血 禾禾禾禾

二音 黃華雄賢 禾禾禾禾

一聲 五瓦仰□ 禾禾禾禾

吾牙月堯 禾禾禾禾

安亞乙一 禾禾禾禾

三音 □爻王寅 禾禾禾禾

一聲 母馬美米 禾禾禾禾

目皃眉民 禾禾禾禾

夫法□飛 禾禾禾禾

四音 父凡□吠 禾禾禾禾

一聲 武晚□尾 禾禾禾禾

文万□未 禾禾禾禾

□□□□ 妻子四日
一音 □□□□ 衰○帥骨
五聲 □□□□ ○○○德
□□□□ 龜水貴北
□□□□ 宮孔衆○
一音 □□□□ 龍甬用○
六聲 □□□□ 魚鼠去○
□□□□ 烏虎兔○
□□□□ 心審禁○
一音 □□□□ ○○○十
七聲 □□□□ 男坎欠○
□□□□ ○○○妾
□□□□ ●●●●
一音 □□□□ ●●●●
八聲 □□□□ ●●●●
□□□□ ●●●●

卜百丙必 禾禾禾禾
五音 步白葡鼻 禾禾禾禾
一聲 普朴品匹 禾禾禾禾
旁排平瓶 禾禾禾禾
東丹帝■ 禾禾禾禾
六音 兑大弟■ 禾禾禾禾
一聲 土貪天■ 禾禾禾禾
同覃田■ 禾禾禾禾
乃妳女■ 禾禾禾禾
七音 内南年■ 禾禾禾禾
一聲 老冷吕■ 禾禾禾禾
鹿犖离■ 禾禾禾禾
走哉足■ 禾禾禾禾
八音 自在匠■ 禾禾禾禾
一聲 草采七■ 禾禾禾禾
曹才全■ 禾禾禾禾

□□□□　●●●●

一音九聲

□□□□　●●●●
□□□□　●●●●
□□□□　●●●●
□□□□　●●●●

一音十聲

□□□□　●●●●
□□□□　●●●●
□□□□　●●●●

開音濁和律二之二

黃黃黃黃　多可个舌

二音一聲

黃黃黃黃　禾火化八
黃黃黃黃　開宰愛○
黃黃黃黃　回每退○
黃黃黃黃　良兩向○

二音二聲

黃黃黃黃　光廣況○
黃黃黃黃　丁井亘○
黃黃黃黃　兄永瑩○

思三星■　禾禾禾禾

九音一聲

寺□象■　禾禾禾禾
□□□■　禾禾禾禾
□□□■　禾禾禾禾
■山手■　禾禾禾禾

十音一聲

■士石■　禾禾禾禾
■□耳■　禾禾禾禾
■□二■　禾禾禾禾
■莊震■　禾禾禾禾

十一音一聲

■乍□■　禾禾禾禾
■叉赤■　禾禾禾禾
■崇辰■　禾禾禾禾
■卓中■　禾禾禾禾

十二音一聲

■宅直■　禾禾禾禾
■坼丑■　禾禾禾禾
■茶呈■　禾禾禾禾

二音　三聲

黃黃黃黃　千典旦○
黃黃黃黃　元犬半○
黃黃黃黃　臣引艮○
黃黃黃黃　君允巽○
黃黃黃黃　刀早孝岳

二音　四聲

黃黃黃黃　毛寶報霍
黃黃黃黃　牛斗奏六
黃黃黃黃　○○○玉
黃黃黃黃　妻子四日

二音　五聲

黃黃黃黃　衰○帥骨
黃黃黃黃　○○○德
黃黃黃黃　龜水貴北
黃黃黃黃　宮孔衆○

二音　六聲

黃黃黃黃　龍甬用○
黃黃黃黃　魚鼠去○
黃黃黃黃　烏虎兔○

平聲翕唱呂二之二

一音　二聲

古甲九癸　光光光光
□□近揆　光光光光
坤巧丘弃　光光光光
□□乾虯　光光光光
黑花香血　光光光光

二音　二聲

黃華雄賢　光光光光
五瓦仰□　光光光光
吾牙月堯　光光光光
安亞乙一　光光光光

三音　二聲

□爻王寅　光光光光
母馬美米　光光光光
目皃眉民　光光光光
夫法□飛　光光光光

四音　二聲

父凡□吠　光光光光
武晚□尾　光光光光
文万□未　光光光光

黄黄黄黄 心審禁○

二音 七聲

黄黄黄黄 ○○○十
黄黄黄黄 男坎欠○
黄黄黄黄 ○○○妾
黄黄黄黄 ●●●●

二音 八聲

黄黄黄黄 ●●●●
黄黄黄黄 ●●●●
黄黄黄黄 ●●●●
黄黄黄黄 ●●●●

二音 九聲

黄黄黄黄 ●●●●
黄黄黄黄 ●●●●
黄黄黄黄 ●●●●
黄黄黄黄 ●●●●

二音 十聲

黄黄黄黄 ●●●●
黄黄黄黄 ●●●●
黄黄黄黄 ●●●●

卜百丙必 光光光光

五音 二聲

步白𤰇鼻 光光光光
普朴品匹 光光光光
旁排平瓶 光光光光
東丹帝■ 光光光光

六音 二聲

兑大弟■ 光光光光
土貪天■ 光光光光
同覃田■ 光光光光
乃妳女■ 光光光光

七音 二聲

内南年■ 光光光光
老冷吕■ 光光光光
内南年■ 光光光光
走哉足■ 光光光光

八音 二聲

自在匠■ 光光光光
草采七■ 光光光光
曹才全■ 光光光光

開音濁和律一之三

□□□□ 多可个舌
三音 □□□□ 禾火化八
一聲 □□□□ 開宰愛○
□□□□ 回每退○
□□□□ 良兩向□
三音 □□□□ 光廣況○
二聲 □□□□ 丁井亘○
□□□□ 兄永瑩○
□□□□ 千典旦○
三音 □□□□ 元犬半○
三聲 □□□□ 臣引艮○
□□□□ 君允巽○
□□□□ 刀早孝岳
三音 □□□□ 毛寶報霍
四聲 □□□□ 牛斗奏六
□□□□ ○○○玉

思三星■ 光光光光
九音 寺□象■ 光光光光
二聲 □□□■ 光光光光
□□□■ 光光光光
■山手■ 光光光光
十音 ■士石■ 光光光光
二聲 ■□耳■ 光光光光
■□二■ 光光光光
■莊震■ 光光光光
十一音 ■乍□■ 光光光光
二聲 ■叉赤■ 光光光光
■崇辰■ 光光光光
■卓中■ 光光光光
十二音 ■宅直■ 光光光光
二聲 ■坼丑■ 光光光光
■茶呈■ 光光光光

□□□□ 妻子四日

三音 五聲

□□□□ 衰○帥骨
□□□□ ○○○德
□□□□ 龜水貴北
□□□□ 宮孔衆○

三音 六聲

□□□□ 龍甬用○
□□□□ 魚鼠去○
□□□□ 烏虎兔○
□□□□ 心審禁○

三音 七聲

□□□□ ○○○十
□□□□ 男坎欠○
□□□□ ○○○妾
□□□□ ●●●●

三音 八聲

□□□□ ●●●●
□□□□ ●●●●
□□□□ ●●●●

平聲翕唱呂二之三

古甲九癸 元元元元

一音 三聲

□□近揆 元元元元
坤巧丘弃 元元元元
□□乾虯 元元元元
黑花香血 元元元元

二音 三聲

黃華雄賢 元元元元
五瓦仰□ 元元元元
吾牙月堯 元元元元
安亞乙一 元元元元

三音 三聲

□爻王寅 元元元元
母馬美米 元元元元
目皃眉民 元元元元
夫法□飛 元元元元

四音 三聲

父凡□吠 元元元元
武晚□尾 元元元元
文万□未 元元元元

□□□□ ●●●●

三音

□□□□ ●●●●

九聲

□□□□ ●●●●

□□□□ ●●●●

□□□□ ●●●●

三音

□□□□ ●●●●

十聲

□□□□ ●●●●

□□□□ ●●●●

開音濁和律一之四

父父父父 多可个舌

四音

父父父父 禾火化八

一聲

父父父父 開宰愛○

父父父父 回每退○

父父父父 良兩向○

四音

父父父父 光廣況○

二聲

父父父父 丁井亘○

父父父父 兄永瑩○

卜百丙必 元元元元

五音

步白莆鼻 元元元元

三聲

普朴品匹 元元元元

旁排平瓶 元元元元

東丹帝■ 元元元元

六音

兑大弟■ 元元元元

三聲

土貪天■ 元元元元

同覃田■ 元元元元

乃妳女■ 元元元元

七音

内南年■ 元元元元

三聲

老冷吕■ 元元元元

鹿犖离■ 元元元元

走哉足■ 元元元元

八音

自在匠■ 元元元元

三聲

草采七■ 元元元元

曹才全■ 元元元元

父父父父　千典旦○

四音三聲

父父父父　元犬半○
父父父父　臣引艮○
父父父父　君允巽○
父父父父　刀早孝岳

四音四聲

父父父父　毛寶報霍
父父父父　牛斗奏六
父父父父　○○○玉
父父父父　妻子四日

四音五聲

父父父父　衰○帥骨
父父父父　○○○德
父父父父　龜水貴北
父父父父　宮孔衆○

四音六聲

父父父父　龍甬用○
父父父父　魚鼠去○
父父父父　烏虎兔○

思三星■　元元元元

九音三聲

寺□象■　元元元元
□□□■　元元元元
□□□■　元元元元
■山手■　元元元元

十音三聲

■士石■　元元元元
■□耳■　元元元元
■□二■　元元元元
■莊震■　元元元元

十一音三聲

■乍□■　元元元元
■叉赤■　元元元元
■崇辰■　元元元元
■卓中■　元元元元

十二音三聲

■宅直■　元元元元
■坼丑■　元元元元
■茶呈■　元元元元

父父父父　心審禁〇
四音　父父父父　〇〇〇十
七聲　父父父父　男坎欠〇
父父父父　〇〇〇妾
父父父父　●●●●
四音　父父父父　●●●●
八聲　父父父父　●●●●
父父父父　●●●●
父父父父　●●●●
四音　父父父父　●●●●
九聲　父父父父　●●●●
父父父父　●●●●
父父父父　●●●●
四音　父父父父　●●●●
十聲　父父父父　●●●●
父父父父　●●●●

平聲翕唱呂二之四

古甲九癸　毛毛毛毛
一音　□□近揆　毛毛毛毛
四聲　坤巧丘弃　毛毛毛毛
□□乾虯　毛毛毛毛
黑花香血　毛毛毛毛
二音　黃華雄賢　毛毛毛毛
四聲　五瓦仲□　毛毛毛毛
吾牙月堯　毛毛毛毛
安亞乙一　毛毛毛毛
三音　□爻王寅　毛毛毛毛
四聲　母馬美米　毛毛毛毛
目皃眉民　毛毛毛毛
夫法□飛　毛毛毛毛
四音　父凡□吠　毛毛毛毛
四聲　武晚□尾　毛毛毛毛
文万□未　毛毛毛毛

開音濁和律二之五

步步步步　多可个舌

五音一聲

步步步步　禾火化八
步步步步　開宰愛○
步步步步　回每退○
步步步步　良兩向○

五音二聲

步步步步　光廣況○
步步步步　丁井亘○
步步步步　兄永瑩○
步步步步　千典旦○

五音三聲

步步步步　元犬半○
步步步步　臣引艮○
步步步步　君允巽○

卜百丙必　毛毛毛毛

五音四聲

步白葡鼻　毛毛毛毛
普朴品匹　毛毛毛毛
旁排平瓶　毛毛毛毛
東丹帝■　毛毛毛毛

六音四聲

兊大弟■　毛毛毛毛
土貪天■　毛毛毛毛
同覃田■　毛毛毛毛
乃妳女■　毛毛毛毛

七音四聲

內南年■　毛毛毛毛
老冷呂■　毛毛毛毛
鹿犖离■　毛毛毛毛

步步步步　刀早孝岳

五音

四聲

步步步步　毛寶報霍
步步步步　牛斗奏六
步步步步　○○○玉
步步步步　妻子四日

五音

五聲

步步步步　衰○帥骨
步步步步　○○○德
步步步步　龜水貴北
步步步步　宮孔衆○

五音

六聲

步步步步　龍甬用○
步步步步　魚鼠去○
步步步步　烏虎兔○
步步步步　心審禁○

五音

七聲

步步步步　○○○十
步步步步　男坎欠○
步步步步　○○○妾

走哉足■　毛毛毛毛

八音

四聲

自在匠■　毛毛毛毛
草采七■　毛毛毛毛
曹才全■　毛毛毛毛
思三星■　毛毛毛毛

九音

四聲

寺□象■　毛毛毛毛
□□□■　毛毛毛毛
□□□■　毛毛毛毛
■山手■　毛毛毛毛

十音

四聲

■士石■　毛毛毛毛
■□耳■　毛毛毛毛
■□二■　毛毛毛毛
■莊震■　毛毛毛毛

十一音

四聲

■乍□■　毛毛毛毛
■叉赤■　毛毛毛毛
■崇辰■　毛毛毛毛

五音八聲

步步步步 ●●●●
步步步步 ●●●●
步步步步 ●●●●
步步步步 ●●●●

五音九聲

步步步步 ●●●●
步步步步 ●●●●
步步步步 ●●●●
步步步步 ●●●●

五音十聲

步步步步 ●●●●
步步步步 ●●●●
步步步步 ●●●●
步步步步 ●●●●

十二音四聲

■卓中■ 毛毛毛毛
■宅直■ 毛毛毛毛
■坼丑■ 毛毛毛毛
■茶呈■ 毛毛毛毛

平聲翕唱呂二之五

一音五聲

古甲九癸 衰衰衰衰
□□近揆 衰衰衰衰
坤巧丘弃 衰衰衰衰
□□乾虯 衰衰衰衰

二音五聲

黑花香血 衰衰衰衰
黄華雄賢 衰衰衰衰
五瓦仰□ 衰衰衰衰
吾牙月堯 衰衰衰衰

開音濁和律二之六

兑兑兑兑　多可个舌

六音　一聲

兑兑兑兑　禾火化八
兑兑兑兑　開宰愛○
兑兑兑兑　回每退○
兑兑兑兑　良兩向○

六音　二聲

兑兑兑兑　光廣況○
兑兑兑兑　丁井亘○
兑兑兑兑　兄永瑩○
兑兑兑兑　千典旦○

六音　三聲

兑兑兑兑　元犬半○
兑兑兑兑　臣引艮○
兑兑兑兑　君允巽○
兑兑兑兑　刀早孝岳

六音　四聲

兑兑兑兑　毛寶報霍
兑兑兑兑　牛斗奏六
兑兑兑兑　○○○玉

安亞乙一　衰衰衰衰

三音　五聲

□叒王寅　衰衰衰衰
母馬美米　衰衰衰衰
目皃眉民　衰衰衰衰
夫法□飛　衰衰衰衰

四音　五聲

父凡□吠　衰衰衰衰
武晚□尾　衰衰衰衰
文万□未　衰衰衰衰
卜百丙必　衰衰衰衰

五音　五聲

步白葡鼻　衰衰衰衰
普朴品匹　衰衰衰衰
旁排平瓶　衰衰衰衰
東丹帝■　衰衰衰衰

六音　五聲

兑大弟■　衰衰衰衰
土貪天■　衰衰衰衰
同覃田■　衰衰衰衰

六音 五聲

兑兑兑兑 妻子四日
兑兑兑兑 衰○帥骨
兑兑兑兑 ○○○德
兑兑兑兑 龜水貴北

六音 六聲

兑兑兑兑 宮孔衆○
兑兑兑兑 龍甬用○
兑兑兑兑 魚鼠去○
兑兑兑兑 烏虎兔○

六音 七聲

兑兑兑兑 心審禁○
兑兑兑兑 ○○○十
兑兑兑兑 男坎欠○
兑兑兑兑 ○○○妾

六音 八聲

兑兑兑兑 ●●●●
兑兑兑兑 ●●●●
兑兑兑兑 ●●●●
兑兑兑兑 ●●●●

七音 五聲

乃妳女■ 衰衰衰衰
內南年■ 衰衰衰衰
老冷吕■ 衰衰衰衰
鹿犖离■ 衰衰衰衰

八音 五聲

走哉足■ 衰衰衰衰
自在匠■ 衰衰衰衰
草采七■ 衰衰衰衰
曹才全■ 衰衰衰衰

九音 五聲

思三星■ 衰衰衰衰
寺□象■ 衰衰衰衰
□□□■ 衰衰衰衰
□□□■ 衰衰衰衰

十音 五聲

■山手■ 衰衰衰衰
■士石■ 衰衰衰衰
■□耳■ 衰衰衰衰
■□二■ 衰衰衰衰

兑兑兑兑 ●●●●

六音 兑兑兑兑 ●●●●

九聲 兑兑兑兑 ●●●●

兑兑兑兑 ●●●●

兑兑兑兑 ●●●●

六音 兑兑兑兑 ●●●●

十聲 兑兑兑兑 ●●●●

兑兑兑兑 ●●●●

開音濁和律二之七

內內內內 多可个舌

七音 內內內內 禾火化八

一聲 內內內內 開宰愛○

內內內內 回每退○

內內內內 良兩向○

七音 內內內內 光廣況○

二聲 內內內內 丁井亘○

內內內內 兄永瑩○

■莊震■ 衰衰衰衰

十一音 ■乍□■ 衰衰衰衰

五聲 ■叉赤■ 衰衰衰衰

■崇辰■ 衰衰衰衰

■卓中■ 衰衰衰衰

十二音 ■宅直■ 衰衰衰衰

五聲 ■坼丑■ 衰衰衰衰

■茶呈■ 衰衰衰衰

平聲翕唱呂二之六

古甲九癸 龍龍龍龍

一音 □□近揆 龍龍龍龍

六聲 坤巧丘弃 龍龍龍龍

□□乾虯 龍龍龍龍

黑花香血 龍龍龍龍

二音 黃華雄賢 龍龍龍龍

六聲 五瓦仰□ 龍龍龍龍

吾牙月堯 龍龍龍龍

內內內內 千典旦○

七音 三聲

內內內內 元犬半○
內內內內 臣引艮○
內內內內 君允巽○
內內內內 刀早孝岳

七音 四聲

內內內內 毛寶報霍
內內內內 牛斗奏六
內內內內 ○○○玉
內內內內 妻子四日

七音 五聲

內內內內 衰○帥骨
內內內內 ○○○德
內內內內 龜水貴北
內內內內 宮孔衆○

七音 六聲

內內內內 龍甬用○
內內內內 魚鼠去○
內內內內 烏虎兔○

安亞乙一 龍龍龍龍

三音 六聲

□爻王寅 龍龍龍龍
母馬美米 龍龍龍龍
目皃眉民 龍龍龍龍
夫法□飛 龍龍龍龍

四音 六聲

父凡□吠 龍龍龍龍
武晚□尾 龍龍龍龍
文万□未 龍龍龍龍
卜百丙必 龍龍龍龍

五音 六聲

步白葡鼻 龍龍龍龍
普朴品匹 龍龍龍龍
旁排平瓶 龍龍龍龍
東丹帝■ 龍龍龍龍

六音 六聲

兌大弟■ 龍龍龍龍
土貪天■ 龍龍龍龍
同覃田■ 龍龍龍龍

七音 七聲

內內內內 心審禁○
內內內內 ○○○十
內內內內 男坎欠○
內內內內 ○○○妾

七音 八聲

內內內內 ●●●●
內內內內 ●●●●
內內內內 ●●●●
內內內內 ●●●●

七音 九聲

內內內內 ●●●●
內內內內 ●●●●
內內內內 ●●●●
內內內內 ●●●●

七音 十聲

內內內內 ●●●●
內內內內 ●●●●
內內內內 ●●●●
內內內內 ●●●●

七音 六聲

乃妳女■ 龍龍龍龍
內南年■ 龍龍龍龍
老冷呂■ 龍龍龍龍
鹿犖离■ 龍龍龍龍

八音 六聲

走哉足■ 龍龍龍龍
自在匠■ 龍龍龍龍
草采七■ 龍龍龍龍
曹才全■ 龍龍龍龍

九音 六聲

思三星■ 龍龍龍龍
寺□象■ 龍龍龍龍
□□□■ 龍龍龍龍
□□□■ 龍龍龍龍

十音 六聲

■山手■ 龍龍龍龍
■士石■ 龍龍龍龍
■□耳■ 龍龍龍龍
■□二■ 龍龍龍龍

開音濁和律二之八

八音一聲

自自自自　多可个舌
自自自自　禾火化八
自自自自　開宰愛○
自自自自　回每退○

八音二聲

自自自自　良兩向○
自自自自　光廣況○
自自自自　丁井亘○
自自自自　兄永瑩○

八音三聲

自自自自　千典旦○
自自自自　元犬半○
自自自自　臣引艮○
自自自自　君允巽○

八音四聲

自自自自　刀早孝岳
自自自自　毛寶報霍
自自自自　牛斗奏六
自自自自　○○○玉

十一音六聲

■莊震■　龍龍龍龍
■乍□■　龍龍龍龍
■叉赤■　龍龍龍龍
■崇辰■　龍龍龍龍

十二音六聲

■卓中■　龍龍龍龍
■宅直■　龍龍龍龍
■拆丑■　龍龍龍龍
■茶呈■　龍龍龍龍

平聲翕唱呂二之七

一音七聲

古甲九癸　○○○○
□□近揆　○○○○
坤巧丘弃　○○○○
□□乾虯　○○○○

二音七聲

黑花香血　○○○○
黃華雄賢　○○○○
五瓦仰□　○○○○
吾牙月堯　○○○○

八音 五聲

自自自自　妻子四日
自自自自　衰○帥骨
自自自自　○○○德
自自自自　龜水貴北

八音 六聲

自自自自　宮孔衆○
自自自自　龍甬用○
自自自自　魚鼠去○
自自自自　烏虎兔○

八音 七聲

自自自自　心審禁○
自自自自　○○○十
自自自自　男坎欠○
自自自自　○○○妾

八音 八聲

自自自自　●●●●
自自自自　●●●●
自自自自　●●●●
自自自自　●●●●

三音 七聲

安亞乙一　○○○○
□爻王寅　○○○○
母馬美米　○○○○
目皃眉民　○○○○

四音 七聲

夫法□飛　○○○○
父凡□吠　○○○○
武晚□尾　○○○○
文万□未　○○○○

五音 七聲

卜百丙必　○○○○
步白葡鼻　○○○○
普朴品匹　○○○○
旁排平瓶　○○○○

六音 七聲

東丹帝■　○○○○
兑大弟■　○○○○
土貪天■　○○○○
同覃田■　○○○○

自自自自 ●●●●

八音 九聲

自自自自 ●●●●

自自自自 ●●●●

自自自自 ●●●●

自自自自 ●●●●

八音 十聲

自自自自 ●●●●

自自自自 ●●●●

自自自自 ●●●●

開音濁和律二之九

寺寺寺寺 多可个舌

九音 一聲

寺寺寺寺 禾火化八

寺寺寺寺 開宰愛○

寺寺寺寺 回每退○

寺寺寺寺 良兩向○

九音 二聲

寺寺寺寺 光廣況○

寺寺寺寺 丁井亘○

寺寺寺寺 兄永瑩○

乃妳女■ ○○○○

七音 七聲

内南年■ ○○○○

老冷吕■ ○○○○

鹿犖离■ ○○○○

走哉足■ ○○○○

八音 七聲

自在匠■ ●○○○

草采七■ ○○○○

曹才全■ ○○○○

思三星■ ○○○○

九音 七聲

寺□象■ ○○○○

□□□■ ○○○○

□□□■ ○○○○

■山手■ ○○○○

十音 七聲

■士石■ ○○○○

■□耳■ ○○○○

■□二■ ○○○○

寺寺寺寺　千典旦○

九音　三聲

寺寺寺寺　元犬半○
寺寺寺寺　臣引艮○
寺寺寺寺　君允巽○
寺寺寺寺　刀早孝岳

九音　四聲

寺寺寺寺　毛寶報霍
寺寺寺寺　牛斗奏六
寺寺寺寺　○○○玉
寺寺寺寺　妻子四日

九音　五聲

寺寺寺寺　衰○帥骨
寺寺寺寺　○○○德
寺寺寺寺　龜水貴北
寺寺寺寺　宮孔衆○

九音　六聲

寺寺寺寺　龍甬用○
寺寺寺寺　魚鼠去○
寺寺寺寺　烏虎兔○

■莊震■　○○○○

十一音　七聲

■乍□■　○○○○
■叉赤■　○○○○
■崇辰■　○○○○
■卓中■　○○○○

十二音　七聲

■宅直■　○○○○
■坼丑■　○○○○
■茶呈■　○○○○

平聲翕唱呂二之八

古甲九癸　●●●●

一音　八聲

□□近揆　●●●●
坤巧丘弃　●●●●
□□乾虯　●●●●
黑花香血　●●●●

二音　八聲

黃華雄賢　●●●●
五瓦仰□　●●●●
吾牙月堯　●●●●

寺寺寺寺 心審禁○
九音 寺寺寺寺 ○○○十
七聲 寺寺寺寺 男坎欠○
寺寺寺寺 ○○○妾

寺寺寺寺 ●●●●
九音 寺寺寺寺 ●●●●
八聲 寺寺寺寺 ●●●●
寺寺寺寺 ●●●●

寺寺寺寺 ●●●●
九音 寺寺寺寺 ●●●●
九聲 寺寺寺寺 ●●●●
寺寺寺寺 ●●●●

寺寺寺寺 ●●●●
九音 寺寺寺寺 ●●●●
十聲 寺寺寺寺 ●●●●
寺寺寺寺 ●●●●

安亞乙一 ●●●●
三音 □爻王寅 ●●●●
八聲 母馬美米 ●●●●
目皃眉民 ●●●●

夫法□飛 ●●●●
四音 父凡□吠 ●●●●
八聲 武晚□尾 ●●●●
文万□未 ●●●●

卜百丙必 ●●●●
五音 步白葡鼻 ●●●●
八聲 普朴品匹 ●●●●
旁排平瓶 ●●●●

東丹帝■ ●●●●
六音 兑大弟■ ●●●●
八聲 土貪天■ ●●●●
同覃田■ ●●●●

開音濁和律一之十

■■■■ 多可个舌

十音一聲

■■■■ 禾火化八
■■■■ 開宰愛○
■■■■ 回每退○
■■■■ 良兩向○

十音二聲

■■■■ 光廣況○
■■■■ 丁井亘○
■■■■ 兄永瑩○
■■■■ 千典旦○

十音三聲

■■■■ 元犬半○
■■■■ 臣引艮○
■■■■ 君允巽○
■■■■ 刀早孝岳

十音四聲

■■■■ 毛寶報霍
■■■■ 牛斗奏六
■■■■ ○○○玉

乃妳女■ ●●●●

七音八聲

內南年■ ●●●●
老冷呂■ ●●●●
鹿犖离■ ●●●●
走哉足■ ●●●●

八音八聲

自在匠■ ●●●●
草采七■ ●●●●
曹才全■ ●●●●
思三星■ ●●●●

九音八聲

寺□象■ ●●●●
□□□■ ●●●●
□□□■ ●●●●
■山手■ ●●●●

十音八聲

■士石■ ●●●●
■□耳■ ●●●●
■□二■ ●●●●

十音五聲

■■■■妻子四日
■■■■衰○帥骨
■■■■○○○德
■■■■龜水貴北

十音六聲

■■■■宮孔衆○
■■■■龍甬用○
■■■■魚鼠去○
■■■■烏虎兔○

十音七聲

■■■■心審禁○
■■■■○○○十
■■■■男坎欠○
■■■■○○○妾

十音八聲

■■■■●●●●
■■■■●●●●
■■■■●●●●
■■■■●●●●

十一音八聲

■莊震■●●●●
■乍□■●●●●
■叉赤■●●●●
■崇辰■●●●●

十二音八聲

■卓中■●●●●
■宅直■●●●●
■坼丑■●●●●
■茶呈■●●●●

平聲翕唱呂二之九

一音九聲

古甲九癸●●●●
□□近揆●●●●
坤巧丘弃●●●●
■■乾虯●●●●

二音九聲

黑花香血●●●●
黃華雄賢●●●●
五瓦仰□●●●●
吾牙月堯●●●●

■■■■●●●●

十音 ■■■■●●●●

九聲 ■■■■●●●●

■■■■●●●●

■■■■●●●●

十音 ■■■■●●●●

十聲 ■■■■●●●●

■■■■●●●●

開音濁和律二之十一

■■■■多可个舌

十一音 ■■■■禾火化八

一聲 ■■■■開宰愛○

■■■■回每退○

■■■■良兩向○

十二音 ■■■■光廣况○

二聲 ■■■■丁井亘○

■■■■兄永瑩○

安亞乙一●●●●

三音 □爻王寅●●●●

九聲 母馬美米●●●●

目皃眉民●●●●

夫法□飛●●●●

四音 父凡□吠●●●●

九聲 武晚□尾●●●●

文万□未●●●●

卜百丙必●●●●

五音 步白葡鼻●●●●

九聲 普朴品匹●●●●

旁排平瓶●●●●

東丹帝■●●●●

六音 兑大弟■●●●●

九聲 土貪天■●●●●

同覃田■●●●●

■■■■千典旦●

十一音 三聲

■■■■元犬半○
■■■■臣引艮○
■■■■君允巽○
■■■■刀早孝岳

十一音 四聲

■■■■毛寶報霍
■■■■牛斗奏六
■■■■○○○玉
■■■■妻子四日

十一音 五聲

■■■■衰○帥骨
■■■■○○○德
■■■■龜水貴北
■■■■宮孔衆○

十一音 六聲

■■■■龍甬用○
■■■■魚鼠去○
■■■■烏虎兔○

乃妳女■●●●●

七音 九聲

内南年■●●●●
老冷吕■●●●●
鹿犖离■●●●●
走哉足■●●●●

八音 九聲

自在匠■●●●●
草采七■●●●●
曹才全■●●●●
思三星■●●●●

九音 九聲

寺□象■●●●●
□□□■●●●●
□□□■●●●●
■山手■●●●●

十音 九聲

■士石■●●●●
■□耳■●●●●
■○二■●●●●

■■■■心審禁○

十一音

■■■■○○○十

七聲

■■■■男坎欠○

■■■■○○○妾

■■■■●●●●

十一音

■■■■●●●●

八聲

■■■■●●●●

■■■■●●●●

■■■■●●●●

十一音

■■■■●●●●

九聲

■■■■●●●●

■■■■●●●●

■■■■●●●●

十一音

■■■■●●●●

十聲

■■■■●●●●

■■■■●●●●

■莊震■●●●●

十一音

■乍□■●●●●

九聲

■叉赤■●●●●

■崇辰■●●●●

■卓中■●●●●

十二音

■宅直■●●●●

九聲

■坼丑■●●●●

■茶呈■●●●●

平聲翕唱呂二之十

古甲九癸●●●●

一音

□□近揆●●●●

十聲

坤巧丘弃●●●●

□□乾虯●●●●

黑花香血●●●●

二音

黃華雄賢●●●●

十聲

五瓦仰□●●●●

吾牙月堯●●●●

開音濁和律一之十二

十二音　一聲

■■■■　多可个舌
■■■■　禾火化八
■■■■　開宰愛○
■■■■　回每退○
■■■■　良兩向○

十二音　二聲

■■■■　光廣況○
■■■■　丁井亘○
■■■■　兄永瑩○
■■■■　千典旦○

十二音　三聲

■■■■　元犬半○
■■■■　臣引艮○
■■■■　君允巽○
■■■■　刀早孝岳

十二音　四聲

■■■■　毛寶報霍
■■■■　牛斗奏六
■■■■　○○○玉

安亞乙一　●●●●

三音　十聲

□爻王寅　●●●●
母馬美米　●●●●
目皃眉民　●●●●
夫法□飛　●●●●

四音　十聲

父凡□吠　●●●●
武晚□尾　●●●●
文万□未　●●●●
卜百丙必　●●●●

五音　十聲

步白莆鼻　●●●●
普朴品匹　●●●●
旁排平瓶　●●●●
東丹帝■　●●●●

六音　十聲

兑大弟■　●●●●
土貪天■　●●●●
同覃田■　●●●●

■■■■妻子四日

十二音
五聲

■■■■衰○帥骨
■■■■○○○德
■■■■龜水貴北
■■■■宮孔衆○

十二音
六聲

■■■■龍甬用○
■■■■魚鼠去○
■■■■烏虎兔○
■■■■心審禁○

十二音
七聲

■■■■○○○十
■■■■男坎欠○
■■■■○○○妾
■■■■●●●●

十二音
八聲

■■■■●●●●
■■■■●●●●
■■■■●●●●

乃妳女■●●●●

七音
十聲

内南年■●●●●
老冷吕■●●●●
鹿犖离■●●●●
走哉足■●●●●

八音
十聲

自在匠■●●●●
草采七■●●●●
曹才全■●●●●
思三星■●●●●

九音
十聲

寺□象■●●●●
□□□■●●●●
□□□■●●●●
■山手■●●●●

十音
十聲

■士石■●●●●
■□耳■●●●●
■□二■●●●●

■■■■　●●●●
十二音　■■■■　●●●●
九聲　■■■■　●●●●
■■■■　●●●●
■■■■　●●●●
十二音　■■■■　●●●●
十聲　■■■■　●●●●
■■■■　●●●●

觀物篇之三十七

日星聲平闢
開丁臣牛●
魚男●●●

日星聲七，下唱地之用音一百五十二，是謂平聲闢音。平聲闢音一千六十四。

■莊震■　●●●●
十一音　■乍□■　●●●●
十聲　■叉赤■　●●●●
■崇辰■　●●●●
■卓中■　●●●●
十二音　■宅直■　●●●●
十聲　■坼丑■　●●●●
■茶呈■　●●●●

水土音開清
坤五母武普土
老草□■■■

水土音九，上和天之用聲一百一十二，是謂開音清聲。開音清聲一千八。

日星聲平之三闢

開音清和律三之一

坤坤坤坤　多可个舌
一音　坤坤坤坤　禾火化八
一聲　坤坤坤坤　開宰愛○
坤坤坤坤　回每退○
坤坤坤坤　良兩向○
一音　坤坤坤坤　光廣況○
二聲　坤坤坤坤　丁井亘○
坤坤坤坤　兄永瑩○
坤坤坤坤　千典旦○
一音　坤坤坤坤　元犬半○
三聲　坤坤坤坤　臣引艮○
坤坤坤坤　君允巽○
坤坤坤坤　刀早孝岳
一音　坤坤坤坤　毛寶報霍
四聲　坤坤坤坤　牛斗奏六
坤坤坤坤　○○○玉

水土音開之三清

平聲闢唱呂三之一

古甲九癸　開開開開
一音　□□近揆　開開開開
一聲　坤巧丘弃　開開開開
□□乾虯　開開開開
黑花香血　開開開開
二音　黃華雄賢　開開開開
一聲　五瓦仰□　開開開開
吾牙月堯　開開開開
安亞乙一　開開開開
三音　□爻王寅　開開開開
一聲　母馬美米　開開開開
目皃眉民　開開開開
夫法□飛　開開開開
四音　父凡□吠　開開開開
一聲　武晚□尾　開開開開
文万□未　開開開開

坤坤坤坤　妻子四日

一音　五聲

坤坤坤坤　衰○帥骨
坤坤坤坤　○○○德
坤坤坤坤　龜水貴北
坤坤坤坤　宮孔衆○

一音　六聲

坤坤坤坤　龍甬用○
坤坤坤坤　魚鼠去○
坤坤坤坤　烏虎兔○
坤坤坤坤　心審禁○

一音　七聲

坤坤坤坤　○○○十
坤坤坤坤　男坎欠○
坤坤坤坤　○○○妾
坤坤坤坤　●●●●

一音　八聲

坤坤坤坤　●●●●
坤坤坤坤　●●●●
坤坤坤坤　●●●●

卜百丙必　開開開開

五音　一聲

步白葡鼻　開開開開
普朴品匹　開開開開
旁排平瓶　開開開開
東丹帝■　開開開開

六音　一聲

兑大弟■　開開開開
土貪天■　開開開開
同覃田■　開開開開
乃妳女■　開開開開

七音　一聲

内南年■　開開開開
老冷吕■　開開開開
鹿犖离■　開開開開
走哉足■　開開開開

八音　一聲

自在匠■　開開開開
草采七■　開開開開
曹才全■　開開開開

一音 坤坤坤坤 ●●●●
坤坤坤坤 ●●●●
九聲 坤坤坤坤 ●●●●
坤坤坤坤 ●●●●
坤坤坤坤 ●●●●
一音 坤坤坤坤 ●●●●
十聲 坤坤坤坤 ●●●●
坤坤坤坤 ●●●●

開音清和律三之二

五五五五 多可个舌
二音 五五五五 禾火化八
一聲 五五五五 開宰愛○
五五五五 回每退○
五五五五 良兩向○
二音 五五五五 光廣況○
二聲 五五五五 丁井亘○
五五五五 兄永瑩○

思三星■ 開開開開
九音 寺○象■ 開開開開
一聲 □□□■ 開開開開
□□□■ 開開開開
■山手■ 開開開開
十音 ■士石■ 開開開開
一聲 ■□耳■ 開開開開
■□二■ 開開開開

■莊震■ 開開開開
十一音 ■乍□■ 開開開開
一聲 ■叉赤■ 開開開開
■崇辰■ 開開開開
■卓中■ 開開開開
十二音 ■宅直■ 開開開開
一聲 ■坼丑■ 開開開開
■茶呈■ 開開開開

五五五五　千典旦○

二音　三聲

五五五五　元犬半○

五五五五　臣引艮○

五五五五　君允巽○

五五五五　刀早孝岳

二音　四聲

五五五五　毛寶報霍

五五五五　牛斗奏六

五五五五　○○○玉

五五五五　妻子四日

二音　五聲

五五五五　衰○帥骨

五五五五　○○○德

五五五五　龜水貴北

五五五五　宮孔衆○

二音　六聲

五五五五　龍甬用○

五五五五　魚鼠去○

五五五五　烏虎兔○

平聲闢唱呂三之二

古甲九癸　丁丁丁丁

一音　二聲

□□近揆　丁丁丁丁

坤巧丘弃　丁丁丁丁

□□乾虯　丁丁丁丁

黑花香血　丁丁丁丁

二音　二聲

黃華雄賢　丁丁丁丁

五瓦仰□　丁丁丁丁

吾牙月堯　丁丁丁丁

安亞乙一　丁丁丁丁

三音　二聲

□爻王寅　丁丁丁丁

母馬美米　丁丁丁丁

目皃眉民　丁丁丁丁

夫法□飛　丁丁丁丁

四音　二聲

父凡□吠　丁丁丁丁

武晚□尾　丁丁丁丁

文万□未　丁丁丁丁

二音　七聲

五五五五　心審禁〇
五五五五　〇〇〇十
五五五五　男坎欠〇
五五五五　〇〇〇妾

二音　八聲

五五五五　●●●●
五五五五　●●●●
五五五五　●●●●
五五五五　●●●●

二音　九聲

五五五五　●●●●
五五五五　●●●●
五五五五　●●●●
五五五五　●●●●

二音　十聲

五五五五　●●●●
五五五五　●●●●
五五五五　●●●●
五五五五　●●●●

五音　二聲

卜百丙必　丁丁丁丁
步白葡鼻　丁丁丁丁
普朴品匹　丁丁丁丁
旁排平瓶　丁丁丁丁

六音　二聲

東丹帝■　丁丁丁丁
兑大弟■　丁丁丁丁
土貪天■　丁丁丁丁
同覃田■　丁丁丁丁

七音　二聲

乃妳女■　丁丁丁丁
内南年■　丁丁丁丁
老冷吕■　丁丁丁丁
鹿犖离■　丁丁丁丁

八音　二聲

走哉足■　丁丁丁丁
自在匠■　丁丁丁丁
草采七■　丁丁丁丁
曹才全■　丁丁丁丁

開音清和律三之三

三音 一聲

母母母母 多可个舌
母母母母 禾火化八
母母母母 開宰愛○
母母母母 回每退○

三音 二聲

母母母母 良兩向○
母母母母 光廣況○
母母母母 丁井亘○
母母母母 兄永瑩○

三音 三聲

母母母母 千典旦○
母母母母 元犬半○
母母母母 臣引艮○
母母母母 君允巽○

三音 四聲

母母母母 刀早孝岳
母母母母 毛寶報霍
母母母母 牛斗奏六
母母母母 ○○○玉

九音 二聲

思三星■ 丁丁丁丁
寺□象■ 丁丁丁丁
□□□■ 丁丁丁丁
□□□■ 丁丁丁丁

十音 二聲

■山手■ 丁丁丁丁
■士石■ 丁丁丁丁
■□耳■ 丁丁丁丁
■□二■ 丁丁丁丁

十一音 二聲

■莊震■ 丁丁丁丁
■乍□■ 丁丁丁丁
■又赤■ 丁丁丁丁
■崇辰■ 丁丁丁丁

十二音 二聲

■卓中■ 丁丁丁丁
■宅直■ 丁丁丁丁
■坼丑■ 丁丁丁丁
■茶呈■ 丁丁丁丁

母母母母　妻子四日

三音　五聲

母母母母　衰○帥骨
母母母母　○○○德
母母母母　龜水貴北
母母母母　宮孔衆○

三音　六聲

母母母母　龍甬用○
母母母母　魚鼠去○
母母母母　烏虎兔○
母母母母　心審禁○

三音　七聲

母母母母　○○○十
母母母母　男坎欠○
母母母母　○○○妾
母母母母　●●●●

三音　八聲

母母母母　●●●●
母母母母　●●●●
母母母母　●●●●

平聲闢唱呂三之三

古甲九癸　臣臣臣臣

一音　三聲

□□近揆　臣臣臣臣
坤巧丘弃　臣臣臣臣
□□乾虯　臣臣臣臣
黑花香血　臣臣臣臣

二音　三聲

黃華雄賢　臣臣臣臣
五瓦仰□　臣臣臣臣
吾牙月堯　臣臣臣臣
安亞乙一　臣臣臣臣

三音　三聲

□爻王寅　臣臣臣臣
母馬美米　臣臣臣臣
目皃眉民　臣臣臣臣
夫法□飛　臣臣臣臣

四音　三聲

父凡□吠　臣臣臣臣
武晚□尾　臣臣臣臣
文万□未　臣臣臣臣

母母母母 ●●●●

三音九聲

母母母母 ●●●●
母母母母 ●●●●
母母母母 ●●●●

三音十聲

母母母母 ●●●●
母母母母 ●●●●
母母母母 ●●●●

開音清和律三之四

四音一聲

武武武武 多可个舌
武武武武 禾火化八
武武武武 開宰愛○
武武武武 回每退○
武武武武 良兩向○

四音二聲

武武武武 光廣況○
武武武武 丁井亘○
武武武武 兄永瑩○

卜百丙必 臣臣臣臣

五音三聲

步白葡鼻 臣臣臣臣
普朴品匹 臣臣臣臣
旁排平瓶 臣臣臣臣
東丹帝■ 臣臣臣臣

六音三聲

兑大弟■ 臣臣臣臣
土貪天■ 臣臣臣臣
同覃田■ 臣臣臣臣
乃妳女■ 臣臣臣臣

七音三聲

内南年■ 臣臣臣臣
老冷吕■ 臣臣臣臣
鹿犖离■ 臣臣臣臣
走哉足■ 臣臣臣臣

八音三聲

自在匠■ 臣臣臣臣
草采七■ 臣臣臣臣
曹才全■ 臣臣臣臣

四音　三聲

武武武武　千典旦○
武武武武　元犬半○
武武武武　臣引艮○
武武武武　君允巽○

四音　四聲

武武武武　刀早孝岳
武武武武　毛寶報霍
武武武武　牛斗奏六
武武武武　○○○玉

四音　五聲

武武武武　妻子四日
武武武武　衰○帥骨
武武武武　○○○德
武武武武　龜水貴北

四音　六聲

武武武武　宮孔衆○
武武武武　龍甬用○
武武武武　魚鼠去○
武武武武　烏虎兔○

九音　三聲

思三星■　臣臣臣臣
寺□象■　臣臣臣臣
□□□■　臣臣臣臣
□□□■　臣臣臣臣

十音　三聲

■山手■　臣臣臣臣
■士石■　臣臣臣臣
■□耳■　臣臣臣臣
■□二■　臣臣臣臣

十一音　三聲

■莊震■　臣臣臣臣
■乍□■　臣臣臣臣
■叉赤■　臣臣臣臣
■崇辰■　臣臣臣臣

十二音　三聲

■卓中■　臣臣臣臣
■宅直■　臣臣臣臣
■坼丑■　臣臣臣臣
■茶呈■　臣臣臣臣

武武武武　心審禁○

四音七聲

武武武武　○○○十
武武武武　男坎欠○
武武武武　○○○妾

四音八聲

武武武武　●●●●
武武武武　●●●●
武武武武　●●●●
武武武武　●●●●

四音九聲

武武武武　●●●●
武武武武　●●●●
武武武武　●●●●
武武武武　●●●●

四音十聲

武武武武　●●●●
武武武武　●●●●
武武武武　●●●●
武武武武　●●●●

平聲闢唱呂三之四

古甲九癸　牛牛牛牛

一音四聲

□□近揆　牛牛牛牛
坤巧丘弃　牛牛牛牛
□□乾虬　牛牛牛牛
黑花香血　牛牛牛牛

二音四聲

黃華雄賢　牛牛牛牛
五瓦仰□　牛牛牛牛
吾牙月堯　牛牛牛牛
安亞乙一　牛牛牛牛

三音四聲

□爻王寅　牛牛牛牛
母馬美米　牛牛牛牛
目皃眉民　牛牛牛牛
夫法□飛　牛牛牛牛

四音四聲

父凡□吠　牛牛牛牛
武晚□尾　牛牛牛牛
文万□未　牛牛牛牛

開音清和律三之五

普普普普　多可个舌

五音　一聲

普普普普　禾火化八
普普普普　開宰愛○
普普普普　回每退○
普普普普　良兩向○

五音　二聲

普普普普　光廣況○
普普普普　丁井亘○
普普普普　兄永瑩○
普普普普　千典旦○

五音　三聲

普普普普　元犬半○
普普普普　臣引艮○
普普普普　君允巽○
普普普普　刀早孝岳

五音　四聲

普普普普　毛寶報霍
普普普普　牛斗奏六
普普普普　○○○玉

卜百丙必　牛牛牛牛

五音　四聲

步白莆鼻　牛牛牛牛
普朴品匹　牛牛牛牛
旁排平瓶　牛牛牛牛
東丹帝■　牛牛牛牛

六音　四聲

兑大弟■　牛牛牛牛
土貪天■　牛牛牛牛
同覃田■　牛牛牛牛
乃妳女■　牛牛牛牛

七音　四聲

内南年■　牛牛牛牛
老冷吕■　牛牛牛牛
鹿犖离■　牛牛牛牛
走哉足■　牛牛牛牛

八音　四聲

自在匠■　牛牛牛牛
草采七■　牛牛牛牛
曹才全■　牛牛牛牛

普普普普　妻子四日

五音

普普普普　衰○帥骨

五聲

普普普普　○○○德

普普普普　龜水貴北

普普普普　宮孔衆○

五音

普普普普　龍甬用○

六聲

普普普普　魚鼠去○

普普普普　烏虎兔○

普普普普　心審禁○

五音

普普普普　○○○十

七聲

普普普普　男坎欠○

普普普普　○○○妾

普普普普　●●●●

五音

普普普普　●●●●

八聲

普普普普　●●●●

普普普普　●●●●

思三星■　牛牛牛牛

九音

寺□象■　牛牛牛牛

四聲

□□□■　牛牛牛牛

□□□■　牛牛牛牛

■山手■　牛牛牛牛

十音

■士石■　牛牛牛牛

四聲

■□耳■　牛牛牛牛

■□二■　牛牛牛牛

■莊震■　牛牛牛牛

十一音

■牛□■　牛牛牛牛

四聲

■叉赤■　牛牛牛牛

■崇辰■　牛牛牛牛

■卓中■　牛牛牛牛

十二音

■宅直■　牛牛牛牛

四聲

■坼丑■　牛牛牛牛

■茶呈■　牛牛牛牛

普普普普　●●●●
五音　普普普普　●●●●
九聲　普普普普　●●●●
普普普普　●●●●
普普普普　●●●●
五音　普普普普　●●●●
十聲　普普普普　●●●●
普普普普　●●●●

開音清和律三之六

土土土土　多可个舌
六音　土土土土　禾火化八
一聲　土土土土　開宰愛○
土土土土　回每退○

平聲闢唱呂三之五

古甲九癸　○○○○
一音　□□近揆　○○○○
五聲　坤巧丘弃　○○○○
□□乾虯　○○○○
黑花香血　○○○○
二音　黃華雄賢　○○○○
五聲　五瓦仰□　○○○○
吾牙月堯　○○○○
安亞乙一　○○○○
三音　□爻王寅　○○○○
五聲　母馬美米　○○○○
目皃眉民　○○○○

土土土土　良兩向○

六音

二聲

土土土土　光廣況○
土土土土　丁井亘○
土土土土　兄永瑩○
土土土土　千典旦○

六音

三聲

土土土土　元犬半○
土土土土　臣引艮○
土土土土　君允巽○
土土土土　刀早孝岳

六音

四聲

土土土土　毛寶報霍
土土土土　牛斗奏六
土土土土　○○○玉
土土土土　妻子四日

六音

五聲

土土土土　衰○帥骨
土土土土　○○○德
土土土土　龜水貴北

夫法□飛　○○○○

四音

五聲

父凡□吠　○○○○
武晚□尾　○○○○
文万□未　○○○○
卜百丙必　○○○○

五音

五聲

步白葡鼻　○○○○
普朴品匹　○○○○
旁排平瓶　○○○○
東丹帝■　○○○○

六音

五聲

兑大弟■　○○○○
土貪天■　○○○○
同覃田■　○○○○
乃妳女■　○○○○

七音

五聲

內南年■　○○○○
老冷吕■　○○○○
鹿犖离■　○○○○

六音六聲

土土土土　宮孔衆○
土土土土　龍甬用○
土土土土　魚鼠去○
土土土土　烏虎兔○
土土土土　心審禁○

六音七聲

土土土土　○○○十
土土土土　男坎欠○
土土土土　○○○妾

六音八聲

土土土土　●●●●
土土土土　●●●●
土土土土　●●●●
土土土土　●●●●

六音九聲

土土土土　●●●●
土土土土　●●●●
土土土土　●●●●
土土土土　●●●●

八音五聲

走哉足■　○○○○
自在匠■　○○○○
草采七■　○○○○
曹才全■　○○○○
思三星■　○○○○

九音五聲

寺□象■　○○○○
□□□■　○○○○
□□□■　○○○○

十音五聲

■山手■　○○○○
■士石■　○○○○
■□耳■　○○○○
■□二■　○○○○

十一音五聲

■莊震■　○○○○
■乍□■　○○○○
■叉赤■　○○○○
■崇辰■　○○○○

六音十聲

土土土土 ●●●●
土土土土 ●●●●
土土土土 ●●●●
土土土土 ●●●●

開音清和律三之七

七音一聲

老老老老 多可个舌
老老老老 禾火化八
老老老老 開宰愛○
老老老老 回每退○

七音二聲

老老老老 良兩向○
老老老老 光廣況○
老老老老 丁井亘○
老老老老 兄永瑩○

七音三聲

老老老老 千典旦○
老老老老 元犬半○
老老老老 臣引艮○
老老老老 君允巽○

十二音五聲

■卓中■ ○○○○
■宅直■ ○○○○
■坼丑■ ○○○○
■茶呈■ ○○○○

平聲闢唱呂三之六

一音六聲

古甲九癸 魚魚魚魚
□□近揆 魚魚魚魚
坤巧丘弃 魚魚魚魚
□□乾虯 魚魚魚魚

二音六聲

黑花香血 魚魚魚魚
黃華雄賢 魚魚魚魚
五瓦仰□ 魚魚魚魚
吾牙月堯 魚魚魚魚

三音六聲

安亞乙一 魚魚魚魚
□爻王寅 魚魚魚魚
母馬美米 魚魚魚魚
目皃眉民 魚魚魚魚

老老老老　刀早孝岳

七音　四聲

老老老老　毛寶報霍
老老老老　牛斗奏六
老老老老　〇〇〇玉
老老老老　妻子四日

七音　五聲

老老老老　衰〇帥骨
老老老老　〇〇〇德
老老老老　龜水貴北
老老老老　宮孔衆〇

七音　六聲

老老老老　龍甬用〇
老老老老　魚鼠去〇
老老老老　烏虎兔〇
老老老老　心審禁〇

七音　七聲

老老老老　〇〇〇十
老老老老　男坎欠〇
老老老老　〇〇〇妾

夫法□飛　魚魚魚魚

四音　六聲

父凡□吠　魚魚魚魚
武晚□尾　魚魚魚魚
文万□未　魚魚魚魚
卜百丙必　魚魚魚魚

五音　六聲

步白葡鼻　魚魚魚魚
普朴品匹　魚魚魚魚
旁排平瓶　魚魚魚魚
東丹帝■　魚魚魚魚

六音　六聲

兑大弟■　魚魚魚魚
土貪天■　魚魚魚魚
同覃田■　魚魚魚魚
乃妳女■　魚魚魚魚

七音　六聲

内南年■　魚魚魚魚
老冷吕■　魚魚魚魚
鹿犖离■　魚魚魚魚

老老老老 ●●●●

七音 八聲

老老老老 ●●●●
老老老老 ●●●●
老老老老 ●●●●
老老老老 ●●●●

七音 九聲

老老老老 ●●●●
老老老老 ●●●●
老老老老 ●●●●
老老老老 ●●●●

七音 十聲

老老老老 ●●●●
老老老老 ●●●●
老老老老 ●●●●

開音清和律三之八

八音 一聲

草草草草 多可个舌
草草草草 禾火化八
草草草草 開宰愛○
草草草草 回每退○

走哉足■ 魚魚魚魚

八音 六聲

自在匠■ 魚魚魚魚
草采七■ 魚魚魚魚
曹才全■ 魚魚魚魚
思三星■ 魚魚魚魚

九音 六聲

寺□象■ 魚魚魚魚
□□□■ 魚魚魚魚
□□□■ 魚魚魚魚
■山手■ 魚魚魚魚

十音 六聲

■士石■ 魚魚魚魚
■□耳■ 魚魚魚魚
■□二■ 魚魚魚魚

十一音 六聲

■莊震■ 魚魚魚魚
■乍□■ 魚魚魚魚
■叉赤■ 魚魚魚魚
■崇辰■ 魚魚魚魚

草草草草　良兩向○

八音　草草草草　光廣況○

二聲　草草草草　丁井亘○

草草草草　兄永瑩○

草草草草　千典旦○

八音　草草草草　元犬半○

三聲　草草草草　臣引艮○

草草草草　君允巽○

草草草草　刀早孝岳

八音　草草草草　毛寶報霍

四聲　草草草草　牛斗奏六

草草草草　○○○玉

草草草草　妻子四日

八音　草草草草　衰○帥骨

五聲　草草草草　○○○德

草草草草　龜水貴北

■卓中■　魚魚魚魚

十二音　■宅直■　魚魚魚魚

六聲　■坼丑■　魚魚魚魚

■茶呈■　魚魚魚魚

平聲闢唱呂三之七

古甲九癸　男男男男

一音　□□近揆　男男男男

七聲　坤巧丘弃　男男男男

□□乾虯　男男男男

黑花香血　男男男男

二音　黃華雄賢　男男男男

七聲　五瓦仰□　男男男男

吾牙月堯　男男男男

安亞乙一　男男男男

三音　□爻王寅　男男男男

七聲　母馬美米　男男男男

目皃眉民　男男男男

八音六聲

草草草草宮孔衆○
草草草草龍甬用○
草草草草魚鼠去○
草草草草烏虎兔○

八音七聲

草草草草心審禁○
草草草草○○○十
草草草草男坎欠○
草草草草○○○妾

八音八聲

草草草草●●●●
草草草草●●●●
草草草草●●●●
草草草草●●●●

八音九聲

草草草草●●●●
草草草草●●●●
草草草草●●●●
草草草草●●●●

四音七聲

夫法□飛男男男男
父凡□吠男男男男
武晚□尾男男男男
文万□未男男男男

五音七聲

卜百丙必男男男男
步白葡鼻男男男男
普朴品匹男男男男
旁排平瓶男男男男

六音七聲

東丹帝■男男男男
兑大弟■男男男男
土貪天■男男男男
同覃田■男男男男

七音七聲

乃妳女■男男男男
内南年■男男男男
老冷吕■男男男男
鹿犖离■男男男男

八音十聲

草草草草 ●●●●
草草草草 ●●●●
草草草草 ●●●●
草草草草 ●●●●

開音清和律三之九

□□□□ 多可个舌

九音一聲

□□□□ 禾火化八
□□□□ 開宰愛○
□□□□ 四每退○
□□□□ 良兩向○

九音二聲

□□□□ 光廣況○
□□□□ 丁井亘○
□□□□ 兄永瑩○
□□□□ 千典旦○

九音三聲

□□□□ 元犬半○
□□□□ 臣引艮○
□□□□ 君允巽○

八音七聲

走哉足■ 男男男男
自在匠■ 男男男男
草采七■ 男男男男
曹才全■ 男男男男

思三星■ 男男男男

九音七聲

寺□象■ 男男男男
□□□■ 男男男男
□□□■ 男男男男
■山手■ 男男男男

十音七聲

■士石■ 男男男男
■□耳■ 男男男男
■□二■ 男男男男
■莊震■ 男男男男

十一音七聲

■乍□■ 男男男男
■叉赤■ 男男男男
■崇辰■ 男男男男

九音 四聲

□□□□ 刀早孝岳
□□□□ 毛寶報霍
□□□□ 牛斗奏六
□□□□ ○○○玉

九音 五聲

□□□□ 妻子四日
□□□□ 衰○帥骨
□□□□ ○○○德

九音 六聲

□□□□ 龜水貴北
□□□□ 宮孔衆○
□□□□ 龍甬用○
□□□□ 魚鼠去○

九音 七聲

□□□□ 烏虎兔○
□□□□ 心審禁○
□□□□ ○○○十
□□□□ 男坎欠○
□□□□ ○○○妾

十二音 七聲

■卓中■ 男男男男
■宅直■ 男男男男
■拆丑■ 男男男男
■茶呈■ 男男男男

平聲闢唱呂三之八

一音 八聲

古甲九癸 ●●●●
□□近揆 ●●●●
坤巧血弃 ●●●●
□□乾虯 ●●●●
黑花香血 ●●●●

二音 八聲

黃華雄賢 ●●●●
五瓦仰□ ●●●●
吾牙月堯 ●●●●
安亞乙一 ●●●●

三音 八聲

□爻王寅 ●●●●
母馬美米 ●●●●
目皃眉民 ●●●●

□□□□ ●●●●

九音八聲

□□□□ ●●●●
□□□□ ●●●●
□□□□ ●●●●
□□□□ ●●●●

九音九聲

□□□□ ●●●●
□□□□ ●●●●
□□□□ ●●●●
□□□□ ●●●●

九音十聲

□□□□ ●●●●
□□□□ ●●●●
□□□□ ●●●●

開音清和律三之十

■■■■ 多可个舌

十音一聲

■■■■ 禾火化八
■■■■ 開宰愛○
■■■■ 回每退○

夫法□飛 ●●●●

四音八聲

父凡□吠 ●●●●
武晚□尾 ●●●●
文万□未 ●●●●
卜百丙必 ●●●●

五音八聲

步白葡鼻 ●●●●
普朴品匹 ●●●●
旁排平瓶 ●●●●
東丹帝■ ●●●●

六音八聲

兑大弟■ ●●●●
土貪天■ ●●●●
同覃田■ ●●●●
乃妳女■ ●●●●

七音八聲

内南年■ ●●●●
老冷吕■ ●●●●
鹿犖离■ ●●●●

十音 二聲

■■■■ 良兩向○
■■■■ 光廣況○
■■■■ 丁井亘○
■■■■ 兄永瑩○

十音 三聲

■■■■ 千典旦○
■■■■ 元犬半○
■■■■ 臣引艮○
■■■■ 君允巽○

十音 四聲

■■■■ 刀早孝岳
■■■■ 毛寶報霍
■■■■ 牛斗奏六
■■■■ ○○○玉

十音 五聲

■■■■ 妻子四日
■■■■ 衰○帥骨
■■■■ ○○○德
■■■■ 龜水貴北

八音 八聲

走哉足■ ●●●●
自在匠■ ●●●●
草采七■ ●●●●
曹才全■ ●●●●

九音 八聲

思三星■ ●●●●
寺□象■ ●●●●
□□□■ ●●●●
□□□■ ●●●●

十音 八聲

■山手■ ●●●●
■士石■ ●●●●
■□耳■ ●●●●
■□二■ ●●●●

十一音 八聲

■莊震■ ●●●●
■乍□■ ●●●●
■叉赤■ ●●●●
■崇辰■ ●●●●

十音 六聲

■■■■宮孔衆○
■■■■龍甬用○
■■■■魚鼠去○
■■■■烏虎兔○

十音 七聲

■■■■心審禁○
■■■■○○○十
■■■■男坎欠○
■■■■○○○妾

十音 八聲

■■■■●●●●
■■■■●●●●
■■■■●●●●
■■■■●●●●

十音 九聲

■■■■●●●●
■■■■●●●●
■■■■●●●●
■■■■●●●●

十二音 八聲

■卓中■●●●●
■宅直■●●●●
■坼丑■●●●●
■茶呈■●●●●

平聲闢唱呂三之九

一音 九聲

古甲九癸●●●●
□□近揆●●●●
坤巧丘弃●●●●
□□乾虯●●●●

二音 九聲

黑花香血●●●●
黃華雄賢●●●●
五瓦仰□●●●●
吾牙月堯●●●●

三音 九聲

安亞乙一●●●●
□爻王寅●●●●
母馬美米●●●●
目皃眉民●●●●

■■■■●●●●

十音 ■■■■●●●●

十聲 ■■■■●●●●

■■■■●●●●

開音清和律三之十一

■多可个舌

十一音 ■■■■禾火化八

一聲 ■■■■開宰愛○

■■■■回每退○

■■■■良兩向○

十一音 ■■■■光廣況○

二聲 ■■■■丁井亘○

■■■■兄永瑩○

■■■■千典旦○

十一音 ■■■■元犬半○

三聲 ■■■■臣引良○

■■■■君允巽○

夫法□飛●●●●

四音 父凡□吠●●●●

九聲 武晚□尾●●●●

文万□未●●●●

卜百丙必●●●●

五音 步白精鼻●●●●

九聲 普朴品匹●●●●

旁排平瓶●●●●

東丹帝■●●●●

六音 兑大弟■●●●●

九聲 土貪天■●●●●

同覃田■●●●●

乃妳女■●●●●

七音 内南年■●●●●

九聲 老冷吕■●●●●

鹿犖离■●●●●

十一音　四聲

■■■■刀早孝岳
■■■■毛寶報霍
■■■■牛斗奏六
■■■■○○○玉

十一音　五聲

■■■■妻子四日
■■■■衰○帥骨
■■■■○○○德
■■■■龜水貴北

十一音　六聲

■■■■宮孔衆○
■■■■龍甬用○
■■■■魚鼠去○
■■■■烏虎兔○

十一音　七聲

■■■■心審禁○
■■■■○○○十
■■■■男坎欠○
■■■■○○○妾

八音　九聲

走哉足■●●●●
自在匠■●●●●
草采七■●●●●
曹才全■●●●●

九音　九聲

思三星■●●●●
寺□象■●●●●
□□□■●●●●
□□□■●●●●

十音　九聲

■山手■●●●●
■士石■●●●●
■□耳■●●●●
■□二■●●●●

十一音　九聲

■莊震■●●●●
■乍□■●●●●
■叉赤■●●●●
■崇辰■●●●●

十一音 八聲

■■■■●●●●
■■■■●●●●
■■■■●●●●
■■■■●●●●

十一音 九聲

■■■■●●●●
■■■■●●●●
■■■■●●●●
■■■■●●●●

十一音 十聲

■■■■●●●●
■■■■●●●●
■■■■●●●●
■■■■●●●●

十二音 九聲

■卓中■●●●●
■宅直■●●●●
■拆丑■●●●●
■茶呈■●●●●

平聲闢唱呂三之十

一音 十聲

古甲九癸●●●●
□□近揆●●●●
坤巧丘弃●●●●
□□乾虯●●●●

二音 十聲

黑花香血●●●●
黃華雄賢●●●●
五瓦仰□●●●●
吾牙月堯●●●●

開音清和律三之十二

十二音一聲

■■■■ 多可个舌
■■■■ 禾火化八
■■■■ 開宰愛○
■■■■ 回每退○

十二音二聲

■■■■ 良兩向○
■■■■ 光廣況○
■■■■ 丁井亘○
■■■■ 兄永瑩○

十二音三聲

■■■■ 千典旦○
■■■■ 元犬半○
■■■■ 臣引艮○
■■■■ 君允巽○

十二音四聲

■■■■ 刀早孝岳
■■■■ 毛寶報霍
■■■■ 牛斗奏六
■■■■ ○○○玉

三音十聲

安亞乙一 ●●●●
□爻王寅 ●●●●
母馬美米 ●●●●
目皃眉民 ●●●●

四音十聲

夫法□飛 ●●●●
父凡□吠 ●●●●
武晚□尾 ●●●●
文万□未 ●●●●

五音十聲

卜百丙必 ●●●●
步白葡鼻 ●●●●
普朴品匹 ●●●●
旁排平瓶 ●●●●

六音十聲

東丹帝■ ●●●●
兑大弟■ ●●●●
土貪天■ ●●●●
同覃田■ ●●●●

■■■■ 妻子四日
十二音 ■■■■ 衰○帥骨
五聲 ■■■■ ○○○德
■■■■ 龜水貴北
■■■■ 宮孔衆○
十二音 ■■■■ 龍甬用○
六聲 ■■■■ 魚鼠去○
■■■■ 烏虎兔○
■■■■ 心審禁○
十二音 ■■■■ ○○○十
七聲 ■■■■ 男坎欠○
■■■■ ○○○妾
■■■■ ●●●●
十二音 ■■■■ ●●●●
八聲 ■■■■ ●●●●
■■■■ ●●●●

乃妳女■ ●●●●
七音 内南年■ ●●●●
十聲 老冷吕■ ●●●●
鹿犖离■ ●●●●
走哉足■ ●●●●
八音 自在匠■ ●●●●
十聲 草采七■ ●●●●
曹才全■ ●●●●
思三星■ ●●●●
九音 寺□象■ ●●●●
十聲 □□□■ ●●●●
□□□■ ●●●●
■山手■ ●●●●
十音 ■士石■ ●●●●
十聲 ■□耳■ ●●●●
■□二■ ●●●●

■■■■ ●●●●

十二音 ■■■■ ●●●●

九聲 ■■■■ ●●●●

■■■■ ●●●●

■■■■ ●●●●

十二音 ■■■■ ●●●●

十聲 ■■■■ ●●●●

■■■■ ●●●●

觀物篇之三十八

日辰聲平翕

回兄君○龜

烏●●●●

日辰聲七，下唱地之用音一百五十二，是謂平聲翕音。平聲翕音一千六十四。

■莊震■ ●●●●

十一音 ■乍□■ ●●●●

十聲 ■叉赤■ ●●●●

■崇辰■ ●●○●

■卓中■ ●●●●

十一音 ■宅直■ ●●●●

十聲 ■坼丑■ ●●●●

■茶呈■ ●●●●

水石音開濁

□吾目文旁同

鹿曹□■■■

水石音九，上和天之用聲一百一十二，是謂開音濁聲。開音濁聲一千八。

日辰聲平之四翕

開音濁和律四之一

□□□□ 多可个舌

一音

一聲

□□□□ 禾火化八

□□□□ 開宰愛○

□□□□ 回每退○

□□□□ 良兩向○

一音

二聲

□□□□ 光廣況○

□□□□ 丁井亘○

□□□□ 兄永瑩○

□□□□ 千典旦○

一音

三聲

□□□□ 元犬半○

□□□□ 臣引艮○

□□□□ 君允巽○

□□□□ 刀早孝岳

一音

四聲

□□□□ 毛寶報霍

□□□□ 牛斗奏六

□□□□ ○○○玉

水石音開之四濁

平聲翕唱呂四之一

古甲九癸 回回回回

一音

一聲

□□近揆 回回回回

坤巧丘弃 回回回回

□□乾虯 回回回回

黑花香血 回回回回

二音

一聲

黃華雄賢 回回回回

五瓦仰□ 回回回回

吾牙月堯 回回回回

安亞乙一 回回回回

三音

一聲

□爻王寅 回回回回

母馬美米 回回回回

目皃眉民 回回回回

夫法□飛 回回回回

四音

一聲

父凡□吠 回回回回

武晚□尾 回回回回

文万□未 回回回回

一音五聲

□□□□妻子四日
□□□□衰○帥骨
□□□□○○○德
□□□□龜水貴北

一音六聲

□□□□宮孔衆○
□□□□龍甬用○
□□□□魚鼠去○
□□□□烏虎兔○

一音七聲

□□□□心審禁○
□□□□○○○十
□□□□男坎欠○
□□□□○○○妾

一音八聲

□□□□●●●●
□□□□●●●●
□□□□●●●●
□□□□●●●●

五音一聲

卜百丙必回回回回
步白葡鼻回回回回
普朴品匹回回回回
旁排平瓶回回回回

六音一聲

東丹帝■回回回回
兑大弟■回回回回
土貪天■回回回回
同覃田■回回回回

七音一聲

乃妳女■回回回回
内南年■回回回回
老冷吕■回回回回
鹿犖离■回回回回

八音一聲

走哉足■回回回回
自在匠■回回回回
草采七■回回回回
曹才全■回回回回

□□□□ ●●●●

一音 九聲

□□□□ ●●●●

□□□□ ●●●●

□□□□ ●●●●

□□□□ ●●●●

一音 十聲

□□□□ ●●●●

□□□□ ●●●●

□□□□ ●●●●

開音濁和律四之二

吾吾吾吾 多可个舌

二音 一聲

吾吾吾吾 禾火化八

吾吾吾吾 開宰愛○

吾吾吾吾 回每退○

吾吾吾吾 良兩向○

二音 二聲

吾吾吾吾 光廣況○

吾吾吾吾 丁井亘○

吾吾吾吾 兄永瑩○

思三星■ 回回回回

九音 一聲

寺□象■ 回回回回

□□□■ 回回回回

□□□■ 回回回回

■山手■ 回回回回

十音 一聲

■士石■ 回回回回

■□耳■ 回回回回

■□二■ 回回回回

■莊震■ 回回回回

十一音 一聲

■乍□■ 回回回回

■叉赤■ 回回回回

■崇辰■ 回回回回

■卓中■ 回回回回

十二音 一聲

■宅直■ 回回回回

■坼丑■ 回回回回

■茶呈■ 回回回回

吾吾吾吾　千典旦○

二音三聲

吾吾吾吾　元犬半○
吾吾吾吾　臣引艮○
吾吾吾吾　君允巽○
吾吾吾吾　刀早孝岳

二音四聲

吾吾吾吾　毛寶報霍
吾吾吾吾　牛斗奏六
吾吾吾吾　○○○玉
吾吾吾吾　妻子四日

二音五聲

吾吾吾吾　衰○帥骨
吾吾吾吾　○○○德
吾吾吾吾　龜水貴北
吾吾吾吾　宮孔衆○

二音六聲

吾吾吾吾　龍甬用○
吾吾吾吾　魚鼠去○
吾吾吾吾　烏虎兔○

平聲翕唱呂四之二

古甲九癸　兄兄兄兄

一音二聲

□□近揆　兄兄兄兄
坤巧丘弃　兄兄兄兄
□□乾虯　兄兄兄兄
黑花香血　兄兄兄兄

二音二聲

黄華雄賢　兄兄兄兄
五瓦仰□　兄兄兄兄
吾牙月堯　兄兄兄兄
安亞乙一　兄兄兄兄

三音二聲

□爻王寅　兄兄兄兄
母馬美米　兄兄兄兄
目皃眉民　兄兄兄兄
夫法□飛　兄兄兄兄

四音二聲

父凡□吠　兄兄兄兄
武晚□尾　兄兄兄兄
文万□未　兄兄兄兄

吾吾吾吾 心審禁○

二音 七聲

吾吾吾吾 ○○○十
吾吾吾吾 男坎欠○
吾吾吾吾 ○○○妾
吾吾吾吾 ●●●●

二音 八聲

吾吾吾吾 ●●●●
吾吾吾吾 ●●●●
吾吾吾吾 ●●●●
吾吾吾吾 ●●●●

二音 九聲

吾吾吾吾 ●●●●
吾吾吾吾 ●●●●
吾吾吾吾 ●●●●
吾吾吾吾 ●●●●

二音 十聲

吾吾吾吾 ●●●●
吾吾吾吾 ●●●●
吾吾吾吾 ●●●●

卜百丙必 兄兄兄兄

五音 二聲

步白𤰇鼻 兄兄兄兄
普朴品匹 兄兄兄兄
旁排平瓶 兄兄兄兄
東丹帝■ 兄兄兄兄

六音 二聲

兑大弟■ 兄兄兄兄
土貪天■ 兄兄兄兄
同覃田■ 兄兄兄兄
乃妳女■ 兄兄兄兄

七音 二聲

内南年■ 兄兄兄兄
老冷吕■ 兄兄兄兄
鹿犖离■ 兄兄兄兄
走哉足■ 兄兄兄兄

八音 二聲

自在匠■ 兄兄兄兄
草采七■ 兄兄兄兄
曹才全■ 兄兄兄兄

開音濁和律四之三

目目目目 多可个舌
三音 目目目目 禾火化八
一聲 目目目目 開宰愛○
目目目目 回每退○
目目目目 良兩向○
三音 目目目目 光廣況○
二聲 目目目目 丁井亘○
目目目目 兄永瑩○
目目目目 千典旦○
三音 目目目目 元犬半○
三聲 目目目目 臣引艮○
目目目目 君允巽○
目目目目 刀早孝岳
三音 目目目目 毛寶報霍
四聲 目目目目 牛斗奏六
目目目目 ○○○玉

思三星■ 兄兄兄兄
九音 寺□象■ 兄兄兄兄
二聲 □□□■ 兄兄兄兄
□□□■ 兄兄兄兄
■山手■ 兄兄兄兄
十音 ■士石■ 兄兄兄兄
二聲 ■□耳■ 兄兄兄兄
■□二■ 兄兄兄兄
■莊震■ 兄兄兄兄
十一音 ■乍□■ 兄兄兄兄
二聲 ■叉赤■ 兄兄兄兄
■崇辰■ 兄兄兄兄
■卓中■ 兄兄兄兄
十二音 ■宅直■ 兄兄兄兄
二聲 ■坼丑■ 兄兄兄兄
■茶呈■ 兄兄兄兄

目目目目　妻子四日

三音　五聲

目目目目　衰○帥骨
目目目目　○○○德
目目目目　龜水貴北
目目目目　宮孔衆○

三音　六聲

目目目目　龍甬用○
目目目目　魚鼠去○
目目目目　烏虎兔○
目目目目　心審禁○

三音　七聲

目目目目　○○○十
目目目目　男坎欠○
目目目目　○○○妾
目目目目　●●●●

三音　八聲

目目目目　●●●●
目目目目　●●●●
目目目目　●●●●

平聲翕唱呂四之三

古甲九癸　君君君君

一音　三聲

□□近揆　君君君君
坤巧丘弃　君君君君
□□乾虯　君君君君
黑花香血　君君君君

二音　三聲

黃華雄賢　君君君君
五瓦仲□　君君君君
吾牙月堯　君君君君
安亞乙一　君君君君

三音　三聲

□爻王寅　君君君君
母馬美米　君君君君
目皃眉民　君君君君
夫法□飛　君君君君

四音　三聲

父凡□吠　君君君君
武晚□尾　君君君君
文万□未　君君君君

目目目目●●●●

三音 目目目目●●●●

九聲 目目目目●●●●

目目目目●●●●

目目目目●●●●

三音 目目目目●●●●

十聲 目目目目●●●●

目目目目●●●●

開音濁和律四之四

文文文文　多可个舌

四音 文文文文　禾火化八

一聲 文文文文　開宰愛○

文文文文　回每退○

文文文文　良兩向○

四音 文文文文　光廣況○

二聲 文文文文　丁井亘○

文文文文　兄永瑩○

卜百丙必　君君君君

五音 步白莆鼻　君君君君

三聲 普朴品匹　君君君君

旁排平瓶　君君君君

東丹帝■　君君君君

六音 兑大弟■　君君君君

三聲 土貪天■　君君君君

同覃田■　君君君君

乃妳女■　君君君君

七音 內南年■　君君君君

三聲 老冷呂■　君君君君

鹿犖离■　君君君君

走哉足■　君君君君

八音 自在匠■　君君君君

三聲 草采七■　君君君君

曹才全■　君君君君

四音三聲

文文文文　千典旦○
文文文文　元犬半○
文文文文　臣引艮○
文文文文　君允巽○

四音四聲

文文文文　刀早孝岳
文文文文　毛寶報霍
文文文文　牛斗奏六
文文文文　○○○玉

四音五聲

文文文文　妻子四日
文文文文　衰○帥骨
文文文文　○○○德
文文文文　龜水貴北

四音六聲

文文文文　宮孔衆○
文文文文　龍甬用○
文文文文　魚鼠去○
文文文文　烏虎兔○

九音三聲

思三星■　君君君君
寺□象■　君君君君
□□□■　君君君君
□□□■　君君君君

十音三聲

■山手■　君君君君
■士石■　君君君君
■□耳■　君君君君
■□二■　君君君君

十一音三聲

■莊震■　君君君君
■乍□■　君君君君
■叉赤■　君君君君
■崇辰■　君君君君

十二音三聲

■卓中■　君君君君
■宅直■　君君君君
■坼丑■　君君君君
■茶呈■　君君君君

文文文文　心審禁○

四音七聲

文文文文　○○○十
文文文文　男坎欠○
文文文文　○○○妾
文文文文　●●●●

四音八聲

文文文文　●●●●
文文文文　●●●●
文文文文　●●●●
文文文文　●●●●

四音九聲

文文文文　●●●●
文文文文　●●●●
文文文文　●●●●
文文文文　●●●●

四音十聲

文文文文　●●●●
文文文文　●●●●
文文文文　●●●●

平聲翕唱呂四之四

古甲九癸　○○○○

一音四聲

□□近揆　○○○○
坤巧丘弃　○○○○
□□乾虯　○○○○
黑花香血　○○○○

二音四聲

黃華雄賢　○○○○
五瓦仰□　○○○○
吾牙月堯　○○○○
安亞乙一　○○○○

三音四聲

□爻王寅　○○○○
母馬美米　○○○○
目皃眉民　○○○○
夫法□飛　○○○○

四音四聲

父凡□吠　○○○○
武晚□尾　○○○○
文万□未　○○○○

開音濁和律四之五

旁旁旁旁　多可个舌

五音一聲

旁旁旁旁　禾火化八
旁旁旁旁　開宰愛○
旁旁旁旁　回每退○
旁旁旁旁　良兩向○

五音二聲

旁旁旁旁　光廣況○
旁旁旁旁　丁井亘○
旁旁旁旁　兄永瑩○
旁旁旁旁　千典旦○

五音三聲

旁旁旁旁　元犬半○
旁旁旁旁　臣引艮○
旁旁旁旁　君允巽○
旁旁旁旁　刀早孝岳

五音四聲

旁旁旁旁　毛寶報霍
旁旁旁旁　牛斗奏六
旁旁旁旁　○○○玉

卜百丙必　○○○○

五音四聲

步白葡鼻　○○○○
普朴品匹　○○○○
旁排平瓶　○○○○
東丹帝■　○○○○

六音四聲

兑大弟■　○○○○
土貪天■　○○○○
同覃田■　○○○○
乃妳女■　○○○○

七音四聲

内南年■　○○○○
老冷吕■　○○○○
鹿犖离■　○○○○
走哉足■　○○○○

八音四聲

自在匠■　○○○○
草采七■　○○○○
曹才全■　○○○○

旁旁旁旁 妻子四日

五音

旁旁旁旁 衰○帥骨

五聲

旁旁旁旁 ○○○德

旁旁旁旁 龜水貴北

旁旁旁旁 宮孔衆○

五音

旁旁旁旁 龍甬用○

六聲

旁旁旁旁 魚鼠去○

旁旁旁旁 烏虎兔○

旁旁旁旁 心審禁○

五音

旁旁旁旁 ○○○十

七聲

旁旁旁旁 男坎欠○

旁旁旁旁 ○○○妾

旁旁旁旁 ●●●●

五音

旁旁旁旁 ●●●●

八聲

旁旁旁旁 ●●●●

旁旁旁旁 ●●●●

思三星■ ○○○○

九音

寺□象■ ○○○○

四聲

□□□■ ○○○○

□□□■ ○○○○

■山手■ ○○○○

十音

■士石■ ○○○○

四聲

■□耳■ ○○○○

■□二■ ○○○○

■莊震■ ○○○○

十一音

■乍□■ ○○○○

四聲

■叉赤■ ○○○○

■崇辰■ ○○○○

■卓中■ ○○○○

十二音

■宅直■ ○○○○

四聲

■坼丑■ ○○○○

■茶呈■ ○○○○

五音 九聲

旁旁旁旁 ●●●●
旁旁旁旁 ●●●●
旁旁旁旁 ●●●●
旁旁旁旁 ●●●●

五音 十聲

旁旁旁旁 ●●●●
旁旁旁旁 ●●●●
旁旁旁旁 ●●●●
旁旁旁旁 ●●●●

開音濁和律四之六

六音 一聲

同同同同 多可个舌
同同同同 禾火化八
同同同同 開宰愛○
同同同同 回每退○

六音 二聲

同同同同 良兩向○
同同同同 光廣況○
同同同同 丁井亘○
同同同同 兄永瑩○

平聲翕唱呂四之五

一音 五聲

古甲九癸 龜龜龜龜
□□近揆 龜龜龜龜
坤巧丘弃 龜龜龜龜
□□乾虯 龜龜龜龜

二音 五聲

黑花香血 龜龜龜龜
黃華雄賢 龜龜龜龜
五瓦仰□ 龜龜龜龜
吾牙月堯 龜龜龜龜

三音 五聲

安亞乙一 龜龜龜龜
□爻王寅 龜龜龜龜
母馬美米 龜龜龜龜
目皃眉民 龜龜龜龜

四音 五聲

夫法□飛 龜龜龜龜
父凡□吠 龜龜龜龜
武晚□尾 龜龜龜龜
文万□未 龜龜龜龜

同同同同　千典旦○
六音　同同同同　元犬半○
三聲　同同同同　臣引艮○
同同同同　君允巽○
同同同同　刀早孝岳
六音　同同同同　毛寶報霍
四聲　同同同同　牛斗奏六
同同同同　○○○玉
同同同同　妻子四日
六音　同同同同　衰○帥骨
五聲　同同同同　○○○德
同同同同　龜水貴北
同同同同　宮孔衆○
六音　同同同同　龍甬用○
六聲　同同同同　魚鼠去○
同同同同　烏虎兔○

卜百丙必　龜龜龜龜
五音　步白精鼻　龜龜龜龜
五聲　普朴品匹　龜龜龜龜
旁排平瓶　龜龜龜龜
東丹帝■　龜龜龜龜
六音　兑大弟■　龜龜龜龜
五聲　土貪天■　龜龜龜龜
同覃田■　龜龜龜龜
乃妳女■　龜龜龜龜
七音　内南年■　龜龜龜龜
五聲　老冷吕■　龜龜龜龜
鹿犖离■　龜龜龜龜
走哉足■　龜龜龜龜
八音　自在匠■　龜龜龜龜
五聲　草采七■　龜龜龜龜
曹才全■　龜龜龜龜

六音 七聲

同同同同　心審禁○
同同同同　○○○十
同同同同　男坎欠○
同同同同　○○○妾

六音 八聲

同同同同　●●●●
同同同同　●●●●
同同同同　●●●●
同同同同　●●●●

六音 九聲

同同同同　●●●●
同同同同　●●●●
同同同同　●●●●
同同同同　●●●●

六音 十聲

同同同同　●●●●
同同同同　●●●●
同同同同　●●●●
同同同同　●●●●

九音 五聲

思三星■　龜龜龜龜
寺□象■　龜龜龜龜
□□□■　龜龜龜龜
□□□■　龜龜龜龜

十音 五聲

■山手■　龜龜龜龜
■士石■　龜龜龜龜
■□耳■　龜龜龜龜
■□二■　龜龜龜龜

十一音 五聲

■莊震■　龜龜龜龜
■乍□■　龜龜龜龜
■叉赤■　龜龜龜龜
■崇辰■　龜龜龜龜

十二音 五聲

■卓中■　龜龜龜龜
■宅直■　龜龜龜龜
■坼丑■　龜龜龜龜
■茶呈■　龜龜龜龜

開音濁和律四之七

鹿鹿鹿鹿　多可个舌

七音一聲

鹿鹿鹿鹿　禾火化八
鹿鹿鹿鹿　開宰愛○
鹿鹿鹿鹿　回每退○
鹿鹿鹿鹿　良兩向○

七音二聲

鹿鹿鹿鹿　光廣況○
鹿鹿鹿鹿　丁井亘○
鹿鹿鹿鹿　兄永瑩○
鹿鹿鹿鹿　千典旦○

七音三聲

鹿鹿鹿鹿　元犬半○
鹿鹿鹿鹿　臣引艮○
鹿鹿鹿鹿　君允巽○
鹿鹿鹿鹿　刀早孝岳

七音四聲

鹿鹿鹿鹿　毛寶報霍
鹿鹿鹿鹿　牛斗奏六
鹿鹿鹿鹿　○○○玉

平聲翕唱呂四之六

古甲九癸　烏烏烏烏

一音六聲

□□近揆　烏烏烏烏
坤巧丘弃　烏烏烏烏
□□乾虯　烏烏烏烏
黑花香血　烏烏烏烏

二音六聲

黄華雄賢　烏烏烏烏
五瓦仰□　烏烏烏烏
吾牙月堯　烏烏烏烏
安亞乙一　烏烏烏烏

三音六聲

□爻王寅　烏烏烏烏
母馬美米　烏烏烏烏
目皃眉民　烏烏烏烏
夫法□飛　烏烏烏烏

四音六聲

父凡□吠　烏烏烏烏
武晚□尾　烏烏烏烏
文万□未　烏烏烏烏

七音　五聲

鹿鹿鹿鹿　妻子四日
鹿鹿鹿鹿　衰○帥骨
鹿鹿鹿鹿　○○○德
鹿鹿鹿鹿　龜水貴北

七音　六聲

鹿鹿鹿鹿　宮孔衆○
鹿鹿鹿鹿　龍甬用○
鹿鹿鹿鹿　魚鼠去○
鹿鹿鹿鹿　烏虎兔○

七音　七聲

鹿鹿鹿鹿　心審禁○
鹿鹿鹿鹿　○○○十
鹿鹿鹿鹿　男坎欠○
鹿鹿鹿鹿　○○○妾

七音　八聲

鹿鹿鹿鹿　●●●●
鹿鹿鹿鹿　●●●●
鹿鹿鹿鹿　●●●●
鹿鹿鹿鹿　●●●●

五音　六聲

卜百丙必　烏烏烏烏
步白葡鼻　烏烏烏烏
普朴品匹　烏烏烏烏
旁排平瓶　烏烏烏烏

六音　六聲

東丹帝■　烏烏烏烏
兑大弟■　烏烏烏烏
土貪天■　烏烏烏烏
同覃田■　烏烏烏烏

七音　六聲

乃妳女■　烏烏烏烏
内南年■　烏烏烏烏
老冷吕■　烏烏烏烏
鹿犖离■　烏烏烏烏

八音　六聲

走哉足■　烏烏烏烏
自在匠■　烏烏烏烏
草采七■　烏烏烏烏
曹才全■　烏烏烏烏

鹿鹿鹿鹿 ●●●●

七音 鹿鹿鹿鹿 ●●●●

九聲 鹿鹿鹿鹿 ●●●●

鹿鹿鹿鹿 ●●●●

鹿鹿鹿鹿 ●●●●

七音 鹿鹿鹿鹿 ●●●●

十聲 鹿鹿鹿鹿 ●●●●

鹿鹿鹿鹿 ●●●●

開音濁和律四之八

曹曹曹曹 多可个舌

八音 曹曹曹曹 禾火化八

一聲 曹曹曹曹 開宰愛○

曹曹曹曹 回每退○

曹曹曹曹 良兩向○

八音 曹曹曹曹 光廣況○

二聲 曹曹曹曹 丁井亘○

曹曹曹曹 兄永瑩○

思三星■ 烏烏烏烏

九音 寺□象■ 烏烏烏烏

六聲 □□□■ 烏烏烏烏

□□□■ 烏烏烏烏

■山手■ 烏烏烏烏

十音 ■士石■ 烏烏烏烏

六聲 ■□耳■ 烏烏烏烏

■□二■ 烏烏烏烏

■莊震■ 烏烏烏烏

十一音 ■乍□■ 烏烏烏烏

六聲 ■叉赤■ 烏烏烏烏

■崇辰■ 烏烏烏烏

■卓中■ 烏烏烏烏

十二音 ■宅直■ 烏烏烏烏

六聲 ■坼丑■ 烏烏烏烏

■茶呈■ 烏烏烏烏

八音三聲

曹曹曹曹　千典旦○
曹曹曹曹　元犬半○
曹曹曹曹　臣引艮○
曹曹曹曹　君允巽○

八音四聲

曹曹曹曹　刀早孝岳
曹曹曹曹　毛寶報霍
曹曹曹曹　牛斗奏六
曹曹曹曹　○○○玉

八音五聲

曹曹曹曹　妻子四日
曹曹曹曹　衰○帥骨
曹曹曹曹　○○○德
曹曹曹曹　龜水貴北

八音六聲

曹曹曹曹　宮孔衆○
曹曹曹曹　龍甬用○
曹曹曹曹　魚鼠去○
曹曹曹曹　烏虎兔○

平聲翕唱呂四之七

一音七聲

古甲九癸　○○○○
□□近揆　○○○○
坤巧丘弃　○○○○
□□乾虯　○○○○

二音七聲

黑花香血　○○○○
黃華雄賢　○○○○
五瓦仰□　○○○○
吾牙月堯　○○○○

三音七聲

安亞乙一　○○○○
□爻王寅　○○○○
母馬美米　○○○○
目皃眉民　○○○○

四音七聲

夫法□飛　○○○○
父凡□吠　○○○○
武晚□尾　○○○○
文万□未　○○○○

曹曹曹曹　心審禁○

八音　七聲

曹曹曹曹　○○○十
曹曹曹曹　男坎欠○
曹曹曹曹　○○○妾
曹曹曹曹　●●●●

八音　八聲

曹曹曹曹　●●●●
曹曹曹曹　●●●●
曹曹曹曹　●●●●
曹曹曹曹　●●●●

八音　九聲

曹曹曹曹　●●●●
曹曹曹曹　●●●●
曹曹曹曹　●●●●
曹曹曹曹　●●●●

八音　十聲

曹曹曹曹　●●●●
曹曹曹曹　●●●●
曹曹曹曹　●●●●

卜百丙必　○○○○

五音　七聲

步白葡鼻　○○○○
普朴品匹　○○○○
旁排平瓶　○○○○
東丹帝■　○○○○

六音　七聲

兑大弟■　○○○○
土貪天■　○○○○
同覃田■　○○○○
乃妳女■　○○○○

七音　七聲

内南年■　○○○○
老冷吕■　○○○○
鹿犖离■　○○○○
走哉足■　○○○○

八音　七聲

自在匠■　○○○○
草采七■　○○○○
曹才全■　○○○○

開音濁和律四之九

□□□□ 多可个舌

九音一聲

□□□□ 禾火化八
□□□□ 開宰愛○
□□□□ 回每退○
□□□□ 良丙向○

九音二聲

□□□□ 光廣況○
□□□□ 丁井亘○
□□□□ 兄永瑩○
□□□□ 千典旦○

九音三聲

□□□□ 元犬半○
□□□□ 臣引艮○
□□□□ 君允巽○
□□□□ 刀早孝岳

九音四聲

□□□□ 毛寶報霍
□□□□ 牛斗奏六
□□□□ ○○○玉

思三星■ ○○○○

九音七聲

寺□象■ ○○○○
□□□■ ○○○○
□□□■ ○○○○
■山手■ ○○○○

十音七聲

■士石■ ○○○○
■□耳■ ○○○○
■□二■ ○○○○
■莊震■ ○○○○

十一音七聲

■乍□■ ○○○○
■叉赤■ ○○○○
■崇辰■ ○○○○
■卓中■ ○○○○

十二音七聲

■宅直■ ○○○○
■坼丑■ ○○○○
■茶呈■ ○○○○

九音五聲

□□□□ 妻子四日
□□□□ 衰○帥骨
□□□□ ○○○德
□□□□ 龜水貴北

九音六聲

□□□□ 宮孔衆○
□□□□ 龍甬用○
□□□□ 魚鼠去○
□□□□ 烏虎兔○

九音七聲

□□□□ 心審禁○
□□□□ ○○○十
□□□□ 男坎欠○
□□□□ ○○○妾

九音八聲

□□□□ ●●●●
□□□□ ●●●●
□□□□ ●●●●
□□□□ ●●●●

平聲翕唱呂四之八

一音八聲

古甲九癸 ●●●●
□□近揆 ●●●●
坤巧丘弃 ●●●●
□□乾虯 ●●●●

二音八聲

黑花香血 ●●●●
黄華雄賢 ●●●●
五瓦仰□ ●●●●
吾牙月堯 ●●●●

三音八聲

安亞乙一 ●●●●
□爻王寅 ●●●●
母馬美米 ●●●●
目皃眉民 ●●●●

四音八聲

夫法□飛 ●●●●
父凡□吠 ●●●●
武晚□尾 ●●●●
文万□未 ●●●●

□□□□ ●●●●

九音 □□□□ ●●●●

九聲 □□□□ ●●●●

□□□□ ●●●●

□□□□ ●●●●

九音 □□□□ ●●●●

十聲 □□□□ ●●●●

□□□□ ●●●●

開音濁和律四之十

■■■■ 多可个舌

十音 ■■■■ 禾火化八

一聲 ■■■■ 開宰愛○

■■■■ 四每退○

■■■■ 良兩向○

十音 ■■■■ 光廣況○

二聲 ■■■■ 丁井亘○

■■■■ 兄永瑩○

卜百丙必 ●●●●

五音 步白葡鼻 ●●●●

八聲 普朴品匹 ●●●●

旁排平瓶 ●●●●

東丹帝■ ●●●●

六音 兑大弟■ ●●●●

八聲 土貪天■ ●●●●

同覃田■ ●●●●

乃妳女■ ●●●●

七音 内南年■ ●●●●

八聲 老冷吕■ ●●●●

鹿犖离■ ●●●●

走哉足■ ●●●●

八音 自在匠■ ●●●●

八聲 草采七■ ●●●●

曹才全■ ●●●●

十音
三聲

■■■■ 千典旦○
■■■■ 元犬半○
■■■■ 臣引艮○
■■■■ 君允巽○

十音
四聲

■■■■ 刀早孝岳
■■■■ 毛寶報霍
■■■■ 牛斗奏六
■■■■ ○○○玉

十音
五聲

■■■■ 妻子四日
■■■■ 衰○帥骨
■■■■ ○○○德
■■■■ 龜水貴北

十音
六聲

■■■■ 宮孔衆○
■■■■ 龍甬用○
■■■■ 魚鼠去○
■■■■ 烏虎兔○

九音
八聲

思三星■ ●●●●
寺□象■ ●●●●
□□□■ ●●●●
□□□■ ●●●●

十音
八聲

■山手■ ●●●●
■士石■ ●●●●
■□耳■ ●●●●
■□二■ ●●●●

十一音
八聲

■莊震■ ●●●●
■乍□■ ●●●●
■叉赤■ ●●●●
■崇辰■ ●●●●

十二音
八聲

■卓中■ ●●●●
■宅直■ ●●●●
■坼丑■ ●●●●
■茶呈■ ●●●●

■■■■心審禁○
■■■■○○○十
■■■■男坎欠○
■■■■○○○妾

十音　七聲

■■■■●●●●
■■■■●●●●
■■■■●●●●
■■■■●●●●

十音　八聲

■■■■●●●●
■■■■●●●●
■■■■●●●●
■■■■●●●●

十音　九聲

■■■■●●●●
■■■■●●●●

十音　十聲

■■■■●●●●
■■■■●●●●

平聲翕唱呂四之九

一音　九聲

古甲九癸●●●●
□□近揆●●●●
坤巧丘弃●●●●
□□乾虯●●●●
黑花香血●●●●

二音　九聲

黃華雄賢●●●●
五瓦仰□●●●●
吾牙月堯●●●●
安亞乙一●●●●

三音　九聲

□爻王寅●●●●
母馬美米●●●●
目皃眉民●●●●
夫法□飛●●●●

四音　九聲

父凡□吠●●●●
武晚□尾●●●●
文万□未●●●●

開音濁和律四之十一

十一音　一聲

■■■■ 多可个舌
■■■■ 禾火化八
■■■■ 開宰愛○
■■■■ 回每退○

十一音　二聲

■■■■ 良兩向○
■■■■ 光廣況○
■■■■ 丁井亘○
■■■■ 兄永瑩○

十一音　三聲

■■■■ 千典旦○
■■■■ 元犬半○
■■■■ 臣引艮○
■■■■ 君允巽○

十一音　四聲

■■■■ 刀早孝岳
■■■■ 毛寶報霍
■■■■ 牛斗奏六
■■■■ ○○○玉

五音　九聲

卜百丙必 ●●●●
步白葡鼻 ●●●●
普朴品匹 ●●●●
旁排平瓶 ●●●●

六音　九聲

東丹帝■ ●●●●
兑大弟■ ●●●●
土貪天■ ●●●●
同覃田■ ●●●●

七音　九聲

乃妳女■ ●●●●
内南年■ ●●●●
老冷吕■ ●●●●
鹿犖离■ ●●●●

八音　九聲

走哉足■ ●●●●
自在匠■ ●●●●
草采七■ ●●●●
曹才全■ ●●●●

十一音　五聲

■■■■　妻子四日
■■■■　衰○帥骨
■■■■　○○○德
■■■■　龜水貴北

十一音　六聲

■■■■　宮孔衆○
■■■■　龍甬用○
■■■■　魚鼠去○
■■■■　烏虎兔○

十一音　七聲

■■■■　心審禁○
■■■■　○○○十
■■■■　男坎欠○
■■■■　○○○妾

十一音　八聲

■■■■　●●●●
■■■■　●●●●
■■■■　●●●●
■■■■　●●●●

九音　九聲

思三星■　●●●●
寺□象■　●●●●
□□□■　●●●●
□□□■　●●●●

十音　九聲

■山手■　●●●●
■士石■　●●●●
■□耳■　●●●●
■□二■　●●●●

十一音　九聲

■莊震■　●●●●
■乍□■　●●●●
■叉赤■　●●●●
■崇辰■　●●●●

十二音　九聲

■卓中■　●●●●
■宅直■　●●●●
■坼丑■　●●●●
■茶呈■　●●●●

十一音 九聲

■■■■ ●●●●
■■■■ ●●●●
■■■■ ●●●●
■■■■ ●●●●
■■■■ ●●●●

十一音 十聲

■■■■ ●●●●
■■■■ ●●●●
■■■■ ●●●●

開音濁和律四之十二

十二音 一聲

■■■■ 多可个舌
■■■■ 禾火化八
■■■■ 開宰愛○
■■■■ 回每退○

十二音 二聲

■■■■ 良兩向○
■■■■ 光廣況○
■■■■ 丁井亘○
■■■■ 兄永瑩○

平聲翕唱呂四之十

一音 十聲

古甲九癸 ●●●●
□□近揆 ●●●●
坤巧丘弃 ●●●●
□□乾虯 ●●●●
黑花香血 ●●●●

二音 十聲

黃華雄賢 ●●●●
五瓦仰□ ●●●●
吾牙月堯 ●●●●

三音 十聲

安亞乙一 ●●●●
□爻王寅 ●●●●
母馬美米 ●●●●
目皃眉民 ●●●●

四音 十聲

夫法□飛 ●●●●
父凡□吠 ●●●●
武晚□尾 ●●●●
文万□未 ●●●●

■■■■ 千典旦○

十二音 三聲

■■■■ 元犬半○
■■■■ 臣引艮○
■■■■ 君允巽○
■■■■ 刀早孝岳

十二音 四聲

■■■■ 毛寶報霍
■■■■ 牛斗奏六
■■■■ ○○○玉
■■■■ 妻子四日

十二音 五聲

■■■■ 衰○帥骨
■■■■ ○○○德
■■■■ 龜水貴北
■■■■ 宮孔衆○

十二音 六聲

■■■■ 龍甬用○
■■■■ 魚鼠去○
■■■■ 烏虎兔○

卜百丙必 ●●●●

五音 十聲

步白葡鼻 ●●●●
普朴品匹 ●●●●
旁排平瓶 ●●●●
東丹帝■ ●●●●

六音 十聲

兑大弟■ ●●●●
土貪天■ ●●●●
同覃田■ ●●●●
乃妳女■ ●●●●

七音 十聲

内南年■ ●●●●
老冷吕■ ●●●●
鹿犖离■ ●●●●
走哉足■ ●●●●

八音 十聲

自在匠■ ●●●●
草采七■ ●●●●
曹才全■ ●●●●

■■■■ 心審禁○
十二音 ■■■■ ○○○十
七聲 ■■■■ 男坎欠○
■■■■ ○○○妾
■■■■ ●●●●
十二音 ■■■■ ●●●●
八聲 ■■■■ ●●●●
■■■■ ●●●●
■■■■ ●●●●
十二音 ■■■■ ●●●●
九聲 ■■■■ ●●●●
■■■■ ●●●●
■■■■ ●●●●
十二音 ■■■■ ●●●●
十聲 ■■■■ ●●●●
■■■■ ●●●●

思三星■ ●●●●
九音 寺□象■ ●●●●
十聲 □□□■ ●●●●
□□□■ ●●●●
■山手■ ●●●●
十音 ■士石■ ●●●●
十聲 ■□耳■ ●●●●
■□二■ ●●●●
■莊震■ ●●●●
十一音 ■乍□■ ●●●●
十聲 ■叉赤■ ●●●●
■崇辰■ ●●●●
■卓中■ ●●●●
十二音 ■宅直■ ●●●●
十聲 ■坼丑■ ●●●●
■茶呈■ ●●●●

皇極經世卷第八

觀物篇之三十九

月日聲上闢
可兩典早子
孔審●●●

月日聲七，下唱地之用音一百五十二，是謂上聲闢音。上聲闢音一千六十四。

月日聲上之一闢

發音清和律一之一

甲甲甲甲　多可个舌
一　音　甲甲甲甲　禾火化八
一　聲　甲甲甲甲　開宰愛○
甲甲甲甲　回每退○

火水音發清
甲花亞法百丹
如哉三山莊卓

火水音十二，上和天之用聲一百一十二，是謂發音清聲。發音清聲一千三百四十四。

火水音發之一清

上聲闢唱吕一之一

古甲九癸　可可可可
一　音　□□近揆　可可可可
一　聲　坤巧丘弃　可可可可
□□乾虯　可可可可

甲甲甲甲　良兩向○

一音

二聲

甲甲甲甲　光廣況○

甲甲甲甲　丁井亘○

甲甲甲甲　兄永瑩○

甲甲甲甲　千典旦○

一音

三聲

甲甲甲甲　元犬半○

甲甲甲甲　臣引艮○

甲甲甲甲　君允巽○

甲甲甲甲　刀早孝岳

一音

四聲

甲甲甲甲　毛寶報霍

甲甲甲甲　牛斗奏六

甲甲甲甲　○○○玉

甲甲甲甲　妻子四日

一音

五聲

甲甲甲甲　衰○帥骨

甲甲甲甲　○○○德

甲甲甲甲　龜水貴北

黑花香血　可可可可

二音

一聲

黃華雄賢　可可可可

五瓦仰□　可可可可

吾牙月堯　可可可可

安亞乙一　可可可可

三音

一聲

□爻王寅　可可可可

母馬美米　可可可可

目皃眉民　可可可可

夫法□飛　可可可可

四音

一聲

父凡□吠　可可可可

武晚□尾　可可可可

文万□未　可可可可

卜百丙必　可可可可

五音

一聲

步白葡鼻　可可可可

普朴品匹　可可可可

旁排平瓶　可可可可

一音
六聲

甲甲甲甲 宮孔衆○
甲甲甲甲 龍甬用○
甲甲甲甲 魚鼠去○
甲甲甲甲 烏虎兔○
甲甲甲甲 心審禁○

一音
七聲

甲甲甲甲 ○○○十
甲甲甲甲 男坎欠○
甲甲甲甲 ○○○妾
甲甲甲甲 ●●●●

一音
八聲

甲甲甲甲 ●●●●
甲甲甲甲 ●●●●
甲甲甲甲 ●●●●
甲甲甲甲 ●●●●

一音
九聲

甲甲甲甲 ●●●●
甲甲甲甲 ●●●●
甲甲甲甲 ●●●●

六音
一聲

東丹帝■ 可可可可
兑大弟■ 可可可可
土貪天■ 可可可可
同覃田■ 可可可可
乃妳女■ 可可可可

七音
一聲

内南年■ 可可可可
老冷吕■ 可可可可
鹿犖离■ 可可可可
走哉足■ 可可可可

八音
一聲

自在匠■ 可可可可
草采七■ 可可可可
曹才全■ 可可可可
思三星■ 可可可可

九音
一聲

寺□象■ 可可可可
□□□■ 可可可可
□□□■ 可可可可

甲甲甲甲●●●●

一音　甲甲甲甲●●●●

十聲　甲甲甲甲●●●●

甲甲甲甲●●●●

發音清和律一之二

花花花花多可个舌

二音　花花花花禾火化八

一聲　花花花花開宰愛○

花花花花回每退○

花花花花良兩向○

二音　花花花花光廣況○

二聲　花花花花丁井亘○

花花花花兄永瑩○

■山手■可可可可

十音　■士石■可可可可

一聲　■□耳■可可可可

■□二■可可可可

■莊震■可可可可

十音　■乍□■可可可可

一聲　■叉赤■可可可可

■崇辰■可可可可

■卓中■可可可可

十二音　■宅直■可可可可

一聲　■坼丑■可可可可

■茶呈■可可可可

花花花花　千典旦○

二音　花花花花　元犬半○
三聲　花花花花　臣引艮○
花花花花　君允巽○
花花花花　刀早孝岳

二音　花花花花　毛寶報霍
四聲　花花花花　牛斗奏六
花花花花　○○○玉
花花花花　妻子四日

二音　花花花花　衰○帥骨
五聲　花花花花　○○○德
花花花花　龜水貴北
花花花花　宮孔衆○

二音　花花花花　龍甬用○
六聲　花花花花　魚鼠去○
花花花花　烏虎兔○

上聲闢唱呂一之二

古甲九癸　兩兩兩兩

一音　□□近揆　兩兩兩兩
二聲　坤巧丘弃　兩兩兩兩
□□乾虯　兩兩兩兩
黑花香血　兩兩兩兩

二音　黃華雄賢　兩兩兩兩
二聲　五瓦仰□　兩兩兩兩
吾牙月堯　兩兩兩兩
安亞乙一　兩兩兩兩

三音　□爻王寅　兩兩兩兩
二聲　母馬美米　兩兩兩兩
目皃眉民　兩兩兩兩
夫法□飛　兩兩兩兩

四音　父凡□吠　兩兩兩兩
二聲　武晚□尾　兩兩兩兩
文万□未　兩兩兩兩

花花花花　心審禁○

二音　花花花花　○○○十

七聲　花花花花　男坎欠○

花花花花　○○○妾

花花花花　●●●●

二音　花花花花　●●●●

八聲　花花花花　●●●●

花花花花　●●●●

花花花花　●●●●

二音　花花花花　●●●●

九聲　花花花花　●●●●

花花花花　●●●●

花花花花　●●●●

二音　花花花花　●●●●

十聲　花花花花　●●●●

花花花花　●●●●

卜百丙必　兩兩兩兩

五音　步白葡鼻　兩兩兩兩

二聲　普朴品匹　兩兩兩兩

旁排平瓶　兩兩兩兩

東丹帝■　兩兩兩兩

六音　兑大弟■　兩兩兩兩

二聲　土貪天■　兩兩兩兩

同覃田■　兩兩兩兩

乃妳女■　兩兩兩兩

七音　内南年■　兩兩兩兩

二聲　老冷吕■　兩兩兩兩

鹿犖离■　兩兩兩兩

走哉足■　兩兩兩兩

八音　自在匠■　兩兩兩兩

二聲　草采七■　兩兩兩兩

曹才全■　兩兩兩兩

發音清和律一之三

亞亞亞亞　多可个舌

三音　亞亞亞亞　禾火化八
一聲　亞亞亞亞　開宰愛○
亞亞亞亞　回每退○
亞亞亞亞　良兩向○

三音　亞亞亞亞　光廣況○
二聲　亞亞亞亞　丁井亘○
亞亞亞亞　兄永瑩○
亞亞亞亞　千典旦○

三音　亞亞亞亞　元犬半○
三聲　亞亞亞亞　臣引艮○
亞亞亞亞　君允巽○
亞亞亞亞　刀早孝岳

三音　亞亞亞亞　毛寶報霍
四聲　亞亞亞亞　牛斗奏六
亞亞亞亞　○○○玉

思三星■　兩兩兩兩

九音　寺□象■　兩兩兩兩
二聲　□□□■　兩兩兩兩
□□□■　兩兩兩兩
■山手■　兩兩兩兩

十音　■士石■　兩兩兩兩
二聲　■□耳■　兩兩兩兩
■□二■　兩兩兩兩
■莊震■　兩兩兩兩

十一音　■乍□■　兩兩兩兩
二聲　■叉赤■　兩兩兩兩
■崇辰■　兩兩兩兩
■卓中■　兩兩兩兩

十二音　■宅直■　兩兩兩兩
二聲　■坼丑■　兩兩兩兩
■茶呈■　兩兩兩兩

亞亞亞亞　妻子四日

三音五聲

亞亞亞亞　衰○帥骨
亞亞亞亞　○○○德
亞亞亞亞　龜水貴北
亞亞亞亞　宮孔衆○

三音六聲

亞亞亞亞　龍甬用○
亞亞亞亞　魚鼠去○
亞亞亞亞　烏虎兔○
亞亞亞亞　心審禁○

三音七聲

亞亞亞亞　○○○十
亞亞亞亞　男坎欠○
亞亞亞亞　○○○妾
亞亞亞亞　●●●●

三音八聲

亞亞亞亞　●●●●
亞亞亞亞　●●●●
亞亞亞亞　●●●●

上聲闢唱呂一之二

古甲九癸　典典典典

一音三聲

□□近揆　典典典典
坤巧丘弃　典典典典
□□乾虯　典典典典
黑花香血　典典典典

二音三聲

黃華雄賢　典典典典
五瓦仰□　典典典典
吾牙月堯　典典典典
安亞乙一　典典典典

三音三聲

□爻王寅　典典典典
母馬美米　典典典典
目皃眉民　典典典典
夫法□飛　典典典典

四音三聲

父凡□吠　典典典典
武晚□尾　典典典典
文万□末　典典典典

三音九聲

亞亞亞亞 ●●●●
亞亞亞亞 ●●●●
亞亞亞亞 ●●●●
亞亞亞亞 ●●●●
亞亞亞亞 ●●●●

三音十聲

亞亞亞亞 ●●●●
亞亞亞亞 ●●●●
亞亞亞亞 ●●●●

發音清和律一之四

四音一聲

法法法法 多可个舌
法法法法 禾火化八
法法法法 開宰愛○
法法法法 回每退○

四音二聲

法法法法 良兩向○
法法法法 光廣况○
法法法法 丁井亘○
法法法法 兄永瑩○

五音三聲

卜百丙必 典典典典
步白葡鼻 典典典典
普朴品匹 典典典典
旁排平瓶 典典典典

六音三聲

東丹帝■ 典典典典
兑大弟■ 典典典典
土貪天■ 典典典典
同覃田■ 典典典典

七音三聲

乃妳女■ 典典典典
內南年■ 典典典典
老冷吕■ 典典典典
鹿犖离■ 典典典典

八音三聲

走哉足■ 典典典典
自在匠■ 典典典典
草采七■ 典典典典
曹才全■ 典典典典

四音三聲

法法法法 千典旦○
法法法法 元犬半○
法法法法 臣引艮○
法法法法 君允巽○

四音四聲

法法法法 刀早孝岳
法法法法 毛寶報霍
法法法法 牛斗奏六
法法法法 ○○○玉

四音五聲

法法法法 妻子四日
法法法法 衰○帥骨
法法法法 ○○○德
法法法法 龜水貴北

四音六聲

法法法法 宮孔衆○
法法法法 龍甬用○
法法法法 魚鼠去○
法法法法 烏虎兔○

九音三聲

思三星■ 典典典典
寺□象■ 典典典典
□□□■ 典典典典
□□□■ 典典典典

十音三聲

■山手■ 典典典典
■士石■ 典典典典
■□耳■ 典典典典
■□二■ 典典典典

十一音三聲

■莊震■ 典典典典
■乍□■ 典典典典
■叉赤■ 典典典典
■崇辰■ 典典典典

十二音三聲

■卓中■ 典典典典
■宅直■ 典典典典
■坼丑■ 典典典典
■茶呈■ 典典典典

四音七聲

法法法法 心審禁○
法法法法 ○○○十
法法法法 男坎欠○
法法法法 ○○○妾

四音八聲

法法法法 ●●●●
法法法法 ●●●●
法法法法 ●●●●
法法法法 ●●●●

四音九聲

法法法法 ●●●●
法法法法 ●●●●
法法法法 ●●●●
法法法法 ●●●●

四音十聲

法法法法 ●●●●
法法法法 ●●●●
法法法法 ●●●●
法法法法 ●●●●

上聲闢唱吕一之四

一音四聲

古甲九癸 早早早早
□□近揆 早早早早
坤巧丘弃 早早早早
□□乾虯 早早早早

二音四聲

黑花香血 早早早早
黄華雄賢 早早早早
五瓦仰□ 早早早早
吾牙月堯 早早早早

三音四聲

安亞乙一 早早早早
□爻王寅 早早早早
母馬美米 早早早早
目皃眉民 早早早早

四音四聲

夫法□飛 早早早早
父凡□吠 早早早早
武晚□尾 早早早早
文万□未 早早早早

發音清和律一之五

百百百百　多可个舌

五音一聲

百百百百　禾火化八
百百百百　開宰愛○
百百百百　回每退○
百百百百　良兩向○

五音二聲

百百百百　光廣況○
百百百百　丁井亘○
百百百百　兄永瑩○
百百百百　千典旦○

五音三聲

百百百百　元犬半○
百百百百　臣引艮○
百百百百　君允巽○
百百百百　刀早孝岳

五音四聲

百百百百　毛寶報霍
百百百百　牛斗奏六
百百百百　○○○玉

卜百丙必　早早早早

五音四聲

步白葡鼻　早早早早
普朴品匹　早早早早
旁排平瓶　早早早早
東丹帝■　早早早早

六音四聲

兌大弟■　早早早早
土貪天■　早早早早
同覃田■　早早早早
乃妳女■　早早早早

七音四聲

內南年■　早早早早
老冷吕■　早早早早
鹿犖离■　早早早早
走哉足■　早早早早

八音四聲

自在匠■　早早早早
草采七■　早早早早
曹才全■　早早早早

百百百百　妻子四日

五音
百百百百　衰○帥骨

五聲
百百百百　○○○德
百百百百　龜水貴北
百百百百　宮孔衆○

五音
百百百百　龍甬用○

六聲
百百百百　魚鼠去○
百百百百　烏虎兔○
百百百百　心審禁○

五音
百百百百　○○○十

七聲
百百百百　男坎欠○
百百百百　○○○妾
百百百百　●●●●

五音
百百百百　●●●●

八聲
百百百百　●●●●
百百百百　●●●●

思三星■　早早早早

九音
寺□象■　早早早早

四聲
□□□■　早早早早
□□□■　早早早早
■山手■　早早早早

十音
■士石■　早早早早

四聲
■□耳■　早早早早
■□二■　早早早早
■莊震■　早早早早

十一音
■乍□■　早早早早

四聲
■叉赤■　早早早早
■崇辰■　早早早早
■卓中■　早早早早

十二音
■宅直■　早早早早

四聲
■拆丑■　早早早早
■茶呈■　早早早早

百百百百 ●●●●

五音

百百百百 ●●●●

九聲

百百百百 ●●●●

百百百百 ●●●●

百百百百 ●●●●

五音

百百百百 ●●●●

十聲

百百百百 ●●●●

百百百百 ●●●●

發音清和律一之六

丹丹丹丹 多可个舌

六音

丹丹丹丹 禾火化八

一聲

丹丹丹丹 開宰愛○

丹丹丹丹 回每退○

丹丹丹丹 良兩向○

六音

丹丹丹丹 光廣况○

二聲

丹丹丹丹 丁井亘○

丹丹丹丹 兄永瑩○

上聲闢唱呂一之五

古甲九癸 子子子子

一音

□□近揆 子子子子

五聲

坤巧丘弃 子子子子

□□乾虯 子子子子

黑花香血 子子子子

二音

黃華雄賢 子子子子

五聲

五丸仰□ 子子子子

吾牙月堯 子子子子

安亞乙一 子子子子

三音

□爻王寅 子子子子

五聲

母馬美米 子子子子

目皃眉民 子子子子

夫法□飛 子子子子

四音

父凡□吠 子子子子

五聲

武晚□尾 子子子子

文万□未 子子子子

丹丹丹丹　千典旦○

六音　丹丹丹丹　元犬半○

三聲　丹丹丹丹　臣引艮○

丹丹丹丹　君允巽○

丹丹丹丹　刀早孝岳

六音　丹丹丹丹　毛寶報霍

四聲　丹丹丹丹　牛斗奏六

丹丹丹丹　○○○玉

丹丹丹丹　妻子四日

六音　丹丹丹丹　衰○帥骨

五聲　丹丹丹丹　○○○德

丹丹丹丹　龜水貴北

丹丹丹丹　宮孔衆○

六音　丹丹丹丹　龍甬用○

六聲　丹丹丹丹　魚鼠去○

丹丹丹丹　烏虎兔○

卜百丙必　子子子子

五音　步白葡鼻　子子子子

五聲　普朴品匹　子子子子

旁排平瓶　子子子子

東丹帝■　子子子子

六音　兑大弟■　子子子子

五聲　土貪天■　子子子子

同覃田■　子子子子

乃妳女■　子子子子

七音　内南年■　子子子子

五聲　老冷吕■　子子子子

鹿犖离■　子子子子

走哉足■　子子子子

八音　自在匠■　子子子子

五聲　草采七■　子子子子

曹才全■　子子子子

丹丹丹丹　心審禁○

六音　七聲

丹丹丹丹　○○○十
丹丹丹丹　男坎欠○
丹丹丹丹　○○○妾
丹丹丹丹　●●●●

六音　八聲

丹丹丹丹　●●●●
丹丹丹丹　●●●●
丹丹丹丹　●●●●
丹丹丹丹　●●●●

六音　九聲

丹丹丹丹　●●●●
丹丹丹丹　●●●●
丹丹丹丹　●●●●
丹丹丹丹　●●●●

六音　十聲

丹丹丹丹　●●●●
丹丹丹丹　●●●●
丹丹丹丹　●●●●

思三星■　子子子子

九音　五聲

寺□象■　子子子子
□□□■　子子子子
□□□■　子子子子
■山手■　子子子子

十音　五聲

■士石■　子子子子
■□耳■　子子子子
■□二■　子子子子
■莊震■　子子子子

十一音　五聲

■乍□■　子子子子
■叉赤■　子子子子
■崇辰■　子子子子
■卓中■　子子子子

十二音　五聲

■宅直■　子子子子
■坼丑■　子子子子
■茶呈■　子子子子

發音清和律一之七

妳妳妳妳　多可个舌

七音一聲

妳妳妳妳　禾火化八
妳妳妳妳　開宰愛○
妳妳妳妳　回每退○
妳妳妳妳　良兩向○

七音二聲

妳妳妳妳　光廣况○
妳妳妳妳　丁井亘○
妳妳妳妳　兄永瑩○
妳妳妳妳　千典旦○

七音三聲

妳妳妳妳　元犬半○
妳妳妳妳　臣引艮○
妳妳妳妳　君允巽○
妳妳妳妳　刀早孝岳

七音四聲

妳妳妳妳　毛寶報霍
妳妳妳妳　牛斗奏六
妳妳妳妳　○○○玉

上聲闢唱呂一之六

古甲九癸　孔孔孔孔

一音六聲

□□近揆　孔孔孔孔
坤巧丘弃　孔孔孔孔
□□乾虯　孔孔孔孔
黑花香血　孔孔孔孔

二音六聲

黄華雄賢　孔孔孔孔
五瓦仰□　孔孔孔孔
吾牙月堯　孔孔孔孔
安亞乙一　孔孔孔孔

三音六聲

□爻王寅　孔孔孔孔
母馬美米　孔孔孔孔
目皃眉民　孔孔孔孔
夫法□飛　孔孔孔孔

四音六聲

父凡□吠　孔孔孔孔
武晚□尾　孔孔孔孔
文万□未　孔孔孔孔

妳妳妳妳 妻子四日

七音　五聲

妳妳妳妳 衰○帥骨
妳妳妳妳 ○○○德
妳妳妳妳 龜水貴北
妳妳妳妳 宮孔衆○

七音　六聲

妳妳妳妳 龍甬用○
妳妳妳妳 魚鼠去○
妳妳妳妳 烏虎兔○
妳妳妳妳 心審禁○

七音　七聲

妳妳妳妳 ○○○十
妳妳妳妳 男坎欠○
妳妳妳妳 ○○○妾
妳妳妳妳 ●●●●

七音　八聲

妳妳妳妳 ●●●●
妳妳妳妳 ●●●●
妳妳妳妳 ●●●●

卜百丙必■ 孔孔孔孔

五音　六聲

步白葡鼻■ 孔孔孔孔
普朴品匹■ 孔孔孔孔
旁排平瓶■ 孔孔孔孔
東丹帝■ 孔孔孔孔

六音　六聲

兑大弟■ 孔孔孔孔
土貪天■ 孔孔孔孔
同覃田■ 孔孔孔孔
乃妳女■ 孔孔孔孔

七音　六聲

内南年■ 孔孔孔孔
老冷吕■ 孔孔孔孔
鹿犖离■ 孔孔孔孔
走哉足■ 孔孔孔孔

八音　六聲

自在匠■ 孔孔孔孔
草采七■ 孔孔孔孔
曹才全■ 孔孔孔孔

妳妳妳妳 ●●●●

七音九聲

妳妳妳妳 ●●●●

妳妳妳妳 ●●●●

妳妳妳妳 ●●●●

妳妳妳妳 ●●●●

七音十聲

妳妳妳妳 ●●●●

妳妳妳妳 ●●●●

妳妳妳妳 ●●●●

發音清和律一之八

哉哉哉哉 多可个舌

八音一聲

哉哉哉哉 禾火化八

哉哉哉哉 開宰愛○

哉哉哉哉 回每退○

哉哉哉哉 良兩向○

八音二聲

哉哉哉哉 光廣況○

哉哉哉哉 丁井亘○

哉哉哉哉 兄永瑩○

思三星■ 孔孔孔孔

九音六聲

寺□象■ 孔孔孔孔

□□□■ 孔孔孔孔

□□□■ 孔孔孔孔

■山手■ 孔孔孔孔

十音六聲

■士石■ 孔孔孔孔

■□耳■ 孔孔孔孔

■□二■ 孔孔孔孔

■莊震■ 孔孔孔孔

十一音六聲

■乍□■ 孔孔孔孔

■叉赤■ 孔孔孔孔

■崇辰■ 孔孔孔孔

■卓中■ 孔孔孔孔

十二音六聲

■宅直■ 孔孔孔孔

■坼丑■ 孔孔孔孔

■茶呈■ 孔孔孔孔

哉哉哉哉　千典旦○

八音三聲

哉哉哉哉　元犬半○
哉哉哉哉　臣引艮○
哉哉哉哉　君允巽○
哉哉哉哉　刀早孝岳

八音四聲

哉哉哉哉　毛寶報霍
哉哉哉哉　牛斗奏六
哉哉哉哉　○○○玉
哉哉哉哉　妻子四日

八音五聲

哉哉哉哉　衰○帥骨
哉哉哉哉　○○○德
哉哉哉哉　龜水貴北
哉哉哉哉　宮孔衆○

八音六聲

哉哉哉哉　龍甬用○
哉哉哉哉　魚鼠去○
哉哉哉哉　烏虎兔○

上聲闢唱呂一之七

古甲九癸　審審審審

一音七聲

□□近揆　審審審審
坤巧丘弃　審審審審
□□乾虯　審審審審
黑花香血　審審審審

二音七聲

黃華雄賢　審審審審
五瓦仰□　審審審審
吾牙月堯　審審審審
安亞乙一　審審審審

三音七聲

□爻王寅　審審審審
母馬美米　審審審審
目皃眉民　審審審審
夫法□飛　審審審審

四音七聲

父凡□吠　審審審審
武晚□尾　審審審審
文万□未　審審審審

八音　七聲

哉哉哉哉　心審禁○
哉哉哉哉　○○○十
哉哉哉哉　男坎欠○
哉哉哉哉　○○○妾

八音　八聲

哉哉哉哉　●●●●
哉哉哉哉　●●●●
哉哉哉哉　●●●●
哉哉哉哉　●●●●

八音　九聲

哉哉哉哉　●●●●
哉哉哉哉　●●●●
哉哉哉哉　●●●●
哉哉哉哉　●●●●

八音　十聲

哉哉哉哉　●●●●
哉哉哉哉　●●●●
哉哉哉哉　●●●●
哉哉哉哉　●●●●

五音　七聲

卜百丙必　審審審審
步白葡鼻　審審審審
普朴品匹　審審審審
旁排平瓶　審審審審

六音　七聲

東丹帝■　審審審審
兑大弟■　審審審審
土貪天■　審審審審
同覃田■　審審審審

七音　七聲

乃妳女■　審審審審
内南年■　審審審審
老冷吕■　審審審審
鹿犖离■　審審審審

八音　七聲

走哉足■　審審審審
自在匠■　審審審審
草采七■　審審審審
曹才全■　審審審審

發音清和律一之九

三三三三　多可个舌

九音　一聲

三三三三　禾火化八

三三三三　開宰愛○

三三三三　回每退○

三三三三　良兩向○

九音　二聲

三三三三　光廣況○

三三三三　丁井亘○

三三三三　兄永瑩○

三三三三　千典旦○

九音　三聲

三三三三　元犬半○

三三三三　臣引艮○

三三三三　君允巽○

三三三三　刀早孝岳

九音　四聲

三三三三　毛寶報霍

三三三三　牛斗奏六

三三三三　○○○玉

思三星■　審審審審

九音　七聲

寺□象■　審審審審

□□□■　審審審審

□□□■　審審審審

■山手■　審審審審

十音　七聲

■士石■　審審審審

■□耳■　審審審審

■□二■　審審審審

■莊震■　審審審審

十一音　七聲

■乍□■　審審審審

■叉赤■　審審審審

■崇辰■　審審審審

■卓中■　審審審審

十二音　七聲

■宅直■　審審審審

■坼丑■　審審審審

■茶呈■　審審審審

九音五聲

三三三三 妻子四日

三三三三 衰○帥骨

三三三三 ○○○德

三三三三 龜水貴北

三三三三 宮孔衆○

九音六聲

三三三三 龍甬用○

三三三三 魚鼠去○

三三三三 烏虎兔○

三三三三 心審禁○

九音七聲

三三三三 ○○○十

三三三三 男坎欠○

三三三三 ○○○妾

三三三三 ●●●●

九音八聲

三三三三 ●●●●

三三三三 ●●●●

三三三三 ●●●●

上聲闢唱呂一之八

古甲九癸 ●●●●

一音八聲

□□近揆 ●●●●

坤巧丘弃 ●●●●

□□乾虬 ●●●●

黑花香血 ●●●●

二音八聲

黃華雄賢 ●●●●

五瓦仰□ ●●●●

吾牙月堯 ●●●●

安亞乙一 ●●●●

三音八聲

□爻王寅 ●●●●

母馬美米 ●●●●

目皃眉民 ●●●●

夫法□飛 ●●●●

四音八聲

父凡□吠 ●●●●

武晚□尾 ○●●●

文万□未 ●●●●

三三三三 ●●●●

九音
九聲

三三三三 ●●●●
三三三三 ●●●●
三三三三 ●●●●
三三三三 ●●●●

九音
十聲

三三三三 ●●●●
三三三三 ●●●●
三三三三 ●●●●
三三三三 ●●●●

發音清和律一之十

十音
一聲

山山山山 多可个舌
山山山山 禾火化八
山山山山 開宰愛○
山山山山 回每退○

十音
二聲

山山山山 良兩向○
山山山山 光廣況○
山山山山 丁井亘○
山山山山 兄永瑩○

五音
八聲

卜百丙必 ●●●●
步白葡鼻 ●●●●
普朴品匹 ●●●●
旁排平瓶 ●●●●

六音
八聲

東丹帝■ ●●●●
兑大弟■ ●●●●
土貪天■ ●●●●
同覃田■ ●●●●

七音
八聲

乃妳女■ ●●●●
内南年■ ●●●●
老冷吕■ ●●●●
鹿犖离■ ●●●●

八音
八聲

走哉足■ ●●●●
自在匠■ ●●●●
革采七■ ●●●●
曹才全■ ●●●●

十音

三聲

山山山山　千典旦○
山山山山　元犬半○
山山山山　臣引艮○
山山山山　君允巽○

十音

四聲

山山山山　刀早孝岳
山山山山　毛寶報霍
山山山山　牛斗奏六
山山山山　○○○玉

十音

五聲

山山山山　妻子四日
山山山山　衰○帥骨
山山山山　○○○德
山山山山　龜水貴北

十音

六聲

山山山山　宮孔衆○
山山山山　龍甬用○
山山山山　魚鼠去○
山山山山　烏虎兔○

九音

八聲

思三星■　●●●●
寺□象■　●●●●
□□□■　●●●●
□□□■　●●●●

十音

八聲

■山手■　●●●●
■士石■　●●●●
■□耳■　●●●●
■□二■　●●●●

十一音

八聲

■莊震■　●●●●
■乍□■　●●●●
■叉赤■　●●●●
■崇辰■　●●●●

十二音

八聲

■卓中■　●●●●
■宅直■　●●●●
■坼丑■　●●●●
■茶呈■　●●●●

山山山山　心審禁〇

十音七聲

山山山山　〇〇〇十
山山山山　男坎欠〇
山山山山　〇〇〇妾
山山山山　●●●●

十音八聲

山山山山　●●●●
山山山山　●●●●
山山山山　●●●●

十音九聲

山山山山　●●●●
山山山山　●●●●
山山山山　●●●●

十音十聲

山山山山　●●●●
山山山山　●●●●
山山山山　●●●●

上聲闢唱呂一之九

古甲九癸　●●●●

一音九聲

□□近揆　●●●●
坤巧丘弃　●●●●
□□乾虯　●●●●
黑花香血　●●●●

二音九聲

黃華雄賢　●●●●
五瓦仰□　●●●●
吾牙月堯　●●●●
安亞乙一　●●●●

三音九聲

□爻王寅　●●●●
母馬美米　●●●●
目皃眉民　●●●●
夫法□飛　●●●●

四音九聲

父凡□吠　●●●●
武晚□尾　●●●●
文万□未　●●●●

發音清和律一之十一

莊莊莊莊　多可个舌

十一音　一聲

莊莊莊莊　禾火化八
莊莊莊莊　開宰愛○
莊莊莊莊　回每退○
莊莊莊莊　良兩向○

十一音　二聲

莊莊莊莊　光廣況○
莊莊莊莊　丁井亘○
莊莊莊莊　兄永瑩○
莊莊莊莊　千典旦○

十一音　三聲

莊莊莊莊　元犬半○
莊莊莊莊　臣引艮○
莊莊莊莊　君允巽○
莊莊莊莊　刀早孝岳

十一音　四聲

莊莊莊莊　毛寶報霍
莊莊莊莊　牛斗奏六
莊莊莊莊　○○○玉

卜百丙必　●●●●

五音　九聲

步白備鼻　●●●●
普朴品匹　●●●●
旁排平瓶　●●●●
東丹帝■　●●●●

六音　九聲

兌大弟■　●●●●
土貪天■　●●●●
同覃田■　●●●●
乃妳女■　●●●●

七音　九聲

內南年■　●●●●
老冷吕■　●●●●
鹿犖离■　●●●●
走哉足■　●●●●

八音　九聲

自在匠■　●●●●
草采七■　●●●●
曹才全■　●●●●

莊莊莊莊　妻子四日

十一音

莊莊莊莊　衰○帥骨

五聲

莊莊莊莊　○○○德
莊莊莊莊　龜水貴北
莊莊莊莊　宮孔衆○

十一音

莊莊莊莊　龍甬用○

六聲

莊莊莊莊　魚鼠去○
莊莊莊莊　烏虎兔○
莊莊莊莊　心審禁○

十一音

莊莊莊莊　○○○十

七聲

莊莊莊莊　男坎欠○
莊莊莊莊　○○○妾
莊莊莊莊　●●●●

十一音

莊莊莊莊　●●●●

八聲

莊莊莊莊　●●●●
莊莊莊莊　●●●●

思三星■　●●●●

九音

寺□象■　●●●●

九聲

□□□■　●●●●
□□□■　●●●●
■山手■　●●●●

十音

■士石■　●●●●

九聲

■□耳■　●●●●
■□二■　●●●●
■莊震■　●●●●

十一音

■乍□■　●●●●

九聲

■叉赤■　●●●●
■崇辰■　●●●●
■卓中■　●●●●

十二音

■宅直■　●●●●

九聲

■坼丑■　●●●●
■茶呈■　●●●●

莊莊莊莊 ●●●●

十一音 九聲

莊莊莊莊 ●●●●
莊莊莊莊 ●●●●
莊莊莊莊 ●●●●
莊莊莊莊 ●●●●

十一音 十聲

莊莊莊莊 ●●●●
莊莊莊莊 ●●●●
莊莊莊莊 ●●●●

發音清和律一之十二

卓卓卓卓 多可个舌

十二音 一聲

卓卓卓卓 禾火化八
卓卓卓卓 開宰愛○
卓卓卓卓 回每退○
卓卓卓卓 良兩向○

十二音 二聲

卓卓卓卓 光廣況○
卓卓卓卓 丁井亘○
卓卓卓卓 兄永瑩○

上聲闢唱呂一之十

古甲九癸 ●●●●

一音 十聲

□□近揆 ●●●●
坤巧丘弃 ●●●●
□□乾虯 ●●●●
黑花香血 ●●●●

二音 十聲

黃華雄賢 ●●●●
五瓦仰□ ●●●●
吾牙月堯 ●●●●

安亞乙一 ●●●●

三音 十聲

□爻王寅 ●●●●
母馬美米 ●●●●
目皃眉民 ●●●●
夫法□飛 ●●●●

四音 十聲

父凡□吠 ●●●●
武晚□尾 ●●●●
文万□未 ●●●●

卓卓卓卓　千典旦○
十二音　卓卓卓卓　元犬半○
三聲　卓卓卓卓　臣引艮○
卓卓卓卓　君允巽○
卓卓卓卓　刀早孝岳
十二音　卓卓卓卓　毛寶報霍
四聲　卓卓卓卓　牛斗奏六
卓卓卓卓　○○○玉
卓卓卓卓　妻子四日
十二音　卓卓卓卓　衰○帥骨
五聲　卓卓卓卓　○○○德
卓卓卓卓　龜水貴北
卓卓卓卓　宮孔衆○
十二音　卓卓卓卓　龍甬用○
六聲　卓卓卓卓　魚鼠去○
卓卓卓卓　烏虎兔○

卜百丙必　●●●●
五音　步白葡鼻　●●●●
十聲　普朴品匹　●●●●
旁排平瓶　●●●●
東丹帝■　●●●●
六音　兑大弟■　●●●●
十聲　土貪天■　●●●●
同覃田■　●●●●
乃妳女■　●●●●
七音　内南年■　●●●●
十聲　老冷吕■　●●●●
鹿犖离■　●●●●
走哉足■　●●●●
八音　自在匠■　●●●●
十聲　草采七■　●●●●
曹才全■　●●●●

卓卓卓卓 心審禁○

十二音

卓卓卓卓 ○○○十

七聲

卓卓卓卓 男坎欠○

卓卓卓卓 ○○○妾

卓卓卓卓 ●●●●

十二音

卓卓卓卓 ●●●●

八聲

卓卓卓卓 ●●●●

卓卓卓卓 ●●●●

卓卓卓卓 ●●●●

十二音

卓卓卓卓 ●●●●

九聲

卓卓卓卓 ●●●●

卓卓卓卓 ●●●●

卓卓卓卓 ●●●●

十二音

卓卓卓卓 ●●●●

十聲

卓卓卓卓 ●●●●

卓卓卓卓 ●●●●

思三星■ ●●●●

九音

寺□象■ ●●●●

十聲

□□□■ ●●●●

□□□■ ●●●●

■山手■ ●●●●

十音

■士石■ ●●●●

十聲

■□耳■ ●●●●

■□二■ ●●●●

■莊震■ ●●●●

十一音

■乍□■ ●●●●

十聲

■叉赤■ ●●●●

■崇辰■ ●●●●

■卓中■ ●●●●

十二音

■宅直■ ●●●●

十聲

■坼丑■ ●●●●

■茶呈■ ●●●●

觀物篇之四十

月月聲上翕

火廣犬寶○

甬○●●●

月月聲七，下唱地之用音一百五十二，是謂上聲翕音。上聲翕音一千六十四。

月月聲上之二翕

發音濁和律二之一

□□□□　多可个舌

一音　□□□□　禾火化八

一聲　□□□□　開宰愛○

□□□□　回每退○

□□□□　良兩向○

一音　□□□□　光廣況○

二聲　□□□□　丁井亘○

□□□□　況永瑩○

火火音發濁

□華爻凡白大

南在□士乍宅

火火音十二，上和天之用聲一百一十二，是謂發音濁聲。發音濁聲一千三百四十四。

火火音發之二濁

上聲翕唱呂二之一

古甲九癸　火火火火

一音　□□近揆　火火火火

一聲　坤巧丘弃　火火火火

□□乾虯　火火火火

黑花香血　火火火火

二音　黃華雄賢　火火火火

一聲　五瓦仰□　火火火火

吾牙月堯　火火火火

□□□□ 千典旦○
一音 □□□□ 元犬半○
三聲 □□□□ 臣引艮○
□□□□ 君允巽○
□□□□ 刀早孝岳
一音 □□□□ 毛寶報霍
四聲 □□□□ 牛斗奏六
□□□□ ○○○玉
□□□□ 妻子四日
一音 □□□□ 衰○帥骨
五聲 □□□□ ○○○德
□□□□ 龜水貴北
□□□□ 宮孔衆○
一音 □□□□ 龍甬用○
六聲 □□□□ 魚鼠去○
□□□□ 烏虎兔○

安亞乙一 火火火火
三音 □爻王寅 火火火火
一聲 母馬美米 火火火火
目皃眉民 火火火火
夫法□飛 火火火火
四音 父凡□吠 火火火火
一聲 武晚□尾 火火火火
文万□未 火火火火
卜百丙必 火火火火
五音 步白葡鼻 火火火火
一聲 普朴品匹 火火火火
旁排平瓶 火火火火
東丹帝■ 火火火火
六音 兑大弟■ 火火火火
一聲 土貪天■ 火火火火
同覃田■ 火火火火

一音
七聲

□□□□　心審禁○
□□□□　○○○十
□□□□　男坎欠○
□□□□　○○妾
□□□□　●●●●

一音
八聲

□□□□　●●●●
□□□□　●●●●
□□□□　●●●●
□□□□　●●●●

一音
九聲

□□□□　●●●●
□□□□　●●●●
□□□□　●●●●
□□□□　●●●●

一音
十聲

□□□□　●●●●
□□□□　●●●●
□□□□　●●●●

七音
一聲

乃妳女■　火火火火
內南年■　火火火火
老冷吕■　火火火火
鹿犖离■　火火火火
走哉足■　火火火火

八音
一聲

自在匠■　火火火火
草采七■　火火火火
曹才全■　火火火火
思三星■　火火火火

九音
一聲

寺□象■　火火火火
□□□■　火火火火
□□□■　火火火火
■山手■　火火火火

十音
一聲

■士石■　火火火火
■□耳■　火火火火
■□二■　火火火火

發音濁和律二之二

華華華華 多可个舌
二音 一聲
華華華華 禾火化八
華華華華 開宰愛○
華華華華 回每退○
華華華華 良兩向○
二音 二聲
華華華華 光廣況○
華華華華 丁井亘○
華華華華 兄永瑩○
華華華華 千典旦○
二音 三聲
華華華華 元犬半○
華華華華 臣引艮○
華華華華 君允巽○
華華華華 刀早孝岳
二音 四聲
華華華華 毛寶報霍
華華華華 牛斗奏六
華華華華 ○○○玉

■莊震■ 火火火火
十一音 一聲
■乍□■ 火火火火
■叉赤■ 火火火火
■崇辰■ 火火火火
■卓中■ 火火火火
十二音 一聲
■宅直■ 火火火火
■坼丑■ 火火火火
■茶呈■ 火火火火

上聲翕唱呂二之二

古甲九癸 廣廣廣廣
一音 二聲
□□近揆 廣廣廣廣
坤巧丘弃 廣廣廣廣
□□乾虯 廣廣廣廣
黑花香血 廣廣廣廣
二音 二聲
黃華雄賢 廣廣廣廣
五瓦仰□ 廣廣廣廣
吾牙月堯 廣廣廣廣

華華華華　妻子四日

二音　華華華華　衰○帥骨

五聲　華華華華　○○○德

華華華華　龜水貴北

華華華華　宮孔衆○

二音　華華華華　龍甬用○

六聲　華華華華　魚鼠去○

華華華華　烏虎兔○

華華華華　心審禁○

二音　華華華華　○○○十

七聲　華華華華　男坎欠○

華華華華　○○○妾

華華華華　●●●●

二音　華華華華　●●●●

八聲　華華華華　●●●●

華華華華　●●●●

安亞乙一　廣廣廣廣

三音　□爻王寅　廣廣廣廣

二聲　母馬美米　廣廣廣廣

目皃眉民　廣廣廣廣

夫法□飛　廣廣廣廣

四音　父凡□吠　廣廣廣廣

二聲　武晚□尾　廣廣廣廣

文万□未　廣廣廣廣

卜百丙必　廣廣廣廣

五音　步白葡鼻　廣廣廣廣

二聲　普朴品匹　廣廣廣廣

旁排平瓶　廣廣廣廣

東丹帝■　廣廣廣廣

六音　兑大弟■　廣廣廣廣

二聲　土貪天■　廣廣廣廣

同覃田■　廣廣廣廣

華華華華 ●●●●

二音九聲
華華華華 ●●●●
華華華華 ●●●●

華華華華 ●●●●

華華華華 ●●●●

二音十聲
華華華華 ●●●●
華華華華 ●●●●

華華華華 ●●●●

發音濁和律二之三

爻爻爻爻 多可个舌

三音一聲
爻爻爻爻 禾火化八
爻爻爻爻 開宰愛○

爻爻爻爻 回每退○

爻爻爻爻 良兩向○

三音二聲
爻爻爻爻 光廣況○
爻爻爻爻 丁井亘○

爻爻爻爻 兄永瑩○

乃妳女■ 廣廣廣廣

七音二聲
內南年■ 廣廣廣廣
老冷吕■ 廣廣廣廣

鹿犖离■ 廣廣廣廣

走哉足■ 廣廣廣廣

八音二聲
自在匠■ 廣廣廣廣
草采七■ 廣廣廣廣

曹才全■ 廣廣廣廣

思三星■ 廣廣廣廣

九音二聲
寺□象■ 廣廣廣廣
□□□■ 廣廣廣廣

□□□■ 廣廣廣廣

■山手■ 廣廣廣廣

十音二聲
■士石■ 廣廣廣廣
■□耳■ 廣廣廣廣

■□二■ 廣廣廣廣

交交交交　千典旦○

三音三聲

交交交交　元犬半○
交交交交　臣引艮○
交交交交　君允巽○
交交交交　刀早孝岳

三音四聲

交交交交　毛寶報霍
交交交交　牛斗奏六
交交交交　○○○玉
交交交交　妻子四日

三音五聲

交交交交　衰○師骨
交交交交　○○○德
交交交交　龜水貴北
交交交交　宮孔衆○

三音六聲

交交交交　龍甬用○
交交交交　魚鼠去○
交交交交　烏虎兔○

■莊震■　廣廣廣廣

十一音二聲

■乍□■　廣廣廣廣
■叉赤■　廣廣廣廣
■崇辰■　廣廣廣廣
■卓中■　廣廣廣廣

十二音二聲

■宅直■　廣廣廣廣
■坼丑■　廣廣廣廣
■茶呈■　廣廣廣廣

上聲翕唱呂一之三

古甲九癸　犬犬犬犬

一音三聲

□□近揆　犬犬犬犬
坤巧丘弃　犬犬犬犬
□□乾虯　犬犬犬犬
黑花香血　犬犬犬犬

二音三聲

黃華雄賢　犬犬犬犬
五瓦仰□　犬犬犬犬
吾牙月堯　犬犬犬犬

三音七聲

爻爻爻爻心審禁○
爻爻爻爻○○○十
爻爻爻爻男坎欠○
爻爻爻爻○○○妾

三音八聲

爻爻爻爻●●●●
爻爻爻爻●●●●
爻爻爻爻●●●●
爻爻爻爻●●●●

三音九聲

爻爻爻爻●●●●
爻爻爻爻●●●●
爻爻爻爻●●●●
爻爻爻爻●●●●

三音十聲

爻爻爻爻●●●●
爻爻爻爻●●●●
爻爻爻爻●●●●
爻爻爻爻●●●●

三音三聲

安亞乙一犬犬犬犬
□爻王寅犬犬犬犬
母馬美米犬犬犬犬
目皃眉民犬犬犬犬

四音三聲

夫法□飛犬犬犬犬
父凡□吠犬犬犬犬
武晚□尾犬犬犬犬
文万□未犬犬犬犬

五音三聲

卜百丙必犬犬犬犬
步白葡鼻犬犬犬犬
普朴品匹犬犬犬犬
旁排平瓶犬犬犬犬

六音三聲

東丹帝■犬犬犬犬
兑大弟■犬犬犬犬
土貪天■犬犬犬犬
同覃田■犬犬犬犬

發音濁和律二之四

凡凡凡凡　多可个舌

四音　凡凡凡凡　禾火化八

一聲　凡凡凡凡　開宰愛○

凡凡凡凡　回每退○

凡凡凡凡　良兩向○

四音　凡凡凡凡　光廣況○

二聲　凡凡凡凡　丁井亘○

凡凡凡凡　兄永瑩○

凡凡凡凡　千典旦○

四音　凡凡凡凡　元犬半○

三聲　凡凡凡凡　臣引艮○

凡凡凡凡　君允巽○

凡凡凡凡　刀早孝岳

四音　凡凡凡凡　毛寶報霍

四聲　凡凡凡凡　牛斗奏六

凡凡凡凡　○○○玉

乃妳女■　犬犬犬犬

七音　內南年■　犬犬犬犬

三聲　老冷吕■　犬犬犬犬

鹿犖离■　犬犬犬犬

走哉足■　犬犬犬犬

八音　自在匠■　犬犬犬犬

三聲　草采七■　犬犬犬犬

曹才全■　犬犬犬犬

思三星■　犬犬犬犬

九音　寺□象■　犬犬犬犬

三聲　□□□■　犬犬犬犬

□□□■　犬犬犬犬

■山手■　犬犬犬犬

十音　■士石■　犬犬犬犬

三聲　■□耳■　犬犬犬犬

■□二■　犬犬犬犬

凡凡凡凡　妻子四日

四音
五聲

凡凡凡凡　衰○帥骨
凡凡凡凡　○○○德
凡凡凡凡　龜水貴北
凡凡凡凡　宮孔衆○

四音
六聲

凡凡凡凡　龍甬用○
凡凡凡凡　魚鼠去○
凡凡凡凡　烏虎兔○
凡凡凡凡　心審禁○

四音
七聲

凡凡凡凡　○○○十
凡凡凡凡　男坎欠○
凡凡凡凡　○○○妾
凡凡凡凡　●●●●

四音
八聲

凡凡凡凡　●●●●
凡凡凡凡　●●●●
凡凡凡凡　●●●●

■莊震■　犬犬犬犬

十一音
三聲

■乍□■　犬犬犬犬
■叉赤■　犬犬犬犬
■崇辰■　犬犬犬犬
■卓中■　犬犬犬犬

十二音
三聲

■宅直■　犬犬犬犬
■坼丑■　犬犬犬犬
■茶呈■　犬犬犬犬

上聲翕唱呂二之四

古甲九癸　賓賓賓賓

一音
四聲

□□近揆　賓賓賓賓
坤巧丘弃　賓賓賓賓
□□乾虯　賓賓賓賓
黑花香血　賓賓賓賓

二音
四聲

黃華雄賢　賓賓賓賓
五瓦仰□　賓賓賓賓
吾牙月堯　賓賓賓賓

凡凡凡凡 ●●●●

四音九聲

凡凡凡凡 ●●●●
凡凡凡凡 ●●●●
凡凡凡凡 ●●●●
凡凡凡凡 ●●●●

四音十聲

凡凡凡凡 ●●●●
凡凡凡凡 ●●●●
凡凡凡凡 ●●●●

安亞乙一 寶寶寶寶

三音四聲

□爻王寅 寶寶寶寶
母馬美米 寶寶寶寶
目皃眉民 寶寶寶寶
夫法□飛 寶寶寶寶

四音四聲

父凡□吠 寶寶寶寶
武晚□尾 寶寶寶寶
文万□未 寶寶寶寶

發音濁和律一之五

白白白白 多可个舌

五音一聲

白白白白 禾火化八
白白白白 開宰愛○
白白白白 回每退○
白白白白 良兩向○

五音二聲

白白白白 光廣况○
白白白白 丁井亘○
白白白白 兄永瑩○

卜百丙必 寶寶寶寶

五音四聲

步白葡鼻 寶寶寶寶
普朴品匹 寶寶寶寶
旁排平瓶 寶寶寶寶
東丹帝■ 寶寶寶寶

六音四聲

兑大弟■ 寶寶寶寶
土貪天■ 寶寶寶寶
同覃田■ 寶寶寶寶

白白白白　千典旦○

五音　三聲

白白白白　元犬半○
白白白白　臣引艮○
白白白白　君允巽○
白白白白　刀早孝岳

五音　四聲

白白白白　毛寶報霍
白白白白　牛斗奏六
白白白白　○○○玉
白白白白　妻子四日

五音　五聲

白白白白　衰○帥骨
白白白白　○○○德
白白白白　龜水貴北
白白白白　宮孔衆○

五音　六聲

白白白白　龍甬用○
白白白白　魚鼠去○
白白白白　烏虎兔○

乃妳女■　寳寳寳寳

七音　四聲

內南年■　寳寳寳寳
老冷呂■　寳寳寳寳
鹿犖离■　寳寳寳寳
走哉足■　寳寳寳寳

八音　四聲

自在匠■　寳寳寳寳
草采七■　寳寳寳寳
曹才全■　寳寳寳寳
思三星■　寳寳寳寳

九音　四聲

寺□象■　寳寳寳寳
□□□■　寳寳寳寳
□□□■　寳寳寳寳
■山手■　寳寳寳寳

十音　四聲

■士石■　寳寳寳寳
■□耳■　寳寳寳寳
■□二■　寳寳寳寳

五音七聲

白白白白　心審禁○
白白白白　○○○十
白白白白　男坎欠○
白白白白　○○○妾

五音八聲

白白白白　●●●●
白白白白　●●●●
白白白白　●●●●
白白白白　●●●●

五音九聲

白白白白　●●●●
白白白白　●●●●
白白白白　●●●●
白白白白　●●●●

五音十聲

白白白白　●●●●
白白白白　●●●●
白白白白　●●●●
白白白白　●●●●

十一音四聲

■莊震■　寶寶寶寶
■乍□■　寶寶寶寶
■叉赤■　寶寶寶寶
■崇辰■　寶寶寶寶

十二音四聲

■卓中■　寶寶寶寶
■宅直■　寶寶寶寶
■坼丑■　寶寶寶寶
■茶呈■　寶寶寶寶

上聲翕唱呂二之五

一音五聲

古甲九癸　○○○○
□□近揆　○○○○
坤巧丘弃　○○○○
□□乾虯　○○○○

二音五聲

黑花香血　○○○○
黄華雄賢　○○○○
五瓦仰□　○○○○
吾牙月堯　○○○○

發音濁和律二之六

大大大大　多可个舌

六音　一聲

大大大大　禾火化八
大大大大　開宰愛○
大大大大　回每退○
大大大大　良兩向○

六音　二聲

大大大大　光廣況○
大大大大　丁井亘○
大大大大　兄永瑩○
大大大大　千典旦○

六音　三聲

大大大大　元犬半○
大大大大　臣引艮○
大大大大　君允巽○
大大大大　刀早孝岳

六音　四聲

大大大大　毛寶報霍
大大大大　牛斗奏六
大大大大　○○○玉

安亞乙一　○○○○

三音　五聲

冂爻王寅　○○○○
毋馬美米　○○○○
目皃眉民　○○○○
夫法□飛　○○○○

四音　五聲

父凡□吠　○○○○
武晚□尾　○○○○
文万□未　○○○○
卜百丙必　○○○○

五音　五聲

步白菁鼻　○○○○
普朴品匹　○○○○
旁排平瓶　○○○○
東丹帝■　○○○○

六音　五聲

兑大弟■　○○○○
土貪天■　○○○○
同覃田■　○○○○

六音 五聲

大大大大 妻子四日
大大大大 衰○帥骨
大大大大 ○○○德
大大大大 龜水貴北

六音 六聲

大大大大 宮孔衆○
大大大大 龍甬用○
大大大大 魚鼠去○
大大大大 烏虎兔○

六音 七聲

大大大大 心審禁○
大大大大 ○○○十
大大大大 男坎欠○
大大大大 ○○○妾

六音 八聲

大大大大 ●●●●
大大大大 ●●●●
大大大大 ●●●●
大大大大 ●●●●

七音 五聲

乃妳女■ ○○○○
內南年■ ○○○○
老冷吕■ ○○○○
鹿犖离■ ○○○○

八音 五聲

走哉足■ ○○○○
自在匠■ ○○○○
草采七■ ○○○○
曹才全■ ○○○○

九音 五聲

思三星■ ○○○○
寺□象■ ○○○○
□□□■ ○○○○
□□□■ ○○○○

十音 五聲

■山手■ ○○○○
■士石■ ○○○○
■□耳■ ○○○○
■□二■ ○○○○

六音　九聲

大大大大　●●●●
大大大大　●●●●
大大大大　●●●●
大大大大　●●●●

六音　十聲

大大大大　●●●●
大大大大　●●●●
大大大大　●●●●

發音濁和律二之七

七音　一聲

南南南南　多可个舌
南南南南　禾火化八
南南南南　開宰愛○
南南南南　回每退○

七音　二聲

南南南南　良兩向○
南南南南　光廣況○
南南南南　丁井亘○
南南南南　兄永瑩○

十一音　五聲

■莊震■　○○○○
■乍□■　○○○○
■叉赤■　○○○○
■崇辰■　○○○○

十二音　五聲

■卓中■　○○○○
■宅直■　○○○○
■坼丑■　○○○○
■茶呈■　○○○○

上聲翕唱呂一之六

一音　六聲

古甲九癸　甬甬甬甬
□□近揆　甬甬甬甬
坤巧丘弃　甬甬甬甬
□□乾虯　甬甬甬甬

二音　六聲

黑花香血　甬甬甬甬
黃華雄賢　甬甬甬甬
五瓦仰□　甬甬甬甬
吾牙月堯　甬甬甬甬

南南南南　千典旦○
七音　南南南南　元犬半○
三聲　南南南南　臣引艮○
南南南南　君允巽○
南南南南　刀早孝岳
七音　南南南南　毛寶報霍
四聲　南南南南　牛斗奏六
南南南南　○○○玉
南南南南　妻子四日
七音　南南南南　衰○帥骨
五聲　南南南南　○○○德
南南南南　龜水貴北
南南南南　宮孔衆○
七音　南南南南　龍甬用○
六聲　南南南南　魚鼠去○
南南南南　烏虎兔○

安亞乙一　甬甬甬甬
三音　□爻王寅　甬甬甬甬
六聲　母馬美米　甬甬甬甬
目皃眉民　甬甬甬甬
夫法□飛　甬甬甬甬
四音　父凡□吠　甬甬甬甬
六聲　武晚□尾　甬甬甬甬
文万□未　甬甬甬甬
卜百丙必　甬甬甬甬
五音　步白𤰇鼻　甬甬甬甬
六聲　普朴品匹　甬甬甬甬
旁排平瓶　甬甬甬甬
東丹帝■　甬甬甬甬
六音　兌大弟■　甬甬甬甬
六聲　土貪天■　甬甬甬甬
同覃田■　甬甬甬甬

南南南南　心審禁○

七音
七聲

南南南南　○○○十
南南南南　男坎欠○
南南南南　○○○妾
南南南南　●●●●

七音
八聲

南南南南　●●●●
南南南南　●●●●
南南南南　●●●●
南南南南　●●●●

七音
九聲

南南南南　●●●●
南南南南　●●●●
南南南南　●●●●
南南南南　●●●●

七音
十聲

南南南南　●●●●
南南南南　●●●●
南南南南　●●●●

乃妳女■　甬甬甬甬

七音
六聲

內南年■　甬甬甬甬
老冷呂■　甬甬甬甬
鹿犖离■　甬甬甬甬
走哉足■　甬甬甬甬

八音
六聲

自在匠■　甬甬甬甬
草采七■　甬甬甬甬
曹才全■　甬甬甬甬
思三星■　甬甬甬甬

九音
六聲

寺□象■　甬甬甬甬
□□□■　甬甬甬甬
□□□■　甬甬甬甬
■山手■　甬甬甬甬

十音
六聲

■士石■　甬甬甬甬
■□耳■　甬甬甬甬
■□二■　甬甬甬甬

發音濁和律一之八

八音一聲

在在在在　多可个舌
在在在在　禾火化八
在在在在　開宰愛○
在在在在　回每退○

八音二聲

在在在在　良兩向○
在在在在　光廣况○
在在在在　丁井亘○
在在在在　兄永瑩○

八音三聲

在在在在　千典旦○
在在在在　元犬半○
在在在在　臣引艮○
在在在在　君允巽○

八音四聲

在在在在　刀早孝岳
在在在在　毛寶報霍
在在在在　牛斗奏六
在在在在　○○○玉

十一音六聲

■莊震■　甭甭甭甭
■乍□■　甭甭甭甭
■叉赤■　甭甭甭甭
■崇辰■　甭甭甭甭

十二音六聲

■卓中■　甭甭甭甭
■宅直■　甭甭甭甭
■坼丑■　甭甭甭甭
■茶呈■　甭甭甭甭

上聲翕唱呂一之七

一音七聲

古甲九癸　○○○○
□□近揆　○○○○
坤巧丘弃　○○○○
□□乾虯　○○○○

二音七聲

黑花香血　○○○○
黃華雄賢　○○○○
五瓦仰□　○○○○
吾牙月堯　○○○○

八音五聲

在在在在　妻子四日
在在在在　衰○帥骨
在在在在　○○○德
在在在在　龜水貴北

八音六聲

在在在在　宮孔衆○
在在在在　龍甬用○
在在在在　魚鼠去○
在在在在　烏虎兔○

八音七聲

在在在在　心審禁○
在在在在　○○○十
在在在在　男坎欠○
在在在在　○○○妾

八音八聲

在在在在　●●●●
在在在在　●●●●
在在在在　●●●●
在在在在　●●●●

三音七聲

安亞乙一　○○○○
□爻王寅　○○○○
母馬美米　○○○○
目皃眉民　○○○○

四音七聲

夫法□飛　○○○○
父凡□吠　○○○○
武晚□尾　○○○○
文万□未　○○○○

五音七聲

卜百丙必　○○○○
步白葡鼻　○○○○
普朴品匹　○○○○
旁排平瓶　○○○○

六音七聲

東丹帝■　○○○○
兑大弟■　○○○○
土貪天■　○○○○
同覃田■　○○○○

在在在在 ●●●●

八音九聲

在在在在 ●●●●
在在在在 ●●●●
在在在在 ●●●●
在在在在 ●●●●

八音十聲

在在在在 ●●●●
在在在在 ●●●●
在在在在 ●●●●
在在在在 ●●●●

發音濁和律二之九

□□□□ 多可个舌

九音一聲

□□□□ 禾火化八
□□□□ 開宰愛○
□□□□ 回每退○
□□□□ 良兩向○

九音二聲

□□□□ 光廣況○
□□□□ 丁井亘○
□□□□ 兄永瑩○

乃妳女■ ○○○○

七音七聲

內南年■ ○○○○
老冷吕■ ○○○○
鹿犖离■ ○○○○
走哉足■ ○○○○

八音七聲

自在匠■ ○○○○
草采七■ ○○○○
曹才全■ ○○○○
思三星■ ○○○○

九音七聲

寺□象■ ○○○○
□□□■ ○○○○
□□□■ ○○○○
■山手■ ○○○○

十音七聲

■士石■ ○○○○
■□耳■ ○○○○
■□二■ ○○○○

□□□□千典旦○

九音三聲

□□□□元犬半○
□□□□臣引艮○
□□□□君允巽○
□□□□刀早孝岳

九音四聲

□□□□毛寶報霍
□□□□牛斗奏六
□□□□○○○玉
□□□□妻子四日

九音五聲

□□□□衰○帥骨
□□□□○○○德
□□□□龜水貴北
□□□□宮孔衆○

九音六聲

□□□□龍甬用○
□□□□魚鼠去○
□□□□烏虎兔○

■莊震■○○○○

十一音七聲

■乍□■○○○○
■叉赤■○○○○
■崇辰■○○○○
■卓中■○○○○

十二音七聲

■宅直■○○○○
■坼丑■○○○○
■茶呈■○○○○

上聲翕唱呂二之八

古甲九癸●●●●

一音八聲

□□近揆●●●●
坤巧丘弃●●●●
□□乾虯●●●●
黑花香血●●●●

二音八聲

黄華雄賢●●●●
五瓦仰□●●●●
吾牙月堯●●●●

□□□□心審禁○

九音
七聲

□□□□○○○十
□□□□男坎欠○
□□□□○○○妾
□□□□●●●●

九音
八聲

□□□□●●●●
□□□□●●●●
□□□□●●●●
□□□□●●●●

九音
九聲

□□□□●●●●
□□□□●●●●
□□□□●●●●

九音
十聲

□□□□●●●●
□□□□●●●●
□□□□●●●●

安亞乙一●●●●

三音
八聲

□爻王寅●●●●
母馬美米●●●●
目皃眉民●●●●
夫法□飛●●●●

四音
八聲

父凡□吠●●●●
武晚□尾●●●●
文万□未●●●●
卜百丙必●●●●

五音
八聲

步白葡鼻●●●●
普朴品匹●●●●
旁排平瓶●●●●
東丹帝■●●●●

六音
八聲

兑大弟■●●●●
土貪天■●●●●
同覃田■●●●●

發音濁和律二之十

十音一聲

士士士士 多可个舌
士士士士 禾火化八
士士士士 開宰愛○
士士士士 回每退○

十音二聲

士士士士 良兩向○
士士士士 光廣況○
士士士士 丁井亘○
士士士士 兄永瑩○

十音三聲

士士士士 千典旦○
士士士士 元犬半○
士士士士 臣引艮○
士士士士 君允巽○

十音四聲

士士士士 刀早孝岳
士士士士 毛寶報霍
士士士士 牛斗奏六
士士士士 ○○○玉

七音八聲

乃妳女■ ●●●●
内南年■ ●●●●
老冷吕■ ●●●●
鹿犖离■ ●●●●

八音八聲

走哉足■ ●●●●
自在匠■ ●●●●
草采七■ ●●●●
曹才全■ ●●●●

九音八聲

思三星■ ●●●●
寺□象■ ●●●●
□□□■ ●●●●
□□□■ ●●●●

十音八聲

■山手■ ●●●●
■士石■ ●●●●
■□耳■ ●●●●
■□二■ ●●●●

十音五聲

士士士士 妻子四日
士士士士 衰○帥骨
士士士士 ○○○德
士士士士 龜水貴北

十音六聲

士士士士 宮孔衆○
士士士士 龍甬用○
士士士士 魚鼠去○
士士士士 烏虎兔○

十音七聲

士士士士 心審禁○
士士士士 ○○○十
士士士士 男坎欠○
士士士士 ○○○妾

十音八聲

士士士士 ●●●●
士士士士 ●●●●
士士士士 ●●●●
士士士士 ●●●●

十一音八聲

■莊震■ ●●●●
■乍□■ ●●●●
■叉赤■ ●●●●
■崇辰■ ●●●●

十二音八聲

■卓中■ ●●●●
■宅直■ ●●●●
■拆丑■ ●●●●
■茶呈■ ●●●●

上聲翕唱呂一之九

一音九聲

古甲九癸 ●●●●
□□近揆 ●●●●
坤巧丘弃 ●●●●
□□乾虯 ●●●●

二音九聲

黑花香血 ●●●●
黃華雄賢 ●●●●
五瓦仰□ ●●●●
吾牙月堯 ●●●●

十音 九聲

土土土土 ●●●●
土土土土 ●●●●
土土土土 ●●●●
土土土土 ●●●●
土土土土 ●●●●

十音 十聲

土土土土 ●●●●
土土土土 ●●●●
土土土土 ●●●●

發音濁和律二之十一

十一音 一聲

乍乍乍乍 多可个舌
乍乍乍乍 禾火化八
乍乍乍乍 開宰愛○
乍乍乍乍 回每退○
乍乍乍乍 良兩向○

十一音 二聲

乍乍乍乍 光廣況○
乍乍乍乍 丁井亘○
乍乍乍乍 兄永瑩○

三音 九聲

安亞乙一 ●●●●
□爻王寅 ●●●●
母馬美米 ●●●●
目皃眉民 ●●●●
夫法□飛 ●●●●

四音 九聲

父凡□吠 ●●●●
武晚□尾 ●●●●
文万□未 ●●●●

五音 九聲

卜百丙必 ●●●●
步白葡鼻 ●●●●
普朴品匹 ●●●●
旁排平瓶 ●●●●

六音 九聲

東丹帝■ ●●●●
兑大弟■ ●●●●
土貪天■ ●●●●
同覃田■ ●●●●

乍乍乍 千典旦○

十一音 三聲

乍乍乍 元犬半○
乍乍乍 臣引艮○
乍乍乍 君允巽○
乍乍乍 刀早孝岳

十一音 四聲

乍乍乍 毛寶報霍
乍乍乍 牛斗奏六
乍乍乍 ○○○玉
乍乍乍 妻子四日

十一音 五聲

乍乍乍 衰○帥骨
乍乍乍 ○○○德
乍乍乍 龜水貴北
乍乍乍 宮孔眾○

十一音 六聲

乍乍乍 龍甬用○
乍乍乍 魚鼠去○
乍乍乍 烏虎兔○

乃妳女■ ●●●●

七音 九聲

內南年■ ●●●●
老冷呂■ ●●●●
鹿犖离■ ●●●●
走哉足■ ●●●●

八音 九聲

自在匠■ ●●●●
草采七■ ●●●●
曹才全■ ●●●●
思三星■ ●●●●

九音 九聲

寺□象■ ●●●●
□□□■ ●●●●
□□□■ ●●●●
■山手■ ●●●●

十音 九聲

■士石■ ●●●●
■□耳■ ●●●●
■□二■ ●●●●

乍乍乍乍 心審禁○

十一音 七聲

乍乍乍乍 ○○○十
乍乍乍乍 男坎欠○
乍乍乍乍 ○○○妾
乍乍乍乍 ●●●●

十一音 八聲

乍乍乍乍 ●●●●
乍乍乍乍 ●●●●
乍乍乍乍 ●●●●
乍乍乍乍 ●●●●

十一音 九聲

乍乍乍乍 ●●●●
乍乍乍乍 ●●●●
乍乍乍乍 ●●●●
乍乍乍乍 ●●●●

十一音 十聲

乍乍乍乍 ●●●●
乍乍乍乍 ●●●●
乍乍乍乍 ●●●●

■莊震■ ●●●●

十一音 九聲

■乍□■ ●●●●
■叉赤■ ●●●●
■崇辰■ ●●●●
■卓中■ ●●●●

十二音 九聲

■宅直■ ●●●●
■坼丑■ ●●●●
■茶呈■ ●●●●

上聲翕唱呂二之十

一音 十聲

古甲九癸 ●●●●
□□近揆 ●●●●
坤巧丘弃 ●●●●
□□乾虯 ●●●●
黑花香血 ●●●●

二音 十聲

黃華雄賢 ●●●●
五瓦仰□ ●●●●
吾牙月堯 ●●●●

發音濁和律二之十二

宅宅宅宅　多可个舌

十二音　一聲

宅宅宅宅　禾火化八
宅宅宅宅　開宰愛○
宅宅宅宅　回每退○
宅宅宅宅　良兩向○

十二音　二聲

宅宅宅宅　光廣況○
宅宅宅宅　丁井亘○
宅宅宅宅　兄永瑩○
宅宅宅宅　千典旦○

十二音　三聲

宅宅宅宅　元犬半○
宅宅宅宅　臣引艮○
宅宅宅宅　君允巽○
宅宅宅宅　刀早孝岳

十二音　四聲

宅宅宅宅　毛寶報霍
宅宅宅宅　牛斗奏六
宅宅宅宅　○○○玉

安亞乙一　●●●●

三音　十聲

□爻王寅　●●●●
母馬美米　●●●●
目皃眉民　●●●●
夫法□飛　●●●●

四音　十聲

父凡□吠　●●●●
武晚□尾　●●●●
文万□未　●●●●
卜百丙必　●●●●

五音　十聲

步白葡鼻　●●●●
普朴品匹　●●●●
旁排平瓶　●●●●
東丹帝■　●●●●

六音　十聲

兑大弟■　●●●●
土貪天■　●●●●
同覃田■　●●●●

宅宅宅宅　妻子四日

十二音　五聲

宅宅宅宅　衰○帥骨
宅宅宅宅　○○○德
宅宅宅宅　龜水貴北
宅宅宅宅　宫孔衆○

十二音　六聲

宅宅宅宅　龍甬用○
宅宅宅宅　魚鼠去○
宅宅宅宅　烏虎兔○
宅宅宅宅　心審禁○

十二音　七聲

宅宅宅宅　○○○十
宅宅宅宅　男坎欠○
宅宅宅宅　○○○妾
宅宅宅宅　●●●●

十二音　八聲

宅宅宅宅　●●●●
宅宅宅宅　●●●●
宅宅宅宅　●●●●

乃妳女■　●●●●

七音　十聲

内南年■　●●●●
老冷吕■　●●●●
鹿犖离■　●●●●
走哉足■　●●●●

八音　十聲

自在匠■　●●●●
草采七■　●●●●
曹才全■　●●●●
思三星■　●●●●

九音　十聲

寺□象■　●●●●
□□□■　●●●●
□□□■　●●●●
■山手■　●●●●

十音　十聲

■士石■　●●●●
■□耳■　●●●●
■□二■　●●●●

宅宅宅宅 ●●●●

十二音 宅宅宅宅 ●●●●

九聲 宅宅宅宅 ●●●●

宅宅宅宅 ●●●●

宅宅宅宅 ●●●●

十二音 宅宅宅宅 ●●●●

十聲 宅宅宅宅 ●●●●

宅宅宅宅 ●●●●

觀物篇之四十一

月星聲上闢

辛井引斗●

鼠坎●●●

月星聲七，下唱地之用音一百五十二，是謂上聲闢音。

上聲闢音一千六十四。

■莊震■ ●●●●

十一音 ■乍□■ ●●●●

十聲 ■叉赤■ ●●●●

■崇辰■ ●●●●

■卓中■ ●●●●

十二音 ■宅直■ ●●●●

十聲 ■坼丑■ ●●●●

■茶呈■ ●●●●

火土音發清

巧瓦馬晚朴貪

冷采□□叉坼

火土音十二，上和天之用聲一百一十二，是謂發音清聲。發音清聲一千三百四十四。

月星聲上之三闢

發音清和律三之一

巧巧巧巧　多可个舌
一音一聲　巧巧巧巧　禾火化八
巧巧巧巧　開宰愛○
巧巧巧巧　回每退○
巧巧巧巧　良兩向○
一音二聲　巧巧巧巧　光廣況○
巧巧巧巧　丁井亘○
巧巧巧巧　兄永瑩○
巧巧巧巧　千典旦○
一音三聲　巧巧巧巧　元犬半○
巧巧巧巧　臣引艮○
巧巧巧巧　君允巽○
巧巧巧巧　刀早孝岳
一音四聲　巧巧巧巧　毛寶報霍
巧巧巧巧　牛斗奏六
巧巧巧巧　○○○玉

火土音發之三清

上聲闢唱呂三之一

古甲九癸　宰宰宰宰
一音一聲　□□近揆　宰宰宰宰
坤巧丘弃　宰宰宰宰
□□乾虯　宰宰宰宰
黑花香血　宰宰宰宰
二音一聲　黃華雄賢　宰宰宰宰
五瓦仰□　宰宰宰宰
吾牙月堯　宰宰宰宰
安亞乙一　宰宰宰宰
三音一聲　□爻王寅　宰宰宰宰
母馬美米　宰宰宰宰
目皃眉民　宰宰宰宰
夫法□飛　宰宰宰宰
四音一聲　父凡□吠　宰宰宰宰
武晚□尾　宰宰宰宰
文万□未　宰宰宰宰

巧巧巧巧　妻子四日

一音　巧巧巧巧　衰○帥骨

五聲　巧巧巧巧　○○○德

巧巧巧巧　龜水貴北

巧巧巧巧　宫孔衆○

一音　巧巧巧巧　龍甬用○

六聲　巧巧巧巧　魚鼠去○

巧巧巧巧　烏虎兔○

巧巧巧巧　心審禁○

一音　巧巧巧巧　○○○十

七聲　巧巧巧巧　男坎欠○

巧巧巧巧　○○○妾

巧巧巧巧　●●●●

一音　巧巧巧巧　●●●●

八聲　巧巧巧巧　●●●●

巧巧巧巧　●●●●

卜百丙必　宰宰宰宰

五音　步白葡鼻　宰宰宰宰

一聲　普朴品匹　宰宰宰宰

旁排平瓶　宰宰宰宰

東丹帝■　宰宰宰宰

六音　兑大弟■　宰宰宰宰

一聲　土貪天■　宰宰宰宰

同覃田■　宰宰宰宰

乃妳女■　宰宰宰宰

七音　内南年■　宰宰宰宰

一聲　老冷吕■　宰宰宰宰

鹿犖离■　宰宰宰宰

走哉足■　宰宰宰宰

八音　自在匠■　宰宰宰宰

一聲　草采七■　宰宰宰宰

曹才全■　宰宰宰宰

巧巧巧巧　●●●●

一音　巧巧巧巧　●●●●

九聲　巧巧巧巧　●●●●

巧巧巧巧　●●●●

巧巧巧巧　●●●●

一音　巧巧巧巧　●●●●

十聲　巧巧巧巧　●●●●

巧巧巧巧　●●●●

發音清和律三之二

瓦瓦瓦瓦　多可个舌

二音　瓦瓦瓦瓦　禾火化八

一聲　瓦瓦瓦瓦　開宰愛○

瓦瓦瓦瓦　回每退○

瓦瓦瓦瓦　良兩向○

二音　瓦瓦瓦瓦　光廣況○

二聲　瓦瓦瓦瓦　丁井亘○

瓦瓦瓦瓦　兄永瑩○

思三星■　宰宰宰宰

九音　寺□象■　宰宰宰宰

一聲　□□□■　宰宰宰宰

□□□■　宰宰宰宰

■山手■　宰宰宰宰

十音　■士石■　宰宰宰宰

一聲　■□耳■　宰宰宰宰

■□二■　宰宰宰宰

■莊震■　宰宰宰宰

十一音　■乍□■　宰宰宰宰

一聲　■叉赤■　宰宰宰宰

■崇辰■　宰宰宰宰

■卓中■　宰宰宰宰

十二音　■宅直■　宰宰宰宰

一聲　■坼丑■　宰宰宰宰

■茶呈■　宰宰宰宰

瓦瓦瓦瓦　千典旦○

二音　三聲

瓦瓦瓦瓦　元犬半○
瓦瓦瓦瓦　臣引艮○
瓦瓦瓦瓦　君允巽○
瓦瓦瓦瓦　刀早孝岳

二音　四聲

瓦瓦瓦瓦　毛寶報霍
瓦瓦瓦瓦　牛斗奏六
瓦瓦瓦瓦　○○○玉
瓦瓦瓦瓦　妻子四日

二音　五聲

瓦瓦瓦瓦　衰○帥骨
瓦瓦瓦瓦　○○○德
瓦瓦瓦瓦　龜水貴北
瓦瓦瓦瓦　宮孔衆○

二音　六聲

瓦瓦瓦瓦　龍甬用○
瓦瓦瓦瓦　魚鼠去○
瓦瓦瓦瓦　烏虎兔○

上聲闢唱呂三之二

古甲九發　井井井井

一音　二聲

□□近揆　井井井井
坤巧丘弃　井井井井
□□乾虯　井井井井
黑花香血　井井井井

二音　二聲

黄華雄賢　井井井井
五瓦仰□　井井井井
吾牙月堯　井井井井
安亞乙一　井井井井

三音　二聲

□爻王寅　井井井井
母馬美米　井井井井
目皃眉民　井井井井
夫法□飛　井井井井

四音　二聲

父凡□吠　井井井井
武晚□尾　井井井井
文万□未　井井井井

瓦瓦瓦瓦　心審禁○

二音七聲

瓦瓦瓦瓦　○○○十

瓦瓦瓦瓦　男坎欠○

瓦瓦瓦瓦　○○○妾

瓦瓦瓦瓦　●●●●

二音八聲

瓦瓦瓦瓦　●●●●

瓦瓦瓦瓦　●●●●

瓦瓦瓦瓦　●●●●

瓦瓦瓦瓦　●●●●

二音九聲

瓦瓦瓦瓦　●●●●

瓦瓦瓦瓦　●●●●

瓦瓦瓦瓦　●●●●

瓦瓦瓦瓦　●●●●

二音十聲

瓦瓦瓦瓦　●●●●

瓦瓦瓦瓦　●●●●

瓦瓦瓦瓦　●●●●

卜百丙必　井井井井

五音二聲

步白莆鼻　井井井井

普朴品匹　井井井井

旁排平瓶　井井井井

東丹帝■　井井井井

六音二聲

兑大弟■　井井井井

土貪天■　井井井井

同覃田■　井井井井

乃妳女■　井井井井

七音二聲

内南年■　井井井井

老冷吕■　井井井井

鹿犖离■　井井井井

走哉足■　井井井井

八音二聲

自在匠■　井井井井

草采七■　井井井井

曹才全■　井井井井

發音清和律三之三

馬馬馬馬　多可个舌

三音一聲　馬馬馬馬　禾火化八
馬馬馬馬　開宰愛○
馬馬馬馬　回每退○
馬馬馬馬　良兩向○

三音二聲　馬馬馬馬　光廣況○
馬馬馬馬　丁井亘○
馬馬馬馬　兄永瑩○
馬馬馬馬　千典旦○

三音三聲　馬馬馬馬　元犬半○
馬馬馬馬　臣引艮○
馬馬馬馬　君允巽○
馬馬馬馬　刀早孝岳

三音四聲　馬馬馬馬　毛寶報霍
馬馬馬馬　牛斗奏六
馬馬馬馬　○○○玉

思三星■　井井井井

九音二聲　寺□象■　井井井井
□□□■　井井井井
□□□■　井井井井
■山手■　井井井井

十音二聲　■士石■　井井井井
■□耳■　井井井井
■□二■　井井井井
■莊震■　井井井井

十一音二聲　■乍□■　井井井井
■叉赤■　井井井井
■崇辰■　井井井井
■卓中■　井井井井

十二音二聲　■宅直■　井井井井
■坼丑■　井井井井
■茶呈■　井井井井

馬馬馬馬　妻子四日

三音五聲

馬馬馬馬　衰○帥骨
馬馬馬馬　○○○德
馬馬馬馬　龜水貴北
馬馬馬馬　宮孔衆○

三音六聲

馬馬馬馬　龍甬用○
馬馬馬馬　魚鼠去○
馬馬馬馬　烏虎兔○
馬馬馬馬　心審禁○

三音七聲

馬馬馬馬　○○○十
馬馬馬馬　男坎欠○
馬馬馬馬　○○○妾
馬馬馬馬　●●●●

三音八聲

馬馬馬馬　●●●●
馬馬馬馬　●●●●
馬馬馬馬　●●●●

上聲闢唱呂三之三

古甲九癸　引引引引

一音三聲

□□近揆　引引引引
坤巧丘弃　引引引引
□□乾虯　引引引引
黑花香血　引引引引

二音三聲

黃華雄賢　引引引引
五瓦仰□　引引引引
吾牙月堯　引引引引
安亞乙一　引引引引

三音三聲

□爻王寅　引引引引
母馬美米　引引引引
目皃眉民　引引引引
夫法□飛　引引引引

四音三聲

父凡□吠　引引引引
武晚□尾　引引引引
文万□未　引引引引

馬馬馬馬 ●●●●

三音
九聲

馬馬馬馬 ●●●●
馬馬馬馬 ●●●●
馬馬馬馬 ●●●●
馬馬馬馬 ●●●●

三音
十聲

馬馬馬馬 ●●●●
馬馬馬馬 ●●●●
馬馬馬馬 ●●●●

發音清和律三之四

晚晚晚晚 多可个舌

四音
一聲

晚晚晚晚 禾火化八
晚晚晚晚 開宰愛○
晚晚晚晚 回每退○
晚晚晚晚 良兩向○

四音
二聲

晚晚晚晚 光廣況○
晚晚晚晚 丁井亘○
晚晚晚晚 兄永瑩○

卜百丙必 引引引引

五音
三聲

步白𦯶鼻 引引引引
普朴品匹 引引引引
旁排平瓶 引引引引
東丹帝■ 引引引引

六音
三聲

兑大弟■ 引引引引
土貪天■ 引引引引
同覃田■ 引引引引
乃妳女■ 引引引引

七音
三聲

内南年■ 引引引引
老冷吕■ 引引引引
鹿犖离■ 引引引引
走哉足■ 引引引引

八音
三聲

自在匠■ 引引引引
草采七■ 引引引引
曹才全■ 引引引引

晚晚晚晚　千典旦○

四音　三聲

晚晚晚晚　元犬半○
晚晚晚晚　臣引艮○
晚晚晚晚　君允巽○
晚晚晚晚　刀早孝岳

四音　四聲

晚晚晚晚　毛寶報霍
晚晚晚晚　牛斗奏六
晚晚晚晚　○○○玉
晚晚晚晚　妻子四日

四音　五聲

晚晚晚晚　衰○帥骨
晚晚晚晚　○○○德
晚晚晚晚　龜水貴北
晚晚晚晚　宮孔衆○

四音　六聲

晚晚晚晚　龍甬用○
晚晚晚晚　魚鼠去○
晚晚晚晚　烏虎兔○

思三星■　引引引引

九音　三聲

寺□象■　引引引引
□□□■　引引引引
□□□■　引引引引
■山手■　引引引引

十音　三聲

■士石■　引引引引
■□耳■　引引引引
■□二■　引引引引
■莊震■　引引引引

十一音　三聲

■乍□■　引引引引
■叉赤■　引引引引
■崇辰■　引引引引
■卓中■　引引引引

十二音　三聲

■宅直■　引引引引
■坼丑■　引引引引
■茶呈■　引引引引

四音七聲

晚晚晚晚　心審禁○
晚晚晚晚　○○○十
晚晚晚晚　男坎欠○
晚晚晚晚　○○○妾

四音八聲

晚晚晚晚　●●●●
晚晚晚晚　●●●●
晚晚晚晚　●●●●
晚晚晚晚　●●●●

四音九聲

晚晚晚晚　●●●●
晚晚晚晚　●●●●
晚晚晚晚　●●●●
晚晚晚晚　●●●●

四音十聲

晚晚晚晚　●●●●
晚晚晚晚　●●●●
晚晚晚晚　●●●●
晚晚晚晚　●●●●

上聲闢唱呂三之四

一音四聲

古甲九癸　斗斗斗斗
□□近揆　斗斗斗斗
坤巧丘弃　斗斗斗斗
□□乾虯　斗斗斗斗

二音四聲

黑花香血　斗斗斗斗
黃華雄賢　斗斗斗斗
五瓦仰□　斗斗斗斗
吾牙月堯　斗斗斗斗

三音四聲

安亞乙一　斗斗斗斗
□爻王寅　斗斗斗斗
母馬美米　斗斗斗斗
目皃眉民　斗斗斗斗

四音四聲

夫法□飛　斗斗斗斗
父凡□吠　斗斗斗斗
武晚□尾　斗斗斗斗
文万□未　斗斗斗斗

發音清和律三之五

朴朴朴朴　多可个舌

五音一聲

朴朴朴朴　禾火化八
朴朴朴朴　開宰愛○
朴朴朴朴　回每退○
朴朴朴朴　良兩向○

五音二聲

朴朴朴朴　光廣況○
朴朴朴朴　丁井亘○
朴朴朴朴　兄永瑩○
朴朴朴朴　千典旦○

五音三聲

朴朴朴朴　元犬半○
朴朴朴朴　臣引艮○
朴朴朴朴　君允巽○
朴朴朴朴　刀早孝岳

五音四聲

朴朴朴朴　毛寶報霍
朴朴朴朴　牛斗奏六
朴朴朴朴　○○○玉

卜百丙必　斗斗斗斗

五音四聲

步白葡鼻　斗斗斗斗
普朴品匹　斗斗斗斗
旁排平瓶　斗斗斗斗
東丹帝■　斗斗斗斗

六音四聲

兑大弟■　斗斗斗斗
土貪天■　斗斗斗斗
同覃田■　斗斗斗斗
乃妳女■　斗斗斗斗

七音四聲

内南年■　斗斗斗斗
老冷吕■　斗斗斗斗
鹿犖离■　斗斗斗斗
走哉足■　斗斗斗斗

八音四聲

自在匠■　斗斗斗斗
草采七■　斗斗斗斗
曹才全■　斗斗斗斗

朴朴朴朴 妻子四日
五音 朴朴朴朴 衰〇帥骨
五聲 朴朴朴朴 〇〇〇德
朴朴朴朴 龜水貴北
朴朴朴朴 宮孔衆〇
五音 朴朴朴朴 龍甬用〇
六聲 朴朴朴朴 魚鼠去〇
朴朴朴朴 烏虎兔〇
朴朴朴朴 心審禁〇
五音 朴朴朴朴 〇〇〇十
七聲 朴朴朴朴 男坎欠〇
朴朴朴朴 〇〇〇妾
朴朴朴朴 ●●●●
五音 朴朴朴朴 ●●●●
八聲 朴朴朴朴 ●●●●
朴朴朴朴 ●●●●

思三星■ 斗斗斗斗
九音 寺□象■ 斗斗斗斗
四聲 □□□■ 斗斗斗斗
□□□■ 斗斗斗斗
■山手■ 斗斗斗斗
十音 ■士石■ 斗斗斗斗
四聲 ■□耳■ 斗斗斗斗
■□二■ 斗斗斗斗
■莊震■ 斗斗斗斗
十一音 ■乍□■ 斗斗斗斗
四聲 ■叉赤■ 斗斗斗斗
■崇辰■ 斗斗斗斗
■卓中■ 斗斗斗斗
十二音 ■宅直■ 斗斗斗斗
四聲 ■坼丑■ 斗斗斗斗
■茶呈■ 斗斗斗斗

朴朴朴朴 ●●●●

五音九聲

朴朴朴朴 ●●●●
朴朴朴朴 ●●●●
朴朴朴朴 ●●●●
朴朴朴朴 ●●●●

五音十聲

朴朴朴朴 ●●●●
朴朴朴朴 ●●●●
朴朴朴朴 ●●●●

發音清和律三之六

貪貪貪貪 多可个舌

六音一聲

貪貪貪貪 禾火化八
貪貪貪貪 開宰愛○
貪貪貪貪 回每退○
貪貪貪貪 良兩向○

六音二聲

貪貪貪貪 光廣況○
貪貪貪貪 丁井亘○
貪貪貪貪 兄永瑩○

上聲闢唱呂三之五

古甲九癸 ○○○○

一音五聲

□□近揆 ○○○○
坤巧丘弃 ○○○○
□□乾虯 ○○○○
黑花香血 ○○○○

二音五聲

黄華雄賢 ○○○○
五瓦仰□ ○○○○
吾牙月堯 ○○○○
安亞乙一 ○○○○

三音五聲

□爻王寅 ○○○○
母馬美米 ○○○○
目皃眉民 ○○○○
夫法□飛 ○○○○

四音五聲

父凡□吠 ○○○○
武晚□尾 ○○○○
文万□未 ○○○○

貪貪貪貪　千典旦○
六音　貪貪貪貪　元犬半○
三聲　貪貪貪貪　臣引艮○
貪貪貪貪　君允巽○

貪貪貪貪　刀早孝岳
六音　貪貪貪貪　毛寶報霍
四聲　貪貪貪貪　牛斗奏六
貪貪貪貪　○○○玉

貪貪貪貪　妻子四日
六音　貪貪貪貪　衰○帥骨
五聲　貪貪貪貪　○○○德
貪貪貪貪　龜水貴北

貪貪貪貪　宮孔衆○
六音　貪貪貪貪　龍甬用○
六聲　貪貪貪貪　魚鼠去○
貪貪貪貪　烏虎兔○

卜百丙必　○○○○
五音　步白葡鼻　○○○○
五聲　普朴品匹　○○○○
旁排平瓶　○○○○

東丹帝■　○○○○
六音　兑大弟■　○○○○
五聲　土貪天■　○○○○
同覃田■　○○○○

乃妳女■　○○○○
七音　内南年■　○○○○
五聲　老冷吕■　○○○○
鹿犖离■　○○○○

走哉足■　○○○○
八音　自在匠■　○○○○
五聲　草采七■　○○○○
曹才全■　○○○○

六音七聲

貪貪貪貪 心審禁○
貪貪貪貪 ○○○十
貪貪貪貪 男坎欠○
貪貪貪貪 ○○○妾

六音八聲

貪貪貪貪 ●●●●
貪貪貪貪 ●●●●
貪貪貪貪 ●●●●
貪貪貪貪 ●●●●

六音九聲

貪貪貪貪 ●●●●
貪貪貪貪 ●●●●
貪貪貪貪 ●●●●
貪貪貪貪 ●●●●

六音十聲

貪貪貪貪 ●●●●
貪貪貪貪 ●●●●
貪貪貪貪 ●●●●
貪貪貪貪 ●●●●

九音五聲

思三星■ ○○○○
寺□象■ ○○○○
□□□■ ○○○○
□□□■ ○○○○

十音五聲

■山手■ ○○○○
■士石■ ○○○○
■□耳■ ○○○○
■□二■ ○○○○

十一音五聲

■莊震■ ○○○○
■乍□■ ○○○○
■叉赤■ ○○○○
■崇辰■ ○○○○

十二音五聲

■卓中■ ○○○○
■宅直■ ○○○○
■坼丑■ ○○○○
■茶呈■ ○○○○

發音清和律三之七

七音一聲

泠泠泠泠　多可个舌
泠泠泠泠　禾火化八
泠泠泠泠　開宰愛○
泠泠泠泠　回每退○

七音二聲

泠泠泠泠　良兩向○
泠泠泠泠　光廣況○
泠泠泠泠　丁井亘○
泠泠泠泠　兄永瑩○

七音三聲

泠泠泠泠　千典旦○
泠泠泠泠　元犬半○
泠泠泠泠　臣引艮○
泠泠泠泠　君允巽○

七音四聲

泠泠泠泠　刀早孝岳
泠泠泠泠　毛寶報霍
泠泠泠泠　牛斗奏六
泠泠泠泠　○○○玉

上聲闢唱呂三之六

一音六聲

古甲九癸　鼠鼠鼠鼠
□□近揆　鼠鼠鼠鼠
坤巧丘弃　鼠鼠鼠鼠
□□乾虯　鼠鼠鼠鼠

二音六聲

黑花香血　鼠鼠鼠鼠
黃華雄賢　鼠鼠鼠鼠
五瓦仰□　鼠鼠鼠鼠
吾牙月堯　鼠鼠鼠鼠

三音六聲

安亞乙一　鼠鼠鼠鼠
□爻王寅　鼠鼠鼠鼠
母馬美米　鼠鼠鼠鼠
目皃眉民　鼠鼠鼠鼠

四音六聲

夫法□飛　鼠鼠鼠鼠
父凡□吠　鼠鼠鼠鼠
武晚□尾　鼠鼠鼠鼠
文万□未　鼠鼠鼠鼠

冷冷冷冷　妻子四日

七音

冷冷冷冷　衰○帥骨

五聲

冷冷冷冷　○○○德

冷冷冷冷　龜水貴北

冷冷冷冷　宮孔衆○

七音

冷冷冷冷　龍甬用○

六聲

冷冷冷冷　魚鼠去○

冷冷冷冷　烏虎兔○

冷冷冷冷　心審禁○

七音

冷冷冷冷　○○○十

七聲

冷冷冷冷　男坎欠○

冷冷冷冷　○○○妾

冷冷冷冷　●●●●

七音

冷冷冷冷　●●●●

八聲

冷冷冷冷　●●●●

冷冷冷冷　●●●●

卜百丙必　鼠鼠鼠鼠

五音

步白葡鼻　鼠鼠鼠鼠

六聲

普朴品匹　鼠鼠鼠鼠

旁排平瓶　鼠鼠鼠鼠

東丹帝■　鼠鼠鼠鼠

六音

兑大弟■　鼠鼠鼠鼠

六聲

土貪天■　鼠鼠鼠鼠

同覃田■　鼠鼠鼠鼠

乃妳女■　鼠鼠鼠鼠

七音

内南年■　鼠鼠鼠鼠

六聲

老冷吕■　鼠鼠鼠鼠

鹿犖离■　鼠鼠鼠鼠

走哉足■　鼠鼠鼠鼠

八音

自在匠■　鼠鼠鼠鼠

六聲

草采七■　鼠鼠鼠鼠

曹才全■　鼠鼠鼠鼠

七音　九聲

泠泠泠泠　●●●●
泠泠泠泠　●●●●
泠泠泠泠　●●●●
泠泠泠泠　●●●●
泠泠泠泠　●●●●

七音　十聲

泠泠泠泠　●●●●
泠泠泠泠　●●●●
泠泠泠泠　●●●●

發音清和律三之八

八音　一聲

采采采采　多可个舌
采采采采　禾火化八
采采采采　開宰愛○
采采采采　回每退○
采采采采　良兩向○

八音　二聲

采采采采　光廣況○
采采采采　丁井亘○
采采采采　兄永瑩○

九音　六聲

思三星■　鼠鼠鼠鼠
寺□象■　鼠鼠鼠鼠
□□□■　鼠鼠鼠鼠
□□□■　鼠鼠鼠鼠
■山手■　鼠鼠鼠鼠

十音　六聲

■士石■　鼠鼠鼠鼠
■□耳■　鼠鼠鼠鼠
■□二■　鼠鼠鼠鼠

十一音　六聲

■莊震■　鼠鼠鼠鼠
■乍□■　鼠鼠鼠鼠
■叉赤■　鼠鼠鼠鼠
■崇辰■　鼠鼠鼠鼠
■卓中■　鼠鼠鼠鼠

十二音　六聲

■宅直■　鼠鼠鼠鼠
■坼丑■　鼠鼠鼠鼠
■茶呈■　鼠鼠鼠鼠

采采采采 千典旦○

八音 三聲

采采采采 元犬半○
采采采采 臣引艮○
采采采采 君允巽○
采采采采 刀早孝岳

八音 四聲

采采采采 毛寶報霍
采采采采 牛斗奏六
采采采采 ○○○玉
采采采采 妻子四日

八音 五聲

采采采采 衰○帥骨
采采采采 ○○○德
采采采采 龜水貴北
采采采采 宮孔衆○

八音 六聲

采采采采 龍甬用○
采采采采 魚鼠去○
采采采采 烏虎兔○

上聲闢唱呂三之七

古甲九癸 坎坎坎坎

一音 七聲

□□近揆 坎坎坎坎
坤巧丘弃 坎坎坎坎
□□乾虯 坎坎坎坎
黑花香血 坎坎坎坎

二音 七聲

黃華雄賢 坎坎坎坎
五瓦仰□ 坎坎坎坎
吾牙月堯 坎坎坎坎
安亞乙一 坎坎坎坎

三音 七聲

□爻王寅 坎坎坎坎
母馬美米 坎坎坎坎
目皃眉民 坎坎坎坎
夫法□飛 坎坎坎坎

四音 七聲

父凡□吠 坎坎坎坎
武晚□尾 坎坎坎坎
文万□未 坎坎坎坎

八音　七聲

采采采采　心審禁〇
采采采采　〇〇〇十
采采采采　男坎欠〇
采采采采　〇〇〇妾
采采采采　●●●●

八音　八聲

采采采采　●●●●
采采采采　●●●●
采采采采　●●●●
采采采采　●●●●

八音　九聲

采采采采　●●●●
采采采采　●●●●
采采采采　●●●●
采采采采　●●●●

八音　十聲

采采采采　●●●●
采采采采　●●●●
采采采采　●●●●

五音　七聲

卜百丙必　坎坎坎坎
步白𤰞鼻　坎坎坎坎
普朴品匹　坎坎坎坎
旁排平瓶　坎坎坎坎
東丹帝■　坎坎坎坎

六音　七聲

兑大弟■　坎坎坎坎
土貪天■　坎坎坎坎
同覃田■　坎坎坎坎
乃妳女■　坎坎坎坎

七音　七聲

内南年■　坎坎坎坎
老冷吕■　坎坎坎坎
鹿犖离■　坎坎坎坎
走哉足■　坎坎坎坎

八音　七聲

自在匠■　坎坎坎坎
草采七■　坎坎坎坎
曹才全■　坎坎坎坎

發音清和律三之九

□□□□多可个舌
九音一聲 □□□□禾火化八
□□□□開宰愛○
□□□□回每退○
□□□□良兩向○
九音二聲 □□□□光廣況○
□□□□丁井亘○
□□□□兄永瑩○
□□□□千典亘○
九音三聲 □□□□元犬半○
□□□□臣引艮○
□□□□君允巽○
□□□□刀早孝岳
九音四聲 □□□□毛寶報霍
□□□□牛斗奏六
□□□□○○○玉

思三星■坎坎坎坎
九音七聲 寺□象■坎坎坎坎
□□□■坎坎坎坎
□□□■坎坎坎坎
■山手■坎坎坎坎
十音七聲 ■士石■坎坎坎坎
■□耳■坎坎坎坎
■□二■坎坎坎坎
■莊震■坎坎坎坎
十一音七聲 ■乍□■坎坎坎坎
■叉赤■坎坎坎坎
■崇辰■坎坎坎坎
■卓中■坎坎坎坎
十二音七聲 ■宅直■坎坎坎坎
■坼丑■坎坎坎坎
■茶呈■坎坎坎坎

□□□□ 妻子四日

九音
五聲

□□□□ 衰○帥骨
□□□□ ○○○德
□□□□ 龜水貴北
□□□□ 宮孔衆○

九音
六聲

□□□□ 龍甬用○
□□□□ 魚鼠去○
□□□□ 烏虎兔○
□□□□ 心審禁○

九音
七聲

□□□□ ○○○十
□□□□ 男坎欠○
□□□□ ○○○妾
□□□□ ●●●●

九音
八聲

□□□□ ●●●●
□□□□ ●●●●
●●●●

上聲闢唱呂三之八

古甲九癸 ●●●●

一音
八聲

□□近揆 ●●●●
坤巧丘弃 ●●●●
□□乾虯 ●●●●
黑花香血 ●●●●

二音
八聲

黃華雄賢 ●●●●
五瓦仰□ ●●●●
吾牙月堯 ●●●●
安亞乙一 ●●●●

三音
八聲

□爻王寅 ●●●●
母馬美米 ●●●●
目皃眉民 ●●●●
夫法□飛 ●●●●

四音
八聲

父凡□吠 ●●●●
武晚□尾 ●●●●
文万□未 ●●●●

□□□□ ●●●●
九音
□□□□ ●●●●
九聲
□□□□ ●●●●
□□□□ ●●●●
□□□□ ●●●●
九音
□□□□ ●●●●
十聲
□□□□ ●●●●
□□□□ ●●●●

發音清和律三之十

□□□□ 多可个舌
十音
□□□□ 禾火化八
一聲
□□□□ 開宰愛○
□□□□ 回每退○
□□□□ 良兩向○
十音
□□□□ 光廣況○
二聲
□□□□ 丁井亘○
□□□□ 兄永瑩○

卜百丙必 ●●●●
五音
步白葡鼻 ●●●●
八聲
普朴品匹 ●●●●
旁排平瓶 ●●●●
東丹帝■ ●●●●
六音
兑大弟■ ●●●●
八聲
土貪天■ ●●●●
同覃田■ ●●●●
乃妳女■ ●●●●
七音
内南年■ ●●●●
八聲
老冷吕■ ●●●●
鹿犖离■ ●●●●
走哉足■ ●●●●
八音
自在匠■ ●●●●
八聲
草采七■ ●●●●
曹才全■ ●●●●

□□□□千典旦○

十音　三聲

□□□□元犬半○
□□□□臣引艮○
□□□□君允巽○
□□□□刀早孝岳

十音　四聲

□□□□毛寶報霍
□□□□牛斗奏六
□□□□○○○玉
□□□□妻子四日

十音　五聲

□□□□衰○帥骨
□□□□○○○德
□□□□龜水貴北
□□□□宮孔衆○

十音　六聲

□□□□龍甬用○
□□□□魚鼠去○
□□□□烏虎兔○

■思三星■●●●●

九音　八聲

寺□象■●●●●
□□□■●●●●
□□□■●●●●
■山手■●●●●

十音　八聲

■士石■●●●●
■□耳■●●●●
■□二■●●●●
■莊震■●●●●

十一音　八聲

■乍□■●●●●
■叉赤■●●●●
■崇辰■●●●●
■卓中■●●●●

十二音　八聲

■宅直■●●●●
■㡿丑■●●●●
■茶呈■●●●●

□□□□ 心審禁○

十音七聲

□□□□ ○○○十
□□□□ 男坎欠○
□□□□ ○○○妾
□□□□ ●●●●

十音八聲

□□□□ ●●●●
□□□□ ●●●●
□□□□ ●●●●
□□□□ ●●●●

十音九聲

□□□□ ●●●●
□□□□ ●●●●
□□□□ ●●●●
□□□□ ●●●●

十音十聲

□□□□ ●●●●
□□□□ ●●●●
□□□□ ●●●●

上聲闢唱吕三之九

古甲九癸 ●●●●

一音九聲

□□近揆 ●●●●
坤巧丘弃 ●●●●
□□乾虯 ●●●●
黑花香血 ●●●●

二音九聲

黄華雄賢 ●●●●
五瓦仰□ ●●●●
吾牙月堯 ●●●●
安亞乙一 ●●●●

三音九聲

□爻王寅 ●●●●
母馬美米 ●●●●
目皃眉民 ●●●●
夫法□飛 ●●●●

四音九聲

父凡□吠 ●●●●
武晚□尾 ●●●●
文万□未 ●●●●

發音清和律三之十一

乂乂乂乂　多可个舌

十一音一聲

乂乂乂乂　禾火化八
乂乂乂乂　開宰愛○
乂乂乂乂　回每退○
乂乂乂乂　良兩向○

十一音二聲

乂乂乂乂　光廣況○
乂乂乂乂　丁井亘○
乂乂乂乂　兄永瑩○
乂乂乂乂　千典旦○

十一音三聲

乂乂乂乂　元犬半○
乂乂乂乂　臣引艮○
乂乂乂乂　君允巽○
乂乂乂乂　刀早孝岳

十一音四聲

乂乂乂乂　毛寶報霍
乂乂乂乂　牛斗奏六
乂乂乂乂　○○○玉

卜百丙必　●●●●

五音九聲

步白葡鼻　●●●●
普朴品匹　●●●●
旁排平瓶　●●●●
東丹帝■　●●●●

六音九聲

兑大弟■　●●●●
土貪天■　●●●●
同覃田■　●●●●
乃妳女■　●●●●

七音九聲

内南年■　●●●●
老冷吕■　●●●●
鹿犖离■　●●●●
走哉足■　●●●●

八音九聲

自在匠■　●●●●
草采七■　●●●●
曹才全■　●●●●

十一音 五聲

乂乂乂乂 妻子四日
乂乂乂乂 衰○帥骨
乂乂乂乂 ○○○德
乂乂乂乂 龜水貴北

十一音 六聲

乂乂乂乂 宮孔衆○
乂乂乂乂 龍甬用○
乂乂乂乂 魚鼠去○
乂乂乂乂 烏虎兔○

十一音 七聲

乂乂乂乂 心審禁○
乂乂乂乂 ○○○十
乂乂乂乂 男坎欠○
乂乂乂乂 ○○○妾

十一音 八聲

乂乂乂乂 ●●●●
乂乂乂乂 ●●●●
乂乂乂乂 ●●●●
乂乂乂乂 ●●●●

九音 九聲

思三星■ ●●●●
寺□象■ ●●●●
□□□■ ●●●●
□□□■ ●●●●

十音 九聲

■山手■ ●●●●
■士石■ ●●●●
■□耳■ ●●●●
■□二■ ●●●●

十一音 九聲

■莊震■ ●●●●
■乍□■ ●●●●
■叉赤■ ●●●●
■崇辰■ ●●●●

十二音 九聲

■卓中■ ●●●●
■宅直■ ●●●●
■拆丑■ ●●●●
■茶呈■ ●●●●

乂乂乂乂 ●●●●

十一音 乂乂乂乂 ●●●●

九聲 乂乂乂乂 ●●●●

乂乂乂乂 ●●●●

乂乂乂乂 ●●●●

十一音 乂乂乂乂 ●●●●

十聲 乂乂乂乂 ●●●●

乂乂乂乂 ●●●●

發音清和律三之十二

坼坼坼坼 多可个舌

十二音 坼坼坼坼 禾火化八

一聲 坼坼坼坼 開宰愛○

坼坼坼坼 回每退○

坼坼坼坼 良兩向○

十二音 坼坼坼坼 光廣況○

二聲 坼坼坼坼 丁井亘○

坼坼坼坼 兄永瑩○

上聲闢唱呂三之十

古甲九癸 ●●●●

十一音 □□近揆 ●●●●

十聲 坤巧丘弃 ●●●●

□□乾虯 ●●●●

黑花香血 ●●●●

十二音 黃華雄賢 ●●●●

十聲 五瓦仰□ ●●●●

吾牙月堯 ●●●●

安亞乙一 ●●●●

十三音 □爻王寅 ●●●●

十聲 母馬美米 ●●●●

目皃眉民 ●●●●

夫法□飛 ●●●●

十四音 父凡□吠 ●●●●

十聲 武晚□尾 ●●●●

文万□未 ●●●●

坼坼坼坼　千典旦○

十二音　三聲

坼坼坼坼　元犬半○
坼坼坼坼　臣引艮○
坼坼坼坼　君允巽○
坼坼坼坼　刀早孝岳

十二音　四聲

坼坼坼坼　毛寳報霍
坼坼坼坼　牛斗奏六
坼坼坼坼　○○○玉
坼坼坼坼　妻子四日

十二音　五聲

坼坼坼坼　衰○帥骨
坼坼坼坼　○○○德
坼坼坼坼　龜水貴北
坼坼坼坼　宮孔衆○

十二音　六聲

坼坼坼坼　龍甬用○
坼坼坼坼　魚鼠去○
坼坼坼坼　烏虎兔○

卜百丙必　●●●●

五音　十聲

步白葡鼻　●●●●
普朴品匹　●●●●
旁排平瓶　●●●●
東丹帝■　●●●●

六音　十聲

兑大弟■　●●●●
土貪天■　●●●●
同覃田■　●●●●
乃妳女■　●●●●

七音　十聲

内南年■　●●●●
老冷吕■　●●●●
鹿犖离■　●●●●
走哉足■　●●●●

八音　十聲

自在匠■　●●●●
草采七■　●●●●
曹才全■　●●●●

坼坼坼坼　心審禁○
十二音　坼坼坼坼　○○○十
七聲　坼坼坼坼　男坎欠○
坼坼坼坼　○○○妾
坼坼坼坼　●●●●
十二音　坼坼坼坼　●●●●
八聲　坼坼坼坼　●●●●
坼坼坼坼　●●●●
坼坼坼坼　●●●●
十二音　坼坼坼坼　●●●●
九聲　坼坼坼坼　●●●●
坼坼坼坼　●●●●
坼坼坼坼　●●●●
十二音　坼坼坼坼　●●●●
十聲　坼坼坼坼　●●●●
坼坼坼坼　●●●●

思三星■　●●●●
九音　寺□象■　●●●●
十聲　□□□■　●●●●
□□□■　●●●●
■山手■　●●●●
十音　■士石■　●●●●
十聲　■□耳■　●●●●
■□二■　●●●●
■莊震■　●●●●
十一音　■乍□■　●●●●
十聲　■叉赤■　●●●●
■崇辰■　●●●●
■卓中■　●●●●
十二音　■宅直■　●●●●
十聲　■坼丑■　●●●●
■茶呈■　●●●●

觀物篇之四十二

月辰聲上翕

每永允○水

虎○●●●

月辰聲七，下唱地之用音一百五十二，是謂上聲翕音。上聲翕音一千六十四。

月辰聲上之四翕

發音濁和律四之一

□□□□ 多可个舌

一音 □□□□ 禾火化八

一聲 □□□□ 開宰愛○

□□□□ 回每退○

□□□□ 良兩向○

一音 □□□□ 光廣況○

二聲 □□□□ 丁井亘○

□□□□ 兄永瑩○

火石音發濁

□牙皃万排覃

犖才□□崇茶

火石音十二，上和天之用聲一百一十二，是謂發音濁聲。發音濁聲一千三百四十四。

火石音發之四濁

上聲翕唱呂四之一

古甲九癸 每每每每

一音 □□近揆 每每每每

一聲 坤巧丘弃 每每每每

□□乾虯 每每每每

黑花香血 每每每每

二音 黃華雄賢 每每每每

一聲 五瓦仰□ 每每每每

吾牙月堯 每每每每

一音三聲
□□□□千典旦○
□□□□元犬半○
□□□□臣引艮○
□□□□君允巽○

一音四聲
□□□□刀早孝岳
□□□□毛寶報霍
□□□□牛斗奏六
□□□□○○○玉

一音五聲
□□□□妻子四日
□□□□衰○帥骨
□□□□○○○德
□□□□龜水貴北

一音六聲
□□□□宮孔衆○
□□□□龍甬用○
□□□□魚鼠去○
□□□□烏虎兔○

三音一聲
安亞乙一每每每每
□爻王寅每每每每
母馬美米每每每每
目皃眉民每每每每

四音一聲
夫法□飛每每每每
父凡□吠每每每每
武晚□尾每每每每
文万□未每每每每

五音一聲
卜百丙必每每每每
步白葡鼻每每每每
普朴品匹每每每每
旁排平瓶每每每每

六音一聲
東丹帝■每每每每
兑大弟■每每每每
土貪天■每每每每
同覃田■每每每每

一音七聲

□□□□心審禁○
□□□□○○○十
□□□□男坎欠○
□□□□○○○妾
□□□□●●●●

一音八聲

□□□□●●●●
□□□□●●●●
□□□□●●●●
□□□□●●●●

一音九聲

□□□□●●●●
□□□□●●●●
□□□□●●●●
□□□□●●●●

一音十聲

□□□□●●●●
□□□□●●●●
□□□□●●●●

七音一聲

乃妳女■每每每每
內南年■每每每每
老冷吕■每每每每
鹿犖离■每每每每
走哉足■每每每每

八音一聲

自在匠■每每每每
草采七■每每每每
曹才全■每每每每
思三星■每每每每

九音一聲

寺□象■每每每每
□□□■每每每每
□□□■每每每每
■山手■每每每每

十音一聲

■士石■每每每每
■□耳■每每每每
■□二■每每每每

發音濁和律四之二

二音一聲

牙牙牙牙 多可个舌
牙牙牙牙 禾火化八
牙牙牙牙 開宰愛○
牙牙牙牙 回每退○
牙牙牙牙 良兩向○

二音二聲

牙牙牙牙 光廣況○
牙牙牙牙 丁井亘○
牙牙牙牙 兄永瑩○

二音三聲

牙牙牙牙 千典旦○
牙牙牙牙 元犬半○
牙牙牙牙 臣引艮○
牙牙牙牙 君允巽○
牙牙牙牙 刀早孝岳

二音四聲

牙牙牙牙 毛寶報霍
牙牙牙牙 牛斗奏六
牙牙牙牙 ○○○玉

十一音一聲

■莊震■ 每每每每
■乍□■ 每每每每
■叉赤■ 每每每每
■崇辰■ 每每每每
■卓中■ 每每每每

十一音一聲

■宅直■ 每每每每
■坼丑■ 每每每每
■茶呈■ 每每每每

上聲翕唱呂四之二

古甲九癸 永永永永

一音二聲

□□近揆 永永永永
坤巧丘弃 永永永永
□□乾虯 永永永永
黑花香血 永永永永

二音二聲

黃華雄賢 永永永永
五瓦仰□ 永永永永
吾牙月堯 永永永永

牙牙牙牙　妻子四日

二音　五聲

牙牙牙牙　衰○帥骨
牙牙牙牙　○○○德
牙牙牙牙　龜水貴北
牙牙牙牙　宮孔衆○

二音　六聲

牙牙牙牙　龍甬用○
牙牙牙牙　魚鼠去○
牙牙牙牙　烏虎兔○
牙牙牙牙　心審禁○

二音　七聲

牙牙牙牙　○○○十
牙牙牙牙　男坎欠○
牙牙牙牙　○○○妾
牙牙牙牙　●●●●

二音　八聲

牙牙牙牙　●●●●
牙牙牙牙　●●●●
牙牙牙牙　●●●●

安亞乙一　永永永永

三音　二聲

□爻王寅　永永永永
母馬美米　永永永永
目皃眉民　永永永永
夫法□飛　永永永永

四音　二聲

父凡□吠　永永永永
武晚□尾　永永永永
文万□未　永永永永
卜百丙必　永永永永

五音　二聲

步白葡鼻　永永永永
普朴品匹　永永永永
旁排平瓶　永永永永

六音　二聲

東丹帝■　永永永永
兑大弟■　永永永永
土貪天■　永永永永
同覃田■　永永永永

二音　牙牙牙牙　●●●●
九聲　牙牙牙牙　●●●●
　　　牙牙牙牙　●●●●
　　　牙牙牙牙　●●●●
　　　牙牙牙牙　●●●●
二音　牙牙牙牙　●●●●
十聲　牙牙牙牙　●●●●
　　　牙牙牙牙　●●●●

牙牙牙牙　●●●●

發音濁和律四之三

兒兒兒兒　多可个舌
三音　兒兒兒兒　禾火化八
一聲　兒兒兒兒　開宰愛○
　　　兒兒兒兒　回每退○
　　　兒兒兒兒　良兩向○
三音　兒兒兒兒　光廣況○
二聲　兒兒兒兒　丁井亘○
　　　兒兒兒兒　兄永瑩○

乃妳女■　永永永永
七音　内南年■　永永永永
二聲　老冷吕■　永永永永
　　　鹿犖离■　永永永永
　　　走哉足■　永永永永
八音　自在匠■　永永永永
二聲　草采七■　永永永永
　　　曹才全■　永永永永
　　　思三星■　永永永永
九音　寺□象■　永永永永
二聲　□□□■　永永永永
　　　□□□■　永永永永
　　　■山手■　永永永永
十音　■士石■　永永永永
二聲　■□耳■　永永永永
　　　■□二■　永永永永

兒兒兒兒　千典旦○

三音　三聲

兒兒兒兒　元犬半○
兒兒兒兒　臣引艮○
兒兒兒兒　君允巽○
兒兒兒兒　刀早孝岳

三音　四聲

兒兒兒兒　毛寶報霍
兒兒兒兒　牛斗奏六
兒兒兒兒　○○○玉
兒兒兒兒　妻子四日

三音　五聲

兒兒兒兒　衰○帥骨
兒兒兒兒　○○○德
兒兒兒兒　龜水貴北
兒兒兒兒　宮孔衆○

三音　六聲

兒兒兒兒　龍甬用○
兒兒兒兒　魚鼠去○
兒兒兒兒　烏虎兔○

■莊震■　永永永永

十一音　二聲

■乍□■　永永永永
■叉赤■　永永永永
■崇辰■　永永永永
■卓中■　永永永永

十二音　二聲

■宅直■　永永永永
■坼丑■　永永永永
■茶呈■　永永永永

上聲翕唱呂四之三

古甲九癸　允允允允

一音　三聲

□□近揆　允允允允
坤巧丘弃　允允允允
□□乾虯　允允允允
黑花香血　允允允允

二音　三聲

黃華雄賢　允允允允
五瓦仰□　允允允允
吾牙月堯　允允允允

皃皃皃皃　心審禁○

三音　七聲

皃皃皃皃　○○○十

皃皃皃皃　男坎欠○

皃皃皃皃　○○○妾

皃皃皃皃　●●●●

三音　八聲

皃皃皃皃　●●●●

皃皃皃皃　●●●●

皃皃皃皃　●●●●

皃皃皃皃　●●●●

三音　九聲

皃皃皃皃　●●●●

皃皃皃皃　●●●●

皃皃皃皃　●●●●

皃皃皃皃　●●●●

三音　十聲

皃皃皃皃　●●●●

皃皃皃皃　●●●●

皃皃皃皃　●●●●

安亞乙一　允允允允

三音　三聲

□爻王寅　允允允允

母馬美米　允允允允

目皃眉民　允允允允

夫法□飛　允允允允

四音　三聲

父凡□吠　允允允允

武晚□尾　允允允允

文万□未　允允允允

卜百丙必　允允允允

五音　三聲

步白葡鼻　允允允允

普朴品匹　允允允允

旁排平瓶　允允允允

東丹帝■　允允允允

六音　三聲

兑大弟■　允允允允

土貪天■　允允允允

同覃田■　允允允允

發音濁和律四之四

四音一聲

万万万万 多可个舌
万万万万 禾火化八
万万万万 開宰愛○
万万万万 回每退○

四音二聲

万万万万 良兩向○
万万万万 光廣況○
万万万万 丁井亘○
万万万万 兄永瑩○

四音三聲

万万万万 千典旦○
万万万万 元犬半○
万万万万 臣引艮○
万万万万 君允巽○

四音四聲

万万万万 刀早孝岳
万万万万 毛寶報霍
万万万万 牛斗奏六
万万万万 ○○○玉

七音三聲

乃妳女■ 允允允允
内南年■ 允允允允
老冷吕■ 允允允允
鹿犖离■ 允允允允

八音三聲

走哉足■ 允允允允
自在匠■ 允允允允
草采七■ 允允允允
曹才全■ 允允允允

九音三聲

思三星■ 允允允允
寺□象■ 允允允允
□□□■ 允允允允
□□□■ 允允允允

十音三聲

■山手■ 允允允允
■士石■ 允允允允
■□耳■ 允允允允
■□二■ 允允允允

万万万万 妻子四日

四音
五聲

万万万万 衰○帥骨
万万万万 ○○○德
万万万万 龜水貴北
万万万万 宮孔衆○

四音
六聲

万万万万 龍甬用○
万万万万 魚鼠去○
万万万万 烏虎兔○
万万万万 心審禁○

四音
七聲

万万万万 ○○○十
万万万万 男坎欠○
万万万万 ○○○妾
万万万万 ●●●●

四音
八聲

万万万万 ●●●●
万万万万 ●●●●
万万万万 ●●●●

■莊震■ 允允允允

十一音
三聲

■乍□■ 允允允允
■叉赤■ 允允允允
■崇辰■ 允允允允
■卓中■ 允允允允

十二音
三聲

■宅直■ 允允允允
■坼丑■ 允允允允
■茶呈■ 允允允允

上聲翕唱呂四之四

古甲九癸 ○○○○

一音
四聲

□□近揆 ○○○○
坤巧丘弃 ○○○○
□□乾虯 ○○○○
黑花香血 ○○○○

二音
四聲

黃華雄賢 ○○○○
五瓦仰□ ○○○○
吾牙月堯 ○○○○

四音九聲

万万万万 ●●●●
万万万万 ●●●●
万万万万 ●●●●
万万万万 ●●●●

四音十聲

万万万万 ●●●●
万万万万 ●●●●
万万万万 ●●●●
万万万万 ●●●●

發音濁和律四之五

五音一聲

排排排排 多可个舌
排排排排 禾火化八
排排排排 開宰愛○
排排排排 回每退○

五音二聲

排排排排 良兩向○
排排排排 光廣況○
排排排排 丁井亘○
排排排排 兄永瑩○

三音四聲

安亞乙一 ○○○○
□爻王寅 ○○○○
母馬美米 ○○○○
目皃眉民 ○○○○

四音四聲

夫法□飛 ○○○○
父凡□吠 ○○○○
武晚□尾 ○○○○
文万□未 ○○○○

五音四聲

卜百丙必 ○○○○
步白葡鼻 ○○○○
普朴品匹 ○○○○
旁排平瓶 ○○○○

六音四聲

東丹帝■ ○○○○
兑大弟■ ○○○○
土貪天■ ○○○○
同覃田■ ○○○○

排排排排　千典旦○

五音　三聲

排排排排　元犬半○
排排排排　臣引艮○
排排排排　君允巽○
排排排排　刀早孝岳

五音　四聲

排排排排　毛寶報霍
排排排排　牛斗奏六
排排排排　○○○玉
排排排排　妻子四日

五音　五聲

排排排排　衰○帥骨
排排排排　○○○德
排排排排　龜水貴北
排排排排　宮孔衆○

五音　六聲

排排排排　龍甬用○
排排排排　魚鼠去○
排排排排　烏虎兔○

乃妳女■　○○○○

七音　四聲

内南年■　○○○○
老冷吕■　○○○○
鹿犖离■　○○○○
走哉足■　○○○○

八音　四聲

自在匠■　○○○○
草采七■　○○○○
曹才全■　○○○○
思三星■　○○○○

九音　四聲

寺□象■　○○○○
□□□■　○○○○
□□□■　○○○○
■山手■　○○○○

十音　四聲

■士石■　○○○○
■□耳■　○○○○
■□二■　○○○○

排排排排　心審禁○

五音七聲

排排排排　○○○十
排排排排　男坎欠○
排排排排　○○○妾
排排排排　●●●●

五音八聲

排排排排　●●●●
排排排排　●●●●
排排排排　●●●●
排排排排　●●●●

五音九聲

排排排排　●●●●
排排排排　●●●●
排排排排　●●●●
排排排排　●●●●

五音十聲

排排排排　●●●●
排排排排　●●●●
排排排排　●●●●

■莊震■　○○○○

十一音四聲

■乍□■　○○○○
■叉赤■　○○○○
■崇辰■　○○○○
■卓中■　○○○○

十二音四聲

■宅直■　○○○○
■拆丑■　○○○○
■茶呈■　○○○○

上聲翕唱呂四之五

古甲九癸　水水水水

一音五聲

□□近揆　水水水水
坤巧丘弃　水水水水
□□乾虯　水水水水
黑花香血　水水水水

二音五聲

黃華雄賢　水水水水
五瓦仰□　水水水水
吾牙月堯　水水水水

發音濁和律四之六

六音一聲
覃覃覃覃　多可个舌
覃覃覃覃　禾火化八
覃覃覃覃　開宰愛○
覃覃覃覃　回每退○
覃覃覃覃　良兩向○

六音二聲
覃覃覃覃　光廣況○
覃覃覃覃　丁井亘○
覃覃覃覃　兄永瑩○
覃覃覃覃　千典旦○

六音三聲
覃覃覃覃　元犬半○
覃覃覃覃　臣引艮○
覃覃覃覃　君允巽○
覃覃覃覃　刀早孝岳

六音四聲
覃覃覃覃　毛寶報霍
覃覃覃覃　牛斗奏六
覃覃覃覃　○○○玉

三音五聲
安亞乙一　水水水水
□爻王寅　水水水水
母馬美米　水水水水
目皃眉民　水水水水
夫法□飛　水水水水

四音五聲
父凡□吠　水水水水
武晚□尾　水水水水
文万□未　水水水水
卜百丙必　水水水水

五音五聲
步白葡鼻　水水水水
普朴品匹　水水水水
旁排平瓶　水水水水
東丹帝■　水水水水

六音五聲
兑大弟■　水水水水
土貪天■　水水水水
同覃田■　水水水水

六音

五聲

覃覃覃覃　妻子四日

覃覃覃覃　衰○帥骨

覃覃覃覃　○○○德

覃覃覃覃　龜水貴北

六音

六聲

覃覃覃覃　宮孔衆○

覃覃覃覃　龍甬用○

覃覃覃覃　魚鼠去○

覃覃覃覃　烏虎兔○

六音

七聲

覃覃覃覃　心審禁○

覃覃覃覃　○○○十

覃覃覃覃　男坎欠○

覃覃覃覃　○○○妾

六音

八聲

覃覃覃覃　●●●●

覃覃覃覃　●●●●

覃覃覃覃　●●●●

覃覃覃覃　●●●●

七音

五聲

乃妳女■　水水水水

內南年■　水水水水

老冷吕■　水水水水

鹿犖离■　水水水水

八音

五聲

走哉足■　水水水水

自在匠■　水水水水

草采七■　水水水水

曹才全■　水水水水

九音

五聲

思三星■　水水水水

寺□象■　水水水水

□□□■　水水水水

□□□■　水水水水

十音

五聲

■山手■　水水水水

■士石■　水水水水

■□耳■　水水水水

■□二■　水水水水

覃覃覃覃　●●●●
六音　覃覃覃覃　●●●●
九聲　覃覃覃覃　●●●●
覃覃覃覃　●●●●
覃覃覃覃　●●●●
六音　覃覃覃覃　●●●●
十聲　覃覃覃覃　●●●●
覃覃覃覃　●●●●

發音濁和律四之七

犖犖犖犖　多可个舌
七音　犖犖犖犖　禾火化八
一聲　犖犖犖犖　開宰愛○
犖犖犖犖　回每退○
犖犖犖犖　良兩向○
七音　犖犖犖犖　光廣況○
二聲　犖犖犖犖　丁井亘○
犖犖犖犖　兄永瑩○

■莊震■　水水水水
十一音　■乍□■　水水水水
五聲　■叉赤■　水水水水
■崇辰■　水水水水
■卓中■　水水水水
十二音　■宅直■　水水水水
五聲　■坼丑■　水水水水
■茶呈■　水水水水

上聲翕唱呂四之六

古甲九癸　虎虎虎虎
一音　□□近揆　虎虎虎虎
六聲　坤巧丘弃　虎虎虎虎
□□乾虯　虎虎虎虎
黑花香血　虎虎虎虎
二音　黃華雄賢　虎虎虎虎
六聲　五瓦仰□　虎虎虎虎
吾牙月堯　虎虎虎虎

犖犖犖犖 千典旦○

七音 三聲

犖犖犖犖 元犬半○
犖犖犖犖 臣引艮○
犖犖犖犖 君允巽○
犖犖犖犖 刀早孝岳

七音 四聲

犖犖犖犖 毛寶報霍
犖犖犖犖 牛斗奏六
犖犖犖犖 ○○○玉
犖犖犖犖 妻子四日

七音 五聲

犖犖犖犖 衰○帥骨
犖犖犖犖 ○○○德
犖犖犖犖 龜水貴北
犖犖犖犖 宮孔衆○

七音 六聲

犖犖犖犖 龍甬用○
犖犖犖犖 魚鼠去○
犖犖犖犖 烏虎兔○

安亞乙一 虎虎虎虎

三音 六聲

□爻王寅 虎虎虎虎
母馬美米 虎虎虎虎
目皃眉民 虎虎虎虎
夫法□飛 虎虎虎虎

四音 六聲

父凡□吠 虎虎虎虎
武晚□尾 虎虎虎虎
文万□未 虎虎虎虎
卜百丙必 虎虎虎虎

五音 六聲

步白葡鼻 虎虎虎虎
普朴品匹 虎虎虎虎
旁排平瓶 虎虎虎虎
東丹帝■ 虎虎虎虎

六音 六聲

兑大弟■ 虎虎虎虎
土貪天■ 虎虎虎虎
同覃田■ 虎虎虎虎

七音 七聲

犖犖犖犖 心審禁○
犖犖犖犖 ○○○十
犖犖犖犖 男坎欠○
犖犖犖犖 ○○○妾

七音 八聲

犖犖犖犖 ●●●●
犖犖犖犖 ●●●●
犖犖犖犖 ●●●●
犖犖犖犖 ●●●●

七音 九聲

犖犖犖犖 ●●●●
犖犖犖犖 ●●●●
犖犖犖犖 ●●●●
犖犖犖犖 ●●●●

七音 十聲

犖犖犖犖 ●●●●
犖犖犖犖 ●●●●
犖犖犖犖 ●●●●
犖犖犖犖 ●●●●

七音 六聲

乃妳女■ 虎虎虎虎
內南年■ 虎虎虎虎
老冷吕■ 虎虎虎虎
鹿犖离■ 虎虎虎虎

八音 六聲

走哉足■ 虎虎虎虎
自在匠■ 虎虎虎虎
草采七■ 虎虎虎虎
曹才全■ 虎虎虎虎

九音 六聲

思三星■ 虎虎虎虎
寺□象■ 虎虎虎虎
□□□■ 虎虎虎虎
□□□■ 虎虎虎虎

十音 六聲

■山手■ 虎虎虎虎
■士石■ 虎虎虎虎
■□耳■ 虎虎虎虎
■□二■ 虎虎虎虎

發音濁和律四之八

才才才才　多可个舌

八音一聲

才才才才　禾火化八
才才才才　開宰愛○
才才才才　回每退○
才才才才　良兩向○

八音二聲

才才才才　光廣況○
才才才才　丁井亘○
才才才才　兄永瑩○

才才才才　千典旦○

八音三聲

才才才才　元犬半○
才才才才　臣引艮○
才才才才　君允巽○
才才才才　刀早孝岳

八音四聲

才才才才　毛寶報霍
才才才才　牛斗奏六
才才才才　○○○玉

■莊震■　虎虎虎虎

十一音六聲

■乍□■　虎虎虎虎
■叉赤■　虎虎虎虎
■崇辰■　虎虎虎虎
■卓中■　虎虎虎虎

十二音六聲

■宅直■　虎虎虎虎
■坼丑■　虎虎虎虎
■茶呈■　虎虎虎虎

上聲翕唱呂四之七

古甲九癸　○○○○

一音七聲

□□近揆　○○○○
坤巧丘弃　○○○○
□□乾虯　○○○○
黑花香血　○○○○

二音七聲

黃華雄賢　○○○○
五瓦仰□　○○○○
吾牙月堯　○○○○

八音　五聲

才才才才　妻子四日
才才才才　衰○帥骨
才才才才　○○○德
才才才才　龜水貴北

八音　六聲

才才才才　宮孔衆○
才才才才　龍甬用○
才才才才　魚鼠去○
才才才才　烏虎兔○

八音　七聲

才才才才　心審禁○
才才才才　○○○十
才才才才　男坎欠○
才才才才　○○○妾

八音　八聲

才才才才　●●●●
才才才才　●●●●
才才才才　●●●●
才才才才　●●●●

三音　七聲

安亞乙一　○○○○
□爻王寅　○○○○
母馬美米　○○○○
目皃眉民　○○○○

四音　七聲

夫法□飛　○○○○
父凡□吠　○○○○
武晚□尾　○○○○
文万□未　○○○○

五音　七聲

卜百丙必　○○○○
步白葡鼻　○○○○
普朴品匹　○○○○
旁排平瓶　○○○○

六音　七聲

東丹帝■　○○○○
兑大弟■　○○○○
土貪天■　○○○○
同覃田■　○○○○

オオオオ●●●●

八音
九聲
オオオオ●●●●
オオオオ●●●●
オオオオ●●●●
オオオオ●●●●

八音
十聲
オオオオ●●●●
オオオオ●●●●
オオオオ●●●●

發音濁和律四之九

□□□□多可个舌

九音
一聲
□□□□禾火化八
□□□□開宰愛○
□□□□回每退○
□□□□良兩向○

九音
二聲
□□□□光廣況○
□□□□丁井亘○
□□□□兄永瑩○

乃妳女■○○○○

七音
七聲
内南年■○○○○
老冷吕■○○○○
鹿犖离■○○○○
走哉足■○○○○

八音
七聲
自在匠■○○○○
草采七■○○○○
曹才全■○○○○

思三星■○○○○

九音
七聲
寺□象■○○○○
□□□■○○○○
□□□■○○○○
■山手■○○○○

十音
七聲
■士石■○○○○
■□耳■○○○○
■□二■○○○○

□□□□千典旦○

九音

三聲

□□□□元犬半○
□□□□臣引艮○
□□□□君允巽○
□□□□刀早孝岳

九音

四聲

□□□□毛寶報霍
□□□□牛斗奏六
□□□□○○○玉
□□□□妻子四日

九音

五聲

□□□□衰○帥骨
□□□□○○○德
□□□□龜水貴北
□□□□宮孔衆○

九音

六聲

□□□□龍甬用○
□□□□魚鼠去○
□□□□烏虎兔○

■莊震■○○○○

十一音

七聲

■乍□■○○○○
■叉赤■○○○○
■崇辰■○○○○
■卓中■○○○○

十二音

七聲

■宅直■○○○○
■坼丑■○○○○
■茶呈■○○○○

上聲翕唱呂四之八

古甲九癸●●●●

一音

八聲

□□近揆●●●●
坤巧丘弃●●●●
□□乾虯●●●●
黑花香血●●●●

二音

八聲

黃華雄賢●●●●
五瓦仰□●●●●
吾牙月堯●●●●

□□□□ 心審禁○

九音 □□□□ ○○○十

七聲 □□□□ 男坎欠○

□□□□ ○○○妾

□□□□ ●●●●

九音 □□□□ ●●●●

八聲 □□□□ ●●●●

□□□□ ●●●●

□□□□ ●●●●

九音 □□□□ ●●●●

九聲 □□□□ ●●●●

□□□□ ●●●●

□□□□ ●●●●

九音 □□□□ ●●●●

十聲 □□□□ ●●●●

□□□□ ●●●●

安亞乙一 ●●●●

三音 □爻王寅 ●●●●

八聲 母馬美米 ●●●●

目皃眉民 ●●●●

夫法□飛 ●●●●

四音 父凡□吠 ●●●●

八聲 武晚□尾 ●●●●

文万□未 ●●●●

卜百丙必 ●●●●

五音 步白𤰇鼻 ●●●●

八聲 普朴品匹 ●●●●

旁排平瓶 ●●●●

東丹帝■ ●●●●

六音 兑大弟■ ●●●●

八聲 土貪天■ ●●●●

同覃田■ ●●●●

發音濁和律四之十

□□□□ 多可个舌

十音一聲

□□□□ 禾火化八
□□□□ 開宰愛○
□□□□ 回每退○
□□□□ 良兩向○

十音二聲

□□□□ 光廣況○
□□□□ 丁井亘○
□□□□ 兄永瑩○
□□□□ 千典旦○

十音三聲

□□□□ 元犬半○
□□□□ 臣引艮○
□□□□ 君允巽○
□□□□ 刀早孝岳

十音四聲

□□□□ 毛寶報霍
□□□□ 牛斗奏六
□□□□ ○○○玉

乃妳女■ ●●●●

七音八聲

內南年■ ●●●●
老冷呂■ ●●●●
鹿犖离■ ●●●●
走哉足■ ●●●●

八音八聲

自在匠■ ●●●●
草采七■ ●●●●
曹才全■ ●●●●
思三星■ ●●●●

九音八聲

寺□象■ ●●●●
□□□■ ●●●●
□□□■ ●●●●
■山手■ ●●●●

十音八聲

■士石■ ●●●●
■□耳■ ●●●●
■□二■ ●●●●

十音五聲

□□□□ 妻子四日
□□□□ 衰○帥骨
□□□□ ○○○德
□□□□ 龜水貴北

十音六聲

□□□□ 宮孔衆○
□□□□ 龍甬用○
□□□□ 魚鼠去○
□□□□ 烏虎兔○

十音七聲

□□□□ 心審禁○
□□□□ ○○○十
□□□□ 男坎欠○
□□□□ ○○○妾

十音八聲

□□□□ ●●●●
□□□□ ●●●●
□□□□ ●●●●
□□□□ ●●●●

十一音八聲

■莊震■ ●●●●
■乍□■ ●●●●
■叉赤■ ●●●●
■崇辰■ ●●●●

十二音八聲

■卓中■ ●●●●
■宅直■ ●●●●
■坼丑■ ●●●●
■茶呈■ ●●●●

上聲翕唱呂四之九

一音九聲

古甲九癸 ●●●●
□□近揆 ●●●●
坤巧丘弃 ●●●●
□□乾虯 ●●●●

二音九聲

黑花香血 ●●●●
黃華雄賢 ●●●●
五瓦仰□ ●●●●
吾牙月堯 ●●●●

□□□□ ●●●●

十音 □□□□ ●●●●

九聲 □□□□ ●●●●

□□□□ ●●●●

□□□□ ●●●●

十音 □□□□ ●●●●

十聲 □□□□ ●●●●

□□□□ ●●●●

發音濁和律四之十一

崇崇崇崇 多可个舌

十一音 崇崇崇崇 禾火化八

一聲 崇崇崇崇 開宰愛○

崇崇崇崇 回每退○

崇崇崇崇 良兩向○

十一音 崇崇崇崇 光廣况○

二聲 崇崇崇崇 丁井亘○

崇崇崇崇 兄永瑩○

安亞乙一 ●●●●

三音 □爻王寅 ●●●●

九聲 母馬美米 ●●●●

目皃眉民 ●●●●

夫法□飛 ●●●●

四音 父凡□吠 ●●●●

九聲 武晚□尾 ●●●●

文万□未 ●●●●

卜百丙必 ●●●●

五音 步白備鼻 ●●●●

九聲 普朴品匹 ●●●●

旁排平瓶 ●●●●

東丹帝■ ●●●●

六音 兑大弟■ ●●●●

九聲 土貪天■ ●●●●

同覃田■ ●●●●

十一音 三聲

崇崇崇崇 千典旦○
崇崇崇崇 元犬半○
崇崇崇崇 臣引艮○
崇崇崇崇 君允巽○

十一音 四聲

崇崇崇崇 刀早孝岳
崇崇崇崇 毛寶報霍
崇崇崇崇 牛斗奏六
崇崇崇崇 ○○○玉

十一音 五聲

崇崇崇崇 妻子四日
崇崇崇崇 衰○帥骨
崇崇崇崇 ○○○德
崇崇崇崇 龜水貴北

十一音 六聲

崇崇崇崇 宮孔衆○
崇崇崇崇 龍甬用○
崇崇崇崇 魚鼠去○
崇崇崇崇 烏虎兔○

七音 九聲

乃妳女■ ●●●●
內南年■ ●●●●
老冷吕■ ●●●●
鹿犖离■ ●●●●

八音 九聲

走哉足■ ●●●●
自在匠■ ●●●●
草采七■ ●●●●
曹才全■ ●●●●

九音 九聲

思三星■ ●●●●
寺□象■ ●●●●
□□□■ ●●●●
□□□■ ●●●●

十音 九聲

■山手■ ●●●●
■士石■ ●●●●
■□耳■ ●●●●
■□二■ ●●●●

崇崇崇崇　心審禁○

十一音　七聲

崇崇崇崇　○○○十
崇崇崇崇　男坎欠○
崇崇崇崇　○○○妾
崇崇崇崇　●●●●

十一音　八聲

崇崇崇崇　●●●●
崇崇崇崇　●●●●
崇崇崇崇　●●●●
崇崇崇崇　●●●●

十一音　九聲

崇崇崇崇　●●●●
崇崇崇崇　●●●●
崇崇崇崇　●●●●
崇崇崇崇　●●●●

十一音　十聲

崇崇崇崇　●●●●
崇崇崇崇　●●●●
崇崇崇崇　●●●●

■莊震■　●●●●

十一音　九聲

■乍□■　●●●●
■叉赤■　●●●●
■崇辰■　●●●●
■卓中■　●●●●

十二音　九聲

■宅直■　●●●●
■坼丑■　●●●●
■茶呈■　●●●●

上聲翕唱呂四之十

古甲九癸　●●●●

一音　十聲

□□近揆　●●●●
坤巧丘弃　●●●●
□□乾虯　●●●●
黑花香血　●●●●

二音　十聲

黃華雄賢　●●●●
五瓦仰□　●●●●
吾牙月堯　●●●●

發音濁和律四之十二

茶茶茶茶　多可个舌

十二音一聲
茶茶茶茶　禾火化八
茶茶茶茶　開宰愛○
茶茶茶茶　回每退○
茶茶茶茶　良兩向○

十二音二聲
茶茶茶茶　光廣況○
茶茶茶茶　丁井亘○
茶茶茶茶　兄永瑩○
茶茶茶茶　千典旦○

十二音三聲
茶茶茶茶　元犬半○
茶茶茶茶　臣引艮○
茶茶茶茶　君允巽○
茶茶茶茶　刀早孝岳

十二音四聲
茶茶茶茶　毛寶報霍
茶茶茶茶　牛斗奏六
茶茶茶茶　○○○玉

安亞乙一　●●●●

三音十聲
□爻王寅　●●●●
母馬美米　●●●●
目皃眉民　●●●●
夫法□飛　●●●●

四音十聲
父凡□吠　●●●●
武晚□尾　●●●●
文万□未　●●●●
卜百丙必　●●●●

五音十聲
步白葡鼻　●●●●
普朴品匹　●●●●
旁排平瓶　●●●●
東丹帝■　●●●●

六音十聲
兑大弟■　●●●●
土貪天■　●●●●
同覃田■　●●●●

茶茶茶茶 妻子四日
十二音 茶茶茶茶 衰○帥骨
五聲 茶茶茶茶 ○○○德
茶茶茶茶 龜水貴北
茶茶茶茶 宮孔衆○
十二音 茶茶茶茶 龍甬用○
六聲 茶茶茶茶 魚鼠去○
茶茶茶茶 烏虎兔○
茶茶茶茶 心審禁○
十二音 茶茶茶茶 ○○○十
七聲 茶茶茶茶 男坎欠○
茶茶茶茶 ○○○妾
茶茶茶茶 ●●●●
十二音 茶茶茶茶 ●●●●
八聲 茶茶茶茶 ●●●●
茶茶茶茶 ●●●●

乃妳女■ ●●●●
七音 内南年■ ●●●●
十聲 老冷吕■ ●●●●
鹿犖离■ ●●●●
走哉足■ ●●●●
八音 自在匠■ ●●●●
十聲 草采七■ ●●●●
曹才全■ ●●●●
思三星■ ●●●●
九音 寺□象■ ●●●●
十聲 □□□■ ●●●●
□□□■ ●●●●
■山手■ ●●●●
十音 ■士石■ ●●●●
十聲 ■□耳■ ●●●●
■□二■ ●●●●

十二音　九聲

茶茶茶茶　●●●●
茶茶茶茶　●●●●
茶茶茶茶　●●●●
茶茶茶茶　●●●●

十二音　十聲

茶茶茶茶　●●●●
茶茶茶茶　●●●●
茶茶茶茶　●●●●
茶茶茶茶　●●●●

十一音　十聲

■莊震■　●●●●
■乍□■　●●●●
■叉赤■　●●●●
■崇辰■　●●●●

十二音　十聲

■卓中■　●●●●
■宅直■　●●●●
■坼丑■　●●●●
■茶呈■　●●●●

皇極經世卷第九

觀物篇之四十三

星日聲去闢

个向旦孝四

衆禁●●●

星日聲七，下唱地之用音一百五十二，是謂去聲闢音。去聲闢音一千六十四。

星日聲去之一闢

收音清和律一之一

九九九九九　多可个舌

一音　九九九九九　禾火化八

一聲　九九九九九　開宰愛○

九九九九九　回每退○

土水音收清

九香乙□丙帝

女足星手震中

土水音十二，上和天之用聲一百一十二，是謂收音清聲。收音清聲一千三百四十四。

土水音收之一清

去聲闢唱呂一之一

古甲九癸　个个个个

一音　□□近揆　个个个个

一聲　坤巧丘弃　个个个个

□□乾虯　个个个个

九九九九　良兩向○

一音　一聲
九九九九　光廣況○

二聲
九九九九　丁井亘○
九九九九　兄永瑩○
九九九九　千典旦○

一音　三聲
九九九九　元犬半○
九九九九　臣引艮○
九九九九　君允巽○
九九九九　刀早孝岳

一音　四聲
九九九九　毛寶報霍
九九九九　牛斗奏六
九九九九　○○○玉
九九九九　妻子四日

一音　五聲
九九九九　衰○帥骨
九九九九　○○○德
九九九九　龜水貴北

黑花香血　个个个个

二音　一聲
黃華雄賢　个个个个
五瓦仰□　个个个个
吾牙月堯　个个个个
安亞乙一　个个个个

三音　一聲
□爻王寅　个个个个
母馬美米　个个个个
目皃眉民　个个个个
夫法□飛　个个个个

四音　一聲
父凡□吠　个个个个
武晚□尾　个个个个
文万□未　个个个个
卜百丙必　个个个个

五音　一聲
步白葡鼻　个个个个
普朴品匹　个个个个
旁排平瓶　个个个个

九九九九　宮孔衆○

一音　六聲

九九九九　龍甬用○
九九九九　魚鼠去○
九九九九　烏虎兔○
九九九九　心審禁○

一音　七聲

九九九九　○○○十
九九九九　男坎欠○
九九九九　○○○妾
九九九九　●●●●

一音　八聲

九九九九　●●●●
九九九九　●●●●
九九九九　●●●●
九九九九　●●●●

一音　九聲

九九九九　●●●●
九九九九　●●●●
九九九九　●●●●

東丹帝■　个个个个

六音　一聲

兑大弟■　个个个个
土貪天■　个个个个
同覃田■　个个个个
乃妳女■　个个个个

七音　一聲

内南年■　个个个个
老冷吕■　个个个个
鹿犖离■　个个个个
走哉足■　个个个个

八音　一聲

自在匠■　个个个个
草采七■　个个个个
曹才全■　个个个个
思三星■　个个个个

九音　一聲

寺□象■　个个个个
□□□■　个个个个
□□□■　个个个个

一音 十聲

九九九九 ●●●●
九九九九 ●●●●
九九九九 ●●●●
九九九九 ●●●●

收音清和律一之二

二音 一聲

香香香香 多可个舌
香香香香 禾火化八
香香香香 開宰愛○
香香香香 回每退○

二音 二聲

香香香香 良兩向○
香香香香 光廣況○
香香香香 丁井亘○
香香香香 兄永瑩○

十音 一聲

■山手■ 个个个个
■士石■ 个个个个
■□耳■ 个个个个
■□二■ 个个个个

十一音 一聲

■莊震■ 个个个个
■乍□■ 个个个个
■叉赤■ 个个个个
■崇辰■ 个个个个

十二音 一聲

■卓中■ 个个个个
■宅直■ 个个个个
■坼丑■ 个个个个
■茶呈■ 个个个个

香香香香　千典旦○

二音三聲

香香香香　元犬半○
香香香香　臣引艮○
香香香香　君允巽○
香香香香　刀早孝岳

二音四聲

香香香香　毛寶報霍
香香香香　牛斗奏六
香香香香　○○○玉
香香香香　妻子四日

二音五聲

香香香香　衰○帥骨
香香香香　○○○德
香香香香　龜水貴北
香香香香　宮孔衆○

二音六聲

香香香香　龍甬用○
香香香香　魚鼠去○
香香香香　烏虎兔○

去聲闢唱呂一之二

古甲九癸　向向向向

一音二聲

□□近揆　向向向向
坤巧丘弃　向向向向
□□乾虯　向向向向
黑花香血　向向向向

二音二聲

黃華雄賢　向向向向
五瓦仰□　向向向向
吾牙月堯　向向向向
安亞乙一　向向向向

三音二聲

□爻王寅　向向向向
母馬美米　向向向向
目皃眉民　向向向向
夫法□飛　向向向向

四音二聲

父凡□吠　向向向向
武晚□尾　向向向向
文万□未　向向向向

二音七聲

香香香香 心審禁○
香香香香 ○○○十
香香香香 男坎欠○
香香香香 ○○○妾

二音八聲

香香香香 ●●●●
香香香香 ●●●●
香香香香 ●●●●
香香香香 ●●●●

二音九聲

香香香香 ●●●●
香香香香 ●●●●
香香香香 ●●●●
香香香香 ●●●●

二音十聲

香香香香 ●●●●
香香香香 ●●●●
香香香香 ●●●●
香香香香 ●●●●

五音二聲

卜百丙必 向向向向
步白葡鼻 向向向向
普朴品匹 向向向向
旁排平瓶 向向向向

六音二聲

東丹帝■ 向向向向
兌大弟■ 向向向向
土貪天■ 向向向向
同覃田■ 向向向向

七音二聲

乃妳女■ 向向向向
內南年■ 向向向向
老冷呂■ 向向向向
鹿犖离■ 向向向向

八音二聲

走哉足■ 向向向向
自在匠■ 向向向向
草采七■ 向向向向
曹才全■ 向向向向

收音清和律一之三

乙乙乙乙 多可个舌
三音 乙乙乙乙 禾火化八
一聲 乙乙乙乙 開宰愛○
乙乙乙乙 回每退○
乙乙乙乙 良兩向○
三音 乙乙乙乙 光廣況○
二聲 乙乙乙乙 丁井亘○
乙乙乙乙 兄永瑩○
乙乙乙乙 千典旦○
三音 乙乙乙乙 元犬半○
三聲 乙乙乙乙 臣引艮○
乙乙乙乙 君允巽○
乙乙乙乙 刀早孝岳
三音 乙乙乙乙 毛寶報霍
四聲 乙乙乙乙 牛斗奏六
乙乙乙乙 ○○○玉

思三星■ 向向向向
九音 寺□象■ 向向向向
二聲 □□□■ 向向向向
□□□■ 向向向向
■山手■ 向向向向
十音 ■士石■ 向向向向
二聲 ■□耳■ 向向向向
■□二■ 向向向向
■莊震■ 向向向向
十一音 ■乍□■ 向向向向
二聲 ■叉赤■ 向向向向
■崇辰■ 向向向向
■卓中■ 向向向向
十二音 ■宅直■ 向向向向
二聲 ■坼丑■ 向向向向
■茶呈■ 向向向向

乙乙乙乙　妻子四日

三音　五聲

乙乙乙乙　衰○帥骨
乙乙乙乙　○○○德
乙乙乙乙　龜水貴北
乙乙乙乙　宮孔衆○

三音　六聲

乙乙乙乙　龍甬用○
乙乙乙乙　魚鼠去○
乙乙乙乙　烏虎兔○
乙乙乙乙　心審禁○

三音　七聲

乙乙乙乙　○○○十
乙乙乙乙　男坎欠○
乙乙乙乙　○○○妾
乙乙乙乙　●●●●

三音　八聲

乙乙乙乙　●●●●
乙乙乙乙　●●●●
乙乙乙乙　●●●●

去聲闢唱呂一之三

古甲九癸　旦旦旦旦

一音　三聲

□□近揆　旦旦旦旦
坤巧丘弃　旦旦旦旦
□□乾虯　旦旦旦旦
黑花香血　旦旦旦旦

二音　三聲

黃華雄賢　旦旦旦旦
五瓦仰□　旦旦旦旦
吾牙月堯　旦旦旦旦
安亞乙一　旦旦旦旦

三音　三聲

□爻王寅　旦旦旦旦
母馬美米　旦旦旦旦
目皃眉民　旦旦旦旦
夫法□飛　旦旦旦旦

四音　三聲

父凡□吠　旦旦旦旦
武晚□尾　旦旦旦旦
文万□未　旦旦旦旦

乙乙乙乙 ●●●●

三音 乙乙乙乙 ●●●●

九聲 乙乙乙乙 ●●●●

乙乙乙乙 ●●●●

乙乙乙乙 ●●●●

三音 乙乙乙乙 ●●●●

十聲 乙乙乙乙 ●●●●

乙乙乙乙 ●●●●

收音清和律一之四

□□□□ 多可个舌

四音 □□□□ 禾火化八

一聲 □□□□ 開宰愛○

□□□□ 回每退○

□□□□ 良兩向○

四音 □□□□ 光廣況○

二聲 □□□□ 丁井亘○

□□□□ 兄永瑩○

卜百丙必 旦旦旦旦

五音 步白葡鼻 旦旦旦旦

三聲 普朴品匹 旦旦旦旦

旁排平瓶 旦旦旦旦

東丹帝■ 旦旦旦旦

六音 兑大弟■ 旦旦旦旦

三聲 土貪天■ 旦旦旦旦

同覃田■ 旦旦旦旦

乃妳女■ 旦旦旦旦

七音 内南年■ 旦旦旦旦

三聲 老冷吕■ 旦旦旦旦

鹿犖离■ 旦旦旦旦

走哉足■ 旦旦旦旦

八音 自在匠■ 旦旦旦旦

三聲 草采七■ 旦旦旦旦

曹才全■ 旦旦旦旦

□□□□千典旦○

四音 三聲

□□□□元犬半○
□□□□臣引艮○
□□□□君允巽○
□□□□刀早孝岳

四音 四聲

□□□□毛寶報霍
□□□□牛斗奏六
□□□□○○○玉
□□□□妻子四日

四音 五聲

□□□□衰○帥骨
□□□□○○○德
□□□□龜水貴北
□□□□宮孔衆○

四音 六聲

□□□□龍甬用○
□□□□魚鼠去○
□□□□烏虎兔○

思三星■旦旦旦旦

九音 三聲

寺□象■旦旦旦旦
□□□■旦旦旦旦
□□□■旦旦旦旦
■山手■旦旦旦旦

十音 三聲

■士石■旦旦旦旦
■□耳■旦旦旦旦
■□二■旦旦旦旦
■莊震■旦旦旦旦

十一音 三聲

■乍□■旦旦旦旦
■叉赤■旦旦旦旦
■崇辰■旦旦旦旦
■卓中■旦旦旦旦

十二音 三聲

■宅直■旦旦旦旦
■坼丑■旦旦旦旦
■茶呈■旦旦旦旦

□□□□　心審禁○

四音七聲

□□□□　○○○十
□□□□　男坎欠○
□□□□　○○○妾
□□□□　●●●●

四音八聲

□□□□　●●●●
□□□□　●●●●
□□□□　●●●●
□□□□　●●●●

四音九聲

□□□□　●●●●
□□□□　●●●●
□□□□　●●●●
□□□□　●●●●

四音十聲

□□□□　●●●●
□□□□　●●●●
□□□□　●●●●

去聲闢唱呂一之四

古甲九癸　孝孝孝孝

一音四聲

□□近揆　孝孝孝孝
坤巧丘弃　孝孝孝孝
□□乾虯　孝孝孝孝
黑花香血　孝孝孝孝

二音四聲

黃華雄賢　孝孝孝孝
五瓦仰□　孝孝孝孝
吾牙月堯　孝孝孝孝
安亞乙一　孝孝孝孝

三音四聲

□爻王寅　孝孝孝孝
母馬美米　孝孝孝孝
目皃眉民　孝孝孝孝
夫法□飛　孝孝孝孝

四音四聲

父凡□吠　孝孝孝孝
武晚□尾　孝孝孝孝
文万□未　孝孝孝孝

收音清和律一之五

丙丙丙丙 多可个舌

五音 一聲

丙丙丙丙 禾火化八
丙丙丙丙 開宰愛○
丙丙丙丙 回每退○
丙丙丙丙 良兩向○

五音 二聲

丙丙丙丙 光廣況○
丙丙丙丙 丁井亘○
丙丙丙丙 兄永瑩○
丙丙丙丙 千典旦○

五音 三聲

丙丙丙丙 元犬半○
丙丙丙丙 臣引艮○
丙丙丙丙 君允巽○
丙丙丙丙 刀早孝岳

五音 四聲

丙丙丙丙 毛寶報霍
丙丙丙丙 牛斗奏六
丙丙丙丙 ○○○玉

卜百丙必 孝孝孝孝

五音 四聲

步白葡鼻 孝孝孝孝
普朴品匹 孝孝孝孝
旁排平瓶 孝孝孝孝
東丹帝■ 孝孝孝孝

六音 四聲

兑大弟■ 孝孝孝孝
土貪天■ 孝孝孝孝
同覃田■ 孝孝孝孝
乃妳女■ 孝孝孝孝

七音 四聲

内南年■ 孝孝孝孝
老冷吕■ 孝孝孝孝
鹿犖离■ 孝孝孝孝
走哉足■ 孝孝孝孝

八音 四聲

自在匠■ 孝孝孝孝
草采七■ 孝孝孝孝
曹才全■ 孝孝孝孝

丙丙丙丙　妻子四日

五音　丙丙丙丙　衰○帥骨

五聲　丙丙丙丙　○○○德

丙丙丙丙　龜水貴北

丙丙丙丙　宮孔衆○

五音　丙丙丙丙　龍甬用○

六聲　丙丙丙丙　魚鼠去○

丙丙丙丙　烏虎兔○

丙丙丙丙　心審禁○

五音　丙丙丙丙　○○○十

七聲　丙丙丙丙　男坎欠○

丙丙丙丙　○○○妾

丙丙丙丙　●●●●

五音　丙丙丙丙　●●●●

八聲　丙丙丙丙　●●●●

丙丙丙丙　●●●●

思三星■　孝孝孝孝

九音　寺□象■　孝孝孝孝

四聲　□□□■　孝孝孝孝

□□□■　孝孝孝孝

■山手■　孝孝孝孝

十音　■士石■　孝孝孝孝

四聲　■□耳■　孝孝孝孝

■□二■　孝孝孝孝

■莊震■　孝孝孝孝

十一音　■乍□■　孝孝孝孝

四聲　■叉赤■　孝孝孝孝

■崇辰■　孝孝孝孝

■卓中■　孝孝孝孝

十二音　■宅直■　孝孝孝孝

四聲　■坼丑■　孝孝孝孝

■茶呈■　孝孝孝孝

丙丙丙丙 ●●●●

五音九聲

丙丙丙丙 ●●●●
丙丙丙丙 ●●●●
丙丙丙丙 ●●●●
丙丙丙丙 ●●●●

五音十聲

丙丙丙丙 ●●●●
丙丙丙丙 ●●●●
丙丙丙丙 ●●●●

收音清和律一之六

帝帝帝帝 多可个舌

六音一聲

帝帝帝帝 禾火化八
帝帝帝帝 開宰愛○
帝帝帝帝 回每退○
帝帝帝帝 良兩向○

六音二聲

帝帝帝帝 光廣況○
帝帝帝帝 丁井亘○
帝帝帝帝 兄永瑩○

去聲闢唱呂一之五

古甲九癸 四四四四

一音五聲

□□近揆 四四四四
坤巧丘弃 四四四四
□□乾虯 四四四四
黑花香血 四四四四

二音五聲

黃華雄賢 四四四四
五瓦仰□ 四四四四
吾牙月堯 四四四四

安亞乙一 四四四四

三音五聲

□爻王寅 四四四四
母馬美米 四四四四
目皃眉民 四四四四
夫法□飛 四四四四

四音五聲

父凡□吠 四四四四
武晚□尾 四四四四
文万□未 四四四四

帝帝帝帝　千典旦○

六音　帝帝帝帝　元犬半○

三聲　帝帝帝帝　臣引艮○

帝帝帝帝　君允巽○

帝帝帝帝　刀早孝岳

六音　帝帝帝帝　毛寶報霍

四聲　帝帝帝帝　牛斗奏六

帝帝帝帝　○○○玉

帝帝帝帝　妻子四日

六音　帝帝帝帝　衰○帥骨

五聲　帝帝帝帝　○○○德

帝帝帝帝　龜水貴北

帝帝帝帝　宮孔衆○

六音　帝帝帝帝　龍甬用○

六聲　帝帝帝帝　魚鼠去○

帝帝帝帝　烏虎兔○

卜百丙必　四四四四

五音　步白葡鼻　四四四四

五聲　普朴品匹　四四四四

旁排平瓶　四四四四

東丹帝■　四四四四

六音　兑大弟■　四四四四

五聲　土貪天■　四四四四

同覃田■　四四四四

乃妳女■　四四四四

七音　内南年■　四四四四

五聲　老冷吕■　四四四四

鹿犖离■　四四四四

走哉足■　四四四四

八音　自在匠■　四四四四

五聲　草采七■　四四四四

曹才全■　四四四四

帝帝帝帝　心審禁○

六音　七聲

帝帝帝帝　○○○十
帝帝帝帝　男坎欠○
帝帝帝帝　○○○妾
帝帝帝帝　●●●●

六音　八聲

帝帝帝帝　●●●●
帝帝帝帝　●●●●
帝帝帝帝　●●●●
帝帝帝帝　●●●●

六音　九聲

帝帝帝帝　●●●●
帝帝帝帝　●●●●
帝帝帝帝　●●●●
帝帝帝帝　●●●●

六音　十聲

帝帝帝帝　●●●●
帝帝帝帝　●●●●
帝帝帝帝　●●●●

思三星■　四四四四

九音　五聲

寺□象■　四四四四
□□□■　四四四四
□□□■　四四四四
■山手■　四四四四

十音　五聲

■士石■　四四四四
■□耳■　四四四四
■□二■　四四四四
■莊震■　四四四四

十一音　五聲

■乍□■　四四四四
■叉赤■　四四四四
■崇辰■　四四四四
■卓中■　四四四四

十二音　五聲

■宅直■　四四四四
■坼丑■　四四四四
■茶呈■　四四四四

收音清和律一之七

七音一聲
女女女女　多可个舌
女女女女　禾火化八
女女女女　開宰愛○
女女女女　回每退○

七音二聲
女女女女　良兩向○
女女女女　光廣況○
女女女女　丁井亘○
女女女女　兄永瑩○

七音三聲
女女女女　千典旦○
女女女女　元犬半○
女女女女　臣引艮○
女女女女　君允巽○

七音四聲
女女女女　刀早孝岳
女女女女　毛寶報霍
女女女女　牛斗奏六
女女女女　○○○玉

去聲闢唱呂一之六

一音六聲
古甲九癸　衆衆衆衆
□□近揆　衆衆衆衆
坤巧丘弃　衆衆衆衆
□□乾虯　衆衆衆衆

二音六聲
黑花香血　衆衆衆衆
黄華雄賢　衆衆衆衆
五瓦仰□　衆衆衆衆
吾牙月堯　衆衆衆衆

三音六聲
安亞乙一　衆衆衆衆
□爻王寅　衆衆衆衆
母馬美米　衆衆衆衆
目皃眉民　衆衆衆衆

四音六聲
夫法□飛　衆衆衆衆
父凡□吠　衆衆衆衆
武晚□尾　衆衆衆衆
文万□未　衆衆衆衆

七音 五聲

女女女女 妻子四日
女女女女 衰○帥骨
女女女女 ○○○德
女女女女 龜水貴北

七音 六聲

女女女女 宮孔衆○
女女女女 龍甬用○
女女女女 魚鼠去○
女女女女 烏虎兔○

七音 七聲

女女女女 心審禁○
女女女女 ○○○十
女女女女 男坎欠○
女女女女 ○○○妾

七音 八聲

女女女女 ●●●●
女女女女 ●●●●
女女女女 ●●●●
女女女女 ●●●●

五音 六聲

卜百丙必 衆衆衆衆
步白莆鼻 衆衆衆衆
普朴品匹 衆衆衆衆
旁排平瓶 衆衆衆衆

六音 六聲

東丹帝■ 衆衆衆衆
兑大弟■ 衆衆衆衆
土貪天■ 衆衆衆衆
同覃田■ 衆衆衆衆

七音 六聲

乃妳女■ 衆衆衆衆
内南年■ 衆衆衆衆
老冷吕■ 衆衆衆衆
鹿犖离■ 衆衆衆衆

八音 六聲

走哉足■ 衆衆衆衆
自在匠■ 衆衆衆衆
草采七■ 衆衆衆衆
曹才全■ 衆衆衆衆

女女女女●●●●

七音　女女女女●●●●

九聲　女女女女●●●●

女女女女●●●●

女女女女●●●●

七音　女女女女●●●●

十聲　女女女女●●●●

女女女女●●●●

收音清和律一之八

足足足足　多可个舌

八音　足足足足　禾火化八

一聲　足足足足　開宰愛○

足足足足　回每退○

足足足足　良兩向○

八音　足足足足　光廣況○

二聲　足足足足　丁井亘○

足足足足　兄永瑩○

思三星■　衆衆衆衆

九音　寺□象■　衆衆衆衆

六聲　□□□■　衆衆衆衆

□□□■　衆衆衆衆

■山手■　衆衆衆衆

十音　■士石■　衆衆衆衆

六聲　■□耳■　衆衆衆衆

■□二■　衆衆衆衆

■莊震■　衆衆衆衆

十一音　■乍□■　衆衆衆衆

六聲　■叉赤■　衆衆衆衆

■崇辰■　衆衆衆衆

■卓中■　衆衆衆衆

十二音　■宅直■　衆衆衆衆

六聲　■坼丑■　衆衆衆衆

■茶呈■　衆衆衆衆

足足足足　千典旦○

八音　三聲

足足足足　元犬半○

足足足足　臣引艮○

足足足足　君允巽○

足足足足　刀早孝岳

八音　四聲

足足足足　毛寶報霍

足足足足　牛斗奏六

足足足足　○○○玉

足足足足　妻子四日

八音　五聲

足足足足　衰○帥骨

足足足足　○○○德

足足足足　龜水貴北

足足足足　宮孔衆○

八音　六聲

足足足足　龍甬用○

足足足足　魚鼠去○

足足足足　烏虎兔○

去聲闢唱呂一之七

古甲九癸　禁禁禁禁

一音　七聲

□□近揆　禁禁禁禁

坤巧丘弃　禁禁禁禁

□□乾虯　禁禁禁禁

黑花香血　禁禁禁禁

二音　七聲

黃華雄賢　禁禁禁禁

五瓦仰□　禁禁禁禁

吾牙月堯　禁禁禁禁

安亞乙一　禁禁禁禁

三音　七聲

□爻王寅　禁禁禁禁

母馬美米　禁禁禁禁

目皃眉民　禁禁禁禁

夫法□飛　禁禁禁禁

四音　七聲

父凡□吠　禁禁禁禁

武晚□尾　禁禁禁禁

文万□未　禁禁禁禁

八音　七聲

足足足足　心審禁○

足足足足　○○○十

足足足足　男坎欠○

足足足足　○○○妾

八音　八聲

足足足足　●●●●

足足足足　●●●●

足足足足　●●●●

足足足足　●●●●

八音　九聲

足足足足　●●●●

足足足足　●●●●

足足足足　●●●●

足足足足　●●●●

八音　十聲

足足足足　●●●●

足足足足　●●●●

足足足足　●●●●

足足足足　●●●●

五音　七聲

卜百丙必　禁禁禁禁

步白精鼻　禁禁禁禁

普朴品匹　禁禁禁禁

旁排平瓶　禁禁禁禁

六音　七聲

東丹帝■　禁禁禁禁

兑大弟■　禁禁禁禁

土貪天■　禁禁禁禁

同覃田■　禁禁禁禁

七音　七聲

乃妳女■　禁禁禁禁

内南年■　禁禁禁禁

老冷吕■　禁禁禁禁

鹿犖离■　禁禁禁禁

八音　七聲

走哉足■　禁禁禁禁

自在匠■　禁禁禁禁

草采七■　禁禁禁禁

曹才全■　禁禁禁禁

收音清和律一之九

星星星星　多可个舌

九音一聲

星星星星　禾火化八
星星星星　開宰愛○
星星星星　回每退○
星星星星　良兩向○

九音二聲

星星星星　光廣況○
星星星星　丁井亘○
星星星星　兄永瑩○
星星星星　千典旦○

九音三聲

星星星星　元犬半○
星星星星　臣引艮○
星星星星　君允巽○
星星星星　刀早孝岳

九音四聲

星星星星　毛寶報霍
星星星星　牛斗奏六
星星星星　○○○玉

思三星■　禁禁禁禁

九音七聲

寺□象■　禁禁禁禁
□□□■　禁禁禁禁
□□□■　禁禁禁禁
■山手■　禁禁禁禁

十音七聲

■士石■　禁禁禁禁
■□耳■　禁禁禁禁
■□二■　禁禁禁禁
■莊震■　禁禁禁禁

十一音七聲

■乍□■　禁禁禁禁
■叉赤■　禁禁禁禁
■崇辰■　禁禁禁禁
■卓中■　禁禁禁禁

十二音七聲

■宅直■　禁禁禁禁
■坼丑■　禁禁禁禁
■茶呈■　禁禁禁禁

星星星星 妻子四日

九音 五聲

星星星星 衰○帥骨
星星星星 ○○○德
星星星星 龜水貴北
星星星星 宮孔衆○

九音 六聲

星星星星 龍甬用○
星星星星 魚鼠去○
星星星星 烏虎兔○
星星星星 心審禁○

九音 七聲

星星星星 ○○○十
星星星星 男坎欠○
星星星星 ○○○妾
星星星星 ●●●●

九音 八聲

星星星星 ●●●●
星星星星 ●●●●
星星星星 ●●●●

去聲闢唱呂一之八

古甲九癸 ●●●●

一音 八聲

□□近揆 ●●●●
坤巧丘弃 ●●●●
□□乾虯 ●●●●
黑花香血 ●●●●

二音 八聲

黃華雄賢 ●●●●
五瓦仰□ ●●●●
吾牙月堯 ●●●●
安亞乙一 ●●●●

三音 八聲

□爻王寅 ●●●●
母馬美米 ●●●●
目皃眉民 ●●●●
夫法□飛 ●●●●

四音 八聲

父凡□吠 ●●●●
武晚□尾 ●●●●
文万□未 ●●●●

九音九聲

星星星星　●●●●
星星星星　●●●●
星星星星　●●●●
星星星星　●●●●

九音十聲

星星星星　●●●●
星星星星　●●●●
星星星星　●●●●
星星星星　●●●●

收音清和律一之十

十音一聲

手手手手　多可个舌
手手手手　禾火化八
手手手手　開宰愛○
手手手手　回每退○

十音二聲

手手手手　良兩向○
手手手手　光廣況○
手手手手　丁井亘○
手手手手　兄永瑩○

五音八聲

卜百丙必　●●●●
步白葡鼻　●●●●
普朴品匹　●●●●
旁排平瓶　●●●●

六音八聲

東丹帝■　●●●●
兑大弟■　●●●●
土貪天■　●●●●
同覃田■　●●●●

七音八聲

乃妳女■　●●●●
内南年■　●●●●
老冷吕■　●●●●
鹿犖离■　●●●●

八音八聲

走哉足■　●●●●
自在匠■　●●●●
草采七■　●●●●
曹才全■　●●●●

手手手手千典旦○

十音
手手手手元犬半○

三聲
手手手手臣引艮○

手手手手君允巽○

手手手手刀早孝岳

十音
手手手手毛寶報霍

四聲
手手手手牛斗奏六

手手手手○○○玉

手手手手妻子四日

十音
手手手手衰○帥骨

五聲
手手手手○○○德

手手手手龜水貴北

手手手手宫孔衆○

十音
手手手手龍甬用○

六聲
手手手手魚鼠去○

手手手手烏虎兔○

思三星■●●●●

九音
寺□象■●●●●

八聲
□□□■●●●●

□□□■●●●●

■山手■●●●●

十音
■士石■●●●●

八聲
■□耳■●●●●

■□二■●●●●

■莊震■●●●●

十一音
■乍□■●●●●

八聲
■叉赤■●●●●

■崇辰■●●●●

■卓中■●●●●

十二音
■宅直■●●●●

八聲
■坼丑■●●●●

■茶呈■●●●●

手手手手　心審禁○

十音　七聲

手手手手　○○○十
手手手手　男坎欠○
手手手手　○○○妾
手手手手　●●●●

十音　八聲

手手手手　●●●●
手手手手　●●●●
手手手手　●●●●
手手手手　●●●●

十音　九聲

手手手手　●●●●
手手手手　●●●●
手手手手　●●●●
手手手手　●●●●

十音　十聲

手手手手　●●●●
手手手手　●●●●
手手手手　●●●●

去聲闢唱呂一之九

古甲九癸　●●●●

一音　九聲

□□近揆　●●●●
坤巧丘弃　●●●●
□□乾虯　●●●●
黑花香血　●●●●

二音　九聲

黄華雄賢　●●●●
五瓦仰□　●●●●
吾牙月堯　●●●●
安亞乙一　●●●●

三音　九聲

□爻王寅　●●●●
母馬美米　●●●●
目皃眉民　●●●●
夫法□飛　●●●●

四音　九聲

父凡□吠　●●●●
武晚□尾　●●●●
文万□未　●●●●

收音清和律一之十一

十一音　一聲

震震震震　多可个舌
震震震震　禾火化八
震震震震　開宰愛○
震震震震　回每退○
震震震震　良兩向○

十一音　二聲

震震震震　光廣況○
震震震震　丁井亘○
震震震震　兄永瑩○
震震震震　千典旦○

十一音　三聲

震震震震　元犬半○
震震震震　臣引艮○
震震震震　君允巽○
震震震震　刀早孝岳

十一音　四聲

震震震震　毛寶報霍
震震震震　牛斗奏六
震震震震　○○○玉

五音　九聲

卜百丙必　●●●●
步白葡鼻　●●●●
普朴品匹　●●●●
旁排平瓶　●●●●
東丹帝■　●●●●

六音　九聲

兑大弟■　●●●●
土貪天■　●●●●
同覃田■　●●●●
乃妳女■　●●●●

七音　九聲

内南年■　●●●●
老冷吕■　●●●●
鹿犖离■　●●●●
走哉足■　●●●●

八音　九聲

自在匠■　●●●●
草采七■　●●●●
曹才全■　●●●●

震震震震 妻子四日

十一音 五聲

震震震震 衰○帥骨
震震震震 ○○○德
震震震震 龜水貴北
震震震震 宮孔衆○

十一音 六聲

震震震震 龍甬用○
震震震震 魚鼠去○
震震震震 烏虎兔○
震震震震 心審禁○

十一音 七聲

震震震震 ○○○十
震震震震 男坎欠○
震震震震 ○○○妾
震震震震 ●●●●

十一音 八聲

震震震震 ●●●●
震震震震 ●●●●
震震震震 ●●●●

思三星■ ●●●●

九音 九聲

寺□象■ ●●●●
□□□■ ●●●●
□□□■ ●●●●
■山手■ ●●●●

十音 九聲

■士石■ ●●●●
■□耳■ ●●●●
■□二■ ●●●●
■莊震■ ●●●●

十一音 九聲

■乍□■ ●●●●
■叉赤■ ●●●●
■崇辰■ ●●●●
■卓中■ ●●●●

十二音 九聲

■宅直■ ●●●●
■拆丑■ ●●●●
■茶呈■ ●●●●

震震震震 ●●●●

十一音

九聲

震震震震 ●●●●
震震震震 ●●●●
震震震震 ●●●●
震震震震 ●●●●

十一音

十聲

震震震震 ●●●●
震震震震 ●●●●
震震震震 ●●●●

收音清和律一之十二

十二音

一聲

中中中中 多可个舌
中中中中 禾火化八
中中中中 開宰愛○
中中中中 回每退○
中中中中 良兩向○

十二音

二聲

中中中中 光廣況○
中中中中 丁井亘○
中中中中 兄永瑩○

去聲闢唱呂一之十

一音

十聲

古甲九癸 ●●●●
□□近揆 ●●●●
坤巧丘弃 ●●●●
□□乾虯 ●●●●

二音

十聲

黑花香血 ●●●●
黃華雄賢 ●●●●
五瓦仰□ ●●●●
吾牙月堯 ●●●●

三音

十聲

安亞乙一 ●●●●
□爻王寅 ●●●●
母馬美米 ●●●●
目皃眉民 ●●●●

四音

十聲

夫法□飛 ●●●●
父凡□吠 ●●●●
武晚□尾 ●●●●
文万□未 ●●●●

中中中中　千典旦○

十二音　三聲

中中中中　元犬半○
中中中中　臣引艮○
中中中中　君允巽○
中中中中　刀早孝岳

十二音　四聲

中中中中　毛寶報霍
中中中中　牛斗奏六
中中中中　○○○玉
中中中中　妻子四日

十二音　五聲

中中中中　衰○帥骨
中中中中　○○○德
中中中中　龜水貴北
中中中中　宮孔衆○

十二音　六聲

中中中中　龍甬用○
中中中中　魚鼠去○
中中中中　烏虎兔○

卜百丙必　●●●●

五音　十聲

步白葡鼻　●●●●
普朴品匹　●●●●
旁排平瓶　●●●●
東丹帝■　●●●●

六音　十聲

兑大弟■　●●●●
土貪天■　●●●●
同覃田■　●●●●
乃妳女■　●●●●

七音　十聲

内南年■　●●●●
老冷吕■　●●●●
鹿犖离■　●●●●
走哉足■　●●●●

八音　十聲

自在匠■　●●●●
草采七■　●●●●
曹才全■　●●●●

中中中中　心審禁○

十二音　中中中中　○○○十

七聲　中中中中　男坎欠○

中中中中　○○○妾

中中中中　●●●●

十二音　中中中中　●●●●

八聲　中中中中　●●●●

中中中中　●●●●

中中中中　●●●●

十二音　中中中中　●●●●

九聲　中中中中　●●●●

中中中中　●●●●

中中中中　●●●●

十二音　中中中中　●●●●

十聲　中中中中　●●●●

中中中中　●●●●

思三星■　●●●●

九音　寺□象■　●●●●

十聲　□□□■　●●●●

□□□■　●●●●

■山手■　●●●●

十音　■士石■　●●●●

十聲　■□耳■　●●●●

■□二■　●●●●

■莊震■　●●●●

十一音　■乍□■　●●●●

十聲　■叉赤■　●●●●

■崇辰■　●●●●

■卓中■　●●●●

十二音　■宅直■　●●●●

十聲　■坼丑■　●●●●

■茶呈■　●●●●

觀物篇之四十四

星月聲去翕
化况半報帥
用○●●●

星月聲七，下唱地之用音一百五十二，是謂去聲翕音。去聲翕音一千六十四。

星月聲去之二翕
收音濁和律二之一

近近近近　多可个舌
一音　近近近近　禾火化八
一聲　近近近近　開宰愛○
近近近近　回每退○

土火音收濁
近雄王□葙弟
年匠象石□直

土火音十二，上和天之用聲一百一十二，是謂收音濁聲。收音濁聲一千三百四十四。

土火音收之二濁①
去聲翕唱呂二之一

古甲九癸　化化化化
一音　□□近揆　化化化化
一聲　坤巧丘弃　化化化化
□□乾虯　化化化化

① 「土火」，原作「火土」，據四庫本改。

近近近近　良兩向○

一音　二聲

近近近近　光廣况○
近近近近　丁井亘○
近近近近　兄永瑩○
近近近近　千典旦○

一音　三聲

近近近近　元犬半○
近近近近　臣引艮○
近近近近　君允巽○
近近近近　刀早孝岳

一音　四聲

近近近近　毛寶報霍
近近近近　牛斗奏六
近近近近　○○○玉
近近近近　妻子四日

一音　五聲

近近近近　衰○帥骨
近近近近　○○○德
近近近近　龜水貴北

黑花香血　化化化化

二音　一聲

黃華雄賢　化化化化
五瓦仰□　化化化化
吾牙月堯　化化化化
安亞乙一　化化化化

三音　一聲

□爻王寅　化化化化
母馬美米　化化化化
目皃眉民　化化化化
夫法□飛　化化化化

四音　一聲

父凡□吠　化化化化
武晚□尾　化化化化
文万□未　化化化化
卜百丙必　化化化化

五音　一聲

步白葡鼻　化化化化
普朴品匹　化化化化
旁排平瓶　化化化化

近近近近 宮孔衆○

一音

六聲

近近近近 龍甬用○

近近近近 魚鼠去○

近近近近 烏虎兔○

近近近近 心審禁○

一音

七聲

近近近近 ○○○十

近近近近 男坎欠○

近近近近 ○○○妾

近近近近 ●●●●

一音

八聲

近近近近 ●●●●

近近近近 ●●●●

近近近近 ●●●●

近近近近 ●●●●

一音

九聲

近近近近 ●●●●

近近近近 ●●●●

近近近近 ●●●●

東丹帝■ 化化化化

六音

一聲

兑大弟■ 化化化化

土貪天■ 化化化化

同覃田■ 化化化化

乃妳女■ 化化化化

七音

一聲

内南年■ 化化化化

老冷吕■ 化化化化

鹿犖离■ 化化化化

走哉足■ 化化化化

八音

一聲

自在匠■ 化化化化

草采七■ 化化化化

曹才全■ 化化化化

思三星■ 化化化化

九音

一聲

寺□象■ 化化化化

□□□■ 化化化化

□□□■ 化化化化

近近近近　●●●●

一音

近近近近　●●●●

十聲

近近近近　●●●●

近近近近　●●●●

收音濁和律二之二

雄雄雄雄　多可个舌

二音

雄雄雄雄　禾火化八

一聲

雄雄雄雄　開宰愛○

雄雄雄雄　回每退○

雄雄雄雄　良兩向○

二音

雄雄雄雄　光廣況○

二聲

雄雄雄雄　丁井亙○

雄雄雄雄　兄永瑩○

雄雄雄雄　千典旦○

二音

雄雄雄雄　元犬半○

三聲

雄雄雄雄　臣引艮○

雄雄雄雄　君允巽○

■山手■　化化化化

十音

■士石■　化化化化

一聲

■□耳■　化化化化

■□二■　化化化化

■莊震■　化化化化

十一音

■乍□■　化化化化

一聲

■叉赤■　化化化化

■崇辰■　化化化化

■卓中■　化化化化

十二音

■宅直■　化化化化

一聲

■坼丑■　化化化化

■茶呈■　化化化化

去聲翕唱呂二之二

古甲九癸　況況況況

一音

□□近揆　況況況況

二聲

坤巧丘弃　況況況況

□□乾虯　況況況況

二音　四聲

雄雄雄雄　刀早孝岳
雄雄雄雄　毛寶報霍
雄雄雄雄　牛斗奏六
雄雄雄雄　○○○玉

二音　五聲

雄雄雄雄　妻子四日
雄雄雄雄　衰○帥骨
雄雄雄雄　○○○德
雄雄雄雄　龜水貴北

二音　六聲

雄雄雄雄　宮孔衆○
雄雄雄雄　龍甬用○
雄雄雄雄　魚鼠去○
雄雄雄雄　烏虎兔○

二音　七聲

雄雄雄雄　心審禁○
雄雄雄雄　○○○十
雄雄雄雄　男坎欠○
雄雄雄雄　○○○妾

二音　二聲

黑花香血　況況況況
黃華雄賢　況況況況
五瓦仰□　況況況況
吾牙月堯　況況況況

三音　二聲

安亞乙一　況況況況
□爻王寅　況況況況
母馬美米　況況況況
目皃眉民　況況況況

四音　二聲

夫法□飛　況況況況
父凡□吠　況況況況
武晚□尾　況況況況
文万□未　況況況況

五音　二聲

卜百丙必　況況況況
步白葡鼻　況況況況
普朴品匹　況況況況
旁排平瓶　況況況況

雄雄雄雄 ●●●●

二音 雄雄雄雄 ●●●●

八聲 雄雄雄雄 ●●●●

雄雄雄雄 ●●●●

雄雄雄雄 ●●●●

二音 雄雄雄雄 ●●●●

九聲 雄雄雄雄 ●●●●

雄雄雄雄 ●●●●

雄雄雄雄 ●●●●

二音 雄雄雄雄 ●●●●

十聲 雄雄雄雄 ●●●●

雄雄雄雄 ●●●●

收音濁和律二之三

王王王王 多可个舌

三音 王王王王 禾火化八

一聲 王王王王 開宰愛○

王王王王 回每退○

東丹帝■ 況況況況

六音 兑大弟■ 況況況況

二聲 土貪天■ 況況況況

同覃田■ 況況況況

乃妳女■ 況況況況

七音 内南年■ 況況況況

二聲 老冷吕■ 況況況況

鹿犖离■ 況況況況

走哉足■ 況況況況

八音 自在匠■ 況況況況

二聲 草采七■ 況況況況

曹才全■ 況況況況

思三星■ 況況況況

九音 寺□象■ 況況況況

二聲 □□□■ 況況況況

□□□■ 況況況況

王王王王　良兩向○

三音　二聲

王王王王　光廣況○
王王王王　丁井亘○
王王王王　兄永瑩○
王王王王　千典亘○

三音　三聲

王王王王　元犬半○
王王王王　臣引艮○
王王王王　君允巽○
王王王王　刀早孝岳

三音　四聲

王王王王　毛寶報霍
王王王王　牛斗奏六
王王王王　○○○玉
王王王王　妻子四日

三音　五聲

王王王王　衰○帥骨
王王王王　○○○德
王王王王　龜水貴北

■山手■　況況況況

十音　二聲

■士石■　況況況況
■□耳■　況況況況
■□二■　況況況況
■莊震■　況況況況

十一音　二聲

■乍□■　況況況況
■叉赤■　況況況況
■崇辰■　況況況況
■卓中■　況況況況

十二音　二聲

■宅直■　況況況況
■坼丑■　況況況況
■茶呈■　況況況況

去聲翕唱呂一之三

古甲九癸　半半半半

一音　三聲

□□近揆　半半半半
坤巧丘弃　半半半半
□□乾虯　半半半半

王王王王　宮孔衆○

三音
王王王王　龍甬用○

六聲
王王王王　魚鼠去○

王王王王　烏虎兔○

王王王王　心審禁○

三音
王王王王　○○○十

七聲
王王王王　男坎欠○

王王王王　○○○妾

王王王王　●●●●

三音
王王王王　●●●●

八聲
王王王王　●●●●

王王王王　●●●●

王王王王　●●●●

三音
王王王王　●●●●

九聲
王王王王　●●●●

王王王王　●●●●

黑花香血　半半半半

二音
黃華雄賢　半半半半

三聲
五瓦仰□　半半半半

吾牙月堯　半半半半

安亞乙一　半半半半

三音
□爻王寅　半半半半

三聲
母馬美米　半半半半

目皃眉民　半半半半

夫法□飛　半半半半

四音
父凡□吠　半半半半

三聲
武晚□尾　半半半半

文万□未　半半半半

卜百丙必　半半半半

五音
步白葡鼻　半半半半

三聲
普朴品匹　半半半半

旁排平瓶　半半半半

王王王王●●●●

三音十聲

王王王王●●●●
王王王王●●●●
王王王王●●●●

收音濁和律二之四

□□□□多可个舌

四音一聲

□□□□禾火化八
□□□□開宰愛○
□□□□回每退○
□□□□良兩向○

四音二聲

□□□□光廣況○
□□□□丁井亘○
□□□□兄永瑩○
□□□□千典旦○

四音三聲

□□□□元犬半○
□□□□臣引良○
□□□□君允巽○

東丹帝■半半半半

六音三聲

兑大弟■半半半半
土貪天■半半半半
同覃田■半半半半
乃妳女■半半半半

七音三聲

内南年■半半半半
老冷吕■半半半半
鹿犖离■半半半半
走哉足■半半半半

八音三聲

自在匠■半半半半
草采七■半半半半
曹才全■半半半半
思三星■半半半半

九音三聲

寺□象■半半半半
□□□■半半半半
□□□■半半半半

□□□□ 刀早孝岳

四音 □□□□ 毛寶報霍

四聲 □□□□ 牛斗奏六

□□□□ ○○○玉

□□□□ 妻子四日

四音 □□□□ 衰○帥骨

五聲 □□□□ ○○○德

□□□□ 龜水貴北

□□□□ 宮孔衆○

四音 □□□□ 龍甬用○

六聲 □□□□ 魚鼠去○

□□□□ 烏虎兔○

□□□□ 心審禁○

四音 □□□□ ○○○十

七聲 □□□□ 男坎欠○

□□□□ ○○○妾

■山手■ 半半半半

十音 ■士石■ 半半半半

三聲 ■□耳■ 半半半半

■□二■ 半半半半

■莊震■ 半半半半

十一音 ■乍□■ 半半半半

三聲 ■叉赤■ 半半半半

■崇辰■ 半半半半

■卓中■ 半半半半

十二音 ■宅直■ 半半半半

三聲 ■坼丑■ 半半半半

■茶呈■ 半半半半

去聲翕唱呂一之四

古甲九癸 報報報報

一音 □□近揆 報報報報

四聲 坤巧丘弃 報報報報

□□乾虯 報報報報

□□□□ ●●●●

四音 □□□□ ●●●●

八聲 □□□□ ●●●●

□□□□ ●●●●

□□□□ ●●●●

四音 □□□□ ●●●●

九聲 □□□□ ●●●●

□□□□ ●●●●

□□□□ ●●●●

四音 □□□□ ●●●●

十聲 □□□□ ●●●●

□□□□ ●●●●

收音濁和律二之五

苒苒苒苒 多可个舌

五音 苒苒苒苒 禾火化八

一聲 苒苒苒苒 開宰愛○

苒苒苒苒 回每退○

黑花香血 報報報報

二音 黃華雄賢 報報報報

四聲 五瓦仰□ 報報報報

吾牙月堯 報報報報

安亞乙一 報報報報

三音 □爻王寅 報報報報

四聲 母馬美米 報報報報

目皃眉民 報報報報

夫法□飛 報報報報

四音 父凡□吠 報報報報

四聲 武晚□尾 報報報報

文万□未 報報報報

卜百丙必 報報報報

五音 步白苒鼻 報報報報

四聲 普朴品匹 報報報報

旁排平瓶 報報報報

莆莆莆莆　良兩向○

五音

莆莆莆莆　光廣況○

二聲

莆莆莆莆　丁井亘○

莆莆莆莆　兄永瑩○

莆莆莆莆　千典旦○

五音

莆莆莆莆　元犬半○

三聲

莆莆莆莆　臣引艮○

莆莆莆莆　君允巽○

莆莆莆莆　刀早孝岳

五音

莆莆莆莆　毛寶報霍

四聲

莆莆莆莆　牛斗奏六

莆莆莆莆　○○○玉

莆莆莆莆　妻子四日

五音

莆莆莆莆　衰○帥骨

五聲

莆莆莆莆　○○○德

莆莆莆莆　龜水貴北

東丹帝■　報報報報

六音

兑大弟■　報報報報

四聲

土貪天■　報報報報

同覃田■　報報報報

乃妳女■　報報報報

七音

内南年■　報報報報

四聲

老冷吕■　報報報報

鹿犖离■　報報報報

走哉足■　報報報報

八音

自在匠■　報報報報

四聲

草采七■　報報報報

曹才全■　報報報報

思三星■　報報報報

九音

寺□象■　報報報報

四聲

□□□■　報報報報

□□□■　報報報報

蓶蓶蓶蓶宮孔衆○

五音

六聲

蓶蓶蓶蓶龍甬用○
蓶蓶蓶蓶魚鼠去○
蓶蓶蓶蓶烏虎兔○
蓶蓶蓶蓶心審禁○

五音

七聲

蓶蓶蓶蓶○○○十
蓶蓶蓶蓶男坎欠○
蓶蓶蓶蓶○○○妾
蓶蓶蓶蓶●●●●

五音

八聲

蓶蓶蓶蓶●●●●
蓶蓶蓶蓶●●●●
蓶蓶蓶蓶●●●●
蓶蓶蓶蓶●●●●

五音

九聲

蓶蓶蓶蓶●●●●
蓶蓶蓶蓶●●●●
蓶蓶蓶蓶●●●●

■山手■報報報報

十音

四聲

■士石■報報報報
■□耳■報報報報
■□二■報報報報
■莊震■報報報報

十一音

四聲

■乍□■報報報報
■叉赤■報報報報
■崇辰■報報報報
■卓中■報報報報

十二音

四聲

■宅直■報報報報
■坼丑■報報報報
■茶呈■報報報報

去聲翕唱呂二之五

古甲九癸帥帥帥帥

一音

五聲

□□近揆帥帥帥帥
坤巧丘弃帥帥帥帥
□□乾虯帥帥帥帥

莆莆莆莆 ●●●●

五音 莆莆莆莆 ●●●●

十聲 莆莆莆莆 ●●●●

莆莆莆莆 ●●●●

收音濁和律一之六

弟弟弟弟 多可个舌

六音 弟弟弟弟 禾火化八

一聲 弟弟弟弟 開宰愛○

弟弟弟弟 回每退○

弟弟弟弟 良兩向○

六音 弟弟弟弟 光廣況○

二聲 弟弟弟弟 丁井亘○

弟弟弟弟 兄永瑩○

弟弟弟弟 千典旦○

六音 弟弟弟弟 元犬半○

三聲 弟弟弟弟 臣引艮○

弟弟弟弟 君允巽○

黑花香血 帥帥帥帥

二音 黃華雄賢 帥帥帥帥

五聲 五瓦仰□ 帥帥帥帥

吾牙月堯 帥帥帥帥

安亞乙一 帥帥帥帥

三音 □爻王寅 帥帥帥帥

五聲 母馬美米 帥帥帥帥

目皃眉民 帥帥帥帥

夫法□飛 帥帥帥帥

四音 父凡□吠 帥帥帥帥

五聲 武晚□尾 帥帥帥帥

文万□未 帥帥帥帥

卜百丙必 帥帥帥帥

五音 步白莆鼻 帥帥帥帥

五聲 普朴品匹 帥帥帥帥

旁排平瓶 帥帥帥帥

六音　四聲

弟弟弟弟　刀早孝岳
弟弟弟弟　毛寶報霍
弟弟弟弟　牛斗奏六
弟弟弟弟　○○○玉

六音　五聲

弟弟弟弟　妻子四日
弟弟弟弟　衰○帥骨
弟弟弟弟　○○○德
弟弟弟弟　龜水貴北

六音　六聲

弟弟弟弟　宮孔衆○
弟弟弟弟　龍甬用○
弟弟弟弟　魚鼠去○
弟弟弟弟　烏虎兔○

六音　七聲

弟弟弟弟　心審禁○
弟弟弟弟　○○○十
弟弟弟弟　男坎欠○
弟弟弟弟　○○○妾

六音　五聲

東丹帝■　帥帥帥帥
兑大弟■　帥帥帥帥
土貪天■　帥帥帥帥
同覃田■　帥帥帥帥

七音　五聲

乃妳女■　帥帥帥帥
内南年■　帥帥帥帥
老冷吕■　帥帥帥帥
鹿犖离■　帥帥帥帥

八音　五聲

走哉足■　帥帥帥帥
自在匠■　帥帥帥帥
草采七■　帥帥帥帥
曹才全■　帥帥帥帥

九音　五聲

思三星■　帥帥帥帥
寺□象■　帥帥帥帥
□□□■　帥帥帥帥
□□□■　帥帥帥帥

弟弟弟弟 ●●●●
六音 弟弟弟弟 ●●●●
八聲 弟弟弟弟 ●●●●
弟弟弟弟 ●●●●
弟弟弟弟 ●●●●
六音 弟弟弟弟 ●●●●
九聲 弟弟弟弟 ●●●●
弟弟弟弟 ●●●●
弟弟弟弟 ●●●●
六音 弟弟弟弟 ●●●●
十聲 弟弟弟弟 ●●●●
弟弟弟弟 ●●●●

收音濁和律一之七

年年年年 多可个舌
七音 年年年年 禾火化八

■山手■ 帥帥帥帥
十音 ■士石■ 帥帥帥帥
五聲 ■□耳■ 帥帥帥帥
■□二■ 帥帥帥帥
■莊震■ 帥帥帥帥
十一音 ■乍□■ 帥帥帥帥
五聲 ■叉赤■ 帥帥帥帥
■崇辰■ 帥帥帥帥
■卓中■ 帥帥帥帥
十二音 ■宅直■ 帥帥帥帥
五聲 ■拆丑■ 帥帥帥帥
■茶呈■ 帥帥帥帥

去聲翕唱呂一之六

古甲九癸 用用用用
一音 □□近揆 用用用用

一聲
年年年年　開宰愛○
年年年年　回每退○
年年年年　良兩向○

七音
年年年年　光廣況○

二聲
年年年年　丁井亘○
年年年年　兄永瑩○
年年年年　千典旦○

七音
年年年年　元犬半○

三聲
年年年年　臣引艮○
年年年年　君允巽○
年年年年　刀早孝岳

七音
年年年年　毛寶報霍

四聲
年年年年　牛斗奏六
年年年年　○○○玉
年年年年　妻子四日

七音
年年年年　衰○帥骨

六聲
坤巧丘弃　用用用用
□□乾虯　用用用用
黑花香血　用用用用

二音
黄華雄賢　用用用用

六聲
五瓦仰□　用用用用
吾牙月堯　用用用用
安亞乙一　用用用用

三音
□爻王寅　用用用用

六聲
母馬美米　用用用用
目皃眉民　用用用用
夫法□飛　用用用用

四音
父凡□吠　用用用用

六聲
武晚□尾　用用用用
文万□未　用用用用
卜百丙必　用用用用

五音
步白葡鼻　用用用用

五聲 年年年年 ○○○德
年年年年 龜水貴北
年年年年 宮孔衆○
七音 年年年年 龍甬用○
六聲 年年年年 魚鼠去○
年年年年 烏虎兔○
年年年年 心審禁○
七音 年年年年 ○○○十
七聲 年年年年 男坎欠○
年年年年 ○○○妾
年年年年 ●●●●
七音 年年年年 ●●●●
八聲 年年年年 ●●●●
年年年年 ●●●●
年年年年 ●●●●
七音 年年年年 ●●●●

六聲 普朴品匹 用用用用
旁排平瓶 用用用用
東丹帝■ 用用用用
六音 兑大弟■ 用用用用
六聲 土貪天■ 用用用用
同覃田■ 用用用用
乃妳女■ 用用用用
七音 内南年■ 用用用用
六聲 老冷吕■ 用用用用
鹿犖离■ 用用用用
走哉足■ 用用用用
八音 自在匠■ 用用用用
六聲 草采七■ 用用用用
曹才全■ 用用用用
思三星■ 用用用用
九音 寺□象■ 用用用用

九聲 年年年年 ●●●●
年年年年 ●●●●
年年年年 ●●●●
七音 年年年年 ●●●●
十聲 年年年年 ●●●●
年年年年 ●●●●

收音濁和律一之八

匠匠匠匠 多可个舌
八音 匠匠匠匠 禾火化八
一聲 匠匠匠匠 開宰愛○
匠匠匠匠 回每退○
匠匠匠匠 良兩向○
八音 匠匠匠匠 光廣況○
二聲 匠匠匠匠 丁井亘○
匠匠匠匠 兄永瑩○

六聲 □□□■ 用用用用
□□□■ 用用用用
■山手■ 用用用用
十音 ■士石■ 用用用用
六聲 ■□耳■ 用用用用
■□二■ 用用用用
■莊震■ 用用用用
十一音 ■乍□■ 用用用用
六聲 ■叉赤■ 用用用用
■崇辰■ 用用用用
■卓中■ 用用用用
十二音 ■宅直■ 用用用用
六聲 ■坼丑■ 用用用用
■茶呈■ 用用用用

去聲翕唱呂一之七

八音三聲

匠匠匠匠　千典旦○
匠匠匠匠　元犬半○
匠匠匠匠　臣引艮○
匠匠匠匠　君允巽○

八音四聲

匠匠匠匠　刀早孝岳
匠匠匠匠　毛寶報霍
匠匠匠匠　牛斗奏六
匠匠匠匠　○○○玉

八音五聲

匠匠匠匠　妻子四日
匠匠匠匠　衰○帥骨
匠匠匠匠　○○○德
匠匠匠匠　龜水貴北

八音六聲

匠匠匠匠　宮孔衆○
匠匠匠匠　龍甬用○
匠匠匠匠　魚鼠去○
匠匠匠匠　烏虎兔○

一音七聲

古甲九癸　○○○○
□□近揆　○○○○
坤巧丘弃　○○○○
□□乾虯　○○○○

二音七聲

黑花香血　○○○○
黄華雄賢　○○○○
五瓦仰□　○○○○
吾牙月堯　○○○○

三音七聲

安亞乙一　○○○○
□爻王寅　○○○○
母馬美米　○○○○
目皃眉民　○○○○

四音七聲

夫法□飛　○○○○
父凡□吠　○○○○
武晚□尾　○○○○
文万□未　○○○○

八音　七聲

匠匠匠匠　心審禁○
匠匠匠匠　○○○十
匠匠匠匠　男坎欠○
匠匠匠匠　○○○妾

八音　八聲

匠匠匠匠　●●●●
匠匠匠匠　●●●●
匠匠匠匠　●●●●
匠匠匠匠　●●●●

八音　九聲

匠匠匠匠　●●●●
匠匠匠匠　●●●●
匠匠匠匠　●●●●
匠匠匠匠　●●●●

八音　十聲

匠匠匠匠　●●●●
匠匠匠匠　●●●●
匠匠匠匠　●●●●
匠匠匠匠　●●●●

五音　七聲

卜百丙必　○○○○
步白精鼻　○○○○
普朴品匹　○○○○
旁排平瓶　○○○○

六音　七聲

東丹帝■　○○○○
兑大弟■　○○○○
土貪天■　○○○○
同覃田■　○○○○

七音　七聲

乃妳女■　○○○○
内南年■　○○○○
老冷吕■　○○○○
鹿犖离■　○○○○

八音　七聲

走哉足■　○○○○
自在匠■　○○○○
草采七■　○○○○
曹才全■　○○○○

收音濁和律一之九

象象象象 多可个舌

九音 一聲

象象象象 禾火化八
象象象象 開宰愛○
象象象象 回每退○
象象象象 良兩向○

九音 二聲

象象象象 光廣況○
象象象象 丁井亘○
象象象象 兄永瑩○
象象象象 千典旦○

九音 三聲

象象象象 元犬半○
象象象象 臣引艮○
象象象象 君允巽○
象象象象 刀早孝岳

九音 四聲

象象象象 毛寶報霍
象象象象 牛斗奏六
象象象象 ○○○玉

思三星■ ○○○○

九音 七聲

寺□象■ ○○○○
□□□■ ○○○○
□□□■ ○○○○
■山手■ ○○○○

十音 七聲

■士石■ ○○○○
■□耳■ ○○○○
■□二■ ○○○○
■莊震■ ○○○○

十一音 七聲

■乍□■ ○○○○
■叉赤■ ○○○○
■崇辰■ ○○○○
■卓中■ ○○○○

十二音 七聲

■宅直■ ○○○○
■坼丑■ ○○○○
■茶呈■ ○○○○

象象象象　妻子四日

九音　五聲

象象象象　衰○帥骨
象象象象　○○○德
象象象象　龜水貴北
象象象象　宮孔衆○

九音　六聲

象象象象　龍甬用○
象象象象　魚鼠去○
象象象象　烏虎兔○
象象象象　心審禁○

九音　七聲

象象象象　○○○十
象象象象　男坎欠○
象象象象　○○○妾
象象象象　●●●●

九音　八聲

象象象象　●●●●
象象象象　●●●●
象象象象　●●●●

去聲翕唱呂二之八

古甲九癸　●●●●

一音　八聲

□□近揆　●●●●
坤巧丘弃　●●●●
□□乾虯　●●●●
黑花香血　●●●●

二音　八聲

黄華雄賢　●●●●
五瓦仰□　●●●●
吾牙月堯　●●●●
安亞乙一　●●●●

三音　八聲

□爻王寅　●●●●
母馬美米　●●●●
目皃眉民　●●●●
夫法□飛　●●●●

四音　八聲

父凡□吠　●●●●
武晚□尾　●●●●
文万□未　●●●●

象象象象 ●●●●

九音
九聲

象象象象 ●●●●
象象象象 ●●●●
象象象象 ●●●●
象象象象 ●●●●

九音
十聲

象象象象 ●●●●
象象象象 ●●●●
象象象象 ●●●●

收音濁和律二之十

十音
一聲

石石石石 多可个舌
石石石石 禾火化八
石石石石 開宰愛○
石石石石 回每退○
石石石石 良兩向○

十音
二聲

石石石石 光廣況○
石石石石 丁井亘○
石石石石 兄永瑩○

五音
八聲

卜百丙必 ●●●●
步白葡鼻 ●●●●
普朴品匹 ●●●●
旁排平瓶 ●●●●
東丹帝■ ●●●●

六音
八聲

兑大弟■ ●●●●
土貪天■ ●●●●
同覃田■ ●●●●

七音
八聲

乃妳女■ ●●●●
内南年■ ●●●●
老冷吕■ ●●●●
鹿犖离■ ●●●●

八音
八聲

走哉足■ ●●●●
自在匠■ ●●●●
草采七■ ●●●●
曹才全■ ●●●●

十音 三聲

石石石石　千典旦○
石石石石　元犬半○
石石石石　臣引艮○
石石石石　君允巽○

十音 四聲

石石石石　刀早孝岳
石石石石　毛寶報霍
石石石石　牛斗奏六
石石石石　○○○玉

十音 五聲

石石石石　妻子四日
石石石石　衰○帥骨
石石石石　○○○德
石石石石　龜水貴北

十音 六聲

石石石石　宮孔衆○
石石石石　龍甬用○
石石石石　魚鼠去○
石石石石　烏虎兔○

九音 八聲

思三星■　●●●●
寺□象■　●●●●
□□□■　●●●●
□□□■　●●●●
■山手■　●●●●

十音 八聲

■士石■　●●●●
■□耳■　●●●●
■□二■　●●●●
■莊震■　●●●●

十一音 八聲

■乍□■　●●●●
■叉赤■　●●●●
■崇辰■　●●●●
■卓中■　●●●●

十二音 八聲

■宅直■　●●●●
■坼丑■　●●●●
■茶呈■　●●●●

石石石石　心審禁○

十音　石石石石　○○○十

七聲　石石石石　男坎欠○

石石石石　○○○妾

石石石石　●●●●

十音　石石石石　●●●●

八聲　石石石石　●●●●

石石石石　●●●●

石石石石　●●●●

十音　石石石石　●●●●

九聲　石石石石　●●●●

石石石石　●●●●

石石石石　●●●●

十音　石石石石　●●●●

十聲　石石石石　●●●●

石石石石　●●●●

去聲翕唱呂二之九

古甲九癸　●●●●

一音　□□近揆　●●●●

九聲　坤巧丘弃　●●●●

□□乾虯　●●●●

黑花香血　●●●●

二音　黄華雄賢　●●●●

九聲　五瓦仰□　●●●●

吾牙月堯　●●●●

安亞乙一　●●●●

三音　□爻王寅　●●●●

九聲　母馬美米　●●●●

目皃眉民　●●●●

夫法□飛　●●●●

四音　父凡□吠　●●●●

九聲　武晚□尾　●●●●

文万□未　●●●●

收音濁和律二之十一

□□□□多可个舌

十一音 □□□□禾火化八

一聲 □□□□開宰愛○

□□□□回每退○

□□□□良兩向○

十一音 □□□□光廣況○

二聲 □□□□丁井亘○

□□□□兄永瑩○

□□□□千典旦○

十一音 □□□□元犬半○

三聲 □□□□臣引艮○

□□□□君允巽○

□□□□刀早孝岳

十一音 □□□□毛寶報霍

四聲 □□□□牛斗奏六

□□□□○○○玉

卜百丙必●●●●

五音 步白葡鼻●●●●

九聲 普朴品匹●●●●

旁排平瓶●●●●

東丹帝■●●●●

六音 兑大弟■●●●●

九聲 土貪天■●●●●

同覃田■●●●●

乃妳女■●●●●

七音 内南年■●●●●

九聲 老冷吕■●●●●

鹿犖离■●●●●

走哉足■●●●●

八音 自在匠■●●●●

九聲 草采七■●●●●

曹才全■●●●●

十一音五聲

□□□□妻子四日
□□□□衰○帥骨
□□□□○○○德
□□□□龜水貴北
□□□□宮孔衆○
□□□□龍甬用○

十一音六聲

□□□□魚鼠去○
□□□□烏虎兔○
□□□□心審禁○

十一音七聲

□□□□○○○十
□□□□男坎欠○
□□□□○○○妾
□□□□●●●●

十一音八聲

□□□□●●●●
□□□□●●●●
□□□□●●●●

九音九聲

思三星■●●●●
寺□象■●●●●
□□□□●●●●
□□□□●●●●

十音九聲

■山手■●●●●
■士石■●●●●
■□耳■●●●●
■□二■●●●●

十一音九聲

■莊震■●●●●
■乍□■●●●●
■叉赤■●●●●
■崇辰■●●●●

十二音九聲

■卓中■●●●●
■宅直■●●●●
■拆丑■●●●●
■茶呈■●●●●

□□□□ ●●●●
十一音 □□□□ ●●●●
九聲 □□□□ ●●●●
□□□□ ●●●●
□□□□ ●●●●
十一音 □□□□ ●●●●
十聲 □□□□ ●●●●
□□□□ ●●●●

收音濁和律二之十二

直直直直 多可个舌
十二音 直直直直 禾火化八
一聲 直直直直 開宰愛○
直直直直 回每退○
直直直直 良兩向○
十二音 直直直直 光廣况○

去聲翕唱呂二之十

古甲九癸 ●●●●
一音 □□近揆 ●●●●
十聲 坤巧丘弃 ●●●●
□□乾虯 ●●●●
黑花香血 ●●●●
二音 黃華雄賢 ●●●●
十聲 五瓦仰□ ●●●●
吾牙月堯 ●●●●
安亞乙一 ●●●●
三音 □爻王寅 ●●●●
十聲 母馬美米 ●●●●
目皃眉民 ●●●●
夫法□飛 ●●●●
四音 父凡□吠 ●●●●

二聲　直直直直　丁井亘○
直直直直　兄永瑩○
直直直直　千典旦○
十二音　直直直直　元犬半○
三聲　直直直直　臣引艮○
直直直直　君允巽○
直直直直　刀早孝岳
十二音　直直直直　毛寶報霍
四聲　直直直直　牛斗奏六
直直直直　○○○玉
直直直直　妻子四日
十二音　直直直直　衰○帥骨
五聲　直直直直　○○○德
直直直直　龜水貴北
直直直直　宮孔衆○
十二音　直直直直　龍甬用○

十聲　武晚□尾　●●●●
文万□未　●●●●
卜百丙必　●●●●
五音　步白精鼻　●●●●
十聲　普朴品匹　●●●●
旁排平瓶　●●●●
東丹帝■　●●●●
六音　兑大弟■　●●●●
十聲　土貪天■　●●●●
同覃田■　●●●●
乃妳女■　●●●●
七音　内南年■　●●●●
十聲　老冷吕■　●●●●
鹿犖离■　●●●●
走哉足■　●●●●
八音　自在匠■　●●●●

六聲

直直直直　魚鼠去○

直直直直　烏虎兔○

直直直直　心審禁○

十二音

直直直直　○○○十

七聲

直直直直　男坎欠○

直直直直　○○○妾

直直直直　●●●●

十二音

直直直直　●●●●

八聲

直直直直　●●●●

直直直直　●●●●

直直直直　●●●●

十二音

直直直直　●●●●

九聲

直直直直　●●●●

直直直直　●●●●

直直直直　●●●●

十二音

直直直直　●●●●

十聲

草采七■　●●●●

曹才全■　●●●●

思三星■　●●●●

九音

寺□象■　●●●●

十聲

□□□■　●●●●

□□□■　●●●●

■山手■　●●●●

十音

■士石■　●●●●

十聲

■□耳■　●●●●

■□二■　●●●●

■莊震■　●●●●

十一音

■乍□■　●●●●

十聲

■叉赤■　●●●●

■崇辰■　●●●●

■卓中■　●●●●

十二音

■宅直■　●●●●

十聲 直直直直 ●●●●
直直直直 ●●●●

觀物篇之四十五

星星聲去闢

愛亘艮奏○

去欠●●●

星星聲七，下唱地之用音一百五十二，是謂去聲闢音。去聲闢音一千六十四。

星星聲去之三闢

收音清和律三之一

丘丘丘丘 多可个舌
一音 丘丘丘丘 禾火化八
一聲 丘丘丘丘 開宰愛○
丘丘丘丘 回每退○
丘丘丘丘 良兩向○
一音 丘丘丘丘 光廣况○

十聲 ■坼丑■ ●●●●
■茶呈■ ●●●●

土土音收清

丘仰美□品天

吕七□耳赤丑

土土音十二，上和天之用聲一百一十二，是謂收音清聲。收音清聲一千三百四十四。

土土音收之三清

去聲闢唱吕三之一

古甲九癸 愛愛愛愛
一音 □□近揆 愛愛愛愛
一聲 坤巧丘弃 愛愛愛愛
□□乾虯 愛愛愛愛
黑花香血 愛愛愛愛
二音 黃華雄賢 愛愛愛愛

二聲　丘丘丘丘　丁井亘○
丘丘丘丘　兄永瑩○
丘丘丘丘　千典旦○
一音　丘丘丘丘　元犬半○
三聲　丘丘丘丘　臣引艮○
丘丘丘丘　君允巽○
丘丘丘丘　刀早孝岳
一音　丘丘丘丘　毛寶報霍
四聲　丘丘丘丘　牛斗奏六
丘丘丘丘　○○○玉
丘丘丘丘　妻子四日
一音　丘丘丘丘　衰○帥骨
五聲　丘丘丘丘　○○○德
丘丘丘丘　龜水貴北
丘丘丘丘　宮孔衆○
一音　丘丘丘丘　龍甬用○

一聲　五瓦仰□　愛愛愛愛
吾牙月堯　愛愛愛愛
安亞乙一　愛愛愛愛
三音　□爻王寅　愛愛愛愛
一聲　母馬美米　愛愛愛愛
目皃眉民　愛愛愛愛
夫法□飛　愛愛愛愛
四音　父凡□吠　愛愛愛愛
一聲　武晚□尾　愛愛愛愛
文万□未　愛愛愛愛
卜百丙必　愛愛愛愛
五音　步白葡鼻　愛愛愛愛
一聲　普朴品匹　愛愛愛愛
旁排平瓶　愛愛愛愛
東丹帝■　愛愛愛愛
六音　兑大弟■　愛愛愛愛

六聲
丘丘丘丘　魚鼠去○
丘丘丘丘　烏虎兔○
丘丘丘丘　心審禁○
一音
丘丘丘丘　○○○十
七聲
丘丘丘丘　男坎欠○
丘丘丘丘　○○○妾
丘丘丘丘　●●●●
一音
丘丘丘丘　●●●●
八聲
丘丘丘丘　●●●●
丘丘丘丘　●●●●
丘丘丘丘　●●●●
一音
丘丘丘丘　●●●●
九聲
丘丘丘丘　●●●●
丘丘丘丘　●●●●
丘丘丘丘　●●●●
一音
丘丘丘丘　●●●●

一聲
土貪天■　愛愛愛愛
同覃田■　愛愛愛愛
乃妳女■　愛愛愛愛
七音
内南年■　愛愛愛愛
一聲
老冷吕■　愛愛愛愛
鹿犖离■　愛愛愛愛
走哉足■　愛愛愛愛
八音
自在匠■　愛愛愛愛
一聲
草采七■　愛愛愛愛
曹才全■　愛愛愛愛
思三星■　愛愛愛愛
九音
寺□象■　愛愛愛愛
一聲
□□□■　愛愛愛愛
□□□■　愛愛愛愛
■山手■　愛愛愛愛
十音
■士石■　愛愛愛愛

十聲 丘丘丘丘 ●●●●
丘丘丘丘 ●●●●

收音清和律三之二

仰仰仰仰 多可个舌
二音 仰仰仰仰 禾火化八
一聲 仰仰仰仰 開宰愛○
仰仰仰仰 回每退○
仰仰仰仰 良兩向○
二音 仰仰仰仰 光廣況○
二聲 仰仰仰仰 丁井亘○
仰仰仰仰 兄永瑩○
仰仰仰仰 千典旦○
二音 仰仰仰仰 元犬半○
三聲 仰仰仰仰 臣引艮○
仰仰仰仰 君允巽○
仰仰仰仰 刀早孝岳
二音 仰仰仰仰 毛寶報霍

一聲 ■□耳■ 愛愛愛愛
■□二■ 愛愛愛愛
■莊震■ 愛愛愛愛
十一音 ■乍□■ 愛愛愛愛
一聲 ■叉赤■ 愛愛愛愛
■崇辰■ 愛愛愛愛
■卓中■ 愛愛愛愛
十二音 ■宅直■ 愛愛愛愛
一聲 ■坼丑■ 愛愛愛愛
■茶呈■ 愛愛愛愛

去聲闢唱呂三之二

古甲九癸 亘亘亘亘
一音 □□近揆 亘亘亘亘
二聲 坤巧丘弃 亘亘亘亘
□□乾虯 亘亘亘亘
黑花香血 亘亘亘亘
二音 黃華雄賢 亘亘亘亘

四聲
仰仰仰仰　牛斗奏六
仰仰仰仰　○○○玉
仰仰仰仰　妻子四日
二音
仰仰仰仰　衰○帥骨
五聲
仰仰仰仰　○○○德
仰仰仰仰　龜水貴北
仰仰仰仰　宫孔衆○
二音
仰仰仰仰　龍甬用○
六聲
仰仰仰仰　魚鼠去○
仰仰仰仰　烏虎兔○
仰仰仰仰　心審禁○
二音
仰仰仰仰　○○○十
七聲
仰仰仰仰　男坎欠○
仰仰仰仰　○○○妾
仰仰仰仰　●●●●
二音
仰仰仰仰　●●●●

二聲
五瓦仰□　亘亘亘亘
吾牙月堯　亘亘亘亘
安亞乙一　亘亘亘亘
三音
□爻王寅　亘亘亘亘
二聲
母馬美米　亘亘亘亘
目皃眉民　亘亘亘亘
夫法□飛　亘亘亘亘
四音
父凡□吠　亘亘亘亘
二聲
武晚□尾　亘亘亘亘
文万□未　亘亘亘亘
卜百丙必　亘亘亘亘
五音
步白葡鼻　亘亘亘亘
二聲
普朴品匹　亘亘亘亘
旁排平瓶　亘亘亘亘
東丹帝■　亘亘亘亘
六音
兑大弟■　亘亘亘亘

八聲 仰仰仰仰 ●●●●
仰仰仰仰 ●●●●
仰仰仰仰 ●●●●
二音 仰仰仰仰 ●●●●
九聲 仰仰仰仰 ●●●●
仰仰仰仰 ●●●●
仰仰仰仰 ●●●●
二音 仰仰仰仰 ●●●●
十聲 仰仰仰仰 ●●●●
仰仰仰仰 ●●●●

收音清和律三之三

美美美美 多可个舌
三音 美美美美 禾火化八
一聲 美美美美 開宰愛○
美美美美 回每退○
美美美美 良兩向○
三音 美美美美 光廣況○

二聲 土貪天■ 亘亘亘亘
同覃田■ 亘亘亘亘
乃妳女■ 亘亘亘亘
七音 內南年■ 亘亘亘亘
二聲 老冷吕■ 亘亘亘亘
鹿犖离■ 亘亘亘亘
走哉足■ 亘亘亘亘
八音 自在匠■ 亘亘亘亘
二聲 草采七■ 亘亘亘亘
曹才全■ 亘亘亘亘
思三星■ 亘亘亘亘
九音 寺□象■ 亘亘亘亘
二聲 □□□■ 亘亘亘亘
□□□■ 亘亘亘亘
■山手■ 亘亘亘亘
十音 ■士石■ 亘亘亘亘

二聲 美美美美 丁井亘○
美美美美 兄永瑩○
美美美美 千典旦○
三音 美美美美 元犬半○
三聲 美美美美 臣引艮○
美美美美 君允巽○
美美美美 刀早孝岳
三音 美美美美 毛寶報霍
四聲 美美美美 牛斗奏六
美美美美 ○○○玉
美美美美 妻子四日
三音 美美美美 衰○帥骨
五聲 美美美美 ○○○德
美美美美 龜水貴北
美美美美 宮孔衆○
三音 美美美美 龍甬用○

二聲 ■□耳■ 亘亘亘亘
■□二■ 亘亘亘亘
■莊震■ 亘亘亘亘
十一音 ■乍□■ 亘亘亘亘
二聲 ■叉赤■ 亘亘亘亘
■崇辰■ 亘亘亘亘
■卓中■ 亘亘亘亘
十二音 ■宅直■ 亘亘亘亘
二聲 ■坼丑■ 亘亘亘亘
■茶呈■ 亘亘亘亘

去聲闢唱呂三之三

古甲九癸 艮艮艮艮
一音 □□近揆 艮艮艮艮
三聲 坤巧丘弃 艮艮艮艮
□□乾虯 艮艮艮艮
黑花香血 艮艮艮艮
二音 黃華雄賢 艮艮艮艮

六聲 美美美美 魚鼠去○
美美美美 烏虎兔○
美美美美 心審禁○
三音 美美美美 ○○○十
七聲 美美美美 男坎欠○
美美美美 ○○○妾
美美美美 ●●●●
三音 美美美美 ●●●●
八聲 美美美美 ●●●●
美美美美 ●●●●
美美美美 ●●●●
三音 美美美美 ●●●●
九聲 美美美美 ●●●●
美美美美 ●●●●
美美美美 ●●●●
三音 美美美美 ●●●●

三聲 五瓦仰□ 艮艮艮艮
吾牙月堯 艮艮艮艮
安亞乙一 艮艮艮艮
三音 □爻王寅 艮艮艮艮
三聲 母馬美米 艮艮艮艮
目皃眉民 艮艮艮艮
夫法□飛 艮艮艮艮
四音 父凡□吠 艮艮艮艮
三聲 武晚□尾 艮艮艮艮
文万□未 艮艮艮艮
卜百丙必 艮艮艮艮
五音 步白葡鼻 艮艮艮艮
三聲 普朴品匹 艮艮艮艮
旁排平瓶 艮艮艮艮
東丹帝■ 艮艮艮艮
六音 兑大弟■ 艮艮艮艮

十聲 美美美美 ●●●●
美美美美 ●●●●

收音清和律三之四

□□□□ 多可个舌
四音 □□□□ 禾火化八
一聲 □□□□ 開宰愛○
□□□□ 回每退○
□□□□ 良兩向○
四音 □□□□ 光廣況○
二聲 □□□□ 丁井亘○
□□□□ 兄永瑩○
□□□□ 千典旦○
四音 □□□□ 元犬半○
三聲 □□□□ 臣引艮○
□□□□ 君允巽○
□□□□ 刀早孝岳
四音 □□□□ 毛寶報霍

三聲 土貪天■ 艮艮艮艮
同覃田■ 艮艮艮艮
乃妳女■ 艮艮艮艮
七音 內南年■ 艮艮艮艮
三聲 老冷吕■ 艮艮艮艮
鹿犖离■ 艮艮艮艮
走哉足■ 艮艮艮艮
八音 自在匠■ 艮艮艮艮
三聲 草采七■ 艮艮艮艮
曹才全■ 艮艮艮艮
思三星■ 艮艮艮艮
九音 寺□象■ 艮艮艮艮
三聲 □□□■ 艮艮艮艮
□□□■ 艮艮艮艮
■山手■ 艮艮艮艮
十音 ■士石■ 艮艮艮艮

四聲 □□□□ 牛斗奏六
□□□□ ○○○玉
□□□□ 妻子四日
四音 □□□□ 衰○帥骨
五聲 □□□□ ○○○德
□□□□ 龜水貴北
□□□□ 宮孔衆○
四音 □□□□ 龍甬用○
六聲 □□□□ 魚鼠去○
□□□□ 烏虎兔○
□□□□ 心審禁○
四音 □□□□ ○○○十
七聲 □□□□ 男坎欠○
□□□□ ○○○妾
□□□□ ●●●●
四音 □□□□ ●●●●

三聲 ■□耳■ 艮艮艮艮
■□二■ 艮艮艮艮
■莊震■ 艮艮艮艮
十一音 ■乍□■ 艮艮艮艮
三聲 ■叉赤■ 艮艮艮艮
■崇辰■ 艮艮艮艮
■卓中■ 艮艮艮艮
十二音 ■宅直■ 艮艮艮艮
三聲 ■坼丑■ 艮艮艮艮
■茶呈■ 艮艮艮艮

去聲闢唱呂三之四

古甲九癸 奏奏奏奏
一音 □□近揆 奏奏奏奏
四聲 坤巧丘弃 奏奏奏奏
□□乾虬 奏奏奏奏
黑花香血 奏奏奏奏
二音 黃華雄賢 奏奏奏奏

八聲 □□□□ ●●●●
□□□□ ●●●●
□□□□ ●●●●
四音 □□□□ ●●●●
九聲 □□□□ ●●●●
□□□□ ●●●●
□□□□ ●●●●
四音 □□□□ ●●●●
十聲 □□□□ ●●●●
□□□□ ●●●●

收音清和律三之五

品品品品 多可个舌
五音 品品品品 禾火化八
一聲 品品品品 開宰愛○
品品品品 回每退○
品品品品 良兩向○
五音 品品品品 光廣況○

四聲 五瓦仰□ 奏奏奏奏
吾牙月堯 奏奏奏奏
安亞乙一 奏奏奏奏
三音 □爻王寅 奏奏奏奏
四聲 母馬美米 奏奏奏奏
目皃眉民 奏奏奏奏
夫法□飛 奏奏奏奏
四音 父凡□吠 奏奏奏奏
四聲 武晚□尾 奏奏奏奏
文万□未 奏奏奏奏
卜百丙必 奏奏奏奏
五音 步白葡鼻 奏奏奏奏
四聲 普朴品匹 奏奏奏奏
旁排平瓶 奏奏奏奏
東丹帝■ 奏奏奏奏
六音 兑大弟■ 奏奏奏奏

二聲 品品品品 丁井亘○
品品品品 兄永瑩○
品品品品 千典旦○
五音 品品品品 元犬半○
三聲 品品品品 臣引艮○
品品品品 君允巽○
品品品品 刀早孝岳
五音 品品品品 毛寶報霍
四聲 品品品品 牛斗奏六
品品品品 ○○○玉
品品品品 妻子四日
五音 品品品品 衰○帥骨
五聲 品品品品 ○○○德
品品品品 龜水貴北
品品品品 宮孔衆○
五音 品品品品 龍甬用○

四聲 土貪天■ 奏奏奏奏
同覃田■ 奏奏奏奏
乃妳女■ 奏奏奏奏
七音 内南年■ 奏奏奏奏
四聲 老冷吕■ 奏奏奏奏
鹿犖离■ 奏奏奏奏
走哉足■ 奏奏奏奏
八音 自在匠■ 奏奏奏奏
四聲 草采七■ 奏奏奏奏
曹才全■ 奏奏奏奏
思三星■ 奏奏奏奏
九音 寺□象■ 奏奏奏奏
四聲 □□□■ 奏奏奏奏
□□□■ 奏奏奏奏
■山手■ 奏奏奏奏
十音 ■士石■ 奏奏奏奏

六聲 品品品品 魚鼠去○
品品品品 烏虎兔○
品品品品 心審禁○
五音 品品品品 ○○○十
七聲 品品品品 男坎欠○
品品品品 ○○○妾
品品品品 ●●●●
五音 品品品品 ●●●●
八聲 品品品品 ●●●●
品品品品 ●●●●
五音 品品品品 ●●●●
九聲 品品品品 ●●●●
品品品品 ●●●●
品品品品 ●●●●
五音 品品品品 ●●●●

四聲 ■□耳■ 奏奏奏奏
■□二■ 奏奏奏奏
■莊震■ 奏奏奏奏
十一音 ■乍□■ 奏奏奏奏
四聲 ■叉赤■ 奏奏奏奏
■崇辰■ 奏奏奏奏
■卓中■ 奏奏奏奏
十二音 ■宅直■ 奏奏奏奏
四聲 ■坼丑■ 奏奏奏奏
■茶呈■ 奏奏奏奏

去聲闢唱呂三之五

古甲九癸 ○○○○
一音 □□近揆 ○○○○
五聲 坤巧丘弃 ○○○○
□□乾虯 ○○○○
黑花香血 ○○○○
二音 黃華雄賢 ○○○○

十聲 品品品品 ●●●●

品品品品 ●●●●

收音清和律三之六

天天天天 多可个舌

六音 天天天天 禾火化八

一聲 天天天天 開宰愛○

天天天天 回每退○

天天天天 良兩向○

六音 天天天天 光廣況○

二聲 天天天天 丁井亘○

天天天天 兄永瑩○

天天天天 千典旦○

六音 天天天天 元犬半○

三聲 天天天天 臣引艮○

天天天天 君允巽○

天天天天 刀早孝岳

六音 天天天天 毛寶報霍

五聲 五瓦仰□ ○○○○

吾牙月堯 ○○○○

安亞乙一 ○○○○

三音 □爻王寅 ○○○○

五聲 母馬美米 ○○○○

目皃眉民 ○○○○

夫法□飛 ○○○○

四音 父凡□吠 ○○○○

五聲 武晚□尾 ○○○○

文万□未 ○○○○

卜百丙必 ○○○○

五音 步白葡鼻 ○○○○

五聲 普朴品匹 ○○○○

旁排平瓶 ○○○○

東丹帝■ ○○○○

六音 兑大弟■ ○○○○

四聲　天天天天　牛斗奏六
　　　天天天天　○○○玉
　　　天天天天　妻子四日
六音　天天天天　衰○帥骨
五聲　天天天天　○○○德
　　　天天天天　龜水貴北
　　　天天天天　宮孔衆○
六音　天天天天　龍甬用○
六聲　天天天天　魚鼠去○
　　　天天天天　烏虎兔○
　　　天天天天　心審禁○
六音　天天天天　○○○十
七聲　天天天天　男坎欠○
　　　天天天天　○○○妾
　　　天天天天　●●●●
六音　天天天天　●●●●

五聲　土貪天■　○○○○
　　　同覃田■　○○○○
　　　乃妳女■　○○○○
七音　内南年■　○○○○
五聲　老冷吕■　○○○○
　　　鹿犖离■　○○○○
　　　走哉足■　○○○○
八音　自在匠■　○○○○
五聲　草采七■　○○○○
　　　曹才全■　○○○○
　　　思三星■　○○○○
九音　寺□象■　○○○○
五聲　□□□■　○○○○
　　　□□□■　○○○○
　　　■山手■　○○○○
十音　■士石■　○○○○

八聲　天天天天　●●●●
天天天天　●●●●
天天天天　●●●●
六音　天天天天　●●●●
九聲　天天天天　●●●●
天天天天　●●●●
天天天天　●●●●
六音　天天天天　●●●●
十聲　天天天天　●●●●
天天天天　●●●●

收音清和律三之七

吕吕吕吕　多可个舌
七音　吕吕吕吕　禾火化八
一聲　吕吕吕吕　開宰愛○
吕吕吕吕　回每退○
吕吕吕吕　良兩向○
七音　吕吕吕吕　光廣況○

五聲　■□耳■　○○○○
■□二■　○○○○
■莊震■　○○○○
十一音　■乍□■　○○○○
五聲　■叉赤■　○○○○
■崇辰■　○○○○
■卓中■　○○○○
十二音　■宅直■　○○○○
五聲　■坼丑■　○○○○
■茶呈■　○○○○

去聲闢唱吕三之六

古甲九癸　去去去去
一音　□□近揆　去去去去
六聲　坤巧丘弃　去去去去
□□乾蚪　去去去去
黑花香血　去去去去
二音　黃華雄賢　去去去去

二聲 吕吕吕吕 丁井亘○
吕吕吕吕 兄永瑩○
吕吕吕吕 千典旦○
七音 吕吕吕吕 元犬半○
三聲 吕吕吕吕 臣引艮○
吕吕吕吕 君允巽○
吕吕吕吕 刀早孝岳
七音 吕吕吕吕 毛寶報霍
四聲 吕吕吕吕 牛斗奏六
吕吕吕吕 ○○○玉
吕吕吕吕 妻子四日
七音 吕吕吕吕 衰○帥骨
五聲 吕吕吕吕 ○○○德
吕吕吕吕 龜水貴北
吕吕吕吕 宮孔衆○
七音 吕吕吕吕 龍甬用○

六聲 五瓦仰□ 去去去去
吾牙月堯 去去去去
安亞乙一 去去去去
三音 □爻王寅 去去去去
六聲 母馬美米 去去去去
目皃眉民 去去去去
夫法□飛 去去去去
四音 父凡□吠 去去去去
六聲 武晚□尾 去去去去
文万□未 去去去去
卜百丙必 去去去去
五音 步白葡鼻 去去去去
六聲 普朴品匹 去去去去
旁排平瓶 去去去去
東丹帝■ 去去去去
六音 兑大弟■ 去去去去

六聲　吕吕吕吕　魚鼠去○

吕吕吕吕　烏虎兔○

吕吕吕吕　心審禁○

七音　吕吕吕吕　○○○十

七聲　吕吕吕吕　男坎欠○

吕吕吕吕　○○○妾

吕吕吕吕　●●●●

七音　吕吕吕吕　●●●●

八聲　吕吕吕吕　●●●●

吕吕吕吕　●●●●

吕吕吕吕　●●●●

七音　吕吕吕吕　●●●●

九聲　吕吕吕吕　●●●●

吕吕吕吕　●●●●

吕吕吕吕　●●●●

七音　吕吕吕吕　●●●●

六聲　土貪天■　去去去去

同覃田■　去去去去

乃妳女■　去去去去

七音　内南年■　去去去去

六聲　老冷吕■　去去去去

鹿犖离■　去去去去

走哉足■　去去去去

八音　自在匠■　去去去去

六聲　草采七■　去去去去

曹才全■　去去去去

思三星■　去去去去

九音　寺□象■　去去去去

六聲　□□□■　去去去去

□□□■　去去去去

■山手■　去去去去

十音　■士石■　去去去去

十聲

呂呂呂呂 ●●●●
呂呂呂呂 ●●●●

收音清和律三之八

七七七七 多可个舌

八音 一聲

七七七七 禾火化八
七七七七 開宰愛○
七七七七 回每退○
七七七七 良兩向○

八音 二聲

七七七七 光廣況○
七七七七 丁井亘○
七七七七 兄永瑩○
七七七七 千典旦○

八音 三聲

七七七七 元犬半○
七七七七 臣引艮○
七七七七 君允巽○
七七七七 刀早孝岳

八音

七七七七 毛寶報霍

六聲

■□耳■ 去去去去
■□二■ 去去去去
■莊震■ 去去去去

十一音 六聲

■乍□■ 去去去去
■叉赤■ 去去去去
■崇辰■ 去去去去
■卓中■ 去去去去

十二音 六聲

■宅直■ 去去去去
■坼丑■ 去去去去
■茶呈■ 去去去去

去聲闢唱呂三之七

古甲九癸 欠欠欠欠

一音 七聲

□□近揆 欠欠欠欠
坤巧丘弃 欠欠欠欠
□□乾虯 欠欠欠欠
黑花香血 欠欠欠欠

二音

黃華雄賢 欠欠欠欠

四聲 七七七七 牛斗奏六
七七七七 ○○○玉
七七七七 妻子四日
八音 七七七七 衰○帥骨
五聲 七七七七 ○○○德
七七七七 龜水貴北
七七七七 宮孔衆○
八音 七七七七 龍甬用○
六聲 七七七七 魚鼠去○
七七七七 烏虎兔○
七七七七 心審禁○
八音 七七七七 ○○○十
七聲 七七七七 男坎欠○
七七七七 ○○○妾
七七七七 ●●●●
八音 七七七七 ●●●●

七聲 五瓦仰□ 欠欠欠欠
吾牙月堯 欠欠欠欠
安亞乙一 欠欠欠欠
三音 □爻王寅 欠欠欠欠
七聲 母馬美米 欠欠欠欠
目皃眉民 欠欠欠欠
夫法□飛 欠欠欠欠
四音 父凡□吠 欠欠欠欠
七聲 武晚□尾 欠欠欠欠
文万□未 欠欠欠欠
卜百丙必 欠欠欠欠
五音 步白葡鼻 欠欠欠欠
七聲 普朴品匹 欠欠欠欠
旁排平瓶 欠欠欠欠
東丹帝■ 欠欠欠欠
六音 兑大弟■ 欠欠欠欠

八聲 七七七七 ●●●●
七七七七 ●●●●
七七七七 ●●●●
八音 七七七七 ●●●●
九聲 七七七七 ●●●●
七七七七 ●●●●
七七七七 ●●●●
八音 七七七七 ●●●●
十聲 七七七七 ●●●●
七七七七 ●●●●

收音清和律三之九

□□□□ 多可个舌
九音 □□□□ 禾火化八
一聲 □□□□ 開宰愛○
□□□□ 回每退○
□□□□ 良兩向○
九音 □□□□ 光廣況○

七聲 土貪天■ 欠欠欠欠
同覃田■ 欠欠欠欠
乃妳女■ 欠欠欠欠
七音 内南年■ 欠欠欠欠
七聲 老冷吕■ 欠欠欠欠
鹿犖离■ 欠欠欠欠
走哉足■ 欠欠欠欠
八音 自在匠■ 欠欠欠欠
七聲 草采七■ 欠欠欠欠
曹才全■ 欠欠欠欠
思三星■ 欠欠欠欠
九音 寺□象■ 欠欠欠欠
七聲 □□□■ 欠欠欠欠
□□□■ 欠欠欠欠
■山手■ 欠欠欠欠
十音 ■士石■ 欠欠欠欠

二聲
□□□□丁井亘○
□□□□兄永瑩○
□□□□千典旦○

九音
三聲
□□□□元犬半○
□□□□臣引艮○
□□□□君允巽○
□□□□刀早孝岳

九音
四聲
□□□□毛寶報霍
□□□□牛斗奏六
□□□□○○○玉
□□□□妻子四日

九音
五聲
□□□□衰○帥骨
□□□□○○○德
□□□□龜水貴北
□□□□宮孔衆○

九音
□□□□龍甬用○

七聲
■□耳■欠欠欠欠
■□二■欠欠欠欠
■莊震■欠欠欠欠

十一音
七聲
■乍□■欠欠欠欠
■叉赤■欠欠欠欠
■崇辰■欠欠欠欠
■卓中■欠欠欠欠

十二音
七聲
■宅直■欠欠欠欠
■拆丑■欠欠欠欠
■茶呈■欠欠欠欠

去聲闢唱呂三之八

古甲九癸●●●●

一音
八聲
□□近揆●●●●
坤巧丘弃●●●●
□□乾虯●●●●
黑花香血●●●●

二音
黃華雄賢●●●●

六聲 □□□□ 魚鼠去○
□□□□ 烏虎兔○
□□□□ 心審禁○
九音 □□□□ ○○○十
七聲 □□□□ 男坎欠○
□□□□ ○○○妾
□□□□ ●●●●
九音 □□□□ ●●●●
八聲 □□□□ ●●●●
□□□□ ●●●●
□□□□ ●●●●
九音 □□□□ ●●●●
九聲 □□□□ ●●●●
□□□□ ●●●●
□□□□ ●●●●
九音 □□□□ ●●●●

八聲 五瓦仰□ ●●●●
吾牙月堯 ●●●●
安亞乙一 ●●●●
三音 □爻王寅 ●●●●
八聲 母馬美米 ●●●●
目皃眉民 ●●●●
夫法□飛 ●●●●
四音 父凡□吠 ●●●●
八聲 武晚□尾 ●●●●
文万□未 ●●●●
卜百丙必 ●●●●
五音 步白葡鼻 ●●●●
八聲 普朴品匹 ●●●●
旁排平瓶 ●●●●
東丹帝■ ●●●●
六音 兑大弟■ ●●●●

十聲 □□□□ ●●●●
□□□□ ●●●●
八聲 土貪天■ ●●●●
同覃田■ ●●●●
乃妳女■ ●●●●
七音 內南年■ ●●●●
八聲 老冷呂■ ●●●●
鹿犖离■ ●●●●
走哉足■ ●●●●
八音 自在匠■ ●●●●
八聲 草采七■ ●●●●
曹才全■ ●●●●
思三星■ ●●●●
九音 寺□象■ ●●●●
八聲 □□□■ ●●●●
□□□■ ●●●●
■山手■ ●●●●
十音 ■士石■ ●●●●

收音清和律三之十

耳耳耳耳 多可个舌
十音 耳耳耳耳 禾火化八
一聲 耳耳耳耳 開宰愛○
耳耳耳耳 回每退○
耳耳耳耳 良兩向○
十音 耳耳耳耳 光廣況○
二聲 耳耳耳耳 丁井亘○
耳耳耳耳 兄永瑩○
耳耳耳耳 千典旦○
十音 耳耳耳耳 元犬半○
三聲 耳耳耳耳 臣引艮○
耳耳耳耳 君允巽○
耳耳耳耳 刀早孝岳
十音 耳耳耳耳 毛寶報霍

四聲　耳耳耳耳　牛斗奏六
耳耳耳耳　○○○玉
耳耳耳耳　妻子四日
十音　耳耳耳耳　衰○帥骨
五聲　耳耳耳耳　○○○德
耳耳耳耳　龜水貴北
耳耳耳耳　宮孔衆○
十音　耳耳耳耳　龍甬用○
六聲　耳耳耳耳　魚鼠去○
耳耳耳耳　烏虎兔○
耳耳耳耳　心審禁○
十音　耳耳耳耳　○○○十
七聲　耳耳耳耳　男坎欠○
耳耳耳耳　○○○妾
耳耳耳耳　●●●●
十音　耳耳耳耳　●●●●

八聲　■□耳■　●●●●
■□二■　●●●●
■莊震■　●●●●
十一音　■乍□■　●●●●
八聲　■叉赤■　●●●●
■崇辰■　●●●●
■卓中■　●●●●
十二音　■宅直■　●●●●
八聲　■坼丑■　●●●●
■茶呈■　●●●●

去聲闢唱呂三之九

古甲九癸　●●●●
一音　□□近揆　●●●●
九聲　坤巧丘弃　●●●●
□□乾虬　●●●●
黑花香血　●●●●
二音　黃華雄賢　●●●●

八聲　耳耳耳耳　●●●●
耳耳耳耳　●●●●
耳耳耳耳　●●●●
十音　耳耳耳耳　●●●●
九聲　耳耳耳耳　●●●●
耳耳耳耳　●●●●
耳耳耳耳　●●●●
十音　耳耳耳耳　●●●●
十聲　耳耳耳耳　●●●●
耳耳耳耳　●●●●

收音清和律三之十一

赤赤赤赤　多可个舌
十一音　赤赤赤赤　禾火化八
一聲　赤赤赤赤　開宰愛○
赤赤赤赤　回每退○
赤赤赤赤　良兩向○
十一音　赤赤赤赤　光廣況○

九聲　五瓦仰□　●●●●
吾牙月堯　●●●●
安亞乙一　●●●●
三音　□爻王寅　●●●●
九聲　母馬美米　●●●●
目皃眉民　●●●●
夫法□飛　●●●●
四音　父凡□吠　●●●●
九聲　武晚□尾　●●●●
文万□未　●●●●
卜百丙必　●●●●
五音　步白葡鼻　●●●●
九聲　普朴品匹　●●●●
旁排平瓶　●●●●
東丹帝■　●●●●
六音　兑大弟■　●●●●

二聲 赤赤赤赤 丁井亘○
赤赤赤赤 兄永瑩○
赤赤赤赤 千典旦○
十一音 赤赤赤赤 元犬半○
三聲 赤赤赤赤 臣引艮○
赤赤赤赤 君允巽○
赤赤赤赤 刀早孝岳
十一音 赤赤赤赤 毛寶報霍
四聲 赤赤赤赤 牛斗奏六
赤赤赤赤 ○○○玉
赤赤赤赤 妻子四日
十一音 赤赤赤赤 衰○帥骨
五聲 赤赤赤赤 ○○○德
赤赤赤赤 龜水貴北
赤赤赤赤 宮孔衆○
十一音 赤赤赤赤 龍甬用○

九聲 土貪天■ ●●●●
同覃田■ ●●●●
乃妳女■ ●●●●
七音 内南年■ ●●●●
九聲 老冷吕■ ●●●●
鹿犖离■ ●●●●
走哉足■ ●●●●
八音 自在匠■ ●●●●
九聲 草采七■ ●●●●
曹才全■ ●●●●
思三星■ ●●●●
九音 寺□象■ ●●●●
九聲 □□□■ ●●●●
□□□■ ●●●●
■山手■ ●●●●
十音 ■士石■ ●●●●

六聲 赤赤赤赤 魚鼠去○
赤赤赤赤 烏虎兔○
赤赤赤赤 心審禁○
十一音 赤赤赤赤 ○○○十
七聲 赤赤赤赤 男坎欠○
赤赤赤赤 ○○○妾
赤赤赤赤 ●●●●
十一音 赤赤赤赤 ●●●●
八聲 赤赤赤赤 ●●●●
赤赤赤赤 ●●●●
赤赤赤赤 ●●●●
十一音 赤赤赤赤 ●●●●
九聲 赤赤赤赤 ●●●●
赤赤赤赤 ●●●●
赤赤赤赤 ●●●●
十一音 赤赤赤赤 ●●●●

九聲 ■□耳■ ●●●●
■□二■ ●●●●
■莊震■ ●●●●
十一音 ■乍□■ ●●●●
九聲 ■叉赤■ ●●●●
■崇辰■ ●●●●
■卓中■ ●●●●
十二音 ■宅直■ ●●●●
九聲 ■坼丑■ ●●●●
■茶呈■ ●●●●

去聲闢唱吕三之十

古甲九癸 ●●●●
一音 □□近揆 ●●●●
十聲 坤巧丘弃 ●●●●
□□乾虯 ●●●●
黑花香血 ●●●●
二音 黃華雄賢 ●●●●

十聲　赤赤赤赤　●●●●
赤赤赤赤　●●●●

收音清和律三之十二

丑丑丑丑　多可个舌
十二音　丑丑丑丑　禾火化八
一聲　丑丑丑丑　開宰愛○
丑丑丑丑　回每退○
丑丑丑丑　良兩向○
十二音　丑丑丑丑　光廣況○
二聲　丑丑丑丑　丁井亘○
丑丑丑丑　兄永瑩○
丑丑丑丑　千典旦○
十二音　丑丑丑丑　元犬半○
三聲　丑丑丑丑　臣引艮○
丑丑丑丑　君允巽○
丑丑丑丑　刀早孝岳
十二音　丑丑丑丑　毛寶報霍

十聲　五瓦仰□　●●●●
吾牙月堯　●●●●
安亞乙一　●●●●
三音　□爻王寅　●●●●
十聲　母馬美米　●●●●
目皃眉民　●●●●
夫法□飛　●●●●
四音　父凡□吠　●●●●
十聲　武晚□尾　●●●●
文万□未　●●●●
卜百丙必　●●●●
五音　步白葡鼻　●●●●
十聲　普朴品匹　●●●●
旁排平瓶　●●●●
東丹帝■　●●●●
六音　兑大弟■　●●●●

四聲 丑丑丑丑 牛斗奏六
丑丑丑丑 ○○○玉
丑丑丑丑 妻子四日
十二音 丑丑丑丑 衰○帥骨
五聲 丑丑丑丑 ○○○德
丑丑丑丑 龜水貴北
丑丑丑丑 宮孔衆○
十二音 丑丑丑丑 龍甬用○
六聲 丑丑丑丑 魚鼠去○
丑丑丑丑 烏虎兔○
丑丑丑丑 心審禁○
十二音 丑丑丑丑 ○○○十
七聲 丑丑丑丑 男坎欠○
丑丑丑丑 ○○○妾
丑丑丑丑 ●●●●
十二音 丑丑丑丑 ●●●●

十聲 土貪天■ ●●●●
同覃田■ ●●●●
乃妳女■ ●●●●
七音 内南年■ ●●●●
十聲 老冷吕■ ●●●●
鹿犖离■ ●●●●
走哉足■ ●●●●
八音 自在匠■ ●●●●
十聲 草采七■ ●●●●
曹才全■ ●●●●
思三星■ ●●●●
九音 寺□象■ ●●●●
十聲 □□□■ ●●●●
□□□■ ●●●●
■山手■ ●●●●
十音 ■士石■ ●●●●

八聲 丑丑丑丑 ●●●●
丑丑丑丑 ●●●●
丑丑丑丑 ●●●●
十二音 丑丑丑丑 ●●●●
九聲 丑丑丑丑 ●●●●
丑丑丑丑 ●●●●
丑丑丑丑 ●●●●
十二音 丑丑丑丑 ●●●●
十聲 丑丑丑丑 ●●●●
丑丑丑丑 ●●●●

十聲 ■□耳■ ●●●●
■□二■ ●●●●
■莊震■ ●●●●
十一音 ■乍□■ ●●●●
十聲 ■叉赤■ ●●●●
■崇辰■ ●●●●
■卓中■ ●●●●
十二音 ■宅直■ ●●●●
十聲 ■坼丑■ ●●●●
■茶呈■ ●●●●

觀物篇之四十六

星辰聲去翕
退瑩巽○貴
兔○●●●

土石音收濁
乾月眉□平田
离全□二辰呈

星辰聲七，下唱地之用音一百五十二，是謂去聲翕音。去聲翕音一千六百六十四。

星辰聲去之四翕
收音濁和律四之一

乾乾乾乾　多可个舌
一音　乾乾乾乾　禾火化八
一聲　乾乾乾乾　開宰愛○
乾乾乾乾　回每退○
乾乾乾乾　良兩向○
一音　乾乾乾乾　光廣況○
二聲　乾乾乾乾　丁井亘○
乾乾乾乾　兄永瑩○

土石音十二，上和天之用聲一百一十二，是謂收音濁聲。收音濁聲一千三百四十四。

土石音收之四濁①
去聲翕唱吕四之一

古甲九癸　退退退退
一音　□□近揆　退退退退
一聲　坤巧丘弃　退退退退
□□乾虯　退退退退
黑花香血　退退退退
二音　黄華雄賢　退退退退
一聲　五瓦仰□　退退退退
吾牙月堯　退退退退

①「土石」，原作「石土」，據四庫本改。

乾乾乾乾　千典旦○
一音　乾乾乾乾　元犬半○
三聲　乾乾乾乾　臣引艮○
乾乾乾乾　君允巽○
乾乾乾乾　刀早孝岳
一音　乾乾乾乾　毛寶報霍
四聲　乾乾乾乾　牛斗奏六
乾乾乾乾　○○○玉
乾乾乾乾　妻子四日
一音　乾乾乾乾　衰○帥骨
五聲　乾乾乾乾　○○○德
乾乾乾乾　龜水貴北
乾乾乾乾　宮孔衆○
一音　乾乾乾乾　龍甬用○
六聲　乾乾乾乾　魚鼠去○
乾乾乾乾　烏虎兔○

安亞乙一　退退退退
三音　□爻王寅　退退退退
一聲　母馬美米　退退退退
目皃眉民　退退退退
夫法□飛　退退退退
四音　父凡□吠　退退退退
一聲　武晚□尾　退退退退
文万□未　退退退退
卜百丙必　退退退退
五音　步白葡鼻　退退退退
一聲　普朴品匹　退退退退
旁排平瓶　退退退退
東丹帝■　退退退退
六音　兑大弟■　退退退退
一聲　土貪天■　退退退退
同覃田■　退退退退

一音七聲

乾乾乾乾　心審禁○
乾乾乾乾　○○○十
乾乾乾乾　男坎欠○
乾乾乾乾　○○○妾

一音八聲

乾乾乾乾　●●●●
乾乾乾乾　●●●●
乾乾乾乾　●●●●
乾乾乾乾　●●●●

一音九聲

乾乾乾乾　●●●●
乾乾乾乾　●●●●
乾乾乾乾　●●●●
乾乾乾乾　●●●●

一音十聲

乾乾乾乾　●●●●
乾乾乾乾　●●●●
乾乾乾乾　●●●●
乾乾乾乾　●●●●

七音一聲

乃妳女■　退退退退
內南年■　退退退退
老冷吕■　退退退退
鹿犖离■　退退退退

八音一聲

走哉足■　退退退退
自在匠■　退退退退
草采七■　退退退退
曹才全■　退退退退

九音一聲

思三星■　退退退退
寺□象■　退退退退
□□□■　退退退退
□□□■　退退退退

十音一聲

■山手■　退退退退
■士石■　退退退退
■□耳■　退退退退
■□二■　退退退退

收音濁和律四之二

二音一聲

月月月月 多可个舌
月月月月 禾火化八
月月月月 開宰愛○
月月月月 回每退○

二音二聲

月月月月 良兩向○
月月月月 光廣況○
月月月月 丁井亘○
月月月月 兄永瑩○

二音三聲

月月月月 千典旦○
月月月月 元犬半○
月月月月 臣引艮○
月月月月 君允巽○

二音四聲

月月月月 刀早孝岳
月月月月 毛寶報霍
月月月月 牛斗奏六
月月月月 ○○○玉

十一音一聲

■莊震■ 退退退退
■乍□■ 退退退退
■叉赤■ 退退退退
■崇辰■ 退退退退

十二音一聲

■卓中■ 退退退退
■宅直■ 退退退退
■坼丑■ 退退退退
■茶呈■ 退退退退

去聲翕唱呂四之二

一音二聲

古甲九發 瑩瑩瑩瑩
□□近揆 瑩瑩瑩瑩
坤巧丘弃 瑩瑩瑩瑩
□□乾虯 瑩瑩瑩瑩

二音二聲

黑花香血 瑩瑩瑩瑩
黃華雄賢 瑩瑩瑩瑩
五瓦仰□ 瑩瑩瑩瑩
吾牙月堯 瑩瑩瑩瑩

月月月月　妻子四日

二音　五聲

月月月月　衰○帥骨
月月月月　○○○德
月月月月　龜水貴北
月月月月　宮孔衆○

二音　六聲

月月月月　龍甬用○
月月月月　魚鼠去○
月月月月　烏虎兔○
月月月月　心審禁○

二音　七聲

月月月月　○○○十
月月月月　男坎欠○
月月月月　○○○妾

二音　八聲

月月月月　●●●●
月月月月　●●●●
月月月月　●●●●
月月月月　●●●●

安亞乙一　瑩瑩瑩瑩

三音　二聲

□爻王寅　瑩瑩瑩瑩
母馬美米　瑩瑩瑩瑩
目皃眉民　瑩瑩瑩瑩
夫法□飛　瑩瑩瑩瑩

四音　二聲

父凡□吠　瑩瑩瑩瑩
武晚□尾　瑩瑩瑩瑩
文万□未　瑩瑩瑩瑩
卜百丙必　瑩瑩瑩瑩

五音　二聲

步白葡鼻　瑩瑩瑩瑩
普朴品匹　瑩瑩瑩瑩
旁排平瓶　瑩瑩瑩瑩
東丹帝■　瑩瑩瑩瑩

六音　二聲

兑大弟■　瑩瑩瑩瑩
土貪天■　瑩瑩瑩瑩
同覃田■　瑩瑩瑩瑩

月月月月　●●●●

二音九聲

月月月月　●●●●
月月月月　●●●●
月月月月　●●●●
月月月月　●●●●

二音十聲

月月月月　●●●●
月月月月　●●●●
月月月月　●●●●

收音濁和律四之三

眉眉眉眉　多可个舌

三音一聲

眉眉眉眉　禾火化八
眉眉眉眉　開宰愛○
眉眉眉眉　回每退○
眉眉眉眉　良兩向○

三音二聲

眉眉眉眉　光廣況○
眉眉眉眉　丁井亘○
眉眉眉眉　兄永瑩○

乃妳女■　瑩瑩瑩瑩

七音二聲

內南年■　瑩瑩瑩瑩
老冷吕■　瑩瑩瑩瑩
鹿犖离■　瑩瑩瑩瑩
走哉足■　瑩瑩瑩瑩

八音二聲

自在匠■　瑩瑩瑩瑩
草采七■　瑩瑩瑩瑩
曹才全■　瑩瑩瑩瑩
思三星■　瑩瑩瑩瑩

九音二聲

寺□象■　瑩瑩瑩瑩
□□□■　瑩瑩瑩瑩
□□□■　瑩瑩瑩瑩
■山手■　瑩瑩瑩瑩

十音二聲

■士石■　瑩瑩瑩瑩
■□耳■　瑩瑩瑩瑩
■□二■　瑩瑩瑩瑩

眉眉眉眉　千典旦○

三音　眉眉眉眉　元犬半○

三聲　眉眉眉眉　臣引艮○

眉眉眉眉　君允巽○

眉眉眉眉　刀早孝岳

三音　眉眉眉眉　毛寶報霍

四聲　眉眉眉眉　牛斗奏六

眉眉眉眉　○○○玉

眉眉眉眉　妻子四日

三音　眉眉眉眉　衰○帥骨

五聲　眉眉眉眉　○○○德

眉眉眉眉　龜水貴北

眉眉眉眉　宮孔衆○

三音　眉眉眉眉　龍甬用○

■莊震■　瑩瑩瑩瑩

十一音　■乍□■　瑩瑩瑩瑩

二聲　■叉赤■　瑩瑩瑩瑩

■崇辰■　瑩瑩瑩瑩

■卓中■　瑩瑩瑩瑩

十二音　■宅直■　瑩瑩瑩瑩

二聲　■坼丑■　瑩瑩瑩瑩

■茶呈■　瑩瑩瑩瑩

去聲翕唱呂四之三

古甲九癸　巽巽巽巽

一音　□□近揆　巽巽巽巽

三聲　坤巧丘弃　巽巽巽巽

□□乾虬　巽巽巽巽

黑花香血　巽巽巽巽

二音　黃華雄賢　巽巽巽巽

六聲 眉眉眉眉 魚鼠去○
眉眉眉眉 烏虎兔○
眉眉眉眉 心審禁○
三音 眉眉眉眉 ○○○十
七聲 眉眉眉眉 男坎欠○
眉眉眉眉 ○○○妾
眉眉眉眉 ●●●●
三音 眉眉眉眉 ●●●●
八聲 眉眉眉眉 ●●●●
眉眉眉眉 ●●●●
眉眉眉眉 ●●●●
三音 眉眉眉眉 ●●●●
九聲 眉眉眉眉 ●●●●
眉眉眉眉 ●●●●
眉眉眉眉 ●●●●
三音 眉眉眉眉 ●●●●

三聲 五瓦仰□ 巽巽巽巽
吾牙月堯 巽巽巽巽
安亞乙一 巽巽巽巽
三音 □爻王寅 巽巽巽巽
三聲 母馬美米 巽巽巽巽
目皃眉民 巽巽巽巽
夫法□飛 巽巽巽巽
四音 父凡□吠 巽巽巽巽
三聲 武晚□尾 巽巽巽巽
文万□未 巽巽巽巽
卜百丙必 巽巽巽巽
五音 步白葡鼻 巽巽巽巽
三聲 普朴品匹 巽巽巽巽
旁排平瓶 巽巽巽巽
東丹帝■ 巽巽巽巽
六音 兑大弟■ 巽巽巽巽

十聲　眉眉眉眉　●●●●
眉眉眉眉　●●●●

收音濁和律四之四

□□□□　多可个舌
四音　□□□□　禾火化八
一聲　□□□□　開宰愛○
□□□□　回每退○
□□□□　良兩向○
四音　□□□□　光廣況○
二聲　□□□□　丁井亘○
□□□□　兄永瑩○
□□□□　千典旦○
四音　□□□□　元犬半○
三聲　□□□□　臣引艮○
□□□□　君允巽○
□□□□　刀早孝岳
四音　□□□□　毛寶報霍

三聲　土貪天■　巽巽巽巽
同覃田■　巽巽巽巽
乃妳女■　巽巽巽巽
七音　內南年■　巽巽巽巽
三聲　老冷吕■　巽巽巽巽
鹿犖离■　巽巽巽巽
走哉足■　巽巽巽巽
八音　自在匠■　巽巽巽巽
三聲　草采七■　巽巽巽巽
曹才全■　巽巽巽巽
思三星■　巽巽巽巽
九音　寺□象■　巽巽巽巽
三聲　□□□■　巽巽巽巽
□□□■　巽巽巽巽
■山手■　巽巽巽巽
十音　■士石■　巽巽巽巽

四聲 □□□□ 牛斗奏六
□□□□ ○○○玉
□□□□ 妻子四日
四音 □□□□ 衰○帥骨
五聲 □□□□ ○○○德
□□□□ 龜水貴北
□□□□ 宮孔衆○
四音 □□□□ 龍甬用○
六聲 □□□□ 魚鼠去○
□□□□ 烏虎兔○
□□□□ 心審禁○
四音 □□□□ ○○○十
七聲 □□□□ 男坎欠○
□□□□ ○○○妾
□□□□ ●●●●
四音 □□□□ ●●●●

三聲 ■□耳■ 巽巽巽巽
■□二■ 巽巽巽巽
■莊震■ 巽巽巽巽
十一音 ■乍□■ 巽巽巽巽
三聲 ■叉赤■ 巽巽巽巽
■崇辰■ 巽巽巽巽
■卓中■ 巽巽巽巽
十二音 ■宅直■ 巽巽巽巽
三聲 ■坼丑■ 巽巽巽巽
■茶呈■ 巽巽巽巽

去聲翕唱呂四之四

古甲九癸 ○○○○
一音 □□近揆 ○○○○
四聲 坤巧丘弃 ○○○○
□□乾虯 ○○○○
黑花香血 ○○○○
二音 黃華雄賢 ○○○○

八聲 □□□□ ●●●●
□□□□ ●●●●
□□□□ ●●●●
四音 □□□□ ●●●●
九聲 □□□□ ●●●●
□□□□ ●●●●
□□□□ ●●●●
四音 □□□□ ●●●●
十聲 □□□□ ●●●●
□□□□ ●●●●

收音濁和律四之五

平平平平 多可个舌
五音 平平平平 禾火化八
一聲 平平平平 開宰愛○
平平平平 回每退○
平平平平 良兩向○
五音 平平平平 光廣況○

四聲 五瓦仰□ ○○○○
吾牙月堯 ○○○○
安亞乙一 ○○○○
三音 □爻王寅 ○○○○
四聲 母馬美米 ○○○○
目皃眉民 ○○○○
夫法□飛 ○○○○
四音 父凡□吠 ○○○○
四聲 武晚□尾 ○○○○
文万□未 ○○○○
卜百丙必 ○○○○
五音 步白葡鼻 ○○○○
四聲 普朴品匹 ○○○○
旁排平瓶 ○○○○
東丹帝■ ○○○○
六音 兑大弟■ ○○○○

二聲 平平平平 丁井亘○
平平平平 兄永瑩○
平平平平 千典旦○
五音 平平平平 元犬半○
三聲 平平平平 臣引艮○
平平平平 君允巽○
平平平平 刀早孝岳
五音 平平平平 毛寶報霍
四聲 平平平平 牛斗奏六
平平平平 ○○○玉
平平平平 妻子四日
五音 平平平平 衰○帥骨
五聲 平平平平 ○○○德
平平平平 龜水貴北
平平平平 宮孔衆○
五音 平平平平 龍甬用○

四聲 土貪天■ ○○○○
同覃田■ ○○○○
乃妳女■ ○○○○
七音 內南年■ ○○○○
四聲 老冷呂■ ○○○○
鹿犖离■ ○○○○
走哉足■ ○○○○
八音 自在匠■ ○○○○
四聲 草采七■ ○○○○
曹才全■ ○○○○
思三星■ ○○○○
九音 寺□象■ ○○○○
四聲 □□□■ ○○○○
□□□■ ○○○○
■山手■ ○○○○
十音 ■士石■ ○○○○

六聲 平平平平 魚鼠去○
平平平平 烏虎兔○
平平平平 心審禁○
五音 平平平平 ○○○十
七聲 平平平平 男坎欠○
平平平平 ○○○妾
平平平平 ●●●●
五音 平平平平 ●●●●
八聲 平平平平 ●●●●
平平平平 ●●●●

平平平平 ●●●●
五音 平平平平 ●●●●
九聲 平平平平 ●●●●
平平平平 ●●●●
平平平平 ●●●●
五音 平平平平 ●●●●

四聲 ■□耳■ ○○○○
■□二■ ○○○○
■莊震■ ○○○○
十一音 ■乍□■ ○○○○
四聲 ■叉赤■ ○○○○
■崇辰■ ○○○○
■卓中■ ○○○○
十二音 ■宅直■ ○○○○
四聲 ■坼丑■ ○○○○
■茶呈■ ○○○○

去聲翕唱呂四之五

古甲九癸 貴貴貴貴
一音 □□近揆 貴貴貴貴
五聲 坤巧丘弃 貴貴貴貴
□□乾虯 貴貴貴貴
黑花香血 貴貴貴貴
二音 黃華雄賢 貴貴貴貴

十聲 平平平平 ●●●●
平平平平 ●●●●

收音濁和律四之六

田田田田 多可个舌
六音 田田田田 禾火化八
一聲 田田田田 開宰愛○
田田田田 回每退○
田田田田 良兩向○
六音 田田田田 光廣況○
二聲 田田田田 丁井亘○
田田田田 兄永瑩○
田田田田 千典旦○
六音 田田田田 光廣況○
三聲 田田田田 臣引艮○
田田田田 君允巽○
田田田田 刀早孝岳
六音 田田田田 毛寶報霍

五聲 五瓦仰□ 貴貴貴貴
吾牙月堯 貴貴貴貴
安亞乙一 貴貴貴貴
三音 □爻王寅 貴貴貴貴
五聲 母馬美米 貴貴貴貴
目皃眉民 貴貴貴貴
夫法□飛 貴貴貴貴
四音 父凡□吠 貴貴貴貴
五聲 武晚□尾 貴貴貴貴
文万□未 貴貴貴貴
卜百丙必 貴貴貴貴
五音 步白葡鼻 貴貴貴貴
五聲 普朴品匹 貴貴貴貴
旁排平瓶 貴貴貴貴
東丹帝■ 貴貴貴貴
六音 兑大弟■ 貴貴貴貴

四聲 田田田田 牛斗奏六
田田田田 ○○○玉
田田田田 妻子四日
六音 田田田田 衰○帥骨
五聲 田田田田 ○○○德
田田田田 龜水貴北
田田田田 宮孔眾○
六音 田田田田 龍甬用○
六聲 田田田田 魚鼠去○
田田田田 烏虎兔○
田田田田 心審禁○
六音 田田田田 ○○○十
七聲 田田田田 男坎欠○
田田田田 ○○○妾
田田田田 ●●●●
六音 田田田田 ●●●●

五聲 土貪天■ 貴貴貴貴
同覃田■ 貴貴貴貴
乃妳女■ 貴貴貴貴
七音 內南年■ 貴貴貴貴
五聲 老冷吕■ 貴貴貴貴
鹿犖离■ 貴貴貴貴
走哉足■ 貴貴貴貴
八音 自在匠■ 貴貴貴貴
五聲 草采七■ 貴貴貴貴
曹才全■ 貴貴貴貴
思三星■ 貴貴貴貴
九音 寺□象■ 貴貴貴貴
五聲 □□□■ 貴貴貴貴
□□□■ 貴貴貴貴
■山手■ 貴貴貴貴
十音 ■士石■ 貴貴貴貴

八聲 田田田田 ●●●●
田田田田 ●●●●
田田田田 ●●●●
六音 田田田田 ●●●●
九聲 田田田田 ●●●●
田田田田 ●●●●
田田田田 ●●●●
六音 田田田田 ●●●●
十聲 田田田田 ●●●●
田田田田 ●●●●

收音濁和律四之七

离离离离 多可个舌
七音 离离离离 禾火化八
一聲 离离离离 開宰愛○
离离离离 回每退○
离离离离 良兩向○
七音 离离离离 光廣況○

五聲 ■□耳■ 貴貴貴貴
■□二■ 貴貴貴貴
■莊震■ 貴貴貴貴
十一音 ■乍□■ 貴貴貴貴
五聲 ■叉赤■ 貴貴貴貴
■崇辰■ 貴貴貴貴
■卓中■ 貴貴貴貴
十二音 ■宅直■ 貴貴貴貴
五聲 ■坼丑■ 貴貴貴貴
■茶呈■ 貴貴貴貴

去聲翕唱呂四之六

古甲九癸 兔兔兔兔
一音 □□近揆 兔兔兔兔
六聲 坤巧丘弃 兔兔兔兔
□□乾虯 兔兔兔兔
黑花香血 兔兔兔兔
二音 黃華雄賢 兔兔兔兔

二聲 离离离离 丁井亘○
离离离离 兄永瑩○
离离离离 千典旦○
七音 离离离离 元犬半○
三聲 离离离离 臣引艮○
离离离离 君允巽○
离离离离 刀早孝岳
七音 离离离离 毛寶報霍
四聲 离离离离 牛斗奏六
离离离离 ○○○玉
离离离离 妻子四日
七音 离离离离 衰○帥骨
五聲 离离离离 ○○○德
离离离离 龜水貴北
离离离离 宮孔衆○
七音 离离离离 龍甬用○

六聲 五瓦仰□ 兔兔兔兔
吾牙月堯 兔兔兔兔
安亞乙一 兔兔兔兔
三音 □爻王寅 兔兔兔兔
六聲 母馬美米 兔兔兔兔
目皃眉民 兔兔兔兔
夫法□飛 兔兔兔兔
四音 父凡□吠 兔兔兔兔
六聲 武晚□尾 兔兔兔兔
文万□未 兔兔兔兔
卜百丙必 兔兔兔兔
五音 步白葡鼻 兔兔兔兔
六聲 普朴品匹 兔兔兔兔
旁排平瓶 兔兔兔兔
東丹帝■ 兔兔兔兔
六音 兑大弟■ 兔兔兔兔

六聲　离离离离　魚鼠去○
离离离离　烏虎兔○
离离离离　心審禁○
七音　离离离离　○○○十
七聲　离离离离　男坎欠○
离离离离　○○○妾
离离离离　●●●●
七音　离离离离　●●●●
八聲　离离离离　●●●●
离离离离　●●●●
离离离离　●●●●
七音　离离离离　●●●●
九聲　离离离离　●●●●
离离离离　●●●●
离离离离　●●●●
七音　离离离离　●●●●

六聲　土貪天■　兔兔兔兔
同覃田■　兔兔兔兔
乃妳女■　兔兔兔兔
七音　内南年■　兔兔兔兔
六聲　老冷吕■　兔兔兔兔
鹿犖离■　兔兔兔兔
走哉足■　兔兔兔兔
八音　自在匠■　兔兔兔兔
六聲　草采七■　兔兔兔兔
曹才全■　兔兔兔兔
思三星■　兔兔兔兔
九音　寺□象■　兔兔兔兔
六聲　□□□■　兔兔兔兔
□□□■　兔兔兔兔
■山手■　兔兔兔兔
十音　■士石■　兔兔兔兔

十聲 离离离离 ●●●●
离离离离 ●●●●

收音濁和律四之八

全全全全 多可个舌
八音 全全全全 禾火化八
一聲 全全全全 開宰愛○
全全全全 回每退○
全全全全 良兩向○
八音 全全全全 光廣況○
二聲 全全全全 丁井亘○
全全全全 兄永瑩○
全全全全 千典旦○
八音 全全全全 元犬半○
三聲 全全全全 臣引艮○
全全全全 君允巽○
全全全全 刀早孝岳
八音 全全全全 毛寶報霍

六聲 ■□耳■ 兔兔兔兔
■□二■ 兔兔兔兔
■莊震■ 兔兔兔兔
十一音 ■乍□■ 兔兔兔兔
六聲 ■叉赤■ 兔兔兔兔
■崇辰■ 兔兔兔兔
■卓中■ 兔兔兔兔
十二音 ■宅直■ 兔兔兔兔
六聲 ■拆丑■ 兔兔兔兔
■茶呈■ 兔兔兔兔

去聲翕唱呂四之七

古甲九癸 ○○○○
一音 □□近揆 ○○○○
七聲 坤巧丘弃 ○○○○
□□乾虯 ○○○○
黑花香血 ○○○○
二音 黃華雄賢 ○○○○

四聲 全全全全 牛斗奏六
全全全全 ○○○玉
全全全全 妻子四日
八音 全全全全 衰○帥骨
五聲 全全全全 ○○○德
全全全全 龜水貴北
全全全全 宮孔衆○
八音 全全全全 龍甬用○
六聲 全全全全 魚鼠去○
全全全全 烏虎兔○
全全全全 心審禁○
八音 全全全全 ○○○十
七聲 全全全全 男坎欠○
全全全全 ○○○妾
全全全全 ●●●●
八音 全全全全 ●●●●

七聲 五瓦仰□ ○○○○
吾牙月堯 ○○○○
安亞乙一 ○○○○
三音 □爻王寅 ○○○○
七聲 母馬美米 ○○○○
目皃眉民 ○○○○
夫法□飛 ○○○○
四音 父凡□吠 ○○○○
七聲 武晚□尾 ○○○○
文万□未 ○○○○
卜百丙必 ○○○○
五音 步白𤰞鼻 ○○○○
七聲 普朴品匹 ○○○○
旁排平瓶 ○○○○
東丹帝■ ○○○○
六音 兑大弟■ ○○○○

八聲 全全全全 ●●●●
全全全全 ●●●●
全全全全 ●●●●
八音 全全全全 ●●●●
九聲 全全全全 ●●●●
全全全全 ●●●●
全全全全 ●●●●
八音 全全全全 ●●●●
十聲 全全全全 ●●●●
全全全全 ●●●●

收音濁和律四之九

□□□□ 多可个舌
九音 □□□□ 禾火化八
一聲 □□□□ 開宰愛○
□□□□ 回每退○
□□□□ 良兩向○
九音 □□□□ 光廣況○

七聲 土貪天■ ○○○○
同覃田■ ○○○○
乃妳女■ ○○○○
七音 內南年■ ○○○○
七聲 老冷吕■ ○○○○
鹿犖离■ ○○○○
走哉足■ ○○○○
八音 自在匠■ ○○○○
七聲 草采七■ ○○○○
曹才全■ ○○○○
思三星■ ○○○○
九音 寺□象■ ○○○○
七聲 □□□■ ○○○○
□□□■ ○○○○
■山手■ ○○○○
十音 ■士石■ ○○○○

二聲 □□□□ 丁井亘○
□□□□ 兄永瑩○
□□□□ 千典亘○

九音 □□□□ 元犬半○
三聲 □□□□ 臣引艮○
□□□□ 君允巽○
□□□□ 刀早孝岳

九音 □□□□ 毛寶報霍
四聲 □□□□ 牛斗奏六
□□□□ ○○○玉
□□□□ 妻子四日

九音 □□□□ 衰○帥骨
五聲 □□□□ ○○○德
□□□□ 龜水貴北
□□□□ 宮孔衆○

九音 □□□□ 龍甬用○

七聲 ■□耳■ ○○○○
■□二■ ○○○○
■莊震■ ○○○○

十一音 ■乍□■ ○○○○
七聲 ■叉赤■ ○○○○
■崇辰■ ○○○○
■卓中■ ○○○○

十二音 ■宅直■ ○○○○
七聲 ■拆丑■ ○○○○
■茶呈■ ○○○○

去聲翕唱吕四之八

古甲九癸 ●●●●

一音 □□近揆 ●●●●
八聲 坤巧丘弃 ●●●●
□□乾虯 ●●●●
黑花香血 ●●●●

二音 黄華雄賢 ●●●●

六聲 □□□□ 魚鼠去○
□□□□ 烏虎兔○
□□□□ 心審禁○
九音 □□□□ ○○○十
七聲 □□□□ 男坎欠○
□□□□ ○○○妾
□□□□ ●●●●
九音 □□□□ ●●●●
八聲 □□□□ ●●●●
□□□□ ●●●●
□□□□ ●●●●
九音 □□□□ ●●●●
九聲 □□□□ ●●●●
□□□□ ●●●●
□□□□ ●●●●
九音 □□□□ ●●●●

八聲 五瓦仰□ ●●●●
吾牙月堯 ●●●●
安亞乙一 ●●●●
三音 □爻王寅 ●●●●
八聲 母馬美米 ●●●●
目皃眉民 ●●●●
夫法□飛 ●●●●
四音 父凡□吠 ●●●●
八聲 武晚□尾 ●●●●
文万□未 ●●●●
卜百丙必 ●●●●
五音 步白葡鼻 ●●●●
八聲 普朴品匹 ●●●●
旁排平瓶 ●●●●
東丹帝■ ●●●●
六音 兑大弟■ ●●●●

十聲　□□□□　●●●●
　　　□□□□　●●●●

收音濁和律四之十

十一　二二二二　多可个舌
一聲　二二二二　禾火化八
　　　二二二二　開宰愛○
　　　二二二二　回每退○
十二　二二二二　良兩向○
　　　二二二二　光廣況○
二聲　二二二二　丁井亘○
　　　二二二二　兄永瑩○
十三　二二二二　千典旦○
　　　二二二二　元犬半○
三聲　二二二二　臣引艮○
　　　二二二二　君允巽○
　　　二二二二　刀早孝岳
十音　二二二二　毛寶報霍

八聲　土貪天■　●●●●
　　　同覃田■　●●●●
　　　乃妳女■　●●●●
七音　内南年■　●●●●
八聲　老冷吕■　●●●●
　　　鹿犖离■　●●●●
　　　走哉足■　●●●●
八音　自在匠■　●●●●
八聲　草采七■　●●●●
　　　曹才全■　●●●●
　　　思三星■　●●●●
九音　寺□象■　●●●●
八聲　□□□■　●●●●
　　　□□□■　●●●●
　　　■山手■　●●●●
十音　■士石■　●●●●

四聲
二二二二牛斗奏六
二二二二〇〇〇玉
二二二二妻子四日

十音
二二二二衰〇帥骨

五聲
二二二二〇〇〇德
二二二二龜水貴北
二二二二宮孔衆〇

十音
二二二二龍甬用〇

六聲
二二二二魚鼠去〇
二二二二烏虎兔〇
二二二二心審禁〇

十音
二二二二〇〇〇十

七聲
二二二二男坎欠〇
二二二二〇〇〇妾
二二二二●●●●

十音
二二二二●●●●

八聲
■□耳■●●●●
■□二■●●●●
■莊震■●●●●

十一音
■乍□■●●●●

八聲
■叉赤■●●●●
■崇辰■●●●●
■卓中■●●●●

十二音
■宅直■●●●●

八聲
■坼丑■●●●●
■茶呈■●●●●

去聲翕唱呂四之九

古甲九癸●●●●

一音
□□近揆●●●●

九聲
坤巧丘弃●●●●
□□乾虯●●●●
黑花香血●●●●

二音
黃華雄賢●●●●

八聲　二二二二　●●●●
二二二二　●●●●
二二二二　●●●●
十音　二二二二　●●●●
九聲　二二二二　●●●●
二二二二　●●●●
二二二二　●●●●
十音　二二二二　●●●●
十聲　二二二二　●●●●
二二二二　●●●●

收音濁和律四之十一

辰辰辰辰　多可个舌
十一音　辰辰辰辰　禾火化八
一聲　辰辰辰辰　開宰愛○
辰辰辰辰　回每退○
辰辰辰辰　良兩向○
十一音　辰辰辰辰　光廣況○

九聲　五瓦仰□　●●●●
吾牙月堯　●●●●
安亞乙一　●●●●
三音　□爻王寅　●●●●
九聲　母馬美米　●●●●
目皃眉民　●●●●
夫法□飛　●●●●
四音　父凡□吠　●●●●
九聲　武晚□尾　●●●●
文万□未　●●●●
卜百丙必　●●●●
五音　步白葡鼻　●●●●
九聲　普朴品匹　●●●●
旁排平瓶　●●●●
東丹帝■　●●●●
六音　兑大弟■　●●●●

二聲　辰辰辰辰　丁井亘○
　　　辰辰辰辰　兄永瑩○
　　　辰辰辰辰　千典旦○
十一音　辰辰辰辰　元犬半○
三聲　辰辰辰辰　臣引艮○
　　　辰辰辰辰　君允巽○
　　　辰辰辰辰　刀早孝岳
十一音　辰辰辰辰　毛寶報霍
四聲　辰辰辰辰　牛斗奏六
　　　辰辰辰辰　○○○玉
　　　辰辰辰辰　妻子四日
十一音　辰辰辰辰　衰○帥骨
五聲　辰辰辰辰　○○○德
　　　辰辰辰辰　龜水貴北
　　　辰辰辰辰　宮孔衆○
十一音　辰辰辰辰　龍甬用○

九聲　土貪天■　●●●●
　　　同覃田■　●●●●
　　　乃妳女■　●●●●
七音　内南年■　●●●●
九聲　老冷呂■　●●●●
　　　鹿犖离■　●●●●
　　　走哉足■　●●●●
八音　自在匠■　●●●●
九聲　草采七■　●●●●
　　　曹才全■　●●●●
　　　思三星■　●●●●
九音　寺□象■　●●●●
九聲　□□□■　●●●●
　　　□□□■　●●●●
　　　■山手■　●●●●
十音　■士石■　●●●●

六聲　辰辰辰辰　魚鼠去○
辰辰辰辰　烏虎兔○
辰辰辰辰　心審禁○
十一音　辰辰辰辰　○○○十
七聲　辰辰辰辰　男坎欠○
辰辰辰辰　○○○妾
辰辰辰辰　●●●●
十一音　辰辰辰辰　●●●●
八聲　辰辰辰辰　●●●●
辰辰辰辰　●●●●
辰辰辰辰　●●●●
十一音　辰辰辰辰　●●●●
九聲　辰辰辰辰　●●●●
辰辰辰辰　●●●●

九聲　■□耳■　●●●●
■□二■　●●●●
■莊震■　●●●●
十一音　■乍□■　●●●●
九聲　■叉赤■　●●●●
■崇辰■　●●●●
■卓中■　●●●●
十二音　■宅直■①　●●●●
九聲　■坼丑■　●●●●
■茶呈■　●●●●

去聲翕唱呂四之十

古甲九癸　●●●●
一音　□□近揆　●●●●
十聲　坤巧丘弃　●●●●
□□乾虯　●●●●

①「直」，原作「道」，據四庫本改。

辰辰辰辰 ●●●●
十一音 辰辰辰辰 ●●●●
十聲 辰辰辰辰 ●●●●
辰辰辰辰 ●●●●

收音濁和律四之十二

呈呈呈呈 多可个舌
十二音 呈呈呈呈 禾火化八
一聲 呈呈呈呈 開宰愛○
呈呈呈呈 回每退○
呈呈呈呈 良兩向○
十二音 呈呈呈呈 光廣況○
二聲 呈呈呈呈 丁井亘○
呈呈呈呈 兄永瑩○
呈呈呈呈 千典旦○
十二音 呈呈呈呈 元犬半○
三聲 呈呈呈呈 臣引艮○
呈呈呈呈 君允巽○

黑花香血 ●●●●
二音 黃華雄賢 ●●●●
十聲 五瓦仰□ ●●●●
吾牙月堯 ●●●●
安亞乙一 ●●●●
三音 □爻王寅 ●●●●
十聲 母馬美米 ●●●●
目皃眉民 ●●●●
夫法□飛 ●●●●
四音 父凡□吠 ●●●●
十聲 武晚□尾 ●●●●
文万□未 ●●●●
卜百丙必 ●●●●
五音 步白葡鼻 ●●●●
十聲 普朴品匹 ●●●●
旁排平瓶 ●●●●

呈呈呈呈　刀早孝岳

十二音　呈呈呈呈　毛寶報霍

四聲　呈呈呈呈　牛斗奏六

呈呈呈呈　○○○玉

呈呈呈呈　妻子四日

十二音　呈呈呈呈　衰○帥骨

五聲　呈呈呈呈　○○○德

呈呈呈呈　龜水貴北

呈呈呈呈　宮孔衆○

十二音　呈呈呈呈　龍甬用○

六聲　呈呈呈呈　魚鼠去○

呈呈呈呈　烏虎兔○

呈呈呈呈　心審禁○

十二音　呈呈呈呈　○○○十

七聲　呈呈呈呈　男坎欠○

呈呈呈呈　○○○妾

東丹帝■　●●●●

六音　兑大弟■　●●●●

十聲　土貪天■　●●●●

同覃田■　●●●●

乃妳女■　●●●●

七音　內南年■　●●●●

十聲　老冷吕■　●●●●

鹿犖离■　●●●●

走哉足■　●●●●

八音　自在匠■　●●●●

十聲　草采七■　●●●●

曹才全■　●●●●

思三星■　●●●●

九音　寺□象■　●●●●

十聲　□□□■　●●●●

□□□■　●●●●

呈呈呈呈 ●●●●
十二音
呈呈呈呈 ●●●●
八聲
呈呈呈呈 ●●●●
呈呈呈呈 ●●●●
呈呈呈呈 ●●●●
十二音
呈呈呈呈 ●●●●
九聲
呈呈呈呈 ●●●●
呈呈呈呈 ●●●●
呈呈呈呈 ●●●●
十二音
呈呈呈呈 ●●●●
十聲
呈呈呈呈 ●●●●
呈呈呈呈 ●●●●

■山手■ ●●●●
十音
■士石■ ●●●●
十聲
■□耳■ ●●●●
■□二■ ●●●●
■莊震■ ●●●●
十一音
■乍□■ ●●●●
十聲
■叉赤■ ●●●●
■崇辰■ ●●●●
■卓中■ ●●●●
十二音
■宅直■ ●●●●
十聲
■坼丑■ ●●●●
■茶呈■ ●●●●

邵雍全集

［宋］邵雍　著

郭彧　于天寶　點校

叁

上海古籍出版社

皇極經世卷第十

觀物篇之四十七

辰日聲入闢

舌○○岳日

○○●●●

辰日聲七，下唱地之用音一百五十二，是謂入聲闢音。

入聲闢音一千六十四。

辰日聲入之一闢

閉音清和律一之一

癸癸癸癸　多可个舌

一音　癸癸癸癸　禾火化八

一聲　癸癸癸癸　開宰愛○

癸癸癸癸　回每退○

石水音閉清

癸血一飛必■

■■■■■■

水石音五，上和天之用聲一百一十二，是謂閉音清聲。

閉音清聲五百六十。

石水音閉之一清

入聲闢唱呂一之一

古甲九癸　舌舌舌舌

一音　□□近揆　舌舌舌舌

一聲　坤巧丘弃　舌舌舌舌

□□乾虯　舌舌舌舌

癸癸癸癸　良兩向○

一音二聲

癸癸癸癸　光廣況○
癸癸癸癸　丁井亘○
癸癸癸癸　兄永瑩○
癸癸癸癸　千典旦○

一音三聲

癸癸癸癸　元犬半○
癸癸癸癸　臣引艮○
癸癸癸癸　君允巽○
癸癸癸癸　刀早孝岳

一音四聲

癸癸癸癸　毛寶報霍
癸癸癸癸　牛斗奏六
癸癸癸癸　○○○玉
癸癸癸癸　妻子四日

一音五聲

癸癸癸癸　衰○帥骨
癸癸癸癸　○○○德
癸癸癸癸　龜水貴北

黑花香血　舌舌舌舌

二音一聲

黃華雄賢　舌舌舌舌
五瓦仰□　舌舌舌舌
吾牙月堯　舌舌舌舌
安亞乙一　舌舌舌舌

三音一聲

□爻王寅　舌舌舌舌
母馬美米　舌舌舌舌
目皃眉民　舌舌舌舌
夫法□飛　舌舌舌舌

四音一聲

父凡□吠　舌舌舌舌
武晚□尾　舌舌舌舌
文万□未　舌舌舌舌
卜百丙必　舌舌舌舌

五音一聲

步白葡鼻　舌舌舌舌
普朴品匹　舌舌舌舌
旁排平瓶　舌舌舌舌

一音 六聲

癸癸癸癸 宮孔衆○
癸癸癸癸 龍甬用○
癸癸癸癸 魚鼠去○
癸癸癸癸 烏虎兔○
癸癸癸癸 心審禁○

一音 七聲

癸癸癸癸 ○○○十
癸癸癸癸 男坎欠○
癸癸癸癸 ○○○妾
癸癸癸癸 ●●●●

一音 八聲

癸癸癸癸 ●●●●
癸癸癸癸 ●●●●
癸癸癸癸 ●●●●
癸癸癸癸 ●●●●

一音 九聲

癸癸癸癸 ●●●●
癸癸癸癸 ●●●●
癸癸癸癸 ●●●●

六音 一聲

東丹帝■ 舌舌舌舌
兌大弟■ 舌舌舌舌
土貪天■ 舌舌舌舌
同覃田■ 舌舌舌舌
乃妳女■ 舌舌舌舌

七音 一聲

內南年■ 舌舌舌舌
老冷吕■ 舌舌舌舌
鹿犖离■ 舌舌舌舌
走哉足■ 舌舌舌舌

八音 一聲

自在匠■ 舌舌舌舌
草采七■ 舌舌舌舌
曹才全■ 舌舌舌舌
思三星■ 舌舌舌舌

九音 一聲

寺□象■ 舌舌舌舌
□□□■ 舌舌舌舌
□□□■ 舌舌舌舌

癸癸癸癸　●●●●
一音
癸癸癸癸　●●●●
十聲
癸癸癸癸　●●●●
癸癸癸癸　●●●●

閉音清和律一之二

血血血血　多可个舌
二音
血血血血　禾火化八
一聲
血血血血　開宰愛○
血血血血　回每退○

血血血血　良兩向○
二音
血血血血　光廣況○
二聲
血血血血　丁井亘○
血血血血　兄永瑩○

血血血血　千典旦○
二音
血血血血　元犬半○
三聲
血血血血　臣引艮○
血血血血　君允巽○

■山手■　舌舌舌舌
十音
■土石■　舌舌舌舌
一聲
■□耳■　舌舌舌舌
■□二■　舌舌舌舌

■莊震■　舌舌舌舌
十一音
■乍□■　舌舌舌舌
一聲
■叉赤■　舌舌舌舌
■崇辰■　舌舌舌舌

■卓中■　舌舌舌舌
十二音
■宅直■　舌舌舌舌
一聲
■坼丑■　舌舌舌舌
■茶呈■　舌舌舌舌

入聲闢唱呂一之二

古甲九癸　○○○○
一音
□□近揆　○○○○
二聲
坤巧丘弃　○○○○
□□乾虬　○○○○

血血血血　刀早孝岳

二音　血血血血　毛寶報霍

四聲　血血血血　牛斗奏六

血血血血　○○○玉

血血血血　妻子四日

二音　血血血血　衰○帥骨

五聲　血血血血　○○○德

血血血血　龜水貴北

血血血血　宮孔衆○

二音　血血血血　龍甬用○

六聲　血血血血　魚鼠去○

血血血血　烏虎兔○

血血血血　心審禁○

二音　血血血血　○○○十

七聲　血血血血　男坎欠○

血血血血　○○○妾

黑花香血　○○○○

二音　黃華雄賢　○○○○

二聲　五瓦仰□　○○○○

吾牙月堯　○○○○

安亞乙一　○○○○

三音　□爻王寅　○○○○

二聲　母馬美米　○○○○

目皃眉民　○○○○

夫法□飛　○○○○

四音　父凡□吠　○○○○

二聲　武晚□尾　○○○○

文万□未　○○○○

卜百丙必　○○○○

五音　步白葡鼻　○○○○

二聲　普朴品匹　○○○○

旁排平瓶　○○○○

二音八聲

血血血血 ●●●●
血血血血 ●●●●
血血血血 ●●●●
血血血血 ●●●●

二音九聲

血血血血 ●●●●
血血血血 ●●●●
血血血血 ●●●●
血血血血 ●●●●

二音十聲

血血血血 ●●●●
血血血血 ●●●●
血血血血 ●●●●
血血血血 ●●●●

閉音清和律一之三

三音一聲

一一一一 多可个舌
一一一一 禾火化八
一一一一 開宰愛○
一一一一 回每退○

六音二聲

東丹帝■ ○○○○
兑大弟■ ○○○○
土貪天■ ○○○○
同覃田■ ○○○○

七音二聲

乃妳女■ ○○○○
內南年■ ○○○○
老冷吕■ ○○○○
鹿犖离■ ○○○○

八音二聲

走哉足■ ○○○○
自在匠■ ○○○○
草采七■ ○○○○
曹才全■ ○○○○

九音二聲

思三星■ ○○○○
寺□象■ ○○○○
□□□■ ○○○○
□□□■ ○○○○

一一一一 良兩向○

三音 二聲

一一一一 光廣況○
一一一一 丁井亘○
一一一一 兄永瑩○
一一一一 千典旦○

三音 三聲

一一一一 元犬半○
一一一一 臣引艮○
一一一一 君允巽○
一一一一 刀早孝岳

三音 四聲

一一一一 毛寶報霍
一一一一 牛斗奏六
一一一一 ○○○玉
一一一一 妻子四日

三音 五聲

一一一一 衰○帥骨
一一一一 ○○○德
一一一一 龜水貴北

■山手■ ○○○○

十音 二聲

■士石■ ○○○○
■□耳■ ○○○○
■□二■ ○○○○
■莊震■ ○○○○

十一音 二聲

■乍□■ ○○○○
■叉赤■ ○○○○
■崇辰■ ○○○○
■卓中■ ○○○○

十二音 二聲

■宅直■ ○○○○
■坼丑■ ○○○○
■茶呈■ ○○○○

入聲闢唱呂一之三

古甲九癸 ○○○○

一音 三聲

□□近揆 ○○○○
坤巧丘弃 ○○○○
□□乾虯 ○○○○

三音六聲

一一一一 宮孔衆○

一一一一 龍甬用○

一一一一 魚鼠去○

一一一一 烏虎兔○

三音七聲

一一一一 心審禁○

一一一一 ○○○十

一一一一 男坎欠○

一一一一 ○○○妾

三音八聲

一一一一 ●●●●

一一一一 ●●●●

一一一一 ●●●●

一一一一 ●●●●

三音九聲

一一一一 ●●●●

一一一一 ●●●●

一一一一 ●●●●

一一一一 ●●●●

二音三聲

黑花香血 ○○○○

黃華雄賢 ○○○○

五瓦仰□ ○○○○

吾牙月堯 ○○○○

三音三聲

安亞乙一 ○○○○

□爻王寅 ○○○○

母馬美米 ○○○○

目皃眉民 ○○○○

四音三聲

夫法□飛 ○○○○

父凡□吠 ○○○○

武晚□尾 ○○○○

文万□未 ○○○○

五音三聲

卜百丙必 ○○○○

步白葡鼻 ○○○○

普朴品匹 ○○○○

旁排平瓶 ○○○○

三音十聲

一一一一●●●●
一一一一●●●●
一一一一●●●●
一一一一●●●●

閉音清和律一之四

飛飛飛飛多可个舌

四音一聲

飛飛飛飛禾火化八
飛飛飛飛開宰愛○
飛飛飛飛回每退○
飛飛飛飛良兩向○

四音二聲

飛飛飛飛光廣況○
飛飛飛飛丁井亘○
飛飛飛飛兄永瑩○
飛飛飛飛千典旦○

四音三聲

飛飛飛飛元犬半○
飛飛飛飛臣引艮○
飛飛飛飛君允巽○

東丹帝■○○○○

六音三聲

兌大弟■○○○○
土貪天■○○○○
同覃田■○○○○
乃妳女■○○○○

七音三聲

內南年■○○○○
老冷呂■○○○○
鹿犖离■○○○○
走哉足■○○○○

八音三聲

自在匠■○○○○
草采七■○○○○
曹才全■○○○○
思三星■○○○○

九音三聲

寺□象■○○○○
□□□■○○○○
□□□■○○○○

四音 四聲

飛飛飛飛 刀早孝岳
飛飛飛飛 毛寶報霍
飛飛飛飛 牛斗奏六
飛飛飛飛 ○○○玉

四音 五聲

飛飛飛飛 妻子四日
飛飛飛飛 衰○帥骨
飛飛飛飛 ○○○德

四音 六聲

飛飛飛飛 龜水貴北
飛飛飛飛 宮孔衆○
飛飛飛飛 龍甬用○
飛飛飛飛 魚鼠去○
飛飛飛飛 烏虎兔○

四音 七聲

飛飛飛飛 心審禁○
飛飛飛飛 ○○○十
飛飛飛飛 男坎欠○
飛飛飛飛 ○○○妾

十音 三聲

■山手■ ○○○○
■土石■ ○○○○
■□耳■ ○○○○
■□二■ ○○○○
■莊震■ ○○○○

十一音 三聲

■乍□■ ○○○○
■叉赤■ ○○○○
■崇辰■ ○○○○
■卓中■ ○○○○

十二音 三聲

■宅直■ ○○○○
■坼丑■ ○○○○
■茶呈■ ○○○○

入聲闢唱呂一之四

一音 四聲

古甲九癸 岳岳岳岳
□□近揆 岳岳岳岳
坤巧丘弃 岳岳岳岳
□□乾虯 岳岳岳岳

飛飛飛飛　●●●●

四音
飛飛飛飛　●●●●

八聲
飛飛飛飛　●●●●

飛飛飛飛　●●●●

飛飛飛飛　●●●●

四音
飛飛飛飛　●●●●

九聲
飛飛飛飛　●●●●

飛飛飛飛　●●●●

飛飛飛飛　●●●●

四音
飛飛飛飛　●●●●

十聲
飛飛飛飛　●●●●

飛飛飛飛　●●●●

閉音清和律一之五

必必必必　多可个舌

五音
必必必必　禾火化八

一聲
必必必必　開宰愛○

必必必必　回每退○

黑花香血　岳岳岳岳

二音
黃華雄賢　岳岳岳岳

四聲
五瓦仰□　岳岳岳岳

吾牙月堯　岳岳岳岳

安亞乙一　岳岳岳岳

三音
□爻王寅　岳岳岳岳

四聲
母馬美米　岳岳岳岳

目皃眉民　岳岳岳岳

夫法□飛　岳岳岳岳

四音
父凡□吠　岳岳岳岳

四聲
武晚□尾　岳岳岳岳

文万□未　岳岳岳岳

卜百丙必　岳岳岳岳

五音
步白葡鼻　岳岳岳岳

四聲
普朴品匹　岳岳岳岳

旁排平瓶　岳岳岳岳

必必必必 良兩向○

五音 二聲

必必必必 光廣況○
必必必必 丁井亘○
必必必必 兄永瑩○
必必必必 千典旦○

五音 三聲

必必必必 元犬半○
必必必必 臣引艮○
必必必必 君允巽○
必必必必 刀早孝岳

五音 四聲

必必必必 毛寶報霍
必必必必 牛斗奏六
必必必必 ○○○玉
必必必必 妻子四日

五音 五聲

必必必必 衰○帥骨
必必必必 ○○○德
必必必必 龜水貴北

東丹帝■ 岳岳岳岳

六音 四聲

兑大弟■ 岳岳岳岳
土貪天■ 岳岳岳岳
同覃田■ 岳岳岳岳
乃妳女■ 岳岳岳岳

七音 四聲

内南年■ 岳岳岳岳
老冷呂■ 岳岳岳岳
鹿犖离■ 岳岳岳岳
走哉足■ 岳岳岳岳

八音 四聲

自在匠■ 岳岳岳岳
草采七■ 岳岳岳岳
曹才全■ 岳岳岳岳
思三星■ 岳岳岳岳

九音 四聲

寺□象■ 岳岳岳岳
□□□■ 岳岳岳岳
□□□■ 岳岳岳岳

五音　六聲

必必必必　宮孔衆○
必必必必　龍甬用○
必必必必　魚鼠去○
必必必必　烏虎兔○
必必必必　心審禁○

五音　七聲

必必必必　○○○十
必必必必　男坎欠○
必必必必　○○○妾

五音　八聲

必必必必　●●●●
必必必必　●●●●
必必必必　●●●●
必必必必　●●●●

五音　九聲

必必必必　●●●●
必必必必　●●●●
必必必必　●●●●
必必必必　●●●●

十音　四聲

■山手■　岳岳岳岳
■士石■　岳岳岳岳
■□耳■　岳岳岳岳
■□二■　岳岳岳岳
■莊震■　岳岳岳岳

十一音　四聲

■乍□■　岳岳岳岳
■叉赤■　岳岳岳岳
■崇辰■　岳岳岳岳

十二音　四聲

■卓中■　岳岳岳岳
■宅直■　岳岳岳岳
■拆丑■　岳岳岳岳
■茶呈■　岳岳岳岳

入聲闢唱呂一之五

一音　五聲

古甲九癸　日日日日
□□近揆　日日日日
坤巧丘弃　日日日日
□□乾虬　日日日日

必必必必 ●●●●
必必必必 ●●●●
必必必必 ●●●●
必必必必 ●●●●

五音 十聲

閉音清和律一之六

■■■■ 多可个舌

六音 一聲

■■■■ 禾火化八
■■■■ 開宰愛○
■■■■ 回每退○
■■■■ 良兩向○

六音 二聲

■■■■ 光廣況○
■■■■ 丁井亘○
■■■■ 兄永瑩○
■■■■ 千典旦○

六音 三聲

■■■■ 元犬半○
■■■■ 臣引良○
■■■■ 君允巽○

二音 五聲

黑花香血 日日日日
黃華雄賢 日日日日
五瓦仰□ 日日日日
吾牙月堯 日日日日

三音 五聲

安亞乙一 日日日日
□爻王寅 日日日日
母馬美米 日日日日
目皃眉民 日日日日

四音 五聲

夫法□飛 日日日日
父凡□吠 日日日日
武晚□尾 日日日日
文万□未 日日日日
卜百丙必 日日日日

五音 五聲

步白葡鼻 日日日日
普朴品匹 日日日日
旁排平瓶 日日日日

■■■■刀早孝岳
六音 ■■■■毛寶報霍
四聲 ■■■■牛斗奏六
■■■■○○○玉
■■■■妻子四日
六音 ■■■■衰○帥骨
五聲 ■■■■○○○德
■■■■龜水貴北
■■■■宮孔衆○
六音 ■■■■龍甬用○
六聲 ■■■■魚鼠去○
■■■■烏虎兔○
■■■■心審禁○
六音 ■■■■○○○十
七聲 ■■■■男坎欠○
■■■■○○○妾

東丹帝■日日日日
六音 兑大弟■日日日日
五聲 土貪天■日日日日
同覃田■日日日日
乃妳女■日日日日
七音 内南年■日日日日
五聲 老冷吕■日日日日
鹿犖离■日日日日
走哉足■日日日日
八音 自在匠■日日日日
五聲 草采七■日日日日
曹才全■日日日日
思三星■日日日日
九音 寺□象■日日日日
五聲 □□□■日日日日
□□□■日日日日

■■■■　●●●●

六音八聲

■■■■　●●●●
■■■■　●●●●
■■■■　●●●●
■■■■　●●●●

六音九聲

■■■■　●●●●
■■■■　●●●●
■■■■　●●●●
■■■■　●●●●

六音十聲

■■■■　●●●●
■■■■　●●●●
■■■■　●●●●

閉音清和律一之七

■■■■　多可个舌

七音一聲

■■■■　禾火化八
■■■■　開宰愛○
■■■■　回每退○

■山手■　日日日日

十音五聲

■士石■　日日日日
■□耳■　日日日日
■□二■　日日日日
■莊震■　日日日日

十一音五聲

■乍□■　日日日日
■叉赤■　日日日日
■崇辰■　日日日日
■卓中■　日日日日

十二音五聲

■宅直■　日日日日
■坼丑■　日日日日
■茶呈■　日日日日

入聲闢唱呂一之六

古甲九癸　○○○○

一音六聲

□□近揆　○○○○
坤巧丘弃　○○○○
□□乾虯　○○○○

■■■■良兩向○

七音二聲

■■■■光廣况○
■■■■丁井亘○
■■■■兄永瑩○
■■■■千典旦○

七音三聲

■■■■元犬半○
■■■■臣引艮○
■■■■君允巽○
■■■■刀早孝岳

七音四聲

■■■■毛寶報霍
■■■■牛斗奏六
■■■■○○○玉
■■■■妻子四日

七音五聲

■■■■衰○帥骨
■■■■○○○德
■■■■龜水貴北

黑花香血○○○○

二音六聲

黃華雄賢○○○○
五瓦仰□○○○○
吾牙月堯○○○○
安亞乙一○○○○

三音六聲

□爻王寅○○○○
母馬美米○○○○
目皃眉民○○○○
夫法□飛○○○○

四音六聲

父凡□吠○○○○
武晚□尾○○○○
文万□未○○○○
卜百丙必○○○○

五音六聲

步白葡鼻○○○○
普朴品匹○○○○
旁排平瓶○○○○

七音 六聲

■■■■ 宮孔衆〇
■■■■ 龍甬用〇
■■■■ 魚鼠去〇
■■■■ 烏虎兔〇

七音 七聲

■■■■ 心審禁〇
■■■■ 〇〇〇十
■■■■ 男坎欠〇
■■■■ 〇〇〇妾

七音 八聲

■■■■ ●●●●
■■■■ ●●●●
■■■■ ●●●●
■■■■ ●●●●

七音 九聲

■■■■ ●●●●
■■■■ ●●●●
■■■■ ●●●●
■■■■ ●●●●

六音 六聲

東丹帝■ 〇〇〇〇
兑大弟■ 〇〇〇〇
土貪天■ 〇〇〇〇
同覃田■ 〇〇〇〇

七音 六聲

乃妳女■ 〇〇〇〇
内南年■ 〇〇〇〇
老冷吕■ 〇〇〇〇
鹿犖离■ 〇〇〇〇

八音 六聲

走哉足■ 〇〇〇〇
自在匠■ 〇〇〇〇
草采七■ 〇〇〇〇
曹才全■ 〇〇〇〇

九音 六聲

思三星■ 〇〇〇〇
寺□象■ 〇〇〇〇
□□□■ 〇〇〇〇
□□□■ 〇〇〇〇

七音十聲

■■■■●●●●
■■■■●●●●
■■■■●●●●
■■■■●●●●

閉音清和律一之八

八音一聲

■■■■多可个舌
■■■■禾火化八
■■■■開宰愛○
■■■■回每退○
■■■■良兩向○

八音二聲

■■■■光廣況○
■■■■丁井亘○
■■■■兄永瑩○

八音三聲

■■■■千典旦○
■■■■元犬半○
■■■■臣引良○
■■■■君允巽○

十音六聲

■山手■○○○○
■士石■○○○○
■□耳■○○○○
■□二■○○○○

十一音六聲

■莊震■○○○○
■乍□■○○○○
■叉赤■○○○○
■崇辰■○○○○
■卓中■○○○○

十二音六聲

■宅直■○○○○
■坼丑■○○○○
■茶呈■○○○○

入聲闢唱呂一之七

一音七聲

古甲九癸○○○○
□□近揆○○○○
坤巧丘弃○○○○
□□乾虯○○○○

■■■■ 刀早孝岳

八音　四聲

■■■■ 毛寶報霍
■■■■ 牛斗奏六
■■■■ ○○○玉
■■■■ 妻子四日

八音　五聲

■■■■ 衰○帥骨
■■■■ ○○○德
■■■■ 龜水貴北
■■■■ 宮孔衆○

八音　六聲

■■■■ 龍甬用○
■■■■ 魚鼠去○
■■■■ 烏虎兔○
■■■■ 心審禁○

八音　七聲

■■■■ ○○○十
■■■■ 男坎欠○
■■■■ ○○○妾

黑花香血 ○○○○

二音　七聲

黃華雄賢 ○○○○
五瓦仰□ ○○○○
吾牙月堯 ○○○○
安亞乙一 ○○○○

三音　七聲

□爻王寅 ○○○○
母馬美米 ○○○○
目皃眉民 ○○○○
夫法□飛 ○○○○

四音　七聲

父凡□吠 ○○○○
武晚□尾 ○○○○
文万□未 ○○○○
卜百丙必 ○○○○

五音　七聲

步白葡鼻 ○○○○
普朴品匹 ○○○○
旁排平瓶 ○○○○

八音八聲

■■■■ ●●●●
■■■■ ●●●●
■■■■ ●●●●
■■■■ ●●●●

八音九聲

■■■■ ●●●●
■■■■ ●●●●
■■■■ ●●●●
■■■■ ●●●●

八音十聲

■■■■ ●●●●
■■■■ ●●●●
■■■■ ●●●●
■■■■ ●●●●

閉音清和律一之九

九音一聲

■■■■ 多可个舌
■■■■ 禾火化八
■■■■ 開宰愛○
■■■■ 回每退○

六音七聲

東丹帝■ ○○○○
兌大弟■ ○○○○
土貪天■ ○○○○
同覃田■ ○○○○

七音七聲

乃妳女■ ○○○○
內南年■ ○○○○
老冷吕■ ○○○○
鹿犖离■ ○○○○

八音七聲

走哉足■ ○○○○
自在匠■ ○○○○
草采七■ ○○○○
曹才全■ ○○○○

九音七聲

思三星■ ○○○○
寺□象■ ○○○○
□□□■ ○○○○
□□□■ ○○○○

■■■■　良兩向○

九音二聲

■■■■　光廣況○
■■■■　丁井亘○
■■■■　兄永瑩○
■■■■　千典旦○

九音三聲

■■■■　元犬半○
■■■■　臣引艮○
■■■■　君允巽○
■■■■　刀早孝岳

九音四聲

毛寶報霍　■■■■
■■■■　牛斗奏六
■■■■　○○○玉

九音五聲

■■■■　妻子四日
■■■■　衰○帥骨
■■■■　○○○德
■■■■　龜水貴北

■山手■　○○○○

十音七聲

■土石■　○○○○
■□耳■　○○○○
■□二■　○○○○
■莊震■　○○○○

十一音七聲

■乍□■　○○○○
■叉赤■　○○○○
■崇辰■　○○○○
■卓中■　○○○○

十二音七聲

■宅直■　○○○○
■坼丑■　○○○○
■茶呈■　○○○○

入聲闢唱呂一之八

古甲九癸　●●●●

一音八聲

□□近揆　●●●●
坤巧丘弃　●●●●
□□乾虯　●●●●

九音六聲

■■■■宮孔衆○
■■■■龍甬用○
■■■■魚鼠去○
■■■■烏虎兔○
■■■■心審禁○

九音七聲

■■■■○○○十
■■■■男坎欠○
■■■■○○○妾
■■■■●●●●

九音八聲

■■■■●●●●
■■■■●●●●
■■■■●●●●
■■■■●●●●

九音九聲

■■■■●●●●
■■■■●●●●
■■■■●●●●

二音八聲

黑花香血●●●●
黃華雄賢●●●●
五瓦仰□●●●●
吾牙月堯●●●●
安亞乙一●●●●

三音八聲

□爻王寅●●●●
母馬美米●●●●
目皃眉民●●●●
夫法□飛●●●●

四音八聲

父凡□吠●●●●
武晚□尾●●●●
文万□未●●●●
卜百丙必●●●●

五音八聲

步白葡鼻●●●●
普朴品匹●●●●
旁排平瓶●●●●

■■■■ ●●●●

九音十聲

■■■■ ●●●●
■■■■ ●●●●
■■■■ ●●●●

閉音清和律一之十

十音一聲

多可个舌
禾火化八
開宰愛○
回每退○
良兩向○

十音二聲

光廣況○
丁井亘○
兄永瑩○
千典旦○

十音三聲

元犬半○
臣引艮○
君允巽○

■■■■ ●●●●

六音八聲

東丹帝■ ●●●●
兑大弟■ ●●●●
土貪天■ ●●●●
同覃田■ ●●●●

七音八聲

乃妳女■ ●●●●
內南年■ ●●●●
老冷吕■ ●●●●
鹿犖离■ ●●●●
走哉足■ ●●●●

八音八聲

自在匠■ ●●●●
草采七■ ●●●●
曹才全■ ●●●●
思三星■ ●●●●

九音八聲

寺□象■ ●●●●
□□□■ ●●●●
□□□■ ●●●●

十音 四聲

■■■■ 刀早孝岳
■■■■ 毛寶報霍
■■■■ 牛斗奏六
■■■■ ○○○玉

十音 五聲

■■■■ 妻子四日
■■■■ 衰○帥骨
■■■■ ○○○德
■■■■ 龜水貴北

十音 六聲

■■■■ 宮孔衆○
■■■■ 龍甬用○
■■■■ 魚鼠去○
■■■■ 烏虎兔○

十音 七聲

■■■■ 心審禁○
■■■■ ○○○十
■■■■ 男坎欠○
■■■■ ○○○妾

十音 八聲

■山手■ ●●●●
■士石■ ●●●●
■□耳■ ●●●●
■□二■ ●●●●

十一音 八聲

■莊震■ ●●●●
■乍□■ ●●●●
■叉赤■ ●●●●
■崇辰■ ●●●●

十二音 八聲

■卓中■ ●●●●
■宅直■ ●●●●
■坼丑■ ●●●●
■茶呈■ ●●●●

入聲闢唱呂一之九

一音 九聲

古甲九癸 ●●●●
□□近揆 ●●●●
坤巧丘弃 ●●●●
□□乾虬 ●●●●

■■■■ ●●●●

十音 ■■■■ ●●●●

八聲 ■■■■ ●●●●

■■■■ ●●●●

■■■■ ●●●●

十音 ■■■■ ●●●●

九聲 ■■■■ ●●●●

■■■■ ●●●●

■■■■ ●●●●

十音 ■■■■ ●●●●

十聲 ■■■■ ●●●●

■■■■ ●●●●

閉音清和律一之十一

■■■■ 多可个舌

十一音 ■■■■ 禾火化八

一聲 ■■■■ 開宰愛○

■■■■ 回每退○

黑花香血 ●●●●

二音 黃華雄賢 ●●●●

九聲 五瓦仰□ ●●●●

吾牙月堯 ●●●●

安亞乙一 ●●●●

三音 □爻王寅 ●●●●

九聲 母馬美米 ●●●●

目皃眉民 ●●●●

夫法□飛 ●●●●

四音 父凡□吠 ●●●●

九聲 武晚□尾 ●●●●

文万□未 ●●●●

卜百丙必 ●●●●

五音 步白葡鼻 ●●●●

九聲 普朴品匹 ●●●●

旁排平瓶 ●●●●

十一音　二聲

■■■■良兩向○
■■■■光廣況○
■■■■丁井亘○
■■■■兄永瑩○

十一音　三聲

■■■■千典旦○
■■■■元犬半○
■■■■臣引艮○
■■■■君允巽○

十一音　四聲

■■■■刀早孝岳
■■■■毛寶報霍
■■■■牛斗奏六
■■■■○○○玉

十一音　五聲

■■■■妻子四日
■■■■衰○帥骨
■■■■○○○德
■■■■龜水貴北

六音　九聲

東丹帝■●●●●
兑大弟■●●●●
土貪天■●●●●
同覃田■●●●●

七音　九聲

乃妳女■●●●●
内南年■●●●●
老冷吕■●●●●
鹿犖离■●●●●

八音　九聲

走哉足■●●●●
自在匠■●●●●
草采七■●●●●
曹才全■●●●●

九音　九聲

思三星■●●●●
寺□象■●●●●
□□□■●●●●
□□□■●●●●

十一音 六聲

■■■■ 宮孔衆○ ●●●●
■■■■ 龍甬用○ ●●●●
■■■■ 魚鼠去○ ●●●●
■■■■ 烏虎兔○ ●●●●

十一音 七聲

■■■■ 心審禁○ ●●●●
■■■■ ○○○十 ●●●●
■■■■ 男坎欠○ ●●●●
■■■■ ○○○妾 ●●●●

十一音 八聲

■■■■ ●●●●
■■■■ ●●●●
■■■■ ●●●●
■■■■ ●●●●

十一音 九聲

■■■■ ●●●●
■■■■ ●●●●
■■■■ ●●●●
■■■■ ●●●●

十音 九聲

■山手■ ●●●●
■士石■ ●●●●
■□耳■ ●●●●
■□二■ ●●●●

十一音 九聲

■莊震■ ●●●●
■乍□■ ●●●●
■叉赤■ ●●●●
■崇辰■ ●●●●

十二音 九聲

■卓中■ ●●●●
■宅直■ ●●●●
■坼丑■ ●●●●
■茶呈■ ●●●●

入聲闢唱呂一之十

一音 十聲

古甲九癸 ●●●●
□□近揆 ●●●●
坤巧丘弃 ●●●●
□□乾虬 ●●●●

十一音 十聲

■■■■ ●●●●

■■■■ ●●●●

■■■■ ●●●●

■■■■ ●●●●

閉音清和律一之十二

■■■■ 多可个舌

十二音 一聲

■■■■ 禾火化八

■■■■ 開宰愛○

■■■■ 回每退○

■■■■ 良兩向○

十二音 二聲

■■■■ 光廣況○

■■■■ 丁井亘○

■■■■ 兄永瑩○

■■■■ 千典旦○

十二音 三聲

■■■■ 元犬半○

■■■■ 臣引良○

■■■■ 君允巽○

二音 十聲

黑花香血 ●●●●

黃華雄賢 ●●●●

五瓦仰□ ●●●●

吾牙月堯 ●●●●

三音 十聲

安亞乙一 ●●●●

□爻王寅 ●●●●

母馬美米 ●●●●

目皃眉民 ●●●●

四音 十聲

夫法□飛 ●●●●

父凡□吠 ●●●●

武晚□尾 ●●●●

文万□未 ●●●●

五音 十聲

卜百丙必 ●●●●

步白葡鼻 ●●●●

普朴品匹 ●●●●

旁排平瓶 ●●●●

十二音 四聲

■■■■ 刀早孝岳
■■■■ 毛寶報霍
■■■■ 牛斗奏六
■■■■ ○○○玉

十二音 五聲

■■■■ 妻子四日
■■■■ 衰○帥骨
■■■■ ○○○德
■■■■ 龜水貴北

十二音 六聲

■■■■ 宮孔衆○
■■■■ 龍甬用○
■■■■ 魚鼠去○
■■■■ 烏虎兔○

十二音 七聲

■■■■ 心審禁○
■■■■ ○○○十
■■■■ 男坎欠○
■■■■ ○○○妾

六音 十聲

東丹帝■ ●●●●
兑大弟■ ●●●●
土貪天■ ●●●●
同覃田■ ●●●●

七音 十聲

乃妳女■ ●●●●
内南年■ ●●●●
老冷吕■ ●●●●
鹿犖离■ ●●●●

八音 十聲

走哉足■ ●●●●
自在匠■ ●●●●
草采七■ ●●●●
曹才全■ ●●●●

九音 十聲

思三星■ ●●●●
寺□象■ ●●●●
□□□■ ●●●●
□□□■ ●●●●

■■■■ ●●●●
十二音 ■■■■ ●●●●
八聲 ■■■■ ●●●●
■■■■ ●●●●
■■■■ ●●●●
十二音 ■■■■ ●●●●
九聲 ■■■■ ●●●●
■■■■ ●●●●
■■■■ ●●●●
十二音 ■■■■ ●●●●
十聲 ■■■■ ●●●●
■■■■ ●●●●

■山手■ ●●●●
十音 ■士石■ ●●●●
十聲 ■□耳■ ●●●●
■□二■ ●●●●
■莊震■ ●●●●
十一音 ■乍□■ ●●●●
十聲 ■叉赤■ ●●●●
■崇辰■ ●●●●
■卓中■ ●●●●
十二音 ■宅直■ ●●●●
十聲 ■坼丑■ ●●●●
■茶呈■ ●●●●

觀物篇之四十八

辰月聲入翕
八○○霍骨

石火音閉濁
揆賢寅吠鼻■

○十●●●

辰月聲七，下唱地之用音一百五十二，是謂入聲翕音。入聲翕音一千六十四。

辰月聲入之二翕

閉音濁和律二之一

揆揆揆揆　多可个舌

一音　一聲

揆揆揆揆　禾火化八
揆揆揆揆　開宰愛○
揆揆揆揆　回每退○
揆揆揆揆　良兩向○

二音　一聲

揆揆揆揆　光廣況○
揆揆揆揆　丁井亘○
揆揆揆揆　兄永瑩○
揆揆揆揆　千典旦○

三音　一聲

揆揆揆揆　元犬半○
揆揆揆揆　臣引艮○
揆揆揆揆　君允巽○

■■■■■■

石火音五，上和天之用聲一百一十二，是謂閉音濁聲。閉音濁聲五百六十。

石火音閉之二濁

入聲翕唱呂二之一

古甲九癸　八八八八

一音　一聲

□□近揆　八八八八
坤巧丘弃　八八八八
□□乾虯　八八八八
黑花香血　八八八八

二音　一聲

黃華雄賢　八八八八
五瓦仰□　八八八八
吾牙月堯　八八八八
安亞乙一　八八八八

三音　一聲

□爻王寅　八八八八
母馬美米　八八八八
目皃眉民　八八八八

一音四聲
揆揆揆揆　刀早孝岳
揆揆揆揆　毛寶報霍
揆揆揆揆　牛斗奏六
揆揆揆揆　○○○玉

一音五聲
揆揆揆揆　妻子四日
揆揆揆揆　衰○帥骨
揆揆揆揆　○○○德
揆揆揆揆　龜水貴北

一音六聲
揆揆揆揆　宫孔衆○
揆揆揆揆　龍甬用○
揆揆揆揆　魚鼠去○
揆揆揆揆　烏虎兔○

一音七聲
揆揆揆揆　心審禁○
揆揆揆揆　○○○十
揆揆揆揆　男坎欠○
揆揆揆揆　○○○妾

四音一聲
夫法□飛　八八八八
父凡□吠　八八八八
武晚□尾　八八八八
文万□未　八八八八

五音一聲
卜百丙必　八八八八
步白葡鼻　八八八八
普朴品匹　八八八八
旁排平瓶　八八八八

六音一聲
東丹帝■　八八八八
兑大弟■　八八八八
土貪天■　八八八八
同覃田■　八八八八

七音一聲
乃妳女■　八八八八
内南年■　八八八八
老冷吕■　八八八八
鹿犖离■　八八八八

揆揆揆揆 ●●●●

一音八聲
揆揆揆揆 ●●●●
揆揆揆揆 ●●●●
揆揆揆揆 ●●●●
揆揆揆揆 ●●●●

一音九聲
揆揆揆揆 ●●●●
揆揆揆揆 ●●●●
揆揆揆揆 ●●●●
揆揆揆揆 ●●●●

一音十聲
揆揆揆揆 ●●●●
揆揆揆揆 ●●●●

閉音濁和律二之二

賢賢賢賢 多可个舌

二音一聲
賢賢賢賢 禾火化八
賢賢賢賢 開宰愛○
賢賢賢賢 回每退○

走哉足■ 八八八八

八音一聲
自在匠■ 八八八八
草采七■ 八八八八
曹才全■ 八八八八
思三星■ 八八八八

九音一聲
寺□象■ 八八八八
□□□■ 八八八八
□□□■ 八八八八
■山手■ 八八八八

十音一聲
■士石■ 八八八八
■□耳■ 八八八八
■□二■ 八八八八
■莊震■ 八八八八

十一音一聲
■乍□■ 八八八八
■叉赤■ 八八八八
■崇辰■ 八八八八

賢賢賢賢 良兩向○

二音 賢賢賢賢 光廣況○

二聲 賢賢賢賢 丁井亘○

賢賢賢賢 兄永瑩○

賢賢賢賢 千典旦○

二音 賢賢賢賢 元犬半○

三聲 賢賢賢賢 臣引艮○

賢賢賢賢 君允巽○

賢賢賢賢 刀早孝岳

二音 賢賢賢賢 毛寶報霍

四聲 賢賢賢賢 牛斗奏六

賢賢賢賢 ○○○玉

賢賢賢賢 妻子四日

二音 賢賢賢賢 衰○帥骨

五聲 賢賢賢賢 ○○○德

賢賢賢賢 龜水貴北

■卓中■ 八八八八

十二音 ■宅直■ 八八八八

一聲 ■坼丑■ 八八八八

■茶呈■ 八八八八

入聲翕唱呂二之二

古甲九癸 ○○○○

一音 □□近揆 ○○○○

二聲 坤巧丘弃 ○○○○

□□乾虯 ○○○○

黑花香血 ○○○○

二音 黃華雄賢 ○○○○

二聲 五瓦仰□ ○○○○

吾牙月堯 ○○○○

安亞乙一 ○○○○

三音 □爻王寅 ○○○○

二聲 母馬美米 ○○○○

目皃眉民 ○○○○

賢賢賢賢　宮孔衆○

二音六聲

賢賢賢賢　龍甬用○
賢賢賢賢　魚鼠去○
賢賢賢賢　烏虎兔○
賢賢賢賢　心審禁○

二音七聲

賢賢賢賢　○○○十
賢賢賢賢　男坎欠○
賢賢賢賢　○○○妾
賢賢賢賢　●●●●

二音八聲

賢賢賢賢　●●●●
賢賢賢賢　●●●●
賢賢賢賢　●●●●
賢賢賢賢　●●●●

二音九聲

賢賢賢賢　●●●●
賢賢賢賢　●●●●
賢賢賢賢　●●●●

夫法□飛　○○○○

四音二聲

父凡□吠　○○○○
武晚□尾　○○○○
文万□未　○○○○
卜百丙必　○○○○

五音二聲

步白葡鼻　○○○○
普朴品匹　○○○○
旁排平瓶　○○○○
東丹帝■　○○○○

六音二聲

兑大弟■　○○○○
土貪天■　○○○○
同覃田■　○○○○
乃妳女■　○○○○

七音二聲

内南年■　○○○○
老冷吕■　○○○○
鹿犖离■　○○○○

賢賢賢賢　●●●●
二音　賢賢賢賢　●●●●
十聲　賢賢賢賢　●●●●
賢賢賢賢　●●●●

閉音濁和律二之三

寅寅寅寅　多可个舌
三音　寅寅寅寅　禾火化八
一聲　寅寅寅寅　開宰愛○
寅寅寅寅　回每退○
寅寅寅寅　良兩向○
三音　寅寅寅寅　光廣況○
二聲　寅寅寅寅　丁井亘○
寅寅寅寅　兄永瑩○
寅寅寅寅　千典旦○
三音　寅寅寅寅　元犬半○
三聲　寅寅寅寅　臣引艮○
寅寅寅寅　君允巽○

走哉足■　○○○○
八音　自在匠■　○○○○
二聲　草采七■　○○○○
曹才全■　○○○○
思三星■　○○○○
九音　寺□象■　○○○○
二聲　□□□■　○○○○
□□□■　○○○○
■山手■　○○○○
十音　■士石■　○○○○
二聲　■□耳■　○○○○
■□二■　○○○○
■莊震■　○○○○
十一音　■乍□■　○○○○
二聲　■叉赤■　○○○○
■崇辰■　○○○○

寅寅寅寅 刀早孝岳
三音 寅寅寅寅 毛寶報霍
四聲 寅寅寅寅 牛斗奏六
寅寅寅寅 ○○○玉
寅寅寅寅 妻子四日
三音 寅寅寅寅 衰○帥骨
五聲 寅寅寅寅 ○○○德
寅寅寅寅 龜水貴北
寅寅寅寅 宮孔衆○
三音 寅寅寅寅 龍甬用○
六聲 寅寅寅寅 魚鼠去○
寅寅寅寅 烏虎兔○
寅寅寅寅 心審禁○
三音 寅寅寅寅 ○○○十
七聲 寅寅寅寅 男坎欠○
寅寅寅寅 ○○○妾

■卓中■ ○○○○
十二音 ■宅直■ ○○○○
二聲 ■拆丑■ ○○○○
■茶呈■ ○○○○

入聲翕唱呂一之三

古甲九癸 ○○○○
一音 □□近揆 ○○○○
三聲 坤巧丘弃 ○○○○
□□乾虯 ○○○○
黑花香血 ○○○○
二音 黃華雄賢 ○○○○
三聲 五瓦仰□ ○○○○
吾牙月堯 ○○○○
安亞乙一 ○○○○
三音 □爻王寅 ○○○○
三聲 母馬美米 ○○○○
目皃眉民 ○○○○

寅寅寅寅 ●●●●

三音 寅寅寅寅 ●●●●

八聲 寅寅寅寅 ●●●●

寅寅寅寅 ●●●●

寅寅寅寅 ●●●●

三音 寅寅寅寅 ●●●●

九聲 寅寅寅寅 ●●●●

寅寅寅寅 ●●●●

寅寅寅寅 ●●●●

三音 寅寅寅寅 ●●●●

十聲 寅寅寅寅 ●●●●

寅寅寅寅 ●●●●

閉音濁和律一之四

吠吠吠吠 多可个舌

四音 吠吠吠吠 禾火化八

一聲 吠吠吠吠 開宰愛○

吠吠吠吠 回每退○

夫法□飛 ○○○○

四音 父凡□吠 ○○○○

三聲 武晚□尾 ○○○○

文万□未 ○○○○

卜百丙必 ○○○○

五音 步白葙鼻 ○○○○

三聲 普朴品匹 ○○○○

旁排平瓶 ○○○○

東丹帝■ ○○○○

六音 兑大弟■ ○○○○

三聲 土貪天■ ○○○○

同覃田■ ○○○○

乃妳女■ ○○○○

七音 内南年■ ○○○○

三聲 老冷吕■ ○○○○

鹿犖离■ ○○○○

吷吷吷吷　良兩向○

四音　吷吷吷吷　光廣況○
二聲　吷吷吷吷　丁井亘○
吷吷吷吷　兄永瑩○
吷吷吷吷　千典旦○

四音　吷吷吷吷　元犬半○
三聲　吷吷吷吷　臣引艮○
吷吷吷吷　君允巽○
吷吷吷吷　刀早孝岳

四音　吷吷吷吷　毛寶報霍
四聲　吷吷吷吷　牛斗奏六
吷吷吷吷　○○○玉
吷吷吷吷　妻子四日

四音　吷吷吷吷　衰○帥骨
五聲　吷吷吷吷　○○○德
吷吷吷吷　龜水貴北

走哉足■　○○○○

八音　自在匠■　○○○○
三聲　草采七■　○○○○
曹才全■　○○○○
思三星■　○○○○

九音　寺□象■　○○○○
三聲　□□□■　○○○○
□□□■　○○○○
■山手■　○○○○

十音　■士石■　○○○○
三聲　■□耳■　○○○○
■□二■　○○○○
■莊震■　○○○○

十一音　■乍□■　○○○○
三聲　■叉赤■　○○○○
■崇辰■　○○○○

四音六聲
吠吠吠吠 宮孔衆○
吠吠吠吠 龍甬用○
吠吠吠吠 魚鼠去○
吠吠吠吠 烏虎兔○

四音七聲
吠吠吠吠 心審禁○
吠吠吠吠 ○○○十
吠吠吠吠 男坎欠○
吠吠吠吠 ○○○妾

四音八聲
吠吠吠吠 ●●●●
吠吠吠吠 ●●●●
吠吠吠吠 ●●●●
吠吠吠吠 ●●●●

四音九聲
吠吠吠吠 ●●●●
吠吠吠吠 ●●●●
吠吠吠吠 ●●●●
吠吠吠吠 ●●●●

十二音三聲
■卓中■ ○○○○
■宅直■ ○○○○
■坼丑■ ○○○○
■茶呈■ ○○○○

入聲翕唱呂二之四

一音四聲
古甲九癸 霍霍霍霍
□□近揆 霍霍霍霍
坤巧丘弃 霍霍霍霍
□□乾虯 霍霍霍霍

二音四聲
黑花香血 霍霍霍霍
黃華雄賢 霍霍霍霍
五瓦仰□ 霍霍霍霍
吾牙月堯 霍霍霍霍

三音四聲
安亞乙一 霍霍霍霍
□爻王寅 霍霍霍霍
母馬美米 霍霍霍霍
目皃眉民 霍霍霍霍

吠吠吠吠 ●●●●

四音 十聲

吠吠吠吠 ●●●●
吠吠吠吠 ●●●●
吠吠吠吠 ●●●●

閉音濁和律一之五

鼻鼻鼻鼻 多可个舌

五音 一聲

鼻鼻鼻鼻 禾火化八
鼻鼻鼻鼻 開宰愛○
鼻鼻鼻鼻 回每退○
鼻鼻鼻鼻 良兩向○

五音 二聲

鼻鼻鼻鼻 光廣況○
鼻鼻鼻鼻 丁井亘○
鼻鼻鼻鼻 兄永瑩○
鼻鼻鼻鼻 千典旦○

五音 三聲

鼻鼻鼻鼻 元犬半○
鼻鼻鼻鼻 臣引艮○
鼻鼻鼻鼻 君允巽○

四音 四聲

夫法□飛 霍霍霍霍
父凡□吠 霍霍霍霍
武晚□尾 霍霍霍霍
文万□未 霍霍霍霍

五音 四聲

卜百丙必 霍霍霍霍
步白葡鼻 霍霍霍霍
普朴品匹 霍霍霍霍
旁排平瓶 霍霍霍霍

六音 四聲

東丹帝■ 霍霍霍霍
兑大弟■ 霍霍霍霍
土貪天■ 霍霍霍霍
同覃田■ 霍霍霍霍
乃妳女■ 霍霍霍霍

七音 四聲

内南年■ 霍霍霍霍
老冷吕■ 霍霍霍霍
鹿犖离■ 霍霍霍霍

鼻鼻鼻鼻　刀早孝岳

五音
鼻鼻鼻鼻　毛寶報霍
四聲
鼻鼻鼻鼻　牛斗奏六
鼻鼻鼻鼻　○○○玉
鼻鼻鼻鼻　妻子四日

五音
鼻鼻鼻鼻　衰○帥骨
五聲
鼻鼻鼻鼻　○○○德
鼻鼻鼻鼻　龜水貴北
鼻鼻鼻鼻　宮孔衆○

五音
鼻鼻鼻鼻　龍甬用○
六聲
鼻鼻鼻鼻　魚鼠去○
鼻鼻鼻鼻　烏虎兔○
鼻鼻鼻鼻　心審禁○

五音
鼻鼻鼻鼻　○○○十
七聲
鼻鼻鼻鼻　男坎欠○
鼻鼻鼻鼻　○○○妾

走哉足■　霍霍霍霍

八音
自在匠■　霍霍霍霍
四聲
草采七■　霍霍霍霍
曹才全■　霍霍霍霍
思三星■　霍霍霍霍

九音
寺□象■　霍霍霍霍
四聲
□□□■　霍霍霍霍
□□□■　霍霍霍霍
■山手■　霍霍霍霍

十音
■士石■　霍霍霍霍
四聲
■□耳■　霍霍霍霍
■□二■　霍霍霍霍
■莊震■　霍霍霍霍

十一音
■乍□■　霍霍霍霍
四聲
■叉赤■　霍霍霍霍
■崇辰■　霍霍霍霍

五音八聲

鼻鼻鼻鼻 ●●●●
鼻鼻鼻鼻 ●●●●
鼻鼻鼻鼻 ●●●●
鼻鼻鼻鼻 ●●●●

五音九聲

鼻鼻鼻鼻 ●●●●
鼻鼻鼻鼻 ●●●●
鼻鼻鼻鼻 ●●●●
鼻鼻鼻鼻 ●●●●

五音十聲

鼻鼻鼻鼻 ●●●●
鼻鼻鼻鼻 ●●●●
鼻鼻鼻鼻 ●●●●
鼻鼻鼻鼻 ●●●●

閉音濁和律一之六

六音一聲

■■■■ 多可个舌
■■■■ 禾火化八
■■■■ 開宰愛○
■■■■ 回每退○

十二音四聲

■卓中■ 霍霍霍霍
■宅直■ 霍霍霍霍
■坼丑■ 霍霍霍霍
■茶呈■ 霍霍霍霍

入聲翕唱呂一之五

一音五聲

古甲九癸 骨骨骨骨
□□近揆 骨骨骨骨
坤巧丘弃 骨骨骨骨
□□乾虯 骨骨骨骨

二音五聲

黑花香血 骨骨骨骨
黃華雄賢 骨骨骨骨
五瓦仰□ 骨骨骨骨
吾牙月堯 骨骨骨骨

三音五聲

安亞乙一 骨骨骨骨
□爻王寅 骨骨骨骨
母馬美米 骨骨骨骨
目皃眉民 骨骨骨骨

六音二聲

■■■■ 良兩向○
■■■■ 光廣況○
■■■■ 丁井亘○
■■■■ 兄永瑩○

六音三聲

■■■■ 千典旦○
■■■■ 元犬半○
■■■■ 臣引艮○
■■■■ 君允巽○

六音四聲

■■■■ 刀早孝岳
■■■■ 毛寶報霍
■■■■ 牛斗奏六
■■■■ ○○○玉

六音五聲

■■■■ 妻子四日
■■■■ 衰○帥骨
■■■■ ○○○德
■■■■ 龜水貴北

四音五聲

夫法□飛 骨骨骨骨
父凡□吠 骨骨骨骨
武晚□尾 骨骨骨骨
文万□未 骨骨骨骨

五音五聲

卜百丙必 骨骨骨骨
步白葡鼻 骨骨骨骨
普朴品匹 骨骨骨骨
旁排平瓶 骨骨骨骨

六音五聲

東丹帝■ 骨骨骨骨
兑大弟■ 骨骨骨骨
土貪天■ 骨骨骨骨
同覃田■ 骨骨骨骨

七音五聲

乃妳女■ 骨骨骨骨
内南年■ 骨骨骨骨
老冷吕■ 骨骨骨骨
鹿犖离■ 骨骨骨骨

六音　六聲

■■■■　宮孔衆○
■■■■　龍甬用○
■■■■　魚鼠去○
■■■■　烏虎兔○

六音　七聲

■■■■　心審禁○
■■■■　○○○十
■■■■　男坎欠○
■■■■　○○○妾

六音　八聲

■■■■　●●●●
■■■■　●●●●
■■■■　●●●●
■■■■　●●●●

六音　九聲

■■■■　●●●●
■■■■　●●●●
■■■■　●●●●
■■■■　●●●●

八音　五聲

走哉足■　骨骨骨骨
自在匠■　骨骨骨骨
草采七■　骨骨骨骨
曹才全■　骨骨骨骨

九音　五聲

思三星■　骨骨骨骨
寺□象■　骨骨骨骨
□□□■　骨骨骨骨
□□□■　骨骨骨骨

十音　五聲

■山手■　骨骨骨骨
■士石■　骨骨骨骨
■□耳■　骨骨骨骨
■□二■　骨骨骨骨

十一音　五聲

■莊震■　骨骨骨骨
■乍□■　骨骨骨骨
■叉赤■　骨骨骨骨
■崇辰■　骨骨骨骨

■■■■●●●●

六音

■■■■●●●●

十聲

■■■■●●●●

■■■■●●●●

閉音濁和律二之七

■■■■多可个舌

七音

■■■■禾火化八

一聲

■■■■開宰愛○

■■■■回每退○

■■■■良兩向○

七音

■■■■光廣況○

二聲

■■■■丁井亘○

■■■■兄永瑩○

■■■■千典旦○

七音

■■■■元犬半○

三聲

■■■■臣引良○

■■■■君允巽○

■卓中■骨骨骨骨

十二音

■宅直■骨骨骨骨

五聲

■坼丑■骨骨骨骨

■茶呈■骨骨骨骨

入聲翕唱呂二之六

古甲九癸○○○○

一音

□□近揆○○○○

六聲

坤巧丘弃○○○○

□□乾虯○○○○

黑花香血○○○○

二音

黃華雄賢○○○○

六聲

五瓦仰□○○○○

吾牙月堯○○○○

安亞乙一○○○○

三音

□爻王寅○○○○

六聲

母馬美米○○○○

目皃眉民○○○○

■■■■刀早孝岳
七音
■■■■毛寶報霍
四聲
■■■■牛斗奏六
■■■■○○○玉
■■■■妻子四日
七音
■■■■衰○帥骨
五聲
■■■■○○○德
■■■■龜水貴北
■■■■宮孔衆○
七音
■■■■龍甬用○
六聲
■■■■魚鼠去○
■■■■烏虎兔○
■■■■心審禁○
七音
■■■■○○○十
七聲
■■■■男坎欠○
■■■■○○○妾

夫法□飛○○○○
四音
父凡□吠○○○○
六聲
武晚□尾○○○○
文万□未○○○○
卜百丙必○○○○
五音
步白葡鼻○○○○
六聲
普朴品匹○○○○
旁排平瓶○○○○
東凡帝■○○○○
六音
兑大弟■○○○○
六聲
土貪天■○○○○
同覃田■○○○○
乃妳女■○○○○
七音
内南年■○○○○
六聲
老冷吕■○○○○
鹿犖离■○○○○

■■■■●●●●

七音八聲

■■■■●●●●
■■■■●●●●
■■■■●●●●
■■■■●●●●

七音九聲

■■■■●●●●
■■■■●●●●
■■■■●●●●
■■■■●●●●

七音十聲

■■■■●●●●
■■■■●●●●
■■■■●●●●

閉音濁和律二之八

■■■■多可个舌

八音一聲

■■■■禾火化八
■■■■開宰愛○
■■■■回每退○

走哉足■○○○○

八音六聲

自在匠■○○○○
草采七■○○○○
曹才全■○○○○
思三星■○○○○

九音六聲

寺□象■○○○○
□□□■○○○○
□□□■○○○○
■山手■○○○○

十音六聲

■士石■○○○○
■□耳■○○○○
■□二■○○○○
■莊震■○○○○

十一音六聲

■乍□■○○○○
■叉赤■○○○○
■崇辰■○○○○

八音
二聲

■■■■艮兩向○
■■■■光廣況○
■■■■丁井亘○
■■■■兄永瑩○

八音
三聲

■■■■千典旦○
■■■■元犬半○
■■■■臣引艮○
■■■■君允巽○

八音
四聲

■■■■刀早孝岳
■■■■毛寶報霍
■■■■牛斗奏六
■■■■○○○玉

八音
五聲

■■■■妻子四日
■■■■衰○帥骨
■■■■○○○德
■■■■龜水貴北

十二音
六聲

■卓中■○○○○
■宅直■○○○○
■坼丑■○○○○
■茶呈■○○○○

入聲翕唱呂二之七

一音
七音

古甲九癸十十十十
□□近揆十十十十
坤巧丘弃十十十十
□□乾虯十十十十

二音
七音

黑花香血十十十十
黃華雄賢十十十十
五无仰□十十十十
吾牙月堯十十十十

三音
七聲

安亞乙一十十十十
□爻王寅十十十十
母馬美米十十十十
目皃眉民十十十十

八音 六聲

■■■■ 宮孔衆○
■■■■ 龍甬用○
■■■■ 魚鼠去○
■■■■ 烏虎兎○
■■■■ 心審禁○

八音 七聲

■■■■ ○○○十
■■■■ 男坎欠○
■■■■ ○○○妾

八音 八聲

■■■■ ●●●●
■■■■ ●●●●
■■■■ ●●●●
■■■■ ●●●●

八音 九聲

■■■■ ●●●●
■■■■ ●●●●
■■■■ ●●●●
■■■■ ●●●●

四音 七聲

夫法□飛 十十十十
父凡□吠 十十十十
武晚□尾 十十十十
文万□未 十十十十

五音 七聲

卜百丙必 十十十十
步白𤰞鼻 十十十十
普朴品匹 十十十十
旁排平瓶 十十十十

六音 七聲

東丹帝■ 十十十十
兑六弟■ 十十十十
土貪天■ 十十十十
同覃田■ 十十十十

七音 七聲

乃妳女■ 十十十十
内南年■ 十十十十
老冷吕■ 十十十十
鹿犖离■ 十十十十

八音十聲

■■■■●●●●

■■■■●●●●

■■■■●●●●

■■■■●●●●

閉音濁和律二之九

九音一聲

■■■■多可个舌

■■■■禾火化八

■■■■開宰愛○

■■■■回每退○

九音二聲

■■■■良兩向○

■■■■光廣況○

■■■■丁井亘○

■■■■兄永瑩○

九音三聲

■■■■千典旦○

■■■■元犬半○

■■■■臣引艮○

■■■■君允巽○

八音七聲

走哉足■十十十十

自在匠■十十十十

草采七■十十十十

曹才全■十十十十

九音七聲

思三星■十十十十

寺□象■十十十十

□□□■十十十十

□□□■十十十十

十音七聲

■山手■十十十十

■士石■十十十十

■□耳■十十十十

■□二■十十十十

十一音七聲

■莊震■十十十十

■乍□■十十十十

■叉赤■十十十十

■崇辰■十十十十

九音 四聲

■■■■ 刀早孝岳
■■■■ 毛寶報霍
■■■■ 牛斗奏六
■■■■ ○○○玉

九音 五聲

■■■■ 妻子四日
■■■■ 衰○帥骨
■■■■ ○○○德
■■■■ 龜水貴北
■■■■ 宮孔衆○

九音 六聲

■■■■ 龍甬用○
■■■■ 魚鼠去○
■■■■ 烏虎兎○
■■■■ 心審禁○

九音 七聲

■■■■ ○○○十
■■■■ 男坎欠○
■■■■ ○○○妾

十二音 七聲

■卓中■ 十十十十
■宅直■ 十十十十
■坼丑■ 十十十十
■茶呈■ 十十十十

入聲翕唱呂二之八

一音 八聲

古甲九癸 ●●●●
□□近揆 ●●●●
坤巧丘弃 ●●●●
□□乾虬 ●●●●
黑花香血 ●●●●

二音 八聲

黃華雄賢 ●●●●
五瓦仰□ ●●●●
吾牙月堯 ●●●●
安亞乙一 ●●●●

三音 八音

□爻王寅 ●●●●
母馬美米 ●●●●
目皃眉民 ●●●●

■■■■●●●●

九音 八聲

■■■■●●●●
■■■■●●●●
■■■■●●●●
■■■■●●●●

九音 九聲

■■■■●●●●
■■■■●●●●
■■■■●●●●
■■■■●●●●

九音 十聲

■■■■●●●●
■■■■●●●●
■■■■●●●●

閉音濁和律二之十

十音 一聲

多可个舌
禾火化八
開宰愛○
回每退○

夫法□飛 ●●●●

四音 八聲

父凡□吠 ●●●●
武晚□尾 ●●●●
文万□未 ●●●●
卜百丙必 ●●●●

五音 八聲

步白𤰞鼻 ●●●●
普朴品匹 ●●●●
旁排平瓶 ●●●●
東丹帝■ ●●●●

六音 八聲

兑大弟■ ●●●●
土貪天■ ●●●●
同覃田■ ●●●●
乃妳女■ ●●●●

七音 八聲

内南年■ ●●●●
老冷吕■ ●●●●
鹿犖离■ ●●●●

■■■■良兩向○

十音

二聲

■■■■光廣況○
■■■■丁井亘○
■■■■兄永瑩○
■■■■千典旦○

十音

三聲

■■■■元犬半○
■■■■臣引艮○
■■■■君允巽○
■■■■刀早孝岳

十音

四聲

■■■■毛寶報霍
■■■■牛斗奏六
■■■■○○○玉
■■■■妻子四日

十音

五聲

■■■■衰○帥骨
■■■■○○○德
■■■■龜水貴北

走哉足■●●●●

八音

八聲

自在匠■●●●●
草采七■●●●●
曹才全■●●●●
思三星■●●●●

九音

八聲

寺□象■●●●●
□□□■●●●●
□□□■●●●●
■山手■●●●●

十音

八聲

■士石■●●●●
■□耳■●●●●
■□二■●●●●
■莊震■●●●●

十一音

八聲

■乍□■●●●●
■叉赤■●●●●
■崇辰■●●●●

十音
六聲

■■■■宮孔衆○
■■■■龍甬用○
■■■■魚鼠去○
■■■■烏虎兎○

十音
七聲

■■■■心審禁○
■■■■○○○十
■■■■男坎欠○
■■■■○○○妾

十音
八聲

■■■■●●●●
■■■■●●●●
■■■■●●●●
■■■■●●●●

十音
九聲

■■■■●●●●
■■■■●●●●
■■■■●●●●
■■■■●●●●

十二音
八聲

■卓中■●●●●
■宅直■●●●●
■坼丑■●●●●
■茶呈■●●●●

入聲翕唱呂一之九

一音
九聲

古甲九癸●●●●
□□近揆●●●●
坤巧丘弃●●●●
□□乾虯●●●●

二音
九聲

黑花香血●●●●
黃華雄賢●●●●
五瓦仰□●●●●
吾牙月堯●●●●

三音
九聲

安亞乙一●●●●
□爻王寅●●●●
母馬美米●●●●
目皃眉民●●●●

■■■■●●●●

十音 ■■■■●●●●

十聲 ■■■■●●●●

■■■■●●●●

閉音濁和律二之十一

■■■■多可个舌

十一音 ■■■■禾火化八

一聲 ■■■■開宰愛○

■■■■回每退○

■■■■良兩向○

十一音 ■■■■光廣況○

二聲 ■■■■丁井亘○

■■■■兄永瑩○

■■■■千典旦○

十一音 ■■■■元犬半○

三聲 ■■■■臣引艮○

■■■■君允巽○

夫法□飛●●●●

四音 父凡□吠●●●●

九聲 武晚□尾●●●●

文万□未●●●●

卜百丙必●●●●

五音 步白葡鼻●●●●

九聲 普朴品匹●●●●

旁排平瓶●●●●

東丹帝■●●●●

六音 兑大弟■●●●●

九聲 土貪天■●●●●

同覃田■●●●●

乃妳女■●●●●

七音 内南年■●●●

九聲 老冷吕■●●●

鹿犖离■●●●

■■■■刀早孝岳

十一音四聲

■■■■毛寶報霍
■■■■牛斗奏六
■■■■○○○玉
■■■■妻子四日

十一音五聲

■■■■衰○帥骨
■■■■○○○德
■■■■龜水貴北
■■■■宮孔衆○

十一音六聲

■■■■龍甬用○
■■■■魚鼠去○
■■■■烏虎兎○
■■■■心審禁○

十一音七聲

■■■■○○○十
■■■■男坎欠○
■■■■○○○妾

走哉足■●●●●

八音九聲

自在匠■●●●●
草采七■●●●●
曹才全■●●●●
思三星■●●●●

九音九聲

寺□象■●●●●
□□□■●●●●
□□□■●●●●
■山手■●●●●

十音九音

■士石■●●●●
■□耳■●●●●
■□二■●●●●
■莊震■●●●●

十一音九聲

■乍□■●●●●
■叉赤■●●●●
■崇辰■●●●●

十一音
八聲
■■■■●●●●
■■■■●●●●
■■■■●●●●
■■■■●●●●

十一音
九聲
■■■■●●●●
■■■■●●●●
■■■■●●●●
■■■■●●●●

十一音
十聲
■■■■●●●●
■■■■●●●●
■■■■●●●●
■■■■●●●●

閉音濁和律二之十二

十二音
一聲
■■■■多可个舌
■■■■禾火化八
■■■■開宰愛○
■■■■回每退○

十二音
九聲
■卓中■●●●●
■宅直■●●●●
■坼丑■●●●●
■茶呈■●●●●

入聲翕唱吕二之十

一音
十聲
古甲九癸●●●●
□□近揆●●●●
坤巧丘弃●●●●
□□乾虯●●●●

二音
十聲
黑花香血●●●●
寅華雄賢●●●●
五瓦仰□●●●●
吾牙月堯●●●●

三音
十聲
安亞乙一●●●●
□爻王寅●●●●
母馬美米●●●●
目皃眉民●●●●

■■■■良兩向○
十二音 ■■■■光廣況○
二聲 ■■■■丁井亘○
■■■■兄永瑩○
■■■■千典旦○
十二音 ■■■■元犬半○
三聲 ■■■■臣引艮○
■■■■君允巽○
■■■■刀早孝岳
十二音 ■■■■毛寶報霍
四聲 ■■■■牛斗奏六
■■■■○○○玉
■■■■妻子四日
十二音 ■■■■衰○帥骨
五聲 ■■■■○○○德
■■■■龜水貴北

夫法□飛●●●●
四音 父凡□吠●●●●
十聲 武晚□尾●●●●
文万□未●●●●
卜百丙必●●●●
五音 步白葡鼻●●●●
十聲 普朴品匹●●●●
旁排平瓶●●●●
東丹帝■●●●●
六音 兑大弟■●●●●
十聲 土貪天■●●●●
同覃田■●●●●
乃妳女■●●●●
七音 内南年■●●●●
十聲 老冷吕■●●●●
鹿犖离■●●●●

■■■■宮孔衆○

十二音

■■■■龍甬用○

六聲

■■■■魚鼠去○

■■■■烏虎兎○

■■■■心審禁○

十二音

■■■■○○○十

七聲

■■■■男坎欠○

■■■■○○○妾

■■■■●●●●

十二音

■■■■●●●●

八聲

■■■■●●●●

■■■■●●●●

■■■■●●●●

十二音

■■■■●●●●

九聲

■■■■●●●●

■■■■●●●●

走哉足■●●●●

八音

自在匠■●●●●

十聲

草采七■●●●●

曹才全■●●●●

思三星■●●●●

九音

寺□象■●●●●

十聲

□□□■●●●●

□□□■●●●●

■山手■●●●●

十音

■士石■●●●●

十聲

■□耳■●●●●

■□二■●●●●

■莊震■●●●●

十一音

■乍□■●●●●

十聲

■叉赤■●●●●

■崇辰■●●●●

■■■■ ●●●●

十二音 ■■■■ ●●●●

十聲 ■■■■ ●●●●

■■■■ ●●●●

觀物篇之四十九

辰星聲入闢

〇〇〇六德

〇〇●●●

辰星聲七，下唱地之用音一百五十二，是謂入聲闢音。入聲闢音一千六十四。

辰星聲入之三闢

閉音清和律三之一

弃弃弃弃 多可个舌

一音 弃弃弃弃 禾火化八

一聲 弃弃弃弃 開宰愛〇

弃弃弃弃 回每退〇

■卓中■ ●●●●

十二音 ■宅直■ ●●●●

十聲 ■坼丑■ ●●●●

■茶呈■ ●●●●

石土音閉清

弃□米尾匹■

■■■■■

石土音五，上和天之用聲一百一十二，是謂閉音清聲。閉音清聲五百六十。

石土音閉之三清

入聲闢唱呂三之一

古甲九癸 〇〇〇

一音 □□近揆 〇〇〇〇

一聲 坤巧丘弃 〇〇〇〇

□□乾虯 〇〇〇〇

弃弃弃弃 良兩向○

一音

弃弃弃弃 光廣況○

二聲

弃弃弃弃 丁井亘○

弃弃弃弃 兄永瑩○

弃弃弃弃 千典旦○

一音

弃弃弃弃 元犬半○

三聲

弃弃弃弃 臣引艮○

弃弃弃弃 君允巽○

弃弃弃弃 刀早孝岳

一音

弃弃弃弃 毛寶報霍

四聲

弃弃弃弃 牛斗奏六

弃弃弃弃 ○○○玉

弃弃弃弃 妻子四日

一音

弃弃弃弃 衰○帥骨

五聲

弃弃弃弃 ○○○德

弃弃弃弃 龜水貴北

黑花香血 ○○○○

二音

黃華雄賢 ○○○○

一聲

五瓦仰□ ○○○○

吾牙月堯 ○○○○

安亞乙一 ○○○○

三音

□爻王寅 ○○○○

一聲

母馬美米 ○○○○

目皃眉民 ○○○○

夫法□飛 ○○○○

四音

父凡□吠 ○○○○

一聲

武晚□尾 ○○○○

文万□未 ○○○○

卜百丙必 ○○○○

五音

步白莆鼻 ○○○○

一聲

普朴品匹 ○○○○

旁排平瓶 ○○○○

一音 六聲

夻夻夻夻 宫孔衆○
夻夻夻夻 龍甬用○
夻夻夻夻 魚鼠去○
夻夻夻夻 烏虎兎○

一音 七聲

夻夻夻夻 心審禁○
夻夻夻夻 ○○○十
夻夻夻夻 男坎欠○
夻夻夻夻 ○○○妾

一音 八聲

夻夻夻夻 ●●●●
夻夻夻夻 ●●●●
夻夻夻夻 ●●●●
夻夻夻夻 ●●●●

一音 九聲

夻夻夻夻 ●●●●
夻夻夻夻 ●●●●
夻夻夻夻 ●●●●
夻夻夻夻 ●●●●

六音 一聲

東丹帝■ ○○○○
兑大弟■ ○○○○
土貪天■ ○○○○
同覃田■ ○○○○

七音 一聲

乃妳女■ ○○○○
内南年■ ○○○○
老冷吕■ ○○○○
鹿犖离■ ○○○○

八音 一聲

走哉足■ ○○○○
自在匠■ ○○○○
草采七■ ○○○○
曹才全■ ○○○○

九音 一聲

思三星■ ○○○○
寺□象■ ○○○○
□□□■ ○○○○
□□□■ ○○○○

一音　十聲

弃弃弃弃　●●●●
弃弃弃弃　●●●●
弃弃弃弃　●●●●
弃弃弃弃　●●●●

閉音清和律三之二

□□□□　多可个舌

二音　一聲

□□□□　禾火化八
□□□□　開宰愛○
□□□□　回每退○
□□□□　良兩向○

二音　二聲

□□□□　光廣況○
□□□□　丁井亘○
□□□□　兄永瑩○
□□□□　千典旦○

二音　三聲

□□□□　元犬半○
□□□□　臣引艮○
□□□□　君允巽○

十音　一聲

■山手■　○○○○
■士石■　○○○○
■□耳■　○○○○
■□二■　○○○○

十一音　一聲

■莊震■　○○○○
■乍□■　○○○○
■叉赤■　○○○○
■崇辰■　○○○○
■卓中■　○○○○

十二音　一聲

■宅直■　○○○○
■坼丑■　○○○○
■茶呈■　○○○○

入聲闢唱呂三之二

古甲九癸　○○○○

一音　二聲

□□近揆　○○○○
坤巧丘弃　○○○○
□□乾虯　○○○○

□□□□　刀早孝岳

二音　四聲

□□□□　毛寶報霍
□□□□　牛斗奏六
□□□□　○○○玉
□□□□　妻子四日

二音　五聲

□□□□　衰○帥骨
□□□□　○○○德
□□□□　龜水貴北
□□□□　宮孔衆○

二音　六聲

□□□□　龍甬用○
□□□□　魚鼠去○
□□□□　烏虎兎○
□□□□　心審禁○

二音　七聲

□□□□　○○○十
□□□□　男坎欠○
□□□□　○○□妾

黑花香血　○○○○

二音　二聲

黃華雄賢　○○○○
五瓦仰□　○○○○
吾牙月堯　○○○○
安亞乙一　○○○○

三音　二聲

□爻王寅　○○○○
母馬美米　○○○○
目皃眉民　○○○○
夫法□飛　○○○○

四音　二聲

父凡□吠　○○○○
武晚□尾　○○○○
文万□未　○○○○
卜百丙必　○○○○

五音　二聲

步白葡鼻　○○○○
普朴品匹　○○○○
旁排平瓶　○○○○

□□□□ ●●●●

二音 □□□□ ●●●●

八聲 □□□□ ●●●●

□□□□ ●●●●

□□□□ ●●●●

二音 □□□□ ●●●●

九聲 □□□□ ●●●●

□□□□ ●●●●

□□□□ ●●●●

二音 □□□□ ●●●●

十聲 □□□□ ●●●●

□□□□ ●●●●

閉音清和律三之三

米米米米 多可个舌

三音 米米米米 禾火化八

一聲 米米米米 開宰愛○

米米米米 回每退○

東丹帝■ ○○○○

六音 兑大弟■ ○○○○

二聲 土貪天■ ○○○○

同覃田■ ○○○○

乃妳女■ ○○○○

七音 内南年■ ○○○○

二聲 老冷吕■ ○○○○

鹿犖离■ ○○○○

走哉足■ ○○○○

八音 自在匠■ ○○○○

二聲 草采七■ ○○○○

曹才全■ ○○○○

思三星■ ○○○○

九音 寺□象■ ○○○○

二聲 □□□■ ○○○○

□□□■ ○○○○

米米米米　良兩向○

三音　二聲

米米米米　光廣況○
米米米米　丁井亘○
米米米米　兄永瑩○
米米米米　千典旦○

三音　三聲

米米米米　元犬半○
米米米米　臣引艮○
米米米米　君允巽○
米米米米　刀早孝岳

三音　四聲

米米米米　毛寶報霍
米米米米　牛斗奏六
米米米米　○○○玉
米米米米　妻子四日

三音　五聲

米米米米　衰○帥骨
米米米米　○○○德
米米米米　龜水貴北

■山手■　○○○○

十音　二聲

■士石■　○○○○
■□耳■　○○○○
■□二■　○○○○
■莊震■　○○○○

十一音　二聲

■乍□■　○○○○
■叉赤■　○○○○
■崇辰■　○○○○
■卓中■　○○○○

十二音　二聲

■宅直■　○○○○
■坼丑■　○○○○
■茶呈■　○○○○

入聲闢唱呂三之三

古甲九癸　○○○○

一音　三聲

□□近揆　○○○○
坤巧丘弃　○○○○
□□乾虯　○○○○

米米米米　宮孔衆○

三音

米米米米　龍甬用○

六聲

米米米米　魚鼠去○

米米米米　烏虎兎○

米米米米　心審禁○

三音

米米米米　○○○十

七聲

米米米米　男坎欠○

米米米米　○○○妾

米米米米　●●●●

三音

米米米米　●●●●

八聲

米米米米　●●●●

米米米米　●●●●

米米米米　●●●●

三音

米米米米　●●●●

九聲

米米米米　●●●●

米米米米　●●●●

黑花香血　○○○○

二音

黃華雄賢　○○○○

三聲

五瓦仰□　○○○○

吾牙月堯　○○○○

安亞乙一　○○○○

三音

□爻王寅　○○○○

三聲

母馬美米　○○○○

目皃眉民　○○○○

夫法□飛　○○○○

四音

父凡□吠　○○○○

三聲

武晚□尾　○○○○

文万□未　○○○○

卜百丙必　○○○○

五音

步白葡鼻　○○○○

三聲

普朴品匹　○○○○

旁排平瓶　○○○○

米米米米 ●●●●

三音十聲

米米米米 ●●●●

米米米米 ●●●●

米米米米 ●●●●

閉音清和律三之四

尾尾尾尾 多可个舌

四音一聲

尾尾尾尾 禾火化八

尾尾尾尾 開宰愛○

尾尾尾尾 回每退○

尾尾尾尾 良兩向○

四音二聲

尾尾尾尾 光廣況○

尾尾尾尾 丁井亘○

尾尾尾尾 兄永瑩○

尾尾尾尾 千典旦○

四音三聲

尾尾尾尾 元犬半○

尾尾尾尾 臣引艮○

尾尾尾尾 君允巽○

東丹帝■ ○○○○

六音三聲

兑大弟■ ○○○○

土貪天■ ○○○○

同覃田■ ○○○○

乃妳女■ ○○○○

七音三聲

内南年■ ○○○○

老冷吕■ ○○○○

鹿犖离■ ○○○○

走哉足■ ○○○○

八音三聲

自在匠■ ○○○○

草采七■ ○○○○

曹才全■ ○○○○

思三星■ ○○○○

九音三聲

寺□象■ ○○○○

□□□■ ○○○○

□□□■ ○○○○

尾尾尾尾 刀早孝岳

四音 尾尾尾尾 毛寶報霍

四聲 尾尾尾尾 牛斗奏六

尾尾尾尾 ○○○玉

尾尾尾尾 妻子四日

四音 尾尾尾尾 衰○帥骨

五聲 尾尾尾尾 ○○○德

尾尾尾尾 龜水貴北

尾尾尾尾 宮孔衆○

四音 尾尾尾尾 龍甬用○

六聲 尾尾尾尾 魚鼠去○

尾尾尾尾 烏虎兎○

尾尾尾尾 心審禁○

四音 尾尾尾尾 ○○○○

七聲 尾尾尾尾 男坎欠○

尾尾尾尾 ○○○妾

■山手■ ○○○○

十音 ■士石■ ○○○○

三聲 ■□耳■ ○○○○

■□二■ ○○○○

■莊震■ ○○○○

十一音 ■乍□■ ○○○○

三聲 ■叉赤■ ○○○○

■崇辰■ ○○○○

■卓中■ ○○○○

十二音 ■宅直■ ○○○○

三聲 ■坼丑■ ○○○○

■茶呈■ ○○○○

入聲闢唱呂三之四

古甲九癸 六六六六

一音 □□近揆 六六六六

四聲 坤巧丘弃 六六六六

□□乾虯 六六六六

四音八聲	尾尾尾尾	●●●●
	尾尾尾尾	●●●●
	尾尾尾尾	●●●●
	尾尾尾尾	●●●●
	尾尾尾尾	●●●●
四音九聲	尾尾尾尾	●●●●
	尾尾尾尾	●●●●
	尾尾尾尾	●●●●
	尾尾尾尾	●●●●
四音十聲	尾尾尾尾	●●●●
	尾尾尾尾	●●●●
	尾尾尾尾	●●●●

閉音清和律三之五

五音一聲	匹匹匹匹	多可个舌
	匹匹匹匹	禾火化八
	匹匹匹匹	開宰愛○
	匹匹匹匹	回每退○

二音四聲	黑花香血	六六六六
	黃華雄賢	六六六六
	五瓦仰□	六六六六
	吾牙月堯	六六六六
	安亞乙一	六六六六
三音四聲	□爻王寅	六六六六
	母馬美米	六六六六
	目皃眉民	六六六六
	夫法□飛	六六六六
四音四聲	父凡□吠	六六六六
	武晚□尾	六六六六
	文万□未	六六六六
五音四聲	卜百丙必	六六六六
	步白葡鼻	六六六六
	普朴品匹	六六六六
	旁排平瓶	六六六六

五音 二聲

四四四四 良兩向○
四四四四 光廣況○
四四四四 丁井亘○
四四四四 兄永瑩○

五音 三聲

四四四四 千典旦○
四四四四 元犬半○
四四四四 匹引艮○
四四四四 君允巽○

五音 四聲

四四四四 刀早孝岳
四四四四 毛寶報霍
四四四四 牛斗奏六
四四四四 ○○○玉

五音 五聲

四四四四 妻子四日
四四四四 衰○帥骨
四四四四 ○○○德
四四四四 龜水貴北

六音 四聲

東丹帝■ 六六六六
兑大弟■ 六六六六
王貪天■ 六六六六
同覃田■ 六六六六

七音 四聲

乃妳女■ 六六六六
內南年■ 六六六六
老冷呂■ 六六六六
鹿犖离■ 六六六六

八音 四聲

走哉足■ 六六六六
自在匠■ 六六六六
草采七■ 六六六六
曹才全■ 六六六六

九音 四聲

思三星■ 六六六六
寺□象■ 六六六六
□□□■ 六六六六
□□□■ 六六六六

五音　六聲

匹匹匹匹　宮孔衆○
匹匹匹匹　龍甬用○
匹匹匹匹　魚鼠去○
匹匹匹匹　烏虎兎○

五音　七聲

匹匹匹匹　心審禁○
匹匹匹匹　○○○十
匹匹匹匹　男坎欠○
匹匹匹匹　○○○妾

五音　八聲

匹匹匹匹　●●●●
匹匹匹匹　●●●●
匹匹匹匹　●●●●
匹匹匹匹　●●●●

五音　九聲

匹匹匹匹　●●●●
匹匹匹匹　●●●●
匹匹匹匹　●●●●
匹匹匹匹　●●●●

十音　四聲

■山手■　六六六六
■土石■　六六六六
■□耳■　六六六六
■□二■　六六六六

十一音　四聲

■莊震■　六六六六
■乍□■　六六六六
■叉赤■　六六六六
■崇辰■　六六六六

十二音　四聲

■卓中■　六六六六
■宅直■　六六六六
■坼丑■　六六六六
■茶呈■　六六六六

入聲闢唱呂三之五

一音　五聲

古甲九癸　德德德德
□□近揆　德德德德
坤巧丘弃　德德德德
□□乾虯　德德德德

匹匹匹匹 ●●●●

五音 匹匹匹匹 ●●●●

十聲 匹匹匹匹 ●●●●

匹匹匹匹 ●●●●

閉音清和律三之六

■■■■ 多可个舌

六音 ■■■■ 禾火化八

一聲 ■■■■ 開宰愛○

■■■■ 回每退○

■■■■ 良兩向○

六音 ■■■■ 光廣況○

二聲 ■■■■ 丁井亘○

■■■■ 兄永瑩○

■■■■ 千典旦○

六音 ■■■■ 元犬半○

三聲 ■■■■ 臣引艮○

■■■■ 君允巽○

黑花香血 德德德德

二音 黄華雄賢 德德德德

五聲 五瓦仰□ 德德德德

吾牙月堯 德德德德

安亞乙一 德德德德

三音 □爻王寅 德德德德

五聲 母馬美米 德德德德

目皃眉民 德德德德

夫法□飛 德德德德

四音 父凡□吠 德德德德

五聲 武晚□尾 德德德德

文万□未 德德德德

卜百丙必 德德德德

五音 步白葡鼻 德德德德

五聲 普朴品匹 德德德德

旁排平瓶 德德德德

六音 四聲

■■■■ 刀早孝岳
■■■■ 毛寶報霍
■■■■ 牛斗奏六
■■■■ ○○○玉

六音 五聲

■■■■ 妻子四日
■■■■ 衰○帥骨
■■■■ ○○○德
■■■■ 龜水貴北

六音 六聲

■■■■ 宮孔衆○
■■■■ 龍甬用○
■■■■ 魚鼠去○
■■■■ 烏虎兔○

六音 七聲

■■■■ 心審禁○
■■■■ ○○○十
■■■■ 男坎欠○
■■■■ ○○○妾

六音 五聲

東丹帝■ 德德德德
兑大弟■ 德德德德
土貪天■ 德德德德
同覃田■ 德德德德

七音 五聲

乃妳女■ 德德德德
内南年■ 德德德德
老冷吕■ 德德德德
鹿犖离■ 德德德德

八音 五聲

走哉足■ 德德德德
自在匠■ 德德德德
草采七■ 德德德德
曹才全■ 德德德德

九音 五聲

思三星■ 德德德德
寺□象■ 德德德德
□□□■ 德德德德
□□□■ 德德德德

■■■■●●●●

六音 ■■■■●●●●

八聲 ■■■■●●●●

■■■■●●●●

■■■■●●●●

六音 ■■■■●●●●

九聲 ■■■■●●●●

■■■■●●●●

■■■■●●●●

六音 ■■■■●●●●

十聲 ■■■■●●●●

■■■■●●●●

閉音清和律三之七

■■■■ 多可个舌

七音 ■■■■ 禾火化八

一聲 ■■■■ 開宰愛○

■■■■ 回每退○

■山手■ 德德德德

十音 ■士石■ 德德德德

五聲 ■□耳■ 德德德德

■□二■ 德德德德

■莊震■ 德德德德

十一音 ■乍□■ 德德德德

五聲 ■叉赤■ 德德德德

■崇辰■ 德德德德

■卓中■ 德德德德

十二音 ■宅直■ 德德德德

五聲 ■坼丑■ 德德德德

■茶呈■ 德德德德

入聲闢唱呂三之六

古甲九癸 ○○○○

一音 □□近揆 ○○○○

六聲 坤巧丘弃 ○○○○

□□乾虯 ○○○○

七音
二聲

■■■■良兩向○
■■■■光廣況○
■■■■丁井亘○
■■■■兄永瑩○
■■■■千典旦○

七音
三聲

■■■■元犬半○
■■■■臣引艮○
■■■■君允巽○
■■■■刀早孝岳

七音
四聲

■■■■毛寶報霍
■■■■牛斗奏六
■■■■○○○玉
■■■■妻子四日

七音
五聲

■■■■衰○帥骨
■■■■○○○德
■■■■龜水貴北

二音
六聲

黑花香血○○○○
黃華雄賢○○○○
五瓦仰□○○○○
吾牙月堯○○○○
安亞乙一○○○○

三音
六聲

□爻王寅○○○○
母馬美米○○○○
目皃眉民○○○○
夫法□飛○○○○

四音
六聲

父凡□吠○○○○
武晚□尾○○○○
文万□未○○○○
卜百丙必○○○○

五音
六聲

步白葡鼻○○○○
普朴品匹○○○○
旁排平瓶○○○○

七音　六聲

■■■■宮孔衆○
■■■■龍甬用○
■■■■魚鼠去○
■■■■烏虎兎○
■■■■心審禁○

七音　七聲

■■■■○○○十
■■■■男坎欠○
■■■■○○○妾
■■■■●●●●

七音　八聲

■■■■●●●●
■■■■●●●●
■■■■●●●●
■■■■●●●●

七音　九聲

■■■■●●●●
■■■■●●●●
■■■■●●●●

六音　六聲

東丹帝■○○○○
兑大弟■○○○○
土貪天■○○○○
同覃田■○○○○
乃妳女■○○○○

七音　六聲

内南年■○○○○
老冷吕■○○○○
鹿犖离■○○○○
走哉足■○○○○

八音　六聲

自在匠■○○○○
草采七■○○○○
曹才全■○○○○
思三星■○○○○

九音　六聲

寺□象■○○○○
□□□■○○○○
□□□■○○○○

七音十聲

■■■■●●●●
■■■■●●●●
■■■■●●●●
■■■■●●●●

閉音清和律三之八

八音一聲

■■■■多可个舌
■■■■禾火化八
■■■■開宰愛○
■■■■回每退○
■■■■良兩向○

八音二聲

■■■■光廣況○
■■■■丁井亘○
■■■■兄永瑩○

八音三聲

■■■■千典旦○
■■■■元犬半○
■■■■臣引艮○
■■■■君允巽○

十音六聲

■山手■○○○○
■士石■○○○○
■□耳■○○○○
■□二■○○○○

十一音六聲

■莊震■○○○○
■乍□■○○○○
■叉赤■○○○○
■崇辰■○○○○
■卓中■○○○○

十二音六聲

■宅直■○○○○
■坼丑■○○○○
■茶呈■○○○○

入聲闢唱呂三之七

一音七聲

古甲九癸○○○○
□□近揆○○○○
坤巧丘弃○○○○
□□乾虬○○○○

八音
四聲

■■■■刀早孝岳
■■■■毛寶報霍
■■■■牛斗奏六
■■■■○○○玉

八音
五聲

■■■■妻子四日
■■■■衰○帥骨
■■■■○○○德

八音
六聲

■■■■龜水貴北
■■■■宮孔衆○
■■■■龍甬用○
■■■■魚鼠去○

八音
七聲

■■■■烏虎兎○
■■■■心審禁○
■■■■○○○十
■■■■男坎欠○
■■■■○○○妾

二音
七聲

黑花香血○○○○
黃華雄賢○○○○
五瓦仰□○○○○
吾牙月堯○○○○

三音
七聲

安亞乙一○○○○
□爻王寅○○○○
母馬美米○○○○
目皃眉民○○○○

四音
七聲

夫法□飛○○○○
父凡□吠○○○○
武晚□尾○○○○
文万□未○○○○

五音
七聲

卜百丙必○○○○
步白葡鼻○○○○
普朴品匹○○○○
旁排平瓶○○○○

八音 八聲

■■■■●●●●
■■■■●●●●
■■■■●●●●
■■■■●●●●

八音 九聲

■■■■●●●●
■■■■●●●●
■■■■●●●●
■■■■●●●●

八音 十聲

■■■■●●●●
■■■■●●●●
■■■■●●●●
■■■■●●●●

閉音清和律三之九

九音 一聲

■■■■多可个舌
■■■■禾火化八
■■■■開宰愛○
■■■■回每退○

六音 七聲

東丹帝■○○○○
兑大弟■○○○○
土貪天■○○○○
同覃田■○○○○

七音 七聲

乃妳女■○○○○
内南年■○○○○
老冷吕■○○○○
虎犖离■○○○○

八音 七聲

走哉足■○○○○
自在匠■○○○○
草采七■○○○○
曹才全■○○○○

九音 七聲

思三星■○○○○
寺□象■○○○○
□□□■○○○○
□□□■○○○○

■■■■良兩向○

九音二聲

■■■■光廣況○
■■■■丁井亘○
■■■■兄永瑩○

九音三聲

■■■■千典旦○
■■■■元犬半○
■■■■臣引艮○
■■■■君允巽○

九音四聲

■■■■刀早孝岳
■■■■毛寶報霍
■■■■牛斗奏六
■■■■○○○玉

九音五聲

■■■■妻子四日
■■■■衰○帥骨
■■■■○○○德
■■■■龜水貴北

■山手■○○○○

十音七聲

■士石■○○○○
■□耳■○○○○
■□二■○○○○
■莊震■○○○○

十一音七聲

■乍□■○○○○
■叉赤■○○○○
■崇辰■○○○○
■卓中■○○○○

十二音七聲

■宅直■○○○○
■坼丑■○○○○
■茶呈■○○○○

入聲闢唱呂三之八

古甲九癸●●●●

一音八聲

□□近揆●●●●
坤巧丘弃●●●●
□□乾虯●●●●

九音 六聲

■■■■ 宮孔衆○
■■■■ 龍甬用○
■■■■ 魚鼠去○
■■■■ 烏虎兎○
■■■■ 心審禁○

九音 七聲

■■■■ ○○○十
■■■■ 男坎欠○
■■■■ ○○○妾
■■■■ ●●●●

九音 八聲

■■■■ ●●●●
■■■■ ●●●●
■■■■ ●●●●
■■■■ ●●●●

九音 九聲

■■■■ ●●●●
■■■■ ●●●●
■■■■ ●●●●
■■■■ ●●●●

二音 八聲

黑花香血 ●●●●
黃華雄賢 ●●●●
五瓦仰□ ●●●●
吾牙月堯 ●●●●
安亞乙一 ●●●●

三音 八聲

□爻王寅 ●●●●
母馬美米 ●●●●
目皃眉民 ●●●●
夫法□飛 ●●●●

四音 八聲

父凡□吠 ●●●●
武晚□尾 ●●●●
文万□未 ●○●●
卜百丙必 ●●●●

五音 八聲

步白葡鼻 ●●●●
普朴品匹 ●●●●
旁排平瓶 ●●●●

■■■■ ●●●●

九音 ■■■■ ●●●●

十聲 ■■■■ ●●●●

■■■■ ●●●●

閉音清和律三之十

■■■■ 多可个舌

十音 ■■■■ 禾火化八

一聲 ■■■■ 開宰愛○

■■■■ 回每退○

■■■■ 良兩向○

十音 ■■■■ 光廣況○

二聲 ■■■■ 丁井亘○

■■■■ 兄永瑩○

■■■■ 千典旦○

十音 ■■■■ 元犬半○

三聲 ■■■■ 臣引良○

■■■■ 君允巽○

東丹帝■ ●●●●

六音 兑大弟■ ●●●●

八聲 土貪天■ ●●●●

同覃田■ ●●●●

乃妳女■ ●●●●

七音 內南年■ ●●●●

八聲 老冷吕■ ●●●●

鹿犖离■ ●●●●

走哉足■ ●●●●

八音 自在匠■ ●●●●

八聲 草采七■ ●●●●

曹才全■ ●●●●

思三星■ ●●●●

九音 寺□象■ ●●●●

八聲 □□□■ ●●●●

□□□■ ●●●●

十音
四聲

■■■■刀早孝岳
■■■■毛寶報霍
■■■■牛斗奏六
■■■■○○○玉

十音
五聲

■■■■妻子四日
■■■■衰○帥骨
■■■■○○○德
■■■■龜水貴北

十音
六聲

■■■■宮孔衆○
■■■■龍甬用○
■■■■魚鼠去○
■■■■烏虎兎○

十音
七聲

■■■■心審禁○
■■■■○○○十
■■■■男坎欠○
■■■■○○○妾

十音
八聲

■山手■●●●●
■士石■●●●●
■□耳■●●●●
■□二■●●●●

十一音
八聲

■莊震■●●●●
■乍□■●●●●
■叉赤■●●●●
■崇辰■●●●●

十二音
八聲

■卓中■●●●●
■宅直■●●●●
■坼丑■●●●●
■茶呈■●●●●

入聲闢唱呂三之九

一音
九聲

古甲九癸●●●●
□□近揆●●●●
坤巧丘弃●●●●
□□乾虯●●●●

■■■■●●●●
十音 ■■■■●●●●
八聲 ■■■■●●●●
■■■■●●●●
■■■■●●●●
十音 ■■■■●●●●
九聲 ■■■■●●●●
■■■■●●●●
■■■■●●●●
十音 ■■■■●●●●
十聲 ■■■■●●●●
■■■■●●●●

閉音清和律三之十一

■■■■ 多可个舌
十一音 ■■■■ 禾火化八
一聲 ■■■■ 開宰愛○
■■■■ 回每退○

黑花香血●●●●
二音 黃華雄賢●●●●
九聲 五瓦仰□●●●●
吾牙月堯●●●●
安亞乙一●●●●
三音 □爻王寅●●●●
九聲 母馬美米●●●●
目皃眉民●●●●
夫法□飛●●●●
四音 父凡□吠●●●●
九聲 武晚□尾●●●●
文万□未●●●●
卜百丙必●●●●
五音 步白葡鼻●●●●
九聲 普朴品匹●●●●
旁排平瓶●●●●

十一音二聲

■■■■ 良兩向○
■■■■ 光廣況○
■■■■ 丁井亘○
■■■■ 兄永瑩○

十一音三聲

■■■■ 千典旦○
■■■■ 元犬半○
■■■■ 臣引艮○
■■■■ 君允巽○

十一音四聲

■■■■ 刀早孝岳
■■■■ 毛寶報霍
■■■■ 牛斗奏六
■■■■ ○○○玉

十一音五聲

■■■■ 妻子四日
■■■■ 衰○帥骨
■■■■ ○○○德
■■■■ 龜水貴北

六音九聲

東丹帝■ ●●●●
兑大弟■ ●●●●
土貪天■ ●●●●
同覃田■ ●●●●

七音九聲

乃妳女■ ●●●●
内南年■ ●●●●
老冷吕■ ●●●●
鹿犖离■ ●●●●

八音九聲

走哉足■ ●●●●
自在匠■ ●●●●
草采七■ ●●●●
曹才全■ ●●●●

九音九聲

思三星■ ●●●●
寺□象■ ●●●●
□□□■ ●●●●
□□□■ ●●●●

■■■■ 宮孔衆○
十一音 ■■■■ 龍角用○
六聲 ■■■■ 魚鼠去○
■■■■ 烏虎兎○
■■■■ 心審禁○
十一音 ■■■■ ○○○十
七聲 ■■■■ 男坎欠○
■■■■ ○○○妾
■■■■ ●●●●
十一音 ■■■■ ●●●●
八聲 ■■■■ ●●●●
■■■■ ●●●●

■■■■ ●●●●
十一音 ■■■■ ●●●●
九聲 ■■■■ ●●●●
■■■■ ●●●●

■山手■ ●●●●
十音 ■士石■ ●●●●
九聲 ■□耳■ ●●●●
■□二■ ●●●●
■莊震■ ●●●●
十一音 ■乍□■ ●●●●
九聲 ■叉赤■ ●●●●
■崇辰■ ●●●●
■卓中■ ●●●●
十二音 ■宅直■ ●●●●
九聲 ■坼丑■ ●●●●
■茶呈■ ●●●●

入聲闢唱呂三之十

古甲九癸 ●●●●
一音 □□近揆 ●●●●
十聲 坤巧丘弃 ●●●●
□□乾虯 ●●●●

■■■■ ●●●●
十一音 ■■■■ ●●●●
十聲 ■■■■ ●●●●
■■■■ ●●●●

閉音清和律三之十二

■■■■ 多可个舌
十二音 ■■■■ 禾火化八
一聲 ■■■■ 開宰愛○
■■■■ 回每退○
■■■■ 良兩向○
十二音 ■■■■ 光廣況○
二聲 ■■■■ 丁井亘○
■■■■ 兄永瑩○
■■■■ 千典旦○
十二音 ■■■■ 元犬半○
三聲 ■■■■ 臣引艮○
■■■■ 君允巽○

黑花香血 ●●●●
二音 黃華雄賢 ●●●●
十聲 五瓦仰□ ●●●●
吾牙月堯 ●●●●
安亞乙一 ●●●●
三音 □爻王寅 ●●●●
十聲 母馬美米 ●●●●
目皃眉民 ●●●●
夫法□飛 ●●●●
四音 父凡□吠 ●●●●
十聲 武晚□尾 ●●●●
文万□未 ●●●●
卜百丙必 ●●●●
五音 步白莆鼻 ●●●●
十聲 普朴品匹 ●●●●
旁排平瓶 ●●●●

■■■■刀早孝岳
十二音 ■■■■毛寶報霍
四聲 ■■■■牛斗奏六
■■■■○○○玉
■■■■妻子四日
十二音 ■■■■衰○帥骨
五聲 ■■■■○○○德
■■■■龜水貴北
■■■■宮孔衆○
十二音 ■■■■龍甬用○
六聲 ■■■■魚鼠去○
■■■■烏虎兎○
■■■■心審禁○
十二音 ■■■■○○○十
七聲 ■■■■男坎欠○
■■■■○○○妾

東丹帝■●●●●
六音 兑大弟■●●●●
十聲 土貪天■●●●●
同覃田■●●●●
乃妳女■●●●●
七音 内南年■●●●●
十聲 老冷吕■●●●●
鹿犖离■●●●●
走哉足■●●●●
八音 自在匠■●●●●
十聲 草采七■●●●●
曹才全■●●●●
思三星■●●●●
九音 寺□象■●●●●
十聲 □□□■●●●●
□□□■●●●●

■■■■●●●●
十二音 ■■■■●●●●
八聲 ■■■■●●●●
■■■■●●●●
■■■■●●●●
十二音 ■■■■●●●●
九聲 ■■■■●●●●
■■■■●●●●
■■■■●●●●
十二音 ■■■■●●●●
十聲 ■■■■●●●●
■■■■●●●●

觀物篇之五十

辰辰聲入翕
○○○玉北

■山手■●●●●
十音 ■士石■●●●●
十聲 ■□耳■●●●●
■□二■●●●●
■莊震■●●●●
十一音 ■乍□■●●●●
十聲 ■叉赤■●●●●
■崇辰■●●●●
■卓中■●●●●
十二音 ■宅直■●●●●
十聲 ■坼丑■●●●●
■茶呈■●●●●

石石音閉濁
虯堯民未瓶■

○妾●●○

辰辰聲七，下唱地之用音一百五十二，是謂入聲翕音。入聲翕音一千六十四。

辰辰聲入之四翕

閉音濁和律四之一

蚪蚪蚪蚪　多可个舌

一音　蚪蚪蚪蚪　禾火化八

一聲　蚪蚪蚪蚪　開宰愛○

蚪蚪蚪蚪　回每退○

蚪蚪蚪蚪　良兩向○

一音　蚪蚪蚪蚪　光廣況○

二聲　蚪蚪蚪蚪　丁井亘○

蚪蚪蚪蚪　兄永瑩○

蚪蚪蚪蚪　千典旦○

一音　蚪蚪蚪蚪　元犬半○

三聲　蚪蚪蚪蚪　臣引艮○

蚪蚪蚪蚪　君允巽○

■■■■■■

石石音五，上和天之用聲一百一十二，是謂閉音濁聲。閉音濁聲五百六十。

石石音閉之四濁

入聲翕唱呂四之一

古甲九癸　○○○○

一音　□□近揆　○○○○

一聲　坤巧丘弃　○○○○

□□乾虯　○○○○

黑花香血　○○○○

二音　黃華雄賢　○○○○

一聲　五瓦仰□　○○○○

吾牙月堯　○○○○

安亞乙一　○○○○

三音　□爻王寅　○○○○

一聲　母馬美米　○○○○

目皃眉民　○○○○

蚪蚪蚪蚪 刀早孝岳

一音四聲

蚪蚪蚪蚪 毛寶報霍
蚪蚪蚪蚪 牛斗奏六
蚪蚪蚪蚪 ○○○玉
蚪蚪蚪蚪 妻子四目

一音五聲

蚪蚪蚪蚪 衰○帥骨
蚪蚪蚪蚪 ○○○德
蚪蚪蚪蚪 龜水貴北
蚪蚪蚪蚪 宮孔衆○

一音六聲

蚪蚪蚪蚪 龍甬用○
蚪蚪蚪蚪 魚鼠去○
蚪蚪蚪蚪 烏虎兎○
蚪蚪蚪蚪 心審禁○

一音七聲

蚪蚪蚪蚪 ○○○十
蚪蚪蚪蚪 男坎欠○
蚪蚪蚪蚪 ○○○妾

夫法□飛 ○○○○

四音一聲

父凡□吠 ○○○○
武晚□尾 ○○○○
文万□未 ○○○○
卜百丙必 ○○○○

五音一聲

步白莆鼻 ○○○○
普朴品匹 ○○○○
旁排平瓶 ○○○○
東丹帝■ ○○○○

六音一聲

兑大弟■ ○○○○
土貪天■ ○○○○
同覃田■ ○○○○
乃妳女■ ○○○○

七音一聲

內南年■ ○○○○
老冷吕■ ○○○○
鹿犖离■ ○○○○

蚪蚪蚪蚪 ●●●●

一音 蚪蚪蚪蚪 ●●●●

八聲 蚪蚪蚪蚪 ●●●●

蚪蚪蚪蚪 ●●●●

蚪蚪蚪蚪 ●●●●

一音 蚪蚪蚪蚪 ●●●●

九聲 蚪蚪蚪蚪 ●●●●

蚪蚪蚪蚪 ●●●●

蚪蚪蚪蚪 ●●●●

一音 蚪蚪蚪蚪 ●●●●

十聲 蚪蚪蚪蚪 ●●●●

蚪蚪蚪蚪 ●●●●

閉音濁和律四之二

堯堯堯堯 多可个舌

二音 堯堯堯堯 禾火化八

一聲 堯堯堯堯 開宰愛○

堯堯堯堯 回每退○

走哉足■ ○○○○

八音 自在匠■ ○○○○

一聲 草采七■ ○○○○

曹才全■ ○○○○

思三星■ ○○○○

九音 寺□象■ ○○○○

一聲 □□□■ ○○○○

□□□■ ○○○○

■山手■ ○○○○

十音 ■士石■ ○○○○

一聲 ■□耳■ ○○○○

■□二■ ○○○○

■莊震■ ○○○○

十一音 ■乍□■ ○○○○

一聲 ■叉赤■ ○○○○

■崇辰■ ○○○○

堯堯堯堯　庚兩向○

二音　二聲

堯堯堯堯　光廣況○
堯堯堯堯　丁井亘○
堯堯堯堯　兄永瑩○
堯堯堯堯　千典旦○

二音　三聲

堯堯堯堯　元犬半○
堯堯堯堯　臣引艮○
堯堯堯堯　君允巽○
堯堯堯堯　刀早孝岳

二音　四聲

堯堯堯堯　毛寶報霍
堯堯堯堯　牛斗奏六
堯堯堯堯　○○○玉
堯堯堯堯　妻子四日

二音　五聲

堯堯堯堯　衰○帥骨
堯堯堯堯　○○○德
堯堯堯堯　龜水貴北

■卓中■　○○○○

十二音　一聲

■宅直■　○○○○
■坼丑■　○○○○
■茶呈■　○○○○

入聲翕唱呂四之二

古甲九癸　○○○○

一音　二聲

□□近揆　○○○○
坤巧丘弃　○○○○
□□乾虯　○○○○
黑花香血　○○○○

二音　二聲

黃華雄賢　○○○○
五瓦仰□　○○○○
吾牙月堯　○○○○
安亞乙一　○○○○

三音　二聲

□爻王寅　○○○○
母馬美米　○○○○
目皃眉民　○○○○

二音 六聲

堯堯堯堯 宮孔衆○
堯堯堯堯 龍甬用○
堯堯堯堯 魚鼠去○
堯堯堯堯 烏虎兎○

二音 七聲

堯堯堯堯 心審禁○
堯堯堯堯 ○○○十
堯堯堯堯 男坎欠○
堯堯堯堯 ○○○妾

二音 八聲

堯堯堯堯 ●●●●
堯堯堯堯 ●●●●
堯堯堯堯 ●●●●
堯堯堯堯 ●●●●

二音 九聲

堯堯堯堯 ●●●●
堯堯堯堯 ●●●●
堯堯堯堯 ●●●●
堯堯堯堯 ●●●●

四音 二聲

夫法□飛 ○○○○
父凡□吠 ○○○○
武晚□尾 ○○○○
方万□未 ○○○○

五音 二聲

卜百丙必 ○○○○
步白葡鼻 ○○○○
普朴品匹 ○○○○
旁排平瓶 ○○○○

六音 二聲

東丹帝■ ○○○○
兑大弟■ ○○○○
土貪天■ ○○○○
同覃田■ ○○○○

七音 二聲

乃妳女■ ○○○○
内南年■ ○○○○
老冷吕■ ○○○○
鹿犖离■ ○○○○

堯堯堯堯●●●●

二音　十聲

堯堯堯堯●●●●
堯堯堯堯●●●●
堯堯堯堯●●●●

閉音濁和律四之三

民民民民多可个舌

三音　一聲

民民民民禾火化八
民民民民開宰愛○
民民民民回每退○
民民民民良兩向○

三音　二聲

民民民民光廣況○
民民民民丁井亘○
民民民民兄永瑩○
民民民民千典旦○

三音　三聲

民民民民元犬半○
民民民民臣引艮○
民民民民君允巽○

走哉足■○○○○

八音　二聲

自在匠■○○○○
草采七■○○○○
曹才全■○○○○
思三星■○○○○

九音　二聲

寺□象■○○○○
□□□■○○○○
□□□■○○○○
■山手■○○○○

十音　二聲

■士石■○○○○
■□耳■○○○○
■□二■○○○○
■莊震■○○○○

十一音　二聲

■乍□■○○○○
■叉赤■○○○○
■崇辰■○○○○

民民民民 刀早孝岳

三音四聲

民民民民 毛寶報霍
民民民民 牛斗奏六
民民民民 ○○○玉
民民民民 妻子四日

三音五聲

民民民民 衰○帥骨
民民民民 ○○○德
民民民民 龜水貴北
民民民民 宮孔衆○

三音六聲

民民民民 龍甬用○
民民民民 魚鼠去○
民民民民 烏虎兎○
民民民民 心審禁○

三音七聲

民民民民 ○○○十
民民民民 男坎欠○
民民民民 ○○○妾

■卓中■ ○○○○

十二音二聲

■宅直■ ○○○○
■坼丑■ ○○○○
■茶呈■ ○○○○

入聲翕唱呂四之三

古甲九癸 ○○○○

一音三聲

□□近揆 ○○○○
坤巧丘弃 ○○○○
□□乾虯 ○○○○
黑花香血 ○○○○

二音三聲

黃華雄賢 ○○○○
五瓦仰□ ○○○○
吾牙月堯 ○○○○
安亞乙一 ○○○○

三音三聲

□爻王寅 ○○○○
母馬美米 ○○○○
目皃眉民 ○○○○

民民民民 ●●●●

三音八聲

民民民民 ●●●●

民民民民 ●●●●

民民民民 ●●●●

民民民民 ●●●●

三音九聲

民民民民 ●●●●

民民民民 ●●●●

民民民民 ●●●●

民民民民 ●●●●

三音十聲

民民民民 ●●●●

民民民民 ●●●●

民民民民 ●●●●

閉音濁和律四之四

未未未未 多可个舌

四音一聲

未未未未 禾火化八

未未未未 開宰愛○

未未未未 回每退○

夫法□飛 ○○○○

四音三聲

父凡□吠 ○○○○

武晚□尾 ○○○○

文万□未 ○○○○

卜百丙必 ○○○○

五音三聲

步白精鼻 ○○○○

普朴品匹 ○○○○

旁排平瓶 ○○○○

東丹帝■ ○○○○

六音三聲

兑大弟■ ○○○○

土貪天■ ○○○○

同覃田■ ○○○○

乃妳女■ ○○○○

七音三聲

内南年■ ○○○○

老冷吕■ ○○○○

鹿犖离■ ○○○○

未未未未　良兩向○

四音　二聲

未未未未　光廣況○
未未未未　丁井亘○
未未未未　兄永瑩○
未未未未　千典旦○

四音　三聲

未未未未　元犬半○
未未未未　臣引艮○
未未未未　君允巽○
未未未未　刀早孝岳

四音　四聲

未未未未　毛寶報霍
未未未未　牛斗奏六
未未未未　○○○玉
未未未未　妻子四日

四音　五聲

未未未未　衰○帥骨
未未未未　○○○德
未未未未　龜水貴北

走哉足■　○○○○

八音　三聲

自在匠■　○○○○
草采七■　○○○○
曹才全■　○○○○
思三星■　○○○○

九音　三聲

寺□象■　○○○○
□□□■　○○○○
□□□■　○○○○
■山手■　○○○○

十音　三聲

■士石■　○○○○
■□耳■　○○○○
■□二■　○○○○
■莊震■　○○○○

十一音　三聲

■乍□■　○○○○
■叉赤■　○○○○
■崇辰■　○○○○

四音
六聲

未未未未　官孔衆○
未未未未　龍甬用○
未未未未　魚鼠去○
未未未未　烏虎兎○

四音
七聲

未未未未　心審禁○
未未未未　○○○十
未未未未　男坎欠○
未未未未　○○○妾

四音
八聲

未未未未　●●●●
未未未未　●●●●
未未未未　●●●●
未未未未　●●●●

四音
九聲

未未未未　●●●●
未未未未　●●●●
未未未未　●●●●
未未未未　●●●●

十二音
三聲

■卓中■　○○○○
■宅直■　○○○○
■坼丑■　○○○○
■茶呈■　○○○○

入聲翕唱呂四之四

一音
四聲

古甲九癸　玉玉玉玉
□□近揆　玉玉玉玉
坤巧丘弃　玉玉玉玉
□□乾虯　玉玉玉玉

二音
四聲

黑花香血　玉玉玉玉
黃華雄賢　玉玉玉玉
五瓦仰□　玉玉玉玉
吾牙月堯　玉玉玉玉

三音
四聲

安亞乙一　玉玉玉玉
□爻王寅　玉玉玉玉
母馬美米　玉玉玉玉
目皃眉民　玉玉玉玉

四音十聲

未未未未 ●●●●
未未未未 ●●●●
未未未未 ●●●●
未未未未 ●●●●

閉音濁和律四之五

瓶瓶瓶瓶 多可个舌

五音一聲

瓶瓶瓶瓶 禾火化八
瓶瓶瓶瓶 開宰愛○
瓶瓶瓶瓶 回每退○
瓶瓶瓶瓶 良兩向○

五音二聲

瓶瓶瓶瓶 光廣況○
瓶瓶瓶瓶 丁井亘○
瓶瓶瓶瓶 兄永瑩○
瓶瓶瓶瓶 千典旦○

五音三聲

瓶瓶瓶瓶 元犬半○
瓶瓶瓶瓶 臣引艮○
瓶瓶瓶瓶 君允巽○

四音四聲

夫法□飛 玉玉玉玉
父凡□吠 玉玉玉玉
武晚□尾 玉玉玉玉
文万□未 玉玉玉玉

五音四聲

卜百丙必 玉玉玉玉
步白葡鼻 玉玉玉玉
普朴品匹 玉玉玉玉
旁排平瓶 玉玉玉玉

六音四聲

東丹帝■ 玉玉玉玉
兑大弟■ 玉玉玉玉
土貪天■ 玉玉玉玉
同覃田■ 玉玉玉玉

七音四聲

乃妳女■ 玉玉玉玉
内南年■ 玉玉玉玉
老冷吕■ 玉玉玉玉
鹿犖离■ 玉玉玉玉

瓶瓶瓶瓶　刀早孝岳

五音
四聲

瓶瓶瓶瓶　毛寶報霍
瓶瓶瓶瓶　牛斗奏六
瓶瓶瓶瓶　○○○玉
瓶瓶瓶瓶　妻子四日

五音
五聲

瓶瓶瓶瓶　衰○帥骨
瓶瓶瓶瓶　○○○德
瓶瓶瓶瓶　龜水貴北
瓶瓶瓶瓶　宮孔衆○

五音
六聲

瓶瓶瓶瓶　龍甬用○
瓶瓶瓶瓶　魚鼠去○
瓶瓶瓶瓶　烏虎兎○
瓶瓶瓶瓶　心審禁○

五音
七聲

瓶瓶瓶瓶　○○○十
瓶瓶瓶瓶　男坎欠○
瓶瓶瓶瓶　○○○妾

走哉足■　玉玉玉玉

八音
四聲

自在匠■　玉玉玉玉
草采七■　玉玉玉玉
曹才全■　玉玉玉玉
思三星■　玉玉玉玉

九音
四聲

寺□象■　玉玉玉玉
□□□■　玉玉玉玉
□□□■　玉玉玉玉
■山手■　玉玉玉玉

十音
四聲

■士石■　玉玉玉玉
■□耳■　玉玉玉玉
■□二■　玉玉玉玉
■莊震■　玉玉玉玉

十一音
四聲

■乍□■　玉玉玉玉
■叉赤■　玉玉玉玉
■崇辰■　玉玉玉玉

五音 八聲

瓶瓶瓶瓶 ●●●●
瓶瓶瓶瓶 ●●●●
瓶瓶瓶瓶 ●●●●
瓶瓶瓶瓶 ●●●●

五音 九聲

瓶瓶瓶瓶 ●●●●
瓶瓶瓶瓶 ●●●●
瓶瓶瓶瓶 ●●●●
瓶瓶瓶瓶 ●●●●

五音 十聲

瓶瓶瓶瓶 ●●●●
瓶瓶瓶瓶 ●●●●
瓶瓶瓶瓶 ●●●●
瓶瓶瓶瓶 ●●●●

閉音濁和律四之六

六音 一聲

■■■■ 多可个舌
■■■■ 禾火化八
■■■■ 開宰愛○
■■■■ 回每退○

十二音 四聲

■卓中■ 玉玉玉玉
■宅直■ 玉玉玉玉
■坼丑■ 玉玉玉玉
■茶呈■ 玉玉玉玉

入聲翕唱呂四之五

一音 五聲

古甲九癸 北北北北
□□近揆 北北北北
坤巧丘弃 北北北北
□□乾虯 北北北北

二音 五聲

黑花香血 北北北北
黃華雄賢 北北北北
五瓦仰□ 北北北北
吾牙月堯 北北北北

三音 五聲

安亞乙一 北北北北
□爻王寅 北北北北
母馬美米 北北北北
目皃眉民 北北北北

■■■■良兩向○

六音

■■■■光廣況○

二聲

■■■■丁井亘○

■■■■兄永瑩○

■■■■千典旦○

六音

■■■■元犬半○

三聲

■■■■臣引艮○

■■■■君允巽○

■■■■刀早孝岳

六音

■■■■毛寶報霍

四聲

■■■■牛斗奏六

■■■■○○○玉

■■■■妻子四日

六音

■■■■衰○帥骨

五聲

■■■■○○○德

■■■■龜水貴北

夫法□飛北北北北

四音

父凡□吠北北北北

五聲

武晚□尾北北北北

文万□未北北北北

卜百丙必北北北北

五音

步白𤰈鼻北北北北

五聲

普朴品匹北北北北

旁排平瓶北北北北

東丹帝■北北北北

六音

兑大弟■北北北北

五聲

土貪天■北北北北

同覃田■北北北北

乃妳女■北北北北

七音

内南年■北北北北

五聲

老冷吕■北北北北

鹿犖离■北北北北

六音
六聲

■■■■宮孔衆○
■■■■龍甬用○
■■■■魚鼠去○
■■■■烏虎兎○
■■■■心審禁○

六音
七聲

■■■■○○○十
■■■■男坎欠○
■■■■○○○妾
■■■■●●●●

六音
八聲

■■■■●●●●
■■■■●●●●
■■■■●●●●
■■■■●●●●

六音
九聲

■■■■●●●●
■■■■●●●●
■■■■●●●●

八音
五聲

■走哉足■北北北北
■自在匠■北北北北
■草采七■北北北北
■曹才全■北北北北
■思三星■北北北北

九音
五聲

■寺□象■北北北北
■□□□■北北北北
■□□□■北北北北
■山手■北北北北

十音
五聲

■士石■北北北北
■□耳■北北北北
■□二■北北北北
■莊震■北北北北

十一音
五聲

■乍□■北北北北
■叉赤■北北北北
■崇辰■北北北北

六音十聲

■■■■　●●●●
■■■■　●●●●
■■■■　●●●●
■■■■　●●●●

閉音濁和律四之七

七音一聲

■　多可个舌
■■■■　禾火化八
■■■■　開宰愛○
■■■■　回每退○

七音二聲

■■■■　良兩向○
■■■■　光廣況○
■■■■　丁井亘○
■■■■　兄永瑩○

七音三聲

■■■■　千典旦○
■■■■　元犬半○
■■■■　臣引艮○
■■■■　君允巽○

十二音五聲

■卓中■　北北北北
■宅直■　北北北北
■坼丑■　北北北北
■茶呈■　北北北北

入聲翕唱吕四之六

一音六聲

古甲九癸　○○○○
□□近揆　○○○○
坤巧丘弃　○○○○
□□乾虯　○○○○

二音六聲

黑花香血　○○○○
黄華雄賢　○○○○
五瓦仰□　○○○○
吾牙月堯　○○○○

三音六聲

安亞乙一　○○○○
□爻王寅　○○○○
母馬美米　○○○○
目皃眉民　○○○○

七音　四聲

■■■■刀早孝岳
■■■■毛寶報霍
■■■■牛斗奏六
■■■■○○○玉

七音　五聲

■■■■妻子四日
■■■■衰○帥骨
■■■■○○○德
■■■■龜水貴北

七音　六聲

■■■■宮孔衆○
■■■■龍甬用○
■■■■魚鼠去○
■■■■烏虎兎○

七音　七聲

■■■■心審禁○
■■■■○○○十
■■■■男坎欠○
■■■■○○○妾

四音　六聲

夫法□飛○○○○
父凡□吠○○○○
武晚□尾○○○○
文万□未○○○○

五音　六聲

卜百丙必○○○○
步白葡鼻○○○○
普朴品匹○○○○
旁排平瓶○○○○

六音　六聲

東丹帝■○○○○
兑大弟■○○○○
土貪天■○○○○
同覃田■○○○○

七音　六聲

乃妳女■○○○○
内南年■○○○○
老冷吕■○○○○
鹿犖离■○○○○

■■■■●●●●

七音八聲

■■■■●●●●
■■■■●●●●
■■■■●●●●

七音九聲

■■■■●●●●
■■■■●●●●
■■■■●●●●
■■■■●●●●

七音十聲

■■■■●●●●
■■■■●●●●
■■■■●●●●

閉音濁和律四之八

多可个舌

八音一聲

禾火化八
開宰愛○
回每退○

走哉足■○○○○

八音六聲

自在匠■○○○○
草采七■○○○○
曹才全■○○○○
思三星■○○○○

九音六聲

寺□象■○○○○
□□□■○○○○
□□□■○○○○
■山手■○○○○

十音六聲

■士石■○○○○
■□耳■○○○○
■□二■○○○○
■莊震■○○○○

十一音六聲

■乍□■○○○○
■叉赤■○○○○
■崇辰■○○○○

八音二聲

■■■■良兩向○
■■■■光廣况○
■■■■丁井亘○
■■■■兄永瑩○

八音三聲

■■■■千典旦○
■■■■元犬半○
■■■■臣引艮○
■■■■君允巽○

八音四聲

■■■■刀早孝岳
■■■■毛寶報霍
■■■■牛斗奏六
■■■■○○○玉

八音五聲

■■■■妻子四日
■■■■衰○帥骨
■■■■○○○德
■■■■龜水貴北

十二音六聲

■卓中■○○○○
■宅直■○○○○
■坼丑■○○○○
■茶呈■○○○○

入聲翕唱呂四之七

一音七聲

古甲九癸妾妾妾妾
□□近揆妾妾妾妾
坤巧丘弃妾妾妾妾
□□乾虯妾妾妾妾

二音七聲

黑花香血妾妾妾妾
黃華雄賢妾妾妾妾
五瓦仰□妾妾妾妾
吾牙月堯妾妾妾妾

三音七聲

安亞乙一妾妾妾妾
□爻王寅妾妾妾妾
母馬美米妾妾妾妾
目皃眉民妾妾妾妾

八音　六聲

■■■■宮孔衆○
■■■■龍甬用○
■■■■魚鼠去○
■■■■烏虎兎○

八音　七聲

■■■■心審禁○
■■■■○○○十
■■■■男坎欠○
■■■■○○○妾

八音　八聲

■■■■●●●●
■■■■●●●●
■■■■●●●●
■■■■●●●●

八音　九聲

■■■■●●●●
■■■■●●●●
■■■■●●●●
■■■■●●●●

四音　七聲

夫法□飛　妾妾妾妾
父凡□吠　妾妾妾妾
武晩□尾　妾妾妾妾
文万□未　妾妾妾妾

五音　七聲

卜百丙必　妾妾妾妾
步白葡鼻　妾妾妾妾
普朴品匹　妾妾妾妾
旁排平瓶　妾妾妾妾

六音　七聲

東丹帝■　妾妾妾妾
兑大弟■　妾妾妾妾
土貪天■　妾妾妾妾
同覃田■　妾妾妾妾

七音　七聲

乃妳女■　妾妾妾妾
内南年■　妾妾妾妾
老冷吕■　妾妾妾妾
鹿犖离■　妾妾妾妾

八音十聲

■■■■●●●●

■■■■●●●●

■■■■●●●●

■■■■●●●●

閉音濁和律四之九

九音一聲

■■■■多可个舌

■■■■禾火化八

■■■■開宰愛○

■■■■回每退○

九音二聲

■■■■良兩向○

■■■■光廣況○

■■■■丁井亘○

■■■■兄永瑩○

九音三聲

■■■■千典旦○

■■■■元犬半○

■■■■臣引良○

■■■■君允巽○

八音七聲

走哉足■妾妾妾妾

自在匠■妾妾妾妾

草采七■妾妾妾妾

曹才全■妾妾妾妾

九音七聲

思三星■妾妾妾妾

寺□象■妾妾妾妾

□□□■妾妾妾妾

□□□■妾妾妾妾

十音七聲

■山手■妾妾妾妾

■士石■妾妾妾妾

■□耳■妾妾妾妾

■□二■妾妾妾妾

十一音七聲

■莊震■妾妾妾妾

■乍□■妾妾妾妾

■叉赤■妾妾妾妾

■崇辰■妾妾妾妾

九音 四聲

■■■■ 刀早孝岳
■■■■ 毛寶報霍
■■■■ 牛斗奏六
■■■■ ○○○玉

九音 五聲

■■■■ 妻子四日
■■■■ 衰○帥骨
■■■■ ○○○德

九音 六聲

■■■■ 龜水貴北
■■■■ 宮孔衆○
■■■■ 龍甬用○
■■■■ 魚鼠去○

九音 七聲

■■■■ 烏虎兎○
■■■■ 心審禁○
■■■■ ○○○十
■■■■ 男坎欠○
■■■■ ○○○妾

十二音 七聲

■卓中■ 妾妾妾妾
■宅直■ 妾妾妾妾
■坼丑■ 妾妾妾妾
■茶呈■ 妾妾妾妾

入聲翕唱呂四之八

一音 八聲

古甲九癸 ●●●●
□□近揆 ●●●●
坤巧丘弃 ●●●●
□□乾虯 ●●●●
黑花香血 ●●●●

二音 八聲

黃華雄賢 ●●●●
五瓦仰□ ●●●●
吾牙月堯 ●●●●
安亞乙一 ●●●●

三音 八聲

□爻王寅 ●●●●
母馬美米 ●●●●
目皃眉民 ●●●●

■■■■●●●●
九音 ■■■■●●●●
八聲 ■■■■●●●●
■■■■●●●●
■■■■●●●●
九音 ■■■■●●●●
九聲 ■■■■●●●●
■■■■●●●●
■■■■●●●●
九音 ■■■■●●●●
十聲 ■■■■●●●●
■■■■●●●●

閉音濁和律四之十

■■■■多可个舌
十音 ■■■■禾火化八
一聲 ■■■■開宰愛○
■■■■回每退○

夫法□飛●●●●
四音 父凡□吠●●●●
八聲 武晚□尾●●●●
文万□未●●●●
卜百丙必●●●●
五音 步白葡鼻●●●●
八聲 普朴品匹●●●●
旁排平瓶●●●●
東丹帝■●●●●
六音 兑大弟■●●●●
八聲 土貪天■●●●●
同覃田■●●●●
乃妳女■●●●●
七音 内南年■●●●●
八聲 老冷吕■●●●●
鹿犖离■●●●●

十音二聲

■■■■良兩向○
■■■■光廣況○
■■■■丁井亘○
■■■■兄永瑩○

十音三聲

■■■■千典旦○
■■■■元犬半○
■■■■臣引艮○
■■■■君允巽○

十音四聲

■■■■刀早孝岳
■■■■毛寶報霍
■■■■牛斗奏六
■■■■○○○玉

十音五聲

■■■■妻子四日
■■■■衰○帥骨
■■■■○○○德
■■■■龜水貴北

八音八聲

走哉足■●●●●
自在匠■●●●●
草采七■●●●●
曹才全■●●●●

九音八聲

思三星■●●●●
寺□象■●●●●
□□□■●●●●
□□□■●●●●

十音八聲

■山手■●●●●
■士石■●●●●
■□耳■●●●●
■□二■●●●●

十一音八聲

■莊震■●●●●
■乍□■●●●●
■叉赤■●●●●
■崇辰■●●●●

十音
六聲

■■■■宮孔衆○
■■■■龍甬用○
■■■■魚鼠去○
■■■■烏虎兎○

十音
七聲

■■■■心審禁○
■■■■○○○十
■■■■男坎欠○
■■■■○○○妾

十音
八聲

■■■■●●●●
■■■■●●●●
■■■■●●●●
■■■■●●●●

十音
九聲

■■■■●●●●
■■■■●●●●
■■■■●●●●
■■■■●●●●

十二音
八聲

■卓中■●●●●
■宅直■●●●●
■坼丑■●●●●
■茶呈■●●●●

入聲翕唱呂四之九

一音
九聲

古甲九癸●●●●
□□近揆●●●●
坤巧丘弃●●●●
□□乾虯●●●●

二音
九聲

黑花香血●●●●
黃華雄賢●●●●
五瓦仰□●●●●
吾牙月堯●●●●

三音
九聲

安亞乙一●●●●
□爻王寅●●●●
母馬美米●●●●
目皃眉民●●●●

■■■■●●●●

十音
■■■■●●●●

十聲
■■■■●●●●

■■■■●●●●

閉音濁和律四之十一

■■■■多可个舌

十一音
■■■■禾火化八

一聲
■■■■開宰愛○

■■■■回每退○

■■■■良兩向○

十二音
■■■■光廣況○

二聲
■■■■丁井亘○

■■■■兄永瑩○

■■■■千典旦○

十三音
■■■■元犬半○

三聲
■■■■臣引艮○

■■■■君允巽○

夫法□飛●●●●

四音
父凡□吠●●●●

九聲
武晚□尾●●●●

文万□未●●●●

卜百丙必●●●●

五音
步白葡鼻●●●●

九聲
普朴品匹●●●●

旁排平瓶●●●●

東丹帝■●●●●

六音
兑大弟■●●●●

九聲
土貪天■●●●●

同覃田■●●●●

乃妳女■●●●●

七音
内南年■●●●●

九聲
老冷吕■●●●●

鹿犖离■●●●●

■■■■刀早孝岳

十一音 四聲

■■■■毛寶報霍
■■■■牛斗奏六
■■■■○○○玉
■■■■妻子四日

十一音 五聲

■■■■衰○帥骨
■■■■○○○德
■■■■龜水貴北
■■■■宮孔衆○

十一音 六聲

■■■■龍甬用○
■■■■魚鼠去○
■■■■烏虎兎○
■■■■心審禁○

十一音 七聲

■■■■○○○十
■■■■男坎欠○
■■■■○○○妾

走哉足■●●●●

八音 九聲

自在匠■●●●●
草采七■●●●●
曹才全■●●●●
思三星■●●●●

九音 九聲

寺□象■●●●●
□□□■●●●●
□□□■●●●●
■山手■●●●●

十音 九聲

■士石■●●●●
■□耳■●●●●
■□二■●●●●
■莊震■●●●●

十一音 九聲

■乍□■●●●●
■叉赤■●●●●
■崇辰■●●●●

十一音八聲

■■■■　●●●●
■■■■　●●●●
■■■■　●●●●
■■■■　●●●●

十一音九聲

■■■■　●●●●
■■■■　●●●●
■■■■　●●●●
■■■■　●●●●

十一音十聲

■■■■　●●●●
■■■■　●●●●
■■■■　●●●●
■■■■　●●●●

閉音濁和律四之十二

十二音一聲

多可个舌
禾火化八
開宰愛○
回每退○

十二音九聲

■卓中■　●●●●
■宅直■　●●●●
■坼丑■　●●●●
■茶呈■　●●●●

入聲翕唱呂四之十

一音十聲

古甲九癸　●●●●
□□近揆　●●●●
坤巧丘弃　●●●●
□□乾虯　●●●●

二音十聲

黑花香血　●●●●
黃華雄賢　●●●●
五瓦仰□　●●●●
吾牙月堯　●●●●

三音十聲

安亞乙一　●●●●
□爻王寅　●●●●
母馬美米　●●●●
目皃眉民　●●●●

十二音 二聲

■■■■ 良兩向○

■■■■ 光廣况○

■■■■ 丁井亘○

■■■■ 兄永瑩○

十二音 三聲

■■■■ 千典旦○

■■■■ 元犬半○

■■■■ 臣引艮○

■■■■ 君允巽○

十二音 四聲

■■■■ 刀早孝岳

■■■■ 毛寶報霍

■■■■ 牛斗奏六

■■■■ ○○○玉

十二音 五聲

■■■■ 妻子四日

■■■■ 衰○帥骨

■■■■ ○○○德

■■■■ 龜水貴北

四音 十聲

夫法□飛 ●●●●

父凡□吠 ●●●●

武晚□尾 ●●●●

文万□未 ●●●●

五音 十聲

卜百丙必 ●●●●

步白葡鼻 ●●●●

普朴品匹 ●●●●

旁排平瓶 ●●●●

六音 十聲

東丹帝■ ●●●●

兑大弟■ ●●●●

土貪天■ ●●●●

同覃田■ ●●●●

七音 十聲

乃妳女■ ●●●●

内南年■ ●●●●

老冷吕■ ●●●●

鹿犖离■ ●●●●

■■■■ 宮孔衆○
十二音 ■■■■ 龍甬用○
六聲 ■■■■ 魚鼠去○
■■■■ 烏虎兎○
■■■■ 心審禁○
十二音 ■■■■ ○○○十
七聲 ■■■■ 男坎欠○
■■■■ ○○○妾
■■■■ ●●●●
十二音 ■■■■ ●●●●
八聲 ■■■■ ●●●●
■■■■ ●●●●
■■■■ ●●●●
十二音 ■■■■ ●●●●
九聲 ■■■■ ●●●●
■■■■ ●●●●

走哉足■ ●●●●
八音 自在匠■ ●●●●
十聲 草采七■ ●●●●
曹才全■ ●●●●
思三星■ ●●●●
九音 寺□象■ ●●●●
十聲 □□□■ ●●●●
□□□■ ●●●●
■山手■ ●●●●
十音 ■士石■ ●●●●
十聲 ■□耳■ ●●●●
■□二■ ●●●●
■莊震■ ●●●●
十一音 ■乍□■ ●●●●
十聲 ■叉赤■ ●●●●
■崇辰■ ●●●●

■■■■ ●●●●

十二音 ■■■■ ●●●●

十聲 ■■■■ ●●●●

■■■■ ●●●●

■卓中■ ●●●●

十二音 ■宅直■ ●●●●

十聲 ■坼丑■ ●●●●

■茶呈■ ●●●●

皇極經世卷第十一

觀物篇之五十一①

物之大者無若天地，然而亦有所盡也。天之大，陰陽盡之矣。地之大，剛柔盡之矣。陰陽盡而四時成焉，剛柔盡而四維成焉。夫四時四維者，天地至大之謂也。凡言大者，無得而過之也。亦未始以大爲自得，故能成其大，豈不謂至偉至偉者歟？天，生于動者也。地，生于静者也。一動一静交而天地之道盡之矣。動之始則陽生焉，動之極則陰生焉。一陰一陽交而天之用盡之矣。静之始則柔生焉，静之極則剛生焉。一柔一剛交而地之用盡之矣。②動之大者謂之太陽，動之小者謂之少陽，静之大者謂之太陰，静之小者謂之少陰。太陽爲日，太陰爲月，少陽爲星，少陰爲辰。日月星辰交而天之體盡之矣。③太柔爲水，太剛爲火，少柔爲土，少剛爲石。

① 「五十一」原作「四十一」，據四庫本改，後篇題同。
② 「一柔一剛交」，索隱本作「一剛一柔交」。
③ 四庫本此處有「静之大者謂之太柔，静之小者謂之少柔，動之大者謂之太剛，動之小者謂之少剛」三十二字。

水火土石交而地之體盡之矣。日爲暑，月爲寒，星爲晝，辰爲夜。暑寒晝夜交而天之變盡之矣。水爲雨，火爲風，土爲露，石爲雷。雨風露雷交而地之化盡之矣。暑變物之性，寒變物之情，晝變物之形，夜變物之體。性情形體交而動植之感盡之矣。雨化物之走，風化物之飛，露化物之草，雷化物之木。走飛草木交而動植之應盡之矣。走：感暑而變者性之走也，感寒而變者情之走也，感晝而變者形之走也，感夜而變者體之走也。飛：感暑而變者性之飛也，感寒而變者情之飛也，感晝而變者形之飛也，感夜而變者體之飛也。草：感暑而變者性之草也，感寒而變者情之草也，感晝而變者形之草也，感夜而變者體之草也。木：感暑而變者性之木也，感寒而變者情之木也，感晝而變者形之木也，感夜而變者體之木也。性：應雨而化者走之性也，應風而化者飛之性也，應露而化者草之性也，應雷而化者木之性也。情：應雨而化者走之情也，應風而化者飛之情也，應露而化者草之情也，應雷而化者木之情也。形：應雨而化者走之形也，應風而化者飛之形也，應露而化者草之形也，應雷而化者木之形也。體：應雨而化者走之體也，應風而化者飛之體也，應露而化者草之體也，應雷而化者木之體也。性之走善色，情之走善聲，形之走善氣，體之走善味。性之飛善色，情之飛善聲，形之飛善氣，體之飛善味。性之草善色，情之草善聲，形之草善氣，體之草善味。性之木善色，情之木善聲，形之木善氣，體之木善味。走之性善耳，飛之性善目，草之性善口，木之性善鼻。走之情善耳，飛之情善目，草之情善口，木之情善鼻。走之形善耳，飛之形善目，草之形善口，木之形善鼻。走之體善耳，飛之體善目，草之體善口，木之體善鼻。夫人也者，暑寒晝夜無不變，雨風露雷無不化，性情形體無不感，走飛草木無不應。所以目善萬物之色，耳善萬物之聲，鼻善萬物之氣，口善萬物之味。靈于萬物，不亦宜乎。

觀物篇之五十二

人之所以能靈于萬物者，謂其目能收萬物之色，耳能收萬物之聲，鼻能收萬物之氣，口能收萬物之味。聲色氣味者，萬物之體也；目耳鼻口者，萬人之用也。體無定用，惟變是用；用無定體，惟化是體。體用交而人物之道于是乎備矣。然則人亦物也，①聖亦人也。有一物之物，有十物之物，有百物之物，有千物之物，有萬物之物，有億物之物，有兆物之物。爲兆物之物，②豈非人乎？有一人之人，有十人之人，有百人之人，有千人之人，有萬人之人，有億人之人，有兆人之人。爲兆人之人，③豈非聖乎？是知人也者，物之至者也；聖也者，人之至者也。物之至者始

---

① 「人」原作「天」，據四庫本、索隱本改。

② 「爲兆物之物」，索隱本作「生一一之人當兆人之人者」。

③ 「爲兆人之人」，索隱本作「生一一之人當兆人之人者」。

得謂之物之物也，人之至者始得謂之人之人也。夫物之物者，至物之謂也；人之人者，至人之謂也。以一至物而當一至人，則非聖人而何？①人謂之不聖，則吾不信也。何哉，謂其能以一心觀萬心，一身觀萬身，一物觀萬物，一世觀萬世者焉。又謂其能以心代天意，口代天言，手代天功，②身代天事者焉。又謂其能以上順天時，③下應地理，④中徇物情，⑤通盡人事者焉。⑥又謂其能以彌綸天地，出入造化，進退今古，表裏時事者焉。⑦噫，聖人者，非世世而效聖焉，吾不得而目見之也。雖然，吾不得而目見之，察其心，觀其跡，探其體，潛其用，雖億萬千年亦可以理知之也。⑧人或告我曰：「天地之外別有天地萬物，異乎此天地萬物。」則吾不得而知之也。⑨非唯吾不得而知之也，聖人亦不得而知之也。凡言知者，謂其心得而知之也；言言者，謂其口得而

①「聖」下，索隱本無「人」字。
②「功」，索隱本作「工」。
③「順」，四庫本作「識」。
④「應」，四庫本作「盡」。
⑤「徇」，四庫本作「盡」。
⑥「盡」，四庫本作「照」。
⑦「時事」，四庫本作「人物」。
⑧「萬千」，四庫本作「千萬」。
⑨「之」下，索隱本無「也」字。

言之也。既心尚不得而知之，口又惡得而言之乎？以心不可得知而知之，①是謂妄知也。以口不可得言而言之，②是謂妄言也。吾又安能從妄人而行妄知妄言者乎？

觀物篇之五十三

《易》曰：「窮理盡性，以至于命。」所以謂之理者，物之理也。所以謂之性者，天之性也。所以謂之命者，處理性者也。所以能處理性者，非道而何？是知道爲天地之本，天地爲萬物之本。以天地觀萬物，則萬物爲萬物，③以道觀天地，則天地亦爲萬物。道之道盡之于天矣，天之道盡之于地矣，天地之道盡之于萬物矣，④天地萬物之道盡之于人矣。人能知其天地萬物之道所以盡于人者，然後能盡民也。天之能盡物，則謂之曰昊天。人之能盡民，則謂之曰聖人。謂昊天能異乎萬物，則非所以謂之昊天也。謂聖人能異乎萬民，則非所以謂之聖人也。萬民與萬物同，則聖人固不異乎昊天者矣。然則聖人與昊天爲一道，聖人與昊天爲一道，則萬民與萬物

① 「心」，原脱，據四庫本、索隱本補。
② 「口」，原脱，據四庫本、索隱本補。
③ 「爲萬物」，《性理大全書》本（以下簡稱大全本）作「爲物」。
④ 「于」後，大全本無「萬」字。

亦可以爲一道。①一世之萬民與一世之萬物亦可以爲一道，②則萬世之萬民與萬世之萬物亦可以爲一道也，明矣。夫昊天之盡物，聖人之盡民，皆有四府焉。昊天之四府者，春夏秋冬之謂也，陰陽升降于其間矣。聖人之四府者，《易》《書》《詩》《春秋》之謂也，禮樂污隆于其間矣。春爲生物之府，夏爲長物之府，秋爲收物之府，冬爲藏物之府。號物之庶謂之萬，雖曰萬之又萬，其庶能出此昊天之四府者乎？《易》爲生民之府，《書》爲長民之府，《詩》爲收民之府，《春秋》爲藏民之府。號民之庶謂之萬，雖曰萬之又萬，其庶能出此聖人之四府者乎？昊天之四府者，時也。聖人之四府者，經也。昊天以時授人，聖人以經法天。天人之事，當如何哉？

觀物篇之五十四

觀春則知《易》之所存乎，觀夏則知《書》之所存乎，觀秋則知《詩》之所存乎，觀冬則知《春秋》之所存乎。《易》之《易》者，生生之謂也。《易》之《書》者，生長之謂也。《易》之《詩》者，生收之謂也。《易》之《春秋》者，生藏之謂也。《書》之《易》者，長生之謂也。《書》之《書》者，長長之謂也。《書》之《詩》者，長收之謂也。《書》之《春秋》者，長藏之謂也。《詩》之《易》者，收

① 「道」後，大全本有「也」字。
② 「亦」，四庫本、索隱本作「既」。

生之謂也。《詩》之《書》者，收長之謂也。《詩》之《詩》者，收收之謂也。《詩》之《春秋》者，收藏之謂也。《春秋》之《易》者，藏生之謂也。《春秋》之《書》者，藏長之謂也。《春秋》之《詩》者，藏收之謂也。《春秋》之《春秋》者，藏藏之謂也。生生者，修夫意者也。生長者，修夫言者也。生收者，修夫象者也。生藏者，修夫數者也。長生者，修夫仁者也。長長者，修夫禮者也。長收者，修夫義者也。長藏者，修夫智者也。收生者，修夫性者也。收長者，修夫情者也。收收者，修夫形者也。收藏者，修夫體者也。藏生者，修夫聖者也。藏長者，修夫賢者也。藏收者，修夫才者也。藏藏者，修夫術者也。修夫意者，三皇之謂也。修夫言者，五帝之謂也。修夫象者，三王之謂也。修夫數者，五伯之謂也。①修夫仁者，有虞之謂也。修夫禮者，夏禹之謂也。②修夫義者，商湯之謂也。③修夫智者，周發之謂也。④修夫性者，文王之謂也。修夫情者，武王之謂也。修夫形者，周公之謂也。修夫體者，召公之謂也。修夫聖者，秦穆之謂也。修夫賢者，晉文之謂也。修夫才者，齊桓之謂也。修夫術者，楚莊之謂也。皇帝王伯者，《易》之體也。虞夏

① 「伯」，索隱本作「霸」，下同。
② 「夏禹」，四庫本、索隱本作「有夏」。
③ 「商湯」，四庫本、索隱本作「有商」。
④ 「周發」，四庫本、索隱本作「有周」。

商周者，《書》之體也。文武周召者，《詩》之體也。秦晉齊楚者，《春秋》之體也。意言象數者，《易》之用也。仁義禮智者，《書》之用也。性情形體者，《詩》之用也。聖賢才術者，《春秋》之用也。用也者，心也。體也者，跡也。心跡之間有權存焉者，聖人之事也。

三皇同意而異化，五帝同言而異教，三王同象而異勸，五伯同數而異率。同意而異化者必以道。以道化民者，民亦以道歸之，故尚自然。夫自然者，無爲無有之謂也。無爲者，非不爲也，不固爲者也，故能廣。無有者，非不有也，不固有者也，故能大。廣大悉備而不固爲固有者，其唯三皇乎！是故知能以道化天下者，天下亦以道歸焉。所以聖人有言曰：「我無爲而民自化，我無事而民自富，我好静而民自正，我無欲而民自樸。」其斯之謂歟？

三皇同仁而異化，五帝同禮而異教，三王同義而異勸，五伯同智而異率。同禮而異教者必以德。以德教民者，民亦以德歸之，故尚讓。夫讓也者，先人後己之謂也。以天下授人而不爲輕，若素無之也。受人之天下而不爲重，若素有之也。若素無素有者，謂不己無己有之也。若己無己有，則舉一毛以取與于人，猶有貪鄙之心生焉，而况天下者乎？能知其天下之天下非己之天下者，其唯五帝乎！是故知能以德教天下者，天下亦以德歸焉。所以聖人有言曰：「垂衣裳而天下治，蓋取諸乾坤。」其斯之謂歟？

三皇同性而異化，五帝同情而異教，三王同形而異勸，五伯同體而異率。同形而異勸者必以功。

以功勸民者，民亦以功歸之，故尚政。夫政也者，正也，以正正夫不正之謂也。天下之正莫如利民焉，天下之不正莫如害民焉。能利民者正，則謂之曰王矣。能害民者不正，則謂之曰賊矣。以利除害，安有去王耶？以王去賊，安有弑君耶？是故知王者正也。能以功正天下之不正者，天下亦以功歸焉。所以聖人有言曰：「天地革而四時成焉。①湯武革命，順乎天而應乎人。」其斯之謂歟？

三皇同聖而異化，五帝同賢而異教，三王同才而異勸，五伯同術而異率。同術而異率者必以力。以力率民者，民亦以力歸之，故尚争。夫争也者，争夫利者也。取與利不以義，②然後謂之争。小争交以言，大争交以兵。争夫强者也，③猶借夫名也者，④謂之曲直。名也者，命物正事之稱也。利也者，養人成務之具也。名不以仁，無以守業。利不以義，無以居功。名不以功居，⑤利不以業守，⑥則亂矣，民所以必争之也。五伯者，借虚名以争實利者也。帝不足則王，王不足則伯，伯又不足則夷狄矣。若然，則五伯不謂無功于中國，語其王則未也，過夷狄則遠矣。

① 「成」後，四庫本、索隱本無「焉」字。
② 「與」，四庫本作「以」，索隱本作「其」。
③ 「强」下，四庫本、索隱本有「弱」字。
④ 「也」，四庫本、索隱本作「焉」。
⑤ 「名」，四庫本、索隱本作「利」。
⑥ 「利」，四庫本、索隱本作「名」。

周之東遷，文武之功德于是乎盡矣，猶能維持二十四君，王室不絶如綫，夷狄不敢屠害中原者，由五伯借名之力也。是故知能以力率天下者，天下亦以力歸焉。所以聖人有言曰：「眇能視，跛能履。履虎尾，咥人，凶。武人爲于大君。」其斯之謂歟？

夫意也者，盡物之性也；言也者，盡物之情也；象也者，盡物之形也；數也者，盡物之體也；仁也者，盡人之聖也；禮也者，盡人之賢也；義也者，盡人之才也；智也者，盡人之術也。盡物之性者謂之道，盡物之情者謂之德，盡物之形者謂之功，盡物之體者謂之力。盡人之聖者謂之化，盡人之賢者謂之教，盡人之才者謂之勸，盡人之術者謂之率。道德功力者，存乎體者也；化教勸率者，存乎用者也；體用之間有變存焉者，聖人之業也。夫變也者，昊天生萬物之謂也。權也者，聖人生萬民之謂也。非生物非生民，而得謂之權變乎？

觀物篇之五十五

善化天下者，止于盡道而已。善教天下者，止于盡德而已。善勸天下者，止于盡功而已。善率天下者，止于盡力而已。以道德功力爲化者，乃謂之皇矣。以道德功力爲教者，乃謂之帝矣。以道德功力爲勸者，乃謂之王矣。以道德功力爲率者，乃謂之伯矣。以化教勸率爲道者，乃謂之《易》矣。以化教勸率爲德者，乃謂之《書》矣。以化教勸率爲功者，乃謂之《詩》矣。以化教勸率爲力者，乃謂之《春秋》矣。此四者，天地始則始焉，天地終則終焉，終始隨乎天地者也。夫古今者，在天地之間猶旦暮也。以今觀今則謂之今矣，以後觀今則今亦謂之古矣。以今觀古則謂之古矣，以古自觀則古亦謂之今矣。是知古亦未必爲古，今亦未必爲今，皆自我而觀之也。安知千古之前，萬古之後，其人不自我而觀之也。若然，則皇帝王伯者聖人之時也，《易》《書》《詩》《春秋》者聖人之經也。時有消長，經有因革。時有消長，否泰盡之矣。經有因革，損益盡之矣。否泰盡而體用分，損益盡而心跡判。體與用分，心與跡判，聖人之事業于是乎備矣。所以自古當世之君天下者，其命有四焉：一曰正命，二曰受命，三曰改命，四曰攝命。正命者，因而因者也。受命者，因而革者也。改命者，革而因者也。攝命者，革而革者也。因而因者，長而長者也。因而革者，長而消者也。革而因者，消而長者也。革而革者，消而消者也。革而革者，一世之事業也。革而因者，十世之事業也。因而革者，百世之事業也。因而因者，千世之事業也。可以因則因、可以革則革者，萬世之事業也。一世之事業者，非五伯之道而何？十世之事業者，非三王之道而何？百世之事業者，非五帝之道而何？千世之事業者，非三皇之道而何？萬世之事業者，非仲尼之道而何？是知皇帝王伯者命世之謂也，①仲尼者不世之謂也。

① 「是」後，索隱本有「故」字。

仲尼曰：「殷因于夏禮，所損益可知也。周因于殷禮，所損益可知也。其或繼周者，雖百世可知也。」如是，則何止于百世而已哉？億千萬世皆可得而知之也。人皆知仲尼之爲仲尼，不知仲尼之所以爲仲尼。不欲知仲尼之所以爲仲尼則已，如其必欲知仲尼之所以爲仲尼，則捨天地將奚之焉！人皆知天地之爲天地，不知天地之所以爲天地。不欲知天地之所以爲天地則已，如其必欲知天地之所以爲天地，則捨動静將奚之焉！夫一動一静者，天地至妙者歟！夫一動一静之間者，天地人至妙至妙者歟！是故知仲尼之所以能盡三才之道者，謂其行無轍跡也。〔故有言曰「予欲無言」，又曰「天何言哉，四時行焉，百物生焉」，其斯之謂歟？〕①

觀物篇之五十六

孔子贊《易》自羲軒而下，序《書》自堯舜而下，删《詩》自文武而下，修《春秋》自桓文而下。自羲軒而下，祖三皇也。自堯舜而下，宗五帝也。自文武而下，子三王也。自桓文而下，孫五伯也。祖三皇，尚賢也。宗五帝，亦尚賢也。三皇尚賢以道，五帝尚賢以德。子三王，尚親也。孫五伯，亦尚親也。三王尚親以功，五伯尚親以力。嗚呼，時之既往億萬千年，時之未來亦億萬千

① 自「故有言曰」至「其斯之謂歟」二十七字，原脱，據四庫本、索隱本補。

年，仲尼中間生而爲人，①何祖宗之寡而子孫之多耶？此所以重贊堯舜，②至禹曰：③「禹，吾無間然矣。」仲尼後禹千五百餘年，今之後仲尼又千五百餘年，雖不敢比德仲尼上贊堯舜禹，④豈不敢如孟子上贊仲尼乎？⑤人謂仲尼「惜乎無土」，吾獨以爲不然。疋夫以百畝爲土，⑥大夫以百里爲土，諸侯以四境爲土，天子以四海爲土，⑦仲尼以萬世爲土。若然，則孟子言「自生民已來，未有如夫子」，⑧斯亦不爲之過矣。⑨夫人不能自富，必待天與其富，然後能富。人不能自貴，必待天與其貴，然後能貴。若然，則富貴在天也，不在人也。有求而得之者，有求而不得者矣，是繫乎天者也。功德在人也，不在天也。可修而得之，不修則不得，是非繫乎天也，繫乎人者也。夫人之能求而得富貴者，求其可得者也。非其可得者，非所以能求之也。昧者不知，求

① 「仲尼中間生而爲人」八字，原脱，據四庫本、索隱本補。
② 索隱本無「此」字。
③ 「禹」後，四庫本有「則」字。
④ 「比德仲尼」，四庫本作「比夫仲尼」，索隱本作「比仲尼」。
⑤ 「如」，四庫本、索隱本作「比」。
⑥ 「疋」，四庫本作「匹」，索隱本、性理大全本作「獨」。
⑦ 「四海」，索隱本作「九州」。
⑧ 「夫子」，索隱本作「孔子」。
⑨ 「不」，四庫本、索隱本作「未」。

而得之則謂其己之能得也，故矜之；求而不得則謂其人之不與也，①故怨之。如知其己之所以能得、人之所以能與，則天下安有不知量之人邪？天下至富也，天子至貴也，豈可妄意求而得之也。雖然天命，②亦未始不由積功累行，聖君艱難以成之，庸君暴虐以壞之。是天歟？是人歟？是知人作之咎，固難逃已；天降之災，禳之奚益。積功累行，君子常分，非有求而然也。有求而然者，所以謂利乎仁者也。君子安有餘事於其間哉？然而有幸與不幸者，③始可以語命也已。夏禹以功有天下，夏桀以虐失天下。殷湯以功有天下，殷紂以虐失天下。周武以功有天下，周幽以虐失天下。三者雖時不同，其成敗之形一也。平王東遷，無功以復王業；赧王西走，無虐以喪王室。威令不逮一小國諸侯，仰存于五伯而已，此又奚足道哉？但時無真王者出焉，雖有虛名，與杞宋其誰曰少異。是時也，《春秋》之作不亦宜乎？

仲尼修經周平王之時，《書》終于晉文侯，《詩》列爲王《國風》，《春秋》始于魯隱公，《易》盡于未濟卦。予非知仲尼者，學爲仲尼者也。禮樂征伐自天子出，而出自諸侯，天子之重去矣。

① 「不得」，四庫本、索隱本作「失之」。
② 「然」，四庫本、索隱本作「曰」。
③ 「與」，四庫本、索隱本作「有」。

宗周之功德自文武出，而出自厲幽，①文武之基息矣。由是犬戎得以侮中國。周之諸侯非一，獨晉能攘去戎狄，徙王東都洛邑，用存王國，爲天下伯者之唱，秬鬯圭瓚之所錫，其能免乎？傳稱「子貢欲去魯告朔之餼羊」，孔子曰：「賜也，爾愛其羊，我愛其禮。」是知名存實亡者，猶愈于名實俱亡者矣。禮雖廢而羊存，則後世安知無不復行禮者矣。②晉文公尊王雖用虚名，猶能力使天下諸侯知有周天子而不敢以兵加之也。及晉之衰也，秦由是敢滅周。斯愛禮之言，信不誣矣。

齊景公嘗一日問政于孔子，孔子對曰：「君君，臣臣，父父，子子。」公曰：「善哉，信如君不君，臣不臣，父不父，子不子，雖有粟，吾得而食諸？」是時也，諸侯僭天子，陪臣執國命，禄去公室，政出私門。景公自不能上奉周天子，欲其臣下奉己，不亦難乎？厥後齊祚卒爲田氏所移。夫齊之有田氏者，亦猶晉之有三家也。③晉之有三家者，亦猶周之有五伯也。韓趙魏之于晉也，既立其功又分其地，既卑其主又奪其國。田氏之于齊也，既得其禄又專其政，既殺其君又

① 「厲幽」，四庫本作「幽厲」。
② 「無不復行禮者矣」，四庫本作「無復行禮者乎」，索隱本作「有不復行禮者矣」。
③ 「三家」，四庫本作「三卿」，下同。

移其祚。其如天下之事，豈無漸乎？履霜之戒，寧不思乎？①傳稱「王者往也」，能往天下者可以王矣。周之衰也，諸侯不朝天子久矣。及楚預中國會盟，仲尼始進爵爲之子，其于僭王也，不亦陋乎？

夫以力勝人者，人亦以力勝之。吴嘗破越而有輕楚之心，及其破楚又有驕齊之志，貪婪攻取，②不顧德義，侵侮齊晉，專以夷狄爲事，遂復爲越所滅。越又不監之，其後復爲楚所滅。楚又不監之，其後復爲秦所滅。秦又不監之，其後復爲漢所伐。③恃强凌弱，與豺虎何以異乎？④非所以謂之中國義理之師也。宋之爲國也，爵高而力卑者乎？盟不度德，會不量力，區區與諸侯并驅中原，恥居其後，其于伯也，不亦難乎？

周之同姓諸侯而克永世者，獨有燕在焉。燕處北陸之地，去中原特遠，苟不隨韓趙魏齊楚較利刃争虚名，則足以養德待時，觀諸侯之變。秦雖虎狼，亦未易加害。延十五、六年後，天下事未可知也。

---

① 「不」，四庫本作「無」。
② 「攻取」，四庫本作「功利」。
③ 「伐」，四庫本作「代」。
④ 「豺虎」，大全本作「虎豹」。

中原之地方九千里，古不加多而今不加少。然而有祚長祚短、地大地小者，攻守異故也。自三代以降，漢、唐爲盛，秦界于周、漢之間矣。秦始盛于穆公，中于孝公，終于始皇。起于西夷，遷于岐山，徙于咸陽。兵瀆宇内，血流天下，并吞四海，①庚革今古。②雖不能比德三代，非晉、隋可同年而語也。其祚之不永，得非用法太酷殺人之多乎？所以仲尼序《書》終于《秦誓》一事，其旨不亦遠乎？③

夫好生者生之徒也，好殺者死之徒也。周之好生也以義，漢之好生也亦以義。秦之好殺也以利，楚之好殺也亦以利。周之好生也以義，而漢且不及。秦之好殺也以利，而楚又過之。天之道人之情，又奚擇于周、秦、漢、楚哉，擇乎善惡而已。是知善也者，無敵于天下而天下共善之；惡也者，亦無敵于天下而天下亦共惡之。天之道人之情，又奚擇于周、秦、漢、楚哉，擇乎善惡而已。

觀物篇之五十七

昔者孔子語堯舜，則曰「垂衣裳而天下治」，語湯武，則曰「順乎天而應乎人」。斯言可以該

① 「并吞」，大全本、索隱本作「吞吐」。
② 「庚革今古」，四庫本作「更革古今」。
③ 「旨」，大全本、索隱本作「言」。

古今帝王受命之理也。堯禪舜以德，舜禪禹以功。以德帝也，以功亦帝也。然而德下一等則入于功矣。湯伐桀以放，武伐紂以殺。以放王也，以殺亦王也。然而放下一等則入于殺矣。是知時有消長，事有因革。前聖後聖，非出于一途哉！

天與人相爲表裏。天有陰陽，人有邪正。邪正之由，繫乎上之所好也。上好德則民用正，上好佞則民用邪。邪正之由，有自來矣。雖聖君在上不能無小人，是難其爲小人。雖庸君在上不能無君子，是難其爲君子。自古聖君之盛未有如唐堯之世，君子何其多耶！時非無小人也，是難其爲小人。①故君子多也，所以雖有四凶不能肆其惡。自古庸君之盛未有如商紂之世，②小人何其多耶！時非無君子也，是難其爲君子。故小人多也，所以雖有三仁不能遂其善。是知君擇臣、臣擇君者，是繫乎人也。君得臣、臣得君者，是非繫乎人也，繫乎天者也。

賢愚，人之本性；利害，民之常情。虞舜陶于河濱，傅説築于巖下，天下皆知其賢而百執事不爲之舉者，利害使之然也。吁，利害叢于中而矛戟森于外，又安知有虞舜之聖而傅説之賢哉？河濱非禪位之所，巖下非求相之方。昔也在億萬人之下，而今也在億萬人之上，相去一何遠之甚也。然而必此云者，貴有名者也。《易》曰：「坎，有孚維心，亨。行有尚。」中正行險，

① 「人」下，大全本、索隱本有「也」字。
② 「商紂」，大全本、索隱本作「殷紂」。

往且有功，雖危無咎，能自信故也，伊尹以之。是知古之人患名過實者，有之矣。其間有幸與不幸者，雖聖人，力有不及者矣。①伊尹行冢宰居責成之地，借使避放君之名，豈曰不忠乎？則天下之事去矣，又安能正嗣君成終始之大忠者乎？吁，若委寄于匪人三年之間，其如嗣君何，則天下之事亦去矣。又安有伊尹也？「坎，有孚維心，亨」，不亦近之乎？

《易》曰：「由豫，大有得，勿疑，朋盍簪。」剛健主豫，動而有應，群疑乃亡，能自强故也，②周公以之。是知聖人不能使人無謗，能處謗者也。周公居總已當任重之地，借使避滅親之名，豈曰不孝乎？則天下之事去矣。又安能保嗣君成終始之大孝者乎？吁，若委寄于匪人七年之間，其如嗣君何，則天下之事亦去矣，又安有周公也？「由豫，大有得，勿疑，朋盍簪」，不亦近之乎？

夫天下將治，則人必尚行也。天下將亂，則人必尚言也。尚行，則篤實之風行焉。尚言，則詭譎之風行焉。天下將治，則人必尚義也。天下將亂，則人必尚利也。尚義，則謙讓之風行焉。尚利，則攘奪之風行焉。三王尚行者也，五伯尚言者也。尚行者必入于義也，尚言者必入于利也。義利之相去，一何遠之如是耶？是知言之于口不若行之于身，行之于身不若盡之于

① 「力」後，大全本、索隱本有「人」字，屬下讀。
② 「强」，大全本作「彊」。

心。言之于口，人得而聞之。行之于身，人得而見之。盡之于心，神得而知之。人之聰明猶不可欺，况神之聰明乎？是知無愧于口不若無愧于身，無愧于身不若無愧于心。無口過易，無身過難。無身過易，無心過難。既無心過，①何難之有？吁，安得無心過之人而與之語心哉？是故知聖人所以能立乎無過之地者，②謂其善事于心者也。

觀物篇之五十八

仲尼曰：「《韶》盡美矣，又盡善也。《武》盡美矣，未盡善也。」又曰：「管仲相桓公，霸諸侯，一匡天下，民到于今受其賜。微管仲，吾其被髮左衽矣。」是知武王雖不逮舜之盡善盡美，以其解天下之倒懸則下于舜一等耳。桓公雖不逮武之應天順人，以其霸諸侯一匡天下則高于狄亦遠矣。以武比舜則不能無過，比桓則不能無功。以桓比狄則不能無功，比武則不能無過。漢氏宜立乎其武、桓之間矣。③是時也，非會天下民猒秦之暴且甚，雖十劉季、百子房，其如

---

①「既無心過」，四庫本作「心既無過」。
②「乎」，四庫本脱，索隱本作「于」。
③「其武桓」，四庫本、索隱本作「桓武」。

人心之未易何？①且古今之時則異也，而民好生惡死之心非異也。自古殺人之多未有如秦之甚，天下安有不猒之乎？夫殺人之多不必以刃，謂天下之人無生路可趍也，②而又況以刃多殺天下之人乎？秦二世，萬乘也，求爲黔首而不能得。漢劉季，疋夫也，免爲元首而不能已。萬乘與疋夫，相去有間矣。然而有時而代之者，謂其天下之利害有所懸之耳。天之道，非禍萬乘而福疋夫也，謂其禍無道而福有道也。人之情，非去萬乘而就疋夫也，謂其去無道而就有道也。萬乘與疋夫，相去有間矣。然而有時而代之者，謂其直以天下之利害有所懸之耳。

日既没矣，月既望矣，星不能不希矣。非星之希，是星難乎爲其光矣。③能爲其光者，不亦希乎！漢、唐既創業矣，吕、武既擅權矣，臣不能不希矣！非臣之希，是臣難乎爲其忠矣。能爲其忠者，不亦希乎？是知從天下事易，④死天下事難；死天下事易，成天下事難。苟能成之，⑤又何計乎死與生也？如其不成，雖死奚益？況其有正與不正者乎？與其死于不正，孰若生于正？與其生于不正，孰若死于正？在乎忠與智者之一擇焉。死固可惜，貴

① 大全本、索隱本無「之」字。
② 「趍」，大全本作「移」，索隱本作「趨」。
③ 「爲其」，大全本、索隱本作「其爲」。
④ 「從」，四庫本作「成」，大全本、索隱本作「任」。
⑤ 「苟」後，大全本、索隱本無「能」字。

乎成天下之事也。如其敗天下之事，一死奚以塞責？生固可愛，貴乎成天下之事也。如其敗天下之事，一生何以收功？噫，能成天下之事，又能不失其正而生者，非漢之留侯、唐之梁公而何？微斯二人，則漢、唐之祚或幾乎移矣。豈若虛生虛死者焉？夫虛生虛死者譬之蕭艾，忠于智者不由乎其間矣！①

觀物篇之五十九

仲尼曰："「善人爲邦百年，亦可以勝殘去殺。」"②誠哉是言也。自極亂至于極治，必三變矣。三皇之法無殺，五伯之法無生。伯一變，至于王矣。王一變，至于帝矣。帝一變，至于皇矣。其于生也，非百年而何。是知三皇之世如春，五帝之世如夏，三王之世如秋，五伯之世如冬。如春，温如也。如夏，燠如也。如秋，凄如也。如冬，洌如也。春夏秋冬者，昊天之時也。《易》《書》《詩》《春秋》者，聖人之經也。天時不差，則歲功成矣。聖經不忒，則君德成矣。天有常時，聖有常經。行之正則正矣，行之邪則邪矣。邪正之間，有道在焉。行之正則謂之正道，行之邪則謂之邪道。邪正由人乎，由天乎？天由道而生，地由道而成，物由道而形，人由道而行。

① 四庫本「于」作「與」，「由」作「遊」。
② 「殺」後，四庫本有「矣」字。

天、地、人、物則異也，其于由道一也。夫道也者，道也。道無形，行之則見于事矣。如道路之道坦然，使千億萬年行之人知其歸者也。或曰：「君子道長則小人道消，君子道消則小人道長。長者是，則消者非也；消者是，則長者非也。何以知正道、邪道之然乎？」吁，賊夫人之論也！不曰君行君事、臣行臣事、父行父事、子行子事、夫行夫事、妻行妻事、君子行君子事、小人行小人事、中國行中國事、夷狄行夷狄事，謂之正道；君行臣事、臣行君事、父行子事、子行父事、夫行妻事、妻行夫事、君子行小人事、小人行君子事、中國行夷狄事、夷狄行中國事，謂之邪道。至于三代之世治，未有不治，人倫之爲道也；三代之世亂，未有不亂，人倫之爲道也。後世之慕三代之治世者，未有不正人倫者也；後世之慕三代之亂世者，未有不亂人倫者也。自三代而下，漢、唐爲盛，未始不由治而興，亂而亡，况其不盛于漢、唐者乎？其興也，又未始不由君道盛，父道盛，夫道盛，君子之道盛，中國之道盛；其亡也，又未始不由臣道盛，子道盛，妻道盛，小人之道盛，夷狄之道盛。噫，二道對行，何故治世少而亂世多耶，君子少而小人多耶？曰：「豈不知陽一而陰二乎？天地尚由是道而生，况其人與物乎？人者，物之至靈者也。物之靈未若人之靈，尚由是道而生，又况人靈于物者乎？」是知人亦物也，以其至靈，故特謂之人也。

觀物篇之六十①

日經天之元，月經天之會，星經天之運，辰經天之世。以日經日，則元之元可知之矣。以日經月，則元之會可知之矣。以日經星，則元之運可知之矣。以日經辰，則元之世可知之矣。以月經日，則會之元可知之矣。以月經月，則會之會可知之矣。以月經星，則會之運可知之矣。以月經辰，則會之世可知之矣。以星經日，則運之元可知之矣。以星經月，則運之會可知之矣。以星經星，則運之運可知之矣。以星經辰，則運之世可知之矣。以辰經日，則世之元可知之矣。以辰經月，則世之會可知之矣。以辰經星，則世之運可知之矣。以辰經辰，則世之世可知之矣。元之元一，元之會十二，元之運三百六十，元之世四千三百二十。會之元十二，會之會一百四十四，會之運四千三百二十，會之世五萬一千八百四十。運之元三百六十，②運之會四千三百二十，運之運一十二萬九千六百，運之世一百五十五萬五千二百。世之元四千三百二十，世之會五萬一千八百四十，世之運一百五十五萬五千二百，世之世一千八百六十六萬二千四百。元之元，以春行春之時也。元之會，以春行夏之時也。元之運，以春行秋之時也。元之世，

① 「六十」原作「五十」，據四庫本改，後篇題同。
② 「運」後，大全本、索隱本有「演」字，屬下讀。

以春行冬之時也。會之元，以夏行春之時也。會之會，以夏行夏之時也。會之運，以夏行秋之時也。會之世，以夏行冬之時也。運之元，以秋行春之時也。運之會，以秋行夏之時也。運之運，以秋行秋之時也。運之世，以秋行冬之時也。世之元，以冬行春之時也。世之會，以冬行夏之時也。世之運，以冬行秋之時也。世之世，以冬行冬之時也。皇之皇，以道行道之事也。皇之帝，以道行德之事也。皇之王，以道行功之事也。皇之伯，以道行力之事也。帝之皇，以德行道之事也。帝之帝，以德行德之事也。帝之王，以德行功之事也。帝之伯，以德行力之事也。王之皇，以功行道之事也。王之帝，以功行德之事也。王之王，以功行功之事也。王之伯，以功行力之事也。伯之皇，以力行道之事也。伯之帝，以力行德之事也。伯之王，以力行功之事也。伯之伯，以力行力之事也。時有消長，事有因革，非聖人無以盡之。①所以仲尼曰：「可與共學，未可與適道。可與適道，未可與立。可與立，未可與權。」是知千萬世之時，千萬世之經，豈可畫地而輕言也哉。②三皇，春也。五帝，夏也。三王，秋也。五伯，冬也。七國，冬之餘洌也。漢，王而不足。晉，伯而有餘。三國，伯之雄者也。十六國，伯之叢者也。南五代，伯之借乘也。北五朝，伯之傳舍也。隋，晉之子也。唐，漢之弟也。隋季諸郡之伯，江漢之餘波也。唐

---

① 「以」，四庫本作「不」。
② 「言」後，大全本、索隱本無「也」字。

季諸鎮之伯，日月之餘光也。後五代之伯，日未出之星也。自帝堯至于今，上下三千餘年，前後百有餘世，書傳可明紀者，四海之內，九州之間，其間或合或離，或治或隳，或强或羸，或唱或隨，未始有兼世而能一其風俗者。吁，古者謂三十年爲一世，豈徒然哉？俟化之必洽，教之必浹，民之情始可一變矣。①苟有命世之人繼世而興焉，則雖民如夷狄，三變而帝道可舉。②惜乎，時無百年之世，世無百年之人。比其有代，則賢之與不肖，何止于相半也。時之難，不其然乎？人之難，不其然乎？

觀物篇之六十一

太陽之體數十，太陰之體數十二，少陽之體數十，少陰之體數十二。少剛之體數十，少柔之體數十二，太剛之體數十，太柔之體數十二。進太陽、少陽、太剛、少剛之體數，退太陰、少陰、太柔、少柔之體數，是謂太陽、少陽、太剛、少剛之用數。進太陰、少陰、太柔、少柔之體數，退太陽、少陽、太剛、少剛之體數，是謂太陰、少陰、太柔、少柔之用數。太陽、少陽、太剛、少剛之體數一百六十，太陰、少陰、太柔、少柔之體數一百九十二。太陽、少陽、太剛、少剛之用數一百一十二，

① 「可」後，大全本、四庫本有「以」字。
② 「可」後，大全本、索隱本有「以」字。

太陰、少陰、太柔、少柔之用數一百五十二。以太陽、少陽、太剛、少剛之用數唱太陰、少陰、太柔、少柔之用數，是謂日月星辰之變數。以太陰、少陰、太柔、少柔之用數和太陽、少陽、太剛、少剛之用數，是謂水火土石之化數。日月星辰之變數一萬七千二十四，謂之動數。水火土石之化數一萬七千二十四，謂之植數。再唱和日月星辰、水火土石之變化通數二萬八千九百八十一萬六千五百七十六，謂之動植通數。日月星辰者，變乎暑寒晝夜者也。水火土石者，化乎雨風露雷者也。暑寒晝夜者，變乎性情形體者也。雨風露雷者，化乎走飛草木者也。暑變飛走木草之性，寒變飛走木草之情，晝變飛走木草之形，夜變飛走木草之體。雨化性情形體之走，風化性情形體之飛，露化性情形體之草，雷化性情形體之木。性情形體者，本乎天者也。飛走木草者，本乎地者也。本乎天者，分陰分陽之謂也。本乎地者，分柔分剛之謂也。夫分陰分陽、分柔分剛者，天地萬物之謂也。備天地萬物者，人之謂也。

觀物篇之六十一

有日日之物者也，有日月之物者也，有日星之物者也，有日辰之物者也。有月日之物者也，有月月之物者也，有月星之物者也，有月辰之物者也。有星日之物者也，有星月之物者也，有星星之物者也，有星辰之物者也。有辰日之物者也，有辰月之物者也，有辰星之物者也，有辰辰之物者也。日日物者飛飛也，日月物者飛走也，日星物者飛木也，日辰物者飛草也。月日物者走飛也，月月物者走走也，月星物者走木也，月辰物者走草也。星日物者木飛也，星月物者木走也，星星物者木木也，星辰物者木草也。辰日物者草飛也，辰月物者草走也，辰星物者草木也，辰辰物者草草也。有皇皇之民者也，有皇帝之民者也，有皇王之民者也，有皇伯之民者也。有帝皇之民者也，有帝帝之民者也，有帝王之民者也，有帝伯之民者也。有王皇之民者也，有王帝之民者也，有王王之民者也，有王伯之民者也。有伯皇之民者也，有伯帝之民者也，有伯王之民者也，有伯伯之民者也。皇皇民者士士也，皇帝民者士農也，皇王民者士工也，皇伯民者士商也。帝皇民者農士也，帝帝民者農農也，帝王民者農工也，帝伯民者農商也。王皇民者工士也，王帝民者工農也，王王民者工工也，王伯民者工商也。伯皇民者商士也，伯帝民者商農也，伯王民者商工也，伯伯民者商商也。飛飛物者性性也，飛走物者性情也，飛木物者性形也，飛草物者性體也。走飛物者情性也，走走物者情情也，走木物者情形也，走草物者情體也。木飛物者形性也，木走物者形情也，木木物者形形也，木草物者形體也。草飛物者體性也，草走物者體情也，草木物者體形也，草草物者體體也。士士民者仁仁也，士農民者仁禮也，士工民者仁義也，士商民者仁智也。農士民者禮仁也，農農民者禮禮也，農工民者禮義也，農商民者禮智也。工士民者義仁也，工農民者義禮也，工工民者義義也，工商民者義智也。商士民者智仁也，商農民者智禮也，商工民者智義也，商商民者智智也。飛飛之物一之一，飛走之物一之十，飛木之物一之百，飛草之物一之千。走飛之物十之一，走走之物十之十，走木之物十之百，走草之物十之千。木飛之物百之一，木走之物百之十，木木之物百之百，木草之物百之千。草飛之物千之一，草走之物千之十，草木之物千之百，草草之物千之千。士士之民一之一，士農之民一之十，士工之民一之百，士商之民一之千。農士之民十之一，農農之民十之十，農工之民十之百，農商之民十之千。工士之民百之一，工農之民百之十，工工之民百之百，工商之民百之千。商士之民千之一，商農之民千之十，商工之民千之百，商商之民千之千。一一之飛當兆物，一十之飛當億物，一百之飛當萬物，一千之飛當千物。十一之走當億物，十十之走當萬物，十百之走當千物，十千之走當百物。百一之木當萬物，百十之木當千物，百百之木當百物，百千之木當十物。千一之草當千物，千十之草當百物，千百之草當十物，千千之草當一物。一一之士當兆民，一十之士當億民，一百之士當萬民，①一千之士當千民。十一之農當億民，十十之農當萬民，十百之農當千民，十千之農當百民。百一之工當萬民，百十之工當千民，百百之工當百民，百千之工當十民。千一之商當千民，千十之商當百民，千百之商當十民，②千千之商當一民。爲一一物之能當

①「民」，原作「物」，據四庫本改。
②「十民」，原作「千民」，據四庫本改。

兆物者，非巨物而何？爲一一之民能當兆民者，非巨民而何？爲千千之物能分一物者，非細物而何？爲千千之民能分一民者，非細民而何？固知物有大小，民有賢愚。移昊天生兆物之德而生兆民，則豈不謂至神者乎？移昊天養兆物之功而養兆民，則豈不謂至聖者乎？吾而今而後，知踐形爲大。①非大聖大神之人，豈有不負于天地者矣。②夫所以謂之觀物者，非以目觀之也。非觀之以目，而觀之以心也。非觀之以心，而觀之以理也。天下之物莫不有理焉，莫不有性焉，莫不有命焉。所以謂之理者，窮之而後可知也。所以謂之性者，盡之而後可知也。所以謂之命者，至之而後可知也。此三知者，天下之真知也。雖聖人無以過之也，而過之者非所以謂之聖人也。夫鑑之所以能爲明者，謂其能不隱萬物之形也。雖然鑑之能不隱萬物之形，未若水之能一萬物之形也。雖然水之能一萬物之形，又未若聖人之能一萬物之情也。③聖人之所以能一萬物之情者，謂其聖人之能反觀也。所以謂之反觀者，不以我觀物也。不以我觀物者，以物觀物之謂也。既能以物觀物，又安有我于其間哉？是知我亦人也，人亦我也，我與人皆物也。此所以能用天下之目爲己之目，其目無所不觀矣。用天下之耳爲己之耳，其耳無所不聽矣。用天下

---

① 「形」，大全本、索隱本作「跡」。
② 「矣」，四庫本作「乎」。
③ 「聖人」後，大全本、索隱本無「之」字。

之口爲己之口，其口無所不言矣。用天下之心爲己之心，其心無所不謀矣。夫天下之觀，其于見也不亦廣乎？天下之聽，其于聞也不亦遠乎？天下之言，其于論也不亦高乎？天下之謀，其于樂也不亦大乎？夫其見至廣，其聞至遠，其論至高，其樂至大，能爲至廣、至遠、至高、至大之事而中無一爲焉，豈不謂至神至聖者乎？非唯吾謂之至神至聖者乎，而天下謂之至神至聖者乎。非唯一時之天下謂之至神至聖者乎，而千萬世之天下謂之至神至聖者乎。過此以往，未之或知也已。

皇極經世卷第十二

觀物外篇上

天數五，地數五，合而爲十，數之全也。天以一而變四，地以一而變四。四者有體也，而其一者無體也，是謂有無之極也。天之體數四而用者三，不用者一也。地之體數四而用者三，不用者一也。是故無體之一以況自然也，不用之一以況道也，用之者三以況天地人也。體者八變，用者六變。是以八卦之象不易者四，反易者二，以六卦變而成八也。重卦之象不易者八，變易者二十八，①以三十六變而成六十四也。故爻止于六，卦盡于八，策窮于三十六，而重卦極于六十四也。卦成于八，重于六十四。爻成于六，策窮于三十六，而重于三百八十四也。

天有四時。一時四月，一月四十日，四四十六而各去其一，是以一時三月，一月三十日也。四時，體數也。三月、三十日，用數也。體雖具四，而其一常不用也。故用者止于三而極于九

① 「變易」，四庫本、衍義本作「反易」。

也。體數常偶，故有四有十二。用數常奇，故有三有九。

大數不足而小數常盈者，何也。以其大者不可見而小者可見也。故時止乎四，月止乎三，而日盈乎十也。是以人之肢體有四而指有十也。①

天見乎南而潛乎北，極于六而餘于七。是以人知其前，昧其後，而略其左右也。

天體數四而用三，地體數四而用三。天克地，地克天，而克者在地，猶晝之餘分在夜也。是以天三而地四，天有三辰，地有四行也。然地之大且見且隱，②其餘分之謂邪？

天有二正，地有二正，而共用二變以成八卦也。天有四正，地有四正，共用二十八變以成六十四卦也。是以小成之卦正者四，變者二，共六卦也；大成之卦正者八，變者二十八，共三十六卦也。乾坤离坎，爲三十六卦之祖也。兑震巽艮，爲二十八卦之祖也。

乾七子，兑六子，离五子，震四子，巽三子，③坎二子，艮一子，坤全陰，故無子。乾七子，坤六子，兑五子，艮四子，离三子，坎二子，震一子，巽剛，④故無子。

---

① 「肢體」，原作「交體」，據衍義本改。
② 「大」，衍義本注云：「舊本作火。」
③ 「三」原誤作「二」，據衍義本改。
④ 「巽」後，衍義本有「陰」字。

乾坤七變，是以晝夜之極不過七分也。兑艮六變，①是以月止于六，共爲十二也。离坎五變，是以日止于五，共爲十也。震巽四變，是以體止于四，共爲八也。

卦之正、變共三十六，而爻又有二百一十六，②則用數之策也。三十六去四則三十二也，又去四則二十八也，又去四則二十四也。故卦數三十二位，去四而言之也。天數二十八位，去八而言之也。地數二十四位，去十二而言之也。四者，乾坤离坎也。八者，并頤、孚、大、小過也。十二者，兑、震、泰、既濟也。

日有八位而用止于七，去乾而言之也。月有八位用止于六，去兑而言之也。星有八位用止于五，去離而言之也。辰有八位用止于四，去震而言之也。

日有八位而數止于七，去泰而言之。

月自兑起者，月不能及日之數也。故十二月常餘十二日也。

陽無十，故不足于後。陰無一，故不足于首。

---

① 「兑艮」，衍義本作「艮兑」。

② 「百」字原脱，據衍義本補。

乾，陽中陽，不可變，故一年止舉十二月也。震，陰中陰，①不可變，故一日之十二時不可見也。②兑，陽中陰，离，陰中陽，皆可變，故日月之數可分也。是陰數以十二起，陽數以三十起，常存二、六也。

舉年見月，舉月見日，舉日見時，陽統陰也。是天四變含地四變，日之變含月與星辰之變也。是以一卦含四卦也。

日一位，月一位，星一位，辰一位。日有四位，月有四位，星有四位，辰有四位。四四有十六位，此一變而日月之數窮矣。③

天有四變，地有四變。變有長也，有消也。十有六變而天地之數窮矣。

日起於一，月起於二，星起於三，辰起於四。引而伸之，陽數常六，陰數常二，十有二變而大小之運窮。④三百六十變爲十二萬九千六百。十二萬九千六百變爲一百六十七億九千六百一十六萬。一百六十七億九千六百⑤一十六萬變爲二萬八千二百一十一兆九百九十萬七千四百

①「陰中陰」，後「陰」字，原作「陽」，據四庫本、衍義本改。
②「之」，四庫本、衍義本無，性理大全本作「止」。
③衍義本注：「此一變上原脱一畫字。」
④「十有二變」四字原脱，據衍義本補。
⑤「百」，原作「伯」，據衍義本改。

五十六億。以三百六十爲時，以一十二萬九千六百爲日，以一百六十七億九千六百〔一十六萬爲月，以二萬八千二百一十一兆九百九十萬七千四百五十六億爲年，則大小運之數立矣。二萬八千二百一十一兆九百九十萬七千四百五十六億分而爲十二，前六限爲長，後六限爲消，以當一年十二月之數，而進退三百六十日矣。一百六十七億九千六百一十六萬分而爲三十，以當一月三十日之數，隨大運之消長而進退六十日矣。十二萬九千六百〕①分而爲十二，以當一日十二時之數，而進退六日矣。三百六十以當一時之數，隨小運之進退以當晝夜之時也。十六變之數去其交數，取其用數，得二萬八千二百一十一兆九百九十（一）②萬七千四百五十六億。二萬八千二百一十一兆九百九十（一）③萬七千四百五十六億，分而爲十二限，前六限爲長，後六限爲消，每限得十三④億九千九百六十八萬之一百六十七億九千六百一十六萬。每一百六十七億九千六百一十六萬年，開一分，進六十日也；六限開六分，進三百六十日也。猶有餘分之一，故開七分進三百六十六日也。其退亦若是矣。十二萬九千六百，去其三者，交數也，取其七者，用數也。用數三而成于六，加餘分故有七也。七之得九萬七百二十年，半之得四萬五千三百六十

① 自「一十六萬爲月」至「十二萬九千六百」一百四十字，原脱，據衍義本、四庫本補。
②③ 「一」字衍，當删。
④ 「十三」，原作「三十」，據衍義本改。

年，以進六日也。日有晝夜，數有朓朒，以成十有二日也。每三千六百年進一日，凡四萬三千二百年進十有二日也。餘二千一百六十年以進餘分之六，合交數之二千一百六十年，共進十有二分以爲閏也。故小運之變凡六十，而成三百六十有六日也。〔六者，三天也。四者，兩地也。天統乎體而託地以爲體，地分乎用而承天以爲用。天地相依，體用相附。〕①

乾爲一。乾之五爻分而爲大有，以當三百六十之數也。乾之四爻分而爲小畜，以當十二萬九千六百之數也。乾之三爻分而爲履，以當一百六十七億九千六百一十六萬之數也。乾之二爻分而爲同人，以當二萬八千二百一十一兆九百九十萬七千四百五十六億之數也。乾之初爻分而爲姤，②以當〔七秭九千五百八十六萬六千一百十垓九千九百四十六萬四千八京八千四百三十九萬一千九百三十六兆之數也〕。③是謂分數也。分大爲小皆自上而下，④故以陽數當之。如一分爲十二，十二分爲三百六十也。天統乎體，故八變而終于十六。地分乎用，故六變而終于十二。天起於一而終于〔七秭九千五百八十六萬六千一百一十垓九千九百四十六萬四千八京八

---

① 自「六者三天也」至「體用相附」三十八字，原脱，據衍義本補。
② 「初」，原作「六」，據四庫本、衍義本改。
③ 自「七秭」至「之數也」四十七字，原脱，據衍義本補。
④ 「下」，原作「六」，據大全本、衍義本改。

千四百三十九萬一千九百三十六兆〕。①地起於十二而終于二百四垓②六千九百八十萬七千三百八十一京③五千四百九十三④萬八千四百九十九兆七百二十萬億也。

一生二爲夬，當十二之數也。二生四爲大壯，當四千三百二十之數也。四生八爲泰，當五億五千九百八十七萬二千之數也。八生十六爲臨，當九百四十〔四〕⑤兆三千六百九十九萬六千九百一十五億二千萬之數也。十六生三十二爲復，當〔二千六百五十二萬八千八百七十垓三千六百六十四萬八千八百京二千九百四十七萬九千七百三十一兆二千萬億〕⑥之數也。三十二生六十四爲坤，當無極之數也，是謂長數也。長小爲大皆自下而上，故以陰數當之。

有地然後有二，有二然後有晝夜。二三以變，錯綜而成，故《易》以二而生數，以十二而變，⑦而一非數也，非數而數以之成也。天行不息，⑧未嘗有晝夜，人居地上以爲晝夜，故以地上之數

---

① 自「七秭」至「三十六兆」四十五字，原脱，據衍義本補。
② 「垓」原作「秭」，據衍義本改。
③ 「京」，原作「垓」，據衍義本改。
④ 「三」，原作「二」，據《皇極經世書解》改。
⑤ 衍義本注云：「舊本衍『四』字。」
⑥ 自「二千六百」至「二千萬億」四十八字，原脱，據衍義本補。
⑦ 「變」，衍義本作「起」。
⑧ 「息」，大全本作「急」。

爲人之用也。

天自臨以上，地自師以上，運數也。天自同人而下，①地自遯以下，②年數也。運數則在天者也，年數則在地者也。天自賁以上，地自艮以上，用數也。天自明夷以下，地自否以下，交數也。天自震以上，地自晉以上，有數也。天自益以下，地自豫以下，無數也。

天之有數，起乾而止震。餘入于無者，天辰不見也。地去一而起十二者，地火常潛也。故天以體爲基而常隱其基，地以用爲本而常藏其用也。一時止于三月，一月止于三十日，皆去其辰數也。是以八八之卦六十四而不變者八，可變者七（七）③八五十六，其義亦由此矣。陽爻，晝數也。陰爻，夜數也。天地相銜，陰陽相交。故晝夜相離，剛柔相錯。春夏陽也，④故晝數多夜數少。秋冬陰也，⑤故晝數少夜數多。

體數之策三百八十四，去乾坤离坎之策爲用數三百六十。體數之用二百七十，去乾與离坎之策爲用數之用二百五十二也。體數之用二百七十，其一百五十六爲陽，一百一十四爲陰。去

---

① 「而」，衍義本作「以」。
② 「遯」，原作「剥」，據衍義本改。
③ 「七」，衍義本注云：「舊本衍『七』字。」
④ 「陽」後，衍義本有「多」字。
⑤ 「陰」後，衍義本有「多」字。

离之策得一百五十二陽、一百一十二陰，①爲實用之數也。蓋陽去离而用乾，陰去坤而用坎也。是以天之陽策一百一十二，去其陰也。地之陰策一百一十二，陽策四十，去其南北之陽也。極南大暑，極北大寒，物不能生，是以去之也。其四十，爲天之餘分邪。陽侵陰，晝侵夜，是以在地也。合之爲一百五十二陽、一百一十二陰也。陽去乾之策，陰去坎之策，得一百四十四陽、②一百八陰，爲用數之用也。陽三十六，三之爲一百八。陰三十六，三之爲一百八。三陽三陰，陰陽各半也。陽有餘分之一爲三十六，合之爲一百四十四陽、③一百八陰也。故體數之用二百七十而實用者二百六十四，用數之用二百五十二也。卦有六十四而用止乎三十六，爻有三百八十四而用止于二百一十有六也。六十四分而爲二百五十六，是以一卦去其初、上之爻亦二百五十六也，此生物之數也。故离坎爲生物之主，以离四陽、坎四陰，故生物者必四也。陽一百一十二，陰一百一十二，去其离坎之爻則二百一十六也。陰陽之四十共爲二百五十六也。是以八卦用六爻，乾坤主之也。六爻用四位，离坎主之也。故天之昏曉不生物而日中生物，地之南北不生物而中央生物也。體數何爲者也，生物者也。用數何爲者也，運行者也。運行者天也，生物者地也。天以獨運，故以用數自相乘，而以用數之用爲生物之時也。地耦而生，故以體數之用陽

①「二」，原作「一」，據衍義本改。
②③後「四」，原作「六」，據衍義本改。

乘陰爲生物之數也。天數三，故六六而又六之，是以乾之策二百一十六。地數兩，①故十二而十二之，是以坤之策百四十有四也。乾用九，故三其八爲二十四而九之亦二百一十有六，兩其八爲十六而九之亦百四十有四也。坤用六，故三其十二爲三十六而六之亦二百一十有六也，兩其十二爲二十四而六之亦百四十有四也。坤以十二之三，②十六之四，六之一與半，爲乾之餘分，則乾得二百五十二，坤得一百八也。

陽四卦十二爻，八陽四陰。以三十六乘其陽，以二十四乘其陰，則三百八十四也。

卦之反對，皆六陽六陰也。在《易》則六陽六陰者十有二對也。去四正者，③八陽四陰、八陰四陽者各六對也，十陽二陰、十陰二陽者各三對也。

體有三百八十四而用止于三百六十，何也，以乾坤离坎之不用也。④乾坤离坎之不用，何也，乾坤离坎之不用，所以成三百六十之用也。故萬物變易而四者不變也。夫惟不變，是以能變也。用止于三百六十而有三百六十六，何也，數之贏也。⑤數之贏，則何用也，乾之全用也。

① 「地」，原作「也」，據衍義本改。
② 「三」，原作「二」，據衍義本改。
③ 「正」，原作「止」，據衍義本改。
④ 「离坎」，衍義本作「坎離」。
⑤ 「贏」，衍義本作「羸」，後同。

乾坤不用，則离坎用半也。乾全用者何也，陽主嬴也。①乾坤不用者何也，獨陽不生，寡陰不成也。②离坎用半何也，离東坎西，當陰陽之半，爲春秋晝夜之門也。或用乾或用离坎，何也，主嬴而言之故用乾也，③主嬴分而言之則陽侵陰晝侵夜故用离坎也。乾主嬴，④故全用也，⑤陰主虚，故坤全不用也。陽侵陰，陰侵陽，故离坎用半也。是以天之南全見而北全不見。東西各半見也，爲稱陰陽之限也。⑥故离當寅坎當申，而數常踰之者，蓋陰陽之溢也。然用數不過乎寅，交數不過乎申。⑦或离當卯，坎當酉。乾四十八而四分之一分爲陰所克，坤四十八而四分之一分爲所克之陽也。故乾得三十六，而坤得十二也。陽主進，是以進之爲三百六十日。陰主消，是以十二月消十二日也。順數之，乾一兑二离三震四巽五坎六艮七坤八。逆數之，震一离兑二乾三巽四坎艮五坤六也。乾四十八，兑三十，离二十四，震十，坤十二，艮二十，坎三十六，巽四十。乾

① 「主」，原作「止」，據衍義本改。
② 「寡」，衍義本作「專」。
③ 「嬴」，衍義本作「陽」。
④ 「乾」，衍義本作「陽」。
⑤ 衍義本「故」後有「乾」字。
⑥ 「爲稱」，衍義本作「離坎」。
⑦ 「交」，原作「爻」，據衍義本改。

三十六，坤十二，离兑巽二十八，坎艮震二十。兑离上正更思之。①

圓數有一，方數有二，奇偶之義也。六即一也，十二即二也。

天圓而地方。圓者數之起一而積六，②方者數之起一而積八，③變之則起四而積十二也。六者常以六變，八者常以八變，而十二者亦以八變，自然之道也。八者，天地之體也。六者，天之用也。十二者，地之用也。天變方爲圓而常存其一，地分一爲四而常執其方。天變其體而不變其用也，地變其用而不變其體也。六者并其一而爲七，十二者并其四而爲十六也。陽主進，故天并其一而爲七，陰主退，故地去其四而止於十二也。是陽常存一，而陰常晦一也。故天地之體止於八，而天之用極于七地之用止于十二也。圓者刓方以爲用。④故一變四，四去其一則三也。三變九，九去其三則六也。方者引圓以爲體。⑤故一變三，并之四也。四變十二，并之十六也。故用數成於三而極於六，體數成於四而極于十六也。是以圓者徑一而圍三，起一而積六；方者分一而爲四，分四而爲十六，皆自然之道也。

① 小注「兑离上正更思之」，大全本作「兑離巽宜更思之」。
② 「圓者數之」，大全本作「圓之數」。
③ 「方者數之」，大全本作「方之數」。
④ 「刓」，衍義本作「裁」。
⑤ 「引」，衍義本作「展」。

一役二以生三，三去其一則二也。三生九，九去其一則八也，去其三則六也。故一役三，三復役二也。三役九，九復役八與六也。是以二生四，八生十六，六生十二也。三并一則爲四，九并三則爲十二，十二又并四則爲十六。①故四以一爲本三爲用，十二以三爲本九爲用，十六以四爲本〔十〕二爲用。②更思之。

陽尊而神。尊，故役物。神，故藏用。是以道生天地萬物而不自見也。天地萬物亦取法乎道矣。

陽者道之用，陰者道之體。陽用陰，陰用陽。以陽爲用則尊陰，以陰爲用則尊陽也。陰幾於道，故以況道也。

六變而三十六矣，③八變而成六十四矣，十二變而成三百八十四矣。六六而變之，八八六十四變而成三百八十四矣。八八而變之，七七四十九變而成三百八十四矣。

圓者六變。六六而進之，故六十變而三百六十矣。方者八變，故八八而成六十四矣。陽主進，是以進之爲六十也。

---

①「并」，原作「方」，據衍義本改。
②「十」字原脱，據文義及衍義本補。
③衍義本「而」後有「成」字。

圓者星也，曆紀之數，其肇於此乎？方者土也，畫州井地之法，①其倣於此乎？蓋圓者河圖之數，方者洛書之文，故犧、文因之而造《易》，禹、箕叙之而作《範》也。

蓍數不以六而以七，何也，并其餘分也。去其餘分則六，故策數三十六也。是以五十者，六十四〔卦〕閏歲之策也。②其用四十有九〔者〕，③六十四卦一歲之策也。④歸奇卦一，猶一歲之閏也。卦直去四者，何也，天變而地効之。是以蓍去一則卦去四也。

圓者徑一圍三，重之則六。方者徑一圍四，重之則八也。

裁方而爲圓，天之所以運行。分大而爲小，地所生化。⑤故天用六變，地用四變也。

一八爲九，裁爲七，八裁爲六，十六裁爲十二，二十四裁爲十八，三十二裁爲二十四，四十裁爲三十，四十八裁爲三十六，五十六裁爲四十二，六十四裁爲四十八也。一分爲四，八分爲三十二，十六分爲六十四，以至九十六分爲三百八十四也。

一生六，六生十二，十二生十八，十八生二十四，二十四生三十，三十生三十六，引而伸之，

---

①「地」，衍義本作「土」。
②「卦」字，原脱，據衍義本補。
③「者」字，原脱，據衍義者補。
④「六十四卦」，衍義本作「六十卦」。
⑤「地所生化」，衍義本作「地所以生化」，大全本作「地之所以生化」。

六十變而生三百六十矣，此運行之數也。四生十二，十二生二十，二十生二十八，二十八生三十六，此生物之數也。故乾之陽策三十六，兑离巽之陽策二十八，震坎艮之陽策二十，坤之陽策十二也。

圓者一變則生六，去一則五也。二變則生十二，去二則十也。三變則生十八，去三則十五也。四變則二十四，去四則二十也。五變則三十，去五則二十五也。六變則三十六，去六則三十也。是以存之則六六，去之則五五也。五則四而存一也，四則三而存一也，〔三則二而存一也，〕①二則一而存一也。故一生二，去一則一也。二生三，去一則二也。三生四，去一則三也。四生五，去一則四也。是故二以一爲本，三以二爲本，四以三爲本，五以四爲本，六以五爲本也。更思之。

方者一變而爲四。四生八，并四而爲十二。八生十二，并八而爲二十。十二生十六，并十二而爲二十八。十六生二十，并十六而爲三十六也。一生三，并而爲四也。十二生二十，并而爲三十二也。二十八生三十六，并而爲六十四也。更思之。

《易》之大衍何數也，聖人之倚數也。天數二十五，合之爲五十。地數三十，合之爲六十。

①「三則二而存一也」七字，原脱，據衍義本補。

故曰「五位相得而各有合」也。五十者，蓍之數也。六十者，卦數也。五者蓍之小衍也，數五十爲大衍也。①八者卦之小成也，六十四爲大成也。蓍德圓以況天之數，故七七四十九也。五十者，存一而言之也。卦德方以況地之數，故八八六十四也。六十者，去四而言之也。蓍者，用數也。卦者，體數也。用以體爲基，故存一也。體以用爲本，故去四也。圓者本一，方者本四，故蓍存一而卦去四也。蓍之用數七，若其餘分，②亦存一之義也。掛其一，亦去一之義也。蓍之用數掛一以象三，其餘四十八，則一卦之策也。四其十二爲四十八也。十二去三而用九，四（八）③三十二所去之策也，四九三十六所用之策也，以當乾之三十六陽爻也。十二去五而用七，四五二十所去之策也，四七二十八所用之策也，以當兑离之二十八陽爻也。十二去六而用六，四六二十四所去之策也，四六二十四所用之策也，以當坤之（半）二十四陰爻也。④十二去四而用八，四四十六所去之策也，四八三十二所用之策也，以當艮坎之二十四爻并上卦之八陰爲三十二爻也。⑤是故七九爲陽，六八爲陰也。九者陽之極數，六者陰之極數。數極則反，故爲卦之變也。

---

① 「數」，衍義本、大全本作「故」。
② 「若」，大全本作「并」。
③ 「八」字衍，當删。
④ 衍義本無「半」字，當删。
⑤ 「三十二爻」，「二」，原作「四」，據衍義本改。

震巽無策者，以當不用之數。天以剛爲德，故柔者不見。地以柔爲體，故剛者不生。是震巽不用也。〔或先艮離，後兑離。〕①乾用九，故其策九也。四之者以應四時，一時九十日也。坤用六，故其策亦六也。

奇數四，有一有二有三有四也；策數四，有六有七有八有九。合而爲八數，以應方數之八變也。歸奇合卦之數有六，謂五與四四也，九與八八也，五與四八也，九與四八也，五與八八也，九與四四也，以應圓數之六變也。

奇數極於四而五不用，策數極于九而十不用。五則一也，十則二也。故去五十而用四十九也。②奇不用五，策不用十，有無之極也，以況自然之數也。

卦有六十四而用止六十者何也，六十卦者，三百六十爻也，故甲子止于六十也，六甲而天道窮矣。是以策數應之，三十六與二十四合之則六十也，三十二與二十八合之亦六十也。

乾四十八，坤十二，震二十，巽四十，离兑三十二，坎艮二十八，合之爲六十。蓍數全，故陽策（也）③三十六與二十八合之爲六十四也。卦數去其四，故陰策二十四與三十二合之爲五十

① 小注「或先艮離，後兑離」，原脱，據大全本補。
② 「四十九」，四本同。按：「十」字疑衍。
③ 「也」字衍，當删。

六也。

九進之爲三十六，皆陽數也，故爲陽中之陽。七進之爲二十八，先陽而後陰也，故爲陽中之陰。六進之爲二十四，皆陰數也，故爲陰中之陰。八進之爲三十二，先陰而後陽也，故爲陰中之陽。

蓍四，進之則百。卦四，進之則百二十。百則十也，百二十則十二也。

歸奇合卦之數，得五與四四，則策數四九也。得九與八〔八〕，①則策數四六也。得五與八八，得九與四八，則策數皆四七也。得九與四四，得五與四八，則策數皆四八也。爲九者，一變以應乾也。爲六者，一變以應坤也。爲七者，二變以應兑與离也。爲八者，二變以應艮與坎也。五與四四去卦一之數，則四（八）②三十二也。九與八八去卦一之數，則四六二十四也。五與八八、九與四八去卦一之數，則四五二十也。九與四四、五與四八去卦一之數，則四四十六也。故去其三四五六之數，以成九八七六之策也。

天一地二，天三地四，天五地六，天七地八，天九地十。參伍以變，錯綜其數也。如天地之相銜，晝夜之相交也。一者數之始而非數也。故二二爲四，三三爲九，四四爲十六，五五爲二十

① 「八」字原脱，據衍義本補。
② 「八」字衍，據衍義本删。

五，六六爲三十六，七七爲四十九，八八爲六十四，九九爲八十一，而一不可變也。百則十也，十則一也，亦不可變也。是故數去其一而極于九，皆用其變者也。五五二十五，天數也。六六三十六，乾之策數也。七七四十九，大衍之用數也。八八六十四，卦數也。九九八十一，《玄》《範》之數也。

大衍之數，其筭法之源乎？是以筭數之起，不過乎方圓曲直也。

陰無一，陽無十。

乘數，生數也。除數，消數也。筭法雖多，不出乎此矣。

陽得陰而生，陰得陽而成。故蓍數四而九，卦數六而十也。①猶榦支之相錯，榦以六終而支以五終也。

三四十二也，二六亦十二也。二其十二二十四也，三八亦二十四也，四六亦二十四也。三其十二三十六也，四九亦三十六也，六六亦三十六也。四其十二四十八也，三其十六亦四十八也，六八亦四十八也。五其十二六十也，三其二十亦六十也②，六其十亦六十也。〔皆自然〕③之

① 「六」，原作「四」，據衍義本改。
② 「二十」，原作「十二」，據衍義本改。
③ 「皆自然」三字原脱，據衍義本補。

相符也。①

四九三十六也，六六三十六也。陽六而又兼陰六之半，是以九也。故六者言之，②陰陽各三也。以六爻言之，③天地人各二也。④陰陽之中各有天地人，天地人之中各有陰陽，故「參天兩地而倚數」也。

太極既分，兩儀立矣。陽下交於陰，陰上交於陽，四象生矣。陽交於陰陰交於陽而生天之四象，剛交於柔柔交於剛而生地之四象，於是八卦成矣。八卦相錯，然後萬物生焉。是故一分爲二，二分爲四，四分爲八，八分爲十六，十六分爲三十二，三十二分爲六十四。故曰「分陰分陽，迭用柔剛，《易》六位而成章」也。十分爲百，百分爲千，千分爲萬。猶根之有榦，榦之有枝，枝之有葉。愈大則愈少，⑤愈細則愈繁。合之斯爲一，衍之斯爲萬。是故乾以分之，坤以翕之，震以長之，巽以消之。長則分，分則消，消則翕也。

---

① 大全本注云：「此蓋陰數分其陽數耳，是以相應也。如月初一全作十二也。二十四氣七十二候之數，亦可因以明之。」

② 「六者」，衍義本作「以二卦」，大全本作「以數」。

③ 「六」，原作「三」，據衍義本改。

④ 「二」，原作「三」，據衍義本改。

⑤ 「少」，衍義本作「小」。

乾坤，定位也。震巽，一交也。兑离坎艮，再交也。故震陽少而陰尚多也，巽陰少而陽尚多也，兑离陽浸多也，坎艮陰浸多也，是以辰與火不見也。

一氣分而陰陽判。①得陽之多者爲天，得陰之多者爲地。是故陰陽半而形質具焉，陰陽偏而性情分焉。形質各分，②則多陽者爲剛也，多陰者爲柔也。性情又分，則多陽者陽之極也，多陰者陰之極也。

兑离巽，得陽之多者也。艮坎震，得陰之多者也。〔是〕以爲天地用也。③乾陽極，坤陰極，是以不用也。

乾四分取一以與坤，坤四分取一以奉乾。乾坤合而生六子，三男皆陽也，三女皆陰也。兑分一陽以與艮，坎分一陰以奉离，震巽以二相易。合而言之，陰陽各半，是以水火相生而相克，然後既成萬物也。

乾坤之名位不可易也，坎离名可易而位不可易也，震巽位可易而名不可易也，兑艮名與位

---

①「而」下，大全本有「爲」字。
②「各」，衍義本、性理大全本作「又」。
③「是」字，原脱，據衍義本補。

皆可易也。离肖乾，①坎肖坤，中孚肖乾，頤肖离，小過肖坤，大過肖坎。是以乾坤离坎中孚頤大過小過，皆不可易者也。离在天而當夜，故陽中有陰也。坎在地而當晝，故陰中有陽也。震始交陰而陽生，巽始消陽而陰生。兑陽長也，艮陰長也。震兑在天之陰也，巽艮在地之陽也。故震兑上陰而下陽，巽艮上陽而下陰。天以始生言之，故陰上而陽下，交泰之義也。地以既成言之，故陽上而陰下，尊卑之位也。

乾坤定上下之位，离坎列左右之門。天地之所闔闢，日月之所出入。是以春夏秋冬，晦朔弦望，晝夜長短，行度盈縮，莫不由乎此矣。

無極之前，陰含陽也。有象之後，陽分陰也。陰爲陽之母，陽爲陰之父。故母孕長男而爲復，父生長女而爲姤。是以陽起於復而陰起於姤也。②

性非體不成，體非性不生。陽以陰爲體，陰以陽爲性。③動者性也，靜者體也。在天則陽動而陰静，在地則陽静而陰動。性得體而静，體隨性而動，是以陽舒而陰疾也。更詳之。

陽不能獨立，必得陰而後立，故陽以陰爲基。陰不能自見，必待陽而後見，故陰以陽爲唱。

---

①「肖」，原作「艮」，據衍義本改。
②二「起」字，大全本皆作「始」。
③「性」，衍義本、大全本作「體」。

陽知其始而享其成，陰效其法而終其勞。

陽能知而陰不能知，陽能見而陰不能見也。能知能見者爲有，故陽性有而陰性無也。陽有所不徧而陰無所不徧也。陽有去〔而〕陰常居也。①無不徧而常居者爲實，故陽體虚而陰體實也。

自下而上謂之升，自上而下謂之降。升者生也，降者消也。故陽生於下而陰生於上，是以萬物皆反生。陰生陽，陽生陰，陰復生陽，陽復生陰，是以循環而無窮也。

天地之本，其起於中乎。②是以乾坤屢變而不離乎中，③人居天地之中，心居人之中，日中則盛，月中則盈，故君子貴中也。

本一氣也，生則爲陽，消則爲陰。故二者一而已矣，「四者二而已矣」，④六者三而已矣，八者四而已矣。是以言天而不言地，言君而不言臣，言父而不言子，言夫而不言婦也。然天得地而萬物生，君得臣而萬化行，父得子、夫得婦而家道成。故有一則有二，有二則有四，有三則有六，

① 「去」原作「知」，據衍義本改。「而」字，原脱，據衍義本補。
② 「乎」，原作「孚」，據衍義本改。
③ 「屢」，大全本作「交」。
④ 「四者二而已矣」六字，原脱，據衍義本補。

有四則有八。

陰陽生而分二儀，二儀交而生四象，四象交而成八卦，①八卦交而生萬物。故二儀生天地之類，四象定天地之體。四象生日月之類，②八卦定日月之體。八卦生萬物之類，重卦定萬物之體。類者，生之序也。體者，象之交也。推類者必本乎生，觀體者必由乎象。生則未來而逆推，象則既成而順觀。是故日月一類物，③同出而異處也，異處而同象也。推此以往，物奚逃哉。④

天變時而地應物。時則陰變而陽應，⑤物則陽變而陰應。故時可逆知，物必順成。是以陽迎而陰隨，陰逆而陽順。⑥語其體則天分而爲地，地分而爲萬物，而道不可分也。其終則萬物歸地，地歸天，天歸道。是以君子貴道也。

有變則必有應也。故變于內者應于外，變于外者應于內，變于下者應于上，變于上者應于下也。天變而日應之，故變者從天而應者法日也。是以日紀乎星，月會於辰，水生於土，火潛於

① 「成」，衍義本作「生」。
② 「日月」，原作「八卦」，據衍義本改。
③ 「物」，衍義本作「也」。
④ 「奚」，衍義本作「焉」，大全本作「曷」。
⑤ 「時」，原作「地」，據衍義本改。
⑥ 「順」，原作「變」，據衍義本、大全本改。

石，飛者棲木，走者依草，心肺之相聯，肝膽之相屬。無它，應變之道也。①

本乎天者親上，本乎地者親下。故變之與應，常反對也。

陽交於陰而生，蹄角之類也。剛交於柔而生，根荄之類也。陰交於陽而生，羽翼之類也。柔交於剛而生，枝榦之類也。天交於地、地交於天，故有羽而走者、足而騰者，草中有木、木中有草也。各以類而推之，則生物之類不逃數矣。②走者便於下，飛者利於上，從其類也。

陸中之物水中必具者，猶影象也。陸多走、水多飛者，交也。是故巨于陸者必細于水，巨于水者必細于陸也。

虎豹之毛，猶草也。鷹鸇之羽，猶木也。

木者星之子，是以果實象之。

葉，陰也。華實，陽也。枝葉耎而根榦堅也。③

人之骨巨而體繁，木之榦巨而葉繁，應天地之數也。

動者體橫，植者體縱。人宜橫而反縱也。

①「應變」，衍義本作「變應」。
②「不逃數矣」，衍義本作「不過是矣」。
③「耎」，大全本作「軟」。

飛者有翅，走者有趾。人之兩手，翅也。兩足，趾也。飛者食木，走者食草。人皆兼之，而又食飛走也，故最貴於萬物也。體必交而後生。故陽與剛交而生心肺，陽與柔交而生肝膽，柔與陰交而生腎與膀胱，剛與陰交而生脾胃。心生目，膽生耳，脾生鼻，腎生口，肺生骨，肝生肉，胃生髓，膀胱生血。故乾爲心，兑爲脾，离爲膽，震爲腎，坤爲血，艮爲肉，坎爲髓，巽爲骨。泰爲目，中孚爲鼻，既濟爲耳，頤爲口，大過爲肺，未濟爲胃，小過爲肝，否爲膀胱。

天地有八象，人有十六象，何也？合天地而生人，合父母而生子，故有十六象也。心居肺，膽居肝，何也？言性者必歸之天，言體者必歸之地。地中有天，石中有火，是以心膽象之也。心膽之倒懸，①何也？草木者，地之本體也。人與草木反生，②是以倒懸也。口目横而鼻縱，③何也？體必交也。故動者宜縱而反横，植者宜横而反縱，皆交也。

天有四時，地有四方，人有四支。是以指節可以觀天，掌文可以察地。天地之理具乎指掌矣，可不貴之哉？

---

① 「倒懸」，衍義本作「倒垂」，下同。
② 「木」後，衍義本有「皆」字。
③ 「鼻」後，衍義本有「耳」字。

神統於心，氣統於腎，形統於首。形氣交而神主乎其中，三才之道也。

人之四支各有脉也。一脉三部，一部三候，以應天數也。

心藏神，腎藏精，脾藏魂，膽藏魄。胃受物而化之，傳氣於肺，傳血於肝，而傳水穀於脬腸矣。

天圓而地方。天南高而北下，是以望之如倚蓋焉。①地東南下、西北高，是以東南多水、西北多山也。天覆地，地載天，天地相函。故天上有地，地上有天。

天渾渾於上而不可測也，故觀斗數以占天也。斗之所建，天之行也。魁建子，杓建寅，星以寅爲晝也。斗有七星，是以晝不過乎七分也。②更詳之。

天行所以爲晝夜，日行所以爲寒暑。夏淺冬深，天地之交也。左旋右行，天日之交也。

日朝在東，夕在西，隨天之行也；夏在北，冬在南，隨天之交也。天一周而超一星，應日之行也。春酉正，夏午正，秋卯正，冬子正，應日之交也。

日以遲爲進，月以疾爲退。日月一會而加半日，減半日，是以爲閏餘也。③日一大運而進六

---

① 「焉」，衍義本作「然」。

② 「七」，原作「十」，據文義及衍義本改。

③ 「餘」，原作「日」，據衍義本、大全本改。

日，月一大運而退六日，是以爲閏差也。

日行陽庭則盈，①行陰庭則縮，賓主之道也。月去日則明盈而遲，②近日則〔魄〕生而疾，③君臣之義也。

陽消則生陰，故日下而月西出也。陰盛則敵陽，故日望而月東出也。④天爲父，日爲子，故天左旋，日右行。日爲夫，月爲婦，故日東出，月西生也。

日月相食，⑤數之交也。日望月則月食，月掩日則日食，猶木火之相克也。是以君子用智，小人用力。

日隨天而轉，月隨日而行，星隨月而見。故星法月，月法日，日法天。天半明半晦，日半盈半縮，⑥月半盈半虧，星半動半靜，陰陽之變化。⑦

---

①「庭」，衍義本、大全本作「度」，下同。
②「盈」，衍義本、大全本作「生」。
③「魄」字，原脱，據衍義本、性理大全本補。
④「日望而月東出」，衍義本作「月望而東出」。
⑤衍義本「月」下有「之」字。
⑥「盈」，衍義本、大全本作「贏」。
⑦「變化」，衍義本、大全本作「義也」。

天晝夜常見，日見於晝，月見於夜〔而半〕不見，①星半見於夜，〔貴賤〕之〔等〕也。②月，晝可見也，故爲陽中之陰。星，夜可見也，故爲陰中之陽。

天奇而地耦。是以占天文者觀星而已，察地理者觀山水而已。觀星而天體見矣，觀山水而地體見矣。天體容物，地體負物，是故體幾於道也。③

極南大暑，極北大寒，故南〔融〕而北結，④萬物之死地也。夏則日隨斗而北，冬則日隨斗而南，故天地交而寒暑和，寒暑和而物乃生也。⑤

天以剛爲德，故柔者不見。地以柔爲體，故剛者不生。是以〔震天之陰也，巽地之陽也〕。⑥地陰也，有陽而陰效之。故至陰者辰也，至陽者日也，皆在乎天，而地則水火而已，是以地上皆有質之物。陰伏陽而形質生，陽伏陰而性情生。是以陽生陰，陰生陽，陽克陰，陰克陽。陽之不可伏者不見於地，陰之不可克者不見於天。伏陽之少者其體必柔，是以畏陽而爲陽所用。伏陽

---

①「而半」二字原脱，據衍義本補。
②「貴賤」、「等」原脱，據衍義本補。
③「幾」，性理大全本作「歸」。
④「融」字，原脱，據衍義本補。
⑤「也」，衍義本作「焉」。
⑥「震天之陰也，巽地之陽也」原作「震巽天之陽也」，大全本同，據衍義本補改。

之多者其體必剛，是以禦陽而爲陰所用。故水火動而隨陽，土石静而隨陰也。〔一説云：陰效陽而能伏，是以辰在天，而地之四物皆有所主也。〕①

陽生陰，故水先成。陰生陽，故火後成。陰陽相生也，體性相須也，是以陽去則陰竭，陰盡則陽滅。

金火相守則流，火木相得則然，從其類也。水遇寒則結，遇火則竭，從其所勝也。陽得陰而爲雨，陰得陽而爲風。剛得柔而爲雲，柔得剛而爲雷。無陰則不能爲雨，無陽則不能爲雷。雨柔也，而屬陰，陰不能獨立，故待陽而後興。雷剛也，屬體，體不能自用，必待陽而後發也。

有意必有言，有言必有象，有象必有數。數立則象生，象生則言用，②言用則意顯。象數，則筌蹄也。言意，則魚兔也。得魚兔而忘筌蹄則可也，③以筌蹄而求魚兔則未見其得也。④

天變而人效之，故元亨利貞，《易》之變也。人行而天應之，故吉凶悔吝，《易》之應也。以元

① 小注二十四字，原脱，衍義本同，據大全本補。
② 「言用」，大全本作「言著」，衍義本作「言著彰」。
③ 「忘筌蹄則」，大全本作「謂必由筌歸」。
④ 「以」，衍義本作「捨」，大全本作「舍」。

亨爲變則利貞爲應，以吉凶爲應則悔吝爲變。元則吉，吉則利應之。亨則凶，凶則應之以貞。悔則吉，吝則凶，是以變中有應、應中有變也。變中之應，天道也。故元爲變則亨應也，利爲變則應之以貞。應中之變，人事也。故變則凶，應則吉；變則吝，應則悔也。悔者吉之兆也，①吝者凶之本，②是以君子從天，不從人。元者，春也，仁也。春者時之始，仁者德之長。時則未盛而德足以長人，故言德而不言時。亨者，夏也，禮也。夏者時之盛，禮者德之文。盛則必衰而文不足救之，③故言時而不言德。故曰「大哉乾元」而上之「有悔」也。利者，秋也，義也。秋者時之成，義者德之方。萬物方成而獲利，義者不通於利，故言時而不言德也。貞者，冬也，智也。冬者時之末，智者德之衰。貞則吉，④不貞則凶，故言德而不言時也。故曰「利貞者性情也」。

至哉，文王之作《易》也，其得天地之用乎！故乾坤交而爲泰，坎离交而爲既濟也。乾生於子，坤生於午，坎終於寅，离終於申，以應天之時也。置乾於西北，退坤於西南，長子用事而長女代母，坎离得位，兑艮爲耦，⑤以應地之方也。王者之法其盡於是矣。

---

① 「兆也」，衍義本、大全本作「先」。
② 衍義本、大全本「吝」前有「而」字，屬下讀。
③ 「救」，原作「兼」，據衍義本改。
④ 「貞」，大全本作「正」，下同。
⑤ 「艮」，衍義本作「震」，恐非。

乾坤天地之本，离坎天地之用。是以《易》始於乾坤，中於离坎，①終於既、未濟，而泰否爲上經之中，咸恒爲下經之首，②皆言乎其用也。

坤統三女於西南，乾統三男於東北。上經起於三，下經終於四，皆交泰之義也。故《易》者，用也。乾用九，坤用六，大衍用四十九而潛龍「勿用」也。大哉用乎，吾於此見聖人之心矣！

道生天，天生地。及其功成而身退，故子繼父禪，是以乾退一位也。

乾坤交而爲泰，變而爲雜卦也。

乾坤坎离爲上篇之用，兑艮震巽爲下篇之用也。頤中孚大過小過爲二篇之正也。③

《易》者，一陰一陽之謂也。震兑，始交者也，④故當朝夕之位。离坎，〔交〕之極也，⑤故當子午之位。巽艮雖不交，而陰陽猶雜也，故當用中之偏位。乾坤，純陰陽也，故當不用之位。

乾坤縱而六子横，《易》之本也。震兑横而六卦縱，《易》之用也。

---

①「离坎」，衍義本作「坎离」。
②「爲」，衍義本作「當」。
③「二」原作「三」，據文義及衍義本改。
④「交」原作「象」，據衍義本改。
⑤「交」字，原脱，據衍義本補。「極」後，衍義本有「者」字。

象起於形，數起於質。名起於言，意起於用。天下之數出於理，違乎理則入於術。世人以數而入術，故失於理也。

天下之事，皆以道致之則休戚不能至矣。

天之陽在南而陰在北，地之陰在南而陽在北。人之陽在上而陰在下，既交則陽下而陰上。

天以理盡而不可以形盡。渾天之術以形盡天，可乎？

辰數十二，日月交會謂之辰。辰，天之體也。天之體，無物之氣也。

精義入神，①以致用也。不精義則不能入神，不能入神則不能致用也。

爲治之道必通其變，不可以膠柱，猶春之時不可行冬之令也。

陽數一，衍之爲十，十干之類是也。陰數二，衍之爲十二，十二支、十二月之類是也。

元亨利貞之德，各包吉凶悔吝之事。雖行乎德，若違于時，亦或凶矣。

初與上同，然上亢不及初之進也。②二與五同，然二之陰中不及五之陽中也。三與四同，然三處下卦之上不若四之近五也。③

---

① 「神」，原作「坤」，據衍義本改。
② 「亢」，原作「亦」，據衍義本改。
③ 「五」，衍義本、大全本作「君」。

天之陽在南，故日處之。地之剛在北，故山處之。所以地高西北，天高東南也。

天之神棲於日，人之神棲乎目。①人之神寤則棲心，寐則棲腎，所以象天元，②晝夜之道也。

雲行雨施，電激雷震，③亦是從其類也。④

吹噴吁呵，⑤風雨雲霧，⑥皆當相須也。⑦

萬物各有太極兩儀四象八卦之次，亦有古今之象。

雲有水火土石之具，⑧化類亦然。⑨

二至相去，東西之度凡一百八十，南北之度凡六十。

冬至之月所行如夏至之日，夏至之月所行如冬至之日。四正者，乾坤坎离也。觀其象無反

---

① 「棲乎目」，衍義本、大全本作「發乎目」。
② 「元」，衍義本無，大全本作「也」。
③ 「激」，衍義本、大全本作「發」。
④ 「是」，衍義本、大全本作「各」。
⑤ 「呵」下，衍義本有「呼」字。
⑥ 「霧」下，衍義本、大全本有「雷」字。
⑦ 「須」，衍義本、大全本作「類」。
⑧ 「具」，衍義本、大全本作「異」。
⑨ 「化」，衍義本、大全本作「他」。

覆之變，①所以爲正也。

〔陽在陰中陽逆行，陰在陽中陰逆行，陽在陽中、陰在陰中則皆順行。此真至之理，按《圖》可見之矣。

自然而然不得而更者，内象、内數也。他皆外象、外數也。

草類之細入于坤。

五行之木，萬物之類也。五行之金，出乎石也。故火水土石不及金木，金木生其間也。

得天氣者動，得地氣者静。

陽之類圓，成形則方。陰之類方，成形則圓。

天道之變，王道之權也。

夫卦各有性有體，然皆不離乾坤之門，如萬物，受性于天而各爲其性也。在人則爲人之性，在禽獸則爲禽獸之性，在草木則爲草木之性。

天以氣爲主，體爲次。地以體爲主，氣爲次。在天在地者，亦如之。

氣則養性，性則乘氣。故氣存則性存，性動則氣動也。

① 「覆」，衍義本作「復」。

堯之前，先天也。堯之後，後天也。後天乃效法耳。天之象數則可得而推，如其神用，則不可得而測也。」①

木之支榦，土石之所成，所以不易；葉花，水火之所成，故變而易也。

自然而然者，天也，唯聖人能索之。效法者，人也。若時行時止，雖人也，亦天。

生者性，天也。成者形，地也。

日入地中，構精之象也。②

體四而變六，兼神與氣也。氣變必六，故三百六十也。

凡事爲之極幾十之七，③則可止矣。若夏至之日止于六十，④兼之以晨昏分，可變色矣，⑤庶幾乎十之七也。

東赤，南白，西黄，北黑，此五色也。驗之于曉午暮夜之時，可見之矣。

① 自「陽在陰中陽逆行」至「則不可得而測也」二百六十七字，原脱，據大全本補。
② 「構」，衍義本作「交」。
③ 「七」，原作「十」，據衍義本、大全本改。
④ 「若」，衍義本作「蓋」。
⑤ 「可變色矣」，原作「之」，據衍義本、大全本補改。

《圖》雖無文，〔《先天圖》也。〕①吾終日言而〔未嘗離乎〕是，②蓋天地萬物之理盡在其中矣。

冬至之子中，陰之極。春分之卯中，陽之中。夏至之午中，陽之極。秋分之酉中，陰之中。凡三百六十，中分之則一百八十，此春秋二分相去之數也。③

〔陽中有陰，陰中有陽，天之道也。陽中之陽，日也，暑之道也。陽中之陰，月也，以其陽之類，故能見于晝。陰中之陽，星也，所以見于夜。陰中之陰，辰也，天壤也。

氣一而已，主之者乾也。神亦一而已，乘氣而變化，能出入于有無死生之間，④無方而不測者也。

干者幹之義，陽也。支者枝之義，陰也。干十而支十二，是陽數中有陰，陰數中有陽也。

不知乾，無以知性命之理。

「時然後言」，乃應變而言，言不在我也。

仁配天地謂之人，唯仁者真可謂之人矣。

① 小注「先天圖也」四字原闕，據大全本補。
② 「未嘗離乎」四字，原脱，據大全本補。
③ 「春秋」，衍義本、大全本作「二至」。
④ 「出」前，衍義本無「能」字。

生而成，成而生，《易》之道也。

氣者，神之宅也。體者，氣之宅也。

魚者，水之族也。蟲者，風之族也。

天六地四，天以氣爲質，而以神爲神。地以質爲質，而以氣爲神。唯人兼乎萬物而爲萬物之靈。如禽獸之聲，以其類而各能得其一。無所不能者，人也。推之他事，亦莫不然。唯人得天地日月交之用，他類則不能也。人之生，真可謂之貴矣。天地與其貴而不自貴，是悖天地之理，不祥莫大焉。目口舌也。凸而耳鼻竅。竅者受聲嗅氣，①物或不能閉之。凸者視色別味，物則能閉之也。四者雖象于一，而各備其四矣。」②

燈之明暗之境，日月之象也。

月者，日之影也。情者，性之影也。心性而膽情，性神而情鬼。水者火之地，火者水之氣。

黑者白之地，寒者暑之地。

心爲太極。又曰：道爲太極。

形可分，神不可分。

---

① 「聲」原作「臭」，據衍義本改。

② 自「陽中有陰」至「而各備其四矣」三百五十五字，原脱，據大全本補。

草伏之獸，毛如草之莖。①林棲之鳥，羽如林之葉。類使之然也。

陰事太〔半，蓋陽〕一〔而〕陰二也。②

冬至之後爲呼，夏至之後爲吸，此天地一歲之呼吸也。

〔木結實而種之，又成是木而結是實。木非舊木也，此木之神不二也。此實生生之理也。〕③

觀物外篇下

以物喜物，以物悲物，此發而中節者也。

石之花，鹽消之類是也。④〔水之木，珊瑚之類是也。〕⑤

水之物無異乎陸之物，各有寒熱之性。人較則陸爲陽中之陰，而水爲陰中之陽。

日月星辰共爲天，水火土石共爲地。耳目鼻口共爲首，髓血骨肉共爲身。此乃五之數也。

---

① 「毛」，原作「兎」，「莖」，原作「叢」，據大全本改。
② 「半蓋陽」、「而」四字原闕，據大全本補。
③ 自「木結實而種之」至「此實生生之理也」三十三字原脱，據大全本補。
④ 「鹽消之類是也」，原作「鹽之消之類也」，據大全本改。
⑤ 「水之木，珊瑚之類是也」九字，原脱，據大全本補。

火生于無，水生于有。

不我物則能物物。

辰至日爲生，日至辰爲用。蓋順爲生而逆爲用也。

《易》有三百八十四爻，真天文也。

鷹鵰之類食生，而雞鳬之類不專食生。虎豹之類食生，而猫犬之類食生又食穀。以類推之，從可知也。

馬牛皆陰類。細分之，則馬爲陽而牛爲陰。

飛之類，喜風而敏于飛上。走之類，喜土而利于走下。

禽蟲之卵，果穀之類也。穀之類多子，蟲之類亦然。

蠶之類，今歲蛾而子，來歲則子而蠶。蕪菁之類，今歲根而苗，來歲則苗而子。〔此皆一歲之物也。〕①

天地之氣運，北而南則治，南而北則亂，亂久則復北而南矣。天道人事皆然。推之歷代，可見消長之理也。

① 「此皆一歲之物也」七字，原脱，據衍義本補。

任我則情，情則蔽，蔽則昏矣。因物則性，性則神，神則明矣。潛天潛地不行而至不爲陰陽所攝者，神也。

在水者不瞑，在風者瞑。走之類上睫接下，飛之類下睫接上。類使之然也。

在水之鱗鬣，①飛之類也。龜獺之類，走之類也。

夫四象，若錯綜而用之。日月，天之陰陽。水火，地之陰陽。星辰，天之剛柔。土石，地之剛柔。

天之孽，十之一猶可違。人之孽，十之九不可逭。

陽主舒長，陰主慘急。日入盈度，陰從于陽。日入縮度，②陽從于陰。

飛之走，雞鳧之類是也。走之飛，龍馬之屬是也。

先天之學，心也。後天之學，迹也。出入有無死生者，道也。

神無所在，無所不在。至人與他心通者，以其本于一也。道與一，神之强名也。以神爲神者，至言也。

身地也，本乎静。所以能動者，氣血使之然也。天地生萬物，聖人生萬民。

---

① 「之」，衍義本、大全本作「而」。

② 「日入」，原作「月之」，據衍義本、大全本改。

生生長類，天地成功。別生分類，聖人成能。

神者，人之主。將寐在脾，熟寐在腎。將寤在肝，又言在膽。正寤在心。

以物觀物，性也。以我觀物，情也。性公而明，情偏而暗。

陽主闢而出，陰主翕而入。

日在于水則生，離則死，交與不交之謂也。

陰對陽爲二。然陽來則生，陽去則死。天地萬物生死主于陽，則歸之于一也。

神無方而性有質。

發于性則見于情，發于情則見于色，以類而應也。

天地之大寤在夏，人之神則存于心。

以天地生萬物，則以萬物爲萬物。以道生天地，則天地亦萬物也。

水之族以陰爲主，陽次之。陸之類以陽爲主，陰次之。故水類出水則死，風類入水則死。然有出入之類者，龜蟹鵝鳧之類是也。

天地之交十之三。

一變而二，二變而四，三變而八卦成矣。四變而十有六，五變而三十有二，六變而六十四卦備矣。

天火，無體之火也。地火，有體之火也。

人之貴兼乎萬類。①自重而得其貴，所以能用萬類。

凡人之善惡，形于言，發於行，人始得而知之。但萌諸心，發于慮，鬼神已得而知之矣。此君子所以慎獨也。

氣變而形化。

人之類備乎萬物之性。

火無體，因物以爲體。金石之火烈于草木之火者，因物而然也。

氣形盛則魂魄盛，氣形衰則魂魄亦從而衰矣。魂隨氣而變，魄隨形而止。故形在則魄存，形化則魄散。

人之神則天地之神。人之自欺，所以欺天地，可不慎哉？

人之畏鬼，亦猶鬼之畏人。人積善而陽多，鬼益畏之矣；②積惡而陰多，鬼弗畏之矣。③大人者與鬼神合其吉凶，夫何畏之有？

---

①「類」，衍義本作「物」。
②「益」，衍義本作「亦」。
③「弗」，衍義本作「不」。

至理之學，非至誠則不至。

物理之學既有所不通，①不可以强通。强通則有我，有我則失理而入於術矣。②

星爲日餘，辰爲月餘。

星之至微如塵沙者，隕而爲堆阜。

心一而不分，則能應弗違。③此君子所以虚心而不動也。

藏者，天行也。府者，地行也。天地並行，則配爲八卦。

聖人利物而無我。

明則有日月，幽則有鬼神。

《易》有真數，三而已。參天者，三三而九。兩地者，倍三而六。

八卦相錯者，相交錯而成六十四也。

夫《易》，根于乾坤而生於姤復。蓋剛交柔而爲復，柔交剛而爲姤，自兹而無窮矣。

---

①「既」，衍義本、大全本作「或」。
②「失理」，原作「天地」，據衍義本改。
③「弗違」，衍義本作「萬物」，大全本作「萬變」。

《素問》《左傳》，①七國時書也。

夫聖人大經，②渾然無跡，如天道焉。故《春秋》録實事，③而善惡形于其中矣。

中庸之法：自中者天也，自外者人也。

韻法：開閉者律天，④清濁者吕地。

韻法：⑤先閉後開者，春也。純開者，夏也。先開後閉者，秋也。冬則閉而無聲。

《素問》《密語》之類，於術之理可謂至也。

「顯諸仁，藏諸用」，孟子善藏其用乎。⑥

「寂然不動」，反本復静，坤之時也。「感而遂通天下之故」，陽動于中，間不容髮，復之義也。

莊、荀之徒失之辯。

①「左傳」，衍義本、大全本作「陰符」。
②「大經」，衍義本、大全本作「六經」。
③衍義本無「故」字。
④「開閉」，衍義本作「闢翕」。
⑤「韻法」二字，衍義本無。
⑥「孟子」，衍義本作「孔子」。

東爲春聲，陽爲夏聲，此見作韻者亦有所至也。啣、凡，冬聲也。

不見動而動，妄也。動于否之時是也。①見動而動，則爲無妄。然所以有災者，陽微而無應也。

有應而動，則爲益矣。

「精氣爲物」，形也。「遊魂爲變」，神也。又曰：「精氣爲物，體也；遊魂爲變，用也。」

君子之學以潤身爲本。其治人應物，皆餘事也。

〔剸劇〕者，②才力也。明辯者，③智識也。寬弘者，④德器也。三者不可闕一。

無德者責人怨人；易滿，滿則止也。

龍能大能小。然亦有制之者，受制於陰陽之氣，得時則能變化，變變則不能也。

伯夷義不食周粟，至餓且死，止得爲仁而已。

① 「于」，衍義本作「乎」。
② 「剸劇」二字，原脱，據衍義本補。
③ 「辯」，衍義本作「辨」。
④ 「弘」，衍義本作「洪」。

三人行，亦有師焉。①至于友一鄉之賢，天下之賢。以天下爲未足，又至於上論古人，②無以加焉。

義重則内重，利重則外重。

兑，説也。其他「説」皆有所害，惟「朋友講習」無説於此。故言其極者也。

能循天理動者，造化在我也。

學不際天人，不足以謂之學。

君子於《易》：玩象，玩數，玩辭，玩意。

能醫人能醫之疾，不得謂之良醫。醫人之所不能醫者，天下之良醫也。能處人所不能處之事，則能爲人所不能爲之事也。

人患乎自滿，滿則止也。故禹不自滿假，所以爲賢。雖學亦當〔常若〕不足，③不可臨深以爲高也。

人苟用心，必有所得。獨有多寡之異，智識之有淺深也。

---

① 「亦」，衍義本作「必」。

② 「上」，衍義本作「尚」。

③ 「常若」二字，原脱，據衍義本補。

理窮而後知性，性盡而後知命。〔命〕知而後〔知〕至。①

凡處失在得之先，則得亦不喜。若處得在失之先，則失難處矣，必至於隕穫。

人必有德器，然後喜怒皆不妄。爲卿相、爲匹夫以至學問高天下，亦若無有也。

人必內重，內重則外輕。苟內輕必外重，好利好名，無所不至。

得天理者不獨潤身，亦能潤心。不獨潤心，至於性命亦潤。

天下言讀書者不少，能讀書者少。若得天理真樂，何書不可讀？何堅不可破？何理不可精？

曆不能無差。今之學曆者但知曆法，不知曆理。能布筭者，洛下閎也。②能推步者，甘公、石公也。洛下閎但知曆法，楊雄知曆法，又知曆理。

一歲之閏，六陰六陽。三年三十六日，故三年一閏。五年六十日，故五歲再閏。天時地理人事，三者知之不易。

資性，得之天也。學問，得之人也。資性由內出者也，學問由外入者也。自誠明，性也。自明誠，學也。

---

① 「命」、「知」二字，原脱，據衍義本、大全本補。
② 「洛」，原作「落」，據衍義本改。

顏子不遷怒，不貳過。遷怒、貳過，皆情也，非性也。不至於性命，不足謂之好學。

伯夷、柳下惠得聖人之一端：伯夷得聖人之清，柳下惠得聖人之和。孔子時清時和，時行時止，故得聖人之時。

《太玄》九日當兩卦，餘一卦當四日半。

揚雄作《太玄》，可謂見天地之心者也。

用兵之道：必待人民富倉廩實府庫充兵强名正，天時順，地利得，然後可舉。

《易》無體也。曰「既有典常」，則是有體也。恐遂以爲有體，故曰「不可爲典要」。既有典常，常也。不可爲典要，變也。

莊周雄辯，數千年一人而已。如庖丁解牛曰「躊躇四顧」，孔子觀吕梁之水曰「蹈水之道無私」，皆至理之言也。

《老子》五千言，大抵皆明物理。

今有人登兩臺。兩臺皆等，則不見其高。一臺高，然後知其卑下者也。

學不至於樂，不可謂之學。

一國一家一身皆同。能處一身，則能處一家。能處一家，則能處一國。能處一國，則能處天下。心爲身本，家爲國本，國爲天下本。心能運身。苟心所不欲，身能行乎？

人之精神，貴藏而用之。苟衒於外，則鮮有不敗者。如利刃，物來則剸之。若恃刃之利而求割乎物，則刃與物俱傷矣。

言發于真誠，則心不勞而逸，人久而信之。作僞任數，一時或可以欺人，持久必敗。

人貴有德。小人有才者，有之矣。故才不可恃，德不可無。①

天地日月，悠久而已。故人當存乎遠，不可見其近。②

君子處畎畝則行畎畝之事，居廟堂則行廟堂之事，故無入而不自得。

智數或能施于一朝，蓋有時而窮。惟至誠表天地同久。③天地無，則至誠可息。苟天地不能無，則至誠亦不息也。

室中造車，天下可行，軌轍合故也。苟順義理，合人情，日月所照皆可行也。

中庸非天降地出，揆物之理，度人之情，行其所安，是爲得矣。

斂天下之智爲智，斂天下之善爲善，則廣矣。自用則小。

漢儒以反經合道爲權，得一端者也。權所以平物之輕重。聖人行權，酌其輕重而行之，合

①「無」，原作「有」，據衍義本改。
②「近」，衍義本作「邇」。
③「表」，衍義本、大全本作「與」。

其宜而已。故執中無權者猶爲偏也。王通言：「《春秋》王道之權。」非王通莫能及此。故權在一身則有一身之權，在一鄉則有一鄉之權，以至於大下則有天下之權。用雖不同，其權一也。

夫弓固有强弱。然一弓二人張之，則有力者以爲弓弱，無力者以爲弓强。故有力者不以己之力有餘而以爲弓弱，無力者不以己之力不足而以爲弓强，何不思之甚也？一弓非有强弱也，二人之力强弱不同也。今有食一杯在前，二人大餒而見之，若相讓則均得食矣；①相奪則争，非徒争之而已，或不得其食矣。此二者皆人情也，②知之者鮮。知此，則天下之事皆如是也。

夫《易》者，聖人長君子消小人之具也。及其長也，闢之於未然。及其消也，闔之於未然。一消一長，一闔一闢，渾渾然無跡。非天下之至神，其孰能與於此。

大過，本末弱也。必有大德大位，然後可救。常分，有可過者，有不可過者。有大德大位，③

---

①「讓」，衍義本作「遜」。
②「人」下，衍義本、大全本有「之」字。
③衍義本無「有」字。

可過者也，伊周其人也，不可僭也。①有大德無大位，不可過〔者〕也，②孔孟其人也，不可誣也。③其位不勝德邪？大哉位乎，待才用之宅也。④

復次剥，明治生於亂乎。姤次夬，明亂生於治乎。時哉時哉，未有剥而不復，未有夬而不姤者。防乎其防，邦家其長，子孫其昌。是以聖人貴未然之防，是謂《易》之大綱。

先天學，心法也。故《圖》皆自中起。萬化萬事，生乎心也。

先天學主乎誠。至誠可以通神明，不誠則不可以得道。

先天圖中，環中也。

事必量力。量力故久。⑤

所行之路不可不寬，寬則少礙。

知《易》者不必引用講解，是爲知《易》。⑥孟子之言未嘗及《易》，⑦其間易道存焉，但人見

---

① 「僭」，衍義本、大全本作「懽」。
② 「者」字原闕，據衍義本補。
③ 「誣」，衍義本、大全本作「悶」。
④ 「才」，衍義本作「時」。
⑤ 「故」後，衍義本有「能」字。
⑥ 「是」，衍義本作「始」。
⑦ 「之言」，衍義本作「著書」。

之者鮮耳。人能用《易》，是爲知《易》。如孟子，可謂善用《易》者也。

學以人事爲大。今之經典，古之人事也。

《春秋》三傳之外，陸淳、啖助可以兼治。①

所謂皇帝王霸者，非獨謂三皇五帝三王五霸而已。但用無爲則皇也，用恩信則帝也，用公正則王也，用智力則霸也。霸以下則夷狄，夷狄而下是禽獸也。

季札之才近伯夷。

叔向、子產、晏子之才相等〔埒〕。②

管仲用智數，晚識物理，大抵才力過人也。

五霸者，功之首、罪之魁也。《春秋》者，孔子之刑書也。功過不相掩，聖人先褒其功，後貶其罪。故罪人有功亦必録之，不可不恕也。

「始作兩觀。」③始者，貶之也，誅其舊無也。「初獻六羽。」初者，褒之也，以其舊僭八佾也。

---

①「啖」，原作「琰」，據衍義本、大全本改。
②「埒」字，原脱據衍義本、性理大全本補。
③「始」，衍義本作「新」，後同。

某人受《春秋》於尹師魯，師魯受於穆伯長。某人後復攻伯長曰：「《春秋》無褒，皆是貶也。」田述古曰：「孫復亦云《春秋》有貶而無褒。」曰：「《春秋》禮法廢，君臣亂。其間有能爲小善者，安得不進之也。況五霸實有功於天下。且五霸固不及於王，不猶愈於夷狄〔乎〕，①安得不與之也。治《春秋》者不辨名實，不定五霸之功過，則未可言治《春秋》。先定五霸之功過而治《春秋》，則大意立，若事事求之，則無緒矣。」

凡人爲學，失於自主張太過。

平王名雖王，實不及一小國之諸侯。齊、晉雖侯，而實僭王。此《春秋》之名實也。子貢欲去告朔之餼羊。羊，名也。禮，實也。名存而實亡猶愈於名實俱亡。苟存其名，安知後世無王者作？是以有所待也。

秦繆公有功於周，能遷善改過，爲霸者之最。晉文侯世世勤王，遷平王於洛，次之。齊桓公六合諸侯不以兵車，②又次之。楚莊强大，又次之。宋襄公雖霸而力微，會諸侯而爲楚所執，不足論也。治《春秋》者不先定四國之功過，則事無統理，不得聖人之心矣。《春秋》之間，有功者未見大於四國者，有過者亦未見大於四國者也。故四者功之首、罪之魁也。人言《春秋》非性命

① 「乎」字，原脱，據衍義本、大全本補。
② 「六」，衍義本、大全本作「九」。

書，非也。至于書「郊牛之口傷，改卜牛，牛死，〔乃不郊，〕猶三望」，①此因魯事而貶之也。聖人何容心哉？無我故也。豈非由性命而發言也。又云：「《春秋》皆因事而褒貶，豈容人特立私意哉？」又曰《春秋》聖人之筆削，爲天下之至公，不知聖人之所以爲公也。如因「牛傷」，則知魯之僭郊；因「初獻六羽」，則知舊僭八佾；因「新作雉門」，則知舊無雉門。皆非聖人有意於其間，故曰《春秋》盡性之書也。

《春秋》爲君弱臣强而作，故謂之名分之書。聖人之難，在不失仁義忠信而成事業。何如則可？在於「絶四」。

有馬者借人乘之，舍己以從人也。

或問：「『才難』，何謂也？」曰：「臨大事，然後見才之難也。」曰：「何獨言才？」曰：「才者，天之良質也。學者，所以成其才也。」曰：「古人有不由學問而能立功業者，何必曰學？」曰：「周勃、霍光能成大事，唯其無學，故未盡善也。人而無學，則不能燭理。不能燭理，則固執而不通。人有出人之才，必以剛克。②中剛則足以立事業，處患難。若用於他，反爲邪惡。故孔子以申棖爲『焉得剛』。既有慾心，必無剛也。」

---

① 「改」，原作「敗」，「牛」，原作「乃」，「乃不郊」原闕，據衍義本改補。
② 「以」，衍義本作「有」。

君子喻於義，賢人也。小人喻於利而已。義利兼忘者，唯聖人能之。君子畏義而有所不爲，小人直不畏耳。聖人則動不踰矩，何義之畏乎？

顔子不貳過。孔子曰「有不善未嘗不知，知之未嘗復行」是也，是一而不再也。韓愈以爲將發於心而便能絶去，是過與顔子也。過與是爲私意，焉能至於道哉？或曰：「與善不亦愈於與惡乎？」曰：「聖人則不如是。私心過與，善惡同矣。」

爲學養心，患在不由直道。去利欲，由直道，任至誠，則無所不通。天地之道直而已，當以直求之。若用智數由逕以求之，是屈天地而循人欲也，①不亦難乎？

事無巨細，皆有天人之理。修身，人也。遇不遇，天也。〔得失不動心，所以順天也。行險僥倖，是逆天也。〕②求之者人也，得之與否天也。得失不動心，所以順天也。强取必得，是逆天理也。逆天理者，患禍必至。

魯之「兩觀」、「郊天」、「大禘」，皆非禮也。諸侯苟有四時之禘，以爲常祭可也。至於五年大禘，不可爲也。

「仲弓可使南面」，可使從政也。

---

① 「循」，衍義本、大全本作「狥」。

② 自「得失不動心」至「是逆天也」十八字，原脱，據衍義本、大全本補。

「誰能出不由户。」户，道也。未有不由道而能濟者也。不由户者，開穴隙之類是也。①

「多聞，擇其善者而從之。」雖多聞，必擇善而從之。「多見而識之。」識，别也。雖多見，必有以别之。或問「顯諸仁，藏諸用」，曰：「若日月之照臨，四時之成歲，是『顯諸仁』也。其度數之然而不知其所以然，是『藏諸用』也。」

洛下閎改《顓頊曆》爲《太初曆》。②子雲準太初而作《太玄》，凡八十一卦，九分共二卦，凡一五隔一四。細分之，則四分半當一卦。氣起於中心，故首中卦。

「參天兩地而倚數」，非天地之正數也。倚者，擬也，擬天地正數而生也。

元亨利貞，變易不常，天道之變也。吉凶悔吝，變易不定，人道之應也。

鬼神者無形而有用，其情狀可得而知也。於用可見之矣。若人之耳目鼻口手足，草木之枝葉華實顔色，皆鬼神之所爲也。福善禍淫，主之者誰邪？聰明正直，有之者誰邪？不疾而速，不行而至，任之者誰邪？皆是鬼神之情狀也。

《易》有意、象。立意皆所以明象，統下三者：有言象，不擬物而直言以明事；有像象，③擬

---

①「開」，衍義本作「鎖」。

②「洛」，原作「落」，「爲太」，原作「子雲」，據大全本改。

③「像象」，原作「象像」，據衍義本改。

一物以明意；有數象，七日八月三年十年之類是也。

《易》之數窮天地終始。①或曰：「天地亦有終始乎？」曰：「既有消長，豈無終始。天地雖大，是亦形器，乃二物也。」

《易》有内象，理致是也；有外象，指定一物而不變者是也。

在人則乾道成男，坤道成女。在物則乾道成陽，坤道成陰。

神無方而《易》無體。滯於一方則不能變化，非神也。有定體則不能變通，非《易》也。

《易》雖有體，體者，象也。假象以見體而本無體也。

一陰一陽之謂道。道無聲無形，不可得而見者也。故假道路之道而爲名。人之有行，必由乎道。一陰一陽，天地之道也。物由是而生，由是而成者也。

事無大小，皆有道在其間。能安分則謂之道，不能安分謂之非道。「顯諸仁」者，天地生萬物之功，則人可得而見也。所以造萬物，則人不可得而見，是「藏諸用」也。

正音律數行至于七而止者，以夏至之日出於寅而入於戌。亥子丑三時則日入于地而目無所見，此三數不行者，所以比於三時也。故生物之數亦然。非數之不行也，有數而不見也。

---

①「終始」，衍義本作「始終」。

月體本黑，受日之光而白。

水在人之身爲血，土在人之身爲肉。

經綸天下之謂才，①遠舉必至之謂志，并包含容之謂量。

六虛者，六位也。虛以待變動之事也。

有形則有體，有性則有情。

天主用，地主體。聖人主用，百姓主體。故「日用而不知」。

膽與腎同陰，心與脾同陽。心主目，脾主鼻。

陽中陽，日也。陽中陰，②月也。陰中陽，星也。陰中陰，③辰也。柔中柔，水也。柔中剛，火也。剛中柔，土也。剛中剛，石也。

法始乎伏犧，成乎堯，革於三王，極於五霸，絶於秦。萬世治亂之迹，無以逃此矣。

日爲心，月爲膽，星爲脾，辰爲腎，藏也。石爲肺，土爲肝，火爲胃，水爲膀胱，府也。

---

① 「天下」，大全本作「天地」。
② 「陽」，原作「陰」，據衍義本改。
③ 上「陰」，原作「陽」，據衍義本改。

《易》之生數一十二萬九千六百，總爲四千三百二十世，①此消長之大數。演三十年之辰數，即其數也。歲三百六十日，得四千三百二十辰。以三十乘之，得其數矣。凡甲子、甲午爲世首。此爲經世之數，始于日甲，月子，星甲，辰子。又云：「此經世日甲之數，月子、星甲、辰子從之也。」

鼻之氣目見之，口之言耳聞之，以類應也。

倚蓋之説，崑崙四垂而爲海。推之理則不然。夫地直方而静，豈得如圓動之天乎？

海潮者，地之喘息也。所以應月者，從其類也。十干，天也。十二支，地也。支干配天地之用也。動物自首生，植物自根生。自首生，命在首。自根生，命在根。

神者，《易》之主也，所以無方。《易》者，神之用也，所以無體。

循理則爲常。理之外則爲異矣。

風類水類，小大相反。

震爲龍。一陽動於二陰之下，震也。重淵之下有動物〔者〕，②豈非龍乎？

---

① 「三」原作「二」，「世」，原作「四」，據衍義本改。

② 「者」字，原脱，據衍義本補。

一、十、百、千、萬、億爲奇，天之數。十二、百二十、千二百、萬二千、億二萬爲偶，①地之數也。

天之陽在東南，日月居之。地之陰在西北，火石處之。

身，地也，本乎静。所以能動者，氣血使之然也。

火以性爲主，體次之。〔水〕以體爲主，②性次之。

陽性而陰情。性神而情鬼。

「起震終艮」一節，明文王八卦也。「天地定位」一節，明伏犧八卦也。八卦相錯者，明交錯而成六十四也。

「數往者順。」若順天而行，是左旋也。皆已生之卦也，故云「數往」也。「知來者逆。」若逆天而行，是右行也。皆未生之卦也，故云「知來」也。夫《易》之數，由逆而成矣。此一節直解《圖》意，若逆知四時之謂也。③

《堯典》：「朞三百六旬有六日。」夫日之餘盈也六，則月之餘縮也亦六。若去日月之餘十

① 「十二」原作「二十」，「萬二千」原作「萬二十」，據衍義本改。
② 「水」字，原脱，據衍義本補。
③ 「若」前，衍義本有「逆」字。

二，則有三百五十四，乃日行之數。以十二除之，則得二十九日。

五十分之則爲十。若三天兩之則爲六，兩地又兩之則爲四，此天地分太極之數也。天之變六。六其六得三十六，爲乾一爻之數也。積六爻之策共得二百一十有六，爲乾之策。六其四得二十四，爲坤一爻之策。積六爻之數共得一百四十有四，爲坤之策。積二篇之策，乃萬有一千五百二十也。

《素問》：「肺主皮毛，心脉，脾肉，肝筋，腎骨。」上而下，外而内也。「心血，腎骨」，交法也。交即用也。

《易》始于三皇。《書》始于二帝。《詩》始于三王。《春秋》始于五霸。

「乾爲天」之類，本象也；「爲金」之類，列象也。

《易》之首于乾坤，中于坎离，終于水火之交、不交，皆至理也。

天地並行則藏府配。四藏天，四府地也。

自乾坤至坎离，以天道也。自咸恒至既濟未濟，①以人事也。

太極一也，不動；生二，二則神也。

---

①「恒」，原作「常」，據衍義本改。

火生濕，水生燥。

神生數，數生象，象生器。

太極不動，性也。發則神，神則數，數則象，象則器。器之變，復歸於神也。

復至乾凡百有十二陽，①姤至坤凡八十陽。姤至坤凡百有十二陰，②復至乾凡八十陰。

乾，奇也，〔陽也，〕③健也，故天下之健莫如天。坤，耦也，陰也，順也，故天下之順莫如地，所以順天也。震，起也，一陽起也。起，動也。故天下之動莫如雷。坎，陷也，一陽陷於二陰。陷，下也。故天下之下莫如水。艮，止也，一陽於是而止也，故天下之止莫如山。巽，入也，一陰入二陽之下，故天下之入莫如風。离，麗也，一陰離於二陽，其卦錯然成文而華麗也。天下之麗莫如火，故又爲附麗之麗。兑，説也，一陰出於外而説於物，故天下之説莫如澤。

火内暗而外明，故离陽在外。火之用，用外也。水外暗而内明，故坎陽在内。水之用，用内也。「三天兩地而倚數」，非天地之正數也。倚者，擬也，擬天地正數而生也。④

人謀，人也。鬼謀，天也。天人同謀而皆可，則事成而吉也。

①② 「十二」原作「二十」，據衍義本改。
③ 「陽也」二字原脱，據衍義本補。
④ 此一節不見于衍義本、大全本。

湯放桀、武王伐紂而不以爲弑者，若孟子言「男女授受不親禮也，嫂溺則援之以手權也」。故孔子既尊夷、齊，亦與湯、武。夷、齊，仁也。湯、武，義也。唯湯、武則可，非湯、武是篡也。

諸卦不交於乾坤者，則生於否泰。否泰，乾坤之交也。乾坤起自奇偶，奇偶生自太極。

自泰至否，其間則有蠱矣。自否至泰，其間則有隨矣。

天使我有是之謂命。命之在我之謂性。性之在物之謂理。

變從時而便天下之事不失禮之大經，變從時而順天下之理不失義之大權者，君子之道也。

朔易之陽氣自北方而生，①至北方而盡，謂變易循環也。

春陽得權，故多旱。秋陰得權，故多雨。

元有二：有生天地之始，太極也；有萬物之中各有始者，生之本也。

五星之説，自甘公、石公始也。

天地之心者，生萬物之本也。天地之情者，情狀也，與鬼神之情狀同。

天有五辰，日月星辰與天而爲五。地有五行，金木水火與土而爲五。

有温泉而無寒火，陰能從陽而陽不能從陰也。

① 「之」，大全本作「以」。

有雷則有電，有電則有風。

木之堅，非雷不能震。草之柔，非露不能潤。

人智强則物智弱。

陽數於三百六十上盈，陰數於三百六十上縮。

人爲萬物之靈，寄類於走。走，陰也，故百有二十。

雨生於水，露生於土，雷生於石，電生於火。電與風同爲陽之極，故有電必有風。

莊子與惠子遊於濠梁之上，莊子曰：「鯈魚出游從容，是魚樂也。」此盡己之性能盡物之性也。非魚則然，天下之物皆然。若莊子者，可謂善通物矣。

莊子著《盜跖》篇，所以明至惡雖至聖亦莫能化，蓋上智與下愚不移故也。

魯國之儒一人者，謂孔子也。

老子，知《易》之體者也。

天下之事，始過於重，猶卒於輕；始過於厚，猶卒於薄。况始以輕，始以薄者乎？故鮮失之重，多失之輕；鮮失之厚，多失之薄。是以君子不患過乎重，常患過乎輕；不患過乎厚，常患過乎薄也。

莊子《齊物》，未免乎較量。較量則争，争則不平，不平則不和。

無思無爲者，神妙致一之地也。所謂「一以貫之」。聖人以此洗心，退藏於密。

當仁不讓於師者，進人之道也。

秦穆公伐鄭，敗而有悔過自誓之言，此非止霸者之事，幾於王道，能悔則無過矣。①此聖人所以録於《書》末也。

劉絢問無爲，對曰：「時然後言，人不厭其言。樂然後笑，人不厭其笑。義然後取，人不厭其取。」此所謂無爲也。瞽瞍殺人，舜視棄天下猶棄敝屣也，竊負而逃，遵海濱而處，終身訢然樂而忘天下。聖人，雖天下之大，不能易天性之愛。

文中子曰：「易樂者必多哀，輕施者必好奪。」或曰：「天下皆争利棄義，吾獨若之何？」子曰：「舍其所争，取其所棄，不亦君子乎？」若此之類，禮義之言也。「心迹之判久矣」，若此之類，造化之言也。

莊子氣豪。若吕梁之事，言之至者也。《盗跖》言事之無可奈何者，雖聖人亦莫如之何。《漁父》言事之不可强者，雖聖人亦不可强。此言有爲無爲之理，順理則無爲，强則有爲也。

金須百鍊然後精，人亦如此。

① 「過」，衍義本作「失」。

佛氏棄君臣父子夫婦之道，豈自然之理哉？「志於道」者，統而言之。志者，潛心之謂也。德者，得於己。有形故可據。①德主於仁，故曰依。

莊子曰：「庖人雖不治庖，尸祝不越樽俎而代之。」此「君子思不出其位，素位而行」之意也。

晉狐射姑殺陽處父，《春秋》書：「晉殺大夫陽處父。」上漏言也。君不密則失臣，故書「國殺」。

人得中和之氣則剛柔均。陽多則偏剛，陰多則偏柔。

人之爲道，當至於鬼神不能窺處，是爲至矣。作《易》者其知盜乎，聖人知天下萬物之理而一以貫之。

大羹可和，玄酒可灑，則是造化亦可和、可灑也。

有一日之物，有一月之物，有一時之物，有一歲之物，有十歲之物，至於百千萬皆有之。天地亦物也，亦有數焉。雀三年之物，馬三十年之物，凡飛走之物皆可以數推。人百有二十年之物。

太極，道之極也。《太玄》，道之玄也。太素，色之本也。太一，數之始也。太初，事之初也。其成功則一也。

---

①「可」，衍義本作「有」。

易地而處，則無我也。

陰者陽之影，鬼者人之影也。

氣以六變，體以四分。

以尊降卑曰臨，①以上觀下曰觀。

「毋意、毋必、毋固、毋我」，合而言之則一，分而言之則二。合而言之則二，分而言之則四。始於有意，成於有我。有意然後有必，必生於意。有固然後有我，我生於固。意有心，〔必先期〕，②固不化，我有己也。

記問之學，未足以爲事業。

智哉留侯，善藏其用。

思慮一萌，鬼神得而知之矣，故君子不可不慎獨。

「時然後言」，言不在我也。

學在不止。故王通云「没身而已」。

誠者主性之具，無端無方者也。

---

① 「降」，衍義本作「臨」。

② 「必先期」三字，原脱，據衍義本補。

附録

皇極經世系述

邵伯温

至大之謂皇，至中之謂極，至正之謂經，至變之謂世。大中至正，應變無方之謂道。以道明道，道非可明。以物明道，道斯見矣。物者，道之形體也。故善觀道者必以物，善觀物者必以道。謂得道而忘物則可矣，必欲遠物而求道，不亦妄乎？有物之大，莫若天地。然則天地安從生？道生天地，而太極者，道之全體也。太極生兩儀，兩儀生四象，四象生而後天地之道備焉。立天之道曰陰與陽，立地之道曰柔與剛，陰陽變於上而日月星辰生焉，剛柔化於下而水火土石成焉。日月星辰成象於天，水火土石成體於地。象動於上而四時生焉，體交於下而萬物成焉。時有消長盈虚，物有動植飛走。消長盈虚者，時之變也；動植飛走者，物之類也。時以變起，物以類應，時之與物有數存焉。數者何也？道之運也，理之會也，陰陽之度也，萬物之紀也，定於幽而驗於明，藏於微而顯於著，所以成變化而行鬼神者也。道生一，一爲太極，一生二，二爲兩儀，二生四，四爲四象，四生八，八爲八卦，八生六十四，六十四具而後天地萬物之道備矣。天地萬物莫不以一爲本，原於一而衍之以爲萬，窮天下之數而復歸於一。一者何也？天地之心也，造化之源也。日爲元，元者氣之始也，其數一。月爲會，會者數之交也，其數十二。星爲運，運者時之行也，其數三百六十。辰爲世，世者變之終也，其數四千三百二十。觀一歲之數，則一元之數覩矣。以大運而觀一元，則一元，一歲之大者也。以一元而觀一歲，則一歲，一元之小者也。一元統十二會三百六十運四千三百二十世，歲月日時各有數焉。一歲統十二月三百六十日四千三百二十時，刻分毫釐，絲忽眇没，亦有數焉，皆統於元而宗於一，終始往來而不窮。在天則爲消長盈虚，在人則爲治亂興廢，皆不能逃乎數也。太陽爲日，太陰爲月，少陽爲星，少陰爲辰，太剛爲火，太柔爲水，少剛爲石，少柔爲土。陽之數十，陰之數十二，剛之數十，柔之數十二。太陽少陽太剛少剛之本數凡四十，太陰少陰太柔少柔之本數凡四十有八。四而因之，得一百六十，是謂太陽少陽太剛少剛之體數；得一百九十有二，是謂太陰少陰太柔少柔之體數。以陰陽剛柔之體數互相進退，是謂太陽少陽太剛少剛太陰少陰太柔少柔之用數。太陽少陽太剛少剛之用數一百一十二，太陰少陰太柔少柔之用數一百五十二。以陰陽剛柔之用數更唱迭和，各得萬有七千二十四，是謂日月星辰水火木石變化之數。日月星辰之變數，水火土石之化數，是謂動植之數。以日月星辰水火土石變化之數再相唱和，得二萬八千九百八十一萬六千五百七十六，是謂動植之通數。本數者，數之始也。體數者，數之成也。用數者，數之變也。致用則體數退矣，體數退則本數藏矣。體退而本藏，則變化見矣。變化者，生生不窮之謂也。有數則有物，數盡則物窮矣。有物則有數，物窮則數盡矣。然數無終盡，數盡則復。物無終窮，物窮則變。變故能通，復故能久。日月星辰，變乎暑寒晝夜者也。水火土石，化乎雨風露雷者也。暑寒晝夜，天之變而唱乎地者也。雨風露雷，地之化而和乎天者也。一唱一和，而後物生焉。暑寒晝夜，變乎性情形體者也。雨風露雷，化乎走飛草木者也。性情形體，本乎天而感乎地者也。走飛草木，本乎地而應乎天者也。一唱一和一感一應者，天地之道萬物之情也。凡在天地之間，蠻夷華夏，皆人也。動植飛走，皆物也。人各有品，物各有類。品類之間，有理有數存焉。推之於天地，而後萬物之理昭焉。賾之於陰陽，而後萬物之數覩焉。天地有至美，陰陽有至精。物之得者，或粹或駁，或淳或漓。故萬物之類或巨或細，或惡或良，或正或邪，或柔或剛，皆其自取之也。至於聲色形氣，各以其類而得焉，可考而知。聲音爲甚，聲者陽也，而生於天，音者陰也，而出乎地。知聲音之數，而後萬物之數睹矣。知聲音之理，而後萬物之理得矣。人之有類，亦猶物之有類也。人類之數，亦猶物類之數也。備天地兼萬物而合德於太極者，其惟人乎！日用而不知者，百姓也。反身而誠之者，君子也。因性而由之者，聖人也。故聖人以天地爲一體，萬物爲一身，善救而不棄，曲成而不遺，以成能其中焉。生物之道，天類屬陽，地類屬陰。陽爲動，陰爲植。陽之陽爲飛，陰之陰爲走。動而飛者親上，走而植者親下。天有至粹，地有至精。人類得之，則爲明哲。飛類得之，則爲鸞鳳。走類得之，則爲麒麟。介類得之，則爲龜龍。草類得之，則爲芝蘭。木類得之，則爲松栢。石類得之，則爲金玉。萬物莫不以其類而有得者焉。天有至戾，地有至幽。人類得之，則爲妖孽。飛類得之，則爲梟鴆。走類得之，則爲虎狼。介類得之，則爲虺蜴。草類得之，則爲至毒。木類得之，則爲不材。石類得之，則爲礓礫。萬物亦莫不以其類而有得者焉。致治之世，則賢人衆多，龜龍游於沼，鳳凰翔於庭，天降甘露，地出醴泉，百穀用成，庶草蕃廡，順氣之應也。衰亂之世，則反此，逆氣之應也。逆順時者天也，事者人也。時動而事起，天運而人從，猶形行而影會，聲發而響應歟。時行而不留，天運而不停，違之則害，逆之則凶。故聖人與天並行而不逆，與時俱逝而不違。是以自天祐之，吉無不利。時不能違天，物不能違時，聖人不能違物。時不能違天，故天運而必變。物不能違時，故時變而必化。聖人不能違物，故物化而必順。聖人惟不能違物，故天亦不能違聖人。是以先天而天弗違，後天而奉天時。天之時由人之事乎，人之事由天之時乎！興事而應時者，其惟人乎。有其時而無其人，則時不足以應。有其人而無其時，則事不足以興。有其人而無其時，則有之矣。有其時而無其人，蓋未之有也。故消長盈虛者，天之時也。治亂興廢者，人之事也。有消長盈虛，而後有春夏秋冬，有治亂興廢，而後有皇帝王伯。唐虞者，其中天而興乎？堯舜者，其應運而生乎？何天時人事之相驗歟？先之者則未之或至，後之者則無以尚之，其猶夏之將至、日之向中乎。故聖人删《書》斷自唐虞，時之盛也。修經始於周平，道之衰也。故聖人懼之，以二百四十二年之事繫之以萬世之法。法者何也？君臣父子夫婦人道之大倫也。性之者聖人也，誠之者君子也，違之者小人也，亡之者禽獸也。興之則爲治，廢之則爲亂，用之則爲帝王，舍之則爲亂賊。微聖人之生，《春秋》之作，則天下後世之人其亂賊接踵矣。《春秋》，有天道焉，有地道焉，有人道焉。王者舉而用之，則帝王之功豈難致哉！

（録自清王植《皇極經世書解》卷八）

皇極經世觀物外篇衍義

張行成

卷一　觀物外篇上之上

先生詩云：「若無揚子天人學，安有莊生内外篇。」以此知《外篇》亦是先生之文，門人蓋編集之爾。

天數五，地數五，合而爲十，數之全也。天以一而變四，地以一而變四。四者有體也，而其一者無體也，是謂有無之極也。天之體數四而用者三，不用者一也。地之體數四而用者三，不用者一也。是故無體之一以況自然也，不用之一以況道也，用之者三以況天地人也。

天數五，地數五。以奇偶言，則一三五七九爲天，二四六八十爲地。以生成言，則一二三四五爲天，六七八九十爲地。故曰：「數之全也。」天生乎動，得太極之奇。一氣之動静始終，分而爲陽陰太少，故曰「天以一而變四」也。地生乎静，得太極之偶。一氣之静動始終，分而爲柔剛太少，故曰「地以一而變四」也。太陽爲日，太陰爲月，少陽爲星，少陰爲辰。以成天體，四時行焉。太極之奇，退藏四者之間而不自見，所以日月星辰與天而五，除日月星辰則無天，故曰「四者有體，一者無體」也。太柔爲水，太剛爲火，少柔爲土，少剛爲石。以成地體，四維具焉。

太極之偶，退藏四者之間而不自見，所以水火土石與地而五，除水火土石則無地，故曰「四者有體，一者無體」也。日月星辰，天之體盡矣。水火土石，地之體盡矣。八象既全，萬物咸備。是謂有之極者，謂天地之四也。天以奇變四，四成則一退居五。地以偶變四，四成則二退居十。是以一統四，除四無一。是謂無之極者，謂天地之一也。大抵太極居一，萬化之本。功成藏密，用故不窮。雖天地之大，亦須藏一。惟數無定象，隨理圓通，故或指一爲一，或指五爲一，或指十爲一。指一爲一者，原天地之始生也。指十爲一者，總天地之既成也。指五爲一者，分天分地各以一而變四，故揚雄謂「五五爲土」也。然言五者，必歸之天。言十者，必歸之地。五當爲無之極，十當爲有之極。五爲太虚沖氣，十爲大物元形。有之極亦曰無者，除四無一也。天之體數四不用者一，故天辰不見。地之體數四不用者一，故地火常潛。天有四時，冬不用。地有四方，北不用。人有四體，背不用。雖不用，而用以之生。故無體之一以況自然，不用之一以況道。用之者三，以況天地人。「人法地，地法天，天法道，道法自然。」生出之序，由乎自然之理也。凡物未生之初，必因無體之一以爲本。既生之後，當存不用之一以爲本。不用之一即無體之一，降而在我者也。人皆有之，賢者能勿喪爾。是故一止不動則三用無窮。揚子雲以北爲玄而統三方，以三方爲天地人，北方有罔有冥，亦五數也。冥當不用之一，三者之所息藏乎密也。罔當無體之一，四者之所生出乎虚也。冥終罔始，息而復生，有本者如是也。二者皆係乎北，別之則冥當爲北，罔當爲中。天之中在北，是爲辰極，萬物之所生也。故水土同包，元胃相養。而以數言之，一即五，五即一。是故陽用雖一，裂之則三。陰體雖兩，通之則一也。

體者八變，用者六變。是以八卦之象，不易者四，反易者二，以六卦變而成八也。

老陽九，少陽七，共十六。少陰八，老陰六，共十四。陽與陽偶，失之太過。陰與陰偶，失之不及。九而六、七而八皆成十五者，太極三五之中也。九六七八，是謂四象。九六之數各止一變，揲蓍數。故乾一坤一爲二也。七八之數一少一壯一究，陰陽各有三變，故男三女三爲六也。是謂八卦。六變之中止有四變，其二變大同小異，故六卦反復視之，亦共四卦而已。不易者四，乾坤坎離。反易者二，震巽艮兑。體有八而用有六，卦有八而爻有六，所以天統乎體則八變而終于十六，地分乎用則六變而終于十二也。此造化之端倪，天地之妙用也。

重卦之象，不易者八，反易者二十八，以三十六變而成六十四也。

十者形之一，一之數至十而後足。十者坤之一，而百者坤之十也。《卦數圖》坤之位上得三十六、下得六十四者，體用足乎百數也。易者變也，足則無變矣。故百數之中以六十四爲卦體，十之八也。以三十六爲爻用。八之六也。六十四卦反復視之，三十六卦而已，此則八中藏六，體中藏用也。三十六者，四九也。二十八者，四七也。天道盈于七而極于九，極則退變。故乾雖用九，《易》不用九而用七。其三十六卦之中，不變者八，變者二十八。變者反復視之乃爲五十六用，此則九中藏七，用之中亦以體藏用也。以體藏用，用必存本，每使有餘以爲變化之地。是故自六十四而言，常有二十八不用。自三十六而言，常有八數不變也。《易》用七者，著自七起，從天盈數。每一卦重爲八卦凡七變，自乾之六畫至坤之十二畫凡七數，故一卦六爻直六日七分而成七日也。

故爻止于六，卦盡于八，策窮于三十六，而重卦極于六十四也。卦成于八，重于六十四，爻成于六，策窮于三十六，而重于三百八十四也。

爻止于六，用者六變也。卦盡于八，體者八變也。策三十六者，六六也，用自變也。卦六十四者，八八也，體自變也。爻重于三百八十四者，六十四卦各用六也。用因體變，體用合一。如四時，各用三月也。《周易》上經三十，下經三十四，反復視之，各十八卦。此三十六卦成六十四卦之理，自漢以來，未有言之者，而文王、孔子實先示之，觀上下經用卦與所分陰陽之數則可知矣。《太玄》、《潛虛》或以四十五變八十一，或以五十五變一百，其數亦然，而用各不同。

天有四時，一時四月，一月四十日，四四十六而各去其一，是以一時三月，一月三十日也。四時，體數也。三月、三十日，用數也。體雖具四，而其一常不用也。故用者止于三而極于九也。體數常偶，故有四有十二。用數常奇，故有三有九。

用止于三，故四時八節用皆以三變。以十爲一曰旬，三旬而一月，九旬而一時，三十六旬而四時畢矣。以五爲一曰候，三候而一氣，九候而一節，七十二候而八節周矣。四時者天包地，故以十數。八節者分天地，故有五數。天地相偶，乃有八體。分至屬天，四立屬地也。體數有四、有十二者，四時、十二月也。用數有三、有九者，三月、九十日也。蓋十者一之足數，六十四卦析一爲十得六百四十，以應天之四時。時當有四月，月當有四十日，四四十六各去其一，每時三月已。先去其四月之數一百六十，所餘四百八十，則四十八之析，故八卦之爻四十有八也。每月三旬，又再去其十二旬之數一百二十，所餘三百六十，則三十六之析，故老陽之策三十有六也。大率皆天三地四、四爲體三爲用之理也。一年分爲四時，析一爲四，成體之全也。一時分三月，三月分九十日，三三而九，致用之極也。凡數，皆祖乎大衍。細究揲蓍之法之理，則先生之言爲不誕矣。說具《述衍》中。

大數不足而小數常盈者，何也？以其大者不可見而小者可見也。故時止乎四，月止乎三，而日盈乎十也。是以人之肢體有四而指有十也。

月止于三，孟仲季也。三月而時革，故不曰十二月也。日盈乎十者，甲乙丙丁戊己庚辛壬癸也，故一旬十日。大者不足，天地數也。小者常盈，人物數也。大者不可見，小者可見，故年包乎時，除時無年。時包乎月，除月無時。月包乎日，除日無月。大者統，而小者分也。

天見乎南而潛乎北，極于六而餘于七。是以人知其前，昧其後，而略其左右也。

周天三百六十五度，南北各分其半。北極出地三十六度，餘則皆潛。南極入地三十六度，餘則皆見。天與人皆背北面南，故南見北潛也。用數三，成于六，兼餘分，故有七也。

天體數四而用三，地體數四而用三。天克地，地克天，而克者在地，猶晝之餘分在夜也。是以天三而地四，天有三辰，地有四行也。然地之大舊本作火。且見且隱，其餘分之謂耶？

日十二時，晝夜各半。昏曉之際雖名陰陽相侵，而皆爲晝之餘分，則所侵者實在夜也。天地相克之數亦然。餘分本地數，故以火況之，實不及一分，故火且見且隱。天之辰全不見，地之火半見半隱，故曰「天有三辰，地有四行」，合之則七也。

乾七子，兑六子，離五子，震四子，巽三子，坎二子，艮一子，坤至陰，故無子。乾七子，坤六子，兑五子，艮四子，離三子，坎二子，震一子，巽剛，故無子。

自「乾七子」至「坤無子」者，以乾爲主而言也。自「乾七子」至「巽無子」者，以坤配乾而言也。共五十六子，則用卦之數也。自爻而言，一卦六爻，總三百三十六，則八變之體數也。自數而言，一卦九數，總五百有四，則十二變之用數也。以乾爲主者，天數也。以坤配乾者，地數也。體用之變，半以前則屬乎天，半以後則分于地也。坤、巽無子者，天以陽爲德，陰過者窮，地以柔爲質，剛過者窮也。天地之體四，用者三，不用者一。天兼餘分，不過乎七。自陰陽言之，則震、巽不用，故爲無策。自一陽言之，則坤、震不用，故爲無數。自天地言之，則坤、巽不用，故爲無子。以功成無爲而言，則乾坤退藏，六子用事，故文王八卦以乾坤居不用之位也。詳解具《通變》圖中。

天有二正，地有二正，而共用二變以成八卦也。天有四正，地有四正，共用二十八變以成六十四卦也。是以小成之卦正者四，變者二，共六卦也。大成之卦正者八，變者二十八，共三十六卦也。乾坤離坎爲三十六卦之祖也，兑震巽艮爲二十八卦之祖也。

天二正，乾離。地二正，坤坎。二變者，天用兑震，地用艮巽。天四正兼頤、中孚；地四正兼大、小過。二十八變者，餘二十八卦反復爲五十六卦也。小成八卦，大成六十四卦。二正共一變者，一變而三，并之則四體也。二正共七變者，三變而九，并之則十六體也。乾坤坎離爲三十六卦之祖，體之祖也。艮震巽兑爲二十八卦之祖，用之祖也。故《周易》上經用乾坤坎離，下經用震巽艮兑也。

乾坤七變，是以晝夜之極不過七分也。艮兑六變，是以月止于六，共爲十二也。離坎五變，是以日止于五，共爲十也。震巽四變，是以體止于四，共爲八也。

乾爲日，主年。兑爲月，主月。離爲星，主日。震爲辰，主時。辰，天體也。故七變以求年，六變以求月，五變以求日，而四變以求體，先天本以乾兑離震主日月星辰，而兼坤艮坎巽者，天四變含地四變也。先天以偶卦當月之十二，奇卦當日之三十。每兩卦得六七四十二，共爲天之一變。七變者二百九十四，六變者二百五十二，五變者二百一十，四變者一百六十八也。卦以一卦爲一變者，六辰也。七六五四之變共四十四卦二百六十四爻，則實用之數也。七卦之爻四十二，六卦之爻三十六，五卦之爻三十，四卦之爻二十四，各隨天而用七變焉。然後與兩卦當一變之數合者，日月與卦變大小之用不同，卦變屬物，日月之變屬天也。

卦之正、變共三十六，而爻又有二百一十六，則用數之策也。三十六去四則三十二也，又去四則二十八也，又去四則二十四也。故卦數三十二位，去四而言之也。天數二十八位，去八而言之也。地數二十四位，去十二而言之也。四者，乾坤離坎也。八者，并頤、中孚、大、小過也。十二者，并兑、震、泰、既濟也。

卦之正、變共三十六，每卦六爻則二百一十六爻。揲蓍法乾之策二百一十六，坤之策一百四十四，共三百六十。陽主用，故二百一十六爲用數之策，并爻與卦得二百五十二，爲用數之用也。三十六者，老陽四九，乾之策數也。去四則少陰四八，巽離兑之策數也。又去四則少陽四七，震坎艮之策數也。又去四則老陰四六，坤之策數也。卦數三十二位者，《先天圖》六十四卦分爲左右，左爲天，右爲地，每方三十二卦，故應去四之數也。乾坤坎離四卦不變，與太極並存。卦之去四以當蓍之去一，故卦之位不用也。天數二十八位者，《先天圖》天自益以下、地自豫以下爲無數，每方有數二十八，故應去八之數也。震巽艮兑肖乾坤坎離則爲頤、中孚、大、小過，亦常存而不變，故天之位不用也。地數二十四位者，每方四位，不用者一，用之者三，每位八卦三位二十四卦，故應去十二之數也。兑與巽、震與艮、泰與否、既濟與未濟，皆反復互用之卦，兑、震、泰、既濟屬天，故地之位不用也。三十二卦而四卦入于無。四體而一不用者，天地所同。然二十八者屬之天，二十四者屬之地，豈非「天數七，地數六，天兼餘分」之謂耶？夫去乾坤坎離爲三十二位，通反對數則六十卦而已。老陽三十六位，通反對數則六十四卦而已。是故地數二十四偶之而四十八，天數二十八偶之而五十六，皆爲實數。乃若三十二位偶之而六十四，于六十卦之外虚加四卦，二十四策通三百八十四者，應二十四氣之閏數也。三十六卦偶之而七十二，于六十四卦之外又虚加八卦，四十八策通四百三十二者，應七十二候之閏數也。是故六當地，七當天，八當坤，九當乾。天地爲實，乾坤爲虚。天地有窮，乾坤無極也。日有八位而用止于七，去乾而言之也。月有八位而用止于六，去兑而言之也。星有八位而用止于五，去離而言之也。辰有八位而用止于四，去震而言之也。

日月星辰各備八卦之數，故有八位。存本而用用，其用每減者，上得兼下，下不得兼上，貴賤之等也。日七位，其數百三十三。月六位，其數一百二十。星五位，其數一百五。辰四位，其數八十八。與七六五四之變理同而數異，變以天爲主，位以地爲主也。日月星辰或用四位，或用八位，何也？用四位者，四四而十六，主陰陽而言，蓋天之變也。用八位者，八八而六十四，兼剛柔而言，蓋地之物也。變在天而分于兩地，物在地而宗于一天。十六位者，用十五位爲五變。總二百七十數餘乾之一不用，以當九十，散則爲辰數也。六十四位者用四十四位，得數四百四十六，則四百五十而虚四，餘二十位不用，得數百三十，則一百二十六而盈四也。餘詳解具《通變》圖中。

日有八位而數止于七，去泰而言之也。

日去泰則月當去損，星當去既濟，辰當去益，舉一隅也。以《先天方圖》觀之，其位與數皆可見矣。

月自兑起者，月不能及日之數也，故十二月常餘十二日也。

日起于一者，乾也。月起于二者，兑也。月不及日之數，故日一年三百六十六日，月一年三百五十四日也。兑艮六變，月之用數也。易之變，兩卦共四十二，兑艮變數當得二百五十二，而數止用百二十、偶之而二百四十者，亦餘十二日也。餘十二日者，日一年盈六日，月一年縮六日，共十二日以爲閏。

乾，陽中陽，不可變，故一年止舉十二月也。震，陰中陰，舊本作陽。不可變，故一日之十二時不可見也。兑，陽中陰，離，陰中陽，皆可變，故月日之數可分也。是以陰數以十二起，陽數以三十起，而常存二、六也。

乾位奇中奇，震位偶中偶，陰陽純，故不可變。兑位奇中偶，離位偶中奇，陰陽雜，故可變。不可變則不可分，可變則可分也。故日月爲易。月一變十二，日一變三十，共四十二，爲天一變之數也。十二、三十，其法以三因、二因而算之。二因者二六，故十二。三因則進位，故三十也。陰數起十二者，以月數起也。陽數起三十者，以日數起也。如一元十二會，一會三十運，一運十二世，一世三十年。陰偶數，常自十二起者，得太極之二而二六也。陽奇數，常自三十起者，得太極之三而三十也。陰二而二六者，六用數、地分乎用也。陽三而三十者，十全數、天統其全也。亦「三天兩地而倚數」之義也。《皇極經世》因數法以二因者，加十二而常終于二數。以三因者，加三十而常終于六數。累至于溝澗正載，莫不皆然。月之自變二而四矣，必反于二。日之自變六而八矣，必反于六。故曰常存二、六。二、六者，日月相錯，天變之本數也。此法亦如河圖奇偶之數，以三以二而數，累至無極而終不失其本。信乎，數之不可逃也。

舉年見月，舉月見日，舉日見時，陽統陰也。是天四變含地四變，日之變含月與星辰之變也。是以一卦含四卦也。

尊統乎卑，大統乎小，是故陽統乎陰。陰則分陽數而已，分年爲月，分月爲日，分日爲辰。天四變含地四變者，乾兑離震包巽坎艮坤也。所以元會運世十六位止用日月星辰。律吕之數則兼水火土石之四變，而先天運數分用其半也。日之變含月與星辰之變者，乾包兑離震也。所以十六位之中，元之會運世、十二與三百六十與四千三百二十之數，實爲會運世之元也。一卦含四卦者，乾兑離震巽坎艮坤之變，四卦互相爲用也。故六畫之卦，中爻互體，復含三畫二卦，與上下一體則四卦也。皆陽統乎陰之義。

日一位，月一位，星一位，辰一位。日有四位，月有四位，星有四位，辰有四位。四四十有六位。盡此一變而日月之數窮矣。「此一變」上原脱二「盡」字。

自日之日至日之辰，自辰之日至辰之辰，凡十六位。每三位五十四爲一變，五變而二百七十。辰之辰得一千八百六十六萬二千四百爲世之世。每世三十辰得二日半，則四千六百六十五萬六千日者，大畜一元之日數也。「盡此一變而日月數窮」者，體數之用二百七十，地以四體分天三用也。十六位之中猶有一焉。正一無盡，以當九十，爲不用之一，則以天辰不見，去其辰數也。故算法用算二百七十一枝。

天有四變，地有四變。變，有長也，有消也。十有六變而天地之數窮矣。

天以震離兑乾爲長，巽坎艮坤爲消，地則反是。一長一消共十六變，此分天分地，各以八卦之位而言變也。蓋月一變十二，日一變三十，共得四十二爲一變，則一卦變七卦之爻數也。一卦重爲八卦，得四十八爻，去一用七者，存本而言，所謂地上之數起于二，故六十四卦止用五十六卦者，八七也。天地十六變共六百七十二，分消長而數各三百三十六，即五十六用卦之爻數也。若乃天統乎體，八變而終于十六，以乾爲主，自天而行，兩卦當一變，則同人當乎八變，姤當乎十六變。比卦位之數四之一者，天一則地四也。別而言之，天統乎體，地分乎用。合而言之，則天地皆有體用也。

日起于一，月起于二，星起于三，辰起于四。引而伸之，陽數常六，陰數常二，十有二變而大小之運窮矣。「陰數常二」下原脱「十有二變」一句。

日起于一者，起一元也。月起于二者，起十二會也。星起于三者，起三百六十，則運數也。辰起于四者，起四千三百二十，則世數也。此以運行變數而言，當乾、夬、大有、大壯四卦之數。引而伸之，陽數常六，則小畜之年數也。陰數常二，則需之月數也。運數在天，故常六、常二。自小畜至臨，六變得二百五十二。自同人至震，又六變得五百有四。所謂地分乎用，六變而終于十二，此大小運極數也。故曰大小之運窮矣，體數有十六變而運數十二變，用者三，不用者一也。

三百六十變爲十二萬九千六百。

三百六十者，乾之五爻分而爲大有之數，則一元之運數也。十二萬九千六百者，乾之四爻分而爲小畜之數，得三百六十之三百六十，則一元之年數也。

十二萬九千六百變爲一百六十七億九千六百一十六萬。

一百六十七億九千六百一十六萬者，乾之三爻分而爲履之數，得十二萬九千六百之十二萬九千六百，則元之元也。

一百六十七億九千六百一十六萬變爲二萬八千二百一十一兆九百九十萬七千四百五十六億。

二萬八千二百一十一兆九百九十萬七千四百五十六億者，乾之二爻分而爲同人之數，得一百六十七億九千六百一十六萬之一百六十七億九千六百一十六萬，則元之元之元之元。存一與十二之外，天之第四變也，此分數也。分大爲小，乾道運行，散爲萬物。四變當乾之中爻即坎離，用四位生物之數也。夫乾之分數六爻，大小運數去初上而不用者，六而用四也。同人之數分爲十二會，而用數之用以開物八會爲主者，亦六而用四也。是故八卦用六爻者，四而用三主天，而用則乾坤主之。六爻用四位者，三而用二主地，而用則坎離主之也。

以三百六十爲時，

此立時數，時即世也。一爲一杪，十二杪爲一分，三十分計三百六十杪爲一時。若以時當世，一世三十年，計三百六十月，則三百六十之數一當一月矣。

以十二萬九千六百爲日，

此立日數，日即運也。自一而進積三十以當一杪，十二杪計三百六十當一分，三十分計一萬八百得三百六十杪當一時，十二時計一十二萬九千六百得四千三百二十杪當一日。若以日當運，一運三百六十年計一十二萬九千六百日，則一十二萬九千六百之數一當一日矣。

以一百六十七億九千六百一十六萬爲月，舊本脱自「一十六萬爲月」至「十二萬九千六百爲日」一節。

此立月數，月即會也。自十而四進積十二萬九千六百以當一杪，十二杪計一百五十五萬五千二百當一分，三十分計四千六百六十五萬六千當一時，十二時計五億五千九百八十七萬二千當一日，三十日計一百六十七億九千六百一十六萬當一月。若以月當會，一會一萬八百年計四千六百六十五萬六千時，每時三十分計一十三億九千九百六十八萬分，每分十二杪計一百六十七億九千六百一十六萬杪，則一百六十七億九千六百一十六萬之數一爲一杪矣。

以二萬八千二百一十一兆九百九十一①萬七千四百五十六億爲年，

此立年數，年即元也。自三十而十進積一會一萬八百之元之元以當一杪，十二杪計十二會十二萬九千六百之元之元當一分，三十分計三十元之元之元當一時，十二時計三百六十元之元

① 「九十」，此下原有「一」字，四庫本同，據上文删。後同。

之元當一日，三十日計一萬八百元之元之元當一月，十二月計十二萬九千六百元之元之元當一年。若以年當元，一元十二萬九千六百年計五億五千九百八十七萬二千時，一百六十七億九千六百一十六萬分，二千一十五億五千三百九十二萬杪。每杪得一十三億九千九百六十八萬，則二萬八千二百一十一兆九百九十萬七千四百五十六億當二千一十五億五千三百九十二萬杪矣。故先生以一十三億九千九百六十八萬爲一年以當一杪，十二杪計一百六十七億九千六百一十六萬以當一分，每一百六十七億九千六百一十六萬杪以進三十運計一萬八百年，即當一十三億九千九百六十八萬分也。以分于一萬八百年之間，每年得四千三百二十時，計一十二萬九千六百分，而一百五十五萬五千二百杪矣。天之一時得三十分，每分得十二杪，每杪當一年計三百六十年。每年得一十三億九千九百六十八萬，則三百六十杪計五千三十八億八千四百八十萬者，物之分數也。先生不立杪之名者，天之長數以乾爲元，自夬四變凡一百六十八，至履爲分而止。若消數復以履爲元，自兑四變亦一百六十八，至同人爲分而止也。

則大小運之數立矣。

立大小運數者，以明用也。體數有三百八十四而用數止于三百六十，體數之用有二百七十而用數之用止于二百五十二，所以一元十二會有三百六十運，而開物八會止用二百四十運，加閏數不過二百五十二也。自一至極天地之大數十六，乾當一，坤當二，載總六十四卦之變得其十五。而此運數用止于七者，用其天數也。蓋天變嬴于七，物數盈于兆，是故謂天子之民爲兆民也。後天之數五，則《易》二篇之策，其用至萬物。先天之數七，則《經世》大小運之數，其用至兆物也。自一至萬兆大數則七，細别之則二十一，蓋三七之變也。其起運之法用《卦氣圖》，天而地也。觀物之法用《律吕圖》，地而物也。會分十二，位分十六。在天，有生物之時。在地，有生物之數。元會運世得數之多寡不同，故一十百千萬億兆有七等之物，不同也。二者，天地萬物之數、歷律之數也。

二萬八千二百一十一兆九百九十萬七千四百五十六億分而爲十二，前六限爲長，後六限爲消，以當一年十二月之數，而進退三百六十日矣。

此當以元經會之數也。十二月即十二會，三百六十日即三百六十運。以元之元數爲一分，每會得一萬八百元分，每運得三百六十元分，總一元之分數計得十二萬九千六百元之元之元。陽三百六十爲進，陰三百六十爲退，三百六十乃成七百二十矣。陰陽之分在年則以消長，在月則以朓朒，在日則以晝夜而分也。

一百六十七億九千六百一十六萬分而爲三十，以當一月三十日之數，隨大運消長而進退六十日矣。

此當以會經運之數也。一月三十日，即一會三十運也。自月言之，朓朒分用一進一退消長各數，則成六十運。自日言之，晝夜又分用一進一退朓朒各數，則一月之數成百二十日，一會之數成百二十運也。

十二萬九千六百舊本脱至此。分而爲十二，以當一日十二時之數，而進退六日矣。

此當以運經世之數也。以元經會則年卦月卦會，經運則氣卦候卦運，經世則日卦時卦之數也。一日十二時，即一運十二世也。一爲一秒，十二秒爲一分，三十分爲一時。總一日得四千三百二十秒，十二萬九千六百則三十日之秒也。積一運之年凡得五億五千九百八十七萬二千秒，則泰之數也。曰「進退六日」者，舉一變之數也。以日當年則六日爲六年，進之而六十年。在小運爲十變，在大運爲一變。蓋天道以六而變，必有餘分。小則六日者，歷六辰也。大則六十年者，甲子、甲午各一世也。是故大運六十年而一變者，五運之數也。小運六年而一變者，六氣之數也。自五運言之，天始于甲臨于子，地始于己臨于卯。甲己之間，中見土運。土金水木火，以次相傳。天終于癸亥，地終于戊寅。別而言之，各有六、十，合而言之，共爲六十也。如是，六變而一周天矣。自六氣言之，天始于子而終于巳，地應之則始于卯而終于申；天始于午而終于亥，地應之則始于酉而終于寅。司天司地，通爲六氣，別之則十二而二十四，合之則十二而六也。如是六十變，亦一周天矣。是故大運以六十而變，六變通餘分得三百六十六；小運以六而變，六十變通餘分亦成三百六十六也。

三百六十以當一時之數，隨小運之進退，以當晝夜之時也。

一時即一世。自時言之，則三百六十爲秒數。自世言之，則三百六十爲月數也。三百六十月，則一世之年矣。當晝夜之時則一時成二時，一時得百八十秒，積一日實得二千一百六十秒者，分用其半也。曰「隨大運之消長」者，子以後六月爲長，午以後六月爲消。「隨小運之進退」者，子以後六時爲進，午以後六時爲退。大運有消長、進退，小運有進退，無消長。消長者，進退之積也。

十六變之數，去其交數，取其用數，得二萬八千二百一十一兆九百九十萬七千四百五十六億。

天統乎體，八變而終于十六。月之變十二，日之變三十，凡四十二共爲一變。天起于一，去乾而數自夬而行，八變三百三十六得十六卦至同人，又八變十六卦至姤，則地之交數也。同人之數即二萬八千二百一十一兆九百九十萬七千四百五十六億也。

分爲十二限，前六限爲長，後六限爲消，每限得十三億九千九百六十八萬之一百六十七億九千六百一十六萬。

自子至巳爲長，自午至亥爲消，此盡舉一年之數，包退數、閏數在其間矣。若月日，則消長之中各有進退也。

每一百六十七億九千六百一十六萬年，

元會運世年，天之五也。月日時分杪，地之五也。元以年爲年，會以月爲年，運以日爲年，世以時爲年，年以分爲年，月以杪爲年。月之一杪當元之一年，故稱杪爲年。此即一百六十七億九千六百一十六萬之一十三億九千九百六十八萬也。每年當一十二萬九千六百會，每月當一萬八百會，每日當三百六十會，每時當三十會。總百六十七億之數得十二年爲十二杪也。

開一分，進六十日也。六限開六分，進三百六十日也。

總一元之數析爲十二大分，一大分則十三億九千九百六十八萬之一百六十八萬之一百六十七億九千六百一十六萬也。以進六十日，則每日開落一百八十元。分于全數止用其半者，分其半以爲退數也。元會運世體四用三。元之用至世，會之用至年，運之用，至月而止。故此分數用至月之年，若自泰之辰數，復爲元而起至同人之數，亦當月之年也。

猶有餘分之一，故開七分，進三百六十六日也。

天以六變，故《象圖》天卦去乾坤坎離，餘三百六十爻以當天之用數。天實有三百六旬六日，故每卦六爻當六日，必加餘分焉，亦《後天卦氣圖》六日七分之法也。餘分亦當一日六十卦，則餘六十矣。總餘分之用雖實得六日，計浮數之名則虛加十倍。故先生立大運之數，正數以六十日得一分，而閏數以六日得一分也。閏數之分一萬八百元之元之元得六十運之數。先生但云「六日」者，實數則六運故也。地之承天，析一爲四。故在《卦氣圖》則分于二十四氣，中盈朔虛各十二，而有二十四運也。夫十六變之數，用數當十二會，則交數亦當十二會。大運進數兼閏用七會，則退數亦當七會，通之爲十四會，則交數之中侵其二會矣，所謂陽侵陰也。二十四而用十四者，十二分用七也。小運十二萬九千六百而用九萬七百二十者，十分用七也。蓋十用七者，主十日而用天之用也。故律呂聲數陽剛四十又四之百六十、而用一百十二者，十用七也。

十二用七者，主十二辰而用地之用也。故揲蓍少陽數每用四十八又六之二百八十八、而用一百六十八者，十二用七也。大小運之用，用數用十之七而體數用十二之七者，日法本四千三百二十杪，用數以三千六百杪進一日，則十二之十爾，日數從天、辰數從地也。先生于小運舉用數十用七而止用八會又十分會之四，于大運舉體數十二用七而用十四會者，陽一而陰二。體者有兩，虛實各半。用者合一，全用其實也。蓋一年止有七百三十晝夜。《太玄》以一晝一夜爲一日，通踦贏二贊爲三百六十五日，《經世》以晝夜各爲一日，又以零三時亦爲二日，故一年進退用十四會數共七百三十二日，餘分每一日用十日之數則成八百四十日也。實數三百六十日成七百二十日者，陰分乎陽，析一爲二也。餘分六日成百二十日者，天地既析一爲二，人物又析一爲十也。若計其實，則用數二百五十二之中取二百四十，而日用八時，成三百六十爲一年之用，餘分六日散於六甲，得六十甲子，閏數六日合之，而百二十爲人物之用也。夫卦六十四者，十六之四也。天用三分，以一分與地，故地有十六位，而八卦用四十八爻也。四十八者，十二之四也。地用三分，以二分與物，故年有三十六旬，而人爲百二十年之物也。是故一年四時，時本有四月，月本有四十日，各去其一，用三百六十日，而人在天地間，當閏餘之扐、氣朔之虛也。

其退亦若是矣。

此立大運法也。前法以前六限爲長，後六限爲消，盡取十二限數，進退三百六十日。此乃六限進三百六十日，又以一限進六日，而曰「退亦若是」者，細別而言之也。一元運數止有三百六十，陽爲進，陰爲退，所謂陰者分陽而已。陰陽賡續，①分治一元。別而言之，各有三百六十者，陰分乎陽，析半數也。合而言之，共成三百六十者，陽包乎陰，總全數也。故此大運法，別退數閏數而言，以明天地之數陰陽相須，分半而通用，正閏相生，同本而異名也。

十二萬九千六百，去其三者，交數也。取其七者，用數也。用數三而成于六，加餘分故有七也。

此立小運法也。大運法專明體則小運之體可知，小運法專明用則大運之用可知，互見也。運者，用也。在體爲體之用者，用數三百六十也。在用爲用之用者，用數之用二百五十二也。交數則不用之數也。用數顯陽也，交數幽陰也。天統乎體，自十六變之數而言。用數八，交數八。陰敵乎陽者，天之消長各四變，地之消長亦各四變，主乾坤子午，而言冬夏之分也。陰陽相生，冬夏相配。君臣相須，天五、地五之理也。地分乎用，自一元之數而言，用數七，交數三。陽勝乎陰者，天在地上者七，交而在地下者三。主坎離卯酉而言，晝夜之分也。陽侵乎陰，晝侵乎夜，君侵乎臣，三天兩地之理也。先天八卦用六爻，乾坤主之者，體也。六爻用四位，坎離主之者，用也。所以體數實統三百六十運之全，用數止當二百四十運，則六之四也。先生《經世》以元經會備述一元而止載帝王之當世首者，總其大數，天之體數也。以會經運自開物至閉物止述

① 「賡」原作「廣」，據四庫本改。

二百四十運而兼載餘分閏位者，別其分數，地之用數也。以運經世起堯之世至五代而終，備載君臣治亂之迹者，析其細數人物之世數也。

七之得九萬七百二十年，

十二萬九千六百之中十而取七，是其數也。地數十二，開物于寅中，閉物于戌中。故八爲用，四爲交。天數十，陽六陰四。天兼餘分，獨用其七，故七爲用，三爲交。交數之中，猶有用數存焉者，天以餘分與物，地必有合。是故三百六十以二百五十二爲用數之用，二百六十四爲實用之數也。

半之得四萬五千三百六十年，以進六日也。

用數之中取其半者，又自分陰陽，以明消長之用也。此數六而十二、十二而二十四者，坎離迭緯，消長朓朒，一晝一夜，用必有合也。此包合數、閏數而言，故曰「以進六日」。下別合數、閏數而言，故以四萬三千二百年進十二日，又以餘數二千一百六十年各進六分也。

日有晝夜，數有朓朒，以成十有二日也。

此明陰陽之運，日月之變。一長一消，一進一退，數必有合。六數之中，日分乎晝夜，數分乎朓朒，則各成十二也。故一以爲二。既一以爲二，各兼消數，則以二爲四可知矣。所以進退六十日、進退六日與夫當晝夜之時，皆用半數也。

每三千六百年進一日，凡四萬三千二百年進十有二日也。餘（舊本衍一「有」字。）二千一百六十年以進餘分之六，合交數之二千一百六十年，共進十有二分以爲閏也。《律呂圖》以坤艮坎巽匹乾兑離震者，坎離之用數主地二而言，則陰陽互爲進退。是故小運之用，不言其退也。《卦氣圖》以乾兑離震包坤艮坎巽者，乾坤之體數主天一而言，則陽爲進，陰爲退。以十二萬九千六百年分爲十二，以當一日十二時之數者，小運體數也。一時當一世，一萬八百年進一世，一元之年共進十二世則一運之全數也。此云「每三千六百年進一日」者，用數也。進十二日積之則百二十年。有進必有退，合之而二百四十年則一運用數之八世也。閏數以四千三百二十年進十二分，比正數則十二年也。蓋以時法推日法一萬八百當得三十時，十二萬九千六百當得三十日，一變十二當需之數爲一年，再變三十當大畜之數爲一世，又變十二當泰之數爲一運，則一運三百六十年而一年三百六十日之全數也。用數于十二萬九千六百之中取九萬七百二十，以進退六日合之而二十四，加閏數十二分共二十五日二分，積三千六百之九萬七百二十得三億二千六百五十九萬二千，當泰之數，十二分之七爲三百六十之二百五十二，則一運之用數也。若準大運法以一十三億九千九百六十八萬爲一年，則自泰七進至損之數得一十三億九千九百六十八萬之三億二千六百五十九萬二千，以當一運之日。又一進至臨則十二運之數。其積數于臨九百兆之數，亦用十二分之七也。又三十分之爲同人，則三百六十運而每運用二百五十二年矣。此大小運用數之合也。同人者，八變之體數也，計三百三十六。臨者，六變之用數也，計二百五十二。六變之數自小畜十二萬九千六百之年數而行，八變之數自夬十二之會數而行。先生於大小運數，大運舉同人數者，要其終，小運舉小畜數者，原其始也。反覆互舉，使學者思而得之爾。夫三百六十之中十用其七，得二百五十有二日。小運法進十二日爲百有二十，則退十二日亦爲百有二十，共二百有四十矣。餘分之六則陽之盈六日，氣之餘分也，交數之六則陰之縮六日，朔之虚分也，共爲十二。以正數論之，此十二數朓朒晝夜分用，亦偶之爲二十四矣。故用數之用二百五十二，而實用之數二百六十四也。

故小運之變，凡六十而成三百六十有六日也。

先生於小運法專言其用。未有此語者，以明小運之體亦有三百六十六，與大運之體不殊也。小運之體既同於大運，則大運之用無異于小運，復何疑哉。是故先生大運正數六分用六會，得六萬四千八百元之元之元，閏數一分用一會，得一萬八百元之元之元，併正閏之數則十二萬九千六百年，每年得七萬五千六百元之元之元。元之元者，大運一小分之數也。一分析爲十二杪，則二年得九十萬七千二百杪矣。若準日法之體，以四千三百二十杪進一日而用其半，則正數六會共進三百六十日，閏數一會共進六十日，凡六日而加閏一日。并正閏之數以七日爲六日，則每二千五百二十杪而進一日，總計九十萬七千二百杪以進三百六十日，而餘分六日則藏乎三百六十日之中。若準小運之用，以三千六百杪而進一日，總九十萬七千二百杪共得二百五十二日，而閏數十二日則顯乎二百四十日之外。若用數亦以閏數十二包于正數二百四十之中，則每正數三千六百年必加閏數一百八十年，總計三千七百八十年而後進一日也。且夫六十三者，餘分時數之所積也。若一析爲十，則爲六百三十矣。故積其數而與加閏之數合三千七百八十者，六百三十之六也。又積其數而年得二百五十二日，則六十之四而加閏之日也。二千五百二十者，六百三十之四也。①又積其數而年得三百六十六日，則六十之六而加餘分之日也。

六者，三天也。四者，兩地也。天統乎體而託地以爲體，地分乎用而承天以爲用。天地相依，體用相附。

《經世·卦氣圖》體數以四爻直一日，總之而一年通閏得三百八十四日者，兩地而三天也。故大小運體之用數，亦用兩地而成于三天也。用數以六爻直一日，總之而一年通閏得二百五十六日者，三天而兩地也。故大小運用之用數，亦用三天而成于兩地。是故用數之用二百五十二，自物數言之則自草木萌動至地始凍爲開物八月而加閏之日，自人數言之則日用八時四分七時二分爲正年得二百一十六日。當乾之策一時二分爲閏年得三十六，當坤奉乾一分之策也。所以然者，人爲天之用，其用無冬夏而有晝夜。以日計雖用十分之七，總于一年則十用其全者，是謂兩地而三天，故天統乎體也。物者地之用，其用無晝夜而有冬夏。以日計雖用十分之全，

① 「三」原作「二」，四庫本同，據文意改。

總于一年則十用其七者，是謂三天而兩地，故地分乎用也。夫天地變化，體用不同。要之，天以地爲用，用數實在乎坤。是故乾坤三男三女、七八九六之策二百四十者，坤之策二十四而十析之也。一卦六爻均之用策各三十，并二卦十二爻共三百六十者，乾之策三十六而析之也。數有十，乾之策十之而用爲十二者，陽進二也。坤之策十之而用爲八者，陰退二也。所以日有十，辰有十二，而卦止有八。八卦用六爻，乾坤主之。六爻用四位，坎離主之。乾坤雖用六爻，初上無位，實用不過乎八。是故用數三百六十，用數之用二百五十二。主天而言一年用十二月，主地而言一年止用開物之八月也。夫用數有三百六十，用數之用有二百五十二，生物之數有二百五十六，而實用之數二百六十四，其别何也？蓋用之用，生物之時也。數止有二百五十二，地加其一體不過二百五十六，物又加天地各一體不過二百六十四。二百六十四者，實用之物數也。然運行之數三百六十，皆爲天之用。一歲必期三百六十日，而此實用之物數布于其間。所以律吕用數二百六十四布于元會運世十六位之中，每位二百四十，計三千八百四十小位，以應三百八十四爻，則閏歲三百八十四日之數也。餘分之六在其中矣。是故《卦氣圖》在日數則三百八十四日，在時數則二百五十六日者，止有三千七十二時故也。

卷二 觀物外篇上之中

乾爲一，乾之五爻分而爲大有，以當三百六十之數也。乾之四爻分而爲小畜，以當十二萬九千六百之數也。乾之三爻分而爲履，以當一百六十七億九千六百一十六萬之數也。乾之二爻分而爲同人，以當二萬八千二百一十一兆九百九十萬七千四百五十六億之數也。乾之初舊本作「六」。爻分而爲姤，以當七秭九千五百八十六萬六千一百十垓九千九百四十六萬四千八京八千四百三十九萬一千九百三十六兆之數也。舊本闕此一節。是謂分數也。分大爲小皆自上而下，故以陽數當之。如一分爲十二，十二分爲三百六十也。

乾五爻分爲大有，當三百六十之數，四爻分爲小畜，則三百六十之三百六十也。三爻分爲履，則十二萬九千六百之十二萬九千六百也。二爻分爲同人，則一百六十七億九千六百一十六萬之一百六十七億九千六百一十六萬也。初爻分爲姤，倍數亦然。大有初分乾，得二卦爲辰。小畜再分乾，倍二得四卦爲日。履三分乾，倍四得八卦爲月。同人四分乾，倍八得十六卦爲年。姤五分乾，倍十六得三十二卦爲世。一世之辰，當一運之日、一會之月、一元之年。以世推之，至于一元，皆可知也。《易》卦六爻，一爻不變，生則一居下，以命出性也。成則一居上，以性出命也。故六十四卦陰陽皆自初生，而八純之卦世爻皆在乎上。先生分乾之數自五而起，惟上不動，世爻故也。所以人之命門在下，性門在上。養生者保精，養性者保神。剥之上九：「碩果不食。」降而反生，剥則爲復，性乃生命也。

一生二爲夬，當十二之數也。二生四爲大壯，當四千三百二十之數也。四生八爲泰，當五億五千九百八十七萬二千之數也。八生十六爲臨，當九百四十四兆舊本衍二「四」字。三千六百九十九萬六千九百一十五億二千〔萬〕之數也。①十六生三十二爲復，當二千六百五十二萬八千八百七十垓三千六百六十四萬八千八百京二千九百四十七萬九千七百三十一兆二千萬億舊本闕此一節。之數也。三十二生六十四爲坤，當無極之數也。

乾坤互變，九變主一子，七九六十三卦而窮，餘六爻不盡。蓋八變而三百三十六，體數極矣。餘八卦四十八爻，當坤之一位，所謂無數也。《易》曰「坤以藏之」，坤非真無也。藏而不見，所謂密也。故先天坤當無數而先生謂「當無極之數」者，既往之數未盡于明，方生之數已潛于幽，此之謂無極也。若夫九變各有六爻不盡，則乾坤自存其本也。乾不盡而復生焉，坤不盡而姤生焉。故八變五十六卦餘八卦不盡，體不可盡也。九變三百七十八爻餘六爻不盡，用不可盡也。體者物也，用者氣也。是故數起于一，二十變而至萬兆，同人當之。又二十變而至秭，姤當之。又四十變，而至載，坤當之。是故九九，老陽之變也。坤當無極之數者，雖八十一變未至于極。亦如《太玄》八十一首七百二十九贊，而天度尚餘九辰也。

是謂長數也。長小爲大皆自下而上，故以陰數當之。

所謂分數、長數者，有地而後有二。故地上之數起于二、十二者，二、六也。二、六者，地二之用，用之體也。有地之後，用已成體。故天地之變化，氣感于形，形應于氣。陽先分之以立其

①「萬」字，原闕，據道藏本補。

大限，陰乃長之以充其細數也。陽分則虛，虛爲陰。故自上而下者，陰生于上，爲陽中之陰也。陰長則實，實爲陽。故自下而上者，陽生于下，爲陰中之陽也。自陰之形數言之則爲長，自陽之氣數言之則爲消。蓋一分之初，多少已定。故人壽百歲，自陰之長數而言，一年爲增一歲。若自陽之分數而言，則一年爲減一歲也。此蓋陰陽並行，相爲終始。天以一三五七九而造始，地以二四六八十而續終。所謂「乾知大始，坤作成物」者也。若迭爲消長，則此長而彼消，彼長而此消。故由子至巳、自六至九、自少至多，爲陽長陰消；由午至亥、自九至六、自多至少，爲陰長陽消。此陰陽分兩，各爲主者也。陰陽並行者，天之一而二也。陰陽分兩者，地之二而四也。

天統乎體，故八變而終于十六。地分乎用，故六變而終于十二。天起于一，而終于七秭九千五百八十六萬六千一百一十垓九千九百四十六萬四千八京八千四百三十九萬一千九百三十六兆。舊本闕此一節。地起于十二，而終于二百四垓舊本「垓」作「秭」。六千九百八十萬七千三百八十一京舊本「京」作「垓」。五千四百九十一①萬八千四百九十九兆七百二十萬億也。

天圓主用，用以體立，故統乎體。地方主體，體以用行，故分乎用。八者，體數也。十六者，八之偶也。天統乎體，故得體之數，八變而終于十六。六者，用數也。十二者，六之偶也。地分乎用，故得用之數，六變而終于十二。數體者，存乾之一。自夬八變至同人則三百三十六，又八

① 此「一」字當作「三」。

變至姤而終則六百七十有二也。數用者，存大壯之四。自小畜六變至臨則二百五十有二，又六變至震而終則五百有四也。天從體起用，故由二歷六，以六而終。其數總二十二，則五、六之合而偶之者，物數也。故曰天終爲萬物也。地攝用歸體，故由六歷二，以二而終。其數總十有九，則九、十之終而合之者，閏數也。故曰地歸于天也。天去一而數，地去四而數，故蓍去一而卦去四也。天之有數起于乾而止于震，餘入于無者，天辰不見也。天數至震而不用，地之體雖在而無用，故先終也。又曰「天起于一而終于七秭，地起于十二而終于二百四垓」者，一乾數也，七秭即姤數也。起于一者，體數以乾爲主，自夬而行至姤則十六變也。十二，夬數也。二百四垓，即震數也。起于十二者，用數以夬爲主。一分而三十爲大有之運數，一長而十二爲大壯之世數。先得一變足地之體，然後自小畜而用行，至震則十二變也。地之前六變，先存一變得二百九十四者，蓍六用之全數也。地者天之用，所謂天變其體不變其用，故陽常存一而乾坤用七變也。

有地，然後有二。有二，然後有晝夜。

寒暑屬天，所謂分陰分陽。晝夜在地，所謂迭用柔剛。故曰剛柔者，晝夜之象也。寒暑者，乾坤之用。晝夜者，坎離之用也。

二三以變，錯綜而成。故《易》以二而生，數以十二而起。而一非數也，非數而數以之成也。天行不息，未嘗有晝夜。人居地上以爲晝夜，故以地上之數爲人之用也。

二三以變者，二與三奇偶相參以變，蓋五數也。地分其二，故二因十二；天分其三，故三因三十，亦參天兩地而倚數之理也。後天參兩爲衍數五十，先天二三爲變數四十二。後天先虛其一以爲七，七之蓍數又掛其一乃合八卦之爻數。先天一卦變八卦一以爲本，七以爲用，故日月以四十二爲一變也。後天用乾坤九六之變者，陰陽寒暑之變也。先天用坎離日月之變者，剛柔晝夜之變也。以二生者，變易也。以十二起者，用數自夬而起，其位則二，其數則十二也。蓍數揲一，卦則存六，再一卦又存六者，二六爲地之用數，故兩卦偶而後用，在年則十二月，在日則十二時，以當天之十二次、地之十二野、人之十二物也。天無晝夜，此之謂一。一非數者，以其不變也。以地上數爲人之用，故大數則一元統十二會，自十二而分，小數則一分統十二杪，自十二而積也。

天自臨以上，地自師以上，運數也。天自同人以下，地自遯舊本「遯」誤作「剥」。以下，年數也。運數則在天者也，年數則在地者也。天自賁以上，地自艮以上，用數也。天自明夷以下，地自否以下，交數也。天自震以上，地自晉以上，有數也。天自益以下，地自豫以下，無數也。《先天圖》以左右數之，則乾兑離震爲冬至迄夏至爲陽屬天，巽坎艮坤爲夏至迄冬至爲陰屬地。以上下數之，則乾兑巽坎爲晝屬天，艮坤離震爲夜屬地。故師、臨以上各十六卦爲天之天、地之天之元會運世之數而在天，同人、遯以下各十六卦爲天之地、地之地之年月日時之數而在地。運數少而年數多，天數統而地數分。臨當九百兆之數，同人當二萬兆之數，師當七千溝之數，遯當二十三萬溝之數也。賁艮以上爲用者，四十六卦二百七十六爻則體數之用而加餘分之數也。明夷、否以下爲交者，四分之中三分爲用，一分爲交。交數主剛柔言，以復爲主。自明夷至頤，自否至坤，皆八也。震晉以上爲有者，有數，主乾而言。自晉至姤，自震至夬，皆二十七卦，其爻三百二十四。并乾五十有五，則三百三十爻也。益豫以下爲無者，無數，存坤以爲主。自益至復，自豫至剥各四，則無數之四十八也。地之交數不數謙者，用數增賁以存乾，故交數減謙以存坤也。用數四十五卦存乾以當陽盈之六日，交數十五卦存坤以當陰虚之六日。地之無數起于豫者，天數存乾以主有，故地數存坤以主無也。月以十二、日以三十而變。自一至萬萬極，凡九十七數。自乾之一至坤之二載以當無極之數，六十四卦得八十一數，具細算在極數中。

天之有數起乾而止震，餘入于無者，天辰不見也。地去一而起十二者，地火常潛也。故天以體爲基而常隱其基，地以用爲本而常藏其用也。

地，二也。去一而數起十二者，二六即二也。《皇極經世》日起于乾，月起于夬。夬之數即十二，位即第二也。起乾而止震者，所謂天數二十八位也。若從用數去四，自小畜而起至震則二十四而已，所謂六變而終于十二也。地之用在天，故藏一于始；天之體在地，故隱四于終，亦蓍去一而卦去四之義也。用或去四者，以地爲用，體成而後用行。《經世》起于會者，用至于年則其用在年，故年數在地也。

一時止于三月，一月止于三十日，皆去其辰數也。是以八八之卦六十四而不變者八，可變者（七）舊本衍「七」字。七八五十六，其義亦由此矣。

一時本四月，而用三月。一月本四十日，而用三十日。皆爲去其辰數者，三用而一不用也。不變者八，七變而一不變。天三地四，天有三辰、地有四行也。天辰不見，地火常潛。天地各三，本當用六而用七者，天侵地以爲餘分也。

陽爻，晝數也。陰爻，夜數也。天地相銜，陰陽相交。故晝夜相雜，舊本「雜」誤作「離」。剛柔相錯。春夏陽多也，故晝數多，夜數少。秋冬陰多也，故晝數少，夜數多。

《先天圖》左有一百十二陽，八十陰，上亦然，右有一百十二陰，八十陽，下亦然。陰中有陽，陽中有陰。陰陽相交，未嘗相無。故應于人世，則晝夜相雜，剛柔相錯。離兑當春，有五十六陽四十陰。坎艮當秋，故反之。乾巽當夏，有六十四陽三十二陰。坤震當冬，故反之。春秋晝夜等而陰陽數不等者，春主陽生，秋主陰殺。在日月則晝夜之數同，在天地則陰陽之分異。故春晝多明，秋晝多暗也。

體數之策三百八十四，

《卦數圖》坤得一百，上卦三十六者，六六爲用之全；下卦六十四者，八八爲體之全。故六十四卦三百八十四爻，應天地之全體。

去乾坤坎離之策爲用數三百六十。

乾坤坎離四正之卦，反復不變，六十卦賴之以立，故去之以存太極之體。餘三百六十爻當一期之日，以爲元氣之用。

體數之用二百七十，

用數三百六十，天以之而運行，天之用也。天地之體四，其用者三，故爻數有三百八十四而四卦之數有二百八十八，則四分之三也。爻去二十四而用三百六十，則數去一十八而用二百七十，所以二百七十爲體數之用也。自爻數而言，則天不用震之八卦，地不用坤之八卦也。

去乾與坎離之策爲用數之用二百五十二也。

其言二百七十者，已去乾離坎之策矣。又云「去乾與坎離之策」，何也？蓋用數之中，仍自存體。其曰「用數之用」，則所存「乾與坎離之數」當爲用數之體也。天下之理，體用無常，當時爲是。自三百八十四言之，則三百六十爲用。自二百七十言之，則所存之十八策又爲體矣。體中有用，用中有體，未嘗離也。存太極之體，餘爲天之用。存天之體，餘爲地之用。存地之體，餘爲人物之用。常存其本，用之不盡，是故生生不窮。

體數之用二百七十，其一百五十六爲陽，一百十四爲陰。去離之策得一百五十二陽、一百一十二陰，爲實用之數也。蓋陽去離而用乾，陰去坤而用坎也。

乾兑離巽坎艮六卦之變共二百八十八爻，陽一百六十，去乾六坎二離四，則所餘者一百四十有八也。陰一百二十八，去坎四離二，則所餘者一百二十有二也。其曰「一百五十六爲陽，一百十四爲陰」者，陽去離之陰而用乾，陰用坎之陽而去坤，乾坎二卦用者八陽，坤離二卦去者八陰，克陰之八，增陽之數。所以應陰陽剛柔四象之用也。「去離之策得一百五十二陽、一百十二陰」者，陽去四陽爻，陰去二陰爻也。

是以天之陽策一百十二，去其陰也。地之陰策一百十二，陽策四十，去其南北之陽也。極南大暑，極北大寒，物不能生，是以去之也。其四十，爲天之餘分耶。陽侵陰，晝侵夜，是以在地也。合之爲一百五十二陽，一百十二陰也。

取《先天圖》中陰陽之策，應天地實用之數也。乾兑離震一百九十二爻，陽一百十二，陰八十，坤艮坎巽一百九十二爻，陰一百十二，陽八十。天之陰盡去矣，地之陽止去其不能生物者，故存坎艮四十陽，以爲天之餘分也。乾坤之策三百六十，當期之日。先、後天皆以六十卦三百六十爻當期之日，故雍稱一爻當一策也。

陽去乾之策，陰去坎之策，得一舊本作「二」。百四十四舊本作「六」。陽，一百八陰，爲用數之用也。

三百八十四者，體數也。三百六十者，用數也。二百七十者，體數之用也。二百六十四者，實用之數也。二百五十二者，用數之用也。三百八十四者，具六十四卦也。三百六十者，去乾、坤、坎、離也。二百七十者，天去復、頤、屯、益、震、噬嗑、隨、无妄，地去否、萃、晉、豫、觀、比、剥不言去坤者，坤已在四正中去之矣。也。二百六十四者，再去離也。二百五十二者，再去乾坎也。

陽三十六，三之爲一百八。陰三十六，三之爲一百八。三陽三陰，陰陽各半也。陽有餘分之一爲三十六，合之爲一百四十四舊本作「六」。陽，一百八陰也。故體數之用二百七十，而實用者二百六十四，用數之用二百五十二也。

此以明用數之用也。用策三百六十分而爲十，乾得六，其策二百一十六；坤得四，其策百四十有四。故晝日之極不過六分，四常不用。天有餘分，晝常侵夜，故七用三不用也。二百七十者，天地之用。二百六十四者，人物之用。二百五十二者，天生物之時，天之用也。

卦有六十四而用止乎三十六，爻有三百八十四而用止乎二百一十六也。

卦，地也，爻，天也。卦用三十六，爻用二百一十六，合之即用數之用二百五十二也。周天之度環北極七十二度，常見不隱，謂之上規。環南極七十二度，常隱不見，謂之下規。雖陰中自分陰陽，要之常隱常見者爲靜數，故坤之策應之也。其東西循環爲用者，二百一十六度。雖陽中亦自分陰陽，要之循環迭用者爲動數，故乾之策應之也。卦以六六變爲八八，三百八十四則六十四卦之爻也。老陽二百一十六則用卦之策，乾盡包之，陰已無有矣。所以用乎地上者，皆一陽之氣，陰則分陽而已。何以言之？陽三十六，三之爲一百八，此三陰三陽分二百一十六之數也。一日十二時，一年十二月，自寅至午一百八，自午至戌一百八。陽中三陽、陽中三陰皆爲晝，爲開物之時。其餘百四十四雖屬坤矣，寅之末一十八，戌之初一十八，猶爲陽之餘分所克。用者常七，不用者止于三也。陰陽之體名爲匹敵，至于用數陽常有餘者，天地、君臣、父子、夫婦之道也。陰之三不用者，一不用之理。故天地息于冬，人息于夜。然人不息于夜，則晝不能應事。天地不息于冬，則春不能生物。用者以不用爲基，故曰陽以陰爲基也。

六十四分而爲二百五十六，是以一卦去其初、上之爻，亦二百五十六也，此生物之數也。故離坎爲生物之主，以離四陽、坎四陰，故生物者必四也。陽一百一十二，陰一百一十二，去其離坎之爻則二百一十六也。陰陽之四十共爲二百五十六也。

生物之數即實用之數二百六十四而除離四陽、坎四陰以爲物體者也。乾坤定位于上下，坎離交姤于其中。坎離，精神也，故爲生物之主。離不存四陽無以受坤之陰，坎不存四陰無以納乾之陽，故各去四以立體。去四者，常存而不用也。陰陽之爻皆以當乾策者，生物用事，陽之陰也。陰陽之四十則坤遜乾之陽，故以當餘分也。

是以八卦用六爻，乾坤主之也。六爻用四位，離坎主之也。故天之昏曉不生物，而日中生物，地之南北不生物，而中央生物也。

用六爻者，三百八十四之數也。用四位者，二百五十六之數也。夫一六相虛，初上無位，故坎離生物用四位，而初上不用也。四位者，四體也。初者，地之氣，命之根也。上者，天之神，性之原也。六十四卦三十二陽三十二陰，不變者，初不用也，人物之命也。八純卦五世而遊魂者，上不用也，聖賢之性也。

體數何爲者也，生物者也。用數何爲者也，運行者也。運行者天也，生物者地也。

體數三百八十四，用數之體二百八十八，其實用者二百六十四，又去坎離之八爲二百五十六，地以之而生物，地之用也。用數三百六十，體數之用二百七十，去乾與坎離爲二百五十二，天以之而運行，天之用也。二者皆用也。

天以獨運，故以用數自相乘，而以用數之用爲生物之時也。

天一也，無借乎陰。用數自相乘者，用數三百六十也。以三百六十乘三百六十得一十二萬九千六百，則一元之年數也。用數之用爲生物之時者，二百五十二也。以一年觀之，自草木萌動至地始凍而物不生，凡二百五十二，故地分乎用，自小畜至臨，六變而二百五十二也。

地偶而生，故以體數之用陽乘陰爲生物之數也。

體數之用二百七十者，陽也。地析一爲四，析四爲十六，析十六爲六十四，析六十四爲二百五十六者，陰也。陽乘陰者，以二百七十乘二百五十六得六萬九千一百二十，爲六倍萬物之數。故元之世四千三百二十以十六位析之，即應其數也。若又以二百七十乘之，得一千八百六十六萬二千四百，當皇極十六位世之世數，爲生物之極數也。是故運行之數以一萬八百爲一會，生物之數以萬一千五百二十當一會也。

天數三，故六六而又六之，是以乾之策二百一十有六。地數兩，故十二而十二之，是以坤之策百四十有四也。乾用九，故三其八爲二十四，而九之亦二百一十六；兩其八爲十六，而九之亦百四十有四。坤用六，故三其十二爲三十六，而六之亦二百一十六；兩其十二爲二十四，而六之亦百四十有四也。

乾用九者，三三也。八者，四之兩，三而兩也。坤用六者，二三也。十二者，四之三，兩而三也。天數三地數兩者，天地本用也。三而兩、兩而三者，乾坤通用也。且一二三爲六，四五爲九，一三五爲九，二四爲六，皆三天兩地。自大數言之，天無非三，地無非兩。故天地各用則天數三、地數兩也。自細數言之，天亦有六，地亦有九。故乾坤互用則三而兩、兩而三也。蓋陽生于陰中，自六而進，至九而老。陰生于陽中，自九而退，至六而老。方其互用，所謂「不可爲典要」。及其定體，所謂「既有典常」也。大抵天道六變而窮，止于三百六十。天三地兩，乾九坤六，變化不同。凡宇宙間物之千態萬狀，古與今時之千秋萬祀，皆不出乎此矣。

坤以十二之三，十六之四，六之一與半，爲乾之餘分，則乾得二百五十二，坤得一百八也。此乾得七、坤得三之義也。三天兩地，正數也。天七地三，天克地以爲餘分也。故坤一百四十四之數，或以十六而析，或以十二而析，或以六而析，皆四分之中以一分奉乾而爲餘分也。餘分在實用之數有四十，在用數之用止三十六者，在物則兼地四之體，在天則存地四之體也。《太玄》三十三蓍掛一以存玄，餘八十一首之策，以日法約之得一百四十四日，以一百八日爲家體，以三十六日爲歸奇。故爲地承天之數也。

陽四卦十二爻，八陽四陰，以三十六乘其陽，以二十四乘其陰，則三百八十四也。

六六三十六卦變爲八八六十四卦。乾、坤、坎、離、頤、中孚、大、小過八卦不變，餘二十八卦，反復視之爲五十六卦。八者不變，體也，常存乎天地間，爲群用之宗。其五十六卦半往則半來者，陰陽屈信升降之用也。八卦位乎八方，一卦統八卦得六十四卦三百八十四爻。其陰陽變化、盈縮顯晦之用，三畫之初數已具乎其中矣。信乎，一麗于數，終不可逃也。何以言之？陽四卦八陽四陰，以三十六乘其陽得二百八十八，則六位四十八卦之爻也，以二十四乘其陰得九十六，則二位十六卦之爻也。合之而三百八十四，則六十四全卦之爻也。陰四卦八陰四陽，以二十四乘其陰得一百九十二則四位三十二卦之爻也，以三十六乘其陽得一百四十四則三位二十四卦之爻也。合之而三百三十六，則五十六用卦之爻也。陽卦之爻得六十四卦之全，陰卦之爻得五十六卦之用。不變之八，常屬乎陽。是故陰陽雖均用于天地間，而凡見者皆係乎陽也。陽于三百六十盈二十四，如乾之策得七月之日而餘六也。陰于三百六十縮二十四，如坤之策得五月之日而虧六也。合之得七百二十，以二爻當一畫一夜則三百六十之日。陽贏陰縮，故畫常侵夜五刻也。陽卦三百八十四，陽得六位、陰得二位者，天之體數四用者三不用者一，地之體數四用者三不用者一，天盡兼之也。陰卦所得存四陰位者，示天地匹敵也。三陽位者，陽在地上則地從而有用，在地下則地爲無用。故天統乎體，地分乎用，天有八變，地有六變也。合之則陰陽共三百八十四，分之則陽數之外復有陰數，猶夜之于晝，故曰陰分陽也。康節所謂四陽卦者，謂乾兑離震屬天，四陰卦者，謂巽坎艮坤屬地，伏羲八卦也。上下左右數之，四陽八陰，四陰八陽，其數皆不等。若夫文王八卦，乾坎艮震爲四陽，一父三男也，巽離坤兑爲四陰，一母三女也。六陰六陽，其數皆等。至于分陰分陽，則坤兑乾坎自西南至北，艮震巽離自東北至南，其數亦等。伏羲之《易》，《易》之體也。體必致用，陰陽偏者，用之所以生也。文王之《易》，《易》之用也。

用必立體，陰陽等者，體之所以成也。故曰陰陽半而形質具焉，陰陽偏而性情生焉。深哉，真天地自然之理，自然之數也。

體有三百八十四而用止于三百六十，何也？以乾坤坎離之不用也。乾坤坎離之不用，何也？乾坤坎離之不用，所以成三百六十之用也。故萬物變易，而四者不變也。夫惟不變，是以能變也。用止于三百六十而有三百六十六，何也？數之贏也。數之贏則何用也？乾之全用也。乾坤不用，則離坎用半也。乾全用者，何也？陽主贏也。乾坤不用者，何也？獨陽不生，專陰不成也。離坎用半，何也？離東坎西，當陰陽之半，爲春秋晝夜之門也。或用乾，或用離坎，何也？主陽而言之，故用乾也。主贏分而言之，則陽侵陰、晝侵夜，故用離坎也。陽主贏，故乾全用也。陰主虛，故坤全不用也。陽侵陰、陰侵陽，故坎離用半也。是以天之南全見而北全不見，東西各半見也。離坎，陰陽之限也。故離當寅，坎當申。而數常踰之者，蓋陰陽之溢也。然用數不過乎寅，交舊本作「爻」。數不過乎申。或離當卯，坎當酉。

乾坤列上下者，天地也。坎離分東西者，日月也。去四正之外，六十卦變三百六十。故天道窮于六甲，三十六旬爲一年。然天有三百六十五度四分度之一，而一年除小月又止有三百五十四日。餘六度者，氣之贏，是爲陽之盈。虧六日者，月行疾，五十九日而再會，是爲陰之縮也。夫物之不齊，物之情也。天地日月猶不能齊，惟其不齊，所以變化不窮，若齊則止矣。乾全用者，主歲而言，三百六十六日而後一歲足。故曰十九年而七閏，天之償也。以其每年不足，以閏償之也。坎離用半者，主日月晝夜而言，所謂陰陽之溢者是也。夫數之贏者，掛一之蓍，歸奇之扐，生物之氣也。乾雖主一歲之功，坎離實分生物之任。故乾全用，坎離用半也。地道無成，故坎得分離，坤不得分乾也。是以乾坤分上下者，君臣之義。坎離分東西者，賓主之禮。坎離得相敵，乾坤不得相敵也。離當卯而終于申，晝之分也。坎當酉而終于寅，夜之分也。離或當寅、坎或當申者，卯者離之分，寅則與坎共之，酉者坎之分，申則與離共之。寅申之間，坎離交而相侵。昏曉之際，陰陽侵而相溢。自坎離之分言之，以離爲陽，以坎爲陰。故曰陰侵陽、陽侵陰也。然離當寅，未卯而已明，坎當申，已酉而未昏。天克地以爲餘分，晝常多夜五刻。自晝夜之分言之，以晝爲陽，以夜爲陰，故又曰「陽侵陰、晝侵夜」也。夫用數無有未寅而用，交數無有未申而交者，坎離之限也。陰陽之溢者，坎離之相勝也。陽常侵陰者，天道之常也。若以大數言之，則開物于驚蟄後、閉物于立冬前者，陰陽互相侵也。用數多、不用數少者，陽侵陰、晝侵夜也。故乾全用，坤全不用，而坎離用半也。

乾四十八而四分之一分爲陰所克，坤四十八而四分之一分爲所克之陽也。故乾得三十六，而坤得十二也。陽主進，是以進之爲三百六十日。陰主消，是以十二月消十二日也。

八卦每位八十四爻，①六分之則每分八爻者，用之體也。八分之則每分六爻者，體之用也。

① 「八十四爻」，據文意疑當作「四十八爻」。

離兑巽各得二十八陽二十陰，坎艮震各得二十八陰二十陽，乾得三十六陽十二陰，坤得三十六陰十二陽。陽主用，自用數言之，乾得其六，爲三十六陽，主進。進之爲三百六十者，一年之日數也。坤得其二，爲十二陰，主消。故十二月消十二日，積閏之數也。周天三百六十五度有奇，三十六旬爲一年者，正數也。六日者，數之贏也。月行疾，五十九日而再會，則兩月之間消二日，故十二月消十二日也。其言進之爲三百六十者，包餘分而言也。其言消十二日，别餘而言也。正數六日，餘分六日。《皇極經世》之數，一元三百六十運，一會三百六十世，一運三百六十年，一世三百六十月，一年三百六十日，一月三百六十辰，無非三百六十也。一元十二會，一運十二世，一歲十二月，一日十二辰，無非十二也。陽得三百六十者六，陰得十二者四，亦天三地二、陽六陰四之義也。乾之陽數三百六十中三分用二爲開物數，坤之陽數十二爲閏數，故用數之用二百五十有二也。

順數之，乾一，兑二，離三，震四，巽五，坎六，艮七，坤八。逆數之，震一，離兑二，乾三，巽四，坎艮五，坤六也。

易逆數者，以右行者爲逆，左行者爲順也。此所謂逆順者，以自上分者爲順，自下起者爲逆也。順數者，體也，故有八。逆數者，用也，故有六。用止有六者，離與兑、坎與艮陰陽之數同于一數也。順數者若分而實合，所以起用也。逆數者若合而實分，所以成體也。左右而數，皆自上而下分也，始乾終坤合也。數震至坤，如環之圓，合也。四而成乾，四而成坤，分也。

乾四十八，兑三十，離二十四，震十。坤十二，艮二十，坎三十六，巽四十。

震十，艮二十，兑三十，巽四十。一二三四，地之四卦。四維。用干數，地從天也。坤十二，離二十四，坎三十六，乾四十八。一二三四，天之四卦。四方。用支數，天從地也。震艮兑巽合之則一百，坤離坎乾合之則百二十。一百則十也，百二十則十二也。是故天數二十五，合之而五十，進之而一百。地數三十，合之而六十，進之而百二十。天統乎體，地分乎用。故天得百二十，地得一百也。風后太一式九宫皆右差一位，則四方用偶數、四維用奇數者，從地也。與天九宫不同。

乾三十六，坤十二，離兑巽二十八，坎艮震二十。

此數于《先天圖》中，皆取其陽數者也。蓍去掛一而四十八策，七九者，陽數也。九之象用策三十六，歸奇十二。七之象用策二十八，歸奇二十。乾三十六陽、坤十二陽與九之策合，三女二十八陽、三男二十陽與七之策相反者，體用不同也。先天，易之體也。以多者致用，故三女從乾，三男從坤。後天，易之用也。以少者立體，故三男從乾，三女從坤也。

圓數有一，方數有二，奇偶之義也。六即一也，十二即二也。

天體數四，用者三，不用者一。地體數四，用者三，不用者一。是故天地各有四象，而乾坤各用三爻也。用者重之則六，故六爲用數。然圓數奇，故天之數一而用六。方數偶，故地之數二而用十二。六則一之變而重之也。十二則一之變重之而又偶之也。

天圓而地方。圓者數之，起一而積六。方者數之，起一而積八。變之則起四而積十二也。六者常以六變，八者常以八變。而十二者亦以八變，自然之道也。八者，天地之體也。六者，天之用也。十二者，地之用也。天變方爲圓而常存其一，地分一爲四而常執其方。天變其體而不變其用也，地變其用而不變其體也。六者并其一而爲七，十二者并其四而爲十六也。陽主進，故天并其一而爲七。陰主退，故地去其四而止於十二也。是陽常存一而陰常晦一也，故天地之體止於八而天之用極於七，地之用止於十二也。圓者裁方以爲用，故一變四，四去其一則三也，三變九，九去其三則六也。方者展圓以爲體，故一變三，并之四也，四變十二，并之十六也。故用數成于三而極于六，體數成于四而極于十六也。是以圓者徑一而圍三，起一而積六，方者分一而爲四，分四而爲十六，皆自然之道也。

圓者之形上下兼四旁，徑一圍三積之而六，應三才六位，故卦具六爻者，用數也。方者之形上下各四隅，徑一圍四積之而八，應四方八維。故象分八卦者，體數也。起四而積十二者，地之體四，每一用三。故四方分爲十二次、四時分爲十二月者，體之用也。天地均有體用。天圓，以用爲主，體則託乎地。地方，以體爲主，用則從乎天。一變而四，地之體也。天偶之而八，八者天地之體也。一析爲四，四四而十六，四者地之一，十六者地之四也。一變爲三者，四之用也。重之而六者，八之用也。四之而十二者，十六之用也。皆體四用三、三用一不用之理也。六者以六變，六六三十六旬是也。八者以八變，八八六十四卦是也。十二者亦以八變，兩卦十二爻變爲九十六，十二月之氣亦以八節而變是也。六以六變，用自變也。八以八變，體自變也。十二以八變，用託體以變也。天地相偶，體止于八，用止于六。十二者地之用，非天本用，故天止于十干而十二支在地。十二之變以八者，不出乎十數，皆自然之理也。天變其體者，變方爲圓也。不變其用者，常存其一也，謂六變之用存一而七也。地變其用者，併一于三也。不變其體者，常執其方也。謂析四爲十六其用十二，不離乎四也。六從一起，去本則六，存本則七。陽常存一者，主進也，故天之用并餘分而七也。四方之星與北斗日月五星皆七，天之用無非七也。十二從四起，去本則十二，存本則十六。陰常晦一者，主退也。故地之用止于十二也。一年四時，一時三月，一月三十日。地雖執其方，至于用則去一爲三，從天之用也。圓則行，圓者用也。方則止，方者體也。變體爲用皆去一者，裁方爲圓之義也。變用爲體皆并一者，展圓爲方之義也。方者言一變三，并而四，四變十二，并而十六。則圓者當言一變四，去一則三，三變十二，去三則九。而云三變九，去三則六者，蓋天以一變四者，初自方數而來，從體生用也，去一爲三裁方爲圓矣。以用爲主，故再變即從圓數起，非若地之常執其方也。地以一變三者，初自圓數而來，從用生體也。并一爲四展圓爲方矣。以體爲主，故去再并之數，不去初并之數者，所謂常執其方也。體數成于四而極于十六，故《皇極經世》元會運世有十六位。用數成于三而極于六，故《皇極經世》用數之用不過六變。用主天言，故不及十二；體主地言，故不止于八也。

一役二以生三，三去其一則二也。三生九，九去其一則八也，去其三則六也。故一役三、三復役二也，三役九、九復役八與六也。是以二生四，八生十六，六生十二也。三并一則爲四，九并三則爲十二也。十二又并四則爲十六。故四以一爲本、三爲用，十二以三爲本、九爲用，十六以四爲本、十二爲用。

一役二以生三，去一則二者，太極生兩儀，兩儀見而太極隱。兩儀既位乎天地，人在其中以當太極，則實列于三矣。是故以位言之，上乾下坤，人爲虚位；以數言之，一奇二偶，三爲真數也。三生九，九去一則八、去三則六者，三列爲左右，以横而變，應地之體。去一則八者，八方而中虚也。故《河圖》九數，五居中央而八卦應其八位也。故《易》之重卦上下二體，應乎天地而虚人也。三列于上下，以從而變，應天之用。去三則六者，兩儀各三位中去其三者，虚人以爲用也。故《易》之六爻兼三才而兩之，應乎陰陽剛柔仁義也。三才存二位各去其一者，虚中以爲用也。故三爲一之役者，以二爲之役也。三復役二，九復役八與六者，有體，然後用行其中。九爲三之役者，以八與六爲之役也。二爲三役，故生四。八與六爲九役，故八生十六，六生十二。天役地，陽役陰，以奇布偶，隨寓而生。故偶者，再偶而成體也。體者用之所寓，偶者奇之所生。故四體之中，常存一焉以爲之本，而三爲之用也。是故三并一則四，四以一爲本、三爲用者，體有四，用者三、不用者一也。九并三爲十二，十二以三爲本、九爲用者，自十二會而言，亦用者三、不用者一也。十二并四爲十六，十六以四爲本、十二爲用者，自十六位而言，亦用者三、不用者一也。十六以十二爲用者，體之用也。十二以九爲用者，用之用也。并之者，體也。通本而言，體兼用與不用也。去之者，用也。去本而言，用成則本退也。天下之理，不過體用而已。自然之數如是，《易》因而用之。所以《觀物》以一元包會運世，而十六位中，去元之四數則十有二；十二位中，各去其元數則九也。

圓者六變，六六而進之，故六十變而三百六十矣。方者八變，故八八而成六十四矣。陽主進，是以進之爲六十也。

六爲用數，用者陽也。八爲體數，體者陰也。用屬乎爻，體屬乎卦。蓍以求爻，積而成卦，則用在體後也。夫陽以三變，陰以兩變，三天兩地之義也。陽得其三，陽主進也。六六而三十六，進之爲三百六十，故天度與爻數應之也。八八得六十四而止，故卦數應之也。先生曰「天數三，故六六而又六之，是以乾之策二百一十六。地數兩，故十二而十二之，是以坤之策百四十有四」，與此同義。夫坤數一百，上位三十六，天也；下位六十四，地也。六十四卦反復視之而三十六，六六之卦隱于八八之中者，天以六而藏諸用，地以八而顯諸仁也。天託地以爲體，用乃隨體而顯。地因天以爲用，體亦隨用而藏。是故天之太極從地而右轉，地之元氣從天而左行，斗日相錯。去乾坤離坎不用，用其六十卦之爻以成一期之日，則三百六十者顯而六十四者藏也。

卷三　觀物外篇上之下

蓍數不以六而以七，何也？并其餘分也。去其餘分則六，故策數三十六也。是以五十者，六十四卦閏歲之策也；其用四十有九者，六十卦一歲之策也。歸奇掛一，猶一歲之閏也。卦直去四者，何也？天變而地效之，是以蓍去一則卦去四也。

體數八，用數六。故八八之卦反覆視之，六六而已。蓍用七者，并其餘分象天度之贏，去其餘分則老陽之策不過乎三十六也。（大數先去一，六七又每七去一，共去十三，餘三十六，造之爲三百六十，即當六十卦之爻數。）大衍之數五十，天之全數也。其用四十有九，天之用數也。天數二十五，合之而五十，故爲數之全。真一不見而用七七，故爲數之用。蓍圓而神，天數也。卦方以智，地數也。以蓍求卦，卦自蓍起。因天生地，地隨天變，故曰「天變而地效之」。所以閏歲之策應乎五十之全，一歲之策應乎去一之用也。夫五十者蓍之全，六十四亦卦之全。四十九者蓍之用，六十亦卦之用也。天以氣爲質，以神爲神。地以體爲質，以氣爲神。天之一不可見者，神也。地之一可見者，氣也。是故天數又以歸奇掛一之數代貞一而象一歲之閏，地數即以乾坤坎離之爻存四正而爲閏歲之策也。先生既曰「五十者閏歲之策」，又曰「歸奇掛一猶一歲之閏」者，蓋以此也。天下之理，用必存本。用而喪本，其用必窮。五十以一爲本，四十九爲用。六十四以四爲本，六十爲用。蓍之一者，太極之體，四十九之未動者也。卦之四者，乾坤坎離，常存以起用者也。天起于一，地成于四，故蓍去一而卦去四也。

圓者徑一圍三，重之則六；方者徑一圍四，重之則八也。

《易》始三畫，圓者之用，徑一圍三也。重之則六，故有六爻。《易》始四象，方者之體，徑一圍四也。重之則八，故有八卦。天地萬物，體皆有四，用皆有三。聖人作《易》，以自然之理而示諸人爾。

裁方而爲圓，天所以運行。分大而爲小，地所以生化。故天用六變，地用四變也。

天裁方爲圓者，裁四爲三也。重地則六，天得兼地，故用六變。地分大爲小者，析一爲四也。偶天則八。地不得兼天，故用四變。一變六十，六變而三百六十，此天之六變也。一變而四，二變而十六，三變而六十四，四變而二百五十六，此地之四變也。是故八卦用六爻，乾坤主之者，運行之數也。六爻用四位，坎離主之者，生物之數也。運行者天也，生物者地也。故天六地四，天有六氣，地有四維也。

一八爲九，裁爲七，八裁爲六，十六裁爲十二，二十四裁爲十八，三十二裁爲二十四，四十裁爲三十，四十八裁爲三十六，五十六裁爲四十二，六十四裁爲四十八也。一分爲四，八分爲三十二，十六分爲六十四，以至九十六分爲三百八十四也。

天裁方爲圓，故用數皆四分去一。八裁爲六者，言一卦本應八爻，裁而用六。故天地各四位，用者三，不用者一也。十六裁爲十二者，言二卦用十二爻。故一時四月，四四而十六，時去一月則十二也。二十四裁爲十八者，言三卦用十八爻。故未重之卦其爻二十四，巽震與艮兑互用三爻則十八也。三十二裁爲二十四者，言四卦用二十四爻。故天地各三十二卦，一位不用則二十四也。四十裁爲三十者，言五卦用三十爻。故一年四時，一時四月，一月四十日，去十日則三十也。四十八裁爲三十六者，言六卦用三十六爻。故已重之卦其爻四十八，震巽與艮兑互用六爻則三十六也。五十六裁爲四十二者，言七卦用四十二爻。故天地各四位位去一正不用，天去乾、離、中孚、頤，地去坤、坎、大、小過，餘五十六變每位用七，二位不用則四十二也。六十四裁爲四十八者，言八卦用四十八爻。故天地各四位，位有八卦，二位不用則四十八也。此皆圓者之形，裁四爲三，運行之用，三之用也。先云「一八爲九，裁爲七」者，言一位八卦共得九數。一卦變七卦，以一爲本，以七爲用。蓋用雖從三，首必存一，以明并餘分存太極，所謂「天變其體，不變其用」也。地分大爲小，故體數皆析一爲四。一分爲四，四分爲十六，十六分爲六十四者，地之本體方圓之析數也。先曰「八分爲三十二」者，乾兑離震坤艮坎巽八象各自交止成三十二，八象又相交乃成六十四，此自卦象而言也。九十六分爲三百八十四者，十六卦九十六爻周歷四方則三百八十四，此自爻畫而言也。此皆方者之形析一爲四，生物之用四之用也。

一生六，六生十二，十二生十八，十八生二十四，二十四生三十，三十生三十六，引而伸之，六十變而生三百六十矣，此運行之數也。四生十二，十二生二十，二十生二十八，二十八生三十六，此生物之數也。故乾之陽策三十六，兑離巽之陽策二十八，震坎艮之陽策二十，坤之陽策十二也。

運行之數以一爲本，自六至三十六，天之六變也。陽主進，故引而伸之，六十變生三百六十也。生物之數以四爲本，自十二至三十六，地之四變也。《先天圓圖》陰自乾數而起于夬，陽自坤數而起于剥。乾自夬變一陰，二變大壯成四陰，三變至泰又得八陰，并之則十二。兑離巽各增八陰，并之則二十。震坎艮各增八陰，并之則二十八。坤又增八陰，并之則三十六。由坤數陽亦然，此地之四變也。若天之六變，則去四正卦之外，每卦而一變也。用數十二每變以六者，天以獨運，無藉乎地也。地數本四，每變以八者，地偶而生，必資乎天也。陰陽共爲八變，其曰「地用四變」者，地從乎天，物生乎陽，故獨數陽策以應生物之數也。乾三十六，兑離巽共八十四，坤十二，震坎艮共六十，凡八位陽爻總一百九十二，并本生四數六十四爲二百五十六，則生物之數也。蓋坎離用四位以爲生物之主，八八之卦去上下而存中爻，則二百五十六也。所以去上下者，地之南北不生物，天之昏曉不生物也。

圓者一變則生六，去一則五也。二變則生十二，去二則十也。三變則生十八，去三則十五也。四變則二十四，去四則二十也。五變則三十，去五則二十五也。六變則三十六，去六則三十也。是以存之則六六，去之則五五也。五則四而存一也，四則三而存一也，三則二而存一也，二則一而存一也。故一生二，去一則一也。二生三，去一則二也。三生四，去一則三也。四生五，去一則四也。是故二以一爲本，三以二爲本，四以三爲本，五以四爲本，六以五爲本。

「存之則六六，去之則五五」者，六變之中先去一六以爲本，五變之中又各去一以爲本。是故以十二支數則卦以六日一變，以十干數則候以五日一變。用數三百六十，而用數之用二百五十二。期之日三百六十，而生物之時自草木萌動至地始凍，凡二百五十日也。「五則四而存一」者，中虛爲四方，實則有五行也。「四則三而存一」者，去一不用法三才，存之則有四象也。「三則二而存一」者，中虛爲兩儀，實則有三才也。「二則一而存一」者，元氣一統爲天，有地則有二也。「去一則一」者，言一天。「去一則二」者，言兩儀。「去一則三」者，用止于三。「去一則四」者，體止于四。此明太一分布，以成天五也。「二以一爲本」者，太極分二氣。「三以二爲本」者，陰陽交而生人。「四以三爲本」者，三用具展圓爲方則有四。「五以四爲本」者，四體具虚中待用則有五。五者天也，六者地也。天者用也，地者體也。體由用生，故六以五爲本也。《先天圖》右行，各五變生三十二陽三十二陰，則第六變也是謂五生六也，此明天五遞生以成地六也。皆奇偶相生，體用相待者也。

方者一變而爲四。四生八，并四而爲十二。八生十二，并八而爲二十。十二生十六，并十二而爲二十八。十六生二十，并十六而爲三十六也。

此分《先天圖》方數，論陰陽四變而成體也。方者一變而爲四，四者地之一也。四生八者，一生二也，併爲十二則三數也。八生十二者，二生三也，併爲二十則五數也。十二生十六者，三生四也，并爲二十八則七數也。十六生二十者，四生五也，并爲三十六則九數也。地用四，變而極于九數，地之所以生物也。是故三十六，一也。六六而數之，則天之所以運行。四九而數之，則地之所以生物也。《先天圖》天地八位，每位八卦，以前四卦之數生後四卦之數。數陽者，自坤右旋以至于姤，自復左旋以至于乾。數陰者，自乾而生巽離兑各二十陰。散一爲三，生之始也。并而爲三十二，陰陽各得八位之半。二十八生三十六者，七生九也，以巽離兑之二十八陽而生乾之三十六陽，以震坎艮之二十八陰而生坤之三十六陰。會三歸一，生之極也。并而爲六十四，陰陽各得八位之全。所以自立春至立秋，陽數并之皆六十四，陰數并之皆三十二。自立秋至于立春，陰數并之皆六十四，陽數并之皆三十二也。四八三十二者，四卦之全也。八八六十四者，八卦之全也。是故《圖》左三十二陽、右三十二陰者，分陰分陽，天地之體也。并之皆至六十四者，陰極無陽，陽極無陰也。

《易》之大衍何數也？聖人之倚數也。天數二十五，合之爲五十。地數三十，合之爲六十。故曰「五位相得而各有合」也。五十者，蓍數也。六十者，卦數也。五者蓍之小衍，故五十爲大衍也。八者卦之小成，則六十四爲大成也。

一三五七九，奇數也。合之而五十，故蓍數應之。二四六八十，偶數也。合之而六十，故卦數應之。北方七宿，二十五星。西方七宿，五十星。東方七宿，三十星。南方七宿，六十星。是知天地之數，各有合數也。五爲小衍者，一二三四五得十五數，則七八九六在其中也。八爲小成者，十有八變成一重卦，八卦具則六十四卦在其中也。是故衍五五者，半之而十五位得九十數，合之則三十位得百八十數。衍五十者，半之而二十五位得百八十數，合之則五十位得三百六十數。八卦之變八而八之極于六十四卦，六十四卦之變六十四而六十四之極于四千九十六卦也。詳解具《述衍》中。

蓍德圓以況天之數，故七七四十九也。五十者，存一而言之也。卦德方以況地之數，故八八六十四也。六十者，去四而言之也。蓍者，用數也。卦者，體數也。用以體爲基，故存一也。

體以用爲本，故去四也。圓者本一，方者本四，故蓍存一而卦去四也。蓍之用數七，并其餘分，亦存一之義也。掛其一，亦去一之義也。

天數五十，蓍用四十九，則本數之中去一。地數六十，卦分六十四，則本數之外存四。五十之中去一者，即七七之外存一也。六十之外存四者，即八八之中去四也。蓋一者天圓之體，四十九者七也。七者并餘分，天之贏也。四者地方之體，六十者六也。六者重其三，天之用也。五十之中去一者，一散爲四十九。四十九之用，無非一之體也。六十之外存四者，四分爲六十。六十之用，因乎四體而有者也。天主用言，故藏一于四十九之中。地主體言，故顯四于六十之外。所謂用以體爲基者，名曰「藏一」而五十實有一，故曰「存一」也。體以用爲本者，名曰「顯四」而六十實無四，故曰「去四」也。藏一而有一，則用無非體。顯四而無四，則體無非用。體用不測，變化無窮。此其所以神智也。蓍又掛一，猶卦之去四，而卦無虛一之義也。

蓍之用數，掛一以象三，其餘四十八則一卦之策也。四其十二爲四十八也。十二去三而用九，四舊衍「八」字。三十二，所去之策也。四九三十六，所用之策也，以當乾之三十六陽爻也。十二去五而用七，四五二十，所去之策也。四七二十八，所用之策也，以當兑離之二十八陽爻也。十二去六而用六，四六二十四，所去之策也。四六二十四，所用之策也，以當坤之二十四陰爻也。十二去四而用八，四四十六，所去之策也。四八三十二，所用之策也，以當坎艮之二十四爻，并上卦之八陰爲三十二舊本作「四」。爻也。是故七九爲陽，六八爲陰也。九者，陽之極數。六者，陰之極數。數極則反，故爲卦之變也。震巽無策者，以當不用之數。天以剛爲德，故柔者不見。地以柔爲體，故剛者不生。是以震巽與策也。

後天去掛一之蓍與先天一位之卦，爻皆四十八。後天之蓍四象陰陽分于六七八九之策者，用之體分于兩地也。先天之爻四象陰陽皆合乎七九之策者，體之用宗于一天也。蓋天本一陽，分則爲陰而已。故先天陰陽用事者，皆合乎七九之用策。其不用者，皆合乎七九之奇策也。邵雍之言以明後天之用，故取蓍策之用以當先天之爻也。先天乾兑離爲陽，以陽爲用，故後天以九之用策當乾之陽爻而以歸奇當其陰爻，以七之用策當兑離之陽爻而以歸奇當其陰爻也。先天坤艮坎爲陰，以陰爲用，後天以六之策當坤本體之陰爻，而以歸奇當其上體之爻，以八之策當艮坎本體之爻與上體之八陰爻，而以歸奇當上體之陽爻與四陽卦之陰爻者，老陰隨老陽而用，亦用三十六。若自用以爲體則二十四，故六六數中去其二用，獨用四六之體也。少陰隨少陽而用，亦用二十八。若自用以爲體則存其陽，故老陰數中餘不盡之陽共成四八之體也。震巽無策者，揲蓍之變以三多三少、兩多一少、兩少一多之餘而取六七八九之策。自策言之，三揲始成一爻；自變言之，三揲已成一象。乾坤之變各一，謂五與四四也，九與八八也。三男之變共二，謂九與四四也，五與四八也。三女之變亦共二，謂九與四八也，五與八八也。震與艮、巽與兑反覆各共一卦，而揲蓍之變蒙自上生則巽與離同，震與坎同，其全策則巽與乾同，震與坤同，故震巽無策也。以當不用之數者，震在天而陰多爲天辰不見，巽在地而剛多爲地石不生，故先天震巽不用也。此數以三十六策當乾，二十四策當坤，先後天同。四七反以當兑離，四八反以當艮坎，先後天不同，何也？純陽者陽爲體亦陽爲用，純陰者陰爲體亦陰爲用，故同也。陽多陰少者，陰爲主而用在陽。陰多陽少者，陽爲主而用在陰。卦主乎體，故以少者名卦。爻主乎用，故以多者當爻，所以不同也。文王之《易》，《易》之用也，先立乎體。伏羲之《易》，《易》之體也，先致乎用。離坎艮兑爲陽中之陰、陰中之陽，皆可變，所以義、文用之不同而《經世》陰陽剛柔之象亦錯綜而互用之也。邵雍曰「七九爲陽、六八爲陰」者，七九合之則二八，六八合之則二七，是故先天用離兑爲陽、坎艮爲陰也。

乾用九，故其策九也。四之者，以應四時，一時九十日也。坤用六，故其策亦六也。乾用九，四之而三十六。陽主進，故進之爲三百六十日。坤用六，四之而二十四。陰主虚，故二十四氣交處虚得二十四日之名也。一三五者，三天也，故乾用九。二四者，兩地也，故坤用六。乾之數九而天以六爲用者，九自六而長也。坤之數六而地以九爲用者，六自九而消也。是故天用地，地用天。《易》有六爻，故爲天數。《玄》有九贊，故爲地數。自六而長則一二三當生數，自九而消則四五當成數也。

奇數四：有一，有二，有三，有四。策數四：有六，有七，有八，有九。合而爲八數，以應方數之八變也。歸奇合扐之數有六：謂五與四四也，九與八八也，五與四八也，九與四八也，五與八八也，九與四四也，以應圓數之六變也。

一二三四五六七八九，本數也。以應方數者，體數也。歸奇合掛，變數也。以應圓數者，用數也。五與四四，三少也。三少之餘四九三十六，乾老陽之數也。九與八八，三多也。三多之餘四六二十四，坤老陰之數也。五與四八、九與四四，兩少一多也。兩少一多之餘四八三十二，巽離兑少陰之數也。九與四八、五與八八，兩多一少也。兩多一少之餘四七二十八，震坎艮少陽之數也。老陽、老陰，變者也，各止于一數則是不變也。少陰、少陽，不變者也，各分于二數則是變也。蓋乾坤者六子之體，六子者乾坤之用。乾坤所謂變者，運而爲六子也。六子所謂不變者，合而成乾坤也。是故純陰爲坤，陰既老矣，一變而震，再變而兑，三變而乾，雖曰坤之變，實震兑之變也。純陽爲乾，陽既老矣，一變而巽，再變而艮，三變而坤，雖曰乾之變，實巽艮之變也。是故乾坤功成，無爲而爲，萬物之祖，豈非不變而能出變，屢變而實不變乎？然則六子之變乃所謂不變也，其變也爲人之用而已，豈我之能變耶？坎離不與四卦同變，何也？曰：乾坤者不變中之變也，坎離者變中之不變也。乾坤三變，坎離不動。坎離，生物之主。三變不動者，真精不揺，内心不起也。故曰「坎離者，天地之用」也，非應用之中所存之體者歟？

奇數極于四而五不用，策數極于九而十不用。五則一也，十則二也，故去五、十而用四、九也。①奇不用五，策不用十，有無之極也，以況自然之數也。

---

① 「四、九」，原作「四十九」，疑誤，今改。

奇數極于四者，蓍去掛一以四揲之，或奇一奇二奇三，其極不過乎四也。包四爲五，太虛也。二五爲十，大物也。去五用四，去用取體也。去十用九，去體取用也。五，天也，故去用取體。十，地也，故去體取用。先去五後去十，有體而後有用也。故策數有六者四六也，七者四七也，八者四八也，九者四九也，生乎四體而極乎九用也。是故奇數在五之前，生數也；策數在五之後，成數也。生數者，生氣生物之本也，故積以象閏。成數者，陰陽已交物之成體也，故老陽、老陰、少陽、少陰，四象自此分焉。《經世》用一二三四之位，《周易》用六七八九之策。

卦有六十四而用止于六十者，何也？六十卦者，三百六十爻也。故甲子止于六十也，六甲而天道窮矣。是以策數應之，三十六與二十四合之則六十也，三十二與二十八合之亦六十也。

六甲而天道窮，故甲子止於六十。所以老陽、老陰、少陽、少陰之策合之皆成六十。然蓍除掛一之數與夫八卦之爻皆止於四十八者，以十二爲一則六十者五也。四十八者，四方立體，應乎四行；存十二者，中虛致用，應乎土五也。在甲子存十二，在蓍則掛一而已。夫八卦有二十四、二十八、三十二、三十六之數而無三十，何也？七八九六混而適中，則太極也。日以三十爲節，偶之而甲子有六十者，用中也。卦之有過不及，陰陽之性所不能免，而以時中者爲用也。是故體以四變，用以六變。乾坤包乎體用，故三十六以四變則四九，以六變則六六也，二十四以四變則四六，以六變則六四也。若二十八與三十二，以四變而已，不能以六變也。自用言之，四六二十四，極陰也。進六爲三十而陽中，又進六爲三十六而陽極。六六三十六，極陽也。退六爲三十而陰中，又退六爲二十四而陰極。自體言之，六四二十四，極陰也。進四爲二十八，又進四爲三十二，又進四爲三十六而陽老矣。九四三十六，極陽也。退四爲三十二，又退四爲二十八，又退四爲二十四而陰老矣。惟乾坤進退獨能會于七八九六之中，此所以爲陰陽之老，而易加二用也。六子不能以六變，故不言用也。

乾四十八，坤十二。震二十，巽四十。離兑三十二，坎艮二十八。合之爲六十。

乾四十八，則一位八卦之全策也。坤十二，則去其陰取其陽也。巽四十，則視乾之策去其始生之八陰也。震二十，則視坤之策增其始生之八陽也。離兑三十二，則本體二十四而用上體天之八陽也。艮坎二十八，則本體二十四而用上體地之四陽也。此以先天之爻比後天之策也。後天父母合者，陽三十六策，陰二十四策，陽九而陰六也。男女合者，陽二十八策，陰三十二策，陽七而陰八也。後天以老陰老陽爲用，以少陰少陽爲體。用中自分體用，則陽爲用之用，陰爲用之體。用數陽多，故九多於六也。體中自分體用，則陽爲體之用，陰爲體之體。體數陰多，故七少於八也。先天乾與坤、巽與震合者，陽四十八爻，陰十二爻，陽四而陰一也。坎與離、艮與兑合者，陽三十六爻，陰二十四爻，陽三而陰二也。先天以震巽從乾坤而主體，以艮兑從坎離而主用。天統乎體，體中有用，則一者爲體，四者爲用也。地分乎用，用中有體，則三者爲用，二者爲體也。先天用四象，二位之爻相合，體用通爲一數者，陰宗乎陽也。後天用八卦，二象之策相合，體用各爲一數者，陰匹乎陽也。陰陽互變，故體用無常。要之，陽必爲用，陰必爲體。

自陽數言之，先天三十六而四十八，後天二十八而三十六。後天老陽用策，得先天本卦之陽而僅當坎離之用。總之後天一百二十陽、一百二十陰，先天一百六十八陽、七十二陰，後天之陽十得其半，先天之陽十得其七也。自陽數言之，先天用八止去掛一而盡四十八蓍者，五而用四也。後天用六併去乾奇而極三十六策者，五而用三也。是故先天爲易之體，後天爲易之用也。震巽無策，故從乾坤之數而不用本數。巽爲陰生，比本數猶多八者，承乾之後也，故曰「積善之家，必有餘慶」。震爲陽生，比本數猶少八者，承坤之後也，故曰「積惡之家，必有餘殃」。

蓍數全，故陽策三十六與二十八合之爲六十四也。卦數去其四，故陰策二十四與三十二合之爲五十六也。

蓍存一，在體之外，四十九皆爲用，故曰全也。卦去四，在體之内，用者六十，故曰去四也。蓍圓象天，故以陽策應之。七七四十九，全數也。六十四，亦全卦之數也。卦方象地，故以陰策應之。六十四而去其四，用數也。五十六，亦用卦之數也。四陽卦之爻以陰陽乘之得三百八十四，四陰卦之爻以陰陽乘之得三百三十五，正合乎此。先天乾之陽合兑離之陽，皆得六十四，而坤之陰合艮坎之陰，亦得六十四者，用事之陰也。

九進之爲三十六，皆陽數也，故爲陽中之陽。七進之爲二十八，先陽後陰也，故爲陽中之陰。六進之爲二十四，皆陰數也，故爲陰中之陰。八進之爲三十二，先陰後陽也，故爲陰中之陽。

數之三九七爲陽，二八六爲陰。九陽也，四之而三十六。三亦陽也，故乾爲陽中陽。六陰也，四之而二十四。二亦陰也，故坤爲陰中陰。七陽也，四之而二十八。二則陰也，先陽後陰，故坎艮爲陽中陰。八陰也，四之而三十二。三則陽也，先陰後陽，故兑離爲陰中陽。坎艮坤，體也，陽來交之，宜爲陰中陽也，而爲陽中之陰。離兑乾，體也，陰來交之，宜爲陽中陰也，而爲陰中之陽者，乾之三男皆陽也。陽卦多陰，以陰爲用，故乾自巽變坎艮以成坤，而爲陽中之陰。坤之三女皆陰也。陰卦多陽，以陽爲用，故坤自震變離兑以成乾，而爲陰中之陽。先天主位而言，後天主爻而言。震巽不用，故爲無策也。

蓍四，進之則百。卦四，進之則百二十。百則十也，百二十則十二也。

天數二十五，蓍數也，合之則五十，四之則百。地數三十，卦數也，合之則六十，四之則百二十。十者應乎日，十二者應乎辰。十則一也，十二則二也。

歸奇合掛之數，得五與四四則策數四九也，得九與八八則策數四六也，得五與八八、得九與四八則策數皆四七也，得九與四四、得五與四八則策數皆四八也。爲九者一變，以應乾也。爲六者一變，以應坤也。爲七者二變，以應兑與離也。爲八者二變，以應艮與坎也。五與四四，去掛一之數則四舊衍「八」字。三十二也。九與八八，去掛一之數則四六二十四也。五與八八、九與四八，去掛一之數則四五二十也。九與四四、五與四八，去掛一之數則四四十六也。

四者，體之一也。四十八者，十二也。三十六者，去三用九，當自寅至戌，三用而一不用也。二十四者，去六用六，當自卯至申，用不用各半也。二十八者去五用七，三十二者去四用八，或當自寅中至戌中，或當自卯至酉，用者常多于不用，爲乾坤進退之間也。夫五以上爲生數者，地下之數天數也；六以下爲成數者，天上之數地數也。一二三四者生數，在包胎之中四體具出乎天，五則人始生、物始出地之時，故六七八九策數必四者，備四體以爲一之義也。以四爲一者，四體備而後成人物也。以八爲一者，合天地而成體也。以十二爲一者，備地之用也。以十六爲一者，備地之體也。以三十二爲一者，太極全體之半也。六十四爲一者，統太極之全也。

故去其三四五六之數，以成九八七六之策也。

揲蓍去其三四五六之數，以成九八七六之策者，用七也。六居七數之中，在去爲終，在用爲始。故秋自地而入，春自地而出也。地下三所去者，三四五以藏諸用。地上三所用者，七八九以顯諸仁。三四五者，十二也。九八七者，二十四也。合三十六，皆爲用。餘三數者，一二與十也。二與十，均之即二六也。十二爲地上祖數，空一不用，則餘分不盡之數所以生此四十八者也。故四十九之中，一爲奇分。四十八所起也，天之一也。十二爲十二次之名，地上本數，地二之用所起也。三十六爲老陽，地上之用二十四，地下之用一十二。二十四爲老陰，天在地上則隨而有用，天在地下則不用矣。大衍五十之虛一則包此四十九而爲言，虛顯一爲六則天地之數五十有五也。

天一地二，天三地四，天五地六，天七地八，天九地十，參伍以變，錯綜其數也。如天地之相衍，晝夜之相交也。一者，數之始而非數也。故二二爲四，三三爲九，四四爲十六，五五爲二十五，六六爲三十六，七七爲四十九，八八爲六十四，九九爲八十一，而一不可變也。百則十也，十則一也，亦不可變也。是故數去其一而極于九，皆用其變者也。五五二十五，天數也。六六三十六，乾之策數也。七七四十九，大衍之用數也。八八六十四，卦數也。九九八十一，《玄》、《範》之數也。

天地之數五十有五，合之而一百十。天無十，地無一，故卦有八而陰陽剛柔之本數八十有八也。自變、不變言之，則不用一與十；自奇與策言之，則不用五與十；自卦數言之，則不用九與十。要之，皆十而用八也。二二爲四者，四象數也。三三爲九者，九疇、九天數也。四四爲十六者，十六位數也。五五二十五則合乎一三五七九之奇數也。六六三十六則合乎一二三四五六七八之卦數也。天數二十五，合之而五十，蓍四十九，自然虛一于五十之中。地數三十，合之而六十，卦六十四，自然盈四于六十之外。是故蓍數去一而卦數去四也。《洪範》用九疇，《太玄》用九天，八十一者九之變，故爲《玄》、《範》數也。天地本數五十五，是故《太玄》一六爲水，二七爲火，三八爲木，四九爲金，五五爲土，併十于五，五則十而爲九，細數止于五十。《洪範》五行、五事、八政、五紀、皇極、三德、稽疑卜筮七、庶徵休咎十、①五福六極，併六極于五福亦十而爲

① 「十」字，疑當爲「八」字。

九，細數不過五十五也。《太玄》九天，九之而八十一首，《洪範》九疇，無八十一之數，何也？玄者氣之微妙也，分于三統。範者事之法則也，主于一王。玄分于三，故三玄均布，各盡三九之首，而五十之數用于九贊之中。範主于一，故《皇極》居中，以爲二四之主，而五十四之數列于八疇之内。玄雖極八十一，然太積之要終于五十四者，三分用二，虚人之一也。極無定數，位居中五，在天爲冲氣，在地爲中央，在人爲心中，斂之則真一之體，散之則三九之用，亦如卦數八八，蓍數七七，掛一之蓍即當十六之策也。夫九疇實有十事，六極附于五福則十不見也。自五事至六極皆言用，五行不言用，則一不用也。是故天數九，地數九，地不言一，天不言十也。

大衍之數，其算法之源乎？是以算數之起，不過乎方圓曲直也。乘數，生數也。除數，消數也。算法雖多，不出乎此矣。

陰陽不過消長，故算法不出乘除。乘除者，二用也。方圓曲直者，四體也。大衍用四象，故爲算法之源。陰陽升降于四象之中則六也。以先天數觀之，天之變，圓數也；地之變，方數也。天而天，地而地，直數也。天而地，地而天，曲數也。

陰無一，陽無十。

一與一偶，一遂不見，一非地上之數，以其不用也。五與五偶，五遂不衍，十非天中之數，以其不變也。所以自一至九爲九天，自二至十爲九地，地不言一，天不言十也。

陽得陰而生，陰得陽而成。故蓍數四而九，卦數六舊本作「四」。而十也。猶幹支之相錯，幹以六終而支以五終也。

生蓍者用也，立卦者體也。四者成體之初九者，致用之極。六者致用之初十者，成體之極。蓍四而九者，體而用也。卦六而十者，用而體也。蓍本于七，用數也。陽得陰而生，故用生于體。四而九者，明自體以起用也。卦本于八，體數也。陰得陽而成，故體成于用。六而十者，明自用以立體也。蓍七七者，四十九也。卦八八者，六十四也。而曰六十者，蓋蓍本五十，去一則四十九，以爲用也。卦本六十四，去四則六十，亦以爲用也。文王之《易》，天地之用也，故先生之言如此。是故先天者，因用生體。伏羲之《易》，無非體也，天地之用，自此而生。後天者，因體生用。文王之《易》，無非用也。萬物之體，自此而成。體用密庸疇覺之哉，故曰猶支干之相錯也。夫生于五者終于六，生于六者終于五。凡以陰陽相資未嘗相違，故體用相須未嘗相離也。

三四十二也，二六亦十二也。二其十二二十四也，三八亦二十四也，四六亦二十四也。三其十二三十六也，四九亦三十六也，六六亦三十六也。四其十二四十八也，三其十六亦四十八也，六八亦四十八也。五其十二六十也，三其二十亦六十也，六其十亦六十也。皆自然之相符也。此蓋陰數分其陽數耳，是以相因也。如月初一全作十二也。二十四氣、七十二候之數，亦可因以明之。

地數起于十二，十二辰數，月數也。自子至巳爲陽，自午至亥爲陰，二六也，以生成而分也。自子至戌爲陽，自丑至亥爲陰，亦二六也，以奇偶而分也。二六十二者，陰陽各半、析一爲

二、分其十二也。四三十二者，四時各三、析二爲四、又分其二六也。二十四者，氣數析十二月者也。三八者，八節一節而三氣也。四六者，四時一時而六氣也。三十六者，旬數也。三其十二者，十二月一月而三旬也。四九者，四時一時而九旬也。六六者，天有六氣三陰三陽，一氣而六旬也。四十八者，蓍除掛一之數一卦一位之爻也。四其十二者，一奇一耦兩卦而數也。三其十六者，一奇一耦兩爻而數也。兩卦而數者，從地也。兩爻而數者，從天也。六八者，一卦而數也。六十者，甲子之數也。五其十二者，主支而言也。六其十者，主干而言也。地從天而用五，天從地而用六也。二其三十者，分陰陽也。三其二十者，分三才也。如卦以二體言，則陰陽各三，以六爻言，則三才各二也。所以自然相符者，以陰分陽小分大爾，非有二也。

四九三十六也，六六三十六也。陽六而又兼陰六之半，是以九也。故以二卦言之，陰陽各三也。以六爻言之，天地人各二也。陰陽之中各有天地人，天地人之中各有陰陽，故「參天兩地而倚數」也。

四九者，九之體也。六六者，六之用也。陽之四體爲陰之六用。九九八十一者，老陽之用也。六，以二數之則三偶而奇，故卦之二體陰陽各三；以三數之則二奇而偶，故卦之六爻三才各二。陰陽各三，各有三才也，兩而三也。三才各二，各有陰陽也，三而兩也。天必有地，故三而兩。地必有天，故兩而三。三無非天，兩無非地，故「參天兩地而倚數」。陽九陰六者，亦三天兩地也，故曰陽六而又兼陰六之半也。八卦四十八爻，乾坤各用其半，坤用四六，乾用四九，非兼陰六之半乎？六，陰也，兩而能三。九，陽也，三不能兩。是故坤之用六言「利永貞」者，戒也，勿使之戰也。乾之用九言「無首吉」者，教也，勿使之亢也。

陽數一，衍之而十，十干之類是也。陰數二，衍之爲十二，十二支，十二月之類是也。

天統其全，故陽數一衍之爲十。地分乎用，故陰數二衍之爲十二。十者，全數也。六者，用數也。二五爲十，天之十者，一而二也。二三爲六，地之十二者，二而四也。

一變而二，二變而四，三變而八卦成矣。四變而十有六，五變而三十有二，六變而六十四卦備矣。

一變而二者，得二卦也。二變而四者，得四卦也。故三變而八卦成。四變而十有六者，得十六卦也。五變而三十二者，得三十二卦也。故六變而六十四卦備。此《先天圖》卦變也。重卦之變自乾變坤，自坤變乾，從本卦之一六變得三十二數而成六十四卦。一變得一數與本而成二卦，二變含三一變得二數而成四卦，三變含五六七之三變得四數而成八卦，四變含九至十五之七變得八數而成十六卦，五變含十七至三十一之十五變得十六數而成三十二卦，六變自然含五變之三十一變得三十二數而成六十四卦也。由坤至姤得八十陽，則自冬至迄雨水五氣而加閏之日也。于是反生復，則七十六之已開物之初矣。自復至乾得一百十二陽，則自驚蟄迄芒種爲七氣，而加閏之日即生於七氣之中也。由乾變坤得一百九十二陰，則夏至迄大雪爲十二氣，而加閏之日亦生於十二氣之中矣。

《易》有真數，三而已矣。參天者，三三而九。兩地者，倍三而六。

乾一畫、坤二畫爲三，此真數也。三天者，陽得兼陰，乾之一包坤之二也。兩地者，陰不得兼陽，坤自有其二也。乾之一所以包坤之二者，陰二而缺陽，全則三，自然之象也。伏羲初畫三，用真數也。倍三而六者，坤之六畫也。三三而九者，乾之三畫又包坤之六畫也。有九有六，而老陽老陰之數見矣。有九六則有七八，而少陰少陽之數見矣。合爲十五，偶爲三十，而一月之數見矣。四爲六十而甲子之數見矣。六而六之則乾之策二百一十六、坤之策百四十四而三百有六旬之數見矣。自茲以往，引而伸之，孔子之言止于萬一千五百二十，而《皇極》之數極于無極。然皆自一奇一偶而起，故真數應乎三才，其微則一二三，其著則十一百。是以《易》畫始于三而坤數極于百，三十六爲爻之虛用，六十四爲卦之實體也。

「參天兩地而倚數」，非天地之正數也。倚者擬也，擬天地正數而生也。

大衍之數五十者，一九二八三七四六五五也。天得其三，地得其二，所謂「參天兩地而倚數」也。天地之數五十有五者，本數也。大衍之數五十者，用數也。本數地多其五，用數天多其十。用數者，聖人倚本數而立之，所以「扶陽抑陰，輔相天地」者也。是故自一五言之則乾三坤二，自二五言之則乾六坤四，自三五言之則乾九坤六，皆參天兩地也。陽得兼陰，陰不得兼陽，天多地少，君尊臣卑，變化有宗，作《易》者之數也。故曰「昔者聖人之作《易》也，參天兩地而倚數」。倚者擬也，亦有所依而立也，蓋依擬天地正數而立之者也。

《易》之生數一十二萬九千六百，總爲四千三百二十世，此消長之大數。衍三十年之辰數，即其數也。歲三百六十日得四千三百二十辰，以三十乘之，得其數矣。凡甲子、甲午爲世首，此爲《經世》之數，始于日甲，月子，星甲，辰子。又云：此《經世》日甲之數，月子、星甲、辰子從之也。

數有十，生成各半。元會運世年者，天之生數五也。月日時分杪者，地之成數五也。故《經世》之數止於年而大小運之數極于杪也。一十二萬九千六百之數，以杪言之則一月，以分言之則一年，以辰言之則一世，以日言之則一運，以月言之則一會，以年言之則一元。曰「總爲四千三百二十世」者，主年而言此天而地之數，故爲消長大數也。《先天圖》乾之一位八卦自元至辰，宗于天之一元者，天地之大數也；餘七位每位八卦亦自元至辰，各有其元者，人物之小數也。天之八數同起甲子，造物之初也；日甲、月子、星甲、辰子從之者，《經世》日甲指一元之年數爾。其月星辰之數：月爲會，一會得十二萬九千六百月；星爲運，一運得十二萬九千六百日；辰爲世，一世得十二萬九千六百辰。總一元之辰得泰之五億數，則盡乾一位八卦之數矣。又一變三十得兑之位，履卦百六十七億之數，則一辰三十分之數也。引而伸之，至坤之無極皆可知矣。

一、十、百、千、萬、億爲奇，天之數也。十二、百二十、千二百、萬二千、億二萬爲偶，地之數也。

天統乎體，故以十爲一。地分乎用，故裁十爲六。然地數常多二者，陽一陰二也。《易》之數天多於地者，聖人參天兩地而立之也。陽得包陰，陰不得包陽，臣雖任事，歸功則君；子雖勞力，享成則父。此其理也。是故天地奇偶，地數本多，《易》則三天而兩地，九乾而六坤。陰陽消長，陰勢本敵，《易》則貴泰而賤否，喜夬而憂剥，蓋理之所存，聖人因之，立人之極以輔相天地。若任其自然而無所相焉，《易》無作可也。

五十分之則爲十，若參天兩之則爲六，兩地又兩之則爲四，此天地分太極之數也。

五十分之則爲十者，一二三四五六七八九是也。三天兩之則爲六者，一三五五七九也。兩地又兩之則爲四者，二四六八也。此天地分太極之數也。太極無十，未成體也。五必有配，故重五也。重五而十在其中矣。二篇之策積之，至於萬有一千五百二十，則萬物分乾坤之數也。

復至乾凡百有十二陽，姤至坤凡八十陽。姤至坤凡百有十二陰，①復至乾凡八十陰。

復至乾多三十二陽，姤至坤多三十二陰者，六十四卦之基本也，此之謂乾坤定矣。是故六十四卦皆不外乾坤者，以其本三十二陽三十二陰也。其上象一百六十陽一百六十陰，不同者，變化也。三百二十之變化皆出於六十四，故姤復五變，是乾坤六變之中一變之數而已。重卦之策一十四萬七千四百五十六得三百八十四之三百八十四、動植之數十二萬二千八百八十得三

---

① 「姤」原誤作「垢」，今改。

百二十之三百八十四者，理出乎此。

陽數於三百六十上盈，陰數於三百六十上縮。

天道六變，故極於三百六十。陰陽盈縮各六，物不齊也。不齊，所以爲變化也。

卷四　觀物外篇中之上

人爲萬物之靈，寄類於走。走陰也，故百二十。

人壽百二十者，人地類，應地也。百歲者天也，百二十地也。天託乎地，地託乎天。百二十者，得天之數也，故天統乎體，八變而終于十六，地分乎用，六變而終于十二。

有一日之物，有一月之物，有一時之物，有一歲之物，有十歲之物，至於百千萬皆有之。天地亦物也，亦有數焉。雀三年之物，馬三十年之物，凡飛走之物，皆可以數推。人，百有二十年之物。

一日之物，蕣華之類。一月之物，蓂莢之類。一時之物，瓜果之類。一歲之物，百穀之類。大而天地，小而蠛蠓，莫不有類，故元會運世年月日時之卦，用數多少各不同。

卦之反對皆六陽六陰也。在《易》則六陽六陰者，十有二對也，去四正則八陽四陰、八陰四陽者，各六對也，十陽二陰、十陰二陽者，各三對也。

此李挺之所傳《變卦圖》，以三陰三陽爲主而變者也。六陽六陰十二對者，否變泰、咸恒、豐旅、漸歸妹、渙節、既未濟六對，泰變否、損益、噬嗑賁、隨蠱、困井、既未濟六對。四正者，初經則乾坤坎離，重卦則頤中孚大小過。去之則八陽四陰、八陰四陽各六對者，遯變大壯、需訟、无妄大畜、睽家人、兑巽、革鼎六對，臨變觀、明夷晉、升萃、蹇解、艮震、蒙屯六對。十陽二陰、十陰二陽各三對者，姤變夬、同人大有、履小畜三對，復變剥、師比、謙豫三對。卦之反對凡五十六，而此有三十對者，否泰、既未濟司啓閉之節，當四隅之位，故重用一卦，所以《先天卦氣圖》每於寅申巳亥一氣交處重用四爻。以圖觀之，否泰既未濟正當天門地户人路鬼方，陰陽出入變化之道也。所謂四正者乾坤坎離，八正者兼頤中孚大小過，皆取其反復不變以爲羣變之宗。後天卦氣所謂四正則坎離震兑，八風謂之八正之氣則兼乾坤艮巽以其居四方四維之正也。先天易之體應天之氣者，體先致用也，後天易之用應地之方者，用先立體也。是故先天取其卦之正，後天取其位之正。以卦而言則先天八正卦之象反復不變，以位而言則後天八正卦之數反復不變也。

圓者星也，歷紀之數其肇於此乎？方者土也，畫州井土之法其倣於此乎？

歷用四分，圓而方也。州井皆九，方而圓也。圓者以方爲體，無體不立。方者以圓爲用，無用不行。星與土皆當運。運者，天地之用也。

蓋圓者《河圖》之數，方者《洛書》之文。故羲、文因之而造《易》，禹、箕叙之而作《範》也。《河圖》無十，散爲九位。《洛書》有十，聚爲五類。無十者，地未成形，造物之初，天之氣數也，故圓以象天。有十者，地已成形，生物之後，地之形數也，故方以應地。《易》者道之變化，《範》者事之法則。圓者爲用，非體不立，八卦數偶，用之體也。方者爲體，非用不行，九疇數奇，體之用也。《河圖》九而卦止於八，以五代九則八數方而奠位，然中虚天九以待八者之用，則體無非用矣。《洛書》十而疇止於九，去十用五則九數，圓而運行，然中建皇極以幹八者之體，則用無非體矣。是故天下事物，虚之則體無非用，實之則用無非體，理之自然也。《先天圖》外圓爲天，内方爲地。圓者《河圖》之數也，方者《洛書》之文也。《繫辭》曰「河出圖，洛出書，聖人則之」，畫《易》之初，蓋兼乎河洛之數，備乎方圓之理矣。惟變易之道以天爲宗，所以大禹重衍《洪範》以地承天，正如揚雄作《玄》用贊《大易》也。夫天究于九，地盡于十。九十者，天地之終也。究則不中，盡則無變，聖人弗用也。是故《河圖》之數四十五，八卦之數三十六，一八二七三六四五，交數皆九，非不用九也，藏九於八也。《洛書》之數五十五，九疇之數四十五，始於五行，終於六極，實有十事，非不用十也，藏十於九也。藏九於八，以體藏用則用不窮。藏十於九，以用藏體則體不窮。此天地變化之機，聖人用數之法也。

太極既分，兩儀立矣。陽下交於陰，陰上交於陽，四象生矣。陽交于陰、陰交于陽而生天之四象。剛交於柔、柔交於剛而生地之四象，于是八卦成矣。八卦相錯，然後萬物生焉。是故一分爲二，二分爲四，四分爲八，八分爲十六，十六分爲三十二，三十二分爲六十四。故曰「分陰分陽，迭用柔剛，故《易》六位而成章」也。十分爲百，百分爲千，千分爲萬，猶根之有榦，榦之有枝，枝之有葉，愈大則愈少，愈細則愈繁，合之斯爲一，衍之斯爲萬。是故乾以分之，坤以翕之，震以長之，巽以消之，長則分，分則消，消則翕也。

太極判而二氣分。陽浮動趨上，天之儀也。陰沈静就下，地之儀也。静極生動，上交于陽，動之始也，是爲少陽。動極生静，下交於陰，静之始也，是爲少陰。始動静者，少也，極動静者，老也，陰陽老少四象生矣。四象，天地所同有也。天得其氣，是名陰陽。地得其形，是名柔剛。太陰太陽少陰少陽，天之四象也。太柔太剛少柔少剛，地之四象也。兩儀四象八卦生矣。四混於一則五也，八混於一則九也。四八者，其立體也。一者，其運用也。析大成小，轉往成來，在天爲生物之時，在地爲生物之數。自一至萬以至於不可數計，故曰「八卦相錯，萬物生焉」。自一分至六十四，凡六變，《先天圖》陰陽之分數也。八八六十四，體數之極也。八者體也，六者用也。八八者，盡八變，主八卦也。六變者，明六位，象六爻也。故曰「分陰分陽，迭用柔剛，《易》六位而成章」。所以體有八，而用止於六也。陰陽剛柔，分則立體，迭則致用，陰陽氣也，混而難别，分之者，卦之二體，上下分三而各立也。剛柔形也，異而難合，迭用者，爻之六位，奇偶隔一而遞遷也。其在《先天圖》，上卦皆十二陰十二陽，混而難别也，下卦八卦各一位，異而難合也。以地體天則陰陽分矣，以天用地則剛柔迭矣，是故分陰分陽爲寒暑，迭用柔剛爲晝夜也。一偶爲二而六十四在其中矣，六十四而三百八十四在其中矣。三百八十四者，閏歲之策，天地體數之極，用在其中矣。散而爲百千萬億之物則分天地之體而已，運而爲百千萬億之歲則分天地之用而已。雖變化無窮，不過乾坤震巽分翕消長而已。七以長六至九則分，八以消九至六則翕，故《易》之策數止用乎七八九六也。夫震巽雖無策，復姤實自此生。天陽也，震之陽不見則在乎地下也。地陰也，巽之陰不見則在乎天上也。以其不見故無策，以其互處故爲剛柔相交之始，此所以稱男女之長而代乾坤爲小父母也。

乾坤，定位也。震巽，一交也。兑離坎艮，再交也。故震陽少而陰尚多也，巽陰少而陽尚多也，兑離陽浸多也，坎艮陰浸多也，是以辰與火不見也。

乾坤定位於上下，以六子而相交。此言《先天圖》卦也。震，坤體也，得乾之一陽，巽，乾體也，受坤之一陰，故曰「一交也」。離兑女也，而有二陽，艮坎男也，而有二陰，故曰「再交也」。震離兑居左，天之分也，故震爲陰尚多，離兑爲陽浸多。巽坎艮居右，地之分也，故巽爲陽尚多，坎艮爲陰浸多。在天而陰多陽少則陽不見，在地而陽多陰少則陰不見，故冬至之後木行天泓，養其陽四十五日立春，而後陽用事，夏至之後金行靈府，養其陰四十五日立秋，而後陰用事，所以天辰不見，地火常潛，而震巽無策也。

一氣分而陰陽判，得陽之多者爲天，得陰之多者爲地。是故陰陽半而形質具焉，陰陽偏而性情分焉。形質又分，則多陽者爲剛也，多陰者爲柔也，性情又分，則多陽者陽之極也，多陰者陰之極也。

太極兼包動静，静則見虚，動則見氣，氣動爲陽，静復爲陰。故太極判爲陰陽，二氣相依以立而未嘗相無。天非獨陽也，陽多而已，所以乾三十六陽而常存十二陰也。地非獨陰也，陰多而已，所以坤三十六陰而常存十二陽也。二儀相配一體，乃成六十四卦三百八十四爻，陰陽各居其半，故曰陰陽半而形質具焉。此以天地言形質也。至於分陰分陽各致其用，乾巽兑離百二十陽七十二陰，坤震艮坎百二十陰七十二陽，天以多陽動而爲變，地以多陰靜而爲常，故曰陰陽偏而性情分焉。此以天地言性情也。形質又分，多陽爲剛者，火石也，多陰爲柔者，水土也，此則以地言形質也。性情又分，多陽爲陽極者，夏之極熱也，多陰爲陰極者，冬之極寒也，此則以天言性情也。大抵形質者，其立體也，性情者，其致用也。混于一則平，分于兩則偏。不一則不合，合然後成體。不兩則不變，變然後有用。合二氣以爲形質，形質具則陰陽半。雖體之多陽者爲剛、多陰者爲柔，不得而同，合之則均，兩相待而立矣。若夫性情分於陰陽之偏，乃天地之妙用也。苟合而不偏，一而無變，天地之用息矣。惟其不能無偏，則多陽爲陽之極，雖有陰而不見故也；多陰爲陰之極，雖有陽而不用故也。陰陽雖偏，合之乃中，性情雖偏，節之則和，本自中和故也。天理必誠，人爲則妄。天之性情陰陽交而中和者，常出於自然。人之性情剛柔節而中和者，必賴於教化。是故皇極之君，中正之學者，所以用八卦九疇也。

兑離巽，得陽之多者也，艮坎震，得陰之多者也，是以爲天地用也。乾陽極，坤陰極，是以不用也。

兑離巽，乾體也，坤來交之，雖名三女而實多陽。震坎艮，坤體也，乾來交之，雖名三男而實多陰。此少陰少陽也，陰中有陽，陽中有陰，陰陽相交，故爲天地之用，四時之所以冬夏，百物之所以盈虚也。陽之長也，自七歷八至九而老，陰之消也，自八歷七至六而老，故乾坤爲陰陽之極而不用也，夫剛柔不可極也。兑離巽，陽雖多，剛雖過，有一柔以制之，震坎艮，陰雖多，柔雖過，有一剛以主之，所以爲用也。是故「平康正直」，中和也。「强弗友剛克」，過剛也。「沉潛剛克」，則用以柔也。「燮友柔克」，過柔也。「高明柔克」，則用以剛也。剛而無柔，或侮鰥寡，柔而無剛，或畏强禦，不可用也。故曰南融而北結，萬物之死地也。其不生物者，陰陽之極也，是以乾坤不用也。

乾四分取一以與坤，坤四分取一以奉乾。乾坤合而生六子，三男皆陽也，三女皆陰也。兑分舊脱「分」字。一陽以與艮，坎分一陰以奉離，震巽以二相易。合而言之，陰陽各半，是以水火相生而相克，然後既成萬物也。

陽策四十八，乾得三十六，坤得十二，故曰乾四分取一以與坤也。陰策四十八，坤得三十六，乾得十二，故曰坤四分取一以奉乾也。陽以陰爲基，乾得坤之十二而以六陽交之，是生三男。三男之卦皆四陰二陽者，以陰爲基也。陰以陽爲基，坤得乾之十二而以六陰交之，是生三女。三女之卦皆四陽二陰者，以陽爲基也。父母既老，無爲而立體。男女方少，相交而致用。震離兑居左，乾之用也。巽坎艮居右，坤之用也。多陽者附天，體本乾也，故離兑附乾。巽雖居右，亦附乾也。多陰者附地，體本坤也，故艮坎附坤。震雖居左，亦附坤也。乾坤合而生六子者，言乾坤之交也。兑以一陽與艮，坎以一陰奉離。震巽以二相易者，言六子之自相交也。一父三男，陰陽之爻各得十二，一母三女，陰陽之爻亦各得十二，體之半也。錯而用之，乾兑離震十六陽而八陰，坤艮坎巽十六陰而八陽，用之變也。雖若不同，合而陰陽有體，所謂以不同同之，如鹹酸相適而爲味也。是故五行之氣，方其不足也則相生，及其有餘也則相克。相養相制，務適平均，而後既成萬物。《河圖》之數，縱横曲折，數之皆成十五，天之示人顯矣，伏義畫卦，信其祖于此歟。蓍除掛一之外有四十八策，乾坤各以四分之一相與，故一爻極用之策不過三十六，其三十六之中又各以六相交。故一爻用策均之不過三十也。總二爻而策九十六，以三十六爲六子之卦體，以六十爲甲子運行之用。其掛一，二蓍則奇偶二畫之體，乾坤之本也。

乾坤之名位不可易也，坎離名可易而位不可易也，震巽位可易而名不可易也，兑艮名與位皆可易也。

左右者，賓主也。上下者，君臣也。賓主無常，君臣有定。故左天而右地者，陰陽之名也，上天而下地者，陰陽之位也。乾居左而在上，坤居右而在下，故曰名位不可易也。坎居右而在上，離居左而在下，故曰名可易而位不可易也。巽居右而在上，震居左而在下，故曰位可易而名不可易也。兑居左而在上，艮居右而在下，故曰名與位皆可易也。名位者，體用也。上下爲體，左右爲用，故名虚而位實，名輕而位重也。乾坤陰陽之純，故名位皆不易，坎離陰陽之中，故易名不易位。震巽男女之長，氣之壯者也，故易位不易名。艮兑，男女之少，氣之弱者也，故名位皆可易。不易者，所以立體，易者，所以致用。坎離比乾坤則已易其名，比四子則未喪其位，變而不失乎正，故爲致用之主而能肖乎乾坤，此易所以貴中也。

離肖乾，坎肖坤，中孚肖乾，頤肖離，小過肖坤，大過肖坎。是以乾坤坎離中孚頤大小過，皆不可易者也。

乾坤陰陽之純，坎離陰陽之中。純者，有始有卒，初終如一。中者，無過不及，上下皆通。故乾坤坎離，體皆不變也。震之一陽在下，艮之一陽在上，巽之一陰在下，兑之一陰在上。視乾坤則不純，比離坎則不中，故震巽艮兑，體皆可變也。若夫合震艮爲一，上下相濟而陰體幾乎中純矣，合巽兑爲一，上下相濟而陽體幾乎中純矣。故坎離肖乾坤而不變，頤中孚大小過肖乾坤坎離而不變也。夫乾坤坎離立體不變，交而爲否泰既未濟則變，此自誠而明，聖人之分，達節者也。震巽艮兑立體則變，合而爲頤中孚大小過則不變，此自明而誠，賢人之分，守節者也。先常後變，從體起用，應世之事也。先變後常，攝用歸體，成德之事也。震巽艮兑之成德也，僅能如乾坤坎離之初，故曰「可與立，未可與權」。

離在天而當夜，故陽中有陰也，坎在地而當晝，故陰中有陽也。震始交陰而陽生，巽始消陽而陰生。兑，陽長也，艮，陰長也。震兑，在天之陰也。巽艮，在地之陽也。故震兑上陰而下陽，巽艮上陽而下陰。天以始生言之，故陰上而陽下，交泰之義也。地以既成言之，故陽上而陰下，尊卑之位也。

此言《先天圖》八卦也。以左右言之則乾兑離震爲天，巽坎艮坤爲地。以上下言之則乾兑巽坎爲晝，坤艮震離爲夜。離當卯初，夜方終而晝始，雖陽中有陰而陽見陰伏也。坎當酉初，晝將終而夜始，雖陰中有陽而陰見陽伏也。乾坤當子午，定上下之位，是爲南北，爲冬夏。坎離當卯酉，列左右之門，是爲東西，爲春秋。自復至乾爲陽長，本坤體也，陽來消之，故震之陽生、兑之陽長，皆爲在天之陰，陰盡陽純而後乾體成矣。自姤至坤爲陰長，本乾體也，陰來消之，故巽之陰生，艮之陰長，皆爲在地之陽，陽盡陰純而後坤體成矣。一定所以立體，相交所以致用。天以始生言之，陰上陽下交泰之義者，天主用也。地以既成言之，陽上陰下尊卑之位者，地主體也。是故自始生言之，則一二三之六爲三天，四五之九爲兩地。自既成言之，則一三五之九爲三天，二四之六爲兩地也。先天八卦之位與後天不同，先天之位三女附乎乾三男附乎坤，後天之位三男附乎乾三女附乎坤。陰附陽陽附陰者，相交之初也。陰附陰陽附陽者，辨分之後也。相交者，致用也。辨分者，立體也。先天，易之體也，相交致用，體由此而成也。後天，易之用也，辨分立體，用由此而生也。

乾坤定上下之位，離坎列左右之門，天地之所闔闢，日月之所出入，是以春夏秋冬、晦朔弦望、晝夜長短、行度盈縮，莫不由乎此矣。

乾坤定上下之位，上爲陽，下爲陰，故上有一百十二陽八十陰，下有一百十二陰八十陽也。坎離列左右之門，左爲陽，右爲陰，故左有一百十二陽八十陰，右有一百十二陰八十陽也。先天以乾坤坎離當子午卯酉，爲四正之卦運行之數，去而不用者，以存體也。老父老母定乎上下，萬變出焉而我無爲，體之體也。中男中女列乎左右，萬變由焉而我不易，用之體也。乾坤當子午之中，坎離當卯酉之初者，乾坤正而坎離偏也。先天，造物之初也，伏羲八卦，天位也，兼天上地下而言，所以天地闢闔，日月出入，春夏秋冬，晦朔弦望，晝夜長短，行度盈縮，莫不由此。後天，生物之後也，文王八卦，地位也，獨據地上言之，所以坎離震兑當二至二分之中，兑震位不偏者，以二分有定，非若晝夜之盈縮也。故《繫辭》論文王八卦但言春秋冬夏南北東西，言坤不過曰地，言坎不過曰水而已，不及乎地下之事也。

自下而上謂之升，自上而下謂之降。升者生也，降者消也。故陽生於下，陰生於上，是以萬物皆反生，陰生陽，陽生陰，陰復生陽，陽復生陰，是以循環而無窮也。

以天地爲一氣，主一陽而言之則自下而上謂之升。升者，生也。自上而下謂之降。降者，消也。以天地爲二氣，分陰陽而言之則自下而升者爲陽生，故陽生於下，自上而降者爲陰生，故陰生於上。以《先天圖》觀之，陽生於子，冬至之後天左旋，自頤至乾日右行，自剥至姤陽之變陰皆從下而上。陰生於午，夏至之後天左旋，自大過至坤日右行，自夬至復陰之變陽皆從上而下也。陽本上而生於下，陰本下而生於上，故萬物反生，動物生於首，植物生於根，皆反生也。天之陰陽，自復至乾受之以姤，自姤至坤受之以復。日之陰陽，自剥至乾受之以夬，自夬至坤受之以剥，陰陽相生，如環無端，此天地之所以無窮也。夫自位觀之，伏羲之卦陽生乎下之下，文王之卦陽生乎上之下，皆下生也。伏羲之卦陰生乎上之上，文王之卦陰生乎下之上，皆上生也。若自卦觀之，伏羲之卦陰陽皆自上而生，文王之卦陰陽皆自下而生。自上生者，天之陰也，無物之氣也。自下生者，地之陽也，有體之物也。蓋伏羲之卦先天也，天之氣也。文王之卦，後天也，地之物也。是故《先天圖》陽自剥起，至姤變爲復乃反生三十二陽，陰自夬起，至復變爲姤乃反生三十二陰者，太極生天地之時也，夫日之變至坤而剥復相授，至乾而夬姤相授者，天地生萬物之時也。生天地者，以乾坤爲主卦，未有一大父母也。生萬物者，以復姤爲主卦，已有一小父母也。乾坤用六變，復姤用五變。天日錯行，復姤主之。五變相交，其一不動。右旋者爲生氣以變時，左旋者爲布氣以生物。其卦逆順之行亦如方圓之象，取名有上下不同。至於卦變則皆自上而下，若乃文王之《易》，雖兩卦升降反對，言其爻位則皆自下而上也。

陰陽生而分兩儀，二儀交而生四象，四象交而生八卦，八卦交而生萬物。故二儀生天地之類，四象定天地之體。四象生日月「日月」舊誤作「八卦」。之類，八卦定日月之體。八卦生萬物之類，重卦定萬物之體。類者，生之序也。體者，象之交也。推類者必本乎生，觀體者必由乎象。生則未來而逆推，象則既成而順觀。是故日月一類也，同出而異處也，異處而同象也。推此以往，物焉逃哉？

造物之初，以氣造形，故陰陽生天地。生物之後，以形寓氣，故天地轉陰陽。陰陽生而分二儀者，靜極生動，動而生陽，動極復靜，靜而生陰，一陰一陽，二儀分矣。二儀交而生四象者，陰始交陽而生少陽，至老而止，陽始交陰而生少陰，至老而止，陰陽老少四象生矣。四象交而成八卦者，陽體爲剛，陰體爲柔，天得其氣是名陰陽，地得其形是名剛柔，氣形相依八卦生矣。八卦交而生萬物者，一卦變八卦，重之爲六十四卦三百八十四爻，引而伸之，無窮罔極，奇偶相交萬物生矣。二儀者，太極之陰陽也。陽升而生天，陰降而生地，故生天地之類，一氣分而生也。陽交陰，陰交陽。交左右，通上下。位以神運質，以質載神。天地之體定於四象者，二氣交而成也。四象者，天之陰陽也。陽抱陰生日，陰抱陽生月，故生日月之類，一氣分而生也。陽交陰，陰交陽。陰資於陽，陽託於陰。以魄拘魂，以魂制魄。日月之體定于八卦者，二氣交而成也。八卦者，地之陰陽也。陽生動物，陰生植物，故生萬物之類，亦一氣分而生也。陰交陽，陽交陰。動中有静，静中有動。以氣役形，以形貯氣。萬物之體定於重卦者，亦二氣交而成也。凡自下而上進而生者爲陽，凡自上而下退而生者爲陰，故類者生之序也。生於陽者待陰而凝，生於陰者得陽而熙，故體者象之交也。推類者，未生之初也。以氣造形自虚而出實，故未來而逆推，《易》所謂「知來者逆」。所以圖達天右行而數者，皆未生之卦也。觀體者，既形之後也。以形寓氣由顯以探隱，故既成而順觀，《易》所謂「數往者順」，所以圖隨天左旋而數者，皆已生之卦也。是故日月一類者，同乎天之一氣也。同出而異處者，分而生也。異處而同象者，交而成也。人生乎太極之合一，物生乎天地之分兩，故人與人同類，而物爲異類也。

天變時而地應物，時則陰變而陽應，物則陽變而陰應。故時可逆知，物必順成。是以陽迎而陰隨，陰逆而陽順。

日之右行，所以生氣，生氣所以變時。天之左行，所以布氣，布氣所以生物。天變時者，謂右行之卦也。地應物者，謂左行之卦也。右行者坤爲變而乾爲應，故曰陰變而陽應也。左行者復爲變而姤爲應，故曰陽變而陰應也。右行者未有一，皆未生之卦也。左行者已有一，皆已生之卦也。知來者逆，故時可逆知。數往者順，故物必順成。所以主時而言，則陽之消陰爲迎，陰之消陽爲逆，陰陽皆逆行。主物而言，則陽之長爲順，陰之長爲隨，陰陽皆順行也。語其體則天分而爲地，地分而爲萬物，而道不可分也。其終則萬物歸地，地歸天，天歸道。是以君子貴道也。

天分爲地，故蓍運而有卦。地分爲物，故卦析而有爻。其在先天則一卦變而八卦，八卦變而六十四也。所謂道不可分者，豈非老氏之「無」耶？所謂天歸道者，豈非釋氏之「空」耶？夫太極者包陰陽動静之稱，其始也虚在一元當物未開之前，虚非無也，其終也密在一元當物已閉之後，密非空也。實而顯者，體之見也。虚而密者，用之藏也。太極函三爲一，皇極居中用九，始中終上中下，無所偏滯。體雖分三，用常合一。密終虚始，無有間斷。故曰「《易》之爲書也，原始要終，以爲質也」，夫是之謂道。

有變則必有應也。故變於内者應於外，變於外者應於内，變於下者應於上，變於上者應於下也。天變而日應之，故變者從天而應者法日也。是以日紀乎星，月會於辰，水生於土，火潛於石，飛者棲木，走者依草，心肺之相聯，肝膽之相屬，無他，變應之道也。

乾兑巽坎爲上，則離震艮坤爲下。乾兑離震爲内，則巽坎艮坤爲外。陰陽消長每卦相效，未有變而不應者，故變者從天，謂天以左行而日移一度也，應者法日，謂日以右行而日應一度也。是故日紀於星，乾離也。月會於辰，兑澤也。水生於土，坤坎也。火潛於石，艮巽也。皆上下相應也。飛者棲木，離艮也。走者依草，震坤也。心肺相聯，乾巽也。肝膽相屬，兑坎也。皆内外相應也。是故變應之道陰陽之氣以類相從，自然之理也。所以《易》之六爻亦以初應四，二應五，三應上也。

本乎天者親上，本乎地者親下，故變之與應常反對也。

自已生之卦言之，六變之中一不變者，物之命也。凡物皆反生，陰生乎上，在上之三十二卦其一皆下向者，命在下也，故植物之根附地也。陽生乎下，在下之三十二卦其一皆上向者，命在上也，故動物之首附天也。

陽交於陰而生蹄角之類也，剛交於柔而生根荄之類也，陰交於陽而生羽翼之類也，柔交於剛而生支榦之類也。天交於地，地交於天，故有羽而走者，足而騰者，草中有木，木中有草也。各以類而推之，則生物之類不過是矣。走者便於下，飛者利於上，從其類也。

陽交于陰，以陰爲用，故生動物之走。陰交於陽，以陽爲用，故生動物之飛。動物屬天，故以陰陽言之。剛交於柔，以柔爲用，故生植物之草。柔交於剛，以剛爲用，故生植物之木。植物屬地，故以剛柔言之。動物屬天，自分天地，則飛爲天，走爲地矣。植物屬地，自分天地，則木爲天，草爲地矣。地交於天，故有足而騰、草而木者，本地類也，而得天之氣焉。天交於地，故有羽而走、木而草者，本天類也，而得地之氣焉。羽而走，雞鶩之類是也。足而騰，龍馬之類是也。草中木，枝榦强巨者，蘆荻甘草之類是也。木中草，枝榦纖弱者，荼蘪郁李之類是也。萬物雖多，不過六十四卦之變，盡之矣。走者便於下，本乎地者親下之義也。飛者利於上，本乎天者親上之義也。

陸中之物，水中必具者，猶影象也。陸多走、水多飛者，交也。是故巨于陸者必細於水，巨於水者必細於陸也。

飛走動植之物，凡陸中有者水中亦有之，陸爲陽而水爲陰，陽猶象而陰猶影也。陽宜飛而陸多走，陰宜走而水多飛者，陰陽相交而互用，故陽卦多陰、陰卦多陽也。巨於陸者細於水，巨於水者細於陸，陰陽相反也。

虎豹之毛猶草也，鷹鸇之羽猶木也。

虎豹，天之陰，草，地之柔也。鷹鸇，天之陽，木，地之剛也。虎豹草伏，鷹鸇木棲，從其類也。

木者星之子，是以果實象之。

天之四象，日月星辰。地之四象，水火土石。火爲日，水爲月，土爲辰，石爲星。其在物則飛屬火，走屬水，草屬土，木屬石。故木者星之子也。果實象之，以類生也。

葉陰也，華實陽也，枝葉耎而根榦堅也。

陰㮑陽精，故葉爲陰，華實爲陽，陰中有陽則葉之光澤也，陽中有陰則華之蒂萼、實之皮殼也。枝葉耎，地之柔也。根幹堅，地之剛也。枝老則堅，近幹也，如草中之木；幹少則柔，近枝也，如木中之草。有根幹而後有枝葉，陽而陰也；有枝葉而後有華實，陰而陽也。是故陽以陰爲基，陰以陽爲基也。

人之骨巨而體繁，木之幹巨而枝葉繁，應天地之數也。

陽奇陰偶，陽一陰二，故天一地二。天數起於一，地數起於十二，蓋陽渾陰分，渾則大而少，分則小而多。自然之數，亦自然之理也。人之骨屬陽，如木之幹，人之體屬陰，如木之葉，故應天地之數也。太極含三爲一，真數也。含三者，中包一二三，之六用，故乾之數一而爻有六畫。地起十二者，二六之用也，故坤有十二畫。

動者體横，植者體縱，人宜横而反縱也。

圓者性動，方者性静。圓者體縱，方者體横。天圓地方，而天縱而動，地横而静。動物屬天而體横象地者，陽以陰爲基，故坎男外陰則類坤。植物屬地而體縱象天者，陰以陽爲基，故離女外陽則類乾。是故南北爲縱一定不易，東西爲横運轉不居，縱者反静，横者反動也。動物能横不能縱，植物能縱不能横者，稟天地一偏之氣也。人爲萬物之靈，得天地日月交之用，故能縱能横。曰「宜横而反縱者」，謂其本動物也，應用則縱，圓動如天，反本則横，方静如地，是故晝則縱而夜則横，生則縱而死則横也。

飛者有翅，走者有趾。人之兩手，翅也。兩足，趾也。

動物皆天也。自分陰陽則飛爲陽，走爲陰，是故走者有趾，飛者有翅亦有趾，天兼地之義也。然能走即短於飛，能飛即短於走。惟人，手足皆應用便利。

飛者食木，走者食草，人皆兼之而又食飛走也，故最貴於萬物也。

飛者食木，陽也。走者食草，陰也。飛亦食草實者，草之木也。走亦食木葉者，木之草也。

人無不食而無不能，太極之氣也。

體必交而後生，故陽與剛交而生心肺，陽與柔交而生肝膽，柔與陰交而生腎與膀胱，剛與陰交而生脾胃。心生目，膽生耳，脾生鼻，腎生口，肺生骨，肝生肉，胃生髓，膀胱生血。故乾爲心，兑爲脾，離爲膽，震爲腎，坤爲血，艮爲肉，坎爲髓，巽爲骨，泰爲目，中孚爲鼻，既濟爲耳，頤爲口，大過爲肺，未濟爲胃，小過爲肝，否爲膀胱。

天之陽日也，地之剛石也。天之陰月也，地之柔土也。天之柔辰也，地之陰水也。天之剛星也，地之陽火也。日月星辰，天之四象也。水火土石，地之四象也。天地交而生人，故天之四象在人爲四藏，其見於外則爲目耳鼻口者，首之四象也。地之四象在人爲四府，其見於外則爲血肉骨髓者，身之四象也。乾爲心者，生物之主。離爲膽者，應物之用。兑爲脾者，一陰悦乎重剛之上，受物而克之者也。震爲腎者，一陽動乎至柔之下，滋氣而生之者也。大過爲肺陽多者，氣也。小過爲肝陰多者，血也。未濟爲胃者，坎離不交清濁之辨也。否爲膀胱者，天地不交水穀之辨也。坤爲血者，極陰也。坎爲髓者，中陽也。艮爲肉者，柔多而外剛也。巽爲骨者，剛多而内柔也。泰爲目者，陽中陽用事，故外明也。既濟爲耳者，陰中陽用事，故内明也。中孚爲鼻者，外實而中虚也。頤爲口者，上止而下動也。在天則純卦爲四藏而生八卦者，天之天生天之地也。在地則交卦爲四府而生純卦者，地之天生地之地也。地，皆體也，而血髓近乎用，故屬坤坎。天，皆用也，而鼻口近乎體，故屬兑震。詳解在《通變圖》中。

天地有八象，人有十六象，何也？合天地而生人，合父母而生子，故有十六象也。

天有陰陽，地亦有陰陽。地有柔剛，天亦有柔剛。陰陽剛柔日月星辰，天之四象也。剛柔陰陽水火土石，地之四象也。人有十六象者，藏四首四，天也，府四身四，地也。

心居肺，膽居肝，何也？言性者必歸之天，言體者必歸之地，地中有天，石中有火，是以心膽象之也。心膽之倒垂，何也？草木者，地之體也，人與草木皆反生，是以倒垂也。

草木反生，下親乎地。心膽倒垂，上親乎天。居於肝肺，亦託乎地之意。天依地，地依天，故性依體，體依性也。人與物皆反生，動物生於首，植物生於根，反生也。心膽之倒垂，如枝葉之上嚮，反生則順也。

口目横而鼻耳舊脱「耳」字。縱，何也？體必交也。故動者宜縱而反横，植者宜横而反縱，皆交也。

天圓地方，故天體縱，地體横。動物屬天，其體宜縱。植物屬地，其體宜横。宜縱而横、宜横而縱者，交也，是以動者之形反横而類母，植者之形反縱而類父。人備天地陰陽，能屈能申，故宜横而反縱。至于耳目鼻口之象，則類乎動植之形也。

天有四時，地有四方，人有四支。是以指節可以觀天，掌文可以察地。天地之理具指掌矣，可不貴之哉？

四指各三節，應十二辰，合之則二十四氣。拇指三節，二爲陰陽，隱者爲太極。掌則大物也，合之而三十二則得乎天卦，併手足而六十四則兼乎地卦，故人之兩手兩足實應四方也。地之體數極於十六，四之而六十四，然衍十六者一一而起八八而終，實數十有五焉，則以地去一而起二故也。所以一手十六數而顯見者十五，太極隱乎大物之間也。不惟此爾，自手至腕，自腕至肘，自肘至肩，自趾至脛，自脛至股，自股至胯，各三節，則人之手足又應十二次也。掌文可以察地者，後高前下，東南多水西北多山也，聚處爲川澤，掌文則川之象也。手仰者，本乎天者親上也。足俯者，本乎地者親下也。手可翻覆足不可翻覆者，陽能兼陰陰不能兼陽也。

神統於心，氣統於腎，形統於首。形氣交而神主乎其中，三才之道也。

氣統於腎，地下也，北方也。形統於首，天上也，頂連北而面當南。神統於心，南方也，太虛也，實用則人也。地，形也，而氣統於腎。形者，氣之所以生也。天，氣也，而形統於首。氣者，形之所以成也。神寓太虛，虛本無物，在天地爲人，在人爲心，則皆有物矣。是故二必有三，中虚致用，用實成體，體無非用，三才之道也。凡人之神託於氣，而氣託於形，以神對氣，神虚氣實。神者，用也。氣者，體也。以氣對形，氣虚形實。氣者，用也。形者，體也。人以形載氣則用在體内，天以形包地則用在體外。用在體内故有方而小，用在體外故無方而大。天之用雖無方，然體之無有者，形亦不能生物，故天之用實在地也。其變化不測者，是神而已。神之妙用，非惟天有之，人亦有焉，能盡乎神則用與天等，此聖人所以踐形而如天之無不覆也。形統於首，天也。日月星辰，天之用也。耳目鼻口，首之用也。天之日月星辰内照，人之耳目鼻口外役。人若能收視反聽，則神游太虚，心不役物，擴而充之，與天爲徒。

人之四肢各有脉也。一脉三部，一部三候，以應天數也。

四肢各一脉，四時也。一脉三部，一時三月也。一部三候，一月三旬也。四九三十六，乾之策天之極數也。《素問》曰十二節皆通乎天氣。十二節者，十二節氣應人之十二經脉，謂手足各三陰三陽也。三候者，亦浮沉中也，陰陽有太過不及也。

心藏神，腎藏精，脾藏魂，膽藏魄。

腎，北方之天一也，故藏精。心，南方之太虚也，故藏神。精氣爲魄，精始化也。神氣爲魂，魄生陽也。魄者精之所自出，爲精氣之佐使，故曰「並精出入之謂魄」。木，水之子也，故膽藏魄。魂者神之所自出，爲神氣之輔弼，故曰「隨神往來之謂魂」。土，火之子也，故脾藏魂。積清爲精。精則清靈之氣專一凝聚而成此氣之妙者，故惟誠能生精，惟精能生神也。精出於虚，生於誠。誠乃天德，其生精者，蓋天真自然之氣，非僞爲也，故誠運乎虚，專一不二則生精，精見於有，變化自然則生神，此精神之本也。神之盛者爲魂，精之盛者爲魄，以有氣爲之使爾。精神者，主也。魂魄者，使也。人常存誠，則心能御氣而精神爲主，其死也爲神爲靈。人常逐妄，則氣反役心而魂魄爲主，其死也爲鬼爲物矣。

胃受物而化之，傳氣於肺，傳血於肝，而傳水穀於脬腸矣。

精神魂魄，性之用也，故心膽脾腎爲藏。言性者必歸之天，藏爲天也。若夫胃受物而化之氣味，以養氣血，故傳氣於肺，傳血於肝，皆用物之精英，以助吾之魂魄者也，其苴滓濁穢則入於脬腸矣。氣血水穀，形之用也，故肺肝胃腸爲府。言形者必歸之地，府爲地也。心膽脾腎與胷中而五，皆性用也。肺肝胃腸與腹中而五，皆形體也。或曰人言五藏六府，康節獨言四，何也？天地各以一變四者，先天也，若夫天有五干故言五藏，地有六支故言六府。生於五者窮於六，生於六者周於五。地有五行，天亦有五行。天有六氣，地亦有六氣。故又言府有五、藏有六，五偶而十，六偶而十二，相交共一則爲十一，相别分兩則爲十二，故《素問》有言十一藏有言十二藏者，又如《黄庭》言六府則兼齊，《素問》言六府則指三焦，各隨事生義，皆後天之末用，非先天之本體也。先天有四者，四象也。天五冲氣寓於四者之間，不可名也。後天有五者，五行也，中虚致用，五亦自居其一數也。五不可名者，時中也。五自居於一者，執中無權，猶執一也。中央之土本以中和而養四藏，衆人脾胃反多病，則子莫之執中也。

卷五　觀物外篇中之中

天圓而地方，天南高而北下，是以望之如倚蓋然。地東南下西北高，是以東南多水，西北多山也。天覆地，地載天，天地相函，故天上有地，地上有天。

古之言天有三家：曰宣夜，曰蓋天，曰渾天。宣夜之學，人謂絶無師法。蓋天之學惟唐一行知其與渾天不異，蓋天之法如繪像止得其半，渾天之法如塑像能得其全。堯之歷象日星，蓋天法也。舜之璇璣玉衡，渾天法也。渾天密於蓋天，創意者尚畧，述作者愈詳也。宣夜，人雖非之，竊謂作者不無所見，但論述者失其本旨爾。郄萌記曰：「日月衆星自然浮生虚空之中，其行其止皆須氣焉。」虞喜曰：「天確乎在上，有常安之形。」數語皆有意義，而恨不究乎終始。蓋《河圖》之數，戴九履一，一起于下，是爲坎水，天象之始也；九窮于上，是爲乾金，天象之成也。故坎水柔動而乾金堅凝，動脈滋生而腦精安静。虞喜謂常安之形者，北極不動之義，天之頂也。郄萌謂日星浮於虚空，行必須氣。此則東西運轉，氣即天，虚即氣也。雍曰望之如倚蓋。此兼取蓋天之説也，其曰地東南下西北高者，天圓如虚毬，地斜隔其中，西北之高戴乎天頂，故北極出地才三十六度，愈降而及東南，履乎天末，故南極入地才三十六度，東南多水，西北多山，其高卑可見矣。地勢本傾峻，以其體大，故人居其上而弗覺。西北附實，東南面虚，人倚北而嚮南，是以天潛乎北而顯乎南，水發乎西而流于東也。天包地，地載天，天地相函，以立於太虛之中而能終古不壞，雖其理至妙不可測度，要之不過虛實相依動静相養，不即不離非一非二，故在天成象則在地成形，仰天有文則俯地有理，人能窮此，可以達性命之原，知死生之說矣。

天渾渾於上而不可測也，故觀斗數以占天也。斗之所建，天之所行也。魁建子，杓建寅，星以寅爲晝也。斗有七星，是以晝不過乎七分也。

日月五星皆從地道而右行。天道左行以辰爲體。辰者無物之氣，不可見也。觀天之行以斗建而已。斗有七星，天之數也。晝不過乎七分者，天數極乎九而盈于七也。一二三四五由五以前，生數十五也。五六七八九由五以後，成數三十五也。天數二十有五合之而五十者，天之全數，故大衍之數五十也。生數十五，其一爲太極之體大衍不用，其十四者，七爲天之本體，七爲日月五星，所以蓍數七七而見於象者止有三十五。名四布四方爲二十八舍，一居中央是爲北斗，是故數足于十，天得其六地得其四，天兼餘分盈于七而斗有七星也。北斗七星自一至四爲魁，自五至七爲杓，魁爲琁璣，杓爲玉衡。星以寅爲晝者，中星以寅爲旦，戌爲昏也。日以卯酉爲中則十二分而用七星，以寅戌爲限則十分而用七矣。

天行所以爲晝夜，日行所以爲寒暑。夏淺冬深，天地之交也。左旋右行，天日之交也。

日麗乎天，日行一度爲天所轉，故天一日一周，日亦隨之。夏則出寅入戌，冬則出辰入申。春秋出卯入酉，出爲晝入爲夜，晝夜雖係乎日之出入，而日之出入則係乎天之行，故曰天行所以爲晝夜也。日在地下則寒，在天上則暑。冬行北陸爲寒，夏行南陸爲暑。春行西陸，秋行東陸，爲寒暑之中，故曰日行所以爲寒暑也。夏則日行地下淺，冬則日行地下深。天道向南則自深之淺，向北則自淺之深，此天地之交也。或者謂夏則南極仰，冬則南極俯，引人首爲喻，以爲夏淺冬深之説，此不知日有黄道者也。夏至日在午而正于午，冬至日在子而正于子，隨天運而然，故以淺深爲天地之交。冬至日起星紀，右行而日移一度，天道左旋，日一周而過一度，日巡六甲與斗相逢，此天日之交也。日行黄道，其圖在《通變》中。

日朝在東，夕在西，隨天之行也。夏在北，冬在南，隨天之交也。天一周而超一星，應日之行也。春酉正，夏午正，秋卯正，冬子正，應日之交也。

冬至夜半子時，日起星紀，日右行一度，天亦左移一度，故夜半日常在子。所以朝必出於東，夕必入於西者，隨天之行，非日之行也。夏則日行在北，冬則日行在南。日最北去極最近，故影短而日長；最南去極最遠，故影長而日短。此隨天之交也。日日行一度，天日一周而過一度一星者，星之一度也，故爲應日之行也。冬至日在子，夏至日在午，春分日在酉，秋分日在卯，天之移也。冬至子時日正在子，夏至午時日正在午，春秋二分日或正于酉或正于卯，東西迭緯，所以冬夏爲陰陽之正，春秋爲陰陽之交，故曰應日之交也。

日以遲爲進，月以疾爲退，日月一會而加半日減半日，是以爲閏餘也。日一大運而進六日，月一大運而退六日，是以爲閏差也。

日一晝夜行天一度，月一晝夜行天十三度十九分度之七。天運左旋，日月右行。月一月一周天，皆爲徒行，其及日者，在最後之二日半而常在日之後，故日遲而反爲進，月疾而反爲退也。日月三十日一會，實二十九日半，故一會而日加半日月減半日。加半日者，日一歲本多於月六日，而今又加六日。減半日者，月一歲本虧於日六口，今又減六日。以所加減積之，是爲閏餘也。日月一大運進退十二日，得三年一閏五歲再閏，是爲閏差也。又云一會而月加半日，日減半日。蓋月本得二十九日半，日本得三十日半，而時以爲三十日故也。

日行陽度則盈，行陰度則縮，賓主之道也。月去日則明生而遲，近日則魄生而疾，君臣之義也。

日自冬至以後行陽度而漸長，夏至以後行陰度而漸短。雖以陽臨陰爲客之禮，亦不敢自肆，此君所以禮臣，夫所以禮婦也。諸歷家説，月一日至四日行最疾，日夜行十四度餘；五日至八日行次疾，日夜行十三度餘；自九日至十九日其行遲，日夜行十二度餘；二十日至二十三日行又小疾，日夜行十三度餘；二十四至晦行又大疾，日夜行十四度餘。以一月均之，則日得十三度十九分度之七也。遠日則明生而行遲，近日則魄生而行疾，有君臣之義焉。故《易》「二多譽，四多懼」，《詩》曰「被之僮僮，夙夜在公。被之祁祁，薄言還歸」，夫婦之禮，君臣之義，一也。

陽消則生陰，故日下而月西出也。陰盛則敵陽，故月望而東出也。天爲父，日爲子，故天左旋，日右行。日爲夫，月爲婦，故日東出月西生也。

初三日，日初入時，月在庚上，哉生明，見西方。八日爲上弦，日初入時，月在丁上。十五日爲望，日初入時，月在甲上，盛於東方。十六日將出時，月在辛上，戴死魄，①見平旦。二十三下弦，日將出時，月在丙上。三十日爲晦，月與日合在乙上。月本無光，借日以爲光，及其盛也，遂與陽敵，爲人君者，可不慎哉？天左旋，日右行。日東出，月西生。父子夫婦之道，陰陽之義也。月望亦東出者，敵陽也，非常道也。

日月之相食，數之交也。日望月則月食，月掩日則日食，猶水火之相克也。是以君子用智，小人用力。

日月相對謂之望，日月相會謂之晦。日常食於朔，月常食於望，正如水火之相克。水之克火掩而克之，小人用力也。火之克水必隔物焉，君子用智也。月近日無光爲晦，月敵日而光盛爲望，然日食於朔，月食於望，乃知小人在外雖盛必自危，而其柔弱狎比之時多能危君。此則慮與不慮之間，所以《易》戒履霜而不懼揚庭也。日月一年十二會十二望而有食有不食者，交則食不交則不食也。所以有交與不交者，日行黄道，月行九道也。亦有交而不食者，同道而相避也。月行九道，詳見《唐·歷志》。

---

①「戴」，疑當爲「哉」字，或「載」字。

日隨天而轉，月隨日而行，星隨月而見，故星法月，月法日，日法天。天半明半晦，日半嬴半縮，月半盈半虧，星半動半静，陰陽之義也。

日雖右行，然隨天左轉。月雖行疾，然及日而會常在其後。星隨月者，見於夜也。一陰一陽之謂道。天法道，故半明半晦。日法天，故半盈半縮。月法日，故半盈半虧。星法月，故半動半静。有一必有二，獨陰獨陽不能自立也。半盈半縮者，在陽度則盈，在陰度則縮。半動半静者，緯星動，經星静也。

天晝夜常見，日見於晝，月見於夜而半不見，星半見於夜，貴賤之等也。

天雖半晦半明而晝夜常見；日當晝時必在天上；月當夜時有在地下，故半不見；星又不及乎月。貴賤之分，上能兼下，大能包小也。星半見者，五緯二十八宿，皆迭見故也。

月，晝可見也，故爲陽中之陰。星，夜可見也，故爲陰中之陽。

先天以日月星辰配乾兑離震。日爲陽中陽，月爲陽中陰，星爲陰中陽，辰爲陰中陰。月，晝可見，故爲陽中陰。先生所謂以其陽之類，故能見於晝是也。星，夜可見，故爲陰中陽。星亦隨月，故與月錯綜而互用也。辰，不可見，故爲陰中陰也。辰者，天壤也，日月星託焉。辰雖不可見而天晝夜常見，故不用之一者，用之所宗也。

天奇而地耦，是以占天文者，觀星而已，察地理者，觀山水而已。觀星而天體見矣，觀山水而地體見矣。天體容物，地體負物，是故體幾於道也。

二十八宿以別分野。其餘列星，在朝象官，在野象物，故觀星可以知天文。山起西北，水聚東南，兩戒三條，五嶽四瀆，如肢體脈絡，各有倫叙，故觀山水可以知地理。天奇地偶，故星一而山水二也。辰者，天之體也。土者，地之體也。辰者無物之氣，不可見，以星觀焉知其廓然太虛，能容物也。土者有形之物，可見，以山水觀焉益知其不辭重大，能負物也。辰爲太虛，土爲大物，星與山水有量而二者無窮，故曰體幾於道也。體幾於道，用通於神。

極南大暑，極北大寒，故南融而北結，萬物之死地也。夏則日隨斗而北，冬則日隨斗而南，故天地交而寒暑和，寒暑和而物乃生焉。

天之陽在南，陰在北。地之陽在北，陰在南。天之南陽在上，故極南大暑見乎地者，融而爲水，地雖有陰不能伏陽故也。天之北陰在上，故極北大寒見乎地者，結而爲山，地雖有陽爲陰所伏故也。蓋陽性熙，其極則融，陰性凝，其極則結也。地之南宜寒而下者氣熱，北宜熱而高者氣寒，則從乎天也。地北之陽、南之陰皆伏乎内，故寒暑止從天。若夫水之柔也，以陰不勝陽，隨陽而爲陽用，故屬陰；山之剛也，以陽不勝陰，隨陰而爲陰用，故屬陽。形則從乎地，剛柔也。氣則從乎天，寒暑也。極陰極陽非中和之氣，萬物不生，故爲死地。夏至熱極，日自此隨斗而北。冬至寒極，日自此隨斗而南。天地交然後寒暑和，物乃生，故曰「致中和，天地位焉，萬物育焉」，此太極自然之理，皇極中庸之道也。

天以剛爲德，故柔者不見。地以柔爲體，故剛者不生。是以震天之陰也，巽地之陽也。舊脱誤作「震巽天之陽也」。地陰也，有陽而陰效之，故至陰者辰也，至陽者日也，皆在乎天，而地則水火而已，是以地上皆有質之物。陰伏陽而形質生，陽伏陰而性情生，是以陽生陰，陰生陽，陽克陰，陰克陽。陽之不可伏者，不見於地。陰之不可克者，不見於天。伏陽之少者其體必柔，是以畏陽而爲陽所用。伏陽之多者其體必剛，是以禦陽而爲陰所用。故水火動而隨陽，土石静而隨陰也。

乾兑離震天之分，震陰多陽少，故爲天之陰。巽坎艮坤地之分，巽陽多陰少，故爲地之陽。辰不見者，天以剛爲德，柔者不見也。石不生者，地以柔爲體，剛者不生也。震爲辰，巽爲石。震巽無策者，自乾兑離震配坤艮坎巽而言也。若自乾兑離震巽坎艮坤爲序，則乾與巽偶，乾爲日巽當爲火，巽之無策又應地火常潛矣。是故巽爲石者，坤艮坎巽，水火土石，一二三四，從地之序也。巽爲火者，巽坎艮坤，火水石土，五六七八，從天之序也。有一則有二，有陽則有陰。天一也，陽也。地二也，陰也。故在天成象，在地成形。形者，效象而法之耳。天之至陰，辰也，地效之則有水。天之至陽，日也，地效之則有火。地上皆有質之物，地有是形，天必有是象，如形影之相隨也。陰伏陽而形質生，精之所化，剛包於柔，坎之象也。陽伏陰而性情生，神之所化，虚寓於實，離之象也。故形質可見，陽也，而體魄則是陰也；性情不可見，陰也，而神用則是陽也。陽極生陰，陰盛則還克陽。陰極生陽，陽盛則還克陰。大抵陰陽相爲生成，相爲利害，不兩不致用也。所以分天分地者，以其偏勝而已。是故陽之不可伏者不見于地而地火常潛，陰之不可克者不見于天而天辰不見也。若夫土上有質之物，皆陰伏陽而生。伏陽之少者體必柔，陰不勝陽，故畏陽而爲陽所用。伏陽之多者體必剛，陰能勝陽，故禦陽而爲陰所用。水火體柔，伏陽之少者也，故動而隨陽。土石體剛，伏陽之多者也，故静而隨陰也。是故春夏果實體多柔，伏陽之少也，秋冬果實體多剛，伏陽之多也。四月果熟而易爛，陰不勝陽而陽爲所用也。十月花開而不實，陽不勝陰而陽不爲用也。

陽生陰，故水先成。陰生陽，故火後成。陰陽相生也，體性相須也。是以陽去則陰竭，陰盡則陽滅。

天一生水，陽生陰也。地二生火，陰生陽也。論太極既判之後則陽分陰，若太極未判之前則陰含陽。故《易》先乾者如夏正建寅，《歸藏》首坤者如周正建子，此先後天之説也。人生之初精藏血中，始化曰魄，陽生陰也。既生陽曰魂，陰生陽也。大抵陰陽相生，故體性相須。精魄者，體質也。神魂者，性用也。虚實相依，動静相養，所以陰盡則陽滅，陽去則陰竭。單豹養内而虎食其外，體既亡，性何以自存？張毅養外而病攻其内，性既亡，體何以自立？故曰「有地，然後有二」，地上之數必起於二也。

金火相守則流，火木相得則然，從其類也。

火克金，故相守則金流。木生火，故相得則木然。金流則夫剛而婦順，木然則子盛而母衰。陰性趨下，故金流則就濕，陽性趨上，故木然則就燥，各從其類也。金木火，三方之用也。水土，中北之本也。水主初，土主中，水土相資，玄黄相遇，物乃生焉，故一月唯分初中二氣也。

水遇寒則結，遇火則竭，從其所勝也。

水之氣融而體柔。融爲陽，遇寒則結，陰强而勝也。柔爲陰，遇火則竭，陽强而勝也。泉水不澌，陽之生也。海水爲鹽，陰之成也。水能克火而滅之，力不勝則反竭。天下之理雖有常，然强弱多寡而變焉者，勢也。勢雖不常，亦理之所有也。

陽得陰而爲雨，陰得陽而爲風。剛得柔而爲雲，柔得剛而爲雷。無陰則不能爲雨，無陽則不能爲雷。雨柔也而屬陰，陰不能獨立，故待陽而後興。雷剛也而屬體，體不能自用，必待陽而後發也。

陽唱而陰從則流而爲雨，陰格而陽薄則散而爲風。剛唱而柔從則烝而成雲，柔蓄而剛動則激而成雷。客主後先，陰陽逆順不同也。風雨自天而降，故言陰陽。雲雷自地而升，故言柔剛。天陽也，陽必資陰，故無陰則不能爲雨，陽得陰然後聚而成體也。地陰也，陰必資陽，故無陽則不能爲雷，陰得陽然後發而成聲也。此言陰陽之相資也。雨之形柔也，屬陰者本乎天之氣也。陰不能獨立，待陽而後興者，天之陰資乎天之陽也。雷之聲剛也，屬體者，出乎地之形也。體不能自用，必待陽而後發者，地之陰資乎地之陽也。此言陰之資乎陽也，大抵陰陽匹敵，雖曰相資，然陰無能爲，必待陽而後有爲，君臣父子夫婦之義也。陽來則生，陽去則死，天地間所主者一陽而已矣。故陽一而陰二，陽尊而陰卑也。别而言之則天爲陽，地爲陰，合而言之則天有陰陽，地亦有陰陽。陰陽，氣也。剛柔，形也。既以陰陽言天則必以剛柔言地，然地有柔剛，天亦有柔剛，所以先生之言錯綜而用之也。風氣也，麗乎陽。雨形也，麗乎陰。雲象也，近乎形。雷聲也，近乎氣。氣皆可以言天，形皆可以言地。自其始而言，則風雨爲陰陽，雲雷爲柔剛。要其終而言，則雲雷亦得言陰陽，風雨亦得言柔剛。或由天而地，或由地而天，蓋以天地相交，上下同用也。

至哉，文王之作《易》也，其得天地之用乎？故乾坤交而爲泰，坎離交而爲既濟也。乾生於子，坤生於午，坎終於寅，離終於申，以應天之時也。置乾於西北，退坤於西南，長子用事而長女代母，坎離得位，兑震爲耦，以應地之方也。王者之法，其盡於是矣。

乾坤坎離者，天地日月也。分則立體，交則致用，故乾坤交爲泰，不交則爲否，坎離交爲既濟，不交則爲未濟也。乾位乎巳，而爲天生於子者，復也。坤位乎亥，而爲地生於午者，姤也。坎位乎酉而終于寅，月没則日出，既濟也，故先天若無極而有極也。離位乎卯而終于申，日没則月出，未濟也，故後天若有極而無極也。既未濟，上下之觀不同，反對卦也。是故既濟或以爲未，未濟或以爲既，亦各從其所見也。乾坤定上下之位，天地冬夏之時也。坎離列左右之門，日月晝夜之時也。故曰以應天之時，此伏羲之八卦也。若夫文王八卦，變易之體爲易之用，爲人用者，地上之易也。置乾於西北以知大始，退坤於西南以作成物，老陰老陽居無事之地，長子代父震居東方，主生物之功，長女代母巽居地户，包水土之氣，坎離得位，火南水北也，兑震爲偶，女少男長也。此不通上下，獨以地上八方言之，故曰應地之方也。堯之前先天也，堯以來後天也。後天者效法而已，故地上之易爲王者之法也。夫震巽並居者，陰陽相從同爲一用也。震兑爲偶，末乃不亂矣。此人易之用，防微謹始之深意也。先天，繼坤之後以震，陽自此生，以至於乾，即長子代父之義也；繼乾之後以巽，陰自此生，以至於坤，即長女代母之義也。代父者，復之剛也，代母者，姤之柔也，復姤所以爲小父母也。乾坤爲大父母者，生八卦也。復姤爲小父母者，生六十四卦也。先天之變，左之三十二陽，歸妹也，右之三十二陰，漸也。後天用震兑者，歸妹也。巽艮居用中之偏位者，漸也。大抵體必有用，用必有體。天地一理，聖人一心。是故先天者，後天之所自出也。

乾坤，天地之本；坎離，天地之用。是以《易》始於乾坤，中於坎離，終於既未濟。而否泰爲上經之中，咸恒當下經之首，皆言乎其用也。

乾坤者，陰陽之純，分而立體。坎離者，陰陽之中，交而致用。陰陽本以坎離而造天地，天地復以坎離而生萬物。文王作後天之《易》據人所見，自有天地而言，故曰「天尊地卑，乾坤定矣」。上經天道，言造物也，下經人道，言生物也。上經終於坎離，物生自此而始，以後天生物觀焉，先天造物從可知矣。故中於坎離者，天道之既濟，物之所以生也。終於未濟者，人道之循環，生之所以不窮也。既濟未濟者，坎離之交不交也。否泰者，乾坤之交不交也。男女少則爲感，長則爲常，皆以別者爲立體，交者爲致用。不易者體也，變易者用也，用而亡體則體弊而用竭，用而存體則體安而用利，二者皆用也，故易主用而言也。

坤統三女於西南，乾統三男於東北。上經起於三，下經終於四，皆交泰之義也。故易者，用也。乾用九，坤用六，大衍用四十九，而潛龍「勿用」也。大哉用乎，吾於此見聖人之心矣。

陽氣生於東北，陰氣成於西南。乾統東北，坤統西南，陽先而下陰也。三者天之用數，四者地之體數。上經起于三，下經終於四，天先而下地也，故曰皆交泰之義也。交者，用也。易以用爲貴，若無用焉，天地徒設矣。乾九坤六，大衍四十九，皆用也。潛龍勿用，復之一也，已見乎用，聖人於此養其用焉，故曰「勿用」也。《易》曰：「寂然不動，感而遂通天下之故。」寂然不動，其純坤之時乎？一陽動乎下已見於感矣，此易之始也。妙哉一乎，包四十九而未動者一也。動乎六之下者，亦一也。包四十九者寂然不動之一，一之一也。動乎六之下者潛龍勿用之一，二之一也。冬夏至之後各養陰陽四十五日，而震巽不用者，潛龍勿用之義也。是故一之一者乾坤之太極也，二之一者方州部家之玄也，先生所謂無體之一與不用之一是也。

乾坤交而爲泰，變而爲雜卦也。

交者順也，變者逆也。交爲泰則變爲否，變爲雜則交爲序也。序卦者，六十四卦循行無礙，流通也。雜卦者，兩兩相從，旁行不流，止塞也。初雖止塞，猶各以類相從，未至於雜亂也。及大過之下而雜亂矣。大過本末俱弱，世既顛矣。柔之遇剛，女之待男，强者爲勝，寧復其類，方是時也，惟養正焉，則能定矣。女終男窮，喪亂之極，天地不終，否也。有剛決者出焉，君子道長，小人道憂，吾知天地之心終不爲小人計也。雜卦始乾終夬，故説者以爲伏羲之《易》。

乾坤坎離爲上篇之用，兑艮震巽爲下篇之用也。頤中孚大小過，爲二篇之正也。

乾坤坎離不變者也，天之質也。震巽艮兑變者也，人之質也。上經天道，故不變者爲之用。下經人道，故變者爲之用。頤中孚大小過，變中之變者，故爲二篇之正也。頤大過肖乾坤，故爲上篇之正，中孚小過肖坎離，故爲下篇之正，此後天《易》也。

《易》者，一陰一陽之謂也。震兑，始交者也，故當朝夕之位。離坎，交之極者也，故當子午之位。巽艮，雖不交而陰陽猶雜也，故當用中之偏位。乾坤，純陰陽也，故當不用之位。

少男少女爲感，感或傷於正。長男長女爲常，常或短於情。是故三十而娶，二十而嫁，爲男女之時。而文王八卦以兑震居東西之中，爲生成之要也。震居卯朝之位，兑居酉夕之位。離居午日中之位，坎居子夜中之位。卯酉陰陽初出，震兑少長相遇。子午陰陽正中，坎離中心相與。長女少男非正偶也，然陰陽猶雜，或能致用。居東南之偏位者，猶有用也。乾坤純陽純陰，功成無爲，故居西北之偏，不用之位也。震陽動而兑陰見，故爲始交。巽陰伏而艮陽正，故爲不交。此一節論文王後天變先天八卦之位也。

乾坤縱而六子横，《易》之本也。震兑横而六卦縱，《易》之用也。

乾坤縱而六子横，伏羲先天之卦也，故曰「《易》之本」。震兑横而六卦縱，文王後天之卦也，故曰「《易》之用」。經縱而緯横，經以立體，緯以致用，經常而緯變也。六子横者，用六子也。震兑横者，用震兑也。天地定位，體也。山澤通氣，雷風相薄，水火不相射，皆用也。後天獨用震兑者，地上之《易》也。蓋南北定位東西通氣有地之後，天東西運轉晝夜以生寒暑以成，萬物由此出入死生，震兑居之，是爲致用之要，故曰「歸妹，天地之大義也」。是故雷風山澤水火之在天地，猶十三卦制作之器，用之在人也。先天之時，體皆爲用。後天以來，用已成體。故在天地者止用震兑，而在帝王者止言變通也。

天之陽在南而陰在北，地之陰在南而陽在北。人之陽在上而陰在下，既交則陽下而陰上。

天南高北下，陽在南而陰在北，故《先天圓圖》位乾於南，位坤於北也。地北高南下，陽在北而陰在南，故《先天方圖》位乾於北，位坤於南也。人之首與心肺居上，故陽在上，足與肝腎居下，故陰在下，立體然也。心在上而包血，陰實存焉。腎在下而藏精，陽實居焉。故既交則陰上陽下者，致用然也。伏羲八卦乾上坤下者，《易》之體，身首之象也。文王八卦離南坎北者，《易》之用，心腎之象也。體顯於明，用藏於幽。《易》以乾坤交爲泰不交爲否，坎離交爲既濟不交爲未濟者，體用之中又皆取其用也，故《易》者用也。

辰數十二，日月交會謂之辰。辰，天之體也。天之體，無物之氣也。

辰有十二，從地數也。無物之氣不可見，因日月之會而見。以不可見，故爲陰中之陰。天之陰者天之體，天之所以立也。從地數者，天之地也。

天之陽在南，故日處之。地之剛在北，故山處之。所以地高西北，天高東南也。

日在南則中，在北則潛。西北多山，東南多水。

天之神棲乎日，人之神發乎目。人之神，寤則棲心，寐則棲腎，所以象天，此晝夜之道也。

寤則神棲於心，故目用事。寐則神棲於腎，故耳用事。寐無所見，聞聲則覺，乃知耳用事也。晝能兼用耳目，夜不能於目。耳能兼用寤寐，目不能於寐。晝夜寤寐，境也，用所行也。耳目視聽，神也，用所生也。目神外顯，外境也。耳神內藏，內境也。外境有蔽，故夜則無見，寐則不用。內境無蔽，故兼乎晝夜，通乎寤寐也。夫鼻耳縱而目口橫，縱者通用於晝夜，天能兼地也。

雲行雨施，電發雷震，亦各從其類也。

陰陽，和則氣烝爲雲澤流爲雨，激則光發爲電聲震爲雷。和者陽先而陰從之，激者陽盛而陰制之也。

吹噴吁呵呼，風雨雲霧雷，言相類也。

吹爲風，噴爲雨，吁爲雲，呵爲霧，呼爲雷，此人與天地相類者也。而人有言而天地無言，人有心而天地無心，此又更相爲優劣者也。取其裁成輔相則天不若人，及其機巧詐辯則人不若天矣。

萬物各有太極兩儀四象八卦之次，亦有古今之象。

太極兩儀四象八卦，體之四變也。大而天地，小而萬物，皆以四變成體，通古今爲二用，則六變也。古則已過，今則見存。由虛入實，自實返虛，皆古今也。四者，地之體數也。六者，天之用數也。四變而十五之數足矣。六變六十三則不盡六十四之一，故物之太極爲二之一。在《先天圖》則剥當陽一，夬當陰一，而祖於乾坤也。

雲有水火土石之異，他類亦然。

水火土石者，地之體也。凡物皆具地之體。先生曰：「水雨霖，火雨露，土雨濛，石雨雹。水風涼，火風熱，土風和，石風冽。水雲黑，火雲赤，土雲黄，石雲白。水雷雲，火雷虩，土雷連，石雷霹。」故一物必通四象也。髓爲火，血爲水，肉爲土，骨爲石，此動物有四象也。液爲水，華爲火，枝爲土，根爲石，此植物有四象也。先天論四象而後天論五行者，中虛亦見也。金有五方之金，穀有五方之穀，皆備五行也。果實無辛，不受克也。始淡中酸，苦終甘既。不受辛，自無鹹矣。人之身，液淡血鹹，水也；膽苦，火也；肉甘，土也；骨堅，石也。無辛酸者，乃知金木爲用，非正體也。

二至相去，東西之度凡一百八十，南北之度凡六十。

日，春分在西方奎十四度少强，秋分在東方角五度少弱。當黄赤二道之交中，相去一百八十二度半。夏至日在井二十五度，去極六十七度少强，冬至日在斗二十一度，去極一百十五度少强。去北極一百十五度，則去南極亦六十七度少强矣。二至之日東西度相去亦等，則大行本無差，惟是冬至日去南極六十七度，夏至日去北極六十七度，行天之高下、行地之淺深不同，故日夜有短長也。曰「百八十、六十」云者，舉大凡也。

冬至之月所行如夏至之日，夏至之月所行如冬至之日。

冬至之夜如夏至之日，夏至之夜如冬至之日，故日月之行相似。然冬至之夜僅如春秋分之晝者，晝常侵夜五刻故也。日出入之時本有常。所以然者，未出二刻半而明，已入二刻半而後昏爾。

四正者，乾坤坎離也。觀其象無反復之變，所以爲正也。

先天以乾坤坎離頤中孚大小過爲八正卦者，爲其爻不變，主天而言也。後天以乾坎艮震巽離坤兑爲八正卦者，爲其數不變，主地而言也。卦猶人然，有德有位。以數爲位，以爻爲德。乾坤坎離德與位皆不變者，常也。其變則在乎交卦，否泰既未濟是也。若乃震巽艮兑德變而位不變，其交之用則在乎咸恒損益矣。頤中孚大小過位變而德不變，其交之用則在漸歸妹隨蠱矣。乾坤坎離體一，而德與位兼得二用，所謂天一而二也。震巽艮兑體二，而德與位各得一用，所謂地二而一也。

陽在陰中陽逆行，陰在陽中陰逆行，陽在陽中、陰在陰中則皆順行。此真至之理，按圖可見之矣。

《先天圖》左爲陽，右爲陰。凡陽在陰中、陰在陽中者，五變之數皆逆行而生。凡陽在陽中，陰在陰中者，五變之數皆順行而生。右行爲逆，知來者逆也，皆未生之卦也。左行爲順，數往者順也，皆已生之卦也。逆，迎也。逆行則爲相感。順，從也。順行則爲守常。此君臣夫婦之義，相求之初與定分之後，實陰陽真至之理也。

草類之細入于坤。

草類之細不能自名於物，如人身之氄毛止係於皮膚。故凡物不可名者皆入乎坤，所謂無極之數也。黄帝正名百物，蓋未盡也。其他有可供藥餌者，後世智識之士，時或取之，以登於名籍。

五行之木，萬物之類也。五行之金，出乎石也。故水火土石不及金木，金木生其間也。

數生乎五，故天有五星，地有五行，人有五藏。邵雍之數止言四者，先天也。蓋氣以一而變四，至於形用，然後五者皆見，中亦自名於一。先天所論者，氣數之本原，故合日月星辰而爲天，合水火土石而爲地，合耳目鼻口而爲首，合骨肉血髓而爲身，皆四也。若夫後天貴用，於體之中取致用多者爲言，故天言五星，地言五行。然天之五行，是星中一端而已。自體言之，五行在天併於星之一名，則金木併於土石之間，亦何疑哉？是故先天之數大，後天之數小者，體兼用與不用也。東南水也，西北石也，中央土也，其氣則火，此水火土石所以共爲地也。五行取其日用，故去石而言金木，金能從革，木能曲直，而石則無變故也。若六府又言穀，則草類之養人者，亦得自名於一用矣。

卷六　觀物外篇中之下

得天氣者動，得地氣者静。

動物得天氣，植物得地氣。在人則血脉爲天，形骸爲地。性有好動好静者亦然。此則動之中又自有動静也。動物有時而静，植物不能自動，陽能兼陰，陰不能兼陽，奇數能變而入偶，偶數不能變而入奇也。以理推之，植物以春夏爲動，秋冬爲静。

陽之類圓，成形則方。陰之類方，成形則圓。

類者生之序也，體者象之交也。體必交而後成，故陽之類圓，天類也。成形則方，交於地而成也。陰之類方，地類也。成形則圓，交於天而成也。故胎卵圓而形體方，根荄方而枝葉圓。人多似舅，蓋母類也。

木之枝榦，土石之所成也，所以不易。葉花，水火之所成，故變而易也。

木之枝榦者，人之骨肉也。土石所成體，生體也，體則一定。花葉者，人之精神也。水火所成用，生用也，用則屢變。水火者，陰陽之證兆，在物爲滋潤，其發於外則爲華葉，在人則爲氣血，其發於外則爲容彩。

東赤，南白，西黄，北黑，此正色也。驗之于曉午暮夜之時，可見之矣。

東方木，木色青，故膽青。南方火，火色赤，故心赤。西方金，金色白，故肺白。北方水，水色黑，故腎黑。中央土，土色黄，故胃黄。此五行之氣色，色之分辨也。東赤南白西黄北黑者，一陽之氣色，色之遞變也。故嬰兒始生而赤，稍變而白，人病則黄，老死而黑；物生地下而赤，稍長而白，萎苶則黄，枯槁而黑也。物皆資一陽以生，此四變者無物不然。若乃禀乎五氣之不同則各有本體之色，不可變也。遞變者天之四象，不變者地之五行也。

冬至之子中，陰之極。春分之卯中，陽之中。夏至之午中，陽之極。秋分之酉中，陰之中。凡三百六十中，分之則一百八十，此二至二分相去之數也。

天度相去各一百八十二有半。在天爲度，在人爲日，故二至二分之日相去常一百八十有餘。此云一百八十者，天變本三百六十也。氣之多者爲陽之盈，年之少者爲陰之縮，此天之變化所以不測而閏之所以生也。

陽中有陰，陰中有陽，天之道也。陽中之陽，日也，暑之道也。陽中之陰，月也，以其陽之類，故能見于晝。陰中之陽，星也，所以見於夜。陰中之陰，辰也，天壤也。

日者，天之精魂。月者，天之精魄。星者，天之餘精。辰者，無物之氣天之體，故曰天壤也。

辰之於天，猶天地之體也。地有五行，天有五緯。地止有水火，天復有日月者，月爲真水，日爲真火。陰陽真精，是生五行，所以天地之數各五。陽數獨盈于七也，是故五藏之外，又有心包絡、命門而七者，真心離火，命門坎水，五藏生焉。精神之主，性命之根也。

天之七曜水火各二，金木土各一。文王八卦，震巽爲木，乾兑爲金，坤艮爲土，坎爲水，離爲火。金木土各二，水火各一，何也？巽者，生火之木，居地四君火之位。乾者，生水之金，居天六命門之位。真火不見，託言乎巽木。真水不見，託言乎乾金。君火居離之前，命門在坎之右，可以見陰陽生出之本矣。艮居東北，出土之時。坤居西南，入土之時。舉天地之一體也。辰戌丑未爲土之寄，王四季亦若是矣。七曜之與乾坤其數爲九，通大物則十。乾上坤下，大物居中，真數三也。其七者用也。

干者榦之義，陽也。支者枝之義，陰也。干十而支十二，是陽數中有陰，陰數中有陽也。凡物皆反生，既生而復正，故動物生於首，首居上而命在首；植物生於根，根居下而命在根。十干，天氣陽也，故有榦之義。十二支，地氣陰也，故有枝之義。甲子謂之支干，而干居上支居下者，天地定位，動物之類也。十干者，一十、二五也。十二支者，二六、四三也。以五配六，天地相函，日月相交，陰陽相戀，乃能運行不窮。若陰陽離，則變化息矣。天雖得一，用必有二，故孔子「一以貫之」，而曾子曰「夫子之道，忠恕而已」。

魚者水之族也，蟲者風之族也。

在水者以水爲生，在陸者以風而化。水者精也，風者氣也，行乎二者之間者神也。大地者體也。魚之制在水，故蹈水若虛。禽之制在氣，故乘空如實。自人觀之，非神矣乎？

目口謂舌也。凸而耳鼻竅。竅者，受聲嗅氣，物或不能閉之。凸者，視色別味，物則能閉之也。四者雖象于一，而各備其四矣。

目口凸而耳鼻竅。凸者外境，用實也。色味，亦實者也，故物能閉之。竅者内境，用虚也。聲氣，亦虚者也，故物不能閉之。虚近乎神，故用之虚者無不入，體之虚者無不受。目口本竅，詰其用則凸。耳鼻本凸，詰其用則竅。稟乎陰陽者同，故凸者必竅，竅者必凸。分乎陰陽者異，故或竅而凸，或凸而竅，此之謂變化。曰各備其四者，口鼻耳目皆有奇偶竅凸，用必相關。地之體析一爲四，極於十六，故一象必兼四象也。

水者火之地，火者水之氣。黑者白之地，寒者暑之地。

虚以實爲基，陽以陰爲地。凡物之生必先有陰而後陽託焉，故陰爲道體。水氣生陽則爲火，寒氣生陽則爲暑，黑氣生陽則爲白，猶魄氣生陽則爲魂也。或曰：「黑安能變白乎？」曰「夜之變晝，鉛之變粉，非黑而白乎？」黑者玄也，玄之變白者，天一之水也。一黑而不復白者，利而不貞，不能返玄者也。「不曰白乎，涅而不緇。」涅而緇者，非真白也，一黑而不復白者也。

草伏之獸，毛如草之莖。林棲之鳥，羽如林之葉。類使之然也。

氣稟同者，自然相類，故蝨處頭而黑，處身而白。所以獸毛如草之莖，鳥羽如林之葉也。神不歆非類，豈非氣不合耶？

石之花，鹽消之類也。

物皆有八卦氣象。花者離之氣，文明之象也。木生火，本體也，故草木之花最多。石之花鹽消之類，石中有火也。石，金類也。火克金，金之中亦有火之氣象，故煆金而花飛也。世人言井花水，水亦有花者，取其氣之新嫩則兑之悦澤也。

水之物無異乎陸之物，各有寒熱之性。大較則陸爲陽中之陰，而水爲陰中之陽。

水陰也，物性宜寒，亦有熱者，陰中之陽也。陸陽也，物性宜熱，亦有寒者，陽中之陰也。大抵陰陽不相離，其所爲主不同，故天陽也而有陰陽，地柔也而有柔剛。在天成象，在地成形。地有水與陸者，天一而地二也。水土合而成地，故水土同包，一五同用，中北同方也。

日月星辰共爲天，水火土石共爲地。耳目鼻口共爲首，髓血骨肉共爲身。此乃五之數也。數之生成各五，皆以一而變四。除四無一，除春夏秋冬則無年，除東南西北則無中也。日月星辰之與天，水火土石之與地，耳目鼻口之與首，血肉骨髓之與身，析之則四，合之則一，即一與四是名爲五。太極之數即一即五者，一能包五也。觀人物之在胎卵與其既生，天地之在混淪與其既判，則一五之理可知矣。雖然，數既有五，各致其用，則一豈容虛設，是故言四時必有閏餘，時無體，故獨於閏見五數。言四旁必有中央也。大抵一爲四之大體，及中虛致用之處。虛者，無之極也。大體，有之極也，故在地又爲六。

火生於無，水生於有。

火生於無，神也，當爲一。水生於有，精也，當爲二。以神生精，先天之學也。以精集神，後天之學也。精一而神二者，謂火托於木而木生於水，神乘於氣而氣生於精也。

辰至日爲生，日至辰爲用。蓋順爲生而逆爲用也。

辰者，天之體也。辰至日者，言日之右行也。日至辰者，言日之左行也。左行爲順，右行爲逆。順者布氣，故爲生。逆者變氣，故爲用。布氣而生者，物也。變氣而用者，時也。故時可逆推，物必順成。子雲曰「巡乘六甲，與斗相逢」，言天日之相應也。

《易》有三百八十四爻，真天文也。

物相雜，故曰文。《先天圖》六十四卦三百八十四爻，一奇一偶，經緯相錯，自然成文，粲然可觀，真天文也。觀圖之消長，可以察時變矣。

鷹鵰之類食生，而鷄鳧之類不專食生。虎豹之類食生，而猫犬之類食生，又食穀。以類推之，從可知矣。

神歆氣而鬼享血。稟肅殺之氣者食生，稟中和之氣者食滋味，故畜之近人者亦食滋味，無非類，亦是習。類係地，習係人。

馬牛皆陰類，細分之，則馬爲陽而牛爲陰。

天爲陽則地爲陰，陸爲陽則水爲陰，人爲陽則物爲陰，飛爲陽則走爲陰，馬爲陽則牛爲陰，角爲陽則尾爲陰。自一分而爲萬，陰陽無相離者，有一必有二也。

飛之類喜風而敏于飛上，走之類喜土而利於走下。

陰陽之氣使然也。

禽蟲之卵，果穀之類也。穀之類多子，蟲之類亦然。禽卵類果，蟲卵類穀。動植不同，氣數相似。大者數少，小者數多。愈大則愈寡，愈細則愈繁。理之自然，數生於理也。

蠶之類，今歲蛾而子，來歲則子而蠶。蕪菁之類，今歲根而苗，來歲則苗而子。此皆一歲之物也。

蠶者蟲之類而可以爲衣，蕪菁者草木之類而可以爲食。物之爲人日用者，必備足陰陽之氣。其生成也，亦不偶然。蠶既繭矣，不煮則復蛾。陽氣未盡，故能變化。此可明「後世聖人易之以棺槨」之理也。

天地之氣運，北而南則治，南而北則亂，亂久則復北而南矣。天道人事皆然，推之歷代，可見消長之理也。

天道之運，自子至卯爲陰中之陽，自卯至午爲陽中之陽，自午至酉爲陽中之陰，自酉至子爲陰中之陰。陰中之陽，君子之道已長而小人猶盛，亂而將治也。陽中之陰，小人之道已長而君子猶盛，治而將亂也。陽中之陽，極治之運也。陰中之陰，極亂之運也。元會運世之數一運當三百六十年，故可以消長之理推歷代之治亂。《先天圖》自泰歷蠱而至否，自否歷隨而至泰，即南北之運數也。

在水者不瞑，在風者瞑。走之類上睫接下，飛之類下睫接上。類使之然也。

陸有晝夜，水無晝夜。在水者不瞑，類使然也。魚目爲鰥，言不瞑也。人睡有露睛者，水族之氣也。走地類，上睫接下，陰有餘也。飛天類，下睫接上，陽有餘也。走者宜俯，飛者宜仰。故鳥迎風而立，順其毛也。魚泝流而行，順其鱗也。皆自然之理也。

在水而鱗鬣，飛之類也。黿獺之類，走之類也。

陸中之物水無不具，陰陽相應也。陸有飛走，水亦有飛走。陸多走、水多飛者，交也。

夫四象，若錯綜而用之，日月天之陰陽，水火地之陰陽，星辰天之剛柔，土石地之剛柔。

天有四象，地有四象。立天之道曰陰與陽，故日爲陽中陽，月爲陽中陰，星爲陰中陽，辰爲陰中陰。立地之道曰柔與剛，故水爲柔中柔，火爲柔中剛，土爲剛中柔，石爲剛中剛。此本象也。若錯綜而用之，則天亦有柔剛，地亦有陰陽。日爲陽，月爲陰，星爲剛，辰爲柔，天有地也。水爲陰，火爲陽，土爲柔，石爲剛，地有天也。先天八卦乾爲日、兑爲月，離爲星、震爲辰、巽爲石、坎爲土、艮爲火、坤爲水者，本象也。又以乾爲日、兑爲星、離爲月、震爲辰、巽爲石、坎爲火、艮爲土、坤爲水者，變象也。取星之陽爲剛以應兑，則震之辰爲柔矣。取火之剛爲陽以應坎，則坤之水爲陰矣。本象者，天地之用，一而二也。錯綜者，人物之用，二而四也。天地交而生人物故也。

飛之走，雞鳧之類是也。走之飛，龍馬之屬是也。

氣之輕疾者，陽也。飛之走者，陽之陰也。氣之重遲者，陰也。走之飛者，陰之陽也。皆交而生變化也。

陽主舒長，陰主慘急。日入盈度，陰從于陽。日入縮度，陽從于陰。

日，一日行一度。積在過半周天以上者爲縮，未及半周天以下者爲盈。蓋日一歲一周天，冬至日起斗之十三度，謂近時也。堯時起虛，漢時起牛。故行度尚少則爲盈，行度已多則爲縮。盈度，冬至已後也，日行在右而隨天入左，故陰從于陽。縮度，夏至已後也，日行在左而隨天入右，故陽從於陰。陰從於陽則舒緩，故日漸長。陽從陰則慘急，故日漸短。

神者，人之主。將寐在脾，熟寐在腎。將寤在肝，又言在膽。正寤在心。

神者陽氣之精魂，人之主也。人之有神，如天之有日。將寐在脾，日入地之初也。熟寐在腎，日潛淵之時也。將寤在膽，日出東之初也。正寤在心，日當午之時也。邵子以心膽脾腎爲四藏。膽視肝爲有神，故《太玄》以膽爲甲，《素問》以膽爲清明之府。古人亦以膽爲肝之神。

天地之大寤在夏，人之神則存于心。

午則日隨天在南，子則日隨天在北，一日之寤寐也。夏則日正在午，冬則日正在子，一年之寤寐也。故夏曰昊天，而離爲萬物相見之卦。日者，天之神也。人之神晝在心，夏也，夜在腎，冬也。晝則應用，夜則藏密。揚子雲曰：「藏心於淵，神不外役也。」謂棲心氣府而不外役於物，所以存神也。

水之族以陰爲主，陽次之。陸之類以陽爲主，陰次之。故水類出水則死，風類入水則死。

然有出入之類，龜蟹鵝鳧之類是也。

凡物皆具陰陽，而所主不同。故水之物陰爲主，出水則死，畏陽也。陸之物陽爲主，入水則死，畏陰也。水陸之物相畏，如人鬼之相畏。人畏於暗，亦如鬼畏於明。人鬼之畏以神，故止于畏。水陸之畏以氣，故至于死。龜蟹鵞鳧，陰之能陽、陽之能陰者也。然龜蟹能久游，鵞鳧不能久伏。水以見陰之趨陽者易安，陽之趨陰者難安，是故治則小人易從君子，亂則君子難從小人也。

天地之交十之三。

自日言之，夏之晝在天上者七分，冬之夜在地下者七分。自天言之，在地上十之七，在地下十之三。故陽數盈于七也。日與天不同者，日行有南北道故也。

天火，無體之火也。地火，有體之火也。火無體，因物以爲體。金石之火烈于草木之火者，因物而然也。

天火者太陽之真火，無體之火也。地火潛于石，發于木，有體之火也。火本無體，因物爲體。金石之火烈于草木之火者，隨物而然也。在人之身，心之真陽爲君火者，天火也。心包絡之血爲相火者，地火也。神龍有火者，亦真陽之氣也。螢火，燐火，皆精華之餘，死火也，如死者之稱魂魄也。

氣形盛則魂魄盛，氣形衰則魂魄亦從而衰矣。

水火者，陰陽之證兆。金木者，生成之始終。水火在人則精神，金木在人則魂魄也。人生始化曰魄，精氣之物也。既生陽曰魂，遊魂之變也。魄者精之所生，在人則形也。魂者神之所生，在人則氣也。故形爲陰魄之所寓，氣爲陽魂之所托，所以形氣盛則魂魄盛，衰則亦從而衰也。

魂隨氣而變，魄隨形而止。故形在則魄存，形化則魄散。

魂隨氣變，陽也。魄隨形止，陰也。形在魄存，形化魄散，故聖人於死者卜其宅兆而安厝之，而先王以灰滅爲極刑也。

星爲日餘，辰爲月餘。

陽精之宗爲日，天之神魂也。陰精之宗爲月，天之氣魄也。星爲日餘者，陽之餘精也。辰爲月餘者，陰之餘氣也。故星爲天之神，辰爲天之體也。日月在天，如人之真心命門，陰陽之本也。星爲陽之餘，五星如人之五藏，諸星如人之四支，百骸之精血也。辰之于天，則人之體魄是也。

星之至微如沙塵者，隕而爲堆阜。

星隕爲堆阜者，精敗氣散，如人之有死也。星者，天之精神也。天之精神有隕之時，則人之精神有升之理。惟聖罔念作狂，惟狂克念作聖，此之謂也。

藏者，天行也。府者，地行也。天地並行，則配爲八卦。

乾爲心，兑爲脾，離爲膽，震爲腎，四藏應乎天者也。巽爲肺，坎爲胃，艮爲肝，坤爲膀胱，四府應乎地者也。此邵雍之論，與《素問》諸書皆不同。諸書論五行，邵雍論八卦。八卦者天地數也，先天之體也。五行者人物數也，後天之用也。

八卦相錯者，相交錯而成六十四卦也。

八卦相錯者，其象相交雜而成文。八卦相盪者，其氣相推變而生化。

夫《易》根於乾坤而生于姤復。蓋剛交柔而爲復，柔交剛而爲姤，自茲而無窮矣。《易》者變易也，必有不易者焉，乃能萬變無極，生生不窮，是故乾坤爲《易》之根也。乾坤大父母也，統六子而無爲。①復姤小父母也，載二氣而生物。乾坤者天之陰陽，其數逆行，未有一之卦也。復姤者地之柔剛，其數順行，已有一之卦也。蓋有地之後，元氣隨天左行，復姤相生，乾坤不動。左之三十二陽，復之一剛也。右之三十二陰，姤之一柔也。乾坤存一，復姤主之，復姤得乾坤之一。地之二，二也。故《先天圖》左行之卦止于五變，其一常存，爲大物之根也。

龍能大能小，然亦有制之者，受制於陰陽之氣，得時則能變化，變變則不能也。

龍雖神，猶是物，故受制於陰陽之氣比人爲甚。能變化，故以象乾。受制於陰陽，故乾不爲

---

① 「而」下，原衍「而」字，今刪。

龍而震爲龍。震又爲玄黄，則坤上六所謂龍戰于野，其血玄黄。玄黄之雜，陰陽之交也。變化者變其形，變變者變其氣也。

一歲之閏，六陰六陽。三年三十六日，故三年一閏。五年六十日，故五歲再閏。

三年三十六日，三天也，乾之策也。又二年二十四日，兩地也，坤之策也。十九年二百一十日七閏無餘分，則歸奇象閏之數，閏之本法也。是故老陰老陽少陰少陽歸奇之數兩卦皆得二百二十八者，閏法所起也。歷法十九年爲一章者，以七閏無餘分也。置閏之法起於日月之行不齊。日一日行天一度，月一日行天十三度十九分度之七，其十三度爲一年十三周天之數，餘七分則爲閏，故閏法以七與十九相取，以十二乘七得八十四，以十二乘十九得二百二十八，以年中取月，日中取時，則又以八十四爲七分，以二百二十八而爲十九分也。今自一時而積之，一日餘七分，以一月三十日之數乘之計二百一十分，十二月則二千五百二十分也。滿十九分爲一時，年得一百三十二時餘十二不盡，若以十九年之數乘之得四萬七千八百八十分，如法除折每年得一十一日餘十二不盡，十九年共得二百九日餘二百二十八分，則一日十二時之分數也。通爲二百十日，故十九年而七閏無餘分也。今欲求年，年置閏七分，滿十九而爲閏，則知當閏之年矣。復以十二月之數乘一年之數，年得八十四分，滿二百二十八而爲閏，則知置閏之月矣。欲求日，日置閏七分，滿十九而得閏一時，則知閏朔之日矣。復以十二時之數乘一日之數，日得八十四分，滿二百二十八分而得閏一時，則知合朔之時矣。大抵以七與十九相取者，閏法之粗也。以八十四與二百二十八而取者，閏法之密也。蓋閏本奇數，積於七滿於十九。故七與十九自相乘除，皆得一百三十三。月與時法既衍十二以乘，當衍十二以除，故得二百二十八。其一月之分一章之日，皆二百一十。所以《係辭》言「歸奇於扐以象閏」，而先天日數用一百三十三，星數用一百五也。閏本天之奇數而以月求之，故知陽以陰爲節而陰陽相爲體用也。二百二十八而十之又偶之，則四千五百六十，乃四分歷一元之數也。

《先天圖》中，環中也。

《先天圖》圓者爲天，方者爲地。人在地上，即環中也。

月體本黑，受日之光而白。

月體本黑者，陰也，受日之光而白。其甚則光者，得陽之氣也。凡聲色臭味之美處，皆屬乎陽。

水在人之身爲血，土在人之身爲肉。

水爲血，土爲肉，則石爲骨、火爲氣明矣。康節又曰：「火爲髓，陽也。」

膽與腎同陰，心與脾同陽。心主目，脾主鼻。

膽腎在下，同爲陰。心脾在上，同爲陽。心爲陽中陽，脾爲陽中陰，膽爲陰中陽，腎爲陰中陰。心主目，脾主鼻，膽主耳，腎主口。

陽中陽，日也。陽中陰，月也。陰中陽，星也。陰中陰，辰也。柔中柔，水也。柔中剛，火也。剛中柔，土也。剛中剛，石也。

日月星辰，乾兑離震也。水火土石，坤艮坎巽也。若錯綜用之，則星爲天之剛，辰爲天之柔，水爲地之陰，火爲地之陽。又在藏府，則月爲膽應乎離，星爲脾應乎兑，土爲肝應乎艮，火爲胃應乎坎。與元會運世之序不同，由乎陰中之陽、陽中之陰、剛中之柔、柔中之剛可以互變故也。

鼻之氣目見之，口之言耳聞之，以類應也。

目與鼻同陽，故見鼻之氣。耳與口同陰，故聞口之言。

倚蓋之説，崑崙四垂而爲海，推之理則不然。夫地直方而静，豈得如圓動之天乎？堯之歷象，倚蓋之説也。舜之璿衡，渾天之説也。二説本同，惟唐一行知之。而倚蓋之末流，謂崑崙四垂爲海。遂有四神州之論，則失其本原而入於誕妄矣。《隋志》載晉劉智云：「昔聖王作圓蓋，以圖列宿，極在其中，迴之以觀天象。」此亦知蓋天之本者也。

動物自首生，植物自根生。自首生命在首，自根生命在根。

本乎天者親上，本乎地者親下。故動物之首即如植物之根，斷之則死，命所在也。動物之中飛者親上，走者親下，則又自别陰陽也。

海潮者，地之喘息也。所以應月者，從其類也。

地有喘息，於海潮見之，本陰氣也，故應月而盛衰。今水入海處皆有潮。河之決，亦潮之類也。岷江來也遠，其勢緩，故潮比浙江不顯。閩越間，海時有笑者，①亦氣息之吹噴也。河據地勢最高，其來湍悍，又北方沙地無山，所以至于決也。凡水會入處有山，禹必留之，以殺其勢，灩澦、君山、孤山、三山、金山之類是也。河無山，則爲九河以疏利之，九河既廢，故河決尤甚。江雖有山猶未免於潮，洞庭、彭蠡又爲湖，則夏秋水盛客主交争之時不免。如此，湖不可廢，則九河之類也。人氣短則喘促，氣長則舒緩，可以想二江之潮與河決之理矣。海潮正在東南者，巽爲地户也，説者謂海口，當已。

震爲龍。一陽動于二陰之下，震也。重淵之下有動物者，豈非龍乎？

震以一陽動于重陰之下，在物則龍，在氣則雷。

風類，水類，大小相反。

風類，水類，大小相反，陰陽不同也。故蟲在陸者小，而魚龍之類極大；草木在陸者大，而瓊枝、珊瑚之類極小。

天之陽在東南，日月居之。地之陰在西北，火石處之。

日月居東南者，乾兑也。石火居西北者，巽坎也。觀先天方圓二圖，可以見矣。圓圖天也，乾兑比離震則在東南。方圖地也，巽坎比坤艮則在西北。

---

①「笑」，疑當作「嘯」。

「起震終艮」一節，明文王八卦也。「天地定位」一節，明伏義八卦也。八卦相錯者，明交錯而成六十四也。數往者順，若順天而行，是左旋也，皆已生之卦也，故云數往也。知來者逆，若逆天而行，是右旋也，皆未生之卦也，故云知來也。夫《易》之數由逆而成矣。此一節直解圖意，逆若逆知四時之謂也。

天地定位者，乾與坤對。山澤通氣者，兑與艮對。雷風相薄者，震與巽對。水火不相射者，坎與離對。此《先天圖》八卦之次，即伏義八卦也。先曰「天地定位」，乾上坤下也。次曰「山澤通氣」，坤一變爲艮，乾一變爲兑，舉逆行之變也。又曰「雷風相薄」，坤一變爲震，乾一變爲巽，舉順行之變也。末曰「水火不相射」，逆順之變，坎離皆居中也。納甲之法，蓋本諸此。山先澤、雷先風者，冬至之初日右行自艮始，天左行自震始也。水先火，則右行爲生氣、左行爲布氣故也。八卦相錯者，往來交錯而成六十四卦。乾坤震巽上下也，坎離艮兑左右也，皆相錯而對也。數往、知來之逆順，觀圖中六變之數則可知矣。《説卦》凡八卦相對者，皆從伏義卦中有一節以坎艮離兑相從，所以邵雍謂兑陽中陰、離陰中陽、艮柔中剛、坎剛中柔而互用也。若謂陽逆數也，山澤雷風水火皆以逆數之，故無不通。

《堯典》：「朞三百六旬有六日。」夫日之餘盈也六，則月之餘縮也亦六。若去日月之餘十二，則有三百五十四，乃日行之數，以十二除之，則得二十九日。

周天三百六十五度四分度之一，故三百六旬有六日爲一朞。日月盈縮各六，則實得三百五十四，以十二月除之月得二十九日半，故曰得二十九日也。大小月者，以所得半日之多少而分之也。

《素問》，肺主皮毛，心脉，脾肉，肝筋，腎骨，上而下，外而内也。心血，腎骨，交法也。交即用也。

肺心脾肝腎，上而下也。皮毛脉肉筋骨，外而内也。南見而北藏，上顯而下隱，故上者主外，下者主内也。心陽也，主血則陰也。腎陰也，主骨則陽也。坎離之象，交法也。交者用也。

乾爲天之類，本象也，爲金之類，别舊本作「列」。象也。

八卦以八物象之，本象也。其餘别象，則《説卦》所言者猶其大凡，實未盡也。

天地並行，則藏府配。四藏天也，四府地也。

四藏四府，八卦之象也。天以神化氣，地以氣化形。府藏别居，榮衛並行。此乾坤坎離天地陰陽之至理也。

乾，奇也，陽也，健也，故天下之健莫如天。坤，耦也，陰也，順也，故天下之順莫如地，所以順天也。震，起也，一陽起也。起，動也。故天下之動莫如雷。坎，陷也，一陽陷於二陰。陷，下也。故天下之下莫如水。艮，止也，一陽於是而止也，故天下之止莫如山。巽，入也，一陰入二陽之下，故天下之入莫如風。離，麗也，一陰離於二陽，其卦錯然成文而華麗也，故天下之麗莫如火，又如附麗之麗。兑，説也，一陰出於外而説於物，故天下之説莫如澤。

以八物擬八卦，其象皆顯然者，聖人教人不示以所疑，至其委曲纖悉，則俟窮理者深造而自得之。《説卦》所言，猶是其大凡而未盡也。

火内暗而外明，故離陽在外。火之用，用外也。水外暗而内明，故坎陽在内。水之用，用内也。

火用外，目之象也。水用内，耳之象也。火以内爲體，外爲用。水以外爲體，内爲用。陽者，用也。

人寓形於走類者，何也？走類者，地之長子也。

八卦若錯綜用之，以上爲天，下爲地，則乾爲日，兑爲月，坎爲辰，巽爲星，離爲飛，震爲走，艮爲木，坤爲草。故曰：「走類者，地之長子也。」

自泰至否，其間則有蠱矣。自否至泰，其間則有隨矣。

陰方用事，陽止而陰巽入，事之所以蠱也，蠱則否矣。陽方用事，陽動而陰悦從，民之所以隨也，隨則泰矣。此陰陽變易之漸，亦人事治亂之漸也。以人事論之，理盡於言也，而有數在其間，亦猶《係辭》叙七爻、叙十一爻，三陳九卦大過之下無倫次，與夫巽「究爲躁」之類也。以《先天圖》觀之，天道左行，由泰至井存乾，大過不變則十二卦。由蠱至謙存坎，小過不變則十六卦。由否至噬嗑存坤，頤不變則十二卦。由隨至履存離，中孚不變則十六卦。十二與十六合二十八，偶之則五十六，用卦之數也。地用六變者，分乎用也。天用八變者，統乎體也。日月爲易，兩卦一變，則十二卦者六變也，十六卦者八變也。二六而用數盡，二八而體數終，蓋陰陽之變、氣數之節也。是故否泰循環，至十二而變，又十六而極也。《先天圖》右行者，反生乾坤各六十四卦，由一至極大數，九十七之變有虛數。自乾爲一而起者，四十九數而至盡。自坤爲一而起者，四十九數而至隨。若自一至萬，又加天之細數三十二爲一百二十九數，而用者無虛數，自乾坤而起每卦用一數，隨蠱各當三十九得需卦百萬之月數。蓋四十九者蓍數七七之全，天用之終當變而相交，地三十九者律數二六之半，地用之中當變而相交。需卦數雖當七位實當六，故物之分數之極與一元月數之極，會于此，析爲細，用而隨蠱當之，必有變也。夫理無不通，數無不行。《先天圖》之作，非天地自然之數之理，安能如此之妙乎？故先生曰：「吾終日言而未嘗違於圖，天地萬物之理盡在其中也。」一百二十九變與九十七變之數，具述在《通變》中與極數中。

天有五辰，日月星辰與天爲五。地有五行，金木水火與土爲五。

辰者天體。辰之於天，猶土之於地。天主用，有神焉。辰不可以盡天，非若土即可以盡地。故日月星辰與天而五，水火金木與土而五。辰之外別名天，土即以爲地也。

有温泉而無寒火，陰能從陽而陽不能從陰也。

水受火則温，火受水有滅而已，不能從陰也。所以泰則小人皆爲泰，否則君子有死而已，不能從小人而爲否也。火温水，益之也。水滅火，害之也。故泰則君子養小人，否則小人傷君子也。

有雷則有電，有電則有風。雨生於水，露生於土，雷生於石，電生於火。電與風同，爲陽之極，故有電必有風。

雷者震之氣也，電者離之氣也，風者巽之氣也。後天之象，非先天之數也。陽爲重陰所制，怒氣發而爲雷。怒而極激而爲電，陰已不能制矣。散而爲風，則又反制於陰也。故風與電皆爲陽之極。雨者水之氣，烝則爲雲，凝則爲雪。露者土之氣，升則爲霧，結而爲霜。雷出於石，電生於火，有雷則有電，火出於石也。

木之堅非雷不能震，草之柔非露不能潤。

木者地之剛，雷亦地之剛。草者地之柔，露亦地之柔。剛能相制，柔能相益。

卷七　觀物外篇下之上

陽尊而神，尊故役物，神故藏用，是以道生天地萬物而不自見也。天地萬物亦取法乎道矣。

天地萬物包於虛而生於氣。虛者，陰也。氣者，陽也。虛以待用，氣以致用也。氣出於虛，役物藏用，生天地萬物而不自見，是爲神也。所謂神者，自然而然，不知所以然。蓋誠性實理，中孚无妄，能生變化者也。雍謂天地萬物取法於道者，神之自然也，謂陰幾於道故以況道者，虛之容静也。

陽者道之用，陰者道之體。陽用陰，陰用陽，以陽爲用則尊陰，以陰爲用則尊陽也。

道體常盡變。陽動而變，故爲道之用，陰静而常，故爲道之體。陽動陰静，陽尊陰卑。至于隨時變通，則陽中有陰，陰中有陽。迭相爲用，故陰用陽，陽用陰，以陽爲用則尊陰，以陰爲用則尊陽也。陽盡陰純，坤爲主矣。陰爲主則陽爲使，故震之一陽復於冬至，帥萬物以出而居二陰之下也；寅卯之間離陽雖已包陰而陰猶得位；兑當辰巳陽長寖極，陰勢既微行將去矣，尚以餘氣據二陽之上者，力未盡也。故曰：「積惡之家，必有餘殃。」陽用既廣，事業大成，而後乾體足焉。陰盡陽純，乾爲主矣。陽爲主則陰爲使，故巽之一陰遇於夏至，帥萬物以入而居二陽之下也；申酉之間坎陰雖已包陽而陽猶得位；艮當戌亥陰長寖極，陽勢既微行將去矣，尚以餘氣據二陰之上者，力未盡也。故曰：「積善之家，必有餘慶。」陰用既廣，事業大成，而後坤體備焉。此伏羲八卦陰陽迭用尊卑迭主之義也。若以文王八卦言之，坎以代坤居乎冬至，一陽在中爲物之主，陽即用事矣；離以代乾居乎夏至，一陰在中爲物之主，陰即用事矣。伏羲八卦，《易》之體也。成體要終，故乾上坤下，著陰陽之已定。文王八卦，《易》之用也。致用自初，故離南坎北，取陰陽之始交。陽爲陰用，如文王率諸侯以事商也。陰爲陽用，如曹操伐群雄以安漢也。以成體言則紂當坤而獻當乾，以致用言則操當離而文當坎。周之成位雖在武王，而翦商之迹實肇乎居岐之初。魏之成位雖在曹丕，而代漢之迹已基乎遷許之際。以理求之斷可識矣。是故巽離兑本陽體也而陰來交之，震坎艮本陰體也而陽來交之。天下之理，論貴賤之分則少者貴，論强弱之勢則衆者强。文王之卦，得一陰者爲三女，得一陽者爲三男，其爲尊卑多少貴賤之理也。伏羲之卦，得陽多者屬乎陽，得陰多者屬乎陰，其爲尊卑衆寡强弱之理也。自地二言之，陰陽相爲用者如此。若夫自天一言之，陽上陰下，陽尊陰卑，蓋有不易之理。少者不必貴，多者不必賤。衆者不必强，寡者不必弱。玆乃致一之論，故康節先曰「陽尊而神」也。

陰幾於道，故以况道也。六變而成三十六矣，八變而成六十四矣，十二變而成三百八十四矣。六六而變之，八八六十四變而成三百八十四矣。八八而變之，七七四十九變而成三百八十四矣。

既曰「陽者道之用，陰者道之體」矣，又曰「陰幾於道，故以况道」，何也？太極見乎陰陽未動之初，至静而虚，當以陰名，静爲體而動爲用，體近本而用近末，故陰幾於道也。且太極在一年則純坤用事一陽將復之時，在聖人之心則退藏於密寂然不動之際，自始終而言，退藏於密者爲萬動之終，自終始而言，寂然不動者爲萬動之始。蓋寂然不動衆體具全，感而遂通群用俱應，正如六陰方純一陽已復，一静一動間不容髮，是故有冥有罔，北乃爲玄，冬雖收藏之終，實是施生之始。有體則用隨之，若無用焉，是棄物爾。天地聖人，豈棄物乎？是故孔子、孟軻處亂世汲汲行道者，急於致用也。雖然，其徒顔、閔、冉耕不仕，後世如嚴君平、龐德翁、孫登之徒亦多不仕，豈爲己而絶人，立體而無用乎？《易》曰：「元亨利貞。」《記》曰：「喜怒哀樂之未發謂之中，發而皆中節謂之和。」元而亨利必歸于貞，貞然後能返於元。未發而中，發乃能和，和然後不喪其中。蓋體成而用，用斯爲利，用既善而體復全。未成而用，用反爲害，用未終而體已喪。高士居亂世，雖有濟物之心而無應世之迹者，方求成體，未暇致用，與聖人成器而動者自當不同爾。夫豈中心空然如死灰槁木，誠絶於物乎？故康節之論，雖曰「陰幾於道」，又先曰「陽尊而神」。所以六八之變，咸自道而生也。一變三，重之則六。六者，天之用數。一變四，重之則八。八者，天地之體數。六耦爲十二。十二者，地之用數。六一爲七。七者，天之贏數。六變而三十六者，重卦六，正卦之交而三十六，正之卦數也。八變而六十四者，重卦之全數也。十二變而三百八十四者，復姤相交各得三十二，《先天圖》十二變成六十四卦之爻數也。六六而變之者，主爻之用而變也。用生乎體，則八八六十四卦成三百八十四爻也。八八而變之者，主卦之體而變也。體成乎用，七七四十九變而成三百八十四爻也。四八三百二十，八八六十四，以八而變凡四十八變而成三百八十四。言四十九變者，論揲蓍存掛一之數也。四十九變得三百九十二，每卦虛存掛一之數是爲八卦本體，餘則三百八十四爻也。六八爻卦之變，天地之體用，變化不窮，而皆始乎一，出乎虛，散乎物。故以陰況道者，虛也。謂天地變化，盡生乎其間也。以陽爲尊而神者一也，謂以變化役物而善藏其用也，虛不得一無以起用也。

無極之前，陰含陽也。有象之後，陽分陰也。陰爲陽之母，陽爲陰之父。故母孕長男而爲復，父生長女而爲姤。是以陽起於復，而陰起於姤也。

坤當無極之數，乾爲有象之祖。陰爲陽母，自然而生男，故後天以中孚生復也。陽爲陰父，相感而生女，故後天以咸生姤也。此明《先天圖》復姤生於乾坤而爲小父母也。嘗試論之，極至也，中也，理以中爲至。太極者，大中之謂也。謂太極爲無，偏係於無，非中也。謂太極爲有，偏係於有，非中也。知虛即氣，然後知太極。太極一也，指一爲虛，氣實存焉。太虛之外，寧復有氣，指一爲氣，氣猶潛焉。太虛之中，初未見氣，即氣即虛，非一非二。故太極者，兼包有無，不倚動靜，其元之元歟？靜則見虛，動則見氣。氣動爲陽，靜復爲陰。氣靜爲陰，動復爲陽。動靜密庸，間不容髮。偏而各倚，一則爲二。中而相通，二乃爲一。有偏有中，象則三矣。有二有一，數則三矣。是故太極元氣，函三爲一也。天下之理，有一必有二，有二必有三，故三爲一之真數。一然後能三，三然後能一，故三爲一之用數。有上有下乃有上下之中，有內有外乃有內外之中。若各執一偏，不相爲用，是不知二也，何自而能一乎？萬古之日，一歲之日是也。萬古之物，一歲之物是也。今以萬古爲一歲，而以一歲觀太極，則至理昭然矣。無極之前，陰含陽也，坤則主之，其冬至之時乎？靜極而動，動而生陽。白復至乾，動極而靜始，在天正中陰又生焉。有象之後，陽分陰也，乾則主之，其夏至之時乎？動極而靜，靜而生陰。自姤至坤，靜極而動始，在地正中陽又生焉。由靜之動以陰役陽，自復至同人而中，陰陽適半，物乃滋焉。由動之靜，以陽役陰。自姤至師而中，陽陰適半，物乃成焉。南北，陰陽之偏也。在天地爲中者，天地之所合也。東西，天地之偏也。在陰陽爲中者，陰陽之所合也。天地不合則不一，不一則二氣不生。陰陽不合則不一，不一則萬物不遂。故冬至爲子中，夏至爲午中，子午不同而中同。春分爲卯中，秋分爲酉中，卯酉不同而中同。乃知二之未嘗無三，中之未嘗非一也。惟是因象立數，各有指義。始若不同，終歸一致。《歸藏》首坤，以陰爲一也。《周易》先乾，以陽爲一也。陰一陽二，陰爲陽母也，故母孕長男而爲復。陽一陰二，陽爲陰父也，故父生長女而爲姤。二者不同，孔子通之。《繫辭》曰：「闔户之謂坤，闢户之謂乾。」坤先於乾，《歸藏》義也。「天尊地卑，乾坤定矣。」乾先於坤，《周易》義也。至於《序卦》：「剥受之以復，夬受之以姤。」陰陽迭用，混而爲一也。由是言之，中無常然，當時爲是。是謂時中，曾非執一。明此者無適不當，昧此者無適而當。伊尹躬耕有莘，終相湯而伐桀。仲尼歷聘列國，及返魯而著書。非不一也，以由中也。比干諫紂剖心，微子去之。太公相周伐紂，伯夷非焉。非執一也，以求中也。若夫楊氏爲我，其極無君。墨氏兼愛，其極無父。執一而偏者，若一而二。兼兩而中者，若二而一。故曰無三則無中，無中則無一也。道家者流有三一之説，心一，腎一，脾一，三也。三者合而爲用，一也。惜其立教乃不然爾。老子之得一，孔子之致一，釋氏之不二，皆一也。老子以無爲一，釋氏以空爲一，孔子以中爲一。知始終各倚一偏，而中央通于上下也，則吾道其優乎！

性非體不成，體非性不生，陽以陰爲體，陰以陽爲體。動者性也，静者體也。在天則陽動而陰静，在地則陽静而陰動。性得體而静，體隨性而動，是以陽舒而陰疾也。

別而言之，天爲陽，爲動，爲性。性者，用也。地爲陰，爲静，爲體。體者，質也。合而言之，天有陽亦有陰，有動亦有静，有性用亦有體質。地有陰亦有陽，有静亦有動，有體質亦有性用。

性非體不成者，陽得陰而凝，虛賴實以立也。體非性不生者，陰待陽而發，實從虛以出也。陰至坤而成體，乾之十二陽實託焉，故陽以陰爲體。復自坤出三十一變而夬，爲春爲夏，則陰以陽爲用也。陽至乾而成體，坤之十二陰實託焉，故陰以陽爲體。姤自乾出三十一變而剥，爲秋爲冬，則陽以陰爲用也。以陰爲體，以陽爲用，在天則陽動而陰静者，陽動而消陰也。以陽爲體，以陰爲用，在地則陽静而陰動者，陰動而消陽也。此則陰陽各有體性也。性得體而静者，陽戀陰也。陽主性而以陰爲性之體，陰體静，故陽行舒遲也。體得性而動者，陰戀陽也。陰主體而以陽爲體之性，陽性動，故陰行疾速也。此則陰爲體陽爲性也。是故陰陽不相離，雖交相爲用而各有所主也。

陽不能獨立，必得陰而後立，故陽以陰爲基。陰不能自見，必待陽而後見，故陰以陽爲唱。陽知其始而享其成，陰效其法而終其勞。

動不得静而不止，故陽不能自立，陰爲基而後立。隱不託顯而不彰，故陰不能自見，陽爲唱而後見。陰陽雖相待，然見於天地間者，無非一陽。陰則分之而已。陽一陰二，陽先陰後。一如形而二如影，影則效形。先爲父而後爲子，子則代父。故陽知其始，陰效其法，陰終其勞，陽享其成也。且陽生於子，一也。伏羲之復，文王之坎，無非一也。陰生於午，二也。伏羲之姤，文王之離，無非二也。陽中於卯，生也。伏羲之離，文王之震，無非生也。陰中於酉，成也。伏羲之坎，文王之兑，無非成也。文王之八卦，坤居離兑之間位乎未申，乾居兑坎之間位乎戌亥。

居坎之前者有一未形，知大始也。居離之後者應乎坎二，效其法也。居兑之前者作成萬物，終其勞也。居兑之後者據坤之位，享其成也。坤居西南，陰土也。艮居東北，陽土也。坤爲土，而物之作成正在未申者，陽將入地之時也。艮亦爲土，而物之滋生乃在寅卯者，陽已出地之時也。陽雖生於子，實兆於亥，故十月薺麥生，西北爲天門而乾居之。陰雖生於午，實兆於巳，故四月靡草死，東南爲地户而巽居之。以坤居未申則乾宜居寅卯，乾不居震居之者，君不自爲，長子代父也。以乾居西北則坤宜居東南，坤不居巽居之者，臣不造始，長女代母也。以天地之理推君臣父子夫婦之義，不亦昭然矣乎？

陽能知而陰不能知，陽能見而陰不能見也。能知能見者爲有，故陽性有而陰性無也。陽有所不徧，而陰無所不徧也。陽有去，而陰常居也。無不徧而常居者爲實，故陽體虚而陰體實也。

陽以神爲性，陰以氣爲性。神者靈也，氣者質也，故陽有知見而陰無知見。剖心於地，血在而知亡。抉眼於槃，睛存而見滅。是以月無光，假日以爲光。魄無識，資魂以爲識。所謂陽性有而陰性無者，非無也，可以謂之無也。陽以氣爲體，陰以形爲體。氣者虚也，形者實也。自用而言，實有不徧，虚無不周。實有消亡，虚無去住。若自體言，則氣先盡而形常餘，氣内聚而形外包。所以光焰冷而灰炭存，華葉乾而根荄在，米粒小而粃粕大，果液少而苴滓多，故曰陽體虚而陰體實也。天地合而生人，兼乎陰陽之理。靈性者，天之神也。質性者，地之氣也。靈性乃有知識見聞，質性僅分剛柔清濁。若見于氣體之間，則氣已散而骨不腐，形有具而氣不周也。夫陰陽異用，體性殊科。滯有者偏於實，溺無者執於空。竊嘗論之，陰陽之分有虛實明暗，在人則爲動静語默。自夜言之，以照爲明，明有限而暗無窮。自晝言之，以蔽爲暗，暗有極而明無際。自虛言之，壘土爲山，架木爲室，實少而虛多。自實言之，鑿户爲牖，穴土爲空，虛小而實大，或者曰：「動有邇遐，静無邊際。語可窮究，默難測窺。」我將曰：「動無不之，静有所止。語行萬世，默在一身。」蓋天下之理，必有體用。體用之際，必有其中。所謂中者，當而已矣。執一非道，貫三爲道，故曰一陰一陽之謂道，有陰有陽乃有中矣。惟是兩端既立，勢必相形。形而上之器則爲道，形而下之道則爲器。亦如陰陽本自不二，去人情之妄，循天理之誠，一以貫之，無非至當矣。夫人之所爲學道者，最切莫若身。男女之愛，至情也。死生之别，至恨也。敗棺破露，或見死者之形，則厭然而惡。然則平日之愛，非愛其形也，愛其使形者也。高堂闃寂，似聞死者之聲，則惕然而驚。然則平日之愛，非愛其使形者也，愛其形也。諒以愛出妄，情非由誠性，隨性變遷，初無定是。若乃寤寐之見如平生者，想也。想且然，況誠乎？故曰誠者，物之終始也，不誠無物。誠者，天下之實理。窮是理焉，可以學矣。

天地之本其起於中乎？是以乾坤屢變而不離乎中。

太極者，大中之氣也。判爲兩儀，陽生地中，自子至巳而乾純，陰生天中，自午至亥而坤純。陰復生陽，陽復生陰，陰陽循環，萬變無極，而常本乎中。蓋陰者陽之基也，陽者陰之基也。由子而午，陽之時極矣，天方中焉，時雖極而道未極，故生陰以基陽，基成則陽復行也。由午而子，陰之時極矣，地方中焉，時雖極而道未極，故生陽以基陰，基成則陰復行也。天下之理，事不過則不濟，物不過則不盛。聖人立事，仁義不能不偏，乾坤成物，陰陽不能不勝者，將以求其至也。惟合兩爲一，道本常中，所以變而能通，其用不窮。乾初至上六，陽已亢，用九而陰。姤則自八之七，自七之六，未有盡也。坤初至上六，陰已疑，用六而陽。復則自七之八，自八之九，未有盡也。是故極既訓盡，亦又訓中。物偏乎一，其極則盡，以其方而不還也。道通乎兩，其極則中，以其圓而還也。所以陰陽各分十二，乾坤止用六爻，進六退六，六乃居中，在進爲終，在退爲始，晝之終者夜方始，夜之終者晝方始也。依乎中庸之人，不倚一偏。通乎晝夜之道而知一死生而不累，處吉凶而皆安。心之所存以正爲勝者，知其無盡也。是故國移者未嘗不戮，人死者不可復生；唐、虞雖禪而不滅，顔、冉雖夭而不亡也。

人居天地之中，心居人之中，日中則盛，月中則盈，故君子貴中也。

太極分爲天地。在天地則爲人，鍾而生人，在人則爲心。人者，天地之太極，故居天地之中，天地待之以爲主，亦賴之以爲用。心者，人之太極，故居人之中，人待之以爲主，亦賴之以爲用。日中則盛，月中則盈，君子貴中，不亦宜乎？天以午爲中，地以子爲中。陽以卯爲中，陰以酉爲中。日以正晝爲中，月以望日爲中。五行以土爲中，六合以虚爲中。其爲中則同，其所以中則不同。故君子之中庸也，君子而時中，執中無權，猶執一也。

本一氣也，生則爲陽，消則爲陰。故二者一而已矣，四者二而已矣，六者三而已矣，八者四而已矣。是以言天不言地，言君不言臣，言父不言子，言夫不言婦也。然天得地而萬物生，君得臣而萬化行，父得子、夫得婦而家道成，故有一則有二，有二則有四，有三則有六，有四則有八。

太極一氣也，氣生則進而爲陽，消則退而爲陰。故有一則有二也。有氣必有形，亦有一則有二也。故有陰陽則有天地。陰陽者，氣之二也。天地者，形之二也。氣自子至午爲升，自午至子爲降，二而已矣。有地以限之。自子至寅地中升於地上者爲陰中之陽，自卯至巳地上升於天中者爲陽中之陽，自午至申天中降於地上者爲陽中之陰，自酉至亥地上降於地中者爲陰中之陰，故有二則有四也。三者，天之用也。陽之生也，自少至中，自中至老。陰之生也，亦自少至中，自中至老。所以天用三畫，地用三畫，有三則有六也。四者，地之體也。形有四方，氣有四時，所以天有四卦，地有四卦，有四則有八也。二者一而已者，二氣本一元也。四者二而已者，四象本二氣也。六者三而已者，陰無用，託陽以爲用，陰陽同一用也。八者四而已者，天無體，託地以爲體，天地同一體也。一不分兩則不立，故偶數爲體。兩不合一則不通，故奇數爲用。體分乎兩，用合乎一，故曰：「兩不立則一不形，一不見則兩之用息。」

有意必有言，有言必有象，有象必有數。數立則象生，象生則言著彰，言著彰則意顯。象數，則筌蹄也。言意，則魚兔也。得魚兔而忘筌蹄可也，捨筌蹄而求魚兔則未見其得也。

因有意以至有數，謂作《易》之初也。因數立以至意顯，謂成書之後也。發於心者爲意，發於口者爲言。健順動止陷麗説入，凡可言者，皆象也。既有其象，則一二三四五六七八，其數可數矣，是故《易》起於數也。太極肇分，十數斯具。天五地五各以一而變四，其二無體，所存者八。有天而地效之，所謂八者四而已。故卦止於八而象止於四也。由四象八卦衍而推之至於千萬億兆，當此數者，必具此象，有此象者，必應此數，大而天地，小而鱗介，毫釐不差，吐於口者可得而言揚，得於心者可得而意會，此《易》之所以畫也。昔伏羲作十言之訓，曰乾坤坎離艮震巽兑消息，更三聖人無出乎此者，以象數有定不可增虧故也。由言而得意焉，魚兔既獲筌蹄可忘，故雍謂先天之學爲心法也。

天變而人效之，故元亨利貞，《易》之變也。人行而天應之，故吉凶悔吝，《易》之應也。以元亨爲變，則利貞爲應。以吉凶爲應，則悔吝爲變。元則吉，吉則利應之。亨則凶，凶則應之以貞。悔則吉，吝則凶，是以變中有應，應中有變也。變中之應，天道也，故元爲變則亨應之，利爲變則應之以貞。應中之變，人事也，故變則凶應則吉，變則吝應則悔也。悔者吉之先，而吝者凶之本，是以君子從天，不從人。

《觀物》之書衍四象，四象即四德，故此二節可以推《内篇》述作之大體。元亨利貞在天爲春夏秋冬，氣之四變也，在人爲仁義禮智，德之四變也。天變而人效之，故爲《易》之變也。吉凶悔吝因人事之是非天報之以禍福，人行而天應之，故爲《易》之應也。合而言之如此，若别而言之，則變中自有變應，故以元亨爲變則利貞爲應，天之變應也；應中亦自有變應，故以吉凶爲應則悔吝爲變，人之變應也。元有吉之道，不成不已，故秋則利應之。亨有凶之道，盛極則衰。雖天不免，惟歸根復命，應之以貞而已。此變中有應，天之道也。既曰「元則吉，吉則利應之，亨則凶，凶則應之以貞」，又曰「元爲變則亨應之，利爲變則應之以貞」者，或以元亨爲變利貞爲應，則生成之次也；或以元利爲變亨貞爲應，則奇偶之次也。蓋元則吉，以亨爲吉也，故利應之；亨則凶，以利爲凶也，故應之以貞。自貞反元，衰而復盛也，故元爲變則亨爲應。由亨得利，盛而必衰也，故利爲變則貞爲應。以理求之，斯無礙矣。本凶也，能悔則變吉。宜悔也，致吝則變凶。因悔吝以生吉凶，此應中有變，人之事也。是故變則爲凶，我能應之則吉，變則爲吝，我能應之則悔。又以凶吝皆爲變，吉悔皆爲應者，教人以避凶趨吉之道也。悔者吉之先，吝者凶之本。人有悔吝異情，故吉凶殊應。不若天道無心，一切守貞，則無非吉也。故曰：「吉凶者，貞勝者也。」是以君子從天，不從人也。

元者，春也，仁也。春者時之始，仁者德之長。時則未盛而德足以長人，故言德不言時。亨者，夏也，禮也。夏者時之盛，禮者德之文。盛則必衰而文不足救之，故言時不言德，故曰大哉乾元而上九有悔也。利者，秋也，義也。秋者時之成，義者德之方。萬物方成而獲利，義者不通於利，故言時不言德也。貞者，冬也，智也。冬者時之末，智者德之衰。貞則吉，不貞則凶，故言德而不言時也，故曰利貞者性情也。

春冬，言德不言時。秋夏，言時不言德。春冬近本，故東北爲山，藏用以崇德。夏秋近末，故西南爲地，顯仁以致用。乾元，春也，故曰大哉。上九，夏也，故曰有悔。利爲情而貞爲性，秋爲利而冬爲貞也。

道生天，天生地。

虛者，道之體。神者，道之用。神者誠也，誠則有精，精則神。變化自然，莫知其然。故道生天者，太虛之中，自然氤氳而神生氣也。天生地者，大象之中，類聚交感而氣生質也。

及其功成而身退，故子繼父禪，是以乾退一位也。

陽者一也，陰者二也。陽爲天，陰爲地。乾知太始，有一未形，故道生天。陽生陰，故天生地。道生天地，功成無爲。長子代父用事於震，乾退一位而居亥者，有一未形無爲之地也。天即是乾，乾即是道。子繼父禪，即父之體非一非二也。故《易》言虛不言無，言密不言空。

象起於形，數起於質，名起於言，意起於用。天下之數出於理，違乎理則入於術。世人以數而入術，故失於理也。

象以擬天下之形，數以定天下之質，名以出天下之言，意以盡天下之用，謂《易》之象數名意也。理者，自然也。數出於理，道法自然也。如圓者圍三徑一，方者圍四徑一。天圓，故以一起以三爲用。地方，故以一起以四成體。皆理之自然也。術者但明其數而已。不知其所以然者，理也。三連六斷，中虛中滿，仰盂覆椀，上缺下斷，象也。天地日月雷風山澤，形也。一二三四五六七八，數也。健順動止麗陷説入，質也。乾坎艮震巽離坤兑，名也。乘承應比悔吝進退，意也。言見乎文，用見于事也。氣聚爲象，凝則爲形。道運爲數，布則爲質。形麗於實，質近乎虛也。

天下之事，皆以道致之則休戚不能至矣。

道者天理之公，休戚者人情之私也。天下之事，苟任天理之公，則吉凶以貞勝，動無非利，得喪以命處，居無非安，何休戚能累其心哉？故君子無入而不自得也。

天可以理盡而不可以形盡。渾天之術以形盡天，可乎？

理者太虛之實義，孔子所謂「誠」，釋氏所謂「實際」，道家所謂「天真自然」。自然者，原其始。實際者，要其終。誠者，始終若一，舉其中也。誠者實也，氣數神用之所起也，在氣數爲命，在神用爲性，而理行乎其間矣。神無盡，理亦無盡，氣數疑若有盡，然大氣大數合乎一。四旁上下，氣不可盡也。溝澗正載，數不可盡也。天以辰爲體，無物之一氣也。與太虛相爲無極，故天不可盡也。實者有限，虛者無窮。神理不可盡者，以虛而已。聖人曰窮神窮理云者，自我窮之得其極至則爲可盡也。欲盡天者，亦當如窮神焉，以理索其至而已。康節曰：「天之大，陰陽盡之矣。」蓋天雖無窮，而不過陰陽二端，此可以理盡者也。若鄒衍之流，有九州之外自有九州之説，是欲以形盡天，比渾天之術尤爲荒唐之論也。

精義入神，以致用也。不精義則不能入神，不能入神則不能致用。

惟至誠爲能生精，惟至精爲能生神。此生出之本，有至理在其間，然不過乎專一而已。精義入神，不知所以然而然，故能致用也。津人操舟，僂者承蜩，庖丁解牛，輪扁斲輪，皆入神致用之義。在孟子，則曰：「爲仁在熟之而已。」精則熟，熟則妙。天下之事欲進乎神者，要在於熟。無他，巧也。

爲治之道必通其變，不可以膠柱，猶春之時不可行冬之令也。

春夏秋冬，皇帝王伯，道德功力，體分乎四，用歸于一。變而能通，《易》之義也。

自然而然不得而更者，内象、内數也，他皆外象、外數也。

先天陰陽二圖，内象、内數也。先後有倫，變之則亂，蓋自然而然不得而更也。其他象數，則變易無常。後天之易，孔子序之，惟以理爲次者，内象、内數立體之經，外象、外數應用之變也。故三易屢更，先天不易。

天道之變，王道之權也。

天道有變，不失其常。王道有權，不亂其經。經常者，自然之理，簡易之道也。天道不過乎陰陽，王道不過乎仁義。

卦各有性有體，然皆不離乾坤之門，如萬物受性于天而各爲其性也。其在人則爲人之性，在禽獸則爲禽獸之性，在草木則爲草木之性。

太極之虚爲乾坤之性，太極之氣爲乾坤之體。太極一也。有動有静，是爲陰陽，是爲柔剛。乾坤既分，性體斯辨。凡卦之性體雖各不同，然萬變不過乎兩端，兩端同歸于一致者，以諸卦生於乾坤，乾坤本於太極，猶人物之性不同而皆出乎天也。天爲一，靈性也。地爲二，氣性也。人爲三，種性也。數極于三，萬類斯判，故論靈性則無不同，論氣性則有不同，至於種性則物各一類，萬萬不同矣。人有人之性，禽獸有禽獸之性，草木有草木之性者，氣性質性也。人之性人人各不同，禽獸草木之性物物各不同者，習性種性也。所謂天性則一而已。虎狼有父子之仁，螻蟻有君臣之義。雖植物無知而性質順成不異於人者，至理無二故也。

天以氣爲主，體爲次。地以體爲主，氣爲次。在天在地者亦如之。天以體爲次，故天辰不見。地以氣爲次，故地火常潛。凡在天者以用爲本，故成象，在地者以體爲本，故成形。動物屬天，亦以氣爲主。植物屬地，亦以體爲主。

氣則養性，性則乘氣。故氣存則性存，性動則氣動也。

太極者，太虛也。太虛之神用，降而在人則爲誠性。太極之中和，降而在人則爲道氣。人存其誠性以養其道氣，則神御氣，氣載神，神氣不離，當與太極並存，不隨有物俱盡。此聖人之死曰神，死而不亡之壽也。常人運動皆由血氣。血氣者，金木從火水而生，魂魄假精神而生，客氣也。客豈能久乎？其生也，志爲氣役，主爲客勝，性已失矣。客氣既盡，性安得獨存耶？

堯之前，先天也。堯之後，後天也。後天乃效法耳。

一陽生於子，至巳而成乾，天之象立矣。自午之後陰生消陽，至亥而成坤。凡陰所爲，皆效陽而法之，觀《先天圖》即可見矣。故曰：「成象之謂乾，效法之謂坤。」自有一以來，以元會運世推之，堯適當乎己未，堯之前每事皆先天而造之。三代之後，制作云爲，無非效法之事。是故先天取四象者，虛中待用，用之在人，先天而天弗違也。後天取五行者，中亦實矣。雖人事，亦由乎天命，後天而奉天時也。故先天事業，非大聖人不能爲也。子雲曰「法始乎伏羲」，其開物之初乎？「成乎堯」，其先天之極乎？所以十三卦始於離而終於夬也。

卷八　觀物外篇下之中

天之象數，則可得而推，如其神用，則不可得而測也。

實則有盡，虛則無窮。神用不可測者，太虛之變化也。是故象數推天有時不驗，聖人不貴乎術獨重乎理者，蓋以此也。故雍謂天可以理盡不可以形盡，而後天之用以理爲宗。

自然而然者天也，唯聖人能索之。效法者人也，若時行時止，雖人也亦天也。

自然者，理也。理之所至，混然自成，不知所以然而然者，天造也。欲知其所以然者，由窮理而始。唯聖人能索之者，窮理之至，所謂「窮神知化，德之盛也」。窮理者，猶在致知之域，我與理異。至於窮神知化，自非體之者有不能焉，與理一也。時行時止者，委身於理，私意無與焉。故行止雖人所爲而實同乎天者，天行也。

生者性，天也。成者形，地也。

生者性天，真氣靈性也。成者形地，血氣體質也。真氣靈性雖藉血氣體質而行，亦因血氣體質而亂。君子貴反本者，合二歸一也。

日入地中，交精之象。

日入地中，有男女之象，無情慾之私。男女合，精血交而後生人，故天有八象，地有八象，人有十六象。惟人備天下之美。既有美焉，則近乎末流矣。聲色臭味，味最爲末者，陰之極也。是以人能天地之所不能，而亦不能天地之所能。裁成輔相雖由才智，而行變亂戕賊亦自巧詐而始，故曰：「甚美必有甚惡。」識者寡嗜慾薄滋味，反本之道也。

體四而變六，兼神與氣也。氣變必六，故三百六十也。

體者，在天爲四時，在地爲四維，在人爲四支。神則太虛，氣則太和也。神者太虛之靈，其光爲血氣者，太和之發其液爲精。四體者，神氣所自成而復寓其間以致用，故六也。先生曰：「陽行一陰行二，一主天二主地，天行六地行四，四主形六主氣。」是三百六十日者氣變必六，運行之數也。二百五十六位者體變則四，生物之數也。

凡事爲之極，幾十之七則可止矣。蓋夏至之日止于六十，兼之以晨昏分，可辨色矣，庶幾乎十之七也。

天數五，地數五，合之而十，天包乎地得數之全體。四用二，合之而六，故氣以六變而爻畫象之。餘分侵地不過乎七，故歲有閏餘，晝極七分而蓍數法之也。以一歲而言，冬三分不用，以一日而言，夜三分不用，皆以存本也。存本不用，用乃不窮，故人作事不可盡，常留十之三可也。若爲之極，後來不可復措手矣。秦之虐，隋之奢，皆用之而盡者也。

《圖》雖無文，吾終日言未嘗離乎是，蓋天地萬物之理盡在其中矣。

先天八卦之圖圓者爲天，方者爲地，體分乎兩，用合乎一，天地萬物之理盡在其中。仁者見之謂之仁，智者見之謂之智。見有限，理無窮，宜終身玩之而不厭也。

氣一而已，主之者乾也。神亦一而已，乘氣而變化，出入于有無死生之間，無方而不測者也。

乾者天德，一氣之主也。分而禀之，有萬不同，皆原於一而返於一。天德者，誠也。至誠不息，則不爲死生間斷。剛健粹精，有氣之用，無氣之累，故能載神而與之俱也。神者太虛之靈，在乎有物之先，當爲一而應乎次。二者以虛，必寓實而顯仁，神亦乘氣而變化也。古之事神者，設木主，立尸祝，置巫覡，皆以托其虛也。惟其變化不測，出入于有無生死之間不爲實之所礙，是之謂神。凡人皆有神而不能自神者，爲實之所礙爾。惟至誠存心者，其心虛明，有心之用，無心之累，不累於物，乃能如神。

不知乾，無以知性命之理。

元亨利貞，循環無端。立本則一，應用則四，以至六爻旁通，有萬不同，其實復歸于一。此性命之理也，在釋氏爲圓，在老氏爲真，在吾儒爲誠，君子自强不息，所以體也。

時然後言，乃應變而言，言不在我也。

應變而言，言不在我，謂之無言可也。孔子與門弟子言皆隨其人資質而應答，未嘗有心也。不謂之天，可乎？

仁配天地謂之人。唯仁者，真可以謂之人矣。

數成於三，三者真數。應其數者，天地人是也，故人爲天地之配。或問管仲，曰：「人也。」以其九合諸侯，一匡天下，有仁者之功，可以配天地也。若下管仲者，是物而已。或曰：「才力有分，遇合有數，安得人人爲管仲之功乎？」曰：「仲尼之徒，羞稱管晏。君子所以配天地或在此，不在彼也。」故曰：「富貴不能淫，貧賤不能移，威武不能屈，此之謂大丈夫。」

生而成，成而生，《易》之道也。

生而成，成而生者，生生不窮也。達人以死生爲夜旦之常者，知此而已。《易》曰：「通乎晝夜之道而知。」此理人皆能言，實知者鮮。故曰「朝聞道，夕死可矣」爲「聞而知之者」言也。

氣者，神之宅也。體者，氣之宅也。

地以體爲體而宅氣，天以氣爲體而宅神。太虛無體，神自生焉。故君子貴虛心。虛非無也。《易》所謂「天地絪緼」，老子所謂「綿綿若存」，子思所謂「喜怒哀樂之未發謂之中」，孟子所謂「誠者天之道」。虛即氣，氣即虛。虛者氣之未聚，有氣之用無氣之累者也。

天六地四。天以氣爲質而以神爲神，地以質爲質而以氣爲神，唯人兼乎萬物而爲萬物之靈。如禽獸之聲，以其類而各能其一。無所不能者人也，推之他事亦莫不然。唯人得天地日月交之用，他類則不能也。人之生，真可謂之貴矣，天地與其貴而不自貴，是悖天地之理，不祥莫大焉。

三天兩地者，天地用數也。以十數之，天得六，地得四，天地分乎太極之數也。乾之策二百一十六者，三十六而六之也。坤之策百四十有四者，三十六而四之也。乾坤分乎一朞之數，亦天六地四也。四者，四體也。六者，兼神與氣也。先生曰「天行六，地行四，四主形，六主氣」，是也。天以氣爲質，以神爲神，是天無質也，故能動不能静。地以質爲質，以氣爲神，是地無神也，故能静不能動。惟人備乎神氣質，故兼天下之能而爲萬物之靈也。太極之數一而包五，天有五星，地有五行，故聲有五音。禽獸稟氣之偏各得其一，如牛鳴中宫、雉鳴中角之類。惟人備五行，得天地日月交之用，故獨異乎物而爲至貴也。

燈之明暗之境，日月之象也。

燈之所照，前明則後暗，不能如燭之四照，若日月之代明也。或曰，燈所以照處明，不照處暗，如月之借明於日也。

月者日之影也，情者性之影也。心性而膽情，性神而情鬼。

影者形之陰，因形而有，不能免也。影必託明而見，陰不能自見也。日者天之陽魂，月陰魄也。性者人之陽魂，情亦陰魄也。月借日以明，過則食日。情因性而生，過則亂性。性情皆虛，寓之於形，則心爲性，神靈之主也，膽爲情，血氣之使也。神本於虛，鬼近於物，故性神而情鬼。

無心者爲神，有情者爲鬼。情一也，喜怒愛惡，又有邪正焉。正者猶爲鬼之神，不正者斯爲鬼之物矣。

心爲太極，又曰道爲太極。

著合一握四十九之未分，是謂《易》有太極。太極者，太一也。包含萬有於其中，故曰道爲太極。在人則心爲太極。太極不動，應萬變而常中乃能如天，故揲著必掛一也。

形可分，神不可分。

可分者不能分，不可分者能分，猶可變者不能變，不可變者能變也。神者形之用，形者神之體。神寓於形，形有殊而神則一，故一體動而四支應者，神本一故也。人能體神致一則萬物應感，如同一形，故曰「至誠如神」，又曰「不疾而速，不行而至」。神爲主則能一，形爲主則不一。衆人以形爲主，物爲之累，安能體神而致一乎？

陰事大半，蓋陽一而陰二也。

陽一陰二者，陰分陽也。雖陽少陰多，而陰小陽大，陰之二不能敵陽之一，陰二則缺陽，全則三也。是故奇畫少而致用多，偶畫多而致用少。天地心腎與夫支幹之理，可以見矣。昔關子明言「善人少，惡人多，暗主衆，明主寡」，亦陰事大半之義，皆論體數者也。若用數則不然，是天地之數五十有五，地數本多於天。聖人作《易》三天兩地倚正數而立之，以大包小以陽役陰，小人雖多不能以衆而勝，至於黎民於變皆化乎陽，則復合於一矣。

冬至之後爲呼，夏至之後爲吸，此天地一歲之呼吸也。冬至之後陽長陰消，舒萬物以出，故爲呼。夏至之後陰長陽消，斂萬物以入，故爲吸。若自日言，則子以後爲呼，午以後爲吸。天之一年、一日，僅如人之一息，是以一元之數十二萬九千六百年，在大化中爲一年而已。

以物喜物，以物悲物，此發而中節者也。發而中節者無心，善應天之公理，非人之私情也。不誠者無物，至誠者無我，故曰萬物皆備于我。反身而誠，樂莫大焉。人能無我，則七情應感而和，無入不自得，無適而非樂也。蓋悲愁憂怒，不累其心。心之所存者，誠理真樂而已。

不我物，則能物物。天之所以大者，以其體物而無私。人若有我，則我亦一物爾，安能物物？是故有我者不能我我，無我則我自我矣。敵物者不能物物，體物則物自物矣。無我而體物則萬物皆備於我，我大而物小矣。故曰：「惟天爲大，惟堯則之。」

任我則情，情則蔽，蔽則昏矣。因物則性，性則神，神則明矣。潛天潛地，不行而至，不爲陰陽所攝者，神也。任我者一人之私意，因物者天下之公理。私者情也，情則血氣之慾。公者性也，性者精神之靈。人心爲政，血氣不能亂之，則精神内守，反乎性原，其中虚明，神而靈矣。潛天潛地，不行而至，不爲陰陽所攝者，御氣而不恃於氣故也。是故龍之變化，觸石如虛，行空如實，亦可謂神矣。猶爲陰陽所制者，以其恃於氣也。知夔蜒蛇風心目相憐之理，則可以知神矣。

天之孽，十之一猶可違；人之孽，十之九不可逭。

天之孽，數也；人之孽，理也。理之所至，無可逃者。數亦由理而生，而有逆順。循理之順者，可以回數之逆，天人之分也。循理之順可以回數之逆者，天地大數本順，其逆乃細數之紛紜錯亂者爾。觀先天與卦氣二圖可以見矣。如人脈息，初本有常，至于錯亂，或自爲之增損也。十之一、十之九者，十孽之中由天者一、由人者九，言自取者衆也。

先天之學，心也；後天之學，迹也；出入有無死生者，道也。

先天造物之初，由心出迹之學也。後天生物之後，因迹求心之學也。心虛而神，道亦虛而神。能出入於有無死生、在先天之初不爲無、在後天之後不爲有者，迹不能礙本，無間斷故也。

神無所在，無所不在。至人與他心通者，以其本于一也。

形可分，神不可分。以其不可分，故未嘗不一。天下無二心者，亦以本一而已。本一而不能一者，形爲之累，物或礙之也。至人與他心通者，其心虛明，形不能礙，盡誠之極，體物之至也。《記》曰：「天降時雨，山川出雲。耆慾將至，有開必先。」凡人吉凶禍福或得之夢寐，或見之證兆，有知先覺焉者，神之靈也。人心皆有神靈，多爲血氣外物所昏，如鑒之蒙垢，已則先暗，何以照人？

道與一，神之强名也。以神爲神者，至言也。

鬼者死之名也，神者通乎生死之稱。聖人曰：神人之學至於神者，不死之學也。神者，道與一之妙用也。

身，地也，本静。所以能動者，血氣使之然也。

血氣者，陽氣也，神氣也。所謂既生陽爲魂者，魂氣歸天，雖有死魄，無能爲矣。此地之質也。故植物亦有氣而不能動者，陰之氣、地之類也。

生生長類，天地成功。别生分類，聖人成能。

太極生兩儀，兩儀生四象，四象生八卦，生生也。一卦分八卦以至于六十四卦，一卦分六爻以至於三百八十四爻，衍而長之，以至萬有一千五百二十策，長類也。由一氣之變化，天地之所以生也，故曰天地成功。若夫别其生，分其類，使貴賤履位，賢不肖襲情，禽獸草木蟲魚各安其生，魑魅魍魎鬼神不出其靈怪者，由一理之經綸，聖人之所以治也，故曰聖人成能。

以物觀物，性也；以我觀物，情也。性公而明，情偏而暗。

性情，本一類也。性得於有生之初，近乎天理之誠，情見於有慾之後，雜乎人爲之僞，本末之異也。返乎一則用無非善，雜于二則有善有惡。若没于下流，則無非惡矣。

陽主闢而出，陰主翕而入。

陽之闢而出也，震以長之，乾以分之，觀春夏而可見矣。陰之翕而入也，巽以消之，坤以翕之，觀秋冬而可見矣。

日在于水則生，離則死，交與不交之謂也。

日在子以後爲升則向生，午以後爲降則向死。故人當保精，精全乃神王。坎離不交則天地之道否，而陰陽之功息矣。

陰對陽爲二，然陽來則生，陽去則死，天地萬物生死主于陽則歸之于一也。

陰者道之體，陽者道之用。體常存以待用，故陽來則有用而生，陽去則無用而死。天下之物歸乎用，故以陽爲主也。陽對陰爲二，如君之有臣，夫之有婦，天之有地，名雖竝立，勢不相亢，所以乾九坤六，陽能兼陰，陰不得兼陽。聖人三天兩地而倚數，蓋因自然之理而反二歸一也。

神無方而性有質。

神依於氣，性依於質。故氣清則神清，昏則神昏。質明則性明，暗則性暗。曰神無方者，主神而言也。性有質者，主受性者言之也。謂性爲萬物之一原者，以性爲神，在命之先也。謂性爲有質者，以質爲性，在命之後也。性正如精神，有精而後有神，有命而後有性。此世人所共知，後天之學也。

發於性則見於情，發於情則見於色，以類而應也。

發乎性者，內心起也。內心起則血氣應之，故見於情。血氣動於中，顔色見於面，不得而隱也。惟大姦大聖，顔色不能盡其心。

以天地生萬物，則以萬物爲萬物，以道生天地，則天地亦萬物也。

道生天地者，太極生兩儀也。天地者，大物也。萬物皆爲天地之體，合天地之間一物而已。人能體物，則如天地也。

人之貴兼乎萬物，自重而得其貴，所以能用萬類。

天一地二人三，合一與二爲三，故人當虚位，天地之用也，能兼天地之能而爲天地之用也。凡萬物之類有肖乎天者，有肖乎地者，人而兼之，不亦貴乎？不知自重，終同一物。凡人之善惡形于言，發于行，人始得而知之。但萌諸心，發于慮，鬼神已得而知之矣。此君子所以慎獨也。

天奥西北，地奥黄泉，人奥思慮，皆幽隱難知之處。而太始之初有一未形，乾已知之，況萌於象數乎？惟未發於言行者未見於形，非得一而虚明者不能知焉，故惟鬼神知之。神者先覺，彼不得而遁藏也。聖人亦如神，然廢心任誠、不逆詐、不億、不信，所以堯試鯀而周公用管、蔡也。

氣變而形化。

氣變于天則形化于地，觀四時之運可知之矣。人之少壯老死，形亦隨氣而變。聖人以仁義禮樂養人之精神血氣，而容止進退至于可觀者，亦氣變而形化也。

人之類，備乎萬物之性。

人備萬物之性，故備萬物之能，以其稟太極中氣，靈於萬物故也。

人之神則天地之神，人之自欺，所以欺天地，可不戒哉？

神一而已，人之神即天地之神也。人爲外物所蔽，不能得一，是以彼此之間不相知。天地虛明，不用耳目而無不見聞。人自欺即是欺天地，天地已知之矣。

人之畏鬼亦猶鬼之畏人，人積善而陽多，鬼亦畏之矣；積惡而陰多，鬼不畏之矣。大人者與鬼神合其吉凶，夫何畏之有？

人與鬼幽明之分不同，理一而已。故曰「未能事人，焉能事鬼」。

至理之學，非至誠則不至。物理之學，或有所不通，不可以强通，强通則有我，有我則失理而下入於術矣。

窮神知化，非口耳之學所能，當由至誠不息，躬造其境，然後實有所見。至誠者，心學也。强通者非造理而竊，有我者非循天之理。術者外學也，理者內學也。

心一而不分，則能應萬物。此君子所以虛心而不動也。

心之神其體本虛，不可分也。隨物而起，泥物而著，心始實而分矣。今人心專一於事物者，邪正各有所至，惟不能致虛，故不能應萬變也。一於實者是精，一於虛者是神。用志不分，乃凝於神。

聖人利物而無我。

聖人利物而無我，衆人有我而害物。公私一判，末如霄壤。

明則有日月，幽則有鬼神。

日月照其面目，不愧於人，可乎？鬼神伺其心意，不畏於天，可乎？

夫聖人六經，渾然無迹，如天道焉。《春秋》録實事，而善惡形于其中矣。

《春秋》書實事而善惡自見，此之謂天理之自然而非一人之私意也。後世之史善惡不明者以文而失實，不然則有私意存乎其間，如馬遷、班固，皆隨所好惡發憤而生褒貶，況其他乎？

中庸之法，自中者天也，自外者人也。

自中者天，誠也。自外者人，思誠也。

韻法，闢翕者律天，清濁者呂地。先閉後開者，春也。純開者，夏也。先開後閉者，秋也。冬則閉而無聲。東爲春聲，陽爲夏聲，此見作韻者亦有所至也。銜凡，冬聲也。

聲色臭味皆物之精英，發乎外者也。聲爲陽，色爲陰。臭爲陽，味爲陰。而各具四時之四變，則十六之數也。物有聲而不通變，惟人之靈則通之。康節以聲音各十六等推萬物之數。元會運世者氣之數，故以推天地。律呂者聲之數，故以推萬物。二者一理而已。聲音律呂，其別何也？單出爲聲，一之倡也，故爲律而屬天；雜比爲音，二之和也，故爲呂而屬地。聲以字爲主，字有平上去入四聲，有輕有重則清濁也。音以響爲主，響有開發收閉四音，有抑有揚則闢翕也。聲者體也，音者用也。天統乎體，地分乎用。以律唱吕，因平上去入之聲而見闢翕之音者，因體生用也，故闢翕爲律天。以吕和律，因開發收閉之音而見清濁之聲者，因用生體也，故清濁爲吕地也。東爲春聲，陽爲夏聲，銜凡爲冬聲，則揫收者秋聲也。東附於冬，不爲冬聲，何也？經世有二元，起於冬至者天之元也，行於春分者物之元也。是故四序之冬、五音之宫、六律之黄鍾，方皆屬北者，冬至之元、體之所起也；聲皆附東者，春分之元、用之所行也。故知作韻者，亦有所見也。

寂然不動，反本復静，坤之時也。感而遂通天下之故，陽動於中，間不容髮，復之義也。

此明《先天圖》以復次坤之義也。坤反本復静在一年則十月，在一元則太極未動之際。陽動於中而爲復，在一日則子中，在一年則冬至，在一元則太極生陽之始。欲觀萬古者，一年是也。夫太極不動有一未形，其在先天坤之時也。文王置乾於西北，而曰「乾知大始」者，以乾爲宗，明後天之用也。是故太極雖虚，其中有信，應感而動，間不容髮，若指坤爲空與無，恐失之矣。所以文王既以乾知大始，又以坎居北方，而卦氣起於中孚。《太玄》始於中首者，皆以更相發明，慮後世之溺於空而蔽於無也。

不見動而動，妄也，動乎否之時是也。見動而動則爲无妄。然所以有災者，陽微而無應也。有應而動，則爲益矣。

无妄震體，見動而動也，故爲无妄。震體之動者，初九也。無應則爲无妄，四未變也；有應則爲益，四之變也。武王觀兵孟津，諸侯不期而會者八百，可謂有應矣，猶還師焉。聖人之動，其謹如此。《雜卦》曰：「无妄，災也。」

精氣爲物，形也；遊魂爲變，神也。又曰，精氣爲物體也，遊魂爲變用也。

形者體也，神者用也。言精氣則知遊魂爲神氣，言爲物則知爲變者性也。言遊魂則知精氣爲沈魄，言爲變則知爲物者常也。

君子之學，以潤身爲本。其治人應物，皆餘事也。

人之學當從根本中來。潤身者，根本也。

剸割者，才力也。明辨者，智識也。寬洪者，德器也。三者不可闕一。

三者，亦知仁勇也。

無德者責人怨人，易滿，滿則止也。

責人以嚴，待己以恕，貧賤則怨，富貴則驕，皆易滿也。

能循天理動者，造化在我也。

堯舜之爲政，孔子之行己，所謂循天理而動也。造化安得不在我乎，故天能使唐虞之亡，堯舜能使世之不亂；天能使周之不興，孔子能使道之不喪。天自行其天，人自行其人，此之謂造化在我。

學不際天人，不足謂之學。

近世之學，以高明、中庸爲兩端，故天人間斷而不一。

人必有德器，然後喜怒皆不妄。爲卿相，爲匹夫，以至學問高天下，亦若無有也。

坎爲險，可以見城府，則坤爲腹可以想德器矣。養氣者所以長德器也，無德器則喜怒輕，輕則多妄。

得天理者，不獨潤身，亦能潤心。不獨潤心，至于性命亦潤。

天理者學之正位，得正位則有真樂。真樂不間於生死，故性命亦潤。

歷不能無差。今之學歷者，但知歷法，不知歷理。能布算者，落下閎也。能推步者，甘公、石公也。落下閎但知歷法，揚雄知歷法，又知歷理。

歷理者，依天地日月變化自然之數之用以置法，如顓帝《四分歷》以立體，《太初》八十一分以求閏，是也。古人有三百年改憲之説，蓋歷不能無差也。

顔子「不遷怒，不貳過」皆情也，非性也。不至於性命，不足謂之好學。

怒與過，情也。不遷怒，不貳過，制情也。制情，亦情也，制情求以復性也。「陋巷、簞瓢、不改其樂」，非有得於性命則不能也。故康節又言「學不至於樂，不可謂之學」，孟子曰「禮義之悦我心猶芻豢之悦我口」，此暫悦而已。深造自得，而後至於樂。

揚雄作《玄》，可謂「見天地之心」者也。

《易》於復言「見天地之心」，於大壯言「見天地之情」。一陽動于坤下者，復也，其萌於思慮之初乎？一陽動於乾上者大壯也，其發於顔色之際乎？然則天地之性何所見？一陽初動，爲心則萬慮俱寂，爲性當係坤之時矣。蓋坤者寂然不動，性也；復者感而遂通，心也；大壯則萬物相見，情也。所謂性者，乃真心不動之處。逐物者心包絡之血氣，妄心也。真心者君火，性之神用也。妄心者相火，血氣之役使也。子雲《太玄》始于中首，可謂知真心矣。冬至之卦復也，起于中孚，七日而復應焉。真心非空然無物，老氏所謂「其中有信」，吾儒之「誠」也。是故真心者，性之正覺也。以爲有而常虚，以爲無而善應。復則初念，去本爲未遠，可以推見真心者也。

《易》无體也，曰「既有典常」，則是有體也。恐遂以爲有體，故曰「不可爲典要」。既有典常，常也。不可爲典要，變也。

謂之《易》者，本取其變也。惟有常乃能變，無常則紛亂，何能變乎？蓋《易》本于地上之數，地上之數起於二，一陰一陽往來錯綜，以至千萬億兆而未嘗紛亂，故不窮也。《易》者二也，必有不易之者則一也。會二歸一，其太極乎？故天運四時，北極不轉，聖應萬變，中心不摇。

莊周雄辯，數千年一人而已。如庖丁解牛曰「踟蹰」、「四顧」，孔子觀吕梁之水，曰「蹈水之道無私」，皆至理之言也。

蹈水之論，有是理而世無其人，則形爲之礙也。鳥翔空如實，魚泳水若虚，故知蹈水有此理。

夫《易》者，聖人長君子消小人之具也。及其長也，闢之於未然。及其消也，闔之於未然。

一消一長，一闢一闔，渾渾然無迹。非天下之至神，其孰能與於此？

天不能無陰陽，人不能無小人君子。陰陽順而相濟則物成，君子小人順而相養則世治。是故無性非善，無事非利，無動非吉，無適非樂，此致一之論也。惟陰陽有攻取之性，逆順不能相無，而兩不能合一，故陰常病陽，小人常害君子。聖人作《易》，有長君子消小人之道存焉，所以裁成輔相也。闢闔皆於未然，消長必防其漸。長陽消陰，渾然無迹。至於黎民於變，比屋可封，則至一之極也。古之用《易》者，非堯舜孰能當之？

大過，本末弱也。必有大德大位，然後可救。常分有可過者，有不可過者。大德大位，可過者也，伊周其人也，不可懼也。有大德無大位，不可過者也，孔孟其人也，不可悶也。其位不勝德耶？

遯之六二升而極于上六則爲大過，以此安於下，固志不奪，遯世無悶也。以此升于上，滅頂不悔，獨立不懼也。惟固志不奪之人乃能滅頂不悔，孟子所謂大丈夫者也。彼苟進者隨時趨利，安能過涉滅頂乎？是故大過自遯六二來，而象因初、上二陰爻以發明之也。在遯則初、二皆爲遯世無悶，在大過則上爲獨立不懼。夫以德言之其心則同，以位言之其分則異，故有可過者，有不可過者也。孔子似周公，孟子似伊尹。孔孟非不及伊周，位不勝德也。

大哉，位乎，待時用之宅也。

《易》之六爻，人也。爻之所在無間君子小人，即位也。位者待時用之宅，故六爻即六位也。爻來位見，乃有上下内外得失之别。

復次剥，明治生於亂乎？姤次夬，明亂生於治乎？時哉，時哉，未有剥而不復，未有夬而不姤者。防乎其防，邦家其長，子孫其昌。是以聖人貴未然之防，是謂《易》之大綱。

治亂循環如陰陽消長，必不能免。貴未然之防，聖人所以立人極也。後天之《易》所重在此。

先天學，心法也，故圖皆自中起，萬化萬事生乎心也。

《先天圖》自坤而生者始于復，自乾而生者始于姤，皆在天地之中。中者心也，故先天之學爲心法而主乎誠。蓋萬法出乎理，理之所至，自然而成。然理者天下之公，非我所得有。誠者，所以體公理而在我者也，是謂天德。太極之根，可以成己，可以成物。若不誠焉，妄心生而公理滅，既自喪我，安得有物？何由入道？

所行之路不可不寬，寬則少礙。

天道惟用七，物數必去本。不惟存本，亦居之以寬，爲變化之地。

知《易》者，不必引用講解，始爲知《易》。孟子著書未嘗及《易》，其間《易》道存焉，但人見之者鮮耳。人能用《易》，是爲知《易》。如孟子，可謂善用《易》者也。

孟子達道之權而不執滯，是知《易》也。其言「子莫執中，猶執一」，益見其知《易》矣。性善之論，則天之一，《易》之用數也。

所謂皇帝王伯者，非獨三皇五帝三王五伯而已。但用無爲則皇也，用恩信則帝也，用公正則王也，用知力則伯也。

《易》起於皇，《書》起於帝，《詩》起于王，《春秋》起於五伯。凡用無爲者皆皇，如高惠之世是也。用恩信者皆帝，如孝文之世是也。用公正者皆王，如孝宣之世是也。用智力者皆伯，如孝武之世是也。孝宣伯之王，孝武王之伯也。譬之春夏秋冬、東西南北，此四者之數也。

鬼神無形而有用。其情狀可得而知也，於用則可見之矣。若人之耳目鼻口手足，草木之枝葉華實顔色，皆鬼神之所爲也。福善禍淫，主之者誰耶？聰明正直，有之者誰耶？不疾而速，不行而至，任之者誰耶？皆鬼神之情狀也。

管子曰：「流行於天地之間者謂之鬼神。」鬼神者，太極之英氣、正理行乎兩間爲天地之用者也。氣，其狀也。理，其情也。人之耳目鼻口手足之運用，草木之枝葉華實顔色之精光，皆英氣之外發，鬼神之狀可得而知矣。福善禍淫，誰其主之，聰明正直，誰其有之，不疾而速，不行而至，誰其任之，皆至理之相感，自然而然而不知其所以然，鬼神之情可得而知矣。

《易》有意象，立意皆所以明象，統下三者：有言象，不擬物而直言以明事；有像象，擬一物以明意；有數象，七日、八月、三年、十年之類是也。

《易》有意言象數。意萌於心，言出於口，有氣則有象，有名則有數，此世之所知也。而不知一萌於心即有象數，況已出于言乎？是故健順動止陷麗説入皆係象數，不必至於天地日月雷風山澤之形而後有一二三四五六七八之數也。所以雍皆謂之「象」。若無象可見，天地鬼神安得而知之耶？

《易》之數，窮天地始終。或曰：「天地亦有始終乎？」曰：「既有消長，豈無終始？天地雖大，是亦形器，乃二物也。」

天地消長之運，一年是也。始必有終，終則復始，是故元會運世之數開物於寅，閉物於戌。夫法始乎伏羲，當爲寅開物之初，則戌閉物之後可想而知矣。既極於亥，當復生於子也。

《易》有内象，理致是也。有外象，指定一物而不變者是也。

理致者，健而説、巽而動之類是也。指定一物者，地中生水、火在天上之類是也。雍又曰：「自然而然不得而更者，内象、内數。他皆外象、外數。」何也？内象無實象，内數無實數，存乎太虚，若可更也。而不可更者，理有必至，自然而成，雖有智巧，不能變其象而逃其數也。若外象、外數，體若一定，然爻有飛伏，卦有消長，六位八物不能自定。是故惟適變者不變，而不變者終變也。先天卦數二圖皆有序而不亂者，以天地本象、本數循自然之序而成也。後天卦氣圖及雍卦氣圖皆雜錯無定者，人情物態非僞即妄，所以孔子序《易》以理爲次而象數自從之也。

在人則乾道成男，坤道成女。在物則乾道成陽，坤道成陰。

陰陽分太極。在道則爲乾坤，在氣則爲天地。鍾於人則爲男女，散於物則爲動植。於其中又細分之，至于不可數計。無非兩也，合一則致用。

神無方則《易》無體。滯于一方則不能變化，非神也。有定體則不能變通，非《易》也。《易》雖有體，體者象也，假象以見體而本無體也。

《易》以六十四卦爲體，故曰體者象也。變於三百八十四爻之中不可指一而名，故本無體。若求於不變之時則又退藏于密矣。一陰一陽之謂道。《易》雖無體，猶有方也。陰陽不測之謂神，則無方矣。故陰陽變化、顯諸仁者《易》也，陰陽不測、藏諸用者神也。《易》猶有二，神則合一。二無定體，一無殊方。

事無大小，皆有道在其間。能安分則謂之道，不能安分謂之非道。

分者理所當然，故謂之道。人能安分則知常，久而自有變化。知常則明，明則神矣。

正音律數，行至于七而止者，以夏至之日出於寅而入於戌。亥子丑三時，則日入于地而目無所見，此三數不行者，所以比於三時也。故生物之數亦然，非數之不行也，有數而不見也。

天三地二，天地分太極之數也。天倍三而六，地倍二而四。天兼餘分，不過乎七。日有十，辰有十二。在日爲十用七，在辰爲十二用九。是故夏至之日最長，出於寅入於戌，亥子丑三時日入地而不見，乃知陽之盈數不過乎七。曰，雍以聲音律呂之數窮動植之數。正聲十，錯綜之得一百六十，下三聲有數而無聲者凡四十八，所用者一百十二而已。正音十二，錯綜之得一百九十二，水石二音有數而無音者，大數通四十，所用者一百五十二而已。合一百十二與一百五十二共得二百六十四，爲實用之數。聲音相唱和而分布于二百五十六位，每位得二百六十六，蓋以見乎用者三、不用者一之數也。凡象之在天上，形之潛地下，鬼神居幽冥之間，無不麗乎數，特人不見之爾。故曰：「非數之不行也，有數而不見也。」

六虛者，六位也。虛以待變動之事也。

《易》有六爻，即爲六位。爻來則位見，爻去則位亡。可以明實即是虛虛即是實，變者不變不變者終變之理矣。六位爲六虛，言待人而實也。高祖、太宗以匹夫而升九五，夏桀、商紂以萬乘而爲獨夫，以位爲虛，不亦信乎？

有形則有體，有性則有情。

有形則有體，體者析乎形而已。有性則有情，情者分乎性而已。形性兼該，體情偏係。拱手則足不馳、駐目則耳不聽者，體也。頭目有傷、臂指自捍者，形也。愛之欲其生、惡之欲其死者，情也。喜怒哀樂未發謂之中、發而皆中節謂之和者，性也。所以不同者，偏係之與不偏係、公則大、私則小也。

天主用，地主體。聖人主用，百姓主體，故日用而不知。

天主用，四時行焉。地主體，百物生焉。聖人主用，教化係焉。百姓主體，衣食出焉。雖二者相資，闕一不可，然無體者爲太虛，無用者爲棄物，言體者未必有用，言用者則必有體也。

法始乎伏羲，成乎堯，革於三王，極于五伯，絶於秦。萬世治亂之迹，無以逃此矣。

始乎伏羲，物開于寅也。成乎堯，陽純乎巳也。革于三王，陰生于午也。極于五伯，陽道已窮。絶于秦，則限隔矣。邵雍所謂義黄堯舜、湯武威文、皇帝王伯、父子君臣四者之道，理限于秦，是也。堯之前亦有如五伯者，大數之中自有小數，以細别之也。特世遠無傳，惟近者可見爾。是故雍子皇帝王伯之中，各分皇帝王伯也。

神者，《易》之主也，所以無方。《易》者，神之用也，所以無體。

無思無爲，寂然不動，感而遂通天下之故，神也。變動不居，周流六虚，所以應天下之故，《易》也。故《易》爲神之用。《易》者，陰陽也。神者，陰陽不測也。

循理則爲常，理之外則爲異矣。

不循自然之理者，在天爲怪異之氣，在人爲乖戾之行。六氣有淫，八風有邪，五行有沴。怪異之氣，天地不能免。大數本順，故卒反于正。

火以性爲主，體次之。水以體爲主，性次之。

天下之理，虚實相資，動静相養，不可偏無。以性爲主者體爲次，攝用歸體也。以體爲主者性爲次，從體起用也。不惟水火，天地精神皆可以此理推之矣。

陽性而陰情，性神而情鬼。

精神者，性命之本原。血氣者，精神之佐使。血氣者，喜怒愛欲之所生，情之所起也。人端本則情復于性，逐末則性敗於情。性陽類，故爲神。情陰類，故爲鬼。《書》稱堯曰「乃聖乃神」。神者適乎死生之稱，而鬼則非所以稱人也。情静性復，陰消陽純。學至于此，死而不亡矣。若肆情縱慾，喪精失靈，其死曰「物」，豈惟鬼乎？

《易》之首于乾坤，中于坎離，終于水火之交不交，皆至理也。自乾坤至坎離以言天道，自咸恒至既未濟以明人道，此文王之《易》也。文王之《易》，天地之用也，用從體而起。上經首于乾坤者，有天地而天之用行，坎離則其用之不窮也。下經首于咸恒者，有夫婦而人之用行，既未濟則其用之不窮也。坎離者陰陽互藏其宅，乾坤之交也。未濟者水火各反其位，坎離之不交也。不交則窮，故曰：「未濟，男之窮也。」窮則復生，變化見矣。是故天地亦有窮，則變化之本息；人物亦無窮，則變化之用息。人物之有窮，乃天地之所以無窮也。雍曰：「日在于水則生，離則死，交與不交之謂也。」未濟爲男之窮而下經終焉，誠至理也。

太極一也，不動。生二，二則神也。神生數，數生象，象生器。太極者，一元。一元者，乾元、坤元之本，合而未離者也。寂然不動，虛則性也。感而遂通，發則神也。性者神之體，神者性之用。故太極爲一，不動；生二，二即是神。夫太極動而生陽，陽爲奇，一也。動極復静，静而生陰。陰爲偶，二也。陽奇之一，有物之一，非太一也。太一者，太極之一，非虛非氣，即氣即虛。真至之理，自然生神，神應次二，有動有静，于是生數。奇偶者，數也。數生象。乾坤者，象也。象生器。天地者，器也。生而成器，神乃寓乎其中，以顯諸仁，以藏諸用。故器之變，復歸於神者，返乎本也。

太極不動，性也。發則神，神則數，數則象，象則器。器之變，復歸于神也。

太極本靜，故不動爲性。發則神者，應感而通也。神則數者，動靜變化，倏陰忽陽，一奇一偶，故有數也。有數之名則有數之實。象者，實也。氣見則爲象，凝則爲形。器者，形也。形者，神之所爲而以自託焉。如蠶作繭，本自我爲，非外來也。

卷九　觀物外篇下之下

諸卦不交於乾坤者，則生於否泰。否泰，乾坤之交也。乾坤起自奇偶，奇偶生自太極。

太極一也，真一含三而無對。動靜則有奇偶，分太極而各半，乾坤自此生矣。諸卦不交於乾坤者則生於否泰，否泰乾坤之交也。此發明李挺之《變卦圖》也。李挺之傳康節《六十四卦圖》，剛柔相易，周流變化，以乾坤二卦爲《易》之門，萬物之祖，功成無爲。凡卦一陰一陽者由復姤而來，二陰二陽者由臨遯而來，三陰三陽者由否泰而來。六十四卦不反對者八，反對者五十六，而反對之中否泰既未濟四者重見，則亦六十卦也。以三陽三陰而變者，主六爻而言，用之升降也。《元包》以五世歸魂遊魂而變者，則主八卦而言，體之飛伏也。陰陽平均，迭爲賓主，則乾坤之體變爲否泰之用，故三陰三陽之卦不交于乾坤而生於否泰也。《先天圖》否泰，在天當天門地户，在地當人路鬼方，其爲乾坤之用可知矣。

天使我有是之謂命，命之在我之謂性，性之在物之謂理。

天任理，理無不順。人受天命而成性，萬物皆備於我，我之與物同乎大順。若謂性命爲我有而横私之，不能體物則悖道而失理。理既失矣，性命何有哉？是故無我者，任理而公，不惟有物，終亦存我；有我者，任情而私，不惟無物，終亦喪我矣。

朔易以陽氣自北方而生，至北方而盡，謂變易循環也。

西北之交謂之朔，陽氣至此而盡。正北復生子，子則變易矣。地有四方，又有朔，何也？曰：日月者，陰陽之真精，是生水火。故七曜有日復有火，有月復有水。地之西北有朔方北方，天之東南有君火相火，人之五藏心有包絡、腎有命門也。水火各有二，而君火真精實相通。真火有氣無形，所以三焦無位，故心奇而腎偶，朱鳥一而龜蛇二也。夫心奇腎偶，陽一陰二，乾坤之畫象之，一者致用多，二者致用少。故君子用智，小人用力，大智存神，小智存精。

春陽得權，故多旱。秋陰得權，故多雨。

春多旱，秋多雨，所以先天離居寅、坎居申也。

元有二，有生天地之始者，太極也；有萬物之中各有始者，生之本也。

天地之元者，一之一也。萬物各有元者，二之一也。《觀物篇》以元經會、以會經運、以運經世者，天數也。一元包乎會運世，會運世見而元不見，年月日辰之喻也。一之一也，元會運世分爲十六位者，地數也。元與會運世雖大小不同而分立竝用，春夏秋冬之喻也。二之一也，一者以冬至爲元，體也；二者以春分爲元，用也。

天地之心者，生萬物之本也。天地之情者，情狀也，與鬼神之情狀同也。

天地無心，緣感而生，故於坤則寂然不動，於復則感而遂通。復之一陽，天道之所以生物也。感之男女，人道之所以生民也。於復言見天地之心者，無心而爲心也。變感爲咸者，有心而欲其無心也。大壯見天地之情，天地亦有情乎？曰，陽動於乾上，發於顔色，其情可見，故與鬼神之情狀同也。

莊子與惠子遊於濠梁之上，莊子曰：「儵魚出遊從容，是魚樂也。」此盡己之性，能盡物之性也。非魚則然，天下之物則然。若莊子者，可謂善通物矣。

莊子知魚樂者，蓋萬物各有得意處即是真樂。聖人體物，苟居位行道焉，使天下物物自得。

老子，知《易》之體者也。

老子知陰而不知陽，得《易》之體而已，不如孟軻得《易》之用。老子言「知雄守雌」、「知白守黑」、「專氣致柔」，孟子「知言集義」、「養浩然之氣」，各以《易》而反於身者也。

無思無爲者，神妙致一之地也。聖人以此洗心，退藏於密。

退藏于密者，事過念止之時。無思無爲，非若土木偶人也。神妙致一，所謂一以貫之。雍以「時然後言、樂然後笑、義然後取」爲無爲，又言「順理則無爲，强則有爲」。知此即天下何思何慮，但當委身於理一以貫之。退則藏密，感則遂通，亦豈嘗偏於好静乎？雍又曰：「時然後言，言不在我。」此尤見無爲之理矣。

太極，道之極也；太玄，道之元也；太素，色之本也。太一，數之始也。太初，事之初也。其成功則一也。

太極者，大中也。渾然圓成，兩儀之所生也。太玄者，北方深妙之地。北即天中也，故亦謂之北極，元氣始生之處也。渾淪爲極，在先天之初，罔冥爲玄，在有地之後，故極者道之父，玄者道之母，所以易爲天道，玄爲地道也。以色言之則爲太素，五色之本也。以數言之則爲太一。一，數之始也。以事言之則爲太初，萬事之初也。其來一原，故散於天地萬物而成功則一也。

太羹可和，玄酒可漓，則是造化亦可和、可漓也。

色始於素，味始於淡。大羹玄酒，味之本也。以比造化之初恬淡自然，既不可和，亦不可漓。甚美必有甚惡，若可和則可漓矣。

易地而處，則無我也。

易地而處則無我，應物而動則無爲。

誠者，主性之具，無端無方者也。

人能至誠不息，無間斷處，則生死不能隔絕，鬼神不能測窺。蓋虛則無迹可礙，無象可覩故也。

智哉留侯，善藏其用。

留侯用智，皆因其勢而利導之，不見有爲之迹。

《素問》《密語》之類，於術之理可謂至也。

《素問》注天元玉策截法《玄珠密語》，皆王砅所作。五運六氣，八司九室，律吕用十六，運氣起甲子己卯，其數與先天合。

瞽瞍殺人，舜視棄天下猶棄敝屣也，竊負而逃，遵海濱而處，終身訢然，樂而忘天下。聖人，雖天下之大，不能易天性之愛。

聖人反本而誠，衆人逐末而妄。秦人借父犁鋤，慮有德色，逐末之極也。孟子此論如孔子「去食」之言，明天下可棄、父不可棄也。

或問「顯諸仁，藏諸用」，曰：「若日月之照臨，四時之成歲，是顯仁也。其度數之然，而不知其所以然，是藏用也。」

象以見數，顯諸仁也。數以生象，藏諸用也。天下之數生于理。用雖藏，以理推之，可以探賾索隱。

君子於《易》：玩象，玩數，玩辭，玩意。

此教人學《易》之法。

兑，説也。其他皆有所害，惟朋友講習，無説於此，故言其極者也。

説於物者，有害，亦有厭。説於道者，無害，亦無厭。始也講習而説，及深造自得，則樂矣。

中庸，非天降地出，揆物之理，度人之情，行其所安，是爲得矣。

物理人情與吾心皆安處即是道。有一不安，非道也。有一言而可終身行之者，其惟恕乎？能近取譬，可謂仁之方也已。此最近中庸之道。

元亨利貞之德，各包吉凶悔吝之事。雖行乎德，若違于時，亦或凶矣。

此亦一變四之數也。古之人以仁義忠信被禍者多矣，可與立未可與權也。然吉凶以貞勝，則大過滅頂可稱无咎。是故比干剖心，自世人言之則爲禍，自君子言之則爲仁也。

湯放桀、武王伐紂而不以爲弒者，若孟子言「男女授受不親，禮也；嫂溺則援之以手，權也」。故孔子既尊夷齊亦與湯武。夷齊仁也，湯武義也。然唯湯武則可，非湯武則是篡也。

一經一權，道竝行而不相害。

陰者陽之影，鬼者人之影也。

雍曰：「人謂死而有知，有諸？」曰：「有之。」曰：「何以知其然？」曰：「以人知之。」曰：「何者謂之人？」曰：「耳目鼻口、心膽脾腎之氣全謂之人。」心之靈曰神，膽之靈曰魄，脾之靈曰魂，腎之靈曰精。心之神發乎目則謂之視，腎之精發乎耳則謂之聽，脾之魂發乎鼻則謂之臭，膽之魄發乎口則謂之言。八者具備，然後謂之人。夫人也者，天地萬物之秀氣也。然而亦有不中者，各求其類也。若全得，人類則謂之曰「全人之人」。夫全類者，天地萬物之中氣也，謂之曰「全德之人」也。全德之人者，人之人者也。夫人之人者，仁之謂也。唯全人，然後能當之。人之生也謂「其氣行」，人之死也謂「其形返」。氣行則神魂交，形返則精魄存。神魂行于天，精魄返于地。行于天則謂之曰「陽行」，返于地則謂之曰「陰返」。陽行則晝見而夜伏者也，陰返則夜見而晝伏者也。是故知日者月之形也，月者日之影也；陽者陰之形也，陰者陽之影也；人者鬼之形也，鬼者人之影也。人謂鬼無形而無知者，吾不信也。

秦繆公有功于周，能遷善改過，爲伯者之最。晉文侯世世勤王，遷平王于洛，次之。齊威公九合諸侯，不以兵車，又次之。楚莊强大，又次之。宋襄公雖伯而力微，會諸侯而爲楚所執，不足論也。治《春秋》者，不先定四國之功過，則事無統理，不得聖人之心矣。春秋之間，有功者未見大於四國，有過者亦未見大於四國也。故四者功之首，罪之魁也。人言「《春秋》非性命書」，非也。至于書「郊牛之口傷，改卜牛，牛死，乃不郊，猶三望」，此因魯事而貶之也。聖人何容心哉？無我故也，豈非由性命而發言也？又云「《春秋》皆因事而褒貶」，豈容人特立私意哉？又曰「《春秋》聖人之筆削，爲天下之至公」，不知聖人之所以爲公也。如因「牛傷」則知魯之「僭郊」，因「初獻六羽」則知「舊僭八佾」，因「新作雉門」則知「舊無雉門」，皆非聖人有意于其間，故曰：「《春秋》盡性之書也。」

《易》之爲書，將以順性命之理者，循自然也。孔子絶四、從心、一以貫之，至命者也。顔子心齋屢空，好學者也。子貢多積以爲學，億度以求道，不能刳心滅見，委身於理，不受命者也。《春秋》循自然之理而不立私意，故爲盡性之書也。

初與上同，然上亢不及初之進也。二與五同，然二之陰中不及五之陽中也。三與四同，然三處下卦之上不若四之近君也。

人之貴兼乎萬類，自重而得其貴，所以能用萬類。

至理之學，非至誠則不至。

《素問》《陰符》，七國時書也。

顯諸仁，藏諸用，孔子善藏其用乎？

莊、荀之徒失之辯。

伯夷義不食周粟，至餓且死，止得爲仁而已。

三人行必有師焉，至于友一鄉之賢、天下之賢，以天下爲未足，又至于尚論古人，無以加焉。

義重則内重，利重則外重。

能醫人能醫之疾，不得謂之良醫。醫人之所不能醫者，天下之良醫也。能處人所不能處之事，則能爲人所不能爲之事也。

人患乎自滿，滿則止也。故禹不自滿假，所以爲賢。雖學，亦當常若不足，不可臨深以爲高也。

人苟用心，必有所得，獨有多寡之異，智識之有淺深也。理窮而後知性，性盡而後知命，命知而後知至。

凡處失在得之先，則得亦不喜。若處得在失之先，則失難處矣，必至於隕穫。

人必內重，內重則外輕。苟內輕，必外重，好利，好名，無所不至。

天下言讀書者不少，能讀書者少。若得天理真樂，何書不可讀？何堅不可破？何理不可精？

天時，地理，人事，三者知之不易。

資性得之天也，學問得之人也。資性由內出者也，學問由外入者也。自誠明，性也。自明誠，學也。

伯夷、柳下惠得聖人之一端，伯夷得聖人之清，柳下惠得聖人之和。孔子，時清時和，時行時止，故得聖人之時。

《太玄》九日當兩卦，餘一卦當四日半。

用兵之道，必待人民富、倉廩實、府庫充、兵強、名正、天時順、地利得，然後可舉。

《老子》五千言，大抵皆明物理。

今有人登兩臺，兩臺皆等則不見其高，一臺高，然後知其卑下者也。一國、一家、一身皆同，能處一身則能處一家，能處一家則能處一國，能處一國則能處天下。心爲身本，家爲國本，國爲天下本。心能運身，苟心所不欲，身能行乎？

人之精神貴藏而用之，苟衒於外，則鮮有不敗者。如利刃，物來則剸之，若恃刃之利而求割乎物，則刃與物俱傷矣。言發于真誠則心不勞而逸，人久而信之。作僞任數，一時或可以欺人，持久必敗。

人貴有德。小人有才者，有之矣。故才不可恃，德不可無。

天地日月，悠久而已，故人當存乎遠，不可見其邇。

君子處畎畝則行畎畝之事，居廟堂則行廟堂之事，故無入不自得。

智數或能施於一朝，蓋有時而窮，惟至誠與天地同久。天地無則至誠可息，苟天地不能無，則至誠亦不息也。

室中造車，天下可行，軌轍合故也。苟順義理，合人情，日月所照皆可行也。

斂天下之善則廣矣，自用則小。

漢儒以反經合道爲權，得一端者也。權所以平物之輕重，聖人行權，酌其輕重而行之，合其宜而已。故執中無權者，猶爲偏也。王通言：「《春秋》王道之權。」非王通莫能及此，故權在一身則有一身之權，在一鄉則有一鄉之權，以至于天下則有天下之權。用雖不同，其權一也。

夫弓固有强弱，然一弓二人張之則有力者以爲弓弱，無力者以爲弓强。故有力者不以己之力有餘而以爲弓弱，無力者不以己之力不足而以爲弓强。何不思之甚也？一弓非有强弱也，二人之力强弱不同也。今有食一杯在前，二人大餒而見之，若相遜則均得食也，相奪則爭，非徒爭之而已，或不得其食矣。此二者皆人之情也，知之者鮮。知此，則天下之事皆如是也。

先天學主乎誠，至誠可以通神明，不誠則不可以得道。

良藥不可以離手，善言不可以離口。

事必量力，量力故能久。

學以人事爲大，今之經典，古之人事也。

《春秋》三傳之外，陸淳、啖助可以兼治。

季札之才近伯夷，叔向、子產、晏子之才相等埒。管仲用智數，晚識物理，大抵才力過人也。

五霸者，功之首、罪之魁也。《春秋》者，孔子之刑書也。功過不相掩，聖人先褒其功，後貶其罪，故罪人有功亦必録之，不可不恕也。新作兩觀。新者，貶之也，誅其舊無也。初獻六羽。初者，褒之也，以其舊僭八佾也。

某人受《春秋》於尹師魯，師魯受於穆伯長，某人後復攻伯長，曰：「《春秋》無褒，皆是貶也。」田述古曰：「孫復亦云《春秋》有貶而無褒。」曰：「春秋禮法廢，君臣亂，其間有能爲小善者，安得不進之也？況五霸實有功于天下，且五霸固不及於王，不猶愈于僭竊乎？安得不與之也？治《春秋》者，不辯名實，不定五霸之功過，則未可言治《春秋》。先定五霸之功過而治《春秋》則大意立，若事事求之則無緒矣。」

凡人爲學，失於自主張太過。

平王名雖王，實不及一國之諸侯，齊晉雖侯而實僭王，皆《春秋》之名實也。子貢欲去告朔之餼羊。羊，名也。禮，實也。名存而實亡猶愈于名實俱亡，苟存其名，安知後世無王者作？是以有所待也。

聖人之難在不失仁義忠信而成事業，何如則可？在於「絶四」。

《春秋》爲君弱臣强而作，故謂之「名分之書」。

有馬者借人乘之，舍己從人也。

或問：「才難，何謂也？」曰：「臨大事，然後見才之難也。」曰：「何獨言才？」曰：「才者，天之良質也。學者，所以成其才也。」曰：「古人有不由學問而能立功業者，何必曰『學』？」曰：「周勃、霍光能成大事，唯其無學，故未盡善也。人而無學則不能燭理，不能燭理則固執而不通。」

人有出入之才必有「剛克」。中剛則足以立事業，處患難，若用於他，反爲邪惡。故孔子以申棖爲「焉得剛」，既有慾心，必無剛也。

君子喻于義，賢人也，小人喻於利而已。義利兼忘者，唯聖人能之。君子畏義而有所不爲，小人直不畏耳。聖人則動不踰矩，何義之畏乎？

顔子不貳過，孔子曰「有不善未嘗不知，知之未嘗復行」，是也，是一而不再也。韓愈以爲

「將發於心而便能絶去」，是過與顔子也。過與是爲私意，焉能至于道哉？或曰：「與善，不亦愈于與惡乎？」曰：「聖人則不如是，私心過與善惡同矣。」

爲學養心，患在不由直道。去利欲，由直道，任至誠，則無所不通。天地之道直而已，當以直求之。若用智數，由徑以求之，是屈天地而狥人欲也，不亦難乎？

事無巨細，皆有天人之理。修身，人也，遇不遇，天也。得失不動心，所以順天也。行險僥倖，是逆天也。求之者人也，得之與否天也。得失不動心，所以順天也。强取必得，是逆天理也。逆天理者，患禍必至。

魯之兩觀、郊天大禘，皆非禮也。諸侯苟有四時之禘，以爲常祭可也，至於五年大禘，不可爲也。

仲弓可使南面，可使從政也。

誰能出不由户。户，道也。未有不由道而能濟者也。不由户者，鎖穴隙之類是也。①

多聞，擇其善者而從之。雖多聞，必擇善而從之。多見而識之。識，別也。雖多見，必有以別之。

落下閎改顓帝歷爲《太初歷》，子雲準太初而作《太玄》，凡八十一卦，九分共二卦，凡一五隔

①「鎖」，疑當作「鑽」。

一四，細分之則四分半當一卦，氣起于中心，故首中卦。

元亨利貞，變易不常，天道之變也。吉凶悔吝，變易不定，人道之應也。

一陰一陽之謂道。道無聲無形，不可得而見者也，故假道路之道而爲名。人之有行，必由于道。一陰一陽，天地之道也。物由是而生，由是而成也。

顯諸仁者，天地生萬物之功，則人可得而見也。所以造萬物，則人不可得而見，是藏諸用也。

十干，天也。十二支，地也。支干配天地之用也。

《易》始于三皇，《書》始于二帝，《詩》始于三王，《春秋》始于五霸。

自乾坤至坎離，以天道也。自咸恒至既濟未濟，以人事也。

人謀，人也。鬼謀，天也。天人同謀而皆可，則事成而吉也。

變從時而便天下之事，不失禮之大經，變從時而順天下之理，不失義之大權者，君子之道也。

五星之説，自甘公、石公始也。

人智强則物智弱。

莊子著《盜跖》篇，所以明至惡，雖至聖亦莫能化，蓋上智與下愚不移故也。

魯國之儒一人者，謂孔子也。

天下之事，始過於重猶卒于輕，始過于厚猶卒于薄。況始以輕、始以薄者乎？故鮮失之重，多失之輕，鮮失之厚，多失之薄。是以君子不患過乎重，常患過乎輕，不患過乎厚，常患過乎薄也。

莊子齊物，未免乎較量，較量則争，争則不平，不平則不和。無思無爲者，神妙致一之地也。所謂「一以貫之」。聖人以此洗心，退藏於密。

當仁不讓于師者，進仁之道也。

秦穆公伐鄭敗而有悔過、自誓之言，此非止霸者之事，幾于王道，能悔則無失矣。此聖人所以録于《書》末也。

劉絢問「無爲」，對曰：「時然後言，人不厭其言。樂然後笑，人不厭其笑。義然後取，人不厭其取。此所謂無爲也。」

文中子曰：「易樂者必多哀，輕施者必好奪。」或曰：「天下皆争利棄義，吾獨若之何？」子曰：「舍其所争，取其所棄，不亦君子乎？」若此之類，理義之言也。「心迹之判久矣。」若此之類，造化之言也。

莊子氣豪。若呂梁之事，言之至者也。《盜跖》，言事之無可奈何者，雖聖人亦莫如之何。《漁父》，言事之不可强者，雖聖人，亦不可强。此言有爲無爲之理，順理則無爲，强則有爲也。

金須百錬然後精，人亦如此。

佛氏棄君臣父子夫婦之道，豈自然之理哉？

「志於道」者，統而言之，「志」者，潛心之謂也。「德」者得於己，有形，故有「據」。德主于仁，故曰「依」。

莊子曰：「庖人雖不治庖，尸祝不越樽俎而代之。」此「君子思不出其位，素位而行」之意也。

晉狐射姑殺陽處父，《春秋》書：「晉殺其大夫陽處父。」上漏言也。君不密則失臣，故書「國殺」。

人得中和之氣則剛柔均。陽多則偏剛，陰多則偏柔。

作《易》者其知盜乎？聖人知天下萬物之理而一以貫之。

以尊臨卑曰「臨」，以上觀下曰「觀」。

「毋意，毋必，毋固，毋我。」合而言之則一，分而言之則二。合而言之則二，分而言之則四。始於有意，成於有我。有意然後有必，必生於意。有固然後有我，我生於固。意有心，必先期，固不化，我有己也。

記問之學，未足以爲事業。

學在不止，故王通云：「没身而已。」

道藏輯要之皇極經世書

經世衍易圖

太陽⚊ 太陰⚋ 少陽⚊ 少陰⚋ 少剛⚊ 少柔⚋ 太剛⚊ 太柔⚋

陽⚊ 陰⚋ 剛⚊ 柔⚋

動⚊ 一動一静之間 静⚋

經世天地四象圖

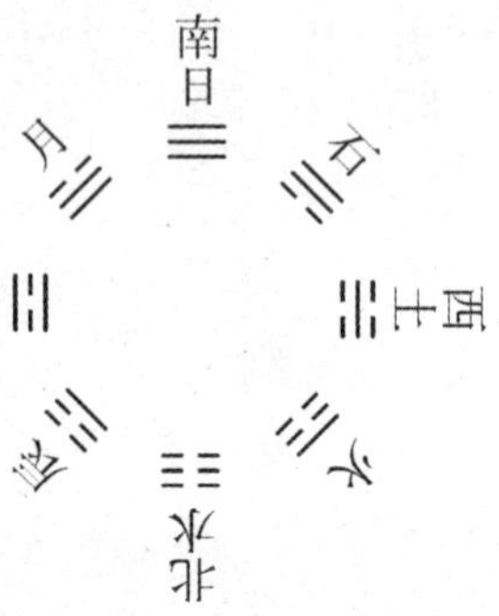

案：邵子傳先天之學者也。然伏羲卦以天地雷風水火山澤爲八卦之象，而邵子以日月星辰水火土石爲八卦之象。蓋自爲一家之學，非謂伏羲之本象如此也。邵子以八者爲天地之體，推而至於寒暑晝夜之往來，雨風露雷之聚散，性情形體之隱顯，走飛草木之動静，在人身則有精神魂魄血氣骨肉之精粗，在人事則有耳目鼻口聲色氣味之感應。元亨利貞，天之道也。吉凶悔吝，民之故也。大運世數則有元會運世之始終，道化功烈則有皇帝王霸之升降，要統以《易》《書》《詩》《春秋》之學而盡焉。其説錯見於内外篇中，然其所推元會運世之數，非世系所可知，非星日所可步，正莊周所謂「存而不論」者。邵子之學之精蓋不在此也。故舊圖所載，今竝未録。

經世聲音圖

正聲

平上去入

日月星辰

正音

開發收閉

水火土石

一　聲

多可个舌

禾火化八

開宰愛○

回每退○

古甲九癸

音　一

□□近揆

坤巧丘弃

□□乾蚪

二聲

音二

良兩向○
光廣况○
丁井亘○
兄永瑩○
黑花香血
黃華雄賢
五瓦仰□
吾牙月堯

三聲

音三

千典旦○
元犬半○
臣引艮○
君允巽○
安亞乙一
□爻王寅
母馬美米
目皃眉民

四聲

刀早孝岳

毛寶報霍

牛斗奏六

○○○玉

夫法□飛

父凡□吠

武晚□尾

文萬□未

音四

五聲

妻子四日

衰○帥骨

○○○德

龜水貴北

卜百丙必

步白葡鼻

普扑品匹

旁排平瓶

音五

六聲

宮孔衆〇
龍甬用〇
魚鼠去〇
烏虎兔〇

音六

東丹帝■
兑大弟■
土貪天■
同覃田■

七聲

心審禁〇
〇〇〇十
男坎欠〇
〇〇〇妾

音七

乃妳女■
内南年■
老冷吕■
鹿犖離■

八聲

●●●●
●●●●
●●●●
●●●●

音八

走哉足■
自在匠■
草采七■
曹才全■

九聲

●●●●
●●●●
●●●●
●●●●

音九

思三星■
寺□象■
□□□■
□□□■

十聲

●●●●
●●●●
●●●●
●●●●

音十

■山手■
■士石■
■□耳■
■□二■

音十一

■莊震■
■乍□■
■叉赤■
■崇辰■

音十二

■卓中■
■宅直■
■拆丑■
■茶呈■

集説

鍾氏過曰：右圖，天之體數四十，地之體數四十八。天數以日月星辰相因爲一百六十，地數以水火土石相因爲一百九十二。於天數内去地之體數四十八得一百一十二，是謂天之用聲；於地數内去天之體數四十得一百五十二，是謂地之用音。凡日月星辰四象爲聲，水火土石四象爲音。聲有清濁，音有闢翕。遇奇數則聲爲清，音爲闢；遇耦數則聲爲濁，音爲翕。聲皆爲律，音皆爲呂。以律倡呂，以呂和律。天之用聲別以平上去入者一百一十二，皆以開發收閉之音和之；地之用音別以開發收閉者一百五十二，皆以平上去入之聲倡之。

祝氏泌曰：聲之位去不用之四十八止百十二，所以括《唐韻》之内外八轉而分平上去入也；音之位去不用之四十止百五十二，所以括切字母脣舌牙齒喉而分開發收閉也。謂之無聲，百六十位中有位而調不出者；謂之無音，百九十二位中有位而切不出者。以聲音統攝萬物之變及於無聲無音則備矣。

案：上格四聲即唐人韻部，下格四音即唐人等母也。多禾四聲，歌麻韻也。開回四聲，佳灰韻也。良光四聲，陽韻也。丁兄四聲，庚青韻也。千元四聲，元寒刪先韻也。臣君四聲，真文韻也。刀毛四聲，蕭肴豪韻也。牛○四聲，尤韻也。妻衰四聲，齊韻也。○龜四聲，支微韻也。宮龍四聲，東冬江韻也。魚烏四聲，魚虞韻也。心○四聲，侵韻也。男○四聲，覃鹽咸韻也。古□四音，見母也。坤□四音，溪母也。黑黄四音，曉母也。五吾四音，疑母也。安□四音，影母也。母目四音，明母也。夫父四音，非母也。武文四音，微母也。卜步四音，邦母也。普旁四音，滂母也。東兑四音，端母也。土同四音，透母也。乃内四音，泥母也。老鹿四音，來母也。走自四音，精母也。草曹四音，清母也。思寺四音，心母也。□□四音，無字，蓋對日母而取其輕齒音也。山士四音，審母也。耳二四音，日母也。莊乍四音，照母也。叉崇四音，穿母也。卓宅四音，知母也。拆茶四音，徹母也。此其大致相同者。其聲之入聲、音之清音有與唐人不同者，古今南北字韻異爾。

唐人廣韻凡五十七部，通之則只三十部。《經世》括之以七聲，又分爲十四，又別爲二十八，此聲之不同者。等韻之母凡三十六，《經世》括之以十二，又分爲二十四，又別爲四十八，此音之不同者。

韻部之法，或分或合，故門類多寡，歷代不同。惟等母則有定音，疑不可加損者，而有三十六、四十八之異，何也？蓋字母原只二十四，此圖所分二十四格是也；并清濁音則有四十八，此圖所別四十八行是也。等韻專取平聲之有字者，標題故止於三十六；《經世》兼取仄聲之有字者，標題故終於四十八，此則雖小異而實大同矣。

精於樂府者，分《唐韻》爲六部：支微齊魚虞歌麻皆直收本字喉聲，爲第一部，此天地之元聲也；佳灰與支微齊同收聲，爲第二部；蕭肴豪尤與魚虞同收聲，爲第三部；東冬江陽庚青蒸收鼻聲，爲第四部；真文元寒删先收舌齒聲，爲第五部；侵覃鹽咸收唇聲，爲第六部。其法暗與本朝字書同，但樂家未知後五部皆第一部之所生爾。《經世》四聲部分皆已得之，唯多禾與開回同部，宫龍與魚烏同部爲不合，此聲之可疑者。

見溪羣疑，鼻音也。端透定泥知徹澄孃與來字，皆舌音也。精清從心邪照穿牀審禪與日字，皆齒音也。非敷奉微邦滂竝明，皆脣音也。影喻曉匣，則喉音也。《經世》四音部分皆從其類，惟黑黄與五吾同部，安口與母目同部爲不合，此音之可疑者。

又知徹澄孃等韻本爲舌音，不知何時變入齒音，今惟閩廣間尚是舌音不改爾。等韻次於舌音之後，《經世》次於齒音之後，則疑卲子之時此音已變也。

又韻母二十四音者，見溪疑端透泥知徹孃精清心照穿審非微邦滂明影曉來日也。羣即見之清音，定即端之清音，澄即知之清音，從即精之清音，邪即心之清音，牀即照之清音，禪即審之清音，奉即非之清音，敷似亦即微之濁音，古今音不同耳，竝即邦之清音，喻即影之清音，匣即曉之清音，凡爲三十六也。《經世》二十四音則無孃字，而以其位對日字爲輕齒之音，亦如上條所云齒舌之變而誤也。

以等韻之例求之，敷字當自爲一音，與滂字對，如此則等韻有二十五母，而《經世》止於二十四，蓋此字絶少，因失此音也。

又《經世》四音分開發收閉，意亦等韻開口齊齒合口撮口之呼，然以類求之多不合者，當以等韻爲正。

《經世》以爲萬物有聲色氣味而色不可圖，氣味不可寫，惟聲出於人口，可以翻切而得。故爲《聲音圖》，以窮色氣味之變，以盡動植之數。其説雖汗漫不可窮，然正聲同文乃王政之切務，亦學者所當知。自等韻之外，惟邵子之書最有條理。故稍爲分晰其源流同異之大致，以俟知者。

觀物内篇

物之大者，無若天地，然而亦有所盡也。天之大，陰陽盡之矣。地之大，剛柔盡之矣。天，生於動者也。地，生於静者也。一動一静交，而天地之道盡之矣。動之始則陽生焉，動之極則陰生焉。一陰一陽交，而天之用盡之矣。静之始則柔生焉，静之極則剛生焉。一剛一柔交，而地之用盡之矣。

動之大者謂之太陽，動之小者謂之少陽，静之大者謂之太陰，静之小者謂之少陰。

太陽爲日，太陰爲月，少陽爲星，少陰爲辰。日月星辰交，而天之體盡之矣。太柔爲水，太剛爲火，少柔爲土，少剛爲石。水火土石交，而地之體盡之矣。

集説

邵氏伯温曰：混成一體，謂之太極；太極既判，初有儀形，謂之兩儀；兩儀又判而爲陰陽剛柔，謂之四象；四象又判而爲太陽少陽太陰少陰太剛少剛太柔少柔，而成八卦。太陽少陽太陰少陰成象於天而爲日月星辰，太剛少剛太柔少柔成形於地而爲水火土石，八者具備，然後天地之體備矣，天地之體備而後變化生成萬物也。所謂八者，亦本乎四而已。在天成象，日也；在地成形，火也。陽燧取於日而得火，火與日本乎一體也。在天成象，月也；在地成形，水也。方諸取於月而得水，水與月本乎一體也。在天成象，星也；在地成形，石也。星隕而爲石，石與星本乎一體也。在天成象，辰也；在地成形，土也。辰與土，本乎一體也。自日月星之外高而蒼蒼者，皆辰也；自水火石之外廣而厚者，皆土也。天地之間，猶形影聲響之相應，象見乎上體必應乎下，皆自然之理也。蓋日月星辰猶人之有耳目口鼻，水火土石猶人之有血氣骨肉，故謂之天地之體。陰陽剛柔則猶人之精神而所以主耳目口鼻血氣骨肉者也，故謂之天地之用。夫太極者，在天地之先而不爲先，在天地之後而不爲後，終天地而未嘗終，始天地而未嘗始，與天地萬物圓融和會而未嘗有先後始終者也。有太極則兩儀四象八卦以至於天地萬物固已備矣，非謂今日有太極而明日方有兩儀後日乃有四象八卦也。雖謂之曰「太極生兩儀，兩儀生四象，四象生八卦」，其實一時具足，如有形則有影，有一則有二有三，以至於無窮皆然。是故知太極者有物之先本已混成，有物之後未嘗虧損，自古及今無時不存。萬物無所不稟則謂之曰命，萬物無所不本則謂之曰性，萬物無所不主則謂之曰天，萬物無所不生則謂之曰心，其實一也。古之聖人窮理盡性以至於命，盡心知性以知天，存心養性以事天，皆本乎此也。

或曰：舍金木水火土而用水火土石，何也？曰：日月星辰，天之四象也；水火土石，地之四體也；金木水火土者，五行也。四象四體，先天也；五行，後天也。先天，後天之所自出也。水火土石，本體也；金木水火土，致用也。以其致用，故謂之「五行」，行乎天地之間者也。水火土石，蓋五行在其間矣。金出於石而木生於土，有石而後有金，有土而後有木。金者從革而後成，木者植物之一類也。是豈舍五行而不用哉？

日爲暑，月爲寒，星爲晝，辰爲夜。暑寒晝夜交，而天之變盡之矣。水爲雨，火爲風，土爲露，石爲雷。雨風露雷交，而地之化盡之矣。暑變物之性，寒變物之情，晝變物之形，夜變物之體。性情形體交，而動植之感盡之矣。雨化物之走，風化物之飛，露化物之草，雷化物之木。走飛草木交，而動植之應盡之矣。夫人也者，暑寒晝夜無不變，雨風露雷無不化，性情形體無不感，飛走草木無不應。所以目善萬物之色，耳善萬物之聲，鼻善萬物之氣，口善萬物之味。靈於萬物，不亦宜乎。

人之所以能靈於萬物者，謂其目能收萬物之色，耳能收萬物之聲，鼻能收萬物之氣，口能收萬物之味。聲色氣味者，萬物之體也。耳目鼻口者，萬人之用也。

是知人也者，物之至者也。聖人者，人之至者也。物之至者，始得謂之物之物也。人之至者，始得謂之人之人也。夫物之物者，至物之謂也。人之人者，至人之謂也。以一至物而當一至人，則非聖而何？

何哉，謂其能以一心觀萬心，一身觀萬身，一物觀萬物，一世觀萬世者焉。又謂其能以心代天意，口代天言，手代天工，身代天事者焉。又謂其能以上識天時，下盡地理，中盡物情，通照人事者焉。又謂其能以彌綸天地，出入造化，進退古今，表裏人物者焉。

噫！聖人者，非世世而效聖焉。吾不得而目見之也。雖然，吾不得而目見之，察其心，觀其迹，探其體，潛其用，雖億萬千年亦可以理知之也。

《易》曰：「窮理盡性，以至於命。」所以謂之理者，物之理也。所以謂之性者，天之性也。所以謂之命者，處理性者也。所以能處理性者，非道而何？

是知道爲天地之本，天地爲萬物之本。以天地觀萬物，則萬物爲物。以道觀天地，則天地亦爲萬物。

道之道，盡之於天矣。天之道，盡之於地矣。天地之道，盡之於物矣。天地萬物之道，盡之於人矣。人能知天地萬物之道所以盡於人者，然後能盡民也。天之能盡物，則謂之曰昊天。人之能盡民，則謂之曰聖人。

夫昊天之盡物，聖人之盡民，皆有四府焉。昊天之四府者，春夏秋冬之謂也，陰陽升降於其間矣。聖人之四府者，《易》、《書》、《詩》、《春秋》之謂也，禮樂污隆於其間矣。春爲生物之府，夏爲長物之府，秋爲收物之府，冬爲藏物之府。號物之庶謂之萬，雖曰萬之又萬，其庶能出此昊天之四府者乎？《易》爲生民之府，《書》爲長民之府，《詩》爲收民之府，《春秋》爲藏民之府。號民之庶謂之萬，雖曰萬之又萬，其庶能出此聖人之四府者乎？昊天之四府者，時也；聖人之四府者，經也。昊天以時授人，聖人以經法天。天人之事，當如何哉？

孔子贊《易》自羲軒而下，序《書》自堯舜而下，删《詩》自文武而下，修《春秋》自桓文而下。自羲軒而下，祖三皇也。自堯舜而下，宗五帝也。自文武而下，子三王也。自桓文而下，孫五霸也。

人謂仲尼惜乎無土，吾獨以爲不然。獨夫以百畝爲土，大夫以百里爲土，諸侯以四境爲土，天子以九州爲土，仲尼以萬世爲土。若然，則孟子言自生民以來，未有如孔子也，斯亦未爲之過矣。

夫天下將治，則人必尚行也；天下將亂，則人必尚言也。尚行，則篤實之風行焉。尚言，則詭譎之風行焉。天下將治，則人必尚義也。天下將亂，則人必尚利也。尚義，則謙讓之風行焉。尚利，則攘奪之風行焉。

三王，尚行者也。五霸，尚言者也。尚行者必入於義也，尚言者必入於利也。義利之相去，一何遠之如是耶。

是知言之於口不若行之於身，行之於身不若盡之於心。言之於口，人得而聞之；行之於身，人得而見之；盡之於心，神得而知之。人之聰明猶不可欺，况神之聰明乎！是知無愧於口不若無愧於身，無愧於身不若無愧於心。無口過易，無身過難。無身過易，無心過難。既無心過，何難之有？吁，安得無心過之人而與之語心哉！是故知聖人所以能立於無過之地者，謂其善事於心者也。

日月星辰者，變乎暑寒晝夜者也；水火土石者，化乎雨風露雷者也。暑寒晝夜者，變乎性情形體者也；雨風露雷者，化乎走飛草木者也。暑變飛走草木之性，寒變飛走草木之情，晝變飛走草木之形，夜變飛走草木之體。雨化性情形體之走，風化性情形體之飛，露化性情形體之草，雷化性情形體之木。

性情形體者，本乎天者也；走飛草木者，本乎地者也。本乎天者，分陰分陽之謂也；本乎地者，分柔分剛之謂也。夫分陰分陽、分柔分剛者，天地萬物之謂也。備天地萬物者，人之謂也。

觀物外篇

張氏㠭曰：《觀物》有《内》、《外篇》，《内篇》先生所著之書也，《外篇》門弟子所記先生之言也。《内篇》理深而數畧，《外篇》數詳而理顯。學先天者當自《外篇》始。

天數五，地數五，合而爲十，數之全也。天以一而變四，地以一而變四。四者有體也，而其一者無體也，是謂有無之極也。天之體數四而用者三，不用者一也；地之體數四而用者三，不用者一也。

集説

張氏峪曰：一謂太極，四謂四象。天以一而變四，謂太陽太陰少陽少陰也。地以一而變四，謂太剛太柔少剛少柔也。天之體數四而用者三，三謂三陽，其不用一者，去太陰而言也。地之體數四而用者三，三謂三陰，其不用一者，去太剛而言也。由是而知十者天地之全數，包太極而言也。八者天地之體數，并交數而言也。六者天地之用數，去交數而言也。

天見乎南而潛乎北，極於六而餘於七。是以人知其前，昧其後，而畧其左右也。天之有數起乾而止震，餘入於無者，天辰不見也。地去一而起十二者，地火常潛也。故天以體爲基，而常隱其基；地以用爲本，而常藏其用也。

陽爻，晝數也。陰爻，夜數也。天地相銜，陰陽相交，故晝夜相離，剛柔相錯。春夏陽也，故晝數多夜數少。秋冬陰也，故晝數少夜數多。

圓者星也，歷紀之數，其肇於此乎！方者土也，畫州井地之法，其倣於此乎！蓋圓者《河圖》之數，方者《洛書》之文。故羲文因之而造《易》，禹箕敘之而作《範》也。

《易》之大衍，何數也？聖人之「倚數」也。天數二十五，合之爲五十。地數三十，合之爲六十。故曰「五位相得而各有合」也。五十者蓍數也，六十者卦數也。五者蓍之小衍，故五十爲大衍也。八者卦之小成，則六十四爲大成也。蓍德圓，以况天之數，故七七四十九也。五十者，存一而言之也。卦德方，以况地之數，故八八六十四也。六十者，去四而言之也。蓍者用數也，卦者體數也。用以體爲基，故存一也；體以用爲本，故去四也。圓者本一，方者本四，故蓍存一而卦去四也。

歸奇合掛之數：得五與四四，則策數四九也；得九與八八，則策數四六也；得五與八八、得九與四八，則策數皆四七也；得九與四四、得五與四八，則策數皆四八也。

五與四四，去掛一之數則四三十二也。九與八八，去掛一之數則四六二十四也。五與八八、九與四八，去掛一之數則四五二十也。九與四四、五與四八，去掛一之數則四四十六也。故去其三四五六之數，以成九八七六之策也。

太極既分，兩儀立矣。陽下交於陰，陰上交於陽，四象生矣。陽交於陰，陰交於陽，而生天之四象；剛交於柔，柔交於剛，而生地之四象，於是八卦成矣。八卦相錯，然後萬物生焉。是故一分爲二，二分爲四，四分爲八，八分爲十六，十六分爲三十二，三十二分爲六十四，猶根之有幹，幹之有枝，枝之有葉，愈大則愈小，愈細則愈繁。

乾坤定位也，震巽一交也，兑離坎艮再交也。故震陽少而陰尚多也，巽陰少而陽尚多也，兑離陽浸多也，坎艮陰浸多也，是以辰與火不見也。

震始交陰而陽生，巽始消陽而陰生。兑陽長也，艮陰長也。震兑在天之陰也，巽艮在地之陰也。故震兑上陰而下陽，巽艮上陽而下陰。天以始生言之，故陰上而陽下，交泰之義也。地以既成言之，故陽上而陰下，尊卑之位也。

乾坤定上下之位，離坎列左右之門。天地之所闔闢，日月之所出入。是以春夏秋冬，晦朔弦望，晝夜長短，行度盈縮，莫不由乎此矣。

無極之前，陰含陽也。有象之後，陽分陰也。陰爲陽之母，陽爲陰之父，故母孕長男而爲復，父生長女而爲姤。是以陽始於復，陰始於姤也。

陽不能獨立，必得陰而後立，故陽以陰爲基。陰不能自見，必待陽而後見，故陰以陽爲唱。陽知其始而享其成，陰效其法而終其勞。

陽能知而陰不能知，陽能見而陰不能見也。能知能見者爲有，故陽性有而陰性無也。陽有所不徧，而陰無所不徧也。陽有去而陰常居也。無不徧而常居者爲實，故陽體虛而陰體實也。

有變則必有應也。故變於内者應於外，變於外者應於内，變於下者應於上，變於上者應於下也。天變而日應之，故變者從天而應者法日也。是以日紀乎星，月會於辰。水生於土，火潛於石。飛者棲木，走者依草。心肺之相聯，肝膽之相屬。無他，變應之道也。

陸中之物，水中必具者，猶影象也。陸多走，水多飛者，交也。是故巨於陸者必細於水，巨於水者必細於陸也。

案：水中之飛，鱗之類也。水中之走，介之類也。在陸者牡巨而牝細，在水者牝巨而牡細。

飛者食木，走者食草。人皆兼之，而又食飛走也。故最貴於萬物也。

天有四時，地有四方，人有四支。是以指節可以觀天，掌文可以察地。天地之理，具乎指掌矣，可不貴之哉？

集説

吴氏澄曰：指節十二，合之二十四，有天之象焉。掌文後高前下，山峙川流，有地之法焉。

案：人有五指，巨指屬土，餘四指十二節應四時十二月，食指春也，中指夏也，無名指秋也，小指冬也。日冬短夏長而春秋平，故四指象之。

神統於心，氣統於腎，形統於首。形氣交而神主乎其中，三才之道也。

日月相食，數之交也。日望月則月食，月掩日則日食，猶水火之相尅也。是以君子用智，小人用力。

集説

張氏崏曰：日月相對謂之望，相會謂之晦。日常食於朔，月常食於望。正如水火之相尅，水之尅火，掩而尅之，小人用力也；火之尅水，火隔物焉，君子用智也。

日隨天而轉，月隨日而行，星隨月而見。故星法月，月法日，日法天。天半明半晦，日半贏半縮，月半盈半虧，星半動半静，陰陽之義也。天晝夜常見，日見於晝，月見於夜而半不見，星半見於夜，貴賤之等也。

有意必有言，有言必有象，有象必有數。數立則象生，象生則言著，言著則意顯。象數，則筌蹄也。言意，則魚兔也。得魚兔而謂必由筌蹄可也，舍筌蹄而求魚兔則未見其得也。

天變而人效之，故元亨利貞，《易》之變也。人行而天應之，故吉凶悔吝，《易》之應也。以元亨爲變則利貞爲應，以吉凶爲應則悔吝爲變。元則吉，吉則利應之。亨則凶，凶則應之以貞。悔則吉，吝則凶，是以變中有應，應中有變也。變中之應，天道也。故元爲變則亨應之，利爲變則應之以貞。應中之變，人事也。故變則凶，應則吉，變則吝，應則悔也。悔者吉之先，而吝者凶之本。是以君子從天，不從人。

乾坤，天地之本；離坎，天地之用。是以《易》始於乾坤，中於離坎，終於既、未濟。

坤統三女於西南，乾統三男於東北。

天之陽在南而陰在北，地之陰在南而陽在北。人之陽在上而陰在下，既交則陽下而陰上。

初與上同，然上亢不及初之進也。二與五同，然二之陰中不及五之陽中也。三與四同，然三處下卦之上，不若四之近君也。

天之神棲乎日，人之神發乎目。人之神寤則棲心，寐則棲腎，所以象天也，晝夜之道也。

雲有水火土石之異，他類亦然。

集説

張氏㟲曰：水火土石，地之體也。凡物皆具地之體。先生曰「水雨霖，火雨暴，土雨濛，石雨雹。水風涼，火風熱，土風和，石風烈。水雲黑，火雲赤，土雲黄，石雲白。水雷玄，火雷虩，土雷連，石雷霹」，故一物必通四象。

五行之木，萬物之類也。五行之金，出乎石也。故水火土石不及金木，金木生其間也。

氣則養性，性則乘氣。故氣存則性存，性動則氣動也。

凡事，爲之極幾十之七，則可止矣。蓋夏至之日止於六十，兼之以晨昏分，可辨色矣，庶幾乎十之七也。

東赤，南白，西黄，北黑，此正色也。驗之於曉午暮夜之時，可見之矣。

集説

張氏㟲曰：東方木色青，南方火色赤，西方金色白，北方水色黑，中方土色黄，此五行之氣色，色之分辨也。「東赤南白西黄北黑」者，一陽之氣色，色之遞變也。故嬰兒始生而赤，稍變而白，人病則黄，老死而黑；物生地下而赤，稍長而白，萎菸則黄，枯槁而黑也。物皆資一陽以生此四變者，無物不然。

案：此乃五行之序也。始於水之黑，發於火之赤，變於木之青、金之白，終於土之黄而復交於水之黑也。

《圖》雖無文，吾終日言而未嘗離乎是。蓋天地萬物之理，盡在其中矣。

氣一而已，主之者乾也。神亦一而已，乘氣而變化，能出入於有無死生之間，無方而不測者也。

不知乾，無以知性命之理。

仁配天地謂之人。唯仁者，真可謂之人矣。

氣者神之宅也，體者氣之宅也。

月者日之影也，情者性之影也。

心爲太極。又曰，道爲太極。

草伏之獸，毛如草之莖。林棲之鳥，羽如林之葉。類使之然也。

案：以此類水中之飛走，則泳於水者鱗如水之紋，藏於石者介如石之體。

木結實而種之，又成是木而結是實。木非舊木也，此木之神不二也。此實生生之理也。

以物喜物，以物悲物，此發而中節者也。

任我則情，情則蔽，蔽則昏矣。因物則性，性則神，神則明矣。潛天潛地，不行而至，不爲陰陽所攝者，神也。

在水者不瞑，在風者瞑。走之類上睫接下，飛之類下睫接上。類使之然也。

先天之學，心也。後天之學，迹也。

神者人之主，將寐在脾，熟寐在腎；將寤在肝，正寤在心。

集説

張氏崏曰：將寐在脾，猶時之秋也；熟寐在腎，猶時之冬也；將寤在肝，猶時之春也；正寤在心，猶時之夏也。

天地之交十之三。

案：上言夏至之日止於七分，故此以其三分爲交數。

凡人之善惡，形於言發於行人始得而知之，但萌諸心發於慮鬼神已得而知之矣。此君子所以慎獨也。

人之神則天地之神。人之自欺，所以欺天地，可不慎哉？

心一而不分則能應萬變。此君子所以虛心而不動也。

夫聖人六經，渾然無迹，如天道焉。故《春秋》録實事而善惡形於其中矣。

寂然不動，反本復静，坤之時也。感而遂通天下之故，陽動於中，間不容髮，復之義也。

理窮而後知性，性盡而後知命，命知而後知至。

凡處失在得之先，則得亦不喜。若處得在失之先，則失難處矣，必至於隕穫。

人必有德器，然後喜怒皆不妄，爲卿相，爲匹夫，以至學問高天下，亦若無有也。

人必内重，内重則外輕。苟内輕，必外重，好利好名，無所不至。

天下言讀書者不少，能讀書者少。若得天理真樂，何書不可讀，何堅不可破，何理不可精。

天下日月，悠久而已。故人當存乎遠，不可見其近。

智數，或能施於一朝，蓋有時而窮。惟至誠與天地同久，天地無則至誠可息。苟天地不能無，則至誠亦不息也。

漢儒以反經合道爲權，得一端者也。權，所以平物之輕重。聖人行權，酌其輕重而行之，合其宜而已。故執中無權者，猶爲偏也。王通言：「《春秋》王道之權。」非王通莫能及此。故權在一身則有一身之權，在一鄉則有一鄉之權，以至於天下則有天下之權，用雖不同，其權一也。

復次剥，明治生於亂乎！姤次夬，明亂生於治乎！時哉！時哉！未有剥而不復，未有夬而不姤者。防乎其防，邦家其長，子孫其昌。是以聖人貴未然之防，是謂《易》之大綱。

先天學，心法也。故《圖》皆自中起，萬化萬事生乎心也。

知《易》者不必引用講解，是爲知《易》。孟子之言未嘗及《易》，其間《易》道存焉，但人見之者鮮耳。人能用《易》，是爲知《易》。如孟子，可謂善用《易》者也。

五霸者，功之首、罪之魁也。《春秋》者，孔子之刑書也。功過不相掩，聖人先褒其功，後貶其罪，故罪人有功亦必録之，不可不恕也。

某人受《春秋》於尹師魯，師魯受於穆伯長。某人後復攻伯長曰：「《春秋》無褒，皆是貶也。」田述古曰：「孫復亦云《春秋》有貶而無褒。」曰：「春秋禮法廢，君臣亂，其間有能爲小善者，安得不進之也？治《春秋》者不辨名實，不定五霸之功過，則未可言治《春秋》。先定五霸之功過而治《春秋》，則大意立。若事事求之，則無緒矣。」

人言「《春秋》非性命書」，非也。至於書「郊牛之口傷，改卜牛，又死，猶三望」，此因魯事而貶之也。聖人何容心哉？無我故也，豈非由性命而發言也？又曰：《春秋》皆因事而褒貶，豈容人特立私意哉？人但知《春秋》聖人之筆削，爲天下之至公，不知聖人之所以爲公也。如因「牛傷」則知魯之僭郊，因「初獻六羽」則知舊僭八佾，因「新作雉門」則知舊無雉門。皆非聖人有意於其間，故曰《春秋》盡性之書也。

《春秋》爲君弱臣强而作，故謂之名分之書。

或問：「才難，何謂也？」曰：「臨大事，然後見才之難也。」曰：「何獨言才？」曰：「才者，天之良質也，學者所以成其才也。」曰：「古人有不由學問而能立功業者，何必曰學？」

曰：「周勃、霍光，能成大事。唯其無學，故未盡善也。人而無學則不能燭理，不能燭理則固執而不通。」

爲學養心，患在不由直道。去利欲，由直道，任至誠，則無所不通。天地之道，直而已，當以直求之。若用智數，由徑以求之，是屈天理而徇人欲也，不亦難乎。

事無巨細，皆有天人之理。修身人也，遇不遇天也。得失不動心，所以順天也。行險僥倖，是逆天也。求之者人也，得之與否天也。得失不動心，所以順天也。强取必得，是逆天理也。逆天理者，患禍必至。

鬼神者無形而有用。其情狀可得而知也，於用則可見之矣。若人之耳目鼻口手足，草木之枝葉華實顔色，皆鬼神之所爲也。福善禍淫，主之者誰耶？聰明正直，有之者誰耶？不疾而速，不行而至，任之者誰耶？皆鬼神之情狀也。

經綸天地之謂才，遠舉必至之謂志，并包含容之謂量。

法始乎伏羲，成乎堯，革於三王，極於五霸，絕於秦。萬世治亂之迹，無以逃此矣。起震終艮一節，明文王八卦也。天地定位一節，明伏羲八卦也。八卦相錯者，明交錯而成六十四也。

數往者順，若順天而行，是左旋也，皆已生之卦也，故云數往也。知來者逆，若逆天而行，是右旋也，皆未生之卦也，故云知來也。夫《易》之數由逆而成矣。此一節直解《圖》意，若逆知四時之謂也。

天使我有是之謂命，命之在我之謂性，性之在物之謂理。

佛氏棄君臣父子夫婦之道，豈自然之理哉？

陰者陽之影，鬼者人之影也。

「毋意，毋必，毋固，毋我」，合而言之則一，分而言之則二。合而言之則二，分而言之則四。始於有意，成於有我。有意然後有必，必生於意。有固然後有我，我生於固。意有心，必先期。固不化，我有己也。

學在不止，故王通云：「没身而已。」

四庫全書總目皇極經世書提要

《皇極經世書》十二卷，通行本。宋邵子撰。據晁説之所作《李之才傳》，邵子數學本於之才，之才本於穆修，修本於种放，放本陳摶。蓋其術本自道家而來。當之才初見邵子於百泉，即授以義理、物理、性命之學。《皇極經世》蓋即所謂物理之學也。其書以元經會、以會經運、以運經世。起於帝堯甲辰，至後周顯德六年己未。凡興亡治亂之蹟，皆以卦象推之。厥後王湜作《易學》、祝泌作《皇極經世解起數訣》、張行成作《皇極經世索隱》，各傳其學。《朱子語録》嘗謂「自《易》以後，無人做得一物如此整齊，包括得盡」，又謂「康節《易》看了，都看别人的不得」，其推之甚至。然《語録》又謂：「《易》是卜筮之書，《皇極經世》是推步之書。《經世》以十二辟卦管十二會，綳定時節，却就中推吉凶消長，與《易》自不相干。」又謂：「康節自是《易》外别傳。」蔡季通之數學，亦傳邵氏者也。而其子沈作《洪範皇極内篇》，則曰：「以數爲象，則畸零而無用，《太玄》是也。以象爲數，則多耦而難通，《經世》是也。」是朱子師弟於此書，亦在然疑之間矣。明何瑭議其「天以日月星辰變爲寒暑晝夜，地以水火土石變爲風雨露雷，涉於牽强」，又議其「乾不爲天而爲日，離不爲日而爲星，坤反爲水，坎反爲土，與伏羲之卦象大異」。至近時黄宗炎、朱彝尊攻之尤力。夫以邵子之占驗如神，則此書似乎可信。而此書之取象配數，又往往實不可解。據王湜《易學》所言，則此書實不盡出於邵子。流傳既久，疑以傳疑可矣。至所云「學以人事爲大」，又云「治生於亂，亂生於治，聖人貴未然之防，是謂《易》之大綱」，則粹然儒者之言，非術數家所能及。斯所以得列於周程張朱間歟？

四庫全書子部術數類皇極經世書提要

臣等謹案，《皇極經世書》十四卷，宋邵雍撰。邵子數學本於李挺之、穆修，而其源出於陳摶。當李挺之初見邵子於百泉，即授以義理性命之學。其作《皇極經世》，蓋出於物理之學，所謂「《易》外別傳」者是也。其書以元經會、以會經運、以運經世。起於帝堯甲辰，至後周顯德六年己未。而興亡治亂之蹟，皆以卦象推之。朱子謂「《皇極》是推步之書」，可謂能得其要領。朱子又嘗謂「自《易》以後，無人做得一物如此整齊，包括得盡」，又謂「康節《易》看了，却看別人的不得」。而張崏亦謂此書「本以天道質以人事，辭約而義廣，天下之能事畢矣」。蓋自邵子始爲此學，其後自張行成、祝泌等數家以外，能明其理者甚鮮，故世人卒莫窮其作用之所以然。其起而議之者，則曰「元會運世之分無所依據，十二萬九千餘年之説近於釋氏之劫數，水火土石本於釋氏之地水火風。且五行何以去金去木，乾在《易》爲天而《經世》爲日，兑在《易》爲澤而《經世》爲月，以至離之爲星、震之爲辰、坤之爲水、艮之爲火、坎之爲土、巽之爲石，其取象多不與《易》相同，俱難免於牽强不合」。然邵子在當日用以占驗，無不奇中，故歷代皆重其書。且其自述大旨亦不專於象數，如云「天下之事，始過於重，猶卒於輕，始過於厚，猶卒於薄」，又云「學以人事爲大」，又云「治生於亂，亂生於治，聖人貴未然之防，是謂《易》之大綱」，又云「天下將治，則人必尚義也。天下將亂，則人必尚利也。尚義則謙讓之風行焉，尚利則攘奪之風行焉」，類皆立義正大，垂訓深切。是《經世》一書，雖明天道而實責成於人事，洵粹然儒者之言，固非讖緯術數家所可同年而語也。

皇極經世三簡表

郭彧製

簡要概括《皇極經世》「以元經會」的内容：

子會　始公元前六七〇一七年，一——三〇運，一——三六〇世

丑會　始公元前五六二一七年，三一——六〇運，三六一——七二〇世

寅會　始公元前四五四一七年，六一——九〇運，七二一——一〇八〇世

開物始於公元前四〇〇一七年

卯會　始公元前三四六一七年，九一——一二〇運，一〇八一——一四四〇世

辰會　始公元前二三八一七年，一二一——一五〇運，一四四一——一八〇〇世

巳會　始公元前一三〇一七年，一五一——一八〇運，一八〇一——二一六〇世

（二一五七世始公元前二三三七年，爲堯二十一年）

午會　始公元前二二一七年，一八一——二一〇運，二一六一——二五二〇世

（二二七〇世始公元一〇五四年，爲宋仁宗三十二年）

未會　始公元八五八五年，二一一——二四〇運，二五二一——二八八〇世

申會　始公元一九三八四年，二四一——二七〇運，二八八一——三二四〇世

酉會　始公元三〇一八四年，二七一——三〇〇運，三二四一——三六〇〇世

戌會　始公元四〇九八四年，三〇一——三三〇運，三六〇一——三九六〇世

閉物始於公元四六三八四年

亥會　始公元五一七八四年，三三一——三六〇運，三九六一——四三二〇世

簡要概括《皇極經世》「以會經運」的内容：

寅會之中「開物」　始七六運（九〇一世公元前四〇〇一七年）——九〇運

卯會　九一運——一二〇運

辰會　一二一運——一五〇運

巳會　一五一運——一八〇運　至一八〇運二一四九世始以干支紀年，至二一五六世甲辰（公元前二三五七年）標注「唐堯」，二一五八世甲辰「洪水方割命鯀治之」、癸丑「徵舜登庸」、乙卯「薦舜於天命之位」、丙辰「虞舜正月上日舜受命於文祖」，二一五九世癸未「帝堯殂落」、丙戌「月正元日舜格於文祖」，二一六〇世丙辰「薦禹於天命之位」、丁巳（公元前二二二四年）標注「夏禹正月朔旦受命於神宗」，至二一六〇世末癸亥（公元前二二一八年）爲禹七年。

午會　一八一運——二一〇運　其中一八一運二一六一世——一九〇運二二八〇世末爲干支紀年，人事標注始二一六一世癸酉（禹十七年）「舜陟方乃死」，止二二七〇世丁巳（宋神

宗熙寧十年，公元一〇七七年，邵雍去世年）。一九一運——二一〇運只列運數。

未會　二一一運——二四〇運

申會　二四一運——二七〇運

酉會　二七一運——三〇〇運

戌會　三〇一運——三一五運（戌會之中「閉物」，始公元四六三八四年）

簡要概括《皇極經世》「以運經世」的内容：

巳會　一八〇運——二一四九世（公元前二五七七年——前二五四八年）

……

二一五六世（公元前二三六七年——前二三三八年）
- 甲辰（公元前二三五七年）唐帝堯肇位於平陽

二一五七世——甲子（公元前二三三七年）唐帝堯二十一年

二一五八世——甲午（公元前二三〇七年）唐帝堯五十一年
- 癸亥（公元前二二七八年）虞舜八年

二一五九世（公元前二二七七年——前二二四八年）

二一六〇世（公元前二二四七年——前二二一八年）

午會　一八一運

二二六一世

甲子（公元前二三一七年）夏王禹八年

癸巳（公元前二一八八年）夏太康

……

二三六六世

甲午（公元九三四年）後唐閔帝從厚元年

癸亥（公元九六三年）

二三六七世（公元九六四年——九九三年）

二三六八世（公元九九四年——一〇二三年）

皇極經世夏商周年表

郭彧製

朝代	公元前	干支紀年	王(帝)	在位年數
夏	二二三四—二一九八	丁巳—癸未	禹	二十七
	二一九七—二一八九	甲申—壬辰	啟	九
	二一八八—二一六〇	癸巳—辛酉	太康	二十九
	二一五九—二一四七	壬戌—甲戌	仲康	十三
	二一四六—二一一九	乙亥—壬寅	相	二十八
	二一一八—二〇五八	癸卯—癸卯	少康	六十一
	二〇五七—二〇四一	甲辰—庚申	杼	十七
	二〇四〇—二〇一五	辛酉—丙戌	槐	二十六
	二〇一四—一九九七	丁亥—甲辰	芒	十九
	一九九六—一九八一	乙巳—庚申	泄	十六
	一九八〇—一九二二	辛酉—己未	不降	五十九
	一九二一—一九〇一	庚申—庚辰	扃	二十一

續表

朝代	公元前	干支紀年	王（帝）	在位年數
夏	一九〇〇—一八八〇	辛巳—辛丑	廑	二十一
	一八七九—一八四九	壬寅—壬申	孔甲	三十一
	一八四八—一八三八	癸酉—癸未	皋	十一
	一八三七—一八一九	甲申—壬寅	發	十九
	一八一八—一七六六	癸卯—乙未	癸	五十三
商前期	一七六六—一七五四	乙未—丁未	湯	十三
	一七五三—一七二〇	戊申—庚辰	太甲	三十三
	一七一九—一六九二	辛巳—己酉	沃丁	二十九
	一六九一—一六六七	庚戌—甲戌	太庚	二十五
	一六六六—一六五〇	乙亥—辛卯	小甲	十七
	一六四九—一六三八	壬辰—癸卯	雍己	十二
	一六三七—一五六三	甲辰—戊午	太戊	七十五
	一五六二—一五五〇	己未—辛未	仲丁	十三
	一五四九—一五三五	壬申—丙戌	外壬	十五
	一五三四—一五二六	丁亥—乙未	河亶甲	九

續表

朝代	公元前	干支紀年	王（帝）	在位年數
商前期	一五二五—一五〇七	丙申—甲寅	祖乙	十九
	一五〇六—一四九一	乙卯—庚午	祖辛	十六
	一四九〇—一四六六	辛未—乙未	沃甲	二十五
	一四六五—一四三四	丙申—丁卯	祖丁	三十二
	一四三三—一四〇八	戊辰—癸巳	南庚	二十六
	一四〇七—一四〇二	甲午—己亥	陽甲	六
商後期	一四〇一—一三七四	庚子—丁卯	盤庚	二十八
	一三七三—一三五三	戊辰—戊子	小辛	二十一
	一三五二—一三二五	己丑—丙辰	小乙	二十八
	一三二四—一二六六	丁巳—乙卯	武丁	五十九
	一二六五—一二五九	丙辰—壬戌	祖庚	七
	一二五八—一二二六	癸亥—乙未	祖甲	三十三
	一二二五—一二二〇	丙申—辛丑	廩辛	六
	一二一九—一一九九	壬寅—壬戌	庚丁	二十一
	一一九八—一一九五	癸亥—丙寅	武乙	四

續表

朝代	公元前	干支紀年	王(帝)	在位年數
商後期	一一九四—一一九二	丁卯—己巳	太丁	三
	一一九一—一一五五	庚午—丙午	帝乙	三十七
	一一五四—一一二二	丁未—己卯	帝辛	三十三
西周	一一二二—一一一六	己卯—乙酉	武王	七
	一一一五—一〇七九	丙戌—壬戌	成王	三十七
	一〇七八—一〇五三	癸亥—戊子	康王	二十六
	一〇五二—一〇〇二	己丑—己卯	昭王	五十一
	一〇〇一—九四七	庚辰—甲戌	穆王	五十五
	九四六—九三五	乙亥—丙戌	共王	十二
	九三四—九一〇	丁亥—辛亥	懿王	二十五
	九〇九—八九五	壬子—丙壬	孝王	十五
	八九四—八七九	丁卯—壬午	夷王	十六
	八七八—八四二	癸未—己木	厲王	三十七
	八四一—八二八	庚申—癸酉	共和	十四
	八二七—七八二	甲戌—己木	宣王	四十六

續表

朝代	公元前	干支紀年	王(帝)	在位年數
西周	七八一—七七一	庚申—庚午	幽王	十一
東周	七七〇—七二〇	辛未—辛酉	平王	五十一
	七一九—六九七	壬戌—甲申	桓王	二十三
	六九六—六八二	乙酉—己亥	莊王	十五
	六八一—六七七	庚子—甲辰	釐王	五
	六七六—六五二	乙巳—己巳	惠王	二十五
	六五一—六一九	庚午—壬寅	襄王	三十三
	六一八—六一三	癸卯—戊申	頃王	六
	六一二—六〇七	己酉—甲寅	匡王	六
	六〇六—五八六	乙卯—乙亥	定王	二十一
	五八五—五七二	丙子—己丑	簡王	十四
	五七一—五四五	庚寅—丙辰	靈王	二十七
	五四四—五二〇	丁巳—辛巳	景王	二十五
	五二〇—五二〇	辛巳—辛巳	悼王	一
	五一九—四七六	壬午—乙丑	敬王	四十四

續表

朝代	公元前	干支紀年	王（帝）	在位年數
東周	四七五—四七〇	丙寅—辛未	元王	六
	四六九—四四二	壬申—己亥	貞定王	二十八
	四四一—四四一	庚子—庚子	哀王	一
	四四一—四四一	庚子—庚子	思王	一
	四四〇—四二六	辛丑—乙卯	考王	十五
	四二五—四〇二	丙辰—己卯	威烈王	二十四
	四〇一—三七六	庚辰—己巳	安王	二十六
	三七五—三六九	丙午—壬子	烈王	七
	三六八—三二一	癸丑—庚子	顯王	四十八
	三二〇—三一五	辛丑—丙午	慎靚王	六
	三一四—二五六	丁未—乙巳	赧王	五十九

邵雍六十四卦易數表

郭彧製

卦	分數	卦	長數
乾一	1	夬二	12
大有三	1×360^{1}	大壯四	12×360^{1}
小畜五	1×360^{2}	需六	12×360^{2}
大畜七	1×360^{3}	泰八	12×360^{3}
履九	1×360^{4}	兑十	12×360^{4}
睽十一	1×360^{5}	歸妹十二	12×360^{5}
中孚十三	1×360^{6}	節十四	12×360^{6}
損十五	1×360^{7}	臨十六	12×360^{7}
同人十七	1×360^{8}	革十八	12×360^{8}
離十九	1×360^{9}	豐二十	12×360^{9}
家人二十一	1×360^{10}	既濟二十二	12×360^{10}
賁二十三	1×360^{11}	明夷二十四	12×360^{11}
無妄二十五	1×360^{12}	隨二十六	12×360^{12}

續表

分數		長數	
噬嗑二十七	1×360^{13}	震二十八	12×360^{13}
益二十九	1×360^{14}	屯三十	12×360^{14}
頤三十一	1×360^{15}	復三十二	12×360^{15}
姤三十三	1×360^{16}	大過三十四	12×360^{16}
鼎三十五	1×360^{17}	恒三十六	12×360^{17}
巽三十七	1×360^{18}	井三十八	12×360^{18}
蠱三十九	1×360^{19}	升四十	12×360^{19}
訟四十一	1×360^{20}	困四十二	12×360^{20}
未濟四十三	1×360^{21}	解四十四	12×360^{21}
渙四十五	1×360^{22}	坎四十六	12×360^{22}
蒙四十七	1×360^{23}	師四十八	12×360^{23}
遯四十九	1×360^{24}	咸五十	12×360^{24}
旅五十一	1×360^{25}	小過五十二	12×360^{25}
漸五十三	1×360^{26}	蹇五十四	12×360^{26}
艮五十五	1×360^{27}	謙五十六	12×360^{27}

續表

分數		長數	
否五十七	1×360^{28}	萃五十八	12×360^{28}
晋五十九	1×360^{29}	豫六十	12×360^{29}
觀六十一	1×360^{30}	比六十二	12×360^{30}
剥六十三	1×360^{31}	坤六十四	12×360^{31}

邵雍全集

［宋］邵雍 著

郭彧 于天寶 點校

肆

上海古籍出版社

伊川擊壤集

點校説明

邵雍《伊川擊壤集》，歷代刊本較多。二十卷本先見於明《正統道藏》太玄部； 明代宗景泰八年，副都禦史畢亨為《伊川擊壤集》作序，刊刻於憲宗成化十一年； 民國初由張元濟收入《四部叢刊》初编集部。明萬曆三十四年徐必達所編《邵子全書》中收録六卷本《伊川擊壤集》，但内容和二十卷本無大差别。清乾隆年間修《四庫全書》，將《伊川擊壤集》收入集部。《四庫全書》本與《四部叢刊》本均收有集外詩。

關於《伊川擊壤集》，自元本以下變化不大，應該説出自一個共同的祖本，這個祖本當為邵雍晚年定稿、經邵伯温刊行的二十卷本，收録一千四百餘首詩。然而一九七五年在江西省星子縣南宋陶桂一（卒於一二六一年）墓中出土的《邵堯夫先生詩全集》和蔡弼重編《重刊邵堯夫擊壤集》兩個本子，還是有諸多不同於通行本之處。首先，《邵堯夫先生詩全集》只有九卷，蔡弼重編《重刊邵堯夫擊壤集》只有七卷，共收詩五百四十七首（其中有三十餘首重出），詩的編排順序也多有不同之處，我們或可藉此研究作者不同時期對於詩作的斟酌推敲情況，從而考量作者的不同時期之創作心境，繼而研究邵雍不同創作時期的哲學思想； 其次，有二十餘首佚詩為通行本所無，推測應當是在邵伯温整理之前就已經傳出，或者邵伯温没有收集全，或者被邵雍本人生前删除。

本次整理以上海涵芬樓影印明《正統道藏》本《伊川擊壤集》為底本（簡稱道藏本）。參校本有：上海商務印書館《四部叢刊》初編集部縮印江南圖書館藏明成化刊本《伊川擊壤集》（簡稱叢刊本）；明萬曆丙午年刊徐必達編《邵子全書》本《伊川擊壤集》（簡稱徐本）；文淵閣《四庫全書》本《伊川擊壤集》（簡稱四庫本）；江西美術出版社於二〇一二年出版的由陶勇清、胡迎建先生主編《邵堯夫先生詩全集》，内含《邵堯夫先生詩全集》（簡稱宋本）和蔡弼重編《重刊邵堯夫擊壤集》（簡稱蔡本）。此次整理，還參考了北京大學出版社於一九九二年出版的由傅璇宗等主編的《全宋詩》第七册《擊壤集》部分（第四四五一頁至第四七〇三頁）。

本次整理增補了《伊川擊壤集外詩文》，除收録四庫本與叢刊本中的集外詩外，還增加了宋本和蔡本的二十餘首佚詩，以及佚文《句》、《洛陽懷古賦》、《勸學説》、《戒子孫》、《無名君傳》、《自作像贊》、《老子贊》、《司馬光文中子補傳贊》、《答人書熙寧》、《題壽星圖》、《漁樵問對》等十一篇。其中《漁樵問對》用明胡廣《性理大全書》本《漁樵問對》為底本（《郡齋讀書志》、《文獻通考》、《宋史·藝文志》皆作「漁樵對問」）。此篇設為問答，以論陰陽化育之端、性命道德之奥。晁《志》題張載撰，而《通考》及《宋志》俱作邵雍。清周中孚《鄭堂讀書記》謂晁氏失考，蓋「其發明義理，頗與《觀物内外篇》相近，則為邵子所作無疑矣」。

各家序跋依舊保留，歸入附録。

伊川擊壤集序

《擊壤集》，伊川翁自樂之詩也。非唯自樂，又能樂時，與萬物之自得也。伊川翁曰：子夏謂「詩者，志之所之也。在心爲志，發言爲詩，情動於中而形於言，聲成其文而謂之音」，是知懷其時則謂之志，感其物則謂之情，發其志則謂之言，揚其情則謂之聲，言成章則謂之詩，聲成文則謂之音。然後聞其詩，聽其音，則人之志、情可知之矣。且情有七，其要在二，二謂身也、時也。謂身則一身之休慼也，謂時則一時之否泰也。一身之休慼則不過貧富貴賤而已，一時之否泰則在夫興廢治亂者焉。是以仲尼刪《詩》，十去其九：諸侯千有餘國，《風》取十五；西周十有二王，《雅》取其六。蓋垂訓之道，善惡明著者存焉耳。近世詩人，窮慼則職于怨憝，榮達則專于淫泆。身之休慼發于喜怒，時之否泰出于愛惡，殊不以天下大義而爲言者，故其詩大率溺于情好也。噫，情之溺人也，甚于水。古者謂水能載舟，亦能覆舟。是覆載在水也，不在人也。載則爲利，覆則爲害，是利害在人也，不在水也。不知覆載能使人有利害耶？利害能使人有覆載邪？〔一〕二者之間，必有處焉。就如人能蹈水，非水能蹈人也。然而有稱善蹈者，未始不爲水之所害也。若外利而蹈水，則水之情亦由人之情也。〔二〕若内利而蹈水，則敗壞之患立至於前，又何必分乎人焉、水焉，其傷性害命一也。性者，道之形體也，性傷則道亦從之矣。心者，性之郛郭也，心傷則性亦從之矣。身者，心之區宇也，身傷則心亦從之矣。物者，身之舟車也，物傷則身亦從之矣。是知以道觀性，以性觀心，以心觀身，以身觀物，治則治矣，然猶未離乎害者也。不若以道觀道，以性觀性，以心觀心，以身觀身，以物觀物，則雖欲相傷，其可得乎？若然，則以家觀家，以國觀國，以天下觀天下，亦從而可知之矣。予自壯歲業于儒術，謂人世之樂何嘗有萬之一二，而謂名教之樂固有萬萬焉，況觀物之樂復有萬萬者焉。雖死生榮辱轉戰于前，曾未入于胷中，則何異四時風花雪月一過乎眼也。誠爲能以物觀物，而兩不相傷者焉，蓋其間情累都忘去爾，所未忘者，獨有詩在焉。然而雖曰未忘，其實亦若忘之矣。何者，謂其所作異乎人之所作也。所作不限聲律，不訟愛惡，不立固必，不希名譽，如鑑之應形，如鐘之應聲。其或經道之餘，因閑觀時，〔三〕因静照物，因時起志，因物寓言，因志發詠，因言成詩，因詠成聲，因詩成音，是故哀而未嘗傷，樂而未嘗淫。雖曰吟詠情性，曾何累于性情哉。〔四〕鐘鼓，樂也。玉帛，禮也。與其嗜鐘鼓玉帛，則斯言也不能無陋矣。必欲廢鐘鼓玉帛，則其如禮樂何？人謂風雅之道行于古而不行于今，殆非通論，牽于一身而爲言者也。吁，獨不念天下爲善者少害善者多，〔五〕造危者衆而持危者寡。志士在畎畝，則以畎畝言。故其詩名之曰《伊川擊壤集》。時有宋治平丙午中秋日也。

【校勘記】

〔一〕「人」，叢刊本、明徐必達《邵子全書》本（以下簡稱「徐本」）、四庫本作「水」。〔二〕《皇朝文鑒》本無「則水」二字。〔三〕《皇朝文鑒》本無「因閑觀時」四字。〔四〕《皇朝文鑒》本無「性」字。〔五〕「害」上，叢刊本、徐本有「而」字。

目録

伊川擊壤集卷之十六

伊川擊壤集卷之十九

伊川擊壤集卷之一

觀棊大吟〔一〕

人有精游藝，予嘗觀弈棊。筭餘知造化，著外見幾微。好勝心無已，〔二〕爭先意不低。當人盡賔主，對面如蠻夷。〔三〕財利激于衷，〔四〕喜怒見于頄。〔五〕生殺在于手，與奪指于頤。戾不殊冰炭，和不侔塤篪。義不及朋友，情不通夫妻。珠玉出懷袖，龍蛇走肝脾。金湯起罇俎，〔六〕劍戟交⿰山屏⿰山韋。白晝役鬼神，平地蟠蛟螭。空江響雷雹，〔七〕陸海誅鯨鯢。寒暑同舒慘，昏明共蔽虧。山河璨輿地，〔八〕星斗會璇璣。因覰輸贏勢，〔九〕飜驚寵辱蹊。〔一〇〕高卑易裁制，返覆難拘羈。〔一一〕心跡既一判，利害不兩提。卷舒當要會，取捨在須斯。智者傷于詐，信者失于椎。真僞之相雜，名實之都隳。〔一二〕得者失之本，福爲禍之梯。〔一三〕乾坤支作訟，離坎變成睽。弧矢相凌犯，〔一四〕言辭共詆欺。何嘗無勝負，未始絶興衰。前日之所是，今日之或非。今日之所強，明日之或羸。以古觀後世，終天露端倪。以今觀往昔，何止乎庖犧。堯舜行揖讓，四凶猶趄趑。〔一五〕湯武援干戈，二老誠有譏。〔一六〕雖皋陶陳謨，而伊周獻規。曾未免矣夫，瘠骨而傷肌。仁爲名所敗，義爲利所擠。〔一七〕治亂不自已，因革徒從宜。與賢不與子，賢愚生瑕玼。與子不與賢，子孫生瘖痪。或苗民逆命，或有扈阻威。或羿浞起釁，或管蔡造疑。或商人征葛，或周人乘黎。〔一八〕或鳴條振旅，或牧野搴旗。灼見夏臺日，曾照升自陑。安知羑里月，不照逾孟師。厲王奔于彘，幽王死于驪。平王遷于洛，赧王敗于伊。或盟于召陵，或會于黄池。或戰于長岸，或弑于乾谿。或入于鄢郢，或棲于會稽。或屠其大梁，〔一九〕或入于臨淄。五霸共吞噬，七雄相鞭笞。暴秦滅六國，楚漢決雄雌。天盡于有日，地極于無涯。遐邇都包括，縱横悉指揮。井田方弈弈，兵甲正纍纍。〔二〇〕易之以阡陌，畫之以郊畿。銷之以鋒鏑，焚之以《書》《詩》。罷侯以置守，強榦而弱枝。重兵棲上郡，長城塹邊陲。自謂磐石固，萬世無已而。迴天于指掌，割地于階墀。視人若螻蟻，用財如沙泥。阿房宫未畢，祖龍車至戲。驪山卒未放，陳涉兵自蕲。灞上心非淺，〔二一〕鴻門氣正滋。咸陽起煙焰，南鄭奮熊羆。〔二二〕人鬼同交錯，風雲共慘淒。項強劉未勝，得鹿莫知誰。約法三章在，收兵五國隨。廟堂成筭重，〔二三〕帷幄坐籌奇。〔二四〕廣武貔貅怒，鴻溝虎豹饑。滎陽留紀信，垓下別虞姬。三傑才方展，千年運正熙。山川舊形勝，日月新光輝。正朔承三統，車書混四維。方隅無割據，窮僻有羈縻。后族爭行日，軍分南北司。當時無佐命，何以救顛隮。〔二五〕百載方全日，〔二六〕長兵震天垂。豈知巫蠱事，禍起劉屈氂。〔二七〕冢宰司衡日，重明正渺瀰。〔二八〕見危能致命，無忝寄孤遺。劇賊欺孤日，行同狐與狸。宫中凌寡婦，殿上逐嬰兒。龍戰知何所，冰堅正在兹。潰堤雖患水，禦水敢忘堤。東漢重晞日，昆陽屋瓦飛。幽憂新室鬼，狼籍漸臺屍。〔二九〕鄗邑追隆準，新安掃赤眉。再逢火德王，〔三〇〕復覩漢官儀。竇鄧緣中饋，〔三一〕閻梁挾牝雞。經何功殆盡，至董業都糜。河洛少煙火，京都多蒿藜。長天有鳥度，白骨無人悲。城有隍須復，羊無血可封。大厦之將顛，非一木可支。孟德提先手，仲謀藉世資。〔三二〕玄德志不遂，〔三三〕竟終于涕洟。〔三四〕西晉尚清談，大計懸品題。婦人執國命，骨肉生瘡疵。〔三五〕二主蒙霜露，五胡犯鼎彝。〔三六〕世無管夷吾，令人重歔欷。廣陌羌塵合，中州胡馬嘶。〔三七〕龍光射牛斗，日影化虹蜺。闢草來洛汭，墾田趨江湄。二百有四年，方駕而並馳。東晉分南尾，時或産靈芝。〔三八〕凡經五改命，至陳卒昌隋。國破西風暮，城荒春草萋。長江空滿目，行客浪一作淚。沾衣。〔三九〕後魏開北首，孝文幾緝綏。河陰旋有變，國分爲東西。爾朱奮高氏，〔四〇〕宇文滅北齊。及隋始併陳，〔四一〕四海爲藩籬。泛汴公私匱，征遼士卒疲。有身皆厭苦，無口不嗟咨。〔四二〕處處稱年號，人人思亂離。中原未有主，誰識非鹿麋。〔四三〕千一難知日，天人相與期。龍騰則雲靄，虎步則風淒。母后專朝日，相仍紊宮闈。可嗟桓彦範，不殺武三思。繡嶺喧歌舞，漁陽動鼓鼙。太平其可傲，〔四四〕徒罪一楊妃。劍閣離天日，潼關漏虎貔。兩京皆覆没，九廟咸傾敧。〔四五〕樂極則悲至，恩交則害攜。〔四六〕事無可奈何，〔四七〕舉目誰與比。〔四八〕自此藩方盛，都無臣子祇。恃功而不朝，討賊以爲詞。各擁部兵盛，誰憐王室卑。〔四九〕邀朝廷姑息，觀社稷安危。攻取非君命，誅求本自肥。乘輿時播越，扈從或參差。尾大知難運，鞭長豈易麾。長姦憂必至，養虎害終貽。〔五〇〕國步何顛沛，君心空忸怩。時來花爛漫，〔五一〕勢去葉離披。十姓分中夏，五家遞通逵。徒明星有爛，但東方未晞。纔返長蘆鎮，〔五二〕旋驅胡柳陂。絳霄兵自取，〔五三〕玄武火何癡。中渡降堪罪，欒城死可嗤。太原朝見入，劉子夕聞啼。事體重重別，人情旋旋移。棄灰猶隱火，〔五四〕朽骨尚稱龜。〔五五〕譎詐多陰中，艱憂常自罹。〔五六〕撓防膚革易，患救腹心遲。語禍不旋踵，言傷浪噬臍。欲升還隕落，將墜却扶持。瞑眩人皆惡，康寧世共睎。〔五七〕須能蠲重疾，始可謂良醫。〔五八〕久廢田磽確，難行路險巇。不逢真主出，何以見施爲。家國遭迴極，〔五九〕君臣際會稀。上天生假手，我宋遂開基。睿筭隨方設，羣豪引領歸。迄今百餘載，兵革民不知。成敗須歸命，興亡自繫時。天機不常設，國手無常施。往事都陳跡，〔六〇〕前書略可依。比觀之博弈，不差乎毫釐。消長天旋運，陰陽道範圍。吉凶人變化，動靜事樞機。疾走者先顛，穉茂者後萎。〔六一〕與其交受害，不若兩忘之。〔六二〕求魚必以筌，獲兔必以罤。得之不能忘，羊質而虎皮。道大聞老子，才難語仲尼。造形能自悟，當局豈憂迷。黑白焉能浼，死生奚足猗。應機如破的，迎刃不容絲。勿訝傍人笑，休防冷眼窺。〔六三〕既能通妙用，何必患多岐。〔六四〕同道道亦得，先天天弗違。窮理以盡性，放言而遣辭。視外方知簡，聽餘始識希。大羹無以和，玄酒莫能灕。上兵不可伐，巧曆不可推。善言不可道，逸駕不可追。兄弟專乎愛，父子主于慈。天下亦可授，此著不可私。

【校勘記】

〔一〕宋蔡弼重編《重刊邵堯夫擊壤集》（以下簡稱「蔡本」）作「觀大棊吟」，且下有「五言」二小字。　〔二〕「已」

下，蔡本有小注「亦作厭」三字。〔三〕「蠻夷」，蔡本同，四庫本作「兵機」。〔四〕「叓」下，蔡本有小注「激亦作蔽」四字。〔五〕「頎」，叢刊本、徐本、四庫本同，蔡本作「頮」。〔六〕「鐏」，蔡本作「鐏」，叢刊本、徐本、四庫本作「樽」。〔七〕「雹」下，蔡本有小注「亦作電」三字。〔八〕「輿」，蔡本同，叢刊本、徐本、四庫本作「於」。〔九〕「贏」，蔡本作「羸」。〔一〇〕「驚」，蔡本作「爲」。「蹊」下，蔡本有小注「爲亦作驚」四字。〔一一〕「返」，蔡本同，徐本作「反」。〔一二〕「實」，蔡本作「寔」。〔一三〕「爲」，叢刊本、徐本、四庫本同，蔡本作「者」。〔一四〕「弧」，叢刊本、徐本、四庫本同，蔡本誤作「狐」。〔一五〕「趑」，蔡本、叢刊本同，徐本、四庫本作「趦」。〔一六〕「二老」，蔡本、徐本同，叢刊本、四庫本作「三老」。〔一七〕「義爲利」，蔡本作「利爲義」。〔一八〕「乘」，蔡本作「甚」。「黎」下，蔡本有小注「甚亦作乘」四字。〔一九〕「其」，蔡本同，叢刊本作「于」，徐本、四庫本作「於」。〔二〇〕「兵」，蔡本作「丘」，疑誤。〔二一〕「灞」，蔡本作「霸」。〔二二〕「羆」下，蔡本有小注「奮亦作憤」四字。〔二三〕「廟」，蔡本作「庿」。〔二四〕「帷」，蔡本作「幃」。〔二五〕「何」，蔡本作「那」。「隮」下，蔡本有小注「那亦作何」四字。〔二六〕「載」，蔡本同，叢刊本、徐本、四庫本作「戰」。〔二七〕「鼇」下，蔡本有小注：一作「禍遂起劉鼇」。〔二八〕「正」，蔡本作「至」。〔二九〕「籍」，蔡本作「藉」，義同。〔三〇〕「王」，蔡本作「主」。〔三一〕「饋」，蔡本作「貴」。〔三二〕「謀」，蔡本作「謨」。〔三三〕「遂」，蔡本作「遠」。〔三四〕「洟」下，蔡本有小注「竟一作意」四字。〔三五〕「癘疵」，原作「厲疵」，今據蔡本、徐本、四庫本改。〔三六〕「五胡」，蔡本作「五湖」，四庫本作「寇塵」。〔三七〕「胡」，蔡本同，四庫本作「代」。〔三八〕「或」，蔡本作「惑」。〔三九〕「浪一作淚」，叢刊本、四庫本同，徐本無小注「一作淚。」三字。「浪」，蔡本作「淚」。〔四〇〕「奮」，蔡本、徐本、叢刊本同，四庫本作「奪」。〔四一〕「併」，蔡本作「并」。〔四二〕「咨」，蔡本、徐本、四庫本同，叢刊本作「恣」。〔四三〕「識」，蔡本、徐本、叢刊本同，四庫本作「知」。　〔四四〕「儆」下，蔡本有小注「一作恃」三字。　〔四五〕「咸」，蔡本作「悉」。　〔四六〕「攜」，蔡本作「携」。　〔四七〕「無」，蔡本簡化作「無」。　〔四八〕「比」，蔡本作「資」。　〔四九〕「王室」，蔡本作「臺監」。「卑」下，蔡本有小注「臺監一作王室」五字。　〔五〇〕「害」，蔡本作「患」。　〔五一〕「漫」，叢刊本、四庫本同，蔡本、徐本作「熳」。「鎮」下，蔡本有小注「返一作乃」四字。　〔五二〕「蘆」，蔡本省作「芦」。　〔五三〕「兵自」，蔡本、徐本同，叢刊本作「共目」，四庫本作「共日」。　〔五四〕「棄」，蔡本作「棄」。　〔五五〕「尚稱龜」，蔡本作「稱鑽龜」。「龜」下，蔡本有小注「一作朽骨尚稱龜」七字。　〔五六〕「常」，蔡本作「尚」。　〔五七〕「睎」，蔡本作「嬉」，叢刊本、徐本、四庫本作「晞」。　〔五八〕「謂」，蔡本作「爲」。「醫」下，蔡本有小注「爲一作謂」四字。　〔五九〕「迴」，蔡本作「迍」。「極」下，蔡本有小注「家國一作國席」六字。　〔六〇〕「陳」，蔡本作「塵」。　〔六一〕「稺」，蔡本同，叢刊本、徐本、四庫本作「遲」。「稺」下，蔡本有小注「一作遲」三字。　〔六二〕「不」，蔡本作「孰」。　〔六三〕「休」，蔡本作「隄」。「窺」下，蔡本有小注「隄一作休」四字。　〔六四〕「岐」，蔡本作「歧」。

過温寄鞏縣宰吴秘丞皇祐元年

風軟玉溪騰醉騎，花藏石窟漾歌舟。相望咫尺僊凡隔，不得同陪三月遊。

新居成呈劉君玉殿院

履道坊南竹徑脩，緑楊陰裏水分流。衆賢買得澄心景，獨我居爲養志秋。若比陳門誠已偕，〔一〕苟陪顔巷亦堪憂。無端風雨雖狂暴，不信能凌沈隱侯。

【校勘記】

〔一〕「誠」，叢刊本、四庫本作「成」。

寄謝三城太守韓子華舍人

洛陽自爲都，一千有餘年。舉步圖籍中，開目今古間。西北岌宫殿，東南傾山川。照人伊洛清，迎門嵩少寒。水竹最佳處，履道之南偏。下有幽人室，一徑通柴關。蓬蒿隱其居，藜藿品其飧。上親下妻子，厚薄隨其緣。人雖不堪憂，己亦不改安。閲史悟興亡，探經得根源。有客謂予曰，子獨不通權。清朝能用才，聖主正求賢。道德與仁義，不徒爲空言。功業貴及時，何不求美官。上食天子禄，下拯蒼生殘。通衢張大第，負郭廣良田。朱門爛金紫，青樓繁管絃。外廐列肥駿，後庭羅纖妍。入則坐虚堂，出則乘華軒。冠劍何燁燁，氣體自舒閑。高談天下事，廣坐生晴煙。人莫敢仰視，屏息候其顔。此所謂男子，志可得而觀。又何必自苦，形容若枯鱣。道古人行事，拾前世遺編。而臨水一溝，而愛竹數竿。此所謂匹夫，節何足而攀。予敢對客曰，事有難其詮。身非好敝緼，口非惡珍羶。豈不知繫匏，而固辭執鞭。蓋懼觀朵頤，敢忘賁丘園。深極有層波，峻極有層巔。履之若平地，此非人所艱。貧賤人所苦，富貴人所遷。處之若無事，此誠人所難。進行己之道，退養己之全。既未知易地，〔一〕胡爲乎不堅。敢謂客之説，曾無所取焉。猗嗟乎玉兮，産之于荆山。和氏雖云知，楚國未爲然。汚隆道屈伸，進退時後先。苟不循此理，玉毁誰之愆。道之未行兮，其命也在天。近日遊三城，薄言尚盤桓。當世之名卿，加等爲之延。或清夜論道，或後池漾船。數夕文酒會，有無涯之歡。十月初寒外，萬葉清霜前。歸來到環堵，竹窻晴醉眠。仰謝君子知，代書成此篇。

【校勘記】

〔一〕「知」，叢刊本、四庫本作「之」。

答寄堯夫先生 潁川韓絳〔一〕

君子志於道，出處非一端。伊尹負鼎俎，顔淵樂瓢簞。
斯自理適當，匪緣情所安。超然達者致，邈矣誰可攀。
嗟嗟狂若狷，狥已缺其完。軒冕死不釋，山林趨不還。
我愛邵夫子，醇氣充見顔。群經究彼邃，古史閲而删。
不爲詭異行，已蹈時俗難。逃名去其奥，築室伊洛間。
抱業舍仕進，竭心奉親歡。脩竹當環堵，寒流日潺潺。
問誰從之遊，結駟款其關。兹予久欣慕，欲往良獨艱。
幸君適河内，至此解征鞍。僚友恃交舊，屈致及門闌。

前迎倒我屣，布席羅雕盤。高談未一二，長楫忽歸騫。不意饋雙鯉，剖腴出琅玕。何以報嘉惠，永懷金與蘭。

【校勘記】

〔一〕此詩據叢刊本、徐本、四庫本補。

依韻和張元伯職方歲除嘉祐元年

及正四十六，老去耻無才。殘臘方迴祥，〔一〕新春又起灰。非唯忘利禄，況復外形骸。白髮已過半，光陰任自催。

【校勘記】

〔一〕「祥」，叢刊本、徐本、四庫本作「律」。

謝鄭守王密學惠酒

堂堂大府來新酒，密密小園開好花。何日飲之紅樹下，〔一〕還驚不稱野人家。

【校勘記】

〔一〕「何」，叢刊本、徐本、四庫本作「此」。

小園逢春

小隱園中百本花，各隨紅紫發新芽。東君見借陽和力，不減公侯富貴家。

和張二少卿丈白菊

清淡曉凝霜，宜乎殿顥商。自知能潔白，誰念獨芬芳。豈爲瓊無艷，還驚雪有香。素英浮玉液，一色混瑶觴。

生男吟 嘉祐二年〔一〕

我今行年四十五，〔二〕生男方始爲人父。〔三〕鞠育教誨誠在我，〔四〕壽夭賢愚繫於汝。〔五〕我若壽命七十歲，〔六〕眼前見汝二十五。〔七〕我欲願汝成大賢，〔八〕未知天意肯從否？

【校勘記】

〔一〕詩題，宋本作「生子」。　〔二〕「我今行」，叢刊本同，宋本作「當日吾」，四庫本作「我本行」。　〔三〕「生男方始」，宋本作「始方生汝」。　〔四〕「鞠育教誨」，宋本作「養育教訓」。　〔五〕「繫」，宋本作「計」。〔六〕「我若壽命七十歲」，宋本作「吾今耆年時七十」。　〔七〕「眼前見汝」，宋本作「尒正方剛」。　〔八〕「我欲」，宋本作「吾教」。

閑吟四首

平生如仕宦，隨分在風波。所損無紀極，所得能幾何。既乖經世慮，尚可全天和。罇中有酒時，且飲復且歌。

予年四十五〔一〕，已甫知命路。豈意天不絶，生男始爲父。且免散琴書，敢望大門户。萬事盡如此，何用過憂懼。

居洛八九載，役心唯二三。〔二〕相逢各白首，共坐多清談。人事已默定，世情曾久諳。酒行勿相逼，徐得奉醺酣。

欲有一瓢樂，曾無二頃田。丹誠未貫日，白髮已華顛。雲意寒尤淡，松心老益堅。年來疎懶甚，時憶舊林泉。

【校勘記】

〔一〕「四十五」，叢刊本、四庫本作「四十七」。〔二〕「役心」，叢刊本、四庫本作「投心」。

和張少卿丈再到河陽

當年曾任青春客，今日重來白雪翁。今日當年已一世，幾多興替在其中。

高竹八首〔一〕

高竹百餘挺，〔二〕固知爲予生。忽忽有所得，時時閑遶行。自信或未至，自知或未明。竊比于古人，不能無愧情。

高竹臨清溝，軒小亦且幽。光陰雖屬夏，〔三〕風露已驚秋。〔四〕月色林間出，泉聲砌下流。誰知此夜情，邈矣不能收。〔五〕

高竹已可愛，況在垂楊下。幽人無軒冕，得此自可詫。枉尺既不能，括囊又何謝。賈生若知此，慟哭亦自罷。

高竹碧相倚，自能發餘清。時時微風來，萬葉同一聲。道汚得夷理，物虚含遠情。堦前閑步人，意思何清平。

高竹如碧幢，翠柳若低蓋。幽人有軒榻，〔六〕日夜與之對。宇静覺神開，景閑喜真會。與其喪吾真，孰若從吾愛。

高竹雜高梧，還驚秋節初。晚涼尤可喜，舊帙亦宜舒。池閣輕風裏，園林晚景餘。人生有此樂，何必較錙銖。

高竹數十尺，仍在高花上。柴門晝不開，青碧日相向。〔七〕非止身休逸，是亦心夷曠。〔八〕能知閑之樂，自可敵卿相。

高竹逾冬青，四月方易葉。抽萌如止戈，解籜若脱甲。脩静信可愛，遶行不知匝。嗟哉凡草木，徒自費鋤鍤。

【校勘記】

〔一〕「挺」，蔡本作「梃」。〔二〕詩題，蔡本作「高竹吟」，下有小注「五首，五言八句」六字。〔三〕「雖」，蔡本作「猶」。〔四〕「驚」，蔡本作「經」。〔五〕「能」，蔡本作「可」。〔六〕「榻」，蔡本作「塌」。〔七〕「碧」，蔡本作「翠」。〔八〕「是亦」，蔡本作「亦是」。

伊川擊壤集卷之二

秋日飲鄭州宋園示管城簿周正叔

二都相去四百里，中有名園屬宋家。古木參天羅劍戟，長藤垂地走龍蛇。我來遊日逢秋杪，君爲開筵對晚花。飲散竹軒微雨後，淩晨歸路起棲鴉。

重陽日再到共城百源故居

故國逢佳節，登臨但可悲。山川一夢外，風月十年期。白髮飄新鬢，黄花遶舊籬。鄉人應笑我，晝錦是男兒。

過陝嘉祐三年

吾祖道何光，二南分一方。開周爲太保，封陝輔成王。歲月裝遼邈，山川造渺茫。世孫雖不肖，猶解憶甘棠。

題黃河

誰言爲利多于害，我謂長渾未始清。西至崑崙東至海，其間多少不平聲。

過潼關

禁密因離亂，機閑爲太平。山河雖設險，道德豈容争。不究千一義，空傳百二名。遐方久無外，何復用鷄鳴。

題華山

域中有五嶽，國家謹時祀。〔一〕華嶽居其一，作鎮雄西裔。唐號金天王，今封順聖帝。吁咈哉若神，僣竊同天地。

【校勘記】

〔一〕「謹」，四庫本作「僅」。

宿華清宮

天寶初六載，作宫于温泉。明皇與妃子，自此歲幸焉。紫閣清風裏，崇巒皓月前。奈何雙石甃，香溜尚涓涓。

登朝元閣

繡嶺岌層巒，岧嶢十九盤。微微經雨後，杳杳出雲端。往事金輿遠，遺蹤玉像殘。至今臨渭水，依舊見長安。

長安道中作〔一〕

長安道上何沾巾，古時道行今時人。不知寒暑與朝暮，車輪馬跡常轔轔。自是此土亦辛苦，雨作泥兮風爲塵。泥塵返復不知數，大雨大風無出門。

【校勘記】

〔一〕「中」，叢刊本、四庫本作「路」。

題留侯廟〔一〕

滅項興劉如覆手，絶秦昌漢若更棋。卷舒天下坐籌日，鍛鍊心源辟穀時。黄石公傳皆是用，赤松子伴更何爲。如君才業求其比，今古相望不記誰。

【校勘記】

〔一〕詩題，蔡本作「題留侯廟吟」。

題淮陰侯廟十首

一身作亂宜從戮，三族全夷似少恩。漢道是時初雜霸，〔一〕蕭何王佐殆非尊。

據立大功非不智，復貪王爵似專愚。造成四百年炎漢，纔得安寧反受誅。

生身既得逢真主，立事何須作假王。〔二〕誰謂禍階從此始，〔三〕不宜迴首怨高皇。

一時韓信爲良犬，千古蕭何作霸臣。彼此並干名教罪，罪猶不逮謂斯人。

韓信事劉元不叛，蕭何惑漢竟生疑。當初若聽蒯通語，高祖功名未可知。

雖則有才兼有智，存亡進退處非真。五湖依舊煙波在，范蠡無人繼後塵。

若非韓信難除項，不得蕭何莫制韓。天下須知無一手，苟非高祖用蕭難。

漢家基定議功勳，異姓封王有五人。不似淮陰最雄傑，敢教根固又生秦。

韓信恃功前慮寡，〔四〕漢皇負德尚權安。幽囚必欲擒來斬，固要加諸甚不難。

若履暴榮須暴辱，既經多喜必多憂。功成能讓封王印，世世長爲列土侯。

【校勘記】

〔一〕「漢」，蔡本作「從」。　〔二〕「事」，蔡本作「士」。　〔三〕「階」，蔡本作「皆」。　〔四〕「恃功」，叢刊本、四庫本作「特功」。

鳳州郡樓上書所見

楊柳垂青帶，風動如飛蓋。危樓思不窮，盡日閑相對。鳥去林自空，雲移山不礙。情隨雙燕還，意與孤鴻會。晚角時斷續，層崖遞明晦。殘陽掛踈紅，遠水生微瀨。塞目煙岑密，都城若天外。如何久客心，東望憑欄殺。

自鳳州還至秦川驛寄守倅薛姚二君

歡聚九十日，迴首都如夢。明月與清江，東軒又難共。

謝西臺張元伯雪中送詩

洛城雪片大如手，爐中無火罇無酒。凌晨有人來打門，言送西臺詩一首。

送猗氏張主簿

人間仕宦幾千里，堂上親闈別兩重。須念鵬飛從此始，方今路險善求容。

新正吟嘉祐五年

蘧瑗知非日，宣尼讀《易》年。〔一〕人情止于是，天意豈徒然。立事情尤倦，思山興益堅。誰能同此志，相伴老伊川。

【校勘記】

〔一〕「讀」，蔡本作「斈」。按「斈」爲「學」字之俗字。

春遊五首〔一〕

五嶺梅花迎臘開，三川正月賞寒梅。相去萬里先一月，始知春色從南來。何人妙曲傳羌笛，盡日清香落酒杯。料得天涯未歸客，也應臨此重徘徊。

洛城春色浩無涯，春色城東又復嘉。風力緩摇千樹柳，水光輕蕩半川花。煙晴翡翠飛平岸，日暖鴛鴦下淺沙。不見君王西幸久，遊人但感鬢空華。

二月方當爛漫時，翠華未幸春無依。緑楊陰裏尋芳遍，紅杏香中帶醉歸。數片落花蝴蝶趂，一竿斜日流鶯啼。〔二〕清罇有酒慈親樂，〔三〕猶得堦前戲綵衣。

人間佳節唯寒食，天下名園重洛陽。金谷暖横宮殿碧，銅駝晴合綺羅光。橋邊楊柳細垂地，花外鞦韆半出墻。白馬蹄輕草如剪，爛遊於此十年強。

三月牡丹方盛開，鼓聲多處是亭臺。車中遊女自笑語，樓下看人閑往來。積翠波光摇帳幄，上陽花氣撲罇罍。西都風氣所宜者，草木空妖誰復哀。

【校勘記】

〔一〕第三首詩在蔡本中爲《惜芳菲四吟》之四。　〔二〕「斜日」，蔡本作「紅日」。　〔三〕「清」，蔡本作「芳」。

竹庭睡起

竹庭睡起閑隱几，悠悠夏日光景長。鶯方引雛教嫩舌，杏正垂實裝輕黄。雨滴幽夢時斷續，風飄遠思還飛揚。小渠弄水緑陰密，迴首又且數日強。

秋遊六首〔一〕

七月芙蕖正爛開，東南園近日徘徊。有時風向池心過，無限香從水面來。罨畫溪深方誤入，洞庭湖晚未成迴。坐來一霎蕭蕭雨，又送新凉到酒杯。

先秋顥氣已潛生，洛邑方知節候平。庭院乍涼人共喜，園林經雨氣尤清。迴舟伊水風微溜，緩轡天津月正明。自有皐夔分聖念，好將詩酒樂升平。

八月光陰未甚淒，松亭竹樹尤爲宜。〔二〕況當晝夜初停處，正是炎涼得所時。明月入懷如有意，好風迎面似相知。閑人歌詠自怡悅，不管朝廷不採詩。

家住城南水竹涯，〔三〕乘秋行樂未嘗虧。輕寒氣候我自愛，〔四〕半醉光陰人莫知。〔五〕信馬天街微雨後，憑欄僧閣晚晴時。十年美景追尋遍，好向風前請白髭。〔六〕

九月風光雖已暮，中州景物未全衰。眼觀秋色千萬里，手把黃花三兩枝。美酒易消閑歲月，青銅休照老容儀。若言必使他人信，瀝盡丹誠誰肯知。

霜天寥落思無窮，〔七〕不奈樓高逼望中。四面遠山徒滿目，〔八〕九秋宮殿自危空。雲橫遠嶠千尋直，霞亂斜陽數縷紅。〔九〕無限傷情言不到，〔一〇〕共誰開口向西風。

【校勘記】

〔一〕後三首在蔡本中，爲《秋懷吟》之前三首，詩題《秋懷吟》下有「六首内中二首乙卯年作」十小字。

〔二〕「樹」，叢刊本、徐本、四庫本作「榭」。〔三〕「城南」，蔡本同，叢刊本、四庫本作「南城」。〔四〕「氣候」，蔡本作「氣味」。〔五〕「莫」，蔡本作「不」。〔六〕「請」，叢刊本、徐本、四庫本作「摘」。〔七〕「寥落」，蔡本作「寥郭」。〔八〕「遠」，蔡本同，叢刊本、徐本、四庫本作「溪」。〔九〕「斜」，蔡本作「殘」。〔一〇〕「傷情」，蔡本作「情傷」。

秋日即事

鳥聲亂晝林，爲誰苦驅逼。〔一〕蟲聲亂夜庭，爲誰苦勞役。嗟哉彼何短，一概無休息。借問此何長，兩能忘語默。

【校勘記】

〔一〕「逼」，徐本作「迫」。

商山道中作

十舍到商顔，雖遥不甚艱。東西遡洛水，表裏看秦山。身在煙霞外，心存人子間。庭闈況非遠，自可指期還。

和商洛章子厚長官早梅

只應王毋專輕巧，〔一〕剪碎天邊亂白雲。無限清香與清艷，罇前飲享盡輸君。
梅覆春溪水遶山，梅花爛漫水潺湲。南秦地暖開仍早，比至春初已數番。
羣芳萬品遞相催，若説高標獨有梅。會得東君無别意，爲憐清淡使先開。
霜扶清格高高起，風駕寒香遠遠留。太守多情客多感，金罇倒盡是良籌。

【校勘記】

〔一〕「毋」，叢刊本、四庫本作「母」，原本恐誤。

商山旅中作

殘火昏燈夜正沉，默思前事擁寒衾。霜天皎月雖千里，不抵傷時一寸心。

和商守宋郎中早梅

山南地似嶺南温，臘月梅開已浹辰。耻與百花争俗態，獨殊羣艷占先春。角中飄去淒於骨，笛裏吹來妙入神。秀額粧殘黏素粉，畫梁歌暖起輕塵。宰君惜艷獻州牧，太守分香及野人。手把數枝重疊嗅，忍教芳酒不濡脣。

和人放懷

爲人雖未有前知，富貴功名豈力爲。滌蕩襟懷須是酒，優游情思莫如詩。況當水竹雲山地，忍負風花雪月期。男子雄圖存用捨，不開眉笑待何時。

和商守登樓看雪

西樓賞雪眼偏明，次第身疑在水晶。千片萬片巧粧地，半舞半飛斜犯楹。形如玉屑依還碎，體似楊花又更輕。誰謂天涯有羈客，一般對酒兩般情。

和商守西樓雪霽

大雪初晴日半曛，高樓何惜上仍頻。數峯崮崒劒鋩立，一水縈紆冰縷新。崑嶺移歸都是玉，天河落後盡成銀。幽人自恨無佳句，景物從來不負人。

和商守雪殘登樓

殘雪已消冰已開，風光漸覺擁樓臺。旅人未遂日邊去，春色又從天上來。況是罇中常有酒，豈堪嶺上却無梅。若非太守金蘭契，誰肯傾心重不才。

和商守雪霽對月

雪滿羣山霜滿庭，光寒月碾一輪輕。羈懷殊少歸時樂，皓彩空多此夜明。竹近簾櫳饒碎影，風涵臺榭有餘清。恨無好句酬佳景，徒自淒涼夢不成。

和商守雪霽登樓

百尺危樓小雪晴，晚來閑望逼人清。山横暮靄高還下，水隔踈林淡復明。天際落霞千萬縷，風餘殘角兩三聲。此時此景真堪畫，只恐丹青筆未精。

旅中歲除〔一〕

此到明年無數刻，〔二〕且令芳酒更斟迴。星杓建丑晦將盡，歲箭射人春又來。不用物情閑作梗，大都心緒已成灰。浮名更在浮雲外，瞬息光陰況便催。〔三〕

【校勘記】

〔一〕詩題，蔡本作「歲莫吟」。〔二〕「此」，蔡本同，叢刊本、徐本、四庫本作「比」。「無」，蔡本作「非」。

〔三〕「瞬息光陰況便催」，蔡本同，叢刊本、四庫本作「瞬見光陰況復催」，徐本作「瞬息光陰況復催」。

和商守新歲嘉祐六年

衰軀在旅逢新歲，因感平生鬢易凋。飲罷襟懷還寂寞，歡餘情緒却無聊。望仙風月晴偏好，〔一〕抹緑簾櫳夜正遥。對此塊然唯土木，降兹未始不魂銷。

【校勘記】

〔一〕「晴」，叢刊本、四庫本作「情」。

追和王常侍登郡樓望山

四賢當日此盤桓，千百年人尚厚顔。天下有名難避世，胷中無物漫居山。事觀今古興亡後，道在君臣進退間。若蘊奇才必奇用，不然須負一生閑。

題四皓廟四首

強秦失御血横流，天下求君君不有。正是英雄較一作角。逐時，未知鹿入何人手。

灞上真人既已翔，四人相顧都無語。徐云天命自有歸，不若追蹤巢與許。

漢皇傲物終難屈，太子卑辭方肯出。雖老猶能成大功，至今高義如星日。

田横入海猶能得，商至長安百里強。能使四人成美節，始知高祖是真王。

謝商守宋郎中寄到天柱山户帖仍依元韻

商於飛到一符新，遂已平生分外親。尤喜紫芝先入手，西南天柱與天鄰。

初心本欲踐臣鄰，帝里司迴斗柄春。今日得居天柱下，不憂先有夜行人。

不將生殺奏嚴宸，却抱煙嵐學隱淪。多謝史君虚右席，〔一〕重延天柱一山人。

一簇煙嵐鏁亂雲，孤高天柱好棲真。從今便作西歸計，免向人間更問津。

無成麋鹿久同羣，占籍恩深荷史君。〔二〕萬古千今名與姓，得隨天柱數峯存。

【校勘記】

〔一〕〔二〕「史君」，徐本、四庫本作「使君」。

寄商守宋郎中

初返洛城無限事，閑人體分似相違。如今一向覺優逸，却類商顔嘯傲時。

小圃睡起〔一〕

門外似深山，天真信可還。軒裳奔走外，日月往來間。有水園亭活，無風草木閑。春禽破幽夢，枝上語綿蠻。

【校勘記】

〔一〕該首詩，叢刊本有，徐本無。詩題，蔡本目録作「小圃睡起吟」。

遊山三首

城邑又作闤闠久居心自倦，闉闍纔出眼先明。龍門看盡伊川景，女几聽殘洛水聲。太室觀餘紅日旭，〔二〕天壇望罷白雲生。此身已許陪真侶，不爲錙銖起重輕。

春盡登臨正得宜，人情天氣兩融怡。泛舟伊水風迴夜，垂釣溪門月上時。逸興劇憑詩放肆，病軀唯仰酒扶持。浮生日月無多子，忍向其間更斂眉。

樂則行之憂則違，大都知命是男兒。至微功業人難必，儘好雲山我自怡。休憚煙嵐雖遠處，且乘筋力未衰時。平生足外更何樂，富貴榮華過則悲。

【校勘記】

〔一〕「太室」，叢刊本、四庫本作「太宰」，徐本作「大室」。

二色桃

施朱施粉色俱好，傾國傾城艷不同。疑是蘂珠雙姊妹，〔一〕一時俱肯嫁春風。

【校勘記】

〔一〕「珠」，叢刊本、徐本、四庫本作「宮」。

登山臨水吟

山有喬峯水有濤，〔一〕未能容屐豈容舠。非無仁智斯爲樂，〔二〕少有登臨不憚勞。言味止知甘鱠炙，〔三〕語真誰是識瓊瑶。〔四〕自慙不盡人才處，長恨今人論太高。

【校勘記】

〔一〕「喬」，蔡本作「高」。　〔二〕「斯」，蔡本作「私」。　〔三〕「鱠」，叢刊本同，四庫本作「膾」。　〔四〕「真」，蔡本作「珍」。

謝富丞相招出仕二首〔一〕

相招多謝不相遺，將謂胷中有所施。〔二〕若進豈能禁吏責，〔三〕既閑安用更名爲。將命者云：「如不欲仕，亦可奉致一閑名目。」願同巢許稱臣日，〔四〕甘老唐虞比屋時。滿眼清賢在朝列，病夫無以繫安危。

欲遂終焉老閑計，未知天意果如何。幾重軒冕酬身貴，得似雲山到眼多。好景未嘗無興詠，壯心都已入消磨。鵷鴻自有江湖樂，安用區區設網羅？

【校勘記】

〔一〕詩題，宋本作「答富相」。〔二〕「謂」，宋本作「爲」。〔三〕「禁」，宋本作「襟」。〔四〕「願同巢許稱臣日」，宋本作「同稱巢許忠臣日」。

答人語名教

開闢而來世教敷，其間雄者號真儒。修身有道名先覺，何代無人達奧區。焕若丹青經史義，明如日月聖人途。鯫生涵詠雖云久，天下英才敢厚誣。

送王伯初學士赴北京機宜

丈夫志氣蓋棺定，自有雄圖繫重輕。去路不能無感舊，到官争忍便忘情。閑時語話貴精密，先事經營在太平。誰謂禦戎無上策，伐人謀處不須兵。

伊川擊壤集卷之三

賀人致政

人情大率喜爲官，達士何嘗有所牽。解印本非嫌禄薄，〔一〕掛冠殊不爲高年。因通物性興衰理，遂悟天心用捨權。宜放襟懷在清景，吾鄉況有好林泉。

【校勘記】

〔一〕「禄薄」，叢刊本、徐本作「薄禄」。

初秋

夏去暑猶在，雨餘涼始來。堦前已流水，天外尚驚雷。曲几静中隱，衡門閑處開。壯心都已矣，何事更裝懷。

偶書

堪笑又堪嗟，人生果若何。宜將萬端事，都入一聲歌。世態逾翻掌，年光劇逝波。静中真氣味，所得不勝多。

傷足

灾由無妄得，爲患固非深。乖己攝生理，貽親憂慮心。乍然艱步履，偶爾阻登臨。逾月方能出，難忘樂正箴。

閑行

園圃正蕭然，行吟遶澤邊。風驚初社後，葉墜未霜前。衰草襯斜日，暮雲扶遠天。何當見真象，止可入無言。

晨起〔一〕

山高水復深，無計奈如今。〔二〕地盡一時事，天開萬古心。輕煙籠曉閣，微雨散青林。此景雖平淡，人間何處尋。

【校勘記】

〔一〕詩題，蔡本作「晨起吟」。

〔二〕「如今」，蔡本同，叢刊本、徐本、四庫本作「而今」。

月夜

雨霽風自好，秋深天未寒。移牀就堦下，看月出林端。有酒欲共飲，無賓可同歡。〔一〕他時遇良友，此景復求難。

【校勘記】

〔一〕「同」，徐本作「對」。

盆池

三五小圓荷，盆容水不多。雖非大藪澤，亦有小風波。粗起江湖趣，殊無鴛鴦過。幽人興難遏，時遶醉吟哦。

遊山二首〔一〕

洛川多好山，伊川多美竹。遊既各有時，雖頻無倦目。貪清非傷廉，瀆幽不爲辱。麋鹿不害人，心無害麋鹿。

二室多好峯，三川多好雲。看之不知倦，和氣潛生神。一慮若動蕩，萬事從紛紜。人言無事貴，身爲無事人。

【校勘記】

〔一〕詩題，蔡本目録「遊山吟」，下有「二首」二小字。

龍門道中作〔一〕

物理人情自可明，何嘗慼慼向平生。〔二〕卷舒在我有成筭，用捨隨時無定名。滿目雲山俱是樂，一毫榮辱不須驚。侯門見説深如海，三十年來掉臂行。

【校勘記】

〔一〕詩題，宋本作「省心」，本詩爲《遊山》之第二首。　〔二〕「嘗」，宋本作「須」。

名利吟〔一〕

名利到頭非樂事，風波終久少安流。稍鄰美譽無多取，〔二〕纔近清歡與賸求。〔三〕美譽既多須有患，〔四〕清歡雖賸且無憂。滔滔天下曾知否，覆轍相尋卒未休。

【校勘記】

〔一〕該詩蔡本重出，詩題一作「名利吟」，下有「七言」二小字；一作「利名」。　〔二〕「譽」，蔡本作「﨟」，當爲俗字，下同。　〔三〕「賸」，蔡本作「盛」，下同。　〔四〕「須」，蔡本作「終」。

三十年吟〔一〕

三十年間更一世，其間堪笑復堪愁。天生天殺何嘗盡，人是人非殊未休。善偶鴛鴦頭早白，〔二〕能啼杜宇血先流。須知却被才爲害，及至無才又却憂。

【校勘記】

〔一〕詩題，宋本作「三十年」。〔二〕「善」，宋本作「若」。

答人放言〔一〕

經時不見意何如，重出新詩笑語初。物理悟來添性淡，天心到後覺情踈。已全孟樂君無限，未識蘧非我有餘。大率空名如所論，此身甘老在樵漁。

【校勘記】

〔一〕此詩叢刊本、徐本、四庫本置於卷二《送王伯初學士赴北京機宜》下。

遊洛川初出厚載門

初出都門外，西南指洛陬。山川開遠意，天地掛雙眸。村落桑榆晚，田家禾黍秋。民間有此樂，何必待封侯。

宿延秋莊

驅車入洛川，〔一〕下馬弄飛泉。乍有雲山樂，殊無朝市喧。非唯快心志，自可忘形言。借問塵中友，〔二〕誰爲得手先。

【校勘記】

〔一〕「洛川」，叢刊本、四庫本作「洛周」。〔二〕「友」，叢刊本、四庫本作「有」。

宿壽安西寺

好景信移情，〔一〕直連毛骨清。〔二〕爲憐多勝槩，尤喜近都城。竹色交山色，松聲亂水聲。豈辭終日愛，解榻傍虛楹。

【校勘記】

〔一〕「情」，四庫本作「人」。〔二〕「清」叢刊本、四庫本作「誠」。

過永濟橋二首

山背錦峫開，河臨永濟迴。土田平似掌，桑柘大如槐。斜日射虹去，低雲將雨來。無涯負

清景，長是愧非才。〔一〕

一水一溪門，溪門雲復屯。珍禽囀喬木，〔二〕幽鹿走荒榛。雨脚拖平地，稻畦扶遠村。高城半頹缺，興廢事休論。

【校勘記】

〔一〕此下，徐本有標題「其二」二字。〔二〕「囀」，叢刊本、四庫本作「轉」。

至福昌縣作

清景幾人愛，愛之當遠尋。及臨韓嶽近，始見洛川深。縣在雲山腹，民居水竹心。無機類閑物，愈覺少知音。

燕堂即事

川上數峯青，林間一水明。閑雲無定體，幽鳥不知名。遊侶既非約，歸期莫計程。錙銖人世事，休強做威獰。

上寺看南山

疊疊是峯巒，西連梁雍寬。與其行裏看，不若坐中觀。包括經唐漢，并吞歷晉韓。消沉事難問，唯爾尚巋屼。

縣尉廨宇蓮池

縣尉小齋前，水清池有蓮。豈唯觀菡萏，兼可聽潺湲。宛類江湖上，殊非塵土邊。古人用心處，料得不徒然。

女几祠

西南有高山，山在杳冥間。神仙不可見，滿目空雲煙。千年女几祠，門臨洛水邊。但聞霓裳曲，世人猶或傳。

故連昌宫

洛水來西南，昌水來西北。二水合流處，宫墻有遺壁。行人徒想像，往事皆陳跡。空餘女几山，正對三鄉驛。

川上懷舊

去秋遊洛源，今秋遊洛川。川水雖無情，人心剛悄然。目亂千萬山，一山一重煙。山盡煙不盡，煙與天相連。

田夫忙治禾，水禽閑求魚。一者皆苦食，〔一〕動静何相殊。事過見休慼，時來知卷舒。回顧此二物，易地還何如。

爲今日之山，是昔日之原。爲今日之原，是昔日之川。山川尚如此，人事宜信然。幸免紅塵中，隨風浪着鞭。

地迥川原闊，村孤煙水閑。雷輕龍過一作换。浦，雲亂雨移山。田者荷鋤去，漁人背網還。伊予獨霑濕，猶在道途間。

【校勘記】

〔一〕「一」，叢刊本、徐本、四庫本作「二」。

燕堂暑飲

燕堂通高明，簷依斷崖嵚。涼風來松梢，清泉飛竹陰。佳果間紅緑，旨酒隨淺深。却思闤闠間，鬱蒸不可任。

燕堂閑坐

天網踈難漏，世網密莫通。我心久不動，一脱二網中。高竹漱清泉，長松迎清風。又云：瀟灑松間月，清泠竹外風。此時逢此景，正與此心同。

立秋日川上作〔一〕

富貴固難愛，〔二〕貧寒易得愁。休將少時態，移作老年羞。既有非常樂，須防不次憂。〔三〕誰能保終始，長作國公侯。

【校勘記】

〔一〕詩題，宋本作「座右」。〔二〕「固難」，宋本作「難忘」。〔三〕「次」，宋本作「測」。

辯熊耳〔一〕

昔禹别九州，導洛自熊耳。熊耳自有兩，未審孰爲是。東者近成周，西者隔丹水。《書》傳稱上洛，斯言得之矣。

【校勘記】

〔一〕「辯」，叢刊本、四庫本作「辨」。

登女几

予看山多矣，未嘗逢此奇。巨崖如格虎，險石若張旗。雲意閑舒卷，巖形屢改移。丹青難狀處，四面盡如斯。

川上南望伊川〔一〕

山留禹鑿門，〔二〕川閣堯水痕。古人不復見，古跡尚或存。歲月易凋謝，善惡難湮淪。無作近名事，強邀世俗尊。

【校勘記】

〔一〕詩題，蔡本作「龍門山跳望吟」，下有「五言八句」四小字。

〔二〕「鑿門」，蔡本作「門鑿」。

牧童

隨行笠與蓑，未始散天和。暖戲荒城側，寒偎古塚阿。數聲牛背笛，一曲隴頭歌。應是無心問，朝廷事若何？

夢中吟三鄉道中作

夢中說夢猶能憶，夢覺夢中還又隔。今日恩光空喜歡，當年意愛難尋覓。水成流處豈無聲，花到謝時安有色。過此相逢陌路人，都如元未曾相識。〔一〕

【校勘記】

〔一〕「未」，蔡本同，叢刊本、四庫本作「來」。

秋懷三十六首〔一〕

秋月夜初長，〔二〕星斗争煌煌。庭除經小雨，枕簟生微凉。照物無遁形，虚鑑自有光。照事無遁情，虚心自有常。

晴窻日初曛，幽庭雨乍洗。紅蘭静自披，緑竹閑相倚。榮利若浮雲，情懷淡如水。身非天外人，〔三〕意從天外起。

明月生海心，凉風起天末。物象自呈露，襟懷驟披豁。悟盡周孔權，〔四〕解開仁義結。禮法本防姦，豈爲吾曹設。

踈雨滴高梧，微風揺弱柳。此景歲歲同，世人自白首。俗慮易縈仍，塵襟難抖擻。浮生已夢中，其間强爲有。

清湍文鴛鴦，寒潭繡鸂鶒。長天浄如水，不廢秋江碧。男子一寸心，壯士萬夫敵。菡萏香風中，扁舟會相憶。

昨日思沃漿，今日思去扇。豈止人戈矛，炎凉自交戰。〔五〕利害生乎情，〔六〕好尚存乎見。欲人爲善人，必須自爲善。

甘瓜青如藍，紅桃鮮若血。不忍以手拈，而況用齒齧。其色已可愛，其味又更絶。食此無珍言，哀哉口與舌。

國命在乎民，民命在乎食。聖人雖復生，斯言固不易。虚惠豈足尚，教人以姑息。虚名豈足高，教人以緣飾。〔七〕

周《詩》云娶妻，《周易》云歸妹。七夕世俗情，乞巧兒女態。日暮雲雨過，人謂牛女會。雲雨自無蹤，牛女豈相配。

清風無人兼，自可入吾手。明月無人并，自可入吾牖。中心既已平，外物何嘗誘。餘事豈足論，但恐罇無酒。

青蕉葉披敷，碧蘆枝偃亞。風雨蕭蕭天，更漏沉沉夜。彼物固無嫌，此情又何訝。但念征路人，天涯尚留掛。

淡煙羃疎林，輕風裊寒雨。日暮人已歸，羣鷄猶啄黍。此心固不動，此事極難處。一言以蔽之，尚恐費言語。

八月炎涼均，氣味亦自好。臨虚喬木低，遠望行人小。有跡事皆妄，無心物都了。何須更問辛，願君自食蓼。

黄黍秋正熟，黄鷄秋正肥。此物劇易致，古人多重之。可以迓賔友，可以奉親闈。有褐能卒歲，此外何足爲。

稻稌天所生，麴糵人所制。釀之命爲酒，飲之可成醉。剛者使之柔，懦者使之毅。善移造物權，其功亦不細。

秋色日漸深，老心日益懶。倦即下堦行，閑來弄書卷。廣陌多風塵，見説難閑眼。〔八〕侯門已是深，帝闇又復遠。

塞鴻猶未來，梁燕已辭去。雲山千萬重，相逢在何處。岌嶪都城門，繚遶長亭路。風土敗人衣，纔新又成故。

斷續蟬聲外，稀踈鴈下前。年光空去也，人事益蕭然。洗竹留新笋，䌷書得舊篇。誰知養心者，肯與世争權。

中秋光景好，中州煙水奇。天重初寒候，人便半醉時。榻緣明月掃，襟待好風吹。一點胷中事，人間都不知。

良月滿高樓，高樓仍中秋。午夜冷露下，千里寒光流。何人將此鑑，拂拭新磨休。照破萬古心，白盡萬古頭。

寒露綴衰草，淒風摇晚林。鳥聲上復下，天氣晴還陰。節改一時事，人懷千古心。誰云子期死，舉世無知音。

風柳散如梳，霜雲淡如掃。高樓破危空，低煙裊寒早。〔九〕此際興不盡，何以戰秋老。止可將酒瓶，同向西風倒。

池荷日取敗，籬菊日就榮。其于品彙間，自與節氣争。盛衰不同時，賢愚難並行。安得松桂心，四時長青青。

人老秋更老，山深水復深。高木已就脱，慧禽空好音。筋骸非曩日，道德負初心。賴有餘編在，時時尚可尋。

九月氣乍肅，衰柳猶有蟬。霜外踈鐘斷，風餘清籟傳。千山亂遠目，〔一〇〕一鶚摩高天。自非出世人，而敢危行言。

飽霜梨多紅，久雨榴自罅。此果世稱珍，厥味是可詫。地有百物備，天無一言掛。我患尚有言，不得同造化。

惟南有美橘，惟北有美栗。厥包或頗同，厥味信不一。天地豈無情，草木皆有實。物本不負人，人自負于物。

蛺蝶遶寒菊，蟋蟀鳴空堦。門前有犬卧，盡日無客來。清波静中流，白雲閑處堆。何以發天和，時飲酒一杯。

紅葉戰西風，黄花笑寒日。天道有消長，人事無固必。静勝得遺味，夢去知餘失。利害不相沿，是非然後出。

九日登高會，尋幽講雅歡。俗風追故事，天氣薦輕寒。白酒連醅飲，黄花帶露觀。消沉浮世事，何足重汍瀾。

山横暮靄中，鳥逝孤煙外。殘菊憂霜摧，幽蘭懼風敗。患難人不喜，富貴人所愛。我心自不有，〔一一〕愛憎豈能賣。〔一二〕

水寒潭見心，木落山露骨。始信天無涯，萬里不隔物。脱衣掛扶桑，引手探月窟。不負仁義心，區區五十一。

草緑露霑衣，草衰風切肌。物情非作異，人意強生疑。岐動楊朱泣，絲添墨子悲。知之何太晚，徒自淚淋灕。

萬里晴天外，一片霜上月。長松挺青葱，羣卉入消歇。有齒日益衰，有髮日益脱。獲罪固已多，此心難屑屑。

草枯山川貧，木落天地瘦。土口風大行，〔一三〕雲鎼日微漏。既往不復追，未來尚可救。餘事不忍言，言之必成咎。

飲酒不甚多，數杯醺心顔。未醺不可止，既醺勸亦難。誰云萬物廣，豈出天地關。誰云萬事廣，豈出人情間。

【校勘記】

〔一〕蔡本僅收有本詩之第一首和第六首，詩題爲「秋懷吟」，下有「二首」二小字。　〔二〕「秋」，蔡本、叢刊本、徐本、四庫本作「七」。　〔三〕「身」，叢刊本、四庫本作「見」。　〔四〕「權」，叢刊本、徐本、四庫本作「道」。

〔五〕「自」，蔡本作「亦」。　〔六〕「乎」，蔡本作「於」。　〔七〕「緣」，四庫本作「言」。　〔八〕「閑」，叢刊本、徐本、四庫本作「開」。　〔九〕「早」，叢刊本、徐本、四庫本作「草」。　〔一〇〕「目」，叢刊本、四庫本作「月」。

〔一一〕「自」，叢刊本作「曰」。　〔一二〕「愛憎」，四庫本作「富貴」。　〔一三〕「大」，叢刊本作「天」。

和陝令張師柔石柱村詩

君爲陝縣令，我實康公孫。始祖有遺烈，託君訪其存。夫君有詩來，題云《石柱村》。石柱之始立，於古無所根。就勒分陝銘，惟唐人之言。既歷年所多，首尾無完文。難以從考正，將焉求其源。我患讀書寡，知識無過人。經書史傳外，不能破羣昏。從長卿公羊，宜自陝而分。從《君陳》《畢命》，宜成周而云。二者兼取之，於義自或尊。〔一〕分政東西郊，可以陝洛論。此說如近之，庶幾緩紛紜。《甘棠》之蔽芾，《石柱》之青新。〔二〕當時之盛事，予不得而親。二《南》之正化，二公之清芬。千載之美談，予可得而聞。棄經而任傳，儒者固不遵。作詩以明之，馳此庸報君。

【校勘記】

〔一〕「自」，徐本作「似」。〔二〕「青」，四庫本作「清」。

放言〔一〕

既得希夷樂，曾無寵辱驚。泥空終是著，〔二〕齊物到頭爭。忽忽閑拈筆，時時自寫名。誰能苦真性，情外更生情。〔三〕

【校勘記】

〔一〕叢刊本、徐本此詩位於本卷《賀人致政》後。

〔二〕「終是著」，宋本作「倶是着」。

〔三〕下「情」字，宋本作「愼」，疑誤。

伊川擊壤集卷之四

天津新居成謝府尹王君貺尚書嘉祐七年

嘉祐壬寅歲，新巢始僝功。仍分道德里，更近帝王宫。檻仰端門峻，軒迎兩觀雄。窗虚響灑潤，臺迥琢伊嵩。好景尤難得，昌辰豈易逢。無才濟天下，有分樂年豐。水竹腹心裏，鶯花淵藪中。老萊歡不已，静節興何窮。〔一〕嘯傲陪真侣，經營賀府公。丹誠徒自寫，匪報是恩隆。

【校勘記】

〔一〕「静」，四庫本作「靖」。

新春吟

多病筋骸五十二，新春猶得共銜杯。踐形有説常希孟，樂内無功可比回。燕去燕來徒自苦，花開花謝漫相催。此心不爲人休慼，二十年來已若灰。

有客吟

伊嵩有客欲無言，進退由來盡俟天。好静未能忘水石，樂閑非爲學神仙。休嗟紫陌難爲客，且喜清風不用錢。枉尺直尋何必較，此心都大不求全。

小圃逢春〔一〕

隨分亭欄亦弄妍，〔二〕不妨閑傍酒壚邊。〔三〕夜簷静透花間月，晝户寒生竹外煙。〔四〕事到悟來全偶爾，天教閑去豈徒然。壺中日月長多少，爛占風光十二年。

【校勘記】

〔一〕詩題，蔡本作「小圃逢春吟」，下有「七言」二小字。〔二〕「亭」，蔡本作「庭」。〔三〕「壚」，蔡本作「爐」。〔四〕「寒」，蔡本、叢刊本、徐本、四庫本作「晴」。

暮春吟

春來小圃弄羣芳，誰居貧居富貴鄉。〔一〕門外柳陰浮翠潤，堦前花影溜紅光。梁間新燕未調舌，〔二〕天末歸鴻已著行。自問心源何所有，〔三〕答云疎懶味偏長。

【校勘記】

〔一〕上「居」字，叢刊本、徐本、四庫本作「爲」，蔡本作「謂」。 〔二〕「未」，蔡本作「來」。 〔三〕「自」，蔡本作「借」。「何」，蔡本同，叢刊本、徐本、四庫本作「無」。

惜芳菲〔一〕

細筭人間千萬事，皆輸花底共開顔。芳菲大率一春内，爛漫都無十日間。〔二〕亦恐憂愁爲齟齬，更防風雨作艱難。莫教此後成遺恨，把火罇前尚可攀。〔三〕

【校勘記】

〔一〕詩題，蔡本作「惜芳菲四吟」，下有「七言」二小字，本詩爲其中的第一首。 〔二〕「爛漫」，蔡本作「爛熳」。
〔三〕「把火」，蔡本作「秉燭」。

答人見寄

鬢毛不患漸成霜，有託琴書子一雙。既乏長才康盛世，無如高枕卧南窗。明知筋力難爲強，猶説雲山未樹降。多謝故人相愛甚，轍魚幸免困西江。

弄筆

行年五十二，老去復何憂。事貴照至底，話難言到頭。上有明天子，下有賢諸侯。飽食高眠外，自餘無所求。

問人丐酒〔一〕

百病筋骸一老身，白頭今日愧因循。雖無紫詔還朝速，却有青山入夢頻。〔二〕風月滿天誰是主，林泉遍地豈無人。市沽酒味難醇美，長負襟懷一片春。

【校勘記】

〔一〕詩題，蔡本作「問人丐酒吟」。〔二〕「頻」下，蔡本有小注：「陳希夷答郎中云：九重紫詔□□□□，採鳳御來□留住。又詩云：十年蹤跡走紅塵，但竟青山入夢頻。故有此聯也。」

答客

人間相識幾無數，相識雖多未必知。望我實多全爲道，知予淺處却因詩。升沉休問百年事，〔一〕今古都歸一局棊。乘馬須求似騏驥，奈何騏驥未來時。

【校勘記】

〔一〕「升」，宋本作「浮」。

悟人一言〔一〕

百慮謀猶拙，一言迷自開。世間無大事，天下有雄才。〔二〕唯恐人難得，〔三〕寧憂道未恢。忌心都去盡，何復病塵埃。

【校勘記】

〔一〕詩題，宋本作「悟人」，蔡本作「悟人一言吟」。〔二〕「雄才」，蔡本同，宋本作「英才」。〔三〕「恐」，宋本、蔡本作「患」。

謝人惠筆

愛重寄文房，慇懃謝遠將。兔毫剛且健，�管直而長。静録新詩稿，閑抄舊藥方。自餘無所用，足以養鋒鋩。

書事吟〔一〕

天地有常理，日月無遁形。〔二〕飽食高眠外，率是皆虛名。〔三〕雖乏伊吕才，不失堯舜氓。〔四〕何須身作相，然後爲太平。

【校勘記】

〔一〕詩題，宋本作「書事」。　〔二〕「形」，四庫本作「行」。　〔三〕「是皆」，宋本作「皆是」。　〔四〕「氓」，宋本作「民」。

雙頭蓮

漢室嬋娟雙姊妹，天台嫖𡢃兩神仙。當時盡有風流過，謫向人間作瑞蓮。

答人書意

仲尼言正性，子輿言踐形。二者能自得，殆不爲虛生。所交若以道，所感若以誠。雖三軍在前，而莫得之凌。

答人書言

無位立事難，逢時建功易。求全自有毀，舉大須略細。去惡慮傷恩，存惡憂害義。徒有仁者心，殊無仁者意。

答人書〔一〕

卿相一歲俸，寒儒一生費。人爵固不同，天爵何嘗匱。〔二〕不有霜與雪，〔三〕安知松與桂。雖無官自高，豈無道自貴。

【校勘記】

〔一〕詩題，宋本同，蔡本作「答人書謂吟」。〔二〕「天爵」，宋本作「大樂」，蔡本作「天樂」。〔三〕「霜與雪」，蔡本作「雪與霜」。

與人話舊

耳目所聞見，且言三十春。纔更十次閏，已换一番人。圮族綺紈故，朱門車馬新。從來皆偶爾，何者謂功勳。

閑吟

忽忽閑拈筆，時時樂性靈。何嘗無對景，未始便忘情。句會飄然得，詩因偶爾成。天機難狀處，一點自分明。

閑坐吟

當年計過之，今日事難隨。天命不我祐，雲山聊自怡。無何緣淡薄，遂得造希夷。却欲嗤真宰，勞勞應不知。

天津閑步

天子舊神州，葱葱氣象浮。園林閑近水，殿閣遠横秋。浪雪暑猶在，橋虹晴不收。人間無事日，此地好淹留。

天津幽居

予家洛城裏，況復在天津。日近先知曉，天低易得春。時光優化國，景物厚幽人。自可辭軒冕，閑中老此身。

天津水聲〔一〕

洛水近吾廬，潺湲到枕虚。湍驚九秋後，〔二〕波急五更初。細爲輕風背，豪因驟雨餘。幽人有玆樂，何必待笙竽。

【校勘記】

〔一〕此詩宋本在《答人書》中「大樂何嘗匱」之後，疑誤。　〔二〕「驚」，宋本作「流」。

不寢〔一〕

閑坐更已深，〔二〕就寢夜尚永。展轉不成寐，却把前事省。奠枕時昏昏，擁衾還耿耿。西窗明月中，〔三〕數葉芭蕉影。

【校勘記】

〔一〕詩題，宋本作「不寐」。　〔二〕「已」，宋本作「亦」。　〔三〕「明月」，宋本作「月明」。

天宮小閣

夏日到天宮，憑欄望莫窮。古人用心遠，天子建都雄。樓觀深雲裏，山川暮靄中。行人漫來往，〔一〕此意有誰同。〔二〕

【校勘記】

〔一〕「漫」，宋本作「謾」。　〔二〕「有」，宋本作「與」。

聽琴〔一〕

琴宜入夜聽，别起一般情。〔二〕纔覺哀猿絶，還聞離鳳鳴。青山無限好，白髮不須驚。會取坐忘意，方知太古心。〔三〕

【校勘記】

〔一〕詩題，蔡本作「聽琴吟」。〔二〕「情」，蔡本作「聲」，叢刊本、徐本作「清」。〔三〕「心」，蔡本、叢刊本、徐本、四庫本作「情」。

天津感事二十六首

雲輕日淡天津暮，風急林疏洛水秋。獨步獨吟人莫會，時時鷗鷺下汀洲。

寵辱事多今不見，興亡時去止堪哀。請觀今日長安道，抵暮行人猶往來。

鳳樓深處鎖雲煙，一鎖雲煙又百年。痛惜汾陰西祀後，翠華辜負上陽天。

誰引長河貫洛城，鑾輿東去此爲輕。洪濤不服天津束，日夜奔騰作怒聲。

陽烏西去水東流，今古推移幾度秋。四面遠山長斂黛，不知終日爲誰愁。

忙忙負乘兩何殊，往復由來出此途。争似不才閑處坐，平時雲水遶衣裾。

人言垂釣辯浮沉，辯著浮沉用意深。〔一〕吾耻不爲知害性，等閑輕動望魚心。

自古別都多隙地，參天喬木亂昏鴉。荒垣壞堵人耕處，半是前朝卿相家。
鳳凰樓觀冷横秋，橋下長波入海流。千百年來舊朝市，幾番人向此經由。
輪蹄交錯未嘗停，去若相追來若争。料得中心無別事，苟非干利即干名。
煙樹盡歸秋色裏，人家常在水聲中。數行旅鴈斜飛去，一簇樓臺峭倚空。
渌水悠悠際碧天，平蕪更與遠山連。白頭老叟心無事，閑憑欄干看洛川。〔二〕
去年橋上憑欄人，今歲橋邊騎馬身。橋上橋邊不知數，於今但記十三春。
堤邊草色長芊芊，陌上行人自往還。渌水欲浄不得浄，春風未放柳條閑。
水流任急境一作景。常静，花落雖頻意自閑。不似世人忙裏老，生平未始得開顔。
溪邊閑坐眼慵開，波射長堤勢欲摧。多少水禽文彩好，幾番飛去又飛來。
名利從來本任才，行人不用苦相猜。壺中日月長多少，閑步天津看往來。
地勢東南一槩傾，水流何日得安平。天津更在急流處，無限高深併此聲。
三千里外名荒服，一百年來號太平。争似洛川無事客，何須列土始爲榮。
遶堤楊柳輕風裏，隔水樓臺細雨中。酒放半醺重九後，此時情味更無窮。
著身静處觀人事，放意閑中鍊物情。去盡風波存止水，世間何事不能平。
隋唐而下貴公卿，近世風波走利名。借問天津橋下水，當時湍激作何聲。〔三〕
前朝無限貴公卿，後世徒能記姓名。唯此天津橋下水，古今都作一般聲。

雲無一縷干明月，橋有千尋臥淥波。料得人間無此景，中秋對月興如何？〔四〕

郟鄏城中同德友，鳳凰樓下會中秋。芳罇倒盡人歸去，月色波光戰未休。

了生始可言常事，〔四〕知性方能議大猷。只此長川無晝夜，爲誰驅逼向東流。〔五〕

【校勘記】

〔一〕「辯」，四庫本作「辨」。　〔二〕「干」，徐本作「杆」。　〔三〕「激」，叢刊本、徐本作「急」。　〔四〕「了」，叢刊本作「子」。　〔五〕「逼」，徐本作「迫」。

誠明吟

孔子生知非假習，孟軻先覺亦須脩。誠明本屬吾家事，自是今人好外求。

繩水吟

有水善平難善直，唯繩能直不能平。如將繩水合爲一，世上何憂事不明。

辛酸吟

辛酸既不爲中味，商徵如何是正音。舉世未能分曲直，使誰爲主主心平。

言默吟〔一〕

當默用言言是垢，〔二〕當言任默默爲塵。當言當默都無任，塵垢何由得到身。

【校勘記】

〔一〕詩題，宋本作「言默」。〔二〕「用」，宋本同，徐本作「任」。

閑居述事

一點天真都不耗，千鍾人禄是難來。太平自慶無他事，有酒時時三五杯。

竹雨侵人氣自涼，南窓睡起望瀟湘。茅簷滴瀝無休歇，却憶當初宿夜航。

初晴月向松間出，盛暑風從水面來。已比他人多數倍，況能時復舉罇罍。

堂上慈親八十餘，堦前兒女笑相呼。〔一〕旨甘取足隨豐儉，此樂人間更有無。

清歡少有虚三日，劇飲未嘗過五分。〔二〕相見心中無別事，〔三〕不評興廢只論文。〔四〕

花木四時分景致，經書千卷號生涯。〔五〕有人若問閑居處，道德坊中第一家。

【校勘記】

〔一〕「兒女」，宋本作「兒童」。「笑」，宋本、叢刊本、徐本、四庫本作「戲」。〔二〕「劇」，宋本作「極」。

〔三〕「別」，宋本作「一」。〔四〕「只」，叢刊本、徐本作「即」。〔五〕「號」，叢刊本、徐本、四庫本作「好」。

天宫小閣納凉

小閣憑虚看洛城，滿川雲物拱神京。風從萬歲山頭至，多少烟嵐併此清。

小閣於吾有大功，清涼冠絶洛城中。自慙虚薄誠多幸，襟袖長涵萬里風。

小閣清風豈易當，一般情味若羲皇。洛陽有客不知姓，二十年來享此涼。

天宫幽居即事〔一〕

人苦天津遠，〔二〕來須特特來。閑餘知道泰，静久覺神開。〔三〕悟《易》觀棊局，談詩捻酒杯。世情千萬狀，都不與裝懷。〔四〕

【校勘記】

〔一〕詩題，蔡本作「新居吟」。 〔二〕「苦」，蔡本作「若」。 〔三〕「静久覺神開」，蔡本作「争久竟伸開」。

〔四〕「不與」，蔡本作「與不」。

遊龍門

江天無少異，幽鳥下晴沙。路去山形斷，〔一〕川迴渡口斜。龕巖千萬空，〔二〕店舍兩三家。清景四時好，都城況不賒。

【校勘記】

〔一〕「路」，叢刊本、四庫本作「洛」。　〔二〕「空」，叢刊本作「穴」，徐本、四庫本作「穴」。

重遊洛川〔一〕

買石尚饒雲，〔二〕買山當從水。雲可致無心，水能爲鑑止。性以無心明，情由鑑止已。〔三〕二者不可失，出彼而入此。

【校勘記】

〔一〕詩題，蔡本作「重游洛川吟」。　〔二〕「饒雲」，蔡本作「雲饒」。　〔三〕「情」，蔡本作「心」。

川上觀魚〔一〕

天氣冷涵秋，川長魚正遊。〔二〕雖知能避網，〔三〕猶恐悮吞鈎。已絶登門望，曾無點額憂。因思濠上樂，曠達是莊周。

【校勘記】

〔一〕詩題，宋本作「觀魚」。　〔二〕「魚正遊」，宋本作「無止遊」。　〔三〕「雖」，宋本作「誰」。

伊川擊壤集卷之五

後園即事三首嘉祐八年〔一〕

太平身老復何憂，景愛家園自在遊。〔二〕幾樹緑楊陰乍合，〔三〕數聲幽鳥語方休。竹侵舊徑高低迸，〔四〕水滿春渠左右流。〔五〕借問主人何似樂，答云殊不異封侯。〔六〕

天養踈慵自有方，〔七〕洛城分得水雲鄉。〔八〕不聞世上風波險，〔九〕但見壺中日月長。一局閑棊留野客，數杯醇酒面脩篁。〔一〇〕物情悟了都無事，未覺顔淵已坐忘。〔一一〕

年來得疾號詩狂，〔一二〕每度詩狂必命觴。樂道襟懷忘檢束，任真言語省思量。賔朋欵密過從久，〔一三〕雲水優閑興味長。始信淵明深意在，此窻當日比羲皇。〔一四〕

【校勘記】

〔一〕詩題，宋本作「後園」，下有「二首」二小字；蔡本作「即事三吟」。〔二〕「自在」，蔡本同，宋本作「自有」。〔三〕「楊」，蔡本同，宋本作「田」。〔四〕「舊徑」，蔡本同，宋本作「徑舊」。〔五〕「春」，宋本同，蔡本作「川」。〔六〕「殊」，宋本作「珠」。〔七〕「天養踈慵自有方」，蔡本同，宋本作「風養鍊備日有方」。〔八〕「洛城」，宋本同，蔡本作「陽」。〔九〕「世上」，蔡本同，宋本作「山上」。〔一〇〕「脩篁」，蔡本同，宋本作「倄皇」。〔一一〕「覺」，叢刊本、徐本作「學」，蔡本、宋本作「斉」。〔一二〕「年來得疾」，蔡本作「老年得病」。〔一三〕「欵」，蔡本作「疑」。〔一四〕「此」，蔡本、叢刊本、徐本、四庫本作「北」。

觀棊長吟〔一〕

院静春深晝掩扉，〔二〕竹間閑看客争棊。搜羅神鬼聚胷臆，措置山河入範圍。〔三〕局合龍蛇成陣鬭，劫殘鴻鴈破行飛。殺多項羽坑秦卒，〔四〕敗劇苻堅畏晉師。座上戈鋋嘗擊搏，〔五〕面前氷炭旋更移。死生共抵兩家事，勝負都由一着時。當路斷無相假借，對人須且強推辭。〔六〕腹心受害誠堪懼，脣齒生憂尚可醫。善用中傷爲得策，陰行狡獪謂知機。請觀今日長安道，易地何嘗不有之。

【校勘記】

〔一〕蔡本「吟」下有「七言」二小字。〔二〕「院静」，蔡本同，徐本作「静院」。〔三〕「置」，蔡本同，叢刊本、徐本、四庫本作「致」。〔四〕「項羽」，蔡本作「項籍」。〔五〕蔡本「鋋」作「矛」，「搏」下有小注「矛一作鋋」四字。〔六〕「辭」下，蔡本有小注「且一作是」四字。

秋日登崇德閣二首

無限英賢抑壯圖，〔一〕登臨不用起長吁。山川千古戰争後，冠劍百年零落餘。浪把功名爲己任，那知富貴豈人謨。丹青曲盡世間妙，寫得憑欄意思無。

一百年來號太平，當初仍患不丁寧。京都尚有漢唐氣，宮闕猶虛霸王形。煙外亂峯纔隱約，霜餘紅樹半凋零。罇中有酒難成醉，旋被西風吹又醒。〔二〕

【校勘記】

〔一〕「英」，叢刊本、四庫本作「高」。　〔二〕「被」，叢刊本、徐本作「彼」。

秋日飲後晚歸

水竹園林秋更好，忍把芳罇容易倒。重陽已過菊方開，情多不學年光老。〔一〕陰雲不動楊柳低，風遞輕寒生暮早。〔二〕無涯逸興不可收，馬蹄慢踏天街草。

【校勘記】

〔一〕「學」，徐本作「覺」。　〔二〕「早」，叢刊本、四庫本作「草」。

寄陝守祖擇之舍人

記得相逢否，當時在海東。別離千里外，倏忽十年中。跡異名尤異，心同齒更同。終期再清會，文酒樂無窮。〔一〕

【校勘記】

〔一〕「文」，叢刊本、四庫本作「交」。

哭張元伯職方

近年老輩頻凋落，使我中心又惻然。洛社掛冠高卧者，唯君清澈如神仙。昔者與君論少長，〔一〕今日與君争後先。把酒酹君君必知，爲君灑淚西風前。

【校勘記】

〔一〕「者」，叢刊本、徐本、四庫本作「日」。

哭張師柔長官

生平志在立功名，誰謂才難與命争。絶筆有詩形雅意，蓋棺無地盡交情。胷中時事何由展，天下人才不復評。魂若有知宜自慰，子孫大可振家聲。

和登封裴寺丞翰見寄治平三年

陋巷簞瓢世所傳，予何人則耻蕭然。〔一〕既知富貴須由命，難把升沉更問天。静默有功成野性，騫驤無路學時賢。紛華出入金門者，應笑溪翁治石田。

【校勘記】

〔一〕「則」，四庫本作「斯」。

何事吟寄三城富相公〔一〕

何事教人用意深，出塵些子索沉吟。施爲欲似千鈞弩，磨礪當如百鍊金。〔二〕釣水誤持生殺柄，着棊閑動戰争心。一杯酒美聊康濟，林下時時或自斟。

【校勘記】

〔一〕此詩叢刊本、四庫本置於卷三《名利吟》下。詩題叢刊本作「何事吟」，宋本作「何事」。〔二〕「礪」，宋本作「勵」。

代書寄友人〔一〕

當年有志高天下，嘗讀前書笑謝安。豈謂此身甘老朽，尚無閑地可盤桓。棊逢敵手纔堪着，琴少知音不願彈。非止不才能退默，古賢長恨得時難。

【校勘記】

〔一〕詩題，宋本作「代書友人」。

訪姚輔周郎中月陂西園

相憶不可遏，西街來訪時。交横過溝水，隙曲遶蔬畦。樹偃低頭避，筇高换手持。朋遊相得甚，何樂更如之。

依韻謝登封劉李裴三君見約遊山

諸公見約往嵩前，重走新詩各一篇。擺落塵埃非敢後，訪尋雲水柰輸先。三陽宫近叢幽石，萬歲峯高羃紫煙。多少勝遊俱未到，願陪仙躅共攀緣。

登嵩頂

九州環遶若棊枰，〔一〕萬歲嵩高看太平。四海有人能統御，中原何復有交争。〔二〕長憂眼見姦雄輩，且願身爲堯舜氓。五十三年蕪没事，如今方喜看春耕。

【校勘記】

〔一〕「若」，叢刊本作「持」，四庫本作「峙」。　〔二〕「交」，叢刊本作「咬」。

登封縣宇觀少室

天地始融結，此山已高極。羣峯擁旌幢，巨石羅劍戟。日出崖先紅，雨餘嵐更碧。安知無神仙，其間久遁跡。

山中寄登封令

初離縣日謀經宿，既到山中未忍迴。公宇若無民事決，願攜茶器上山來。

歸洛寄鄭州祖擇之龍圖

恩深骨髓謂慈親，義重丘山是故人。歸過嵩陽舊遊地，白雲收得薜蘿身。

和祖龍圖見寄

吾家職分是雲山，不見雲山不解顏。遊興亦難拘日限，〔一〕夢魂都不到人間。煙嵐欲極無涯樂，軒冕何常有暫閑。洛社交朋屢思約，〔二〕幾時曾得略躋攀。

【校勘記】

〔一〕「限」，叢刊本、四庫本作「阻」。 〔二〕「思」，叢刊本、徐本、四庫本作「相」。

緣飾吟〔一〕

緣飾了時稱好手，作爲成處似真家。〔二〕須防冷眼人覷覰，〔三〕傀儡都無帳幕遮。〔四〕

【校勘記】

〔一〕詩題，宋本作「寄友人」。〔二〕「似」，叢刊本、四庫本作「是」。〔三〕「覰」，宋本作「視」。

〔四〕「都無」，宋本作「訴無」。

自況三首

名利場中難著脚，林泉路上早迴頭。不然半百殘軀體，正被風波汩未休。

滿天風月爲官守，〔一〕遍地雲山是事權。〔二〕唯我敢開無意口，〔三〕對人高道不妨言。

每恨性昏聞道晚，長慙智短適時難。人生三萬六千日，二萬日來身却閑。

【校勘記】

〔一〕「風月」，宋本作「明月」。〔二〕「權」，宋本作「難」。〔三〕「意」，宋本作「語」。

偶書

紛紛議論出多門，安得真儒號縉紳。名教一宗長有主，〔一〕中原萬里豈無人。皇王帝伯時

雖異，〔二〕禮樂詩書道自新。觀古事多今可見，不知何者爲經綸。〔三〕

【校勘記】

〔一〕「名教」，宋本作「多交」。　〔二〕「王」，宋本作「玉」，疑誤。　〔三〕「爲」，宋本作「號」。

代書寄商洛令陳成伯

此去替期猶半歲，〔一〕商山窮僻少醫名。感傷多後氣防滯，〔二〕成伯悼亡。暑濕偏時疾易生。聖智不能無蹇剥，賢才方善處哀榮。斯言至淺理非淺，少補英豪一二明。

【校勘記】

〔一〕「替」，四庫本作「暫」。　〔二〕「氣」，叢刊本、四庫本作「風」。

治平丁未仲秋遊伊洛二川六日晚出洛城西門宿奉親僧舍聽張道人彈琴〔一〕

向晚驅車出上陽，〔二〕初程便宿水雲鄉。更聞數弄神仙曲，始信壺中日月長。

【校勘記】

〔一〕詩題，在宋本中本詩及以下三首詩統作「遊伊落」，下有「四首」二小字。　〔二〕「向晚」，宋本作「六日」。

七日遡洛夜宿延秋莊上

八月延秋禾熟天，〔一〕農家富貴在豐年。一箪雞黍一瓢酒，〔二〕誰羨王公食萬錢。〔三〕

【校勘記】

〔一〕「八月」，宋本作「秋自」。「熟」，宋本作「黍」。〔二〕「酒」，宋本作「飲」。〔三〕「食」，宋本同，四庫本作「十」。

八日渡洛登南山觀噴玉泉會壽安縣張趙尹三君同遊

渡洛南觀噴玉泉，〔一〕千峯萬峯遥相連。中間一道長如雪，飛入寒潭不記年。〔二〕

【校勘記】

〔一〕「渡洛」，宋本作「七日」。〔二〕「入」，宋本作「落」。

九日登壽安縣錦𡶩山下宿邑中

煙嵐一簇特崔嵬，〔一〕到此令人心自灰。上有神仙不知姓，洞門閑倚白雲開。

並轡西遊疊石溪，斷崖環合與雲齊。飛泉亦有留人意，肯負他年向此棲。〔一〕疊石溪在縣南五六里。

【校勘記】

〔一〕「特」，宋本作「恃」。 〔二〕「向」，叢刊本、四庫本作「尚」。

十日西過永濟橋唐橋名

十日西行過永濟，時時細雨濕衫衣。〔一〕多情會得山神意，猶恐行人欠翠微。

【校勘記】

〔一〕「衫衣」，徐本作「衣衫」。

過宜陽城二首〔一〕

六國區區共事秦，疲於奔命尚難親。〔二〕如何殺盡半天下，豈是關東没一人。〔三〕

當日宜陽號別都，奈何韓國特區區。子房不得宣遺恨，博浪沙中中副車。

【校勘記】

〔一〕詩題，宋本同，但僅收録前一首詩。 〔二〕「尚難親」，宋本作「未能兒」。 〔三〕「豈是」，宋本作「豈謂」。

十一日福昌縣會雨

雲勢移峯緩，泉聲出竹遲。此時無限意，唯有翠禽知。

依韻和壽安尹尉有寄

不向紅塵浪著鞭，殊無才業合時賢。本酬壯志都無效，欲住青山却有緣。翠竹陰中開縹帙，白雲堆裏揖飛泉。錦嵥正與南溪對，〔一〕他日從遊子子傳。〔二〕

【校勘記】

〔一〕「南溪」，叢刊本、徐本、四庫本作「溪南」。　〔二〕「子子」，四庫本作「字字」。

十二日同福昌令王賛善遊龍潭潭在南山，去縣十五里

二潭泠浸崖根黑，〔一〕數峯高入雲衢碧。遊人屏氣不敢言，長恐雷霆奮於側。水邊静坐天將暮，猶自盤桓未成去。馬上迴頭更一觀，雲烟已隔無重數。

【校勘記】

〔一〕「二」，叢刊本、徐本、四庫本作「一」。

十三日遊上寺在縣北及黄澗在縣西

能休塵境爲真境，未了僧家是俗家。不向此中尋洞府，更於何處覓藏花。〔一〕堪嗟五伯争周燼，可笑三分拾漢餘。何似不才閑處坐，平時雲水遶衣裾。

【校勘記】

〔一〕「藏」，叢刊本作「城」。

十四日留題福昌縣宇之東軒

洛川秋入景尤佳，微雨初過徑路斜。水竹洞中藏縣宇，煙嵐塢裏住人家。霜餘紅間千重葉，天外晴排數縷霞。溪淺溪深清瀲灧，峯高峯下碧查牙。鳥因擇木飛還遠，雲爲無心去更賒。蓋世功名多齟齬，出羣才業足咨嗟。〔一〕浮生日月仍須惜，半老筋骸莫強誇。就此巖邊宜築室，樂吾真樂樂無涯。

【校勘記】

〔一〕「嗟」，叢刊本作「元」。

十五日别福昌因有所感

連昌宫廢昌河在，事去時移語浪傳。下有荒祠難問處，古槐枝秃竹參天。

是夕宿至錦屏山下

尋常看月亦嬋娟，不似今宵特地圓。疑是素娥紓宿憾，相逢爲在錦屏前。

十六日依韻酬福昌令有寄

道義相歡豈易親，古稱難處是知人。文章不結市朝士，榮辱非關雲水身。話入精詳皆物理，言無形跡盡天真。他時洛社過從輩，圖牒中添又一鄰。

十七日錦屏山下謝城中張孫二君惠茶

山似挼藍波似染，遊心一句難拘檢。〔一〕仍攜二友所分茶，每到煙嵐深處點。

【校勘記】

〔一〕「句」，叢刊本、徐本、四庫本作「向」。

壽安縣晚望

休歎浮生榮與辱，且聽終日水潺潺。遥穿暝靄孤鴻去，〔一〕横截野煙雙鷺還。佳樹又作老木。排青巖下圃，好峯環翠縣前山。報言名利差輕者，少輟光陰到此間。

【校勘記】

〔一〕「暝」，叢刊本、四庫本作「瞑」。

十八日逾牽羊坂南達伊川墳上

三尺荒墳百尺山，生身慈愛在其間。此情至死不能盡，日暮徘徊又且還。

思程氏父子兄弟因以寄之

年年時節近中秋，佳水佳山爛熳遊。〔一〕此際歸期爲君促，伊川不得久遲留。氣候如當日，山川似舊時。獨來還獨往，此意有誰知。

【校勘記】

〔一〕「爛熳」，叢刊本、四庫本作「熳爛」。

十九日歸洛城路遊龍門

伊川徃復過龍山，每過龍山意且閑。莫道移人不由境，可堪深著利名間。〔一〕

無煩物象弄精神，世態何常不喜新。唯有前墀好風月，清光依舊屬閑人。

【校勘記】

〔一〕「間」，叢刊本作「閒」，徐本作「閑」。

留題龍門〔一〕

融結成來不記秋，斷崖蒼壁鎖煙愁。〔二〕中分洪造夏王力，横截大山伊水流。〔三〕八節灘聲長在耳，一川風景盡歸樓。〔四〕行人莫動憑欄興，無限英雄浪白頭。

誰將長劍斬長蛟，斬斷長蛟劍復韜。爪尾蜿蜒凝華嶽，角牙獰惡結嵩高。骨傷兩處嶄蒼壁，血出東流洶巨濤。此物猶難保身首，爲言讒口莫嗷嗷。〔五〕

【校勘記】

〔一〕詩題，蔡本作「留題龍門二吟」。

〔二〕「鎖」，蔡本作「瑣」。

〔三〕「大山」，蔡本作「大川」。

〔四〕「風景」，蔡本作「風物」。

〔五〕「爲」，叢刊本、徐本、四庫本作「謂」，蔡本作「誰」。

龍門石樓看伊川

數朝從款走煙霞，縱意憑欄看物華。百尺樓臺通鳥道，一川煙水屬僧家。直須心逸方爲樂，始信官榮未足誇。此景得遊無事日，也宜知幸福無涯。

二十日到城中見交舊

年年此際走煙嵐，人亦何嘗謂我貪。歸見交親話清勝，且無防患在三緘。

二十二日晚步天津次日有詩

溪翁昨晚步天津，步到天津佇立頻。洛水只聞煎去棹，西風唯解促行人。山川慘淡籠寒雨，樓觀參差鎖暮雲。此景分明誰會得，欲霜時候鴈來賓。

二十五日依韻和左藏吴傳正寺丞見贈

上陽光景好看書，非象之中有坦途。良月引歸芳草渡，快風飛過洞庭湖。不因赤水時時往，焉有黄芽日日娱。莫道天津便無事，也須閑處著工夫。來詩云：「從此天津南畔景，不教都屬邵堯夫。」故有是句。

二十九日依韻和洛陽陸剛叔主簿見贈

一霎蕭蕭晚雨餘，鳳凰樓下偶驅車。郄詵片玉知能挹，〔一〕樂廣青天幸未踈。相闊夏秋聞甚事，可親燈火讀何書。恨無束帛嘉程子，徒自悁悁返弊廬。〔二〕

【校勘記】

〔一〕「挹」，四庫本作「憶」。

〔二〕「弊」，徐本、四庫本作「敝」，叢刊本作「獘」。

伊川擊壤集卷之六

代書寄劍州普安令周士彥屯田

作官休用歎奚爲，未有升高不自卑。君子屈伸方爲道，吾儒進退貴從宜。即今彭澤歸何地，他日東門去未遲。痛恨伊嵩景無限，一名佳處重求資。

二蜀至三吳，中間萬里餘。去年方北望，今歲復西驅。劍閣離天日，秦川限帝都。臨風相憶處，能飲一杯無。

又一絶

正當老輩過從日，況值高秋揺落天。一把黄花一罇酒，故人西去又經年。

和趙充德秘丞見贈〔一〕

人言人事危冠冕，吾愛吾生遠市朝。〔二〕野面不堪趨魏闕，閑身唯稱訪楊寥。殊無紀律詩千首，富有雲山酒一瓢。預惜軒車又東去，〔三〕自兹風月恐難招。

【校勘記】

〔一〕「德」，叢刊本、徐本、四庫本作「道」。

〔二〕「生」，叢刊本、徐本、四庫本作「廬」。

〔三〕「惜」，叢刊

本、徐本、四庫本作「借」。

和王不疑郎中見贈

二十年來住洛都，眼前人事任紛如。形同草木何勝野，心類鐘彝不啻虛。已沐仁風深骨髓，更驚詩思劇瓊琚。莊周休道虧名實，自是無才悦衆狙。

和魏教授見贈

清世文章日月懸，無才唯幸樂豐年。遊山太室更少室，看水伊川又洛川。古有孟軻難語覺，時無顔子易爲賢。讀書每到天根處，長懼諸公問極玄。

和吴沖卿省副見贈

非有非無是祖鄉，都來相去一毫芒。人人可到我未到，物物不妨誰與妨。失即肝脾爲楚越，得之藜藿是膏粱。一言千古難知處，妙用仍須看吕梁。

和孫傳師秘教見贈

天津南畔是吾廬，時荷夫君枉乘車。始爲退來忘檢束，却因閑久長空踈。與其功業逋青史，孰若雲山負素書。一片丹誠最難狀，庶幾長得類舟虚。

依韻和陳成伯著作長壽雪會

瓊苑羣花一夜新，瑶臺十二玉爲塵。城中竹葉湧增價，坐上楊花盛學春。時會梁園皆墨客，誰思姑射有神人。餘糧豈止千倉望，盈尺仍宜莫厭頻。

依韻和陳成伯著作史館園會上作

竹遶長松松遶亭，令人到此骨毛清。梅梢帶雪微微圻，〔一〕水脉連氷湱湱鳴。殘臘歲華無奈感，半醺襟韻不勝情。誰憐相國名空在，吾道如何必可行。

【校勘記】

〔一〕「圻」，叢刊本、徐本作「拆」。

和夔峽張憲白帝城懷古

不憤曹公跨許昌，苟非梁益莫争王。三分區宇風雷惡，横截西南氣勢强。行客往來閑指點，史官褒貶浪文章。後人未識興亡意，請看江心舊戰場。

閑適吟熙寧元年

爲士幸而居盛世，住家况復在中都。虛名浮利非我有，〔一〕淥水青山何處無。選勝直宜尋美景，命儔須是擇吾徒。樂閑本屬閑人事，又與偷閑事更殊。

六尺眼前安樂身，四時争忍負佳辰。温涼氣候二八月，道義賓朋三五人。量力杯盤隨草具，開懷語笑任天真。勸君似此清閑事，雖老何須更厭頻。

莫將真氣助憂傷，憤死英豪世更長。陌上雖多馬跳躍，天邊亦有鳳翱翔。三千賓客磨圭角，百二山河擁劍鋩。等是一場春夢過，自餘惡足更悲涼。〔二〕

南窗睡起望春山，山在霏霞煙靄間。〔三〕千里難逃兩眼浄，百年未見一人閑。情如落絮無高下，心似遊絲自往還。又恐幽禽知此意，故來枝上語綿蠻。

誰將造化屬東風，一屬東風事莫窮。殘臘也宜先作策，新正其那便要功。柳梢借暖渾摇軟，梅萼偷春半露紅。安得鬭時情意在，輕衫撩亂少年中。

【校勘記】

〔一〕「淥」，叢刊本、四庫本作「緑」。〔二〕「更」，叢刊本、徐本、四庫本作「自」。〔三〕「霞」，叢刊本、四庫本作「微」。

桃李吟

桃李因風花滿枝，因風桃李却離披。慘舒相繼不離手，憂喜兩般都在眉。泰到盛時須入蠱，〔一〕否當極處却成隨。〔二〕今人休愛古人好，只爲今人生較遲。〔三〕

【校勘記】

〔一〕「盛」，蔡本作「甚」。〔二〕「却」，蔡本作「必」。〔三〕「只爲」，蔡本作「只是」。

傷心行〔一〕

不知何鐵打成針，一打成針只刺心。料得人心不過寸，刺時須刺十分深。

【校勘記】

〔一〕詩題「傷心行」，徐本作「傷心吟」。

傷二舍弟無疾而化〔一〕

手足情深不可忘，割心猶未比其傷。急難疇昔爾相濟，終鮮如今我遂當。韡韡棣開無並蕚，邕邕鴈去破初行。自兹明月清風夜，蕭索東籬看斷腸。二弟殯東籬下，後得渠《重九詩》云：「衣如當月白，花似昔年黄。擬問東籬事，東籬事渺茫。」語類讖。

腸斷東籬何所尋，東籬從此事沉沉。差肩行處皆成往，吊影傷時無似今。清淚已乾情莫極，黃泉未到恨非深。不知何日能消盡，〔二〕三十二年雍睦心。

【校勘記】

〔一〕詩題「化」下，叢刊本、徐本有小注「二首」二字。

〔二〕「消」，叢刊本、徐本、四庫本作「銷」。

又一首

兄既名雍弟名睦，弟兄雍睦情何足。居常出入留一人，奉親教子如其欲。慈父享年七十九，四人稚子常相逐。其間同戲彩衣時，堂上愉愉歡可掬。慈父前年忽傾逝，〔一〕爾弟今年命還促。獨予奉母引四子，日對几筵相向哭。不知腸有幾千尺，不知淚有幾千斛。斷盡滴盡無柰何，歸日恩光焉可贖。

【校勘記】

〔一〕「年」，叢刊本、四庫本作「生」。

又一絶

手足恩情重，塤箎歡樂長。要知能忘處，墳草兩荒涼。

聽杜鵑思亡弟

嘗憶去年初夏時，與爾同聽杜鵑啼。杜鵑今年又復至，還是去年初夏時。禽鳥亦知人意切，一聲未絕一聲悲。腸隨此聲既已斷，魂逐此禽何處飛。

書亡弟殯所

後乎吾來，先乎吾往。當往之初，殊不相讓。

南園南晚步思亡弟

南園之南草如茵，迎風晚步清無塵。不得與爾同歡欣，又疑天上有飛雲。〔一〕一片世間來作人，飄來飄去殊無因。

【校勘記】

〔一〕「飛」，叢刊本、四庫本作「幾」。

自憫

天無私覆古今同，手足情多驟一空。五七年來併家難，六十歲許更頭風。常情不免順世俗，私計固難專僕童。安得仙人舊查在，〔一〕伊川雲水樂無窮。

【校勘記】

〔一〕「查」，四庫本作「槎」。

戊申自貽

雖老仍思鼓缶歌，庶幾都未喪天和。明夷用晦止于是，無妄生災終柰何。似箭光陰頭上去，如麻人事眼前過。中間若不自爲計，所損其來又更多。

代書寄北海幕趙充道太博熙寧二年〔一〕

自從終鮮罷吟哦，聊爲臨風一浩歌。别易會難情不已，登高望遠興如何。百年可惜時無再，千里相思事更多。〔二〕今日罇罍真北海，况君雅重幾人過。

【校勘記】

〔一〕詩題，宋本作「寄趙太傅」。　〔二〕「千里」，宋本作「十里」。

依韻和王不疑少卿見贈〔一〕

不把憂愁累物華，光陰過眼疾如車。以平爲樂忝知分，待足求安恐未涯。食罷有時尋蕙圃，睡餘無事訪僧家。天津風月勝他處，長是思君共煑茶。

【校勘記】

〔一〕詩題，宋本作「和王少卿」。

仁者吟

仁者難尋思有常，〔一〕平居慎勿恃無傷。〔二〕争先徑路機關惡，近後語言滋味長。爽口物多須作疾，〔三〕快心事過必爲殃。與其病後能求藥，〔四〕不若病前能自防。

【校勘記】

〔一〕「尋」，蔡本、叢刊本、徐本、四庫本作「逢」。〔二〕「傷」，蔡本作「妨」。〔三〕「物」，蔡本作「味」。

〔四〕「求」，蔡本作「服」。

東軒消梅初開勸客酒二首〔一〕

爲愛消梅勝早梅，數枝先發日徘徊。若教嶺表臘前盡，安有洛陽正後開。香逐暖風初出谷，艷隨芳酒正浮醅。佳賓會取東君意，莫負乘春此際來。

春色融融滿洛城，莫辭行樂慰平生。深思賢友開眉笑，〔二〕重惜梅花照眼明。況是山翁差好事，可憐芳酒最多情。此時不向罇前醉，更向何時醉太平。

【校勘記】

〔一〕詩題，宋本作「消梅開勸酒」。　〔二〕「賢」，叢刊本、四庫本作「閑」。

清風長吟〔一〕

宇宙中和氣，清泠無比方。與時蠲疾病，爲歲造豐穰。〔二〕起自青蘋末，來從翠樹傍。得逢明月夜，便入故人鄉。密葉摇重幄，殷花舞靚粧。兩三聲迥笛，千萬縷垂楊。細度絲桐韻，深傳蘭蕙香。樓臺臨遠水，軒檻近脩篁。盛夏驅煩暑，初晴送晚涼。〔三〕輕披緑荷芰，緩透薄衣裳。浪走翩翻袂，〔四〕波生瀲灩觴。閑愁難著莫，幽思易飛揚。快若乘天馬，醒如沃蔗漿。〔五〕面前遊閬苑，坐上泛瀟湘。不可將錢買，焉能用斗量。依憑全藉德，收貯豈須倉。無患兼并取，寧憂寇盜攘。〔六〕以兹爲樂事，〔七〕未始有憂傷。

【校勘記】

〔一〕詩題，宋本作「清風長」。　〔二〕「歲」，宋本作「我」。　〔三〕「晴」，宋本作「秋」。「送」，宋本作「夜」。

〔四〕「翩翻」，宋本同，叢刊本、四庫本作「翻翩」，下同。　〔五〕「沃蔗漿」，宋本作「法薦□」。　〔六〕「攘」，宋本作「壤」，疑誤。　〔七〕「事」，宋本作「士」。

垂柳長吟〔一〕

垂柳有兩種，有長有短垂。〔二〕唯兹長一種，偏與靜相宜。院宇深春後，〔三〕亭臺晚景時。〔四〕不勝煙冪冪，無柰日遲遲。霡霂雨初過，清泠風乍吹。章臺街左右，華表柱東西。起眼出墻樹，拂頭當路枝。翩翻緑羅帶，〔五〕縹緲縷金衣。蕩颺飄晴絮，繽紛舞暖絲。〔六〕絲牽寸腸斷，絮入萬家飛。婀娜王恭韻，婆娑趙后姿。脩妍張緒少，柔軟沈侯羸。濯濯青拖地，毵毵翠遶池。般添花灼灼，引惹草萋萋。〔七〕鬱鬱籠山館，踈踈映酒旗。贈人人自泣，駐馬馬還嘶。影裏咿啞去，陰中轣轆歸。淒涼裝暝靄，淡薄掛斜暉。懊惱輕攀折，憂愁重別離。早衰緣傍道，先茂爲臨溪。樓外蟬纔噪，橋邊鶯又啼。〔八〕生憎遮望眼，死恨學粧眉。遠客莫知數，〔九〕長條曾繫誰。經霜儘憔悴，來歲却依依。

【校勘記】

〔一〕詩題，宋本作「垂柳長」。　〔二〕「有長」，宋本作「長垂」。　〔三〕「深春後」，宋本作「方深夜」。

〔四〕「亭」，宋本作「庭」。　〔五〕「翩翻」，宋本作「翩翩」。　〔六〕「暖」，宋本作「滛」。　〔七〕「萋萋」，宋本同，叢刊本、四庫本作「凄凄」。　〔八〕「邊」，宋本作「頭」。　〔九〕「知」，宋本作「如」。

落花長吟〔一〕

以酒戰花穠，花穠酒更濃。花能十日盡，酒未百壺空。尚喜裝衣袂，猶憐墜酒鍾。多情唯粉蝶，薄倖是遊蜂。減却墻頭艷，添爲徑畔紅。飄零深院宇，點綴靜簾櫳。〔二〕又恐隨流水，仍憂嫁遠風。〔三〕水流猶委曲，風遠便西東。狼藉殘春後，離披晚照中。亭臺雖有主，軒騎斷無蹤。〔四〕劍去擁妃子，兵來圍石崇。馬嵬方戀戀，金谷正怱怱。〔五〕曹植辭休切，襄王夢已終。謬稱尋洛浦，浪説數巫峯。燕訴寃還在，鶯傳信莫通。苔錢如可買，柳線自能縫。〔六〕悵望尤真宰，淒涼殢化工。放教成爛熳，〔七〕不使略從容。命掃心争忍，言收計遂窮。異香銷骨髓，絶色死英雄。任詫回天力，饒矜蓋世功。柰何時既往，到了事難重。開謝形相戾，興衰理一同。天機之淺者，未始免忡忡。

【校勘記】

〔一〕詩題，宋本作「落花長」。〔二〕「櫳」，宋本、叢刊本、徐本、四庫本作「籠」。〔三〕「嫁」，宋本作「駕」。〔四〕「斷」，宋本作「數」。〔五〕「怱怱」，叢刊本、徐本、四庫本作「匆匆」，宋本作「葱葱」。〔六〕「自能」，宋本作「自難」。此下，宋本脱二十字。〔七〕「熳」，叢刊本、徐本作「没」。

芳草長吟〔一〕

芳草更休生，芳罇更不傾。草如生不已，罇豈便能停。雨後閑池閣，春深小院庭。是時簾半卷,〔二〕此際酒初醒。密密嫩方布,茸茸綠已成。送迴殘照淡,引起曉寒輕。〔三〕靜襯花村薄,閑裝竹塢清。溪邊微水浸,原上未春耕。莫遣香車輾,〔四〕休教細馬行。〔五〕藉餘無限意,望久不勝情。臺迥眉初斂,〔六〕樓危眼乍明。低低暮雲碧,隱隱遠山青。翠接鴛鴦浦,〔七〕萋連楊柳汀。〔八〕江潭夜帆落,海渚晚舟横。戍壘角一弄,牧童笛數聲。沙頭雙鷺下,渡口亂鴻驚。〔九〕蓊鬱出征地,芊綿奉使程。遠披來往路,遍遶短長亭。苒苒秦皇墓,離離漢帝城。荒涼故銅雀,破碎舊金陵。霧鏁前朝事,煙昏後世名。枯猶藏狡兔,腐亦化流螢。縱剗奚由盡,纔燒又却榮。徒能蔽京觀,仍願且升平。〔十〕

【校勘記】

〔一〕詩題,宋本作「芳草長」。〔二〕「卷」,宋本作「捲」。〔三〕「輕」,宋本同,叢刊本作「再」。〔四〕「香」,宋本同,叢刊本、四庫本作「春」。〔五〕「教」,宋本作「交」。〔六〕「臺」,宋本作「室」。〔七〕「翠」,宋本作「卒」。〔八〕「連」,宋本作「迷」。〔九〕「鴻」,宋本作「鴉」。〔十〕「願且」,宋本作「且願」。

春水長吟

春在水自淥,〔一〕春歸淥遂休。清非不逮淥,春柰勝于秋。淥向陽中得,清於冷上求。加於清一等,用是淥爲優。薄薄氷初泮,微微雨乍收。〔二〕渺瀰新島嶼,瀲灎舊汀洲。荷芰低猶卷,菰蒲嫩已抽。蘋蘩雖漸出，藻荇未全稠。日暖鴛鴦浴，〔三〕煙晴翡翠游。波平躍雙鯉，〔四〕風静戲羣鷗。西蜀遨争舉，〔五〕東甌禊競修。〔六〕武陵花再識，漢曲珮還投。臺下溶溶過，堤邊漫漫流。檻前纔泚泚，天外更悠悠。泛濫情懷惡，潺湲意思幽。遠山遮不斷一作住，别浦去難留。二月溪橋畔，〔七〕三吴野渡頭。依前横兩槳，特地送孤舟。畫手方停筆，〔八〕騷人正倚樓。長江飛絮外，只是動離愁。

【校勘記】

〔一〕「淥」，宋本作「緑」，下同。 〔二〕「乍」，宋本同，叢刊本、四庫本作「水」。 〔三〕「浴」，宋本作「戲」。

〔四〕「躍雙鯉」，宋本同，叢刊本作「雙躍鯉」。 〔五〕「争」，宋本作「乍」。 〔六〕「甌」，宋本作「歐」。

〔七〕「二月」，宋本作「一月」。 〔八〕「畫」，宋本作「書」。

花月長吟〔一〕

少年貪讀兩行書，人世樂事都如愚。〔二〕而今却欲釋前憾，柰何意氣難如初。每逢花開與月圓，一般情態還何如。當此之際無詩酒，情亦願死不願甦。花逢皓月精神好，月見奇花光彩舒。人與花月合爲一，但覺此身遊蘂珠。〔三〕又恐月爲雲阻隔，又恐花爲風破除。若無詩酒重收管，過此又却成輕辜。可收幸有長詩篇，可管幸有清酒壺。詩篇酒壺時一講，長如花月相招呼。有花無月愁花老，〔四〕有月無花恨月孤。月恨只憑詩告訴，花愁全仰酒支梧。〔五〕月恨花愁無一點，始知詩酒有功夫。些兒林下閑蹤散，做得風流罪過無。

【校勘記】

〔一〕詩題，宋本作「花月長」。〔二〕「事」，宋本作「士」。〔三〕「但」，宋本作「旦」。〔四〕「愁」，宋本作「秋」。〔五〕「梧」，宋本同，徐本作「吾」。

同府尹李給事遊上清宮

洛城二月春摇蕩，桃李盛開如步障。高花下花紅相連，垂楊更出高花上。閑陪大尹出都門，邙阜真宫共尋訪。不見翠華西幸時，臨風盡日獨惆悵。

乞笛竹栽於李少保宅

浪種閑花占地生，未嘗容易暫留情。柰何苦愛凌霜節一作物，况是猶存鏤管名。待鳳至時當有實，學龍吟處豈無聲。幽人願乞數枝種，得自君家又更榮。

思山吟〔一〕

看即青山與白雲，尋思没量大功勳。未知樂處緣何事，豈止飢時會茹葷。千首拙詩難著怨，一罇芳醑别涵春。壺中日月長多少，能老紅塵幾輩人。

秖恐身閑心未閑，〔二〕心閑何必住雲山。果然得手情性上，〔三〕更肯埋頭利害間。〔四〕動止未嘗防忌諱，語言何復著機關。不圖爲樂至于此，天馬無蹤自往還。

【校勘記】

〔一〕詩題，宋本作「利害」。〔二〕「身閑心」，宋本作「心閑身」。〔三〕「手情性」，宋本作「守性情」。〔四〕「更肯埋頭」，宋本作「未肯理名」。

恨月吟〔一〕

我儂非是惜黄金，自是常娥愛負心。〔二〕初未上時猶露滴，恰纔圓處便天陰。欄干倚了還重倚，芳酒斟迴又再斟。安得深閨與收管，柰何前後誤人深。

【校勘記】

〔一〕詩題，宋本作「恨月」。〔二〕「常」，宋本作「嫦」。

愁花吟〔一〕

三千宫女衣宫袍，望幸心同各自嬌。初似綻時猶淡薄，〔二〕半來開處特妖饒。〔三〕檀心未吐香先發，露粉既垂魂已銷。〔四〕對此芳罇多少意，看看風雨騁粗豪。

【校勘記】

〔一〕該詩，在蔡本中爲《惜芳菲四吟》之第二首。〔二〕「薄」，蔡本作「泊」。〔三〕「饒」，蔡本作「嬈」。

〔四〕「銷」，蔡本作「消」。

觀洛城花呈先生〔一〕　門人張峿

平生自是愛花人，到處尋芳不遇真。只道人間無正色，今朝初見洛陽春。

【校勘記】

〔一〕此詩底本原無，據叢刊本、徐本、四庫本補。

和張子望洛城觀花

造化從來不負人，萬般紅紫見天真。滿城車馬空撩亂，未必逢春便得春。

落花短吟〔一〕

滿園桃李正離披，更被狂風非意吹。〔二〕長是憂愁初謝處，〔三〕却須思念未開時。奈何紅艷易消歇，不似青陰少改移。九十日春都去盡，罇前安忍更顰眉。〔四〕

【校勘記】

〔一〕詩題，宋本作「落花短」，蔡本爲《暮春哈》之第三首。〔二〕「非」，宋本同，蔡本作「作」。〔三〕「處」，宋本同，蔡本作「後」。〔四〕「更」，宋本同，蔡本作「争」。

芳草短吟〔一〕

花間水畔緑如茵，興廢曾經漢與秦。占了山川無限地，愁傷今古幾何人。〔二〕嚴霜殺盡還逢雨，野火燒殘又遇春。不那路傍多此物，〔三〕農家長是費耕耘。

【校勘記】

〔一〕詩題，宋本作「芳草短」。〔二〕「何」，宋本作「多」。〔三〕「那」，宋本同，四庫本作「奈」。

垂柳短吟〔一〕

臨溪拂水正依依，〔二〕更被狂風來往吹。薄暮不勝煙冪冪，深春無柰日遲遲。誰家縹緲青羅帔，何處蹁躚金縷衣。猶恐離人腸未斷，滿天仍著亂花飛。

【校勘記】

〔一〕詩題，宋本作「垂柳短」。〔二〕「拂水」，宋本作「柳帶」。

春水短吟〔一〕

雪消氷泮淥盈溝，翡翠鴛鴦得志秋。長恨遠山遮不斷，〔二〕又疑别浦去難留。遶堤楊柳輕輕拂，近岸新蒲細細抽。滿眼煙波杳無際，三吴特地送孤舟。

【校勘記】

〔一〕詩題，宋本作「春水短」。〔二〕「恨」，宋本作「畏」。

清風短吟〔一〕

清風興況未全衰，〔二〕豈謂天心便棄遺。〔三〕長具齋莊緣讀《易》，每甦踈散爲吟詩。人間好景皆輪眼，世上閑愁不到眉。〔四〕生長太平無事日，又還身老太平時。

【校勘記】

〔一〕詩題，宋本作「清風短」。〔二〕「未」，宋本作「大」。〔三〕「謂」，宋本作「爲」。〔四〕「世」，宋本作「心」。

暮春寄李審言龍圖〔一〕

年年長是怕春深，每到春深病不任。〔二〕傷酒情懷因小會，養花天氣爲輕陰。歲華易革向

來事，〔三〕節物難迴老去心。唯有前軒堪静坐，臨風想望舊知音。〔四〕

【校勘記】

〔二〕在蔡本中，該首詩爲《暮春吟》之第四首。 〔二〕「到」，蔡本作「至」。 〔三〕「向」，蔡本作「因」。

〔四〕「音」下，蔡本有「此篇□李審言」六小字。

初夏閑吟〔一〕

緑楊深處囀流鶯，鶯語猶能喜太平。人享永年非不幸，天生珍物豈無情。牡丹謝後紫櫻熟，芍藥開時班笋生。〔二〕林下一般閑富貴，何常更肯讓公卿。〔三〕

【校勘記】

〔一〕詩題，宋本作「初夏」，蔡本作「初夏林中閑吟」。 〔二〕「班」，宋本、蔡本同，叢刊本、四庫本作「斑」。

〔三〕「常」，宋本、蔡本、叢刊本、徐本作「嘗」。

代書答開封府推官姚輔周郎中〔一〕

世態其如與願違，必須言進是無知。遍將底事閑思慮，不若西街極論時。設有奇才能動世，柰何雙鬢已如絲。天邊新月從來細，不爲人間愛畫眉。〔二〕來書云：「願先生自愛，恐不容久居林下矣。」

【校勘記】

〔一〕詩題，宋本作「答姚郎中」。 〔二〕「畫」，宋本作「盡」。

伊川擊壤集卷之七

代書寄濠倅張都官〔一〕

多慚吾亦未知音，天樂雖聞不許尋。惠子相時情自好，莊生遊處意能深。閑來略記一春事，老去難忘千里心。洛社交朋每相見，爲吾因掉《白頭吟》。

【校勘記】

〔一〕詩題，宋本作「寄張都官」。

詔三下答鄉人不起之意〔一〕

生平不作皺眉事，天下應無切齒人。〔二〕斷送落花安用雨，裝添舊物豈須春。幸逢堯舜爲真主，且放巢由作外臣。六十病夫宜揣分，監司無用苦開陳。〔三〕

【校勘記】

〔一〕詩題，蔡本作「蒙詔三下不起答鄉人吟」，下有「二首七言」四小字。〔二〕「應」，蔡本同，徐本作「因」。「切」，蔡本作「竊」。〔三〕「陳」下，蔡本有「苦一作有」四小字。

和王安之少卿韻〔一〕

却恐鄉人未甚知，相知深後又何疑。〔二〕貧時與禄是可受，〔三〕老後得官難更爲。自有林泉安素志，况無才業動丹墀。苟楊若守吾儒分，免被韓文議小疵。〔四〕

【校勘記】

〔一〕詩題，宋本作「和王少卿」，蔡本爲前一首詩之第二首。〔二〕「後又」，蔡本同，宋本作「處更」。〔三〕「可」，宋本、蔡本作「何」。〔四〕「疵」下，蔡本有「此篇和王安之韻」七小字。

依韻和劉職方見贈〔一〕

造物工夫意自深，〔二〕從吾所樂是山林。少因多病不干禄，老爲無才難動心。花月静時行水際，蕙風香處卧松陰。〔三〕閑窗一覺從容睡，願當封侯與賜金。〔四〕

【校勘記】

〔一〕詩題，宋本作「和劉職方」，蔡本作「和人見贈吟」。〔二〕「造物」宋本同，蔡本作「造化」。〔三〕「卧」，宋本同，蔡本作「坐」。〔四〕「願當」，宋本同，蔡本作「肯願」。

萊石茶酒器寄邵先生作詩代書〔一〕　益柔

寶刀切石如春泥，雕剜成器青玻璃。吾嘗閱視得而有，惜不自用長提携。

前時過君銅駝陌，門巷深僻無輪蹄。呼兒烹茶酌白酒，陶器自稱藿與藜。愛君居貧趣閑放，一語不涉青雲梯。嗟予都城走塵土，日遠樽杓愁塩虀。緘封不啓置墻角，頓撼時作瓊瑶嘶。争如特寄邵高士，書帙几杖同幽棲。荷鋤塍治田間穢，抱甕勤灌園蔬畦。明年春酒或共酌，爲我掃石臨清溪。

【校勘記】

〔一〕此詩底本原無，據叢刊本、徐本、四庫本補。

代書謝王勝之學士寄萊石茶酒器

東山有石若瓊玖，匠者追琢可盛酒。君子得之惜不用，慇懃遠寄林下叟。林叟從來用瓦盞，驚惶不敢擎上手。重誡兒童無損傷，緘藏復以待賢友。未知賢友何時歸，男子功名未成就。朝廷先從憂者言，方今莫如二虜醜。〔一〕漢之六郡限遼西，唐之八州隔山後。自餘甘沙甘與涼，〔二〕中原久而不能有。柰何更餌以金帛，重困吾民猶掣肘。若非堂上出奇兵，安得閫外拉餘朽。直可逐去此腥羶，〔三〕西出玉門北逾口。城下狐狸既不存，路上豺狼自無走。太陽烜赫耀天衢，氛妖接變匿塵垢。功成不肯受上賞，印解黄金大于斗。乞洛辭君出國門，歸鞍暖拂天街柳。千官如壁遮道留，仰面弄鞭不回首。鄉人夾路迎大尹，醉擁旌幢錦光溜。下車拜墓還政餘，不訪公門訪親舊。始知此器用有時，吾當爲君獻眉壽。

【校勘記】

〔一〕「方今莫如二虜醜」，四庫本作「方今急務二敵首」。〔二〕上「甘」字，叢刊本、徐本、四庫本作「瓜」。「甘沙」，叢刊本、徐本、四庫本作「瓜沙」。〔三〕「腥羶」，四庫本作「曹輩」。

崇德閣下答諸公不語禪〔一〕

浩浩長空走日輪，何煩苦苦辨根塵。〔二〕鵬程萬里非由駕，鶴筭三千別有春。鉛錫點金終屬假，丹青畫馬妄求真。〔三〕請觀風急天寒夜，誰是當門定脚人。

【校勘記】

〔一〕詩題，宋本作「諸公閣下納涼談禪獨無言以詩答之」。〔二〕「辨」，宋本作「卞」。〔三〕「畫」，宋本作「書」。「妄」，宋本同，叢刊本、徐本作「要」。

天宮小閣倚欄〔一〕

六尺殘軀病復羸，況堪日日更添衰。滿懷可惜精明處，一語未能分付時。〔二〕沙裏有金然索揀，〔三〕石中韞玉柰何疑。此情牢落西風暮，倚遍欄干人不知。〔四〕

【校勘記】

〔一〕「詩題」，宋本作「宮小」，宋本目録作「天宮小閣」。〔二〕「語」，宋本作「諂」。〔三〕「然索揀」，宋本作「須索鍊」。〔四〕「干」，徐本作「杆」。

代書寄華山雲臺觀武道士〔一〕

太華中峯五千仞，下有大道人往還。當時馬上一迴首，十載夢魂猶過關。〔二〕生平愛山山未足，由此看盡天下山。求如華山是難得，使人消得一生閑。

【校勘記】

〔一〕詩題，宋本作「寄武道士」。〔二〕「十」，宋本作「千」。「關」，宋本作「開」。

代書寄長安幕張文通〔一〕

無學又無謨，〔二〕胷中一向虚。枯腸忻飲酒，〔三〕病眼怕看書。洛浦輕風裏，天津小雨餘。故人千里隔，相望意何如。〔四〕

【校勘記】

〔一〕詩題，宋本作「寄張宣徽」。〔二〕「謨」，宋本同，叢刊本、徐本、四庫本作「謀」。〔三〕「忻」，宋本作「炊」，叢刊本、徐本作「忺」，四庫本作「歡」。〔四〕「何如」，徐本作「如何」。

和人聞韓魏公出鎮永興過洛〔一〕

佐命三朝爲太宰，名垂千古號元功。栽培桃李滿天下，出入風濤半海中。〔二〕虎帳夜寒心益壯，鳳池波暖位猶空。君王鼎盛子儀在，萬里河湟不足攻。

【校勘記】

〔一〕詩題，宋本作「上韓魏公出鎮永興」。　〔二〕「濤」，宋本作「波」。

代書寄白波張景真輦運

秋入山河氣象雄，不堪閑望老年中。金蘭契重思無限，手足情多感未終。半局殘棊消白晝，〔一〕一簪華髮亂西風。唯君父子相知久，松桂心同色更同。

【校勘記】

〔一〕「消」，宋本作「銷」。

代書寄鄞江知縣張太博〔一〕

長憶當年掃弊廬，〔二〕弟兄同受策名初。一生不記尋常事，千里猶通咫尺書。風月遥知四明好，江山況是九秋餘。片帆未得閑飛去，徒見嚴君問起居。

【校勘記】

〔一〕詩題，宋本作「寄張太」，宋本目録作「寄張太傅」。　〔二〕「掃」，宋本作「歸」。

先幾吟〔一〕

先幾能識是吾儕，慎勿輕爲世俗咍。把似衆中呈醜拙，争如静裏且詼諧。〔二〕奇花萬狀皆輪眼，明月一輪長入懷。似此光陰豈虚過，也知快活作人來。

【校勘記】

〔一〕詩題，宋本作「先幾」。〔二〕「且詼諧」，宋本作「只詼諧」，叢刊本、四庫本作「且談諧」。

秋暮西軒〔一〕

遶欄種菊一齊芳，户牖軒窗總是香。得意不能無興詠，樂時況復遇豐穰。深秋景物隨宜好，〔二〕向老筋骸粗且康。〔三〕飲罷何妨更登眺，〔四〕爛霞堆裏有斜陽。〔五〕

【校勘記】

〔一〕詩題，蔡本同，宋本作「秋暮」。〔二〕「景物」，宋本同，蔡本作「天氣」。〔三〕「老」，蔡本同，宋本作「我」。〔四〕「眺」，蔡本同，宋本作「助」。〔五〕「堆」，蔡本同，宋本作「推」。蔡本「陽」下有「天氣一作景物」六小字。

天津閑步

洛陽城裏任西東，二十年來放盡慵。〔一〕故舊人多時款曲，京都國大體雍容。池平有類江湖上，林静或如山谷中。不必奇功蓋天下，閑居之樂自無窮。

【校勘記】

〔一〕「二」，宋本作「一」。

寄和長安張强二機宜〔一〕

二公詩美過連城，欲報才非禰正平。本謂柏舟終不遇，却驚華衮重爲榮。岷峨雨後方知峭，〔二〕風月霜餘始見清。前有古人稱寡和，陽春白雪豈虚名。

【校勘記】

〔一〕詩題中「長安張强」，徐本作「張安長强」。〔二〕「岷峨」，四庫本同，叢刊本作「峨峨」，疑誤。

代書答淮南憲張司封〔一〕

緣木求魚固不能，緣魚求炙恐能行。與其病後求良藥，〔二〕不若醉時辭大觥。〔三〕芝草無根休用種，蟠桃有實豈難生。荷君見愛情非淺，〔四〕一芥還同一芥榮。〔五〕

【校勘記】

〔一〕詩題，宋本作「答張司封」，蔡本作「代書寄張司封」。〔二〕「其」，蔡本作「君」。〔三〕「時」，宋本同，蔡本作「前」。「大」，蔡本同，宋本作「火」。〔四〕「見」，宋本、蔡本同，叢刊本作「光」。〔五〕蔡本「榮」下有「渠勸以學禪故云」七小字。

偶得吟〔一〕

集大成人不肯模，〔二〕却行何異棄金車。便言天下無難事，〔三〕豈信人間有丈夫。天意順時爲善計，人情安處是良圖。〔四〕天人之際只些子，〔五〕過此還同隔五湖。

【校勘記】

〔一〕詩題，宋本作「偶得」。〔二〕「模」，宋本作「摸」。〔三〕「事」，宋本作「士」。〔四〕「良」，宋本作「艮」。〔五〕「際」，宋本同，徐本作「意」。

代書寄友人〔一〕

一别光陰二紀餘，歲華如箭止堪吁。東西契闊久經難，前後慇懃兩得書。故國山川皆夢寐，舊家人物半丘墟。何時重講當時事，笑對西風坼酒壺。

【校勘記】

〔一〕詩題，宋本作「寄友」。

風吹木葉吟熙寧三年

風吹木葉不吹根，慎勿將根苦自陳。天子舊都閑好住，聖人餘事冗休論。長年國裏神仙侣，安樂窩中富貴人。萬水千山行已遍，歸來認得自家身。

閑行吟〔一〕

長憶當年掃弊廬，〔二〕未嘗三徑草荒蕪。欲爲天下屠龍手，肯讀人間非聖書。否泰悟來知進退，乾坤見了識親踈。自從會得環中意，〔三〕閑氣胷中一點無。

投吴走越覓青天，殊不知天在眼前。開眼見時猶有病，舉頭尋處更無緣。顔淵正在如愚日，孟子方當不動年。安得功夫遊賣肆，愛人珠貝重憂錢。

買卜稽疑是買疑，病深何藥可能醫。夢中説夢重重妄，牀上安牀疊疊非。列子御風徒一本作猶。有待，夸夫逐日豈無疲。勞多未有收功處，踏盡人間閑路岐。

【校勘記】

〔一〕詩題，宋本作「閑行」。〔二〕「掃」，宋本作「歸」。〔三〕「環」，宋本作「寰」。

對花飲〔一〕

人言物外有煙霞，物外煙霞豈足誇。若用較量爲樂事，〔二〕但無憂撓是仙家。百年光景留難住，〔三〕十日芳菲去莫遮。對酒有花非負酒，〔四〕對花無酒是虧花。

【校勘記】

〔一〕詩題，宋本同，蔡本作「惜芳菲四吟」，本詩爲第三首。〔二〕「若用較量爲樂事」，宋本作「若爲較量爲樂事」，蔡本作「若用較量非樂事」。「較」，叢刊本、徐本、四庫本作「校」。〔三〕「留難住」，宋本同，蔡本作「難留駐」。〔四〕「有」，宋本同，蔡本作「無」。

春盡後園閑步

緑樹成陰日，黄鶯對語時。小渠初瀲灔，新竹正參差。倚杖閑吟久，攜童引步遲。好風知我意，故故向人吹。

代書寄吴傳正寺丞〔一〕

敦篤情懷世所稀，昔年今日事難追。雪霜未始寒無甚，松桂何嘗色暫移。洛邑士人雖我信，〔二〕天津風月只君知。夢魂不悟東都遠，依舊過從似舊時。〔三〕

【校勘記】

〔一〕詩題，宋本作「寄吴寺丞」。〔二〕「我信」，宋本作「信我」。〔三〕「似」，宋本同，徐本作「是」。

洛下園池

洛下園池不閉門，洞天休用别尋春。縱遊只却輸閑客，遍入何嘗問主人。更小亭欄花自好，儘荒臺榭景纔真。虚名誤了無涯事，未必虚名總到身。

夢過城東謁洛陽尉楊應之〔一〕

夜來清夢過城東，溪水分流徑路通。全似乘查上天漢，〔二〕但無嚴子驗行蹤。

【校勘記】

〔一〕詩題，蔡本作「夢過城東」。〔二〕「查」，蔡本同，四庫本作「槎」。

代書寄前洛陽簿陸剛叔祕校

洛城官滿振衣裾，塵土何由浼遠途。道在幸逢清日月，眼前應見舊江湖。〔一〕知行知止唯賢者，能屈能伸是丈夫。歸去何妨趂殘水，三吴還似嚮時無。

【校勘記】

〔一〕「見」，徐本作「識」。

答人乞碧蘆

草有可嘉者，莫將蕭艾儔。扶踈全類竹，蒼翠特宜秋。風雨聲初入，江湖思莫收。無功濟天下，藉此一淹留。

逍遥吟〔一〕

吾道本來平，人多不肯行。得心無厚味，〔二〕失脚有深坑。若未通天地，焉能了死生。向其間一事，須是自誠明。

人生憂不足，足外更何求。吾生雖未足，亦也却無憂。〔三〕天和將酒養，真樂用詩勾。〔四〕不信年光會，催人早白頭。

夜入安樂窩，〔五〕晨興飲太和。〔六〕窮神知道泰，養素得天多。日月任推盪，山川徒琢磨。〔七〕欲求爲此者，到了是誰何。

何事感人深，求之無處尋。兩儀長在手，萬化不關心。石裏時藏玉，砂中屢得金。分明難理會，須索入沉吟。〔八〕

【校勘記】

〔一〕詩題，宋本作「逍遥」。第二首宋本重出，又題作「無憂」。

〔二〕「厚」，宋本同，叢刊本、徐本作「後」。

〔三〕「亦也却」，宋本作「却也都」。〔四〕「樂」，宋本作「藥」。〔五〕「竊」，宋本作「高」。〔六〕「太」，宋本同，徐本作「大」。〔七〕「徒」，宋本作「從」。〔八〕「吟」，宋本作「泠」。

偶得吟〔一〕

相去一毛間，千山復萬山。雖能忘寢食，未肯去機關。不是責人備，柰何開口難。天心況非遠，既遠遂無還。

【校勘記】

〔一〕詩題，蔡本作「偶得」。

每度過東鄰

每度過東鄰，東鄰愈覺懃。既來長自愧，〔一〕相見只如親。飲食皆隨好，兒童亦自忻。吾鄉有是樂，何必更求仁。〔二〕

【校勘記】

〔一〕「自」，蔡本、叢刊本、徐本、四庫本作「是」。〔二〕「仁」，蔡本、徐本作「人」。

每度過東街〔一〕

每度過東街，東街怨暮來。〔二〕只知閑説話，那覺太開懷。我有千般樂，人無一點猜。半醺歡喜酒，未晚未成迴。

【校勘記】

〔一〕詩題，蔡本作「過東街」。　〔二〕「暮」，蔡本作「春」。

君子與人交

君子與人交，未始無驚惕。小人與人交，未始無差忒。秪此真喜歡，也宜重愛惜。他年雲水踈，亦恐難尋覓。

唯天有二氣〔一〕

唯天有二氣，一陰而一陽。陰差産蛇蝎，〔二〕陽和生鸞凰。〔三〕安得蛇蝎死，不爲人之殃。安得鳳凰生，〔四〕長爲國之祥。

【校勘記】

〔一〕詩題，宋本同，蔡本作「二氣吟」。　〔二〕「差」，叢刊本、徐本、四庫本作「毒」。　〔三〕「鸞」，宋本同，徐本作「鳳」。〔四〕「鳳凰」，宋本同，蔡本作「鸞凰」。

無客迴天意〔一〕

無客迴天意，〔二〕有人資盜糧。〔三〕日中屢見斗，六月時降霜。有書不暇讀，有食不暇嘗。食况不盈缶，書空堆滿牀。〔四〕

惡死而好生，古今之常情。人心可生事，〔五〕天下自無兵。草木尚咸若，山川豈不寧。胡爲無擊壤，飲酒樂昇平。

【校勘記】

〔一〕詩題，宋本作「有客回天意」，蔡本作「有客回天意吟」。第二首宋本題作「古今常情」。〔二〕「無」，宋本作「有」。〔三〕「盜」，蔡本同，宋本作「道」。〔四〕「堆」，宋本作「推」。〔五〕「可生事」，宋本作「可事生」，四庫本作「不生事」。

放小魚〔一〕

纖鮮不足留，〔二〕此失一生休。放爾江湖去，寬渠鼎鑊遊。〔三〕更宜深避網，慎勿悞吞鈎。天下多庖者，無令落庶羞。

【校勘記】

〔一〕詩題，蔡本作「放小魚吟」。〔二〕「纖鮮」，蔡本作「鱗纖」，叢刊本、徐本、四庫本作「纖鱗」。〔三〕「渠」，蔡本作「君」。「遊」，蔡本作「憂」。

依韻和田大卿見贈〔一〕

日日步家園，清風不著錢。城中得野景，竹下弄飛泉。自顧無嗟若，何妨養浩然。却慚天下士，〔二〕語道未忘筌。〔三〕

【校勘記】

〔一〕詩題，宋本作「和田大卿」。〔二〕「士」，宋本作「事」。〔三〕「未」，宋本作「者」。

乞笛竹

洛人好種花，唯我好種竹。所好雖不同，其心亦自足。花止十日紅，竹能經歲緑。俱霑雨露恩，獨無霜雪辱。

依韻和王不疑少卿招飲

經難憶浮丘，吾鄉足勝遊。風前驚白髮，雨後喜新秋。仕宦情雖薄，〔一〕登臨興未休。人間浪憂事，都不到心頭。

【校勘記】

〔一〕「宧」，叢刊本作「宦」。

再和王不疑少卿見贈〔一〕

乍涼天氣好，何處不堪遊。鴻鴈來賓日，鷹鸇得志秋。忘形終夕樂，失脚一生休。多少江湖上，舟船未到頭。〔二〕

【校勘記】

〔一〕詩題，蔡本作「和人見邀吟」。 〔二〕「到」，蔡本作「着」。

依韻和三王少卿同過弊廬〔一〕安之、不疑、中美

洛中詩有社，馬上句如神。白首交情重，黄花節物新。見過心可荷，知愧道非淳。寂寞西風裏，身閑半古人。

【校勘記】

〔一〕「弊」，四庫本作「敝」。

代書寄南陽太守吕獻可諫議

一别星霜二紀中，升沉音問不相通。林間談笑須歸我，天下安危宜繫公。萬乘几前常蹇諤，〔一〕百花洲上略從容。不知月白風清夜，能憶伊川舊釣翁。

【校勘記】

〔一〕「常」，叢刊本作「嘗」，徐本作「當」。

誨答堯夫見寄〔一〕

冥冥鴻羽在雲天，邈阻風音已十年。不謂聖皇求治理，尚容遺逸卧林泉。羡君身散歲時樂，顧我官閑飽晝眠。應笑無成三黜後，病衰方始賦歸田。

【校勘記】

〔一〕此詩底本原無，據叢刊本、徐本、四庫本補。四庫本詩題作《答堯夫見寄誨》

寄吴傳正寺丞〔一〕

天津風月一何孤，似我經秋相憶無。每仗晴波寄聲去，不知曾得到東都。

【校勘記】

〔一〕詩題，宋本作「寄吴寺丞」。

寄前洛陽簿陸剛叔祕校〔一〕

洛陽官滿歸吴會，男子雄圖志未伸。若到江山最佳處，舉杯無惜望天津。

【校勘記】

〔一〕詩題，宋本作「寄陸祕校」。

依韻和淮南憲張司封〔一〕

庭梧葉半黄，籬菊初受霜。向晚意不快，把酒西南望平聲。望君不見君，但見鴻南翔。正欲思寄書，自成書數行。〔二〕

【校勘記】

〔一〕詩題，宋本作「和張司封」。〔二〕「數」，宋本作「兩」。

重陽前一日作〔一〕

近來多病不堪言，長欲醺醺帶醉眠。〔二〕新酒乍逢重九日，好花初接小春天。自知命薄臨頭上，不願事多來眼前。唯有天津橫落照，水聲仍是舊潺湲。

【校勘記】

〔一〕詩題，宋本同，蔡本作「重陽吟」。〔二〕「欲」，蔡本同，宋本作「嘆」。

重九日登石閣三首

人情見了多，世態諳來久。事過憂噬臍，物傷防掣肘。水濁更澄濾，衣塵須抖擻。必欲論主衡，何人爲好手。

事出一時間，時過事莫還。當時深可愛，過後不堪看。夏去休言暑，冬來始講寒。人能知此理，憂患自難干。

今歲重陽日，凭欄氣候遲。雲煙雖已淡，林木未全衰。天地開懷處，山川快眼時。欄干空倚遍，此意有誰知。

依韻答友人

百萬貔貅動塞塵，朝廷委寄不輕人。胡兒〔一〕生事雖然淺，國士盡忠須是純。隴上悲歌應憤惋，林間酣飲但酸辛。欲陳一句好言語，只恐相知未甚真。

【校勘記】

〔一〕「胡兒」，四庫本作「邊疆」。

偶見吟

富貴多傲人，人情有時移。道德不傲人，人情久益歸。道德有常理，富貴無定期。蒿萊霜至萎，〔一〕松柏雪更滋。

世人多附炎，〔二〕炎歇人自去。君子善處約，約久情自固。炎歇勢不迴，情固人不去。路人或如親，親人却如路。

心跡貴相親，相親善惡分。世間須有物，天下豈無人。既見薰蕕臭，當思玉石焚。如何得時態，長似洛陽春。

【校勘記】

〔一〕「萎」，叢刊本、徐本、四庫本作「委」。　〔二〕「人」，叢刊本、四庫本作「上」。

無題吟

昔日不鍊物，嘗爲物所誤。今日不鍊人，又爲人所怒。物誤亦可辯，〔一〕人怒難往訴。我對人稱過，人亦爲我恕。

【校勘記】

〔一〕「辯」，叢刊本、四庫本作「辨」。

無酒吟

自從新法行，嘗苦罇無酒。每有賓朋至，〔一〕盡日閑相守。必欲丐于人，交親自無有。必欲典衣買，焉能得長久。

【校勘記】

〔一〕「有」，徐本作「日」。

讀陶淵明《歸去來》

歸去來兮任我真，事雖成往意能新。何嘗不遇如斯世，其那難逢似此人。近暮特嗟時翳翳，向榮還喜木欣欣。可憐六百餘年外，復有閑人繼後塵。

伊川擊壤集卷之八

訪南園張氏昆仲因而留宿

中秋天氣隨宜好，來訪南園會隱家。張氏園名。貪飲不知歸去晚，水精宫裏宿煙霞。

和王安之少卿同遊龍門

生平有癖好尋幽，一歲龍山四五遊。或往或還都不計，蓋無榮利可稽留。
數朝從款看伊流，夜卜香山宿石樓。會有涼風開遠意，更和煙雨弄高秋。

歸城中再用前韻

乘興龍山訪盡幽，恰如人在畫圖遊。恨無美酒酬佳景，正欲留時不得留。

又一首〔一〕

初秋微雨造輕寒，倚遍東岑閣上欄。不謂是時煙靄裏，松齋人作畫圖看。松齋，安之弟所居，在水西。

【校勘記】

〔一〕詩題，叢刊本、徐本、四庫本無「一首」二字。

和人留題張相公庵〔一〕

做了三公更引年，〔二〕人間福德合居先。〔三〕結茅未盡忘君處，正在嵩高萬歲前。

【校勘記】

〔一〕詩題，宋本作「題張相公庵」。〔二〕「引」，宋本作「別」。〔三〕「福德」，宋本作「禍福」。

代書寄程正叔

嚴親出守劍門西，色養歡深世表儀。唐相規模今歷歷，蜀民遨樂舊熙熙。海棠洲畔停橈處，金鴈橋邊立馬時。料得預憂天下計，不忘君者更爲誰。

歲暮自貽

當年志意欲横秋，今日思之重可羞。事到强圖皆屑屑，道非真得盡悠悠。静中照物精難隱，〔一〕老後看書味轉優。談麈從容對賔客，薦章重疊誤公侯。已蒙賢傑開青眼，不顧妻孥怨白頭。谷口鄭真焉敢望，壽陵餘子若爲謀。鼎間龍虎忘看守，棊上山河廢講求。一枕晴窗睡初覺，數聲幽鳥語方休。林泉好處將詩買，風月佳時用酒酬。三百六旬如去箭，肯教襟抱落閑愁。

【校勘記】

〔一〕「精」，叢刊本、徐本、四庫本作「情」。

歡喜吟熙寧四年〔一〕

行年六十一，筋骸未甚老。已爲兩世人，便化豈爲夭。況且粗康强，〔二〕又復無憂撓。如何不喜歡，〔三〕佳辰自不少。〔四〕

【校勘記】

〔一〕詩題，宋本作「喜歡」。〔二〕「況且」，宋本作「況復」。〔三〕「不」，宋本作「求」。〔四〕「自」，宋本作「目」。

寄李景真太博

花前静榻閑眠處，竹下明窗獨坐時。著甚語言名字泰，林間自有翠禽知。

感事吟〔一〕

蛇頭蝎尾不相同，毒殺人多始是功。風月四時無限好，莫將閑事撓胷中。

【校勘記】

〔一〕詩題，宋本作「感事」。

寄亳州秦伯鎮兵部〔一〕

三川地正得中陽，氣入奇葩亦自王。善識好花人不遠，好花無恡十分芳。

人事紛紛積有年，何煩顰蹙向花前。〔二〕萬般計較頭須白，饒了胷中不坦然。

無限有情風月間，好將醇酒發酡顔。柰何人自生疑阻，利害嫌輕更設關。

雖貧無害日高眠，人不堪憂我自便。煅錬物情時得意，新詩還有百來篇。

天心復處是無心，〔三〕心到無時無處尋。若謂無心便無事，〔四〕水中何故却生金。〔五〕

酒涵花影滿巵紅，〔六〕瀉入天和胷臆中。最愛一般情味好，半醺時與太初同。

【校勘記】

〔一〕詩題，宋本作「寄秦兵部」，下有「四首」二小字。宋本收有本詩之第二首、第五首、第六首以及下一首詩《别寄一首》，共四首。　〔二〕「煩」，宋本作「須」。　〔三〕「復」，宋本作「腹」。　〔四〕「謂」，宋本作「爲」。

〔五〕「却」，宋本同，叢刊本作「不」。　〔六〕「滿」，蔡本作「入」。

别寄一首

許大秦皇定九州，九州纔定却歸劉。他人莫謾誇精彩，徒自區區撰白頭。

思故人

芳酒一樽雖甚滿，故人千里柰思何。柳拖池閣條偏細，〔一〕花近簷楹香更多。

【校勘記】

〔一〕「拖」，叢刊本、徐本作「捼」。

謝王平甫教授賞花處惠茶仍和元韻〔一〕

太學先生善識花，得花精處却因茶。萬紅香裏烹餘後，分送天津第一家。

【校勘記】

〔一〕詩題，叢刊本、徐本、四庫本作「和王平甫教授賞花處惠茶韻」。

南園賞花〔一〕

三月初三花正開，閑同親舊上春臺。尋常不醉此時醉，更醉猶能舉大杯。〔二〕

花前把酒花前醉，醉把花枝仍自歌。花見白頭人莫笑，白頭人見好花多。〔三〕

【校勘記】

〔一〕詩題，宋本作「賞花」，下有「二首」二小字。　〔二〕「猶」，宋本作「無」。　〔三〕「白頭人見」，宋本作「擡頭人看」。

獨賞牡丹

賞花全易識花難，善識花人獨倚欄。雨露功中觀造化，神仙品裏定容顏。尋常止可言時尚，奇絶方名出世間。〔一〕賦分也須知不淺，〔二〕筭來消得一生閑。

【校勘記】

〔一〕「名」，宋本作「言」。　〔二〕「賦」，宋本作「賤」。

問春

三月春歸留不住，春歸春意難分付。凡言歸者必歸家，爲問春家在何處。

春歸必竟歸何處，無限春冤都未訴。欲托流鶯問所因，子規又叫不如去。

春來愁去只因花，春去愁來翻殢酒。長恨愁多酒力微，爲春成病花知否。

安樂窩中自貽〔一〕

物如善得終爲美，事到巧圖安有公。不作風波於世上，自無氷炭到胷中。災殃秋葉霜前墜，富貴春華雨後紅。造化分明人莫會，枯榮消得幾何功。〔二〕

【校勘記】

〔一〕詩題，蔡本作「自貽」。〔二〕「枯榮」，蔡本作「雲枯」，叢刊本、四庫本作「花榮」。

花前勸酒

春在對花飲，〔一〕春歸花亦殘。對花不飲酒，〔二〕歡意遂闌珊。酒向花前飲，花宜醉後看。花前不飲酒，終負一年歡。

【校勘記】

〔一〕「在」，宋本作「來」。〔二〕「對」，宋本作「舞」。

書皇極經世後〔一〕

樸散人道立，法始乎犧皇。〔二〕歲月易遷革，書傳難考詳。二帝啓禪讓，三王正紀綱。五伯仗形勝，七國争强良。〔三〕兩漢驤龍鳳，三分走虎狼。西晉擅風流，羣凶來北荒。東晉事清芬，傳馨宋齊梁。逮陳不足筭，江表成悲傷。後魏乘晉弊，掃除幾小康。遷洛未甚久，旋聞東西將。北齊舉燔火，後周馳星光。隋能一統之，篤福于巨唐。五代如傳舍，天下徒擾攘。〔四〕不有真主出，何由奠中央。一萬里區宇，四千年興亡。五百主肇位，〔五〕七十國開疆。或混同六合，或控制一方。或創業先後，或垂祚短長。或奮于將墜，或奪于已昌。或災興無妄，〔六〕或福會不祥。或患生藩屏，或難起蕭墻。或病由脣齒，或疾亟膏肓。談笑萌事端，酒食開戰場。情慾之一發，利害之相戕。劇力恣吞噬，無涯罹禍殃。山川纔表裏，丘壠又荒涼。荆棘除難盡，芝蘭種未芳。龍蛇走平地，玉石粹崑崗。〔七〕善設稱周孔，〔八〕能齊是老莊。奈何言已病，安得意都忘。

【校勘記】

〔一〕詩題，宋本作「詠史」，蔡本作「經世吟」，下有「書《皇極經世》集後」七小字。〔二〕「犧皇」，宋本作「儀皇」，蔡本作「義皇」。〔三〕「良」，宋本、蔡本同，叢刊本、徐本、四庫本作「梁」。〔四〕「徒」，宋本作「如」，蔡本作「懼」。〔五〕「百」，宋本作「霸」，蔡本作「伯」。〔六〕「興」，蔡本同，宋本作「與」。〔七〕「粹」，宋本、蔡本同，叢刊本、徐本、四庫本作「碎」。〔八〕「稱」，宋本同，蔡本作「講」。

履道會飲

衆人之所樂，所樂唯囂塵。吾友之所樂，所樂唯清芬。清芬無鼓吹，直與太古鄰。太古者靡他，〔一〕和氣常絪緼。里閈舊情好，有才復有文。過從一日樂，十月生陽春。洛陽古神州，周公嘗經陳。四時寒暑正，四方道里均。代不乏英俊，號爲多縉紳。至于花與木，天下莫敢倫。而逢此之景，而當此之辰。而能開口笑，而世有幾人。清衷貫金石，劇談驚鬼神。天地爲一指，富貴如浮雲。明時緩康濟，白晝閑經綸。莫如陪歡伯，又復對此君。商於六百里，黄金四萬斤。不能買兹樂，自餘惡足論。接䍦倒戴時，蟾蜍生海垠。小車倒戴時，〔二〕山翁歸天津。

【校勘記】

〔一〕「他」，叢刊本、徐本作「陀」，四庫本作「它」。

〔二〕「戴」，叢刊本、徐本、四庫本作「載」。

思鄭州陳知默因感其化去不得一識面

美物須絶代，異人須不世。造化生得成，諒亦非容易。曠世耳可聞，同時目能視。陳子同時人，柰何聞諸耳。

謝城南張氏四兄弟冒雪載餚酒見過

久旱幾逾冬，川守祈未得。鴈行聯鑣來，佳雪遽盈尺。酒面生紅光，客心喜何極。半夜離天津，〔一〕天津陡岑寂。

【校勘記】

〔一〕「半」，叢刊本、四庫本作「上」。

大寒吟

舊雪未及消，新雪又擁户。堦前凍銀牀，簷頭冰去聲。鐘乳。清日無光輝，烈風正號怒。人口各有舌，言語不能吐。

和李審言龍圖大雪

萬樹瓊花一夜開，都和天地色皚皚。素娥腰細舞將徹，白玉堂深曲又催。甕牖書生方挾策，沙場甲士正銜杖。幽人骨瘦欲清損，賴有時時酒一杯。

小車行〔一〕

喜醉豈無千日酒，惜春還有四時花。〔二〕小車行處人歡喜，〔三〕滿洛城中都似家。

【校勘記】

〔一〕詩題，宋本作「車子」。　〔二〕「春」，宋本作「花」。　〔三〕「歡喜」，宋本作「觀言」。

依韻和浙憲任度支

宦路尋知已得真，〔一〕可堪輕負洛城春。江湖相望三千里，休使鄉朋想望頻。

【校勘記】

〔一〕「宦路尋知」，叢刊本、徐本、四庫本作「官路尋真」。

和宋都官乞梅熙寧五年

小園雖有四般梅，不似江南迎臘開。長恨東君少風韻，先時未肯放春來。

東軒黄紅二梅正開坐上書呈友人

一年一度見雙梅，能見雙梅幾度開？人壽百年今六十，休論閑事且銜杯。

和任比部憶梅

痛惜梅開易得殘，〔一〕既殘憔悴不堪看。年年長被清香誤，争似閑栽竹數竿。

【校勘記】

〔一〕「惜」，叢刊本、徐本作「憶」。

初春吟〔一〕

花木四時分景致，經書千卷號生涯。有人若問閑居處，道德坊中第一家。

【校勘記】

〔一〕此詩底本原無，據叢刊本、徐本、四庫本補。

垂柳

門前垂柳正依依，更被東風來往吹。忘了自家今已老，却疑自是少年時。〔一〕

【校勘記】

〔一〕「自」，宋本、叢刊本、徐本、四庫本作「身」。

至靈吟

至靈之謂人，至貴之謂君。明則有日月，幽則有鬼神。

人鬼吟〔一〕

既不能事人，又焉能事鬼。人鬼雖不同，其理何嘗異。〔二〕

【校勘記】

〔一〕詩題，宋本作「幽夢」。叢刊本、四庫本此詩在卷十二《心耳吟》下。〔二〕「人鬼雖不同，其理何嘗異」，宋本作「雖不同□□，□鬼何嘗異」。

生平與人交

生平與人交，未始有甘壞。己亦無負人，人亦無我害。

知識吟〔一〕

目見之謂識，耳聞之謂知。柰何知與識，天下亦常稀。

【校勘記】

〔一〕此詩，叢刊本在卷十二《人情吟》上。

偶書吟

風林無静柯，風池無静波。林池既不静，禽魚當如何。

思患吟〔一〕

僕奴淩主人，夷狄犯中國。〔二〕自古知不平，無由能絶得。

【校勘記】

〔一〕此詩叢刊本在卷十六《三十年吟》下。　〔二〕「夷狄犯中國」，四庫本作「所患及人國」。

寄三城王宣徽二首

林下居雖陋，花前飲却頻。世間無事樂，都恐屬閑人。

路上塵方坌，壺中花正開。何須頭盡白，然後賦歸來。

一室吟〔一〕

一室可容身，四時長若春。何嘗無美酒，未始絶佳賓。

【校勘記】

〔一〕此詩底本原無，據叢刊本、徐本、四庫本補。詩題，宋本作「一室」。

仁聖吟

盡道之謂聖，如天之謂仁。如何仁與聖，天下莫敢倫。

將還河北留別先生　恕〔一〕

先生抱道隱墻東，心迹兼忘出處通。圯下每慙知孺子，牀前曾憶拜龐公。已將目擊存微妙，直把神交寄始終。此日離違限南北，蕭蕭班馬正依風。

【校勘記】

〔一〕此詩底本原無，據叢刊本、徐本、四庫本補。叢刊本詩題作《恕將還河北留別先生》。

和邢和叔學士見別〔一〕

世路如何若大東，相逢不待語言通。觀君自比諸葛亮，顧我殊非黄石公。講道汙隆無巨細，語時興替有初終。出人才業尤須惜，慎勿輕爲西晉風。

【校勘記】

〔一〕詩題，宋本作「和邢龍圖」。

擊壤吟〔一〕

人言别有洞中仙，洞裏神仙恐妄傳。若俟靈丹須九轉，必求朱頂更千年。〔四〕長年國裏花千樹，安樂窩中樂滿懸。有樂有花仍有酒，却疑身是洞中仙。

【校勘記】

〔三〕詩題，宋本作「擊攘」。　〔四〕「朱」，宋本作「珠」。

春去吟〔一〕

好物足艱難，都來數日間。既爲風攪撓，〔二〕又被雨摧殘。富貴醉初醒，神仙夢乍還。遊人不知止，依舊倚朱欄。

【校勘記】

〔一〕詩題，宋本作「春去」。　〔二〕「撓」，宋本作「擾」。

南園花竹

花行竹逕緊相挨，〔一〕每日須行四五迴。〔二〕因把花行侵竹種，〔三〕且圖竹逕對花開。花香遠遠隨衣袂，〔四〕竹影重重上酒杯。誰道山翁少温潤，這般紅翠却長偎。

【校勘記】

〔一〕「行」，宋本作「竹」。　〔二〕「須」，宋本作「不」。　〔三〕「行」，宋本作「莖」。　〔四〕「袂」，宋本作「服」。

再答王宣徽〔一〕

自有吾儒樂，人多不肯循。以禪爲樂事，又起一重塵。

【校勘記】

〔一〕詩題，宋本作「答王宣徽二絶」。

又

大達誠無礙，人人自有家。假花猶入念，何者謂真花。

蒼蒼吟寄答曹州李審言龍圖〔一〕

一般顔色正蒼蒼，今古人曾望又作𠮩。斷腸。日往月來無少異，陽舒陰慘不相妨。迅雷震後山川裂，甘露零時草木香。幽暗巖崖生鬼魅，清平郊野見鸞凰。千花爛爲三春雨，萬木凋因一夜霜。此意分明難理會，直須賢者入消詳。〔二〕

【校勘記】

〔一〕詩題，宋本作「蒼蒼」。　〔二〕「者」，宋本作「門」。

林下五吟〔一〕

真工造化豈容私，拙者爲謀亦甚微。安樂窩深初起後，太和湯釅半醺時。長年國裏籃舁往，永熟鄉中杖策歸。身似升平無一事，數莖髭白任風吹。

老年軀體索温存，〔二〕安樂窩中別有春。萬事去心閑偃仰，四支由我任舒伸。〔三〕庭花盛處涼鋪簟，簷雪飛時軟布裀。誰道山翁拙於用，〔四〕也能康濟自家身。

有物輕醇號太和，半醺中最得春多。〔五〕靈丹換骨還如否，〔六〕白日升天得似磨。〔七〕儘快意時仍起舞，〔八〕到忘言處只謳歌。賓朋莫恠無拘檢，真樂攻心不奈何。

相招相勸飲流霞，鬢亂秋霜髮亂華。所記莫非前甲子，凡經多是老官家。共誇今日重孫過，更説當時舊事呀。言語丁寧有情味，後生無笑太周遮。

生來未始事田疇，無歲無時長有秋。隨分杯盤俱是樂，〔九〕等閑池館便成遊。風花雪月千金子，水竹雲山萬户侯。欲俟河清人壽幾，兩眉能著幾多愁。

【校勘記】

〔一〕詩題，宋本第二首題作「出安樂窩」，第三首題作「太和湯」，第五首題作「永熟鄉」。　〔二〕「索」，宋本作「素」。　〔三〕「支」，宋本作「肢」。　〔四〕「誰」，宋本作「盡」。　〔五〕「醺」，宋本作「春」。　〔六〕「如」，宋本作「知」。　〔七〕「得似磨」，宋本作「低得麽」，叢刊本、庫本、徐本作「似得」。　〔八〕「快」，宋本作「使」。〔九〕「俱是樂」，宋本作「須管樂」。

安樂窩中自訟吟〔一〕

不向紅塵浪著鞭，唯求寡過尚無緣。虚更蘧瑗知非日，謬歷宣尼讀《易》年。髪到白時難受彩，心歸通後更何言。至陽之氣方爲玉，猶恐鑽磨未甚堅。

【校勘記】

〔一〕詩題，宋本作「出安樂窩」，蔡本作「自訟吟」。

花庵詩二章拜呈堯夫　光〔一〕

自然天物勝人爲，萬葉無風碧四垂。猶恨簪紳未離俗，荷衣蕙帶始相宜。洛陽四時常有花，雨晴顔色秋更好。誰能相與共此樂，坐對年華不知老。

【校勘記】

〔一〕此詩底本原無，據叢刊本、徐本、四庫本補。

和君實端明花庵二首〔一〕

不用丹楹刻桷爲，重重自有翠陰垂。後人繼取天真意，種蒔增華非所宜。

庵後庵前盡植花，花開番次四時好。主人事簡常燕休，〔二〕不信歲華能撰老。〔三〕

【校勘記】

〔一〕詩題，宋本作「和司馬端明花庵」。

〔二〕「常」，宋本作「當」。

〔三〕「撰」，宋本作「拱」，四庫本作「换」。

伊川擊壤集卷之九

六十二吟〔一〕

行年六十二康强，况復身居永熟鄉。美景良辰非易得，〔二〕淺斟低唱又何妨。無涯歲月難拘管，〔三〕有限筋骸莫毀傷。〔四〕多少英豪弄才智，〔五〕大曾經過惡思量。

【校勘記】

〔一〕詩題，蔡本作「六十二歲吟」。〔二〕「美景良辰」，蔡本同，叢刊本、四庫本作「道德生辰」。〔三〕「拘」，蔡本作「収」。〔四〕「筋」，蔡本同，叢刊本、四庫本作「形」。〔五〕「英豪弄才」，蔡本作「英才弄豪」，叢刊本作「英毫弄才」，四庫本作「英雄弄才」。

林下局事吟

閑人亦也有官守，官守一身四事有。〔一〕一事承曉露看花，一事迎晚風觀柳。一事對皓月吟詩，一事留佳賓飲酒。從事于茲二十年，欲求同列誰能否。〔二〕

【校勘記】

〔一〕「四事有」，蔡本作「有四事」。〔二〕「列」，蔡本作「到」。「否」下，蔡本有「到一作列」四小字。

依韻和吳傳正寺丞見寄

五十年來讀舊書，世間應笑我迂疎。因思偶女忘今古，遂悟輪人致疾徐。道業未醇誠可病，生涯雖薄敢言虛。時和受賜已多矣，安有胸中不晏如。

延福坊李太博乞園池詩〔一〕

宣威十九次高牙，弈葉功臣舊將家。清世辭榮歸里第，〔二〕白頭行樂過年華。杯盈香醑浮春水，曲度新聲出靚花。如此園池如此壽，兒孫滿眼慶無涯。〔三〕

【校勘記】

〔一〕詩題，宋本作「李太傅乞圜池」。〔二〕「世」，宋本作「節」。「里第」，宋本作「第里」。〔三〕「孫」，宋本作「爾」。

金玉吟

良金美玉信難偕，〔一〕好物其來最受埋。盜跖免兵非積善，〔二〕仲尼無土反成猜。〔三〕中孚

既若須爲信一云：「能成信」。〔四〕無妄因何却有災。莫若致之爲外事，〔五〕心源可樂是昭回。〔六〕

【校勘記】

〔一〕「良」，蔡本同，叢刊本作「銀」。〔二〕「積善」，蔡本作「不幸」。〔三〕「土」，蔡本同，叢刊本作「工」。

〔四〕「須爲信」，蔡本作「能通信」。〔五〕「莫若」，蔡本作「都與」。〔六〕「回」下，蔡本有「一作須爲信」五小字。

夏日南園

夏木無重數，森陰翠檝低。相呼百禽語，太半是黄鸝。

謝寧寺丞惠希夷罇

仙掌峯巒峭不收，希夷陳圖南也。去後遂無儔。能斟時事高抬手，善酌人情略撥頭。畫虎不成心尚在，悲麟無應淚横流。悟來不必多言語，贏得清閑第一籌。

花庵獨坐呈堯夫先生〔一〕　光

荒園才一畝，意足以爲多。雖不居丘壑，嘗如隱薜蘿。忘機林鳥下，極目塞鴻過。爲問市朝客，紅塵深幾何？

【校勘記】

〔一〕此詩底本原無，據叢刊本、徐本、四庫本補。

和君實端明花庵獨坐

静坐養天和，其來所得多。耽耽同又作殊。厦宇，〔一〕密密引藤蘿。忘去貴臣度，能容野客過。繫時休戚重，終不道如何。

【校勘記】

〔一〕小注「殊」，叢刊本、四庫本作「朱」。

依韻和宋都官惠椶拂子

洛邑從來號别都，能容無狀久安居。衆蚊多少成雷處，一拂何由議掃除。

同王勝之學士轉運賞西園芍藥〔一〕

此物揚州素所聞，今于洛汭特稱珍。〔二〕雅知國色善移物，更著天香暗結人。欲殿羣芳仍占夏，得專奇品不須春。日斜立馬將歸去，再倚朱欄看一巡。

【校勘記】

〔一〕詩題，宋本作「賞芍藥」。〔二〕「今于」，宋本作「移來」。

戲謝富相公惠班笋三首

名園不放過鵐飛，相國如今遂請時。鼎食從來稱富貴，更和花笋一兼之。

承將大笋來相詫，小圃其如都不生。雖向性情曾著力，柰何今日未能平。

應物功夫出世間，豈容人可强躋攀。我儂自是不知量，培塿須求比泰山。

答李希淳屯田

逢時雖出欲胡爲，其那天資智識微。弊性止堪同蠖屈，薄才安敢望鵬飛。長因訪舊歡無極，每爲尋幽暮不歸。花愛半開承露看，柰何花上露沾衣。

苔錢

一雨一番新，非關鼓鑄頻。縱多難贈客，便失不猜人。遍地未爲富，滿堦那濟貧。買愁須有爲，酤酒斷無因。散處如籌計，重時似索陳。不能賙己急，〔一〕何暇更賙親。

【校勘記】

〔一〕「賙」，宋本作「周」，下同。

種穀吟

農家種穀時，種禾不種莠。柰何禾未榮，而見莠先茂。莠若不誅鋤，禾亦未成就。又况雨霈時，霑及恩一溜。

贈堯夫先生〔一〕　光

家雖在城闕，蕭瑟似荒郊。遠去名利窟，自稱安樂巢。雲歸白石洞，鶴立碧松梢。得喪非吾事，何須更解嘲。

【校勘記】

〔一〕此詩底本原無，據叢刊本、徐本、四庫本補。

和君實端明見贈

曾不見譊譊，城中類遠郊。雖無千里馬，却有一枝巢。月出雲山背，風來松竹梢。頑然何所得，豈復避人嘲。

別一章改韻同五詩呈堯夫〔一〕　光

家雖在城闕，蕭瑟似山阿。遠去名利窟，自稱安樂窩。雲歸白石洞，鶴立碧松柯。得喪非吾事，何須更寤歌。

【校勘記】

〔一〕此詩底本原無，據叢刊本、徐本、四庫本補。

秋夜

浮雲一消散，星斗粲長天。〔一〕碧蘚墜丹果，清香生白蓮。體涼猶衣葛，耳静已無蟬。坐久羣動息，秋空唯寂然。

【校勘記】

〔一〕「粲」，叢刊本、四庫本作「燦」。

平日遊園常策笻杖秋來發篋復出貂褥二物皆景仁所貺睹物思人斐然成詩

笻杖攜已久，貂褥展猶新。漸染岷山雪，拂除京國塵。危扶醉歸路，穩稱病來身。賴此齋中物，時如見故人。

雲

晴空碧於水，那得片雲飛。映日成丹鳳，隨風變白衣。去來皆絶迹，隱顯兩忘機。天理誰能測，終然何所歸。

閑來

閑來觀萬物，在處可逍遥。魚爲貪鈎得，蛾因赴火焦。碧梧飢鸑鷟，白粒飽鷦鷯。帶索誰家子，行歌復采樵。

花庵多牽牛清晨始開日出已瘁花雖甚美而不能留賞

望遠雲凝岫，粧餘黛散鈿。縹囊承曉露，翠蓋拂秋煙。嚮慕非葵比，雕零在槿先。才供少頃玩，空廢日高眠。

和秋夜

久畏夏暑日，喜逢秋夜天。急雨過脩竹，涼風摇晚蓮。豈謂敗莎蛩，能繼衰柳蟬。安得九臯禽，清唳一灑然。

和貂褥筇杖二物皆范景仁所惠

君子亦保物，保故不保新。筇生蜀部石，貂走陰山塵。善扶巇嶮路，能暖瘦羸身。行坐不可捨，常如覩斯人。

和雲

萬里幙四垂，一片雲自飛。秖知根抱石，不爲天爲衣。既來曾無心，却去寧有機。未能作霖雨，安用帝鄉歸。

和閑來

以身觀萬物，萬物理非遥。馬爲乘多瘦，龜因灼苦焦。能言謝鸚䳇，易飽過鷦鷯。伊洛好煙水，願同漁與樵。

和花庵上牽牛花

葉鬧深如幄，花繁翠似鈿。瀼瀼泠曉露，〔一〕冪冪蔽晴煙。謝既成番次，開仍有後先。主人凝佇苦，長是廢朝眠。

【校勘記】

〔一〕「泠」，叢刊本、徐本、四庫本作「零」。

寄三城舊友衛比部二絶

雖老未龍鍾，籬邊菊滿叢。乍涼天氣好，里閈正過從。

景好身還健，天晴路又乾。小車芳草軟，又作穩。處處是清歡。

秋日登石閣〔一〕

初晴僧閣一凭欄，風物淒涼八月間。欲盡上層嘗脚力，更於高處看人寰。秋深天氣隨宜好，老後心懷只愛閑。爲報遠山休斂黛，這般情意久闌珊。

【校勘記】

〔一〕「日」，四庫本作「霽」。

堯夫先生示秋霽登石閣之句，病中聊以短章戲答〔一〕　弼

高閣岧嶤對遠山，雨餘愁望不成歡。擬將斂黛强消遣，却是幽思苦未闌。來詩斷章云：爲報遠山休斂黛，這般情意久闌珊。

【校勘記】

〔一〕此詩底本原無，據叢刊本、徐本、四庫本補。

和堯夫先生秋霽登石閣〔一〕　光

飛簷危檻出林端，王屋嵩丘咫尺間。獨愛高明遊佛閣，豈知憂喜滿塵寰。目窮蒼莽纖毫盡，身得逍遥萬象閑。暇日登臨無厭數，悲風殘葉已珊珊。先生冬夏俱不出。

【校勘記】

〔一〕此詩底本原無，據叢刊本、徐本、四庫本補。

行至龍門先寄堯夫先生〔一〕　復圭

碧洛青嵩刮眼明，馬頭次第似相迎。天街高士還知否，好約南軒醉一觥。

【校勘記】

〔一〕此詩底本原無，據叢刊本、徐本、四庫本補。

和李審言龍圖行次龍門見寄

萬里秋光入坐明，交情預喜笑相迎。菊花未服重陽過，如待君來泛巨觥。

風月吟

涼風無限清，良月無限明。清明不我捨，長能成歡情。終朝三褫辱，晝日三接榮。榮辱不我預，〔一〕何復能有驚。

【校勘記】

〔一〕「不我」，叢刊本、四庫本作「我不」。

贈富公〔一〕

天下繫休戚，世間誰擬倫。三朝爲宰相，四水作閑人。〔二〕照破萬古事，收歸一點真。不知緣底事，見我却慇懃。

【校勘記】

〔一〕詩題，宋本作「上富相公」。　〔二〕「水」，宋本作「海」。

弄筆吟

人生所貴有精神，既有精神却不淳。〔一〕弄假象真終是假，將勤補拙總輸勤。因飢得飽飽猶病，〔二〕爲病求安安未真。人誤聖人人不少，聖人無誤世間人。

【校勘記】

〔一〕「淳」，蔡本作「純」。　〔二〕「猶病」，蔡本作「由拙」。

招司馬君實遊夏圃

雨霽景自好，秋深天未寒。可能乘興否，夏圃一盤桓。

和堯夫先生相招遊夏圃〔一〕　光

野迥秋光滿，逕微朝露寒。登高與行遠，餘力尚桓桓。

【校勘記】

〔一〕此詩底本原無，據叢刊、徐本、四庫本補。

秋日雨霽閑望〔一〕

水冷雲疎霜意早，歲華雖晚黄花好。饒教四面遠山圍，〔二〕奈何一片秋光老。上天生物固無私，聖人餘事人難曉。陳言生活不須矜，自是中才皆可了。

【校勘記】

〔一〕在蔡本中，本詩爲《秋懷吟》之第四首。〔二〕「遠」，蔡本作「遶」。

四小吟簡陳季常

八月小春天，小花開且殷。晚來經小雨，遂使小車閑。

樂樂吟

吾常好樂樂，所樂無害義。樂天四時好，樂地百物備。樂人有美行，樂己能樂事。此數樂之外，更樂微微醉。

誡子吟

善惡無他在所存，小人君子此中分。改圖不害爲君子，迷復終歸作小人。良藥有功方利病，白珪無玷始稱珍。欲成令器須追琢，過失如何不就新。

聞少華崩

變化無蹤倏忽間，力迴天地不爲難。若教舒展巨靈手，〔一〕豈止軒騰少華山。〔二〕六社居民皆覆没，〔三〕九泉磐石盡飛飜。芻蕘一句能收采，堯舜之時自可攀。

【校勘記】

〔一〕「舒」，宋本、叢刊本、徐本、四庫本作「施」。 〔二〕「軒」，宋本作「掀」。 〔三〕「六」，宋本作「七」。

自古吟

自古大聖人，猶以爲難事。而況後世人，豈復便能至。求之不勝難，得之至容易。千人萬人心，〔一〕一人之心是。

【校勘記】

〔一〕「千人萬人心」，蔡本作「千萬人之心」。

代書寄祖龍圖〔一〕

三十年交舊，相逢各白頭。海壖曾共飲，洛社又同遊。脱屣風波地，〔二〕開懷松桂秋。兩眉從此後，應不著閑愁。

【校勘記】

〔一〕詩題，宋本作「寄祖龍圖」。 〔二〕「屣」，宋本作「屣」。

寒夜吟

天加一上寒，我添一重被。不出既往言，不爲已甚事。責己重以周，與人不求備。唯是大聖人，能立無過地。

知幸吟

雞職在司晨，犬職在守禦。二者皆有功，一歸于報主。我飢亦享食，我寒亦受衣。〔一〕如何無纖毫，功德補于時。

【校勘記】

〔一〕「受」，蔡本作「愛」。

趨嚮

捨我靈龜，觀我朵頤。背義從利，人無遠思。賁于丘園，束帛戔戔。既能圖大，小在其間。

不可知吟

犂牛生騂角，老蚌産明珠。人雖欲勿用，山川其捨諸。事固不可知，物亦難其拘。一歸于臆度，義失乎精麤。

事急吟

旱極望雨意，病危思藥心。人人當此際，不待勸而深。

知人吟

事到急時觀態度，人于危處露肝脾。深心厚貌平時可，慎勿便言容易知。

言語吟

一語便喜處，千言益怒時。既因言語合，却爲語言離。

思患吟

緣飾近虛襟，虛襟後患深。療飢當用食，救旱必須霖。

人生一世吟〔一〕

前有億萬年，後有億萬世。中間一百年，做得幾何事。又况人之壽，幾人能百歲。如何不

喜歡，强自生憔悴。〔二〕

【校勘記】

〔一〕詩題，宋本作「人生一世」，蔡本作「浮生吟」。 〔二〕「强自生憔悴」，宋本作「强自生焦悴」，蔡本作「與物争憔悴」。

謝人惠石笋

誰將天柱峯，快刀割一半。泉漱痕微漬，〔一〕雲抱色猶見。權門不能移，富室不能轉。則予何人哉，當閤君之獻。

【校勘記】

〔一〕「漬」，叢刊本、四庫本作「清」。

十月二十四日早始見雪登自雲臺閑望亂道走書呈堯夫先生〔一〕 弼

氣候隨時應，初寒雪巳盈。乾坤一色白，山水萬重清。是處人煙合，無窮鳥雀驚。忻然不成下，連把玉罍傾。

【校勘記】

〔一〕此詩底本原無，據叢刊、徐本、四庫本補。

奉和十月二十四日初見雪呈相國元老

壬子初逢雪，未多仍却晴。人間都變白，林下不勝清。寒士痛遭恐，窮民惡著驚。杯觴限新法，何故便能傾。

臺上再成亂道走書呈堯夫〔一〕　弼

密雪終宵下，晨登百尺端。瑞光翻怯日，和氣不成寒。天末無纖翳，雲頭未少乾。四郊聞擊壤，農望已多歡。

【校勘記】

〔一〕此詩底本原無，據叢刊本、徐本、四庫本補。

和相國元老

崇臺未經慶，瑞雪下雲端。雖地盡成白，而天不甚寒。有年豐可待，盈尺潤難乾。甽畝無忘處，追蹤擊壤歡。

天津看雪代簡謝蔣秀才還詩卷

清洛接天去，寒雲貼地飛。人於橋上立，詩向雪中歸。

安樂窩中看雪〔一〕

同雲漠漠雪霏霏，〔二〕安樂窩中卧看時。初訝後園羅玉樹，却驚平地璨瑶池。〔三〕未逢寒食梨花謝，不待春風柳絮飛。酒放半醺簾半卷，此情無使外人知。〔四〕

滿目是瑶琚，貧家遂富如。許覩非許賣，宜慘不宜舒。醇釀裝醺後，重衾造暖餘。肯於人世上，造一作還。險較錙銖。

【校勘記】

〔一〕詩題，蔡本作「看雪」。〔二〕「漠漠」，蔡本作「幕幕」。〔三〕「璨」，蔡本作「際」。〔四〕「情」，蔡本作「常」。

歲在癸丑年始七十正旦日書事　弼〔一〕

人生七十古來稀，老杜詩云：「酒債尋常行處有，人生七十古來稀。」今日愚年已及期。從此光陰猶不測，只應天道始相知。

【校勘記】

〔一〕此詩底本原無，據叢刊本、徐本、四庫本補。

又

親賓何用舉椒觴，已覺閑中歲月長。不學香山醉謌舞，只將吟嘯敵流光。

又

先聖明明許從心，山川風月恣遊尋。此中若更論規矩，籍外閑人不易禁。

今年始是乞骸年，我向年前已掛冠。都爲君王憐久疾，肯教先去養衰殘。

答富韓〔一〕公見示正旦四絶熙寧六年

正旦四篇詩，緣忻七十期。請觀唐故事，未放晉公歸。

【校勘記】

〔一〕「韓」，四庫本作「鄭」。

上元書懷〔一〕

光

老去春無味，年年覺病添。酒因脾積斷，燈爲目痾嫌。勢位非其好，紛華久已厭。唯餘讀書樂，暖日坐前簷。

【校勘記】

〔一〕此詩底本原無，據叢刊、徐本、四庫本補。

和君實端明

養道自安恬，霜毛一任添。且無官責咎，幸免世猜嫌。蓬户能安分，藜羹固不饜。一般偏好處，曝背向前簷。

安樂窩中四長吟〔一〕

安樂窩中快活人，閑來四物幸相親。一編詩逸收花月，〔二〕一部書嚴驚鬼神。〔三〕一炷香清沖宇泰，一罇酒美湛天真。太平自慶何多也，〔四〕唯願君王壽萬春。

【校勘記】

〔一〕詩題，宋本作「安樂窩」。　〔二〕「收」，宋本作「煞」。　〔三〕「一部書嚴驚鬼神」，宋本作「一卷書囊壓鬼神」。〔四〕「太平自慶何多也」，宋本作「太平自度何多少」。

安樂窩中詩一編〔一〕

安樂窩中詩一編，自歌自詠自怡然。陶鎔水石閑勳業，銓擇風花静事權。〔二〕意去乍乘千里馬，興來初上九重天。忺時更改三兩字，〔三〕醉後吟哦五七篇。直恐心通雪外月，〔四〕又疑身是洞中仙。銀河洶湧翻晴浪，玉樹查牙生紫煙。萬物有情皆可狀，百骸無病不能纏。命題濫被神相助，得句謬爲人所傳。肯讓貴家常奏樂，〔五〕寧慚富室腆收錢。若條此過知何限，因甚臺官獨未言。

【校勘記】

〔一〕詩題，宋本作「自和」，爲第三首。〔二〕「静」，宋本作「盡」。〔三〕「忺」，宋本作「炊」，四庫本作「歡」。〔四〕「雪」，宋本、叢刊本、徐本、四庫本作「雲」。〔五〕「肯」，宋本作「豈」。

安樂窩中一部書〔一〕

安樂窩中一部書，號云皇極意何如。春秋禮樂能遺則，父子君臣可廢乎？浩浩羲軒開闢後，巍巍堯舜協和初。炎炎湯武干戈外，恟恟桓文弓劒餘。〔二〕日月星辰高照耀，皇王帝伯音霸。大鋪舒。幾千百主出規制，數億萬年成楷模。治久便憂强跋扈，患深仍念惡驅除。才堪命世有時有，智可濟時無世無。〔三〕既往盡歸閑指點，未來須俟別支梧。〔四〕不知造化誰爲主，生得許多奇丈夫。

【校勘記】

〔一〕詩題，宋本作「自和」，爲第四首。　〔二〕「桓」，宋本作「威」。　〔三〕「智」，宋本作「知」。

〔四〕「梧」，宋本同，徐本作「吾」。

安樂窩中一炷香〔一〕

安樂窩中一炷香，凌晨焚意豈尋常。禍如許免人須諂，福若待求天可量。且異緇黄徼廟貌，又殊兒女裛衣裳。〔二〕中孚起信寧煩禱，無妄生災未易禳。虚室清泠都是白，靈臺瑩静别生光。觀風禦寇心方醉，對景一作境。顔淵坐正忘。〔三〕赤水有珠涵造化，泥丸無物隔青蒼。生爲男子仍身健，時遇昌辰更歲穰。日月照臨功自大，君臣庇廕効何長。〔四〕非又作不。徒聞道至於此，〔五〕金玉誰家不滿堂。

【校勘記】

〔一〕詩題，宋本作「自和」，爲第五首。　〔二〕「裛」，宋本作「裹」，叢刊本、四庫本作「裹」。　〔三〕「坐正」，宋本作「正坐」。　〔四〕「庇廕効」，宋本作「花蔭效」。　〔五〕「非」，宋本作「不」。

安樂窩中酒一罇〔一〕

安樂窩中酒一罇，非唯養氣又頤真。〔二〕頻頻到口微成醉，拍拍滿懷都是春。〔三〕何異君臣初際會，〔四〕又同天地乍絪緼。〔五〕醺酣情味難名狀，〔六〕醞釀工夫莫指陳。斟有淺深存爕理，〔七〕飲無多少寄經綸。〔八〕鳳凰樓下逍遥客，郟鄏城中自在人。高閣望時花似錦，小車行處草如茵。卷舒萬世興亡手，出入千重雲水身。雨後静觀山意思，〔九〕風前閑看月精神。這般事業權衡别，〔十〕振古英雄一本作豪。恐未聞。〔十一〕

【校勘記】

〔一〕詩題，宋本作「自和」，爲第六首。〔二〕「頤」，宋本作「怡」。〔三〕「都」，宋本作「俱」。〔四〕「際」，宋本作「濟」。〔五〕「又同」，宋本作「正如」。〔六〕「名」，宋本作「形」。〔七〕「爕」，宋本作「變」。〔八〕「寄」，宋本作「記」。〔九〕「思」，宋本作「想」。〔十〕「事業」，宋本作「事躰」。〔十一〕「振古英雄」，宋本作「鎮古英毫」。

謝富相公見示新詩一軸

通衢選地半松筠，元老辭榮向盛辰。多種好花觀物體，每斟醇酒發天真。清朝將相當年事，碧洞神仙今日身。更出新詩二十首，其間字字敵陽春。

文章天下稱公器，詩在文章更不疎。到性始知真氣味，入神方見妙工夫。〔一〕閑將歲月觀消長，静把乾坤照有無。辭比《離騷》更温潤，《離騷》其柰少寬舒。

【校勘記】

〔一〕「工」，叢刊本、徐本、四庫本作「功」。

弼承索近詩復貺佳句輒次元韻奉和詩以語志不必更及乎詩也伏惟一覽而已　弼〔一〕

出入高車耀縉紳，從來天幸喜逢辰。道孤常恐難逃悔，性拙徒能不失真。風雨坐生无妄疾，林泉歸作自由身。歲寒未必輸松柏，已見人間七十春。

賦分蕭條只自如，生平常向宦情踈。亡功每歎孤明主，得謝何妨作老夫。官品尚叨三事貴，世緣應信一毫無。病來髀肉消幾盡，尤覺陰陽繫慘舒。

【校勘記】

〔一〕此詩底本原無，據叢刊、徐本、四庫本補。

安樂窩中好打乖吟〔一〕

安樂窩中好打乖，打乖年紀合挨排。重寒盛暑多閉户，〔二〕輕暖初涼時出街。風月煎催親

筆硯，鷺花引惹傍樽罍。〔三〕問君何故能如此，秖被才能養不才。〔四〕

【校勘記】

〔一〕詩題，宋本作「自和」，爲第二首。〔二〕「閉」，宋本作「閑」。〔三〕「傍」，宋本作「停」。

〔四〕「秖被」，宋本作「只爲」。

和　弼〔一〕

先生自衛客西畿，樂道安閑窩義絶世機。再命初筵終不起，獨甘窮巷寂無依。貫穿百代常探古，吟咏千篇亦造微。珍重相知忽相訪，醉和風雨夜深歸。

【校勘記】

〔一〕富弼至呂希哲八首和詩底本原無，據叢刊本、徐本、四庫本補。

和　拱辰

安樂窩中名隱君，腹藏經笥富多聞。一廛水竹爲生計，三徑琴觴混世紛。婉畫舊嘗辭幕府，少微今已應星文。了心便是棲真地，何必煙霞卧白雲。

和　光

安樂窩中自在身，猶嫌名字落紅塵。醉吟終日不知老，經史滿堂誰道貧。長掩柴荆避寒暑，只將花卉記冬春。料非閑處打乖客，乃是清朝避世人。

和　尚恭

窩名安樂已詠諧，更賦新詩訟所乖。豈以達爲賢事業，自知安是道梯階。權門富室先藏跡，好景良朋亦放懷。應照先生純粹處，肯揮妙墨記西齋。

和　逵

安樂先生醉便歌，莊篇徒爾説焚和。有名有守同應少，無事無來得最多。勝處林泉供放適，清時風月助吟哦。能拋憂責忘勞外，不縱逍遥更待何。

和　顥

打乖非是要安身，道大方能混世塵。陋巷一生顔氏樂，清風千古伯夷貧。客求妙墨多携卷，天爲詩豪剩借春。儘把笑談親俗子，德容猶足畏鄉人。

聖賢事業本經綸，肯爲巢由繼後塵。三幣未回伊尹志，萬鍾難换子輿貧。且因經世藏千古，已占西軒度十春。時止時行皆有命，先生不是打乖人。

和　　　　　　　　　　　　　　　　　　　　　　　　　　　　　　　　　呂希哲

先生不是閉關人，高趣逍遥混世塵。得志須爲天下雨，放懷聊占洛陽春。家無甔石寘常滿，論極錙銖意始新。任便終身卧安樂，一毫何費養天真。

二月六日登石閣〔一〕　　　　　　　　　　　　　　　　　　　　　　光

極目千里外，川原繡畫新。始知平地上，看不盡青春。

【校勘記】

〔一〕此詩底本原無，據叢刊本、徐本、四庫本補。

和君實端明登石閣

平地雖然遠，那知物物新。危樓一百尺，别有萬般春。

二月六日送京醖二壺上堯夫〔一〕

光

紅櫻零落杏花開，春物相催次第來。莫作林間獨醒客，任從花笑玉山頽。

【校勘記】

〔一〕此詩底本原無，據叢刊、徐本、四庫補。

和君實端明副酒之什

洛陽花木滿城開，更送東都雙榼來。遂使閑人轉狂亂，柰何紅日又西頽。

對花吟

春在花争好，春歸花遂殘。好花留不住，好客會亦難。酒既對花飲，花宜把酒看。如何更斟滿，酒盡此時歡。

依韻寄成都李希淳屯田

思君君未還，君戀蜀中官。白首雖知倦，清衷宜自寬。花時難得會，鬛市易成歡。莫歎歸休晚，生涯苦未完。

代書寄廣信李遵度承制

薊北更千里，漢唐爲極邊。柰何今境土，不復舊山川。虎帳兵家重，雕弓嗣子傳。他年勸功處，無使後燕然。

自和打乖吟〔一〕

安樂窩中好打乖，自知元没出人才。老年多病不服藥，少日壯心都已灰。庭草剗除終未盡，檻花抬舉尚難開。輕風吹動半醺酒，此樂直從天外來。

【校勘記】

〔一〕詩題，宋本作「自和」，爲第一首。

伊川擊壤集卷之十

年老逢春十三首〔一〕

年老逢春春莫猜，老年方自少年迴。人情少悦酒不解，天氣却寒花未開。〔二〕堤外有風斜送柳，墻陰經雨半生苔。去年波水東流去，〔三〕舊渌柰何新又來。〔四〕

年老逢春春正妍，春妍況在禁煙前。纔寒却暖養花日，行去聲。雨便晴消酒天。進退罇罍宜有主，栽培桃李豈無權。清談已是歡情極，更把狂詩當管絃。

年老逢春雨乍晴，雨晴況復近清明。天低宫殿初長日，風暖園林未囀鶯。花似錦時高閣望，草如茵處小車行。東君見賜何多也，又復人間久太平。

年老逢春莫厭春，住家況復在天津。既將水竹爲生計，須與風花作主人。故宅廢功除瓦礫，〔五〕新畦加意種蘭薰。未知去此閑田地，何地更能容此身。

年老逢春始識春，春妍都恐屬閑身。能知青帝工夫大，〔六〕肯逐後生撩亂頻。酒趂嫩醅嘗格韻，花承曉露看精神。大凡尤物難分付，造化從來不負人。

年老逢春春意多，波光誰染柳誰搓。〔七〕池亭正好愛不徹，草木向榮情柰何。便把罇罍通意思，須防風雨害清和。千紅萬翠中間裏，似我閑人更有麼？

年老逢春春莫厭，春工慎勿致猜嫌。紅芳若得眼前過，白髮任從頭上添。雨後艷花零淚顆，風餘新月露眉尖。輕醇酒面斟來凸，舉盞長憂不易拈。

年老逢春春莫慳，春慳不當世艱難。四時只有三春好，一歲都無十日閑。酒盞不煩人訴免，花枝須念雨摧殘。却愁千片飄零後，〔八〕多少金能買此歡。

年老逢春莫厭頻，更頻能見幾回春。〔九〕須將酒盞强留客，却恐花枝解笑人。世態不堪新間舊，物情難免假疑真。誰云梁燕多言語，此箇深寃都未伸。

年老逢春興未收，願春慈造少遲留。〔十〕既稱好事愁花老，須與多情秉燭遊。酒裏功勞閑汗馬，詩中罪過静風流。〔十一〕東君不忝人嘲戲，僝僽花枝惡未休。〔十二〕

年老逢春莫惜狂，惜狂無那興難當。園林恰到惡明媚，〔十三〕風雨便多閑中傷。花等半開宜速賞，酒聞纔熟便先嘗。大都美物天長惜，非是吾儕曲主張。

年老逢春春不任，不任緣被老來侵。一身老去惡足惜，〔十四〕滿眼春歸何處尋。紅日墜時風更急，落花流處水仍深。流鶯不悟芳菲歇，猶向枝頭送好音。

年老逢春認破春，破春不用苦傷神。〔十五〕身心自有安存地，草木焉能媚惑人。此日榮爲他日瘁，今年陳是去年新。世間憂喜常相逐，〔十六〕多少酒能平得君。

【校勘記】

〔一〕詩題，宋本作「年老逢春」。〔二〕「却」，宋本作「多」。〔三〕「去」，宋本作「処」。〔四〕「淥」，宋本作「緑」。〔五〕「廢」，宋本作「費」。〔六〕「工」，叢刊本、徐本、四庫本作「功」。〔七〕「搓」，叢刊本作「㧯」，四庫本作「拖」。〔八〕「飄」，宋本作「風」。〔九〕「見」，宋本作「得」。〔十〕「春」，宋本作「君」。〔十一〕「詩中罪過静風流」，宋本作「詩中旨趣足風流」。〔十二〕「僝僽」，宋本作「以中」。〔十三〕「惡」，四庫本作「恁」。〔十四〕「惡」，四庫本作「恁」。〔十五〕「苦」，宋本作「若」。〔十六〕「常」，宋本作「長」。

和堯夫先生年老逢春三首〔一〕　光

年老逢春春莫咍，朱顔不肯似春迴。酒因多病無心醉，花不解愁隨意開。荒徑倦遊從碧草，空庭慵掃任蒼苔。相逢談笑猶能在，坐待牽車陌上來。

年老逢春無用驚，對花弄筆眼猶明。不嫌貧舍舊來燕，唤起醉眠何處鶯。一僕相隨幅巾出，羣童聚看小車行。人間萬事都捐去，莫遣胷中氣不平。

年老逢春猶解狂，行歌南陌上東岡。晴雲高鳥各自得，白日遊絲相與長。草色無情盡眼緑，林花多思麗人香。吾儕幸免簪裾累，痛飲閑吟樂未央。

【校勘記】

〔一〕此三首詩底本原無，據叢刊、徐本、四庫本補。

崇德久待不至〔一〕　光

淡日濃雲合復開，碧嵩青洛遠縈迴。林端高閣望已久，〔二〕花外小車猶未來。

【校勘記】

〔一〕此詩底本原無，據叢刊本、徐本、四庫本補。　〔二〕「久」，宋本作「矣」。

和司馬君實崇德久待不至〔一〕

君家梁上年時燕，過社今年尚未迴。請罰誤君凝竚久，萬花深處小車來。

天啓夫君八斗才，〔二〕野人中路必須迴。神仙一句難忘處，花外小車猶未來。

【校勘記】

〔一〕詩題，宋本、叢刊本、徐本僅有「和」字。　〔二〕「天」，宋本作「夫」。

別兩絶

樓外花深礙小車，難忘有德見思多。欲憑桃李爲之謝，桃李無言争柰何。

賞花高閣上，負約罪難回。若許將詩贖，〔一〕何時不可陪。

【校勘記】

〔一〕「許」，宋本作「欲」。

春日登石閣

滿洛城中將相家，廣栽桃李作生涯。年年二月凭高處，〔一〕不見人家只見花。

【校勘記】

〔一〕「二月」，宋本、徐本作「三月」。

六十三吟

行年六十有三歲，齒髪雖衰志未衰。恥把精神虚作弄，肯將才力妄施爲。愁聞刮骨聲音切，悶見吹毛智數卑。珍重至人嘗有語，落便宜是得便宜。陳希夷先生嘗有是言。

感事吟

古人不見面，止可觀其心。其心固無他，而多顧義深。今人不見心，止可觀其面。〔一〕其面顧無他，而多顧利淺。顧義則利人，顧利則害民。利人與害民，而卒反其身。〔二〕其身幸而免，亦須殃子孫。

【校勘記】

〔一〕「止」，叢刊本、四庫本作「正」。　〔二〕「卒」，叢刊本作「瘁」。

偶書〔一〕

天生萬物，各遂其一。唯人最靈，萬物能并。芝蘭芬芳，麒麟鳳凰。此類之人，鮮有不臧。〔二〕狼毒野葛，〔三〕梟鴆蛇蝎。此類之人，鮮有不孽。臧唯思安，孽唯思殘。日夜無息，相代于前。天無私覆，地無私載。俱能含養，始知廣大。

【校勘記】

〔一〕詩題，蔡本作「偶書吟」，下有「四言」二小字。〔二〕「臧」，蔡本作「藏」。〔三〕「野」，蔡本同，叢刊本、徐本作「治」。

偶得吟

蛙蜢泥中走，鳳凰雲外飛。雲泥相去遠，自是難相知。

太和湯吟

二味相和就甕頭，一般收口效偏優。同斟秪却因無事，獨酌何嘗爲有愁。纔沃便從真宰辟，半醺仍約伏犧遊。〔一〕人間盡愛醉時好，未到醉時誰肯休。

【校勘記】

〔一〕「犧」，叢刊本作「羲」。

洗竹

歲寒松柏共經秋，叢剉無端蔽翳稠。遍地冗枝都與去，倚天高榦一齊留。應龍吟後聲能效，儀鳳來時功可收。未説其他爲用處，此般風格最難儔。

天意吟〔一〕

天意無他只自然，自然之外更無天。不欺誰怕居暗室，〔二〕絶利須求在一源。未喫力時猶有説，到收功處更何言。聖人能事人難繼，無價明珠正在淵。

【校勘記】

〔一〕詩題，宋本作「天意」。　〔二〕「暗」，宋本作「閑」。

代書戲祖龍圖

祖兄同甲中，〔一〕二十七日長。無怨可低眉，有歡能抵掌。交情日更深，道義久相尚。但欠

書丹人，黄金八百兩。擇之葬其親也，書誌用予名姓。〔二〕

【校勘記】

〔一〕「中」，叢刊本、徐本、四庫本作「申」。〔二〕小注「名姓」二字，叢刊本、徐本作「姓名」。

把酒

把酒囑兒男，吾今六十三。處身雖未至，講道固無慙。世上榮都謝，林間樂尚貪。語其貪一也，且免世猜嫌。

對花熙寧七年〔一〕

花枝照酒巵，把酒囑花枝。酒盡錢能買，花殘藥不醫。人無先酩酊，花莫便離披。慢慢對花飲，況春能幾時。

【校勘記】

〔一〕此詩，蔡本重出，一題作「囑花吟」，一題作「對花」。

四道吟〔一〕

天道有消長，地道有險夷。人道有興廢，物道有盛衰。興廢不同世，盛衰不同時。柰何人當之，許多喜與悲。

【校勘記】

〔一〕詩題，宋本作「四道」。

林下吟

林下一般奇，俗人那得知。乍圓明月夜，纔放好花枝。美酒未斟滿，佳賓莫放歸。世間優我輩，幸有這些兒。

春陰〔一〕

日日是春陰，春陰又復沈。養花雖有力，愛月豈無心。月滿方能看，花開始可吟。柰何花與月，殊不諒人深。

花好難久觀，月好難久看。花能五七日，月止十二圓。〔二〕圓時仍齟齬，開處足摧殘。風雨尋常事，人心何不安。〔三〕

【校勘記】

〔一〕詩題，宋本同，蔡本作「花月吟」。　〔二〕「二」，蔡本同，宋本作「五」。　〔三〕「安」，宋本同，蔡本作「堅」。

囑花吟〔一〕

把酒囑花枝，花枝亦要知。花無十日盛，人有百年期。據此銷魂處，〔二〕寧思中酒時。若非詩斷割，〔三〕難解一生迷。

【校勘記】

〔一〕詩題，蔡本同，宋本作「囑花」。　〔二〕「銷」，宋本、蔡本作「消」。　〔三〕「非」，蔡本作「無」。「割」，宋本同，蔡本作「送」。

懶起吟

半記不記夢覺後，似愁無愁情倦時。擁衾側臥未忺起，〔一〕簾外落花撩亂飛。

【校勘記】

〔一〕「忺」，徐本作「忻」，四庫本作「歡」。

感事吟

君子小人正相反，上智下愚誠不移。野葛根非連靈芝，〔一〕柰何生與天地齊。

【校勘記】

〔一〕「野」，叢刊本、徐本作「冶」。

三惑

老而不歇是一惑，安而不樂是二惑。閑而不清是三惑，三者之惑自戕賊。

四喜

一喜長年爲壽域，二喜豐年爲樂國。三喜清閑爲福德，四喜安康爲福力。

何如吟

立身須作真男子，臨事無爲淺丈夫。料得人生皆素定，空多計較竟何如。

問春吟〔一〕

自古言花須説鶯，〔二〕鶯花本合一時行。因何花謝鶯纔至，〔三〕浪得鶯花相與名。輒欲問春春不應，私於蜂蝶有何情。流鶯不伏春辜負，〔四〕啼了千聲又萬聲。

【校勘記】

〔一〕詩題，蔡本作「問春」。〔二〕「罵」，蔡本作「我」。〔三〕「因」，蔡本作「思」。〔四〕「伏」，蔡本作「服」。

樓上寄友人

有客常輕平地春，夫春不得不云云。〔一〕能安陋巷無如我，既上高樓還憶君。滿眼雲林都是緑，萬花煙瓦半來新。〔二〕凭欄須是心無事，誰是凭欄無事人。

【校勘記】

〔一〕「夫」，四庫本作「失」。〔二〕「萬花煙瓦」，叢刊本、四庫本作「萬家輝舞」，徐本作「萬家烟瓦」。

所失吟

所失彌多所得微，中間贏得一歔欷。〔一〕人榮人悴乃常理，花謝花開何足追。偶爾相逢却相别，乍然同喜又同悲。只消照破都無事，何必區區更辯爲。〔二〕

【校勘記】

〔一〕「贏」，宋本作「羸」。〔二〕「辯」，叢刊本、四庫本作「辨」。

插花吟〔一〕

頭上花枝照酒巵，酒巵中有好花枝。身經兩世太平日，眼見四朝全盛時。況復筋骸粗康健，那堪時節正芳菲。酒涵花影紅光溜，〔二〕争忍花前不醉歸。

【校勘記】

〔一〕詩題，宋本作「插花」。　〔二〕「涵」，宋本作「含」。

閑居吟〔一〕

閑居須是洛中居，天下閑居皆莫如。文物四方賢俊地，山川千古帝王都。絶奇花畔持芳醑，最軟草間移小車。〔二〕只有堯夫負親舊，交親殊不負堯夫。

【校勘記】

〔一〕詩題，宋本作「閑居」。　〔二〕「間」，宋本作「門」。

依韻和張子堅太博

八載相逢恨未平，如何別酒又還傾。雖慙坦率珠多纇，却識清和玉有聲。處世當爲天下士，賞花須是洛陽城。也知今古真男子，造化工夫不易生。〔一〕

【校勘記】

〔一〕「工」，叢刊本、四庫本作「功」。

還鞠十二著作見示共城詩卷

寫象丹青未易偕，丹青難寫象情懷。覽君十首詩三遍，勝我再遊鄉一回。故國不知新想望，家山如見舊崔嵬。功名時事人休問，只有兩行清淚揩。

樂物吟〔一〕

日月星辰天之明，耳目口鼻人之靈。皇王帝伯音霸。由之生，〔二〕天意不遠人之情。飛走草木類既別，士農工商品自成。安得歲豐時長平，樂與萬物同其榮。〔三〕

【校勘記】

〔一〕詩題，宋本作「樂物」。 〔二〕「由」，四庫本作「人」。 〔三〕「萬物」，宋本作「五物」。

喜春吟

春至已將詩探伺，春歸更用酒追尋。酒因春至春歸飲，詩爲花開花謝吟。花謝花開詩屢作，春歸春至酒頻斟。情多不是彊年少，和氣衝心何可任。

暮春吟

多情潘佑羨楊花，出入千家復萬家。少日壯心都失去，老年新事不知他。詩中罪過人多恕，〔一〕酒裏功勞我自誇。猶有一般牢落處，交親太半在天涯。〔二〕

【校勘記】

〔一〕「多」，蔡本作「當」。〔二〕「太」，蔡本、徐本作「大」。

和王中美大卿致政二首

等候人間七十年，便如平子賦歸田。知時所得誠多矣，養志其誰曰不然。况有林泉情悦樂，却無官守事拘牽。小車近日曾馳謁，正值夫君春晝眠。

自古有才思奮飛，夫君何故獨知時。平生懷抱未少屈，盛世掛冠良得宜。入格柳挼風細細，〔一〕壓春花笑日遲遲。傳呼震地門前過，更不令人問是誰。

【校勘記】

〔一〕「挼」，四庫本作「拖」。

和北京王郎中見訪留詩〔一〕

車從賞春來北京，耿君先期已馳情。此時殞霜奈何重，今歲花開徒有聲。〔二〕既辱佳章仍墜刺，寧無累句代通名。天之才美應自惜，〔三〕料得不爲時虛生。〔四〕

【校勘記】

〔一〕詩題，蔡本作「和王仲賢吟」。〔二〕「花開」，蔡本作「開花」。〔三〕「才美」，蔡本作「美才」。〔四〕「虛生」，蔡本作「虛名」。

喜樂吟

生身有五樂，居洛有五喜。人多輕習常，殊不以爲事。吾才無所長，吾識無所紀。其心之泰然，奈何能了此。〔一〕一樂生中國，二樂爲男子，三樂爲士人，四樂見太平，五樂聞道義。一喜多善人，二喜多好事，三喜多美物，四喜多佳景，五喜多大體。

【校勘記】

〔一〕「能」，叢刊本、四庫本作「人」。

歡喜吟

歡喜又歡喜，喜歡更喜歡。吉士爲我友，好景爲我觀。美酒爲我飲，美食爲我餐。此身生長老，盡在太平間。

天道吟

天道不難知，人情未易窺。雖聞言語處，更看作爲時。隱几功夫大，揮戈事業卑。春秋賴乘輿，出用小車兒。

一室吟〔一〕

一室可容身，四時長有春。〔二〕何嘗無美酒，未始絶佳賓。洞裏賞花者，君實也，宅中有洞。天邊泛月人。君貺也，宅中有樓。相逢應有語，笑我太因循。

【校勘記】

〔一〕詩題，宋本作「一室」，叢刊本、四庫本作「室吟」。　〔二〕「有」，宋本作「若」。

正月二十六日獨步至洛濱偶成二詩呈堯夫先生〔一〕　光

拜表歸來抵寺居，解鞍縱馬罷傳呼。紫花金帶盡脱去，便是林間一野夫。

草軟波晴沙路微，手攜笻竹着深衣。白鷗不信忘機久，見我猶穿岸柳飛。

【校勘記】

〔一〕此詩底本原無，據叢刊、徐本、四庫本補。

依韻和君實端明洛濱獨步〔一〕

冠蓋紛紛塞九衢，〔二〕聲名相軋在前呼。獨君都不將爲事，始信人間有丈夫。

風背河聲近亦微，斜陽淡泊隔雲衣。一雙白鷺來煙外，將下沙頭又却飛。

【校勘記】

〔一〕詩題，宋本作「和司馬獨步」。〔二〕「紛紛」，宋本作「紛華」。

雨後天津獨步〔一〕

洛陽宮殿鎖晴煙，〔二〕唐漢以來書可傳。〔三〕多少升沉都不見，空餘四面舊山川。

【校勘記】

〔一〕詩題，宋本作「雨後獨步」。〔二〕「宮殿」，宋本作「獨殿」。〔三〕「以」，宋本作「已」。

春色

去歲春歸留不住，今年春色來何處。洛陽處處是桃源，小車漸轉東街去。

太平吟

天下太平日，人生安樂時。更逢花爛漫，争忍不開眉。

禁煙留題錦屏山下四首

滿川桃李弄芳妍，不忍重爲風所殘。〔一〕忍使一年春遂去，儘凭高處與盤桓。

寒食風煙錦㟗下，凭高把酒興何如。滿川桃李方妍媚，不忍重爲風破除。

無涯桃李待清明，經歲方能開得成。不念化工曾著力，狂風何故苦相淩。

春半花開百萬般，東風近日惡摧殘。可憐桃李性温厚，吹盡都無一句言。

【校勘記】

〔一〕「忍」，四庫本作「任」。

兩歲錦㟗之游不克見鄭令因以寄之

歲歲羣芳正爛開，錦㟗山下賞春來。兩年不得陪仙躅，〔一〕洞裏仙人出未回。

【校勘記】

〔一〕「仙」，叢刊本、四庫本作「山」。

東軒前添色牡丹一株開二十四枝成二絶呈諸公

牡丹一株開絶倫，二十四枝嬌娥羣。天下唯洛十分春，邵家獨得七八分。

牡丹一株開絶奇，二十四枝嬌娥圍。滿洛城人都不知，邵家獨占春風時。

酬堯夫招看牡丹〔一〕　光

君家牡丹深淺紅，二十四枝爲一叢。不唯春光占七八，才華自是詩人雄。

君家牡丹今盛開，二十四枝爲一栽。主人果然青眼待，正忙亦須偷暇來。少選當與景仁上謁。

【校勘記】

〔一〕此詩底本原無，據《四部叢刊》、徐本、四庫本補。

花時阻雨不出

三月洛城春半時，鞦韆未拆楊花飛。小車不出閑春泥，亂紅飄處流鶯啼。

安樂窩中吟

安樂窩中職分脩，分脩之外更何求。滿天下士情能接，〔一〕遍洛陽園身可遊。行己當行誠盡處，看人莫看力生頭。因思平地春言語，使我嘗登百尺樓。〔二〕司馬君實有詩云：「始知平地上，看不盡青春。」

安樂窩中事事無，唯存一卷伏犧書。倦時就枕不必睡，忺後携笻任所趨。〔三〕准備點茶收露水，隄防合藥種魚蘇。苟非先聖開蒙吝，〔四〕幾作人間淺丈夫。

安樂窩中弄舊編，舊編將絶又重聯。燈前燭下三千日，水畔花間二十年。〔五〕有主山河難占籍，無争風月任收權。閑吟閑咏人休問，此箇工夫世不傳。〔六〕

安樂窩中萬户侯，良辰美景忍虚休。已曾得手春深日，更欲放懷年老頭。〔七〕曉露重時花滿檻，暖醅浮處酒盈甌。聖人喫緊些兒事，〔八〕又省工夫又省憂。

安樂窩中春夢回，略無塵事可裝懷。〔九〕輕風一霎座中過，遠樂數聲天外來。〔十〕日影轉時從杖屨，花陰交處傍罇罍。人間未若吾鄉好，又况吾鄉多美才。

安樂窩中春不虧，山翁出入小車兒。水邊平轉緑楊岸，〔十一〕花外就移芳草堤。明快眼看三月景，康强身歷四朝時。鳳凰樓下天津畔，仰面迎風倒載歸。

安樂窩中三月期，老來纔會惜芳菲。自知一賞有分付，〔十二〕誰讓萬金無子遺。〔十三〕美酒飲教微醉後，好花看到半開時。〔十四〕這般意思難名狀，〔十五〕只恐人間都未知。

安樂窩中春暮時，閉門慵坐客來稀。蕭蕭微雨竹間霽，嘒嘒翠禽花上飛。好景盡將詩記録，歡情須用酒維持。自餘身外無窮事，皆可掉頭稱不知。

安樂窩中甚不貧，中間有榻可容身。儒風一變至於道，和氣四時長若春。〔十六〕日月作明明主日，人言成信信由人。唯人與日不相遠，過此何嘗更語真。

安樂窩中設不安，略行湯劑自能痊。居常無病不服藥，就使有災宜俟天。理到昧時須索講，情於盡處更何言。自餘虛費閑思慮，都可易之爲晝眠。

安樂窩中春欲歸，春歸忍賦送春詩。雖然春老難牽復，却有夏初能就移。飲酒莫教成酩酊，賞花慎勿至離披。人能知得此般事，焉有閑愁到兩眉。又云：「安樂窩中三月期，老年才會惜芳菲。酒防酩酊須生病，花恐離披遂便飛。飲酒莫教成酩酊，賞花慎勿至離披。離披酩酊惡滋味，不作〔歡〕欣只作悲。〔十七〕」

生爲男子偶昌辰，安樂窩中富貴身。大字寫詩誇壯健，小杯飲酒惜輕醇。〔十八〕山川澄淨初經雨，草木暄妍正遇春。造化工夫精妙處，都宜分付與閑人。

安樂窩中雖不拘，不拘終不失吾儒。輕醇酒用小盞飲，豪壯詩將大字書。花木暄妍春雨後，山川澄淨九秋餘。閑中意思長多少，〔十九〕無忝人間一丈夫。

【校勘記】

〔一〕「士」，宋本作「事」。　〔二〕「嘗」，宋本作「須」。　〔三〕「忺」，宋本同，徐本作「懽」，四庫本作「歡」。

〔四〕「吝」，叢刊本、徐本作「悋」。　〔五〕「水畔」，宋本作「水水」。　〔六〕「工」，宋本、叢刊本、四庫本作「功」。　〔七〕「放懷」，宋本同，叢刊本、四庫本作「披衣」。　〔八〕「喫緊」，宋本同，叢刊本、四庫本作「喜得」。

〔九〕「略」，叢刊本作「俗」，四庫本作「併」。　〔十〕「遠樂數聲」，叢刊本作「安樂窩中」，四庫本作「此樂直從」。〔十一〕「楊」，宋本作「柳」。〔十二〕「付」，宋本作「寸」。〔十三〕「萬」，宋本同，叢刊本、四庫本作「黄」。「孑」，宋本作「子」。〔十四〕「看」，宋本作「放」。〔十五〕「難名狀」，宋本作「名難狀」。〔十六〕「若」，宋本作「似」。〔十七〕小注「歡」，原脱，據叢刊本補。〔十八〕「飲」，宋本作「斟」。〔十九〕「思」，宋本作「似」。

奉和安樂窩吟〔一〕　光

靈臺無事日休休，安樂由來不外求。細雨寒風宜獨坐，暖天佳景即閑遊。松篁亦足開青眼，桃李何妨插白頭。我以著書爲職業，爲君偷暇上高樓。

【校勘記】

〔一〕此詩底本原無，據《四部叢刊》、徐本、四庫全書補。

食梨〔一〕

願君莫愛金花梨，〔二〕願君須愛紅消梨。金花紅消兩般味，〔三〕一般顔色如烟脂。〔四〕紅消食之甘如飴，金花食之先顰眉。〔五〕似此誤人事不少，〔六〕未食之前宜辯之。〔七〕

【校勘記】

〔一〕詩題，宋本同，叢刊本、徐本、四庫本作「食梨吟」。〔二〕「願」，宋本作「勸」。「愛」，宋本作「食」。

〔三〕「味」，宋本作「梨」。「花」，叢刊本、四庫本作「色」。〔四〕「烟」，四庫本作「胭」。〔五〕「顰」，宋本作「皺」。〔六〕「似此誤人事不少」，宋本作「似此悮人多少事」。〔七〕「辯」，四庫本作「辨」。

依韻答王安之少卿

疊巘如屏四面開，可堪虛使亂雲堆。已曾同賞花無限，須約共遊山幾迴。未老秋光詩擁筆，乍涼天氣酒盈杯。輕風早是得人喜，更向芰荷深處來。

伊川擊壤集卷之十一

上巳觀花思友人〔一〕

上巳觀花花意穠，今年正與昔年同。〔二〕當時同賞知何處，把酒猶能對遠風。

【校勘記】

〔一〕詩題，宋本作「上巳觀花思友」。〔二〕「昔」，宋本作「惜」。

戲呈王郎中

近年好花人輕之，東君惡怒人不知。直與增價一百倍，滿洛城春都買歸。〔一〕一株二十有四枝，枝枝皆有傾城姿。又恐冷地狂風吹，盛時都與籍入詩。予家有牡丹一株，名曰添色紅，開二十有四枝。

【校勘記】

〔一〕「春」，徐本作「中」。

流鶯吟〔一〕

遷喬固有之，〔二〕出谷未多時。正嫩簧爲舌，初新金作衣。替花言灼灼，代柳説依依。柳外晚猶囀，花前曉又啼。〔三〕啼多因雨過，囀少爲春歸。莫遣行人聽，行人路正迷。〔四〕

【校勘記】

〔一〕詩題，宋本作「流鶯」。〔二〕「固」，宋本作「因」。〔三〕「曉」，宋本作「晚」。〔四〕「路正」，宋本作「正路」。

善賞花吟

人不善賞花，只愛花之貌。人或善賞花，只愛花之妙。花貌在顔色，顔色人可效。花妙在精神，精神人莫造。

善飲酒吟

人不善飲酒，唯喜飲之多。人或善飲酒，唯喜飲之和。飲多成酩酊，酩酊身遂痾。飲和成醺酣，醺酣顔遂酡。

省事吟〔一〕

慮少夢自少，言稀過亦稀。簾垂知日永，〔二〕柳静覺風微。〔三〕但見花開謝，〔四〕不聞人是非。〔五〕何須尋洞府，度歲也應遲。〔六〕

【校勘記】

〔一〕詩題，宋本作「過稀」，蔡本作「省事」。〔二〕「日」，宋本同，蔡本作「晝」。〔三〕「微」，宋本同，蔡本作「低」。〔四〕「見」，蔡本同，宋本作「看」。〔五〕「聞」，宋本作「言」，蔡本作「関」。〔六〕「歲」，蔡本同，宋本作「世」。

一春吟〔一〕

一春九十日，風雨占幾半。〔二〕花好不成觀，心狂未能按。〔三〕

【校勘記】

〔一〕詩題，宋本作「一春」。〔二〕「風雨」，宋本作「一春」，疑誤。〔三〕「心狂未能按」，宋本作「心往未能安」。

舉世吟〔一〕

舉世自紛紛，〔二〕誰爲無事人。吾生獨何幸，卧看洛陽春。〔三〕

【校勘記】

〔一〕詩題，宋本作「舉世」。〔二〕「自」，宋本作「日」。〔三〕「洛陽」，宋本作「洛城」。

春水吟

春水淥成波，成波無柰何。難將染他物，止可染輕羅。

春雨吟〔一〕

春雨細如絲，如絲霡霂時。如何一霶霈，萬物盡熙熙。

【校勘記】

〔一〕詩題，宋本作「春雨」。

可惜吟〔一〕

可惜熙熙一片春，未多時節覓無因。〔二〕眼前園苑知何限，〔三〕只見鶯啼不見人。

【校勘記】

〔一〕詩題，宋本作「可惜」。　〔二〕「未」，宋本同，叢刊本、四庫本作「不」。　〔三〕「園」，宋本作「因」，疑誤。「知」，宋本作「雖」。

簪花吟〔一〕

簪花猶且强年少，訴酒固非佯小心。花好酒嘉情更好，〔二〕柰何明日病還深。〔三〕

【校勘記】

〔一〕詩題，宋本作「簪花」。　〔二〕「嘉」，宋本作「佳」。　〔三〕「深」，宋本作「身」。

春去吟〔一〕

春去休驚晚，〔二〕夏來還喜初。殘芳雖有在，得似緑陰無。

【校勘記】

〔一〕詩題，宋本作「春去」。　〔二〕「晚」，宋本作「暑」。

奉别堯夫先生承見留數刻漬梅酒磨沉水飲别聊書代謝　中師〔一〕

磨湯漬酒重分携，景霽和風二月時。莫忘天津别君處，黄梅庭下半離披。

【校勘記】

〔一〕此詩底本原無，據叢刊本、徐本、四庫本補。

和大尹李君錫龍圖留別詩〔一〕

多情大尹辭春去，正是羣芳爛漫時。自古英豪重恩意，羣芳慎勿便離披。

【校勘記】

〔一〕詩題，蔡本作「和李龍圖」。

走筆和君錫堯夫〔一〕　光

先生洛社坐忘機，大尹朝天去佐時。今日梅花浮別酒，青雲早晚重來披。

【校勘記】

〔一〕此詩底本原無，據叢刊本、徐本、四庫本補。

答李希淳屯田三首

去歲嘗蒙遠寄詩，當時已歎友朋希。如今存者殆非半，不縱歡遊待幾時。

竹間水際情懷好，月下風前意思多。洛社過從無事日，非吾數輩更誰何。

胷中日月時舒慘，筆下風雲旋合離。老去無成尚如此，不知成後更何爲。

箋年老逢春詩〔一〕

年老逢春春莫疑，
　箋云：物理窺開後，人情照破時。且無形不見，〔二〕只有意能知。
老年纔會惜芳菲。
　箋云：一歲正榮處，三春特盛時。是花堪愛惜，況見好花枝。
自知一賞有分付，
　箋云：羣卉争妍處，奇花獨異時。東君深意思，亦恐要人知。
誰讓千金無孑遺。〔三〕
　箋云：白日偏催處，黄金欲盡時。侈心都用了，始得一開眉。
美酒飲教微醉後，
　箋云：瓮頭噴液處，盞面起花時。有客來相訪，通名曰伏犧。
好花放到半開時。〔四〕
　箋云：風輕如笑處，露重似啼時。只向笑啼處，濃香惹滿衣。
這般意思難名狀，

箋云：陰陽初感處，天地未分時。言語既難到，丹青何處施。〔三〕只恐人間都未知。

箋云：酒到醺酣處，花當爛漫時。醺酣歸酩酊，爛漫入離披。

【校勘記】

〔一〕詩題，叢刊本、徐本、四庫本作「箋年老逢春八首」。〔二〕「不」，叢刊本、徐本、四庫本作「可」。〔三〕「千」，叢刊本、四庫本作「萬」，徐本作「黄」。〔四〕「放」，叢刊本、徐本、四庫本作「看」。

謝彦國相公和詩用醉和風雨夜深歸

道堂閑話儘多時，塵外杯觴不浪飛。初上小車人已静，醉和風雨夜深歸。

謝君實端明用只將花卉記冬春

有時自問自家身，莫是犧皇已上人。日往月來都不記，只將花卉記冬春。

謝君貺宣徽用少微今已應星文〔一〕

一字詩中義未分，少微今已應星文。〔二〕閑人早是無憑據，更與閑人開後門。

【校勘記】

〔一〕詩題，蔡本作「謝王宣徽」。〔二〕「少微」，蔡本作「大微」。

謝安之少卿用始知安是道梯階〔一〕

窩名安樂直堪咍，臂痛頭風接續來。恰見安之便安樂，始知安是道梯階。〔二〕

【校勘記】

〔一〕詩題，蔡本作「謝王安之」。〔二〕「始知安是道梯階」，蔡本作「始梯階下好安排」。

謝開叔司封用無事無求得最多

客問人間事若何，堯夫對曰不知他。居林之下行林下，無事無求得最多。

謝伯淳察院用先生不是打乖人

經綸事業須才者，燮理工夫有巨臣。〔一〕安樂窩中閑偃仰，焉知不是打乖人。

【校勘記】

〔一〕「工」，叢刊本、四庫本作「功」，下同。

自謝用此樂直從天外來〔一〕

得自苦時終入苦，〔二〕來從哀處卒歸哀。既非哀樂中間得，〔三〕此樂直從天外來。〔四〕

【校勘記】

〔一〕詩題，蔡本作「自謝」。〔二〕「得自苦時終入苦」，蔡本作「得自若時終日若」。〔三〕「樂」，蔡本同，叢刊本、徐本、四庫本作「苦」。〔五〕「從」，蔡本作「須」。

别謝彦國相公三首

和詩韓國老，見比以宣尼。引彼返魯事，〔一〕指予來西畿。又作還洛時。日星功共大，麋鹿分同微。華衮承褒借，將何答所知。

仲尼天縱自誠明，造化工夫發得成。見比當初歸魯事，堯夫才業若爲情。

嘗走狂詩到座前，座前仍是洞中仙。無涯風月供才思，清潤何人敢比肩。

【校勘記】

〔一〕「返」，徐本、叢刊本作「還」。

別謝君實端明〔一〕

曹王八斗才，今日爲余催。〔二〕錦繡佳章裏，芝蘭秀句開。煩痾熸軀體，〔三〕溽暑爍樓臺。宜把君詩諷，清風當自來。〔四〕

【校勘記】

〔一〕詩題，宋本作「謝司馬」。　〔二〕「余催」，宋本作「予推」。　〔三〕「熸」，宋本作「揩」。　〔四〕「當」，宋本作「常」。

大字吟〔一〕

詩成半醉正陶陶，〔二〕更用如椽大筆抄。〔三〕儘得意時仍放手，〔四〕到凝情處略濡毫。〔五〕魯陽却日功猶淺，宗慤乘風志未高。寫出太平難狀意，任他天下頌功勞。〔六〕

【校勘記】

〔一〕詩題，宋本作「大字」。　〔二〕「半」，宋本作「成」。　〔三〕「抄」，宋本作「操」。　〔四〕「仍」，宋本同，徐本作「隨」。　〔五〕「凝」，宋本作「疑」。　〔六〕「他」，宋本作「它」。

教子吟〔一〕

爲人能了自家身，千萬人中有一人。雖用知如未知説，在乎行與不行分。該通始謂才中秀，傑出方名席上珍。善惡一何相去遠，也由資性也由勤。

【校勘記】

〔一〕詩題，宋本作「教子」。

臂痛吟〔一〕

先苦頭風已病軀，〔二〕新添臂痛又何如。無妨把盞只妨拜，雖廢梳頭未廢書。不向醫方求効驗，唯將談笑且消除。大凡物老須生病，人老何由不病乎。

【校勘記】

〔一〕詩題，宋本作「臂痛」。〔二〕「先」，宋本作「光」，四庫本作「老」。

世上吟〔一〕

世上偷閑始得閑，我生長在不忙間。〔二〕光陰有限同歸老，風月無涯可慰顔。〔三〕坐卧遶身唯水竹，登臨滿目但雲山。〔四〕醉眠只就花陰下，〔五〕轉破花陰夢始還。

【校勘記】

〔一〕詩題，宋本作「世上」，蔡本作「偷閑吟」。　〔二〕「長」，宋本同，蔡本作「常」。　〔三〕「無涯可慰顔」，宋本作「天涯每在懷」。「可」，蔡本作「獨」。　〔四〕「但」，宋本作「俱」。　〔五〕「眠」，宋本作「眼」。

逸書吟〔一〕

丹山誰道鳳爲巢，筆下吾能見九苞。〔二〕逸句得時如虎變，大篇成處若神交。千端蜀錦新番樣，萬樹春華暖弄梢。〔三〕天馬無蹤周八極，但臨風月鐙相敲。

【校勘記】

〔一〕詩題，宋本作「逸書」。　〔二〕「苞」，宋本作「包」。　〔三〕「華」，宋本作「花」。「梢」，宋本同，叢刊本、徐本作「稍」。

旋風吟二首〔一〕

安有太平人不平，人心平處固無事。〔二〕棊中機械不願看，琴裏語言時喜聽。少日掛心唯帝典，老年留意只犧經。〔三〕自知別得收功處，松桂隆冬始見青。

松桂隆冬始見青，〔四〕蒿萊盛夏亦能榮。光陰去後繩難繫，利害在前人必争。萬事莫於疑處動，〔五〕一身常向吉中行。人心相去無多遠，安有太平人不平。

【校勘記】

〔一〕詩題，宋本作「旋風」，下有「三首」二小字。宋本《旋風》之第三首爲本卷内之《答客吟》。〔二〕「事」，宋本作「争」。〔三〕「經」，宋本作「今」，疑誤。〔四〕「隆冬」，宋本作「冬來」。〔五〕「疑處動」，宋本作「凝滯處」。

又二首

近日衰軀有病侵，如何醫藥不求尋。軒前密葉自成幄，砌下黄花空散金。閑看蜜蜂收蜜意，静觀巢鷰累巢心。非關天下知音少，自是堯夫不善琴。

自是堯夫不善琴，非關天下少知音。老年難做少年事，年少不知年老心。將養精神便静坐，調停意思喜清吟。如何醫藥不尋訪，近日衰軀有病侵。

頭風吟

近日頭風不柰何，未妨談笑與高歌。人才相去不甚遠，事體所争能許多。閉目面前都是暗，開懷天外更無他。若由智數經營得，大有英雄善揣摩。

答客吟〔一〕

說者從來太過乎，道須能卷又能舒。人間好事不常有，天下奇才何處無。年近縱心唯策杖，〔二〕詩逢得意便操觚。快心亦恐詩拘束，〔三〕更把狂詩大字書。

【校勘記】

〔一〕本詩，宋本爲本卷《旋風吟》之第三首。　〔二〕「縱」，宋本同，四庫本作「從」。　〔三〕「拘束」，宋本作「包」，疑「包」下脱一字。

老去吟〔一〕

老去無成不入時，中年養病只吟詩。因乘意思要舒放，肯把語言生事治。〔二〕世上閑愁都一致，人間何務更能爲。〔三〕攜笻晚步天津畔，爲報沙鷗慎勿飛。〔四〕

行年六十有三歲，二十五年居洛陽。林静城中得山景，池平坐上見江鄉。賞花長被杯盤苦，愛月屢爲風露傷。看了太平無限好，此身老去又何妨。

【校勘記】

〔一〕詩題，宋本作「老去」，下有「二首」二小字。　〔二〕「治」，宋本作「持」。　〔三〕「爲」，宋本作「提」。

〔四〕「爲報沙鷗慎勿飛」，宋本作「爲□□□鷗鷺飛」。

依韻和王安之判監少卿〔一〕

人行一善已爲優，何況夫君百行修。曩日慈闈貪眷戀，多年宦路不追求。〔二〕官纔少列孤清德，〔三〕職異上庠尊白頭。洛社逾時阻相見，〔四〕許多歡意却還休。

【校勘記】

〔一〕詩題，宋本作「和王少卿」。〔二〕「宦」，宋本作「仕」，叢刊本、徐本、四庫本作「官」。〔三〕「孤」，宋本、叢刊本、徐本、四庫本作「辜」。〔四〕「洛」，宋本作「浴」，疑誤。

曉事吟〔一〕

曉物情人爲曉事，知時態者號知人。知人失後却成害，〔二〕曉事過時還不淳。〔三〕

【校勘記】

〔一〕詩題，宋本作「曉事」，蔡本作「曉物吟」。〔二〕「失」，宋本同，蔡本作「淺」。〔三〕「還不淳」，宋本作「還不停」，蔡本作「翻不淳」。

鮮歡吟

生不争名與争利，夫君何故鮮歡意。以道自重固有之，非理相干是無謂。白日升天恐虚傳，金貂换酒何曾醉。誰云憂撓大於山，亦是人間常式事。

病起吟

病作因循一月前，豈期爲苦稍淹延。朝昏飲食是難進，軀體虚羸不可言。既勸嘉賓持酒盞，更將大筆寫詩篇。始知心者氣之帥，心快沉痾自釋然。

半醉吟〔一〕

半醉上車兒，車兒穩碾歸。〔二〕輕風迎面處，〔三〕翠柳拂頭時。〔四〕意若兼三事，情如擁九麾。這般閑富貴，料得没人知。

半醉小車行，〔五〕世間無此榮。涼風迎面細，垂柳拂頭輕。〔六〕意若兼三事，情如擁萬兵。〔七〕這般閑富貴，料得没人争。

【校勘記】

〔一〕詩題，蔡本同，宋本作「半醉」。

〔二〕「碾」，宋本、蔡本作「輾」。

〔三〕「輕」，宋本同，蔡本作「涼」。

〔四〕「翠」，宋本同，蔡本作「細」。

〔五〕「小」，宋本同，蔡本作「上」。

〔六〕「垂」，蔡本同，宋本作「翠」。

〔七〕「擁」，蔡本同，宋本作「百」。「輕」，宋本、蔡本作「青」。

覽照吟〔一〕

凌晨覽照見皤然，〔二〕自喜皤然一叟仙。慷慨敢開天下口，分明高道世間言。雖然天下本無事，不忝世間長有賢。〔三〕自問此身何所用，此身唯稱老林泉。〔四〕

【校勘記】

〔一〕詩題，宋本作「覽照」。〔二〕「凌晨覽照」，宋本作「窗晨覽」，「覽」下當脱一字。〔三〕「忝」，宋本作「郗」，叢刊本、徐本、四庫本作「那」。〔四〕「唯稱」，宋本作「汩汩」。

人壽吟〔一〕

人壽百年間，〔二〕其間多少難。予今六十三，何止于一半。〔三〕骨瘦固非清，髮白豈謂筭。便化不爲夭，〔四〕况且粗康健。〔五〕

【校勘記】

〔一〕詩題，宋本作「人壽」。〔二〕「百年間」，宋本作「一百年」。〔三〕「于」，宋本作「予」。〔四〕「夭」，宋本作「無」。〔五〕「且」，宋本作「止」。

年老吟〔一〕

身老太平間，〔二〕身閑心更閑。非貴亦非賤，〔三〕不飢兼不寒。〔四〕有賓須置酒，〔五〕無日不開顔。第一條平路，何人伴往還。〔六〕

【校勘記】

〔一〕詩題，宋本作「年老」，叢刊本作「年平吟」，四庫本作「太平吟」。〔二〕「身」，宋本作「年」。〔三〕「貴」，宋本作「富」。〔四〕「兼」，宋本作「亦」。〔五〕「置」，宋本作「命」。〔六〕「伴」，宋本作「半」。

古琴吟

長隨書與棊，貧亦久藏之。碧玉琢爲軫，黄金拍作徽。典多因待客，彈少爲求知。近日僮奴惡，須防煑鶴時。〔一〕

【校勘記】

〔一〕「煑」，徐本作「煮」。

求信吟

始則求人信，有知有不知。既而求自信，人或多知之。〔一〕今我不求信，何人更起疑。〔二〕

無可無不可，安往不熙熙。

【校勘記】

〔一〕「人或」，宋本作「天下」。〔二〕「起」，宋本作「敢」。

蝎蛇吟〔一〕

蛇毒遠于生，蝎毒近于死。蛇蝎雖不同，其毒固無異。蛇以首中人，蝎以尾用事。柰何天地間，畏首又畏尾。

【校勘記】

〔一〕詩題，蔡本作「蛇蝎吟」。

自在吟〔一〕

心不過一寸，兩手何拘拘。身不過數尺，〔二〕兩足何區區。何人不飲酒，何人不讀書。柰何天地間，〔三〕自在獨堯夫。

【校勘記】

〔一〕詩題，宋本、蔡本作「自在」。〔二〕「數」，蔡本同，宋本作「八」。〔三〕「間」，宋本同，蔡本作「内」。

心安吟〔一〕

心安身自安，身安室自寬。〔二〕心與身俱安，何事能相干。誰謂一身小，〔三〕其安若泰山。誰謂一室小，寬如天地間。

【校勘記】

〔一〕詩題，蔡本同，宋本作「心安」。　〔二〕「身安」，宋本作「寬心」。　〔三〕「謂」，宋本作「爲」，下同。

論詩吟〔一〕

何故謂之詩，詩者言其志。既用言成章，〔二〕遂道心中事。〔三〕不止鍊其辭，〔四〕抑亦鍊其意。鍊辭得奇句，〔五〕鍊意得餘味。〔六〕

【校勘記】

〔一〕詩題，蔡本同，宋本作「論詩」。　〔二〕「成」，宋本同，蔡本作「尤」。　〔三〕「遂道心中事」，蔡本同，宋本作「道家中心事」。　〔四〕「辭」，宋本同，蔡本作「詞」，下同。　〔五〕「句」，蔡本同，宋本作「字」。〔六〕「餘」，宋本同，蔡本作「遺」。

爲善吟〔一〕

人之爲善事，善事義當爲。金石猶能動，鬼神其可欺。事須安義命，言必道肝脾。〔二〕莫問身之外，人知與不知。

【校勘記】

〔一〕詩題，蔡本同，宋本作「爲善」。　〔二〕「必」，蔡本同，宋本作「要」。

即事吟

事到患來頻，何由得任真。就新須果敢，從善莫因循。盜亦自有道，人而或不仁。義緣無定體，安處是行身。

偶得吟〔一〕

日爲萬象精，人爲萬物靈。萬象與萬物，由天然後生。言由人而信，月由日而明。由人與由日，何嘗不太平。〔二〕

【校勘記】

〔一〕詩題，蔡本作「明信吟」，宋本作「治身」。　〔二〕宋本此首詩之次序及文字有所不同，全詩如下：「日爲萬象精，人爲萬物霊。□□□□□，□□□□情。氣静形安楽，心閑身太平。□□□□□，□□□□生。」

静坐吟〔一〕

人生固有命，物生固有定。豈謂人最靈，〔二〕不如物正性。或聞陰有鬼，善能致人死。致死設有由，死外何所求。又况人之命，繫天不繫他。陰鬼設有靈，獨且柰天何。

【校勘記】

〔一〕詩題，蔡本「吟」下有「五言」二小字。　〔二〕「最」，蔡本作「至」。

静樂吟〔一〕

和氣四時均，何時不是春。都將無事樂，變作有形身。静把詩評物，閑將理告人。雖然無鼓吹，此樂世難倫。〔二〕

【校勘記】

〔一〕詩題，宋本作「静楽」，蔡本作「樂静吟」。　〔二〕「世」，蔡本作「一」，宋本作「是」。

男子吟〔一〕

欲作一男子，須了四般事。財能使人貪，〔二〕色能使人嗜。名能使人矜，勢能使人倚。四患既都去，〔三〕豈在塵埃裏。

【校勘記】

〔一〕詩題，宋本作「了身」。　〔二〕「財」，宋本作「才」。　〔三〕「患」，宋本作「事」。

望雨

盛夏久不雨，滿天下愁苦。安得一片雲，救取人間否。

久旱偶成雨，方喜慰愁苦。雖能斂塵土，不能救禾黍。

思義吟〔一〕

小人固無知，唯以利爲視。君子固不欺，見得還思義。思義不顧死，〔二〕見利或忘生。二者之所起，平之與不平。

【校勘記】

〔一〕詩題，宋本作「思義」，叢刊本、四庫本作「四義吟」。　〔二〕「死」，宋本作「無」。

金帛吟

金帛一種物，所用固不常。〔一〕聘則謂之幣，贐則謂之將。貿則謂之貨，積則謂之藏。賂則謂之賄，竊則謂之贓。

【校勘記】

〔一〕「不」，蔡本作「無」。

盜伯吟〔一〕

盜伯竊財物，其心不慮他。取時唯恐少，敗後只嫌多。
盜伯竊財物，其心只慮添。安得取時貪，却似敗時嫌。

【校勘記】

〔一〕詩題，宋本作「盜伯」。

待物吟〔一〕

待物莫如誠，誠真天下行。〔二〕物情無遠近，天道自分明。義理須宜顧，才能不用矜。世間閑緣飾，到了是虛名。

【校勘記】

〔一〕詩題，蔡本作「至誠吟」。　〔二〕「真」，蔡本作「至」。

唐虞吟

天下目爲目，謂之明四目。天下耳爲耳，謂之達四聰。前旒與黈纊，所貴無近情。〔一〕無爲無不爲，知此非虛生。

【校勘記】

〔一〕「情」，蔡本作「人」。

曝書吟

蟲蠹書害少，人蠹書害多。蟲蠹曝已去，人蠹當如何？

兩犯吟

這般事業人難繼，此箇工夫世莫傳。窺牖知天乃常事，不窺牖見是知天。

憫旱

正要雨時須不雨，已成災處更成災。〔如〕何百穀欲焦爛，〔一〕遍地止存蒿與萊。

【校勘記】

〔一〕「如」字原闕，據叢刊本、徐本、四庫本補。

無事吟

人間萬事若磨持，叢入枯榮利害機。秪有一般無對處，都如天地未分時。

閣上招友人

清風正藹如，小閣枕通衢。不欲久獨擅，能來同享無？

憶夢吟

心足而家貧，體疎而情親。開襟知骨瘦，發語見天真。

大筆吟

詩成大字書，意快有誰如。巨浪銀山立，風檣百尺餘。
酒喜小杯飲，詩忺大字書。〔一〕不知人世上，此樂更誰如？

【校勘記】

〔一〕「忺」，叢刊本、四庫本作「快」，徐本作「忻」。

自慶吟

俗阜知君德，時和見帝功。況吾生長老，俱在太平中。

伊川擊壤集卷之十二

心耳吟〔一〕

意亦心所至，言須耳所聞。誰云天地外，別有好乾坤。

【校勘記】

〔一〕此詩底本原無，據叢刊本、徐本補。

夢中〔一〕

夢裏常言夢，誰知覺後思。不知今亦夢，更説夢中時。

【校勘記】

〔一〕叢刊本、徐本、四庫本作「夢中吟」。

日中〔一〕

日中爲噬嗑，交易是尋常。彼各不相識，何復更思量。

【校勘記】

〔一〕叢刊本、徐本、四庫本作「日中吟」。

月到梧桐上吟〔一〕

月到梧桐上，風來楊柳邊。院深人復静，此景共誰言。〔二〕

【校勘記】

〔一〕詩題，宋本作「獨坐」。〔二〕「共誰言」，宋本作「有誰怜」。

步月吟

林罅天尤碧，風餘月更明。人間無事日，得向此中行。

偶得吟

人間事有難區處，人間事有難安堵。有一丈夫不知名，静中只見閑揮麈。

答人吟

林下閑言語，何須更問爲。自知無紀律，安得謂之詩。

寄曹州李審言龍圖〔一〕

曩日所云是，如今却是非。安知今日是，不起後來疑。
曩日所云我，如今却是伊。不知今日我，又是後來誰。

【校勘記】

〔一〕詩題，蔡本作「向日」。

清夜吟〔一〕

月到天心處，風來水面時。〔二〕一般清意味，料得少人知。

【校勘記】

〔一〕詩題，宋本作「清夜」。〔二〕「水」，宋本作「人」。

思聖吟〔一〕

不逢聖人時，不見聖人面。聖人言可聞，聖人心可見。

【校勘記】

〔一〕詩題，蔡本作「思聖」。

君子吟〔一〕

君子存大體，小人無常心。於人不求備，受恩唯恐深。

【校勘記】

〔一〕詩題，蔡本作「君子」。

安分吟〔一〕

安分身無辱，知幾心自閑。雖居人世上，却是出人間。

【校勘記】

〔一〕詩題，蔡本作「安分」。

感事吟

四海三江與五湖，只通舟楫不通車。往來無限平安者，〔一〕豈是都由香一爐。

【校勘記】

〔一〕「平安」，叢刊本、徐本、四庫本作「安平」。

登石閣吟

一般情意惡難羈，長怕登高望遠時。今日憑欄異常日，幾迴將下又遲遲。

憶昔吟

憶昔初書大字時，學人飲酒與吟詩。苟非益友推金石，四十五年成一非。

可必吟

可必人間唯善事，不由天地只由衷。莫嫌効遠因而止，更勉其來更有功。

恍惚吟

恍惚陰陽初變化，氤氲天地乍迴旋。中間些子好光景，安得工夫入語言。〔一〕

【校勘記】

〔一〕「工」，叢刊本、四庫本作「功」。

謝君實端明詩〔一〕

人説崑崙多美玉，〔二〕世傳滄海有明珠。世傳人説恐無據，今我家藏乃不虚。

【校勘記】

〔一〕詩題，宋本作「謝司馬詩」。　〔二〕「崙」，宋本作「崗」。

好勇吟〔一〕

好勇能過我，當仁豈讓師。勇須仁以濟，仁必勇爲資。〔二〕

【校勘記】

〔一〕詩題，宋本作「感事」。　〔二〕「必」，宋本作「以」。

莫如吟

親莫如父子，遠莫如蠻夷。蠻夷和亦至，父子失須離。
仁莫如父子，義莫如君臣。二者尚有失，自餘惡足論。
君臣守以義，父子守以仁。義失爲敵國，仁失爲路人。

里閈吟

里閈閑過從，太平之盛事。吾鄉多吉人，况與他鄉異。太平之盛事，天下之美才。人間無事日，都向洛中來。

思友吟〔一〕

欲見心無已，〔二〕久違情柰何。雲煙雖咫尺，不得屢相過。

【校勘記】

〔一〕詩題，宋本作「思友」。〔二〕「見」，宋本作「思」。

忠信吟

忠信于人最有情，平居非是鬼神輕。何須只在江湖上，患難切身然後行。

代簡答張淳秘校

老年前事怕追思，更見曾悲先德詩。却有斷章聊自慰，如今冢嗣弱於誰。

代簡謝尹處初先生

樂國久容人避乖，非窩何以狀清懷。則予豈敢窺高躅，天險能升不用階。

代簡謝王茂直惠酒及川牋

白羊玉屑誠佳物，臂痛頭風正苦時。酒放半醺詩思動，窩中何用更呼醫。

寄壽安令簿尉諸君

錦幈山下好安棲，花月風煙未改移。聞説近來長袖過，林前立馬儘多時。

知識吟〔一〕

曾見方言識，曾聞始謂知。柰何知與識，天下亦常稀。

【校勘記】

〔一〕此詩底本原無，據叢刊本、四庫本補。

人情吟

古事參今事，今人乃古人。只應情未浹，〔一〕情浹自相親。

【校勘記】

〔一〕「應」，徐本作「因」。

因何吟

梅因何而酸，鹽因何而鹹。茶因何而苦，薺因何而甘。

天聽吟〔一〕

天聽寂無音，蒼蒼何處尋。非高亦非遠，都只在人心。

【校勘記】

〔一〕詩題，蔡本作「天聽」，宋本作「感事」，爲第二首。

白頭吟〔一〕

五福雖難備，三殤却不逢。〔二〕太平無事日，得作白頭翁。

【校勘記】

〔一〕詩題，宋本作「白頭」。〔二〕「却」，宋本作「更」。

天意吟〔一〕

人能言語自能窺，天意無言人莫欺。莫道無言便無事，殆非流俗所能知。〔二〕

【校勘記】

〔一〕詩題，宋本作「天意」。〔二〕「流」，宋本作「無」，恐非。

謝壽安縣惠神林山牒

西南有山高崔嵬，亂峯圍遶如蓬萊。中間有地可容止，〔一〕泉甘木茂無塵埃。諸君之意一何厚，協謀判給如風雷。天津八月水波定，便可乘查觀一迴。〔二〕

【校勘記】

〔一〕「止」，叢刊本、徐本、四庫本作「足」。〔二〕「查」，徐本、四庫本作「槎」。

依韻和王安之少卿見戲安之非是棄堯夫吟

安之殊不棄堯夫，亦恐傍人有厚誣。開叔當初言得罪，希淳在後説無辜。誚然情意都如舊，〔一〕剗地杯盤又見呼。始信歲寒心未替，安之殊不棄堯夫。

【校勘記】

〔一〕「誚」，四庫本作「悄」。

小車吟〔一〕

自從三度絶韋編，不讀書來十二年。大甃子中消白日，小車兒上看青天。閑爲水竹雲山主，静得風花雪月權。俯仰之間俱是樂，〔二〕任他人道似神仙。〔三〕

【校勘記】

〔一〕詩題，宋本作「不讀書」。〔二〕「間」，宋本作「中」。「俱是樂」，宋本、叢刊本、徐本、四庫本作「無所愧」。

〔三〕「道」，叢刊本、徐本、四庫本作「謗」。

晚步吟

晚步上陽堤，手攜筇竹枝。静隨芳草去，閑逐野雲歸。月出松梢處，風來蘋末時。林間此光景，能有幾人知。

接花吟

物爲萬民生，人爲萬物靈。人非物不活，物待人而興。男女天所生，夫妻人所成。天人相與外，率是皆虚名。

答任開叔郎中昆仲相訪

竹影戰碁罷，閑思安樂窩。曠時稱不見，聯轡幸相過。寵莫兼金比，褒逾華衮多。從來有詩癖，使我遂成魔。

小春天〔一〕

八月小春天，〔二〕如人强少年。偷生誠有謂，却老固無緣。既有神仙術，能迴草木妍。安知太平日，不得似堯天。

【校勘記】

〔一〕詩題，蔡本作「小春吟」。〔二〕「八」，蔡木同，四庫本作「十」。

深秋吟

終歲都無事，四時長有花。小車乘興去，所到便如家。

中秋吟

中秋光景好，况復月團圞。大抵衆所愛，柰何兼獨難。天晴仍客好，酒美更身安。四者若闕一，不能成此歡。

同程郎中父子月陂上閑步吟〔一〕

草軟沙平風細溜，雲輕日淡柳低摟。〔二〕狂言不記道何事，劇飲未嘗如此杯。景好只知閑信步，朋歡那覺太開懷。必期快作賞心事，却恐賞心難便來。

【校勘記】

〔一〕詩題，徐本無「吟」字。　〔二〕「摟」，四庫本作「萎」。

和堯夫先生　顥〔一〕

先生相與賞西街，小子親持几杖來。行處每容參極論，坐隅還許侍餘杯。檻前流水心同樂，林外青山眼重開。時泰心閑難兩得，直須乘興數追陪。

月陂堤上四徘徊，北有中天百尺臺。萬物已隨秋色改，一樽聊爲晚凉開。水心雲影閑相照，林下泉聲静自來。世事無端何足計，但逢嘉日約重陪。

【校勘記】

〔一〕此詩底本原無，據叢刊本、徐本、四庫本補。詩題，叢刊本作「顥和」。

秋望吟〔一〕

草色連雲色，山光接水光。危樓一百尺，〔二〕旅雁兩三行。

【校勘記】

〔一〕詩題，宋本作「秋望」。〔二〕「一」，宋本作「二」。

閑適吟〔一〕

春看洛城花，〔二〕秋翫天津月。夏披嵩岑風，〔三〕冬賞龍山雪。

【校勘記】

〔一〕詩題，宋本作「賞心」。〔二〕「洛城」，宋本作「洛陽」。〔三〕「夏」，宋本作「竟」，疑誤。

觀陳希夷先生真及墨跡

未見希夷真，未見希夷蹟。止聞希夷名，希夷心未識。及見希夷蹟，又見希夷真。始知今與古，天下長有人。希夷真可觀，希夷墨可傳。希夷心一片，不可得而言。

游神林谷寄堯夫〔一〕

光

山人有山未嘗遊，俗客遠來仍久留。白雲滿眼望不見，可惜宜陽一片秋。

【校勘記】

〔一〕此詩底本原無，據叢刊本、徐本、四庫本補。

答君實端明遊壽安神林

占得幽棲一片山，都離塵土利名間。四時分定所遊處，不爲移文便往還。

杏香花

客説何州事，〔一〕經營杳未涯。訝予獨無語，貪嗅杏香花。

【校勘記】

〔一〕「何」，叢刊本、徐本、四庫本作「河」。

天津晚步

芝蓋久稀踈，暮雲空块北。千年舊都城，一片閑宫闕。禁籞尚連延，觚稜猶巀嶭。橋勢横雌霓，堤形偃初月。灑澗岸已深，漢唐時既歇。危亭獨坐人，浪把興亡閲。

歡喜吟

日往月來，終則有始。半行天上，半下地底。照臨之間，不憂則喜。予何人哉，歡喜不已。

自作真贊

松桂操行，鶯花文才。江山氣度，風月情懷。借爾面貌，假爾形骸。弄丸餘暇，閑往閑來。丸謂太極。

奢侈吟

侈不可極，奢不可窮。極則有禍，窮則有凶。

多多吟

天下居常，害多于利。亂多于治，憂多于喜。柰何人生，不能免此。柰何予生，皆爲外事。

畏愛吟〔一〕

人有正性，事事皆齊。人無正性，事事皆隳。失于用恩，以非爲是。失于用威，以是爲非。恩威既失，畏愛何知。不知畏愛，何用恩威。喜怒不節，鮮不至斯。〔二〕婦人男子，宜用戒之。

【校勘記】

〔一〕詩題，宋本作「畏愛」。〔二〕「斯」，四庫本同，叢刊本作「期」。

秋閣〔一〕

秋閣一憑欄，人心何悄然。乾坤今歲月，唐漢舊山川。淡泊霜前日，蕭疎雨後天。丹青空妙手，此意有誰傳。

【校勘記】

〔一〕詩題，叢刊本、徐本、四庫本作「秋閣吟」。

浮生吟

浮生曉露邊，且喜又添年。動悔須有悔，求全未必全。〔一〕處人心上事，道物性中言。寰宇雖然廣，其誰曰不然。

【校勘記】

〔一〕「未」，蔡本作「不」。

力外吟

以少爲多，以無爲有。力外周旋，不能長久。

謝傅欽之學士見訪

長莫長于天，大莫大于地。天地尚有極，自餘安足計。世態非一朝，人情止于是。以至立殊功，〔一〕無非借巨勢。適會在其間，慎勿强生事。雖嚴似雪霜，〔二〕無改如松桂。方惜久離闊，却喜由道義。相別二十年，猶能記憔悴。

【校勘記】

〔一〕「立」，四庫本作「力」。　〔二〕「嚴」，四庫本作「然」。

賞雪吟

一片兩片雪紛紛，三杯五杯酒醺醺。此時情狀不可論，直疑天地纔絪緼。

答傅欽之

欽之謂我曰：詩欲多吟，〔一〕不如少吟。詩欲少吟，不如不吟。我謂欽之曰：亦不多吟，亦不少吟。亦不不吟，亦不必吟。芝蘭在室，不能無臭。金石振地，不能無聲。惡則哀之，哀而不傷。善則樂之，樂而不淫。

【校勘記】

〔一〕「欲」，叢刊本、四庫本作「似」。

月陂閑步

因隨芳草行來遠，爲愛清波歸去遲。獨步獨吟仍獨坐，初涼天氣未寒時。

仲尼吟

仲尼生魯在吾先，去聖千餘五百年。今日誰能知此道，當時人自比于天。皇王帝伯中原主，父子君臣萬世權。河不出圖吾已矣，修經意思豈徒然。

謝圓益上人惠詩一卷

覽公詩十首，起我意何多。似藥驅疑疾，〔一〕如茶滌睡魔。月當松皎潔，山隔水嵯峨。明日如無事，天津可再過。

【校勘記】

〔一〕「似」，四庫本作「以」。

自述二首

傳者堪名席上珍，〔一〕都緣當日得師真。是知佚我無如老，惟喜放懷長似春。得志當爲天下事，退居聊作水雲身。胷中一點分明處，不負高天不負人。

陸海卧龍收爪甲，遼天老鶴戢毛衣。難攀騏驥日千里，易足鷦鷯巢一枝。最好朋儕同放適，儘高臺榭與登躋。〔二〕雲山勝處追尋遍，似我清閑更有誰。

【校勘記】

〔一〕「傳」，叢刊本、徐本、四庫本作「何」。

〔二〕「儘」，叢刊本、四庫本作「博」。

答會計杜孝錫寺丞見贈

四方多善人，予善未毫分。有意空求志，無功漫愛君。閑行觀止水，静坐看歸雲。老向太平裏，朝廷正右文。

伊川擊壤集卷之十三

天津弊居蒙諸公共爲成買作詩以謝〔一〕

重謝諸公爲買園，買園城裏占林泉。〔二〕七千來步平流水，〔三〕二十餘家争出錢。〔四〕嘉祐卜居終是僦，〔五〕熙寧受券遂能專。〔六〕鳳凰樓下新閑客，〔七〕道德坊中舊散仙。〔八〕洛浦清風朝滿袖，嵩岑皓月夜盈軒。接籬倒戴芰荷畔，談麈輕摇楊柳邊。陌徹銅駝花爛熳，堤連金谷草芊綿。〔九〕青春未老尚可出，〔十〕紅日已高猶自眠。洞號長生宜有主，窩名安樂豈無權。〔十一〕敢於世上明開眼，〔十二〕會向人間别看天。〔十三〕盡送光陰歸酒盞，都移造化入詩篇。也知此片好田地，〔十四〕消得堯夫筆似椽。

【校勘記】

〔一〕詩題，宋本作「買園」。　〔二〕「占」，宋本作「得」。　〔三〕「七」，宋本作「三」。「平」，宋本作「通」。

〔四〕「争出錢」，宋本作「輸俸錢」。　〔五〕「卜居終是僦」，宋本作「經營方且住」。　〔六〕「受券」，宋本作「居止」。

〔七〕「新」，宋本作「安」。　〔八〕「道德坊」，宋本作「郟鄏城」。　〔九〕此句，宋本作：「湯號太和須有主，窩名□□豈無權。」　〔十〕「老」，宋本作「謝」。　〔十一〕此句，宋本作：「□□□時花灼灼，至凝情処草芊芊。」〔十二〕「明」，宋本作「閑」。〔十三〕「會」，宋本作「更」。〔十四〕「好」，宋本作「閑」。

同諸友城南張園賞梅十首 二首和長水李令子真韻

東風一夜坼梅枝，〔一〕舞蝶遊蜂都不知。插了滿頭仍漬酒，任他人道拙於時。

折來嗅了依前嗅，重惜清香難久留。多謝主人情意切，未殘仍許客重遊。

清香冷艷偏多處，猛雨狂風未有前。賞意正濃紅日墜，如何既去遂經年。

紅日墜時情更切，玉山頽處興還深。攀條時揀繁枝折，不插滿頭孤此心。〔二〕

梅臺賞罷意何如，歸插梅花登小車。陌上行人應見笑，風情不薄是堯夫。

酒中漬後香尤烈，笛裏吹來韻更清。此韻此香來處好，此時消得一凝情。

春早梅花正爛開，〔三〕生平不飲亦銜杯。城南盡日高臺上，恰似江南去一迴。

梅花四種或黄紅，顔色不同香頗同。更遠也須重一到，看看隨水又隨風。

五嶺雖多何足觀，三川縱少須重去。臺邊〔四〕况有數千株，〔五〕仍在名園最深處。

人間好物尤宜惜，天下奇才非易得。他日相逢他處時，始知此會重難覓。

【校勘記】

〔一〕「坼」，叢刊本作「拆」，徐本、四庫本作「折」。〔二〕「孤」，叢刊本、徐本、四庫本作「辜」。〔三〕「早」，徐本作「蚤」。〔四〕「邊」，徐本作「前」。〔五〕「千」，叢刊本、徐本、四庫本作「十」。

答人〔一〕

誰道閑人無事權，事權唯只是詩篇。四時雪月風花景，都與收來入近編。

初春洛城梅開時，賞梅更吟梅花詩。梅花雖開難遠寄，唯寄梅詩伸所思。〔二〕

【校勘記】

〔一〕詩題，叢刊本、徐本、四庫本作「答人吟」，第二首宋本題作「梅詩」。〔二〕「伸」，宋本作「仲」。

依韻和君實端明惠酒〔一〕

春風吹雪亂飄飄，林下如何更寂寥。霜憲威稜正難犯，小人當貺是難消。

【校勘記】

〔一〕詩題，宋本作「司馬惠雪」。

謝壽安簿寄錦幈山下所失剪刀〔一〕

江夏尚能悲墜履，少原唯解泣遺簪。〔二〕一刀所失安足繫，〔三〕不那久經人用心。

【校勘記】

〔一〕詩題，宋本作「謝壽安傳寄錦幈失」。〔二〕「少」，宋本作「小」。「唯」，宋本作「猶」。〔三〕「繫」，宋本作「𣅜」。

謝君實端明惠山蔬八品〔一〕

八品山蔬盡藥萌，〔二〕何山採得各標名。山翁驚受霜臺貺，即命山妻親自烹。〔三〕

【校勘記】

〔一〕詩題，宋本作「謝司馬惠山蔬」。〔二〕「萌」，宋本作「茵」。〔三〕「即」，宋本作「却」。

謝君實端明惠牡丹〔一〕

霜臺何處得奇葩，分送天津小隱家。初訝山妻忽驚走，尋常只慣插葵花。〔二〕

【校勘記】

〔一〕詩題，宋本作「謝司馬惠牡丹」。〔二〕「葵」，宋本作「野」。

謝判府王宣徽惠酒

自得花枝向遠隣，只憂輕負一番春。無何寵貺酒雙榼，少室山人遂不貧。

看花四絶句呈堯夫〔一〕　光

洛陽相望盡名園，牆外花勝牆裹看。手摘青梅供按酒，何須一一具杯盤。
洛陽相識盡名流，騎馬遊勝下馬遊。乘興東西無不到，但逢青眼即淹留。
洛陽春日最繁華，紅緑陰中千萬家。誰道羣花如錦綉，人將錦綉學羣花。
南園桃李近方栽，澆水未乾花已開。山果野蔬隨分有，交遊不厭但頻來。

【校勘記】

〔一〕此詩底本原無，據叢刊本、徐本、四庫本補。

和君實端明洛陽看花

洛陽最得中和氣，一草一木皆入看。飲水也須無限樂，况能時復舉杯盤。〔一〕
洛陽花木誇天下，吾輩遊勝庶士遊。重念東君分付意，忍於佳處不遲留。
洛陽交友皆奇傑，遞賞名園只似家。却笑孟郊窮不慣，一日看盡長安花。
南園一色栽桃李，春到且圖花早開。〔二〕多謝主人情意厚，天津客不等閑來。

【校勘記】

〔一〕「况」原作「兄」，據叢刊本、徐本、四庫本改。　〔二〕「早」，徐本作「蚤」。

送酒堯夫先生因戲之〔一〕　光

林下雖無憂可消，許由聞説掛空瓢。請君呼取孟光飲，共插花枝煮藥苗。前送牡丹藥苗，堯夫皆有詩。

【校勘記】

〔一〕此詩底本原無，據叢刊本、徐本、四庫本補。

和君實端明送酒

大凡人意易爲驕，雙榼何如水一瓢。亦恐孟光心漸侈，自兹微厭紫芝苗。

暮春吟

林下居常睡起遲，那堪車馬近來稀。春深晝永簾垂地，庭院無風花自飛。

依韻和鎮戎倅龔章屯田

十五年前初見君，見君情意便如親。雖然林下無他事，不那心間思故人。萬物比之論至底，丹誠到了總輸真。過從洛社勝諸處，何日能來共卜鄰。

安樂窩銘

安莫安于王政平，樂莫樂于年穀登。王政不平年不登，窩中何由得康寧。

愁恨吟

城裏住煙霞，天津小隱家。經書爲事業，〔一〕水竹是生涯。恨爲雲遮月，愁因風損花。〔二〕恨愁花月外，何暇更知他。

【校勘記】

〔一〕「經」，蔡本作「詩」。　〔二〕「風」，蔡本作「雨」。

悲喜吟

吴起初辭魏，張儀乍入秦。西河蒙惠久，南楚受欺頻。

善惡吟

君子學道則務本，小人見利則忘生。務本則非理不動，見利則非賄不行。

所學吟

人之所學，本學人事。人事不修，無學何異。

君子行〔一〕

何者爲君子，君子固可修。是知君子途，使人從之遊。與義不與利，記恩不記仇。揚善不揚惡，〔二〕主喜不主憂。

【校勘記】

〔一〕詩題，「君子行」，徐本作「君子吟」。〔二〕「揚」原作「惕」，據叢刊本、徐本、四庫本改。

思省吟〔一〕

仲尼再思，曾子三省。予何人哉，敢忘修整。〔二〕

【校勘記】

〔一〕詩題，宋本作「思省」。〔二〕「忘」，宋本作「不」。

梁鷰吟

物情誰道爾無知，秋去春來不失期。今歲新雛又成就，去時寧不重依依。

鄒田二忌

鄒田二忌不相能，買卜之言惡足明。利害傷真至于此，姓田人去恨難平。

孫龐二將

孫臏伏兵稱有法，龐涓鑽火一何愚。兵家詭詐盡如此，利害今人自不殊。

一言感人

爲女不嫁，爲士不官。齊人一言，田子辭焉。

四公子吟

時去三王，事歸五霸。七雄既争，四子乃詫。孟嘗居先，信陵居亞。平原居中，春申居下。

淳于髡酒諫

賜酒于君，飲不知味。執法在前，恐懼無既。當此之時，一斗而醉。宗族滿堂，既孝且悌。尊卑以親，少長以齒。當此之時，二斗而醉。賓之初筵，蹌蹌濟濟。獻酬百拜，升降有禮。當此之時，三斗而醉。里閈過從，如兄如弟。時和歲豐，情懷歡喜。當此之時，五斗而醉。朋友往還，講道求義。樂事賞心，登山臨水。當此之時，八斗而醉。男女雜坐，杯觴不記。燈燭明滅，衣冠傾圮。當此之時，一石而醉。

東海有大魚

東海有大魚，罔罟無能近。〔一〕碭然一失水，螻蟻得而困。

【校勘記】

〔一〕「罔」，徐本作「網」。

土木偶人

土木偶人，慎無相笑。天將大雨，止可相弔。

辯謗吟〔一〕

田單功蓋國，〔二〕貂勃語迴君。謗者古來有，猶能殺九人。

【校勘記】

〔一〕「辯」，叢刊本、四庫本作「辨」。〔二〕「單」，叢刊本、徐本、四庫本作「丹」。

三皇吟

三皇之世正熙熙，烏鵲之巢俯可窺。當日一般情味切，〔一〕初春天氣早晨時。〔二〕

【校勘記】

〔一〕「切」，叢刊本、徐本、四庫本作「好」。〔二〕「早」，徐本作「蚤」。

五帝

五帝之時似日中，聲明文物正融融。古今世盛無如此，過此其來便不同。

三王

三王之世正如秋，權重權輕事有由。深谷爲陵岸爲谷，陵遷谷變不知休。

五伯

五伯之時正似冬，雖然三代莫同風。當初管晏權輕重，父子君臣尚且宗。

七國

七國縱横事可明，蘇張得路信非平。當初天下如何爾，市井之人爲正卿。

掃地吟

管晏治時猶有體，蘇張用處更無名。三皇五帝從何出，掃地中原俟太平。

天人吟

犧軒堯舜雖難復，湯武桓文尚可循。事既不同時又異，也由天道也由人。

利害吟

兔犬俱斃，蚌鷸相持。田漁老父，坐而利之。

時吟〔一〕

騏驥壯時，千里莫追。及其衰也，駑馬先之。時與事會，談笑指揮。時移事去，雖死奚爲。

【校勘記】

〔一〕詩題，宋本作「時」。

二説吟

治不變俗，教不易民。甘龍之説，亦或可循。常人習俗，學者溺聞。商鞅之説，異乎所云。

言行吟

言不失仁，〔一〕行不失義。自天祐之，吉無不利。言與仁背，〔二〕行與義乖。天且不祐，人能行哉。有商君者，賊義殘仁。爲法自弊，車分其身。始知行義脩仁者，便是延年益壽人。

【校勘記】

〔一〕「仁」，四庫本作「行」。〔二〕「背」，叢刊本作「皆」。

治亂吟

財利爲先，筆舌用事。饑饉相仍，盜賊蜂起。孝悌爲先，日月長久。時和歲豐，延年益壽。

太平吟〔一〕

老者得其養，幼者得其仰。勞者得其餉，死者得其葬。

【校勘記】

〔一〕詩題，宋本作「太平」。

商君吟〔一〕

商鞅得君持法處，趙良終日正言時。當其命令炎如火，〔二〕車裂如何都不知。〔三〕

【校勘記】

〔一〕詩題，宋本作「商君」。　〔二〕「炎」，宋本作「嚴」。　〔三〕「車裂如何」，宋本作「君裂何如」。

能懷天下心

能懷天下心，肯了人間事。豈止求于今，求古亦未易。

始皇吟

并吞天下九千日，一統寰中十五年。坑血未乾高祖至，驪山丘壠已蕭然。

有妄吟

作僞少陰德，飾非多隱情。人心雖曖昧，天道自分明。手足既皆露，語言安足憑。

乾坤吟

用九見羣龍，首能出庶物。用六利永貞，因乾以爲利。四象以九成，遂爲三十六。四象以六成，遂成二十四。如何九與六，能盡人間事。

皇極經世一元吟〔一〕

天地如蓋軫，覆載何高極。日月如磨蟻，往來無休息。上下之歲年，其數難窺測。且以一元言，其理尚可識。一十有二萬，〔二〕九千餘六百。中間三千年，迄今之陳迹。治亂與廢興，〔三〕著見于方策。〔四〕吾能一貫之，皆如身所歷。

【校勘記】

〔一〕詩題，蔡本作「一元吟」，下有「五言」二小字。　〔二〕「萬」，蔡本作「分」，恐非。　〔三〕「廢興」，蔡本作「興廢」。　〔四〕「于」，蔡本作「乎」。

應龍吟

龍者陽類，與時相須。首出庶物，同遊六虛。能潛能見，能吸能呼。能大能小，能有能無。

何處是仙鄉〔一〕

何處是仙鄉，仙鄉不離房。眼前無冗長，〔二〕心下有清涼。静處乾坤大，閑中日月長。若能安得分，都勝别思量。

【校勘記】

〔一〕詩題，宋本作「安分」。〔二〕「冗長」，宋本作「俗事」。

謝宋推官惠白牛

毛如霜雪眼如朱，耳角方齊三尺餘。狀異不將耕曠十，〔一〕性馴宜用駕安車。水邊牧處龍能擾，月下牽時兔可驅。從此洛陽圖幀上，丹青人更著工夫。〔二〕

【校勘記】

〔一〕「不」字原闕，據叢刊本、徐本、四庫本補。〔二〕「工」，叢刊本、四庫本作「功」。

依韻和王安之少卿六老詩仍見率成七

六老皤然鬢似霜，縱心年至又非狂。園池共選何妨勝，〔一〕樽俎相歡未始忙。杖屨爛遊千載運，衣巾濃惹萬花香。過從見率添成七，况復秋來亦漸涼。

六老相陪卿與郎，閑曹饒却不清狂。過從無事易成樂，職局向人難道忙。煙柳嫩垂低更緑，露桃紅裛暖仍香。乘春醉卧花陰下，恰到花陰别是涼。

六翁誰讓少年場，老不羞人任意狂。同向静中觀物動，共於閑處看人忙。天心月滿蟾蜍動，水面風微菡萏香。肯信人間有憂事，新醅正熟景初涼。

六人相聚會時康，著甚來由不放狂。遍地園林同己有，滿天風月助詩忙。文章高摘漢唐艷，騷雅濃薰李杜香。水際竹邊閑適處，更無塵事只清涼。

六客同遊一醉鄉，又非流俗所言狂。追遊共喜清平久，唱和争尋警策忙。〔二〕薦酒月陂林果熟，發茶金谷井泉香。千年松下麈談塵，〔三〕襟袖無風亦自涼。

見率野人成七老，野人唯解野踈狂。編排每日清吟苦，趦辦遞年閑適忙。〔四〕夏末喜嘗新酒味，春初愛嗅早梅香。問君何故須如此，不柰心頭一點涼。

林下狂歌不帖腔，帖腔安得謂之狂。小車行處鬧花鬧，大筆落時神鬼忙。門掩柴荆闃闃遠，墻開瓮牖薜蘿香。一般天下難尋物，洛浦清風拂面涼。

【校勘記】

〔一〕「選」，叢刊本、徐本、四庫本作「避」。　〔二〕「警」，叢刊本、四庫本作「驚」。　〔三〕「麈談塵」，四庫本作「塵談塵」。　〔四〕「辦」，四庫本作「辨」。

依韻和張静之少卿惠文房三物

文房三物品皆精，報謝愁無秀句成。欲狀升平在歌頌，柰何才不逮升平。

依韻和王安之少卿謝富相公詩

寵辱見多惡足驚，出塵還喜自誠明。閑中氣象乾坤大，静處光陰宇宙清。素業經綸無少愧，全功天地不虚生。野人何幸逢昌運，一百餘年天下平。

安樂窩前蒲柳吟

安樂窩前小江曲，〔一〕新蒲細柳年年緑。眼前隨分好光陰，誰道人生多不足。

【校勘記】

〔一〕「江曲」，叢刊本、徐本、四庫本作「曲江」。

瓮牖吟〔一〕

瓮破已甘棄，言收用有方。用時須藉口，照處便安牀。不假軒窗力，能迴日月光。清平卧其下，自可比羲皇。

【校勘記】

〔一〕詩題，蔡本作「瓮牖」。

人生長有兩般愁〔一〕

人生長有兩般愁，〔二〕愁死愁生未易休。或向利中窮力取，或于名上盡心求。多思唯恐晚得手，〔三〕未老已聞先白頭。我有何功居彼上，〔四〕其間攘臂獨無憂。〔五〕

【校勘記】

〔一〕詩題，宋本作「省心」。　〔二〕「長」，宋本作「常」。　〔三〕「唯」，宋本作「只」。　〔四〕「居」，宋本作「在」。　〔五〕「攘」，宋本、叢刊本、徐本、四庫本作「掉」。

自詠

天下更無雙，無知無所長。年顔李文爽，風度賀知章。静坐多茶飲，閑行或道裝。傍人休用笑，安樂是吾鄉。

中秋月

一年一度中秋夜，十度中秋九度陰。求滿直須當夜半，要明仍候到天心。無雲照處情非淺，不睡觀時意更深。徒愛古人詩句好，何堪千里共如今。

小車吟

春暖秋涼兼景好，年豐身健更時和。如茵草上輕輕輾，似錦花間慢慢拕。

晝夢

夢裏到鄉關，鄉關二十年。依稀新國土，隱約舊山川。身已煙霞外，人家道路邊。覺來猶在目，〔一〕一餉但蕭然。

【校勘記】

〔一〕「目」，四庫本作「日」。

晚步洛河灘

晚步洛河灘，河灘石萬般。青黃有長短，大小或方圓。考彼多無數，求其用實難。琅玕在何處，止可使人歎。

和李文思早秋五首

一雨洗觚稜，三川氣象清。林風傳顥氣，木葉送商聲。忽忽蓮生的，看看菊吐英。太平時裏老，何以報虛生。

徑小新經雨，庭幽遍有苔。風前閑意思，堦下静徘徊。不分筋骸老，難甘歲月催。時時藉芳草，賴有酒同杯。

王金秋已至，〔一〕爍石景方闌。直養能希孟，閑居肯讓潘。竹間風葉葉，〔二〕松罅月團團。洛社多賢友，人人可共歡。

池畔拖垂柳，欄邊笑晚花。敗荷傾弊蓋，老檜露枯槎。歲暮驚時態，年高惜物華。東陵風未替，解憶故園瓜。

日脚雲微淡，林梢葉漸黄。可堪須變色，徹了爲侵霜。酒到難成醉，風來易得涼。老年何所欲，唯願且平康。

【校勘記】

〔一〕「王」，叢刊本作「土」，徐本作「黄」。　〔二〕「菓菓」，叢刊本、徐本作「彗彗」，四庫本作「嘒嘒」。

堯夫何所有〔一〕

堯夫何所有，一色得天和。夏住長生洞，冬居安樂窩。鶯花供放適，風月助吟哦。竊料人間樂，〔二〕無如我最多。

【校勘記】

〔一〕詩題，蔡本作「何所有吟」。　〔二〕「料」，蔡本作「得」。

長憶乍能言

長憶乍能言，朝遊父母前。方行初下膝，既老遂華顛。在昔四五歲，于今六十年。却看兒女戲，又喜又潸然。

答友人〔一〕

何者名爲善處身，非爲能武又能文。〔二〕可行可止存諸己，或是或非繫在人。遍數古來賢所得，歷觀天下事須真。吉凶悔吝生乎動，剛毅木訥近於仁。易地皆然休計較，不言而信省開陳。雖居蠻貊亦行矣，無患鄉閭情未親。

【校勘記】

〔一〕詩題，宋本作「處身」。〔二〕「爲」，叢刊本、徐本作「唯」，四庫本作「惟」。

獨坐吟

天告自丁寧，人多不肯聽。四時皆有景，萬物豈無情。禍福眼前事，是非身後名。誰能事閑氣，浪與世人争。

又

天意自分明，人多不肯行。鶯花春乍暖，風月雨初晴。静坐澄思慮，閑吟樂性情。誰能事閑氣，浪與世人争。

意未萌于心〔一〕

意未萌于心，言未出諸口。神莫得而窺，〔二〕人莫得而咎。〔三〕君子貴慎獨，上不愧屋漏。人神亦吾心，口自處其後。〔四〕

【校勘記】

〔一〕詩題，蔡本作「意未萌吟」。　〔二〕「神」，蔡本作「人」。　〔三〕「人」，蔡本作「神」。　〔四〕「處」，蔡本作「隨」。

自適吟

郟鄏城中，鳳凰樓下。風月庭除，鶯花臺榭。時和歲豐，閑行静坐。朋好身安，清吟雅話。

老翁吟〔一〕

皤然一老翁，凡百事皆慵。舊物不盡記，故人難得逢。幽花渾在霧，〔二〕殘夢半隨風。只且願天下，時和與歲豐。

【校勘記】

〔一〕詩題，宋本作「老翁」。　〔二〕「渾」，宋本作「全」。

鐵如意吟

此物鐵爲之，何嘗肯安持。長〔一〕隨大甃子，永伴小車兒。擊碎珊瑚處，敲殘牙齒時。誰能學此輩，纔始入鞭笞。

【校勘記】

〔一〕「長」，叢刊本、四庫本作「辰」。

道裝吟

道家儀用此衣巾，只拜星辰不拜人。何故堯夫須用拜，安知人不是星辰？
道家儀用此巾衣，師外曾聞更拜誰。何故堯夫須用拜，安知人不是吾師？
安車麈尾道衣裝，里閈過從乃是常。聞説洞天多似此，吾鄉殊不異仙鄉。
如知道只在人心，造化工夫自可尋。若説衣巾便爲道，堯夫何者敢披襟？

四者吟

目時然後視，耳時然後聽。口時然後言，身時然後行。前不見厚禄，後不見重兵。惟其義所在，〔一〕安知利與名？

【校勘記】

〔一〕「惟」，叢刊本、徐本作「推」。

偶得吟

壯歲苦奔馳，〔一〕隨分受官職。所得唯錙銖，〔二〕所喪無紀極。今日度一朝，明日過一夕。不免如路人，區區被勞役。

【校勘記】

〔一〕「苦」，叢刊本、徐本、四庫本作「若」。　〔二〕「唯」，四庫本作「惟」。

四事吟

會有四不赴，時有四不出。公會，生會，廣會，醵會。〔一〕大寒，大暑，大風，大雨。無貴亦無賤，無固亦無必。里閈閑過從，身安心自逸。如此三十年，幸逢太平日。

【校勘記】

〔一〕「醵」，叢刊本、四庫本作「醉」。

伊川擊壤集卷之十四

偶書

美食無使饜，饜則不能受。善人無使倦，倦則不能久。官小拜人喜，官高拜人耻。官職自外來，中心何若此。

賢德之人，所居之處，如芝如蘭，使人愛慕。凶惡之人，所居之處，如虎如狼，使人怕怖。

妻强夫殃，奴强主殃，臣强君殃。尾大于身，冰堅于霜。辯之不早，〔一〕國破家亡。

才高命寡，耻居人下，若不固窮，非知道者。

【校勘記】

〔一〕「辯」，叢刊本、徐本、四庫本作「辨」。

王勝之諫議見惠文房四寶内有巨硯尤佳因以謝之

銅雀或常聞，未嘗聞金雀。始愧林下人，識物不甚博。金雀出何所，必出自靈岳。剪斷白雲根，分破蒼岑角。既爲之巨硯，遂登于綸閣。水貯見温潤，墨發知瀺灂。窗下喜鑑開，案前驚月姦人用誅削。胡爲不且留，生靈用安泊。則予何人哉，拜貺徒驚矍。須是筆如椽，方能無厚怍。

落。見贈何慇懃，欲報須和璞。胡爲不且留，洪化用斟酌。胡爲不且留，賢人用選擢。胡爲不且留，

奉答堯夫先生金雀石硯詩〔一〕

益柔

般陽有山名金雀，山發清輝産奇璞。望氣嘗言玉寶藏，賈胡幾遣良工度。金剛寶鑽競窮搜，百里青蒼困鑱鑿。瓊瑰未獲得研材，温潤還將六美學。有若玉徽琴面瑩，有如金彈陶輪著。是山有藴玉金星二石中硯。規天矩地形制毓，中或辟流外圭角。晴窗氣暖墨花春，牋襞毫奔光照灼。吾生恃好惟四物，累載裒鳩盈機格。先生閉户日著書，朝餐每不饜平。藜藿。高閎粱肉雖有餘，孰敢就門賙隱約。先生固自嘗有言，不忍將身作溝壑。先生崖岸高莫攀，持此謂宜無見却。一留爲惠固已多，敢冀新詩旋踵作。精深雅健迫風騷，使我憂荒忽驚矍。還如甘露醒心昬，更似神篦除眼膜。先生精義已入神，準易時容見涯畧。

【校勘記】

〔一〕此詩底本原無，據叢刊本、徐本、四庫本補。

再用晴窗氣暖墨花春謝王勝之諫議惠金雀硯

硯名金雀世難倫，用報慙無天下珍。國士有詩偏雅處，晴窗氣暖墨花春。〔二〕

【校勘記】

〔一〕「花春」，叢刊本作「春花」。

奉和堯夫〔一〕　　益柔

固窮終不悔沉淪，滿腹深藏上古珍。手寫新詩成幾卷，亦教餘事照千春。

【校勘記】

〔一〕此詩底本原無，據叢刊本、徐本、四庫本補。

題范忠獻公真

范邵居洛陽，希夷居華山。陳邵爲逸人，忠獻爲顯官。邵在范之後，陳在范之前。三人貌相類，兩人名相連。

觀物吟〔一〕

時有代謝，物有枯榮。人有衰盛，事有廢興。

【校勘記】

〔一〕詩題，宋本作「觀物」。

對花吟

美酒豈無留客飲，好花猶解向人開。多情不忍阻花意，未醉何須辭滿杯。

義利吟

意不若義，義不若利。利之使人，能忘生死。利不若義，義不若意。意之使人，能動天地。

代簡謝朱殿直贈長韻詩

慇懃見贈用長篇，里閈過從積有年。歲事報成還報始，春華相次又暄妍。

試筆〔一〕

心在人軀號太陽，能於事上發輝光。如何皎日照八表，得似靈臺高一方。家用平康貧不害，身無疾病瘦何妨。高吟大笑洛城裏，看盡人間手脚忙。〔二〕

【校勘記】

〔一〕詩題，蔡本作「試筆吟」。〔二〕「手脚忙」，蔡本作「脚手忙」。

試硯〔一〕

富貴傲人人未信，還知富貴去如何。常觀静處光陰好，亦恐閑時思慮多。日出自然天不暗，風來安得水無波。世間大有平田地，因甚須由捷徑過。〔二〕

【校勘記】

〔一〕詩題，蔡本作「試硯吟」。〔二〕「過」，蔡本作「磨」。

問調鼎

請將調鼎問于君，調鼎工夫敢預聞。〔一〕只有鹽梅難盡善，豈無薑桂助爲辛。和羹必欲須求美，衆口如何便得均。慎勿輕言天下事，伊周殊不是庸人。

【校勘記】

〔一〕「工」，叢刊本、四庫本作「功」。

讀古詩

閑讀古人詩，因看古人意。古今時雖殊，其意固無異。喜怒與哀樂，貧賤與富貴。惜哉情何物，使人能如是。

蠹書魚

形狀類于魚，其心好蠹書。居常遊篋笥，未始在江湖。爲害千般有，言烹一物無。年年當盛夏，曬了却如初。

歲儉吟

歲儉心非儉，家貧道不貧。誰知天地内，別有好乾坤。

極論〔一〕

下有黄泉上有天，人人許住百來年。還知虚過死萬遍，都似不曾生一般。〔二〕要識明珠須巨海，〔三〕如求良玉必名山。〔四〕先能了盡世間事，〔五〕然後方言出世間。

【校勘記】

〔一〕詩題，宋本作「出世」。〔二〕「都」，宋本作「恰」。〔三〕「識」，宋本作「覔」。〔四〕「名」，宋本作崑。〔五〕「先能了盡世間事」，宋本作「先須歷遍人間事」。

求鑑吟

人無鑑流水，當求鑑止水。流水無定形，止水有定體。人無鑑于水，當求鑑于人。水鑑見人貌，人鑑見人神。

學佛吟

飽食豐衣不易過，日長時節柰愁何。求名少日投宣聖，怕死老年親釋迦。妄欲斷緣緣愈重，徼求去病病還多。長江一片常如練，幸自無風又起波。

霜露吟

天地有潤澤，其降也瀼瀼。暖則爲湛露，寒則爲繁霜。爲露萬物悦，爲霜萬物傷。二物本一氣，恩威何昭彰。

天命吟〔一〕

可委者命，可憑者天。人無率爾，事不偶然。

【校勘記】

〔一〕詩題，宋本作「天命」。

性情〔一〕

踐形治性，踐跡治情。賢人踐跡，聖人踐形。

【校勘記】

〔一〕叢刊本、徐本、四庫本作「性情吟」。

心跡吟

聖人了心，賢人了跡。了心無窮，了跡無極。

觀物吟

物不兩盛，事難獨行。榮瘁迭起，賢愚並行。

思慮吟

思慮未起，鬼神莫知。不由乎我，更由乎誰？

代書答朝中舊友

少日治文章，亦曾觀國光。山林雖不返，畎畝未嘗忘。麋鹿寧無志，鵷鴻自有行。還知今日事，大故索思量。

冬不出吟

冬非不欲出，欲出苦日短。年老恐話長，天寒怕歸晚。山翁頭有風，鄉友情非淺。必欲相招延，春光況不遠。

觀物〔一〕

地以静而方，天以動而圓。〔二〕既正方圓體，〔三〕還明動静權。〔四〕静久必成潤，動極遂成然。潤則水體具，然則火用全。水體以器受，〔五〕火用以薪傳。體在天地後，用起天地先。

【校勘記】

〔一〕詩題，蔡本同，叢刊本、徐本作「觀物吟」。　〔二〕「方，天」，蔡本作「天，方」，恐非。　〔三〕「體」，蔡本作「既」。　〔四〕「明」，蔡本作「各」，「各」恐「名」之訛。　〔五〕「器」，蔡本作「氣」。

家國吟

邪正異心，家國同體。邪能敗亡，正能興起。

邪正吟

賢人好正，姦人好邪。好邪則競，好正則和。

義利吟

君子尚義，小人尚利。尚利則亂，尚義則治。

天時吟

人作者事，天命者時。時來易失，事去難追。

恩義吟

恩深者親，義重者君。恩義兩得，始謂之人。

閑步吟

何者謂知音，知音難漫尋。既無師曠耳，安有伯牙琴。雖逼桑榆景，寧忘松桂心。獨行月堤上，一步一高吟。

坐右吟

萬化備于身，〔一〕直須資養深。因何爲寶鑑，只被用精金。酒少如茶飲，詩多似史吟。顏淵方内樂，天下事難任。

【校勘記】

〔一〕「化」，叢刊本作「花」，四庫本作「物」。

感雪吟

旨酒嘉肴與管絃，〔一〕通宵鼎沸樂豐年。侯門深處還知否，百萬流民在露天。

【校勘記】

〔一〕「旨」，叢刊本作「旹」。

六十五歲新正自貽熙寧八年

予家洛城裏，况在天津畔。行年六十五，當宋之盛旦。南園臨通衢，北圃仰雙觀。雖然在京國，却如處山澗。清泉篆溝渠，茂木繡霄漢。涼風竹下來，皓月松間見。面前有芝蘭，目下無冰炭。坐上有餘歡，胷中無交戰。冬夏既不出，炎涼徒自變。榮辱既不入，富貴徒自衒。惡聞人之惡，樂道人之善。不行何趑趄，勿藥何瞑眩。誰謂金石堅，其心亦能斷。誰謂鬼神靈，其誠亦能貫。

小車六言吟

昔人乘車是常，今見乘車倉皇。既有前車戒慎，豈無覆轍兢莊。將出必用茶飲，欲登先須道裝。軫邊更掛詩帙，轅畔仍懸酒缸。輪緩爲移芳草，蓋低因礙垂楊。水際尤宜穩審，花間更要安詳。朝出頻經履道，晚歸屢過平康。春重縱觀明媚，秋深飫看豐穰。五鳳樓前月色，天津橋上風涼。金谷園中流水，魏王堤外脩篁。静處光陰最好，閑中氣味偏長。所經莫不意得，所見無非情忘。或見農人擁耒，或見蠶女求桑。或見靡蕪遍野，或見蒺藜滿墻。或見荆棘茂密，或見芝蘭芬芳。或見雞豚狗彘，或見鵰鶚鸞凰。惡者既不見害，善者固無相傷。華嶽三峯岌嶪，黄陂萬頃汪洋。不爲虚作男子，無負閑居洛陽。天地精英多得，堯夫老去何妨。

安樂吟〔一〕

安樂先生，不顯姓氏。〔二〕垂三十年，居洛之涘。風月情懷，江湖性氣。色斯其舉，〔三〕翔而後至。無賤無貧，無富無貴。〔四〕無將無迎，〔五〕無拘無忌。窘未嘗憂，〔六〕飲不至醉。〔七〕收天下春，歸之肝肺。盆池資吟，瓮牖薦睡。小車賞心，大筆快志。或戴接籬，或著半臂。或坐林間，或行水際。樂見善人，樂聞善事。樂道善言，樂行善意。聞人之惡，若負芒刺。聞人之善，如佩蘭蕙。不侫禪伯，不諛方士。不出户庭，直際天地。三軍莫凌，萬鍾莫致。爲快活人，六十五歲。

【校勘記】

〔一〕詩題，宋本作「安樂」。〔二〕「姓」，宋本作「名」。〔三〕「其舉」，宋本作「舉矣」。〔四〕宋本無此句。〔五〕二「無」字，宋本作「不」。〔六〕「窘」，宋本作「貧」。〔七〕此下，宋本作：「多乘小車，愛書大字。聞人之惡，轉頭不記。聞人之善，如獲大利。不接禪師，不接方士。不出户庭，能際天地。三軍莫凌，萬乘莫致。作快活人，六十四歲。」

甕牖吟

有客無知，唯知自守。自守無他，唯求寡咎。有屋數間，有田數畝。用盆爲池，以甕爲牖。

墻高于肩，室大于斗。布被暖餘，藜羹飽後。氣吐胷中，充塞宇宙。筆落人間，暉映瓊玖。人能知止，以退爲茂。我自不出，何退之有。心無妄思，〔一〕足無妄走。人無妄交，物無妄受。炎炎論之，甘處其陋。綽綽言之，無出其右。羲軒之書，未嘗去手。堯舜之談，未嘗虛口。當中和天，同樂易友。吟自在詩，飲歡喜酒。百年升平，不爲不偶。七十康强，不爲不壽。

【校勘記】

〔一〕「思」，徐本作「想」。

盆池吟

有客無知，唯知不爲。不爲無他，唯求不欺。我有人是，人無我非。因開甕牖，遂鑿盆池。都邑地貴，江湖景奇。能遊澤國，不下堂基。簾外青草，軒前黄陂。壺中月落，鑑裏雲飛。既有荷芰，豈無菰茨。既有蝌蚪，豈無蛟螭。亦或清淺，亦或瀰瀰。亦或淥净，亦或漣漪。風起蘋藻，涼生袖衣。林宗何在，范蠡何歸。密雪霏霏，輕冰披披。〔一〕垂柳依依，細雨微微。可以觀止，可以忘機。可以照物，可以看時。不樂乎我，更樂乎誰。吾于是日，再見伏羲。

【校勘記】

〔一〕「冰」，徐本作「水」。

小車吟

有客無知，唯知有家。有家能歸，其歸非遐。靈臺瑩静，天壤披葩。書用大筆，出乘小車。身爲男子，生于中華。又居洛陽，爲幸何多。天地中央，帝王真〔一〕宅。漢唐遺烈，氣象自佳。聖賢區宇，士人淵藪。仁義場圃，聞見無涯。里巷相切，親朋相過。人疑日馭，我謂星查。或遊金谷，或泛月波。或經履道，或過銅駝。進退雲水，舒卷煙霞。揄揚風月，擡帖鶯花。性喜飲酒，飲喜微酡。飲未微酡，口先吟哦。吟哦不足，遂及浩歌。〔二〕浩歌不足，無可柰何。

【校勘記】

〔一〕「真」，叢刊本、四庫本作「貞」。　〔二〕「及」，徐本作「成」。

大筆吟

有客無知，爲性太質。不忮不求，無固無必。足躡天根，手探月窟。所得之懷，盡賦于筆。意遠情融，〔一〕氣和神逸。〔二〕酒放微醺，綃鋪半匹。如風之卒，如雲之勃。如電之欻，如雨之密。或住或還，〔三〕或没或出。滌蕩氛埃，廓開天日。鸞鳳翺翔，龍蛇盤屈。春葩暄妍，秋山崒屼。三千簪裾，俯循儒術。百萬貔貅，仰聽軍律。松桂成林，芝蘭滿室。蜀錦初翻，〔四〕朝霞乍拂。白璧一雙，黄金百鎰。羲之來求，牧之來乞。物外神交，人間事畢。觀者析酲，〔五〕收之愈疾。

【校勘記】

〔一〕「情」，蔡本作「神」。 〔二〕「神」，蔡本作「情」。 〔三〕「往」，蔡本作「往」。 〔四〕「翻」，蔡本、叢刊本、徐本作「番」。 〔五〕「醒」，蔡本同，叢刊本、四庫作「醒」。

伊川擊壤集卷之十五

觀《易》吟〔一〕

一物其來有一身，一身還有一乾坤。能知萬物備於我，肯把三才别立根。天向一中分體用，又云造化。人於心上起經綸。天人焉有兩般義，又云事。道不虚行只在人。

【校勘記】

〔一〕詩題，宋本作「易」。

觀《書》吟〔一〕

吁嗟四代帝王權，盡入區區一舊編。或讓或争三萬里，相因相革二千年。唐虞事業誰能繼，湯武工〔二〕夫世莫傳。時既不同人又異，仲尼惡得不潸然。

【校勘記】

〔一〕詩題，宋本作「書」。　〔二〕「工」，宋本、叢刊本、四庫作「功」。

觀《詩》吟〔一〕

愛君難得似當時，曲盡人情莫若《詩》。無雅豈明王教化，有風方識國興衰。〔二〕知音未若吳公子，〔三〕潤色曾經魯仲尼。〔四〕三百五篇天下事，後人誰敢更譏非。

【校勘記】

〔一〕詩題，宋本作「詩」。〔二〕「識」，宋本作「議」。〔三〕「若」，宋本作「出」。〔四〕「魯」，宋本作「孔」。

觀《春秋》〔一〕

堂堂王室寄空名，天下無時不戰争。滅國伐人唯恐後，〔二〕尋盟報役未嘗寧。晉齊命令炎如火，文武資基冷似冰。唯有感麟心一片，〔三〕萬年千載若丹青。

【校勘記】

〔一〕詩題，宋本、叢刊本、徐本作「觀春秋吟」。〔二〕「唯」，宋本同，叢刊本、四庫本作「雖」。〔三〕「麟」，宋本作「霊」，疑誤。

觀三皇吟〔一〕

許大乾坤自我宣，乾坤之外復何言。初分大道非常道，纔有先天未後天。作法極微難看蹟，收功最久不知年。若教世上論勳業，料得更無人在前。

【校勘記】

〔一〕詩題，宋本作「三皇」。

觀五帝吟〔一〕

進退肯將天下讓，著何言語狀雍容。〔二〕衣裳垂處威儀盛，玉帛脩時意思恭。物物盡能循至理，人人自願立殊功。〔三〕當時何故得如此，只被聲明類日中。〔四〕

【校勘記】

〔一〕詩題，宋本作「五帝」。　〔二〕「雍」，宋本作「從」。　〔三〕「自」，宋本作「皆」。　〔四〕「明」，宋本同，徐本作「名」。

觀三王吟〔一〕

一片中原萬里餘，殆非孱德所宜居。夏商正朔猶能布，湯武干戈未便驅。澤火有名方受

革，水天無應不成需。善能云觀。仁義爲心者，〔二〕肯作人間淺丈夫。〔三〕

【校勘記】

〔一〕詩題，宋本作「三王」。〔二〕「善能云觀」，宋本作「請觀」，叢刊本、徐本、四庫本作「詳知又云請觀」。〔三〕「淺」，宋本作「賤」。

觀五伯吟〔一〕

刻意尊名名愈虧，人人奔命不勝疲。生靈劍戟林中活，公道貨財心裹歸。〔二〕雖則餼羊能愛禮，柰何鳴鳳未來儀。〔三〕東周五伯餘年内，〔四〕歎息唯聞一仲尼。

【校勘記】

〔一〕詩題，宋本作「五霸」。〔二〕「公」，宋本作「云」，恐誤。〔三〕「鳴」，宋本作「烏」。〔四〕「伯」，宋本、叢刊本、徐本、四庫本作「百」。

觀七國吟〔一〕

當其末路尚縱横，仁義之言固不聽。肯謂破齊存即墨，能勝坑趙盡長平。清晨見鬼未爲恠，白日殺人奚足驚。加以蘇張掉三寸，扼喉其勢不俱生。

【校勘記】

〔一〕詩題，宋本作「七國」。

觀嬴秦吟〔一〕

轟轟七國正爭籌，利害相磨未便休。比至一雄心底定，其如四海血横流。〔二〕三千賓客方成夢，百二山河又變秋。謾説罷侯能置守，趙高元不是封侯。

【校勘記】

〔一〕詩題，宋本作「秦」。　〔二〕「如」，宋本作「知」。

觀兩漢吟〔一〕

秦破山河舊戰場，豈期民復見耕桑。〔二〕九千來里開封域，四百餘年號帝王。剝喪既而遭莽卓，〔三〕經營殊不念高光。當時文物如斯盛，〔四〕城復何由更在隍。〔五〕

【校勘記】

〔一〕詩題，宋本作「兩漢」。　〔二〕「復」，宋本作「却」。　〔三〕「剝」，宋本作「斲」。　〔四〕「文物」，宋本作「文武」。　〔五〕「在」，宋本作「有」。

觀三國吟〔一〕

桓桓鼎峙震雷音，絶唱高蹤没處尋。簫鼓一方情未暢，弓刀萬里力難任。論兵很石寧無意，〔二〕飲馬黄河徒有心。雖曰天時亦人事，誰知慮外失良金。

【校勘記】

〔一〕詩題，宋本作「三國志」。〔二〕「很」，叢刊本、徐本、四庫本作「狼」。

觀西晉吟〔一〕

承平未必便無憂，安若忘危非善謀。〔二〕題品人材憑雅誚，〔三〕雌黄時事用風流。〔四〕有刀難剖公閭腹，無木可梟元海頭。禍在夕陽亭一句，〔五〕上東門嘯浪悠悠。

【校勘記】

〔一〕詩題，宋本作「二晉」。〔二〕「善」，宋本作「筭」。〔三〕「材」，宋本、叢刊本作「林」。〔四〕「時事」，宋本作「時足」。〔五〕「禍」，宋本作「偶」。

觀十六國吟〔一〕

溥天之下號寰區，大禹曾經治水餘。衣到弊時多蟣蝨，〔二〕瓜當爛後足蟲蛆。龍章本不資狂寇，象魏何嘗薦亂胡。〔三〕尼父有言堪味處，〔四〕當時欠一管夷吾。

【校勘記】

〔一〕詩題，宋本作「十六國」。〔二〕「多」，宋本作「饒」。〔三〕「不」，宋本作「自」。此句，四庫本作「龍章雖復悲懷滑，象魏何嘗屬石符」。〔四〕「尼父」，宋本作「宣父」。

觀南北朝吟〔一〕

方其天下分南北，聘使何嘗絶往還。偏霸尚存前典憲，小康猶帶舊腥羶。〔二〕洛陽雅望稱崔浩，江表奇才服謝安。二百四年能並轡，謾將夷虜互爲言。〔三〕

【校勘記】

〔一〕詩題，宋本作「南北朝」。〔二〕「猶帶舊腥羶」，宋本同，四庫本作「未靖舊戈鋋」。〔三〕「夷虜」，四庫本作「中外」。

觀隋朝吟〔一〕

始謀當日已非臧，又更相承或自戕。螻蟻人民貪土地，泥沙金帛悦姬姜。征遼意思糜荒服，泛汴情懷厭未央。三十六年都掃地，不然天下未歸唐。

【校勘記】

〔一〕詩題，宋本作「隋」。

觀有唐吟〔一〕

天生神武奠中央，〔二〕不爾羣凶未易攘。〔三〕貞觀若無風凜凜，開元安有氣揚揚。〔四〕凭高始見山河壯，入夏方知日月長。三百年間能混一，〔五〕事雖成往道彌光。

【校勘記】

〔一〕詩題，宋本作「唐」。〔二〕「天」，宋本作「大」。〔三〕「易」，宋本作「擾」。〔四〕「安有氣」，宋本作「安得意」，徐本作「焉有氣」。〔五〕「混」，宋本同，叢刊本、四庫本作「渾」。

觀五代吟〔一〕

自從唐季墜皇綱，〔二〕天下生靈被擾攘。社稷安危懸卒伍，朝廷輕重繫藩方。深冬寒木固不脱，未旦小星猶有光。五十三年更五姓，始知除掃待真王。

【校勘記】

〔一〕詩題，宋本作「五代」。〔二〕「皇」，宋本作「朝」。

觀盛化吟〔一〕

紛紛五代亂離間，一旦雲開復見天。草木百年新雨露，車書萬里舊山川。尋常巷陌猶簪紱，取次園亭亦管絃。〔二〕人老太平春未老，〔三〕鶯花無害日高眠。

吾曹養拙賴明時，爲幸居多寧不知。天下英才中遁跡，〔四〕人間好景處開眉。生來只慣見豐稔，老去未嘗經亂離。五事歷將前代舉，帝堯而下固無之。一事，革命之日市不易肆。二事，克服天下在即位後。三事，未嘗殺一無罪。四事，百年方四葉。五事，百年無腹心患。〔五〕

【校勘記】

〔一〕詩題，第一首宋本作「宋」，第二首蔡本作「養拙」。〔二〕「亭」，宋本作「林」。〔三〕「春未老」，宋本作「無事日」。〔四〕「中」，蔡本作「終」。〔五〕小注「患」下，徐本有「曰五事」三字。

喜老吟〔一〕

幾何能得鬢如絲，安用區區鑷白髭。在世上官雖不做，出人間事却能知。待天春暖秋涼日，〔二〕是我東遊西泛時。多少寬平好田地，〔三〕山翁方始會開眉。

【校勘記】

〔一〕蔡本此首詩重出，一題「鑷髭吟」，一題「幾何」。〔二〕「待」，蔡本一同，蔡本二作「晴」。〔三〕「平」，蔡本一同，蔡本二作「中」。

瞻禮孔子吟

執卷何人不讀書，能知性者又何如。工居天下語言内，妙出世間繩墨餘。陶冶有無天事業，權衡治亂帝工夫。〔一〕大哉贊《易》脩經意，料得生民以後無。

【校勘記】

〔一〕「工」，蔡本同，叢刊本、四庫本作「功」。

還圓益上人詩卷

瓶錫相從更一巾，一巾曾拂十州塵。心通佛性久無礙，口道儒言殊不陳。吴越江山前日事，伊嵩風月此時身。閑行閑坐松陰下，應恃眼明長笑人。

天人吟

知盡人情天豈異，〔一〕未知何啻隔天地。少時氣鋭未更諳，〔二〕不信人間有難事。知盡人情與天意，合而言之安有二。能推己心達人心，〔三〕天下何憂不能治。〔四〕

【校勘記】

〔一〕「情」，蔡本作「庸」。　〔二〕「更」，蔡本作「經」。　〔三〕「人心」，蔡本作「天意」。　〔四〕「治」下，蔡本有「一本作達天心」六小字。

錦嶒春吟

錦嶒山下有家園，每歲家園過禁煙。早是三春天氣好，那堪百里主人賢。同於一派水邊飲，醉向萬株花底眠。明日歸鞍遂東指，上陽風景更暄妍。

樂春吟

四時唯愛春，春更愛春分。有暖温存物，無寒著莫人。好花方蓓蕾，〔一〕美酒正輕醇。安樂窩中客，如何不半醺？

【校勘記】

〔一〕「方」，叢刊本、四庫本作「萬」。

觀物吟四首

日月無異明，晝夜有異體。人鬼無異情，生死有異理。既未能知生，又焉能知死。既未能事人，又焉能事鬼。鷽蟬體既分，安用苦云云。氣盛有餘力，聲銷無異聞。時來由自己，勢去屬他人。莫作傷心事，〔一〕傷心不益身。

古今情一也，能處又何難。識事事非易，知人人所艱。多疑虧任用，輕信失防閑。堯舜其猶病，何嘗無大姦。

人之耳所聞，不若目親照。耳聞有異同，目照無多少。併棄耳目官，專用口舌較。不成天下功，止成天下笑。

【校勘記】

〔一〕「作」，叢刊本、四庫本作「非」。

人貴有精神吟〔一〕

人貴有精神，精神反不醇。〔二〕有精神而醇，爲第一等人。不醇無義理，〔三〕是非隨怒喜。怒以是爲非，喜以非爲是。怒是善人踈，〔四〕喜非小人比。〔五〕敗國與亡家，〔六〕鮮有不由此。〔七〕娶妻娶柔和，嫁夫嫁才美。安得正婦人，〔八〕作配真男子？〔九〕

【校勘記】

〔一〕詩題，宋本作「精神」。〔二〕「反」，宋本作「返」。〔三〕「義理」，宋本作「義禮」。〔四〕「是善人」，宋本作「非君子」。〔五〕「非」，宋本作「是」。〔六〕「敗國與亡家」，宋本作「破國與志家」。
〔七〕「鮮有不由此」，宋本作「未始不因此」。〔八〕「正」，宋本似作「真」。〔九〕「作」，宋本作「匹」。

義利吟

賁於丘園，束帛戔戔。義既在前，利在其間。捨爾靈龜，觀我朵頤。義既失之，利何能爲。
尚義必讓，君子道長。尚利必争，小人道行。

小車初出吟

物外洞天三十六，都疑布在洛陽中。小車春暖秋涼日，一日止能移一宫。

府尹王宣徽席上作

留都三判主人翁，大第名園冠洛中。又喜一年春入手，萬花香照酒巵紅。
紛紛又過一年春，牢落情懷酒漫醇。滿眼暄妍都去盡，罇前唯憶舊交親。

春暮答人吟

相違經歲意何如，漫説爲隣德不孤。咫尺洛陽春已盡，過從能憶舊時無。

天津聞樂吟

名園相倚洛陽春，巷陌無塵羅綺新。何處青樓隔桃李，樂聲時復到天津。

春暮吟

有意楊花空學雪，無情榆莢漫堆錢。窮愁不服春辜負，酒病依還似去年。

自問二首

因甚年來可作詩，柰何人老又春歸。流鶯不忍花離披，啼到黄昏猶自啼。

年來因甚可吟詩，桃李無言鶯有辭。啼到黄昏猶自啼，柰何人老又春歸。

和成都俞公達運使見寄

前年車從過天津，花底當時把酒頻。此日錦城花爛漫，何嘗更憶洛陽春。〔一〕

【校勘記】

〔一〕「洛陽」，叢刊本、徐本作「洛城」。

吴越吟二首

乙未闔廬凌楚歲，戊辰勾踐破吴時。屈如當日乘虚事，〔一〕三十四年人不知。

夫差丁未曾囚越，勾踐戊辰還滅吴。二十二年時返復，一如當日却乘虚。

【校勘記】

〔一〕「屈」，叢刊本、徐本、四庫本作「正」。

屬事吟

鷦鷯分寄一枝巢，不信甘言便易驕。當力尚難超北海，去威何足動鴻毛。〔一〕願將情意分明謝，肯把恩光取次燒。天寵居多爲幸久，〔二〕春花無柰正夭饒。〔三〕

【校勘記】

〔一〕「去」，蔡本作「語」。　〔二〕「寵」，蔡本作「龍」。　〔三〕「正」，蔡本作「更」。

興亡吟

孫陳李三人，亡國體相似。雖然少有文，何復語英氣。

曹劉孫三人，興國體相似。雖然小有才，何復語命世。

文武吟

既爲文士，必有武備。文武之道，皆吾家事。

善惡吟

瞽鯀有子，堯舜無嗣。餘慶餘殃，何故如是。〔一〕堯舜無子，瞽鯀有嗣。福善禍淫，何故如此。〔二〕

【校勘記】

〔一〕「是」，叢刊本、四庫本作「此」。〔二〕「此」，徐本作「是」。

責己吟

不爲十分人，不責十分事。既爲十分人，須責十分是。

無疾吟

無疾之安，無災之福。舉天下人，不爲之足。

四者吟

財色名勢，爲世所親。〔一〕四者不動，然後見人。

【校勘記】

〔一〕「親」，徐本作「欽」。

恩怨吟

人之常情，無重于死。恩感人心，死猶有喜。怨結人心，死猶未已。恩怨之深，使人如此。

秦川吟二首〔一〕

當時馬上過秦川，倏忽于今二十年。因見夫君話家住，依稀記得舊風煙。

秦川兩漢帝王區，今日關東作帝都。多少聖賢存舊史，夕陽唯只見荒蕪。

【校勘記】

〔一〕詩題，徐本作「秦川吟」。

和絳守王仲賢郎中

爲郎得絳分銅虎，見寄詩中非浪誇。地土尚傳唐草木，山川猶起晉雲霞。園池富有吟供筆，風俗淳無訟到衙。太守下車民受賜，一心殊不負官家。

日月吟

月明星自稀，日出月亦微。既有少正卯，豈無孔仲尼？

水旱吟

堯水九年，湯旱七載。調燮之功，此時安在。九年洪水，七年大旱。非堯與湯，民死過半。

老去吟

使吾却十歲，亦可少集事。柰何天地間，日無再中理。吾今六十六，衰老何可擬。志逮力不逮，人共知之矣。

人事吟

索鍊無如事，難知莫若人。人情隨手別，事體到頭均。

不同吟

求者不得，辭者不能。二者相去，其遠幾程。

貪義吟

貪人之惡，其過莫大。貪人之善，是亦爲罪。

月新吟〔一〕

月新與月殘，形狀兩相似。柰何人之情，初見自歡喜。

【校勘記】

〔一〕詩題，徐本作「新月吟」。

和内鄉李師甫長官見寄

雖未似神仙，能逃暑與寒。何嘗無水竹，未始離林巒。道不同新學，才難動要官。時和歲豐後，亦自有餘歡。

歲豐時又康，爲邑在南陽。不廢吏民事，得遊雲水鄉。春輸桃李艷，風薦蕙蘭香。太守兼賢傑，且無奔走忙。

内鄉天春亭

内鄉有園名天春，春時桃李如綵雲。邑民攜觴連帟幕，〔一〕或歌或舞何歡欣。縣尹中間意自若，直謂前世無古人。牡丹百品紅與紫，華而不實徒紛紜。

【校勘記】

〔一〕「連帟幕」，叢刊本作「連弈慕」，四庫本作「連簾幕」。

内鄉兼隱亭

兼隱詫來書，於時特起予。民淳無訟聽，縣僻類山居。簿領杯盤外，官聯談笑餘。不知當此際，傍邑更誰如？

李少卿見招代往吟

洛城春去會仙才，春去還驚夏却來。微雨過牡丹初謝，輕風動芍藥纔開。緑楊陰裏擁罇罍，身健時康好放懷。

病酒吟

年年當此際，酒病掩柴扉。早是人多感，那堪春又歸。花殘蝴蝶亂，晝永子規啼。安得如前日，和風初扇微。

争讓吟

有讓豈無争，無沿安有革。争讓起于心，沿革生于跡。羲軒讓以道，堯舜讓以德。湯武争以功，桓文争以力。

謝王諫議見思吟

西齋前後半松筠，萬慮澄餘始見真。不謂天光明浄處，又能時憶舊交親。〔一〕

【校勘記】

〔一〕「親」，叢刊本、四庫本作「新」。

依韻和任司封見寄吟

王侯貴盛不勝言，圖畫中山得一觀。不似夫君行坐看，貪嵩又更愛天壇。

高樓百尺破危空，天淡雲閑看帝功。更上一層情未快，思君不見見喬嵩。

辭麾來此住雲霄，聞健登臨肯憚勞。紫陌事多都不見，家山圍遶是嵩高。

伊川擊壤集卷之十六

答人吟

筋骸得似當年否，氣血能如舊日無。却喜一般增長處，罇前談笑有工夫。

歲寒吟

松柏入冬看，方能見歲寒。聲須風裏聽，色更雪中觀。

依韻謝任司封寄逍遥枕吟

夫君惠我逍遥枕，恐我逍遥蹟未超。形體逍遥終未至，更和魂夢與逍遥。〔一〕

【校勘記】

〔一〕「和」，四庫本作「知」。

齊鄭吟

子産何嘗辭鄭小，晏嬰殊不願齊衰。二賢生若得其地，才業當爲王者師。

代書寄吕庫部

周王八駿走天涯，争似君家四寶奇。鄭洛風煙雖咫尺，恨無由往一觀之。

和王安之少卿雨後

焦勞九夏餘，一雨物皆蘇。蛙鼓不足聽，蚊雷未易驅。非唯仰歲給，抑亦了官輸。林下閑遊客，何妨儘自愉。

和和承制見贈

自度無能處世間，經冬經夏掩柴關。青雲路穩無功上，翠竹叢踈有分閑。猶許艷花酬素志，更將佳酒發酡顔。年來老態非常甚，長懼英才未易攀。

清和吟

清而不和，隘而多鄙。和而不清，慢而鮮禮。既和且清，義無定體。時行則行，時止則止。

異同吟〔一〕

俊快傷滅裂，厚重傷滯泥。趨造隨所尚，〔二〕不免有同異。異己必爲非，〔三〕同己必爲是。〔四〕是非戰異同，〔五〕終身不知義。

【校勘記】

〔一〕詩題，蔡本作「同異吟」。〔二〕「趨」，蔡本作「趍」。「尚」，蔡本作「向」。〔三〕「必」，蔡本作「以」。〔四〕「必」，蔡本作「以」。〔五〕「異同」，蔡本作「同異」。

即事吟

生求媚于人，死求媚于鬼。媚人幸富貴，媚鬼免罪戾。生死雖殊途，人鬼豈異理。哀哉過用心，妄意何時已。

觀物吟〔一〕

耳目聰明男子身，洪鈞賦與不爲貧。〔二〕因探月窟方知物，未躡天根豈識人。乾遇巽時觀月窟，地逢雷處看天根。天根月窟閑來往，三十六宮都是春。

淳厚之人少秀慧，秀慧之人少審諦。安得淳厚又秀慧，與之共話人間事。

【校勘記】

〔一〕詩題，蔡本作「男子吟」。〔二〕「鈞」，蔡本作「均」。「與」，蔡本作「予」。

對酒吟〔一〕

有酒時時泛一甌，年將七十待何求。齒衰婚嫁尚未了，歲旱田園纔薄收。〔二〕客去有時閑拱手，日高無事静梳頭。霜毛不止裝詩景，〔三〕更可因而入畫休。〔四〕

【校勘記】

〔一〕詩題，蔡本作「對酒」。〔二〕「旱」，蔡本作「暮」。〔三〕「霜」，蔡本作「一」。〔四〕「更」，蔡本作「又」。

秋懷吟〔一〕

一番春了未多時，〔二〕雲外征鴻又報歸。節物眼前來若此，歲華頭上去如斯。當年志意雖然在，今日筋骸寧不衰。〔三〕賴有寸心常自喜，〔四〕聖人難處却能知。〔五〕

【校勘記】

〔一〕蔡本此詩爲《秋懷》之第五首。〔二〕「多」，蔡本作「歸」。〔三〕「不」，蔡本作「未」。〔四〕「喜」，蔡本作「楽」。〔五〕「聖」，蔡本作「垩」。

和王安之少卿秋遊

春夏而來可作詩，雖然可作待何爲。履空濫得同顔子，歷物固難如惠施。風月情懷無柰處，雲山意思不勝時。一歌一詠聊酬唱，敢詎安之與静之。〔一〕張少卿湍，字静之。

【校勘記】

〔一〕「詎」，叢刊本、四庫本作「據」。

和王安之同赴府尹王宣徽洛社秋會

後房深出會親賓，〔一〕樂按新聲妙入神。紅燭盛時飜翠袖，畫橈停處占青蘋。早年金殿舊遊客，此日鳳池將去人。宅冠名都號蝸隱，邵堯夫敢作西鄰。

【校勘記】

〔一〕「賔」，徐本作「朋」。

負河陽河清濟源三處之約以詩愧謝之韓持國、傅欽之、杜天經

秋霖積久泥正滑，念念何日天開晴。親朋延望固已甚，衰軀怯寒難遠行。一程相去雖不遠，兩次講行終未成。二事交戰乎胷中，隱几愁坐無由平。

依韻和王安之少卿秋約吟

升沉惡足論，事體到頭均。一片蓬蒿地，千年雲水身。收成時正好，寒暖氣初勻。自此過從樂，諸公莫厭頻。

長子伯温失解以詩示之

儒家所尚者，行義與文章。〔一〕用捨何嘗定，枯榮未易量。干求須黽勉，〔二〕得失是尋常。外物不可必，其言味甚長。

【校勘記】

〔一〕「義」，叢刊本、四庫本作「善」。　〔二〕「須」，叢刊本、四庫本作「便」。

歲暮自貽吟〔一〕

天道無長春，〔二〕地道無常珍。須稟中和氣，方生粹美人。良田多黍稌，薄地足荆榛。檮櫟蓬蒿類，正能充惡薪。〔三〕既爲萬物靈，須有萬物粹。〔四〕既無萬物靈，徒分萬物類。欲出至珍言，須有至珍意。欲彰至美名，須作至美事。〔五〕濟時爲美事，悟主爲珍意。〔六〕柰何此二者，我獨無一與。〔七〕

【校勘記】

〔一〕詩題，蔡本作「天道吟」，下有「五言」二小字。　〔二〕「長」，蔡本作「常」。　〔三〕「正」，蔡本、叢刊本、徐本、四庫本作「止」。　〔四〕「有」，蔡本作「分」。　〔五〕「作」，蔡本作「有」。　〔六〕「意」，蔡本作「言」。　〔七〕「與」，蔡本作「焉」。

君子飲酒吟〔一〕

父慈子孝，兄友弟恭。家給人足，時和歲豐。筋骸康健，里閈過從。〔二〕君子飲酒，其樂無窮。

【校勘記】

〔一〕詩題，宋本作「飲酒」。〔二〕「里閈過從」，宋本作「里閭過從」，叢刊本、四庫本作「里閈樂從」。

讀張子房傳吟〔一〕

漢室開基第一功，善哉能始又能終。直疑後日赤松子，便是當年黄石公。用捨隨時無分限，〔二〕行藏在我有窮通。古人已死不復見，痛惜今人少此風。

【校勘記】

〔一〕詩題，蔡本作「讀留侯傳吟」。〔二〕「分限」，蔡本作「定分」。蔡本「分」下有「一作躰」三小字。

觀物吟二首熙寧九年〔一〕

柳性至柔軟，〔二〕一年長丈餘。雖然易得榮，柰何易得枯。

百穀仰膏雨，極枯變極榮。安得此甘澤，聊且振羣生。

【校勘記】

〔一〕詩題，蔡本作「觀物」，四庫本無「二首」二字。〔二〕「軟」，蔡本作「弱」。

治亂吟五首

亂多于治，害多于利。悲多于喜，惡多于美。一陰一陽，奈何如此。

中原一片閑田地，曾生三皇與五帝。〔一〕三皇五帝子孫多，或賤或貧或富貴。

精義入神以致用，利用出入之謂神。神無方而易無體，藏諸用而顯諸仁。

火能勝水，火不勝水，其火遂滅。水能從火，水不從火，其水不熱。夫能制妻，夫不制妻，其妻遂絶。妻能從夫，妻不從夫，其妻必孽。

天能生而不能養，地能養而不能生。火能烹而不能沃，水能沃而不能烹。天地尚猶無全功，水火何由有全能。得用二者交相養，反爲二者交相凌。

【校勘記】

〔一〕「生」，叢刊本、四庫本作「示」。

三十年吟〔一〕

比三十年前，今日爲艱難。比三十年後，〔二〕今日爲安閑。治久人思亂，〔三〕亂久人思安。安得千年鶴，乘去遊仙山。

【校勘記】

〔一〕詩題，蔡本作「思患吟」。〔二〕「比」，蔡本作「此」。〔三〕「思亂」，蔡本作「忘患」。

有病吟

身之有病，當求藥醫。藥之非良，其身必虧。國之有病，當求人醫。人之非良，其國必危。事之未急，當速改爲。事之既急，雖悔難追。

對花吟

今年花似昔年開，今日人閑昔日懷。煩惱全無半掐子，喜歡常有百來車。〔一〕光陰已過意未過，齒髮雖頽志未頽。人問堯夫曾出否，答云方自洞天來。〔二〕

【校勘記】

〔一〕「來車」，叢刊本、徐本、四庫本作「車來」。〔二〕「來」，叢刊本、徐本、四庫本作「回」。

自述

春暖秋涼人半醉，安車麈尾閑從事。雖無大德及生靈，且與太平裝景致。

去事吟〔一〕

君子去事，民有餘祥。小人去事，民有餘殃。

【校勘記】

〔一〕詩題，宋本作「去事」。

策杖吟〔一〕

策杖南園或北園，春來尤足慰衰年。〔二〕初晴天氣上元後，〔三〕乍暖風光寒食前。〔四〕池岸微微粧嫩草，〔五〕林梢薄薄罩輕煙。東君此際情何厚，非象之中正造妍。

【校勘記】

〔一〕詩題，蔡本作「策杖」。〔二〕「足慰衰年」，蔡本作「喜慰衰顏」。〔三〕「初」，蔡本作「功」。

〔四〕「風光」，蔡本作「春光」。〔五〕「粧」，叢刊本、徐本、四庫本作「裝」。

不願吟

不願朝廷命官職，不願朝廷賜粟帛。惟願朝廷省徭役，庶幾天下少安息。

量力吟

量力動時無悔吝，隨宜樂處省營爲。須求騏驥方乘馬，亦恐終身無馬騎。

戲答友人吟

邵堯夫者是何人，歲歲春秋來謁君。車小半年行一轉，余春秋一出。非如駿馬走香塵。

偶得吟

皋陶遇舜，伊尹逢湯。武丁得傅，文王獲姜。齊知管仲，漢識張良。諸葛開蜀，玄齡啓唐。

觀事吟

一歲之事勤在春，一日之事勤在晨。一生之事勤在少，一端之事勤在新。〔一〕

【校勘記】

〔一〕四「勤」字，叢刊本、徐本、四庫本皆作「慎」。

觀物吟

利輕則義重，利重則義輕。利不能勝義，自然多至誠。義不能勝利，自然多忿争。

金玉吟

聖在人中出，心從行上修。金於沙裏得，玉向石中求。

風霜吟

見風而靡者草也，見霜而殞者亦草也。見風而鳴者松也，見霜而凌者亦松也。見風而靡，見霜而傷。焉能爲有，焉能爲亡？

上下吟〔一〕

自下觀上，無限富貴。自上觀下，無限賤貧。〔二〕自心觀物，何物能一。自物觀心，何心不均。

【校勘記】

〔一〕詩題，宋本作「觀物」。

〔二〕「賤貧」，宋本作「貧賤」。

吾廬吟

吾廬雖小粗容身，且免輕爲僦舍人。大有世人無屋住，向人簷下索温存。

瀍河上觀杏花回

瀍河東看杏花開，花外天津暮却回。更把杏花頭上插，圖人知道看花來。

娶妻吟

人之娶妻，容德威儀。儻或生子，不臯則夔。

好事吟

好事固難將力取，賢人須是著心求。浮生日月無多子，時過千休復萬休。

不再吟〔一〕

春無再至，花無再開。人無再少，時無再來。

【校勘記】

〔一〕詩題，宋本作「不再」。

毛頭吟〔一〕

誰剪毛頭謝陸沉，生靈肌骨不勝侵。人間自有回天力，林下空多憂國心。日過中時憂未艾，月幾望處患仍深。軍中儒服吾家事，諸葛武侯何處尋。

憂國心深爲愛君，愛君須更重於身。口中講得未必是，手裏做成方始真。〔二〕妄意動時難照物，俗情私處莫知人。厚誣天下凶之甚，多少英才在下塵。

【校勘記】

〔一〕詩題，蔡本作「毛頭二吟」。〔二〕「成」，蔡本作「來」。「始」，蔡本作「是」。

六得吟〔一〕

眼能識得，耳能聽得。口能道得，手能做得。身能行得，心能放得。六者盡與，天地同德。〔二〕飲食起居，出處語默。不止省心，又更省力。

【校勘記】

〔一〕詩題，宋本作「六得」。〔二〕「六者盡與，天地同德」，宋本、叢刊本、徐本、四庫本作「六者盡能，與天同德」。

盛衰吟

勢盛舉頭方偃蹇，氣衰旋踵却嗟吁。厚誣天下稱賢者，天下何嘗可厚誣。

富貴吟

大舜與人同好惡，以人從欲得安乎。能知富貴尋常事，富貴能驕非丈夫。

無妄吟

耳無妄聽，目無妄顧，口無妄言，心無妄慮。四者不妄，聖賢之具。予何人哉，敢不希慕？

善惡吟〔一〕

人善不趨，己惡不除。謂之知道，不亦難乎？

【校勘記】

〔一〕詩題，宋本作「善惡」。

春日園中吟

春暖遊園迺是常，域中殊不異仙鄉。竹間日日同真侶，水畔時時泛羽觴。雨後鳥聲移樹囀，風前花氣觸人香。林間富貴一般樂，更縱其來更不妨。

解字吟〔一〕

人言爲信，日月爲明。止戈爲武，羔美爲羹。

【校勘記】

〔一〕詩題，宋本作「解字」。

感事吟〔一〕

芝蘭種不榮，荊棘剪不去。二者無柰何，徘徊歲將暮。

【校勘記】

〔一〕詩題，宋本作「感事」。

窮達吟

窮不能卷，達不能舒。謂之知道，不亦難乎？

宇宙吟

宇宙在乎手，萬物在乎身。緜緜而若存，用之豈有勤。〔一〕

【校勘記】

〔一〕「豈」，徐本作「惟」。

久旱吟

久旱望雨，久雨思晴。天之常道，人之常情。

成性吟

成性存存，用志不分。又何患乎，不到古人。

路徑吟〔一〕

面前路徑無令窄，路徑窄時無過客。〔二〕過客無時路徑荒，人間大率多荆棘。

【校勘記】

〔一〕詩題，宋本作「路徑」。〔二〕「路」，宋本作「略」，疑誤。

大人吟

天道遠，人道邇。盡人情，合天理。

先天吟示邢和叔〔一〕

一片先天號太虛，〔二〕當其無事見真腴。胷中美物肯自衒，天下英才致厚誣。〔三〕理順是言皆可放，義安何地不能居。直從宇泰收功後，〔四〕始信人間有丈夫。〔五〕

【校勘記】

〔一〕詩題，蔡本作「先天吟」，下有「二首」二小字。〔二〕「先天」，蔡本作「天心」。〔三〕「致」，蔡本、叢刊本、徐本、四庫本作「敢」。〔四〕「宇泰」，蔡本同，四庫本作「太宇」。〔五〕「間」，蔡本作「聞」。

感事吟〔一〕

爲善大宜量力分，知機都在近人情。人情盡後疑難入，〔二〕力分量時事自平。〔三〕理順面前皆道路，義乖門外是榛荆。〔四〕何人肯認此言語，〔五〕此語分明人不聽。

【校勘記】

〔一〕詩題，蔡本作「量力吟」。〔二〕「後」，蔡本作「處」。〔三〕「力分」，蔡本作「分九」。〔四〕「榛荆」，蔡本作「蠻荆」，四庫本作「荆榛」。〔五〕「認」，蔡本作「聽」。

浩歌吟〔一〕

何者謂知機，〔二〕惟神能造微。行藏全在我，用捨繫於時。每恨知人晚，常憂見事遲。與天爲一體，然後識宣尼。

【校勘記】

〔一〕詩題，蔡本作「浩歌」。〔二〕「機」，蔡本同，叢刊本、四庫本作「幾」。

利名吟

利名都不到胷中，由此胷中氣自沖。既愛且憎皆是病，靈臺何日得從容？

凭高吟

誰將酷烈千般毒，變作恩光一派深。惆悵先民不復見，更凭高處儘沈吟。

意盡吟

意盡於物，言盡于誠。矯情鎮物，非我所能。

又浩歌吟二首〔一〕

憂愁與喜歡，相去一毛間。〔二〕治亂不同體，山川無兩般。笛聲方遠聽，草木正遥看。〔三〕

何處危樓上，斜陽人凭欄。〔四〕

嘉善既難投，先生宜罷休。履霜猶可救，〔五〕滅木更何求。〔六〕獸困重來日，鴻飛遠去秋。

民飢須是食，食外盡悠悠。

【校勘記】

〔一〕詩題，叢刊本、徐本作「浩歌吟」，四庫本作「浩歌吟二首」。蔡本第一首詩題作「憑欄吟」，第二首詩題作「嘉善吟」。　〔二〕「毛」，蔡本作「毫」。　〔三〕「草木正遥看」，蔡本作「草色正遥觀」。　〔四〕此下，徐本有詩題「其二」二字。　〔五〕「救」，蔡本作「辨」。　〔六〕「更」，蔡本作「又」。

温良吟

君子温良當責備，小人情僞又須知。〔一〕因驚世上機關惡，遂覺壺中日月遲。〔二〕

【校勘記】

〔一〕「知」，四庫本作「防」。〔二〕「遲」，四庫本作「長」。

君子吟

君子與義，小人與利。與義日興，與利日廢。君子尚德，小人尚力。尚德樹恩，尚力樹敵。君子作福，小人作威。作福福至，作威禍隨。君子樂善，小人樂惡。樂惡惡至，樂善善歸。君子好譽，小人好毁。好毁人怒，好譽人喜。君子思興，小人思壞。思興召祥，思壞召恠。君子好與，小人好求。好與多喜，好求多憂。君子好生，小人好殺。好生道行，好殺道絶。

先天吟

先天天弗違，後天奉天時。弗違無時虧，奉時有時疲。

爽口吟

爽口之物少茹，爽心之行少慮。爽意之言少語，爽身之事少做。

至誠吟〔一〕

不多求故得，不離學故明。〔二〕欲得心常明，無過用至誠。〔三〕

【校勘記】

〔一〕詩題，宋本作「致誠」。〔二〕「離」，宋本同，叢刊本、徐本、四庫本作「雜」。〔三〕此句，宋本作「無過用致誠，必得心長明」。

書事吟

它山有石能攻玉，玉未全成老已催。有限光陰隨事去，無涯衰朽逐人來。陶鎔情性詩千首，燮理筋骸酒一杯。六十六年無事日，心源方始似昭回。

答寧秀才求詩吟〔一〕

林下閑言語，何須要許多。幾乎三百首，足以備吟哦。

【校勘記】

〔一〕四庫本此詩在本卷内《三十年吟》與《有病吟》之間。

詩酒吟〔一〕

聖人難處口能宣，何止千年與萬年。心静始能知白日，〔二〕眼明方會看青天。鬼神情狀將詩寫，造化工夫用酒傳。〔三〕傳寫不干詩酒事，〔四〕若無詩酒又難言。

【校勘記】

〔一〕詩題，蔡本作「詩酒」。〔二〕「始」，蔡本作「方」。〔三〕「工」，蔡本同，叢刊本、四庫本作「功」。〔四〕「傳」，蔡本作「人」。

白頭吟

何人頭不白，我白不因愁。只被人多欲，其如我不憂。不憂緣不動，多欲爲多求。年老人常事，如何不白頭。

知音吟〔一〕

仲尼始可言無意，孟子方能不動心。莫向山中尋白玉，〔二〕但於身上覓黄金。山中白玉有

時得，身上黄金無處尋。我輩何人敢稱會，安知世上無知音。〔三〕

【校勘記】

〔一〕叢刊本、徐本、四庫本此詩在本卷内《觀事吟》與《觀物吟》之間。　〔二〕「尋」，蔡本作「收」。　〔三〕「無」，蔡本作「少」。

伊川擊壤集卷之十七

人物吟

人破須至護，物破須至補。補護既已多，卒歸于敗露。人有人之情，物有物之理。人物類不同，情理安有異。

偶得吟

林間無事可裝懷，晝睡功勞酒一杯。殘夢不能全省記，半隨風雨過東街。

觀物吟

一氣纔分，兩儀已備。圓者爲天，方者爲地。變化生成，動植類起。人在其間，最靈最貴。

戰國吟〔一〕

七國之時尚戰争，威强知詐一齊行。〔二〕廉頗白起善用兵，蘇秦張儀善縱横。朝爲布衣暮公卿，〔三〕昨日鼎食今鼎烹。范睢謝相何心情，蔡澤入秦何依憑。〔四〕始皇奮袂天下寧，二世乞爲氓不能。〔五〕三千賓客憤未平，百二山河漢已興。〔六〕所存舊物唯空名，〔七〕殘陽衰草山川形。都似一場春夢過，自餘惡足語威獰。

【校勘記】

〔一〕詩題，蔡本作「戰國」。〔二〕「知」，蔡本作「智」。〔三〕「公」，蔡本同，徐本作「爲」。

〔四〕「澤」，蔡本作「滓」，恐非。〔五〕「氓」，蔡本作「民」。〔六〕「漢已興」，蔡本作「已所興」。

〔七〕「所存舊物」，蔡本作「存舊物新」。

感事吟

切玉如泥劍不虛，誰知世上有昆吾。能言未是真男子，善處方名大丈夫。士老林泉誠所願，民填溝壑諒何辜。然非我事我心惻，珍重羲皇一卷書。

又五首〔一〕

萬物有精英，人爲萬物靈。必先詳事體，然後論人情。氣靜形安樂，心閑身太平。伊耆治天下，不出此名生。

用藥似交兵，兵交豈有寧。求安安未得，去病病還生。湯劑未全補，甘肥又却争。何由能壽考，瑞應老人星。

萬物道爲樞，其來類自殊。性雖無厚薄，理亦有精粗。未若人爲盛，還知物有餘。我生于此日，幸免作庸夫。

曾聞不若見，曾見不如經。既用心經過，〔二〕何煩口説行。改詩知化筆，醒酒識和羹。料得人間事，無由出此情。

前有億萬年，後有億萬世。中間有壽人，未過百來歲。出口無善言，行身無善事。徒有人之身，殊無人之貴。

【校勘記】

〔一〕四庫本無此三字詩題。

〔二〕「心」，叢刊本、徐本、四庫本作「身」。

履道吟〔一〕

何代無人振德輝，衆賢今日會西畿。太平文物風流事，更勝元和全盛時。

【校勘記】

〔一〕詩題，叢刊本、徐本、四庫本作「履道留題吟」。

見義吟

見善必爲，不見則已。量力而動，力盡而止。

觀物吟

如鸞如鳳，意思安詳。所生之人，匪忠則良。如鼠如雀，意思驚躩。所生之人，不凶則惡。

王公吟〔一〕

王公大人，天下具瞻。輕流傳習，〔二〕重損威嚴。此尚未了，彼安能兼。〔三〕非爲失道，〔四〕又復起貪。頂戴儒冠，心存象教。本圖心寧，復使心鬧。〔五〕譬如生子，當求克肖。〔六〕不教義方，教之竊盜。〔七〕

【校勘記】

〔一〕「吟」下，蔡本有「四言」二小字。 〔二〕「傳」，四庫本作「薄」。 〔三〕「兼」，蔡本作「廉」。

〔四〕「爲」，蔡本作「惟」，叢刊本、徐本、四庫本作「唯」。 〔五〕「使」，蔡本作「起」。 〔六〕「當」，蔡本作「常」。 〔七〕「竊」，蔡本作「切」。

自詠吟〔一〕

老去無成齒髮衰，年將七十待何爲。居常無病不服藥，間或有懷猶作詩。〔二〕引水更憐魚並至，〔三〕折花仍喜蝶相隨。平生積學無他効，只得胷中惡坦夷。〔四〕

【校勘記】

〔一〕詩題，蔡本作「自詠」。　〔二〕「猶」，蔡本作「時」。　〔三〕「至」，蔡本作「逐」。　〔四〕「惡」，蔡本同，四庫本作「凭」。

觀物吟

畫工狀物，經月經年。軒鑑照物，立寫于前。鑑之爲明，猶或未精。工出人手，平與不平。天下之平，莫若于水。止能照表，不能照裏。表裏洞照，其唯聖人。察言觀行，罔或不真。盡物之性，去己之情。有德之人，而必有言。能言之人，未必能行。

能寐吟

大驚不寐，大憂不寐。大傷不寐，大病不寐。大喜不寐，大安能寐。何故不寐，湛於有累。何故能寐，行於無事。

鷓鴣吟二首〔一〕

人間重者是黄金，誰道黄金無處尋。不著閑辭文雅意，〔二〕更將何事悦良心。〔三〕遠山四面供清潤，幽鳥千般送好音。無限春光都去盡，〔四〕請君聽唱鷓鴣吟。

翠竹叢深啼鷓鴣，鷓鴣聲更勝提壺。江南江北常相逐，春後春前多自呼。遷客銷魂驚夢寐，征人零淚濕衣裾。愁中聞處腸先斷，似此傷懷禁得無？

【校勘記】

〔一〕詩題，蔡本作「鷓鴣吟」。蔡本此詩僅收第一首。　〔二〕「著」，蔡本作「着」。　〔三〕「悦」，蔡本作「發」。　〔四〕「無限春光都去盡」，蔡本作「一片春歸留不住」。

先天吟

若問先天一字無，後天方要著工夫。〔一〕拔山蓋世稱才力，到此分毫强得乎？一作無。〔二〕

【校勘記】

〔一〕「工」，叢刊本、四庫本作「功」。　〔二〕小注「一作無」三字，叢刊本、徐本無。

自樂吟

麟鳳何嘗不在郊，〔一〕太平消得苦譊譊。纔聞善事心先喜，每見奇書手自抄。一瓦清泉來竹下，兩竿紅日上松梢。窩中睡起窩前坐，安得閑辭解客嘲。

【校勘記】

〔一〕「嘗」，蔡本作「時」。

民情吟

民情既樂，和氣爲祥。民情既憂，戾氣爲殃。祥爲雨露，天下豐穰。殃爲水旱，天下凶荒。

牡丹吟

牡丹花品冠羣芳，況是其間更有王。四色變而成百色，百般顔色百般香。

代書吟

金須百鍊始知精，水鑑何如人鑑明。不棄既能存故舊，久要焉敢忘平生。經綸事體當言用，道義襟懷只論誠。草木面前何止萬，歲寒松桂獨青青。

病淺吟

病淺之時人不疑，病深之後藥難醫。勞謙所以有終吉，〔一〕迷復何嘗無大虧。物我中間難著髮，〔二〕天人相吉豈容絲。〔三〕能知古樂猶今樂，省了譊譊多少辭。

【校勘記】

〔一〕「吉」，蔡本作「言」。〔二〕「著」，蔡本作「着」。〔三〕「天人相吉」，蔡本作「天人之際」，叢刊本、徐本、四庫本作「天人相去」。

借出詩

詩狂書更逸，近歲不勝多。大半落天下，未還安樂窩。

無苦吟

平生無苦吟，書翰不求深。行筆因調性，成詩爲寫心。〔一〕詩揚心造化，筆發性園林。所樂樂吾樂，樂而安有淫。

【校勘記】

〔一〕「寫」，蔡本作「治」。

萬物吟〔一〕

萬物備于身，乾坤不負人。時光嗟荏苒，事體落因循。〔二〕既感青春老，還驚白髮新。胷中若無有，未免作埃塵。〔三〕一云走埃塵。

【校勘記】

〔一〕詩題，蔡本作「人事吟」。〔二〕「落」，蔡本作「戒」。〔三〕「作」，蔡本作「出」。

月窟吟

月窟與天根，中間來往頻。所居皆綽綽，何往不中申。〔一〕投足自有定，滿懷都是春。若無詩與酒，又似太虧人。

【校勘記】

〔一〕「申申」，叢刊本、徐本、四庫本作「伸伸」。

大象吟

大象自中虚，中虚真不渝。施爲心事業，應對口工夫。〔一〕伎量千般有，〔二〕憂愁一點無。人能知此理，〔三〕勝讀五車書。

【校勘記】

〔一〕「工」，蔡本周，叢刊本、四庫本作「功」。〔二〕「伎量」，叢刊本作「忮倆」，蔡本、徐本、四庫本作「伎倆」。

〔三〕「理」，蔡本作「意」。

百病吟

百病起於情，情輕病亦輕。可能無系累，却是有依凴。秋月千山静，春華萬木榮。若論真事業，人力莫經營。

小車吟

春暖未苦熱，秋涼未甚寒。小車隨意出，所到即成歡。

擊壤吟

擊壤三千首，行窩十二家。〔一〕樂天爲事業，養志是生涯。出入將如意，過從用小車。人能知此樂，何必待紛華。

【校勘記】

〔一〕「十二」，叢刊本、徐本、四庫本作「二十」。

留題水北楊郎中園亭二首

買宅從來重見山，見山今直幾何錢。奇峯環列遠隔水，喬木俯臨微帶煙。行路客疑經洞府，〔一〕凭欄人恐是神仙。長憂暗入丹青手，寫向鮫綃天下傳。

洛下誰家不買居，買居還得似君無。風光一片非塵世，景物四時真畫圖。〔二〕後圃花奇真閬苑，〔三〕前軒峯好類蓬壺。人生能向此中老，亦是世間豪丈夫。

【校勘記】

〔一〕「經」，叢刊本、徐本、四庫本作「驚」。〔二〕「真」，叢刊本、徐本、四庫本作「成」。〔三〕「真」，叢刊本、徐本、四庫本作「同」。

楊郎中新創高居二首和堯夫先生韻〔一〕　　呂公著

高齋曠望極三川，却顧卑居不直錢。二室峰巒凝晝碧，萬家樓閣帶輕煙。春濃繚繞環遊騎，地勝依稀寓列仙。唱發幽人丞相和，當時紙貴洛城傳。韓相公同和。

碧瓦朱門將相居，見嵩臨洛百家無。登高此地還能賦，會老他年定入圖。花發四時排步障，鳥鳴終日勸提壺。何人遇賞偏留賞，退士清風激鄙夫。

【校勘記】

〔一〕此詩底本原無，據叢刊本、徐本、四庫本補。

秋盡吟〔一〕

數日之間秋遂盡，百思無以慰蹉跎。園林正好愛不徹，草木已黄情柰何。雖老筋骸行尚健，〔二〕儘高臺榭望仍多。終朝把酒未成醉，又欲臨風一浩歌。〔三〕

【校勘記】

〔一〕在蔡本中，本詩爲《秋懷吟》之第六首。　〔二〕「筋骸」，蔡本作「情懷」。　〔三〕「又欲」，蔡本作「更欲」。

不肖吟

不肖之人，志在遊蕩。身在屋下，心在屋上。不肖之子，志在浮誇。身尚不保，焉能保家？

君子吟〔一〕

君子之去，亦如其來。〔二〕小人之來，亦如其去。既有恩情，且無怨怒。既有憎嫌，且無思慕。〔三〕

【校勘記】

〔一〕詩題，宋本作「君子」。〔二〕「亦」，宋本作「一」。〔三〕「思」，宋本作「怨」。

小人吟

小人無節，棄本逐末。喜思其與，怒思其奪。

把手吟〔一〕

富貴把手，貧賤掣肘。貧賤把手，富貴掣肘。金石之交，死且不朽。〔二〕市井之交，自難長久。

【校勘記】

〔一〕詩題，宋本作「把手」。〔二〕「且」，宋本作「生」。

大易吟

天地定位，否泰反類。山澤通氣，損咸見義。雷風相薄，恒益起意。水火相射，既濟未濟。四象相交，成十六事。八卦相盪，爲六十四。

罷吟吟

久欲罷吟詩，還驚意忽奇。坐中知物體，言外到天機。得句不勝易，成篇豈忍遺。安知千萬載，後世無宣尼？

黄金吟

身上有黄金，人無走陸沈。求時未必見，得處不因尋。辯捷非通物，〔一〕涵容是了心。〔二〕會彈無絃琴，〔三〕然後能知音。

【校勘記】

〔一〕「辯捷」，蔡本作「辯給」，叢刊本、四庫本作「辨捷」。〔二〕「是」，蔡本作「始」。〔三〕「絃」，蔡本作「弦」。

鶗鴂吟

事體一番新，纔新又却陳。新陳非利物，〔一〕義理不由人。歲月休驚晚，鶯花續報春。餘鏄幸無恙，宜唱鶗鴂頻。

【校勘記】

〔一〕「利」，徐本作「別」。

閑中吟〔一〕

閑中氣味長，長處是仙鄉。富有林泉樂，清無市井忙。爛遊千聖奧，醉擁萬花香。莫作傷心事，傷心易斷腸。

閑中氣味真，真處是天民。富有林泉樂，清無市井塵。爛遊千聖奧，醉擁萬花春。莫作傷心事，傷心愁殺人。

閑中氣味全，全處是天仙。富有林泉樂，清無市井喧。〔二〕爛觀千聖奧，醉擁萬花妍。莫作傷心事，傷心事好旋。

【校勘記】

〔一〕詩題「吟」下，蔡本有「三首」二小字。　〔二〕「喧」，蔡本作「諠」。

蒼蒼吟

人人共戴天，我戴豈徒然。須識天人理，方知造化權。功名歸酒盞，器業入詩篇。料得閑中樂，無如我得全。〔一〕

【校勘記】

〔一〕「全」，叢刊本、徐本、四庫本作「閑」。

團團吟

如鑑又如鈎，回旋莫記秋。難窮天上理，易白世間頭。團處人人喜，虧時物物愁。有生無不喘，何必待吴牛。

代書吟

見别一年餘，歲殘相憶初。重煩君款密，遠寄我空疎。衰朽百端有，憂愁一點無。閑吟四十字，聊用答來書。

失詩吟〔一〕

胷中風雨吼，筆下龍蛇走。前後落人間，三千有餘首。

【校勘記】

〔一〕詩題，宋本作「失詩」。

不去吟〔一〕

行年六十六，不去兩般事。〔二〕用詩贈真宰，以酒勸象帝。面未發酡顔，心先動和氣。俯仰天地間，自知無所愧。

【校勘記】

〔一〕詩題，蔡本作「未去吟」。〔二〕「不」，蔡本作「未」。

經世吟

羲軒堯舜，湯武桓文。皇王帝伯，父子君臣。四者之道，理限于秦。降及兩漢，又歷三分。東西俶擾，南北紛紜。五胡〔一〕十姓，天紀幾焚。非唐不濟，非宋不存。千世萬世，中原有人。

【校勘記】

〔一〕「五胡」，四庫本作「攘攘」。

知人吟

君子知人出于知，小人知人出于私。出于知，則同乎理者謂之是，異乎理者謂之非。出于私，則同乎己者謂之是，異乎己者謂之非。

言行吟

能言未是難，行得始爲艱。須是真男子，方能無厚顔。

光陰吟

三百六旬有六日，光陰過眼如奔輪。周而復始未嘗息，安得四時長似春。

舉酒吟

閑與賓朋飲酒杯，杯中長似有花開。清談纔向口中出，和氣已從心上來。物外意非由象得，坐間春不自天回。施之天下能如此，天下何憂不放懷。

酒少吟

此物近來貧，時時得數斤。如荼辜老朽，似藥負交親。未飲先憂盡，雖斟不敢頻。何由同九日，長有白衣人。

觀棊絶句

未去交争意，難忘黑白心。一條無敵路，徹了没人尋。
未去交争意，難忘黑白情。一條平穩路，痛惜没人行。

老去吟

老去無成鬢已斑，縱心年幾合清閑。如何得意雲山外，更欲遊心詩酒間。大字寫詩酬素志，小杯斟酒發酡顔。春雷驚起千年蟄，筆下蒼龍自往還。

亂石吟〔一〕

天津多亂石，石裏閑尋覓。全玉固難求，〔二〕似玉亦難得。徒有碌碌青，亦有磷磷白。柰無清越聲，亦無温潤色。〔三〕

【校勘記】

〔一〕詩題，蔡本作「求玉吟」。　〔二〕「全」，蔡本作「真」。　〔三〕「亦」，蔡本、叢刊本、徐本、四庫本作「更」。

未有吟

未有一分功，先立十分敵。所得無分毫，所喪無紀極。
未有一分讓，先有十分争。所喪者實事，所得者虚名。

誡子吟

至寶明珠非有纇，全珍良玉自無瑕。爲珠爲玉尚如此，何况爲人多過差。
有過不能改，知賢不肯親。雖生人世上，未得謂之人。〔一〕
周孔不足法，軻雄不足師。還同棄常饍，除是適蠻夷。〔二〕

【校勘記】

〔一〕此下，徐本有篇題「又」字。　〔二〕「蠻夷」，《四庫全書》本作「海涯」。

乾坤吟〔一〕

意亦心所至，言須耳所聞。誰云天地外，别有好乾坤。

道不遠于人，乾坤只在身。誰能天地外，別去覓乾坤。

【校勘記】

〔一〕此詩詩題「乾坤吟」三字及詩文「意亦心所至」至「別有好乾坤」四句二十字，原脱，據叢刊本、徐本、四庫本補。

胡越吟〔一〕

胡越同心日，夫妻反目時。人間無大小，得失在須斯。

【校勘記】

〔一〕四庫本「胡」作「秦」。

善處吟

善處憂難作，能持事自修。腹心無外物，蠻貊亦懷柔。

百年吟

百年嗟荏苒，千里痛蕭條。忍逐東流水，無期任所飄。

歲杪吟〔一〕

一日去一日，一年添一年。饒教成大器，其那已華顛。〔二〕志意雖依舊，聰明不及前。若非心有得，亦恐學神仙。

【校勘記】

〔一〕詩題，蔡本作「歲抄吟」，恐非。　〔二〕「那」，蔡本作「柰」。

觀棊小吟〔一〕

誰言博奕尚優游，利害相磨未始休。〔二〕初得手時宜顧望，〔三〕合行權處莫遲留。二年乃正三監罪，七日能尸兩觀囚。天下太平無一事，南陽高卧更何求。

【校勘記】

〔一〕詩題，蔡本作「觀棊吟」。　〔二〕「磨」，蔡本作「摩」。「未始休」，蔡本作「卒未休」。「休」下，蔡本有「一作未始休」五小字。　〔三〕「顧」，蔡本同，叢刊本、四庫本作「願」。

又借出詩

安樂窩中樂，媧皇笙萬攢。自從閑借出，客到遂無歡。

和王規甫司勳見贈

何止千年與萬年，歲寒松桂獨依然。若無楊子天人學，〔一〕安有莊生内外篇。已約月陂尋白石，更期金谷弄清泉。誰云影論紛紜甚，一任山巔復起巔。

【校勘記】

〔一〕「楊」，叢刊本、四庫本作「揚」。

答友人勸酒吟〔一〕

人人誰不願封侯，及至封侯未肯休。大得却須防大失，多憂元只爲多求。規模焉敢比才士，度量自知非飲流。少日何由能强此，况今年老雪堆頭。

【校勘記】

〔一〕詩題，蔡本作「答友人勸酒」。

伊川擊壤集卷之十八

冬至吟

何者謂之幾，天根理極微。今年初盡處，明日未來時。此際易得意，其間難下辭。人能知此意，何事不能知？

杯盤吟

林下杯盤大寂寥，寂寥長願似今朝。君看擊鼓撞鐘者，勢去賔朋不易招。

歡喜吟

揚善不揚惡，記恩不記仇。人人自歡喜，何患少交遊。

善人吟〔一〕

良如金玉，重如丘山。儀如鸞鳳，氣如芝蘭。

【校勘記】

〔一〕詩題，宋本作「善人」。

議論吟

事苟非，自有異。事苟是，安有二。

推誠吟

天雖不語人能語，心可欺時天可欺。天人相去不相遠，只在人心人不知。人心先天天弗違，人身後天奉天時。身心相去不相遠，只在人誠人不推。〔一〕

【校勘記】

〔一〕「人不推」，蔡本作「不在推」。

堯夫吟〔一〕

堯夫吟，〔二〕天下拙。來無時，去無節。如山川，行不徹。如江河，流不竭。如芝蘭，香不歇。如簫韶，聲不絕。也有花，也有雪。也有風，也有月。又溫柔，又峻烈。又風流，又激切。

【校勘記】

〔一〕詩題「吟」下，蔡本有「三言」二小字。〔二〕「吟」，蔡本作「言」。

意外吟

事出意外，人難智求。自非妄動，惡用多愁。既有誤中，寧無暗投。能知此説，天下何憂？

當斷吟〔一〕

斷以決疑，疑不可緩。〔二〕當斷不斷，反受其亂。

【校勘記】

〔一〕詩題，宋本作「當斷」。〔二〕「疑」，宋本作「斷」。

憂夢吟〔一〕

至人無夢，聖人無憂。夢爲多想，憂爲多求。憂既不作，〔二〕夢來何由。能知此説，此外何修。〔三〕

【校勘記】

〔一〕詩題，宋本作「憂夢」。〔二〕「既」，宋本作「利」。〔三〕「修」，宋本作「求」。

人情吟

人達人情，無寡無廣。天下之事，如指諸掌。

人事吟

人無取次，事莫因循。因循失事，取次壞人。人無率爾，事貴丁寧。率爾近薄，丁寧近誠。

師資吟

未知道義，尋人爲師。既知道義，人來爲資。尋師未易，爲資實難。指南嚮道，非去非還。
師人則耻，人師則喜。喜耻皆非，我獨無是。好爲人師，與耻何異？

天人吟

天學修心，人學修身。身安心樂，乃見天人。天之與人，相去不遠。不知者多，知之者鮮。
身主于人，心主于天。心既不樂，身何由安？

樂毅吟

樂毅事燕時，其心有深旨。破齊七十城，迎刃不遺矢。豈留即墨莒，却與燕有二。欲使燕遂王，天下自齊始。豈意志未申，昭王一旦死。惠王固不知，使人代其位。强燕自此衰，何復能振起？自古君與臣，際會非容易。重惜千萬年，英雄爲流涕。

十分吟〔一〕

所謂十分人，〔二〕須有十分真。〔三〕非謂能寫字，〔四〕非謂能爲文。〔五〕非爲眉目秀，〔六〕非謂衣裳新。〔七〕欲行人世上，直須先了身。

所謂十分人，須有十分事。事苟不十分，終是未完備。事父盡其心，事兄盡其意。事君盡其忠，事師盡其義。

人壽百來年，〔八〕其過豈容易。〔九〕雖然瞬息間，其間多少事。號爲能了事，必先能了身。〔十〕身苟未能了，〔十一〕何暇能了人。

【校勘記】

〔一〕詩題，宋本作「了身」；蔡本作「了身吟」，下有「二首」二小字。〔二〕「所謂十分人」，蔡本同，宋本作「欲作一男子」。〔三〕「有」，蔡本同，宋本作「要」。〔四〕「謂」，蔡本同，宋本、叢刊本、四庫本作「爲」。

〔五〕「謂」，蔡本同，宋本作「爲」。〔六〕「爲」，宋本同，蔡本、叢刊本、徐本、四庫本作「謂」。〔七〕「謂」，蔡本同，宋本作「爲」。〔八〕「百來年」，蔡本同，徐本作「百年來」。〔九〕「豈」，蔡本作「甚」。〔十〕「必先能了身」，蔡本作「必須先了身」。〔十一〕「身苟未能了」，蔡本作「苟未能了身」。

生日吟祥符辛亥十二月二十五日

辛亥年，辛丑月。甲子日，甲戌辰。日辰同甲，年月同辛。吾于此際，生而爲人。

誡子吟〔一〕

鷄能警旦，馬能代行。犬能守禦，牛能力耕。〔二〕人稟天地，萬物之靈。妬賢嫉能，〔三〕不如不生。

【校勘記】

〔一〕詩題，宋本作「誡子」。〔二〕「力」，宋本作「代」。〔三〕「嫉」，宋本作「疾」。

有常吟〔一〕

天地有常理，日月有常明。四時有常序，鬼神有常靈。聖人有常德，小人無常情。

【校勘記】

〔一〕詩題，宋本作「有常」。

歲暮吟

世上紛華都不見，眼前唯見讀書尊。百千難過尚驚愓，三十歲前尤苦辛。少日只知難險事，老年方識太平身。家風幸有兒孫繼，足以無心伴白雲。

春天吟〔一〕

一片春天在眼前，眼前須識好春天。春秋冬夏能無累，雪月風花都一連。能用真腴爲事業，豈防他物〔二〕害暄妍。我生其幸何多也，安有閑愁到耳邊？

【校勘記】

〔一〕詩題，蔡本作「春天」。〔二〕「他物」，蔡本作「它業」。

庶幾吟

以聖責人，固未完備。以人望人，自有餘地。責人無難，受責非易。其殆庶幾，猶望顔子。

人物吟

人盛必有衰，物生須有死。既見身前人，乃知身後事。身前人能興，身後事豈廢。興廢先言人，然後語天地。

詫嗟吟

昨日炙手，今日張羅。人間常事，何詫何嗟。

左衽吟〔一〕

自古御戎〔二〕無上策，唯憑仁義是中原。王師問罪固能道，天子蒙塵争忍言。〔三〕二晉亂亡成茂草，三君屈辱落陳編。公閭延廣何人也，始信興邦亦一言。

【校勘記】

〔一〕篇題，四庫本作「防邊吟」。〔二〕「御戎」，叢刊本、四庫本作「防邊」。〔三〕「言」，叢刊本、徐本、四庫本作「聞」。

教勸吟

若聖與仁吾豈敢，空言猶足慰虚生。明開教勸用常道，永使子孫持善名。此日貽謨〔一〕情未顯，他時受賜事非輕。庶幾此意流天下，天下何由不太平？

【校勘記】

〔一〕「謨」，四庫本作「謀」。

不善吟

悲哉不善人，禀此凶戾德。非爲敗人家，〔一〕又能敗人國。

【校勘記】

〔一〕「爲」，叢刊本、徐本、四庫本作「唯」。

多事吟

多事招憂，多疑招悶。多與招吝，多取招損。

處身吟〔一〕

君子處身，寧人負己，己無負人。小人處事，寧己負人，無人負己。

【校勘記】

〔一〕詩題，宋本作「處身」，此詩爲第二首。

觀性吟

千萬年之人，千萬年之事。千萬年之情，千萬年之理。唯學之所能，〔一〕坐而爛觀爾。

【校勘記】

〔一〕「唯」，叢刊本、四庫本作「惟」。

觀物吟

居暗觀明，居静觀動。居簡觀繁，居輕觀重。所居者寡，所觀則衆。匪居匪觀，衆寡何用。

答和吴傳正贊善二首并寄高陽王十三機宜

洛陽城裏一愚夫，十許年來不讀書。老去情懷難狀處，淡煙寒月映松踈。

樂静豈無病，好閑〔一〕終有心。争如自得者，與世善浮沈。

【校勘記】

〔一〕「閑」，四庫本作「賢」。

是非吟

是短非長，好丹非素。一生區區，未免愛惡。愛惡不去，何由是非。愛惡既去，是非何爲。

洗心吟

人多求洗身，殊不求洗心。洗身去塵垢，洗心去邪淫。塵垢用水洗，邪淫非能淋。必欲去心垢，須彈無絃琴。

見物吟

見物即謳吟，何常曾用意。閑將篋笥詩，静看人間事。

力穡吟

春時耕種，夏時耘耨。秋時收治，冬時用受。雨露不愆，既苗既秀。水旱爲災，尚罹其咎。

六十六歲吟

六十有六歲，暢然持酒杯。少無他得志，老有此開懷。往往英心動，時時秀句來。尚收三百首，自謂敵瓊瓌。

寬猛吟

寬則民慢，猛則民殘。寬猛相濟，其民自安。

小道吟

藝雖小道，事亦繫人。苟不造微，焉能入神？

得失吟

人有賢愚，事無巨細。得不艱難，失必容易。

薰蕕吟

善惡之間，薰蕕可究。近薰必香，近蕕必臭。

好惡吟

惡死好生，去害就利。天下之人，其情無異。

歲暮吟

此情人不知，亦嘗歎遲暮。雖則歎遲暮，柰何難分付。
此情人不知，亦嘗歎遲久。雖則歎遲久，柰何人不受。

安分吟

輕得易失，多謀少成。德無盡利，善無近名。

由聽吟

由聽而失，以聽爲實。而今而後，何復信人。

詩畫吟

畫筆善狀物，長于運丹青。〔一〕丹青入巧思，萬物無遁形。詩畫善狀物，長于運丹誠。〔二〕

丹誠入秀句，萬物無遁情。詩者人之志，言者心之聲。志因言以發，〔三〕聲因律而成。多識于鳥獸，豈止毛與翎。多識于草木，豈止枝與莖。不有風雅頌，何由知功名？不有賦比興，何由知廢興？觀朝廷盛事，〔四〕壯社稷威靈。有湯武締構，無幽厲欹傾。知得之艱難，肯失之驕矜。去巨蠹姦邪，進不世賢能。摘陰陽粹美，〔五〕索天地精英。籍江山清潤，〔六〕揭日月光榮。收之爲民極，著之爲國經。播之于金石，〔七〕奏之于人庭。〔八〕感之以人心，告之以神明。人神之胥悦，此所謂和羹。〔九〕既有虞舜歌，豈無皐陶賡？既有仲尼删，豈無季札聽？必欲樂天下，捨詩安足憑？得吾之緒餘，自可致升平。

【校勘記】

〔一〕「運」，蔡本作「繪」。〔二〕「運丹誠」，蔡本作「繪丹青」。〔三〕「以」，蔡本作「而」。〔四〕「觀」，蔡本作「光」。〔五〕「摘」，蔡本同，叢刊本、四庫本作「擇」。〔六〕「籍」，蔡本作「藉」。「山」，蔡本作「河」。〔七〕「播」，蔡本作「繙」。〔八〕「大庭」，蔡本作「洞庭」。〔九〕「所」，蔡本作「之」。

詩史吟〔一〕

史筆善記事，長于炫其文。〔二〕文勝則實喪，〔三〕徒增口云云。〔四〕詩史善記事，長于造其真。〔五〕真勝則華去，〔六〕非如目紛紛。天下非一事，天下非一人。天下非一物，天下非一身。皇王帝伯時，其人長如存。百千萬億年，其事長如新。可以辯庶政，可以齊黎民。可以述祖考，可以訓子孫。可以尊萬乘，可以嚴三軍。可以進諷諫，可以揚功勳。可以移風俗，可以厚人倫。可以美教化，可以和疎親。可以正夫婦，可以明君臣。可以贊天地，可以感鬼神。規人何切切，誨人何諄諄。送人何戀戀，贈人何懃懃。無歲無嘉節，無月無嘉辰。無時無嘉景，無日無嘉賔。罇中有美禄，坐上無妖氛。胷中有美物，心上無埃塵。忍不用大筆，書字如車輪。三千有餘首，布爲天下春。

【校勘記】

〔一〕詩題，蔡本作「詩史長吟」，下有「五言」二小字。　〔二〕「炫」，蔡本作「徇」。　〔三〕「實喪」，蔡本作「喪實」。　〔四〕「增」，蔡本同，叢刊本、徐本、四庫本作「憎」。　〔五〕「造」，蔡本作「徇」。　〔六〕「華去」，蔡本作「去華」。

演繹吟

萬事入沈吟，其來味更深。雖然曾過眼，須是更經心。過眼未盡見，經心肯儘尋。儘尋能得見，方始是真金。

何者是真金，真金入骨沈。飽曾經煅鍊，足得不沈吟。到手何須眼，行身敢放心。放心然後樂，天下有知音。

何者謂知音，知音只在心。肝脾無効驗，鐘鼓漫搜尋。既若能開物，何須更鼓琴？來儀非爲鳳，只是感人深。何者謂來儀，來儀意不低。有身皆衎衎，無物不熙熙。一國若一物，四方猶四肢。〔一〕巍巍乎堯舜，何得而名之。

【校勘記】

〔一〕「肢」，叢刊本、徐本作「支」。

史畫吟〔一〕

史筆善記事，〔二〕畫筆善狀物。狀物與記事，二者各得一。詩史善記意，詩畫善狀情。狀情與記意，二者皆能精。〔三〕狀情不狀物，記意不記事。形容出造化，想像成天地。體用自此分，鬼神無敢異。詩者豈于此，〔四〕史畫而已矣。〔五〕

【校勘記】

〔一〕詩題「吟」下，蔡本有小注「五言」二字。〔二〕「筆」，蔡本作「畫」。〔三〕「皆能」，蔡本作「各得」。

〔四〕「于此」，蔡本作「止于」。〔五〕「矣」，蔡本作「戾」。

好勝吟

人無好勝，事無過求。好勝多辱，過求多憂。憂辱並至，道德弗遊。不止人患，身亦是仇。

治心吟

心親于身，身親于人。不能治心，焉能治身？不能治身，焉能治人？

吾廬吟

吾亦愛吾廬，吾廬似野居。性隨天共淡，身與世俱疎。遍地長芳草，滿床堆亂書。自從無事後，更不著工夫。

人靈吟

天地生萬物，其間人最靈。既爲人之靈，須有人之情。若無人之情，徒有人之形。

過眼吟〔一〕

紛紛過眼不須驚，利害相磨卒未平。伎倆雖多無實效，聰明到了是虚名。温涼寒熱四時事，甘苦辛酸萬物情。除却此心皆外物，此心猶恐未全醒。一作未惺惺。〔二〕

【校勘記】

〔一〕詩題，蔡本作「過眼」。 〔二〕叢刊本、徐本無此小注。

災來吟

災自外來，猶可消除。災自内來，何由支梧。〔一〕天人之間，内外察諸。

【校勘記】

〔一〕「梧」，徐本作「吾」。

内外吟

目耳鼻口，〔一〕人之户牖。心膽脾腎，人之中霤。内若能守，外自不受。内若無守，外何能久。

【校勘記】

〔一〕「目耳鼻口」，徐本作「耳目口鼻」。

名利吟

重之以名，見人之情。厚之以利，見人之意。情意内也，内重則外輕。名利外也，内賤則外貴。

名實吟

内無是實，外有是名，小人故矜。外無是名，内有是實，君子何失？

性情吟〔一〕

君子任性，小人任情。任性則近，任情則遠。〔二〕

【校勘記】

〔一〕詩題，宋本作「情性」。〔二〕此句，宋本作「任性近正，任情近刑」。

丁寧吟

人無忽略，事貴丁寧。忽略近薄，丁寧近誠。

疑信吟

人無輕信，事無多疑。輕信招釁，多疑招離。

治亂吟

君子小人，亦常相半。時止時行，或治或亂。

有時吟〔一〕

龍不冬躍，螢能夜飛。小人君子，〔二〕而皆有時。

【校勘記】

〔一〕詩題，宋本作「有時」。〔二〕「小人君子」，宋本作「君子小人」。

忠厚吟

小人斯須，君子長久。斯須傾邪，長久忠厚。

窮冬吟

十二月將終，還驚歲律窮。〔一〕藏冰方北陸，解凍未東風。草昧徒尋緑，花稍强覓紅。探春春不見，元只在胷中。

【校勘記】

〔一〕「律」，蔡本作「月」。

知非吟

今日已前事，知非心可憑。虛言安足道，實行又何矜。無藥醫衰老，有詩歌聖明。縱然時飲酒，未肯學劉伶。

冬至吟

冬至子之半，天心無改移。一陽初起處，萬物未生時。〔一〕玄酒味方淡，〔二〕大音聲正希。此言如不信，更請問庖犧。〔三〕

【校勘記】

〔一〕「物」，蔡本作「木」。〔二〕「味方淡」，蔡本作「淡無味」。〔三〕「犧」，蔡本作「羲」。

頭白吟

頭白已多時，況能垂白髭。不如猶甚幸，竊此未全衰。〔一〕潤屋雖無鏹，承家却有兒。敢言貧浄潔，似我亦應稀。

【校勘記】

〔一〕「此」，叢刊本、徐本、四庫本作「比」。

談詩吟〔一〕

詩者人之志，非詩志莫傳。人和心盡見，〔二〕天與意相連。論物生新句，〔三〕評文起雅言。興來如宿構，未始用雕鐫。

【校勘記】

〔一〕詩題，蔡本作「論詩吟」，爲第二首。〔二〕「盡」，蔡本作「可」。〔三〕「句」，蔡本作「意」。

繩水吟

水能平而不能直，繩能直而不能平。安得繩水爲人情，而使天下都無争。

刑名吟

君子多近名，小人多近刑。善惡有異同，一歸於任情。〔一〕

【校勘記】

〔一〕「於」，叢刊本、四庫本作「與」，徐本作「于」。

陰陽吟

陽行一，陰行二。一主天，二主地。天行六，地行四。四主形，六主氣。

人事吟〔一〕

人有去就，事無低昂。跡有疎密，人無較量。能此四者，自然久長。

【校勘記】

〔一〕詩題，宋本作「人事」。

内外吟〔一〕

衣冠嚴整，〔二〕謂之外修。行義純潔，謂之内修。内外俱修，何人不求？
衣冠不整，〔三〕謂之外惰。行義不修，謂之内惰。内外俱惰，何人不唾？〔四〕〔五〕

【校勘記】

〔一〕詩題，宋本作「内外」。　〔二〕「衣冠」，宋本作「冠衣」，下同。　〔三〕「整」，宋本作「修」。

〔四〕「惰」，宋本作「憧」。　〔五〕「何」，宋本作「治」。

盛衰吟

克肖子孫，振起家門。不肖子孫，破敗家門。猗嗟子孫，盛衰之根。

死生吟

學仙欲不死，學佛欲再生。再生與不死，二者人果能。設使人果能，方始入于情。賞哉林下人，不爲人所惜。哀哉公與卿，重爲人所惑。

生日吟

三萬五千日，伊子享此身。〔一〕當時纔作物，此際始爲人。久負陰陽力，終虧父母恩。一杯爲壽酒，牀下列兒孫。

【校勘記】

〔一〕「子」，叢刊本、徐本、四庫本作「予」。

時事吟〔一〕

時之來兮，其勢可乘。〔二〕時之去兮，其事遂生。〔三〕前日之事兮，〔四〕今日不行。今日之事兮，〔五〕後來必更。時久則患生，事久則弊生。弊患相仍，人何以寧。〔六〕

【校勘記】

〔一〕詩題，宋本作「時事」。〔二〕「乘」，宋本作「成」。〔三〕「事」，宋本同，叢刊本、四庫本作「勢」。〔四〕宋本無「兮」字。〔五〕宋本無「兮」字。〔六〕自「時久則患生」以下兩句，宋本作「時去則患生，事久則弊成。患弊患相仍，人何得心寧。」

不知吟

不知陰陽，不知天地。不知人情，不知物理。强爲人師，寧不自愧。

水火吟

水火得其御，交而成既濟。水火失其御，焚溺可立至。不止水與火，萬事盡如此。只知用水火，不知水火義。

中原吟

中原之師，仁義爲主。仁義既無，四夷來侮。

喜飲吟

堯夫喜飲酒，飲酒喜全真。不喜成酩酊，只喜成微醺。微醺景何似，襟懷如初春。初春景何似，天地氤絪緼。〔一〕不知身是人，不知人是身。只知身與人，與天都未分。

【校勘記】

〔一〕「絪緼」，蔡本作「氤氳」。

所感吟

人生無定準，事體有多端。客宦危疑處，家書子細看。〔一〕既曾憂險阻，〔二〕方信喜平安。男子平生事，須于痛定觀。〔三〕

【校勘記】

〔一〕「子」，四庫本作「仔」。 〔二〕「既曾」，叢刊本作「可曾」，四庫本作「可憎」。 〔三〕「痛」，四庫本作「論」。

行止吟〔一〕

時止則須止，時行則可行。〔二〕時行與時止，人力莫經營。

【校勘記】

〔一〕詩題，宋本作「行止」。〔二〕「可」，宋本作「須」。

太平吟

太平時世園亭內，豐稔歲年村落間。情味一般難狀處，風煙草木盡閑閑。

探春吟

草色依俙緑，花稍隱約紅。一般難道説，如醉在心中。

不出吟

冬夏遠難出，止行南北園。如逢好風景，亦可至三天。西行至天街，二百步。北行至天津，三百步。東行至天宫，四百步。

伊川擊壤集卷之十九

不善吟

不良之人，稟氣非正。蛇蝎其情，豺狼其性。至良之人，稟氣清明。金玉其性，芝蘭其情。

不同吟

君子之人，與己非比。聞善則樂，見賢則喜。小人之人，與己非惡。聞善則憎，見賢則怒。

得失吟

時難得而易失，心雖悔而何追。不知老之已至，不知志與願違。

痛矣吟〔一〕

痛矣時難得，悲哉道未傳。今年年已盡，明日是明年。

【校勘記】

〔一〕詩題，徐本作「痛悲吟」。

歲除〔一〕

半百已華顛，如今更皓然。自知爲士子，人訝學神仙。風月難忘酒，雲山不著錢。行年六十六，明日又添年。

【校勘記】

〔一〕詩題，叢刊本、徐本、四庫本作「歲除吟」。

筆興吟〔一〕熙寧十年

窗晴氣和暖，酒美手柔軟。興逸情撩亂，筆落春花爛。

【校勘記】

〔一〕詩題，宋本作「筆興」。

影論吟

性在體內，影在形外。性往體隨，形行影會。體性不存，形影安在。影外之言，曾何足恠。

憂喜吟

大喜與大憂，二者莫能寐。二者若能寐，何憂事不治。

窺開吟〔一〕

物理窺開後，人情照破時。一身都是我，瘦了又還肥。
物理窺開後，人情照破時。能將函谷塞，只用一丸泥。
物理窺開後，人情照破時。正如攜寶劍，切玉過如泥。
物理窺開後，人情照破時。渴多逢美酒，病後遇良醫。
物理窺開後，人情照破時。能將一箇字，善解百年迷。
物理窺開後，人情照破時。情中明事體，理外見天機。
物理窺開後，人情照破時。可嗟兼可唾，堪鄙又堪嗤。
物理窺開後，人情照破初。不堪將勸誡，止可與嗟吁。
物理窺開後，人情照破前。止堪令執筆，不可使持權。
物理窺開後，人情照破休。止堪初看望，不可久延留。
物理窺開後，人情照破時。欲知花爛漫，須是葉離披。〔二〕

物理窺開後，人情照破時。有權能處置，更狡待何爲。

物理窺開後，人情照破間。敢言天下事，到手又何難。

【校勘記】

〔一〕詩題，徐本作「物理吟」。〔二〕「須」，叢刊本、徐本、四庫本作「便」。

喜飲吟〔一〕

平生喜飲酒，飲酒喜輕醇。不喜大段醉，只便微帶醺。融怡如再少，和煦似初春。亦恐難名狀，兩儀仍未分。

【校勘記】

〔一〕詩題，叢刊本、徐本作「喜歡吟」。

貴賤吟

繫自我者，可以力行。繫自人者，難乎力爭。貴爲萬乘，亦莫之矜。賤爲匹夫，亦莫之凌。

措處吟

在未定之時，當難處之地。方事之危疑，見人之措置。

費力吟

事無巨細，人有得失。得之小心，失之費力。

不老吟

人無不老理，日有再中時。不老必無也，再中應有之。

代書寄陳章屯田

執别而來二十春，忽飛書意一何懃。四方豈是少賢士，千里猶能思故人。世態見多知可否，物情諳久識踈親。我今老去甘衰朽，無補明時卧洛濱。

長短吟

君子喜淳誠，小人喜欺罔。淳誠歲時長，欺罔日月短。

迷悟吟〔一〕

君子改過，小人飾非。改過終悟，飾非終迷。終悟福至，終迷禍歸。

【校勘記】

〔一〕詩題，宋本作「迷悟」。

正性吟

未生之前，不知其然。既生之後，迺知有天。有天而來，正物之性。〔一〕君子踐形，小人輕命。

【校勘記】

〔一〕「正」，叢刊本、四庫本作「止」。

幽明吟

明有日月，幽有鬼神。日月照物，鬼神依人。〔一〕明由物顯，幽由人陳。人物不作，幽明何分。

【校勘記】

〔一〕「依」，徐本作「體」。

無䩄吟

事曾經見，物曾持鍊。天地之間，俯仰無䩄。

事體吟

語言須中節，義理貴從宜。可革仍三就，當行必再思。

自餘吟

身生天地後，心在天地前。天地自我出，自餘何足言。

四可吟

可勉者行，可信者言。可委者命，可托者天。

四不可吟

言不可妄，行不可隳。命不可忽，天不可違。

賃屋吟

屋新人喜居，屋弊人思去。主若善修完，何時不能住。

小人〔一〕

小人無耻，重利輕死。不畏人誅，豈顧物議。〔二〕

【校勘記】

〔一〕詩題，宋本同，叢刊本、徐本、四庫本作「小人吟」。〔二〕「豈」，宋本作「肯」。

覽照〔一〕

其骨爽，其神清。其禄薄，其福輕。

【校勘記】

〔一〕詩題，叢刊本、徐本、四庫本作「覽照吟」。

有病〔一〕

一身如一國，有病當求醫。病愈藥便正，〔二〕節宣良得宜。

【校勘記】

〔一〕詩題，叢刊本、徐本、四庫本作「有病吟」。　〔二〕「正」，叢刊本、徐本、四庫本作「止」。

二月吟

林下故無知，唯知二月期。酒嘗新熟後，花賞半開時。只有醺酣趣，〔一〕殊無爛漫悲。〔二〕誰能將此景，長貯在心脾。

【校勘記】

〔一〕「趣」，蔡本作「味」。　〔二〕「漫」，蔡本作「熳」。

三月吟

滿城盡日行春去，言會行春還有數。真宰何嘗不發生，遊人其那無憑據。梨花著雨漫成〔一〕啼，柳絮因風爭肯住。一片清明好意多，柰何意好難分付。

【校勘記】

〔一〕「成」，四庫本作「城」。

一等吟

欲出第一等言，須有第一等意。欲爲第一等人，須作第一等事。

萬物吟

成敗須歸命，興衰各有時。小人縱多欲，真宰豈容私。只此浪喜歡，便成空慘悽。請觀春去後，遊者更爲誰。

洛陽春吟〔一〕

四方景好無如洛，一歲花奇莫若春。景好花奇精妙處，又能分付與閑人。
洛陽人慣見奇葩，桃李花開未當花。須是牡丹花盛發，滿城方始樂無涯。
桃李花開人不窺，花時須是牡丹時。〔二〕牡丹花發酒增價，夜半遊人猶未歸。
光陰不肯略從容，九十日春還又空。多少落花無著莫，〔三〕半隨流水半隨風。
春歸花謝日初長，鶯語鸎啼各自忙。何故遊人斷來往，緑陰殊不減紅芳。
十日好花都去盡，可憐青帝用功深。遊人莫便無憑據，未必紅芳勝緑陰。
春歸必竟歸何處，無限春寃都未訴。欲托流鸎問所因，子規又叫不如去。

用盡四時周一歲，唯春能見好花開。十千買酒未爲貴，既去紅芳豈再來。

【校勘記】

〔一〕詩題，宋本作「洛陽春」，下有「三首」二小字。宋本收录本詩之第一、第三和第四首詩。〔二〕「花時」，宋本作「花開」。〔三〕「莫」，宋本作「處」。

自貽吟

六十有七歲，生爲世上人。四方中正地，萬物備全身。天外更無樂，胷中別有春。

落花吟〔一〕

萬紫千紅處處飛，滿川桃李漫成蹊。〔二〕狂風猛雨日將暮，舞榭歌臺人乍稀。水上漂浮安有定，徑邊狼籍更無依。〔三〕流鶯不用多言語，到了一番春已歸。

【校勘記】

〔一〕詩題，蔡本作「暮春吟」，爲第二首。〔二〕「漫」，蔡本作「謾」。〔三〕「籍」，蔡本作「藉」。

春暮吟

花開春正好，花謝春還暮。不意子規禽，猶能道歸去。

春來蝴蝶亂，春去子規啼。安得如前日，和風初扇時。禽不通人情，唯知春已暮。亦或叫提壺，亦或叫歸去。

泉布吟

名爲泉布者，無足走人間。善發難言口，能開不笑顔。償逋小續命，賙急大還丹。唯有商山老，非干買得閑。

牡丹吟

一般顔色一般香，香是天香色異常。真宰工夫精妙處，非容人意可思量。

詩上堯夫先生兼寄伯淳正叔〔一〕　張載

先生高卧洛城中，洛邑簪纓幸所同。顧我七年清渭上，並遊無侣又春風。病肺支離恰十春，病深樽俎久埃塵。人憐舊病新年減，不道新添别病新。

【校勘記】

〔一〕此詩底本原無，據叢刊本、徐本、四庫本補。

和鳳翔橫渠張子厚學士亡後篇

秦甸山河半域中，〔一〕精英孕育古今同。古來賢傑知多少，何代無人振素風。

【校勘記】

〔一〕「甸」，徐本、四庫本作「甸」。

自處吟〔一〕

堯夫自處道如何，滿洛陽城都似家。〔二〕不德於人焉敢異，〔三〕至誠從物更無他。眼前只見羅天爵，〔四〕頭上誰知換歲華。〔五〕何止春歸與春在，胷中長有四時花。

【校勘記】

〔一〕詩題，蔡本作「自處」。〔二〕「似」，蔡本同，徐本作「是」。〔三〕「德」，蔡本作「得」。「敢」，蔡本作「衣」，疑誤。〔四〕「見」，蔡本作「是」。〔五〕「換」，蔡本作「幾」。

爲人吟

爲人須是與人羣，不與人羣不盡人。大舜與人焉有異，帝堯親族亦推倫。人心齟齬一身病，事體和諧四海春。心在四支心是主，〔一〕四支又復遠于身。

【校勘記】

〔一〕「支」，蔡本作「肢」，下同。

先天吟

先天事業有誰爲，爲者如何告者誰。若謂先天言可告，君臣父子外何歸。眼前伎倆人皆曉，心上工夫世莫知。〔一〕天地與身皆易地，己身殊不異庖犧。

【校勘記】

〔一〕「工」，叢刊本、四庫本作「功」。

中和吟

性亦故無他，〔一〕須是識中和。心上語言少，〔二〕人間事體多。如霖回久旱，似藥起沉痾。一物尚不了，〔三〕其如萬物何。

【校勘記】

〔一〕「故」，蔡本作「固」。　〔二〕「語言」，蔡本作「言語」。　〔三〕「尚」，蔡本同，叢刊本、四庫本作「當」。

四賢吟

彦國之言鋪陳，晦叔之言簡當。君實之言優游，伯淳之言調又作條暢。〔一〕四賢洛陽之觀望，〔二〕是以在人之上。有宋熙寧之間，大爲一時之壯。

【校勘記】

〔一〕「暢」原作「惕」，據徐本、四庫本改。　〔二〕「觀」，叢刊本、四庫本作「名」，徐本無。

年老吟

歲華頭上不能驚，〔一〕唯有交親眼更明。〔二〕皓皓月常因坐看，深深酒不爲愁傾。苟於心上無先覺，却似人間小後生。欲約何人爲伴侶，江湖泛去一舟輕。

【校勘記】

〔一〕「頭上」，蔡本作「年老」。　〔二〕「有」，蔡本作「見」。

天地吟

天人之際豈容針，至理何煩遠去尋。凶焰熾時焚更烈，恩波流處浸還深。長征戍卒思歸意，久旱蒼生望雨心。禍福轉來如反掌，可能中夜不沉吟。

至論吟

民于萬物已稱珍，聖向民中更出羣。介石不疑何盡日，〔一〕知幾何患未如神。〔二〕若無剛果難成善，既有精明又貴純。〔三〕禍福兆時皆有漸，不由天地只由人。

【校勘記】

〔一〕「何」，蔡本同，徐本作「于」。〔二〕「何」，蔡本作「無」。〔三〕「精明又貴純」，蔡本作「精神不貴純」。

人玉吟

玉不自珍人與珍，人珍何謝玉之純。〔一〕然如粹美始終一，〔二〕更看清光表裏真。韜韞有名初在石，琢磨成器却須人。〔三〕古人已死不復見，被褐之言不謬云。〔四〕

【校勘記】

〔一〕「珍」，蔡本作「理」。〔二〕「如」，蔡本作「知」。〔三〕「須」，蔡本作「由」。〔四〕「不」，蔡本作「豈」。

詐者吟

詐者固疑人，天下盡行詐。不信天下人，其間無真話。

飲酒吟

時時醇酒飲些些，頤養天和以代茶。無雨將成大凶歲，負城非有好生涯。身居畎畝須憂國，事委兒男尚恤家。〔一〕人問老來何長進，鑑中添得鬢邊華。

【校勘記】

〔一〕「兒男」，叢刊本、徐本、四庫本作「男兒」。

樂物吟

物有聲色氣味，人有耳目口鼻。萬物于人一身，反觀莫不全備。

和王安之小園五題

小園新葺不離家，高就崗頭低就窊。洛邑地疑偏得勝，天津人至又非賒。宜將閬苑同時語，莫共桃源一道誇。聞説一軒多種藥，只應猶欠紫河車。

野軒

一軒名野非塵境，嵩少煙岑送好風。日月歲時都屬己，更於何處覓壺中。

汙亭

許由爲計未爲深，洗耳何如〔一〕不動心。到此灑然如世外，何嘗更有事來侵。

【校勘記】

〔一〕「何如」，叢刊本與四庫本作「如何」。

藥軒

山裏藥多人不識，夫君移植更標名。果能醫得人間病，紅紫何妨好近楹。

晚暉亭

高亭新建礙煙霞，暮景能留是可嘉。最近賞春來往路，遊人應問是誰家。

觀物吟

水雨霖，火雨露，土雨濛，石雨雹。

水風涼，火風熱，土風和，石風洌。水雲黑，火雲赤，土雲黄，石雲白。水雷雲，火雷虢，土雷連，石雷霹。

晝睡

晝睡工〔一〕夫未易偕，羲皇以上合安排。心間無事飽食後，園裏有時閑步回。未午庭柯鷽屢囀，已殘花徑客稀來。請觀世上多愁者，枕簟雖涼無此懷。

【校勘記】

〔一〕「工」，叢刊本、四庫本作「功」。

進退吟

進退兩途皆曰寘，何煩坐上苦云云。〔一〕低眉坐處當周物，〔二〕掉臂行時莫顧人。齒髮既衰非少日，林泉能老是長春。行於無事人知否，寵辱何由得到身。

【校勘記】

〔一〕「坐」，蔡本作「座」。

〔二〕「當」，蔡本作「宜」。

爲客吟

忽憶南秦爲客日，洛陽東望隔秦川。雲山去此二千里，〔一〕歲月于今十九年。柳色得非新婀娜，江聲應是舊潺湲。衰軀設使能重往，疇昔情懷杳杳然。

忽憶東朐爲客日，壯心初見水雲鄉。島夷居處隣荒服，潮水來時雜海商。卧看蒼溟圍大塊，坐觀紅日出扶桑。虚生虚死人何限，男子之稱不易當。

忽憶東吴爲客日，當年意氣樂從遊。登山未始等閑輟，飲酒何嘗容易休。萬柄荷香經楚甸，一帆風軟過揚州。追思何異邯鄲夢，瞬息光陰三十秋。

忽憶太原爲客日，經秋縱酒未成歸。遠山近水都成恨，高閣斜陽盡是悲。年少不禁花到眼，情多唯只淚沾衣。如今老向洛城裏，〔二〕更没這般愁到眉。

【校勘記】

〔一〕「去此」，徐本作「此去」。　〔二〕「城」，四庫本作「陽」。

攝生吟〔一〕

握固如嬰兒，作氣如壯士。二者非自然，皆出不容易。心爲身之主，〔二〕志者氣之帥。沉珠于深淵，養自己天地。

【校勘記】

〔一〕詩題，蔡本作「養生吟」。　〔二〕「身」，蔡本作「生」。

病中吟

堯夫三月病，憂損洛陽人。非止交朋意，都如骨肉親。薦醫心懇切，求藥意慇懃。安得如前日，登門謝此恩。

重病吟

安樂五十年，一旦感重疾。仍在盛夏中，伏枕幾百日。砭灸與藥餌，百療効無一。以命聽于天，於心何所失。

天人吟

天生此身人力寄，人力盡兮天數至。天人相去不毫芒，若有毫芒却成二。

疾革吟

有命更危亦不死，無命極醫亦無効。唯將以命聽於天，此外誰能閑計較。

聽天吟〔一〕

上天生我，上天死我。一聽於天，有何不可。

【校勘記】

〔一〕詩題，蔡本作「聽天」。

得一吟

天自得一天無既，我一自天而後至。唯天與一無兩般，我亦何嘗與天異。

答客問病

世上重黄金，伊予獨喜吟。死生都一致，利害漫相尋。湯劑功非淺，膏肓疾已深。然而猶灼艾，用慰友朋心。

病亟吟

生于太平世，長于太平世。老于太平世，死于太平世。客問年幾何，六十有七歲。俯仰天地間，浩然無所愧。

伊川擊壤集卷之二十

首尾吟一百三十五首

堯夫非是愛吟詩，爲見聖賢興有時。日月星辰堯則了，江河淮濟禹平之。皇王帝伯經褒貶，雪月風花未品題。豈謂古人無闕典，堯夫非是愛吟詩。

堯夫非是愛吟詩，安樂窩中坐看時。一氣旋回無少息，兩儀覆燾未嘗私。〔一〕四時更革互爲主，百物新陳争効奇。享了許多家樂事，堯夫非是愛吟詩。

堯夫非是愛吟詩，安樂窩中得意時。志快不須求事顯，書成當自有人知。林泉且作酬心物，風月聊充藉手資。多少寬平好田地，堯夫非是愛吟詩。

堯夫非是愛吟詩，安樂窩中半醉時。因月因花因興詠，代書代簡代行移。池中既有雙魚躍，天際寧無一雁飛。無限交親在南北，堯夫非是愛吟詩。

堯夫非是愛吟詩，詩是堯夫可愛時。寶鑑造形難著髮，鸞刀迎刃豈容絲。風埃若不來侵路，塵土何由得上衣。欲論誠明是難事，堯夫非是愛吟詩。

堯夫非是愛吟詩，爲見興衰各有時。天地全功須發露，朝廷盛美在施爲。便都默默柰何見，若不云云那得知。事在目前人不慮，堯夫非是愛吟詩。

堯夫非是愛吟詩，詩是堯夫不寐時。咀茹蘭薰宜有主，恢張風雅更爲誰。三千來首收清月，二十餘年撚白髭。了却許多閑職分，堯夫非是愛吟詩。

堯夫非是愛吟詩，詩到忘言是盡時。雖則借言通要妙，〔二〕又須從物見幾微。〔三〕羹因不和方知淡，樂爲無聲始識希。多少風花待除改，〔四〕堯夫非是愛吟詩。

堯夫非是愛吟詩，雖老精神未耗時。水竹清閑先據了，鶯花富貴又兼之。梧桐月向懷中照，楊柳風來面上吹。被有許多閑捧擁，堯夫非是愛吟詩。

堯夫非是愛吟詩，詩是天津竚立時。有意水聲千古在，無情山色四邊圍。孤鴻遠入晴煙去，雙鷺斜穿禁柳飛。景物不妨閑自適，〔五〕堯夫非是愛吟詩。

堯夫非是愛吟詩，詩是天津再住時。積翠鶯花供秀潤，上陽風月助新奇。鳳凰樓觀雲中看，道德園林枕上窺。不負太平吟笑事，堯夫非是愛吟詩。

堯夫非是愛吟詩，詩是堯夫漸老時。每用風騷觀物體，却因言語漏天機。林間車馬自稀到，塵外杯觴不浪飛。六十一年無事客，堯夫非是愛吟詩。

堯夫非是愛吟詩，詩是堯夫忠恕時。無限物情閑處見，諸般藥性病來知。暗於成事事必敗，失在知人人必欺。家國與身同一體，堯夫非是愛吟詩。

堯夫非是愛吟詩，詩是堯夫默識時。初有意時如父子，到無情處類蠻夷。〔六〕眼前成敗尚不見，天下安危那得知。始信知人是難事，堯夫非是愛吟詩。

堯夫非是愛吟詩，詩是堯夫知幸時。日未出前朝象帝，天纔春處謁庖犧。三杯五杯自勸酒，一局兩局無争棊。韶濩不知何似樂，堯夫非是愛吟詩。

堯夫非是愛吟詩，詩是堯夫自勵時。適道全由就師學，出塵須是禀天資。好賢只恐知人晚，樂善唯憂見事遲。多謝友朋常見教，堯夫非是愛吟詩。

堯夫非是愛吟詩，詩是堯夫得意時。正得意時嘗〔七〕起舞，到麾毫處輒能飛。南溟萬里鵬初舉，遼海千年鶴乍歸。豈止一詩而已矣，堯夫非是愛吟詩。

堯夫非是愛吟詩，詩是堯夫可歎時。固有命焉剛不信，是無天也果能欺。才高正被聰明使，身貴方爲利害移。無計柰何春又老，堯夫非是愛吟詩。

堯夫非是愛吟詩，詩是堯夫筆逸時。蒼海有神搜鯨鯢，陸沉無水藏蛟螭。岦嶪五千仞華嶽，汪洋十萬頃黄陂。都與收來入近題，堯夫非是愛吟詩。

堯夫非是愛吟詩，詩是堯夫出入時。春初暖兮日遲遲，秋初涼兮雲微微。輕風動垂柳依依，細雨過芳草萋萋。林下小車遊未歸，堯夫非是愛吟詩。

堯夫非是愛吟詩，詩是堯夫試硯時。玉未琢前猶索辯，金經煆後更何疑。當時掉臂人皆笑，今日揺頭誰不知。天外鳳凰飛處别，堯夫非是愛吟詩。

堯夫非是愛吟詩，詩是堯夫試筆時。以至死生都處了，〔八〕自餘榮辱可知之。適居堂上行堂上，或在水湄言水湄。不止省心兼省力，堯夫非是愛吟詩。

堯夫非是愛吟詩，詩是堯夫試墨時。十室邑中須有信，三人行處豈無師。謀謨不講還踈略，思慮傷多又忸怩。機會失時尋不得，堯夫非是愛吟詩。

堯夫非是愛吟詩，詩是堯夫語道時。天聽雖高只些子，人情相去没多兒。無聲無臭儘休也，不忮不求還得之。雖有丹青亦難狀，〔九〕堯夫非是愛吟詩。

堯夫非是愛吟詩，詩是堯夫語物時。物盛物衰隨氣候，人榮人瘁逐推移。天邊新月有時待，水上落花何處追。皆是世間常事耳，堯夫非是愛吟詩。

堯夫非是愛吟詩，詩是堯夫語事時。天若可升非待勸，神如無驗不須祈。人當堂上易施設，事過面前難改移。勢盛勢衰非一日，堯夫非是愛吟詩。

堯夫非是愛吟詩，詩是堯夫登閣時。往事千年徒渺漭，斜陽一片漫光輝。伊川洛川水似線，太室少室峰如錐。〔十〕争者從來是閑氣，堯夫非是愛吟詩。

堯夫非是愛吟詩，詩是堯夫隱几時。尺寸光陰須愛惜，分毫頭角莫矜馳。酒因勸客小盞飲，〔十一〕句到驚人大字麾。〔十二〕無入何嘗不自得，〔十三〕堯夫非是愛吟詩。

堯夫非是愛吟詩，詩是堯夫詠史時。曠古第成千覺夢，中原都入一枰棊。唐虞玉帛煙光紫，〔十四〕湯武干戈草色萋。觀古事多今可見，堯夫非是愛吟詩。

堯夫非是愛吟詩，詩是堯夫對酒時。處世雖無一分善，行身誤有四方知。大凡觀物須生意，既若成章必見辭。詩者志之所之也，堯夫非是愛吟詩。

堯夫非是愛吟詩，詩是堯夫半老時。肥遁雖無潤屋物，勞謙却有克家兒。筋骸幸且粗康健，談笑不妨閑滑稽。六十二年無事客，堯夫非是愛吟詩。

堯夫非是愛吟詩，詩是堯夫自笑時。閑散何嘗遠人事，語言時復洩天機。至微勳業有難立，儘大功名或易爲。成敗一歸思慮外，堯夫非是愛吟詩。

堯夫非是愛吟詩，詩是堯夫讓僕時。止會摇頭道又錯，柰何轉脚復爲非。比圖爲家効功力，更却與物生瑕疵。失在知人不無過，堯夫非是愛吟詩。

堯夫非是愛吟詩，詩是堯夫可歎時。大器晚成當自重，小人難養又何疑。既無一日九遷則，安有終朝三褫之。若向槿花求遠到，堯夫非是愛吟詩。

堯夫非是愛吟詩，詩是堯夫樂事時。慷慨丈夫無後悔，分明男子有前知。在尋常時觀執守，當倉卒處看施爲。善事没身而已矣，堯夫非是愛吟詩。

堯夫非是愛吟詩，詩是堯夫自喜時。名在士人當盛世，生於中國作男兒。良辰美景忍虚廢，驟雨飄風無定期。過此焉能事追悔，堯夫非是愛吟詩。

堯夫非是愛吟詩，詩是堯夫喜老時。好話説時常愈疾，善人逢處每忘機。此心是物難爲動，其志唯天然後知。詩是堯夫分付處，堯夫非是愛吟詩。

堯夫非是愛吟詩，詩是堯夫贊仲尼。大事既去止可歎，皇綱已墜如何追。由兹春秋無義戰，所以定哀多微辭。絶筆獲麟之一句，堯夫非是愛吟詩。

堯夫非是愛吟詩，詩是堯夫自在時。何處不行芳草地，誰家不望小車兒。花枝好處安詳折，酒盞滿時撋就持。閑氣虚名都忘了，堯夫非是愛吟詩。

堯夫非是愛吟詩，詩是堯夫自負時。暖日纔從桃李過，涼風又向芰荷吹。月華正似金波溜，雪片還如柳絮飛。此樂太平然後見，堯夫非是愛吟詩。

堯夫非是愛吟詩，詩是堯夫自得時。風露清時收翠潤，山川秀處摘新奇。揄揚物性多存體，拂掠人情薄用辭。遺味正宜涵泳處，堯夫非是愛吟詩。

堯夫非是愛吟詩，詩是堯夫默坐時。天意教閑須有謂，人心剛動似無知。〔十五〕煙輕柳葉眉閑皺，〔十六〕露重花枝淚静垂。應恨堯夫無一語，堯夫非是愛吟詩。

堯夫非是愛吟詩，詩是堯夫晚望時。恰見花開便花謝，〔十七〕纔聞春至又春歸。流鶯啼處春猶在，杜宇來時花已飛。春至花開春去謝，堯夫非是愛吟詩。

堯夫非是愛吟詩，詩是堯夫春出時。一點兩點小雨過，〔十八〕三聲五聲流鶯啼。〔十九〕杯深似錦花間醉，車穩如茵草上歸。〔二十〕更在太平無事日，堯夫非是愛吟詩。

堯夫非是愛吟詩，詩是堯夫入夏時。醪酒竹間留客飲，〔二十一〕清風水畔向人吹。〔二十二〕嬋娟月色滿軒檻，菡萏花香盈袖衣。樂莫樂于無事樂，堯夫非是愛吟詩。

堯夫非是愛吟詩，詩是堯夫秋出時。樓上清風猶足喜，水邊芳草未全衰。纔涼便可停新酒，薄暮初能著夾衣。都没人間浪憂事，堯夫非是愛吟詩。

堯夫非是愛吟詩，詩是堯夫自喜時。不用虚名矜智數，且無閑氣撓心脾。酒佳蓊地泛一甃，花好有時簪兩枝。更縱無人訝狂恠，堯夫非是愛吟詩。

堯夫非是愛吟詩，詩是堯夫確論時。若以後時爲失計，必將先手作知幾。三千賔客成何夢，百二山河付阿誰。弄巧既多飜作拙，堯夫非是愛吟詩。

堯夫非是愛吟詩，詩是堯夫會計時。進退雲山爲主判，陶鎔水竹是兼司。鶯花舊管三千首，風月初收二百題。歲暮又須行考課，堯夫非是愛吟詩。

堯夫非是愛吟詩，詩是堯夫覺老時。不動已求如孟子，無言又欲學宣尼。能知同道道亦得，始信先天天弗違。六十三年無事客，堯夫非是愛吟詩。

堯夫非是愛吟詩，詩是堯夫贊《易》時。火在内而刑寡妻，風行外而令庶黎。老成人爲福之基，騃孺子爲禍之梯。此理昭然多不知，堯夫非是愛吟詩。

堯夫非是愛吟詩，詩是堯夫記所思。少日過從都似夢，〔二十三〕老年光景只如飛。快心事固難强覓，到手物如何不爲。欲俟河清人壽幾，堯夫非是愛吟詩。

堯夫非是愛吟詩，詩是堯夫重惜時。萬里焦勞無所訴，九重深邃莫能知。二年斯得誠爲晚，七日言誅未是遲。本固邦寧王道在，堯夫非是愛吟詩。

堯夫非是愛吟詩，詩是堯夫髣髴時。寫字吟詩爲潤色，通經達道是鎡基。經綸亦可爲餘事，性命方能盡所爲。可謂一生男子事，堯夫非是愛吟詩。

堯夫非是愛吟詩，詩是堯夫拍手時。此路清閑都屬我，這般歡喜更饒誰。將何勢力爲憑藉，著甚言辭與指揮。遷怒飾非何更有，堯夫非是愛吟詩。

堯夫非是愛吟詩，詩是堯夫試手時。善死自明非不死，有知誰道勝無知。楊朱眼淚誰能泣，〔二十四〕宋玉心胷只解悲。爲報西風漫相侮，堯夫非是愛吟詩。

堯夫非是愛吟詩，詩是堯夫憶昔時。天下只知才可處，人間不信事難爲。眼觀秋水斜陽遠，淚灑西風黄葉飛。此意如今都去盡，堯夫非是愛吟詩。

堯夫非是愛吟詩，詩是堯夫相度時。合放手時須放手，得開眉處且開眉。狂情多見好人喜，弊性少爲他物移。〔二十五〕只恨一般言不到，堯夫非是愛吟詩。

堯夫非是愛吟詩，詩是堯夫樂物時。天地精英都已得，鬼神情狀又能知。陶真義向辭中見，〔二十六〕借論言從意外移。始信詩能通造化，堯夫非是愛吟詩。

堯夫非是愛吟詩，詩是堯夫不樂時。明月恰圓還却缺，好花纔盛又成衰。返魂丹向何人用，續命湯於甚處施。天聽雖高只些子，堯夫非是愛吟詩。

堯夫非是愛吟詩，詩是堯夫春盡時。有意落花猶去住，〔二十七〕無情流水任東西。鷽傳信處音聲切，燕訴寃時言語低。似此誤人事多少，〔二十八〕堯夫非是愛吟詩。

堯夫非是愛吟詩，詩是天津秋盡時。〔二十九〕見慣不驚新物盛，話長難説故人稀。〔三十〕雲踈煙淡山仍遠，露冷天高草已衰。〔三十一〕賴有餘罇自斟酌，堯夫非是愛吟詩。

堯夫非是愛吟詩，詩是堯夫代記時。官職固難稱太史，文章却欲學宣尼。能歸豈謝陶元亮，善聽何慙鍾子期。德若不孤吾道在，堯夫非是愛吟詩。

堯夫非是愛吟詩，詩是堯夫曠望時。一片園林擁京國，幾層樓觀犯雲霓。朝昏天氣屢變易，今古人情旋合離。欲問遠山唯斂黛，〔三十二〕堯夫非是愛吟詩。

堯夫非是愛吟詩，詩是閑觀蔬圃時。暖地春初纔鬱鬱，宿根秋末却披披。韮蔥蒜薤青遮壠，〔三十三〕蘋芋薑蘘緑滿畦。時到皆能弄精彩，堯夫非是愛吟詩。

堯夫非是愛吟詩，詩是堯夫窮理時。語愛何嘗過父子，講和曾未若夫妻。恩多意思翻成恨，歡極情懷却似悲。何事人間不如此，堯夫非是愛吟詩。

堯夫非是愛吟詩，詩是堯夫重惜時。西晉浮誇時可歎，南梁崇尚事堪悲。仲尼豈欲輕辭魯，孟子何嘗便去齊。儀鳳不來人老去，堯夫非是愛吟詩。

堯夫非是愛吟詩，詩是堯夫自足時。開口笑多無若我，同心言少更爲誰。田園管勾憑諸子，罇俎安排仰老妻。不信人間有憂事，堯夫非是愛吟詩。

堯夫非是愛吟詩，詩是堯夫獨酌時。一盞兩盞至三盞，五題七題或十題。只知人事是太古，不信我身非伏羲。爲幸居多宜自樂，堯夫非是愛吟詩。

堯夫非是愛吟詩，詩是堯夫切慮時。千世萬世所遭遇，聖人賢人曾施爲。當初何故盡有説，在後可能都没辭。事既不同時又異，堯夫非是愛吟詩。

堯夫非是愛吟詩，詩是堯夫强少時。筇杖藜杖到手拄，南園北園隨意之。酒醺不怕暖生面，花好儘教香惹衣。六十四年無事客，堯夫非是愛吟詩。

堯夫非是愛吟詩，詩是堯夫自顧時。若有意時非語話，都無情處是肝脾。方將憂已到未到，〔三十四〕何暇責人知不知。因喜聖賢用心遠，堯夫非是愛吟詩。

堯夫非是愛吟詩，詩是堯夫自得時。已把樂爲心事業，更將安作道樞機。未來身上休思念，既入手中須指揮。迎刃何煩多顧慮，〔三十五〕堯夫非是愛吟詩。

堯夫非是愛吟詩，詩是堯夫鑑誡時。意淺不知多則惑，心靈須識動之微。行凶既有人誅戮，心善豈無天保持。讀《易》不唯明禍福，〔三十六〕堯夫非是愛吟詩。

堯夫非是愛吟詩，詩是堯夫贊《易》時。八卦小成皆有主，三才大備略無遺。陰陽消長既未已，動静吉凶那不知。爲見至神功效遠，堯夫非是愛吟詩。

堯夫非是愛吟詩，詩是堯夫贊《易》時。大道備人皆有謂，上天生物固無私。雖知同道道亦得，未若先天天弗違。過此聖人猶不語，堯夫非是愛吟詩。

堯夫非是愛吟詩，詩是堯夫十月時。寒日無光天色遠，陰雲不動柳絲垂。園林葉盡鳥未散，道路風多人更稀。滿目時光口難道，堯夫非是愛吟詩。

堯夫非是愛吟詩，詩是堯夫可愛時。已著意時仍著意，未加辭處與加辭。物皆有理我何者，天且不言人代之。代了天工無限説，堯夫非是愛吟詩。

堯夫非是愛吟詩，詩是堯夫不著棊。大智人謀難妄設，〔三十七〕小機小數肯輕爲。泥沙用處寧無惜，螻蟻驅時忍便窺。〔三十八〕天下也宜留一路，堯夫非是愛吟詩。

堯夫非是愛吟詩，詩是堯夫歡喜時。歡喜焉能便休得，語言須且略形之。胷中所有事既説，天下固無人致疑。〔三十九〕更不防閑尋罅漏，堯夫非是愛吟詩。

堯夫非是愛吟詩，詩是堯夫先見時。直在胷中貧亦樂，屈於人下貴奚爲。誰何藥可醫無病，多少金能買不疑。遲老更逢春未老，〔四十〕堯夫非是愛吟詩。

堯夫非是愛吟詩，詩是堯夫不忍時。戾氣中人爲疾病，和風養物號清微。世情非利莫能動，士節待窮然後知。尚口乃窮非我事，堯夫非是愛吟詩。

堯夫非是愛吟詩，詩是堯夫恨月時。見説天長在甚處，照教人老待奚爲。嬋娟東面才如鑑，屈曲西邊却似眉。〔四十一〕由此遂多悲與喜，堯夫非是愛吟詩。

堯夫非是愛吟詩，詩是堯夫愛月時。松上見時偏皎潔，〔四十二〕懷中照處特光輝。何如亭午更休轉，不柰纔圓又却虧。青女素娥應有恨，堯夫非是愛吟詩。

堯夫非是愛吟詩，詩是堯夫中夜時。擁被不眠還展轉，披衣却坐忽尋思。死生有命尚能處，道德由人那不知。〔四十三〕須是安之以無事，堯夫非是愛吟詩。

堯夫非是愛吟詩，詩是堯夫訪友時。青眼主人偶不在，白頭老叟還空歸。幾家大第横斜照，一片殘春啼子規。獨往獨來還獨坐，堯夫非是愛吟詩。

堯夫非是愛吟詩，詩是堯夫信脚時。高祖宅前花似錦，魏王堤畔柳如絲。因閑看水行來遠，就便遊園歸去遲。每遇好風還眷眷，堯夫非是愛吟詩。

堯夫非是愛吟詩，詩是堯夫忖度時。先見固能無後悔，至誠方始有前知。己之欲處人須欲，心可欺時天可欺。只被世人難易地，堯夫非是愛吟詩。

堯夫非是愛吟詩，詩是堯夫麾塵時。〔四十四〕每見賓朋須款曲，更和言語不思惟。方將與物同休戚，何暇共人爭是非。天地與人同一體，堯夫非是愛吟詩。

堯夫非是愛吟詩，詩是堯夫恣縱時。在世上官雖不做，出人間事却能知。待天春暖秋涼日，是我東遊西泛時。道在眼前人不見，〔四十五〕堯夫非是愛吟詩。

堯夫非是愛吟詩，詩是堯夫服老時。簡尺每稱林下士，過從或著道家衣。須將賢傑同星漢，直把身心比鹿麋。六十五年無事客，堯夫非是愛吟詩。

堯夫非是愛吟詩，詩是堯夫睡覺時。夢後舊歡初髣髴，酒醒前事略依稀。任經生死心無異，雖隔江湖路不迷。因向此中觀至理，堯夫非是愛吟詩。

堯夫非是愛吟詩，詩是堯夫注思時。事少全由心易足，〔四十六〕病多休道藥難醫。情當少日須思老，志在安時莫忘危。天道分明人自昧，堯夫非是愛吟詩。

堯夫非是愛吟詩，詩是堯夫行己時。政在我時心必盡，事關人處力難爲。人如負我我何預，我若辜人人有詞。就責莫如躬自厚，堯夫非是愛吟詩。面前地惡猶能掃，心上田荒何所欺。從諫如流是難事，堯夫非是愛吟詩。

堯夫非是愛吟詩，詩是堯夫自省時。義若不爲無勇也，幸如有過必知之。恢恢志意方閑暇，綽綽情懷正坦夷。心逸日休難狀處，堯夫非是愛吟詩。

堯夫非是愛吟詩，詩是堯夫盡性時。若聖與仁雖不敢，樂天知命又何疑。庖犧可作三才主，孔子當爲萬世師。不止前言與往行，堯夫非是愛吟詩。

堯夫非是愛吟詩，詩是堯夫用畜時。史籍始終明治亂，經書表裏見安危。花深柳暗銅駝陌，風暖鶯嬌金谷堤。盡是堯夫行樂處，堯夫非是愛吟詩。

堯夫非是愛吟詩，詩是堯夫出入時。草軟沙平月陂下，雲輕日淡上陽西。君臣自作逋逃主，將相無非市井兒。篆入草書猶不誤，堯夫非是愛吟詩。

堯夫非是愛吟詩，詩是《春秋》後語時。〔四十七〕七國縱横如破的，九州呑吐若枰棊。設如終久全無托，何似當初都不知。料得鬼神知此意，堯夫非是愛吟詩。

堯夫非是愛吟詩，詩是堯夫晚步時。信意遂過高祖宅，因行更上魏王堤。孝慈親和未必見，松柏歲寒然後知。匪石未聞心可轉，堯夫非是愛吟詩。

堯夫非是愛吟詩，詩是堯夫處困時。事體極時觀道妙，人情盡處看天機。受疑始見周公

堯夫非是愛吟詩，詩是堯夫處否時。信道而行安有悔，樂天之外更何疑。

旦，經阸方明孔仲尼。大聖大神猶不免，堯夫非是愛吟詩。

堯夫非是愛吟詩，詩是堯夫無柰時。眼下見榮還見辱，心中疑是又疑非。上陽宫殿空遺堵，金谷園林但落暉。〔四十八〕天若有言人可問，堯夫非是愛吟詩。

堯夫非是愛吟詩，詩是堯夫擲筆時。事體順時爲物理，人情安處是天機。堅如金石猶能動，靈若鬼神何可欺。此外更無言語道，堯夫非是愛吟詩。

堯夫非是愛吟詩，詩是堯夫自詫時。許大天時猶可測，些兒人事豈難知。崑岡美玉人誰識，〔四十九〕滄海明珠世莫窺。由是堯夫聊自詫，堯夫非是愛吟詩。

堯夫非是愛吟詩，詩是堯夫慎獨時。人壽百年無以過，心遊萬仞待何爲。爲謀須求心無愧，作事莫幸人不知。誠盡鬼神猶且懼，堯夫非是愛吟詩。

堯夫非是愛吟詩，詩是堯夫慎與時。初作事時分可否，始親人處定安危。殊鄉忠信同思善，異世姦邪共喜私。〔五十〕豈待較量然後見，堯夫非是愛吟詩。

堯夫非是愛吟詩，詩是堯夫樂事時。天道虧盈如槖籥，聖人言語似蓍龜。光陰去後繩難繫，筋力衰時藥不醫。莫把閑愁伴殘照，堯夫非是愛吟詩。

堯夫非是愛吟詩，詩是堯夫重惜時。争向僞時須便信，柰何真處却生疑。既稱有客告曾子，豈爲無人毀仲尼。父子君臣獨未免，堯夫非是愛吟詩。

堯夫非是愛吟詩，詩是堯夫掩卷時。時過猶能用歸妹，物傷長懼入明夷。夏商盛日何由見，唐漢衰年争忍思。畎畝不忘天下處，堯夫非是愛吟詩。

堯夫非是愛吟詩，詩是堯夫愛物時。曉事情懷須灑落，出塵言語必新奇。山川秀拔寧無孕，天地精英自有歸。粹氣始能生粹物，堯夫非是愛吟詩。

堯夫非是愛吟詩，詩是堯夫默識時。日月既來還却往，園林纔盛又成衰。登山高下雖然見，臨水淺深那不知。世上高深事無限，堯夫非是愛吟詩。

堯夫非是愛吟詩，詩是堯夫自試時。事體待諳然得信，〔五十一〕人情非久莫能知。同霑雨露蒿萊質，獨出雪霜松柏姿。見慣不如身歷過，堯夫非是愛吟詩。

堯夫非是愛吟詩，詩是堯夫可歎時。只被人間多用詐，遂令天下盡生疑。罇前一云唐虞。揖讓三杯酒，坐上一云湯武。交争一局棊。小大不同而已矣，堯夫非是愛吟詩。

堯夫非是愛吟詩，詩是堯夫憑式時。亂法奈何非獨古，措刑安得見於兹。當時既有少正卯，今日寧無孔仲尼。時世不同人一也，堯夫非是愛吟詩。

堯夫非是愛吟詩，詩是堯夫自信時。必欲全然無後悔，直須曉了有前知。言忠能盡己所有，事善任他人致疑。外物從來自難必，堯夫非是愛吟詩。

堯夫非是愛吟詩，詩是堯夫毋必時。〔五十二〕或讓或争時既往，相因相革事難齊。羲軒堯舜前規矩，湯武桓文舊範圍。〔五十三〕一筆寫成還抹了，堯夫非是愛吟詩。

堯夫非是愛吟詩，客問堯夫何所爲。〔五十四〕睡思動時親甕牖，幽情發處旁盆池。尋芳更用小車去，得句仍將大筆麾。餘事不妨閑潤色，堯夫非是愛吟詩。

堯夫非是愛吟詩，詩是堯夫詫老時。金玉過從舊朋友，糟糠歡喜老夫妻。瓦燒酒盞連醅飲，紙畫棊盤就地圍。六十六年無事客，堯夫非是愛吟詩。

堯夫非是愛吟詩，詩是堯夫樂静時。藥裏君臣慵點對，琴中文武倦更移。鼎間龍虎忘看守，棊上山河廢指揮。亦恐因而害天性，堯夫非是愛吟詩。

堯夫非是愛吟詩，詩是堯夫談笑時。國士待人能盡意，山翁道我會開眉。盞隨酒量徐徐飲，榻逐花陰旋旋移。此樂再尋非易得，堯夫非是愛吟詩。

堯夫非是愛吟詩，詩是堯夫驚駭時。暮雨朝雲纔半日，春華秋葉未多時。即今世態已堪歎，過此人情更可知。一暑一寒何太急，堯夫非是愛吟詩。

堯夫非是愛吟詩，詩是堯夫自詫時。事少事多都在己，人憂人喜更由誰。壺中日月明長在，洞裏乾坤春不歸。誰道光陰如過隙，堯夫非是愛吟詩。

堯夫非是愛吟詩，詩是堯夫踈散時。早起小詩無撿束，〔五十五〕那堪大字更狂迷。既貪李杜精神好，又愛歐王格韻奇。餘事不妨閑戲弄，堯夫非是愛吟詩。

堯夫非是愛吟詩，詩是堯夫語事時。舉動苟能循義理，辯〔五十六〕明安用致言辭。艱難圖處費心力，容易來時省指揮。欲蓋而彰事多矣，堯夫非是愛吟詩。

堯夫非是愛吟詩，詩是堯夫得意時。物向物中觀要妙，〔五十七〕人於人上看幾微。物中要妙眼前見，人上幾微心裏知。且是有金無處買，〔五十八〕堯夫非是愛吟詩。

堯夫非是愛吟詩，詩是堯夫不强時。事到强爲須涉跡，人能知止是先機。面前自有好田地，天下豈無平路岐。〔五十九〕省力事多人不做，堯夫非是愛吟詩。

堯夫非是愛吟詩，詩是堯夫得意時。這意著何言語道，此情唯用喜歡追。仙家氣象閑中見，真宰工夫静處知。不必深山更深處，堯夫非是愛吟詩。

堯夫非是愛吟詩，詩是堯夫喜老時。明著衣冠爲士子，高談仁義作男兒。敢於世上明開眼，肯向人間浪皺眉。六十七年無事客，堯夫非是愛吟詩。

堯夫非是愛吟詩，詩是堯夫難老時。齒暮乍逢新歲月，眼明初見舊親知。歡情此去未伏減，飲量近來差覺低。六十七年無事客，堯夫非是愛吟詩。

堯夫非是愛吟詩，詩是堯夫慎動時。枉道干名名亦失，佛民從欲欲還隳。〔六十〕號爲賢者能從善，名曰小人須飾非。〔六十一〕大佞似忠非易辯，堯夫非是愛吟詩。〔六十二〕

堯夫非是愛吟詩，詩是堯夫有激時。留在胷中防作恨，發于詞上恐成疵。芝蘭見處須收採，金玉逢時莫棄遺。到此堯夫常自賀，堯夫非是愛吟詩。

堯夫非是愛吟詩，詩是堯夫有愧時。空受半來天下拜，〔六十三〕却無些子自家爲。心能盡處我自慰，力不周時人亦知。只恨一般言未得，堯夫非是愛吟詩。

堯夫非是愛吟詩，詩是堯夫詫劒時。當煅煉時分勁挺，〔六十四〕到磨礱處發光輝。長蛇封豕休撩亂，狡兔妖狐莫陸離。此器養來年歲久，堯夫非是愛吟詩。

【校勘記】

〔一〕「燾」，四庫本作「幬」。　〔二〕「要妙」，宋本作「妙用」。　〔三〕「從」，宋本作「逐」。「幾」，宋本作「機」。　〔四〕「除」，宋本作「徐」。　〔五〕「自」，徐本作「是」。　〔六〕「蠻夷」，四庫本作「澠淄」。　〔七〕「嘗」，叢刊本、四庫本作「常」。　〔八〕「都」，叢刊本、徐本作「猶」。　〔九〕「亦難」，四庫本作「難得」。　〔十〕「峰」原作「鋒」，據叢刊本、徐本、四庫本改。　〔十一〕「客」，宋本作「容」，疑誤。「飲」原作「欽」，據宋本、叢刊本、徐本、四庫本改。　〔十二〕「句」，宋本作「詩」。「字」，宋本同，叢刊本、徐本、四庫本作「筆」。　〔十三〕「入」，宋本作「日」。　〔十四〕「光」，徐本作「花」。　〔十五〕「人心剛動似無知」，宋本作「人知剛動是無知」。　〔十六〕「眉」，宋本作「看」。　〔十七〕「便」，宋本同，四庫本作「更」。　〔十八〕「小雨」，宋本作「雨初」。　〔十九〕「三聲五聲流鶯啼」，宋本作「三聲四聲鶯乍啼」。　〔二十〕「車穩如茵草上歸」，宋本作「草嫩如茵車上歸」。　〔二十一〕「竹間」，宋本作「新開」。　〔二十二〕「畔」，宋本作「伴」。　〔二十三〕「似」，徐本作「是」。　〔二十四〕「誰」，叢刊本、四庫本作「惟」，徐本作「唯」。　〔二十五〕「弊」，四庫本作「僻」。　〔二十六〕「義」，叢刊本、四庫本作「意」。　〔二十七〕「猶」，宋本作「隨」。　〔二十八〕「事多少」，宋本作「多少事」。　〔二十九〕「天津」，宋本作「堯夫」。　〔三十〕「話」，宋本作「語」。　〔三十一〕「冷」，宋本作「重」。　〔三十二〕「唯」，叢刊本、四庫本作「惟」。　〔三十三〕「壠」，叢刊本、徐本、四庫本作「隴」。　〔三十四〕「憂」，宋本作「愛」。　〔三十五〕「刃」，叢刊本作「刀」。　〔三十六〕「禍福」，徐本作「福禍」。　〔三十七〕「妄」，叢刊本、徐本、四庫本作「忘」。　〔三十八〕「便」，叢刊本、徐本、四庫本作「更」。　〔三十九〕「致疑」，叢刊本、四庫本作「數殊」。　〔四十〕「未」，叢刊本、四庫本作「不」。　〔四十一〕「似」，叢刊本、四庫本作「皺」。　〔四十二〕

「皎」，叢刊本、四庫本作「淡」。〔四十三〕「那」，叢刊本、四庫本作「却」。〔四十四〕「麾」，叢刊本、徐本、四庫本作「揮」。〔四十五〕「道在眼前人不見」，宋本作「多少寬平好田宅」，叢刊本、徐本、四庫本作「多少寬平好田地」。〔四十六〕「易」，叢刊本、四庫本作「意」。〔四十七〕『是」，叢刊本、四庫本作「看」。〔四十八〕「谷」，宋本作「容」，恐非。「暉」，宋本作「輝」。〔四十九〕「誰」，叢刊本、徐本、四庫本作「難」。〔五十〕「私」下，徐本有小注「又云：華夷忠信同歸善，今古姦邪皆有私」十六字。〔五十一〕「得」，叢刊本、徐本、四庫本作「後」。〔五十二〕「毋」，叢刊本、四庫本作「無」。〔五十三〕「湯武」，叢刊本作「湯文」。〔五十四〕「客問」，叢刊本、四庫本作「詩是」。〔五十五〕「起」，叢刊本、徐本、四庫本作「是」。〔五十六〕「辯」，叢刊本、四庫本作「辨」。〔五十七〕「要妙」，徐本作「要玅」，下同。〔五十八〕「處買」，徐本作「買處」。〔五十九〕「岐」，宋本同，叢刊本、徐本、四庫本作「岥」。〔六十〕「佛」，徐本、四庫本作「拂」。〔六十一〕「須」，徐本、四庫本作「能」。〔六十二〕以上八句，叢刊本無。〔六十三〕「下」，叢刊本作「卜」。〔六十四〕「挺」，叢刊本、四庫本作「節」。

和堯夫首尾吟〔一〕

光

堯夫非是愛吟詩，安樂窩中無所爲。古道白頭無處用，今時青眼幾人知。

嵩山洛水長相見，秋月春風不失期。筋力雖衰才思壯，遞年比較未嘗虧。

【校勘記】

〔一〕此詩底本原無，據叢刊本、徐本、四庫本補。

和〔一〕　程顥

先生非是愛吟詩，爲要形容至樂時。醉裏乾坤都寓物，閑來風月更輸誰。

死生有命人何預，消長隨時我不悲。直對希夷無事處，先生非是愛吟詩。

【校勘記】

〔一〕此詩底本原無，據叢刊、徐本、四庫本補。

觀罷走筆書後卷〔一〕　富弼

黎民於變是堯時，便字堯夫德可知。更覽新詩名擊壤，先生全道略無遺。

【校勘記】

〔一〕此詩底本原無，據叢刊、徐本、四庫本補。

伊川擊壤集外詩文①

過比干墓

精誠皦〔一〕於日，發出爲忠辭。方寸已盡破，獨夫猶不知。
高墳臨大道，老木無柔枝。千古存遺像，翻爲諂子嗤。

【校勘記】

〔一〕「皦」，四庫本作「皎」。

自遣

讀書忘歲月，人競笑蹉跎。但得甘百〔一〕足，寧辭辛苦多。
龍泉去鋩刃，蝸角亦風波。知我爲親老，不知將謂何。

① 底本原無，據各本補。

【校勘記】

〔一〕四庫本「百」作「旨」。

共城十吟〔一〕

予家有園數十畝，皆桃李棃杏之類，在衛之西郊。自始營十餘載矣，未嘗熟觀花之開，屬以男子之常事也。去年冬會病歸自京師，至今年春始偶花之繁茂，復悼身之窮處，故有《春郊詩》一什。雖不合於雅焉，抑亦導于情耳。慶曆丁亥歲。

【校勘記】

〔一〕詩題，四庫本作「共城十吟小序」。

其一曰春郊閒居

居處雖近郭，不欲登城市。盡日客不來，至夜門猶閉。
院静春正濃，牕閑晝複寐。誰知蘂藿中，自有詩書味。

其二曰春郊閒步

病起復驚春，攜筇看野新。水邊逢釣者，壠上見耕人。

訪彼形容苦，酬予家業貧。自慚功濟力，未得遂生民。

其三曰春郊芳草

春風必有刀，離腸被君斷。春風既無力，芳草何人剪。
腸斷不復接，草剪益還生。誰人有芳酒，爲我高歌傾。

其四曰春郊花開

桃李正芬敷，花繁覆弊〔一〕廬。亂香尋密牖，碎影下前除。
静邊晝眠後，輕攀春醉餘。縱然觀盡日，誰敢罪狂疎。

【校勘記】

〔一〕四庫本「弊」作「敝」。

其五曰春郊寒食

郭外花亦繁，不謂繁華失。幸非在郭中，不見繁華物。
不寒不暖天，半陰半晴日。花外鞦韆鳴，月隔鞦韆出。

其六曰春郊晚望

風暖囀鳴禽，天低薄薄陰。煙容凝壠曲，雨意弄河心。
柳隔高城遠，花藏舊縣深。獨憐身卧病，猶許後春尋。

其七曰春郊雨中

九野散漫漫，連昏鳥道間。坐中迷遠樹，門外失前山。
襏襫耕夫喜，幈幪居者閑。騷人正凝黯，天際意初還。

其八曰春郊雨後

雨歇蕩餘春，天光露太真。茵鋪芳草軟，錦濯爛花新。
風觸鶯簧健，煙舒柳帶匀。如何當此景，閑卧度昌辰。

其九曰春郊舊酒

花開風雨後，忍病欲消磨。未是疎狂極，其如困頓何。
梁間新燕亂，天外去鴻多。揔是灰心事，冥焉晝午過。

其十曰春郊花落

春暮多風雨，離披滿後園。曉餘殘片擁，晴外亂紅翻。香徑難留裛，嬌心絶弄繁。成蹊是桃李，狼籍尚無言。

寄楊軒

淇水清且泚，泉源發吾地。流到君家時，儘是思君意。①

對　花

新花色鮮妍，故花色憔悴。明朝花更開，新花何有異。

詠　世

福藝俱全不可逃，无能无福謾徒勞。福微藝廣終須貴，靠福无能久不高。

① 以上録自《四部叢刊》初編本《伊川擊壤集》集外詩。

富貴

富貴如將智力求，仲尼年少合封侯。世人不解青天意，空使身心半夜愁。

潛機〔一〕

世事觀開日，人情看破時。一身都是我，瘦了又還肥。貨聚知朋聚，財離親戚離。目前常見此，焉得不潛機。

【校勘記】

〔一〕詩題，蔡本作「潛機吟」。此詩前四句與卷十九《窺開吟》其一略同。

還村〔一〕

得路青霄正好衝，休貪糧稻惠深龍。〔二〕要无爲後須還補，〔三〕好自由時莫厭窮。百計用心不是錯，〔四〕一場大夢到頭空。生涯澹澹隨緣過，未肯將中入彀中。〔五〕

【校勘記】

〔一〕詩題，蔡本作「隨緣吟」。據詩意，「村」字疑當作「朴」。　〔二〕「惠深龍」，蔡本作「戀深籠」。

〔三〕「補」，蔡本作「朴」。　〔四〕「不是錯」，蔡本作「終是錯」。　〔五〕「將中」，蔡本作「將身」。

破釜

有一破釜多故舊，掉向空房不照顧。上面埻土塵埃生，兩壘到耳連底透。叫得將來錮露人，拈得与他交覷部。羊皮鞴袋扇風急，旋去炉内煉金汁。烹向破釜竅眼中，錮露還同如舊日。釜有□□人有病，人病還同釜有紊。破釜錮露上依然，人□□枉喪命。

五相

北巷通南陌，門連五相家。水分池對岸，牆隔樹交花。

呈富相風箏

秋風一擊入雲端，合國人皆仰面觀。好向丹青休索線，等閑勢斷却收難。

檜折

禹士力生頭，都知閑做弄。直待檜子折，恁時柴束重。

相笑

白雲耕叟説方知，遥指西南舊殿基。更有笑人君不見，道傍橋是墓前碑。

歡笑

剗平荆棘蓋樓臺，樓上笙簧鼎沸開。歡笑未絶兵火起，從前荆棘却生來。

首尾吟

堯夫非是愛吟詩，詩是堯夫讚易時。士昧固難分躰用，人靈自不異著龜。吉凶只向面前決，動静何煩心上疑。由此敢開天下口，堯夫非是愛吟詩。

秋日

滿目平原百里賒，寂寥深處見人家。三間草屋無樵爨，一□□□有野花。遠出小童尋路徑，歸來老叟帶煙霞。數聲起笛寒山暮，光照柴門月滿斜。

聞少華崩

熙寧壬子歲，少華忽然崩。七社民俱死，九泉神不寧。普天無駭，〔一〕曠古未之聆。變理陰陽者，如何略不驚。

【校勘記】

〔一〕此處疑有脱字。

秋　夜

耿耿銀河秋夜長，起來無寐□思量。思量了後迷還悶，煩惱到頭徒□□。□□□□休計較，夢中説夢轉尋常。回頭萬事□□迹，空□語言争短長。

晝寢房

晝寢房中好避乖，中堂有客寄書來。多因只是名和利，放向床頭不折開。

選官圖

虚名虚利太無端，自方□□寸進難。大抵人生只如此，採來誰不做高官。①以上同上書卷之九

暮春吟

許大春工造物華，一場狼藉俱堪嗟。群芳委盡緑陰密，遊騎去殘紅日斜。臺上喧呼成蝶夢，眼前零落空楊花。人間萬事卒如此，□□莊□□□□。〔一〕

【校勘記】

〔一〕「□□莊□」，底本似爲「欲信莊周」。

代書寄張司封吟

天機時事不相差，老後觀時□□□。□□□□中去夢，□□□□□飛花。□□□□□□□，□□□□但可嗟。唯有□風一杯酒，憶君□□□□□□。

① 以上録自宋版《邵堯夫先生詩全集》。

和人語道吟

吾道昭昭是可尊，豈宜他適復□□。珠藏水底川須媚，月到天心夜不昏。禮樂不□□□□，詩書自可造形論。直須去盡秋毫迹，□□□□□□□。

伊川吟〔一〕

休嗟流年隨逝水，但將清景逐閑情。山河天下從來廣，日月林間長自明。幸有園林供笑傲，豈无詩酒樂昇平。如何更得煙霞侶，好向伊川老此生。

【校勘記】

〔一〕詩題，原作「伊川吟二首」，實存一首。

六十歲吟

六十殘軀鬢已斑，繆稱仙術有□□。時來孺子成功易，勢去聖人爲力難。雖則筋骸粗康健，柰何情意已闌珊。着身争處明開眼，三十年來看世間。

曉物吟〔一〕

曉物情人爲曉事，知時態者號知人。知人淺後却成害，曉事過時翻不淳。〔二〕鉛錫點金終是假，丹青畫馬妄求真。奈何近世人多愛，惡紫之心殊未申。

【校勘記】

〔一〕此詩前四句與卷十一《曉事吟》同，五、六兩句見卷七《崇德閣下答諸公不語禪》。〔二〕「翻」，宋本作「還」。

人生吟

□□□□餘，何用苦區區。好高非□□，□□□□□。□□□□有，好詐落强無。□□少斯□，□□□□□。

自成吟

□□□秀人，彼此一□□。成人□□人，彼此一般口，□□如何意，必爲□□□。春秋□□信，君臣不能守。□□毀吕布，言訖分屍首。天若□毫鑑，下照非妍醜。不罪本身乎，子孫遭殃咎。同上書卷之五

无行吟

無行少年子，京都來往頻。功名一生事，歌酒十年春。有數黄金盡，无情白髮新。朋從消散尽，羸得病隨身。

悲怒吟

多怒傷人氣，多悲傷人心。□□□□淺，傷心爲害深。害淺藥易治，害深藥難任。誰能知未病，何藥能相尋。以上同上書卷之六

觀天

千里南山對華山，二山中有修□□。□明禾黍交横□，□静禽魚相與閑。好景尽宜□物外，虚名不顯落□□。□□□語无心旨，自謂羲皇正却還。

人心

弟兄尚路人，它人安可從。人心方寸間，山海幾千重。輕言託朋友，對面九嶷峰。多花必

早落，桃李不如松。管鮑死已久，何人繼其蹤。①

芍藥四首

阿姨天上無霓裳，姊妹庭前剪雪霜。要與牡丹爲近侍，鉛華不待學梅妝。

含露仙姿近玉堂，翻堦美態醉紅粧。對花未免須酣舞，到底昌黎是楚狂。

一聲啼鴂畫樓東，魏紫姚黄掃地空。多謝化工憐寂寞，尚留芍藥殿春風。

花不能言意已知，今君慵飲更無疑。但知白酒留佳客，直待瓊舟覆玉彝。宋陳景沂《全芳備祖》前集卷三

遊海棠西山示趙彦成

東風吹雨過溪門，白白朱朱亂遠村。灘石已無回棹勢，岸楓猶出繫船痕。時危不厭江山僻，客好惟知笑語温。莫上南岡看春色，海棠花下却銷魂。宋陳思《海棠譜》卷下

① 以上録自蔡弼重編《重刊邵堯夫擊壤集》。

觸觀物

萬物備吾身，身貧道未貧。觀時見物理，主敬得天真。心净星辰夜，情近草木春。自憐斲喪者，能作太平人。

晚涼閒步

得處亦多矣，風前任鬢班。年過半百外，天與一生閒。瑩净雲間月，分明雨後山。中心無所愧，對此敢開顔。以上宋金履祥《濂洛風雅》卷四

王氏螟羅氏子

庚星一點光無涯，日來飛入江東家。江東江左舊聲氣，叔氏得之真差事。歸來瑞光凌九霄，叔氏喜亦迎眉鬢。家人驚起偏物色，袖中却得真英物。螟蛉須信逢蜾蠃，莫惜丁寧長類我。他年解有速肖時，會振風流舊江左。宋劉應李《新編事文類聚翰墨大全》丙集卷三

訓世孝弟詩十首

子孝親兮弟敬哥，休殘骨肉起風波。劬勞恩重須當報，手足情深要取和。公藝同居今古

罕，田真共處子孫多。如斯遐邇皆稱美，子孝親兮弟敬哥。

子孝親兮弟敬哥，怡聲下氣與謙和。難兄難弟名偏重，孝子賢孫貴自多。負米尚能爲薄養，讀書寧不擢高科。仲由陳紀皆如此，子孝親兮弟敬哥。

子孝親兮弟敬哥，訓賢妯娌事翁婆。好遵孟母三遷教，須讀張公百忍歌。孝友睦婣兼任恤，智仁聖義與中和。當時曾子同楊博，子孝親兮弟敬哥。

子孝親兮弟敬哥，光陰擲過疾如梭。庭闈樂處兒孫樂，兄弟和時妯娌和。孝弟傳家名不朽，金銀滿櫃富如何。要知美譽傳今古，子孝親兮弟敬哥。

子孝親兮弟敬哥，天時地利與人和。莫言世事常如此，堪嘆人生有幾何。滿眼繁華何足貴，一家安樂值錢多。奇哉讓梨並懷橘，子孝親兮弟敬哥。

子孝親兮弟敬哥，晨昏定省莫蹉跎。一門孝友真難得，百歲光陰最易過。和樂且耽宜自翕，彝倫攸敘在謙和。斑衣舞罷塤篪奏，子孝親兮弟敬哥。

子孝親兮弟敬哥，丈夫休聽室人唆。眼前金帛毋嫌少，膝下兒孫不厭多。但得家和貧也好，若教不義富如何。王韓孝友垂青史，子孝親兮弟敬哥。

子孝親兮弟敬哥，休傷和氣忿争多。偏生嫉妬偏艱窘，暗積私房暗折磨。不孝自然生忤逆，無仁實是出妖魔。但聞孝弟傳千古，子孝親兮弟敬哥。

子孝親兮弟敬哥，莫因微利遽傷和。黄金櫃内休嫌少，陰德冥中要積多。私曲豈知公直在，剛强無柰善柔何。古今簡籍多名譽，子孝親兮弟敬哥。

子孝親兮弟敬哥，吁嗟分拆聽搬唆。囊中財物他嫌少，祖上田園你要多。夫婦眼前雖快樂，兒孫日後恐消磨。何如孝弟親鄉黨，子孝親兮弟敬哥。

每日清晨一炷香，謝天謝地謝三光。所求處處田禾熟，惟願人人壽命長。國有賢臣安社稷，家無逆子惱爹娘。四方平静干戈息，我若貧時也不妨。清康熙八年重刻明吴翰、吴泰注《擊壤集》卷一

睢陽五老圖

政事渾如春夢閑，人情囂薄惡儒冠。四朝遺烈承平日，兩世觀風樹大桓。經濟安民心不晦，保全傳嗣骨無寒。乾元恰似諸公意，符節還同一揆看。清康熙《歷代題畫詩類》卷四一

句

始信畫前原有易，自從删後更無時。宋楊時《龜山語録》

水光連夜白，雪意共雲低。宋《錦繡萬花谷》前集卷三

遂令高卧人，欹枕看兒戲。元白珽《湛淵詩話》①

① 以上録自《全宋詩》卷三八一邵雍二一。

洛陽懷古賦①

洛陽之爲都也，居天地之中，有終天之王氣在焉。予家此，治平歲，會秋乘雨霽，與殿院劉君玉登天宫寺三寶閣，洛之風景因得周覽。惜其百代興廢以來，天子雖都之，而多不得其久居也。故有懷古之感，以通諷諭。君玉好賦，請以賦言。

秋雨霽，日色清。景方出，秋益明。何幽懷之能快，唯高閣之可憑。天之空廓，風之輕冷。覽三川之形勝，感千古之廢興。乃眷西北，物華之妍，雲情物態，一氣茫然。擁樓閣以高下，焕金碧之光鮮。當地勢之拱處，有王居之在焉。惜乎天子居東都，此邦若諸夏，不會要于方來，不號令于天下。聲明文物，不此而出；道德仁義，不此而化。宫殿森列，鞠而爲茂草；園囿棊布，荒而爲平野。鑾輿曾不到者，三十餘年，使人依然而歎曰：虚有都之名也。噫，夏王之治水也，四海之内，列壤惟九，而居中者，實曰豫州。荆河之北，此爲上流。周公之卜宅也，率土之濱，建國爲萬，而居中者，實曰洛陽。瀍澗之側，此唯舊都。迄于今日，二千年之有餘。因興替之不定，故靡常其厥居。我所以作賦者，閲古今變易之時，述興亡異同之迹。追既失之君王，存後來之國家也。

① 録自《四部叢刊》初編本宋吕祖謙編《皇朝文鑑》卷五。

噫，太昊始法，二帝成之。三王全法，參用適宜。伊六聖之經理，實萬世之宗師。我乃謂治民之道，於是乎大盡矣。逮夫五霸抗軏，七雄駕威。漢之興乘秦之弊，曹之擅幸漢之衰。始鼎立而治，終豆分而隳。晉中原之失守，宋江左之晝畿。或走齊而驛魏，或道陳而經隋。自元魏廓河南之土，植六朝之風物。李唐蟠關中之腹，孕五代之亂離。其間，或道勝而得民，或兵强而慴下。或虎吞而龍噬，或鷄狂而犬詐。或創業於艱難，或守成於逸暇。或覆餗而終焉，或包桑而振者。〔二〕故得陳其六事，雖善惡不同，其成敗一也。

其一曰：大哉，德之爲大也。能潤天下，必先行之於身，然後化之於人。化也者，効之也，自人而効我者也。所以不嚴而治，不爲而成，不言而信，不令而行。順天下之性命，育天下之生靈。其帝者之所爲乎？

其二曰：至哉，政之爲大也。能公天下，必先行之於身，然後教之於人。教也者，正之也，自我而正人者也。所以有嚴而治，有爲而成，有言而信，有令而行。拔天下之疾苦，遂天下之生靈。其王者之所爲乎？

其三曰：壯哉，力之大也。能致天下，必先豐府庫，峙倉箱，鋭鋒鏑，峻金湯。嚴法令于烈火，肅兵刑于秋霜。竦民聽于上下，慴夷心于外荒。其霸者之所爲乎？

其四曰：時若傷之于隨，失之于寬，始則廢事，久則生姦。既利不能勝言，故冗得以疾賢。是必薄其賦歛，欲民不困而民愈困。省其刑罰，欲民不殘而民愈殘。蓋致之之道，失其本矣。

其五曰：時若任之以明，〔二〕專之以察，始則烈烈，終焉缺缺。既上下以交虐，乃恩信之見奪。是必峻其刑罰，欲民不犯而民愈犯。厚其賦歛，欲國不竭而國愈竭。蓋致之之道，失其末矣。其六曰：水旱爲沴，年歲豐虛，此天地之常理，雖聖人不能無。蓋有備而無患，不得中者，加以寬猛失政，重輕逸權，不有水旱而民已困，而况有水旱兵革焉。所謂本末交失，不亡何待。

天下有成敗六焉，此之謂也。君天下者，得不用聖帝之《典》《謨》，行明王之教化？士可殺，不可辱。民可近，不可下。上能撫如子焉，下必戴其后也。仲尼所以陳革命，則抑爲人之匪君。明遜國，則杜爲人之不臣。定禮樂而一天下之政教，修《春秋》而罪諸侯之亂倫。删《詩》以揚文武之美，序《書》以尊堯舜之仁。贊大《易》以都括，與六經而並存。意者不可以地之重易民之教，不可以民之教悖天之時。教之各備，則居地而得宜，是故知地不可固有之也。君上必欲上爲帝事，則請執天道焉。中爲王事，則請執人道焉。下爲霸事，則請執地道焉。三道之間能舉其一，千古之上，猶反掌焉。則是洛之興也，又何計乎都與不都也。如欲用我，吾從其中。

【校勘記】

〔一〕「包」，四庫本作「苞」。〔二〕「明」原作「民」，據四庫本改。

勸學説

仲尼曰：「學而時習之，不亦説乎？有朋自遠方來，不亦樂乎？」是知爲善之樂無大於學。夫學也者，學爲人之事也，爲人不能爲之事則始可謂之人之人也。天下之人、天下之事、天下之情、天下之理，能易地而處之，則天下安往而不利哉！須二十歲之後，三十歲之前，一百二十月之内，三千六百日之間朝經暮史，晝子夜集，究天地未來之消長，參帝王已往之因革，狀聖賢淵微之旨趣，盡師友精一之議論，聚而爲才，能養爲德器，悦而爲珍寶，發而爲事業，施之於心則心樂，施之於身則身安，施之於家則家和，施之于國則國泰，四者有素，儒者不得謂虚生於一世矣。所有道之行與不行，則系乎時之用舍如何爾？然後始可以語命也，是道行則功濟天下，道不行，則獨善一身，功濟天下故能在上而不驕，獨善其身故能遁世而無悶，固非空空之鄙夫者之所能。或曰：「亦未足以爲天下大賢。」則吾直以爲妄語人也。

戒子孫①

上品之人不教而善，中品之人教而後善，下品之人教亦不善。不教而善非聖而何？教而後善非賢而何？教亦不善非愚而何？是知善也者，吉之謂也；不善也者，凶之謂也。吉也者，目不觀非禮之色，耳不聽非禮之聲，口不道非禮之言，足不踐非理之地，人非善不交，物非義不取，親賢如就芝蘭，避惡如畏蛇蝎。或曰不謂之吉人，則吾不信也。凶也者，語言詭譎，動止

① 録自《四部叢刊》初編本宋吕祖謙編《皇朝文鑒》卷一〇六。

陰險，好利飾非，貪淫樂禍，疾良善如讎隙，犯刑憲如飲食，小則殞身滅性，大則覆宗絶嗣。或曰不謂之凶人，則吾不信也。傳有之曰：「吉人爲善，惟日不足；凶人爲不善，亦惟日不足。」汝等欲爲吉人乎？欲爲凶人乎？

無名君傳①

無名君〔一〕生於冀方，老於豫方。〔二〕年十歲求學於里人，遂盡里人之情，己之滓十去其一二矣。年二十求學於鄉人，遂盡鄉人之情，己之滓十去其三四矣。年三十歲求學於國人，遂盡國人之情，己之滓十去其五六矣。年四十求學於古今，遂盡古今〔三〕之情，己之滓十去其八九矣。五十求學於天地，遂盡天地之情，欲求己之滓，無得而去矣。始則里人疑其僻，問於鄉人，〔四〕曰：「斯人善與人羣，安得謂之僻！」既而鄉人疑其泛，問於國人，〔五〕曰：「斯人不妄與人交，安得謂之泛！」既而國人疑其陋，問於四方之人，〔六〕曰：「斯人不能〔七〕器，安得謂之陋！」既而四方之人又疑之，質之於古今之人，古今之人終始無可與同者。又考之〔八〕於天地，〔九〕不對。當時也〔一〇〕四方之人迷亂，不復得知，因號爲無名君〔一一〕。夫「無名」者，不可得而名也。凡物

① 録自《四部叢刊》初編本宋吕祖謙編《皇朝文鑒》卷一百四十九，并參校康熙御製《性理大全書》中《皇極經世書·外書》之《無名公傳》（校勘記中簡稱「大全本」）。

有形則可器，可器斯可名。然則斯人無體乎？曰：「有體，有體而無跡者也。」斯人無用乎？曰：「有用，有用而無心者也。」夫有跡有心〔一二〕者，斯可得而知也。無跡無心者，雖鬼神亦不可得而知。不可得而名，而況於人乎！故其詩曰：「思慮未起，鬼神莫知。不由乎我，更由乎誰？」能造萬物者，天地也。能造天地者，太極也。太極者，其〔一三〕可得而知乎？故强名之曰太極。太極者，其無名之謂乎？故嘗自爲之贊曰：「借爾面貌，假爾形骸。弄丸〔一四〕餘暇，閒往閒來。」人告之以修福，對曰：吾〔一五〕未嘗不爲善。人〔一六〕告之以禳災，對曰：吾〔一七〕未嘗妄祭。故詩曰「禍如許免人須諂，福若待求天可量。」又曰：「中孚起信寧煩禱，無妄生災未易禳。」〔一八〕性喜飲酒，常命之曰《太和詩》，曰：「不佞禪伯，不諛方士。不出户庭，直際天地。」家素業爲儒言，身未嘗不行儒行，故其詩曰：「心無妄思，足無妄走。人無妄交，物無妄受。炎炎論之，甘處其陋。綽綽言之，無出其右。羲軒之書，未嘗去手。堯舜之談，未嘗虚口。當中和天，同樂《易》友。吟自在詩，飲歡喜酒。百年昇平，不爲不偶。七十康强，不爲不壽。」此其無名君之行乎？

【校勘記】

〔一〕「君」，大全本作「公」。〔二〕「豫方」下，大全本有「終于豫方」四字。〔三〕「今」，大全本作「人」，下有小注云「一作今」。〔四〕「鄉人」下，大全本有「鄉人」二字。〔五〕「國人」下，大全本有「國人」二字。〔六〕「四方之八」下，大全本有「四方之八」四字。〔七〕「能」，大全本無，而有小注云「一有能字」。〔八〕

「考之」，大全本作「問」。〔九〕「天地」下，大全本有「天地」二字。〔一〇〕「當時也」，大全本作「當是之時」。〔一一〕「君」，大全本作「公」。〔一二〕「無跡無心」，大全本作「無心無跡」。〔一三〕「其」下，大全本有「可得而名乎」五字。〔一四〕「丸」下，大全本有小注云「丸謂太極」。〔一五〕「吾」，大全本無。〔一六〕「人」，大全本無。〔一七〕「吾」，大全本無。〔一八〕自此至「不佞禪伯」，大全本有「性喜飲酒，嘗命之曰『太和湯』。所飲不多，微醺而罷，不喜過醉，故其詩曰：『性喜飲酒，飲喜微酡。飲未微酡，口先吟哦。吟哦不足，遂及浩歌。浩歌不足，無可奈何。』所寢之室，謂之安樂窩，不求過美，惟求冬燠夏凉，遇有睡思，則就枕，故其詩曰：『墻高于肩，室大于斗。布被暖餘，藜羹飽後。氣吐胷中，充塞宇宙。』其與人交，雖賤必洽。終身無甘壞，未嘗作皺眉事，故人皆得其歡心。見貴人未嘗曲奉，見不善人未嘗急去，見善人未之知也未嘗急合，故其詩曰：『風月情懷，江湖性氣。色斯其舉，翔而後至。無賤無貧，無富無貴。無將無迎，無拘無忌。』聞人之謗未嘗怒，聞人之譽未嘗喜，聞人言人之惡未嘗知，聞人言人之善則就而和之，又從而喜之，故其詩曰：『樂見善人，樂聞善事。樂道善言，樂行善意。聞人之惡，如負芒刺。聞人之善，如佩蘭蕙。』家貧，未嘗求于人，人饋之雖寡，必受，故其詩曰：『窘未嘗憂，飲不至醉。收天下春，歸之肝肺。』朝廷授之官，雖不强免，亦不强起，晚有二子，教之以仁義，授之以《六經》，舉世尚虚談，未嘗掛一言，舉世尚奇事，未嘗立異行」一段。

自作像贊①

松桂操行，鶯花文才。江山氣度，風月情懷。借爾面貌，假爾形骸。弄丸餘暇，閒往閒來。

① 録自乾隆《河南府志》卷七九。

老子贊①

皇皇道德，古大宗師。爲天地根，人物範圍。

司馬光文中子補傳贊②

小人無是，當世已棄。君子有非，萬世猶譏。録其所是，棄其所非，君子有歸；因其所非，棄其所是，君子幾希。惜哉仲淹，壽不永乎。非其廢是，瑕不掩瑜。雖未至聖，其聖人之徒歟！

答人書熙寧三年③

正賢者所當盡力之時。新法固嚴，能寬一分，則民受一分賜矣，投劾而去，果何益哉？此法雖嚴，當行以寬。

① 録自道光《亳縣志》卷一六，道光五年刊本；又見光緒《鹿邑縣志》卷一〇下。
② 録自《邵氏聞見後録》卷四；又見《能改齋漫録》卷一四。
③ 録自宋陳元靚撰《事林廣記》前集卷九。

題壽星圖①

嘉祐八年冬十一月，京師有道人遊卜於市，莫知所從來，貌體古怪，不與常類，飲酒無算，未嘗覺醉。都人士異之，相與諠傳，好事者潛圖其狀。後近侍達帝，引見，賜酒一石，飲及七斗。次日，司天臺奏壽星臨帝座，忽失道人所在，仁宗嘉嘆久之。閱世之所寫《壽星圖》，不知其幾，不過俯龜狎鶴、松柏參錯、粉飾鮮麗而已。仁宗時，天下熙熙，無物不春，宜乎壽星遊戲人間，躬見於帝也。

漁樵問對

漁者垂鈎于伊水之上，樵者過之，弛簷息肩坐于磐石之上，而問於漁者。

曰：「魚可鈎取乎？」

曰：「然。」

曰：「鈎非餌可乎？」

曰：「否。」

曰：「非鈎也，餌也。魚利食而見害，人利魚而獲利，其利同也，其害異也，敢問何故？」

---

① 録自明陳耀文撰《天中記》卷二。

曰：「子樵者也，與吾異治，安得侵吾事乎！然亦可以爲子試言之。彼之利猶此之利也，彼之害亦猶此之害也。子知其小，未知其大。魚之利食，吾亦利乎食也。魚之害食，吾亦害乎食也。子知魚終日得食爲利，又安知魚終日不得食不爲害？如是則食之害也重，而鈎之害也輕。子知吾終日得魚爲利，又安知吾終日不得魚不爲害也。如是，則吾之害也重，魚之害也輕。以魚之一身當人之一食，則魚之害多矣。以人之一身當魚之一食，則人之害亦多矣。又安知鈎乎？大江大海，則無異地之患焉。魚利乎水，人利乎陸，水與陸異，其利一也。魚害乎餌，人害乎財，餌與財異，其害一也。又何必分乎彼此哉！子之言體也，獨不知用爾。」

樵者又問曰：「魚可生食乎？」

曰：「烹之可也。」

曰：「必吾薪濟子之魚乎？」

曰：「然。」

曰：「吾知有用乎子矣。」

曰：「然則子知子之薪能濟吾之魚，不知子之薪所以能濟吾之魚也。薪之能濟魚久矣，不待子而後知。苟世未知火之能用薪，則子之薪雖積丘山，獨且奈何哉！」

樵者曰：「願聞其方。」

曰：「火生於動，水生於靜。動靜之相生，水火之相息。水火用，草木體也。用生於利，體生於害。利害見乎情，體用隱乎性。一性一情，聖人成能。子之薪猶吾之魚，微火則皆爲腐臭朽壞而無所用矣，又安能養人七尺之軀哉！」

樵者曰：「火之功大於薪，固已知之矣。敢問善灼物何必待薪而後傳？」

漁者曰：「薪，火之體也。火，薪之用也。火無體，待薪然後爲體。薪無用，待火而後爲用。是故凡有體之物，皆可焚之矣。」

曰：「水有體乎？」

曰：「然。」

曰：「火能焚水乎？」

曰：「火之性能迎而不能隨，故滅。水之體能隨而不能迎，故熱。是故有温泉而無寒火，相息之謂也。」

曰：「火之道生於用，亦有體乎？」

曰：「火以用爲本，以體爲末，故動。水以體爲本，以用爲末，故静。是火亦有體，火亦有用也。故能相濟又能相息。非獨水火則然，天下之事皆然，在乎用之何如爾。」

樵者曰：「用可得聞乎？」

曰：「可以意得者，物之性也。可以言傳者，物之情也。可以象求者，物之形也。可以數取者，物之體也。用也者，妙萬物爲言者也。可以意得而不可以言傳。」

曰：「不可以言傳，則子惡得而知之乎？」

曰：「吾所以得而知之者，固不能言傳。非獨吾不能傳之以言，聖人亦不能傳之以言也。」

曰：「聖人既不能傳之以言，則六經非言也耶？」

曰：「時然後言，何言之有？」

樵者贊曰：「天地之道備於人，萬物之道備於身，衆妙之道備於神，天下之能事畢矣。又何思何慮！吾而今而後知事心踐形之爲大，不及子之門，幾至於殆矣。」乃析薪烹魚而食之，飫而論《易》。

漁者與樵者遊於伊水之上。

漁者歎曰：「熙熙乎萬物之多，未始有雜。吾知遊乎天地之間，萬物皆可以無心而致之矣。非子，則吾孰與歸焉？」

樵者曰：「敢問無心致天地萬物之方？」

漁者曰：「無心者，無意之謂也。無意之意，不我物也。不我物，然後能物物。」

曰：「何謂我，何謂物？」

曰：「以我徇物，則我亦物也。以物徇我，則物亦我也。我物皆致意，由是明天地亦萬物也。何天地之有焉？萬物亦天地也。何萬物之有焉？萬物亦我也。何萬物之有焉？我亦萬物也。何我之有焉？何物不我，何我不物。如是則可以宰天地，可以司鬼神，而況於人乎，況於物乎！」

樵者問漁者曰：「天何依？」

曰：「依乎地。」

「地何附？」

曰：「附乎天。」

曰：「然則天地何依何附？」

曰：「自相依附。天依形，地附氣。其形也有涯，其氣也無涯。有無之相生，形氣之相息，終則有始，終始之間天地之所存乎！天以用爲本，以體爲末。地以體爲本，以用爲末。利用出入之謂神。名體有無之謂聖。唯神與聖，能參乎天地者也。小人則日用而不知，故有害生實喪之患也。夫名也者，實之客也。利也者，害之主也。名生於不足，利喪於有餘，害生於有餘，實喪於不足，此理之常也。養身者必以利，貪夫則以身徇利，故有害生焉。立身必以名，衆人則以身徇名，故有實喪焉。竊人之財謂之盜，其始取之也唯恐其不多也，及其敗露也唯恐其多矣。竊人之美謂之徼，其始取之唯恐其不多也，及其敗夫賄之與贓，一物也而兩名者，利與害故也。竊人之美謂之徼，其始取之唯恐其不多也，及其敗露也唯恐其多矣。夫譽與毁，一事也而兩名者，名與實故也。凡言朝者，萃名之所也。市者聚利之地也，能不以争處乎其間，雖一日九遷，一貨十倍，何害生實喪之有耶！是知争也者，取利之端也。讓也者，趨名之本也。利至則害生，名興則實喪，利至名興而無害生實喪之患，唯有德者能之。天依地地附天，豈相遠哉！」

漁者謂樵者曰：「天下將治則人必尚行也，天下將亂則人必尚言也。尚行則篤實之風行焉，尚言則詭譎之風行焉。天下將治則人必尚義也，天下將亂則人必尚利也。尚義則謙讓之風行焉，尚利則攘奪之風行焉。三王尚行者也，五霸尚言者也，尚行者必入於義，尚言者必入於利也。義利之相去，一何如是之遠耶？是知言之於口，不若行之於身，行之於身，不若盡之於心。言之於口，人得而聞之。行之於身，人得而見之。盡之於心，神得而知之。人之聰明猶不可欺，況神之聰明乎！是知無愧於口，不若無愧於身。無愧於身，不若無愧於心。無口過易，無身過難。無身過易，無心過難。既無心過，何難之有？吁，安得無心過之人，與之語心哉！」

漁者謂樵者曰：「子知觀天地萬物之道乎？」

樵者曰：「未也。願聞其方。」

漁者曰：「夫所以謂之觀物者，非以目觀之也。非觀之以目，而觀之以心也。非觀之以心，而觀之以理也。天下之物，莫不有理焉，莫不有性焉，莫不有命焉。所以謂之理者，窮之而後可知也。所以謂之性者，盡之而後可知也。所以謂之命者，至之而後可知也。此三知者，天下之真知也。雖聖人無以過之也，而過之者非所以謂之聖人也。夫鑑之所以能爲明者，謂其能不隱萬物之形也。雖然鑑之能不隱萬物之形，未若水之能一萬物之形也。雖然水之能一萬物之形，又未若聖人之能一萬物之情也。聖人之所以能一萬物之情者，謂其聖人之能反觀也。所以謂之反觀者，不以我觀物也。不以我觀物者，以物觀物之謂也。既能以物觀物，又安有我於其間哉！是知我亦人也，人亦我也，我與人皆物也。此所以能用天下之目爲己之目，其目無所不觀矣。用天下之耳爲己之耳，其耳無所不聽矣。用天下之口爲己之口，其口無所不言矣。用天下之心爲己之心，其心無所不謀矣。夫天下之觀，其於見也不亦廣乎！天下之聽，其於聞也不亦遠乎！天下之言，其於論也不亦高乎！天下之謀，其於樂也不亦大乎！夫其見至廣，其聞至遠，其論至高，其樂至大，能爲至廣至遠至高至大之事，而中無一爲焉，豈不謂至神至聖者乎！非唯吾謂之至神至聖者乎，而天下謂之至神至聖者乎！非唯一時之天下謂之至神至聖者乎，而千萬世之天下謂之至神至聖者乎！過此以往，未之或知也已。」

樵者問漁者曰：「子以何道而得魚？」

曰：「吾以六物具而得魚。」

曰：「六物具也，豈由天乎？」

曰：「具六物而得魚者，人也。具六物而所以得魚者，非人也。」

樵者未達，請問其方。

漁者曰：「六物者，竿也、綸也、浮也、沉也、鈎也、餌也。一不具，則魚不可得。然而六物具而不得魚者，非人也。六物具而不得魚者有焉，未有六物不具而得魚者也。是知具六物者，人也。得魚與不得魚者，天也。六物不具而不得魚者，非天也、人也。」

樵者曰：「人有禱鬼神而求福者，福可禱而求耶？求之而可得耶？敢問其所以？」

曰：「語善惡者，人也。禍福者，天也。天道福善而禍淫鬼神，其能違天乎！自作之咎，固難逃已。天降之災，禳之奚益！修德積善，君子常分，安有餘事於其間哉！」

樵者曰：「有爲善而遇禍，有爲惡而獲福者，何也？」

漁者曰：「有幸與不幸也。幸不幸，命也。當不當，分也。一命一分，人其逃乎！」

曰：「何謂分，何謂命？」

曰：「小人之遇福，非分也，有命也。當禍，分也，非命也。君子之遇禍，非分也，有命也。當福，分也，非命也。」

漁者謂樵者曰：「人之所謂親莫如父子也，人之所謂疏莫如路人也。利害在心，則父子過路人遠矣。父子之道，天性也。利害猶或奪之，況非天性者乎！夫利害之移人，如是之深也，可不慎乎！路人之相逢則過之，固無相害之心焉。無利害在前故也。有利害在前，則路人與父子又奚擇焉？路人之能相交以義，又何況父子之親乎！夫義者，讓之本也。利者，争之端也。讓則有仁，争則有害。仁與害，何相去之遠也。堯舜，亦人也。桀，紂，亦人也。人與人同，而仁與害異爾。仁因義而起，害因利而生。利不以義，則臣弑其君者有焉，子弑其父者有焉。豈若路人之相逢，一日而交袂於中逵者哉！」

樵者謂漁者曰：「吾嘗負薪矣，舉百斤而無傷吾之身，加十斤則遂傷吾之身。敢問何故？」

漁者曰：「樵，則吾不知之矣。以吾之事觀之，則易地皆然。吾嘗鈎而得大魚，與吾交戰，欲棄之則不能捨，欲取之則未能勝，終日而後獲，幾有没溺之患矣。非直有身傷之患耶？魚與薪，則異也。其貪而爲傷，則一也。百斤力，分之内者也。十斤力，分之外者也。力分之外，雖一毫猶且爲害，而況十斤乎！吾之貪魚，亦何以異子之貪薪乎！」

樵者歎曰：「吾而今而後知量力而動者，智矣哉！」

樵者謂漁者曰：「子可謂知《易》之道矣。吾敢問『易有太極』，太極何物也？」

曰：「無爲之本也。」

「『太極生兩儀』，兩儀，天地之謂乎？」

曰：「兩儀，天地之祖也。非止爲天地而已也。太極分而爲二，先得一爲一，後得一爲二，一二謂兩儀。」

「『兩儀生四象』，四象，何物也？」

曰：「《大象》謂『陰陽剛柔』，有陰陽然後可以生。天有剛柔，然後可以生地。立功之本，於斯爲極。」

「『四象生八卦』，八卦，何謂也？」

曰：「謂乾、坤、離、坎、兑、艮、震、巽之謂也。迭相盛衰，終始於其間矣。因而重之，則六十四由是而生也。而易之道始備矣。」

樵者問漁者曰：「復，何以見天地之心乎？」

曰：「先陽已盡，後陽始生，則天地始生之際，中則當日月始周之際，末則當星辰終始之際，萬物死生，寒暑代謝，晝夜遷變，非此無以見之。當天地窮極之所必變，變則通，通則久，故《象》言『先王以至日閉關，商旅不行，後不省方』，順天故也。」

樵者謂漁者曰：「『無妄，災也』，敢問其故？」

曰：「妄，則欺也。得之必有禍，欺有妄也。順天而動，有禍及者，非禍也，災也。猶農有思豐而不勤稼穡者，其荒也，不亦禍乎？農有勤稼穡而復敗諸水旱者，其荒也，不亦災乎？故《象》言『先王以茂對時，育萬物』，貴不妄也。」

樵者問曰：「姤，何也？」

曰：「姤，遇也。柔遇剛也，與夬正反。夬始逼壯，姤始遇壯，陰始遇陽，故稱姤焉。觀其姤，天地之心亦可見矣。聖人以德化，及此罔有不昌，故《象》言『施命誥四方』，『履霜』之慎，其在此也。」

漁者謂樵者曰：「春爲陽始，夏爲陽極，秋爲陰始，冬爲陰。極陽始則温，陽極則熱，陰始則涼，陰極則寒。温則生物，熱則長物，涼則收物，寒則殺物。皆一氣其別而爲四焉。其生萬物也亦然。」

樵者問漁者曰：「人之所以能靈於萬物者，何以知其然耶？」

漁者對曰：「謂其目能收萬物之色，耳能收萬物之聲，鼻能收萬物之氣，口能收萬物之味。聲色氣味者，萬物之體也。目耳鼻口者，萬人之用也。體無定用，惟變是用。用無定體，惟化是體。體用交，而人物之道於是乎備矣。然則人亦物也，聖人亦人也。有一物之物，有十物之物，有百物之物，有千物之物，有萬物之物，有億物之物，有兆物之物。生一一之物當兆物之物者，豈非人乎？有一人之人，有十人之人，有百人之人，有千人之人，有萬人之人，有億人之人，有兆人之人。生一一之人當兆人之人者，豈非聖乎？是知人也者，物之至者也。聖人者，人之至者也。物之至者，始得謂之物之物也。人之至者，始得謂之人之人也。夫物之至者，至物之謂也。而人之至者，至人之謂也。以一至物而當一至人，則非聖而何？人謂之不聖，則吾不信也。何哉？謂其能以一心觀萬心，一身觀萬身，一物觀萬物，一世觀萬世者焉。又謂其能以心代天意，口代天言，手代天工，身代天事者焉。又謂其能以上識天時，下盡地理，中盡物情，通照人事者焉。又謂其能以彌綸天地，出入造化，進退今古，表裏人物者焉。噫！聖人者，非世世而效聖焉。吾不得而目見之也。雖然吾不得而目見之，察其心，觀者跡，探其體，潛其用，雖億萬年亦可以理知之也。人或告我曰，天地之外別有天地萬物，異乎此天地萬物，則吾不得而知已。非唯吾不得而知已也，聖人亦不得而知之也。凡言知者，謂其心得而知之也。言之者，謂其口得而言之也。既心尚不得而知之，口又惡得而言之乎！以心不可得知而知之，是謂妄知也。以口不可得言而言之，是謂妄言也。吾又安能從妄人而行妄知妄言者乎！」

漁者謂樵者曰：「仲尼有言曰：『殷因於夏禮，所損益可知也。周因於殷禮，所損益可知也。其或繼周者，雖百世可知也。』夫如是，則何止千百世而已哉！億千萬世，皆可得而知之也。人皆知仲尼之爲仲尼，不知仲尼之所以爲仲尼。不欲知仲尼之所以爲仲尼，則捨天地將奚之焉。人皆知天地之爲天地，不知天地之所以爲天地，不欲知天地之所以爲天地，則已如其必欲知天地之所以爲天地，則捨動静將奚之焉。夫一動一静者，天地之至妙者與？夫一動一静之間者，天地人之至妙至妙者與？是知仲尼之所以盡三才之道者，謂其行無轍跡也。故有言曰：『予欲無言。』又曰：『天何言哉，四時行焉，百物生焉。』其此之謂與？」

漁者謂樵者曰：「大哉！權之與變乎。非聖人無以盡之變，然後知天地之消長，權然後知天地之輕重。消長，時也。輕重，事也。時有否喪，事有損益。聖人不知隨時否喪之道，奚由知變之所爲乎？聖人不知隨時損益之道，奚由知權之所爲乎？運消長者，變也，處輕重者，權也。是知權之與變，聖人之一道耳。」

樵者謂漁者曰：「人謂死而有知，有諸？」

曰：「有之。」

曰：「何以知其然？」

曰：「以人知之。」

曰：「何者謂之人？」

曰：「目耳鼻口心膽脾脤之氣全，謂之人。心之靈曰神，膽之靈曰魄，脾之靈曰魂，脤之靈曰精。心之神發乎目，則謂之視。脤之精發乎耳，則謂之聽。脾之魂發乎鼻，則謂之臭。膽之魄發乎口，則謂之言。八者具備，然後謂之人。夫人者，天地萬物之秀氣也。然而亦有不中者，各求其類也。若全得人類，則謂之曰全人之人。夫全類者，天地萬物之中氣也。謂之曰全德之人也。全德之人者，人之人者也。夫人之人者，仁人之謂也。唯全人然後能當之。人之生也，謂其氣行。人之死也，謂其形返。氣行則神魂交，形返則精魄存。神魂行於天，精魄返于地。行於天則謂之曰陽行，返於地則謂之曰陰返。陽行則晝見而夜伏者也。陰返則夜見而晝伏者也。是故，知日者月之形也，月者日之影也。陽者陰之形也，陰者陽之影也。人者鬼之形也，鬼者人之影也。人謂鬼無形而無知者，吾不信也。」

漁者問樵者曰：「小人可絶乎？」

曰：「不可。君子稟陽正氣而生，小人稟陰邪氣而生。無陰則陽不成，無小人則君子亦不成，唯以盛衰乎其間也。陽六分則陰四分，陰六分則陽四分，陰陽相半則各五分矣。由是知君子小人之時，有盛衰也。治世，則君子六分。君子六分，則小人四分。小人固不勝君子矣。亂世，則反是。君君、臣臣、父父、子子、兄兄、弟弟、夫夫、婦婦，謂各安其分也。君不君、臣不臣、父不父、子不子、兄不兄、弟不弟、夫不夫、婦不婦，謂各失其分也。此則由世治世亂，使之然也。君子常行勝言，小人常言勝行。故世治則篤實之士多，世亂則緣飾之士衆。篤實鮮不成事，緣飾鮮不敗事。成多國興，敗多國亡。家亦由是而興亡也。夫興家興國之人與亡國亡家之人，相去一何遠哉！」

樵者問漁者曰：「人所謂才者，有利焉有害焉者，何也？」

漁者曰：「才一也，利害二也。有才之正者，有才之不正者。才之正者利乎人，而及乎身者也。才之不正者利乎身，而害乎人者也。」

曰：「不正，則安得謂之才？」

曰：「人所不能而能之，安得不謂之才！聖人所以惜乎才之難者，謂其能成天下之事，而歸之正者寡也。若不能歸之以正才，則才矣難乎語其仁也。譬猶藥之療疾也，毒藥亦有時而用也。可一而不可再也。疾愈則速已，不已則殺人矣。平藥則常日而用之可也，重疾非所以能治也。能驅重疾而無害人之毒者，古今人所謂良藥也。《易》曰『大君有命，開國承家，小人勿用』，如是則小人亦有時而用之，時平治定用之則否。《詩》云『它山之石，可以攻玉』，其小人之才乎？」

樵者謂漁者曰：「國家之興亡與夫才之邪正，則固得聞命矣。然則何不擇其人而用之？」

漁者曰：「擇臣者君也，擇君者臣也。賢愚各從其類而爲，奈何有堯舜之君，必有堯舜之臣。有桀紂之君，必有桀紂之臣。堯舜之臣生乎桀紂之世，猶桀紂之臣生乎堯舜之世，必非其所用也。雖欲爲禍爲福，其能行乎！夫上之所好，下必好之。其若影響，豈待驅率而然耶！上好義則下必好義，而不義者遠矣。上好利則下必好利，而不利者遠矣。好利者衆，則天下日削矣。好義者衆，則天下日盛矣。日盛則昌，日削則亡。盛之與削，昌之與亡，豈其遠乎！在上之所好耳。夫治世何嘗無小人，亂世何嘗無君子。不用則善惡何由而行也。」

樵者曰：「善人常寡，而不善人常衆。治世常少，而亂世常多。何以知其然耶？」曰：「觀之於物，何物不然！譬諸五穀耘之，而不苗者有矣。蓬莠不耘而猶生，耘之而求其盡也，亦未如之何矣。由是知君子小人之道，有自來矣。君子見善則喜之，見不善則遠之。小人見善則疾之，見不善則喜之。善惡各從其類也。君子見善則就之，見不善則違之。小人見善則違之，見不善則就之。君子見義則遷，見利則止，小人見義則止，見利則遷。遷義則利人，遷利則害人。利人與害人，相去一何遠耶！家與國一也，其興也，君子常多而小人常鮮。其亡也，小人常多而君子常鮮。君子多而去之者小人也，小人多而去之者君子也。君子好生小人好殺，好生則世治，好殺則世亂。君子好義小人好利，治世則好義，亂世則好利，其理一也。」

釣者談已。樵者曰：「吾聞古有伏羲，今日如覩其面焉。」拜而謝之，及旦而去。

整理者按：以上《漁樵問對》，録自《性理大全書》卷十三《皇極經世書七·外書》。元陶宗儀《説郛》卷八上録有《漁樵對問》。作者署名邵雍。《性理大全書》所録内容與《説郛》中内容大致相同。程顥爲邵雍所作《墓誌銘》中有「有《問》有《觀》」一句,「觀」指《觀物篇》,「問」則似指《漁樵問對》。又《朱子語類》卷一百曰「康節《漁樵問對》《無名公序》是一兩篇書次第,將來刊成一集。」還有「天何依?曰依乎地。地何附?曰附乎天。天地何所依附?曰自相依附。天依形,地依氣。所以重複而言不出此意者,惟恐人於天地之外別尋去處故也」和「康節説得那天依地,地附天,天地自相依附。天依形,地附氣底幾句,向嘗以此數語附於《通書》之後」二條語録,卷一百十五又記:「舊嘗見《漁樵問對》,問天何依?曰依乎地。地何附?曰附乎天。天地何所依附?曰天依形,地附氣。其形遠有涯,其氣也無涯。意者當時所言,不過如此。某嘗欲注此語於《遺事》之下,欽夫不許。細思無有出是説者」、「因問向得此書,而或者以爲非康節所著?先生曰其間盡有好處,非康節不能著也」。則知朱熹當時力主《漁樵問對》爲邵子書。《宋史·邵雍傳》亦謂邵雍有《漁樵問對》之作。至《四庫全書總目》卻將兩江總督采進之一卷本《漁樵對問》(作「對問」)歸入「儒家類存目一」,《提要》曰:「舊本題宋邵子撰。晁公武《讀書志》又作張子。劉安上集中,亦載它。三人時代相接,未詳孰是也。其書設爲問答,以發明義理……書中所論,大抵習見之談,或後人摭其緒論爲之,如《二程遺書》不盡出於口授歟?」

今以是書内容與《觀物内篇》對照之,可知:「天下將治……安得無心過之人而與之語心哉」之二百四十字爲《觀物内篇》第七篇中文字;「夫所以謂之觀物者……過此以往未之或知之也」之四百八十八字爲《觀物内篇》第十二篇中文字;「謂其目能收萬物之色……又安能從妄人而行妄知妄言者乎」之五百四十字爲《觀物内篇》第二篇中文字；「仲尼曰……謂其行無轍跡也」之二百十五字爲《觀物内篇》第五篇中文字。四處合計直接引用《觀物内篇》内容一千四百八十三字。黄百家于《宋元學案·百源學案》中評價此書，曰「去其浮詞並與《觀物篇》重出者」録存不足二千字。如果再去其與《伊川擊壤集》重出者，則所餘無幾。可見，《漁樵問對》一書是與邵雍《觀物内篇》及《伊川擊壤集》關係極爲密切之書。從其手筆言詞來看，似不出於邵雍。《宋元學案·百源學案》引《黄氏日鈔》云：「《伊川至論》第八卷載《漁樵問對》，蓋世傳以爲康節書者。不知何爲亦剿入其中？近世昭德先生晁氏《讀書記》疑此書爲康節子伯温所作。」如果説《漁樵問對》是邵伯温「得家庭之説而附益之」，的確有可能。然而，近人余嘉錫於《四庫提要辯證》中引朱熹説，又力主《漁樵問對》「真邵子所作矣」。

又按，在劉安節《劉左史集》雜著中有《漁樵問對》。今將有關文字附録於下。

《四庫全書》集部三别集類二《劉左史集》提要：「臣等謹案，《劉左史集》四卷，宋劉安節撰。安節字元承，永嘉人，元符三年進士……終以《漁樵問對》，其名與世傳邵子書同，核其文亦皆相同。考晁公武《讀書志》曰『《漁樵問對》一卷，邵雍撰。設爲問荅，以論陰陽化育之端，性命道德之奥云』，『邵氏言其祖之書也，當考』云云，則《漁樵問對》有謂出自邵子者，有謂出自邵子之祖者，均不云安節所撰，不知何以編入《集》中。」

又按，宋晁公武《郡齋讀書志》：「《漁樵對問》一卷，右皇朝張載撰。設爲答問，以論陰陽撰。設爲問答，以論陰陽化育之端，性命道德之奥云。』邵氏言其祖之書也，當考。」四庫館臣謂「終以《漁樵問對》，其名與世傳邵子書同，核其文亦皆相同」云云，今核其文，則並非「亦皆相同」，《劉左史集》「貴不妄也」以下之文字缺。

附：劉左史集雜著漁樵問對

漁者垂鈎於伊水之上，樵者過之，弛擔息肩坐於盤石之上，而問於漁者。

曰：「魚可釣取乎？」

曰：「然。非餌可乎？」

曰：「否。非釣也，餌也。魚利食而見害，人利魚而蒙利。其利同也，其害異也。」

「敢問何故？」

漁者曰：「子樵者也，與吾異治，安得侵吾事乎？然亦可以與子試爲言之。彼之利猶此之利也，彼之害亦猶此之害也。子知其小，未知其大。魚之利食，吾亦利乎食也。魚之害食，吾亦害乎食也。以魚之一身當人之一食，則魚之害多矣。以人之一身當魚之一食，則人之害亦多矣。魚利乎水，人利乎陸。水與陸異，其利一也。魚害乎餌，人害乎財。餌與財異，其害一也。又何必分乎彼此哉！子之言體也，獨不知用耳。」

樵者又問曰：「魚待烹而食，必吾薪濟之乎？」

曰：「然。子知薪能濟吾之魚，不知子之薪所以濟吾之魚也。薪之能濟魚也久矣，不待子而後知。苟未知火之能用薪，則子之薪雖積丘山，獨且奈何哉！」

樵者曰：「火之功大於薪，固知之矣。敢問水曰火之性，能迎而不能隨，故滅。水之性能隨而不能迎，故熱。是故有温泉而無寒火。火以用爲本，以體爲末。水以體爲本，以用爲末。是故能濟，又能相息。非獨水火則然，天下之事皆然。在乎用之何如爾。」

樵者曰：「用可得聞乎？」

曰：「可以意得者，物之性也。可以言傳者，物之情也。可以象求者，物之形也。可以數取者，物之體也。用也者，妙萬物而言者也。可以意得而不可以言傳。」

曰：「不可以言傳，則子惡得而知之乎？」

曰：「吾所以得而知之者，固不能以言傳。非獨吾不能傳之以言，聖人亦不能傳之以言也。」

曰：「聖人既不能傳之以言，則《六經》非言也耶？」

曰：「時然後言，何言之有？」

樵者贊曰：「天地之道備乎人，萬物之道備乎身，衆妙之道備乎神，天下之能畢矣。又何思何慮！吾今而後知事天踐形之爲大，不及子之門則，幾至乎殆矣。」乃析薪烹魚而食之，飫而論易。

漁者與樵者遊於伊水之上。

漁者嘆曰：「熙熙乎萬物之多而未始有雜，吾知遊乎天地之間，萬物皆可以無心而致之矣。非子則吾孰與歸焉？」

樵者曰：「敢問無心致天地萬物之方？」

漁者曰：「無心者，無意之謂也。無意之意，不我物也。不我物，然後能物物。」

曰：「何謂我，何謂物？」

曰：「以我徇物，則我亦物也。以物徇我，則物亦我也。我物皆致意，由是明天地亦萬物也。何天地之有焉？萬物亦天地也。何萬物之有焉？萬物亦我也。亦何萬物之有焉？我亦萬物也。何我之有焉？何物不我，何我不物！如是，則可以宰天地，可以司鬼神，而況於人乎，況於物乎！」

樵者問漁者曰：「天何依？」

曰：「依乎地。」

「地何附？」

曰：「附乎天。」

曰：「然則天地何依何附？」

曰：「有何依附？天依形，地附氣，其形也有涯，其氣也無涯。有無之相生，形氣之相息，終則有始，終始之間，其天地之所存乎！天以用爲本，以體爲末。地以體爲本，以用爲末。利用出入之謂神，名體有無之謂聖。惟神與聖，爲能參乎天地者也。小人則日用而不知，故有害生實喪之患。夫名也者，實之賓也。利也者，害之主也。名生於不足，利喪於有餘。害生於有餘，實喪於不足。此理之常也。養身者，必以利。貪夫則以身狥利，故有害生焉。立身者必以名，衆人則以身狥名，故有實喪焉。凡言朝者，萃名之所也。市者聚利之地也，能不以争處乎其間，何害生實喪之有耶！利至則害生，名興則實喪，利至名興而無害生實喪之患，惟有德者能之。」

樵者問漁者曰：「子以何道而得魚？」

曰：「吾以六物具而得魚。」

曰：「六物具也，豈由天乎？」

「具六物而得魚者，人也。具六物而所以得魚者，非人也。」

樵者未達，請問其方。

漁者曰：「六物者，竿也、綸也、浮也、沉也、鈎也、餌也。一不具，則魚不可得。然而六物具而不得魚者，非人也。六物具而不得魚者有焉，未有六物不具而得魚者也。是故具六物者，人也。得魚與不得魚者，天也。六物不具而不得魚者，非天也、人也。」

樵者曰：「人有禱鬼神而求福者，福可禱而求耶？求之而可得耶？敢問其所以？」

曰：「語善惡者，人也。福禍者，天也。天道福善而禍淫鬼神，其能違天乎！自作之咎，固難逃已。天降之災，禳之奚益！修德積善，君子常分，安有餘事於其間哉！」

樵者曰：「有爲善遇禍，有爲惡獲福者，何也？」

漁者曰：「有幸與不幸也。幸不幸，命也。常不常，分也。一命一分，人其可逃乎！」

曰：「何謂分，何謂命？」

曰：「小人之遇福，非分也，命也。常禍分也，非命也。君子之遇禍，非分也，命也。常福分也，非命也。」

漁者謂樵者曰：「人之所謂親莫如父子也，人之所謂踈莫如路人也。利害在心，則父子過路人遠矣。父子之道，性也。利害猶或奪之，況非天性乎？夫利害之移人，如是之深也。可不慎乎！路人之相逢則過之，固無利害之心焉，無利害在前故也。有利害在前，則路人與父子又奚擇焉？路人之能相交以義，又何況父子之親乎！夫義者，讓之本也。利者，争之端也。讓則有仁，争則有害。仁與害，何相去之遠也。堯舜亦人也，桀紂亦人也，人與人同而仁與害異爾。仁因義而起，害由利而生。利不以義，則臣弒其君者有焉，子弒其父者有焉。豈若路人之相逢，一日而交袂於中逵者哉！」

樵者謂漁者曰：「吾嘗負薪矣，舉百斤而無傷吾之身，加十斤則遂傷吾乏之身。敢問何故？」

漁者曰：「樵，則吾不知之矣。以吾之事觀之，則易地皆然。吾嘗釣而得大魚，與吾交戰，欲棄之則不能舍，欲取之則不能勝。終日而後獲，幾有没溺之患矣。豈直有傷身之患耶！魚與薪異也，其貪而爲傷則一也。百斤力，分之内者也。十斤力，分之外者也。力分之外，雖一毫猶且爲害，而况十斤乎！吾之貪魚，亦何異子之貪薪乎！」

樵者嘆曰：「吾今而後知量力而動者，智矣哉！」

樵者謂漁者曰：「子可謂知《易》之道矣。敢問『易有太極』，何物也？」

曰：「無爲之本也。」

曰：「『太極生兩儀』，天地之謂乎！」

曰：「兩儀，天地之祖也。非止天地而已也。太極分而爲二，先得一爲一，後得一爲二，一二之謂兩儀。」

曰：「『兩儀生四象』，何物也？」

曰：「四象，謂陰陽剛柔。有陰陽然後可以生天，有剛柔然後可以生地。立道之本於斯爲極。」

曰：「『四象生八卦』，八卦何謂也？」

曰：「乾、坤、離、坎、兑、艮、震、巽之謂也。迭相盛衰，終始於其間矣。因而重之，則六十四由是而生也。而《易》之道始備矣。」

樵者問漁者曰：「復，何以見天地之心乎？」

曰：「先陽已盡，後陽始生。大則天地始生之際，中則當日月始周之際，末則當星辰始終之際。萬物死生，寒暑代謝，晝夜變遷，非此無以見之。當天地窮極之所必變，變則通，通則久，故《象》言『先王以至日閉關，商旅不行，后不省方』，順天故也。」

樵者謂漁者曰：「『无妄，災也』，敢問其故？」

曰：「妄，則欺也。得之必有禍，斯有妄也。順天而動，有禍及者，非禍也。猶農夫有思豐而不勤稼穡者，其荒也不亦禍乎？農有勤稼穡而復敗諸水旱者，其荒也不亦灾乎？故《象》言『先王以茂對時，育萬物』，貴不妄也。」

附録

擊壤集引①

康節邵先生有宋名儒也。方其五星聚奎，伊洛鍾秀，篤生先生。著書立言，羽翼聖經，寓有所得。形諸聲詩，發越性情，集成一卷名曰《擊壤》。予於侍問之暇，披閲再四。愛其體物切實，立意高古，其音純，其辭質。如茹大羹啜玄酒而有餘味焉。乃重鋟梓，廣惠來學。即其言以味先生理趣之深，誦其詩以求先生道學之妙。庶幾行遠自邇升高自卑之少助云。時成化乙未花朝日書。希古

伊川擊壤集後序②

聖人不作，而士溺於成俗，忽不自知，日入於卑。近有能奮然拔起，追古人於數千百年之

① 録自《四部叢刊》初編本《伊川擊壤集》卷首。
② 録自《四部叢刊》初編本《伊川擊壤集》卷末。

上，獨與之爲徒者，傅所謂豪傑之士，康節先生是已。先生之學以先天地爲宗，以皇極經世爲業，揭而爲圖，萃而成書。其論世尚友，乃直以堯舜之事而爲之師。其發爲文章者，蓋特先生之遺餘。至其形於詠歌聲而成詩者，則又其文章之餘。皆德人之言，鬱於中而著於外，故其所摭者近而所托者遠，爲體小而推類大。其始感發於性情之間，乃若自幸生天下無事，饑而食，寒而衣，不知帝力之何有於我，陶然有以自樂，而其極乃蘄於身堯舜之民，而寄意于唐虞之際。此先生所以自名其集曰《擊壤》也。

余嘗讀阮籍、陶潛詩，愛其平易渾厚，氣全而致遠。二人之學固非先生比，然皆志趣高邈，不爲時俗所汩没、事物所侵亂。其胸中所守者完且固，則其爲詩不煩〔一〕於繩削而自工，又況於正聲大雅之什不爲陶、阮者乎。先生其狀退，然其氣和，與人不爲崖異。初若可親，既而莫不起敬，終以屈服。豈所謂德全之人哉！其詩如璞玉，如良金，温粹精明而不見其廉隅鋒穎，如其爲人，渾渾浩浩，簡易較直，薰然〔二〕太和，不名一體，足以想見乎堯舜之時。其行已立言，若使遭遇其時，攄發其藴，則雖致其君爲堯舜疑不難，而道不小行，人不易知。故蓽門環堵，卒老於伊洛之間，而行誼信天下，名聲動京師。朝廷始以爲試將作監主簿，既又爲潁州團練推官，而以疾辭不起。已而道益尊，稱益顯，賢士大夫往來過洛者，必造其廬，居守河南尹而下，〔三〕莫不親禮之，願見其顏色，聆其語言，四方英才好學之士，皆願質疑請益而受業焉。其殁也，守臣以爲言，詔贈秘書省著作郎，加賻粟帛。久之，韓獻肅公守洛，又爲之請謚於朝，奏下太常賜謚康節。蓋自本朝有天下百四十年間，隱逸處士名行始卒完具無玷缺，而朝廷旌命及存殁賻恤贈謚無一或闕，愈久而愈光者，先生一人而已。

恕嘗從先生學，而奉親從仕南北，未之卒業。然于講聞其文章，而次第其本末，則或能之。其子伯温裒類先生之詩凡若干篇，先生固嘗自爲《序》矣，又屬恕以系其後，義可辭乎。

元祐六年辛未夏六月甲子十有三日，原武邢恕序。

【校勘記】

〔一〕「煩」，四庫本作「類」。〔二〕「薰然」，四庫本作「薰蒸」。〔三〕「而下」，四庫本作「而天下」。

題伊川擊壤集後

予家食時，手録康節先生《首尾吟》二十餘首，讀之欣然自得。及登進士，於監察御史晉陽王濬家得《擊壤集》二册，乃知先生所作不止《首尾吟》，而《首尾吟》又不止予所録也。每欲壽諸梓而未暇，及後尹應天，始克刊行，以廣其傳。及進今職致政，特取此板回洛。意此《集》乃先生隱洛時所著，置云於洛，以爲先生故物耳。已而郡守桂林劉公尚文，創建先生安樂窩書院，復訪先生是集而梓行之，遂以此板授焉。其間殘缺者，劉公洗補之爲全集云。

庚子歲副都御史洛人畢亨題。

四庫全書總目擊壤集提要

《擊壤集》二十卷，河南巡撫採進本。宋邵子撰。前有治平丙午自序，後有元祐辛卯邢恕序。晁公武《讀書志》云「雍邃於易數，歌詩蓋其餘事」，亦頗切理。案：自班固作《詠史詩》，始兆論宗，東方朔作《誡子詩》，始涉理路。沿及北宋，鄙唐人之不知道，於是以論理爲本，以修詞爲末，而詩格於是乎大變，此《集》其尤著者也。朱國楨《湧幢小品》曰「佛語衍爲《寒山詩》，儒語衍爲《擊壤集》。此聖人平易近人，覺世喚醒之妙用」，是亦一説。然北宋自嘉祐以前，厭五季佻薄之弊，事事反樸還淳，其人品率以光明豁達爲宗，其文章亦以平實坦易爲主，故一時作者往往衍長慶餘風，王禹偁詩所謂「本與樂天爲後進，敢期杜甫是前身」者是也。邵子之詩，其源亦出白居易，而晚年絶意世事，不復以文字爲長，意所欲言，自抒胸臆，原脱然於詩法之外。毁之者務以聲律繩之，固所謂「謬傷海鳥，横斥山木」，譽之者以爲《風》《雅》正傳。莊昶諸人轉相摹仿，如所謂「送我一壺陶靖節，還他兩首邵堯夫」者，亦爲「刻畫無鹽，唐突西子」，失邵子之所以爲詩矣。況邵子之詩，不過不苦吟以求工，亦非以工爲厲禁。如邵伯温《聞見前録》所載《安樂窩詩》曰「半記不記夢覺後，似愁無愁情倦時。擁衾側卧未欲起，簾外落花撩亂飛」，此雖置之江西派中，有何不可！而明人乃惟以鄙俚相高，又烏知邵子哉！《集》爲邵子所自編，而楊時《龜山語録》所稱「須信畫前原有《易》，自從删後更無《詩》」一聯，《集》中乃無之。知其隨手散佚，不復收拾，真爲寄意於詩而非刻意於詩者矣。又案：邵子抱道自高，蓋亦顔子陋巷之志，而黄冠者流以其先天之學出於華山道士陳摶，又恬淡自怡，迹似黄老，遂以是《集》編入《道藏》太元部「賤」字「禮」字二號中，殊爲誕妄。今併附辨於此，使異教無得牽附焉。

邵雍全集

伍

〔宋〕邵雍 著
郭彧 于天寶 點校

上海古籍出版社

邵雍資料彙編

目録

墓誌銘、行狀、傳記、年表

邵伯温、邵博論邵雍

二程、朱熹論邵子之學

文淵閣四庫全書所見邵雍資料

宋元學案之百源學案

墓誌銘、行狀、傳記、年表

邵古墓誌銘①

陳繹

河南邵堯夫執親喪之三月，泣爲書以告其里人陳繹曰：「我先君以壽考終，以士禮葬。葬有日，願鑿文以識其墓。」余與堯夫游，知堯夫者。從而知其先君，亦隱君子也。銘固不讓。君諱古，字天叟，其姓姬，出自召公，別封燕，世爲燕人不絕。祖諱令進，善騎射，歷事太祖皇帝，以軍校尉老歸。范陽戎難，避居上谷，又徙中山，轉衡漳而家焉。父諱德新，讀書爲儒者，早卒。君生衡漳，纔十一歲而孤，能事母孝，力貧且養。長益好學，必求義理之盡。餘二十年而終母喪於衛。天聖中，嘗登蘇門山，顧謂其子雍曰：「若聞孫登之爲人乎？吾所尚也。」遂卜隱居於山下。異時，堯夫侍親往來洛陽，見山川水竹之勝，人情舒暇，始得閑曠之地架屋。竹間水流其門，浩然其趣也，因自號「伊川丈人」。忽一日得小疾，逮旬浹，飲水不食，謂其家曰：「吾今七十九矣，逢時太平，而康而壽。有子若孫，貧且自如，没無恨矣。雖然，身無有於物，慎勿爲浮屠事以薦吾死，惟擇高塏地藏焉，幸速朽爾。」言絶而逝。實治平元年正月朔日也。君性簡寡，獨喜文字，學用聲律韻類、古今切正爲之解，曰「正聲」、「正字」、「正音」者，合三十篇。先娶李氏，

① 録自《四部叢刊》初編本呂祖謙編《皇朝文鑑》卷一百四十三。

生子雍，即堯夫也。再娶楊氏，次子睦，舉進士，一女，適盧氏。孫男三人，皆幼。嗚呼，先生有道者歟，有子而賢。葬之祭之，其可無銘。銘曰：

「出范陽，家伊川。卒十月，葬乙未。神陰原，原西南。」

邵堯夫先生墓誌銘①

程顥

熙寧丁巳孟秋癸丑，堯夫先生疾終于家。洛之人弔哭者，相屬於途，其尤親且舊者，又聚謀其所以葬。先生之子泣以告曰：「昔先人有言，誌於墓者，必以屬吾伯淳。」噫！先生知我者，以是命我，我何可辭？

謹按：邵本姬姓，系出召公，故世爲燕人。大王父令進，以軍職逮事藝祖，始家衡漳。祖德新，父古，皆隱德不仕。母李氏，其繼楊氏。先生之幼，從父徙共城，晚遷河南，葬其親於伊川，遂爲河南人。先生生於祥符辛亥，至是蓋六十七年矣。雍，先生之名，而堯夫其字也。娶王氏。伯温、仲良，其二子也。

先生之官，初舉遺逸，試將作監主簿，後又以爲潁州團練推官，辭疾不赴。

先生始學於百原，勤苦刻厲，冬不爐，夏不扇，夜不就席者數年，衛人賢之。先生歎曰：「昔人尚友於古，而吾未嘗及四方，遽可已乎？」於是走吳適楚，過一作「寓」。齊、魯，客梁、晉。久之而歸，曰「道其在是矣」，蓋始有定居之意。

① 録自《四部叢刊》初編本吕祖謙編《皇朝文鑑》卷一百四十四。

先生少時，自雄其材，慷慨有大志。既學，力慕高遠，謂先王之事爲可必致。及其學益老，德益邵，玩心高明，觀於天地之運化，陰陽之消長，以達乎萬物之變，然後頹然其順，浩然其歸。在洛幾三十年，始至，蓬蓽環堵，不蔽風雨，躬爨以養其父母，居之裕如。講學於家，未嘗强以語人，而就問者日衆。鄉里化之，遠近尊之，士人之道洛者，有不之公府，而必之先生之廬。

先生德氣粹然，望之可知其賢，然不事表暴，不設防畛，正而不諒，通而不汙，清明坦夷，洞徹中外，接人無貴賤親疏之間，羣居燕飲，笑語終日，不取甚異於人，顧吾所樂何如耳。病畏寒暑，常以春秋時行遊城中，士大夫家聽其車音，倒屣迎致，雖兒童奴隸，皆知懽喜尊奉。其與人言，必依於孝弟忠信，樂道人之善，而未嘗及其惡，故賢者悦其德，不賢者服其化，所以厚風俗、成人材者，先生之功一有「爲」字。多矣。

昔七十子學於仲尼，其傳可見者，惟曾子所以告子思，而子思所以授孟子者耳。其餘門人，各以其材之所宜一有「者」字。爲學，雖同尊聖人，所因而入者，門户則衆矣。況後此千餘歲，師道不立，學者莫知其從來。獨先生之學爲有傳也。先生得之於李挺之，挺之得之於穆伯長，推其源流，遠有端緒。今穆、李之言及其行事，概可見矣。而先生淳一不雜，汪洋浩大，乃其所自得者多矣。然而名其學者，豈所謂門户之衆，各有所因而入者歟？語成德者，昔難其居。若先生之道，就所至而論之，可謂安且成矣。

先生有書六十卷①，命曰《皇極經世》；古律詩二千篇，題曰《擊壤集》。先生之葬，附於先塋，實其終之年孟冬丁酉也。銘曰：

「嗚呼先生，志豪力雄；闊步長趨，凌高厲空；探幽索隱，曲暢旁通。在古或難，先生從容；有《問》有《觀》，以飫以豐。天不慭遺，哲人之凶；鳴皋在南，伊流在東；有寧一宮，先生所終。」

① 「六十」，《二程全書》作「六十二」。

康節先生行狀略①

張　峋

先生治《易》、《書》、《詩》、《春秋》之學，窮意言象數之藴，明皇帝王霸之道，著書十餘萬言。研精極思三十年，觀天地之消長，推日月之盈縮，考陰陽之度數，察剛柔之形體，故經之以元，紀之以會，參之以運，終之以世。又斷自唐虞，迄于五代，本諸天道，質以人事。興廢治亂，靡所不載。其辭約，其義廣，其書著，其旨隱。嗚呼！美矣，至矣，天下之能事畢矣。

先生少事北海李之才挺之，挺之聞道於汶陽穆修伯長，伯長以上雖有其傳，未之詳也。先生既受其學，則又遊於河汾之曲，以至淮海之濱，涉於濟汶，達於梁宋。苟有達者必訪以道，無常師焉。迺退居共城，廬于百原之上。大覃思於《易經》，夜不設寢，日不再食，三年而學以大成。大名王豫天悦，博達之士，尤長於《易》，聞先生之篤志，愛而欲教之。既與之語三日，得所未聞，始大驚服，卒捨其學而學焉，北面而尊師之。衛人乃知先生之爲有道也。年三十餘，來遊于洛，以爲洛邑天下之中，可以觀四方之士，乃定居焉。先生清而不激，和而不流。遇人無貴賤賢不肖，一接以誠。長者事之，少者友之，善者與之，不善者矜之，故洛人久而益尊信之。四方

①　録自同治正誼堂本朱熹撰《伊洛淵源録》卷五。

之學者與士大夫之過洛者，莫不慕其風而造其廬。先生之教人，必隨其才分之高下，不驟語而强益之。或聞其言，若不適其意，先生亦不屑也。故來者多而從者少，見之者衆而知之者尚寡。及接之久，察其所處無不中于理；叩其所有愈久而愈新，則皆心悦而誠服。先生未嘗有求于人，或饋之以禮者亦不苟辭。洛人爲買宅，丞相富公爲買園以居之。

仁宗嘉祐中，詔舉遺逸，留守王公拱辰以先生應詔，授將作監主簿。今上熙寧之初，復求逸士，御史中丞吕公誨、龍圖閣直學士祖公無擇與今丞相吴公充又以先生爲言，補潁川團練推官，皆三辭不獲而後從命，然卒稱疾不之官。先生年六十始爲隱者之服，曰：「病且老矣，不復能從事矣。」隆寒盛暑，閉門不出，曰：「非退者之宜也。」其於書無所不讀，諸子百家之學，皆究其本原，而釋老技術之説，一無所惑其志。晚尤喜爲詩，平易而造於理，有《擊壤集》二十卷，自爲之《序》。熙寧十年春得疾，踰百日，氣益耗而神益明矣。七月癸丑，啟手足於天津之南道德坊之第。

初，先生葬其父於伊闕神陰原，今從其兆。父以明經教授鄉里，及先生之長，退老於家。先生雖貧，養之終身致其樂。弟睦事先生甚謹，飲食起居，必身臨之，惟恐不得其意。蓋如先生之事其父母也。不幸早亡。

宋史邵雍傳①

邵雍字堯夫。其先范陽人，父古徙衡漳，又徙共城。雍年三十，游河南，葬其親伊水上，遂爲河南人。

雍少時，自雄其才，慷慨欲樹功名。於書無所不讀，始爲學，即堅苦刻厲，寒不爐，暑不扇，夜不就席者數年。已而歎曰：「昔人尚友於古，而吾獨未及四方。」於是踰河、汾，涉淮、漢，周流齊、魯、宋、鄭之墟，久之，幡然來歸，曰：「道在是矣。」遂不復出。

北海李之才攝共城令，聞雍好學，嘗造其廬，謂曰：「子亦聞物理性命之學乎？」雍對曰：「幸受教。」乃事之才，受《河圖》、《洛書》、宓羲八卦六十四卦圖像。之才之傳，遠有端緒，而雍探賾索隱，妙悟神契，洞徹藴奥，汪洋浩博，多其所自得者。及其學益老，德益邵，玩心高明，以觀夫天地之運化，陰陽之消長，遠而古今世變，微而走飛草木之性情，深造曲暢，庶幾所謂不惑，而非依倣象類、億則屢中者。遂衍宓羲先天之旨，著書十餘萬言行于世，然世之知其道者鮮矣。

① 録自《宋史》卷四百二十七《列傳》第一百八十六。

初至洛，蓬蓽環堵，不芘風雨，躬樵爨以事父母，雖平居屢空，而怡然有所甚樂，人莫能窺也。及執親喪，哀毁盡禮。富弼、司馬光、吕公著諸賢退居洛中，雅敬雍，恒相從遊，爲市園宅。雍歲時耕稼，僅給衣食。名其居曰「安樂窩」，因自號安樂先生。旦則焚香燕坐，晡時酌酒三四甌，微醺即止，常不及醉也，興至輒哦詩自詠。春秋時出遊城中，風雨常不出。出則乘小車，一人挽之，惟意所適。士大夫家識其車音，争相迎候，童孺廝隸皆驩相謂曰：「吾家先生至也。」不復稱其姓字。或留信宿乃去。好事者别作屋如雍所居，以候其至，名曰「行窩」。

司馬光兄事雍，而二人純德尤鄉里所慕嚮。父子昆弟每相飭曰：「毋爲不善，恐司馬端明、邵先生知。」士之道洛者，有不之公府，必之雍。雍德氣粹然，望之知其賢，然不事表襮，不設防畛，羣居燕笑終日，不爲甚異。與人言，樂道其善而隱其惡。有就問學則答之，未嘗强以語人。人無貴賤少長，一接以誠，故賢者悦其德，不賢者服其化。一時洛中人才特盛，而忠厚之風聞天下。

熙寧行新法，吏牽迫不可爲，或投劾去。雍門生故友居州縣者，皆貽書訪雍。雍曰：「此賢者所當盡力之時，新法固嚴，能寬一分，則民受一分賜矣。投劾何益耶？」

嘉祐詔求遺逸，留守王拱辰以雍應詔，授將作監主簿，復舉逸士，補潁州團練推官，皆固辭乃受命，竟稱疾不之官。熙寧十年，卒，年六十七，贈秘書省著作郎。元祐中賜謚康節。

雍高明英邁，迥出千古，而坦夷渾厚，不見圭角，是以清而不激，和而不流，人與交久，益尊信之。河南程顥初侍其父，識雍，論議終日，退而歎曰：「堯夫，内聖外王之學也。」

雍知慮絶人，遇事能前知。程頤嘗曰：「其心虚明，自能知之。」當時學者因雍超詣之識，務高雍所爲，至謂雍有玩世之意；又因雍之前知，謂雍於凡物聲氣之所感觸，輒以其動而推其變焉。於是摭世事之已然者，皆以雍言先之。雍蓋未必然也。

雍疾病，司馬光、張載、程顥、程頤晨夕候之。將終，共議喪葬事外庭，雍皆能聞衆人所言。召子伯温謂曰：「諸君欲葬我近城地，當從先塋爾。」既葬，顥爲銘墓，稱雍之道純一不雜，就其所至，可謂安且成矣。所著書曰《皇極經世》、《觀物内外篇》、《漁樵問對》，詩曰《伊川擊壤集》。

子伯温，别有傳。

宋史紀事本末邵雍傳①

邵雍，字堯夫，范陽人。雍少篤學，堅苦刻厲，冬不爐，夏不扇，卧不就枕席者數年。嘗以爲學者之患，在於好惡先成乎心，而挾其私智以求於道，則蔽於所好而不得其真。故其求之至於四方萬里之遠，天地陰陽屈伸消長之變，無所不通，而必折衷於聖人。雖深於象數，先見默識，未嘗以自名也。其學純一而不雜，居之而安，行之而成，平易渾大，不見圭角，其自得深矣。程顥初侍其父，識雍，論議終日，退而嘆曰：「堯夫，内聖外王之學也。」雍自著《無名公傳》，曰：「無名公生於冀方，老於豫方。年十歲求學於里人，遂盡里人之情，已之滓十去其一二三矣。年二十求學於鄉人，遂盡鄉人之情，已之滓十去其三四矣。年三十求學於國人，遂盡國人之情，已之滓十去其五六矣。年四十求學於古今，遂盡古今之情，已之滓十去其八九矣。五十求學於天地，遂盡天地之情，欲求已之滓無得而去矣。始則里人疑其僻，問於鄉人，曰：『斯人善與人羣，安得謂之僻！』既而鄉人疑其泛，問於國人，曰：『斯人不妄與人交，安得謂之泛！』既而國人疑其陋，問於四方之人，曰：『斯人不器，安得謂之陋！』既而四方之人又疑之，質之於古今之人，終始無可與同者。又考

① 録自陳邦瞻撰《宋史紀事本末》卷八十《道學崇詘》。

之於天地，天地不對。當是時也，四方之人迷亂，不復得知，因號爲無名公。無名者，不可得而名也。凡物有形則可器，可器斯可名，然則斯人無體乎？曰：『有體，有體而無迹者也。』斯人無用乎？曰：『有用，有用而無心者也。』夫有跡有心者，斯可得而知也。無跡無心者，雖鬼神亦不可得而知，不可得而名，而況於人乎！故其詩曰：『思慮未起，鬼神莫知。不由乎我，更由乎誰？』能造萬物者天地也，能造天地者太極也。太極者其可得而知乎？故强名之曰太極。太極者，其無名之謂乎！」

藏書邵雍傳①

李贄

邵雍，字堯夫。雍學于百原，堅苦刻厲，冬不爐，夏不扇，夜不就席者數年。衛人善之，始居衛，師事李之才。後居洛幾三十年，築安樂窩以居，自號安樂先生。病畏寒暑，嘗以春秋時行遊。每出乘小車，士大夫家聽其車音，倒屣迎致。雖兒童奴隸，皆知歡喜尊奉。遇主人喜客，則留三五宿，或經月忘返。與富弼早相知，富弼初入相，謂門下士田棐曰：「爲我問邵堯夫，可出，當以官職起之。不，即爲先生處士。」雍謝曰：「若進豈能禁吏責？見平生矣。既閑安更用名爲？」弼乃因明堂祫享，赦詔天下舉遺逸。王拱辰尹洛，以雍應詔，除試將作監主簿，不就。熙寧二年，呂誨、吴充、祖無擇薦雍，除潁州團練推官，辭不許。既受命，即引疾。雍於是始爲隱者之服，烏帽緇褐，見卿相不易也。司馬光依《禮記》作深衣，雍曰：「某爲今人，當服今人之服。」富弼自汝州請歸洛養疾，築第與雍天津隱居相邇。曰：「自此可時相招矣。」雍曰：「公相招未必來，不召或自至。」弼謝客，嘗令一青衣蒼頭掖之以行。一日與雍論天下事，弼喜甚，不覺獨步下堂。雍戲曰：「忘卻柱杖矣。」弼以雍年高，勸學修養。雍曰：「不能學人胡走亂走也。」熙寧十年夏，感

① 録自《藏書》卷三十二《儒臣傳·德業儒臣》。

微疾。雍笑謂司馬温公曰：「雍欲觀化一巡。」程頤曰：「先生至此，他人無以爲力，願自主張。」雍曰：「無可主張者。」至七月四日夜五更捐館。雍卒，程顥志其墓曰：「昔七十子學于仲尼，其傳可見者，惟曾子所以告子思，子思所以授孟子者耳。其餘門人，各以其材之所宜爲學。雖同尊聖人，所因而入者，門户則衆矣。况後此千餘歲，師道不立，學者莫知其從來。獨先生之學爲有傳也。語成德者，昔難其居。若先生之道，就所至而論之，可謂安且成矣。」元祐中，韓維尹洛，請謚於朝。歐陽修之子棐，時在太常，謂人曰：「棐昔入洛，先公正參大政，臨行告戒曰：『洛中有邵堯夫，吾獨不識之。』棐至洛，見先生。先生特爲棐徐道其立身本末甚詳。出門揖送，猶曰：『足下其無忘鄙野之人於異日。』棐伏念先生未嘗辱教一言，雖欲不忘，亦何事耶？後二十年，棐入太常爲博士，次當作謚議，乃恍然周省先生當時之言。落筆若先生之自序，無待其家所上文字也。」謝良佐云：「堯夫直是偏霸手段，如富公身都將相，嚴重有威，他將做小兒樣看。」明道云：「堯夫欲傳數于某兄弟。一日因監試無事，以其説推算之，皆合。出謂堯夫曰：『堯夫之數只是加一倍法。』堯夫驚拊其背曰：『大哥恁地聰明。』」雍疾革，頤問：「從此永訣，更有見告乎？」雍舉兩手示之曰：「面前路徑須令寬。路窄則自無著身處，頂門一針。况能使人行也？」一日頤又往視之，曰：「堯夫平日所學，今無事否？」答曰：「你道生薑樹上生，我也只得依你説。」一人云有新報，堯夫問有甚事，曰某事。堯夫曰：「我將爲收卻幽州也。」治平間，雍與客散步天津橋上，聞杜鵑聲，慘然不樂。客問其故，雍曰：「洛陽舊無杜鵑，今始有之。」客曰：「何也？」雍曰：「不二年，上用南士爲相。多引南人，專務變更。天下自此多事矣。」客問：「何以知之？」雍曰：「天下將治，地氣自北而南；將亂，自南而北。今南方地氣至矣。禽鳥飛類，得氣之先者也。《春秋》書『六鷁退飛』、『鴝鵒來巢』，氣使之也。自此南方草木皆可移，南方疾病瘴虐之類，北入皆苦之矣。」熙寧初，其言乃驗。熙寧三年，初行新法，天下騷然。門生故舊仕宦四方者，皆欲投劾而去。雍曰：「正賢者所當盡力之時，新法固嚴，能寬一分，則民受一分之賜，投劾而去何益！」雍與商州趙守有舊，時章惇作商州令。一日守請雍與惇會。惇縱横議論，初不知雍。因語及洛中牡丹。守謂惇曰：「先生洛人也，知花爲甚。」雍乃言曰：「洛人以見根撥而别花之高下者爲上，見枝葉而知者次之，見蓓蕾而後知者下也。」惇默然。惇後欲從雍傳數學，雍謂須十年不仕乃可。伯温云：「邢和叔欲從先君學。先君略爲開其端倪，和叔接引古今不已。先君曰：『姑置是。此先天學，未有許多言語。』故和叔《留别詩》有云：『坦下每慚呼孺子，床前時得拜龐公。』先君亦云：『觀君自比諸葛亮，顧我殊非黄石公。』」謝顯道云：「堯夫之數，邢七要字，堯夫不肯，曰徒長奸雄。」

邵雍年表

郭彧編

宋真宗大中祥符四年辛亥（一〇一一年）　先生生。

辛丑月甲子日甲戌辰，先生生於河南衡漳。今河南省林州市。曾祖父邵令進曾事宋太祖，善騎射，官軍校尉，老歸范陽，今河北省涿州市。後避戰亂徙上谷、中山，又轉徙衡漳。祖父邵德新讀書爲儒者。父邵古字天叟，生衡漳，十一歲而孤。喜儒學，尤善文字聲音韻律，古今切正爲解三十篇。後經邵伯温整理加入《皇極經世》書中，即今見《道藏·皇極經世》卷七至卷十一内容。慕西晉孫登之爲人，崇尚隱逸之風，不仕，自號伊川丈人。

乾興元年壬戌（一〇二二年）　十二歲。

先生舉家遷共城，今河南省輝縣市，父古卜居蘇門山下。先生青年時代，一心於科舉之學。嘗築廬蘇門山百源之上，冬不爐，夏不扇，刻苦鑽研。後遇共城縣令李挺之，遂從業，受物理之學、性命之學。雍遂三年不設榻，晝夜危坐以思。寫《周易》一部貼於牆上，日誦熟十遍。待李挺之改任河陽司户曹，雍亦從之，寓州學，以飲食易燈油，刻勵爲學。

宋仁宗景祐三年丙子（一〇三六年）　二十六歲。

先生生母李氏亡故，葬伊水原上。父古續弦楊氏。

景祐四年丁丑（一〇三七年）　二十七歲。

先生異母弟邵睦生。

慶曆七年丁亥（一〇四七年）　三十七歲。

先生遊歷過洛陽，愛其山水風俗之美，始有遷居之意。先生居共城時，有大名人王豫字天悅者執弟子禮，從學《易》，得先生所授《伏羲八卦圖》。其後是圖流入南人鄭夬手中，見於朱震《周易圖》。

皇祐元年己丑（一〇四九年）　三十九歲。

先生奉父伊川丈人遷居洛陽。初寓天宫寺三學院，僧宗顥待之甚厚。先生登寺閣，嘗作《洛陽懷古賦》，有「時若傷之于隨，失之于寬，始則廢事，久則生姦。既利不能勝言，故冗得以疾賢。是必薄其賦斂，欲民不困而民愈困。省其刑罰，欲民不殘而民愈殘。蓋致之之道，失其本矣」等句。時與劉君玉、吕静居、張師錫、張景伯、張景憲、王勝之、張師雄、劉伯壽、劉明復、李景真、吴執中、王仲儒、李仲象、李端伯、姚周輔等人交遊，或爲門生。後洛人爲買宅於履道坊西天慶觀東，王不疑同鄉人買田於河南延秋莊。先生作《新居成呈劉君玉殿院》詩。

至和二年乙未（一〇五五年）　四十五歲。

先生家貧不能娶，經太學博士姜子發與潞州張穆之爲媒，聘王允修之妹爲妻。

嘉祐二年丁酉（一〇五七年）　四十七歲。

先生生子伯温。作《生男吟》詩，有「我今行年四十七，生男方始爲人父」句。是年重陽日曾訪共城百源故居，有「山川一夢外，風月十年期」詩句。有張峄字子望者師事之，得先天學之傳。後邵伯温得峄所記先生講學語録，整理作《觀物外篇》。又有秦玠者長先生一歲，亦稱門生。

嘉祐三年戊戌（一〇五八年）　四十八歲。

先生出遊陝西。作《過陝》、《題黄河》、《過潼關》、《題華山》、《宿華清宫》、《長安道路作》、《題留侯廟》、《題淮陰侯廟》等詩。

嘉祐五年庚子（一〇六〇年）　五十歲。

先生春遊洛陽，正月賞梅花，二月看杏花，寒食乘馬踏輕草，三月賞盛開牡丹。夏日不出。秋日長遊商山道中。冬日登樓看雪，至旅中歲除。

嘉祐六年辛丑（一〇六一年）　五十一歲。

先生新歲在商洛，作《和商守新歲》、《題四皓廟》等詩，後經天柱山返回洛陽。登山臨水，春遊盡興。龍門看勝，伊川賞景，太室觀旭，天壇望雲，泛舟夜裏，垂釣月下。有「此身已許陪真侣，不爲錙銖起重輕」詩句。是年丞相富弼薦於朝，朝廷命先生爲將作監主簿，命者特有「如不欲仕，亦可奉致一閑名目」之語。先生均婉言謝絶，不仕亦不奉閑官職。作《謝富丞相招出仕》詩二首，有「願同巢由稱臣日，甘老虞唐比屋時」、「鵷鴻自有江湖樂，安用區區設網羅」詩句。

嘉祐七年壬寅（一〇六二年）　五十二歲。

先生王宣徽尹洛陽，就天宫寺西天津橋南五代節度使安審琦宅故基，以郭崇韜廢宅餘材建屋三十間，請先生居之。宰相富弼爲買對宅一園。作《天津新居成謝府尹王君貺尚書》詩，有「嘉祐壬寅歲，新巢始僝功」句。

嘉祐八年癸卯（一〇六三年）　五十三歲。

先生春秋出遊，飲酒作詩。有《後園即事》、《觀棊長吟》、《秋日登崇德閣》、《秋日飲後晚歸》等詩，得「詩狂」雅號。

宋英宗治平元年甲辰（一〇六四年）　五十四歲。

正月朔日，先生父古逝世，享年七十九歲，遺囑「慎勿爲浮屠事以薦吾死，惟擇高塏地藏焉」。三月，先生請同里人陳繹爲《墓誌》。先生與程顥同卜葬地，不盡用葬書，亦不拘陰陽之説，用五音之法擇地，以昭穆序葬。十月初三日，葬父古於伊川神陰原西南。

治平三年丙午（一〇六六年）　五十六歲。

先生春秋出，訪友遊山。登嵩頂，觀少室。代書寄友，依韻和詩。有「惟我敢開無意口，對人高道不妨言」、「每恨性昏聞道晚，長慚智短適時難」絶句。

治平四年丁未（一〇六七年）　五十七歲。

先生秋遊伊洛二川半月有餘，作詩三十餘首。有「一簞雞黍一瓢酒，誰羡王公食萬錢」等言志詩句。

宋神宗熙寧元年戊申(一〇六八年) 五十八歲。

先生同父異母弟睦年三十二,四月八日忽殯東籬下。先生傷痛作《傷二弟無疾而化》、《聽杜鵑思亡弟》、《書亡弟殯所》、《南園晚步思亡弟》詩。

熙寧二年己酉(一〇六九年) 五十九歲。

先生冬夏不出,春秋出遊。作詩近五十首。有「只恐身閑心未閑,心閑何必住雲山」等句。神宗詔天下舉遺逸,御史中丞吕誨叔、三司副使吴充等皆舉薦先生,詔下除秘書省校書郎、潁州團練推官,辭不許,既受命而引疾不起。作《詔三下答鄉人不起之意》詩,有「幸逢堯舜爲真主,且放巢由作外臣」句。

熙寧三年庚戌(一〇七〇年) 六十歲。

先生作詩五十餘首。有「自從會得環中意,閑氣胸中一點無」等句。王安石行新法,天下騷然。先生門生故舊仕宦四方者,皆欲投劾而歸,以書問於先生。先生答曰:「正賢者所當盡力之時,新法固嚴,能寬一分則民受一分之賜矣。投劾而去何益?」先生作《無酒吟》詩:「自從新法行,常苦罇無酒。每有賓朋至,盡日閑相守。必欲丐於人,交親自無有。必欲典衣買,焉能得長久。」預見新法不會長久。司馬光以議新法不合求去,遂居洛陽,買園於尊賢坊,命名獨樂園。從此與先生過從甚密。富弼亦自汝州得請歸洛陽養疾,築大第與先生居相邇,與先生相招往來,先生詩遂有「三朝爲宰相,四水作閑人」語。

熙寧四年辛亥（一〇七一年） 六十一歲。

先生作詩近三十首。其《感事吟》詩，有「蛇頭蝎尾不相同，毒殺人多始是功」句，隱喻行新法之革新派上下荼毒百姓。給兵部侍郎秦玠詩中有「天心復處是無心，心到無時無處尋」句。是年，所著《皇極經世》書成，上起帝堯甲辰，下至後周顯德六年己未，簡括三千三百餘年歷史大事記。其《書皇極經世後》詩有「樸散人道立，法始乎羲皇」、「善設稱周孔，能齊是老莊」句。

熙寧五年壬子（一〇七二年） 六十二歲。

先生作詩八十餘首。與司馬光、富弼互有詩歌呈答。

熙寧六年癸丑（一〇七三年） 六十三歲。

先生作詩四十餘首。作《安樂窩中好打乖吟》，富弼、王拱辰、司馬光、程顥、吕希哲等人均以詩和之。又作《年老逢春》十三首，中有「大凡尤物難分付，造化從來不負人」、「世態不堪新間舊，物情難免假疑真」、「大都美物天長惜，非是吾儕曲主張」佳句。所作《天意吟》詩有「天意無他只自然，自然之外更無天」、「聖人能事人難繼，無價明珠正在淵」句，表達其志向。其《老去吟》詩有「行年六十有三歲，二十五年居洛陽」句。

熙寧七年甲寅（一〇七四年） 六十四歲。

先生作詩三百六十餘首。有觀物有感者，有與友人對答者，有闡述哲理者，有以詩言志者，有簡括著作主題者等。從其詩中有「閉目眼前都是暗，開懷天外更無他」。若由智數經營得，大有英雄善揣摩」句，知先生不搞術數。從「少日掛心唯《帝典》，老年留意只《羲經》」，知先生年青時曾用心於科舉之學，而年老則專於易學研究。其「窺牖知天乃常事，不窺牖見是知天」句，本於《老子》「不出於户，以知天下，不窺於牖，以知天道」思想而發。其「只有一般無對處，都如天地未分時」句，闡太極之道爲一而無對。其「仲尼生魯在吾先，去聖千餘五百年。今日誰能知此道，當時人自比於天」句，以「五百年必有聖者出」暗喻自己向聖人看齊的志向。其《皇極經世一元吟》詩「中間三千年，迄今之陳迹。治亂與廢興，著見于方策。吾能一貫之，皆如身所歷」句，則概括了《皇極經世》一書的主題。是年王安石新法行買官田之法，先生所居亦官地。出榜三月，無人認買。先生之諸友相謀曰：「使先生之宅他人居之，吾輩蒙恥矣。」於是司馬光等二十餘家集錢買之。先生作《天津敝居蒙諸公共爲成買作詩以謝》詩，有「重謝諸公爲買園」、「二十餘家争出錢」句。先生居宅爲司馬光户名，遊園爲富弼户名，收租河南延秋莊爲王朗中户名，至終而不改。

熙寧八年乙卯（一〇七五年）　六十五歲。

先生作詩百餘首。其《安樂吟》詩有「不佞禪伯，不諛方士。不出户庭，直際天地」句，知先生不近禪學與方術。《觀易吟》有「天向一中分體用，人於心上起經綸。天人焉有兩般義，道不虚行只在人」句。《觀三皇吟》有「初分大道非常道，才有先天未後天」句。

熙寧九年丙辰（一〇七六年）　六十六歲。

先生作詩近三百首。有「惟願朝廷省徭役，庶幾天下少安息」、「痛矣時難得，悲哉道未傳」等句，從中可見其情其志。先生時臂痛，又患「頭風」，身瘦髭白，亦由其詩中有所表白。

熙寧十年丁巳（一〇七七年）　六十七歲。

先生作詩八十餘首。其《窺開吟》詩十三首中有「能將函谷塞，只用一丸泥」、「能將一個字，善解百年迷」、「情中明事體，理外見天機」、「敢言天下事，到手又何難」句。其《先天吟》詩有「先天事業有誰爲，爲者如何告者誰」、「眼前伎倆人皆知，心上功夫世莫知」句。是年三月先生感疾，氣日益耗，值張載歸陝過洛問疾於榻前。載喜論命，曰：「先生信命乎？載試爲先生推之。」先生曰：「世俗所謂命者，某所不知。若天命，則知之矣。」載曰：「既曰天命，則無可言者。」不意張載歸途至潼關暴卒於驛中，先生聞訊作《和鳳翔横渠張子厚學士亡後篇》詩。進七月病篤，程頤顧謂先生曰：「先生至此，他人無以爲力，願自主張。」先生曰：「平生學道，豈不知此？然亦無可主張。」頤猶相問難不已，先生戲曰：「正叔可謂生薑樹頭生，必是生薑樹頭出也。」頤曰：「從此與先生訣矣，更有可以見告者乎？」時先生聲氣已微，舉兩手以示之，徐曰：「面前路徑常令寬，路徑窄則之無著身處，況能使人行耶？」又司馬光來問疾，先生曰：「某疾勢必不起，且試與觀化一巡也，願君實自愛。」光曰：「堯夫未應至此。」先生曰：「死生亦常事耳。」時諸人議後事於外廳，有欲擇葬地於近洛城者，先生囑伯温「當從伊川先塋」。先生重病中猶作《病中吟》、《重病吟》、《天人吟》、《疾革吟》、《聽天吟》、《得一吟》、《答客問病》等詩。其中「湯劑功非淺，膏肓疾已深。然而猶灼艾，用慰友朋心」句令人感動。至七月四日，大書《病亟吟》詩：「生於太平世，長於太平世，老於太平世，死於太平世。客問年幾何，六十有七歲。俯仰天地間，浩然無所愧。」入夜至天明五更捐館，時當熙寧丁巳孟秋癸丑。熙寧十年七月五日。是年孟冬丁酉，衆人葬先生於伊川神陰原伊川丈人塋旁。今河南伊川縣西村山上，東臨伊水，西依紫荊山。

邵伯温、邵博論邵雍

易學辨惑

邵伯温

沈存中《筆談》象數一篇内言：江南人鄭夬，曾爲一書談易，其間一説曰：乾坤大父母也，復姤小父母也。乾一變生復，得一陽；坤一變生姤，得一陰。乾再變生臨，得二陽；坤再變生遯，得二陰。乾三變生泰，得四陽；坤三變生否，得四陰。乾四變生大壯，得八陽；坤四變生觀，得八陰。乾五變生夬，得十六陽；乾五變生剥，①得十六陰。乾六變生歸妹，本得三十二陽；坤六變生漸，本得三十二陰。乾坤錯綜，陰陽各三十二，生六十四卦。夬之爲書，皆荒唐之論，獨有此變卦之説，未知其是非。予後因見兵部員外郎秦玠，論夬所談，駭然曰何處得此法。玠云嘗遇一異人，受此曆數，推往古興衰運曆，無不皆驗。嘗恨不能盡其術。西都邵某亦知大略，已能洞吉凶之變。此人乃形之於書，必有天譴，此非世人所得聞也。予聞其言怪兼復甚祕，不欲深詰之。今邵某與夬、玠已皆死，終不知何術也。

竊惟我先君易學微妙玄深，不肖所不得而知也。其傳授次第，前後數賢者，本末在昔，過庭則嘗聞其略矣。懼世之士大夫但見存中所記有所惑也，乃作辨惑。

① 「乾」，《夢溪筆談》作「坤」。

先君受易於青社李之才，字挺之，爲人倜儻不羣，師事汶陽穆修伯長，性嚴急，少不如意或至呵叱。挺之左右承順如事父兄，略無倦意。登科任孟州司户，挺之坦率，不事儀矩，太守范忠獻公，以此頗不悦。後忠獻建節移鎮延安，郡僚多送至境外，挺之但別於近郊。衆或讓之，挺之曰：「異時送太守止於是，且情文貴稱范公，實不我知，而出疆遠送非情，豈敢以不情事范公。」未幾，忠獻責守安陸，過洛三城，故吏無一人往者，獨挺之沿檄往省之。忠獻始稱嘆，遂受知焉。又嘗爲衛州共城令。先君築室蘇門山百源之上，時丁先祖母李夫人喪，布衣蔬食三年，躬爨以養先祖。挺之聞先君好學，苦心志，自造其廬，問先君曰：「子何所學？」先君曰：「爲科舉進取之學耳。」挺之曰：「科舉之外有義理之學，子知之乎？」先君曰：「未也，願受教。」挺之曰：「義理之外有物理之學，子知之乎？」先君曰：「未也，願受教。」「物理之外有性命之學，子知之乎？」先君曰：「未也，願受教。」於是先君傳其學。挺之簽書澤州判官廳公事，澤州人劉羲叟晚出其門，受曆法，亦爲知名士，易學則唯先君得之也。挺之後終殿中丞。

按：原本作終殿中丞簽書澤州判官廳公事。據《宋史》李之才傳，石延年調兵河東辟之才澤州簽書判官轉殿中丞，則澤州判官當書在前，今依《宋史》改正。

熙寧中，其姪君翁嘗請文於先君，以表其墓。挺之之師即穆修也。

修字伯長，汶陽人，後居蔡州，遂葬於蔡。師事華山處士陳摶圖南，而傳其學。修少豪放，性褊少合，多游京洛間。人嘗書其詩于禁中壁間，真廟見之，深加歎賞，問侍臣曰：「此爲誰詩？」或以穆修對。上曰：「有文如是，公卿何不薦？」丁晉公在側曰：「此人行不逮文。」

由是上不復問。蓋伯長與晉公有布衣舊，晉公頃赴夔漕，伯長猶未仕，相遇漢上，晉公意欲伯長先致禮，伯長竟不一揖而去。晉公銜之，由是短於上前。後晉公貶朱崖徙道州，有詩云：「却訝有虞刑政失，四凶何事不量移。」可見其不相善也。伯長祥符二年，梁固榜登進士第，調海州理掾，以忤通判，遂爲捃摭，由是削籍隸池州。其集中有《秋浦會遇》詩，自叙甚詳。後遇赦，敘潁州文學參軍，故當時呼之曰穆參軍。老益貧，家有唐本韓柳集，乃丐於所親厚者，得金，募工鏤板，印數百帙，携入京師相國寺，設肆鬻之。伯長坐其旁，有儒生數輩至其肆輒取閱，伯長奪取，怒視謂曰：「先輩能讀一篇，不失句讀，當以一部爲贈。」自是經年不售。時學者方從事聲律，未知爲古文，伯長首爲之倡，其後尹源子漸洙師魯兄弟，始從之學古文，又傳其春秋學。伯長，國史有傳，其師即陳摶也。

摶字圖南，亳州真源人。蓋唐末進士，負經綸之才，歷五季亂離，游行四方，志不遂入武當山，後隱居華山。自晉、漢已後，每聞一朝革命，顰蹙數日，人有問者，瞪目不答。一日，方乘驢遊華陰市，聞太祖登極，圖南驚喜大笑。人問其故，曰：「天下自此定矣。」蓋太祖方潛龍時，圖南常見天日之表，知太平之有自矣。遯跡之初，有詩云：「十年蹤跡走紅塵，回首青山入夢頻。紫陌縱榮爭及睡，朱門雖貴不如貧。愁聞劒戟扶危主，悶見笙歌聒醉人。携取舊書歸舊隱，野花啼鳥一般春。」豈淺丈夫哉！周世宗召見，問以黄白，對曰：「陛下爲四海之主，當以治政爲念。奈何留意於小道耶？」世宗不以爲忤，拜諫議大夫，固辭，賜號「白雲先生」。太平興國初，太宗皇帝召至闕，求一静室休息，乃賜館於建隆觀。扃户熟寐，月餘方起，詔以野服見於延英殿，賜坐延問甚久。上方欲征河東，圖南諫止之，會軍已興，詔復令寢於御園，及兵還經百餘日方寤，乞歸山。九年復來朝，始陳河東可取，暨王師再舉，果降劉繼元，北漢平。按：《宋史·北漢劉氏世家》，開寶二年春，太祖親征繼元。閏五月，班師。太平興國四年，太宗復親征繼元。繼元窮蹙，五月甲申送降。此云圖南九年來朝始陳河東可取，暨王師再舉云云。太平興國無九年，已改元爲雍熙。《太宗紀》雍熙元年冬十月，賜華山隱士陳摶號「希夷先生」，與此合。若初召諫征河東及陳河東可取事，《太宗紀》與摶傳俱不載，而劉繼元之降又非雍熙元年事。或伯温追述所聞，於歲時前後不能無誤也。上謂宰相宋琪等曰：「摶方外之士，在華山四十餘載。度其年，蓋百餘歲矣。語論甚高。」因送至中書，琪等問曰：「先生得玄默修養之道，可以教人乎。」對曰：「摶不知吐納養性之理，神僊黄白之事，非有方術可傳。假令白日沖天，何益於聖世。聖上博通古今，深究治亂，真有道仁明之主，是君臣同德致理之時，勤行修煉無出於此。」琪等稱嘆。以其語白上，上益重之。太宗問曰：「昔在堯舜之爲天下，今可致否。」圖南對曰：「堯舜土階三尺，茅茨不翦，其迹自不可及。然能以清静爲治，即今之堯舜也。」上善其對，亦拜諫議大夫，固辭，乞歸。上知其不可留，即賜宴便殿，詔宰執禁從作詩，以寵，賜號「希夷先生」。後再召，辭曰：「九重僊詔休教丹鳳銜來，一片野心已被白雲留住。」將終，預知死期，上表云：「臣大數有終，聖朝難戀。已取某年七月二十二日，化形於蓮花峯下張超谷中。」又草疏，遣其徒詣闕上之，莫得而見也。种放明逸表其墓，能述其大略。明逸亦傳其象學，明逸授廬江許堅，堅授范諤，由此一枝傳於南方也。世但以爲學神仙術、善人倫風鑒而已，非知圖南者也。獨先君知之爲詳數，數有詩及之。圖南以上傳授不可悉考，蓋自伏羲以至文王、周公、孔子以來，世世相傳，或隱或顯，未嘗絶也。如揚子雲、關子明、王仲淹，皆其所從來者也。其學主於意、言、象、數，四者不可闕一，其理具見於聖人之經。不煩文字解説，止有一圖以寓其陰陽消長之數與卦之生變。圖亦非創意以作，孔子繫辭述之明矣。嗚呼，真窮理盡性之學也。

先君之學雖有傳授，而微妙變通蓋其所自得也。能兼明意言象數之藴，而知易之體用，成卦立爻之所自。嘗有詩曰：「誰信畫前元有易，須知删後更無詩。」然其學卒無所傳，平時未嘗妄以語人，故當時人亦鮮克知之者，唯以自樂而已。有大名王豫及其甥滎陽張崏，雖嘗從學而又皆早死。

王豫字天悦，樞密直學士沿之子，丁父憂，居衛之新鄉，先君居共城，初未知先君有是學也。以詩招先君曰：「邵子著書十萬許，圖得聖人心甚苦。何時惠然肯訪來，吾當爲君具雞黍。」先君欣然就之，天悦曰：「聞子好學，未知讀何書？」先君曰：「平時居家，讀五經，泛觀諸子百家之書。然無師匠，未有所得也。」天悦曰：「子能相從乎？」先君曰：「固所願也。」天悦蓋魁偉豪傑之士，雄辨該博，先君但唯諾而已。後及於易，先君不復假借，舉奥義數條，皆不能答，乃徐爲解説，天悦得所未聞，茫然自失，遽反席再拜，執古弟子之禮焉。有時同行道路，雖沽酒，必具衣冠捧觴跪獻爲先生壽。先生居百源，迥絶四鄰，居數年未嘗設榻，天悦不以時造，隆冬深夜，外户不扃，但見燈下默坐，或時諷誦，天悦於是尤加敬服。每有所得，筆而書之，貯一錦囊中，出入起居，須臾造次，必以自隨也。一日有清河役卒不以時放，監護者又苦之，衆怒，持畚牐將入縣，剽劫以起事，吏民大恐，莫知所爲。天悦白令，願自往，令欲多假之從者，天悦曰：「不可，非獨無益，且有害也。」乃衣衰絰，步出郭外，遇其衆，諭以禍福，皆不敢動，捨杖羅拜，以至感泣，遣還役次。州郡監司欲以其事上聞，天悦力止之。後簽書河陽節度判官廳公事，有武臣爲守，豪横傲慢，以至乾元節謝恩祝聖，一切輒罷。天悦告之曰：「乾元之儀，天下所同，不以臣之大小爲異。公被遇兩朝，歷位將相，尚乖恭事，若元昊賊，如何更可責以臣節？」守怒，乃求他官以避之。景祐、慶曆中，屢上書言事，召赴資善堂，命近臣詢訪，語太激切，爲所沮抑，送政府問狀，又以辭不屈忤時，相報罷以太常寺太祝，知河陽府伊闕縣事。會甘陵妖賊王則爲變，所在告捕黨與甚急，洛之諸邑皆以獲捕爲功，有以妖書告者，株連蔓延凡二百餘人。天悦至邑按問，得情皆無狀，但爲浮圖事所惑，夜聚衆規利而已。天悦歎曰：「亂甘者，王則也，斯民何罪？」乃盡釋之。其間豪强數十人，皆先已竄伏山谷，結集旁邑，儕輩皆巨盜。天悦聞之，遣其徒中一人，遺以所衣布袍，曰：「爲我告若曹，兹事已十年矣，縱長詿誤，亦屢經赦宥，可以自新。俾令觀此取信。」其人奔往，以天悦之言諭之曰：「我令賜汝活。」具道天悦意，將所得袍遍示之。衆皆相賀，歡欣從命。又語旁邑人，亦皆散去。天悦素不能諂事上位，尹雅不悦，捃摭以故縱妖黨聞于朝，執政者以宿怒深中之，坐是奪兩官，隸海州。先君送至海上。

後得放還，監亳州明道宫，丁母憂以卒。

張嶅字子望，樞密直學士逸之孫，比部員外郎廣西轉運使道宗之子。與其兄岣子堅同年登科。兄弟皆有文學，子望尤喜窮經而恬於仕進。少從先君學，嘗語人曰：「嶅師事先生二十年，未嘗見先生説重復語。先生之道，深不可測，亹亹日新如此。」有《洛中遊春》詩云：「平生自是愛花人，到處尋芳不遇真。誰謂人間無正色，今朝始見洛陽春。」言學於先君而方有所得也。先君和之曰：「造物從來不負人，萬般紅紫見天真。滿城車馬空撩亂，未必逢春便是春。」恐其自晝而勉之使進也。先君行狀，子望所撰，今載于《褒德集》。元豐官制行，神宗皇帝以吴丞相充嘗薦，諭執政除太常丞，蔡確言資淺，乃以爲寺簿，未幾感疾，卒于京師，官纔宣義郎。子望平時記録先君議論爲多，家人但見其素所寶惜，納之棺中。其後子堅得其遺藁見授，今《觀物外篇》是也，蓋十纔一二。又嘗著《易説》藏於家。熙寧初，其父領漕廣西時，初置常平使者，兄子堅首除兩浙，宰相欲見子望，父兄强之，不得已而往，宰相欲留子望，辭以父遠官嶺外。當時行其難進易退如此。若假之以年，先君之學必有所傳，惜哉。子望有二子夭折，平生著述散落。陳恪叔猶能頌其遺詩，情致深遠，不愧前人之作也。

秦玠字伯鎮，未詳何處人，後居亳社，有吏才，善書翰，亦好學問。嘗以屯田員外郎知懷州，長先君一歲，亦稱門人。在河南日，欲從先君學，先君以其人頗好任數，未之許也。嘗有書與先君云先生鍵道彌固，意謂先君靳其學不以告。先君答書，其略曰：「道滿天下，何物不有之，豈容人關鍵耶？」後歷兵部郎中，判三司理欠憑，由司遂退歸於亳。書問常不絶，先君亦寄之以詩。先君既没，洛人李籲端伯守官于亳，見之尚無恙，每語及先君之學也。

鄭夬字揚廷，後以字爲名，江東人，客遊懷衛間，依大姓宗氏。亦嘗欲受教於先君，先君曰：「吾學於李挺之也，忘寒暑，忘晝夜，忘寢食，忘進取。挺之有所言，吾必曰願略開端，無竟其説，請退而思之。幸得之，以爲然，方敢自言。或未也，歸而再思之，得之而後已。又走四方，就有道而正焉，凡山川風俗人情物理，吾皆究觀之。有益於吾學者，必取焉。今足下，志在口耳，又多外慕，能去是而誠心一意，然後可以語此學。」夬固不能也。後秦玠在河内嘗語：「夬以王天悦傳授先君之學，有所記録，夬力求之，天悦惡夬浮薄，不與。不幸天悦感疾且卒，夬聞之，賂其僕，就卧内竊得之，遂自以爲己學，著《易傳》、《易測》、《明範》、《五經明用》數書。皆破碎妄作，穿鑿不根。」嘗以變卦圖示秦玠。夬既竊天悦書，遂去宗氏，入京師，補國子監生，得解省試策，問八卦次序，夬以所得之説對，主司異之，擢在優等。既登第，遊公卿門，以其所著書爲投贄焉。後調太原府司録執政，薦館職者數人，將召試爲轉運，李遇卿發其贓罪，投竄南方。遇赦得自便，復事遊謁。嘗過洛來見先君，慚怍引咎，先君曰：「足下向以拙者之言爲然，不至此也。」不肖時在童稚，尚能記其狀貌，白皙短小，輕獧人也。後卒以窮死。秦謂必有天譴，恐指此而言也。夬之所著易圖非是，其説或有然者。竊書，秦實知之，乃駭然嘆曰：「夬何處得此法。又謂自得之異人西都邵某，聞其大略，已能洞吉凶之變，近乎自欺矣。」先君易學淵源傳授本末，秦不能知，獨以爲洞吉凶之變，何其小也。謂得之異人，非世人所聞，尤爲怪誕。然亦有謂，蓋指陳希夷而言也。自伏犧已來，大中至正之道，昭昭然具在易中，孔子爲《彖》、《象》、《繫辭》，言之盡矣。但世人信之者寡，知之者鮮。若謂非世人所聞，將使誰聞之耶？先君既謝世，秦爲此言，存中又不得其詳，但記秦所聞耳，此不得不辨也。不肖既爲此，述先君易學傳授次第，及諸人事跡大略，以解世惑，因更記昔所聞見者。於後頃年見章相，言：「初任商洛令時，鄭人宋孝孫爲太守。宋與先生有契，分招先生自洛來遊商山。惇由是識先生。時預坐席，宋因話洛陽牡丹之盛，未知名品共有幾何。惇率爾而對曰：『惇婦家在緱山，故多游洛。所謂牡丹，惇皆識之矣。』宋曰：『先生洛陽人也。』先生曰：『洛中識花者三等，有嗅根莖而識花，識花之上也；見芽葉而識花，識花之次也；見花識花，識之下也。如長官，止可謂見花識花者也。』惇固已異其言。宋又言：『先生易學妙于世，不可不傳。』先生留商甚久，惇數聽餘論，知先生爲有道者，遂拜之。商洛罷，屢過洛，欲遂從先生學，惇問：『先生之學，幾日可盡？』先生曰：『本無多事，以子厚之才，頃刻可盡也。但子厚心志未定，要須相從林下數月，使塵慮消散，然後可告。』是時，惇少年好游，不能留也。今且爲恨。如先生易學，舉世莫比，始可謂知《易》。王輔嗣輩以臆説配合人事，惇一日可作百部竟，何益也。」因以存中所記秦伯鎮言爲問，章相云：「先生易學，秦、沈所不知也。」

西河人李周，字道濟，平生不婚宦，獨居陋巷。先君日訪之，道濟方讀《易》。先君笑曰：

「易果在是乎。只守此以求易，恐終身未見。」道濟不知所以。聞先君既没，方深悔之。白述古明之，篤實純厚之士也。嘗云：「述古聞先生論《洪範》，古今人未嘗到此。但自恨不曉數學，不能傳授，實與易道相通也。」

邢和叔亦欲從先君學，先君略爲開其端倪，和叔援引古今不已。先君曰：「姑置是。此先天學，未有許多語。既得此理，則左右逢原矣。和叔且當虚心，使胷中蕩蕩然無一事，然後可以學此。」故有詩云：「若問先天一字無，後天方始有功夫。拔山蓋世稱才力，到此分毫强得乎。」先君一日有小疾，和叔親爲嘗粥藥。先君笑曰：「不必如是，吾非黄石癡老子，被子房跪進一雙履便能取得，但悠久至誠足矣。苟無誠心，去道已遠，何所學乎？」和叔笑曰：「恕纔萌此心，早被先生捉着。」和叔留别詩「圯下每慙知孺子，牀前時得拜龐公」之句，先君和曰：「觀君自比諸葛亮，顧我殊非黄石公。」其斷章云「出人才業尤須惜，慎勿輕爲西晉風」，示勸戒也。

程明道先生同弟伊川先生侍其親太中公，秋日訪先君於天津舊廬，先君以酒與之同遊月陂上，歡飲劇談。翌日，明道謂周純甫曰：「昨日陪堯夫先生遊月陂，自來聞堯夫議論，未嘗至此，振古之豪傑也。」純甫曰：「所言如何？」明道曰：「内聖外王之道也。惜其老矣，無所用於世。」先君嘗有詩云：「草軟波平風細細，雲輕日淡柳低摟。狂吟不記道何句，初云「狂言不記道何事」，後改作此。劇飲未嘗如此盃。景好只知閑信步，朋歡那覺太開懷。必期快作賞心事，却恐賞心難便來。」明道有詩和云：「先生相與賞西街，小子親携几杖來。行處每容參極論，坐隅還許侍餘盃。檻前流水心同樂，林外青山眼重開。時泰心閒難兩得，直須乘興數追陪。」又云：「月陂隄上四徘徊，北有中天百尺臺。萬物已隨秋色改，一樽聊爲晚涼開。水心雲影閑相照，林下泉聲静自來。世事無端何足計，但逢嘉日約重陪。」先君有《安樂窩中好打乖》詩，明道亦和詩云：「聖賢事業本經綸，肯爲巢由繼舊塵。三幣未回伊尹志，萬鍾難换子輿貧。客求墨妙多携卷，天爲詩豪剩借春。時止時行皆有命，先生不是打乖人。」唯明道知先生爲深，故先君之葬，不肖請志其墓焉。

異時，伊川同朱公掞訪先君，先君留之飲酒。因以論道，伊川指向前食卓曰：「此卓安在地上，不知天地安在何處。」先君爲之極論天地萬物之理以及六合之外，伊川歎曰：「平生唯見周茂叔論至此，周茂叔，道州人，名敦頤，二程之師也。然不及先生之有條理也。」伊川又同張子堅來，方春時，先君率同遊天門街看花，伊川辭曰：「平生未曾看花。」先君曰：「庸何傷乎物，物皆有至理。吾儕看花異於常人，自可以觀造化之妙。」伊川曰：「如是，則願從先生遊。」先君病且革，鄉人聚議後事於後，有欲葬近洛城者，時先君卧正寢，已知之，曰：「祇從伊川先塋可也。」伊川曰：「先生至此，他人無以致力，願先生自主張。」先君曰：「平生學道固至此矣，然亦無可主張。」伊川猶相問難不已，先君戲之曰：「正叔可謂生薑樹頭生，必是生薑樹頭出也。」伊川曰：「從此與先生訣矣，更有可以見告者乎？」先君聲氣已微，舉張兩手以示之，伊川曰：「何謂也？」先君曰：「面前路徑常令寬，路徑窄則自無着身處，况能使人行也。」亦有詩云：「面前路徑無令窄，路徑窄時無過客。過客無時路徑荒，人間大率多荆棘。」

前此横渠先生自關中被召還館，過洛見先君。值感疾，横渠診其脉曰：「先生脉息不虧，自當勿藥。」仍問先君曰：「先生信命乎，載試爲先生推之。」先生曰：「世俗所謂命者，某所不知。若天命，則知之矣。」横渠先生曰：「既曰天命，則無可言者。」又數日，司馬温公來問疾，先君曰：「某疾勢必不起，且試與觀化一巡也，願君實自愛。」温公曰：「堯夫未應至此。」先君曰：「死生亦常事耳。」故臨終有詩云：「生于太平世，長于太平世，老于太平世，死于太平世。客問幾何年，六十有七歲。俯仰天地間，浩然無所愧。」遂啟手足。實熙寧十年七月五日也。

熙寧初，歐陽文忠公遣其子棐叔弼來洛，省王宣徽夫人之疾。將行，謂叔弼曰：「到洛唯可見邵先生，爲致吾嚮慕之意。」叔弼既見，先君從容與語出處以及學術大槩。後十年先君捐館，又八年，韓康公尹洛，請謚于朝。叔弼時爲太常博士，適當議謚，叔弼嘗謂晁説之以道云：「棐作邵堯夫謚議，皆往昔親聞於先生者，當時棐少年，先生一見，欣然延接，遂及平生事故，得其詳如此。豈非先生道學絶世，微妙元通，前知來物，預以相告耶？」

先君之葬，吕希純子進有挽詩，云黔婁有謚合稱康。叔弼謚曰康節，時子進同爲博士，其驗乃在八九年後。嗚呼，異哉。永唯先君與四方鄉里名公賢大夫遊，平時話言不可勝記，此獨舉其與道相發明者，以系于後。仍録先君與伯鎮書、李挺之墓表，詩篇中及陳希夷與秦伯鎮者，庶幾可以考證焉。案，此所云書表及詩，原本俱未經附録。今惟《擊壤集》載《觀陳希夷先生真及墨蹟》詩三首、《寄亳州秦伯鎮兵部》詩六首。其與伯鎮書及挺之墓表，撿邵氏諸書俱不載，無從補入，今並依原本闕之。

邵氏聞見録（摘録）①

邵伯温

卷第十五

程宗丞先生名顥字伯淳，弟侍講先生名頤字正叔。康節先公以兄事其父太中公，二先生皆從康節遊。其師曰周敦頤茂叔。宗丞爲人清和，侍講爲人嚴峻，每康節議論，宗丞心相契，若無所問，侍講則時有往復。故康節嘗謂宗丞曰：「子非助我者。」然相知之盡，二先生則同也。横渠張先生名載字子厚，弟戩字天祺，爲二程先生之表叔。子厚少豪其才，欲結客取熙河隍鄯之地。范文正公帥延安，聞之，館於府第，俾修制科，與天祺皆登進士第。方同二程先生修《中庸》、《大學》之道，尤深於《禮》。熙寧初，子厚爲崇文院校書，天祺與伯淳同爲監察御史。時介甫行新法，伯淳自條例司官爲御史，與臺諫官論其不便，俱罷。上猶主伯淳，介甫亦不深怒之。除京西北路提點，伯淳力辭，乞與同列俱貶，改澶州簽判。天祺尤不屈，一日至政事堂言新法不便，介甫不答，以扇障面而笑。天祺怒曰：「參政笑某，不知天下人笑參政也。」趙清獻公同參大政，從旁解之，天祺曰：「公亦不可謂無罪。」清獻有愧色。謫監鳳翔府司竹監，舉家不食

① 底本爲民國涵芬樓夏敬觀校本，參考中華書局一九八三年版《邵氏聞見録》。

筍，其清如此。未幾，卒於官。子厚亦求去。熙寧十年，吴充丞相當國，復召還館。康節已病，子厚知醫，亦喜談命，診康節脈曰：「先生之疾無慮。」又曰：「頗信命否？」康節曰：「天命某自如之，世俗所謂命，某不知也。」子厚曰：「先生知天命矣，尚何言。」子厚入館數月，以病歸，過洛，康節已捐館，折簡慰撫伯温勤甚。見二程先生曰：「某之病必不起，尚可及長安也。」行至臨潼縣，沐浴更衣而寢，及旦視之，亡矣。門生衰經挽車，葬鳳翔之横渠，是謂横渠先生。伯淳自澶州請監洛河木竹務以便親。除判式學，未赴，以中丞李定言罷，知開封府扶溝縣，失囚，謫汝州監酒。元祐初，以宗正丞召，將大用。未赴，卒，葬伊川。文潞公表其墓曰：「明道先生正叔，元祐初用司馬温公、吕申公薦，召對，初除職官，再除館職，除崇政殿説書，歲餘出判西京國子監，兩除直秘閣，不拜。紹聖中，坐元祐黨謫涪州，遇上皇即位，赦得歸。久之復官，以卒。是謂伊川先生。」三先生俱從康節游，康節尤喜明道，其譽之與富韓公、司馬温公、吕申公相等。故康節《四賢詩》云：「彦國之言鋪陳，晦叔之言簡當，君實之言優遊，伯淳之言調暢。四賢洛之觀望，是以在人之上。有宋熙寧之間，大爲一時之狀。」則康節之所以處明道者盛矣。一日，二程先生侍太中公訪康節於天津之廬，康節攜酒飲月陂上，歡甚，語其平生學術出處之大。明日，悵然謂門生周純明曰：「昨從堯夫先生游，聽其論議，振古之豪傑也。惜其老矣，無所用於世。」純明曰：「所言如何？」明道曰：「内聖外王之道也。」是日，康節有詩云：「草軟波平風細溜，雲輕日淡柳低摧。狂言不記道何事，劇飲未嘗如此盃。好景只知閒信步，明歡那覺大開懷。必期快作賞心事，卻恐賞心難便來。」明道和云：「先生相與賞西街，小子親攜几杖來。行處每容參劇論，坐隅還許瀝餘盃。檻前流水心同樂，林外青山眼重開。時泰心閒兩難得，直須乘興數追陪。」明道敬禮康節如此。故康節之葬，伯溫獨請志其墓焉。悲夫，先生長者已盡，其遺言尚存。伯溫自念暮景可傷，不可使後生無聞也，因具載之。

卷第十八

伯溫曾祖母張夫人御祖母李夫人嚴甚，李夫人不能堪。一夕，欲自盡，夢神人令以玉筯食羹一杯，告曰：「無自盡，當生佳兒。」夫人信之。後夫人病瘦，醫者既投藥，又夢寢堂門之左右木瓜二株，左者俱已結，右者已枯，因爲大父言。大父遽取藥令覆之。及期，生康節公，同墮一死胎，女也。後十餘年，夫人病卧堂上，見月色中一女子拜庭下，泣曰：「母不察庸醫，以藥毒兒，可恨！」夫人曰：「命也。」女子曰：「若爲命，何兄獨生？」夫人曰：「汝死兄獨生，乃命也。」女子涕泣而去。又十餘年，夫人再見女子來，泣曰：「一爲庸醫所誤，二十年方得受生。與母緣重，故相別。」又涕泣而去。則知釋氏輪回鬼神之説有可信者，康節知而不言者也。親謂伯溫云。

伊川丈人與李夫人因山行，於雲霧間見大黑猿有感，夫人遂孕。臨蓐時，慈烏滿庭，人以爲瑞，是生康節公。公初生，髮被面，有齒，能呼母。七歲戲於庭，從蟻穴中豁然別見天日，雲氣往來。久之以告夫人，夫人至無所見，禁勿言。既長，遊學，夜行晉州山路，馬突，因墜深澗中。從者攀緣下尋公，無所傷，唯壞一帽。熙寧十年，公年六十七矣。夏六月，屬微疾，一日晝睡，覺且言曰：「吾夢旌旗鶴鴈自空而下，下導吾行亂山中，與司馬君實、吕晦叔諸公相分别於一驛亭。回視其壁間，有大書四字曰『千秋萬歲』。吾神往矣，無以醫藥相逼也。」嗚呼，異哉！

太學博士姜愚字子發，京師人，長康節先公一歲，從康節學，稱門生。先公年四十五未娶。潞州張仲賓太傅，字穆之，未第，亦從康節學。二君同白康節曰：「不孝有三，無後爲大。先生年逾四十不娶，親老無子，恐未足以爲高。」康節曰：「貧不能娶，非爲高也。」子發曰：「某同學生王允修頗樂善，有妹甚賢，似足以當先生。」穆之曰：「先生如婚，則某備聘，令子發與王允修言之。」康節遂娶先夫人。後二年，伯温始生。故康節有詩云：「我今行年四十五，生男方始爲人父。鞠育教誨誠在我，壽夭賢愚繫於汝。我若壽命七十歲，眼見吾兒二十五。我欲願汝成大賢，未知天意肯從否？」子發本京師富家，氣豪樂施，登進士第，月分半俸奉康節。治平間知壽州六安縣，以目疾分司，居新鄉。子發死，康節以其女嫁河間進士紀輝，視之如己女，伯温以姊事之。元符三年，紀輝與姜女俱亡，今二子依吾家避亂入蜀，伯温亦以子姪處之。王觀文樂道未遇時，與子發交遊甚善。樂道苦貧，教小學京師，居州西，子發居州東，相去遠。一日大雪，子發念樂道與其母寒饑，自荷一鍤，剗雪以行。至樂道之居，扣門，久之方應。樂道同母凍坐，日已過高，未飯。子發惻然，亟出買酒肉薪炭，往復同樂道母子附火飲食。樂道覺子發衣單，問之，以綿衣質錢買飯食也。子發説《論語》，士人樂聽之，爲一講會，得錢數百千，爲樂道娶妻。樂道登第，調睦州判官。妻卒，子發又爲求范文正公夫人姪汶陽李氏以繼，其負義如此。熙寧初，樂道以翰林侍讀學士爲西京留守。子發老益貧，且喪明，自新鄉駕小車來見樂道，意樂道哀之也。樂道遺酒三十壺而已，子發殊悵然。康節館於天津之廬，典衣贐其行，歸新鄉，未幾卒。

康節先公少日遊學，先祖母李夫人思之恍惚，至倒誦佛書。康節亟歸，不復出。夫人捐館，康節持喪毁甚，躬自爨以養。祖父置家蘇門山下，康節獨築室於百源之上。時李成之子挺之，東方大儒也，權共城縣令，一見康節心相契，授以《大學》。康節益自克勵，三年不設榻，晝夜危坐以思。寫《周易》一部，貼屋壁間，日誦數十遍。聞汾州任先生者有易學，又往質之。挺之去爲河陽司户曹，康節亦從之，寓州學，貧甚，以飲食易油貯燈讀書。一日有將校自京師出戍者，見康節曰：「誰苦學如秀才者。」以紙百幅、筆十枝爲獻。康節辭而後受。每舉此語先夫人曰：「吾少日艱難如此，當爲子孫言之。」康節又嘗謂伯温曰：「吾早歲徒步遊學至有所立，艱哉。程伯淳、正叔雖爲名士，本出貴家，其成就易矣。」因泣書之以示子孫。

康節先公慶曆間過洛，館於水北湯氏，愛其山水風俗之美，始有卜築之意。至皇祐元年，自衛州共城奉大父伊川丈人遷居焉。門生懷州武陟知縣侯紹曾，字孝傑，助其行。初寓天宫寺三學院。劉諫議元瑜字君玉，吕諫議獻可静居，張少卿師錫及其子職方君景伯，狀元師德之子諫議君景憲，王諫議益柔字勝之，子中散兄弟慎言不疑、慎行無悔、慎術子重，劉大夫師旦子絢，張諤字師柔及其子孫，南國張大丞師雄及諸子，劉龍圖之子秘監幾字伯壽，修撰忱字明復，侍講李寔字景真，吴少卿執中，王學士起字仲儒，李侍講育字仲象，子籲字端伯，姚郎中奭字周輔，交遊最密，或稱門生。洛人爲買宅於履道坊西天慶觀東，趙諫議借田於汝州葉縣，後王不疑同鄉人買田于河南延秋村。康節復還葉縣之田。嘉祐七年，王宣徽尹洛，就天宫寺西天津橋南五代節度使安審琦宅故基，以郭崇韜廢宅餘材爲屋三十間，請康節遷居之。富韓公命其客孟約買對宅一園，皆有水竹花木之勝。熙寧初，行買官田之法，天津之居亦官地。牓三月，人不忍買。諸公曰：「使先生之宅他人居之，吾輩蒙恥矣。」司馬温公而下，集錢買之。康節先生以詩謝王宣徽曰：「嘉祐壬寅歲，新巢始孱功。正分道德里，更近帝王宫。檻仰端門峻，軒迎兩觀雄。窗虚響瀍澗，臺迥粲伊嵩。好景尤難得，昌辰豈易逢？無才濟天下，有分樂年豐。水竹腹心裏，鶯花淵藪中。老萊歡不已，靖節歎何窮。嘯傲陪真侶，經營荷府公。丹誠徒自寫，匪報厚恩隆。」後以詩謝温公諸公曰：「重謝諸公爲買園，洛陽城裏占林泉。七千來步平流水，二十餘家争出錢。嘉祐卜居終是僦，熙寧受券遂能專。鳳凰樓下新閑客，道德坊中舊散仙。洛浦清風朝滿袖，嵩岑皓月夜盈軒。接羅倒載芰荷畔，談麈輕摇楊柳邊。陌徹銅駝花爛漫，堤連金穀草芊綿。青春未老尚可出，紅日已高猶自眠。洞號長生宜有主，窩名安樂豈無權？敢於世上明開眼，會向人間别看天。盡送光陰歸酒盞，都移造化入詩篇。也知此片好田地，消得堯夫筆似椽。」今宅契司馬温公户名，園契富韓公户名，莊契王郎中户名，康節初不改也。康節蓋曰：「貧家未嘗求於人，人饋之，雖少必受。」嘗謂伯温曰：「名利不可兼也。吾本求名，既爲世所知矣，何用利哉？故甘貧樂道，平生無不足之意。」嗟夫！洛陽風俗之厚，人物之盛，此不可見矣。重念老境可傷，因詳書之以示子孫云。

康節先公謂本朝五事，自唐虞而下所未有者：一，革命之日，市不易肆；二，克服天下在即位後；三，未嘗殺一無罪；四，百年方四葉；五，百年無心腹患。故《觀盛化》詩曰：「紛紛五代亂離間，一旦雲開復見天。草木百年新雨露，車書萬里舊山川。尋常巷陌猶簪紱，取次園亭亦管絃。人老太平春未老，鶯花無害日高眠。」又曰：「吾曹養拙賴明時，爲幸居多寧不知。天下英才中遁跡，人間好景處開眉。生來只慣見豐稔，老去未嘗經亂離。五事歷將前代舉，帝堯而下固無之。」伯温竊疑「未嘗經亂離」爲太甚，先公曰：「吾老且死，汝輩行自知之。」永念先公當本朝太平盛時，隱居求志，謝聘不屈，其發爲詩章每如此。

康節先公與富文忠公早相知。文忠初入相，謂門下士田棐大卿曰：「爲我問邵堯夫，可出，當以官職起之；不，即命爲先生處士，以遂隱居之志。」田大卿爲康節言，康節不答，以詩二章謝之曰：「相招多謝不相遺，將爲胸中有所施。若進豈能禁吏意，既閑安用更名爲？願同巢許稱臣日，甘老唐虞比屋時。滿眼清賢在朝列，病夫無以繫安危。」又云：「欲遂終焉老閑計，未知天意果如何？幾重軒冕酬身貴，得此雲山到眼多。好景未嘗無興詠，壯心都已入消磨。鷯鴻自有江湖樂，安用區區設網羅。」文忠公終不相忘，乃因明堂祫享，赦詔天下舉遺逸人，公意謂河南府必以康節應詔。時文潞公尹洛，以兩府禮召見康節，康節不屈，遂以福建黃景應詔。

景字子蒙，亦從康節遊，客李邯鄲公家，公之子壽朋薦於潞公。時天下應詔者二十八人，同見宰執於政事堂。至河南，黄景以閩音自通姓名，文忠不樂。各試論一首，命官爲試銜知縣。文忠奏天下尚有遺材，乞再令舉。詔從之。王拱辰尚書尹洛，乃以康節應詔。潁川薦常秩，皆先除試將作監主簿，不理選限。文忠招康節而不欲私，故以天下爲請。知制誥王介甫不識康節，繳還辭頭曰：「使邵某常民，一試銜亦不可。與果賢者，不當止與試銜，宜召試然後官之。」上不納，下知制誥祖無擇，除去「不理選限」行詞，然康節與常秩皆不起。是時富公已丁太夫人憂去位矣。熙寧二年，神宗初即位，詔天下舉遺逸。御史中丞吕誨、三司副使吴充、龍圖閣學士祖無擇皆薦康節。時歐陽公作參知政事，素重常秩，故潁川亦再以秩應詔。康節除秘書省校書郎、潁州團練推官。辭，不許。既受命，即引疾不起。答鄉人二詩，一曰：「平生不作皺眉事，天下應無切齒人。斷送落花安用雨，裝添舊物豈須春？幸逢堯舜爲真主，且放巢由作外臣。六十病夫宜揣分，監司何用苦開陳？」二曰：「卻恐鄉人未甚知，相知深後又何疑？貧時與禄是可受，老後得官難更爲。自有林泉安素志，況無才業動丹墀。荀、揚若守吾儒分，免被韓文議小疵。」常秩以職官起，時王介甫方行新法，天下紛然以爲不便，思得山林之士相合者。常秩賜對，神宗問曰：「仁宗召卿何故不起？朕召何故起？」秩曰：「仁宗容臣不起，陛下不容臣不起。」因盛言新法之便，乃除諫官，以至待制，帝浸薄之。介甫主之不忘，然亦知其爲人矣。熙寧初，介甫之弟安國，字平甫，爲西京國子監教授，從康節遊。歸以出處語介甫，介甫歎曰：「邵堯夫之賢不可及矣。」《神宗正史・康節列傳》史臣書云：「與常秩同召，某卒不起。」有以也夫。

康節先公與富韓公有舊，公自汝州得請歸洛養疾，築大第，與康節天津隱居相邇。公曰：「自此可時相招矣。」康節曰：「某冬夏不出，春秋時，間過親舊間。公相招未必來，不召或自至。」公謝客戒子曰：「先生來，不以時見。」康節一日過之，公作詩云：「先生自衛客西畿，樂道安閑絶世機。再命初筵終不起，獨甘窮巷寂無依。貫穿百代嘗探古，吟詠千篇亦造微。珍重相知忽相訪，醉和風雨夜深歸。」康節和曰：「道堂閒話儘多時，塵外盃觴不浪飛。初上小車人已静，醉和風雨夜深歸。」又題康節《擊壤詩集》云：「黎民於變是堯時，便字堯夫德可知。更覽新詩名《擊壤》，先生全道略無遺。」其知康節如此。公嘗令二青衣蒼頭掖之以行，一日，與康節會後園中，因康節論天下事，公喜甚，不覺獨步下堂。康節不爲起，徐指二蒼頭戲公曰：「忘卻拄杖矣。」富公深居，托疾謝客，而嘗苦氣痞。康節曰：「好事到手畏甚？不爲他人做了，鬱鬱何益？」公笑曰：「此事未易言也。」蓋爲嘉祐建儲耳。公雖剛勇，遇事詳審，不萬全不發，康節因戲之。公一日有憂色，康節問之，公曰：「先生度某之憂安在？」康節曰：「豈以王安石罷相，吕惠卿參知政事，惠卿凶暴過安石乎？」公曰：「然。」康節曰：「公無憂。安石、惠卿本以勢利合。惠卿、安石勢利相敵，將自爲仇矣，不暇害他人也。」未幾，惠卿果叛安石，凡可以害安石者，無所不至。公謂康節曰：「先生識慮絶人遠矣。」一日薄暮，司馬温公見康節曰：「明日僧顯修開堂説法，富公、吕晦叔欲偕往聽之。晦叔貪佛已不可勸，富公果往，於理未便。某後進，不敢言，先生曷止之？」康節曰：「恨聞之晚矣。」明日，公果往。後康節因見公，謂公曰：「聞上欲用裴晉公禮起公。」公笑曰：「先生以爲某衰病能起否？」康節曰：「固也。或人言上命公，公不起，一僧開堂，公乃出，無乃不可乎？」公驚曰：「我未之思也。」公與康節食筍，康節曰：「筍味甚美。」公曰：「未如中堂骨頭之美也。」康節曰：「野人林下食筍三十年，未嘗爲人所奪。公今日可食以中堂骨頭乎？」公笑而止。康節疾病，公日遣其子偕醫者來饋藥物不絕。康節捐館，公賻贈之，遺禮甚厚。伯温除喪往拜公，公惻然曰：「先生年未高，嘗勸之學修養。」復曰：「不能學胡走亂走也。」問伯温年幾何，娶未？伯温對：「年二十四，未娶。」公曰：「未娶甚善，可以保養血氣，專意學問。吾年二十八登科方娶。嘗白先公先夫人，未第決不娶，弟妹當先嫁娶之。故田氏妹先嫁元鈞也。」伯温自此得出入公門下。悲夫，今海内之士嘗獲拜公牀下，唯伯温一人。想公英偉之姿，凜然如在世也。

熙寧三年，司馬温公與王荆公議新法不合，不拜樞密副使，乞守郡，以端明殿學士知永興軍。後數月，神宗思之，曰：「使司馬在朝，人主自然無過舉。」移許州，令過闕上殿。公力辭，乞判西京留司御史臺。遂居洛，買園於尊賢坊，以獨樂名之，始與伯温先君子康節游。嘗曰：「某陝人，先生衛人，今同居洛，即鄉人也。有如先生道學之尊，當以年德爲貴，官職不足道也。」公一日著深衣，自崇德寺書局散步洛水堤上，因過康節天津之居，謁曰程秀才云。既見，温公也。問其故，公笑曰：「司馬出程伯休父，故曰程。」留詩云：「拜罷歸來抵寺居，解鞍縱馬罷傳呼。紫衣金帶盡脱去，便是林間一野夫。」「草軟波清沙路微，手擕筇杖著深衣。白鷗不信忘機久，見我猶穿岸柳飛。」康節和曰：「冠蓋紛華塞九衢，聲名相軋在前呼。獨君都不將爲事，始信人間有丈夫。」「風背河聲近亦微，斜陽淡泊隔雲衣。一雙白鷺來煙外，將下沙頭卻背飛。」公一日登崇德閣，約康節久未至，有詩曰：「淡日濃雲合復開，碧伊清洛遠縈迴。林間高閣望已久，花外小車猶未來。」康節和云：「君家梁上年時燕，過社今年尚未迴。謂罰誤君凝竚久，萬花深處小車來。」又云：「天啟夫君八斗才，野人中路必須迴。神仙一語難忘處，花外小車猶未來。」康節有《安樂窩中》詩云：「半記不記夢覺後，似愁無愁情倦時。擁衿側卧未欲起，簾外落花撩亂飛。」公愛之，請書紙簾上，字畫奇古，某家世寶之。公與康節唱酬甚多，具載《擊壤集》。公嘗問康節曰：「某何如人？」曰：「君實脚踏實地人也。」公深以爲知言。至康節捐館，公作挽詩二章，其一曰：「慕德聞風久，論交傾蓋新。何須半面舊，不待一言親。講道切磋直，忘懷笑語真。重言蒙蹠實，佩服敢書紳。」記康節之言也。康節又曰：「君實九分人也。」其重之如此。後公以康節之故，遇其孤伯温甚厚。公無子，以族人之子康爲嗣。康字公休，其賢似公，識者謂天故生之也。公休與伯温交游益厚。公薨，公休免喪。元祐間方欲大用，亦不幸，特贈諫議大夫。公休有子植，方數歲，公休素以屬伯温。至范純夫内翰輩皆曰：「將以成温公之後者，非伯温不可。」朝廷知之，伯温自長子縣尉移西京國子監教授，俾植得以卒業，因經紀司馬氏之家。植字子立，既長，其賢如公休，天下謂真温公門户中人也。亦蚤死，無子，温公之世遂絶。

康節先生與趙宗道學士游，宗道年長，康節拜之，其諸子皆以父師之禮事康節。宗道早出富韓公門下。熙寧初，宗道自西都留臺領宫祠以卒。先是宗道季子濟爲提舉常平，劾富公不行新法，朝廷坐其言罷富公使相。宗道卒，富公以致政居洛，賻恤其家甚厚。其兄弟服除，欲往謝富公，濟獨未敢行，請於康節。康節曰：「以富公德度，尚何望於君？第往勿疑。」諸兄行，君不行，是自處于不肖也。」明日，濟偕諸兄弟以進，富公撫之甚恩，濟不自安，起謝罪。公止之曰：「吾見故人子，前日公事不可論也。」濟歸謝康節曰：「微先生，濟之過不可贖也。」

熙寧癸丑春，大名王荀龍字仲賢入洛，見康節先公。其議論勁正有過人者，康節喜之，和其詩曰：「君從賞花來北京，耿君先期已馳情。此時隕霜奈何重？今歲花開徒有聲。既欲佳章當墜刺，寧無累句代通名。天之美才應自惜，料得不爲時虚生。」仲賢，魏公客也，因出魏公送行詩，顔體大書，極奇偉。康節曰：「吾少日喜作大字，李挺之曰『學書妨學道』。」故嘗有詩云：「憶昔初學大字時，學人飲酒與吟詩。若非益友推金石，四十五歲成一非。」仲賢又贈魏公詩云：「春去花叢蝴蝶亂，雨餘蔬圃桔橰閑。」康節愛之，曰：「怨而不傷，婉而成章之言也。」仲賢之子名巖叟，字彦霖，元祐初自知定州安喜縣召爲監察御史，有直聲，後位簽書樞密院。彦霖父子皆魏公之客，魏公鎮相州，薦彦霖爲屬。韓康公代魏公，康公欲留彦霖，彦霖謝曰：「某魏公之客，不願入它門也。」士君子稱之。

康節先公嘗言，李復圭龍圖臨事有斷。年二十八知滑州，與郡官夜會，有衙兵奪銀匠鐵槌殺人者，一府皆驚擾，公捕至，立斬之。上章待罪。諸司亦按公擅殺。仁宗曰：「李復圭，帥才也。」除知慶州。後責光化軍。有放停卒自陳乞添租剗佃某人官田者，公曰：「汝揀停之兵，如何能佃官田？」卒曰：「筋力未衰也。」公曰：「汝以衰故揀停，既未衰卻合充軍。」呼刺字人刺元軍分，人皆稱之。公才高，爲衆所忌，故仕宦數不進。公居多不樂，康節因和其詩，作《天吟》一篇曰：「一般顔色正蒼蒼，今古人曾望斷腸。日往月來無少異，陽舒陰慘不相妨。迅雷震後山川裂，甘露零時草木香。幽暗嵓崖生鬼魅，清平郊野見鸞凰。千秋爛爲三春雨，萬木凋因一夜霜。此意分明難理會，直須賢者入消詳。」蓋廣其意，使有所感悟也。

康節先生赴河南尹李君錫會投壺，君錫末箭中耳。君錫曰：「偶爾中耳。」康節應聲曰：「幾乎敗壺。」坐客以爲的對，亦可謂善謔矣。

卷第十九

司馬温公初居洛，問士於康節，對曰：「有尹材字處初、張雲卿字伯純、田述古字明之，三人皆賢俊。」處初、明之得進於温公門下，獨伯純未見。康節以問公，公曰：「處初、明之之賢如先生言。張君者或聞旅殯其父於和州，久不省，未敢與見。」康節曰：「張雲卿可謂孝矣。雲卿之父謫官死和州，貧不能歸，因寓其喪。雲卿奉其母歸洛，貧甚。府尹哀之，俾爲國子監説書，得月俸七千以養。若爲和州一行，則罷俸數月，將餓其母矣。其故如此。」温公悵然曰：

「某之聽誤矣。」伯純自此亦從温公游。未幾，伯純之母死，徒步至和州迎父柩合葬。三君子既受知温公，公入相元祐，處初、明之以遺逸命官，伯純以累舉特恩，同除學官。温公好賢下士，尊用康節之言如此。伯純學問該洽，文潞公於經史注疏或有遺忘，多從伯純質之。

熙寧初，王宣徽之子名正甫字茂直，監西京糧料院。一日約康節先公同吴處厚、王平甫會飯，康節辭以疾。明日，茂直來，康節謂曰：「某之辭會有以，姑聽之。吴處厚者好議論，平甫者介甫之弟。介甫方執政行新法，處厚每譏刺之。平甫雖不甚主其兄，若人面罵之則亦不堪矣。此某所以辭會也。」茂直笑曰：「先生料事之審如此。昨處厚席間毁介甫，平甫作色，欲列其事於府。某解之甚苦，乃已。」嗚呼！康節以道德尊一代，平居出處一飲食之間，其慎如此，爲子孫者當念之。

熙寧中，洛陽以道德爲朝廷尊禮者，大臣曰富韓公，侍從曰司馬温公、吕申公，士大夫位卿監以清德早退者十餘人，好學樂善有行義者幾二十人。康節先公隱居謝聘皆相從，忠厚之風聞於天下。里中後生皆知畏廉恥，欲行一事，必曰：「無爲不善，恐司馬端明知，邵先生知。」嗚呼，盛哉！

康節先公嘉祐中朝廷以遺逸命官，辭之不從。河南尹遣官就第送告勑朝章，康節服以謝，即褐衣如初。至熙寧初，再命官，三辭，又不從。再以朝章謝，且曰：「吾不復仕矣。」始爲隱者之服，烏帽縚褐，見卿相不易也。司馬温公依《禮記》作深衣、冠簪、幅巾、縉帶。每出，朝服乘馬，用皮匣貯深衣隨其後，入獨樂園則衣之。常謂康節曰：「先生可衣此乎？」康節曰：「某爲今人，當服今時之衣。」温公歎其言合理。

富公未第時，家於水北上陽門外，讀書於水南天宫寺三學院。院有行者名宗顥，嘗給事公左右。及公作相，顥已爲僧，用公奏賜紫方袍，號「寶月大師」。公致政，築大第於至德坊，與天宫寺相邇。公以病謝客，宗顥來或不得前，則直入道堂，見公曰：「相公頗憶院中讀書時否？」公每爲之笑。時節送遺甚厚。康節先公自共城遷洛，未爲人所知也，宗顥獨館焉。可見宗顥非俗僧也。康節登其院閣，嘗作《洛陽懷古賦》曰：

洛陽之爲都也，地居天地之中，有中天之王氣在焉。予家此始半歲，會秋乘雨霽，與殿院劉君玉登天宫寺三學閣，洛之風景，因得周覽。惜其百代興廢以來，天子雖都之，而多不得其久居也。故有懷古之感，以通諷誦。君玉好賦，請以賦言之。

秋雨霽，日色清。萬景出，秋益明。何幽懷之能快，唯高閣之可憑。天之空廓，風之輕泠，覽三川之形勝，感千古之廢興。乃眷西北，物華之姘，雲情物態，氣象汪然。擁樓閣以高下，焕金碧之光鮮。當地勢之拱處，有王居之在焉。惜乎天子居東都，此邦若諸夏，不會要於方策，不號令於天下。聲明文物，不自此而出；道德仁義，不自此而化。宫殿森列，鞠而爲茂草；園囿棋布，荒而爲平野。鑾輿曾不到者三十餘年，使人依然而歎曰：虚有都之名也。噫！夏王之治水也，四海之内，列壤惟九，而居中者，實曰豫州。荆河之北，此爲上流。周公之卜宅也，率土之濱，達國爲萬，而居中者，實曰洛陽。瀍、澗之側，此唯舊邦。迄於今二千年之有餘，因興替之不定，故靡常其厥居。我所以作賦者，閱古今變易之時，述興亡異同之跡，追既失之君王，存後來之國家也。昔大昊始法，二帝成之，三王全法，參用適宜。伊六聖之經理，實萬世之宗師。我乃謂治民之道，於是乎大盡矣。逮夫五霸抗軌，七雄駕威，漢之興乘秦之弊，曹之擅幸漢之衰，始鼎立而治，終豆分而隳。晉中原之失守，宋江左之畫畿，或走齊而驛梁，或道陳而經隋。自元魏廓河南之土植，六朝之風物，李唐蟠關中之腹孕，五代之亂離，其間或道勝而得民，或兵彊而慴下，或虎吞而龍噬，或雞狂而犬詐，或創業於艱難，或守成於逸暇，或覆餗而終焉，或包桑而振者。故得陳其六事，雖善惡不同，其成敗一也。其一曰：大哉，德之爲大也！能潤天下，必先行之於身，然後化之於人。化也者，效之也，自人而效我者也。所以不嚴而治，不爲而成，不言而信，不令而行。順天下之性命，育天下之生靈。其帝者之所爲乎！其二曰：至哉，政之爲大也！能公天下，必先行之於身，然後教之於人。教也者，正之也，自我而正人者也。所以有嚴而治，有爲而成，有言而信，有令而行。拔天下之疾苦，遂天下之生靈。其王者之所爲乎！其三曰：壯哉，力之爲大也！能致天下，必先豐府庫，峙倉箱，鋭鋒鏑，峻金湯。嚴法令於烈火，肅兵刑於秋霜，竦民聽於上下，慴夷心於外荒。其霸者之所爲乎！其四曰：時若傷之於隨，失之於寬，始則廢事，久而生姦。既利不能勝害，故冗得以疾賢。是必薄其賦斂，欲民不困而民愈困；省其刑罰，欲民不殘而民愈殘。蓋致之之道，失其本矣。其五曰：時若任之以明，專之以察，始則烈烈，終焉闕闕。既上下以交虐，乃恩信之見奪。是以峻其刑罰，欲民不犯而民愈犯；厚其賦斂，欲國不竭而國愈竭。蓋致之之道，失其末矣。其六曰：水旱爲沴，年歲耗虚，此天地之常理，雖聖人不能無，蓋有備而無患。不得中者，加以寬猛失政，重輕逸權，不有水旱兵革而民已困，而况有水旱兵革者焉？所謂本末交失，不亡何待！天下有成敗六焉，此之謂也。君天下者得不用聖帝之典謨，行明王之教化？士可殺不可辱，民可近不可下。上能撫如子焉，下必戴其后也。仲尼所以陳革命，則抑爲人之匪君；明遜國，則杜爲人之不臣。定禮樂而一天下之政教，修《春秋》而罪諸侯之亂倫，删《詩》以揚文武之美，序《書》以尊堯舜之仁，贊大《易》以都括，與六經而並存。意者不可以地之重易民之教，不可以天之教悖天之時，必時教之各備，則居地而得宜，是故知地不可固有之也。君上必欲上爲帝事，則請執天道焉；中爲王事，則請執人道焉；下爲霸事，則請執地道焉。三道之間，能舉其一，千古之上猶反掌焉。則是洛之興也，又何計乎都與不都也？如欲用我，吾從其中。

康節先生經世之學蓋如此，託賦以自見耳。

熙寧間，宗顥尚無恙，伯温嘗就其院讀書，宗顥每以富公爲舉子事相勉，曰：「公夜枕圓枕，庶睡不能久。欲有所思，冬以冰雪，夏以冷水沃面。其勤苦如此。」康節先公《懷古賦》初無本，唯宗顥能誦之，年幾九十乃死。康節先公常言：「本朝祖宗立天下之士，非前代可比。内無大臣跋扈，外無藩鎮强横，亦無大盜賊，獨夷狄爲可慮。」故有《十六國》詩云：「普天之下號寰區，大禹曾經治水餘。衣到弊時多蟣虱，爪當爛處足蟲蛆。龍章本不資狂寇，象魏何嘗薦亂胡？尼父有言堪味處，當時欠一管夷吾。」又作《觀碁》詩，歷敍古今至西晉云：「二主蒙霜露，五胡犯鼎彝。世無管夷吾，令人重歔欷。」常曰：「孔子念管仲之功，自以不被髮左衽爲幸。若管仲者，可輕議哉！」嗚呼，有以也夫！

康節先公先天之學，伯温不肖，不敢稱贊。平居於人事機祥未嘗輒言。治平間，與客散步天津橋上，聞杜鵑聲，慘然不樂。客問其故，則曰：「洛陽舊無杜鵑，今始至，有所主。」客曰：「何也？」康節先公曰：「不三五年，上用南士爲相，多引南人，專務變更，天下自此多事矣！」客曰：「聞杜鵑何以知此？」康節先公曰：「天下將治，地氣自北而南；將亂，自南而北。今南方地氣至矣，禽鳥飛類，得氣之先者也。《春秋》書『六鷁退飛』、『鸜鵒來巢』，氣使之也。自此南方草木皆可移，南方疾病瘴瘧之類，北人皆苦之矣。」至熙寧初，其言乃驗，異哉！故康節先公嘗有詩曰：「流鶯啼處春猶在，杜宇來時春已非。」又曰：「幾家大第横斜照，一片殘春啼子規。」其旨深矣。伯温後聞熙州有唐碑，本朝未下時，一日有家雀數千集其上，人惡之曰：「豈此地將爲漢有耶？」因焚之。蓋夷中無此禽也。已而果然。因並記之，以信先君之説。

康節先公於書無所不讀，獨以六經爲本，蓋得聖人之深意。平生不爲訓解之學，嘗曰：

「經意自明，苦人不知耳。屋下蓋屋，牀上安牀，滋惑矣。」所謂陳言，生活者也。故有詩曰：「陳言生活不須矜，自是中才皆可了。」以老子爲知《易》之體，以孟子爲知《易》之用。論文中子謂佛爲西方之聖人，不以爲過。於佛老之學，口未嘗言，知之而不言也。故有詩曰：「不佞禪伯，不諛方士，不出户庭，直際天地。」其所著《皇極經世》書，以元會運世之數推之，千歲之日可坐致也。以太極爲堂奥，乾坤爲門户，包括六經，陰陽剛柔行乎其間，消息盈虚相爲盛衰，皇王帝伯相爲治亂，其肯爲訓解之學也哉！

康節先公出行不擇日，或告之以不利則不行。蓋曰：「人未言則不知，既言則有知，知而必行，則與鬼神敵也。」春秋祭祀，約古今禮行之，亦焚楮錢。程伊川怪問之，則曰：「明器之義也。脱有一非，豈孝子慈孫之心乎？」又曰：「吾高曾今時人，以籩豆簠簋薦牲不可也。」伯温謹遵遺訓而行之也。

伯温昔侍家庭，請於康節先公曰：「大人至和中，仁宗在御，富公當國，可謂盛矣，乃謝聘不起，何也？」先公曰：「本朝至仁宗，政化之美，人材之盛，朝廷之尊極矣。以前或未至，後有不及也。天之所命，非偶然者。吾雖出何益？是非爾所知也。」伯温再拜稽首，不知所以問。

康節先公遺訓曰：「汝固當爲善，亦須量力以爲之。若不量力，雖善亦不當爲也。」故有詩曰：「量力動時無悔吝，隨宜樂處省營爲。若求騏驥方乘馬，只恐終身無馬騎。」又嘗曰：「善人固可親，未相知不可急合；惡人固可疏，未能遠不可急去，必招悔吝也。」故《無名君》序曰：「見善人未嘗急合，見不善人未嘗急去。」伯温佩之，終身不敢忘。

康節先公言，頃京都有一道人，日飲酒於市。將出，謂其鄰曰：「今日當有某人來。」已而果然。自此莫不然。或問：「預知何術？」曰：「無心耳。」曰：「無心可學乎？」曰：「才欲使人學無心，即有心矣。」又程伊川先生言，昔貶涪州，過漢江，中流船幾覆，舉舟之人皆號泣。伊川但正襟安坐，心存誠敬。已而船及岸，於同舟衆人中有老父問伊川曰：「當船危時，君正坐色甚莊，何以？」伊川曰：「心守誠敬耳。」老父曰：「心守誠敬固善，不若無心。」伊川尚欲與之言，因忽不見。嗚呼！人果無心，險難在前猶平地也。老子曰：「入水不濡，入火不熱。」唯無心者能之。

卷第二十

熙寧三年四月，朝廷初行新法，所遣使者皆新進少年，遇事風生，天下騷然，州縣始不可爲矣。康節先公閒居林下，門生故舊仕宦四方者皆欲投劾而歸，以書問康節先公。康節先公答曰：「正賢者所當盡力之時，新法固嚴，能寬一分則民受一分之賜矣。投劾而去何益？」嗚呼！康節先公深達世務，不以沽激取虛名如此。世所謂康節先公爲隱者，非也。

熙寧中，有一道人，無目，以錢置手掌中，即知正背年號，人皆異之。康節先公問曰：「以錢置爾之足，手則知之，置爾之亦能知之乎？」道人答曰：「此吾師之言也。」愧謝而去。

伯温少時，因讀《文中子》，至「使諸葛武侯無死，禮樂其有興乎」，因著論，以謂武侯霸者之佐，恐於禮樂未能興也。康節先公見之，怒曰：「汝如武侯猶不可妄論，況萬萬相遠乎？以武侯之賢，安知不能興禮樂也？後生輒議先賢，亦不韙矣。」伯温自此於先達不敢妄論。

伯温上世范陽，以中直篤實，讀書謹禮爲家法。大父伊川丈人尤質直，平生不妄笑語。年七十有九，以治平四年正月初一日捐館。初無疾，不食飲水者累日。除夜，康節先公以下皆侍立左右，伯温方七歲，大父鍾愛之，亦立其旁。大父曰：「吾及新年往矣。」康節先公以下皆掩泣，大父止之曰：「吾兒以布衣名動朝廷，子孫皆力學孝謹，吾瞑目無憾，何用哭？」大父平日喜用大杯飲酒，謂康節先公曰：「酌酒與爾別。」康節同叔父滿酌大杯以獻，大父一舉而盡，再酌，飲及半，氣息微矣。謂康節曰：「吾平生不害物，不妄言，自度無罪。即死當以肉祭，勿用佛事亂吾教。無令吾死婦人之手。汝兄弟候吾就小殮，方令家之人哭。勿叫號，俾我失路。」康節先公泣涕以從。康節謀葬大父，與程正叔先生同卜地於伊川神陰原。不盡用葬書，大抵以五音擇地，以昭穆序葬。陰陽拘忌之説，皆所不信。以是年十月初三日葬，開棺，大父顔貌如生，伯温尚記之。熙寧十年夏，康節先生感微疾，氣日益耗，神日益明，笑謂司馬温公曰：「某欲觀化一巡，如何？」温公曰：「先生未應至此。」康節先生曰：「死生常事耳。」張横渠先生喜論命，來問疾，因曰：「先生論命，來當推之。」康節先公曰：「若天命則知之，世俗所謂命則不知也。」横渠曰：「先生知天命矣，某尚何言？」程伊川曰：「先生至此，他人無以爲力，願自主張。」康節先公曰：「平生學道，豈不知此？然亦無可主張。」時康節正寢，諸公議後事於外，有欲葬近洛城者。康節先公已知，呼伯溫入曰：「諸公欲以近城地葬我，不可，當從伊川先塋耳。」七月初四日，大書詩一章曰：「生於太平世，長於太平世，老於太平世，死於太平世。客問年幾何？六十有七歲。俯仰天地間，浩然獨無愧。」以是夜五更捐館，其治命如大父，伯溫不敢違。先是康節先公每展伊川大父墓，至中途上官店，必過信孝傑殿丞家。孝傑從康節先公最早。孝傑死，有八子，康節先公遇之如子姪，每過之，則迎拜侍立左右甚恭。康節先公捐館之年，寒食過之，謂諸子曰：「吾再經此，與今日異矣。」諸子不敢問。至葬，喪車及上官店，諸子泣奠言之，以爲異。張景觀字臨之，學行甚高，康節先公喜之。將赴涪州武龍尉，告別，康節先公泣數行下，謂曰：「吾不見子之歸矣。」又張峋字子堅，康節先公於門弟子中謂可與語道者，赴調京師，康節先公愀然色變曰：「吾老矣，吾老矣，不復相見也。」皆是年之春也。嗚呼，康節先公所以預知者，何止知此哉！伯溫不肖，不能有所述也，惟修身俟死下從九原耳。尚追憶其遺言，以示子孫。

康節先公與呂微仲丞相不相接，先公與橫渠先生張子厚同以熙寧十年丁巳捐館。今《微仲文集》中有《和母同州丁巳吟》云：「行高名並美，命否數皆殂。嗟爾百君子，賢哉二丈夫。世方敦薄俗，邵堯夫樂道不仕。誰復距虛無？張子厚論佛老之失。望道咸瞠若，修梁遽壞乎？密章燔漢綬，環絰泣秦儒。賴有諸良友，能令紹不孤。」爲先公與子厚作也。蓋河南府以先公訃聞，詔贈著作郎，謚康節。子厚自秘閣病免西歸，及長安以歿，門人衰服挽車葬橫渠云。伯溫獲見公，每語先公，則悵然有不可及之歎。後伯温初仕長子縣尉，公入相元祐，改西京國學教授。未久，公罷政。嗚呼！亦所以爲不孤之惠歟？

康節先公居洛，凡交遊年長者拜之，年等者與之爲朋友，年少者以子弟待之，未嘗少異於人，故得人之歡心。每歲春二月出，四月天漸熱即止；八月出，十一月天漸寒即止。故有詩云：「時有四不出，大風、大雨、大寒、大暑。會有四不赴。公會、葬會、生會、醵會。」每出，人皆倒屣迎致，雖兒童奴隸皆知尊奉。每到一家，子弟家人争具其酒饌，問其所欲，不復呼姓，但名曰「吾家先生至也」。雖閨門骨肉間事，有未決者，亦求教。康節先公以至誠爲之開論，莫不悦服。十餘家如康節先公所居安樂窩起屋，以待其來，謂之「行窩」。故康節先公没，鄉人挽詩有云：「春風秋月嬉遊處，冷落行窩十二家。」洛陽風俗之美如此。

康節先公過士友家，晝卧，見其枕屏畫小兒迷藏，以詩題其上云：「遂令高卧人，欹枕看兒戲。」蓋熙寧間也。陳恬云《擊壤集》不載。

熙寧初，歐陽文忠公爲參知政事，遣其子棐叔弼來洛省王宣徽夫人之疾。將行，語叔弼曰：「到洛唯可見邵先生，爲致吾嚮慕之意。」康節先生既見叔弼，從容與語平生出處以及學術大概。臨别猶曰：「其無忘鄙野之人於異日。」後十年，康節先公捐館，又十年，韓康公尹洛，請謚於朝。叔弼偶爲太常博士，次當謚議，叔弼嘗謂晁説之以道云：「棐作邵先生謚議，皆往昔親聞於先生者。當時少年，先生一見忻然延接。語及平生學術出處之大，故得其詳如此。

豈非先生學道絶世，前知來物，預以告耶？」蓋驗於二十年之後，異哉！

康節先生少時游京師，與國子監直講邵必不疑初敘宗盟，不疑年長，康節先生以兄拜之。蓋不疑自河朔遷丹陽，康節先公上世亦河朔人故也。至康節自衛入洛，不疑爲京西提刑。嘉祐中，河南府薦康節先公以遺逸，不疑自作薦章，其詞有「厚德足以鎮薄俗，清風可以遺來世」，相推重如此。熙寧初，不疑以龍圖閣學士知成都府，過洛，謂康節先公曰：「某陛辭日，再薦先生矣。」康節先公追送洛北别去。不疑中途寄康節先生詩云：「我乘孤傳經崤澠，君擁羣書卧洛城。富貴人間亦何有，閑忙趣味甚分明。」不疑次金牛驛暴卒，喪歸，康節先公哭之慟。女嫁楊國寶應之。應之亦康節先公門生，康節先公視之猶子也。開禧、元豐中爲河南府推官，康節已捐館，伯温復以兄拜之。宣和己丑，伯温赴果州，道出閬洲，有知閬中縣邵充美孺者相迎，自稱同姓姪云。伯温以宗族源流爲問，美孺曰：「充之上世自潤州人蜀，龍圖公先人叔父行也。」伯温曰：「康節先公以兄事龍圖公，伯温不敢忘。」自此與美孺之中外皆論親。癸巳，伯温奉使西州，美孺居郫，嘗至其家拜刑部公廟。美孺天資和易，與人言如恐傷之。至臨吏政，是非毅然不可奪，君子人也。丹陽、河南、成都之邵，其次第如此。嗟失，世不講宗盟久矣，具載之以示三家子孫。

伯温之叔父諱睦，後祖母楊氏夫人出也，少康節先生二十餘歲，力學孝謹，事康節如父。熙寧元年四月八日暴卒，年三十三。康節先公哭之慟，既卒，理其故書，得叔父所作《重九》詩云：

「衣如當日白，花似昔年黄。擬問東籬事，東籬事杳茫。」及死，殯後圃東蘺下。噫，人之死生，是果前定矣。

康節先公既捐館，二程先生於伯温有不孤之意，所以教戒甚厚。宗丞先生謂伯温曰：「人之爲學忌標準，若循循不已，自有所至矣。」先人敝廬廳後無門，由傍舍委曲以出。某不便之，因鑿壁爲門，侍講先生見之曰：「前人規畫必有理，不可改作。」某亟塞之。侍講謂周全伯曰：「邵君雖小事亦相信，勇於爲善者也。」某初入仕，侍講曰：「凡作官，雖所部公吏有罪，立按而後決。或出於私怒，比具怒亦釋，不至倉卒傷人。每決人，有未經杖責者宜慎之，恐其或有所立也。」伯温終身行之。

邵氏聞見後録（摘録）①

邵博

卷四

司馬文正公作《文中子補傳》曰：文中子王通，字仲淹，河東龍門人……傳成，文正公問予大父康節何如？康節贊之曰：「小人無是，當世已棄。君子有非，萬世猶譏。録其所是，棄其所非，君子有歸。」因其所非，棄其所是，君子幾希。惜哉仲淹，壽不永乎！非不廢是，瑕不掩瑜，雖未至于聖，其聖人之徒歟？」文正自兹數言文中子，故又特書于《通鑑》語中。然文正疑所稱朋友門人，皆隋、唐之際將相名臣，如蘇威、楊素、賀若弼、李德林、李靖、竇威、房玄齡、杜如晦、王珪、魏徵、陳叔達、薛收，無一人語及通姓名者，又疑其子弟譽之太過，又疑唐世文學之士傳道其書者蓋寡，獨李翱以比《太公家教》，及司空圖、皮日休始重之。予得唐文人劉禹錫言，在隋朝諸儒，惟王通能王道，隱白牛谷，游其門者，皆天下俊傑。著書於家，没謚曰文中子。則蘇威公等實其朋友門人無疑，非子弟譽之太過無疑，不但司空圖、皮日休重其書亦無疑也，禹錫之言，豈文正偶不見耶？文正又傳康節之贊，則未行于世。予故表出之。程伊川亦曰：「文中子格

① 底本爲民國涵芬樓刊本，參考中華書局一九八三年版《邵氏聞見後録》。

言，前無荀卿、揚雄也。」

章子厚在丞相府，顧坐客曰：「延安師章質夫，因板築發地得大竹根，半已變石。西邊自昔無竹，亦一異也。」客皆無語，先人獨曰：「大地回南作北有幾矣。公以爲今日之延安，爲自天地以來西邊乎？」子厚太息曰：「先生觀物之學也。」蓋子厚蚤出康節門下也。

卷五

古《易》卦爻一，彖二，象三，文言四，繫辭五，説卦六，序卦七，雜卦八，其次第不相雜也。先儒謂費直專以彖、象、文言參解《易》爻，今入彖、象、文言于卦下者，自費氏始，孔穎達又謂王輔嗣之意。象本釋經，宜相附近，分爻之象，故各附當卦。蓋古《易》已亂于費氏，又亂于王氏也。予家藏大父康節手寫《百源易》實古《易》也。百源在蘇門山下，康節讀《易》之地。舊祕閣亦有本。

康節手寫《易》《書》《詩》《春秋》，字端勁，無一誤失。曾子之賢者，其謹藏之勿替。

在康節時于先天之易，非不問不語之也。後伊川之人，數爲妄爭。舊于陳瑩中《報楊中立游定夫書》，辨其畧矣。并列之下方，以遺知言之君子。

陳瑩中《答楊中立游定夫書》：「康節云『先天圖，心法也』，圖雖無文，吾終日言，未嘗離乎是。故其詩曰：『身在天地後，心在天地先。天地自我出，自餘惡足言。』又云：『數往者順，知來者逆。』此一節，直解圖意，如逆之四時之化也。然則先天之學，以心爲本，其在經世者，康節之餘事耳。世學求《易》于文字，至語《皇極》，其或以爲考數之書。康節詩云：『自從三度絶韋編，不讀書來十二年。俯仰之間無所愧，任人謗道是神仙。』同時者目其人爲神仙，後來者名其書爲考數，皆康節之所不憾也。乃其心則務三聖而已矣。《觀物》云：『起震終艮一節，明文王之八卦也；天地定位一節，明伏羲之八卦也。』蓋先天之學本乎伏羲而備于文王，故其詩曰：『天地定位，否泰反類，山澤通氣，咸損見義，雷風相薄，恒益起意，水火相射，既濟未濟，四象相交，成十六事，八卦相憑爲六十四』、『八卦者，易之小成也。六十四卦者，易之大成也』，集伏羲文王之事而成之者，非孔子而誰乎？康節嘗謂：『孟子未嘗及《易》一字，而易道存焉，但人見之者鮮。』又曰：『人能用《易》，是爲知《易》。若孟子可謂善用《易》者也。』『夫《易》窮則變，變則通，通則久』，故聖人之用《易》，闔闢于未然，變其窮而通之也。若夫暑之窮也，變而爲寒；寒之窮也，變而爲暑，則是自變而自通者也。自變自通，復何賴于聖人乎？孔子贊《易》而非與《易》競，孟子用《易》而語不及焉。此所謂賢者識其大者，其去聖人之用也，不爲遠矣。然而或非《太玄》爲覆瓿之書，或躋孟子于既聖之列，私論害公，義有所在，闔此于未然，豈乏人哉！奈何其無益也。《觀物》云：『防乎其防，邦家其長，子孫其昌，是以聖人重未然之防，是謂之《易》之大綱。』而其論孔子所以盡三才之道者，則曰『行無轍迹，至妙至妙，在一動一静之間而已矣』。闡先天之幽微，先天之顯，不在康節之書乎？雖在康節之書，而書亦不足以盡其奥也。故司馬文正與康節同時友善，而未嘗有一言及先天學，其著《家範》，本于家人一卦，而盡取王弼之説。今之説《易》者，方且厭常出奇，離日用而鑿太空也。又或謂文正公疑先天之學，豈足以語二公弛張之意乎？二公不可得而見矣。瓘徒見其書而欲闚其心，然乎否耶？當先覺之任者，願賜一言，庶幾終可以無大過也。」

卷六

論先天八卦之位與《繫辭》不同，瓘竊謂康節先生所以辨伏羲、文王之《易》者，爲明之此也。伏羲之《易》乾南而坤北，自乾而左，巽而右，兑在東，離爲陽。與起震終艮之序，則離上而坎下，震東而兑西，與先天之位固不同矣。乾坤屯蒙之序，與乾夬大有大壯之序，亦不同也。乾坤屯蒙之序，孔子作《序卦》以教天下，其辭其義可翫而習也。乾夬大有大壯之序，文王不言其義，後之學者何所據而習之？雖無可據之義，而悟之在心，心聲不足以發其奥，心畫不足以形其妙，墮于言語文字而先天之《易》隱矣。素隱之士，豈乏人哉！背理而求數，文王憂之，固闔其門，而拒其出。孔子繼文王之志，微顯闡幽，以仁義，默而成之，不言聖人之教如此，潔浄精微，可謂至矣。後之學者，猶有舍經取緯，違大理而黷正經者，京房之流是也。康節云「物理之學，不可强通。强通則失理而入于迷矣」，《皇極》之書，不可以强通者也。失理之士，捨仁義而迷小道，背來物而役私情，如是而取《皇極》者，文正闔焉，非與康節異心也。蓋伏羲、文王之《易》，一而不一。文王、康節之學，同而不同，皇王之時異，闔闢之義殊，《易》之所以爲異者，未嘗二也。所謂伏羲之八卦，文王之八卦，未嘗異未嘗同也。曰一曰二，曰異曰同者，皆求《易》之情爾。瓘竊意其如此，而情之所是，亦未敢以爲必然，更須面叩，乃可以決耳。蒙諭《繫辭》論釋諸爻，未有及象數者，豈得意忘象者，真孔子之學耶！此言盡《易》之要矣。至于日星氣候之說，未及深考。然以爻當期既出于《繫辭》，而曆象二語又載于《堯典》。《月令》所紀，皆節候也，鳥火虛昴，可辨分至，辰弗集房，則失日可知，《春秋》日食之數，後世曆象，十得七八，已號精密。是故離坎之上下，乾坤之南北，在六經者，恐皆可考，不獨《易》也。孔子曰：「寒往則暑來，暑往則寒來。寒暑相推，而歲成焉。」一歲不能自成也，當有成歲之法，期三百有六旬有六日，以閏月定四時者，成歲之法也。

治曆明時，乃先王莫大之政，以《嗣征》考之，可以見矣。而王省惟歲，而成歲之法付之有司，有司失職，必誅無赦，非如他罪之可宥也。夫何聖而不然哉？賴此以授民時也，敢不欽乎！然而聖人之文，經天緯地，經出于上而緯在有司，上揆下守，民時所賴，皆不可以不欽也。稽覽配合之說，一本于緯，曆法之所取而有司之所當習也。康節云：「洛下閎但知曆法，唯揚子雲知曆法又知曆理，《易》之在先天者，非曆理乎？」文正讀《玄》之說曰：「測之以鬼神之狀而不違，概之以六經之書而不悖，藉使聖人復生，視《玄》必釋然而笑，以爲得己之心矣。乃知《玄》者所以贊《易》，非別爲書而與《易》競也。」又曰：「夫畋者網而得之，與弋而得之，何異哉？《易》，網也；《玄》，弋也。何害不既設網，而使弋者爲之助乎？」又曰：「孔子既没，知聖人之道者，非揚子而誰與？孟、荀殆不足以擬，況其餘乎？」瓘淺陋，初不知《玄》，嘗輕議其書而妄評其是非。自聞康節之言，始索子雲於曆理之内，及觀文正之論，然後知《太玄》不可不學，而冥冥然未有入路，尚苦其字之難識，況欲遽測其祕奥乎？文正自謂：「求之積年，乃得觀之，讀之數十過，參以首尾，稍得闚其梗槩，然後喟然置書，歎子雲爲真大儒矣。」凡文正之學，主之以誠，守之以謙，得十百而説一二，其於《玄》也，不觀不到，則其言不若是矣。璀初不聞此，乃輕議子雲之書，而妄評其是非，心之愧悵可勝言哉。棄舊誤於垂成，累初習於平地，庶幾推往而無戀，積新而可隆，尚賴先覺大君子許其止而與之進也。

璀所論康節之學，恐不然。康節詩云：「自從三度絶韋編，不讀書來十二年。俯仰之間無所愧，任人謗道是神仙。」神仙且不受也，以爲數學可乎？康節云：「先天之學，心法也。」然則其學在心，或於心外欲觀休咎，故以《皇極》爲考數之書耳。如聞康節未嘗以《皇極》語人，故其説不傳。自有八卦可以闚玩，惠迪則吉，違之則咎，何必更求休咎于《皇極》之書也！

故諫大夫陳公瑩中論康節先天之學，書爲楊中立、游定夫出也。大諫公與康節不相接，博之先君，因公之請，嘗進遺書之副歸焉。於時國有巨盜據顯位，未發，公以言刺之，反得罪，其後人無敢繼者，盜之威自此盛，卒至于亂天下。世以公之明，比漢何武、唐郭子儀、本朝吕獻可、蘇明允矣。或疑公前知如神，亦出于康節之書，則非也。公既廢始爲康節之學，其英偉絶人之資所見超詣，如此書也。中立、定夫同出伊川之門，於先達之序尚未詳，故不知其學也。明道、伊川視康節賦詩，曰：「先生相與宴西街，小子親携几杖來。」其恭如此。張横渠於伊川，諸父比也，横渠見康節，尚拜牀下。博猶記王母夫人語及伊川，必曰「程三秀才」云云。蓋當康節隱居謝聘日，伊川尚年少，未爲世所知也。博蚤見伊川，又與伊川族弟穎善。穎知好《大學》，伊川於其眷中獨與之言《易》，嘗從穎得書疏一通，伊川手迹也。曰：「爲易學者，但取王輔嗣、胡先生、王荆公之説讀之，無餘事矣。」今伊川《易傳》行於世，大旨可見，爲其學者，遽以大諫公所謂伏羲八卦之語，則駭矣。康節平居尚不以語人，博其敢謂伊川有所不知也。近時妄人出雜書數十百條，託爲伊川之説，意欲前無古人，足以重己之師矣。如司馬文正、張横渠，皆斥以爲未至，但以康節爲數學，亦安知所謂數者，非伊川之雅言也？豈中立、定夫亦惑于此歟？大諫公反復論之深矣。先君之戒，則曰張巡、許遠同爲忠義，兩家子弟材智汙下，不能明二父之志，更相毀於後世，故并爲退之所貶。凡託伊川之説以議吾家學者，若子孫可勿報辨。博爲史官，大諫公中子正同爲尚書郎，尚以世家之故遇博厚，爲博道公平生之言爲詳。又出此書，俾論著其下。博不肖，不知大父之學，若其淵源不可誣者，亦嘗有聞矣。然博之言有不敢盡者，尚遵先君遺訓云。

卷九

司馬文正初作《歷代論》，至論曹操則曰：「是奪之於盜手，非取之於漢室也。」富文忠疑之，問於康節，以爲非是。予家尚藏康節答文忠書副本，當時或以告文正，今《通鑑·魏語》下無此論。

卷十

田横遠居萬里外海島中，高祖必欲其來，否則發兵誅之，横不敢違。四皓者近在商山，距長安無百里，以高祖之暴而子房謂「上有不能致者四人」，何也？蓋四皓俱振世之豪，其一天下拯人羣之志，初與高祖同。高祖已帝則可隱矣，故高祖全之不欲屈，非不能屈也。吾大父康節云。

卷十八

《國史》先大父康節傳云：「與常秩同召，某卒不起。」褒矣。故大父之葬，門生挽詩有「地下若逢常處士，揶揄應笑贈官來」之句。

二程、朱熹論邵子之學

二程論邵子之學①

河南程氏遺書

堯夫嘗言：「能物物，則我爲物之人也；不能物物，則我爲物之物也。」亦不消如此。人自人，物自物，道理甚分明。

某接人多矣，不雜者三人：張子厚、邵堯夫、司馬君實。

君實之能忠孝誠實，只是天資，學則元不知學。堯夫之坦夷，無思慮紛擾之患，亦只是天資自美爾，皆非學之功也。

堯夫豪傑之士，根本不帖帖地。伯淳嘗戲以亂世之姦雄中，道學之有所得者，然無禮不恭極甚。又嘗戒以不仁，己猶不認，以爲人不曾來學。伯淳言：「堯夫自是悠悠。」自言須如我與李之才方得道。

命之曰易，便有理。一本無此七字，但云：「道理皆自然。」若安排定，則更有甚理？天地陰陽之變，

① 參考中華書局一九八一年版《二程集》。

便如二扇磨，升降盈虛剛柔，初未嘗停息，陽常盈，陰常虧，故便不齊。譬如磨既行，齒都不齊，既不齊，便生出萬變。故物之不齊，物之情也。而莊周强要齊物，然而物終不齊也。堯夫有言：「泥空終是著，齊物到頭争。」此其肅如秋，其和如春。如秋，便是「義以方外」也。如春，觀萬物皆有春意。堯夫有詩云：「拍拍滿懷都是春。」又曰：「芙蓉月向懷中照，楊柳風來面上吹。」不止風月，言皆有理。又曰：「卷舒萬古興亡手，出入幾重雲水身。」若莊周，大抵寓言，要入佗放蕩之場。堯夫却皆有理，萬事皆出於理，自以爲皆有理，故要得縱心妄行總不妨。一本此下云：「堯夫詩云：『聖人喫緊些兒事。』其言太急迫。此道理平鋪地放著裏，何必如此。」

堯夫解「他山之石可以攻玉」，玉者温潤之物，若將兩塊玉來相磨，必磨不成，須是得佗箇粗礪底物方磨得出。譬如君子與小人處，爲小人侵陵，則修省畏避，動心忍性，增益預防，如此便道理出來。

邵堯夫於物理上儘説得，亦大段漏洩佗天機。

堯夫之學先從理上推意，言象數言天下之理，須出於四者，推到理處曰：處曰添二字。「我得此大者，則萬事由我，無有不定。」然未必有術，要之亦難以治天下國家。其爲人則直是無禮不恭，惟是侮玩，雖天理一作地。亦爲之侮玩。如《無名公傳》言「問諸天地，天地不對，弄丸餘暇，時往時來」之類。

堯夫詩「雪月風花未品題」，佗便把這些事，便與堯、舜、三代一般。此等語，自孟子後，無人曾敢如此言來，直是無端。又如言文字呈上，堯夫皆不恭之甚。「須信畫前元有易，自從删後更無詩」，這箇意思，古元未有人道來。

「行己須行誠盡處」，正叔謂：「意則善矣，然言誠盡，則誠之爲道，非能盡也。」堯夫戲謂：「且就平側。」

伯淳昔在長安倉中閑坐，後見長廊柱，以意數之，已尚不疑，再數之不合，不免令人一一聲言而數之，乃與初數者無差，則知越著心把捉越不定。

師巫在此，降言在彼，只是抛得遠，決無此理。又言留下藥，尤知其不然。生氣盡則死，死則謂之鬼可也。但不知世俗所謂鬼神何也？聰明如邵堯夫，猶不免致疑，在此嘗言，有人家若虚空中聞人馬之聲。某謂：「既是人馬，須有鞍韉之類皆全，這箇是何處得來？」堯夫言：「天地之間，亦有一般不有不無底物。」某謂：「如此説，則須有不有不無底人馬，凡百皆爾，深不然也。」

「萬物皆備於我」，此通人物而言。禽獸與人絶相似，只是不能推。然禽獸之性却自然，不待學，不待教，如營巢養子之類是也。人雖是靈，却椓喪處極多，只有一件，嬰兒飲乳是自然，非學也，其他皆誘之也。欲得人家嬰兒善，且自小不要引佗，留佗真性，待他自然，亦須完得些本性須别也。

張子厚、邵堯夫，善自開大者也。

世之信道篤而不惑異端者，洛之堯夫、秦之子厚而已。

君實篤厚，晦叔謹嚴，堯夫放曠。

堯夫道雖偏駁，然卷舒作用極熟，又一作可。能謹細行。

邵堯夫猶空中樓閣。

正叔説：「堯夫對上之詞，言陛下富國强兵後待做甚？以爲非是。此言安足諭人主？如《周禮》，豈不是富國之術存焉？」子厚言：「堯夫抑上富强之説，正猶爲漢武帝言神仙之學，長年不足惜，言豈可入？聖賢之曉人，不如此之拙。如梁惠王問何以利國，則説利不可言之理，極言之以至不奪不饜。」

伯淳言：「邵堯夫病革，且言試與觀化一遭。」子厚言：「觀化他人便觀得自家，自家又如何觀得化？嘗觀堯夫詩意，纔做得識道理，却於儒術未見所得。」

歷象之法，大抵主於日，日一事正，則其他皆可推。洛下閎作歷，言數百年後當差一日，其差理必然。何承天以其差，遂立歲差法。其法，以所差分數，攤在所歷之年，看一歲差著幾分，其差後亦不定。獨邵堯夫立差法，冠絶古今，却於日月交感之際，以陰陽虧盈求之，遂不差。大抵陰常虧，陽常盈，故只於這一作張。裏差了。歷上若是通理，所通爲多。堯夫之學，大抵似揚雄，然亦不盡如之。常窮味有二萬八千六百，此非人所合和，是自然也；色有二萬八千六百，又非人所染畫得，亦是自然也；獨聲之數只得一半數不行，蓋聲陽也，只是於日出地上數得，到日入地下，遂數不行，此皆有理。譬之有形斯有影，不可謂今日之影，却收以爲來日之影。據《皇極經世》，色味皆一萬七千二十四，疑此記者之誤。

世人之學，博聞强識者豈少？其終無有不入禪學者。就其間特立不惑，無如子厚、堯夫，然其説之流，恐未免此敝。

問：「邵堯夫能推數，見物壽長短始終，有此理否？」曰：「固有之。」又問：「或言人但壽得一百二十數，是否？」曰：「固是，此亦是大綱數，不必如此。馬牛得六十，按《皇極經世》，當作三十。猫犬得十二，燕雀得六年之類，蓋亦有過不及。」又問：「還察形色？還以生下日數推考？」曰：「形色亦可察，須精方驗。」

邵堯夫數法出於李挺之，至堯夫推數方及理。

邵堯夫臨終時，只是諧謔，須臾而去。以聖人觀之，則亦未是，蓋猶有意也。比之常人，甚懸絶矣。他疾甚革，某往視之，因警之曰：「堯夫平生所學，今日無事否？」他氣微不能答。次日見之，却有聲如絲髮來大，答云：「你道生薑樹上生，我亦只得依你説。」是時，諸公都在廳上議後事，各欲遷葬城中。堯夫已自爲塋。佗在房間便聞得，令人唤大郎來云：「不得遷葬。」衆議始定。又諸公恐喧他，盡出外説話，佗皆聞得。一人云：有新報云云，堯夫問有甚事？曰有某事。堯夫曰：「我將爲收却幽州也。」以他人觀之，便以爲怪，此只是心虛而明，故聽得。問曰：「堯夫未病時不如此，何也？」曰：「此只是病後氣將絶，心無念慮，不昏，便如此。」又問：「釋氏臨終，亦先知死，何也？」曰：「只是一箇不動心。釋氏平生只學這箇事，將這箇做一件大事。學者不必學他，但燭理明，自能之。只如邵堯夫事，佗自如此，亦豈嘗學也？孔子曰：『未知生，焉知死？』人多言孔子不告子路，此乃深告之也。又曰：『原始要終，故知死生之說。』人能原始，知得生理，一作所以生。便能要終，知得死理。一作所以死。若不明得，便雖萬般安排著，亦不濟事。」

揚雄去就不足觀。如言「明哲煌煌，旁燭無疆」，此甚悔恨，不能先知。「遜于不虞，以保天命」，則是只欲全身也。若聖人先知，必不至於此，必不可奈何，天命亦何足保耶？問：「太玄之作如何？」曰：「是亦贅矣。必欲撰玄，不如明易。邵堯夫之數，似玄而不同。數只是一般，一作數無窮。但看人如何用之。雖作十玄亦可，況一玄乎？」

邵堯夫謂程子曰：「子雖聰明，然天下之事亦衆矣，子能盡知邪？」子曰：「天下之事，某所不知者固多。然堯夫所謂不知者何事？」是時適雷起，堯夫曰：「子知雷起處乎？」子曰：「某知之，堯夫不知也。」堯夫愕然曰：「何謂也？」子曰：「既知之，安用數推也？以其不知，故待推而後知。」堯夫曰：「子以爲起於何處？」子曰：「起於起處。」堯夫瞿然稱善。

河南程氏外書

邵堯夫詩曰：「梧桐月向懷中照，楊柳風來面上吹。」明道曰：「真風流人豪也。」

伊川曰：「邵堯夫在急流中，被渠安然取十年快樂。」

尹子曰：「邵堯夫家以墓誌屬明道，許之，太中、伊川不欲，因步月於庭。明道曰：『顥已得堯夫墓誌矣。堯夫之學，可謂安且成。』太中乃許。」

堯夫易數甚精。自來推長曆者，至久必差，惟堯夫不然，指一二近事，當面可驗。明道云：「待要傳與某兄弟，某兄弟那得工夫？要學，須是二十年功夫。」明道聞說甚熟，一日因監試無事，以其説推算之，皆合。出謂堯夫曰：「堯夫之數，只是加一倍法，以此知《太玄》都不濟事。」堯夫驚撫其背曰：「大哥你恁聰明！」伊川謂堯夫：「知易數爲知天？知易理爲知天？」堯夫云：「須還知易理爲知天。」因説今年雷起甚處，伊川云：「堯夫怎知某便知？」又問甚處起？伊川云：「起處起。」堯夫愕然。他日，伊川問明道曰：「加倍之數如何？」曰：「都忘之矣。」因歎其心無偏繫如此。

晁以道常説：頃嘗以《書》問伊川先生云：「某平生所願學者，康節先生也。康節先生没，不可見，康節之友惟先生在，願因先生問康節之學。」伊川答書云：「某與堯夫同里巷居三十年餘，世間事無所不論，惟未嘗一字及數耳。」

河南程氏粹言

子曰：堯夫歷差之法，妙絶乎古人矣。蓋於日月交感之際，以陰陽盈虚求之，是以不差。陰常虧，陽常盈，差之所由也。昔洛下閎之作歷也，謂數百年之後，當有一日之差乎！何承天慮其差也，則以所差之之分，均於所歷之年，以考每歲所差之多少，謂之歲差法，而差終不可定也。

子曰：子厚、堯夫之學，善自開大者也。堯夫細行或不謹，而其卷舒運用亦熟矣。

子曰：堯夫襟懷放曠，如空中樓閣，四通八達也。

子曰：世之博聞强識者衆矣，其終未有不入於禪學者。特立不惑，子厚、堯夫而已。然其説之流，亦未免於有弊也。

子曰：堯夫云：「能物物，則我爲物之人也；不能物物，則我爲物之物也。」夫人自人，物自物，其理昭矣。

朱熹論邵子之學

朱子語類①

卷一

或問「理在先，氣在後」。曰：「理與氣本無先後之可言。但推上去時，却如理在先氣在後相似。」又問：「理在氣中發見處如何？」曰：「如陰陽五行錯綜不失條緒，便是理。若氣不結聚時，理亦無所附著。故康節云：『性者，道之形體；心者，性之郛郭；身者，心之區宇；物者，身之舟車。』」問：道之體用。曰：「假如耳便是體，聽便是用；目是體，見是用。」祖道。

問：「康節論六合之外，恐無外否？」曰：「理無內外，六合之形須有內外。日從東畔升，西畔沉，明日又從東畔升。這上面許多，下面亦許多，豈不是六合之內！歷家筭氣，只筭得到日月星辰運行處，上去更筭不得。安得是無內外！」淳。

金木水火土，雖曰「五行各一其性」，然一物又各具五行之理，不可不知。康節却細推出

① 參考中華書局一九八六年版《朱子語類》。

來。僩。

論陰陽五行，曰：「康節說得法密，橫渠說得理透。邵伯温載伊川言曰：『向惟見周茂叔語及此，然不及先生之有條理也。』欽夫以爲伊川未必有此語，蓋伯温妄載。某則以爲此語恐誠有之。」方子。

卷二

康節謂：「日，太陽也；月，太陰也；星，少陽也；辰，少陰也。」辰，非星也。又曰：「辰弗集於房。」房者，舍也。故十二辰，亦謂之十二舍。上「辰」字謂日月也，所謂三辰，北斗去辰爭十二來度。日蝕，是日月會合處，月合在日之下，或反在上，故蝕。月蝕，是日月正相照。伊川謂月不受日光，意亦相近。蓋陰盛亢陽，而不少讓陽故也。又曰：「日月會合，故初一初二，月全無光。」初三漸開，方微有弦上光，是哉生明也。開後漸亦光，至望則相對，故圓。此後復漸相近，至晦則復合，故暗。月之所以虧盈者，此也。伯羽。

太史公《歷書》是說太初，然却是顓頊《四分歷》。劉歆作《三統歷》，唐一行《大衍歷》最詳備。五代王朴《司天考》，亦簡嚴。然一行、王朴之歷，皆止用之二三年即差。王朴歷是七百二十加去。季通所用，却依康節三百六十數。人傑。

或問：「季通歷法未是？」曰：「這都未理會得，而今須是也會布筭，也學得似他了，把去推測，方見得他是與不是。而今某自不曾理會得，如何說得他是與不是。這也是康節說恁地，若錯時，也是康節錯了。只是覺得自古以來，無一箇人考得到這處。然也只在《史記》、《漢書》上，自是人不去考。司馬遷、班固、劉向父子、杜佑説都一同，不解都不是。」賀孫。

卷四

問：「動物有知，植物無知，何也？」曰：「動物有血氣，故能知。植物雖不可言知，然一般生意亦可默見。若戕賊之，便枯悴不復悦懌，池本作「澤」。亦似有知者。嘗觀一般花樹，朝日照曜之時，欣欣向榮，有這生意。皮包不住，自迸出來。若枯枝老葉，便覺憔悴，蓋氣行已過也。」問：「此處見得仁意否？」曰：「只看戕賊之便彫瘁，亦是義底意思。」因舉康節云植物向下頭向下。「本乎地者親下」故濁。動物向上人頭向上。「本乎天者親上」故清。獼猴之類能如人立，故特靈怪。如鳥獸頭多横生，故有知無知相半。德明。

銖録云：「本乎天者親上」，凡動物首向上，是親乎上，人類是也。「本乎地者親下」，凡植物本向下，是親乎下，草木是也。禽獸首多横，所以無智。此康節説。

因問：「如今數家之學，如康節之説，謂皆一定而不可易，如何？」曰：「也只是陰陽盛衰消長之理，大數可見。然聖賢不曾主此説。如今人説康節之數，謂他説一事一物皆有成敗之時，都説得膚淺了。」木之。

又問：「康節云『陽一而陰二，所以君子少而小人多』，此語是否？」曰：「也説得來。自是那物事好底少而惡底多。且如面前事，也自是好底事少惡底事多。其理只一般。」僩。

卷五

或問心性之別。曰：「這箇極難説，且是難爲譬喻。如伊川以水喻性，其説本好，却使曉不得者生病，心大概似箇官人。天命，便是君之命，性便如職事一般。此亦大概如此，要自理會得。如邵子云『性者道之形體』，蓋道只是合當如此，性則有一箇根苗，生出君臣之義，父子之仁，性雖虚，都是實理。心雖是一物，却虚，故能包含萬理。這箇要人自體察始得。」學蒙。

叔器問：「先生見教，謂『動處是心，動底是性』。竊推此二句只在『底』、『處』兩字上。如穀種然，生處便是穀，生底却是那裡面些子。」曰：「若以穀譬之，穀便是心，那爲粟、爲菽、爲禾、爲稻底便是性。康節所謂『心者，性之郛郭』是也。包裹底是心，發出不同底是性。心是箇没思量底，只會生。又如喫藥，喫得會治病是藥力，或涼、或寒、或熱便是藥性。至於喫了有寒證有熱證，便是情。」義剛。

卷六

道訓路，大概説人所共由之路。理各有條理界瓣。因舉康節云：「夫道也者，道也。道無形，行之則見於事矣。」如道路之道，坦然使千億萬年行之，人知其歸者也。閎祖。

卷十一

問讀史之法。曰：「先讀《史記》及《左氏》，却看《西漢》《東漢》及《三國志》。次看《通鑑》。温公初作編年，起於威烈王，後又添至共和，後又作《稽古録》，始自上古。然共和以上之年，已不能推矣。獨邵康節却推至堯元年，《皇極經世書》中可見。編年難得好者，前日周德華所寄來者亦不好。温公于本朝又作《大事記》。若欲看本朝事，當看《長編》。若精力不及，其次則當看《國紀》。《國紀》只有《長編》十分之二耳。」時舉。

卷二十三

向來人説北極便是北辰，皆只説北極不動。至本朝人方去推得是，北極只是北辰頭邊，而極星依舊動。又一説，那空無星處皆謂之辰。康節説「日月星辰」，自是四件，辰是一件。天上分爲十二段，即十二辰。辰，天壤也。此説是每一辰各有幾度，謂如日月宿於角幾度，即所宿處是辰也，故曰日月所會之處爲辰。義剛。

卷二十四

行夫問三統。曰：「諸儒之説爲無據。某看只是當天地肇判之初，天始開，當子位，故以子爲天正。其次地始闢，當丑位，故以丑爲地正。惟人最後方生，當寅位，故以寅爲人正。即邵康節十二會之説。當寅位，則有所謂『開物』，當戌位則有所謂『閉物』。閉物，便是天地之間都無了。看他説，便須天地翻轉數十萬年。」

問天統、地統、人統之别。曰：「子是一陽初動時，故謂之天統。丑是二陽，故謂之地統。寅是三陽，故謂之人統。因舉康節元會運世之説，十二萬九千六百年爲一元，一元有十二會，一萬八百年爲一會。一會有三十運，三百六十年爲一運。一運有十二世，以小推大，以大推小，箇箇一般，謂歲月日時皆相配合也。如第一會、第二會時尚未生人物，想得地也未硬在。第三會謂之開物，人物方生，此時屬寅。到得戌時，謂之閉物，乃人消物盡之時也。大率是半明半晦，有五六萬年好，有五六萬年不好，如晝夜相似。到得一元盡時，天地又是一番開闢。」燾。

卷二十五

或云：「王伯之分固是如此，然邵康節多説皇帝王伯之道，不知皇帝與王又有何異同，是時使之然耶？」曰：「此亦是其德有厚有薄。皇與帝終是自然，然黃帝亦曾用兵戰鬬，亦不是全然無所作爲也。」時舉。

卷二十六

如顏子、明道是好仁，孟子、伊川是惡不仁，康節近於好仁，横渠是惡不仁。燾。

卷三十一

顏子之樂平淡，曾點之樂已勞攘了。至邵康節云「真樂攻心不奈何」，樂得大段顛蹶。學蒙。

卷三十四

又云：「康節所以見得透，看他説多以盛滿爲戒。如云：『飲酒愛微醺，不成使酩酊。』」又云：「康節多於消長之交看。」又云：「許多道理，本無不可知之數。惟是康節體得熟。只管體來體去，到得熟後，看是甚麽事理，無不洞見。」賀孫。

卷四十

問：「東萊説曾點只欠寬以居之，這是如何？」曰：「他是太寬了，却是工夫欠細密。」因舉明道説康節云：「堯夫豪傑之士，根本不貼貼地。」又曰：「今人却怕做莊老，却不怕做管商，可笑！」賀孫。

或曰：「曾既見得天理流行，胸中灑落矣，而行有不掩，何也？」曰：「蓋爲他天資高，見得這物事透徹，而做工夫却有欠闕。如一箇大屋樣，他只見得四面墻壁，高低大小都定，只是裏面許多間架，殊不見得。如漆雕開，見大意則不如點，然却是他肯去做。點雖見得，却又不肯去做到盡處。且如邵康節，只緣他見得如此，便把來做幾大作弄，更不加細密工夫。某嘗謂曾子父子正相反。曾參初頭都不會，只從頭自一事一物上做去，及四方八面都做了，却到大處。及他見得大處時，其他小處，一一都了也。點合下見得大處，却不肯去做小底，終不及他兒子也。」祖道。

卷四十五

楊尹叔問：「天開於子，地闢於丑，人生於寅，如何？」曰：「康節説一元統十二會，前面虚却子丑兩位，至寅位始紀人物，云人是寅年寅月寅時生。以意推之，必是先有天，方有地。有天地交感，方始生出人物來。」淳。

問「天開於子，地闢於丑，人生於寅」。曰：「此是《皇極經世》中説，今不可知。他只以數推得是如此。他説寅上生物，是到寅上方有人物也。有三元，十二會，三十運，十二世，十二萬九千六百年爲一元，歲月日時、元會運世皆自十二而三十，自三十而十二。至堯時會在巳午之間，今則及未矣。至戌上説閉物，到那裏則不復有人物矣。」廣。

至之問：「康節説天開於子，地闢於丑，人生於寅，是否？」曰：「模樣也是如此。《經世書》以元統會，十二會爲一元，一萬八百年爲一會。初間一萬八百年而天始開，又一萬八百年而地始成，又一萬八百年而人始生。初間未有物，只是氣塞。及天開些子後，便有一塊查滓在其中，初則溶軟，後漸堅實。今山形自高而下，便似淎義剛作傾瀉出來模樣。」淳。

周問：「三正之建不同，如何？」曰：「天開於子，地闢於丑，人生於寅。蓋至子始有天，故曰天正；至丑始有地，故曰地正；至寅始有人，故曰人正。康節分十二會，言到子上方有天未有地；到丑上方有地未有人；到寅上方始有人。子丑寅皆天地人之始，故三代即其始處建以爲正。康節十二會以堯舜時在午，今在未，至戌則人物消盡。」銖。

卷六十

問：「太虚便是《太極圖》上面底圓圈，氣化便是圓圈裡陰静陽動否？」曰：「然。」又曰：「合虚與氣有性之名，有這氣，道理便隨在裡面，無此氣，則道理無安頓處。如水中月，須是有此水方映得那天上月。若無此水，終無此月也。心之知覺，又是那氣之虚靈底。聰明視聽，作爲運用，皆是有這知覺，方運用得這道理。所以横渠説：『人能弘道，是心能盡性，非道弘人，是性不知檢心。』又邵子曰：『心者性之郛郭。』此等語，皆秦漢以下人道不到。」僩。

問：「老子似不與楊朱同？」曰：「老子窺見天下之事，却討便宜置身於安閒之地，云『清靜自治』，豈不是與朱同？」又問：「伊川説老子，謂先語大道，後却涉些姦詐。如云『知其雄，守其雌；知其白，守其黑』之類。」曰：「孔孟亦知天下有許多事，何故不厭他？」曰：「孔孟見實理，把作合做底看。他不見實理，把做無故不肯爲。」問：「孔子曾見他書否？」曰：「未必見。」厚之問：「孔子何爲問禮於他？」曰：「他本周家史官，自知禮，只是以爲不足道，故一切掃除了。《曾子問》中自見孔子問他處。邵康節亦有些小似他。」問：「《淵源録》中何故有《康節傳》？」曰：「書坊自增耳。」可學。

卷六十二

大凡古人説話，一節開一節。如伏羲易只就陰陽以下，至孔子又推本於太極，然只曰「易有太極」而已。至濂溪乃畫出一圖，康節又論畫前之易。可學。

卷六十五

又問：「雷出地奮，豫之後，六陽一半在地下，是天與地平分否？」曰：「若謂平分，則天却包著地在，此不必論。」因舉康節《漁樵問對》之説甚好。晌。

無一物不有陰陽、乾坤。至於至微至細，草木禽獸，亦有牡牝陰陽。康節云：「坤無一，故無首；乾無十，故無後。」所以坤常是得一半。砥。

問：「自一陰一陽，見一陰一陽又各生一陰一陽之象。以《圖》言之，『兩儀生四象，四象生八卦』，節節推去，固容易見。就天地間著實處如何驗得？」曰：「一物上又自各有陰陽，如人之男女，陰陽也。逐人身上，又各有這血氣，血陰而氣陽也。如晝夜之間，晝陽而夜陰也。而晝陽自午後又屬陰，夜陰自子後又是陽，便是陰陽各生陰陽之象。」學履。

至之曰：「《正義》謂『《易》者變化之總號，代換之殊稱，乃陰陽二氣生生不息之理』，竊見此數語亦説得好。」曰：「某以爲『易』字有二義，有變易，有交易。《先天圖》一邊本都是陽，一邊本都是陰，陽中有陰，陰中有陽，便是陽往交易陰，陰來交易陽，兩邊各各相對。其實非此往彼來，只是其象如此。然聖人當初亦不恁地思量，只是畫一箇陽一箇陰，每箇便生兩箇。就一箇陽上又生一箇陽一箇陰，就一箇陰上又生一箇陰一箇陽，只管恁地去。自一爲二，二爲四，四爲八，八爲十六，十六爲三十二，三十二爲六十四。既成箇物事，便自然如此齊整。皆是天地本然之妙元如此，但略假聖人手畫出來。如乾一索而得震，再索而得坎，三索而得艮；坤一索而得巽，再索而得離，三索而得兑。初間畫卦時，也不是恁地。只是畫成八箇卦後，便見有此象耳。」義剛。

某嘗問季通：「康節之數，伏羲也曾理會否？」曰：「伏羲須理會過。」某以爲不然。伏羲只是據他見得一箇道理，恁地便畫出幾畫。他也那裏知得疊出來恁地巧？此伏羲所以爲聖。若他也恁地逐一推排，便不是伏羲天然意思。《史記》曰：「伏羲至淳厚，作《易》八卦。」

那裏恁地巧推排！賀孫。

數只有二，只有易是。老氏言三，亦是二共生三，三其子也。三生萬物，則自此無窮矣。後人破之者非。揚子雲是三數，邵康節是四數，皆不及易也。楊。

康節數四，孔子數八。料得孔子之數又大也。季通自謂畧已見之。方。

有氣有形便有數。物有衰旺，推其始終，便可知也。有人指一樹問邵先生，先生云：「推未得。」少頃一葉墮，便由此推起。蓋其旺衰已見，方可推其始終。推，亦只是即今年月日時以起數也。揚。

問：「先生説伏羲畫卦皆是自然，不曾用些子心思智慮，只是借伏羲手畫出爾。唯其出於自然，故以之占筮則靈驗否？」曰：「然。自『太極生兩儀』只管畫去，到得後來，更畫不迭。正如磨麵相似，四下都恁地自然撒出來。」廣。

問：「《先天圖》陰陽自兩邊生，若將坤爲太極，與太極圖不同，如何？」曰：「他自據他意思説，即不曾契勘濂溪底。若論他太極，中間虛者便是。他亦自説『圖從中起』，今不合被横圖在中間塞却，待取出放外。他兩邊生者，即是陰根陽、陽根陰。這箇有對，從中出即無對。」文蔚。

「《先天圖》如何移出《方圖》在下？」曰：「是某挑出。」泳。

又説：「康節《方圖子》，自西北之東南，便是自乾以之坤；自東北以之西南，便是否以至泰，其間有咸恒損益既濟未濟，所以又於此八卦見義。蓋爲是自兩角尖射上與乾坤相對，不知得怎生恁地巧。某嘗説伏羲初只是畫出八卦，見不到這裏。蔡季通以爲不然，却説某與太史公一般。某問云：『太史公如何説？』他云：『太史公云「伏羲至淳厚，畫八卦」。』便是某這説，看來也是聖人淳厚，只據見定見得底畫出。如伊川説：『若不因時，則一箇聖人出來，許多事便都做了。』」砥。

所問《先天圖》曲折，細詳圖意，若自乾一横排至坤八，此則全是自然。故説卦云：「《易》逆數也。」皆自已生以得未生之卦。若如《圓圖》，則須如此方見陰陽消長次第。震一陽，離兑二陽，乾三陽，巽一陰，坎艮二陰，坤三陰。雖似稍涉安排，然亦莫非自然之理。自冬至至夏至爲順，蓋與前逆數者相反。皆自未生而反得已生之卦。自夏至至冬至爲逆，蓋與前逆數者同。其左右，與今天文家説左右不同。蓋從中而分，其初若有左右之勢爾。自北而東爲左，自南而西爲右。灝。

問：「昨日先生説程子謂『其體則謂之易』，體猶形體也，乃形而下者。《易》中只説箇陰陽交易而已。然先生又嘗曰，在人言之則其體謂之心。又是如何？」曰：「心只是箇動静感應而已。所謂『寂然不動，感而遂通』者是也。看那幾箇字，便見得。」因言：「《易》是互相博易之義，觀《先天圖》便可見。東邊一畫陰便對西邊一畫陽，蓋東一邊本皆是陽，西一邊本皆是陰。東邊陰畫皆是自西邊來，西邊陽畫都是自東邊來。姤在西，是東邊五畫陽過；復在東，是西邊五畫陰過。互相博易而成。《易》之變雖多般，然此是第一變。」廣云：「程子所謂『《易》

中只説反復往來上下』者，莫便是指此言之否？」曰：「看得來程子之意又別，邵子所謂《易》，程子多理會他底不得。蓋他只據理而説，都不曾去問他。」廣。

陽上交於陰，陰下交於陽，而生四象，便是陰陽又各生兩畫了。陰交剛，陽交柔，便是陰陽又各生兩畫了。就乾兩畫邊看，乾兑是老陽，離震是少陰；就坤兩畫邊看，坤艮是老陰，坎巽是少陽。又各添一畫，則八卦全了。淵。

問：「邵先生説『無極之前』，無極如何説前？」曰：「邵子就圖上説循環之意。自姤至坤是陰含陽；自復至乾是陽分陰。復坤之間乃無極，自坤反姤是無極之前。」驤。

「無極之前」一段。問：「既有前後，須有有無？」曰：「本無前後。」閎祖。

康節云「動静之間」，是指冬至夏至。閎祖。

安卿問：「《先天圖説》曰『陽在陰中陽逆行，陰在陽中陰逆行。陽在陽中、陰在陰中皆順行』，何謂也？」曰：「圖左一邊屬陽，右一邊屬陰。左自震一陽、離兑二陽、乾三陽，爲陽在陽中順行。右自巽一陰、坎艮二陰、坤三陰，爲陰在陰中順行。坤無陽，艮坎一陽，巽二陽，爲陽在陰中逆行。乾無陰，兑離一陰，震二陰，爲陰在陽中逆行。」又問：「『《先天圖》，心法也。圖皆自中起，萬化萬事生乎心』，何也？」曰：「其中白處者，太極也。三十二陰、三十二陽者，兩儀也。十六陰、十六陽者，四象也。八陰、八陽，八卦也。」問：「『圖雖無文，終日言之，不離乎是』，何也？」曰：「一日有一日之運，一月有一月之運，一歲有一歲之運。大而天地之終始，小而人物之生死。遠而古今之世變，皆不外乎此，只是一箇盈虛消息之理。本是箇小底變成大底，到那大處又變成小底。如納甲法，乾納甲壬，坤納乙癸，艮納丙，兑納丁，震納庚，巽納辛，離納己，坎納戊，亦是此。又如《火珠林》，若占一屯卦，則初九是庚子，六二是庚寅，六三是庚辰，六四是戊午，九五是戊申，上六是戊戌，亦是此。又如道家以坎離爲貴，水火爲六卦之主，而六卦爲坎離之用。自月初三爲震，上弦爲兑，望日爲乾，望後爲巽，下弦爲艮，晦爲坤，亦不外此。」又曰：「乾之一爻屬戊，坤之一爻屬己，留戊就己，方成坎離。蓋乾坤是大父母，坎離是小父母。」義剛。

《先天圖》更不可易，自復至乾爲陽，自姤至坤爲陰。以乾坤定上下之位次，坎離列左右之門爲正。以象言之，天居上，地居下，艮爲山，故居西北。兑爲澤，故居東南。離爲日，故居于東。坎爲月，故居于西。震爲雷，居東北。巽爲風，居西南。方子。

康節「天地定位，否泰反類」詩八句，是説方圖中兩交股底。且如西北角乾，東南角坤，是「天地定位」，便對東北角泰，西南角否。次乾是兑，次坤是艮，便對次否之咸，次泰之損。後四卦亦如是，共十六卦。淵。

康節「乾南坤北，離東坎西」之説，言人立時全見前面，全不見後面，東西只見一半，便似他這箇意思。淵。

《先天圖》直是精微，不起於康節，希夷以前元有，只是秘而不傳。次第，是方士輩所相傳授底。《參同契》中亦有些意思相似，與歷不相應。季通云：「紐捻將來亦相應也，用六日七分。」某却不見康節説用六日七分處。文王卦序亦不相應，他只用義理排將去。如復只用一陽生處，此只是用物而此也，不用生底次第也，不應氣候。揚雄《太玄》，全模倣《易》。他底用三數，《易》却用四數。他本是模《易》，故就他模底句上看《易》，也可略見得《易》意思。《温公集注》中可見也。康節云：「先天圖，心法，皆從中起」，且説圓圖。又云文王八卦「應地之方」，這是見他不用卦生底次第序，四正卦出四角，似那方底意思。這箇只且恁地，無大段分曉證佐。未甚安。淵。

《易》之精微，在那兩儀生四象，四象生八卦，八卦生六十四卦，萬物萬化皆從這裏流出。緊要處，在那復姤邊。復是陽氣發動之初。因舉康節詩「冬至子之半」。六十四卦流布一歲之中，離坎震兑做得那二十四氣，每卦當六十四分，乾坤不在四正，此以文王八卦言也。淵。

《先天圖》，八卦爲一節，不論月氣先後。閎祖。

《先天圖》今所寫者，是以一歲之運言之。若大而古今十二萬九千六百年，亦只是這圈子，小而一日一時，亦只是這圈子。都從復上推起去。方子。

《先天圖》一日有一箇恁地道理，一月有一箇恁地道理，以至合元會運世十二萬九千六百歲，亦只是這箇道理。且以月言之，自坤而震，月之始生，初三日也；至兑則月之上弦，初八日也；至乾則月之望，十五日也；至巽則月之始虧，十八日也；至艮則月之下弦，二十三日也；

至坤則月之晦，三十日也。廣。

《先天圖》與納甲相應，故季通言與《參同契》合。以圖觀之，坤復之間爲晦，震爲初三，一陽生；初八日爲兑，月上弦；十五日爲乾；十八日爲巽，一陰生；二十三日爲艮，月下弦。坎離爲日月，故不用。《參同契》以坎離爲藥，餘者以爲火候。此圖自陳希夷傳來，如穆、李想只收得，未必能曉，康節自思量出來，故《墓誌》云云。〇《參同契》亦以乾坤坎離爲四正，故其言曰「運轂正軸」。

問：「《先天圖》卦位，自乾一兑二離三右行，至震四住；揭起巽五作左行，坎六艮七至坤八住，接震四。觀卦氣相接，皆是左旋。蓋乾是老陽，接巽末姤卦，便是一陰生；坤是老陰，接震末復卦，便是一陽生。自復卦一陽生，盡震四離三，一十六卦，然後得臨卦；又盡兑二，凡八卦，然後得泰卦；又隔四卦得大壯，又隔大有一卦得夬，夬卦接乾，乾卦接姤。自姤卦一陰生，盡巽五坎六，一十六卦，然後得遯卦；又盡艮七，凡八卦，然後得否；又隔四卦得觀，又隔比一卦得剥，剥卦接坤，坤接復。周而復始，循環無端。卦氣左旋，而一歲十二月之卦皆有其序。但陰陽初生，各歷十六卦而後爲一月，又歷八卦再得一月，至陰陽將極處，只歷四卦爲一月，又歷一卦，遂一併三卦相接，其初如此之踈，其末如此之密。此陰陽贏縮當然之理歟？然此圖於復卦之下書曰『冬至子中』，於姤卦之下書曰『夏至午中』，此固無可疑者。獨於臨卦之下書曰『春分卯中』則臨卦本爲十二月之卦，而春分合在泰卦之下。又於遯卦之下書曰『秋分酉中』，則遯卦本爲六月之卦，而秋分合在否卦之下。昨侍坐復庵，聞王講書所説卦氣之論，皆世俗淺近之語，初無義理可推。竊意此圖『春分卯中』、『秋分酉中』字，或恐後人誤，隨世俗卦氣之論，遂差其次，却與文王卦位相合矣。不然，則離兑之間所以爲春，坎艮之間所以爲秋者，必當別有其説？」曰：「伏羲易自是伏羲説話，文王易自是文王説話，固不可以交互求合。所看先天卦氣贏縮極仔細，某亦嘗如此理會來，尚未得其説。陰陽初生，其氣固緩，然不應如此之疎，其後又却如此之密。大抵此圖布置皆出乎自然，不應無説，當更共思之。」謨。

問：「伏羲始畫八卦，其六十四者，是文王後來重之耶，抑伏羲已自畫了耶？看先天圖則有八卦便有六十四，疑伏羲已有彷彿之畫矣。如何？」曰：「《周禮》言《三易》，經卦皆八，其別皆六十有四，便見不是文王漸畫。」又問：「然則六十四卦名，是伏羲元有，抑文王所立？」曰「此不可攷。」子善問：「據十三卦所言，恐伏羲時已有。」曰：「十三卦所謂『蓋取諸離』、『蓋取諸益』者，言結繩而爲網罟，有離之象，非觀離而始有此也。」銖。

卷六十六

《易》書本原於卜筮。又説：「邵子之學只把『元會運世』四字，貫盡天地萬物。」友仁。

問：「康節於《易》如何？」曰：「他又是一等説話。」問：「渠之學如何？」曰：「專在數上，却窺見理。」曰：「可用否？」曰：「未知其可用。但與聖人之學自不同。」曰：「今世學者言《易》，多要入玄妙。却是《遺書》中有數處，如『不只是一部《易》書』之類，今人認此意不著，故多錯了。」曰：「然。」可學。

卷六十七

康節易數出於希夷。他在静中推見得天地萬物之理如此，又與他數合，所以自樂。今《道藏》中有此卦數。謂魏伯陽《參同契》。魏，東漢人。德明。

王天悦雪夜見康節於山中，猶見其儼然危坐。蓋其心地虚明，所以推得天地萬物之理。其數以陰陽剛柔四者爲準，四分爲八，八分爲十六，只管推之無窮。有太陽、太陰、少陽、少陰、太剛、太柔、少剛、少柔。今人推他數不行，所以無他胷中。德明。

康節也則是一生二，二生四，四生八。淵。

康節只説六卦：乾、坤、坎、離，四卦。震、巽含艮、兑。又説八卦：乾、坤、坎、離、大過、頤、中孚、小過。其餘反對者二十八卦。人傑。

聖人説數説得疏，到康節説得密了。他也從一陰一陽起頭，他却做陰、陽、太、少，乾之四象；剛、柔、太、少，坤之四象，又是那八卦。他説這《易》，將那元亨利貞全靠着那數，三百八十四爻管定那許多數，説得太密了，《易》中只有箇奇耦之數是自然底，大衍之數却是用以揲蓍底。康節盡歸之數，所以二程不肯問他學。若是聖人用，不過如『大衍之數』便是。他須要先揲蓍以求那數，起那卦，數是恁地起，卦是恁地求。不似康節坐地默想推將去，便道某年某月某日，當有某事。聖人決不恁地！此條有誤，可詳之。淵。

聖人説數説得簡畧高遠疏闊，《易》中只有箇奇耦之數，天一地二是自然底數也，大衍之數是揲蓍底數也，惟此三者而已。康節却盡歸之數，竊恐聖人必不爲也。因言：「或指一樹問康節曰：『此樹有數可推否？』康節曰：『亦可推也，但須待其動爾。』頃之一葉落，便從此推去，此樹甚年生，甚年當死。凡起數，静則推不得，須動方推得起。」方子。

問：「乾繇辭下解云『聖人始畫八卦，三才之道備矣。因而重之，以盡天下之變，故六畫而成卦』，據此説，却是聖人始畫八卦，每卦便是三畫，聖人因而重之爲六畫。似與邵子一生兩，兩生四，四生八，八生十六，十六生三十二，三十二生六十四爲六畫不同。」曰：「程子之意只云三畫上疊成六畫，八卦上疊成六十四卦，與邵子説誠異。蓋康節此意不曾説與程子，程子亦不曾聞之，故一向只隨他所見去。但他説『聖人始畫八卦』，不知聖人畫八卦時，先畫甚卦？此處便曉他不得。」又問：「《啟蒙》所謂自太極而分兩儀，則太極固太極，兩儀固兩儀；自兩儀而分四象，則兩儀又爲太極，而兩儀又爲四象。以至四象生八卦，節節推去，莫不皆然。可見一物各具一太極。是如此否？」曰：「此只是一分爲二，節節如此，以至於無窮，皆是一生兩爾。」因問：「《序》所謂『自本而幹，自幹而支』，是此意否？」曰：「是。」銖。

學者須讀《詩》與《易》，易尤難看。《伊川易傳》亦有未盡處。當時康節傳得數甚佳，却輕之不問。天地必有倚靠處，如復卦先動而後順，豫卦先順而後動，故其彖辭極嚴。似此處却閒過了。可學。

且《程傳》賁卦所云，豈有乾坤重而爲泰，又自泰而變爲賁之理！若其説果然，則所謂乾坤變而爲六子，八卦重而爲六十四，皆由乾坤而變者，其説不得而通矣。蓋有則俱有，自一畫而二，二而四，四而八，而八卦成；八而十六，十六而三十二，三十二而六十四，而重卦備。故有八卦，則有六十四矣。此康節所謂「先天」者也。若震一索而得男以下，乃是已有此卦了，就此卦生出此義，皆所謂「後天之學」。今所謂「卦變」者，亦是有卦之後，聖人見得有此象，故發於《彖》辭。安得謂之乾坤重而爲是卦！則更不可變而爲他卦耶？若論「先天」，一卦亦無，既畫之後，乾一、兑二、離三、震四，至坤居末，又安有乾坤變而爲六子之理！凡今《易》中所言，皆是「後天之《易》」耳。以此見得康節「先天」、「後天」之説，最爲有功。銖。

京房卦氣用六日七分。季通云：「康節亦用六日七分。」但不見康節説處。方子。

京房輩説數，捉他那影象才發見處，便筭將去。且如今日一箇人來相見，便就那相見底時節，算得這箇是好人不好人，用得極精密。他只是動時便算得，静便算不得。人問康節：「庭前樹算得否？」康節云：「也算得，須是待他動時方可。」須臾一葉落地，便就這裏筭出這樹是甚時生，當在甚時死。淵。

《太玄》之説，只是老莊。康節深取之者，以其書亦挨傍陰陽消長來説道理。必大。

《龍圖》是假書，無所用。康節之《易》，自兩儀四象八卦，以至六十四卦，皆有用處。礪。

卷七十一

問：「天地之心，雖静未嘗不流行，何爲必於復乃見？」曰：「三陽之時，萬物蕃新，只見物之盛大，天地之心却不可見。惟是一陽初復，萬物未牛，冷冷静静，而一陽既動，生物之心闖然而見，雖在積陰之中，自藏掩不得。此所以必於復見天地之心也。」銖曰：「邵子所謂『玄酒味方淡，大音聲正稀』，正謂此否？」曰：「正是此意，不容別下注脚矣。」銖。

問：「程子以『動之端』爲天地之心，動乃心之發處，何故云『天地之心』？」曰：「此須就卦上看。上坤下震，坤是静，震是動。十月純坤，當貞之時，萬物收斂，寂無蹤跡，到此一陽復生便是動。然不直下『動』字，却云『動之端』，端又從此起。雖動而物未生，未到大段動處。凡發生萬物，都從這裏起，豈不是天地之心！康節詩云：『冬至子之半，大雪，子之初氣，冬至，子之中氣。天心無改移。一陽初動處，萬物未生時。玄酒味方淡，大音聲正稀。此言如不信，更請問庖羲。』可謂振古豪傑！」淳。

問「冬至子之半」。曰：「康節此詩最好，某於《本義》亦載此詩。蓋立冬是十月初，小雪是十月中，大雪十一月初，冬至十一月中，小寒十二月初，大寒十二月中。『冬至子之半』，即十一月之半也。人言夜半子時冬至，蓋夜半以前，一半已屬子時，今推五行者多不知之。然數每從這處起，畧不差移，此所以爲天心。然當是時，一陽方動，萬物未生，未有聲臭氣味之可聞可見，所謂『玄酒味方淡，大音聲正稀』也。」道夫。

漢卿問「一陽初動處，萬物未生時」。曰：「此在貞、元之間，才見孺子入井，未做出惻隱之心時節。」因言：「康節之學，不似濂溪、二程。康節愛説箇循環底道理，不似濂溪、二程説得活。如『無極而太極』，『太極本無極』，『體用一原，顯微無間』，康節無此說。」方子。

問：「康節所謂『一陽初動後，萬物未生時』，這箇時節，莫是程子所謂『有善無惡，有是無非，有吉無凶』之時否？」先生良久曰：「也是如此。是那怵惕、惻隱方動而未發於外之時。」正淳云：「此正康節所謂一動一静之間也。」曰：「然。某嘗謂康節之學與周子、程子所說小有不同。康節於那陰陽相接處看得分曉，故多舉此處爲說，不似周子說『無極而太極』與『五行一陰陽，陰陽一太極』如此周遍。若如周子、程子之說，則康節所說在其中矣。康節是指貞、元之間言之，不似周子、程子說得活，『體用一源，顯微無間』。」廣。

漢卿問：「『一陽初動處，萬物未生時』，以人心觀之，便是善惡之端感物而動處。」曰：「此是欲動未動之間，如怵惕、惻隱於赤子入井之初，方怵惕、惻隱而未成怵惕、惻隱之時。故上云『冬至子之半』，是康節常要就中間說。『子之半』則是未成子，方離於亥，而爲子方四五分。是他常要如此說，常要說陰陽之間，動静之間，便與周、程不同。周、程只是『五行一陰陽，陰陽一太極，太極本無極』，只是體用、動静，互換無極。康節便只要說循環，便須指消息動静之間，便有方了，不似二先生。」賀孫。

卷七十五

「周子、康節說太極，和陰陽滚說，《易》中便擡起說。周子言『太極動而生陽，静而生陰』，如言太極動是陽，動極而静，静便是陰。動時便是陽之太極，静時便是陰之太極。蓋太極即在陰陽裏。如『易有太極，是生兩儀』，則先從實理處説。若論其生則俱生，太極依舊在陰陽裏。但言其次序，須有這實理，方始有陰陽也。其理則一，雖然自見，在事物而觀之，則陰陽函太極，推其本則太極生陰陽。」學履。

問「易有太極，是生兩儀，兩儀生四象，四象生八卦」。曰：「此太極却是爲畫卦説。當未畫卦前，太極只是一箇渾淪底道理，裏面包含陰陽、剛柔、奇耦，無所不有。及各畫一奇一耦，便是生兩儀。再於一奇畫上加一耦，此是陽中之陰；又於一奇畫上加一奇，此是陽中之陽；又於一耦畫上加一奇，此是陰中之陽；又於一耦畫上加一耦此是陰中之陰，是謂四象。所謂八卦者，一象上有兩卦，每象各添一奇或一耦，便是八卦。嘗聞一朋友説，一爲儀，二爲象，三爲卦，四爲象，如春夏秋冬，金木水火，東西南北，無不可推矣。」謨。

卷七十七

天下之數都只始於三、二，謂如陽數九，只是三三而九之，陰數六只是三二而六之。故孔子云「三天兩地而倚數」，此數之本也。康節却云「非天地之正數」，是他見得不盡。康節却以四爲數。端蒙。

「《易》逆數也」，似康節説方可通。但方圖則一向皆逆，若以圓圖看，又只一半逆。不知如何？學蒙。

「帝出乎震」與「萬物出乎震」，只這兩段説文王卦。淵。

「『帝出乎震』以下，何以知其爲文王之卦位？」曰：「康節之説如此。」問：「仔細看此數段，前兩段説伏羲卦位，後兩段自『帝出乎震』以下説文王卦位，自『神者妙萬物而爲言』下有兩段，前一段乃文王卦位，後段乃伏羲底。恐夫子之意，以爲伏羲、文王所定方位不同如此。然生育萬物既如文王所次，則其方位非如伏羲所定，亦不能變化。既成萬物，無伏羲底，則做文王底不出。竊恐文義如此説，較分明。」曰：「如是，則其歸却主在伏羲上。恁地説也好。但後兩段却除了乾坤，何也？」曰：「竊恐著一句『神者妙萬物而爲言』引起，則乾坤在其中矣。」曰：「恐是如此。」幹。

文王八卦，不可曉處多。如離南坎北，離坎却不應在南北，且做水火居南北。兑也不屬金如。今只是見他底慣了，一似合當恁地相似。淵。

卷八十六

堯舜以來歷，至漢都喪失了，不可攷。緣如今是這大總記不正，所以都無是處。季通算得康節歷。康節曆十一萬九千六百分，大故密。今歷家所用只是萬分歷，萬分歷已自是多了，他如何肯用十二萬分？只是今之歷家又説季通底用不得，不知如何？僩。

卷八十七

今之道家，只是馳騖於外，安識所謂「載魄守一，能勿離乎」！康節云：「老子得《易》之體，孟子得《易》之用。」康節之學，意思微似莊老。燾。

卷九十三

問：「康節一元開物閉物之説，是否？」曰：「有此理。不易他窺測至此。」浩。

周子看得這理，熟縱横妙用，只是這數箇字，都括盡了。周子從理處看，邵子從數處看，都只是這理。砥曰：「畢竟理較精粹。」曰：「從理上看則用處大，數自是細碎。」砥。

曾點父子爲學不同，點有康節底意思，將那一箇物玩弄。道夫。

叔器問：「横渠似孟子否？」曰：「一人是一樣，規模各不同。横渠嚴密，孟子宏闊。孟子是箇有規矩底康節。」義剛。

卷九十四

「無極而太極」，不是太極之外别有無極，無中自有此理。又不可將無極便做太極。「無極而太極」，此「而」字輕，無次序故也。「動而生陽，静而生陰」，動即太極之動，静即太極之静。動而後生陽，静而後生陰，生此陰陽之氣。謂之「動而生」、「静而生」，則有漸次也。「一動一静，互爲其根」，動而静，静而動，闢闔往來，更無休息。「分陰分陽，兩儀立焉」，兩儀是天地，與畫卦兩儀意思又别。動静如晝夜，陰陽如東西南北，分從四方去。「一動一静」以時言，「分陰分陽」以位言。方渾淪未判，陰陽之氣，混合幽暗，及其既分，中間放得寬闊光朗，而兩儀始立。康節以十二萬九千六百年爲一元，則是十二萬九千六百年之前，又是一箇大闢闔，更以上亦復如此。直是「動静無端，陰陽無始」。小者大之影，只晝夜便可見。五峯所謂：「一氣大息，震蕩無垠，海宇變動，山勃川湮，人物消盡，舊迹大滅，是謂洪荒之世。」常見高山有螺蚌殼，或生石中，此石即舊日之土，螺蚌即水中之物，下者却變而爲高，柔者變而爲剛。此事思之至深，有可驗者。「陽變陰合而生水火木金土」，陰陽氣也，生此五行之質。天地生物，五行獨先。地即是土，土便包含許多金木之類。天地之間，何事而非五行？五行陰陽七者滚合，便是生物底材料。「五行順布，四時行焉」，金木水火分屬春夏秋冬，土則寄旺四季。如春屬木，而清明後十二日即是土寄旺之時。每季寄旺十八日，共七十二日。唯夏季十八日，土氣爲最旺，故能生秋金也。以圖象考之，木生火、金生水之類，各有小畫相牽連，而火生土、土生金，獨穿乎土之内，餘則從旁而過，爲可見矣。「五行一陰陽也，陰陽一太極也，太極本無極也」，此當思無有陰陽而無太極底時節，若以爲止是陰陽，陰陽却是形而下者。若只專以理言，則太極又不曾與陰陽相離。正當沈潛玩索，將圖象意思抽開細，看又復合而觀之。某解此云：「非有離乎陰陽也。即陰陽而指其本體，不雜乎陰陽而爲言也。」此句自有三節意思，更宜深考。《通書》云：「静而無動，動而無静，物也。動而無動，静而無静，神也。」當即此兼看之。謨。

周子止説到五行住，其理亦只消如此，自多説不得。包括萬有，舉歸於此。康節却推到八卦，太陽、太陰、少陽、少陰。太陽、太陰各有一陰一陽，少陽、少陰亦有一陰一陽，是分爲八卦也。寓。

問：「《通書解》論周子止於四象，以爲水火金木，如何？」曰：「周子只推到五行。如邵康節不又從一分爲二，極推之至於十二萬四千，縱横變動，無所不可。如漢儒將十二辟卦分十二月，康節推又別。」可學。

《通書》論樂意，極可觀，首尾有條理。只是淡與不淡，和與不和，前輩所見各異。邵康節須是二四六八，周子只是二四中添一上爲五行。如剛柔添善惡，又添中於其間，周子之説也。可學。

卷九十五

向來看康節詩，見得這意思，如謂「天根月窟閒來往，三十六宮都是春」，正與程子所謂「静後見萬物皆有春意」同。道夫。

卷一百

邵子之書

康節學於李挺之，請曰：「先生微開其端，毋竟其説。」又恐是李學於穆時説。此意極好。學者當然須是自理會出來，便好。方。

伊川之學於大體上瑩徹，於小小節目上猶有踈處。康節能盡得事物之變，却於大體上有未瑩處。用之云：「康節善談《易》，一作「説易極好」。見得透徹。」曰：「然。伊川又輕之，嘗有簡與横渠云：『堯夫説《易》好聽，今夜試來聽它説看。』某嘗説，此便是伊川不及孔子處。只觀孔子便不如此。」僩。

或言：「康節心胷如此快活，如此廣大，如何得似他？」曰：「它是甚麽樣做工夫！」僩。

問：「近日學者有厭拘檢，樂舒放，惡精詳，喜簡便者，皆欲慕邵堯夫之爲人。」曰：「邵子這道理，豈易及哉！他腹裏有這箇學。能包括宇宙，終始古今，如何不做得大，放得下？今人却恃箇甚做敢如此！」因誦其詩，云「日月星辰高照耀，皇王帝伯大鋪舒」，可謂人豪矣。大雅。

厚之問：「康節只推到數？」曰：「然。」某問：「須亦窺見理？」曰：「雖窺見理，却不介意了。」可學。

問：「康節學到『不惑』處否？」曰：「康節又别是一般。聖人知天命以理，他只是以術。然到得術之精處，亦非術之所能盡。然其初只是術耳。」璘。

邵康節，看這人須極會處置事，被他神閑氣定，不動聲氣，須處置得精明。他氣質本來清明，又養得來純厚，又不曾枉用了心。他用那心時，都在緊要上用。被他静極了，看得天下之事理精明。嘗於百原深山中闢書齋，獨處其中。王勝之常乘月訪之，必見其燈下正襟危坐，雖夜深亦如之。若不是養得至静之極，如何見得道理如此精明！只是他做得出來，須差異。季通常云：「康節若做，定是四公、八辟、十六侯、三十二卿、六十四大夫，都是加倍法。」想得是如此。想見他看見天下之事，才上手來，便成四截了。其先後緩急，莫不有定，動中機會，事到面前，便處置得下矣。康節甚喜張子房，以爲子房「善藏其用」。以老子爲「得《易》之體」，以孟子爲「得《易》之用」。合二者而用之，想見善處事。問：「不知真箇用時如何？」曰：「先時説了，須差異。須有些機權術數也。」僩。

直卿問：「康節詩嘗有莊老之説，如何？」曰：「便是他有些子這箇。」曰：「如此莫於道體有異否？」曰：「他嘗説『老子得《易》之體』、『孟子得《易》之用』。體用自分作兩截。」曰：「他又説『經綸』如何？」曰：「看他只是以術去處得這事恰好無過，如張子房相似，他所以極口稱贊子房也。二程謂其粹而不雜，以今觀之，亦不可謂不雜。」曰：「他説『風花雪月』，莫是曾點意思否？」曰：「也是見得眼前這箇好。」璘録云：「舜功云：『堯夫似曾點。』曰：『他又有許多骨董。』」曰：「意其有『與自家意思一般』之意。」曰：「也是它有這些子，若不是却淺陋了。」道夫。

問：「程子謂康節『空中樓閣』。」曰：「是四通八達。方子録云：「言看得四通八達。」莊子比康節亦髣髴相似。然莊子見較高，氣較豪。他是事事識得了，又却蹴踏著，以爲不足爲。康節畧有規矩。然其詩云：『賓朋莫怪無拘檢，真樂攻心不奈何。』不知是何物攻他心？」佐。

康節之學，近似釋氏，但却又挨傍消息盈虚者言之。問：「《擊壤序》中『以道觀道』等語，是物各付物之意否？」曰：「然。蓋自家都不犯手之意。道是指陰陽運行者言之。」又問：「如此則性與心身都不相管攝，亡者自亡，存者自存否？」曰：「某固言其與佛學相近者，此也。」又曰：「康節凡事只到半中央便止，如『看花切勿看離披』，是也。如此則與張子房之學相近。」曰：「固是。康節自有兩三詩稱贊子房。」曰：「然則與楊氏爲我之意何異？」先生笑而不言。必大。

因論康節之學，曰：「似老子。只是自要尋箇寬閒快活處，人皆害它不得。後來張子房亦是如此。方衆人紛拏擾擾時，它自在背處。」人傑因問：「《擊壤集序》有『以道觀性，以性觀心，以心觀身，以身觀物，治則治矣，猶未離乎害也』，上四句自説得好，却云『未離乎害』，其下云『不若以道觀道，以性觀性，以心觀心，以身觀身，以物觀物，雖欲相傷其可得乎？若然，則以家觀家，以國觀國，以天下觀天下，亦從而可知也』，恐如上四句，似合聖人之中道。『以道觀道』而下，皆付之自然，未免有差否？」曰：「公且説前四句。」曰：「性只是仁義禮智，乃是道也。心則統乎性，身則主乎心，此三句可解。至於物，則身之所資以爲用者也。」曰：「此非康節之意。既不得其意，如何議論它？」人傑因請教。先生曰：「『以道觀性』者，道是自然底道理，性則有剛柔善惡參差不齊處，是道不能以該盡此性也。性有仁義禮智之善，心却千思萬慮出入無時，是性不能以該盡此心也。心欲如此，而身却不能如此，是心有不能撿其身處。以一身而觀物，亦有不能盡其情狀變態處，此則『未離乎害』之意也。且以一事言之，若好人之所好，惡人之所惡，是以物觀物之意。若以己之好惡律人，則是以身觀物者也。」又問：「如此則康節『以道觀道』等説，果爲無病否？」曰：「謂之無病不可，謂之有病亦不可。若使孔孟言之，必不肯如此説。渠自是一様意思，如『以天下觀天下』，其説出於老子。」又問：「如此則『以道觀性』、『以性觀心』、『以心觀身』三句，義理有可通者。但『以身觀物』一句，爲不可通耳。」曰：「若論『萬物皆備於我』，則『以身觀物』亦何不可之有？」人傑。

康節本是要出來有爲底人，然又不肯深犯手做。凡事直待可做處，方試爲之，纔覺難便拽身退，正張子房之流。必大。

問：「堯夫之學似揚雄，如何？」曰：「以數言。」可學。

某看康節《易》了，都看別人底不得。他說「太極生兩儀，兩儀生四象」，又都無玄妙，只是從來更無人識。揚子《太玄》，一玄三方九州二十七部八十一家，亦只是這箇。他却識，只是他以三爲數，皆無用了。他也只是見得一箇粗底道理，後來便都無人識。老氏「道生一，一生二，二生三」，亦剩說了一箇道。便如太極生陽，陽生陰，至二生三，又更都無道理。後來五峯又說一箇，便是「太極函三爲一」意思云云。賀孫。

康節之學似揚子雲《太玄》擬《易》，方州部家皆自三數推之，玄爲之首，一以生三爲三方，三生九爲九州，九生二十七爲二十七部，九九乘之斯爲八十一家。首之以八十一，所以準六十四卦。贊之以七百二十有九，所以準三百八十四爻。無非以三數推之。康節之數，則是加倍之法。謨。

康節其初，想只是看得「太極生兩儀，兩儀生四象」，心只管在那上面轉，久之理透，想得一舉眼便成四片。其法，四之外又有四焉。凡物才過到二之半時，便煩惱了，蓋已漸趨於衰也。謂如見花方蓓蕾，則知其將盛，既開則知其將衰，其理不過如此。謂如今日戌時，從此推上去，至未有天地之始。從此推下去，至人消物盡之時。蓋理在數内，數又在理内。康節是他見得一箇盛衰消長之理，故能知之。若只説他知得甚事，如歐陽叔弼定謚之類，此知康節之淺陋者也。程先生有一柬説：「《先天圖》甚有理，可試往聽他就看。」觀其意，甚不把當事。然自有易以來，只有康節説一箇物事如此齊整。如揚子雲《太玄》，便令星補湊得可笑。若不補又却欠四分之一，補得來又却多四分之三。如《潛虛》之數用五，只似如今算位一般。其直一畫則五也，下横一畫則爲六，横二畫則爲七，蓋亦補湊之書也。方子。

或問康節數學。曰：「且未須理會，數自是有此理。有生便有死，有盛必有衰。且如一朵花，含蘂時是將開，畧放時是正盛，爛熳時是衰謝。又如看人，即其氣之盛衰，便可以知其生死。蓋其學本於明理，故明道謂其『觀天地之運化，然後頹乎其順，浩然其歸』。若曰渠能知未來事，則與世間占覆之術何異？其去道遠矣，其知康節者末矣。蓋他玩得此理熟了，事物到面前便見，便不待思量。」又云：「康節以四起數，疊疊推去。自《易》以後，無人做得一物如此整齊，包括得盡。想他每見一物，便成四片了。但才到二分以上便怕，乾卦方終，便知有箇姤卦來。蓋緣他於起處推將來，至交接處看得分曉。」廣云：「先生前日説康節之學，與周子程子少異處，莫正在此否？若是聖人，則處乾時自有箇處乾底道理，處姤時自有箇處姤底道理否？」曰：「然。」廣。

問：「先生説邵堯夫看天下物皆成四片，如此，則聖人看天下物皆成兩片也？」曰：「也是如此，只是陰陽而已。」廣。

論《皇極經世》：「乃一元統十二會，十二會統三十運，三十運統十二世，一世統三十年，一年統十二月，一月統三十日，一日統十二辰。是十二與三十迭爲用也。」因云：「季通以十二萬九千六百之數爲日分。」植。

堯至今方三千年，邵《歷》一萬年爲一會。揚。

《易》是卜筮之書，《皇極經世》是推步之書。《經世》以十二辟卦管十二會，綳定時節，却就中推吉凶消長。堯時正是乾卦九五。其書與《易》自不相干。只是加一倍推將去。○方子。

問《易》與《經世書》同異。曰：「《易》是卜筮，《經世》是推步。是一分爲二，二分爲四，四分爲八，八分爲十六，十六分爲三十二，又從裏面細推去。」節。

叔器問：「《經世書》『水火土石』，石只是金否？」曰：「它分天地間物事皆是四，如『日月星辰』、『水火土石』、『雨風露雷』，皆是相配。」又問：「金生水，如石中出水，是否？」曰：「金是堅凝之物，到這裏堅實，後自拶得水出來。」又問：「伯溫解《經世書》，如何？」曰：「他也只是說將去，那裏面曲折精微也未必曉得。康節當時只說與王某，不曾說與伯溫。模樣也知得那伯溫不是好人。」義剛。

因論《皇極經世》，曰：「堯夫以數推，亦是心静知之。如董五經之類，皆然。」曰：「程先生云，須是用時知之。」曰：「用則推測。」因舉興化妙應知未來之事。曰：「如此又有術。」可學。

《皇極經世》紀年甚有法。史家多言秦廢太后，逐穰侯。《經世書》只言「秦奪宣太后權」。伯恭極取之，蓋實不曾廢。方子。

康節《漁樵問對》《無名公序》與一兩篇書，次第將來刊成一集。節。

「天何依？」曰：「依乎地。」「地何附？」曰：「附乎天。」「天地何所依附？」曰：「自相依附。天依形，地依氣。」所以重復而言不出此意者，唯恐人於天地之外別尋去處故也。天地無外，所謂「其形有涯，而其氣無涯」也。爲其氣極緊，故能扛得地住。不然，則墜矣。氣外須有軀殼甚厚，所以固此氣也。今之地動，只是一處動，動亦不至遠也。謨。

舜弼問「天依地，地依氣」。曰：「恐人道下面有物。天行急，地閣在中。」可學。

古今歷家，只是推得箇陰陽消長界分爾，如何得似康節説得那「天依地，地附天。天地自相依附。天依形，地附氣」底幾句？向嘗以此數語附于《通書》之後，欽夫見之，殊不以爲然。曰：「恐説得未是。」某云：「如此則試別説幾句來看。」廣云：「伊川謂自古言數者，至康節方説到理上。」曰：「是如此。如揚子雲亦畧見到理上，只是不似康節精。」廣。

問：「康節云『雨化物之走，風化物之飛，露化物之草，雷化物之木』，此説是否？」曰：「想且是以大小推排匹配去。」問：「伊川云：『露是金之氣。』」曰：「露自是有清肅底氣象。古語云『露結爲霜』，今觀之誠然。伊川云不然，不知何故？蓋露與霜之氣不同，露能滋物，霜能殺物也。又雪霜亦有異，霜則殺物，雪不能殺物也。雨與露亦不同，雨氣昏，露氣清。氣蒸而爲露，如飯甑蓋之，其氣蒸鬱，而汗下淋灕。氣蒸而爲霧，如飯甑不蓋，其氣散而不收。霧與露亦微有異，露氣肅，而霧氣昏也。」僴。

或問：「康節云『道爲太極』，又云『心爲太極』。道，指天地萬物自然之理而言；心，指人得是理以爲一身之主而言？」曰：「固是。但太極只是箇一而無對者。」

康節云：「一動一静者，天地之妙也；一動一静之間者，天地人之妙也。」蓋天只是動，地只是静。到得人便兼動静，是妙於天地處。故曰：「人者，天地之心」。論人之形，雖只是器，言其運用處，却是道理。㽦。

人身是形耳，所具道理，皆是形而上者。蓋人者，天地之心也。康節所謂「一動一静之間，天地人之至妙者歟」。人傑。

「無極之前陰含陽也，有象之後陽分陰也」，陽占却陰分數。文蔚。

「性者道之形體，心者性之郛郭，身者心之區宇，物者身之舟車」，此語雖説得粗，畢竟大槩好。先生問：「性如何是道之形體？」淳曰：「道是性中之理。」文蔚。

先生曰：「道是泛言，性是就自家身上説。道在事物之間，如何見得，只就這裏驗之。砥録作「反身而求」。性之所在，則道之所在也。道是在物之理，性是在己之理。然物之理，都在我此理之中。道之骨子，便是性。」劉問：「性，物我皆有，恐不可分在己在物否？」曰：「道雖無所不在，須是就己驗之而後見。如『父子有親，君臣有義』，若不就己驗之，如何知得是本有？『天叙有典』，典是天底，自我驗之，方知得『五典五惇』。『天秩有禮』，禮是天底，自我驗之方知得『五禮有庸』。」淳問：「心是郛郭，便包了性否？」先生首肯曰：「是也。如横渠心統性情一句，乃不易之論。孟子説心許多，皆未有似此語端的。子細看，便見其他諸子等書，皆無依稀似此。」淳。

正卿問：「邵子所謂『道之形體』，如何？」曰：「諸先生説這道理，却不似邵子説得最著實。這箇道理纔説出，只是虚空，更無形影。惟是説『性者，道之形體』，却見得實有。不須談空説遠，只反諸吾身求之，是實有這箇道理，還是無這箇道理。故嘗爲之説曰：『欲知此道之實有者，當求之吾性分之内。』邵子忽地於《擊壤集序》自説出幾句，最説得好。」賀孫。

或問：「『性者道之形體』，如何？」曰：「天之付與，其理本不可見，其總要却在此。蓋人得之於天，理元無欠闕。只是其理却無形象，不於性上體認，如何知得？程子曰：『其體謂之道，其用謂之神，而其理屬之人則謂之性，其體屬之人則謂之心，其用屬之人則謂之情。』」祖道。

問：「性何以謂『道之形體』？」曰：「若只恁説，道則渺茫無據。如父子之仁，君臣之義，自是有箇模樣，所以爲形體也。」謨。

「性者道之形體」，此語甚好。道只是懸空説，統而言之謂道。節。

「性者道之形體」，今人只泛泛説得道，不曾見得性。椿。

「性者道之形體」，性自是體，道是行出見於用處。

才卿問「性者道之形體」。曰：「道是發用處見於行者，方謂之道。性是那道骨子，性是體，道是用。如云『率性之謂道』，亦此意。」僩。

「性者道之形體，心者性之郛郭」，康節這數句極好。蓋道即理也，如父子有親，君臣有義是也。然非性何以見理之所在？故曰「性者道之形體」。仁義禮智，性也，理也，而具此性者，心也。故曰「心者性之郛郭」。砥。

或問：「康節云：『能物物則吾爲物中之人。』伊川曰：『不必如此説。人自是人，物自是物。』伊川説得終是平。」先生曰：「自家但做箇好人，不怕物不做物。」

或誦康節詩云：「若論先天一事無，後天方要著工夫。」先生問：「如何是一事無？」曰：「出於自然，不用安排。」先生默然。廣云：「一事無處是太極。」先生曰：「嘗謂太極是箇藏頭底物事，重重推將去更無盡期。有時看得來頭痛。」廣云：「先生所謂『迎之而不見其首，隨之而不見其後』，是也。」廣。

邵子「天地定位，否泰反類」一詩，正是發明《先天方圖》之義。《先天圖》傳自希夷，希夷又自有所傳。蓋方士技術用以修煉，《參同契》所言是也。方子。

何巨源以書問：「邵子詩：『須探月窟方知物，未躡天根豈識人。』又先生贊邵子『手探月窟』、『足躡天根』，莫只是陰陽否？」先生答之云：「《先天圖》自復至乾，陽也；自姤至坤，陰也。陽主人，陰主物。『手探』、『足躡』，亦無甚意義。但姤在上復在下，上故言『手探』，下故言『足躡』。」廣。

問：「康節云：『天根月窟閑來往，三十六宫都是春。』蓋云天理流行，而已常周旋乎其間。天根月窟是箇總會處，如『大明終始』、『時乘六龍』之意否？」曰：「是。」廣。

「三十六宫都是春」，易中二十八卦翻覆成五十六卦，唯有乾、坤、坎、離、大過、頤、小過、中孚八卦反覆，只是本卦，以二十八卦湊此八卦，故言三十六也。寓。

康節詩儘好看。道夫問：「舊無垢引《心贊》云：『廓然心境大無倫，盡此規模有幾人。我性即天天即性，莫於微處起經綸。』不知如何？」曰：「是殆非康節之詩也。林少穎云『朱内翰作』，次第是子發也。」問：「何以辨？」曰：「若是真實見得，必不恁地張皇。」道夫曰：「舊看此意，似與『性爲萬物之一原，而心不可以爲限量』同。」曰：「固是。但只是摸空説，無著實處。如康節云『天向一中分造化，人從心上起經綸』，多少平易。實見得者自别。」又問「一中分造化」。曰：「本是一箇，而消息盈虚便生陰陽。事事物物皆恁地，有消便有息，有盈便有虚，有箇面，便有箇背。」曰：「這便是自然，非人力之所能爲者？」曰：「這便是生兩儀之理。」道夫。○賀孫録云：「廓然心境大無倫」，此四句詩，正如貧子説金，學佛者之論也。

康節煞有好説話，《近思録》不曾取入。近看《文鑑》編康節詩，不知怎生「天向一中分造化，人於心上起經綸」底詩，却不編入。義剛。

康節以品題風月自負，然實强似《皇極經世書》。方季通語。

康節之學，其骨髓在《皇極經世》，其花草便是詩。直卿云：「其詩多説閑静樂底意思，太煞把做事了。」曰：「這箇未説聖人，只顔子之樂亦不恁地。看他詩，篇篇只管説樂，次第樂得來厭了。聖人得底如喫飯相似，只飽而已。他却如喫酒。」又曰：「他都是有箇自私自利底意思，所以明道有『要之不可以治天下國家』之説。」道夫。

邵堯夫詩「雪月風花未品題」，此言事物皆有造化。可學。

邵堯夫六十歲，作《首尾吟》百三十餘篇，至六七年間終。渠詩玩侮一世，只是一箇「四時行焉，百物生焉」之意。璘。

先生誦康節詩曰：「施爲欲似千鈞弩，磨礪當如百鍊金。」或問：「千鈞弩如何？」曰：「只是不妄發，如子房之在漢，謾説一句，當時承當者便須百碎。」道夫。

康節詩云：「幽暗巖崖生鬼魅，清平郊野見鸞凰。」聖人道其常，也只是就那光明處理會説與人。那幽暗處，知得有多少怪異！僩。

康節曰：「思慮未起，鬼神莫知，不由乎我，更由乎誰！」此閒有術者，人來問事，心下默念，則他説相應。有人故意思别事，不念及此，則其説便不應。問姓幾畫，口中默數，則他説便著，不數者，説不著。義剛。

因論學者輕俊者不美，朴厚者好，因説：「章惇、邢恕當時要學數於康節，康節見得他破，不肯與之。明道亦識得邢，《語録》中可見。凡先生長者惜才，不肯大段説破，萬一其有回意。」揚因問：「當時邵傳與章邢，使其知前程事時，須不至如此之甚。」曰：「不可如此説。」後又問。云：「使章邢先知之，他更是放手做，是虎而翼者也。」又因説：「康節當時只是窮得天地盈虛消息之理，因以明得此數。要之，天地之理，却自是當知，數亦何必知之！伊川謂『雷自起處起』，何必推知其所起處？惟有孟子見得，曰：『莫非命也，順受其正。』但有今日，都不須問前面事。但自盡，明日死也不可知，更二三十年在世也不可知。只自修，何必預知之！」。揚。

康節謂章子厚曰：「以君之才，於吾之學頃刻可盡。但須相從林下一二十年，使塵慮銷散，胷中豁無一事，乃可相授。」驤。

康節數學，源流於陳希夷。康節天資極高，其學只是術數學。後人有聰明能算，亦可以推。建陽舊有一村僧宗元，一日走上徑山，住得七八十日，悟禪而歸。其人聰敏，能算法，看《經世書》，皆畧畧領會得。揚。

卷一百一

問：「程門誰真得其傳？」曰：「也不盡見得。如劉質夫、朱公掞、張思叔輩，又不見他文字。看程門諸公力量見識，比之康節、横渠，皆趕不上。」義剛。

蔡云：「不知伊川門人如此其衆，何故後來更無一人見得親切？」或云：「游楊亦不久親炙。」曰：「也是諸人無頭無尾，不曾盡心存上面也。各家去奔走仕宦，所以不能理會得透。如邵康節從頭到尾，極終身之力而後得之。雖其不能無偏，然就他這道理，所謂『成且安』矣。如茂叔先生資禀便較高，他也去仕宦。只他這所學，自是從合下直到後來，所以有成。某看來，這道理若不是拚生盡死去理會，終不解得。書曰『若藥不瞑眩，厥疾不瘳。』須是喫些苦極，方得。」蔡云：「上蔡也雜佛老。」曰：「只他見識又高。」蔡云：「上蔡老氏之學多，龜山佛氏之説多，游氏只雜佛，吕與叔高於諸公。」曰：「然。這大段有筋骨，惜其早死！若不早死，也須理會得到。」蔡又因説律管，云：「伊川何不理會，想亦不及理會，還無人相共理會？然康節所理會，伊川亦不理會？」曰：「便是伊川不肯理會這般所在。」賀孫。

卷一百八

蔡季通因浙中主張《史記》，常説道邵康節所推世數，自古以降去後，是不解會甚好，只得就後世做規模。以某看來則不然。孔子修《六經》，要爲萬世標準。若就那時商量，別作箇道理，孔子也不解修《六經》得。如司馬遷亦是箇英雄，文字中間自有好處。只是他説經世事業，只是第二三著，如何守他議論！如某退居老死無用之物，如諸公都出仕官，這國家許多命脉，固自有所屬，不直截以聖人爲標準，却要理會第二三著，這事煞利害，千萬細思之！賀孫。

卷一百九

康節謂：「天下治，則人上行；天下亂，則人上文。」太祖時，人都不理會文；仁宗時，人會説。今又不會説，只是胡説。因見時文義，甚是使人傷心。揚。

卷一百十五

八問邵康節《男子吟》。曰：「康節詩乃是説《先天圖》中數之所從起處。『天根』、『月窟』指復、姤二卦而言。」九問：「《濂溪遺事》載邵伯温記康節論天地萬物之理以及六合之外，而伊川稱歎。《東見録》云：『人多言天地外，不知天地如何説内外，外面畢竟是箇甚？若言著外，則須似有箇規模。』此説如何？」曰：「六合之外，莊周亦云，聖人存而不論，以其難説故也。舊嘗見《漁樵問對》，問：『天何依？』曰：『依乎地。』『地何附？』曰：『附乎天。』『天地何所依附？』曰：『自相依附。天依形，地附氣，其形也有涯，其氣也無涯。』意者當時所言，不過如此。某嘗欲注此語於《遺事》之下，欽夫苦不許，細思無有出是説者。」因問：「向得此書，而或者以爲非康節所著。」先生曰：「其間儘有好處，非康節不能著也。」道夫。

卷一百十六

且如邵康節始學於百原，堅苦刻厲，冬不爐，夏不扇，夜不就席者有年，公們曾如此否？

又舉邵子「性者道之形體」處曰：「道雖無所不在，然如何地去尋討他，只是回頭來看，都在自家性分之内，自家有這仁義禮智，便知得他也有仁義禮智。」義剛。

卷一百十九

今江西人皆是要偷閒自在，才讀書便要求箇樂處，這便不是了。某説，若是讀書尋到那苦澁處，方解有醒悟。康節從李挺之學數，而曰：「但舉其端，勿盡其言，容某思之。」它是怕人説盡了，這便是有志底人。義剛。

卷一百二十

先生嘗謂劉學古曰：「康節詩云『閒居謹莫説無妨』，蓋道無妨，便是有妨。要做好人，則上面煞有等級；做不好人，則立地便至，只在把住放行之間爾。」道夫。

閭丘次孟言：「嘗讀《曲禮》《遺書》康節詩，覺得心意快活。」曰：「他本平鋪地説在裏，公却帖了箇飛揚底意思在上面，可知是恁地。康節詩云『真樂攻心不奈何』，某謂此非真樂也，真樂便不攻心。如顔子之樂，何嘗恁地！」曰：「次孟何敢望康節，直塗之人爾。」曰：「塗人却無許多病。公正是肚裏有許多見識道理，攪得恁地叫唤來。」又舉《曲禮》成誦。先生曰：「但《曲禮》無許多叫唤。」曰：「次孟氣不足。」曰：「非氣不足，乃氣有餘也。」道夫。

卷一百二十五

康節嘗言老氏「得《易》之體」，孟子「得《易》之用」，非也。老子自有老子之體用，孟子自有孟子之體用。「將欲取之，必固與之」，此老子之體用也。「存心養性，充廣其四端」，此孟子之體用也。廣。

莊周曾做秀才，書都讀來，所以他説話都説得也是。但不合没拘檢，便凡百了。或問：「康節近似莊周？」曰：「康節較穩。」燾。

莊子比邵子見較高，氣較豪。他是事事識得，又却蹴踏了，以爲不足爲。邵子却有規矩。方子。

一便生二，二便生四。老子却説「二生三」便是不理會得。「道生一，一生二，二生三」，不合説一箇生一箇。方。

卷一百三十

邢恕本不定疊，知隨州時，温公猶未絶之，與通書。只是明道康節看得好。康節詩云「慎勿輕爲西晉風」，明道語見上蔡《録》中「便不得下説」處。開封劊子事，只是後來撰出，當時無此事，《辨誣》中有「妄謂」二字。德明。

卷一百三十七

「揚子雲、韓退之二人，也難説優劣。但子雲所見處，多得之老氏。在漢末年，難得人似它。亦如荀子言語亦多病，但就彼時亦難得一人如此。子雲所見多老氏者，往往蜀人有嚴君平源流。且如《太玄》就三數起，便不是。《易》中只有陰陽奇耦，便有四象。如春爲少陽，夏爲老陽，秋爲少陰，冬爲老陰。曼揚子雲見一二四都被聖人説了，却杜撰就三上起數。」問：「温公最喜《太玄》。」曰：「温公全無見處。若作《太玄》，何似作歷？老泉嘗非《太玄》之數，亦説得是。」又問：「與康節如何？」曰：「子雲何敢望康節！康節見得高，又超然自得。退之却見得大綱，有七八分見識。如《原道》中説得仁義道德煞好，但是他不去踐履玩味，故見得不精微細密。伊川謂其學華者，只謂愛作文章。如作詩説許多閒言語，皆是華也。看得來退之勝似子雲。」南升。

卷一百三十八

王拱辰作高樓，温公作土室。時人語云：「一人鑽天，一人入地。」康節謂富公云：「比有怪事，一人巢居，一人穴處。」方。

卷一百四十

康節説形而上者不能出莊老，形而下者則盡之矣。因誦《皇極書》第一篇。二先生説下者不盡，亦不甚説。關子明説形而上者亦莊老。季通。

周易本義

伏羲八卦次序圖

《繫辭傳》曰：「易有太極，是生兩儀，兩儀生四象，四象生八卦。」邵子曰「一分爲二，二分爲四，四分爲八」也。

《説卦傳》曰：「易逆數也。」邵子曰「乾一、兑二、離三、震四、巽五、坎六、艮七、坤八」。自乾至坤「皆得未生之卦」，「若逆推四時之比①也」。後六十四卦次序放此。

伏羲八卦方位圖

《説卦傳》曰：「天地定位，山澤通氣，雷風相薄，水火不相射，八卦相錯。數往者順，知來者逆。」邵子曰：「乾南，坤北，離東，坎西，震東北，兑東南，巽西南，艮西北。自震至乾爲順，自巽至坤爲逆。」②後六十四卦方位放此。

伏羲六十四卦次序圖

前《八卦次序圖》，即《繫辭傳》所謂「八卦成列」者。此圖即所謂「因而重之」者也。故下三畫即前圖之八卦，上三畫則各以其序重之，而下卦因亦各衍而爲八也。若逐爻漸生，則邵子所謂「八分爲十六，十六分爲三十二，三十二分爲六十四」③者，尤見法象自然之妙也。

伏羲六十四卦方位圖

右伏羲四圖，其説皆出邵氏。蓋邵氏得之李之才挺之，挺之得之穆修伯長，伯長得之華山

---

① 《觀物外篇》原文：「此一節直解圖意，若逆知四時之謂也。」

② 《觀物外篇》原文：「乾坤定上下之位，離坎列左右之門。」不見《周易本義》此段所謂「邵子曰」的内容。

③ 《觀物外篇》原文：「八卦相錯，然後萬物生焉。是故一分爲二，二分爲四，四分爲八，八分爲十六，十六分爲三十二，三十二分爲六十四。故曰『分陰分陽，迭用柔剛，故《易》六位而成章』也。」

希夷先生陳摶圖南者，所謂「先天之學」也。此圖圓布者，乾盡午中，坤盡子中，離盡卯中，坎盡酉中。陽生於子中，極於午中；陰生於午中，極於子中。其陽在南，其陰在北。方布者乾始於西北，坤盡於東南。其陽在北，其陰在南。此二者，陰陽對待之數。圓於外者爲陽，方於中者爲陰。圓者動而爲天，方者静而爲地者也。

文王八卦方位圖

右見《説卦》。邵子曰此「文王八卦」，乃入用之位，①「後天之學」也。

《周易·彖上傳》：「復，其見天地之心乎。」積陰之下，一陽復生，天地生物之心，幾於滅息而至此乃復可見。在人則爲静極而動，惡極而善，本心幾息而復見之端也。程子論之詳矣。而邵子之詩亦曰：「冬至子之半，天心無改移。一陽初動處，萬物未生時。玄酒味方淡，大音聲正希。此言如不信，更請問包犧。」至哉！言也。學者宜盡心焉。

《周易·説卦傳》：「天地定位，山澤通氣，雷風相薄，水火不相射，八卦相錯。」邵子曰此「伏羲八卦」之位。②乾南，坤北，離東，坎西，兑居東南，震居東北，巽居西南，艮居西北，於是八卦相交而成六十四卦，所謂「先天之學」也。

① 《觀物外篇》原文：「置乾於西北，退坤於西南，長子用事而長女代母，坎離得位，兑震爲偶，以應地之方也。王者之法，其盡於是矣。」又説：「起震終艮一節，明文王八卦也。」

② 《觀物外篇》原文：「天地定位一節，明伏羲八卦也。」

易學啟蒙

本圖書第一

《易大傳》曰：「河出圖，洛出書，聖人則之。」

邵子曰：「圖者星也，歷紀之數，其肇於此乎？方者土也，畫州、井地之，法其放於此乎？蓋圓者《河圖》之數，方者《洛書》之文。故羲、文因之而造《易》，禹、箕叙之而作《範》也。」

原卦畫第二

古者包羲氏之王天下也，仰則觀象於天，俯則觀法於地，觀鳥獸之文與地之宜，近取諸身，遠取諸物，於是始作八卦，以通神明之德，以類萬物之情。

易有太極，是生兩儀，兩儀生四象，四象生八卦。

《大傳》又言包犧畫卦所取如此，則《易》非獨以《河圖》而作也。蓋盈天地之間，莫非太極、陰陽之妙。聖人於此仰觀俯察，遠求近取，固有以超然而默契於其心矣。故自兩儀之未分也，渾然太極，而兩儀、四象、六十四卦之理已粲然於其中。自太極而分兩儀，則太極固太極也，兩儀固兩儀也。自兩儀而分四象，則兩儀又爲太極，而四象又爲兩儀矣。自是而推之，由四而八，由八而十六，由十六而三十二，由三十二而六十四，以至於百千萬億之無窮。雖其見於摹畫者若有先後而出於人爲，然其已定之形已成之勢則固已具於渾然之中，而不容毫髮思慮作爲於其間也。程子所謂「加一倍法」者，可謂一言以蔽之，而邵子所謂「畫前有《易》」者，又可見其真不妄矣。世儒於此或不之察，往往以爲聖人作《易》，蓋極其心思探索之巧而得之，甚者至謂凡卦之畫必由蓍而後得，其誤益以甚矣。

易有太極

邵子曰「道爲太極」，又曰「心爲太極」，此之謂也。

是生兩儀

邵子所謂「一分而爲二」者，此之謂也。

兩儀生四象

邵子所謂「二分爲四者」，皆此之謂也。

四象生八卦

邵子所謂「四分而爲八」者，皆指此而爲言也。

八卦之上各生一奇一偶，而爲四畫者十六，於經無見，邵子所謂「八分爲十六」者是也。又爲兩儀之上各加八卦，又爲八卦之上各加兩儀也。

四畫之上各生一奇一偶，而爲五畫者三十二，邵子所謂「十六分爲三十二」者是也。又爲四象之上各加八卦，又爲八卦之上各加四象也。

五畫之上各生一奇一偶，而爲六畫者六十四，則「兼三才而兩之」，而八卦之乘八卦，亦周於是。六十四卦之名立，而《易》道大成矣。《周禮》所謂「三易」之「别」皆六十有四，所謂「因而重之，爻在其中矣」。邵子所謂「三十二分爲六十四」者是也。

若於其上各卦又各生一奇一偶，則爲七畫者百二十八矣。

七畫之上又各生一奇一偶，則爲八畫者二百五十六矣。

八畫之上又各生一奇一偶，則爲九畫者五百十二矣。

九畫之上又各生一奇一偶，則爲十畫者千二十四矣。

十畫之上又各生一奇一偶，則爲十一畫者二千四十八矣。

十一畫之上又各生一奇一偶，則爲十二畫者四千九十六矣。此焦貢《易林》變卦之數，蓋以六十四乘六十四矣。今不復爲圖於此，而畧見第四篇中。

若自十二畫上又各生一奇一偶，累至二十四畫則成千六百七十七萬七千二百一十六變，以四千九十六自相乘，其數亦與此合。引而伸之，蓋未知其所終極也。雖未見其用處，然亦足以見《易》道之無窮矣。

天地定位，山澤通氣，雷風相薄，水火不相射，八卦相錯。數往者順，知來者逆，是故易逆數也。

雷以動之，風以散之，雨以潤之，日以烜之，艮以止之，兑以説之，乾以君之，坤以藏之。

邵子曰此一節「明伏羲八卦也」、「八卦相錯者，明其相錯而成六十四也」。「『數往者順』若順天而行，是左旋也，皆已生之卦也，故云數往也；『知來者逆』若逆天而行，是右行也，皆未生之卦也，故云知來也。夫《易》之數由逆而成矣。此一節直解圖意，若逆知四時之謂也。」①以《横圖》觀之，有乾一而後有兑二，有兑二而後有離三，有離三而後有震四，有震四而巽五、坎六、艮七、坤八，亦以次而生焉。此《易》之所以成也。而《圓圖》之左方，自震之初爲冬至，離兑之中爲春分，以至於乾之末而交夏至焉，皆進而得其「已生之卦」，猶自今日而退數昨日也，故曰「數往者順」；其右方自巽之初爲夏至，坎艮之中爲秋分，以至于坤之末而交冬至焉，皆進而得其「未生之卦」，猶自今日而逆計來日也，故曰「知來者逆」。然本《易》之所以成，則其先後始終如《横圖》及《圓圖》右方之序而已，故曰「《易》逆數也」。

又曰：「太極既分，兩儀立矣。陽上交於陰，陰下交於陽，而四象生矣。陽交於陰，陰交於陽，而生天之四象；剛交於柔，柔交於剛，而生地之四象。八卦相錯，而後萬物生焉。是故一分爲二，二分爲四，四分爲八，八分爲十六，十六分爲三十二，三十二分爲六十四，猶根之有幹，幹之有枝，愈大則愈小，愈細則愈繁。是故乾以分之，坤以翕之，震以長之，巽以消之。長則分，分則消，消則翕也。乾坤定位也，震巽一交也，兑離坎艮再交也。故震陽少而陰尚多也，巽陰少而

① 《觀物外篇》原文：「起震終艮一節，明文王八卦也；天地定位一節，明伏羲八卦也。『八卦相錯』者，明交錯而成六十四也。『數往者順』若順天而行，是左旋也，皆已生之卦也，故云數往也；『知來者逆』若逆天而行，是右旋也，皆未生之卦也，故云知來也。夫《易》之數由逆而成矣。此一節直解圖意，若逆知四時之謂也。」

陽尚多也，兑離陽浸多也，坎艮陰浸多也。」①

又曰：「無極之前陰含陽也，有象之後陽分陰也。陰爲陽之母，陽爲陰之父。故母孕長男而爲復，父生長女而爲姤。是以陽起於復，而陰起於姤也。」

又曰：「震始交陰而陽生，巽始消陽而陰生，兑陽長也，艮陰長也。震兑在天之陰也，巽艮在地之陽也。故震兑上陰而下陽，巽艮上陽而下陰。天以始生言之，故陰上而陽下，交泰之義也。地以既成言之，故陽上而陰下，尊卑之位也。乾坤定上下之位，坎離立左右之門，天地之所闔闢，日月之所出入，春夏秋冬、晦朔弦望、晝夜長短、行度盈縮，莫不由乎此矣。」②

又曰：「乾四十八而四分之，一分爲陰所克也。坤四十八而四分之，一分爲所克之陽也。

---

① 《觀物外篇》原文：「太極既分，兩儀立矣。陽下交於陰，陰上交於陽，四象生矣。陽交於陰、陰交於陽而生天之四象；剛交於柔、柔交於剛而生地之四象，於是八卦成矣。八卦相錯，然後萬物生焉。是故一分爲二，二分爲四，四分爲八，八分爲十六，十六分爲三十二，三十二分爲六十四。故曰『分陰分陽，迭用柔剛，故《易》六位而成章』也。十分爲百，百分爲千，千分爲萬，猶根之有幹，幹之有枝，枝之有葉，愈大則愈少，愈細則愈繁，合之斯爲一，衍之斯爲萬。是故，乾以分之，坤以翕之，震以長之，巽以消之，長則分，分則消，消則翕也。」

② 《觀物外篇》原文：「離在天而當夜，故陽中有陰也，坎在地而當晝，故陰中有陽也。震始交陰而陽生，巽始消陽而陰生，兑陽長也，艮陰長也。震兑在天之陰也，巽艮在地之陽也，故震兑上陰而下陽，巽艮上陽而下陰。天以始生言之，故陰上而陽下，交泰之義也。地以既成言之，故陽上而陰下，尊卑之位也。乾坤定上下之位，離坎列左右之門，天地之所闔辟，日月之所出入，是以春夏秋冬、晦朔弦望、晝夜長短、行度盈縮，莫不由乎此矣。」

故乾得三十六，而坤得十二也。兑離以下更思之。」①今案：兑離二十八陽二十陰，震二十陽二十八陰，艮坎二十八陰二十陽，巽二十陰二十八陽。

又曰：「乾坤縱而六子横，《易》之本也。」②

又曰：「陽在陰中陽逆行，陰在陽中陰逆行，陽在陽中、陰在陰中，則皆順行。此真至之理，案圖可見之矣。」

又曰：「復至乾凡百二十有二陽，姤至坤凡八十陽，姤至坤凡一百二十有二陰，復至乾凡八十陰。」③

又曰：「坎離者，陰陽之限也。故離當寅，坎當申，而數常踰之者，陰陽之溢也。然用數不過乎中也。」④

---

① 《觀物外篇》原文：「乾四十八而四分之，一分爲陰所克，坤四十八而四分之，一分爲所克之陽也。故乾得三十六，而坤得十二也。陽主進，是以進之爲三百六十日；陰主消，是以十二月消十二日也。順數之，乾一，兑二，離三，震四，巽五，坎六，艮七，坤八。逆數之，震一，離兑二，乾三，巽四，坎艮五，坤六。乾四十八，兑三十，離二十四，震十，坤十二，艮二十，坎三十六，巽四十。乾三十六，坤十二，離兑巽二十八，坎艮震二十。兑離上正更思之。」

② 《觀物外篇》原文：「乾坤縱而六子横，《易》之本也；震兑横而六卦縱，《易》之用也。」

③ 《觀物外篇》原文：「復至乾凡百有十二陽，姤至坤凡八十陽；姤至坤凡百有十二陰，復至乾凡八十陰。」

④ 《觀物外篇》原文：「故離當寅，坎當申，而數常踰之者，蓋陰陽之溢也。然用數不過乎寅，交數不過乎申也。或離當卯，坎當酉。」

又曰：「先天學，心法也，故圖皆自中起，萬化萬事生於心也。」①

又曰：「圖雖無文，吾終日言而未嘗離乎是。蓋天地萬物之理，盡在其中矣。」

帝出乎震，齊乎巽，相見乎離，致役乎坤，説言乎兑，戰乎乾，勞乎坎，成言乎艮。萬物出乎震，震東方也。齊乎巽，巽東南也。齊也者，言萬物之整齊也。離也者，明也。萬物皆相見，南方之卦也。聖人南面而聽天下，嚮明而治，蓋取諸此也。坤也者，地也。萬物皆致養焉，故曰致役乎坤。兑正秋也，萬物之所説也，故曰説言乎兑。戰乎乾，乾西北之卦也，言陰陽相薄也。坎者水也，正北方之卦也。勞卦也，萬物之所歸也，故曰勞乎。坎艮東北之卦也，萬物之所成終而所成始也，故曰成言乎艮。

神也者，妙萬物而爲言者也。動萬物者莫疾乎雷，撓萬物者莫疾乎風，燥萬物者莫熯乎火，説萬物者莫説乎澤，潤萬物者莫潤乎水，終萬物始萬物者莫盛乎艮。故水火相逮，雷風不相悖，山澤通氣，然後能變化既成萬物也。

邵子曰此一節：「明文王八卦也。」②

又曰：「至哉！文王之作《易》也，其得天地之用乎！故乾坤交而爲泰，坎離交而爲既濟

---

① 《觀物外篇》原文：「先天學，心法也，故圖皆自中起，萬化萬事生乎心也。先天學主乎誠，至誠可以通神明，不誠則不可以得道。」

② 《觀物外篇》原文：「起震終艮一節，明文王八卦也，天地定位一節，明伏羲八卦也。」

也。乾生於子，坤生於午，坎終於寅，離終於申，以應天之時也。置乾於西北，退坤於西南，長子用事而長女代母，坎離得位而兑艮爲耦，以應地之方也。王者，文王也，其盡於是矣。」①此言文王改易伏羲卦圖之意也。蓋自乾南坤北而交，則乾北坤南而爲泰矣。自離東坎西而交，則離西坎東而爲既濟矣。乾坤之交者，自其所已成而反其所由生也。故再變則乾退乎西北，坤退乎西南也。坎離之變者，東自上而西，西自下而東也。故乾坤既退，則離得乾位，而坎得坤位也。震用事者，生於東方巽代母者，長養於東南也。

又曰：「《易》者，一陰一陽之謂也。震兑始交者也，故當朝夕之位。坎離交之極者也，故當子午之位。巽艮不交，而陰陽猶雜也，故當用中之偏。乾坤純陽純陰也，故當不用之位也。」②

又曰：「兑離巽，得陽之多者也。艮坎震，得陰之多者也。是以爲天地用也。乾極陽，坤極陰，是以不用也。」③

---

① 《觀物外篇》原文：「至哉！文王之作《易》也。其得天地之用乎。故乾坤交而爲泰，坎離交而爲既濟也。乾生于子，坤生於午，坎終於寅，離終於申，以應天之時也。置乾於西北，退坤於西南，長子用事而長女代母，坎離得位，兑艮爲耦，以應地之方也。王者之法，其盡於是矣。」

② 《觀物外篇》原文：「《易》者，一陰一陽之謂也。震兑始交者也，故當朝夕之位。離坎交之極也，故當子午位。巽艮雖不交，而陰陽猶雜也，故當用中之偏位。乾坤純陰陽也，故當不用之位。」

③ 《觀物外篇》原文：「一氣分而陰陽判，得陽之多者爲天，得陰之多者爲地。是故陰陽半而形質具焉，陰陽偏而性情分焉。形質又分，則多陽者爲剛也，多陰者爲柔也。性情又分，則多陽者，陽之極也；多陰者，陰之極也。兑離巽，得陽之多者也，艮坎震，得陰之多者也，是以爲天地用也。乾陽極，坤陰極，是以不用也。」

又曰：「震兑横而六卦縱，易之用也。」①

嘗考此圖而更爲之説曰：震東兑西者，陽主進，故以長爲先而位乎左；陰主退，故以少爲貴而位乎右也。坎北者，進之中也。離南者，退之中也。男北而女南，二者互藏其宅也。四者，皆當四方之正也，而爲用事之卦。然震兑始而坎離終，震兑輕而坎離重也。乾西北坤西南者，父母既老而退居不用之地也。然母親而父尊，故坤猶半用而乾全不用也。艮東北巽東南者，少男進之後而長女退之先，故亦皆不用也。然男未就傅女將有行，故巽稍向用而艮全未用也。四者，皆居四隅不正之位。然居東者未用，而居西者不復用也，故下文歷舉六子而不數乾坤。至其水火雷風山澤之相偶，則又用伏羲卦云。

凡此數節，皆文王觀於已成之卦，而推其未明之象以爲説。邵子所謂「後天之學」，入用之位者也。

① 《觀物外篇》原文：「乾坤縱而六子横，《易》之本也；震兑横而六卦縱，《易》之用也。」

文淵閣四庫全書所見邵雍資料

經部

周易古占法　宋程迥撰

迴嘗聞邵康節以易數示吾家伯淳，伯淳曰「此加一倍法」也，其説不詳見於世。今本之《繫辭》、《説卦》發明倍法，用逆數以尚占知來，以補先儒之闕。庶幾象數之學可與士夫共之，不爲讖緯瞽史所惑，於聖人之經，不爲無助也。

周易章句　宋程迥撰

卷一

邵堯夫曰「誰信畫前元有易」，畫之前豈無天地陰陽乎？或曰「畫前有易其理甚微」，不知何故發此語？

大易粹言　宋方聞一編

大易粹言序

伏羲以前理具而畫未形，伏羲以後畫形而理遂晦。至文王周孔始有辭，後人當使言與心通，理因辭見，明行明事，然後爲得。甚者以象爲本，以數爲宗，以卜筮爲尚，可怪也。闕吾根於性理者哉！淳熙乙未夏五月，穜代匱龍舒，因與二三僚友語及先生之學，皆欣然有得。謂穜曰：易道蓋先生不窮，未嘗拘泥，胡可不傳？遂相與裒伊川家所嘗發揮大易之旨者，明道伊川、横渠、廣平、龜山、兼山、白雲，合七先生集爲一書，目之曰《大易粹言》。考其説雖小有不同，要其終則歸乎一致。板之以傳，使夫後之學者由是可以知仁義道德之説，性命禍福之理，君臣父子之大致，誠不爲無補。《易》曰：「先天而天弗違」，龜山載邵堯夫詩亦有「畫前元有易」之語。蓋七先生之所宗，先生之學畫前之易也。學者宜究心焉。淳熙二年九月曾穜序。

卷首

或問：正叔先生云「邵堯夫易數，至今無傳」，當時何不問它看如何？先生曰：若是，公等須打不過，不必問它。

或問：《太玄》之作何如？曰：是亦賢矣，必欲撰不如明《易》。邵堯夫之數似《玄》而不同，數只是一般，但看人如何用之。雖作十《玄》亦可況一玄乎？

邵堯夫易數甚精，自來推長曆者至久必差，惟堯夫不然。指一二近事，當面可驗。明道云：「待要傳與某兄弟，某兄弟那得功夫？要學須是二十年功夫。」明道聞説甚熟，一日因監試無事，以其説推算之皆合。出謂堯夫曰：「堯夫之數，只是加一倍法，以此知《太玄》都不濟事。」堯夫驚撫其背曰：「大哥，你恁聰明！」伊川謂堯夫知易數爲知天？知易理爲知天？堯夫云「須還知易理爲知天」。因説今年雷起甚處，伊川云「堯夫怎知，某便知」，又問甚處起？伊川云「起處起」，堯夫愕然。它日伊川問明道曰「加倍之數如何」？曰「都忘之矣」。因歎其心無偏繫。

卷十九

龜山楊氏曰：或問邵堯夫云：「誰信畫前元有易，自從删後更無詩」，畫前有易何以見？曰：畫前有易，其理甚微，然即用夫子之已發明者言之，未有畫前蓋可見也。如云神農氏之末耜，蓋取諸益；日中爲市，蓋取諸噬嗑；黄帝堯舜之舟楫，蓋取諸涣；服牛乘馬，蓋取諸隨，益、噬嗑、涣、隨重卦也，當神農、黄帝、堯、舜之時，重卦未畫，此理真聖人有以見天下之賾，故通變以宜民，而易之道得矣，然則非「畫前元有易」乎！

易裨傳　宋林至撰

外篇

李挺之《變卦反對圖》八篇，《六十四卦相生圖》一篇，漢上朱氏以爲康節之子伯温傳之於河陽陳四丈，陳傳之於挺之。長楊郭氏序李氏象學先天卦變曰：「陳圖南以授穆伯長，伯長以授李挺之，挺之以授邵堯夫，陳安民以授兼山。」卦變一義，横渠、伊川罕言，而兼山獨得之康節，本爲先天易學，而《觀物外篇》亦曰：「體者八變，用者六變，是以八卦之象不易者四，反易者二，以六變而成八也。重卦之後，不易者八，反覆者二十八，以三十六變而成六十四也。」又曰：「乾坤之位可易也，坎離名可易而位不可易也，震巽位可易而名不可易也，兑與艮名位皆可易也。離肖乾，坎肖坤，中孚肖乾，頤肖離，小過肖坤，大過肖坎。是以乾坤、坎離、中孚頤、大小過皆不可易也。」又曰：「卦之反對皆六陽六陰也。在易則六陽六陰者十有二對也，去四正則八陽四陰八陰四陽者各六對也，十陽二陰十陰二陽者各三對也。乾坤本也，坎離用也，乾坤坎離上篇之用也。咸兑艮也，恒震巽也，兑艮震巽下篇之用也。頤大過小過中孚二篇之正也。」故曰：「至哉『文王之作易』，其得天地之用乎？」大抵卦變八圖，陽在下者以升爲變，在上者以降爲變，故升降之對，此爲升則彼爲降，此爲降則彼爲升。然康節先天之學不泥書言而猶有卦變之説，何耶？曰：大易之道本之氣數之自然，觀《先天圖》則可見出生之統體矣。今六十四卦兩兩相比，若近於反對者。觀《序卦》之先後，皆有深意。要非三陰三陽反對不反對云者。近世復有上經三十卦下經三十四卦，反對不反對皆本八卦以求合於十有八變者，其巧愈甚矣。要之卦變一義，《易》之一端耳。若以爲易道盡於是，要非康節所以望後世者。

邵堯夫曰：復次剥明，亂中生治乎。遘次夬明，正中生亂乎。時哉，時哉！未有剥而不復，未有夬而不遘者，是以聖人重未然之防。

卷二十二　易輯傳第十八

卷二十三　易輯傳第十九

蘭惠卿曰：邵堯夫易圖謂升者，臨之生，萃之反，柔以時升，非獨六五。蓋萃則四五皆陽而升，則陽降陰升，四五皆陰，自萃之反而言也。或曰升與晉何異？曰升者自下升高，故謂之升，故《大象》曰「地中生木，升」。晉者自近進遠，故謂之晉，故《大象》曰「明出地上，晉」。取義各不同也。

附録一　先儒著述上

古經

建中靖國元年辛巳歲，晁以道著《古周易》八卷，亦與吕氏合，特不分經、彖、象、繫上下篇，縮十二爲八爾。李仁父謂吕、晁二家不相祖述，蓋其篇次暗合也。《漢・藝文志》《易經》十二篇，顔師古曰：「上下經及十翼，此其本之田何，最爲近古。」吕、晁所以倣之，以釐正王輔嗣之《易》，而反之古也。近世沙隨程可久作《古周易程氏考》十二篇，别爲章句，不與正經相亂，正同田何而名同於以道。邵堯夫作《百源易》，其次序亦如此。

附録二　先儒著述下

先天圖

本朝邵雍撰。易先天圖外圓内方，其説曰圓者天也，方者地也。雍字堯夫，河南人，謚康節，前知來物。其始學之時，睡不施枕者至三十年，然而數學也，惟毛伯玉論之爲詳。謂堯夫之筮，虞翻管輅郭璞之學也。堯夫之數，陸績、趙實、李淳風之流也。獨其人品高耳。若其精於數，則所深諱也，故避其名而自託於《易》。述先天之圖，推卦變之説，衍大衍之象。邵氏既託之《易》以自神其數學者，每神其數而併信其易。世傳《邵氏易全解》殊淺謬，意後人假託耳。抑觀子文所敘堯夫之學，自陳希夷，陳授穆李，此數學也。而堯夫易學，大抵專於論象，則託之象以隱其數爾。堯夫得司馬君實以尊其學，得程伯淳以誌其墓，相與交推其所長而不言其所偏，故世莫得而窺之。然伯淳兄弟亦有抑揚其誌墓也，言其學出於穆李而不言陳摶，君實又自祖《太玄》，不傳其易學云。

述衍　通變

《中興書目》：「《述衍》十八卷，乾道中兵部員外郎張行成撰。以易數生於衍，因先釋《繫辭》之説，而後析衍法窮源流，命曰《述衍》。又撰《通變》四十卷，以邵堯夫之學祖於象數三圖，其用皆起於爻，爻則變，今演解之，命曰《通變》。爻者，世俗以三錢擲卦，背面之名。前人詩云

『呵錢』，卦爻是也。」

易學啟蒙小傳　宋稅與權撰

與權曩從先師鶴山魏文靖公講切邵氏諸書，迺於《觀物篇》得後天易上下經序卦圖，反覆視之皆成十有八卦。

自漢以來諸儒異説，今本邵氏《觀物篇》而正之。

周易啟蒙翼傳　元胡一桂撰

康節先生邵雍《皇極經世書》十二卷，《朱文公語録》曰：「《經世》以元經會，以會經運，以運經世。」又曰：「邵子之學，只把元會運世四字貫盡天地萬物。」又作《叙篇》、《系述》二卷，《觀物外篇》六卷，門人張崏記雍言。《觀物内篇解》二卷，雍之子伯温作。《辨惑》一卷。伯温作。」晁公武云：「《經世》起於堯即位之二十二年甲辰，終於周顯德六年己未。編年紀興亡治亂事，以符其學。又有《觀物篇》系於後。其子伯温解。」

張行成《元包數總義》二卷，《述衍》十八卷，《通變》四十卷。愚案：《宋·藝文志》所載，知此。嘗觀張氏《進易書狀》云：「臣自成都府路鈐轄司幹辦公事丐祠而歸，杜門十年，著成《述衍》十八卷，以明伏羲文王周孔之《易》；《翼元》十二卷，以明揚雄之《易》；《元包數義》二卷，以明衛元嵩之《易》；《潛虛衍義》十六卷，以明司馬光之《易》；《皇極經世索隱》二卷、《觀物外卷衍義》九卷，以明邵雍之《易》。《通變》四十卷，取自陳摶至邵雍所傳先天卦數等四十圖，敷演解釋，以通諸《易》之變。始若殊塗，終歸一致。上件書七種，總二十六册，分九十九卷。謹隨狀上進以聞。」觀此則七易之目及其所以作之之意，可得而識矣。

經世本先天方圓圖説

康節先天之易，尚象而不尚辭。

經世要旨

先天之學，本來只是先天六十四卦大横圖一一八八之序。

祝涇甫曰：「《易》以占爲神，極以算爲智。」

讀易舉要　宋俞琰撰

卷四　魏晉以後唐宋以來諸家著述

康節先生河南邵雍堯夫撰《皇極經世書》，熙寧十年卒，年六十七。其子右奉直大夫伯温子文爲之序系，具載先天後天變卦反對諸圖，又爲《易學辨惑》一篇，叙傳授本末真僞，康節門人太常寺主簿張崏子望撰《觀物外篇》，記其平生之言，雖十才一二，而足以發明成書者爲多，故名《觀物外篇》。若《觀物内篇解》二卷，則伯温所撰，即《經世書》之第十一第十二卷也。

葉八白易傳　明葉山撰

卷十一

姤女壯，勿用取女，無攸利，何也？

葉子曰：此聖人所以獨靈於心而高超於世也。傳曰「象事知器，占事知來」，又曰「知幾其神乎，幾者動之微，吉之先見者也」，「君子見幾而作，不俟終日」，斷可識矣。故辛有適伊川，見被髮而祭於野者，曰：「不及百年，此其戎乎？其禮先亡矣。」杜鵑鳴於洛陽，邵雍聞之不樂，客問其故。雍曰：「洛陽舊無杜鵑，今始至天下將治，地氣自北而南，將亂自南而北。今南方地氣至矣，禽鳥飛類得氣之先者也。不二年，用南人作相，天下自此多事矣。」辛有觀事而知其兆，邵雍觀物而知其幾。古之哲人，其前知而豫憂類如此。

日講易經解義　清聖祖撰

卷十

宋儒邵雍有言「復次剥明，治生於亂也。姤次夬明，亂生於治也」，時哉，時哉！未有剥而不復夬而不姤者，此其故不在小人能害君子，而在君子不能拒小人。姤者存乎彼，取者存乎我。彼雖欲姤而我終勿取，則小人其如君子何？而禍亂之端，可以永弭矣。

卷十八 序卦傳

夫物至於既濟，則其功已成而數已窮矣。然物無終窮，如天地不窮於運會之循環，萬物不窮於化育之生息，人事不窮於治亂之倚伏。終而復始，生生不息，故《易》以未濟終焉。此以氣運言也。按：此篇推之於治道，參之於造化，微之爲聖賢之學問，顯之爲帝王之治功。驗於人事，極於氣運，總不出卦體所自具。至於六十四卦循環，往復變化，相生所爲，終則復始，貞下起元，先儒邵雍《皇極經世》一書，大指皆本於此。真能貫天地之陰陽，究古今之變化者歟？

易學象數論 清黄宗羲撰

卷一 先天圖

邵子先天横圖次序，以易有太極是生兩儀，兩儀生四象，四象生八卦爲據。黄東發言：「生兩、生四、生八，易有之矣。生十六、生三十二，易有之否耶？」某則據易之生兩、生四、生八，而後知横圖之非也。「易有太極，是生兩儀」，所謂一陰一陽者是也。其一陽也已括一百九十二爻之奇，其一陰也已括一百九十二爻之偶，以三百八十四畫爲兩儀，非以兩畫爲兩儀也。若如朱子以第一爻而言，則一陰一陽之所生者各止三十二爻，而初爻以上之奇偶又待此三十二爻以生。陰陽者氣也，爻者質也。一落於爻，已有定位焉，能以此位生彼位哉！「兩儀生四象」，所謂老陽老陰少陽少陰是也。乾爲老陽，坤爲老陰，震坎艮爲少陽，巽離兑爲少陰，三奇☰者老陽之象，三偶☷者老陰之象，一奇二偶☳☵☶者少陽之象，一偶二奇☴☲☱者少陰之象。是三畫八卦即四象也，故曰「八卦成列，象在其中矣」、「八卦以象告」，此質之經文而無疑者也。又曰「易有四象所以示也」，又曰「彖者言乎象者也」，今觀《彖傳》必發明二卦之德，則象之爲三畫八卦明矣。是故四象之中，以一卦爲一象者，乾坤是也。以三卦爲一象者，震坎艮與巽離兑是也。必如康節均二卦爲一象，乾離坎坤於四象之位得矣。兑之爲老陽，震之爲少陰，巽之爲少陽，艮之爲老陰，無乃雜而越乎？《易》言「陽卦多陰，陰卦多陽」，震艮之爲陽卦，巽兑之爲陰卦，可無疑矣。反而置之，明背經文，而學者不以爲非，何也？至於八卦次序，乾坤、震巽、坎離、艮兑，其在《説卦》者亦可據矣，而易爲乾一、兑二、離三、震四、巽五、坎六、艮七、坤八，以緣飾圖之左陰右陽，學者信經文乎，信傳注乎？「四象生八卦」者，《周禮》太卜「經卦皆八，别皆六十四」，占人以八卦占筮之八故，則六十四卦統言之，皆謂之八卦也。内卦爲貞，外卦爲悔，舉貞可以該悔，舉乾之貞而坤乾、震乾、巽乾、坎乾、離乾、艮乾、兑乾該之矣。以下七卦皆然，證之於《易》曰「八卦定吉凶」，若三畫之八卦，吉凶何從定乎？曰「包犧氏始作八卦」，其下文自益至夬，所取之十卦已在其中，則八卦之該六十四亦明矣。由是言之，太極、兩儀、四象、八卦，因全體而見。細推八卦即六十四卦之中，皆有兩儀、四象之理，而兩儀、四象初不畫於卦之外也。其言生者即「生生謂易」之生，非次第而生之謂。康節加一倍之法，從此章而得，實非此章之旨，又何待生十六、生三十二而後出經文之外也。其謂之先天者，以此章所生八卦與前章「始作八卦」其文相合，以爲宓戲之時止有三畫而無六畫，故謂之先天。又以己之意生十六、生三十二、生六十四，倣此章而爲之，以補羲皇之闕，亦謂之先天。不知此章於六十四卦已自全具，補之反爲重出。《易》言「因而重之」，生十六、生三十二、生六十四，是積累而後成者，豈可謂之重乎？既不難明背何？止如東發言「非易之所有」耶？

先天圖二

邵子先天方位，以「天地定位，山澤通氣，雷風相薄，水火不相射，八卦相錯」爲據，而作乾南坤北、離東坎西、震東北兑東南、巽西南艮西北之圖，於是爲之説曰：「數往者順，若順天而行，是左旋也，皆已生之卦也。乾一兑二離三震四生之序也。震初爲冬至，離兑之中爲春分，乾末交夏至，故由震至乾皆已生之卦。知來者逆，若逆天而行，是右行也，皆未生之卦也。」巽五坎六艮七坤八生之序也。巽初爲夏至，坎艮之中爲秋分，坤末交冬至，故由巽至坤皆未生之卦。又倣此而演之以爲六十四卦方位，夫卦之方位已見「帝出乎震」一章。康節舍其明明可據者，而於未嘗言方位者，重出之以爲先天，是謂非所據而據焉。「天地定位」，言天位乎上地位乎下，未聞南上而北下也。「山澤通氣」，山必資乎澤，澤必出乎山，其氣相通，無往不然。奚取其相對乎？「雷風相薄」，震居東，巽居東南，遇近而合，故言相薄，遠之則不能薄矣。東北爲寅時，方正月，豈雷發聲之時耶？「水火不相射」，南方炎，北方寒，猶之冬寒夏熱也。離東坎西，是指春熱秋寒，誰其信之？此皆先儒所已言者。某則即以邵子所據者，破邵子之説。「帝出乎震」之下文「動萬物者莫疾乎雷，撓萬物者莫疾乎風，燥萬物者莫熯乎火，説萬物者莫説乎澤，潤萬物者莫潤乎水，終萬物始萬物者莫盛乎艮」，其次序非即上文離南坎北之位乎？但除乾坤於外耳。而繼之以「故水火相逮，雷風不相悖，山澤通氣，然後能變化，既成萬物也」，然則前之「天地定位」四句，正爲離南坎北之方位而言也。何所容先天之説雜其中耶？且卦爻之言方位者，西南皆指坤，東北皆指艮，「南狩」、「南征」必爲離，「西山」、「西郊」必爲兑，使有乾南坤北之位在其先，不應卦爻無闌入之者。康節所謂已生未生者，因横圖乾一兑二之序，乾一兑二之序，一人之私言也。則左旋右行之説，益不足憑耳。

凡先天四圖，其説非盡出自邵子也。

天根月窟

康節因《先天圖》而創爲天根月窟，即《參同契》乾坤門户牝牡之論也。故以八卦言者，指坤震二卦之間爲天根，以其爲一陽所生之處也。指乾巽二卦之間爲月窟，以其爲一陰所生之處也。程前村直方謂「天根在卯離兑之中」是也，「月窟在酉坎艮之中」是也。引《爾雅》「天根，氐也」、《長楊賦》「西壓月窟」證之。然與康節『乾遇巽時觀月窟，地逢雷處見天根』之詩背矣。以六十四卦言者，朱子曰：「天根月窟指復姤二卦，有以十二辟卦言者，十一月爲天根，五月爲月窟。」其三十六宫凡有六説：以八卦言者三，乾一兑二離三震四巽五坎六艮七坤八之次序，積數爲三十六。乾一對坤八爲九，兑二對艮七爲九，離三對坎六爲九，震四對巽五爲九，四九亦爲三十六。乾畫三，坤畫六，震坎艮畫各五，巽離兑畫各四，積數亦三十六。以六十四卦言者二，朱子曰：「卦之不易者有八，乾、坤、坎、離、頤、中孚、大過、小過。反易者二十八，合之爲三十六。」方虛谷回曰：「復起子，左得一百八十日，姤起午，右得一百八十日。一旬爲一宮，三百六十日爲三十六宮。」以十二辟卦言者一，鮑魯齋恂曰：「自復至乾六卦，陽爻二十一，陰爻十五，合之則三十六。自姤至坤六卦，陰爻二十一，陽爻十五，合之亦三十六。陽爻陰爻總七十二，以配合言，故云三十六。」按諸説推之，其以陽生爲天根，陰生爲月窟，無不同也。康節之意，所謂天根者性也，所謂月窟者命也。性命雙修，老氏之學。其理爲《易》所無，故其數與《易》無與也。

八卦方位

離南坎北之位，見於經文，而卦爻所指之方，亦與之相合，是亦可以無疑矣。畫卦之時即有此方位，《易》不始於文王，則方位亦不始於文王，故不當云文王八卦方位也。乃康節必欲言文王，因先天乾南坤北之位，改而爲此。朱子則主張康節之説過當，反致疑於經文，曰「曷言齊乎巽，不可曉」，曰「坤在西南，不誠東北方無地」，曰「乾西北，亦不可曉，如何陰陽來此相薄」，曰「西方肅殺之氣，如何言萬物之所説」，凡此數説，有何不可曉？巽當春夏之交，萬物畢出，故謂之齊。觀北地少雨，得風則生氣鬱然，可驗也。夏秋之交，土之所位，故坤位之非言地也。若如此致難，則先天方位巽在西南，何不疑東北無風耶？其餘七卦莫不皆然。乾主立冬以後冬至以前，故陰陽相薄。觀《説卦》乾之爲寒爲冰，非西北何以置之？萬物告成於秋，如何不説？朱子注「元亨利貞」之利曰「利者，生物之遂，物各得宜，不相妨害，於時爲秋，於人爲義，而得其分之和」，非説乎？顧未嘗以肅殺爲嫌也。然則朱子所以致疑者，由先天之説先入於中，故曰主張太過也。康節曰「乾坤交而爲泰，言文王改先天圖之意，先天乾南坤北交而爲泰，故乾北坤南。坎離交而爲既濟，先天離東坎西交而爲既濟，故離南坎北。乾生於子，坤生於午，先天乾居午而其生在子，故下而至北，坤居子而其生在午，故上而至南。坎終於寅，坎當申，交於離，故終寅。離終於申」，離當寅，交於坎，故終申。所謂交者，不取對待言之也。即以對待而論，則乾南坤北者，亦必乾北坤南而後泰之形可成也。今坤在西南，乾在西北，離東坎西者，亦必離西坎東而後既濟之形可成也。今離在上坎在下，於義何居？藉曰再變而後爲今位，是乾南坤北之後，離南坎北之前，中間又有一方位矣。乾位戌，坤位未，坎位子，離位午，於子午寅申皆無當也。康節又曰「震兑，始交者也。陽本在上，陰本在下，陽下而交於陰，陰上而交於陽，震一陽在下，兑一陰在上，故爲始交。故當朝夕之位。坎離，交之極者也。坎陽在中，離陰在中，故爲交之極。四正皆爲用位。故當子午之位。巽艮，不交，而陰陽猶雜也。巽一陰在下，艮一陽在上，適得上下本然，故爲不交。故當用中之偏。乾坤純陽純陰也，故當不用之位。東方陽主用，西方陰爲不用，先天之位。夫氣化周流不息，無時不用，若以時過爲不用，則春秋不用者子午，冬夏不用者卯酉，安在四正之皆爲用位也。必以西南西北爲不用之位，則夏秋之交，秋冬之交，氣化豈其或息乎？」康節又曰「乾坤縱而六子横，易之本也。震兑横而六卦縱，易之用也」，由前之説，則後自坎離以外，皆横也。由後之説，則前自坎離以外，皆縱也。圖同而説異，不自知其遷就與？是故離南坎北之位，本無可疑。自康節以爲從先天改出，牽前曳後，始不勝其支離。朱子求其所以改之之，故而不可得，遂至不信經文。吁，可怪也！

周易尋門餘論　清黄宗炎撰

卷上

邵堯夫曰「先天之學心也，後天之學蹟也」，先天之學乃是心法，非言可傳，當以心意領會之。後天之學乃是效法，故文字而有形蹟之可見。信斯言也，是文、周、孔子俱僅窺心法而終泥于蹟象。知心法者惟羲皇，羲皇之圖，又隱而不見，能表而出之者惟邵氏。是堯夫者，不特度越千古傳經之儒，而且匡拂夫文周孔子者也。愚以爲有形，則羲皇一畫已是形矣。豈至方圓横圖之堆雜堆積而尚得言無形乎？天地雷風水火山澤，非文字之可見者而何以謂無形，則象象六爻，皆文周不顯之至理，何得指元亨利貞而遂云有形乎？極深研幾，擬形容象物宜，恐非心意領會亦不可得。令邵氏之云先天者，似乎父母未生以前。後天者，似乎氣血既具以後。此二語直爲杜譔臆説，秦漢載籍中所絶無也。彼必曰本于《文言》，《文言》之謂先天者，曰天時未至，大人有以開之若先乎天矣，而與天所將來一無違逆，故云「先天而天弗違」。謂後天者，曰天既啟其端，大人繼述其所宜後乎天矣，若奉天之命令而不失其時候，故云「後天而奉天時」。此先後二字本屬虚語，如禮傳先後從前一例，非實有先天後天之可象可指也。況得而名易乎？夫自竺書之興，膠葛支離，千百言不能了一義，分析剖判，愈精愈晦，愈辨愈淆，因有達摩者出，興教外別傳之法，一切掃除，直指本體，斥語言文字爲粗蹟，其師心非古，大有叛于彼教，因恐其徒之或議之也，因大決其藩籬，有呵佛罵祖之説。其傳授浸淫中國高明者，樂夫放誕愚者，喜夫不學靡然從之，如水之赴海。聖道衰息，棄而不講，老師宿儒後生小子，俱不能逃其範圍矣。宋儒自謂上接孔子之傳，而實襲釋氏之故智，六經煌煌，明如日星列如河岳，非膠葛支離之書也。名物象數，子臣弟友，漢儒雖失之固執，亦非千百言不能了一義者也。豈可效達摩之所爲，而以心學歸先天。崇義皇以語言文字歸後天。彼哉周文也。傳經諸儒一概抹煞，其爲呵佛罵祖也不遠矣。

魏王弼注上下經，晉韓康伯注《繫辭》《説卦》《序卦》，唐孔穎達爲《正義》，《易》始大備。至宋程頤正叔苗裔于輔嗣而廣大之，又有華山羽流陳摶者，獨得異學，授之种放，放授穆修，修授李之才，之才授邵雍。雍之死，朱熹元晦私淑之。如釋氏所謂教外別傳者，迨至有明以元晦同國姓，崇奉特異，頒諸學官，諸儒之易悉廢，獨陳摶之易盛行。於戲！四聖墜地，天喪斯文，可不惜哉，可不恥哉！

邵堯夫撰《皇極經世》十二卷，以謂天地之氣化陰陽之消息，皆可以數推之。其理其數，咸本于《易》。噫！此何説也？其所稱元會運世，實效揚雄之方州部家也。揚以地言，邵以時言也。其所稱元數一，會數十二，運數三百六十，世數四千三百二十，亦準《太玄》之三方九州二十七部八十一家也。至于一元十二會三百六十運四千三百二十世，一世三十年，是爲一十二萬九千六百年，以至無窮無盡，則又近于釋氏之劫數。夫易之變化不可測者，以其無方無體也。隨在隨時隨象隨占，稗緯之值年值日，已屬愚夫愚婦之見，而況于欲取一十二萬九千六百年之天下，排而按之，籌而計之，以爲定數，則天地陰陽真魄然蠢然，絶無靈異之物矣。其起帝堯甲辰至後周顯德六年己未，編年以紀治亂興亡之事，以驗其説。無論其附會誣妄，即使若合符節，獨不思帝堯甲辰至顯德己未僅僅四千年爾，視一元之數不啻杯水之在江河，惡得以杯水之受鼎烹，而指江河之可吸盡也。此亦不攻而自破者矣。《大傳》曰「其稱名也小，其取類也大，其言曲而中，其事肆而隱」，《皇極經世》則一一與之相反。稱名也大，取類也小，言直而誕，事儉而顯。使潔浄精微之學，化爲粗鄙狂妄之窟矣。學者其毋耳食焉。

《易學啟蒙》一書，止可謂之學邵演義爾。如學易云則困蒙也，加之桎梏而已，烏能啟乎大凡？先秦以前所留之書，俱不甚整齊排列者，或有或無，倏起倏止，如星宿經天，江河行地，乃往哲之至文，以俗目觀之，每病其偏枯。即《周禮》之僞託于周公，《靈樞》《素問》之僞託于黄帝岐伯，爲戰國秦漢時人之所作猶然。若斷續若缺文不可勝計，況于殷周之際，況于唐虞之上乎？試取詩書之篇目，廢卷而命思，信筆而書，吾所欲言十百之中，未必同其二三。在吾以爲至要者，古人反畧而不舉；在古人長言之不足，而流連感歎者，吾以爲不切當務之急。文章且然，況卦畫之始乎，反病其緣文生義，穿鑿破碎，不勝杜撰，則六朝文格過于《典》《謨》，唐詩排律優于

《風》《雅》《頌》矣。

堯夫之父名古字天叟，曾于廬山邂逅胡文恭，從隱者老浮屠游。隱者曰：胡子世福甚厚，當秉國政。邵子仕雖不耦，學業必傳。因同授易書，不知即是圖南之學否？天叟傳之子，胡氏之授受竟無聞焉。程正叔與邵同時，居又相近，必當與聞其說，而程傳所述光明正直，絶不及此。堯夫子伯温曰：「先天之學，伊川非不問，但先君祕而不言。」是恥其見遺于程傳而爲此說也。果爲羲文周孔之道，則日星河岳，何祕之有？知出而示之，伊川未必信從，或爲所絀，恐其學有阻抑，姑爲道不同不相爲謀之語爾。

卷下

宋朱子發名震，其《經筵進表》有云：「陳摶以先天圖傳种放，放傳穆修，修傳李之才，之才傳邵雍。放以河圖洛書傳李溉，溉傳許堅，堅傳範諤昌，諤昌傳劉牧。穆修以太極圖傳周敦頤，敦頤傳程顥程頤。是時張載講學于二程邵雍之間，故雍著《皇極經世書》，牧陳天地五十有五之數，敦頤作《通書》，程頤著《易傳》，載著《太和參兩》等篇。臣今以易傳宗和會雍、載之論，上採漢魏吴晉，下逮唐及今，包括異同，庶幾道離而復合。」由此觀之，宋之易學無不鼻祖于陳圖南，亦猶漢之易學無不鼻祖于田子裝也。子裝後分施、孟、梁丘三家，圖南亦分先天、太極、河洛三派。田出自聖門，陳出自老氏，其源流亦有間矣。愚依漢上所云，晝爲有宋傳易圖。恐見此者，自能甄其苗莠也。

羲、文、周、孔以易學開萬世，傳之數千年，俱稱願學者惟是。先天太極一出，遂亂羲、文、周、孔之道。每有駕乎其上之語，而其所以欲勝前聖後聖者，則稟之黄老也。晦庵于從信《易傳》之中每多微辭，于邵、周二圖則過于七十子之服孔子，此真不可解者。《本義》卷首所載，甚蒙雜不倫，邵氏先後天圖以外，又收乾爲天坤爲地等八卦，是《京氏易傳》之所謂游魂歸魂子寅辰午申戌丑卯巳未酉亥也。後世《火珠林》因之，與揲蓍四十九策之法迥乎不同。又不明言其故，亦何所取義而贅之于此？其六十四卦歌括及三連六段之類，近于市井小兒，豈可錯諸學士簡編之内，又綴以堆積無稽之《卦變圖》，以迷亂後學之耳目，徒費心思于無用，其爲誤也大矣，安可不証？

圖學辯惑 清黄宗炎撰

先天八卦方位六十四卦方圓横圖辯

序曰：伏羲以前，初無著之方册代見物理之事。伏羲欲以文字教天下傳後世，創爲奇耦之畫，使天地雷風水火山澤八象之在兩間者，焕然移于方册之上，正所謂文字也，後聖師其大意變成斜正縱横之狀，而文字日增，是卦畫者文字之根原，文字者卦畫之支流也。八卦者六書之指事象形，六十四卦者六書之聲意轉借也。爲陳邵之説者，視此爲圖，以爲不立語言文字，使人静觀以悟其神妙，猶云孔孟惡諛墓不爲碑版，慎毁譽不爲序誌，猶云雅頌不爲樂府，風人不爲長律斷句也。造爲文、周、孔子，只從中半説起，人至三聖恐無可復加矣。何獨于演《易》贊《易》不識向上精微，僅從中半説起，自戾于伏羲作《易》之大道乎？有周之時，簡編未繁，無堆床插架之部帙，吾夫子學《易》，韋絶窮思，極其擬議，必曰「昔者聖人之作《易》也」，推原上古探所由來，漸及中古，考其窮變，一一著明昭。然旦晝獨近摘糟粕遺，向上根原而不顧，尚得爲至聖否？後此二三千年，去古愈遠，注經解傳汗牛充棟，乃忽遇夫天根月窟與伏羲揖遜于一堂，印心于密室，就使事事合符，吾尚未敢信其必然，况乎自相衡決，彼此乖舛，惟以大言壓人，欲其不疑，豈非後儒之好怪耶？試平心静觀，文彖周爻孔翼，治亂聖狂，經國修身，吉凶悔吝，揭日月于中天，無論智愚賢不肖，俱可持可效，循道而行，外之則治國平天下，致斯世于雍熙，内之則窮神知化，盡性以至于命。陳邵先天方位，變亂無稽，徒取對待，横圖乾一兑二離三震四巽五坎六艮七坤八，奇耦叠加，有何義理，有何次序？又屈而圓之，矯揉造作，卦義無取，時令不合。又交股而方之，裝湊安排，若織錦回文，全昧大道，帝王之修齊治平安在，聖賢之知天知人安在，庸衆之趨吉避凶安在？反謂文、周、孔子所不能窺，亦是老者曰孔子吾師之弟子之意爾。古人命名立意，有典有則，可觀玩可諷咏，今用横圓方制爲名號，亦覺俚俗鄙野大非修辭缺文之旨。五百年來，譸張戞聒，令紫色鼃聲奪玄黄鐘鼓之席，推倒周公孔子壓于其上，率天下之人而疑三聖人者，非二氏之徒，實儒者之徒也。楊墨之道不息，孔子之道不著，豈因區區譾陋敢自外于名教乎？作先天諸圖辯。

先天八卦方位圖

辯曰：邵堯夫引「天地定位」一章造爲先天八卦方位圖。其説云：天地定位，乾南坤北也。水火不相射，離東坎西也。雷風相薄，震東北巽西南也。山澤通氣，艮西北兑東南也。夫聖人所謂定位，即如首章天尊地卑乾坤定矣之義，未可贅以南北也。天地之間山澤最著，故次及之。言山峻水深，形體隔絶，其氣則通。山能灌澤成川，澤能蒸山作雲，未可指爲西北東南也。雷以宣陽，風以盪陰，兩相逼薄，其勢尤盛，未可許爲東北西南也。水寒火熱，水濕火燥，物性違背，非克必争，然相遇必有和合之用，不相射害，未可誣以東西也。八象既出，或聯或間，何莫非消息往來之運行，豈必取于對峙乎？故總言八卦相錯，謂不止于天地之交，山澤之遇，風雷之合，水火之重也。八卦遞加，轉輾變動，則成二篇之易矣。明白斬截，毫無藤蔓容我裝凑者。其云乾南坤北也，實養生家之大旨，謂人身本具天地，但因水潤火炎，陰陽交易，變其本體，故令乾之中畫，損而成離，坤之中畫而成坎，是後天使然。今有取坎填離之法，坎水一畫之奇歸離火一畫之耦，如鍊精化氣，鍊氣化神之類，益其所不足，離得故有也。如鑿竅喪魄，五色五聲之類，損其所有餘，坎去本無也。離復返爲乾，坎復返爲坤，乃天地之南北也。養生所重，專在水火，比之爲天地，既以南北置乾坤，坎離不得不就東西，坎月也，水也，生于西方；離日也，火也，出自東方。丹家沙火能伏湏木，鉛水結成金液，所謂火中木水中金混和結聚，此之先後即承上文之變易而言，已不若乾坤之確矣。兑居東南，艮居西北，巽居西南，震居東北，直是無可差排，勉强塞責，竟無義理可尋。緣此四卦，不過爲丹鼎備員，非要道也。又水火木金已盡現伏于四正位，止云兑澤連接于正南之乾天，兩金相倚，艮山根種于正北之坤地，兩土相附，雷發于地，風起于天云爾。安見其必然，而欲以此奪三聖之大道與？

附：　謂先天方位者，反疑夫子震東兑西爲少長，相合于正方；巽東南艮東北爲少長，相合于偏方。少長之合非其耦，必若伏羲八卦以長合長少合少爲得其耦，豈直以卦畫爲男女耶？父母長中少亦象爾，合與耦亦象爾，如必曰男女也，則震坎艮不宜重，巽離兑不宜錯，乾坤烏可加諸六子邪？固哉，其爲易也！

六十四卦横圖

辯曰：　夫子明訓八卦既立，因而重之。又曰八卦相盪，又曰八卦相錯。自有乾坤六子，以一卦爲主，各以八卦加之，得三畫即成六畫，得八卦即有六十四卦，何曾有所謂四畫、五畫之象？十六、三十二之次第也？四畫、五畫，成何法象？難謂陰陽剛柔不可擬爲三才。十六、三十二，何者在先，何者在後？其于天地雷風水火山澤，貞卦不全，其八悔卦無可指名，視之若枯枝敗骸，無理無義，以遂其遞生一奇一耦之説，縱其所如成乾一兑二離三震四巽五坎六艮七坤八之位置，初無成見于胸中，絶無關轄于象數，有疑之者則大言以震撼之，辭色俱厲以拒絶之，使

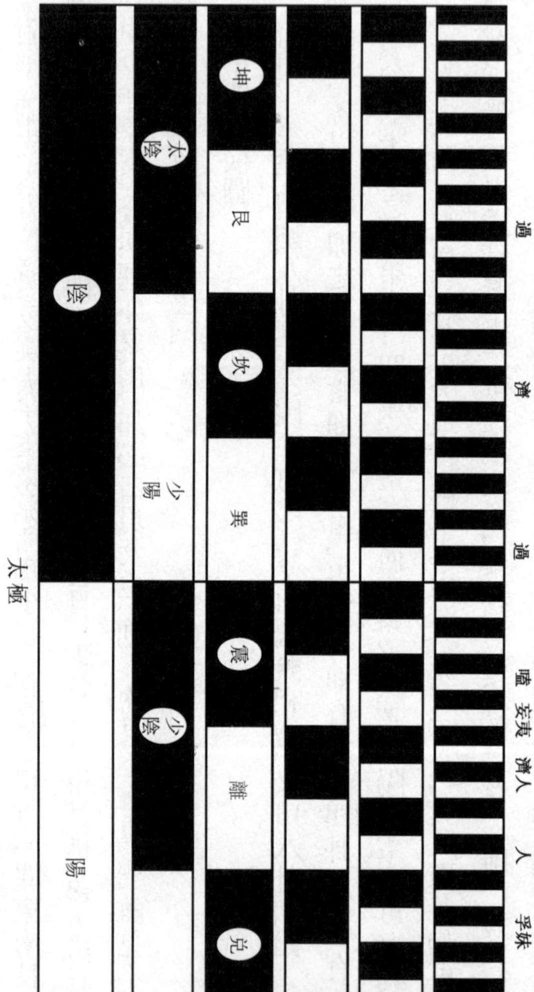

天下盡出于詖淫邪遁之一途，以反攻其父母。甚矣，儒者之好怪也。苟掩卷而思之，學易者何不以三乘三，以八加八，一舉而得六爻，再舉而得六十四卦？明白且簡易，直捷且神速乎？惡用是牽纏羈絆，挽之不來却之不去者爲哉？聖人作《易》，仰觀俯察，近身遠物，無不勘破其情狀，體悉其至理，若巨若細，盡備于胸臆，然後宣發于文字，豈有漫無成見，隨手畫去，如小兒之搬棋砌瓦，原非心思所主宰，又非外緣可感觸，待其自成何物，然後從而名之？夫子所云擬議以成其變化，豈欺我哉！夫焦氏易學傳數而不傳理，響應于一時，聲施于後世者，自有變通之妙，用分爲四千九十六卦，實統諸六十四，是以卦具六十四卦之占，乾坤還其爲乾坤，六子還其爲六子，列卦仍還其列卦也，非層累而上有七畫八卦以至十二畫之卦也。《易林》一卦中，錯綜雜出，變動不拘，豈一畫止生一奇一耦，歷百千而不改？如是其頑冥不靈者，與兩間氣化自有盈縮，或陰盛陽衰，或陽多陰少，惡得均分齊一，無輕重大小往來消長之異同乎？若然，則天無氣盈朔虛，無晝夜寒燠，人無仁暴，地無險夷矣。若然，則人皆一男一女，鳥皆一雌一雄，獸皆一牝一牡矣。若然，則續鳧斷鶴，黔鵠浴烏，五行運氣，無偏重之性矣。夫物之不齊，物之情也。造物之參差，理義之所由以立也。聽一奇一偶之自爲盤旋于教化乎？何有于裁成輔相乎？何有于易不可爲典要乎，何有是一定也？非易也。吾直曰邵氏之易，欲求爲京焦而力有弗逮也。

一奇一耦層累疊加，是作《易》聖人不因天地高厚而定乾坤，無取雷動風入而成震巽，坎陷離麗，未有水火之象，艮止兑説，不見山澤之形，俱信手堆砌，然後相度揣摹，贈以名號。自乾至復三十二卦爲無母，自坤至姤三十二卦爲無父。山澤未嘗通，雷風未嘗薄，水火未嘗濟。父與少女中女長男同時而産，母與少男中男長女同時而育。無三畫爲卦之限，無内外貞悔之序。足重半天下首偏鋭一隅，三十二物聯孿合體，上下大小殊絶，牽纏桎梏。天地不能自有其身，雷風水火山澤不能自完其性。第一畫貫三十二爻，可云廣矣，奇遺姤至坤之半耦，遺復至乾之半，則掛漏之極也。第二畫貫十六爻，第三畫貫八爻，始有八象。吾不知天何私于澤火雷而獨與之同氣，何惡于風水山而杳不相蒙也。地何親于山水風，何疏于雷火澤，親者膠固而無彼此，疏者隔塞而不相應求也。古今事理，惟簡能御繁，一可役萬，故卦止八象，爻止六位，變變化化，運用無窮。如必物物皆備，始稱大觀，則七畫以至十一畫，乃魑魅現形，無有人道及。成十二畫，則頭上安頭，牀上安牀，徒覺狀貌之擁腫，取義之贅疣。若彼所云日月星辰，水火土石，寒暑晝夜，雷露風雨，性情形體，草木飛走，耳目口鼻，色聲氣味，元會運世，歲月日辰，皇帝王霸，易詩書春秋，似校説卦爲詳密，而其偏僻疏罔特甚何。天無霜雪雹虹霾也，地無城隍田井海岳都鄙也，時無温和旱潦也，人無臟腑手足髮膚也，無盜賊夷狄也，經無禮樂也，物無蟲魚也，形體之與耳目口鼻又何其重出也？即萬舉萬當于神明化裁引伸觸類之謂何，使吾夫子十翼退舍而卻行者，其宗陳邵之流與？

即以生而言，如天之生雷風雲雨，地之生草木，人物之生男女牝牡，天輕清屬氣，雷風雲雨氣多而質少，然亦雷自成雷，風自成風，雲雨自成雲雨，不必再擾于天始成雷風雲雨之象也。地重濁屬質，草木質多而氣少，既已勾萌甲坼，則草具草之形，木具木之形，何必混合于地始成一草一木之形也。人物處天地之中，氣質參半，既分氣質而生男女牝牡，則父母自爲父母，男女自爲男女，牝牡自爲牝牡，未見有父母子孫牽連一體者。以兩儀之上各加一奇一耦而命爲老陽少陰少陽老陰，是父母男女并歸一身，不可判別，豈得謂之生乎？至八卦十六卦三十二卦六十四卦，則合七世高曾祖禰曾玄于首腹四肢之内，形象理數一切荒唐而不可問矣。易之變化，窮通上下，往來屈伸，進退悉可廢業而不講矣。《繫辭》《説卦》皆迷途矣。以此學《易》，未見其爲善變也。

朱子言據現行《周易》緣文生義，穿鑿破碎有不勝其杜撰者，但杜撰出夫子其文義昭昭，易簡可從。創陳邵之説，其文義安在？如果有會心，何不直示學者？乾之後何故當爲兑？兑之後何故當爲離？離之後何故當爲震、巽、坎、艮而及坤也？其所以中分旋轉，又何故而當然也？必于卦義有功、八象有理，乃爲可信。如徒贊高美，格格不吐，豈亦釋氏之公案，僅可意會不可言傳與？又云「翫之久熟，天地變化，陰陽消長，自將瞭然于心目之間」，吾恐爲此説者，先昏昏而使人昭昭也。陳氏用于丹竈盡矯誣之術，乃出自然。學《易》者趁其自然無不矯誣，反以夫子爲穿鑿破碎，則吾豈敢？天地自然只有天地雷風水火山澤，人爲造作始有乾坤震巽坎離艮兑，故夫子每章之首一則曰「作《易》者」，再則曰「作《易》者」；一則曰「夫《易》」，再則曰「夫《易》」；一則曰「聖人之作《易》也」，再則曰「聖人之作《易》也」，俱贊《易》之神化，更不言天地之神化也。蓋羲文已將天地之神化布在方册中，夫子學《易》從方册中窮理盡性以至于命，而與天地參，不欲從虚空浩渺自出頭地，以補羲文所不及也。陳、邵竟舍易之爲書，自尋神化，自求性命，宜其貴無賤有，抹殺千古之語言文字，去文明而就混沌，以歸自然。究竟其自然者安在哉？太極、兩儀、四象、八卦注見《繫辭》。

伏羲六十四卦方位圖

辯曰：　邵氏以震歷離兑乾爲順，以巽歷坎艮坤爲逆。順爲數往，逆爲知來。則震、離、兑、

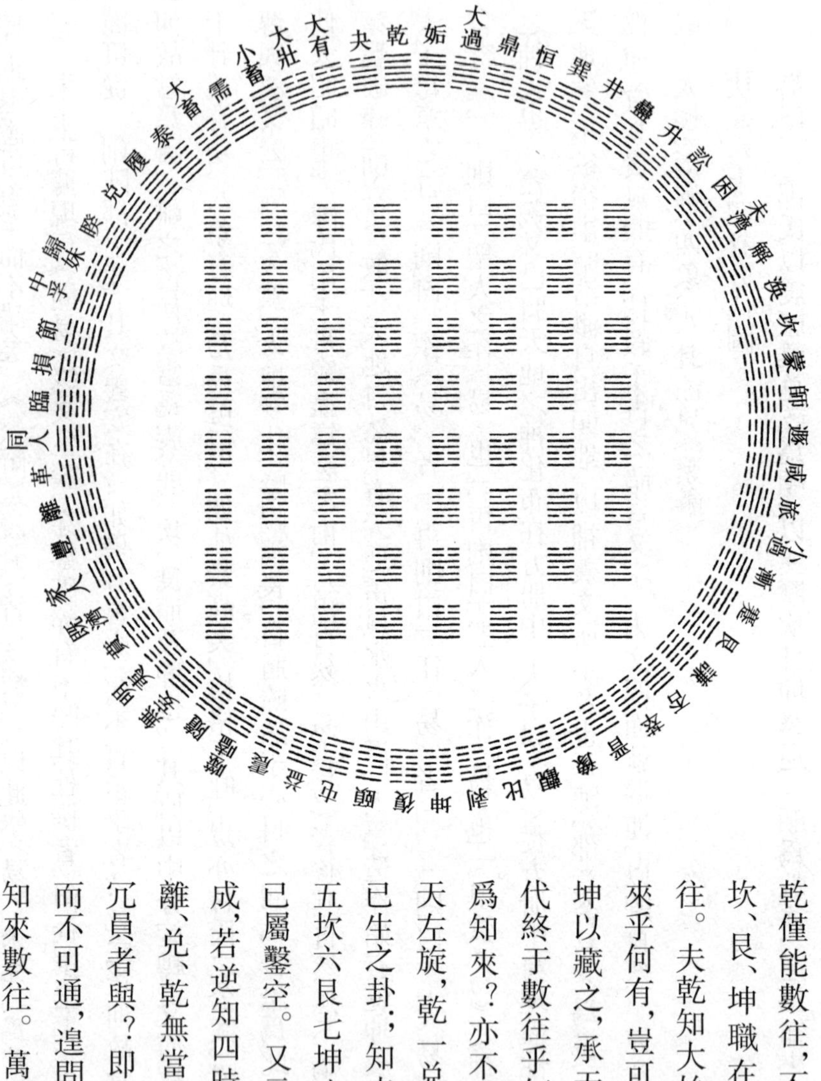

乾僅能數往，不能知來。巽、坎、艮、坤職在知來，無煩數往。夫乾知大始，乃統天于知來乎何有，豈可但局之數往？坤以藏之，承天，順天，成物，代終于數往乎何有，豈可反以爲知來？亦不類矣。數往順天左旋，乾一兑二離三震四爲已生之卦；知來逆天右旋，巽五坎六艮七坤八爲未生之卦，已屬鑿空。又云「易數由逆而成，若逆知四時之謂」，豈震、離、兑、乾無當于易數而漫列冗員者與？即其文義亦乖舛而不可通，遑問其理乎？聖人知來數往。萬理萬物無不兼該。非專爲四時而設。四時節候有治曆之法，千歲日至可坐而定，絶無取于卦氣也。今屈橫圖而圓之，云「乾生子中盡午中，坤生午中盡子中，離盡卯中，坎盡酉中」，皆緣冬至一陽爲復，遂充類至義之盡以六十四卦分配二十四節候，然亦須一候得二卦有奇乃爲恰合，何以倏多倏少遠不相謀，或是卦有强弱乎，或是氣有盈縮乎？俱含餬而不言其故。復之至日閉關，夫子特舉象之一節，若姤爲夏至，未見明訓，未敢信爲必然。臨、泰、大壯、夬、乾與遯、否、觀、剥、坤之配歲周，不免按圖索驥，近于顓愚。矧可牽引六十四卦如斯之鹵莽乎？即使種種巧中猶爲小慧，况矯揉誣罔一切不符乎？今云「冬至復卦一陽生」，子半閱頤、屯、益、震、噬嗑、隨、無妄、明夷、賁、既濟、家人、豐、離、革、同人、臨凡十七卦始得二陽爲十二月，已是卯半爲春分矣。損、節、中孚、歸妹、睽、兑、履、泰凡八卦乃得三陽爲正月，已是巳初爲立夏矣。大畜、需、小畜、大壯凡四卦乃得四陽爲二月，已是巳半爲小滿矣。大有、夬止二卦即得五陽爲三月，已是午初爲芒種矣。至乾止一卦，即得純陽爲四月，已是午半爲夏至矣。至姤亦止一卦一陰生，午半閱大過、鼎、恒、巽、井、蠱、升、訟、困、未濟、解、涣、坎、蒙、師、遯凡十七卦始得二陰爲六月，已是酉半爲秋分矣。咸、旅、小過、蹇、漸、艮、謙、否凡八卦乃得三陰爲七月，已是亥初爲立冬矣。萃、晉、豫、觀凡四卦乃得四陰爲八月，已是亥半爲小雪矣。比、剥止二卦即得五陰爲九月，已是子初爲大雪矣。至坤止一卦，即得純陰爲十月，已是子半爲冬至矣。將六十四卦破碎割裂，苦死支吾，猶然背畔，若此胡見其自然哉？若卦畫名義，毫無統屬，則精微之正論反可姑置者也。伏羲之世二十四氣未必盡備，備亦未必如此序次，觀《禮傳・月令》與《吕氏春秋》同出，周、秦微有不同，則數千年已往之節候，何能測其同于後世也。

周謨問朱子：　先天卦氣陰陽始生各歷十六卦，而後一月又歷八卦，再得一月至陰陽將盡處只歷四卦爲一月，又歷一卦遂一并三卦相接，其初如此之疏，其末如此之密，此陰陽盈縮當然之理，與復姤爲二至子午之中，固無可疑者。臨卦書春分卯中，臨本十二月之卦，春分合在泰卦之下。遯卦書秋分酉中，遯本六月之卦，秋分合在否卦之下。是固有不可解者。答曰：　伏羲易自是伏羲説話，文王易自是文王説話，固不可交互求合。信斯言也，倘有説渾敦易者，聽其可，臣令君行，子坐父立矣。夫時有今古，理無不同。豈得因羲文異代，而竟以天道付杳冥哉？何《月令》節候偏欲交互求合于卦畫也，先入爲主奈之何哉？

何謂已生未生，八卦如此分屬尚有全用乎？既有乾一兑二離三震四巽五坎六艮七坤八之序，則皆已生矣。就彼而言，震巽居中有長男代父，長女代母爲政之象。震順天左行，自復頤至夬乾行三十二卦，遇復而息。夫兩間氣化，轉轂循環，無有端緒。其來也非突然而來，即其去而來已在内。其去也非決然而去，即其來而去已下伏焉。得分疆畫界，釐然中判，其去其來若左右不相連貫者。震巽東西背馳，亦如人之行路，畢竟先有方向然後可揚帆策馬行縢屨屩焉。得東行者，山川原隰歷歷可指，而云已生。西行者，悉漭瀁無憑而待行者，自爲開闢，乃云未生。得與春夏何其逸，秋冬何其勞也？一二三四五六七八之數目，有則俱有，焉得震獨擅一二三四數往而順，巽獨擅五六七八知來而逆？且數自一而二三四爲順，今反以四三二一爲順，自八而七爲逆，今反以五六七八爲逆，亦難錯説矣。震長男，陽也，陽主創近乎未生，或可云逆，而反云順。陽而順，是不能制義者也。巽長女，陰也，陰主隨近乎已生，本可云順，而反云逆，陰而逆，是牝雞司晨者也。陰順陽逆，一切顛倒矣。細心體貼，種種可疑。作者聖，述者明。作者既鹵莽而自聖述者亦滅裂而不明。悠悠滔滔，羲、文、周、孔何時得還歸于正道也？

先天六十四卦方圖

辯曰：邵氏以作方圖，謂天圓地方。置之圓圖之中，謂天包地外。其説曰「天地定位」，以西北角置乾，東南角置坤爲定位，又非南北故武矣。曰「否泰反類」，東北角置泰，西南角置否，爲反類。曰「山澤通氣」，兑二斜依乾一，艮七斜依坤八，爲通氣。曰「咸損見義」，斜依否之咸，斜依泰之損，爲見義。曰「雷風相薄」，以震四斜依離三，巽五斜依坎六，震巽當中斜依交會，爲相薄。曰「恒益起意」，恒自咸而未濟斜來，益自損而既濟斜來，亦交會于中，爲起意。曰「水火相射」，以坎六自艮七斜接巽五，離三自兑二斜接巽四，爲相射。曰「既濟未濟」，既濟自損來斜聯于益，未濟自咸來斜聯于恒也。「四象相交成十六事」，大横圖既云陰陽老少爲四象，此則明明用其六畫之卦，何以又稱四象乎？云「十六事」者，乾坤、否泰、艮兑、咸損、震巽、恒益、坎離、既濟未濟，俱取老長中少陰陽正對，似乎稍有可觀。易卦陽爻一百九十二畫，陰爻一百九十二畫，奇耦停匀，隨人牽引，俱可布位整齊，使確守乾父坤母一再三索而搬演之，何嘗不繡錯絲編爛?然秩然而理則校勝也。大易全篇,何莫非神化變通,而僅取否泰、咸恒、損益、二濟爲綱領,將謂此外皆附庸之國乎?皆儀文聲色之末務乎?亦見其自隘矣。曰「八卦相盪成六十四」,夫既云相盪,則縱横雜揉,左右逢源,非鱗次蝟排,膠固不可通方者也。信斯羅列,其義理安居,象數奚在,亦見其小慧而已。

邵氏以圓圖配天,方圖配地,圓圖贅二十四氣,于卦下令有分屬,方圖亦可裂爲九州,以冀兖青徐揚荆豫梁雍分贅。某卦隸某州,饃餬約畧而爲之辭,亦不必求其切合也。又誰曰不宜乎?况揚雄早有方州部家之説矣。聖人作《易》以前,民用反以癡人説夢,欺世惑衆,何貴乎與民同患哉?

先天卦畫,奇耦相加,亂左陽右陰之常經。方圓圖次第,撮凑小巧,紊四時之序,變八方之位,去君父母子之名分,倒長中少之行列。曲護其説者,甚至謂乾坤無生六子之理。夫子所云乾父坤母,乾坤《易》之門,乾坤《易》之藴,一筆塗抹。説卦三傳,無一可宗。豈非大亂之道,宜其應于人事,爲開闢未有之災祥也與?

周易筮述　清王宏撰撰

卷八　推驗第十五

邵雍未殁時,知天下將亂,筮得兑四爻,預語子伯温曰:「世行亂矣,蜀安,可避居。」以兑居西方四位有喜也。及宣和末，伯温載家使蜀，故免於難。

易圖明辨　清胡渭撰

卷十　象數流弊

震川歸氏《易圖論》曰：夏爲《連山》，商爲《歸藏》，周爲《周易》，經別之卦，其數皆同。雖三代異名，而伏羲之易，即《連山》而在《連山》，即《歸藏》而在《歸藏》，即《周易》而在《周易》，未嘗別有所謂伏羲之易也。後之求之者，即其散見於《周易》之六十四卦者，是已。又曰：以圖說《易》，自邵子始。吾怪夫儒者不敢以文王之易爲伏羲之易，而乃以伏羲之易爲邵子之易也。

朱子所列九圖，乃希夷、康節、劉牧之象數，非易之所謂象數也。三聖人之言，胡爲而及此乎？伏羲之世，書契未興，故有畫而無辭，延及中古，情僞漸啟，憂患滋多，故文王繫彖以發明伏羲未盡之意，周公又繫爻以發明文王未盡之辭。一脈相承，若合符節。至於孔子，紹聞知之，統集羣聖之大成。論者以爲生民所未有，使伏羲文王周公之意而孔子有所不知，何以爲孔子？既已知之而別自爲說以求異於伏羲文王周公，非述而不作之指也。然則伏羲之象，得辭而益彰。縱令深玩圖畫而得其精微，亦不外乎文王周公孔子所言之理。豈百家衆技之説所得而竄入其中哉？九圖雖妙，聽其爲易外別傳，勿以冠經首可也。

按邵子之學，源出希夷，實老莊之宗派。但希夷一言一動，無非神仙面目，而邵子則不尚虛談，不立異行，不落禪機，不溺丹道，粹然儒者氣象。故二程樂與之游。然觀其平日所論，微有不滿於邵子者。曰「放曠」，曰「偏駁」，曰「無禮不恭」，曰「空中樓閣」，曰「儒術未見所得」，曰「其説之流有弊，瑕瑜不相掩」，亦未可謂推尊之至也。及其爲墓誌，則謂得之穆、李者，特因其材之所宜以爲入道之門户，則固以象數爲一家之學矣。雖云「自得者多」，不止穆、李之所傳，然終不離乎象數。易道之大，無所不包，執一家之學而以爲伏羲之精意全在於此，豈理也哉？朱子於先天方位得養生之要，於加一倍法見數學之精，篤信季通，意固有在，吾何敢輕議，但不當列諸經首以爲伏羲之易耳。明道適僧舍，見其方食，而曰三代威儀盡在是矣，此偶然語也。設有人焉掇浮屠之戒律，冠於《禮經》之首，則荒矣。胡文定於《内典》獨稱《楞嚴》《圓覺》，亦謂彼教中有可取者耳。設有人焉，舉二書於《中庸》《論語》合爲一編，則悖矣。故吾以爲邵子之易與聖人之易離之則雙美，合之則兩傷，學者不可以不審也。

周易傳注　清李塨撰

周易傳註原序

《易》爲人事而作也。孔子于大象，如天地健順、雲雷屯難，而必曰「君子以之」，又曰「易道有四」，以言，以動，以制器，以卜筮。又曰「百物不廢」、「懼以終始」，皆人事也。予癸未註《易》

至觀，甲申春李中丞斯義下榻京師，註卦訖秋，又自訂于郾城温令德裕署，丙戌註《繫辭傳》《説卦》《序卦》《雜卦》，迄壬辰之臘，棗强鄭孝廉知芳延于家，重訂一周，已三四訂。句後增入。嗟乎，自田何傳《易》而後，説者棼如，而視其象忸怩，徵其數穿鑿，按其理浮游，而尤誤者以《易》爲測天道之書。于是陳摶《龍圖》、劉牧《鉤隱》、邵雍《皇極經世》並起，探無極推先天，不惟易道入于無用，而華山道士、青城隱者，異端隱怪之説羣竄聖經，而《易》之不亡脈脈如綫。

周易函書約存　清胡煦撰

卷八　原古先儒易説

三易李本固全書彙編

曰「易學意言象數，四者不可闕一。其理具見于聖人之經，不及文字引説，止有一圖謂先天方圓圖也，以寓陰陽消長之説與卦之生變，圖亦非創意以作，孔子繫辭述之明矣」，又作《易龍圖序》，曰「龍圖者，天散而示之，伏羲合而用之，仲尼默而形之」，希夷以授穆伯長，伯長以授李挺之，挺之謂邵雍曰「物理外有性命之學」，雍悉傳之，作後天圖，見于伯温之序。朱子因其出于希夷而諱之，後作《啟蒙》，指「天地定位」節曰「此先天之學也」，「帝出乎震」節曰「此後天之學也」，似説易無有此圖矣。蓋康節因孔子《易傳》難明，因希夷之圖又作後天圖，如周子因「易有太極」一句而作《太極圖》。今便謂先有太極圖而後有《易傳》可乎？按：翼傳所以明古易，六圖所以明翼傳，故今之四易皆先翼傳後圖説焉。《易筌》亦是此意。

煦按：其説謂《易》似無此圖，是未知全部《周易》之卦皆出于《先天圖》，而文周之卦辭爻辭皆所以發先天之秘藴者也。試問「河出圖，洛出書」非孔子之言乎？「則之」者必何如而則之乎？又則之將欲何爲乎？將必有以得其解矣。今謂六圖所以明翼傳，則未知翼傳皆所以明六圖也。《易》之始止有先天四圖并文王後天一圖，止得五圖。今云六圖或兼大圓圖中之方圖論也。

天地定位，山澤通氣，雷風相薄，水火不相射，八卦相錯，數往者順，知來者逆，是故易逆數也。

伏羲先天小成圓圖

按：此《説卦》明先天易也，希夷圖之。邵子曰：乾南，坤北，離東，坎西，震居東北，兑居東南，巽居西南，艮居西北。定位者，乾南上坤北下，定尊卑之位。通氣者，艮山根著于地而泉脉從此出，兑澤連接于天而石潤從此生。震雷從地起由内而動于外，巽風自天行由外而入于内，互相衝激也。水火本相害，今一左一右在于天地之間，各處而相濟，不相侵克也。

煦曰：如此而言不相射，宜乎其未知《易》也。是乃對待定位之説耳。今欲明之，但將下面三句，以天地定位一句逐卦比量，當自得其解矣。自震至乾爲順，自巽至坤爲逆。

亦非逆順之理，既知此節爲圖言，則便當圖上留神，何得執言卦者言圖乎？論圖則一陽逆生而上，一陰逆生而下耳。陽而降下始爲順，陰而升上始爲順也。

又曰「乾坤縱而六子横易之本也」，玉齋胡氏曰：圓圖南北爲縱，東南西北、西南東北爲横。楊用修云：《易》畫自下而上，圖自左而右，故曰逆數。凡上下下曰順，下上上曰逆，左徂右曰順，右徂左曰逆。史稱伏羲太昊氏，春也。邵子以《易》配春，《大戴禮》言伏羲氏以木德王，畫卦自下而上，即木之自根而幹，幹而枝也。其畫三，木之生數也。其卦八，木之成數也。重卦亦兩其三，八其八耳。木行春也，春貫四時，木德仁也。仁包四端，伏羲所以爲羣聖首，而《易》爲五經之原乎？《路史》：本乎陽者升而上，本乎陰者降而下，乾純陽天也，故正位乎南。坤純陰地也，故位正乎北。乾附正性于離，故中虛，有日之象。坤附正性于坎，故中實，有月之象。

易例 清惠棟撰

卷上 卦無先天

荀子成相曰：文武之道同伏羲。

《序卦》曰：「有天地然後萬物生焉。」干寶註云：物有先天地而生者矣。今正取始於天地，天地之先，聖人弗之論也。故其所法象，必自天地而還。《老子》曰：「有物混成，先天地生，吾不知其名，彊字之曰道。」上《繫》曰：「法象莫大乎天地。」《莊子》曰：「六合之外，聖人存而不論。」《春秋穀梁傳》曰：「不求知所不可知者，智也。」而令後世浮華之學，彊支離道義之門，求入虚誕之域，以傷政害民，豈非讒説殄行，大舜之所疾者乎。

干令升此註，若豫知後世有陳摶、种放、穆修、李之才、邵雍諸人造先天圖以亂聖經者，而諄諄言之如此，其衛道也深矣。即此一節註，便當從祀文廟。

大易擇言　清程廷祚撰

卷三十六　説卦傳

愚案：此章向爲先天圖説等所誤，近有一解謂易起于卜筮，而其爲書則寓知來于藏往之中。往言易之在卦爻者，來言人之神而明之者，以往者言之天地定位，乾坤爲上篇之首也，山澤通氣雷風相薄，咸恒爲下篇之首也。水火不相射，坎離與既未濟爲二篇之終也。八卦相錯而爲六十有四，是爲數往者順也。以來者言之則謂之逆，是故雷動風散，其奇耦皆在下；雨潤日暄，其奇耦皆在中；艮止兑説，其奇耦皆在上。其體象，蓋皆由微之著由虚至實，而乾之純剛統之，坤之純柔載之，變化之來，不可勝窮。知來者逆，豈非以逆數者逆之乎？此解前儒所未及。蓋

《易》之作以前民，故以逆測爲數。然所謂逆數者，初不外觀象玩辭而有以見吉凶悔吝于未然，非必以端策布爻而後謂之知來也。《大傳》反復卦象而言其順逆，其示人之深切如此。六爻之例，由初以至于上，此即逆數之義。

存異

康節邵子曰「此伏羲八卦之位，乾南，坤北，離東，坎西，兑居東南，震居東北，巽居西南，艮居西北」，于是八卦相交而成六十四卦，所謂先天之學也。

紫陽朱子曰：起震而歷離兑以至于乾，數已生之卦也。自巽而歷坎艮以至于坤，推未生之卦也。易之生卦，則以乾兑離震巽坎艮坤爲次，故皆逆數也。

又曰：數往者順，知來者逆，這一段是從卦氣上看來也。是從卦畫生處看來，恁地方交錯成六十四卦。

潛室陳氏曰：易本逆數也，有一便有二，有二便有四，有四便有十六，以至于六十四皆由此可以知彼，由今可以知來，故自乾一以至于坤八，皆循序而生，一如横圖之次。今欲以圓圖象渾天之形，若一依此序，則乾坤相並，寒暑不分，故伏羲以乾坤定上下之位，坎離列左右之門，艮兑震巽皆相對而立，悉以陰陽相配，自一陽始生起冬至節，歷離震之間爲春分，以至乾爲純陽，是進而得其已生之卦，如今日復數昨日，故曰數往者順。自一陰始生起夏至節，歷艮兑之間爲秋分，以至于坤爲純陰，是進而能推其未生之卦，如今日逆計來日，故曰知來者逆。然本易之所成，只是乾一而坤八，如横圖之序，與圓圖之右方而已，故曰「易逆數」也。

雲峰胡氏曰：　諸儒訓釋，皆謂已往而易見爲順，未來而前知爲逆。易主于前民用，故曰易逆數也。惟《本義》依邵子，以「數往者順」一段爲指圓圖而言卦氣之所以行，「易逆數」一段爲指横圖而言卦畫之所以生，非《本義》發邵子之藴，則學者孰知此所謂先天之學哉？案：　胡氏反以先儒逆數之解爲非，何舛之甚？

愚案：《六經奥論》，先天之學出于麻衣道人，麻衣傳之希夷，又朱子發進《周易》表，陳摶以先天圖傳种放，放傳穆修，修傳李之才，之才傳邵雍，其授受源流如。此至晦菴朱子篤信其説，以爲作《易》之原，儼然列諸二經十翼之首，學者翕然附和。然非議之者亦多，如黄氏東發則曰「康節先天之説，《易》之書本無有也」。其援易爲証者凡二章，一援「易有太極」一章曰「此先天之卦畫」；一援「天地定位」一章曰「此先天之卦位」，皆與聖經判然不合。歸氏熙甫則曰：「易圖，非伏羲之書也，邵子之學也。邵子以步算之法，衍爲《皇極經世》之書，有分秒直事之術。其自謂先天之學，固以此。要不可以爲作《易》之本也。自漢以來，無有以圖説《易》者。以圖説《易》，自邵子始。」陳氏實齋則曰：　朱子云「自震至乾爲順，自巽至坤爲逆」，又云「自乾至坤，皆得未生之卦，若逆推四時之比」。夫天地間，何一不自無而有，豈皆可謂之逆數？且自震至乾，乃自四至一，不可謂順。自巽至坤，乃自五至八，惡可爲逆。即依此解，終是順逆相半，何以曰「易逆數」乎。胡氏朏明則曰：　先天圖以自震至乾爲順，數已生之卦。自巽至坤爲逆，推未生之卦。然則經曰「易逆數也」，豈專用巽坎艮坤而不用乾兑離震乎？李氏恕谷則曰：先天横圖，改一索再索三索之序，而爲乾一兑二離三震四巽五坎六艮七坤八，是父母與六子並生，且六子俱先母生，少女先中女，中女先長女生矣。有是理乎？若所謂先天卦位，則亦可異。夫經文，但曰「天地定位」，而未嘗曰乾南坤北也。但曰「山澤通氣」，而未嘗曰艮西北兑東南也。但曰「雷風相薄，水火不相射」，而未嘗曰震東北巽西南離東坎西也。經本無南北方隅一字，而何所據以爲卦位邪？至卦氣之説尤舛。或問朱子卦氣陽生陰生始何疏而終何密？臨二陽生爲冬十二月卦，乃在春分二月半，泰三陽正月卦，乃在立夏四月初，推之一概乖反。朱子亦不能答，曰「未得其説，容更思之」。又曰「伏羲易自是伏羲説話，文王易自是文王説話，不可交互求合」，信如其言，是《易》有二矣。以上諸説，似亦非無所見者，故録于後，以與「易有太極」節並考焉。

愚案：卦位之説，近于術數家言。在經文或别有取義，亦未可知。而儒者强爲之説，程子所辨極是。朱子于此亦疑康節之附會穿鑿，而又深信先天，不知所謂後天猶有此經可援，先天所援豈非附會穿鑿之至者邪？

存異

康節邵子曰：此卦位乃文王所定，所謂後天之學也。

尚書古文疏證　清閻若璩撰

卷七

吾嘗論之，以爲《易》不離乎象數，而象數之變，至於不可窮。然而有正焉，有變焉。卦之所明白而較著者爲正，旁推而衍之者爲變。卦之所明白而較著者，此聖者之作也。執其無端以冒乎天下，旁推而衍之，是明者之述也。由其一方以達於聖人，伏羲之作止於八卦，因重之如是而已矣。初無一定之法，亦無一定之書。而剛柔之上下，陰陽之變態極矣。夏爲《連山》，商爲《歸藏》，周爲《周易》，經别之卦，其數皆同。雖三代異名，而伏羲之易即《連山》而在《連山》，即《歸藏》而在《歸藏》，即《周易》而在《周易》，未嘗别有所謂伏羲之易也。後之求之者，即其散見於《周易》之六十四卦者，是已今世所謂圖學者以此爲周之易，而非伏羲之易。别出横圖於前，又左右分析之，以象天氣，謂之圜圖。於其中交加八宫，以象地類，謂之方圖。夫易之於天氣地類詳矣，奚俟夫圖而後見也？且謂其必出於伏羲，既規横以爲圜，又填圜以爲方，前列六十四於横圖，後列一百二十八於圜圖，太古無言之教，何如是之紛紛耶？諸經遭秦火之厄，《易》獨以卜筮存，漢儒傳授甚明，雖於大義無所發越，而保殘守缺惟恐散失，不應此圖交疊環布遠出姬周之前，乃棄而不論，而獨流落於方士之家，此豈可據以爲信乎？《大傳》曰「神無方易無體」，夫卦散於六十四，可圜可方。一入於圜方之形，必有曲而不該者，故散圖以爲卦而卦全，紐卦以爲圖而卦局。邵子以步算之法衍爲《皇極經世》之書，有分秒直事之術，其自謂先天之學固以此，要其旨不叛於聖人。然不可以爲作《易》之本，故曰推而衍之者變也，此邵子之學也。

或曰：自孔子贊《易》，今世所傳《易大傳》者，雖不必盡出於孔氏，而豈無一二微言於其間，子之不信，夫易圖以爲邵子之學則然矣，而邵子之所據者《大傳》之文也。不曰「易有太極，太極生兩儀，兩儀生四象，四象生八卦」乎，此其所謂横圖者也。又不曰「天地定位，山澤通氣，雷風相薄，水火不相射」乎，此其所謂伏羲卦位者也。又不曰「帝出乎震，齊乎巽，相見乎離，致役乎坤，説言乎兑，戰乎乾，勞乎坎，成言乎艮」乎，此其所謂文王卦位者也。

曰：此非《大傳》之意也，邵子謂之云耳。夫易之法，自一而兩，兩而四，四而八，其相生之序則然也。八卦之象，莫著於八物，而天地也，山澤也，雷風也，水火也，是八者不求爲偶而不能不爲偶者也。帝之出入，《傳》固已詳之矣。以八卦配四時，夫以爲四時焉，則東南西北繫是焉定，非文王易置之而有此位也。《説卦》廣論易之象數，自三才以至於八物四時人身之衆體與天地間之萬物，何所不取，所謂推而衍之者也。此孰辯其爲伏羲文王之别哉？雖圖與傳無乖剌，然必因傳而爲此圖，不當謂《傳》爲圖説也。且邵子謂先天之旨在卦氣，《傳》何爲舍而曰「天地定位」？後天之旨在入用，《傳》何爲舍而曰「帝出乎震」？《傳》言卦爻象變詳矣，而未嘗一言及於圖，所可指以爲近似者又不過如此。自漢以來，説易者今雖不多見，然王弼、韓康伯之書尚在，其解前所稱諸章無有以圖爲説者。以圖説易，自邵子始。吾怪夫儒者，不敢以文王之易爲伏羲之易，而乃以伏羲之易爲邵子之易也。不可以不論。

或曰：子以易圖爲非伏羲之舊，固已明矣。若夫河以通乾出天苞，洛以流坤出地符，所謂河圖洛書可廢耶？宋儒朱子之説甚詳，揭中五之要，明主客君臣之位，順五行生克之序，辨體用常變之殊。合卦範兼通之妙，縱横曲直無不相値，可謂精矣。

曰：此愚所以恐其説之過於精也。夫事有出於聖人而在學者有不必精求者，河圖洛書是也。聖人聰明睿知，德通於天，符瑞之生，出於世之所創見，而奇偶法象之妙，足以爲作《易》之本理，亦有然者。然曰河圖、洛書「聖人則之」者，此《大傳》之所有也。通乾流坤，天苞地符之文，五行生成，戴九履一之數，非《大傳》之所有也。以彼之名，合此之迹，以此之迹，符彼之名，不與大易同行，不藏於博士學官，而千載之下，山人野士，持盈尺之書，而曰古之圖書者如是，此其付受固已沈淪詭祕，而爲學者之所疑矣。雖其説自以爲無所不通，然此理在人，仁者知者皆能見之。龍虎之經，金石草木之卜，軌策占算之術，隨其所自爲説而亦無不合，豈必皆聖人之爲之乎？《大傳》曰「包犧氏之王天下也，仰則觀象於天，俯則觀法於地」，夫天地之間，何往非圖而何物非書也哉？揭圖而示之曰，孰爲上下，孰爲左右，孰爲乾兑離震，孰爲巽坎艮坤，天之告人也，何其瀆？因其上下以爲上下，因其左右以爲左右，因其乾兑離震以爲乾兑離震，因其巽坎艮坤以爲巽坎艮坤，聖人之效天也何其拘？且彼所謂效變化則垂象者，毫而析之，又何所當也？使二圖者果在如今所傳，然其所謂精藴者，聖人固已取而歸之《易》矣，求圖書之説於《易》可也。子産曰「天道遠，人道邇」，天者聖人之所獨得，而人者聖人之所以告人者也。告人以天人則駭而惑，告人以人人則樂而從。故聖人之作《易》，凡所謂深微悠忽之理，舉皆推之於庸言庸行之間，而卦爻之象吉凶悔吝之辭，不亦深切而著明也哉！聖人見轉蓬而造車，觀鳥跡而製字，世之人求爲車之説與夫書之義則有矣，而必轉蓬鳥跡之求，愚未見其然也。孔子贊《易》刪《連山》、《歸藏》而取《周易》，始于乾而終于未濟，則圖書之列粲然者，莫過是矣。今夫治之所貴者範，而用者不求範而求器也。耕之所資者耒，而食者不求耒而求粟也。有圖書而後有易，有易則無圖書，可也。故《論語》「河不出圖」與「鳳鳥」同瑞而已。《顧命》「河圖在東序」與和弓垂矢同寶而已。是故圖書不可以精，精於易者，精於圖書者也。惟其不知其不可精而欲精之，是以測度摹擬無所不至，故有九宫之法，有八分井文之畫，有坎離交流之卦，與夫孔安國、向、歆、揚雄、班固、劉牧、魏華父、朱子發、張文饒諸儒之論，或九或十，或合或分，紛紛不定，亦何足辯也。

月令解　宋張虙撰

卷十一　仲冬之月

仲冬者，斗建子之辰也。《漢志》云「孳萌於子」，則子孳也，夏正爲十一月。

日在斗

十一月之中，《三統曆》云「日在斗初度」，《元嘉曆》云「日在斗十四度」。日與斗建常相合，子與丑合，故十一月斗建子，則日在斗，斗屬丑也。南斗六星，冬至之日，日在斗。此曆家所占以定四時也。《漢志》以仲冬之初在斗十二度，後世歲差之法以爲七十五年差一度。若爾，則日之在斗積久而差，殆將入箕矣。或謂黄道歲差常不過推盪於星紀三十度之間，故邵雍立差法，惟於日月交會之際，以陰陽虧盈求之，遂不差。大抵陰常虧，陽常盈，只於此處差了，曆上當通理。程頤以此法，冠絶古今。

胡氏春秋傳　宋胡安國撰

春秋傳綱領

宋西都邵雍曰：《春秋》，孔子之刑書也，功過不相掩。五伯者，功之首，罪之魁也。先定五伯之功過，而學《春秋》則大義立矣。春秋之間，有功者未有大於四國者也。有過者亦未有大於四國者也。不先治四國之功過，則事無統理，不得聖人之心矣。

春秋分記　宋程公説撰

卷三十七　書十九

邵雍曰：聖人非有意於其間，故曰《春秋》盡性之書也。《春秋》爲君弱臣强而作，故謂之名分之書。

卷七十二

論曰：春秋，中國諸侯霸彊代興，至于起自遠方而通上國，則惟江南楚、吳、越焉，燕召公之後，國於北陸，其地距中國亦遠，與江南大略相似而僻陋滋甚，終春秋世，玉帛不通。其在襄公之二十八年傳言，北燕伯朝于晉而名不書，逮簡公以嬖寵出奔，因之略見于《經世》，次年紀之詳，經傳皆亡之。雖然，惟其僻遠而不與中國通也，故歷春秋戰國最爲永世。西都邵雍嘗言曰：「燕處北陸之地，去中原特遠，苟不隨韓趙魏齊楚較利刃争虚名，則足以養德待時，觀諸侯之變。秦雖虎狼，亦未易加害。延十五六年後，天下事未可知也。」雍之言其有以審之矣。余因摭世本外紀古史等文參校異同，緝其始終春秋傳國之序，以補燕闕文云。

春秋四傳糾正　清俞汝言撰

按諸傳于五霸，必飾其美而没其惡。如小白入齊，言其以國氏糾不稱子之類。宋桓未葬而襄會諸侯，在他人必多方指摘，加以不孝之罪，而反以不書葬爲之諱。以視晉襄墨縗受譏忘親，不大懸乎？秦穆伐喪兵連不解，至于濟河焚舟，取王官封殽尸，而晉亦圍邧新城。《春秋》秦稱人，晉稱爵，明有所軒輊也。而文定巧爲掩護，乃曰以王事待秦穆，非以其霸之故乎？至楚莊入陳，名爲討賊，而實利其土田，故有蹊田奪牛之喻，又爲之納不令之臣，爲楚莊者殺徵舒之後，立嗣君，表洩冶之墓，戮公孫寧儀行父于朝，雖桓文不能與之比烈矣。而反納亂人討亂者如是乎？左氏謂之「有禮，不知禮何在也」，邵雍曰「先定五霸之功罪」，寧可不辯是非，而概録之乎？

經典稽疑 明陳耀文撰

卷下 易經

朱子易圖有伏羲八卦圖、文王八卦圖。伏羲圖乾與坤對，艮與兑對，震與巽對，離與坎對。文王圖則乾位西北，坤位西南，巽東南而艮東北，坎離震兑各居四方。其説本《易·説卦》「天地定位，山澤通氣，雷風相薄，水火不相射」，曰此説伏羲易也。「帝出乎震，齊乎巽，相見乎離，致役乎坤，説言乎兑，戰乎乾，勞乎坎，成言乎艮。」又曰：「震東方也，巽東南也，離者明也南方之卦也，坤也者地也，兑正秋也，乾西北之卦也，坎者水也正北方之卦也，艮東北之卦也。」此説《周易》也。夫八卦自是有定位，非聖人所與，豈有羲、文之異？如以《説卦》「天地定位」爲乾與坤對，「山澤通氣」爲艮與兑對，「雷風相薄」爲震與巽對，「水火不相射」爲離與坎對，遂别之爲伏羲卦圖，則《雜卦》所謂乾剛坤柔、比樂師憂、臨觀之義，或與或求，亦是卦卦相對，當又爲孔子卦圖乎？《捫蝨新話》

先天後天

「易有聖人之道四焉」，《伊川易傳》専主於辭，邵康節得陳摶數學，于李挺之乃别求易于辭之外，謂今之易，「後天之易」也，而有「先天之易」焉，用以推古事物，無不可以前知。自是二説並興，莫能相一。言理學者宗伊川，言數學者宗康節。至朱子作《易本義》、《啟蒙》，乃兼二説，窮極古始，謂《易》本爲卜筮而作，康節先天圖得作《易》之原。伊川言理甚備，於象數猶有闕，學者遂翕然向往之，揣摩圖象，日演日高，以先天爲先，後天爲次，而《易經》之上，晚添祖父矣。夫康節所謂先天之説，則《易》之書本無有也。雖據其援《易》爲證者凡二章，亦未見其確然有合者也。其一章，援「易有太極」云云「四象生八卦」，曰此「先天之卦畫」，於是盡改《易》中伏羲始作八卦之説，與文王演易重爲六十四卦之説，而以六十四卦皆爲伏羲先天之卦畫。其法自一畫而二，二而四，四而八，八而十六，十六而三十二，三十二而六十四。然生兩、生四、生八，《易》有之矣。生十六、生三十二，《易》此章有之否耶？其一章援《易》言「天地定位」云云「水火不相射」，曰「先天之卦位也」，於是盡變《易》中離南坎北之説與凡震東方卦兑西方卦之説，而以乾南坤北爲伏羲先天之卦位，其説以離爲東，以坎爲西，以兑巽爲東南西南，以震艮爲東北西北。然「天地定位」，安知非指天位乎上地位乎下而言？南方炎爲火，北方寒爲水，亦未見離與坎之果屬東與西，而可移離坎之位以位乾坤也。《易》之此章，果有此位置之意否耶？且《易》之此二章，果誰爲之也？謂出於孔子，孔子無先天圖。蓋方士託《易》爲之，如《參同契》援《易》作書云爾。文、周、孔子卦爻彖象，無是義也。夫羲皇、堯、舜三代幾萬年矣，而圖之説不見于經，春秋至漢唐幾千年矣，而圖之説不見于傳。何至陳摶而始傳之耶？邵子云「天地定位章伏羲八卦之位」、「帝出乎震章其卦位文王所定」，夫上下經文，秦火固未亡也，曾何言及于圖分羲與文耶？蓋孔子隨事理以發明卦藴如此，故以歲時物理生成之序衍卦義也。則曰出、齊、見、役、説、戰、勞、成，以法象對待而發明卦之義理性情也，則云天地山澤雷風水火，此氣化物理之必然者，何主于文，何主于羲耶？且「神妙萬物」章，先以雷風火澤水坎爲次，復以「水火相逮」、「雷風不相悖」、「山澤通氣」而言，以爲羲又涉于文，以爲文復涉于羲，豈不自相雜亂矛盾乎？至此則「先天」、「後天」之説不通矣。註云：此章所推卦位之説多未詳者，亦自不能爲辭也。《王浚川集》

御製律吕正義後編

卷八十一　樂制考四

夫十二律之相差，惟九寸至四寸五分盡矣。曾有如一日之去八日者乎？遠近之不倫，何至此極也？凡此皆準之，未爲不易者。大祇準之爲術，不過求變乎古人，以新一時之耳目。其實終受制于古人，而拾其羹飯者也。揚雄之作《太玄》也，以四畫爲首，蔡九峯之演《洪範》也，以綱一函三爲用。司馬光之作《潛虚》也，以五十五行爲通。邵雍之作《經世》也，以四象爲數。此皆求異于昔聖人之書也。要其歸，曾有出于易道之範圍者乎？無一之能出其範圍者，則後之作者不亦可以已乎？

史部

宋史　元托克托等修

卷四十二　本紀第四十二　理宗二

端平二年正月丁酉，太陰行犯太白。甲寅，詔議胡瑗、孫明復、邵雍、歐陽修、周敦頤、司馬光、蘇軾、張載、程顥、程頤等十人，從祀孔子廟庭。

卷四十六　本紀第四十六　度宗

（咸淳三年春正月）戊申，帝詣太學，謁孔子行舍菜禮，以顏淵、曾參、孔伋、孟軻配享，顓孫師升十哲，邵雍、司馬光升列從祀。雍封新安伯。

卷八十一　律曆志第三十四　律曆十四

聲以數而傳，數以聲而定，二者皆有自然之則，如侈者聲必咋，弇者聲必鬱，高者數必短，下者數必長。侈弇者數也，未聞其聲而已知其有咋鬱之分。高下者聲也，未見其數已知其有長短之異。故不得其自然之聲，則數不可得而考。不得其自然之數，則聲不可得而言。今之創律者不知出此，而顧先區區於秬黍之縱橫，古尺之修短，斛斗之廣狹，鐘磬之高下，謀之是，何足以得其聲之和哉？邵雍曰：「世人所見者，漢律曆耳。然則三分損益之法爲未善，亦隱然矣。」

卷一百五　禮志第五十八禮八吉禮八

咸淳三年，詔封曾參郕國公、孔伋沂國公，配享先聖，封顓孫師陳國公升十哲位，復以邵雍、司馬光列從祀。

卷四百二十七　列傳第一百六十八　道學一

宋儒之學，所以度越諸子而上接孟氏者歟？其於世代之污隆，氣化之榮悴，有所關係也甚大。道學盛於宋，宋弗究於用，甚至有厲禁焉，後之時，君世主欲復天德王道之治，必來此取法矣。邵雍高明英悟，程氏實推重之，舊史列之「隱逸」未當，今置張載後。

卷四百二十九　列傳第一百八十八　道學三　朱熹

理宗紹定末，秘書郎李心傳乞以司馬光、周敦頤、邵雍、張載、程顥、程頤、朱熹七人列於從祀，不報。淳祐元年正月，上視學，手詔以張、周、二程及熹，從祀孔子廟。

卷四百三十一　列傳第一百九十　儒林一　李之才

李之才，字挺之，青社人也。天聖八年，同進士出身，爲人朴且率，自信，無少矯厲。師河南穆修，修性莊嚴寡合，雖之才亦頻在訶怒中。之才事之亦謹，卒能受《易》。時蘇舜欽輩亦從修學《易》，其專授受者惟之才爾。修之《易》受之种放，放受之陳摶，源流最遠。其圖書象數變通之妙，秦漢以來鮮有知者。之才初爲衞州，獲嘉主簿。權共城令時，邵雍居母憂，于蘇門山百源之上布裘蔬食，躬爨以養父。之才叩門來謁勞苦之，曰：「好學篤志，果何似？」雍曰：「簡策之外，未有適也。」之才曰：「君非迹簡策者，其如物理之學何？」他日則又曰：「物理之學學矣，不有性命之學乎？」雍再拜，願受業。於是先示之以陸淳《春秋》，意欲以《春秋》表儀五經，既可語五經大旨，則授《易》而終焉。其後雍卒以《易》名世……澤人劉羲叟從受曆法，世稱「羲叟曆法」，遠出古今上，有楊雄、張衡所未喻者，實之才授之。在澤轉殿中丞丁母憂，甫除喪，暴卒于懷州官舍，寶曆五年二月也。時尹洙兄漸守懷，哭之才過哀，感疾，不踰月亦卒。之才歸葬青社，邵雍表其墓有曰：「求於天下，得聞道之君子李公以師焉。」

卷四百三十三　列傳第一百九十二　儒林三　邵伯温

邵伯温，字子文，洛陽人，康節處士雍之子也。雍名重一時，如司馬光、韓維、呂公著、程頤兄弟皆交其門。伯温入聞父教，出則事司馬光等，而光等亦屈名位輩行，與伯温爲再世交，故所聞日博，而尤熟當世之務。光入相，嘗欲薦伯温，未果而薨。後以河南尹與部使者薦特授大名府助教，調潞州長子縣尉。初，蔡確之相也，神宗崩，哲宗立，邢恕自襄州移河陽，詣確謀造定策事，及司馬光子康詣闕，恕召康詣河陽，伯温謂康曰：「公休除喪，未見君，不宜枉道先見朋友。」康曰：「已諾之。」伯温曰：「恕傾巧，或以事要公休，若從之，必爲異日之悔。」康竟往，恕果勸康作書稱確，以爲他日全身保家計。康、恕同年登科第，又出光門下，康遂作書如恕言。恕蓋以康爲光子，言確有定策功，世必見信。既而梁燾以諫議召恕，亦要燾至河陽，連日夜論確功不休，且以康書爲證。燾不悦，會吴處厚奏確詩謗朝政，燾與劉安世共請誅確。且論恕罪，亦命康分折，康始悔之。康卒，子植幼，宣仁后憫之。吕大防謂康素以伯温可託，請以伯温爲西京教授，以教植。伯温既至官，則誨植曰：「温公之孫，大諫之子，賢愚在天下可畏也。」植聞之，力學不懈，卒有立。紹聖初，章惇爲相，惇嘗事康節，欲用伯温，伯温不往。會法當赴吏部銓，程頤謂伯温曰：「吾危子之行也。」伯温曰：「豈不欲見先公於地下耶？」至則先就部擬官，而後見宰相惇，論及康節之學，曰：「嗟乎！吾於先生不能卒業也。」伯温曰：「先君先天之學，論天地萬物未有不盡者，其信也，則人之仇怨反覆者可忘矣。」時惇方興黨獄，故以是動之，惇悚然。猶薦之于朝，而伯温願補郡縣吏，惇不悦，遂得監永興軍鑄錢監。時元祐諸賢方南遷，士鮮訪之者，伯温見范祖禹於咸平，見范純仁於潁昌，或爲之恐，不顧也。會西邊用兵，復夏人故地，從軍者得累數階，伯温當行，輒推同列。秩滿，惇猶在相位，伯温義不至京師，從外臺辟環慶路帥幕，實避惇也。徽宗即位，以日食求言，伯温上書累數千言，大要欲復祖宗制度，辨宣仁誣謗，解元祐黨錮，分君子小人，戒勞民用兵，語極懇至。宣仁太后之謗，伯温既辨之，又著書名《辨誣》。後崇寧大觀間，以元符上書，人分邪正等，伯温在邪等中，以此書也。出監華州西嶽廟，久之，知峽州靈寶縣，徙芮城縣，丁母憂服除，主管永興軍耀州三白渠公事。童貫爲宣撫使，士大夫争出其門，伯温聞其來，出他州避之。除知果州，請罷歲輸瀘南諸州綾絹絲綿數十萬，以寬民力。除知興元府、遂寧府、邠州，皆不赴。擢提點成都路刑獄，賊史斌破武休，入漢、利，窺劍門，伯温與成都帥臣盧法原合謀守劍門，賊竟不能入，蜀人德之，除利路轉運副使提舉。太平觀紹興四年卒，年七十八。初，邵雍嘗曰「世行亂，蜀安，可避居」。及宣和末，伯温載家使蜀，故免於難。

卷四百三十五　列傳第一百九十四　儒林五　胡安國

安國奏曰：孔孟之道不傳久矣，自頤兄弟始發明之，然後知其可學，而至今使學者師孔孟而禁不得從頤學，是入室而不由户。本朝自嘉祐以來，西都有邵雍、程顥及其弟頤，關中有張載，皆以道德名世，公卿大夫所欽慕而師尊之。會王安石、蔡京等曲加排抑，故其道不行，望下禮官討論故事，加之封爵，載在祀典，比於荀、楊、韓氏。仍詔館閣裒其遺書，校正頒行，使邪説者不得作。

卷四百三十六　列傳第一百九十五　儒林六　李道傳

仍請以周惇頤、邵雍、程顥、程頤、張載五人從祀孔子廟，時執政有不樂道學者，以語侵道傳，道傳不爲動。

元史　明宋濂等修

卷二十四　本紀第二十四　仁宗一

（皇慶二年六月）以宋儒周敦頤、程顥、顥弟頤、張載、邵雍、司馬光、朱熹、張栻、吕祖謙及故中書左丞許衡，從祀孔子廟庭。

卷七十六　志第二十七上　祭祀五　宣聖

皇慶二年六月，以許衡從祀，又以先儒周惇頤、程顥、程頤、張載、邵雍、司馬光、朱熹、張栻、吕祖謙從祀。

卷一百四十三　列傳第三十　庫庫

庫庫從容爲帝言，古昔取人材以濟世用必有科舉，何可廢也。帝採其論，尋復舊制。一日進讀司馬光《資治通鑑》，因言國家當及斯時，修遼金宋三史，歲久恐致闕逸。後置局纂修，實由庫庫發其端。又請行鄉飲酒于國學，使民知遜悌。及請褒贈唐劉蕡、宋邵雍以旌道德正直，帝從其請，爲之下詔。庫庫以重望居高位，而雅愛儒士甚于饑渴，以故四方士大夫翕然宗之，萃于其門。

卷一百五十八　列傳第四十五　李俊民

字用章，澤州人，得河南程氏傳受之學。金承安中舉進士第一，應奉翰林文字，未幾，棄官不仕。以所學教授鄉里，從之者甚盛，至有不遠千里而來者。金源南遷，隱於嵩山，後徙懷州，俄復隱於西山。既而變起倉猝，人服其先知。俊民在河南時，隱士荆先生者，授以邵雍《皇極》數。時之知數者，無出劉秉忠之右，亦自以爲弗及也。

明史　清張廷玉等奉敕修

卷二十三本紀第二十三　莊烈帝一

崇禎三年六月己未，授宋儒邵雍後裔五經博士。

卷五十　志第二十六　禮四吉禮四

嘉靖九年，御史黎貫等言，聖祖初，正祀典天下嶽瀆，諸神皆去其號，惟先師孔子如故，良有深意。陛下疑孔子之祀，上擬祀天之禮，夫子之不可及也。猶天之不可階而升，雖擬諸天亦不爲過。自唐尊孔子爲文宣王，已用天子禮樂。宋真宗嘗欲封孔子爲帝，或謂周止稱王，不當加帝號，而羅從彦之論，則謂加帝號亦可。至周敦頤則以爲萬世無窮王祀孔子，邵雍則以爲仲尼以萬世爲王，其辨孔子不當稱王者，止吳澄一人而已。

皇王大紀　宋胡宏撰

提要

臣等謹案，《皇王大紀》八十卷，宋胡宏撰。宏字仁仲，號五峯，崇安人，安國之季子也……是書成於紹興辛酉，紹定間嘗宣取入秘閣。所述上起盤古，下迄周末。前二卷皆粗存名號事迹，帝堯以後始用《皇極經世》編年，博採經傳而附以論斷。

卷一

嘗聞邵雍氏問堯夫曰：我非羲皇上世之人乎？愚考其言猶信，雖生末世不及見三墳，亦無憾矣。

中興小紀　宋熊克撰

卷二十一

自嘉祐以來，頤與兄顥及邵雍、張載，皆以道德名世，如司馬光、吕公著、吕大防莫不薦之。頤有《易》《春秋》傳，雍有《經世》書，載有《正蒙》書，惟顥未及著書。望下禮官討論故事，加此四人封爵，載在祀典，比于荀、楊之列。仍詔館閣裒其遺書，以羽翼六經，使邪説不得作而道術定矣。

續資治通鑑長編　宋李燾撰

卷一百九十

嘉祐四年十一月己亥，以河南處士邵雍爲將作監主簿，本府以遺逸薦，故有是命。後再命爲潁州團練推官，皆辭疾不起。

卷二百八十四　神宗

熙寧十年九月庚戌，贈棣州團練推官邵雍秘書省著作郎，賜粟帛以知河南府。賈昌衡言雍行義聞於鄉里乞贈卹也。宰相吴充請於上賜謚曰康節。雍初與常秩同召，雍竟辭不起，士大夫高之。按：雍子伯温記，雍卒後十年，韓絳知河南府，爲雍請謚，謚議則歐陽棐所作，與《宋史》本傳不同，當考。

建炎以來繫年要録　宋李心傳撰

卷一百八

紹興七年春正月癸酉安國自上奏曰：士以孔孟爲師，不易之至論。然孔孟之道久矣，自程頤始發明之，而後其道可學而至。今使學者師孔孟而禁不得從頤之學，是入室而不由户也。夫頤之文於諸經《語》《孟》，則發其微旨，而知求仁之方、入德之序，鄙言怪語，豈其文哉？頤之行，則孝弟顯於家忠誠動於鄉，非其道義一介不以取，予則高視濶步，豈其行哉？自嘉祐以來，頤與兄顥及邵雍、張載，皆以道德名世。如司馬光、吕大防莫不薦之。頤有《易》、《春秋》傳，雍有《經世》書，載有《正蒙》書，惟顥未及著書。望下禮官討論故事，加此四人封爵，載在祀典，比於荀、楊之列。仍詔館閣裒其遺書，以羽翼六經，使邪説不得作而道術定矣。

九朝編年備要　宋陳均撰

卷十八　神宗皇帝起戊申熙寧元年止庚戌熙寧三年

初，治平中，邵雍與客散步天津橋上，聞杜鵑聲，慘然不樂。客問其故，雍曰：「杜鵑，洛陽舊無之，今始至，有所主。」客曰：「何也？」雍曰：「不二年，上用南士爲相，多引南人專務變更，天下自此多事矣。」客曰：「聞杜鵑，何以知此？」雍曰：「天下將治，地氣自北而南；將亂，自南而北。今南方地氣至矣，禽鳥飛類得氣之先者也。《春秋》書『六鷁退飛』、『鴝鵒來巢』，氣使之也。」至是，雍言果驗云。

卷二十

（熙寧十年）九月，贈邵雍官。

初，朝廷授雍將作監簿，雍辭之。至是卒，贈著作郎，謚康節。以河南府言雍行義聞於鄉里，乞贈恤也。雍字堯夫，衛州人。刻厲爲學，夜不枕席者數年。有王豫者以師自居，聞雍學《易》，召而教之。與語三日，蹶然起拜。少自雄其才，慷慨有大志，既學，力慕高遠，講先王之事爲必可致。及其學益老，德益超，玩心高明。觀天地之運化，陰陽之消長，以達乎萬物之變，然後頹然其順，涉然其歸。嘗適吳、楚，通秦、魯，客晉、梁。後徙於洛，在洛幾三十年，蓬蓽環堵，不蔽風雨，躬爨以養其父母，居平務爲講學於家，未嘗彊以語人，而就問者日衆。士人道洛者，必過其廬。與人言必依孝悌忠信，樂道人之善，不及其惡，故賢不肖無不親之。每歲春二月出四月止，八月出十一月止。每出，人皆倒履迎致，争具酒饌，不復呼姓名，但云「吾家先生至也」。鄉人如其所居「安樂窩」，起屋以待其來，謂之「行窩」。既没，有挽之云「春風秋月嬉游處，冷落行窩十二家」，洛陽風俗之美如此。

雍之學得之於李之才挺之，挺之言得之於穆修伯長，推其源流遠有端緒，至於純一不雜，汪洋高大，乃其所自得者。有書十二卷，曰《皇極經世》，詩曰《擊壤集》。程顥嘗語人曰：「顥接人多矣，不雜者三人，張子厚、邵堯夫、司馬君實云。」

兩朝綱目備要　不著撰人

卷十六　寧宗

先民邵雍言：本朝之盛，前代不及者有五，而百年四葉居其一焉。中興四葉，享國九十有八年，上視先朝，同一軌轍，深仁厚澤，浹于海隅，垂裕後昆，有衍無極，嗚呼美矣。

宋季三朝政要　不著撰人

卷四　度宗

咸淳元年春……上幸太學，升邵雍、司馬光從祀。

卷六　廣王本末

爾邵雍著《皇極經世書》，推明皇帝王伯之數，有元會運世之説。謂冬復爲春，世復爲元。今大元溷一，揭宋之土地而歸職方。國號曰元，年號曰元，豈非世復爲元之數乎？宋以周顯德七年受禪，至十六傳而幼君名顯，改元德祐，合顯德二字，彰著於命名改號之間，人不之覺，豈非數之終於此乎？

宋史全文　不著撰人

卷九下

（嘉祐四年）十一月己亥，以河南處士邵雍爲將作監主簿，後再命爲潁州團練推官，皆辭疾不起。

卷十二上

（丁巳熙寧十年）九月，贈潁州團練推官邵雍秘書省著作郎，宰相吴充請於上，賜謚曰「康節」。雍初與常秩同召，雍竟辭不起，士大夫高之。

卷十三下

（元祐六年十一月）辛丑，守中書侍郎傅堯俞卒，太皇太后謂執政曰：「堯俞清直人。」又曰：「金玉人也，可惜不至宰相。」司馬光嘗謂邵雍曰：「清直勇三德，人所難兼，吾於欽之畏焉。」雍曰：「欽之，清而不耀，直而不激，勇而能温，尤爲難矣。」時以雍之言爲然。

卷二十上

安國自上奏曰：士以孔孟爲師，不易之至論。然孔孟之道，失其傳久矣。自程頤始發明之，而後其道可學而至。今使學者師孔孟而禁不得從頤之學，是入室而不由户也。夫頤之文於《易》，則因理以明象而知體用之一原，於《春秋》，則見諸行事而知聖人之大用。於諸經《語》

《孟》則發其微旨，而知求仁之方、入德之序，鄙言怪語，豈其文哉？頤之行，則孝悌顯於家，忠誠動於鄉，非其道義一介不以取。予則高視濶步，豈其行哉？自嘉祐以來，頤與兄顥及邵雍、張載皆以道德名世，如司馬光、呂公著、呂大防莫不薦之。頤有《易》、《春秋》傳，雍有《經世》書，載有《正蒙》書，惟顥未及著書，望下禮官討論故事，加此四人封爵，載在祀典，比於荀、楊之列。仍詔館閣裒其遺書，以羽翼六經，使邪説不得作而道術定矣。

卷三十

昔先民邵雍言：本朝之盛，前代不及者有五，而百年四葉居其一焉，維中興四葉，享國九十有八年，上視先朝，同一軌轍，深仁厚澤，浹於海隅，垂裕後昆，有衍無極，嗚呼美哉！

卷三十二　宋理宗二

（乙未端平二年）正月甲寅，禮部尚書兼侍講李埴奏胡瑗、孫明復、邵雍、歐陽修、周敦頤、司馬光、蘇軾、張載、程顥、程頤十人，卓然爲學者所宗，宜在從祀之列。乞令經筵祕書省國子監參酌熟議。又奏，乞將子思併與升祀列在十哲之間，從之。

通鑑續編　元陳桱撰

卷九

（丁巳十年九月）河南逸士邵雍卒。

雍，河南人，少時自雄其才，慷慨欲樹功業，於書無所不讀。始爲學師，堅苦刻厲，寒不爐，暑不扇，夜不就席者數年。已而歎曰：「昔人尚友於古，而吾獨未及四方。」於是踰河、汾，涉淮、漢，周流齊、魯、宋、鄭之墟，久之，幡然來歸，曰：「道在是矣。」遂不復出。初，北海李之才，受《易》於河南穆修，修之《易》受於种放，而放受之於陳摶，源流最遠。其圖書象數變通之妙，自秦漢以來鮮有知者。之才攝共城令，雍時居母憂，于蘇門山百源之上，布裘蔬食，躬爨以養父古。之才叩門來謁勞苦之，曰：「好學篤志，果何似？」雍曰：「簡策迹外，未有適也。」之才曰：「君非迹簡策者，其如物理之學何？」他日則又曰：「物理之學，學矣，不有性命之學乎？」雍再拜，願受業。之才遂授以河圖、洛書、伏羲八卦六十四卦圖象，雍由是探賾索隱，妙悟神契，洞徹蘊奧，汪洋浩博多其所自得者。及其學益老，德益劭，玩心高明，以觀夫天地之運化，陰陽之消長，遠而古今世變，微而飛走草木之性情，深造曲暢，庶幾所謂不惑，而非依倣象類億則屢中者，遂衍伏羲先天之旨，著書十餘萬言，然世之知其道者鮮矣。初至洛，蓬蓽環堵，不蔽風雨，躬樵爨以事親，雖平居屢空，而怡然有所甚樂，人莫能窺也。及富弼、司馬光、吕公著諸賢退居洛中，雅敬雍，恒相從游焉，爲市園宅。雍歲時耕稼，僅給衣食，名其居曰「安樂窩」，因自號曰「安樂先生」。旦則焚香燕坐，晡時酌酒，三四甌微醺即止，常不及醉也。興至輒哦詩自詠，春秋時出游城中，風雨則不出。出則乘小車，一人挽之，惟意所適，士大夫家識其車音，争相迎候，童孺厮隸皆驩相謂曰「吾家先生至也」，不復稱其姓字，或留信宿乃去。好事者别作屋如雍所居，以候其至，名曰「行窩」。司馬光兄事雍，而二人純德，尤爲鄉里所慕向，父子兄弟每相飭曰「毋爲不善」，恐司馬端明邵先生知也。士之道洛者，有不之公府必之雍。雍德氣粹然，望之知其賢，然不事表襮，不設防畛，羣居燕笑終日，不爲甚異。與人言，樂道其善而隱其惡，有就問學則答之，未嘗强以語人。人無貴賤少長，一接以誠。故賢者悦其德，不賢者服其化。時新法行，吏牽迫不可爲，或投劾去，雍門生故友居州縣者或貽書訪之。雍曰：「此賢者所當盡力之時，新法固嚴，能寬一分則民受一分之賜矣，投劾何益耶？」留守王拱辰薦雍遺逸授將作主簿，後舉逸士補潁州團練推官，皆固辭，乃受命，竟稱疾不之官。年七十六而卒。贈著作郎，後賜謚康節先生。雍天性高邁，迥出千古，而坦夷温厚，不見圭角，是以清而不激，和而不流。人與交久，益尊信之，程顥嘗與雍議論終日，退而歎曰：「堯夫，内聖外王之學也。」雍知慮絶人，遇事能前知。程頤嘗曰：「其心虚明，自能知之。」及疾病，司馬光、張載、程顥、程頤晨夕候之。既卒，顥爲銘墓，稱「雍之道，淳一不雜，就其所至，可謂安且成矣。著《皇極經世》、《觀物内外篇》、《漁樵問對》傳于世」。

卷二十四　度宗皇帝

（咸淳三年春正月）帝詣太學謁孔子行舍菜禮，以顔回、曾參、孔伋、孟軻配享，升顓孫師于十哲。追封邵雍爲新安伯，與温國公司馬光列于從祀。

元史續編　明胡粹中撰

卷八

（仁宗皇帝皇慶二年六月乙未）詔以宋儒周敦頤、程顥、程頤、張載、邵雍、司馬光、朱熹、張栻、吕祖謙及故中書左丞許衡並從祀孔子廟庭。

御批歷代通鑑輯覽

卷七十六　宋　仁宗皇帝

嘉祐己亥四年十一月……召河南處士邵雍，字堯夫，河南人。不至。

雍少時，自雄其才，慷慨欲樹功名，于書無所不讀，始爲學即堅苦刻勵，寒不爐，暑不扇，夜不就枕者數年。既而踰河、汾，涉淮、漢，周流齊、魯、宋、鄭，久之，幡然來歸，曰：「道在是矣。」遂不復出。初，北海李之才受《易》于河南穆修，修受于种放，而放受之于陳摶，源流最遠。之才攝共城令，雍時居母憂，于蘇門山躬爨以養父，之才叩門來謁勞苦之，曰：「好學篤志，果何似？」雍曰：「簡策迹外，未有適也。」之才曰：「君非迹簡策者，其如物理之學何？」他日則又曰：「物理之學，學矣，不有性命之學乎？」雍再拜，願受業。之才遂授以河圖、洛書、伏羲八卦六十四卦圖象。雍由是探賾索隱，妙悟神契，玩心高明，深造曲暢，遂衍伏羲先天之旨，著書十餘萬言。富弼、司馬光、吕公著諸賢居洛中，雅敬雍，恒相從游，爲市園宅。雍德器粹然，人無貴賤少長，一接以誠，故賢者悦其德，不賢者服其化。一時洛中人才特甚，而忠厚之風聞天下，留守王拱辰薦雍遺逸授將作主簿，後復舉逸士補潁州團練推官，皆固辭，乃受命，竟稱疾，不之官。

卷七十八　宋　神宗皇帝

（熙寧十年）九月，河南邵雍卒。

雍，天性高邁，逈出千古，而坦夷温厚，不見圭角。時新法行，吏牽迫不可爲，或投劾去，雍門生故友居州縣者或貽書訪之。雍曰：「此賢者所當盡力之時，新法固嚴，能寬一分則民受一分之賜矣，投劾何益邪？」程顥嘗與議論終日，退而嘆曰：「堯夫，内聖外王之學也。」雍知慮絶人，遇事能前知。程顥嘗曰：「其心虚明，自能知之。」富弼、司馬光、吕公著雅敬雍。雍所居曰「安樂窩」，時游城中，乘小軒，一人挽之。士大夫識其車音，争相迎候，或留信宿去，好事者别作室以待其至，謂之「行窩」。安樂窩在洛陽天津橋南。及卒，顥爲墓銘，稱其學「純一不雜，汪洋浩大，就其所至而論之，可謂安且成矣。」所著《皇極經世》《觀物内外篇》《漁樵問答》傳于世。元祐中賜謚康節。

卷七十九　宋　哲宗皇帝

（元祐四年）夏五月，潞公文彦博卒。後追謚忠烈。

彦博逮事四朝，任將相五十年，名聞四夷，平居接物，謙下尊德，樂善如恐不及。其在洛也，洛人邵雍、程顥兄弟以道自重，賓接之如布衣交。卒年九十二。

卷九十三　宋　度宗皇帝

咸淳三年春正月，帝釋菜于孔子，以顔回、曾參、孔伋、孟軻配列，邵雍、司馬光于從祀。又升顓孫師于十哲，追封雍新安伯。講官監官三學長貳及諸生，推恩有差。

卷九十七　元　仁宗皇帝

皇慶二年夏六月，京師地震。詔以周敦頤、程顥、程頤、張載、邵雍、司馬光、朱熹、張栻、吕祖謙、許衡並從祀孔子廟庭。

資治通鑑後編　清徐乾學撰

卷六十七　宋紀六十七　仁宗

嘉祐四年十一月己亥，以河南處士邵雍爲將作監主簿，本府以遺逸薦，故有是命。後再命爲潁州團練推官，皆辭疾不起。

卷七十九　宋紀七十九　神宗

熙寧三年十二月庚辰，命王安石提舉編修三司令式，時天下以新法騷然。邵雍屏居於洛，門人故舊仕州縣者，皆欲投劾而歸，以書問雍。雍曰：「正賢者所當盡力之時，新法固嚴，能寬一分則民受一分之賜矣，投劾何益邪？」

卷八十三　宋紀八十三　神宗

熙寧十年秋七月癸丑，潁州團練推官邵雍卒。雍始爲學，堅苦刻厲，寒不爐，暑不扇。夜不就席者數年。初，北海李之才受《易》於河南穆修，修受於种放，放受於陳摶，源流最遠。之才遂授雍以河圖、洛書、伏羲六十四卦圖象，雍由是探賾索隱，妙悟神契，洞徹藴奥，汪洋奥博，多其所自得者。晚乃衍伏羲先天之旨，著書十餘萬言。富弼、司馬光、吕公著諸賢退居洛中，雅敬雍，恒相從游，爲市園宅。雍名其居曰「安樂窩」。留守王拱辰薦雍遺逸授將作主簿，後舉逸士補潁州團練推官，皆固辭，乃受命，竟稱疾不之官。程顥初侍其父，識雍論議終日，退而歎曰：「堯夫，内聖外王之學也。」雍智慮絶人，遇事能前知，顥嘗曰：「其心虚明，自能知之。」雍卒，顥爲銘其墓，稱雍之道「純一不雜，就其所至，可謂安且成矣」。

九月甲戌，贈邵雍祕書省著作郎，雍初與常秩同召，雍竟辭不起，士大夫高之。吴充請於帝，賜謚曰康節。

卷九十　宋紀九十　哲宗

元祐六年十一月辛丑，中書侍郎傅堯俞卒，太皇太后素知其清，直謂輔臣曰：「堯俞，金玉人也，惜不至宰相。」對曰：「堯俞自仁宗時至今，始終一節，有德望，真可爲朝廷惜。」帝輟朝臨奠，贈銀青光禄大夫，謚憲簡。初，司馬光嘗謂邵雍曰：「清直勇三德，人所難兼，吾於欽之見焉。」雍曰：「欽之，清而不耀，直而不激，勇而不猛，是爲難耳。」欽之，堯俞字也。

卷九十二　宋紀九十二　哲宗

紹聖四年……五月丁巳，太子少保致仕潞國公文彦博卒，年九十二。彦博逮事四朝，任將相五十年，名聞四夷。元祐間，契丹使耶律永昌劉霄來聘，蘇軾館客與使入覲，望見彦博於殿門外，却立改容曰：「此潞公也耶？」問其年，曰：「何壯也！」軾曰：「使者見其容，未聞其語，其綜理庶務，雖精練少年有不如，其貫穿古今，雖專門名家有不逮。」使者拱手曰：「天下異人也。」既歸洛，西羌首領温溪心有名馬，請於邊吏，願以餽彦博。詔許之。其爲外國所敬如此。洛人邵雍、程顥、程頤皆以道自重，彦博賓接之如布衣交。與富弼、司馬光等十二人，用白居易九老會故事，置酒賦詩相樂，序齒不序官。圖形妙覺僧舍，謂之洛陽耆英會。好事者莫不慕之。

卷一百十二　宋紀一百十二　高宗

紹興七年五月甲戌，召胡安國爲提舉萬壽觀兼侍讀，未行。聞諫官陳公輔詆程頤之學，乃上疏曰：「士以孔孟爲師，不易之至論，然孔孟之道失其傳久矣，自程頤兄弟始發明之，然後知其可學而至。今使學者師孔孟而禁不得從頤學，是入室而不由户也。夫頤之文於《易》則因理以明象而知體用之一原，于《春秋》則見諸行事而知聖人之大用于諸經。《語》《孟》則發其微旨，而知求仁之方入德之序，鄙言怪語，豈其文哉！頤之行則孝悌顯于家，忠誠動于鄉，非其道義一介不以取，與則高視潤步，豈其行哉！自嘉祐以來，頤與兄顥及邵雍、張載皆以道德名世，如司馬光、吕公著、吕大防莫不薦之。頤有《易》、《春秋傳》，雍有《經世書》、載有《正蒙書》，惟顥未及著書，望下禮官討論故事，加此四人封爵，載在祀典，比於荀、揚之列。仍詔館閣裒其遺書，以羽翼六經，使邪説不得作而道術定矣。」

卷一百三十四　宋紀一百三十四　寧宗

嘉定四年十二月辛巳……秘書省著作郎李道傳上奏言：「學莫急於致知，致知莫大於讀書。書之當讀者莫出於聖人之經，經之當先者莫要於《大學》、《論語》、《孟子》、《中庸》之篇。故侍講朱熹有《論語》、《孟子》集註，《大學》、《中庸》章句、或問。學者傳之，所謂擇之精而語之詳者，於是乎在。臣願陛下詔有司，取是四書頒之太學，使諸生以次誦習，俟其通貫浹洽，然後次第以及諸經，務求所以教育人才，爲國家用。且使四方之士聞其風節，傳其議論，得以慕而效之也。」又言：「紹興中，從臣胡安國嘗欲有請于朝，乞以邵雍、程顥、程頤、張載四人，春秋從祀孔子之廟。淳熙中，學官魏掞之亦言宜罷王安石父子勿祀，而祀顥頤兄弟。厥後雖詔罷安石之子雱而他未及行。儒者相與論説，謂宜推而上之以及二程之師周敦頤。臣願陛下詔有司，考安國、掞之所嘗言者，議而行之。上以彰聖朝崇儒正學之意，下以示學者所宗其益甚大。其所關甚重，非特以補祀典之闕而已。」會西府中有不喜道學者，未及施行。

卷一百四十一　宋紀一百四十一　理宗

端平二年春正月甲寅，詔議胡瑗、孫復、邵雍、歐陽修、周敦頤、司馬光、蘇軾、張載、程顥、程頤等十人從祀孔子廟庭，升孔伋十哲。

卷一百四十二　宋紀一百四十二　理宗

淳祐二年二月甲戌，知樞密院事游似罷，以范鍾知樞密院事，徐榮叟參知政事，趙葵賜出身同知樞密院事，江淮制置使別之傑簽書樞密院事。蒙古伊囉斡齊在燕惟事貨賂，以姚樞爲幕長，分及之樞，一切拒絕，因辭職去，攜家至蘇門山，作家廟別爲室，奉孔子及周敦頤、程顥、程頤、張載、邵雍、司馬光像，刊《小學》、《四書》并諸經傳註，以惠學者。讀書鳴琴，若將終身。

卷一百四十七　宋紀一百四十七　度宗

咸淳三年春正月戊申，帝詣太學謁孔子行舍采禮，以顏淵曾參、孔伋、孟軻配享，升顓孫師于十哲，列邵雍、司馬光於從祀。雍封新安伯。講官監官三學長貳及諸生推恩有差。

卷一百五十三　元紀一

世祖

帝嘗曰：「朕求賢三十年，得一竇漢卿及李俊民。」又曰：「如竇漢卿之心，姚公茂之才，合而爲一，可謂全人矣。」公茂樞字漢卿，默字也。後累贈太師，追封魏國公，謚文正。俊民，澤州人，得河南程氏之學，時有隱士荆先生者授以邵雍皇極數。時知數者，無如劉秉忠，亦自以爲弗及。帝在潛邸，嘗問以禎祥，及即位，其言皆驗，而俊民已卒，賜謚莊静先生。

卷一百六十一　元紀九　成宗

蘭谿處士金履祥卒，履祥幼敏睿，及長從學同郡王柏及何基之門。基則學於黄榦，而榦則親得朱熹之傳者。宋將亡，遂絶意進取，屏跡金華山中，平居獨處，終日儼然，至與物接則盎然和懌，訓廸後學，諄切無倦，而尤篤於分義。及何基、王柏之喪，履祥率其同門之士以義例服，觀者始知師弟之繫於彝倫也。履祥嘗謂司馬光作《資治通鑑》，劉恕爲《外紀》以記前事，不本於經而信百家之説，是非謬於聖人，不足以傳信。乃用邵雍《皇極經世》歷，胡寅《皇王大紀》之例，損益折衷，一以《尚書》爲主，下及《詩》、《禮》、《春秋》，旁採舊史諸子表年，繫事斷自唐堯以下，接於《通鑑》之前，勒爲一書名曰《通鑑前編》，以授門人。

卷一百六十四　元紀十二

仁宗皇慶二年六月甲申，建崇文閣於國子監，以宋儒周敦頤、程顥、程頤、張載、邵雍、司馬光、朱熹、張栻、吕祖謙及故中書左丞許衡，從祀孔子廟庭。

卷一百七十二　元紀二十　順帝

至正五年五月辛卯，翰林學士承旨庫庫卒，年五十一，謚文忠。庫庫在帝左右，論思獻納，多所匡救。時科舉既輟，從容爲帝言：「古者取人材以濟世，用必有科舉，何可廢也？」帝採其論，尋復舊制。一日進讀司馬光《資治通鑑》，因言國家當及斯時修遼、金、宋三史，歲久恐致闕逸，後置局纂修，實由庫庫發其端。又請行鄉飲酒於國學，使民知遜悌，及請褒贈唐劉蕡、宋邵雍以旌道德正直。帝從其請，爲之下詔。庫庫以重望居高位，而雅愛儒士甚於饑渴，以故四方士大夫翕然宗之，萃於其門。

宋史紀事本末　明馮琦原編陳邦瞻增輯

卷八

庚辰，命王安石提舉編修三司令式，時天下以新法騷然，邵雍屏居于洛，門人故舊仕宦中外者，皆欲投劾而歸，以書問雍。雍曰：「正賢者所當盡力之時。新法固嚴，能寬一分則民受一分之賜矣。投劾何益邪？」

卷二十一

七年五月，張浚薦胡安國，帝召之，安國聞陳公輔請禁程頤之學，乃上疏曰：「孔孟之道不傳久矣，自頤兄弟始發明之，然後知其可學而至。今使學者師孔孟而禁從頤學，是入室而不由户也夫。頤於《易》因理以明象而知體用之一原，於《春秋》見於行事而知聖人之大用，諸經《語》、《孟》皆發其微旨，而知其入德之方，則狂言怪語，豈其文哉！孝弟顯於家，忠誠動於鄉，非其道義一介不以取，予則高視濶步，豈其行哉！自嘉祐以來，西都有邵雍、程顥及其弟頤，關中有張載，皆以道德名世，著書立言，公卿大夫所欽慕而師尊之。及王安石、蔡京等曲加排抑，故其道不行。願下禮官討論故事，加之封爵，載在祀典。仍詔館閣裒其遺書，羽翼六經，使邪説者不得作而道術定矣。」疏入，公輔與中丞周秘侍御史石公揆交章論安國學術頗僻，安國遂辭召命。

臣聞紹興中，從臣胡安國嘗欲有請於朝，乞以邵雍、程顥、程頤、張載四人春秋從祀孔子之廟。

按：宋世道學之傳，自周敦頤始，敦頤授之程顥及其弟頤，而其學始盛。同時張載、邵雍與顥兄弟，實相師友，雖立言各成一家，至澤於仁義道德不求同而自不能異。

邵雍，字堯夫，范陽人。少篤學，堅苦刻厲，冬不爐，夏不扇，卧不就枕席者數年。嘗以爲學者之患，在於好惡先成乎心，而挾其私智以求於道，則蔽於所好而不得其真，故其求之至於四方萬里之遠。天地陰陽屈伸消長之變，無所不通，而必折衷於聖人，雖深於象數，先見默識，未嘗以自名也。其學純一而不雜，居之而安，行之而成，平易渾大，不見圭角，其自得深矣。程顥初侍其父識雍，論議終日，退而嘆曰：「堯夫，内聖外王之學也。」

東都事略　宋王稱撰

卷一百十八

邵雍，字堯夫，衛州人也。刻厲爲學，夜不枕席者數年，有王豫者以師自居，聞雍學《易》召而欲教之，雍往見，豫與語三日，蹶然起拜。雍嘗適吴、楚，過秦、魯，客梁、晉，而歸徙居於洛。士人道洛者，必過其廬。與人言必依於孝悌忠信，樂道人之善，不及其惡。故賢不肖無不親之。其學自天地運化，陰陽消長，皆以數推之。逆知其變，世無能曉之者，而雍内以自樂浩如也。初舉遺逸試將作監主簿，熙寧初以爲潁州團練推官，與常秩同召，而雍卒不起。居洛三十年而卒，年六十七，贈著作郎，謚曰康節。有書十二卷曰《皇極經世》，詩二十篇曰《擊壤集》。子伯温。

古今紀要 宋黄震撰

卷十九 隱逸邵雍

少學於共城令李之才，三年不設榻。年三十自共城來居洛。富弼欲與先生處士號，辭。嘉祐中舉遺逸，王拱辰薦授將作簿。熙寧求逸士，吕誨薦補潁州推官，皆三辭不之官。不服深衣。新法固嚴，寬一分受一分賜。止富公聽僧開堂説法。天津聞杜鵑，知天下多事。本朝自唐虞而下未有者五事，市肆不易服，天下在即位後不殺一無罪，百年四葉。百年無心腹患。知安石、惠卿必離。邢恕欲傳其學，曰「徒長奸雄」，章惇亦欲傳之。二程訪之，明道稱「振古豪傑」，惜無用於世，又曰「内聖外王之道」。安樂窩。温公宅契，富公園契，王郎中莊契。居洛四十年。六十七。無爲不善，恐司馬端明邵先生知。兒童奴隸皆知尊奉。富公築室與相邇。温良好樂曰康，能固所守曰節。

郝氏續後漢書　元郝經撰

卷七十五

宋邵雍有言：「晉室之禍，不在於石勒長嘯上東門時，在荀勖夕陽亭之一語。嗚呼！既亡魏，又亡晉，復亡中國。既覆賈氏，又覆荀氏。小人患失一至此哉！」

卷八十三

自孟子後五百餘年而有諸葛亮，又三百餘年而有王通，又二百餘年而有韓愈，又三百餘年而有歐陽修、司馬光、周敦頤、邵雍、程顥、程頤、張載、朱熹，皆慨然以身任道，康濟斯民，申明制作，攘斥辯闢，復乎孔孟之初，而大其傳道之爲天下萬世之正者。自若彼老佛之徒，祇猖獗之僞焉爾。孔子曰：「人能弘道，非道弘人。」嗚呼！六經諸儒之道術具在，後之人亦弘之而已，又何患乎異端哉！

御定歷代紀事年表

年表卷一

始起甲辰帝堯元載　止乙酉帝堯一百有二載　凡一百有二年

表例説

臣之樞謹按：《史記》黄帝以來，紀世爲世表，共和以後，紀年爲年表。年表之例，以年爲經，以國爲緯。今紀事年表例本此。金履祥《通鑑前編》本邵雍《經世》，曆起堯元載甲辰，是紀年起於堯時，不俟共和始見也。今從金氏《前編》自堯元載始。

欽定續通志

卷三十八

二年春正月甲寅，詔議胡瑗、孫明復、邵雍、歐陽修、周敦頤、司馬光、蘇軾、張載、程顥、程頤等十人，從祀孔子廟庭。

卷三十九

三年春正月己丑，有事于南郊，大赦。癸卯，立妃全氏爲皇后。戊申，帝詣太學謁孔子行舍采禮，以顔淵、曾參、孔伋、孟軻配享，顓孫師升十哲，邵雍、司馬光升列從祀。雍封新安伯。

卷六十四

甲申，建崇文閣於國子監，以宋儒周敦頤、程顥、程頤、張載、邵雍、司馬光、朱熹、張栻、吕祖謙及故中書左丞許衡，從祀孔子廟庭。

卷一百十四

度宗咸淳三年，詔封曾參郕國公，孔伋沂國公，配享先聖。封顓孫師陳國公，升十哲位。時閔子以下九賢亦俱改封。復以邵雍、封新安伯。司馬光從祀。

元太祖置宣聖廟於燕京，世祖至元十年三月，中書省言春秋釋奠執事官各公服陪位，諸儒襴衫唐巾行禮。成宗時，始命建宣聖廟于京師。仁宗皇慶二年六月，詔以宋儒周敦頤、程顥、程頤、張載、邵雍、司馬光、朱熹、張栻、吕祖謙及故中書左丞許衡從祀。

卷三百三十八

彦博雖窮貴極富，而平居接物謙下，尊德樂善，如恐不及。其在洛也，洛人邵雍、程顥兄弟皆以道自重，賓接之如布衣交。與富弼、司馬光等十三人，用白居易九老會故事，置酒賦詩，相樂序齒不序官，爲堂繪像其中，謂之洛陽耆英會。好事者莫不慕之。神宗導洛通汴，而主者遏絶洛水，不使入城中。洛人頗患苦之。彦博因中使劉惟簡至洛，語其故，惟簡以聞詔令，通行如初，遂爲洛城無窮之利。

卷五百四十二　儒林傳

邵雍，字堯夫，其先范陽人。父古徙衡漳，又徙共城。雍年三十，游河南，葬其親伊水上，遂爲河南人。雍少時自雄其才，慷慨欲樹功名，於書無所不讀。始爲學，即堅苦刻厲，寒不爐，暑不扇，夜不就席者數年。已而歎曰：「昔人尚友於古，而吾獨未及四方。」於是踰河、汾，涉淮、漢，周流齊、魯、宋、鄭之墟。久之，幡然來歸。曰「道在是矣」，遂不復出。北海李之才攝共城令，聞雍好學，嘗造其廬，語以物理性命之學，遂從之才受河圖、洛書、宓羲八卦六十四卦圖，探賾索隱，妙悟神契，洞徹蘊奥，汪洋浩博，多其所自得者。及其學益老德益卲，玩心高明，以觀夫天地之運化，陰陽之消長，遠而古今世變，微而走飛草木之性情，深造曲暢，遂衍宓羲先天之旨，著書十餘萬言行於世。初至洛，蓬蓽環堵，不庇風雨，躬樵爨以事父母，雖平居屢空，而怡然有所甚樂，人莫能窺也。及執親喪，哀毁盡禮。富弼、司馬光、吕公著諸賢退居洛中，雅敬雍，恒相從游，爲市園宅。雍歲時耕稼，僅給衣食，名其居曰「安樂窩」，因自號曰「安樂先生」。興至輒哦詩自詠，春秋時出遊城中，乘小車，一人挽之，惟意所適。士大夫家識其車音，争相迎候，童孺廝隸皆歡，相謂曰「吾家先生至也」，不復稱其姓字。或留信宿乃去。好事者别作屋如雍所居，以候其至，名曰「行窩」。司馬光兄事雍，而二人純德，尤鄉里所嚮慕，每相飭曰「毋爲不善」，恐司馬端明、邵先生知。士之道洛者，有不之公府必之雍。雍德氣粹然，望之知其賢。然不事表襮，不設防畛，與人言樂道其善而隱其惡。有就問學則答之，未嘗强以語人。人無貴賤少長，一接以誠。故賢者悦其德，不賢者服其化。一時洛中人才特盛，而忠厚之風聞天下。熙寧行新法，吏牽迫不可爲，或投劾去，雍門生故友居州縣者，皆貽書訪。雍曰：「此賢者所當盡力之時。新法固嚴，能寬一分則民受一分賜矣。投劾何益耶？」先是嘉祐間詔求遺逸，留守王拱辰以雍應詔授將作監主簿，復舉逸士補潁州團練推官，皆固辭，乃受命，竟稱疾，不之官。熙寧十年卒，贈祕書著作郎。元祐中，賜謚康節。雍高明英邁而渾厚不見圭角，是以清而不激，和而不流，人與交久，益尊信之。河南程顥初侍其父識雍，論議終日，退而歎曰：「堯夫，内聖外王之學也。」雍知慮絶人，遇事能前知。程頤嘗曰：「其心虚明，自能知之。」當時學者因雍之前知，謂雍於凡物聲氣之所感觸，輒以其動而推其變焉，於是摭世事之已然者，皆以雍言先之。雍蓋未必然也。雍疾病，司馬光、張載、程顥、程頤晨夕候之，將終，共議喪葬事外庭。雍皆能聞衆人所言，召子伯温謂曰：「諸君欲葬我近城地，當從先塋爾。」既葬，顥爲銘墓，稱雍之道「純一不雜，就其所至，可謂安且成矣。」所著書曰《皇極經世》《觀物外篇》《漁樵問對》，詩曰《伊川擊壤集》。

卷五百四十四　儒林傳

諫官陳公輔上疏，詆假託程頤之學者。安國奏曰：「孔孟之道不傳久矣，自頤兄弟始發明之，然後知其可學。而至今使學者師孔孟而禁不得從頤學，是入室而不由户也。本朝自嘉祐以來，西都有邵雍、程顥及其弟頤，關中有張載，皆道德名世。會王安石、蔡京等曲加排抑，故其道不行。望下禮官討論故事，加之封爵，載在祀典。仍詔館閣，裒其遺書，校正頒行，使邪説不得作。」奏入，公輔與中丞周秘侍御史石公揆承望宰相風旨，交章論安國學術頗僻。除知永州，辭，復提舉太平觀，進寳文閣直學士。卒，詔贈四官，又加賻賜田十頃，恤其孤，謚曰文定，蓋非常格也。

紹興七年，震謝病丐祠，旋知禮部貢舉，會卒。震經學深醇，有《漢上易解》，以程頤《易傳》爲宗，和會邵雍、張載之論，上採漢魏吴晉，下逮有唐及宋，包括異同。其意以王弼盡去舊説，雜以莊老，專尚文辭爲非，故於象數加詳焉。

紹定末，祕書郎李心傳乞以司馬光、周敦頤、邵雍、張載、程顥、程頤、朱熹七人列于從祀，不報。淳祐元年正月，帝視學，手詔以張、周、二程及熹從祀孔子廟。

卷五百四十九　儒林傳

仍請以周敦頤、邵雍、程顥、程頤、張載五人從祀孔子廟，時執政有不樂道學者，以語侵道傳，道傳不爲動。

太平治迹統領　宋彭百川撰

卷二十六

（皇祐）四年十一月，以河南處士邵雍爲將作監主簿，本府以遺逸薦，故有是命。後再命爲潁州團練推官，皆辭疾不起。

（熙寧）十年九月己酉，贈潁州團練推官邵雍秘書省著作郎，賜帛以知河南府。賈昌衡言雍行義聞于鄉里，乞加卹也。宰相吴充請于上賜謚，曰康節。雍初與常秩同召，雍竟辭不起。士大夫高之。

咸淳遺事　不著撰人

卷下

上幸太學，陞邵雍司馬光從祀。其詔曰：「邵雍天挺人豪，英邁蓋世。司馬光有德有言，有功有烈。朱熹贊之，與周、張、二程俱。雍述《經世書》，發先天奧旨，而内聖外王之學，寔關吾道。光著《通鑑》，貽後世治法而真履寔踐之美，爲儒宗師。蓋非前代諸儒或以章句文詞得祀于學者比。朕將臨辟雍，因思朱熹所贊，已祀其四，尚遺雍、光，非缺典歟？令學宫列諸從祀，以示奬崇。」

世宗憲皇帝硃批諭旨

卷一百七十四之十六

聖學淵源，包羅萬有。伏讀集中，如黄洽之矢不欺，林逋之戒沽名，邵雍之勉爲善，司馬光之勸知足，皆古來名臣大儒，以忠君愛國之心抒樂天知命之致。其他單詞片語，無非祛妄止貪，不同晉人清談。惟誇曠懷逸志，實爲覺世名言，修身至寶。

歷代名臣奏議　明楊士奇黄淮等奉勅編

卷五十三

臣聞仁宗時有程顥者，與其弟頤同受學於周敦頤，實得孔孟以來不傳之緒。同時又有邵雍、張載，相與博約，遂使聖道闇而復明，其功甚大。俗儒淺學，既不足以窺其藴奥，姦人鄙夫，又以其言，居必誠敬，動由禮義，有害於己之所爲。以故相與怨疾，指爲道學而加詆訕焉。

卷二百七十四

昔者伯夷、柳下惠之賢，微仲尼，則西山之餓夫、東國之黜臣耳。本朝自嘉祐以來，西都有邵雍、程顥及其弟程頤，關中有張載，此四人者皆以道學德行名於當世，公卿大夫之所欽慕而師尊之者也，如司馬光、吕公著、韓絳、吕大防等，莫不論薦之。會王安石當路，重以蔡京得政，曲加排抑，故有西山東國之阨，而其道不行，深可惜也。今雍所著有《皇極經世書》六十卷，載有《正蒙書》一十七篇，頤有《易》《春秋》傳一十卷。顥雖未及著述，而門弟子質疑請益答問之語，存于世者甚多，又有書、疏、銘、詩並行於世，而傳者多失其真。臣愚伏望陛下特降指揮，下禮官討論故事，以此四人加之封號，載在祀典，比於荀揚之列，以見聖世雖當禁暴誅亂奉詞伐罪之時，獨有崇儒重道尊德樂義之意。仍詔館閣裒集四人之遺書，委官校正，取旨施行，便於學者傳習。羽翼六經，以推尊仲尼孟子之道，使邪説者不得乘間而作，而天下之道術定，豈曰小補之哉。

紹興之初，侍講胡安國嘗有請於朝，乞爵程顥兄弟，使得從食於先聖先師之廟。其後乾道間，太學録魏掞之又嘗白宰相，請祠程顥兄弟于學，會不果行。如周頤則又程顥兄弟親炙而師事之者，安國挾之亦未及以爲言，誠爲闕典。臣愚欲望聖慈，詳臣所陳，如以爲可採，乞下之禮官，如先朝邵雍、徐積等故事，將周頤特賜美謚，使海内人士咸知正學之宗，其於表章風厲，誠非小補。如程頤兄弟並得在易名之典，則尤足以章明時崇儒重道之意。臣本爲蜀人，致甘棠之思而儳言及此，越職踰分，臣知罪矣。

伊洛淵源録　宋朱熹撰

卷四

本朝自嘉祐以來，西都有邵雍、程顥及弟頤，關中有張載，此四人者，皆道學德行名於當世。會王安石當路，重以蔡京得政，曲加排抑，故有西山東國之阨。其道不行，深可惜也。今雍所著有《皇極經世書》，載有《正蒙書》，頤有《易》《春秋》傳，顥雖不及著述，而門弟子質疑請益答問之語，存于世者甚多，又有書、疏、銘、詩並行於世，而傳者多失其真。臣愚伏望陛下特降指揮，下禮官討論故事，以此四人加之封號，載在祀典，以見聖世雖當禁暴誅亂奉詞伐罪之時，猶有崇儒重道尊德樂義之意。仍詔館閣裒集四人之遺書，委官校正，取旨施行，便於學者傳習，羽翼六經，以推尊仲尼孟子之道，使邪説者不得乘間而作，而天下之道術定，豈曰小補之哉。

宋名臣言行録　朱熹撰

後集卷十

温公嘗歎曰：「清直勇三德，吾於欽之畏焉。洛之君子邵雍曰：欽之至清而不耀，至直而不激，至勇而能温，此爲難爾。人以雍言爲然。」

宋名臣言行録外集　宋李幼武纂集

邵雍康節先生

字堯夫，其先范陽人，徙衡漳，又徙共城，三十歲來遊於洛，葬其親於伊川，遂爲河南人。嘉祐中，詔舉遺逸，留守王拱辰薦之，授試將作監簿。熙寧初復求逸士，中丞吕誨等復薦之，補潁州團練推官，三辭不獲而後受命，終稱疾不之官。十年卒，年六十七，贈秘書省著作郎，元祐中特賜謚。

始學於百源，堅苦刻厲，冬不爐，夏不扇，夜不就席者數年，衛人賢之。先生歎曰：「昔人尚友千古，而吾未嘗及四方，遽可已乎？」於是走吴、適楚，過齊、魯，客梁、晉，久之而歸，曰「道在是矣」。蓋始有定居之意。

少時自雄其才，慷慨有大志，既學力慕高遠，謂先王之事，爲可必致，及其學益老德益劭，玩心高明，觀於天地之運化，陰陽之消長，以達乎萬物之變，然後頹然其順，浩然其歸。在洛三十年，始至蓬蓽環堵不蔽風雨，躬爨以養其父母，居之裕如。講學於家，未嘗强以語人，而就問者日衆。鄉里化之遠近尊之，士人之道洛者有不之公府，而必之先生之廬。先生德氣粹然，與人言必依於仁義忠信，樂道人之善而未嘗及其惡，故賢者悦其德，不賢者服其化。所以厚風俗成人材者，先生之功多矣。先生之學得之於李挺之，挺之得之於穆伯長，推其源流，遠有端緒，而先生淳一不雜，汪洋浩大，其所自得者多矣。

覃思於《易》，夜不設席，日不再食，三年而學以大成。大名王豫天悦，瑰偉博達之士也，精於《易》，聞先生之篤志，愛而欲教之。與語三日，得所未聞，始大驚服，卒捨其學而學焉。於書無所不讀，著《皇極經世》六十卷。晚猶喜爲詩，平易而造於理，有《擊壤集》二十卷，自爲之序。

居洛四十年，安貧樂道，自云「未嘗攢眉」，所居寢息處爲「安樂窩」，自號「安樂先生」。又爲甕牖，讀書燕居其下，旦則焚香獨坐，晡時飲酒三四甌，微醺便止，不使至醉也。嘗有詩云：「斟有淺深存燮理，飲無多少繫經綸。」「莫道山翁拙於用，也能康濟自家身。」大寒暑則不出，每出乘小車，用一人挽之。爲詩以自詠曰：「花似錦時高閣望，草如茵處小車行。」司馬公贈以詩曰：「林間高閣望已久，花外小車猶未來。」隨意所之，遇主人喜客，則留三五宿，又之一家，亦如之，或經月忘返。雖性高潔，而接人無賢不肖貴賤，皆懽然如親。嘗自言：「若至大病，自不能支；其遇小疾，得有客對話，不自覺疾之去體也者。」來從之問經義，精深浩博，應對不窮，思致幽遠，妙極道數。間與相知之深者，開口論天下事，雖久存心世務者不能及也。

與富文忠早相知，富初入相，謂門下士田棐大卿曰：「爲我問邵堯夫，可出當以官職起之，不即命爲先生處士以遂隱居之志。」田爲先生言，先生不答。以詩謝之曰：「相招多謝不相遺，將謂胸中有所施。若進豈能禁吏責，既閑安用更名爲。願同巢許稱臣日，甘老唐虞比屋時。滿眼清賢在朝列，病夫無以繫安危。」富終不相忘，乃因明堂祫享，赦詔天下舉遺逸，富意謂河南必以先生應詔。時文潞公尹洛，以兩府禮召見先生，先生不屈，遂以福建黄景應詔。富不樂，奏乞再舉遺逸，從之。王拱辰尹洛，乃以先生應詔，潁川薦常秩皆先除，試將作監簿，先生與秩皆不起。富時已丁憂去位矣。熙寧二年，詔舉遺逸，吕誨、吴充、祖無擇皆薦先生。時歐公參政，素重秩，故潁州再薦秩，先生除秘書省校書郎、潁州團練推官，辭不許。既受命，即引疾不起。且以詩答鄉人曰：「平生不作皺眉事，天下應無切齒人。斷送落花安用雨，裝添舊物豈須春。幸逢堯舜爲真主，且放巢由作老臣。六十病夫宜揣分，監司無用苦開陳。」秩以職官起，時王介甫方行新法，天下紛然，以爲不便。思得山林之士相合，秩賜對，盛言新法之便，乃除諫官以至待制。帝浸薄之，介甫主之不忘，然亦知其爲人矣。

始爲隱者之服，烏帽縚褐，見卿相不易也。温公依禮記作深衣、冠簪、幅巾、紳帶，每出朝服乘馬，用皮匣貯深衣隨其後，入獨樂園則衣之。嘗謂先生曰：「先生可衣此乎？」先生曰：「某爲今人，當服今人之衣。」温公歎其言合理。

熙寧三年，初行新法，天下騷然。先生閒居林下，門生故舊仕宦四方者，皆欲投劾而歸，以書問先生。先生曰：「正賢者所當盡力之時，新法固嚴，能寬一分則民受一分之賜矣。投劾而去何益？」嘗過士友家晝卧，見其枕屏畫小兒迷藏，題詩其上云：「遂令高卧人，欹枕看兒戲。」蓋熙寧間也。

熙寧中，洛陽以清德爲朝廷尊禮者大臣，曰富韓公侍從、曰司馬温公、吕申公位卿監，以清德早退者十餘人，好學樂善有行義者，幾二十人。先生隱居謝聘，皆相從。忠厚之風，聞於天下。里中後生，皆知畏廉恥，欲行一事必曰「無爲不善」，恐司馬端明、邵先生知。

富公自汝州得請歸洛養疾，築第與先生天津隱居相邇。富曰：「自此可時相招矣。」先生曰：「某冬夏不出，春秋時間過親舊間，公相招未必來，不召或自至。」富謝客。戒子曰：「先生來，不以時見。」先生一日過之，富作詩云：「先生自衛客西畿，樂道安閒絶世機。再命初筵終不起，獨甘窮巷寂無依。貫穿百代嘗探古，吟詠千篇亦造微。珍重相知忽相訪，醉和風雨夜深歸。」富嘗令二青衣蒼頭掖之以行，一日與先生論天下事，富喜甚，不覺獨步下堂。先生不爲起，徐指二蒼頭戲富曰：「忘却柱杖矣。」富常患氣痞，先生曰：「好事到手畏慎，不爲他人做了，鬱鬱何益。」富笑曰：「此事未易言也。」蓋爲嘉祐建儲耳。富雖剛勇，遇事詳審，不萬全不發。先生因戲之。富一日有憂色，先生問之，富曰：「先生度某之憂安在？」先生曰：「豈以安石罷相，惠卿參政，惠卿凶暴過安石乎？」富曰：「然。」先生曰：「公無憂。安石、惠卿本以勢利合，勢利相敵將自爲仇矣。不暇害他人也。」未幾，惠卿果叛安石。富謂先生曰：「先生識慮絶人遠矣。」一日薄暮，温公見先生曰：「明日僧修顒開堂説法，富公、晦叔欲偕往聽之，晦叔貪佛，已不可勸。富公果往，於理未便。光後進不敢言，先生曷不止之。」先生曰：「恨聞之晚矣。」明日，富果往。後先生因見富，謂曰：「聞上欲用裴晉公禮起公。」富笑曰：「先生以謂某衰病能起否？」先生曰：「固也。或人言上命公，公不起。一僧開堂公乃出，無乃不可乎？」富驚曰：「某未之思也。」富以先生年高，勸學修養。先生曰：「不能學人胡走亂走也。」

熙寧癸丑，王荀龍仲賢，魏公客也。因入洛見先生，出魏送行詩，顔體大書，極奇偉。先生曰：「吾少日喜作大字。李挺之曰學書妨學道。」故嘗有詩曰：「憶昔初書大字時，學人飲酒與吟詩。若非益友推金石，四十五年成一非。」

洛之交游，年長者拜之，年等者友之，年少者以子弟待之，未嘗少異於人，故得人之懽心。每歲春二月出，四月天漸熱即止；八月出，十一月天漸寒即止。故有詩云：時有四不出，大風大雨大暑大寒。會有四不赴。公會葬會生會醵會。每出，人皆倒屣迎致，雖兒童奴隸皆知尊奉。每到一家，子弟家人争具酒饌，問其所欲，不復呼姓氏，但曰吾家先生至也。雖閨門骨肉間事有未決者，亦求教先生，以至誠爲之開諭，莫不悦服。十餘家如先生所居安樂窩，以待其來，謂之行窩。故其没，鄉人輓詩云：「春風秋月嬉遊處，冷落行窩十二家。」洛陽風俗之美如此。

治平間，與客散步天津橋上，聞杜鵑聲，慘然不樂。客問其故，則曰：「洛陽舊無杜鵑，今始至，有所主。」客曰：「何也？」先生曰：「不二年，上用南士爲相，多引南人，專務變更，天下自此多事矣。」客曰：「聞杜鵑何以知此？」先生曰：「天下將治，地氣自北而南；將亂，自南而北。今南方地氣至矣。禽鳥飛類，得氣之先者也。春秋書六鷁退飛，鸜鵒來巢，氣使之也。自此南方草木皆可移，南方疾病瘴瘧之類，北人皆苦之矣。」至熙寧初，其言乃驗。

謂本朝五事，自唐虞而下所未有者。一革命之日，市不易肆；二克服天下，在即位後；三未嘗殺一無罪；四百年方四葉；五百年無心腹患。

熙寧十年夏，感微疾，氣日益耗，神日益明，笑謂温公曰：「雍欲觀化一巡，如何？」温公曰：「未應至此。」先生笑曰：「死生亦常事耳。」張横渠喜論命，來問疾，因曰：「先生論命否？當推之。」先生曰：「若天命，則已知之矣。世俗所謂命，則不知也。」横渠曰：「先生知天命矣，載尚何言？」程伊川曰：「先生至此，他人無以爲力，願自主張。」先生曰：「平生學道，豈不知此？然亦無可主張。」伊川又問：「從此永訣，更有見告乎？」先生舉兩手示之，伊川曰：「何謂也？」先生曰：「面前路徑須令寬，路窄則自無著身處，況能使人行也。」時居正寢，諸公議後事於外。有欲葬近洛城者，先生已知。呼伯温入曰：「諸公欲以近城地葬我，不可。當從伊川先塋耳。」七月初四日，大書詩一章，曰：「生于太平世，長于太平世，死于太平世，客問年幾何，六十有七歲。俯仰天地間，浩然獨無愧。」以是夜五更捐館。《辯惑》

明道言：　堯夫病革，言「試與觀化」一遭。子厚言觀化他人，便觀得自家，又如何觀得化？嘗觀堯夫詩意，纔做得識道理，却於儒術未見所得。

又云：　堯夫臨終時只是諧謔，須臾而去。以聖人觀之，則亦未是。蓋猶有意也，比之常人，甚懸絶也。他疾甚革，頤往視之，因警之曰：「堯夫平生所學，今日無事否？」他氣微不能答。次日見之，却有聲如絲髮來大，答云：「你道生薑樹上生，我亦只得依你説。」是時諸公都在廳上議後事，他在房間便聞得。諸公恐喧他，盡出外説話，他皆聞得。一人云「有新報」云云，堯夫問有甚事，曰「有某事」。堯夫曰：「我將爲收却幽州也。」以他人觀之，便以爲怪。此只是心虚而明，故聽得。問：「堯夫未病時，不如此，何也？」曰：「此只是病後氣將絶，心無念慮不昏，便如此。」又問：「亦先知死，何也？」曰：「只是一箇不動心。釋氏平生只學這箇事，將這箇做一件大事，學者不必學他。但燭理明，自能之。只如堯夫事，他自如此，亦豈嘗學也。」

元祐中，韓康公尹洛，請謚于朝。常博歐陽棐議曰：「君少篤學有大志，久而後知道德之歸。且以爲學者之患，在於好惡先成乎心，而挾其私智以求於道則蔽於所好，而不得其真。故求之至於四方萬里之遠，天地陰陽屈伸消長之變，無所不可，而必折衷於聖人。雖深於象數，先見默識，未嘗以自名也。其學純一而不雜，居之而安，行之而成，平夷渾大，不見圭角，其自得深矣。云云。按謚法，温良好樂曰康，能固所守曰節。」

按《晁以道集》，叔弼後謂以道曰：「棐從母王宣徽夫人得疾，洛陽先妣夫人亟以棐入洛。時先公參大政，臨行告戒曰：『洛中有邵堯夫，吾獨不識，汝爲吾見之。』棐既至洛，求教先生，特謁棐，徐道其立身本末甚詳。出門揖送，猶曰：『足下其無忘鄙野之人於異日。』棐伏念先生未嘗辱教一言，雖欲不忘，亦何事耶？歸白大人，則喜曰『幸矣！堯夫有以處吾兒也』。後二十年，棐入太常爲博士，次當作謚議，乃恍然周省先生當時之言。落筆若先生之自序，無待其家所上文字也。

張崏述其行畧曰：「先生治《易》、《書》、《詩》、《春秋》之學，窮意言象數之藴，明皇帝王霸之道。著書十餘萬言，研精極思三十年，觀天地之消長，推日月之盈縮，考陰陽之度數，察剛柔之形體，故經之以元，紀之以會，參之以運，終之以世。又斷自唐虞訖于五代，本諸天道質以人事，興廢治亂靡所不載。其辭約，其義廣，其書著，其旨隱。嗚呼，美矣，至矣，天下之能事畢矣！」

明道銘其墓曰：「嗚呼！先生志豪力雄，闊步長趍，凌高厲空，探幽索隱，曲暢旁通，在古或難，先生從容，有問有觀，以沃以豐，天不憖，遺哲人之凶。」云云。

晦庵贊其畫像曰：「天挺人豪，英邁蓋世，駕風鞭霆，歷覽無際。手探月窟，足躡天根，閒中今古，醉裏乾坤。」

二程待太中公訪先生於天津之廬，先生攜酒飲月陂上，歡甚，語其平生學術出處之大，致明日，明道謂周純明曰：「昨從堯夫先生游，聽其議論，振古之豪傑也。惜其無所用於世。」周曰：「所言何如？」曰：「内聖外王之道也。」

謂程子曰：「子雖聰明，然天下事亦衆矣，子能盡知耶？」子曰：「天下之事，頤所不知者固多，然堯夫所謂不知者，何事？」時適雷起，堯夫曰：「子知雷起處乎？」子曰：「頤知之，堯夫不知也。」堯夫愕然曰：「何謂也？」子曰：「既知之安用數推之，以其不知故待推而後知。」堯夫曰：「子以爲起於何處？」子曰：「起於起處。」堯夫愕然稱善。晁以道嘗以書問邵之數于伊川，伊川答書云：「頤與堯夫同里巷居三十餘年，世間事無所不問，惟未嘗一字及數。」

先生與商州趙守有舊，時章惇作商州令，趙厚遇之。一日趙請先生與章同會，章議論縱横，不知敬先生也。因語及洛中牡丹之盛，趙因謂章曰：「先生洛人也，知花爲甚詳。」先生因言：「洛人以見根撥而知花之高下者，知花之上也。見枝葉而知者，知花之次也。見蓓蕾而知者，知花之下也。如公所説，乃是知花之下也。」章慙服，嘿然。趙因謂章從先生學，章從先生游，欲傳數學，先生謂章「須十年不仕宦，乃可學」，蓋不之許也。

上蔡云：「堯夫直是豪才，在風塵時節，便是偏霸手段。如富公身都將相，嚴重有威，人不敢仰視，他將做小兒樣看。或問：『邵所學何如？』謝曰：『他只見得天理進退、萬物消長之理，便敢做大，於聖人門下學上達事，更不施工，所以差却。堯夫精易之數，事物之成敗終始，人之禍福修短，算得來無毫髮差錯。如指此屋便知起於何時至某年月日而壞，無不如其言。然二程不貴其術。』明道云：『堯夫欲傳數與某兄弟，某兄弟那得工夫？要學須二十年工夫。』堯夫初學於李挺之，師禮甚嚴，雖在一野店，飯必襴，坐必拜。欲學堯夫，亦必如此。伯淳聞説甚熟，一日因監試無事，以其説推算之皆合。出謂堯夫曰：『堯夫之數，只是加一倍法，以此知太玄都不濟事。』堯夫驚拊其背曰：『大哥，你恁地聰明！』他日伊川問明道加倍之數，曰：『都忘之矣。』因嘆其心無偏繫者如此。」

伯温云：邢和叔亦欲從先君學，先君略爲開其端倪，和叔援引古今不已，先君曰：「姑置是，此先天學未有許多言語，且當虛心滌慮，然後可學此。」和叔留別詩有「坦下每甎呼孺子，床前時得拜龐公」之句，先君和云：「觀君自比諸葛亮，顧我殊非黄石公。斷章云出人才業，尤須惜慎勿輕爲西晉風。」

上蔡云：「堯夫之數，邢七要學，堯夫不肯，曰徒長姦雄。」

程顥曰：接人多矣，不雜者三人：張子厚，邵堯夫，司馬君實。

或問：「康節詩嘗有莊老之説，如何？」朱子曰：「便是他有些子這個。」曰：「如此，莫於道體有異否？」曰：「他常説老子得易之體，孟子得易之用。體用自分作兩截。程子謂其不雜，以今觀之，亦恐未然。」

程曰堯夫放曠，又曰堯夫猶空中樓閣。

朱子曰：程子稱之言，看得四通八達。又曰：堯夫豪傑之士，根本不帖帖也。

堯夫有詩云：「頻頻到口微成醉，拍拍滿懷都是春。」又曰：「梧桐月向懷中照，楊柳風來面上吹。」不止風月，言皆有理。又曰：「卷舒萬古興亡手，出入幾重雲水身。」若莊周，大抵寓言要入他放蕩之場。堯夫却皆有理，故要得從心妄行總不妨。堯夫又得詩云：「聖人喫緊些兒事」，其言太急迫，此道理平鋪地放著裏，何必如此？

堯夫之學先從理上推意，言象數言天下之理須出於此四者。我得此大者，則萬事由我，無有不定。然未必有術，要之亦難以治天下國家。其爲人則直是無禮不恭。

堯夫詩「雪月風花未品題」，他便把這些事便與堯舜三代一般。此等語，自孟子後無人曾敢如此道來，直是無端。「須信畫前元有易，自從删後更無詩」，這箇意思，元古未有人道來。並程語

朱子曰：「『雪月風花未品題』，此言事物皆有造化。」問：「他説風花雪月，莫是曾點意思否？」朱曰：「也是。見得眼前這個好。」曰：「意其有與自家意思一般之意？」曰：「也是。他有這些子。若不然却淺陋了。」問：「康節心胸如此快活廣大，安得如之？」曰：「他是甚麼樣工夫？」下並朱子語。

問：近日學者有厭拘撿樂舒放惡精詳喜簡便者，自謂慕堯夫爲人，如何？曰：邵子這道理，豈易及哉！他胸襟中有這個學，能包括宇宙終始古今，如何不做得大，放下得？今人却恃個甚，復敢如此？因誦其詩云「日月星辰高照耀，皇王帝伯大鋪舒」，可謂人豪矣。

言康節爲人。須極會處置事，爲他神閑氣定，不動聲氣，須處置得別。蓋他氣質本來清明，又養得來純厚，又不曾枉用了心，他用心都在緊要上。爲他静極了，看得天下事理精明。嘗於百原深山中闢書齋，獨處其中。王勝之嘗乘月訪之，必見其燈下正襟危坐，雖夜深亦如之。若不是養得至静之極，如何見得道理到此？

他看見天下之事，才上手來便成四截。其先後緩急，莫不有定。動中機會，事到面前，便處置得下。康節甚喜子房，以爲子房善藏其用，以老子爲得易之體，孟子爲得易之用。合二者而用之，想見善處事。

康節詩儘好看。問：舊見《無垢引心贊》云「廓然心鏡大無倫，盡此規模有幾人？我性即天天即性，莫於微處起經綸。」不知如何？曰：「是殆非康節之詩也。」林少穎云：朱内翰子發作也如康節，云「天向一中分造化，人從心上起經綸」，多少平易實見得者自別。又問「一中分造化」，曰：「本是一個，而消息盈虚，便生陰陽，事事物物皆恁地。」

邵詩云「真樂攻心不奈何」，熹謂此非真樂也。真樂便不攻心，如顔子之樂，何嘗恁地？

先生誦其詩云：「施爲欲作千鈞弩，磨礪當如百鍊金。」問：千鈞弩如何？曰：只是不妄發。如子房在漢，謾説一句，當時承當者便須百碎。

問：邵詩云「須探月窟方知物，未躡天根豈識人」，又先生贊之云「手探月窟，足躡天根」，莫只是説陰陽否？答云：「《先天圖》自復至乾陽也，自姤至坤陰也。陽生人，陰生物。手探足躡亦無甚意義，但姤在上，復在下，上故言手探，下故言足躡。」

或誦其詩云「若論先天一事無，後天方要著工夫」，先生問：「如何是一事無？」對曰：「出於自然，不用安排。」先生嘿然。

問：康節男子吟曰詩，乃是說他先天圖數之從起處，天根月窟，指復姤二卦而言。先天乃伏羲本圖，非康節自作。雖無言語而所該甚廣。凡今易中一字一義，無不自其中流出者。太極，却是濂溪自作，發明易中大概綱領意思而已。故論其格局，則太極不如先天之大，而詳論其義理，則先天不如太極之精而約。蓋合下規模不同，而太極終在先天範圍之內，又不若彼之自然，不假思慮安排也。若以數言之，則先天之數自一而二，自二而四，自四而八，以爲八卦，太極之數亦自一而二，剛柔自二而四，剛善剛惡，柔善柔惡，遂加其一以爲五行，而遂自及於萬物。蓋物理本同，而象數亦無二致，但推得有大小詳略耳。

周子從理處觀，邵子從數上觀，皆只是此理。

問：《先天圖》陰陽自兩邊生，若將坤爲太極，與《太極圖》不同，如何？曰：他自據他意思說，即不曾契勘濂溪底。若論他太極，中間虛者便是。他亦自說圖從中起，今不合被横圖在中間塞，却待取出放外。他邊生者，即是陰根陽，陽根陰，這個有對，從中出却無對。

問：《先天圖》有自然之象數，伏羲當初亦不知其然否？曰：也不見得如何。但圓圖是有些子造作模樣。如方圖只是據見在底畫。圓圖便是就這中間拗做兩截。恁地轉來底是奇。

恁地轉去底是偶。便有些不甚依他當初畫底，然伏羲當初也只見箇太極下面有個陰陽，便知是一生二，二又生四，四又生八，恁地推將去，做成這物事。

《先天圖》一日有一個恁地道理，一月有一個恁地道理，以至合元會運世十二萬九千六百歲，亦只是這個道理。

《先天圖》今所寫者，是以一歲之運，言之若大而古今十二萬九千六百年亦只是這圈子，小而一日一時亦只是這圈子，都從復上推起去。

問：圖雖無文，終日言之不離乎是，何也？曰：一日有一日之運，一月有一月之運，一歲有一歲之運，大而天地之終始，小而人物之生死，遠而古今之世變，皆不外乎此。

《先天圖》傳自希夷，又自有所傳，蓋方士技術用以修煉，《參同契》所言是也。

邵子「天地定位，否泰反類」一詩，正是發明先天圓圖之義。此圖只是精微，不起於康節，希夷以前已有，只是祕而不傳。

問：圖心法也，圖皆自中起，萬事萬化生乎心，何也？曰：其中間白處便是太極，三十二陰三十二陽便是兩儀，十六陰十六陽底便是四象，八陰八陽底便是八卦。

康節云「先天圖心法，皆從中起」，且只說圓圖。又云「文王八卦應地之方」，這是見他不用卦生底次第序，四正卦出四角，似那云云意思。

熹看康節易了，都看別人底不得。他說那太極生兩儀，兩儀生四象，人都無甚玄妙，只是從來更無人識。揚子《太玄》一玄三方、九州、二十七部、八十一家，亦只是這個。他却識只是以三爲數，皆無用了。他也只是見得一個粗底道理，後人便都無人識。《太玄》擬《易》方州部家，皆自三數推之。玄爲之首，一以生三爲三方，三生九爲九州，九生二十七爲二十七部，九九乘之斯爲八十一家，首之以八十四，所以準六十四卦贊之，以七百二十九，所以準八十四爻，無非三數推之。康節之數，只是加倍之法。

康節其初想只是得太極生兩儀，兩儀生四象，心只管在那上轉，久之理自透徹，想見一舉眼便成四片。其法四之外，又有四焉。凡物纔過到二之半時，便煩惱了，蓋已漸趨於衰也。謂如是花方蓓蕾，則知其將盛，既開則知其將衰，其理不過如此。理在數内，數又在理内。康節是見得一個盛衰消長之理，故能知之。若説他知得甚事，如歐陽叔弼定謚之類，此知康節之淺者也。

問：康節數學。曰：「且未須理會數，自是有此理。有生便有死，有盛必有衰。且如一朶花，含蘂時是將開，略放時是正盛，爛熳時是衰謝。又如看人，即其氣之盛衰，便可以知其生死。蓋其學本於明理。若曰渠能知未來事，則與世間占覆之術何異？其去道遠矣！其知康節者末矣！蓋他玩得此理熟了，事物到面前便見，更不待思量。」

「康節以四起數，疊疊推去。自《易》以後，無人做得一物如此整齊，包括得盡。想他每見一物便成四片了，但纔到二分以上便怕。乾卦方終，便知有個姤卦來，蓋緣他於起處推將來，至交接處看得分曉。」

「康節易數出於希夷，他在静中推見得天地萬物之理如此，又與他數合，所以自樂。」

問：「康節善談《易》，見得透徹？」曰：「然伊川又輕之，嘗有柬與横渠云『堯夫説《易》好聽，今夜試來聽他説看』。某謂此便見伊川不及孔子處，只觀孔子便不如此。」

「伊川之學於大體瑩徹，而小節目猶有疏處。康節能盡得事物之變，而大體乃有未粹。《易》是互相博易之義，觀《先天圖》可見。東邊一畫陰，便對西邊一畫陽。蓋東一邊本皆是陽，西一邊本皆是陰。東邊陰畫皆是自西邊來，西邊陽畫皆是自東邊來。姤在西，是東邊五畫陽過；復在東，是西邊五畫陰過，互相博易而成。《易》之變雖多般，然此是第一變。」

問：「程子所謂《易》，只説反復往來上下者，莫便是指此言之否？」曰：「看得來程子之意又别，邵子所謂《易》，程子多理會他底不得。蓋他只據理而言，都不曾去問他。」

聖人説數説得疏，到康節説得密了。他也從一陰一陽起頭，他却做陰陽太少乾之四象，剛柔太少坤之四象，又是那八卦。他説這《易》，將那元亨利貞全靠著那數，三百八十四爻管定那許多數，説得太密了。《易》中只有個奇偶之數是自底，大衍之數却是用以揲蓍底。康節盡歸之數，所以二程不肯問他學。若是聖人用數，不過如大衍之數便是。他須要先揲蓍，以求那數起那卦，數是恁地起，卦是恁地求。

王天悦雪夜見康節於山中，猶見其儼然危坐，蓋其心地虚明，所以推得天地萬物之理，其數以陰陽剛柔四者爲準，四分爲八，八分爲十六，只管推之無窮。有太陽太陰少陽少陰，太剛太柔少剛少柔，今人推他數不行，亦是無他胸中所見。

《皇極經世》紀年甚有法，史家多言秦廢太后逐穰侯，《經世》書只言秦奪宣太后權。伯恭極取之，蓋實不曾廢來。

《皇極經世》以元經會，以會經運，以運經世。

問：「天開於子，地闢於丑，人生於寅，是如何？」曰：「此是邵子《皇極經世》中說，今不可知。他只以數推得，是如此。他說寅上生物，是到寅上方有人物也。有一元，十二會，三十運，十二世，十二萬九千六百年，爲一元，歲月日時，元會運世，皆自十二而三十，自三十而十二。至堯時會已在巳午之間，今則及未，至戌上說閉物，到那裏則不復有人物矣。」

問：「《易》與《經世書》同異。」曰：「《易》是卜筮，《經世》是推步，是一分爲二，二分爲四，四分爲八，八分爲十六，十六分爲三十二又，從裏面細推去。」

問：「《經世》書水火土石，只是金否？」曰：「他分天地間物事皆是四，如日月星辰，水火土石，雨風露雷，皆是相配。」

邵之學只把元會運世四字貫盡天地萬物，邵之學其骨髓在《皇極經世》，其花草便是詩。又云：其詩多說閑靜樂底意思，太煞把做事了。先生曰：這個未說。聖人只顔子之樂，亦不恁地。

邵之曆十二萬九千六百，分大故密。今曆家所用，只是萬分曆。萬分曆已自是多了，他如何肯用十二萬分？

康節之學，抉摘窈微，與佛老之言，豈無一二相似，而卓然自信，無所污染。此其所見，必有端的處。

康節之學，本於明理，因論其學，曰似老子，只是自要尋個寬閑快活處。人皆害不得，後來張子房亦是如此。方衆人紛拏擾擾時，他自在背處。

莊子比康節見較高，氣較豪，康節又有規矩。或問：先生須得堯夫先知之術？先生久之答曰：吾之所知者，惠迪吉，從逆凶，滿招損，謙受益。若是明日晴後日雨，吾安能知耶？康節曰：「思慮未起，鬼神莫知，不由乎我，更由乎誰？」此間有術者，遇人來問事，心下默念，則他說相應；不念，則說不應。問姓幾畫，口中默數，則他說便著；不數者，說不著。

名臣碑傳琬琰之集 宋杜大珪編

下卷二十一

邵康節先生雍傳 范祖禹

邵雍，字堯夫，衛州人。家世貧賤，雍刻厲爲學，夜不就席者數年。雍嘗適吴楚，過齊魯，客梁晉，而歸徙居於洛。蓬蓽環堵，躬爨以養父母。講學于家，不彊以語人，而就問者日衆。士人道洛者，必過其廬。雍與人言，必依於孝悌忠信，樂道人之善，不及其惡，故賢不肖無不親之。病畏寒暑，常以春秋時乘小車，二人挽之行游城中。所過倒屣迎致。居洛三十年，洛人共爲買田宅，士大夫多助之者，雍皆受而不辭。爲人坦夷無表襮防畛，不爲絶俗之行。其學自天地運化陰陽消長，以數推之，逆知其變。自以爲有師授，世無能曉之者。而雍内以自樂，浩如也。有書十三卷，曰《皇極經世》；詩二千篇，曰《擊壤集》。雍初舉遺逸，試將作監主簿。熙寧初，以爲潁川團練推官，與常秩同召，雍卒不起。卒年六十七。知河南府賈昌衡言，雍行義聞於鄉里，乞贈恤。吴充請於上，贈祕書省著作郎，賜粟帛。韓絳守洛，言雍隱德丘園，聲聞顯著，賜謚曰康節。

明儒言行録

清沈佳撰

卷三

正統十一年，山西按察僉事何自言上言：「自古有國家者必有懷抱才德不屑進取之士，如漢之周黨，宋之种放、邵雍、孫復，當咸知褒崇，以勵風節。竊見崇仁縣儒士吴與弼，守素尚義，好古通經，上無所傳，聞道甚早，待妻子如賓客，視財利如鴻毛，年過五十不求聞達，弟子樂從，鄉人敬式，真儒林之清節，聖代之逸民，乞勅取到京，授以文學高職。」

史傳三編 清朱軾撰

卷三十一

彦博雖富貴，而接物謙下，尊德樂善，如恐不及。其在洛也，洛人邵雍、程顥兄弟皆以道自重，賓接之如布衣交。與富弼、司馬光等十三人，用白居易九老會故事，置酒賦詩相樂，序齒不序官。爲堂繪像其中，謂之洛陽耆英會。神宗導洛通汴，而主者遏絶洛水不使入城中，洛人苦之。彦博因中使劉惟簡至洛，語其故，惟簡以聞，詔令通行如初，遂爲洛城無窮之利。

閩中理學淵源考 清李清馥撰

卷三

文定胡康侯先生安國

會諫官陳公輔乞禁程頤學，先生奏曰：「孔孟之道不傳久矣，自頤兄弟始發明之，然後知其可學，而至今使學者師孔孟而禁不從頤學，是入室而不由户也。本朝自嘉祐以來，西都有邵雍、程顥及其弟頤，關中有張載，皆以道德名世，望乞加封爵，載在祀典。仍詔館閣，裒其遺書，較正頒行。」

明一統志 明李賢等撰

卷一 邵雍

范陽人，年三十從父古徙居河南，雍高明英邁，於書無所不讀，每尚友古人。及見李之才，聞性命之學，乃自探賾索隱，洞見天地運化，古今事變，萬物性情，遂衍宓羲先天之旨，著《皇極經世》諸書，程子稱爲振古之豪傑也。

卷二十八 流寓邵雍

其先范陽人，雍幼隨父古徙共城。宋天聖中，古登蘇門山，顧謂雍曰：若聞孫登之爲人乎？吾所尚也。遂卜隱於山下，雍廬百源之上，布裘疏食，躬爨以養父。受學李之才，覃思於《易》，後還居洛陽。

卷二十九

邵雍墓

在嵩縣北，宋程顥作記。

邵雍宅

在天津橋南，宋王拱辰尹洛中置此宅，對宅有園。

邵雍

其先范陽人，雍遊河南，葬其親伊水上，遂家焉。受學李之才，探賾索隱，遂衍先天之旨，尤精數學，著書十餘萬言。富弼、司馬光、吕公著、二程子雅敬雍，爲市園宅，自名其居曰「安樂窩」。春秋時乘小車出遊，城中賢者悦其德，不肖者服其化。舉遺士補潁州團練，推官不就。卒謚康節。

卷三十四　邵雍

宋河南人，客游鳳州，留三月而去。嘗登郡樓賦詩云：「鳥去林自空，雲移山不礙。曉角時斷續，層崖遞明晦。殘陽掛疏紅，遠水生微瀨。塞月烟岑密，都城若天外。」

欽定大清一統志

卷二百六十四　邵雍

字堯夫，河南人。事李之才，受河圖、洛書、八卦、六十四卦圖像，探賾索隱，妙悟神契，多所自得。及其學益老德益邵，與人言，無貴賤少長，一接以誠，故賢者悦其德，不賢者服其化。卒贈秘書省著作郎。元祐中謚康節。所著書曰《皇極經世》、《觀物内外篇》、《漁樵問對》，詩曰《伊川擊壤集》。

咸淳臨安志　元潛說友撰

卷十一　太學

今大成殿，惟顔、孟侑食，曾、思不與，尚爲闕典。先皇帝推迹道統之傳，自伏羲以來著十三贊，孔子而下，顔、曾、思、孟昭然具在，其非以遺我後人乎？令禮官學官議其可，如曾子升侑，并議可升十哲者，以聞。又從祀邵雍、司馬光。詔曰：「邵雍，天挺人豪，英邁蓋世。司馬光，有德有言，有功有烈。朱熹贊之，與周張二程俱。雍述《經世書》，發先天奥旨，而内聖外王之學，實關吾道。光著《通鑑》，貽後世治法，而真履實踐之美，爲時儒宗。豈與前代諸儒或以章句文詞得祀於學者比？朕將臨雍，因思朱熹所贊，以祀其四，而尚遺雍、光，非闕歟？其令學官列諸從祀，以示崇奬。」至是褒表儒先典禮大備。

欽定日下舊聞考

卷一百二十九

仙風坡，在州北十二里，舊志：安樂窩，宋邵康節先生居此，今爲仙風坡。《涿州志》

臣等謹按：元歐陽玄《涿郡名賢碑記》云：邵雍，其先涿人，今州西北十餘里有邵村，謂即以安樂得名。又州西北十五里宣封坡，舊有木坊，書「邵子講易處」。據此，則仙風係傳訛，應從歐記作宣封爲是。

畿輔通志　清兵部尚書直隸總督李衛等監修

卷一百七

春秋二祀，先期必命大臣攝事，皇帝御極，陞先儒周敦頤、程顥、程頤、司馬光、張載、邵雍、朱熹、張栻、吕祖謙、許衡從祀。

江南通志　清兵部尚書兩江總督趙宏恩等監修

卷三十九

邵康節祠，在府治漳湟里，祀宋邵雍。

卷八十七

升周敦頤、張載、程顥、程頤、邵雍爲先賢，兩廡東廡首蘧瑗，西廡首林放，列叙先賢先儒共一百二十三人位次。

卷一百四十四

吴甡字鹿友，興化人。萬曆癸丑進士，知邵武縣，擢御史。以忤璫罷歸。崇禎初，起巡按河南，擒誅大盜李思慎。建伊洛書院，修于謙祠，請立邵雍後爲五經博士。

卷一百六十三

章大士，字我任，武進人。少慕包拯、海瑞爲人，長從湯之錡、金敞，得聞顧高之學，乃虛心抑氣以聖賢爲歸。病亟時誦邵雍《上天生我》詩，一笑而逝。

湖廣通志　清湖廣總督邁柱等監修

卷二十五

十先生祠，在縣學旁。元縣尹李文淵創始，蕭從周繼成之，祀宋周惇頤、程顥、程頤、張載、邵雍、司馬光、朱子、張栻、吕祖謙，元許衡。邑人許元齡輸私田百畝，供祭祀。

河南通志　清總督河南山東軍務兵部右侍郎王士俊等撰

卷四十九

邵雍墓

在嵩縣城北新店保，雍謚康節。

卷五十二

邵雍宅

在府城外天津橋南，王拱辰尹洛中置此宅。宅外有園。宋司馬光詩：「草軟波清沙路微，手携笻杖著深衣。白鷗不信忘機久，見我猶穿岸柳飛。」

卷五十五

李之才，字挺之，青州人。天聖間爲獲嘉主簿，權共城令。時邵雍居母憂，於蘇門山百泉上。之才叩門，謁勞苦之，曰：「好學篤志，果何似？」雍曰：「簡策之外，未有通也。」之才曰「君非迹簡策者，其如物理之學何？」他日又曰：「物理之學學矣。不有性命之學乎？」雍再拜願受業。於是先示之以陸淳《春秋》，意欲以《春秋》表儀五經，既可語五經大旨，則授《易》而終焉。其後雍卒以《易》名世。之才器大難識，棲遲久不調，時論惜之。

卷六十一

邵雍，字堯夫，其先范陽人，祖德新，徙衡漳，父古，徙共城，後徙洛，爲洛陽人。雍少以才自雄，欲樹功當世，於書無不讀，始爲學即堅苦，廬於蘇門之百泉山。時北海李之才攝共城令，授以易圖。雍彌刻厲自進，冬不爐，夏不扇，夜不就枕席數年。遂抉先天之秘，探天根躡月窟，尤精數學，占往知來，爲有宋諸儒所不及。既復嘆曰：「昔人尚友千古，吾獨未及四方，其可已乎？」於是踰河、汾，涉淮、漢，周流齊、魯、宋、鄭之墟，久之幡然來歸，曰「道在是矣」，遂定居洛陽。蓬蓽環堵，不蔽風雨，躬爨以養父母。時文彦博、富弼皆以元老碩望至尊重，見雍尊禮之，與倡和居游。程顥每見之，退輒太息，以爲「内聖外王之學」。遠近學者從問經義，精深浩博，應對不窮。間與深知論天下事，雖究心世務者不及也。嘗自名其居曰「安樂窩」。春秋佳日，乘小車遊，城中士大夫爭迎致之，或留信宿乃去，好事者别作屋如其居，以候其至，名曰「行窩」。時司馬光兄事雍，而二人純德，尤鄉里所嚮慕，每相戒曰「毋爲不善」，恐司馬端明、邵先生知。舉遺逸，補潁川團練推官，不就，卒贈秘書省著作郎，賜謚曰康節。所著有《皇極經世書》六十卷。晚尤喜爲詩，平易而造於理，有《擊壤集》二十卷，自爲之序。咸淳元年，從祀孔子廟庭。

山東通志　清岳濬等監修

卷十一之二

邵雍，字堯夫，河南人。少時自雄其才，慷慨欲樹功名，于書無所不讀。北海李之才聞堯夫好學，嘗造其廬，授以河圖、洛書、宓羲八卦、六十四卦圖。堯夫探賾索隱，妙悟神契，多所自得者。初至洛，蓬蓽環堵，不庇風雨。富弼、司馬光、吕公著諸賢退居洛中，雅敬堯夫，恒相從游。爲市園宅，名其居曰「安樂窩」。人無貴賤少長，一接以誠，故賢者悦其德，不賢者服其化，忠厚之風聞於天下。嘉祐中，詔求遺逸，王拱辰以雍應詔，授將作主簿，復補潁州團練推官，皆固辭。贈秘書省著作郎，所著書曰《皇極經世》、《觀物内外篇》、《漁樵問答》、《擊壤集》。雍居河南時，程顥與之議論終日，歎曰：「堯夫内聖外王之學也。」及卒，程頤銘其墓曰：「雍之道，純一不雜，就其所至，可謂安且成矣。」朱熹贊之曰「天挺人豪，英邁蓋世。駕風鞭霆，歷覽無際。手揮月窟，足攝天根。閒中今古，醉裏乾坤」。其爲程、朱推重如此。元祐中賜謚康節，咸淳三年封汝南伯，從祀。明崇禎中改稱先賢。

卷十一之三

度宗咸淳三年正月，封曾子爲郕國公，子思爲沂國公，配食大成殿，位于顔孟之間，是爲四配。詔曰：「孔子稱顔回好學，固非三千之徒所同也。而其學不傳，得聖傳者獨曾子。曾子傳子思，子思傳孟軻，忠恕兩語，深契一貫之旨。《中庸》一篇，丕闡前世之藴，而孔子之道益著。向非顔、曾、思、孟相繼衍繹，著書垂訓，中更管、商、楊、墨、佛、老，幾何其不遂泯哉。今大成惟顔、孟侑食，曾、思不與，尚爲缺典。先皇帝述道統之傳，自伏羲以來著十三贊，孔子而下顔、曾、思、孟昭然具在，非以遺我後人乎。可令禮官學官議，可升曾子、子思侑食，升顓孫子于十哲，進邵雍、司馬光從祀。」元於皇慶二年從祀。

崇禎十五年，詔以先儒周敦頤、程顥、程頤、邵雍、張載、朱熹改稱先賢。十六年，命以先賢仲子後仲于陛，爲世襲五經博士。

卷十一之四　經博士

四十一年二月，命以宋儒邵雍後邵文學爲世襲五經博士。從御史杜之昂之請。

卷三十五之十九上

天心水面亭記 元虞集

天曆三年春，臣集、臣洞、臣九思，得侍清閒之燕，論山川形勝。臣九思曰：濟南山水似江南，殆或過之。臣洞之居在大明湖上，壅土水中而爲亭，可以周覽其勝，名之曰天心水面，可想見其處矣。於是有勑臣集書其牓而記之。臣集再拜稽首而言曰：昔宋儒邵雍氏之書曰「月到天心處，風來水面時」，臣洞蓋取諸此。臣聞雍之爲道，上達庖犧，至於帝堯周文孔子之盛。其制作在《皇極經世》，其性情寓於詩。程顥氏之言曰「就其所至而論之，可謂安且成矣」，斯二言者，非陰陽動靜之交乎？按《先天圖》陽盡子中而姤生焉，擬之爲月窟；陰盡午中而復生焉，擬之爲天根。以月窟臨天根，非陰陽之互交者乎？巽之爲卦陰爲主，於物爲風，坎之爲卦陽爲主，於物爲水。以風之初而行乎水之上，非動靜之始交者乎？所謂一動一靜之間，天地人之至妙至妙者，庶於此可見。月到天心，清之至也。風來水面，和之至也。人心有絲毫物欲之蔽，則無以爲清拂。嬰於揚則不能和，流而忘返，又和之過，皆非其至也。是以君子有感於清和之至而詠歌之。

山西通志 清覺羅石麟等監修

卷一百四十七

邵雍，字堯夫，其先范陽人，父古徙衡漳，又徙共城。雍游河南，葬其親伊水上，遂爲河南人。雍少時自雄其才，慷慨欲樹功名，於書無所不讀，始爲學即堅苦刻勵，寒不爐，暑不扇，夜不就席者數年。已而歎曰：「昔人尚友千古，而吾獨未及四方。」於是始踰河、汾，乃涉淮、漢，周流齊、魯、宋、鄭之墟，久之幡然來歸，曰「道在是矣」，遂不復出。熙寧十年卒，贈秘書省著作郎，元祐中賜謚康節。

陝西通志　清吏部尚書劉於義等監修

卷十二　天柱山

在州南五里，宋邵雍最愛此山，因卜居於此。其相近有劉峪，又州南八里有小劉峪，多花卉。

天柱山一名牛山。一名天竺山。宋邵雍向商守給户帖居此，有詩云：「一簇烟嵐鎖亂雲，孤高天柱好棲真。」

卷六十四

邵雍，洛陽人，嘗占籍商洛，結廬天柱山，商守給天柱山户帖，與之唱和。又寓居鳳州，嘗登郡樓賦詩而去。

堯夫遊商，愛南秦川風土，卜居八年，與州守宋郎中友善，時以詩酒酬答。一日州守延賞牡丹，時章惇爲商洛令，議論縱横。堯夫言：「見蓓蕾而知花之高下者，知花之次也。見根蘖而知花之高下者，知花之上也。」因陳天人理數之學，章愧服。

廣東通志　清廣東總督郝玉麟等監修

卷八　文廟

每歲春秋上丁日，致祭先期承祭官率陪祭各官齊赴文廟，階下行一跪三叩頭禮，教官滌器視牲并瘞毛血，至期黎明各官衣朝衣，齊集行禮。

正殿，至聖先師孔子神位。

西廡，林放、宓不齊、公冶長、公皙哀、高柴、樊須、商澤、梁鱣、冉孺、伯虔、冉季、漆雕徒父、漆雕哆、公西赤、任不齊、公良孺、公肩定、鄡單、罕父黑、榮旂、左人郢、鄭國、原亢、廉潔、叔仲噲、公西輿如、邽巽、陳亢、琴張、步叔乘、秦非、顏噲、顏何、縣亶、樂正克、萬章、周敦頤、程顥、邵雍、穀梁赤、伏勝、后蒼、董仲舒、杜子春、範甯、韓愈、範仲淹、胡瑗、楊時、羅從彦、李侗、張栻、黄幹、真德秀、何基、趙復、金履祥、陳澔、陳獻章、胡居仁、蔡清。

關中勝蹟圖志　清巡撫陝西兵部侍郎兼都察院右副都御史畢沅撰

卷二十五

南秦嶺，在商州南二里，《通志》：過嶺爲南秦川。宋邵雍寓此天柱山，在商州南五里。

《通志》： 宋邵雍愛此山，因卜居於此。

卷二十五

仙人龕，在山陽縣西北五里。《通志》： 宋邵雍僑寓旬月，龕有勒石。《府志》： 一名天竺山，唐羅公遠、宋邵雍皆隱於此。

卧牛臺，《商州志》： 在州西北鳳凰原上。 邵雍寓商州時，州守延賞牡丹。 時章惇爲商洛令，議論縱横，不知敬雍。 雍言：「見蓓蕾而知花之高下者，知花之次也。 見根蘗而知花之高下者，知花之上也。 如公所言，知花之次耳。」因陳天人理數之學，惇始愧服。

宋宰輔編年録 宋徐自明撰

卷七

自此安石取祖宗法度變更之，天下騷然不安，咸指安石矣。 初，治平中，邵雍與客偕行，聞杜鵑而慘然不樂。 客問其故，雍曰：「不二三年，上用南士爲相。 多引南人專務變更，天下自此多事矣。」

卷八

惠卿既輔政，富弼時退居於洛，聞之有憂色。 邵雍以問弼，弼曰：「度弼之憂安在？」雍曰：「豈以王安石罷相，呂惠卿參知政事，惠卿凶暴過安石乎？」弼曰：「然。」雍曰：「公無憂。安石、惠卿本以勢利合，勢利相敵，將自爲仇矣，不暇害他人也。」未幾，惠卿得志怙權，果叛安石，惟慮安石之復來也。因郊，乃薦安石爲節度使平章事。方進熟狀，上察見其情，遽問曰：「王安石去不以罪，何故用赦復官？」惠卿慚甚，無以對。既而遽起鄭俠、李逢獄，苟可以傾安石者，無所不爲。如雍之言也。

卷十

堯俞自元祐四年十一月除中書侍郎，是年十一月卒，執政凡二年。太皇太后謂執政曰：「堯俞清直人，又曰金玉人也，可惜不至宰相。」對曰：「堯俞自仁宗時至今，始終一節，有德望，真可爲朝廷惜。」上輟朝臨奠，贈右銀青光禄大夫，謚獻簡。司馬光嘗謂邵雍曰：「清直勇三德，人所難兼，吾於欽之畏焉。」雍曰：「欽之，清而不耀，直而不激，勇而不猛，尤爲難矣。」時以雍之言爲然。

禮部志稿　明泰昌元年官修

卷二十九　今定配哲從祀牌位

四配復聖顔子、舊封兗國復聖公。……先儒程顥、舊封豫國公。先儒邵雍、舊封新安伯。先儒司馬光、舊封温國公。先儒胡安國、舊封建寧伯。先儒楊時、舊封將樂伯。先儒張栻、舊封華陽伯。先儒陸九淵、先儒許衡。舊封魏國公。

卷八十五

宋儒自周子以下九人，同列從祀，而尚有可議者一人，安定胡瑗是也。瑗之言行，先儒之論已詳，大約以爲少著述，而不得比于濂洛云耳。臣亦請斷之以程朱之説，程子看詳學制曰：宜建尊賢堂，以延天下道德之士，如胡瑗、張載、邵雍，使學者得以矜式。朱子《小學書》亦備載瑗事，以爲百世之法。臣以爲秦漢以來，師道之立未有過瑗者，矧程子于瑗之生也，欲致其與張、邵並居于尊賢之堂，其没也，乃不得與張邵並侑于宣聖之廟，其爲缺典信矣。况宋端平二年，議增十賢從祀，以瑗爲首。若謂瑗無著述之功，則元之許衡亦無著述，但其身教之懿與瑗相望，誠有不可偏廢者。臣考之禮，有道有德于教于學者，死則爲樂祖祭于瞽宗，鄉先生殁則祭于社。若通瑗兩人之師道，百世如新，得加封爵，使與衡同列祀于學宫，最得禮意。

又按：從祀之説，始于唐太宗，時左丘明等以配食先師，自是宋神宗益以荀况、揚雄、韓愈。理宗加以周敦頤、張載、程顥、程頤、朱熹、張栻、吕祖謙。度宗加以邵雍、司馬光。元人又加以董仲舒、許衡。本朝正統中，又加宋胡安國、蔡沈、真德秀、元吴澂四人者，蓋安國傳《春秋》，沈註《書》，德秀著《大學衍義》，澂著諸經《纂言》，是皆有功于聖門者也。已祀而黜者惟揚雄一人。若孔聖之後有功聖德者，無不祀矣。惟楊時者從學二程，載道而南，使無時則無朱熹矣。乃不得從于二程之後朱、吕之前，豈非闕典歟？

太常續考　明崇禎時太常寺官屬所輯

卷八

廟建于大學之東，中爲廟南向，東西兩廡，丹墀西爲瘞所，廟正南爲廟門，門東爲宰牲亭神厨，門西爲神庫、持敬門，廟門正南爲外門。

廟中奉安先師孔子，東復聖顔子、述聖子思子，西宗聖曾子、亞聖孟子。

配東稍次先賢：閔損、冉雍、端木賜、仲繇、卜商，俱西向。

西稍次先賢：冉耕、宰予、冉求、言偃、顓孫師，俱東向。

東廡爲先賢：澹臺滅明、原憲、南宫適、商瞿、漆雕開、司馬耕、有若、巫馬施、顔辛、曹恤、公孫龍、秦商、顔高、壤駟赤、石作蜀、公夏首、后處、奚容蒧、顔祖、句井疆、秦祖、公祖句兹、縣成、燕伋、顔之僕、樂欬、狄黑、孔忠、公西蒧、施之常、秦非、申棖、顔噲，先儒穀梁赤、高堂生、毛萇、后蒼、杜子春、韓愈、程顥、邵雍、司馬光、胡安國、張栻、楊時、陸九淵、許衡，俱西向。

欽定國子監志

卷十二

元皇慶二年夏六月甲申，以宋儒周敦頤、程顥、顥弟頤、張載、邵雍、司馬光、朱熹、張栻、吕

又改宋儒周敦頤、程顥、程頤、朱熹、邵雍、張載六子稱先賢，位七十子下，漢唐諸儒上。《明史·禮志》

崇禎十五年，改左邱明稱先賢。《明史·禮志》

祖謙及故中書左丞許衡，從祀孔子廟庭。

卷五十三

臣詳閲會典諸書，竊見從祀諸賢諸儒名號位次，尚有未當，有宜一併釐正者，敬爲我皇上陳之。十哲之位，不稱名而稱子是已。但自明嘉靖間議去封爵之後，四科之内稱冉子者凡三，殊難辨識。兩廡諸賢諸儒，則直書其名而不稱子，視十子何遽懸殊。臣愚以爲宜將神位俱稱先賢先儒某子之位，而以諱註其旁，以昭尊崇之意者也。至宋代周敦頤、程顥、程頤、邵雍、張載、朱熹六子，闡明絶學，遠紹洙泗之傳，實超前代諸儒。明崇禎間遂將六子改稱先賢，臣等竊以躬及聖門者，概稱先賢，私淑者概稱先儒，此以時代論，非以造詣論也。今既改稱先賢，未敢輕議，但位諸漢唐諸儒之上，於世次殊有未安。又諸賢諸儒位次，《會典》、《闕里志》諸書所載，與今太學神位互有不同，並宜詳議妥確，通行天下學宫。

卷五十九

孔子廟堂，凡以報其傳注之功，所謂代用其書垂於國胄者也。開元八年，以四科弟子閔子騫等列享二十二賢之上，而其他七十子之徒俱得從祀。曾參大孝坐於十哲之次，重其德也。宋元豐七年，始進荀况揚雄韓愈三人。說者謂祀三人者，爲王安石配享王雱從祀地也。政和三年，封王安石爲舒王，配享殿上，王雱在諸賢之次。欽宗時從楊時請，即行罷黜，後并黜荀、揚二人。寶慶三年，進朱子一人。淳祐元年，祀周子敦頤、程子顥、程子頤、張子載四人。景定二年祀張子栻、吕子祖謙二人。咸淳三年更升顔、曾、思、孟之配，而進邵雍、司馬光二人。元文宗時，進董仲舒一人。明成化三年，祀胡安國、蔡沈、陳澔三人。嘉靖九年，進歐陽修一人，而黜戴聖以下十有三人，戴聖、劉向、馬融、賈逵、何休、王肅、王弼、杜預、鄭衆、盧植、鄭玄、服虔、范甯。後更進陸九淵一人，後更進元儒許衡一人，而明儒薛瑄、胡居仁、王守仁、陳獻章亦並從祀。

孔子大成之號，祠以太牢，贊釋奠雅樂，江南復户四十隸之。春秋二祀，先期必命大臣攝事，皇帝御極，陞先儒周敦頤、程顥、程頤、司馬光、張載、邵雍、朱熹、張栻、吕祖謙、許衡從祀。選弟子員三百，進庶民子弟之俊秀相觀而善業精行成者，歲舉從政。又詔天下三歲一大比，興賢能，於是崇宇陛陛，陳器服冕，聖師巍然如在其上，教有業息有居，親師樂友，諸生各安其學，咸曰大哉，天子之仁至哉！

文獻通考　元馬端臨著

卷一百七十六

鼂氏曰：朱震言頤之學出於周敦頤，敦頤得之穆修，亦本於陳摶與邵雍之學。然考正叔之解，不及象數，頗與胡翼之相類。景迂云：胡武平、周茂叔同師潤州鶴林寺僧壽涯，其後武平傳其學於家，茂叔則授二程，與震之説不同。

邵伯温《辨惑》云：「沈存中《筆談》言江南人鄭夬字揚庭，曾爲一書談《易》，其間一説曰『乾坤大父母也，復姤小父母也。乾一變生復得一陽，坤一變生姤得一陰』云云。至乾六變生歸妹，本得三十二陽；坤六變生漸，本得三十二陰，乾坤錯綜，陰陽各得三十二，生六十四卦。即邵氏先天圖。夬之爲書，皆荒唐之論，獨有此變卦之説，未知其是非。予後見兵部員外郎秦玠，論夬所談，駭然曰：『何處得此法？』玠云：『嘗遇一異人，受此歷數，推往古興衰運歷，無不皆驗。嘗恨不能盡其術，西都邵雍亦知大略，已能洞知吉凶之變。此人乃形之於書，必有天譴，此非世人所得聞也。』竊惟我先君易學微妙玄深，不肖所不得知也。其傳授本末，則受《易》於李之才挺之，挺之師穆修伯長，伯長師陳摶圖南。先君之學雖有傳授，而微妙變通則其所自得也。平時未嘗妄以語人，惟大名王天悦、滎陽張子望嘗從學，又皆蚤死。秦玠、鄭夬嘗欲從先君學，先君以玠頗好任數，夬志在口耳多外慕，皆不之許。玠嘗語：『夬以王天悦傳先君之學，夬力求之，天悦不許。天悦感疾且卒，夬賂其僕，於卧内竊得之，遂以爲己學。著《易傳》、《易測》、《五經明用》數書，皆破碎妄作，穿鑿不根。嘗以變卦圖示秦玠。』夬竊天悦書入京師補國子監，解試策問八卦次序，夬以所得之説對，有司異之，擢在優等。既登第，以所著書投贄公卿之門。後以贓罪竄。秦謂必有天譴，恐指此。秦既知夬竊書，乃謂夬何處得此法，又謂西都邵某聞大略，近乎自欺矣。」

先天易鈐太極寶局一卷

鼂氏曰：皇朝牛師德撰。自云傳邵雍之學於司馬温公，其説近於術數。未知其信然否？

陳氏曰：未詳何人，蓋爲邵氏之學而専乎術數者也。

卷二百十

皇極經世書十二卷

鼂氏曰：皇朝邵雍堯夫撰。雍隱居博學，尤精於《易》。世謂其能窮作《易》之本原，前知來物。其始學之時，睡不施枕者三十年。此書以元經會，以會經運，以運經世。起於堯即位之二十二年甲辰，終於周顯德六年己未。編年紀興亡治亂之事，以符其學。又有《觀物篇》繫於後。其子伯温解。陳氏曰：其學出於李之才挺之，之才受之穆修伯長，修受之种放明逸，放受之陳摶。蓋數學也。曰元會運世，以元經會，以運經世，自帝堯至於五代，天下離合治亂興廢得失邪正之迹，以人事而驗天時，以陰陽剛柔窮聲音律吕，以窮萬物之數。末二卷論所以爲書之意，窮日月星辰飛走動植之數，以盡天地萬物之理，述皇帝王霸之事，以明大中至正之道。書謂之《皇極經世》，篇謂之《觀物》凡六十二篇。其子伯温爲之叙系，具載先天後天變卦反對諸圖，又爲《易學辯惑》一篇，叙傳授本末真僞。然世之能明其學者，蓋鮮焉。

觀物外篇六卷

鼂氏曰：右邵雍之没，門人記其平生之言，合二卷，雖以次筆授，不能無小失，然足以發明成書爲多，故以外篇名之，或分爲六卷。陳氏曰：康節門人太常寺簿張峄子望記其言，雖十纔一二，而足以發明成書。

觀物内篇二卷

陳氏曰：康節之子右奉直大夫伯温撰，即《經世書》之第十一十二卷也。張氏曰：先生《觀物》有内外篇。内篇先生所著之書也，外篇門人所記先生之言也。内篇理深而數畧，外篇數詳而理顯。學先天者當自外篇始。先生詩云：「若無揚子天人學，安有莊周内外篇。」以此知外篇亦先生之文，門人蓋編集之耳。

漁樵問對一卷

鼂氏曰：皇朝邵雍撰。設爲問答，以論陰陽化育之端，性命道德之奥云。邵氏言其祖之書也，當考。

卷二百四十四

邵堯夫擊壤集二十卷

鼂氏曰：宋朝邵雍堯夫，隱居洛陽。熙寧中，與常秩同召，力辭不起。邃於易數，始爲學至二十年不施枕榻睡，其精思如此。歌詩蓋其餘事，亦頗切理，盛行於時，卒謚康節，集自爲序。

欽定大清會典

先師之禮，爲廟於城東北隅太學之東，殿曰大成，以四配十二哲侑饗殿中，以先賢先儒從祀兩廡。

卷四十五

先師孔子正位南嚮，四配：復聖顔子、述聖子思子，東位西嚮；宗聖曾子、亞聖孟子，西位東嚮。東序先賢：閔子損、冉子雍、端木子賜、仲子由、卜子商、有子若；西序先賢：冉子耕、宰子予、冉子求、言子偃、顓孫子師、朱子熹，位均東西嚮。東廡先賢：蘧瑗、澹臺滅明、原憲、南宫适、商瞿、漆雕開、司馬耕、梁鱣、冉孺、伯虔、冉季、漆雕徒父、漆雕哆、公西赤、任不齊、公良孺、公肩定、鄡單、罕父黑、榮旂、左人郢、鄭國、原亢、廉潔、叔仲會、公西輿如、邽巽、陳亢、琴張、步叔乘、秦非、顔噲、顔何、縣亶、樂正克、萬章、周敦頤、程顥、邵雍，位西嚮。

欽定大清會典則例

卷八十二

［康熙］四十一年，議準宋儒邵雍後裔，照周程朱張之例，考其宗譜給劄，授爲世襲五經

博士。

卷八十四

皇帝巡俗省方，禮隆咸秩，應請就該撫咨開祠墓，詳加酌議。其名臣以從祀帝王廟者爲斷，如伊尹、周公、許遠、吕蒙正、范仲淹、司馬光、王曾、韓琦、岳飛等九人。先賢以從祀聖廟者爲斷，如子貢、韓愈、程顥、程頤、邵雍、朱子、許衡等七人。其祠墓均應遣賜祭醱，以昭曠典。又如殷比干墓、漢關侯墓、晉嵇紹祠、唐顔真卿墓，皆忠義卓越千古，並應一體叨榮。祭文由翰林院撰擬，香帛由太常寺，祭品由地方官豫備。遣祭各官，照例開列具奏，恭候欽命往祭。

欽定續文獻通考

卷四十八

先是，端平二年正月，詔議胡瑗、孫明復、邵雍、歐陽修、周敦頤、司馬光、蘇軾、張載、程顥、程頤等十人從祀孔子廟庭，升子思十哲，未果行。至是詔曰：「朕惟孔子之道，自孟軻後不得其傳，至我朝周敦頤、張載、程顥、程頤真見實踐，深探聖域，千載絶學始有指歸。中興以來，又得朱熹精思明辨，表裏渾融，使《大學》、《論》、《孟》、《中庸》之書，本末洞徹，孔子之道益以大明於世。朕每觀五臣論著，啟沃良多，其令學官列諸從祀，以示崇奬之意。王安石謂天命不足畏，祖宗不足法，人言不足恤，乃萬世罪人，豈宜從祀孔子廟庭，黜之。封敦頤汝南伯，載郿伯，顥河南伯，頤伊陽伯。」

度宗咸淳三年正月，詣太學謁孔子行舍菜禮，詔封曾子郕國公、子思沂國公，與顏子孟子同配享先聖。封顓孫師陳國公，升十哲位。復以邵雍、司馬光列從祀，雍封新安伯……昌黎伯韓愈、河南伯程顥、新安伯邵雍、温國公司馬光、華陽伯張栻凡五十二人，並西向。

仁宗皇慶二年六月，詔以宋儒周敦頤、程顥、程頤、張載、邵雍、司馬光、朱熹、張栻、吕祖謙及故中書左丞許衡，從祀孔子廟庭。

崇禎三年，授邵雍二十七代孫繼祖，皆世襲翰林院五經博士。

崇禎十四年八月，改稱左邱明爲先賢，以邱明親受經於聖人故也。并改宋儒周敦頤、程顥、程頤、張載、朱熹、邵雍，亦稱先賢，位七十子下，漢唐諸儒之上。

皇朝文獻通考

卷七十三

二十五年，上親詣傳心殿，祭先師孔子以文。華殿告成，舉行經筵故也。詔增孔林地一千頃有奇，免其錢糧。頒發御書「學達性天」四字匾額於宋儒周敦頤、張載、程顥、程頤、邵雍、朱熹祠堂及白鹿洞書院、嶽麓書院，並頒日講解義經史諸書。

四十年，授先賢邵子後裔世襲五經博士。御史杜之昂疏言：宋儒邵雍與周、程、張、朱同功，五子俱有世襲博士，祈勅部查邵雍嫡派子孫，授爲世襲博士，以承祀典。從之。

欽定續通典

卷五十四

度宗咸淳三年，詔封曾參郕國公、孔伋沂國公，配享先聖。封顓孫師陳國公，升十哲位。復以邵雍、封新安伯。司馬光從祀。

元太宗五年六月，詔以孔子裔孫襲封衍聖公。十二月，勅修孔子廟。成宗大德十一年，武宗即位，詔曰：「蓋聞先孔子而聖者，非孔子無以明，後孔子而聖者，非孔子無以法。所謂祖述堯舜憲章文武，儀範百王，師表萬世者也。朕纂承丕緒，敬仰休風，循治古之良規，舉追封之盛典，加號爲大成至聖文宣王。遣使闕里，祀以太牢。」仁宗皇慶二年，以宋儒周敦頤、程顥、顥弟頤、張載、邵雍、司馬光、朱熹、張栻、吕祖謙及故中書左丞許衡，從祀孔子廟庭。

元朝典故編年考　清孫承澤撰

卷六　進十儒從祀

延祐二年，詔以周敦頤、程顥、程頤、張載、邵雍、司馬光、朱熹、張栻、吕祖謙、許衡，並從祀孔子廟庭。

明集禮　明徐一夔等奉勅撰

卷十六

從祀

後漢明帝幸闕里，以太牢祀孔子及七十二弟子，章帝安帝因之，此弟子從祀之始也。唐貞觀二十一年，詔以左邱明以下二十一人從祀廟庭。開元八年，以十哲爲坐像享於堂上，七十子及二十一賢並圖於壁。宋元豐間，又以荀況、揚雄、韓愈從祀於左丘明等之次。理宗淳祐初，以周敦頤、張載、程顥、程頤、朱熹從祀。景定中復加張栻、吕祖謙。度宗咸淳初，又加司馬光、邵雍。元武宗至大間，復以許衡從祀。

幸魯盛典　清襲封衍聖公孔毓圻等撰

卷十九

康熙四十一年壬午二月，命以先儒邵雍後裔邵文學爲世襲五經博士。御書匾額「學達性天」四字頒，賜周敦頤、程顥、程頤、張載、朱熹、邵雍六子。煌煌宸翰，奎壁生光，其榮一也。是邵雍内聖外王之學，與五子同功，已在聖明洞鑒之中。

卷十九

敕部確查邵雍正支嫡派，以承祀典。邵雍有靈，感恩無既，垂之史册，光昭千古矣。臣如果言不謬，伏乞敕部議覆施行。康熙四十年五月二十八日，奉旨該部議奏。

臣將邵雍嫡派應授之人宗圖宗譜印，甘各結具題行，據布政使李成林詳稱，查明邵雍嫡派二十八代孫邵養醇，於明崇禎六年授爲博士，明末寇亂，養醇故後劄付無存，養醇之子邵國璋係邵雍二十九代孫，但年逾七旬，難習禮儀。今國璋之子邵文學，係應授之人。取具圖譜，各結前來，請旨施行。奉旨該部知道。

奉旨依議，欽此。隨行文河南，巡撫去後，今準該撫徐潮疏稱：查明崇禎六年，邵雍嫡派二十八代孫邵養醇，曾授爲博士。明末寇亂，劄付無存。邵養醇之子邵國璋，係邵雍二十九代長門嫡孫，但年逾七旬，難習禮儀。今邵國璋之子邵文學，乃邵雍三十代長門嫡孫，係應授之人。取具宗圖譜印，甘各結保題前來相應，將邵文學準授爲世襲五經博士。臣俟命下之日，部轉洛吏部，照例給劄可也。康熙四十一年二月初五日，奉旨依議。。

附録

邵雍，字堯夫，其先范陽人。父古徙衡漳，又徙共城。雍年三十遊河南，葬其親於伊水上，遂爲河南人。事北海李之才，受河圖、洛書、伏羲八卦六十四卦圖象，探賾索隱，妙悟神契，衍先天之旨，著書十餘萬言。事親盡孝，歲時耕稼，僅給飲食，名其居爲「安樂窩」。司馬光兄事之。

嘉祐中詔求遺逸，王拱辰以雍應詔授將作主簿，復補潁州團練推官，皆固辭。卒年六十七，贈秘書省著作郎。元祐中，賜謚康節。咸淳三年，追封汝南伯，從祀孔子廟廡。

臣按：邵雍居河南時，程顥與之議論終日，歎曰：「堯夫内聖外王之學也。」程頤銘其墓曰：「雍之道，純一不雜，就其所至，可謂安且成矣。」朱熹贊之曰：「天挺人豪，英邁蓋世。駕風鞭霆，歷覽無際。手揮月窟，足躡天根。閒中今古，醉裏乾坤。」其爲程朱推重如此。宜我皇上「學達性天」之賜，以六子並稱，詎非千古帝王卓識歟？

郡齋讀書志　宋晁公武撰

卷一上

邵康節皇極經世　十二卷

右皇朝邵雍撰。雍字堯夫，謚康節。隱居博學，尤精于《易》，世所謂其能窮作《易》之本原，前知來物。其始學之時，睡不施枕者至三十年。此書以元經會，以會經運，以運經世。起於堯即位之二十一年甲辰，終於周顯德六年己未，編年紀興亡治亂之事，以符其學。又有《觀物篇》繫于後，其子伯温解。

鄭揚庭用易傳　十二卷

右皇朝鄭夬揚庭撰。姚嗣宗謂劉牧之學，受之吴秘，秘受之夬。夬又作《明數》、《明象》、

《明傳道》、《明次例》、《明範》五篇。邵雍言夬竊其學於王豫，沈括亦言夬之學似雍云。

先天易鈐太極寶局　兩卷

右皇朝牛師德撰。自云傳邵雍之學于司馬温公，而其説近於術數，未知其信然否。

卷四下

邵堯夫擊壤集　二十卷

右皇朝邵雍堯夫，隱居洛陽，熙寧中與常秩同召，力辭不起，邃於易數。始爲學至二十年不施枕而睡，其精如此。歌詩蓋其餘事，亦頗切理，盛行于時。卒謚康節，集自爲序。

直齋書録解題　宋吴興陳振孫撰

卷一

皇極經世十二卷　叙篇系述二卷

處士河南邵雍堯夫撰。其學出於李之才挺之，之才受之穆修伯長，修受之种放明逸，放受之陳摶，蓋數學也。曰元會運世，以元經會，以運經世，自帝堯至於五代，天下離合治亂興廢得失邪正之迹，以天時而驗人事，以人事而驗天時，以陰陽剛柔窮聲音律吕以窮萬物之數。末二卷論所以爲書之意，窮日月星辰飛走動植之數，以窮天地萬物之理，述皇王帝霸之事，以明大中至正之道。書謂之《經世》，篇謂之《觀物》，凡六十二篇，其子伯温爲之叙系，具載先天後天變卦反對諸圖，又爲《易學辨惑》一篇，叙傳授本末真僞。然世之能明其學者，蓋鮮焉。雍謚康節。

觀物外篇六卷

康節門人張峼子望記其平生之言。雖十纔一二，而足以發明成書者爲多，故名《觀物外篇》。峼登進士第，仕爲太常寺主簿。

觀物内篇解二卷

康節之子右奉直大夫伯温子文撰。即《經世書》之第十一、十二卷也。

卷九

皇極經世書十二卷

邵雍堯夫撰。其學出於李之才挺之，之才受之穆修伯長，修受之种放明逸，放受之陳摶，蓋數學也。曰元會運世，以元經會，以運經世，自帝堯至於五代，天下離合治亂興廢得失邪正之迹，以天時而驗人事，以陰陽剛柔窮聲音律吕以窮萬物之數。末二卷論所以爲書之意，窮日月星辰飛走動植之數，以盡天地萬物之理，述皇王帝霸之事，以明大中至正之道。書謂之《皇極經世》，篇謂之《觀物》，凡六十二篇，其子伯温爲之叙系，具載先天後天變卦反對諸圖，又爲《易學辨惑》一篇，叙傳授本末真僞。然世之能明其學者，蓋鮮焉。

觀物外篇六卷

康節門人太常寺簿張峼子望記其言，雖十纔一二，而足以發明成書。

觀物内篇二卷

康節之子右奉直大夫伯温撰。即《經世》書之第十一、十二卷也。張氏曰：先生觀物有内外篇，内篇先生所著之書也，外篇門人所記先生之言也。内篇理深而數略，外篇數詳而理顯。學先天者當自外篇始。先生詩云：「若無揚子天人學，安有莊周内外篇。」以此知外篇亦先生之文，門人蓋編集之耳。又曰：《皇極經世》者，康節之易，先天之嗣也。《觀物篇》立言廣大，措意精微，如《繫辭》然，稽之以理既無不通，參之以數亦無不合。

卷二十

擊壤集二十卷

處士共城邵雍堯夫撰。自爲之序，始自共城徙河南，卒於熙寧十年，謚康節。

欽定天禄琳琅書目

卷六

伊川擊壤集　二函十册

宋邵雍撰二十卷前雍自序。

鼂公武《郡齋讀書志》載邵堯夫《擊壤集》二十卷，稱堯夫隱居洛陽，熙寧中與常秩同召，力辭不起，邃於易數。始爲學至二十年不施枕而睡，其精如此。歌詩蓋其餘事，亦頗切理。盛行史》雍葬親伊水上，遂爲河南人也。

于時，自爲之序云云。是宋時《擊壤集》雍所自刊，此本亦仿宋槧之式。而標爲伊川者，蓋據《宋

卷九

皇極經世書　四函三十册

宋邵雍著，十卷。

此書前後俱無序跋，考晁氏《讀書志》、陳氏《書録解題》、馬氏《文獻通考》俱作十二卷，雍子伯温爲之序系。其畧云：其一之二則總元會運世之數，三之四以會經運，五之六以運經世，七之十則以陰陽剛柔之數窮律吕聲音之數，以律吕聲音之數窮動植飛潛之數，十一之十二則論《皇極經世》之所以爲書。蓋原書十二卷，前十卷爲書，謂之《皇極經世》，書末二卷爲篇，謂之《觀物篇》。又别見《觀物内篇》二卷單行之本。陳振孫謂即《經世書》之第十一第十二卷也。内篇之外，又有《觀物外篇》六卷，晁公武謂雍門人所記，張載謂外篇亦雍所作，門人第編集之，引雍詩「若無揚子天人學，安有莊周内外篇」之句爲證。近世刊行之本，僅止《觀物》内外篇，而前十卷之書不可多覯。此書雖闕二卷，而前十卷獨全，洵收藏家希有之珍也。

卷十

伊川擊壤集　一函四册

宋邵雍著，二十卷。前明人希古序，次雍自序，後附集外詩十三章，并宋邢恕、明畢亨二序。

希古不載姓氏，其序作於成化乙未，稱披閲《擊壤集》，愛其體物切實，立意高古，乃重鋟梓云云。夫曰「重梓」則先有刻本據而重梓焉耳。畢亨序祇標庚子歲作，不題年號，以序中之言考證諸書，則爲成化庚子後，於乙未希古之序又五年矣。按明時有兩畢亨，皆成進士歷顯官，一字嘉會，山東新城人，成化乙未進士，歷官順天府丞，終南京工部尚書，見凌迪知《萬姓統譜》；一爲山東單縣人，河南衛軍籍，景泰甲戌登進士第，歷官應天府尹，進副都御史，見《江寧府志》。今亨序後結銜爲副都御史序，中又有尹應天及回洛之語，則是籍隸河南之畢亨無疑矣。序稱「於監察御史晉陽王濬家得《擊壤集》，每欲壽梓而未暇，及後尹應天始克刊行，及今致政特取此版回洛，適郡守桂林劉公尚文建先生安樂窩書院，復訪先生集而梓行之，遂以此版授焉」云云。其言復訪梓行者，非即希古序中重鋟之謂乎？希古當即劉尚文之名，惜無可考。邢恕字和叔，河東人，元祐初除御史，後謫隨州，《宋史》有傳。王濬，蒲州人，宣德丁未進士，見《太學題名碑》。

經義考　清朱彝尊撰

卷十七

易十六

《東都事略》：之才字挺之，青州人，舉進士後爲殿中丞僉書澤州判官。初，華山陳摶讀《易》，以數學授穆修，修授之才，之才授邵雍。晁説之曰：挺之師河南穆伯長，時蘇子美亦從伯長學《易》，其專授受者惟挺之。伯長之《易》受之种徵君明逸，徵君受之希夷先生陳圖南。其源流爲最遠究，觀三才象數變通，非若晚出尚辭以自名者。

卷二十

晁公武曰：朱震言頤之學出於周敦頤；敦頤得之穆修；亦本於陳摶，與邵雍之學本同。然考正叔之解，不及象數，頗與胡翼之相類。景迂云：胡武平、周茂叔同師潤州鶴林寺僧壽涯，其後武平傳其學於家，茂叔則授二程。與震之言不同。

卷二十二

晁公武曰：皇朝牛師德撰自云：傳邵雍之學於司馬温公，而其説近於術數。未知其信然否？陳振孫曰：未詳何人。蓋爲邵氏之學而專乎術數者也。

卷二十三

周易叢説

晁公武曰：朱震子發撰。自謂其學以程顥爲宗，和會邵雍、張載之論。合康成、輔嗣之學爲一云。其書多採先儒之説以成，故曰《集解》，然頗舛謬。

卷二十六

周易通變

行成自序曰：「圖雖無文，吾終日言而未嘗離乎，是蓋天地萬物之理盡在其中矣」，謂先天圖也。先生之學，祖於象數二圖，其用皆起於交，交則變矣。象之變爲交泰圖，體極於一十二萬九千六百，而以八萬六千四百爲用。在《觀物》爲以元經會，以會經運，以運經世之數。其要則總於四象運行之掛一圖，數之變爲既濟圖，體極於一十二萬二千八百八十而，以三萬四千四十八爲用，在《觀物》爲日月星辰水火土石聲音律呂倡和之數，其要則總於八卦變化之八圖。四象運行者，天數也。八卦變化者，物數也。處乎其間，上以承天，下以生物者，地數也。故二者之用，全在卦氣之一圖。以動植通數布爲九位，中五斡旋，卦乃生焉。二百五十六卦會分十二，位分十六，具二十三萬八千二百四十之體，九萬二千一百六十之用，而天之運行物之變化，自一至千八百萬之數，皆在其中。衍而伸之，逐類而長之，以至於坤之無極之數，陰陽之消息，運世之否泰，人物之盛衰，可得而考矣。夫天垂象，河洛出圖書，伏羲因之而畫卦，伏羲之意傳天之意也。先生之書，大率藏用而示人，以象數實寓乎十四圖。先生之意，推明伏羲之意也。僕不自揆，輒敷演解釋，命曰《通變》，庶幾學先天者得其門而入焉。

又《進易書狀》曰：「臣自成都府路鈐轄司幹辦公事丐祠而歸，杜門十年，著成《述衍》十八卷，以明伏羲文王孔子之易。《翼元》十二卷，以明揚雄之易。《元包數義》三卷，以明衛元嵩之易。《潛虛衍義》十六卷，以明司馬光之易。《皇極經世索隱》二卷、《觀物外篇衍義》九卷，以明邵雍之易。《通變》四十卷，取自陳摶至邵雍所傳先天卦數等十四圖，敷演解釋，以通諸易之變，始若殊塗終歸一致。上件書七種，總二十六册，分九十九卷。謹隨狀上進以聞。」

《閩書》：郭縝字天錫，浦城人。上杭簿留意邵雍象數之學，兼取楊雍所據列山易，以章會統元，推之久而成書，名《易春秋》。按圖布卦計，二十萬言，釐爲二十卷。總之以圖隆興紀元。以其書上，方議推恩而卒。

卷三十二

《玉海》：淳熙八年八月，知閬州吕凝之上易書四十卷。上問輔臣周必大，奏曰：「此本邵雍之學，蜀人張行成推衍之。凝之必講學於行成。」上曰：「行成所著頗畧。」必大曰：「凝之配年以卦爻，所以加密。」

卷四十三

中天述考一卷

存滁孫自序曰：「滁孫下愚不移，學《易》不得其津，年踰五十，探索《先天圖》，忽得中天玄景，中天者，非他，是即天也……爲人上不知中天，則不知所以治世；爲臣子不知中天，則不知所以事君事父；爲人不知中天，則不知所以誠意、正心、修身。於是承先聖所以體天地之撰、通神明之德，補中天圖象。紬繹大義於久湮未墜之際，使見天德隆盛，前乎弗違太極之根柢，後乎弗先太極之流行。庶幾天下後世，舉悟性命一源、古今一日，修者不怠、悖者能馴，正人心、息邪説、距詖行，當有取於斯。大德十年長至日。」

又《進中天圖表》曰：「臣竊惟聖人之道與天地準，《易》有聖人之道，亦與天地準……謹按：今世所傳伏羲始畫八卦圖，乃易祖也。華山陳摶傳至邵雍，所謂有極圖者，以二氣消長爲乾坤之限者也。可開學者推測之端，未備帝王觀省之要……臣謹布中天盛德大業圖畫，畫成，軸捧詣闕庭，仰千聖覽，臣不勝拳拳瞻天仰聖，激切屏營之。至至元二十年十一月。」

卷六十二

容氏若春今易圖學心法釋義　十卷

朱一是曰：「萬曆中，懷寧容若春育夫撰。其言稱善《易》者無如焦贛、京房、管輅及宋邵雍先生，而不主王弼談理。」

卷七十一

牛氏思純太極寶局　一卷

按：思純，師德之子。見趙元輔所編《象數鈎深圖》。其述古今易學傳授：邵雍傳之司馬光，光傳之牛師德，師德傳子思純。

卷二百七十一

邵子皇極經世書　十二卷

晁公武曰：「皇朝邵雍堯夫撰。雍隱居博學，尤精於《易》。世謂其能窮作《易》之本原，前知來物。其始學之時，睡不施枕者三十年。此書以元經會，以會運經，以運經世。起於堯即位之元年甲辰，終於周顯德六年己未。編年紀興亡治亂之事，以符其學。後又有《繫述叙篇》，其子伯温解。」

張行成曰：「以元經會者，以十二萬九千六百年爲元，則以十二會，每會一萬八百爲月，三百六十運爲日，四千三百二十世爲時，十二萬九千六百年爲分。此天之數也。起於一而終於十六，變同人二萬八千兆之數，則於掛一圖中，用四爻直一運，凡二百五十六卦，中有閏存焉。若三百六十運，則實用二百四十卦，尚有十六卦，則管二十四運之閏，散於二十四氣之首。故掛一圖合管三百八十四運，而二十四運爲閏也。其直日之實，文則爲用，數即奇耦卦分進退，以直四千三百二十世矣。」

陳振孫曰：「其學出於李之才挺之，之才受之穆修伯長，修受之种放明逸，放受之陳摶，蓋數學也。曰元、會、運、世，以元經會，以會經運，以運經世。自帝堯至於五代，天下離合治亂興廢得失邪正之迹，以天時而驗人事，以人事而驗天時，以陰陽剛柔窮聲音律吕，以窮萬物之數。末二卷論所以爲書之意，窮日月星辰飛走動植之數，以盡天地萬物之理；述皇帝王霸之事，以明大中至正之道。書謂之《皇極經世》，篇謂之《觀物》，凡六十二篇。其子伯温爲之叙系，具載先天、後天、變卦、反對諸圖。又爲《易學辨惑》一篇，叙傳授本末真僞。然世之能明其學者，蓋鮮焉。」

王應麟曰：「《皇極經世》十卷，以元經會，以會經運，以運經世。天者，日月星辰陰陽也；地者，水火土石剛柔也；變者，暑寒晝夜；化者，雨風露雷；感者，性情形體；應者，走飛草木。人，目鼻耳口；物，聲色氣味；事，皇帝王霸體用也；業，《易》《詩》《書》《春秋》，心迹也。天開於子，地闢於丑，人生於寅。孔子贊《易》，自羲、軒而下，祖三皇也；序《書》，自堯舜而下，宗五帝也；删《詩》，自文、武而下，子三王也；修《春秋》，自桓、文而下，孫五霸也。一元之運，始於日甲月子、星甲辰子，自開闢以來，推其年數。雍得之於李挺之，挺之得於穆伯長；自天地運化、陰陽消長，皆以數推之，以窮萬物之變，程伯淳謂『加一倍法』。其書以日月星辰、水火土石盡天地之體用，以暑寒晝夜、雨風露雷盡天地之變化，以性情形體、走飛草木盡萬物之感應，以元會運世、歲月日辰盡天地之終始，以皇帝王霸、《易》《詩》《書》《春秋》盡聖賢之事業。《易》用九、六，《經世》用十、十二，一元統十二會，十二會統三十運，三十運統十二世，一世統三十年，一年統十二月，一月統三十日，是十二與三十迭爲用也。」

祝泌曰：「《經世書》六卷，曰元經會，會經運，運經世，其下四卷以律呂聲音之變觀萬物。不名『經會』、『經運』而曰『經世』，憂世變也。其書有總一書之卷目，有分篇旨之卷目，元經會十二篇，會經運十二篇，運經世十篇，凡三十四篇。律呂聲音之變化十六篇，内篇十二篇。此康節分篇之卷數，各分次第也。康節慮其書之未有統也，復以《觀物篇》通一部之數而繫之，以總其書六十二篇。又有外篇二，不以觀物繫之，書實六十四篇也。又曰：康節先生以《皇極》圓圖觀天觀地觀歷世之泰否，以《皇極》方圖觀動物觀植物觀運用之物。又曰：《易》以占爲神，《極》以算爲智，占者聽圓變之蓍，以求將見之象。算者布一定之卦，以御無窮之數。占則取驗於天神之研幾也，算則斷在人智之極深也。神以知來而未嘗不藏往，智以藏往而未始不知來。惟《易》之與《極》，其旨若相似而致用實不同。《易》與《極》之八卦名同而位殊，爻同而旨異，位之殊今先天後天之圖可識矣。旨之異，則《易》之乾爲天、爲金，而《極》則爲日、爲暑之類也；《易》之坤爲地、爲土，而《極》則爲水、爲雨之類也；《易》之震爲雷、爲木，而《極》則爲辰、爲夜也；《易》之巽爲風、爲木，而《極》則爲石、爲雷也。坎爲水、爲月者，《易》也；《極》則爲土、爲露矣。離爲火、爲日者，《易》也；《極》則爲星、爲晝矣。艮爲山，而今爲火爲風；兑爲澤，而今爲月、爲寒矣。自是充之，非惟八卦取象之異於《易》，而吉凶悔吝亦大不同。愚謂《極》只取伏羲卦畫，不用文王、周、孔之辭，故其作用之不同，固無怪其然矣。」

俞邦翰曰：「邵子《經世》凡古今治迹，只憑一定之卦以推步，動植事物，則隨時取聲音數以求卦而占測也。」

查伯復曰：「康節《經世書》，本先天方圓圖。」

王申子曰：「邵康節《經世書》，程明道以爲『加倍法』是也。謂一生二，二生四，四生八，八生十六，十六生三十二，三十二生六十四，由是推而爲萬物之數，皆純乎用耦而無奇。其爲元會運世也，則以日經日爲元之元，其數一，謂日甲之數一也。以日經月爲元之會，其數十二，謂月之數十二也。以日經星爲元之運，其數三百六十，謂日之數三百六十也。以日經辰爲元之世，其數四千三百二十，謂時之數四千三百二十也。是日爲元，月爲會，星爲運，辰爲世也。一元象一年，十二會象十二月，三百六十運象三百六十日，四千三百二十世象四千三百二十時，此一元之經，即一年之數也。一世三十年，是爲一十二萬九千六百年，自元之元更相變而至於辰之元，自元之辰更相變而至於辰之辰，故名《經世》。著一元之數，使人引而伸之，終而復始。起帝堯甲辰終顯德己未，紀世之治亂，以符其説。故自顯德後，人皆可以續之。《易》之道不止於是，故不免謂之數學。此愚所以於古今説《易》七百餘家之中，獨取周子《太極圖》以附天地及四聖人之《易》爲『六易』者，此也。」

何瑭曰：「邵子元會運世之分，無所依據，先儒已有議其失者。其論天以日月星辰，變而爲寒暑晝夜；地以水火土石，化而爲雨露風雷，此其書之大指也。自今觀之，寒暑晝夜皆天，於日月星辰何有焉？風爲天所變，雷爲火所變，雨露皆水所變，其理甚明，少思則得之矣。火爲風，石爲雷，土爲露，豈不牽强之甚哉！且其取象乾不爲天而爲日，離不爲日而爲星，坤反爲水，坎反爲土，與伏羲之易象大異，乃自謂其學出於伏羲之《先天圖》，吾不知其説也。」

詹景鳳曰：「《皇極經世》以擬《易》也，其元會運世六卷凡三十四篇，如《易》有上經；聲音律呂四卷凡十六篇，如《易》有下經；《觀物》十二篇，則暢二數之義，如《易》有《繫辭》。」

王弘撰曰：「邵子《經世》之書本於《易》，嘗欲傳程子，程子不學，而當時之欲學者，邵子又不許。蓋未易言也。」

黄宗炎曰：『邵堯夫撰《皇極經世》十二卷，以謂天地之氣化陰陽之消息，皆可以數推之，其理其數咸本於《易》。噫！此何説也。其所稱元會運世，實效揚雄之方州部家也，揚以地言，邵以時言也。其所稱元數一，會數十二，運數三百六十，世數四千三百二十，亦準《太玄》之三方、九州、二十七部、八十一家也。至於一元十二會，三百六十運，四千三百二十世，一世三十年，是爲一十二萬九千六百年，以至無窮無盡，則又近於釋氏之刦數。夫《易》之變化不可測者，以其無方無體也。隨在隨時，隨象隨占。稗經之值年值日，已屬愚夫愚婦之見，而况於欲取一十二萬九千六百年之天下，排而按之，籌而計之，以爲定數，則天地陰陽真魄然蠢動，絶無靈異之物矣。其起帝堯甲辰至後周顯德六年己未，編年以紀治亂興亡之事，以驗其説，無論其傅會誣妄，即使若合符節，獨不思帝堯甲辰至顯德己未，僅僅四千年耳，視一元之數，不啻杯水之在江河，惡得以杯水之在鼎烹，而指江河之可吸盡也。此亦不攻而自破者矣。《大傳》曰：「其稱名也小，其取類也大。其言曲而中，其事肆而隱。」《皇極經世》則一一與之相反，蓋稱名也大，取類也小，言直而誕，事儉而顯，使潔静精微之學，化爲龘鄙狂妄之窟矣，學者其毋耳食焉。」

王庭曰：「程子言堯夫於儒術未見所得，上蔡亦言堯夫所學與聖門不同。如《皇極》一書，以天之日月星辰配寒暑晝夜、性情形體，以地之風雨露雷配水火土石、飛走草木，大是牽强不合。然人不敢議者，以其占驗神也。」

按：《皇極經世》一書，明初編《性理大全》與《通書》、《正蒙》並列。崇禎間，帝幸太學，議禮者欲躋周、程、張、朱於七十子之上，康節亦與焉。然五行爲《洪範》九疇之首，傳稱天生五材，廢一不可。康節乃去木金而益之以石，是威侮五行也。庋徵爲《洪範》九疇之八，《書》稱五者來備，各以其叙。康節乃去暘燠寒而易之以露雷，是一極無凶也。五官去心，則不成大人矣。五經去禮，則無以别於禽獸矣。不知諸儒何故而神明其説，争推演之？此蒙之所不識也。

又按：康節之水火土石，仿諸佛氏之地水火風也。色聲氣味，取諸佛氏之色聲香味也。遇數之五，率去其一，若夫天有五星，地有五服、五溝、五塗，人有五藏，教有五典、五禮，祭有五祀，目有五色，耳有五音，口有五味，鼻有五臭，手有五指，繪有五章，律有五度、五量、五權、五則，康節亦安能悉爲減損，其説亦窒而不可通矣。

王氏豫皇極書體要　佚

張鉉《金陵新志》曰：「建昌南城人廖應淮，好異端之學，游俠江湖，客臨安，疏丁大全誤國狀，大全中以法配漢陽軍，荷校出都，説禍福多中。抵漢陽，遇蜀道士杜可大於漢江濱，謂曰：『子非廖應淮邪？予待子久矣。』因言：『邵堯夫以先天學授王天悦，天悦死葬未百年，而吴曦叛，盗掘其冢，得《皇極書體要》一篇，内外《觀物》數十篇。予賄盗得之，數當授子。』爲之請於郡將，脱軍籍，館諸道院，盡教以冢中書，其算由聲音起年，餘乃别。應淮復之臨安市，大衍數夜，沽酒痛飲，大叫曰：『天非宋天，地非宋地矣。』歌曰：『禽聲兮啾啾，草色兮幽幽。風熥兮火怒，泉殷殷兮血流。屋將焚兮，燕呢喃而未已。鼎漸沸兮，蝨娑娑其不休。歸去來兮，不歸兮焉求。』宋亡後四年，病死處州學。」

張氏行成皇極經世索隱　一卷　未見

邵氏伯温皇極經世内外篇解　未見

楊時喬曰：　伯温學宗家傳，篇解得父精意，出處皆當。

張氏栻經世紀年通考　二卷　未見

栻自序曰：「太史遷作《十二國世表》，始紀甲子起於成周共和庚申之歲，庚申而上則莫紀焉。歷代浸遠，其事雜見於諸書靡適折衷，則亦傳疑而已。本朝嘉祐中，康節邵先生雍出於河南，窮往知來，精極於數，作《皇極經世書》，上稽唐堯受命甲辰之元，爲編年譜。如去外丙、仲壬之紀，康節以數知之，乃合於《尚書》『成湯既歿，太甲元年』之説，成湯之後，蓋實傳孫，《孟子》所説，特以太丁未立而卒，方是時外丙生二年，仲壬生四年耳。又正武王代商之年，蓋武王嗣位十一年矣，故《書序》稱十有一年，而復稱十有三年者，字之誤也。是類皆自史遷以來傳習之謬。一旦使學者曉然得其真，萬世不可改者也。某不自揆，輒因先生之曆，考自堯甲辰至皇上乾道改元之歲，凡三千五百二十有二年，列爲六圖，命之曰《經世紀年》，以便觀覽。閒有鄙見，則因而明之。其大節目有六，如《孟子》謂堯舜三年之喪畢，舜禹避堯舜之子而天下歸之，然後踐天子位，此乃見帝王奉天命之大旨，其可闇而弗彰，故於甲申書『服堯之喪』，乙酉書『踐位之實』，丙戌書『元載格于文祖』。自乙酉至丁巳，是踐位三十有三載也，則書『薦禹於天』，與《尚書》『命禹』之辭合。自丁巳至癸酉，是薦禹十有七年也，與《孟子》之説合。於禹受命之際，書法亦然，然而《書》稱『舜在位五十載，陟方乃死』，則是史官自堯崩之明年通數之耳。夏后相二十有八載，寒浞弑相，明年少康始生於有仍氏，凡四十年而後祀。夏配天不失舊物，寒浞豈可使閒有夏之統，故缺此四十載不書，獨書少康出處而紀元載於復國之歲，以見少康四十年經營宗祀，絶而復續，足以爲萬代中興之冠冕。於新莽之篡缺其年，亦足以表光武之中興也。漢吕太后稱制既不得係年，而所立他人子名爲少帝者，又安得承統？故復缺此數年，獨書曰『吕太后臨朝稱制』，亦范太史祖禹係嗣聖紀年之意也。漢獻之末，曹丕雖稱帝，而昭烈以正義立於蜀，不改漢號，則漢統烏得爲絶，故獻帝之後，即係昭烈年號，書曰『蜀漢』，迨後主亡國而始係魏。凡此皆節目之大者。妄意明微扶正，不自知其愚也。其他如夏以上稱載，商稱祀，周始稱年，皆考之《書》可見，而《周書·洪範》獨稱祀者，是武王不欲臣箕子，尚存商立箕子之志也。由魏以降，南北分裂，如元魏、北齊、後周，皆夷狄也，故統獨係於江南。五代迭揉，則都中原者不得不係之。」

陳振孫曰：「侍講廣漢張栻敬夫撰。用《皇極經世》譜編，有所發明則著之。其言邵氏以數推知去外丙、仲壬之年，乃合於《尚書》『成湯既没，太甲元年』之説。今按：孔氏《正義》正謂劉歆、班固不見古文，謬從《史記》。而章衡《通載》乃云：『以紀年推之，外丙、仲壬合於歲次』，《尚書》殘闕而《正義》之説誤。蓋三代而上，帝王歷年遠而難考類如此，劉道原所謂『疑年』者也。」

馬廷鸞曰：「愚按張氏本《皇極經世書》作《經世紀年圖》，愚之所述蓋亦本此。然嘗疑堯之前標甲子者六，而不載世代與事迹，意者黄帝命大撓作甲子，則甲子紀年自黄帝始，以前無甲子，則亦不可得而書也。」

王應麟曰：「栻因《經世》之歷，考自堯甲辰至乾道改元之歲，凡三千五百二十二年，列爲六圖，曰《經世紀年》。」

蔡氏元定皇極經世指要　三卷　存

元定自序曰：「龍馬負圖，伏羲因之以畫八卦，重之爲六十四卦。初未有文字，但陽奇陰偶，卦畫次序而已。今世所傳《伏羲八卦圖》，以圓函方者是也。康節曰：上古聖人皆有《易》，但作用不同。今之《易》，文王之《易》也，故謂之《周易》。若然，則所謂三易者，皆本於伏羲之圖，而取象繫辭以定吉凶者，名不同耳。《連山》首艮，《歸藏》首坤，《周易》首乾。《連山》、《歸藏》雖不傳，意其作用必與《周易》大異，然作用雖異，其爲道則同一太極也。《皇極經世》之書，命數定象自爲一家，古所未有，學者所未見，然亦皆出於伏羲卦畫奇偶之序，其爲道則亦同一太極也。今以伏羲卦圖列之於前，而以《皇極經世》疏之於後，則大畧可見矣。」

周氏奭經世節要　未見

朱氏中經世補遺　佚

丘氏富國經世補遺三卷　未見

祝氏泌皇極經世書鈐十二卷　存

泌自序曰：「《易·繫》曰：『天生神物，聖人則之；天地變化，聖人效之；天垂象，見吉凶，聖人象之；河出圖，洛出書，聖人則之。』制法垂教，祖道鈎玄，是極也，先高厚而肇始，運萬有而不遺，推其動静得兩儀之本，沿其始交得四象之元，循其變化識卦位之分，得河圖、洛書而證其擬議形容之實。傳十四圖而悟布卦、用卦之旨，今探賾索隱，儻不明其所由肇，是康節之學，且入於術矣。不揣其本而齊其末，可乎？粤疏造物之圖，達於取卦之妙而後備列先天之所由，運行動植之所以感應，而要之以折衷之法，庶幾覽者由門及序，升堂入室，識其條貫。是編也，尚少裨好古博雅之君子，若鄭夬所謂泄天之藴，豈無禍福？不可謂之知言。今但虞絶學之無傳，亦何暇寔跋乎禍福之閒哉！世有覺者，幸相與發明之。端平乙未。」

楊時喬曰：「泌以邵子意注《經世》，蓋多折衷於伯温，曲詳其辭。」

吴任臣曰：「泌字涇甫，鄱陽人，自稱觀物老人。」

馬氏廷鸞皇極觀物外篇解　佚

方氏回皇極經世考　佚

鄭氏松皇極經世書續　未見

《江西通志》：「鄭松，字特立，亦名復，樂安人，三預進士貢不第，以邵子《經世書》止於周顯德，乃自庚申宋興，至甲午金亡，續二百七十五年，於邵子所紀三千三百一十六年閒，頗有更定，書法視昔尤謹。論國統絶續離合，謂興國無所承、亡國無所授者各爲系。漢、魏、晉、宋、齊、梁、陳爲一系，魏、齊、周、隋、唐、梁、唐、晉、漢周爲一系，遼、金、元爲一系。松入元，隱居布水谷。」

耶律氏楚材皇極經世義　未見

杜氏瑛皇極引用　八卷　佚

皇極疑事　四卷　佚

極學　十卷　佚

蔡氏仁皇極經世衍數　一百五十四卷　未見

張萱曰：「元至元中，饒州布衣蔡仁和仲撰。前集五十五卷，因張行成、祝涇甫之書復考訂以成帙編，卦各有圖，圖各有説。後集五十三卷，因蔡季通續正邵氏曆數衍其數，紬發其義，條陳其類，例凡古今，證應皆備載焉。内闕十五卷至十八卷，别集十五卷，續集十六卷，皆卦變爻象及揲蓍之説。支集十五卷。又因麻衣道人心法而衍之，皆占卜書也。」

齊氏履謙經世書義式　佚

經世外篇微旨　一卷　佚

安氏熙續皇極經世書　佚

徐氏驤皇極經世發微　佚

《徽州府志》：「徐驤，字伯冀，婺源人。學於程直方，深造邵氏之學。」

朱氏本皇極經世解　存

黄虞稷曰：「本字致其，豐城人。元福州路儒學提舉，明初以賢良召至京，固辭，安置和州，後放歸，卒。」

朱氏隱老皇極經世書解　十八卷　存

隱老自序曰：「先天之學，心學也，本無文字，然而非有文字，則亦無以驗其所學之爲何如矣。翼之十也，夫子之所以教也，其自十翼以上，有出自於周公者焉，繫於爻者是也；有出自於文王者焉，繫於卦者是也。教之所興，止是已乎，未也。其自二繫以上，有出自於羲皇者焉，自一奇以至於百九十二奇，自一耦以至於百九十二耦，凡著焉而有象，滋焉而有數者，皆是也。不啻足矣。雖然求之天地，則又有未畫之《易》存焉。自無畫而有畫，則羲皇是也；自無言而有言，則文王、周公、孔子是也。既已有言矣，可得無言乎？此邵子之書所以有作也。然其言自爲一家，驟而觀之有莫知其所以然者，予病之久矣。童而習之，乃至於白髮紛如也，若有得焉，上下古今，跋涉經史，凡邵子之所不甚致意者，皆以管窺之所及，妄是非而折衷焉。若夫邵子之所自爲説者，深也而淺言之，遠也而近言之，源也而姑述其流，本也而姑述其末，非能造乎其極也，而亦以書説爲言。此無他，自海外而來者，必重三譯然後可達於中國。

夫自學者而言，其於道也，何啻由海外而望中國也哉！得吾説而讀之，譬之一譯，雖未至於再譯、三譯，然自是而每一進焉，不患乎不造其極矣。且夫寵榮聲利，人之所奔而赴焉者也，已得則夸，未得則眦，及其既得而復失，則又悵然而悲，不能自遣於其懷，未深於道者也。然而從事於斯，恍不知得之爲在彼歟，失之爲在此歟？此與彼不相及也。雖然極天下之紛華不足以戰吾道，戰則吾道其勝矣。夫然，故悲莫足悲，喜莫足喜，付得失於兩忘，則庶幾其心無所累者歟？噫！先天之學，未易言也，姑以其心言之，即文字而泥焉者非也，離文字而塊焉者亦非也。吾以文字洗吾之心焉，則夫文字也者，有之未必爲非，無之未必爲是。此吾所以因是書而爲是説也。」

黄虞稷曰：「隱老字子方，號灊峯，明大學士朱善之父。」

劉氏誠補注皇極經世　未見

周氏瑛皇極經世管鑰　未見

黄虞稷曰：「瑛字梁石，别字翠渠，又號蒙中子。莆田人，成化己丑進士，歷四川右布政使。」

楊氏廉皇極經世啟鑰　未見

倪氏復皇極經世通解　未見

童氏品皇極經世書内篇注　未見

黃氏畿皇極經世書傳　八卷　存

畿自序曰：「夫有畫無言，庖犧之《易》也。象後斯有言矣。予欲無言，象帝之先，故曰『四時行焉，百物生焉』。天道變化，道之顯也；鳳鳥不至，河不出圖，天地否塞，道之晦也。立象盡意，而律呂聲音豈能外哉？自畫前觀之，太極分二，先得一爲一，以統四時，後得一爲二，以奠四維。加倍則一與十二相乘，終於六十。皇極之心，天地之心也，兩倍爲四，元會運世以彌綸耳，天下之物管是矣。故夫仰則觀物於天，日月星辰也；俯則觀法於地，水火土石也；近取諸身，性情形體也；遠取諸物，走飛草木也。幽明之故，死生之説，鬼神之情狀，其一動一静之間乎，是窮理之事也。三皇象春，五帝象夏，三王象秋，五霸象冬，與天地相似而道濟天下矣。贊《易》以祖三皇，序《書》以宗五帝，删《詩》以子三王，修《春秋》以孫五霸，旁行不流而樂天安土矣，是盡性之事也。生長收藏以盡物，一元猶一日也；化教勸率以盡民，古今猶旦暮也；權變事業，其神用矣乎！故曰『範圍天地之化而不過，曲成萬物而不遺，通乎晝夜之道而知，故神無方而易無體』，是至命之事也。昊天四府而陰陽以升降焉，聖人四府而禮樂以汚隆焉，歷居陽治陰而象數以禮行焉，律居陰治陽而聲音以樂和焉。故河出圖則天數五，地數五，象數也；鳳鳥至則雄鳴六，雌鳴六，律呂也。倍而四之，皆以爲用焉。天道之用，陰始乎陽矣；地道之用柔，成乎剛矣；先天之用，圓唱乎方矣；皇極之用，義兼乎皇矣。曆以藏閏，乾坤坎離所以不用也；律以顯閏，日星水土所以必用也。邵子之學，其仲尼之學乎？仲尼之道，其庖羲之道乎？邵伯温，子也，不能受之於父；張崏、王豫，徒也，不能盡之於師；而牛無邪、張行成、祝泌、廖應淮、朱隱老五家，臆鑿紛如，不有九六之鍵，曷啟乾、坤之門乎？畿也不揣固陋，爲管窺十有三篇以訂之，而日加注釋以爲之傳，凡八卷云。弘治甲子。」

子佐序曰：「《皇極經世》本有全書，先君得之《道藏》，手自録之。今《性理》所載，乃蔡西山《指要》，非其全也。祝泌氏《鈐》以泰爲元，六十四卦皆用四爻，與邵子異矣。廖應淮《玄玄集》從之，惟朱隱老始宗本旨爲之説，然未盡也。先君自成化乙巳隱居粤州草堂，潛心内外篇，會意先天圖，垂二十年始悟氣以六變，體以四分，用九則三十六宮，用六則二十四閏，聲音律呂、圓唱方和，而後乾坤坎離用焉，天地萬物之理貫於一矣。乃著《管窺》以闡之，凡所注釋有未備者，佐附以膚見，其推步也，年月日時，分杪晝夜，進退積成，一元消長，則命算工補其闕焉。於戲！此窮理盡性至命之學也。世以術數少之，觀於先君所叙則可見矣。嘉靖壬子七月。」

劉煒後序曰：「嘗謂伏羲先天一圖，乃天命之流行不已者也。子邵子獨得其妙，元會運世統於心爲太極，可謂從其大體者已。世儒不得其門而入，偕圖立説而謂天地人物皆起於泰，年月日時皆起於升，可謂雜亂本旨矣。粤州子黄子，一以先天圖爲主，豈非因聖言而會其意者乎。書未及成，吾師泰泉先生緒而成之。嘗論其大原曰：先天八卦本洛書之位數，後天八卦因河圖之生成，蓋水木相生自地而天，火金相克自天而地，天變陰陽則不易，地化剛柔則可易。故書之戴九肩四，九，太陽之數也，不易爲乾；四，太陰之位也，不易爲兑。左三足八，三，少陽之位也，不易爲離；八，少陰之數也，不易爲震。履一足六，一，太陽之位也，易太柔爲坤；六，太陰之數也，易太剛爲艮。右七肩二，七，少陽之數也。易少柔爲坎；二，少陰之位也，易少剛爲巽。兩儀變化，四象對待，故曰：『天地定位，山澤通氣，雷風相薄，水火不相射。』圓圖以之，乾降三陽，交坤於北，而坤索之，得一陽而成三男，氣合於西北，順至東北而爲泰；坤升三陰，交乾於南，而乾索之，得一陰而成三女，氣合於東南，逆至西南而爲否。故圖之地八，震雷反易，艮也；天三，離火上通，震也；地四，兑澤反易，巽也；天九，乾交坤中，離也；地二，陰入陽下，坤也；天七，坎水下塞，兑也；地六，陽止陰上，乾也；天一，坤交乾中，坎也。五氣順布，四時流行，故曰：『帝出乎震，齊乎巽，相見乎離，致役乎坤，説言乎兑，戰乎乾，勞乎坎，成言乎艮。』方圖以之，可以補先天之所未備，而弗之補者，蓋慎之也。至於天聲地音，張行成之《通變》、祝泌之《皇極鈐》皆祖胡僧三十六字母，以切求翻。如同徒紅切，本定字母，以聲紅爲乾卦，以音徒爲升卦，而不知天聲下唱，地之用音；地音上和，天之用聲，已有二百六十四字母矣。乾、升起算，於定字母何所預乎？是舍夏用夷，指鹿爲馬，取鮑魚以混粱肉也。且先生亦嘗合内八轉外八轉爲十六韻，如東通爲農，烏呼、胡虞之類，各以宫商角徵羽調之，可以盡天下之字音，見諸樂典，亦不附此，正以等音與《皇極》字母，本不相蒙故爾。大都先天之學失傳，二家億度，皆以獄吏牛無邪所傳諸圖爲宗，及祝泌之書盛行，世之講此學者，牽於舊習，仍其謬説而牢不可破矣。環中天命之精微既已不知，學至大人，如子邵子内外篇，亦皆相反，乃視獄吏所傳如伏羲然。噫！《南史》載京口有嗜痂之士，《文選》稱海畔有逐臭之夫，豈不相類哉！觀於此書，則先天復明於世矣。故曰君子有三畏，畏天命，畏大人，畏聖人之言。彼文饒、子涇，烏足以知此哉！有志於《皇極》者，盍自省諸，煒是以申言於簡末。嘉靖甲寅季春。」

余氏本皇極經世觀物外篇釋義　四卷　存

本自序曰：「數之淪於術久矣，逮邵子始反於理。其説悉本之易先天圖，精深玄微，妙及天人之際。惜其學不傳，間有能道之者，多彼此異同，不能盡合。蓋得其一二，旁取之他書以附足其説也，竟未審孰爲真傳本學，於此已逾一紀。深維《觀物外篇》出自其門人所紀，疑得其真，其起例祕訣雖未盡具，然大要不外是矣。惜紛亂無緒，張文饒、吴草廬雖嘗校正，尚多脱誤，本不揣重加考定，遂條爲之解，藏之巾笥，以備觀覽。然亦未審，果能得邵子之傳否也。嘉靖改元春三月。」

杜思序曰：「余南湖先生，精於性理之學，《正蒙》、《皇極經世》、《律吕新書》，俱有注釋。《正蒙集解》，坊閒梓行久矣。《皇極經世解》予髫齔時，曾手録以藏於家。壬戌冬，承乏青郡，見東庫壁隅書板庋有百餘，取而閲之，乃《觀物外篇釋義》，先生督學東省，時命郡守校刻，以分授諸生者也。閲歲未久，守者忽焉，循至腐缺漫漶，意欲校補，而役役吏牘未遑也。甲子夏，懷庭秦公以秉憲至，坊刻板在郡，適纂郡志訖工，併命補刻以成全書，乃覓侍御周海莊家完本校而補之。昔程子觀《皇極》數，以爲加一倍法，邵子服其妙悟精識，欲以其學授之，而辭以未暇，學遂不傳。先生獨於數百年之後，精思妙契，會悟旁通，裒集諸家注釋，纂彙成編。其師授固有所自，而學者能因其書而求之，則於邵子數法之妙，思過半矣。嘉靖乙丑。」

黄國俊跋曰：「南湖先生邃於易學，多所著述，先生仲嗣九正與予筆研交，得縱觀之，惜其猶有未傳者。乙丑，計偕乞恩署昌樂教事，郡侯杜公語及先生《釋義》已梓於郡堂，但歲久腐闕，爰命校之，補刻完帙，以嘉惠四方。先生諱本，字子華，正德辛未進士第二人，世居月湖，時人稱爲南湖先生，守愚，子其別號云。」

鍾氏芳皇極經世圖纂　未見

貢氏珊皇極解　未見

葉氏良佩皇極經世集解　未見

吕氏賢皇極經世解　未見

周氏正皇極經緯　未見

余氏嘉謨皇極經世書注　未見

黄虞稷曰：「淮安大河衛指揮僉事周正撰。」

張氏芝初經世續卦　佚

楊廉表墓曰：「君諱芝初，字廷芳，歙縣人，弘治丙辰進士，除南大理評事，歷官湖廣按察副使。」

張氏敔皇極經世聲音譜　未見

吴氏琉皇極經世鈐解　未見

《長興縣志》：「吴琉字汝琇，精邵子之學，以布衣祀鄉賢。」

詹氏景鳳經世畧意　二卷　存

陳氏藎謨皇極圖韻　一卷　存

藎謨自序曰：「《皇極圖韻》者，從康節先生《皇極經世》聲音倡和之説而推衍之者也。聲音者，《經世》所載之一端，又指聲之可據，該色臭味之無窮，而以律吕之數，窮動植飛走之數也。先生之子伯温有曰：《皇極經世》之所以爲書，窮日月星辰飛走動植之數，以盡天地萬物之理；述皇帝王霸之事，以明大中至正之道。陰陽之消長，古今之治亂，較然可見矣。其書宏奥，志在研探，初於律吕聲音，稍闚藩落，乃知聲音之道原本天地，發之萬物而最靈於人，五聲以察治忽，六義即具諧聲，以通神明，以類萬物。至於風土既殊，呼吸亦異，正聲正音繁然莫定，此邵子倡和之説，所爲大有關於世教也。第立法深微，解悟或鮮。不揣愚謬，撰述兹編，闡其幽玄，銓其遺複，條舉源委之圖五十有八，審定河洛之韻三十有六，冀韻學若網在綱，學者得門而入云爾。」

鬱氏文初皇極經世抄　一卷　存

名氏皇極經世書類要　十卷　存

竹書統箋 清徐文靖撰

卷首上

張南軒著《經世紀年》二卷，自叙曰： 太史遷作十二國世表，始紀甲子起于成周共和庚申之歲，庚申而上則莫紀焉。歷世浸遠，其事雜見於諸書，靡適折衷，則亦傳疑而已。 本朝嘉祐中，康節邵先生雍出於河南，窮往知來，精極于數，作《皇極經世書》，上稽唐堯受命甲辰之元，爲編年譜，如云外丙、仲壬之紀，康節以數知之，乃合於《尚書》「成湯既没，太甲元年」之説，成湯之後蓋實傳孫。《孟子》所説，特以太丁未立而卒，方是時外丙生二年，仲壬生四年耳。 又正武王伐商之年，蓋武王嗣位十一年矣，故書序稱十有一年，而復稱十有三年者，字之誤也。 是類皆自史遷以來傳習之謬，一旦使學者曉然，其真萬世不可改者也。 某不自揆，輒因先生之歷，考自堯甲辰至皇上乾道改元之歲，凡三千五百二十有二年，列爲六圖，命之曰《經世紀年》以便觀覽。

陳氏《書録解題》曰： 《經世紀年》廣漢張欽夫用《皇極經世》譜編。 其言邵氏以數推知，去外丙、仲壬之年，乃合於《尚書》「成湯既没，太甲元年」之説。 今按： 孔氏《正義》謂劉向、班固「不見古文」，謬從《史記》，而章衡《通載》乃云以紀年推之，外丙、仲壬合於歲次，《尚書》殘缺而《正義》之説誤。 蓋三代而上，帝王歷年遠而難考，類如此。

皇王大紀　宋胡宏撰

卷三

五帝紀　帝堯陶唐氏

元載甲辰

西洛先覺邵雍氏作《皇極經世》，歷帝堯即位之年起于甲辰，惟雍精極天之數，必不妄也，故用之以表時序事，庶幾可以傳信乎？

初，成湯娶有莘氏，生太丁，爲嫡子，蚤卒，有子曰太甲，爲世嫡孫，以伊尹爲太保。湯崩，壽百歲，伊尹奉太甲即位，葬成湯於亳北。

卷七

唐李淳風通於小數，猶能逆知帝王世數多少。邵康節極數知來，非淳風比也。其作《皇極經世》，《史》亦無外丙、仲壬名，《世》此以歷數，知其非者四也。經所傳者義也，史所載者事也。事有可疑則棄事而取義可也，義有可疑則假事以證義可也。若取事而忘義，則雖無經史可也。

卷十一

三王紀　武王

《泰誓》叙曰十有一年，經曰十三年者，三之文誤也。曷爲知其然？以《皇極經世》知之也。

大事記解題　宋吕祖謙撰

卷一

貞定王

《解題》曰：《史記》作「定王介」，《世本》、司馬貞《索隱》、《蘇氏古史》並作「貞王」。皇甫謐及《皇極經世》、《稽古録》並作「貞定王」，今姑從《稽古録》紀年，並列衆説以待知者。

周威烈王六年，盜殺晉幽公，魏斯誅亂者。

《解題》曰：幽公淫婦人，夜竊出邑中，盜殺幽公。魏文侯以兵誅晉，亂，立幽公子止。年表書「魏誅晉幽公」，有脱字。《皇極經世》作「魏文侯殺晉幽公」，因年表之誤也。

諸侯圍衛襄陵。

《解題》曰：《皇極經世》載「衛鞅會韓趙之師，圍魏襄陵」，當考。

魏歸趙邯鄲。

《解題》曰：《皇極經世書》「趙伐魏，魏歸趙邯鄲」，當考。

秦免魏冉相國，奪宣太后權。

《解題》曰：《范睢傳》書「廢太后，逐穰侯高陵華陽涇陽君於關外」。按《本紀》：「明年，宣太后葬芷陽酈山。九月，穰侯出之陶。」是宣太后之没書「薨」書「葬」，初未嘗廢魏公子無忌。諫魏王親秦之辭，止曰「太后母也而以憂死」，亦未嘗言其「廢」也。穰侯雖免相，猶以太后之故未就國，及太后既葬之後始出之陶耳。范雎傳所載特辯士增飾之辭，欲誇范雎之事而不知甚昭王之惡也。邵氏《皇極經世書》曰「罷穰侯相國及宣太后權，以客卿范雎爲相，封應侯」，蓋得其實矣。

大學衍義　宋真德秀撰

卷十八

然内則楊后受郭槐之賂以主之，外則荀勖諸人更相從臾以助之，雖帝初心之明，至此亦眩惑不能自決矣。蓋姦臣用事未有不内結宫闈外交羣小而後能遂其所欲者，妃立而晉室之亂萌。先儒邵雍以爲禍在夕陽亭之一語，而不在石勒長嘯上東門之時，豈不然哉！

卷三十一

臣按：舊説以祖甲爲太甲，考諸《史記》，祖甲者高宗之子祖庚之弟也。鄭玄曰：「高宗欲廢祖庚立祖甲，祖甲以爲不義，逃於民間，與『不義惟王』之説協。」而以邵雍書參之，祖甲享國三十有三年，世次又正在高宗之後，故知非太甲也。

讀書分年日程　元程端禮撰

卷三

朱子學校貢舉私議

今欲正之，莫若討論諸經之説，各立家法，而皆以註疏爲主。如《易》則兼取胡瑗、石介、歐陽修、王安石、邵雍、程頤、張載、吕大臨、楊時。

大學衍義補　明邱濬撰

卷七十三

臣按：先天後天之言，始見於乾之《文言》，然謂先於天後於天焉耳。至宋邵雍始以「天地定位」以下爲伏羲先天易，「帝出乎震」以下爲文王後天易。各有方位之次，分爲横圜之圖。

臣按：《易》之爲易，有理有數。言理者宗程頤，言數者宗邵雍。至朱熹作《本義》《啟蒙》始兼二家説。先儒謂程學言理，而理者人心之所同。今讀其傳犁然即與心合。邵學言數，數者康節之所獨，今得其圖若何而可推驗明理者，雖不知數，自能避凶而從吉。學數者儻不明理，必至舍人而言天，窮理而精則可修己治人，言數不精且將流於技術。《易》雖告以卜筮，而未聞以推步。漢世納甲、飛伏、卦氣，凡推步之術無不倚《易》爲説，而《易》實無之。今邵學無傳，不若以理言《易》，則日用常行，無往非《易》矣。

邵雍曰：「君子於《易》，玩象、玩數、玩辭、玩意。夫《易》者，聖人長君子消小人之具也。及其長也，闢之於未然；及其消也，闔之於未然。一消一長，一闔一闢，渾渾然無迹，非天下之至神，其孰能與於此。」臣按：先儒謂玩象、玩數、玩辭、玩意，此學易之法。

卷七十五

邵雍曰：「《春秋》皆因事而褒貶，非有意於其間，故曰《春秋》盡性之書也。」又曰：「《春秋》爲君弱臣强而作，故謂之名分之書。」又曰：「聖人之經渾然無迹，如天道焉。《春秋》録其事，而善惡形於其中矣。」又曰：「《春秋》，孔子之刑書也，功過不相掩。五伯者，功之首罪之魁也。先定五伯之功過而學《春秋》，則大意立矣。」又曰：「五伯功過不相掩，聖人先褒其功，後貶其罪，故罪人有功亦必録之。」

卷八十

其後徽宗以王安石配享及祀王雱，雖是羣姦私意，然亦以其有作三《經義》之功。理宗崇尚理學，列周敦頤等七大儒于從祀，後又兼秩司馬光、邵雍，蓋以此九儒者重明聖道，俾大明于世也。

東溪日談録　明周琦撰

卷五八

徽宗崇寧二年，以王安石配享，位在孟軻之次。是年，封孔子之後爲衍聖公。四年，則令郡邑之學以諸儒從祀。大觀二年，始以孔伋從祀。政和三年，追封安石爲舒王，其子王雱爲臨川伯，皆從祀焉。欽宗靖康元年，罷安石配享而猶從祀。孝宗淳熙四年，罷王雱從祀而安石猶存。理宗淳祐元年，始加周敦頤、張載、程顥、程頤，封爵與朱熹並皆從祀。始出安石不祀。度宗咸淳三年，始以顏回、曾參、孔伋、孟軻並配孔子，升顓孫師于十哲，列邵雍、司馬光于從祀。

中庸衍義　明夏良勝撰

卷十七

然天地氣運，愈厚則愈長，愈長則愈生，愈生則愈薄。伯之不迨於王，王之不迨於帝，帝之不迨於皇，自然節限。邵雍於《經世書》推算，有不能易者也。

邵雍曰：「聖人所以能立無過之地者，以其善事乎心者也。」臣良勝曰：「心者，天君也。天君泰然，百體從令，故善事乎心，則身之無過也必矣，然無身過易，無心過難。恒人之無過易，人君之無過難。恒人之過辱於一身，人君之過播及於天下矣。」

格物通　明湛若水撰

卷九　儆戒一

凡踰越於天理之外者，皆患也，皆豫防之也。身心爲尤切矣。邵雍曰「防乎其防，邦家之昌」，其永既濟之盛於無窮也乎？

卷二十　正心下

邵雍曰：「聖人所以能立於無過之地者，以其善事吾心者也。」臣若水通曰：「聖人之心，一仁而已矣，則亦何過之有哉！是以口不失於人也，足不失於人也，色不失於人也，三者盡而聖人之善事其心者可知矣。是故聖人之無過，以其無違此心也。」

卷二十五　慎言動下

邵雍曰：「應變而言，言不在我也。」臣若水通曰：「言語之道，感應而已矣。未應不能顯，已應不能默，是故應變之言如扣鐘矣。扣則鳴，不扣則不鳴。鳴不鳴在物，而鐘未嘗不定也。知此者，可以知言語之道矣。」

卷三十一　謹妃匹下

臣若水通曰：「晉武辨二氏之女明矣，而卒不能遂己之志者，何哉？邪佞蔽之也。后賈充之女，所謂以邪佞進者也。豈復有正始之道乎？宋儒真德秀曰『妃立而晉室之亂萌』，邵雍以爲『禍在夕陽亭之一語，而不在石勒長嘯上東門之時』，然則正始之道，豈可忽哉！」

卷五十六　正萬民下

邵雍曰：「天有陰陽，人有邪正。邪正之由，繫乎上之所好也。上好德則民用正，上好佞則民用邪。邪正之由，有自來矣。」臣若水通曰：「上者，下之倡也。孔子曰『子帥以正，孰敢不正』，又曰『上有好者，下必有甚焉者矣』。下民之邪正，在上所以感之者何如爾。然則後之人君世主欲正天下之民者，可不正其好惡以端其本哉？」

邵雍曰：「虞舜陶于河濵，傅説築于巖下，天下皆知其賢，而百執事不爲之舉者，利害使之然也。吁！利害叢于中而矛戟森于外，又安知有虞舜之聖而傅説之賢哉？河濵非禪位之所，巖下非求相之方，昔也在億萬人之下，而今也在億萬人之上，相去一何遠之甚也。然而必此云者貴有名者也。」臣若水通曰：「相臣之不薦賢者，非無是非之心而智之弗明也，多生於忌嫉耳。上者忌其逼己，下者忌其軋己，故非惡之惡、非非之非生焉，非無是非、好惡之本心也。」

卷六十六　舉措四

御定孝經衍義

卷五十五

治經必專家法者，謂漢之諸儒專門名家各守師説，不敢輕變，但其守大拘，不能精思明辯以求真，是爲病。然近年以來習俗苟偷，學無宗主。今莫若討論諸經之説，各立家法，而皆以注疏爲主。如《易》則兼取胡瑗、石介、歐陽修、王安石、邵雍、程頤、張載、吕大臨、楊時。

卷九十一

邵雍執親喪，哀毀盡禮。

卷九十五

臣按：邵雍之《易》、劉羲叟之曆法，皆受之於之才者也。大器難識，安于卑位，使之經世務不知其果，何如其於范雍處暄涼之變乃見士節矣。取之以附於順長之條，使夫前日遠送之徒知有愧焉。

御覽經史講義

卷一

邵雍曰：「聖人之所以能立無過之地者，以其善事乎心也。」其所以善事乎心者，尤在不敢忽於微而杜其漸。

卷八

宋儒邵雍稱「老子得《易》之體，孟子得《易》之用」，夫體用不可相離，得其體而未能施於用者有之矣，未有得其用而不備其體者也。

六經天文編　宋王應麟撰

卷上

言暉者，主離日也，管輅曰：「朝日爲暉。」或曰：「星辰何象也？」曰：「艮離也。」邵雍曰：「離爲星。」賁，艮上離下，《彖》曰「柔來文剛」，又曰「分剛上而文柔，天文也」。

地體徑二十四度，其厚半之，勢傾東南，其西北之高不過一度。邵雍謂「水火土石」合而爲地。今所謂徑二十四度者，乃土石之體爾。

重修革象新書　明王禕删定

卷下

地體徑二十四度者，其厚半之，勢傾東南，其西北之高不過一度。邵雍謂「水火土石」合而爲地。今所謂徑二十四度，乃土石之體耳。土石之外，水接於天皆爲地體。

聖壽萬年曆　明朱載堉撰

卷首

臣父及臣篤好數學，弱冠之時讀《性理大全》，見宋儒邵雍《皇極經世書》、朱熹《易學啟蒙》、蔡元定父子《律吕新書》《洪範皇極内篇》等而悦之，口不絶誦，手不停披，研窮既久，數學之旨，頗得其要。

律曆融通　明朱載堉撰

卷一

邵雍曰：「圓者河圖之數，方者洛書之文。」當知方以爲體，則圓以爲用。圓以爲體，則方以爲用。圓者徑一而圍三，方者徑一而圍四。河圖以十居中，圓以推之三其十爲三十，故圖外成數六七八九總三十。方以推之，四其十爲四十，故圖内外生成之數總四十。洛書以五居中，圓以推之三其五爲十五，故書從横皆十五。方以推之，四其五爲二十，故書外陽數一三九七總二十，陰數二四八六亦總二十。體用相因，莫匪自然至哉！

卷三

十二卦，順四時之氣，配四方之位，實與伏羲六十四卦圓圖之位次合。卦氣流行之接卦畫對待之妙，陰陽盛衰消長相爲倚伏之機，備於此十二月卦中矣。謹按：十二律配卦象，其原出於《易緯》，而諸家所主不一。邵雍已前，未聞有圖。雍所傳先天圖，蓋出於陳希夷。朱熹謂此圖希夷已前原有，但秘而不傳，惟方士輩相傳授耳，《參同契》所言是也。今考《參同契》之文，於復則曰「黄鍾建子」，臨則曰「丑之大吕」，泰則曰「輻輳於寅」，輳指太蔟言也。大壯則曰「俠列卯門」，俠指夾鍾言也。他卦放此。結之曰「終坤始復，如循連環」，此一節文義與六十四卦圓圖全合，惟與方圖不合。疑舊圖世遠，或傳寫之誤歟？

天原發微　宋鮑雲龍撰

卷五上

天地五行之數所不可違，而必曰七日，明律曆之元也。故日月五星，始於牽牛，氣始於夜半，曆始於冬至，律始於黄鍾。子雲得之，爲八十一首，以盡一元六甲三統九會二百四十二章之數。邵雍得之，明日月星辰元會運世，以窮天地消長無極之數。愚謂程子説天行消長之理簡而約，張子説得氣象大，謂陽氣流行雖窮冬未嘗絶，皆以乾坤生生之理推之。若漢上則專以數明理，指七日以推律歷卦氣之元冬至子半之説，且引《太玄》、《皇極經世》以廣之。是知復非止可以明理，又可以該數也。

御製佩文齋書畫譜

卷三十二

邵雍

康節少日喜作大字。《邵氏見聞録》

朱子跋邵康節檢束二大字云：「康節先生自言大筆快意，而其書跡謹嚴如此，豈從心所欲不踰矩者邪？」《朱子文集》

康節先生心聲正大，可以銘盤，心畫遒勁，可以貫準。《平園集》

康節工筆札，其蹟雜見鳳墅《續法帖》中。《書史會要》

卷七十六

宋邵雍書逢春詩

先生妙極道數，從容於義理之會，雖形諸餘事，無問精麤，莫非實理。秦漢以來，諸儒鮮能及之，此所謂豪傑之士也。陵陽牟君鉉得其所書《逢春詩》，嘗以遺臨卭魏某，辭不敢有，仍書而歸諸。《鶴山集》

宋邵雍手寫陶靖節詩

康節先生蘊先天經世之學，顧獨手抄《靖節詩集》，是豈專取詞章哉，蓋慕其知道也。宣和末臨漢曾紘，謂舊本《續山海經詩》「形天無千歲」，當作「刑天舞干戚」。某初喜其援証甚明，已而再味前篇專咏夸父事，次篇亦當專咏精衛，不應旁及他獸。今觀康節只從舊本，則紘言似未可憑矣。開歲倏五十或作五日，近歲初覺謂五十則與辛丑不合，今康節只作五日，尚何疑焉。淳熙己酉重明節，舟次臨江，薌林向公之孫士虎出觀，因表而出之。《平園集》

卷二十八

明董其昌書邵雍《無名公傳》並傳贊一册。上等荒七

習學記言　宋葉適撰

卷四十七

邵雍詩以玩物爲道，非是孔氏之門。惟曾晳直云「浴乎沂風乎舞雩詠而歸」，孔子與之。若言偃觀蜡、樊遲從游、仲由揖觀射者，皆因物以講德，指意不在物也。此亦山人隱士所以自樂，而儒者信之，故有雲淡風輕傍花隨柳之趣。其與穿花蛺蝶點水蜻蜓何以較重輕，而謂道在此不在彼乎？

卷五十

柳開諸文及《補亡先生傳》，邵雍諸詩及《無名君傳》，雖深淺精粗所造各不同，至於尊己陋物叫呼以自譽，失古人爲學之本意，則其病一也。且開以藩籬未涉之狂氣，安得使人捨其自安之奥室以從我？而雍固山林玩世之異迹也，人亦胡爲因其曠蕩無畛畦之見，遂混而從之？孔子謂不知而作我無是，中庸至德，民鮮能學者，審其所處而已。

能改齋漫録　宋吴曾撰

卷十二　謹正

清直勇

傅堯俞，字欽之，素善安石，時方變新法，公以母服除至京師，安石謂公曰：「朝議紛紛，今幸公來，議以待制諫院奉還矣。」公謝曰：「恩甚厚，但恐與公新法相妨耳。」且爲言新法之不善，安石怒，乃以爲權同判内銓。温公嘗歎曰：「清直勇，吾於欽之畏焉。」洛之君子邵雍曰：「欽之，至清而不耀，至直而不激，至勇而能温，此爲難耳。」人以雍言爲然。

丹鉛餘録　明楊慎撰

卷二

邵康節云：「《莊子·盗跖篇》言事之無可奈何者，雖聖人亦如之何？庖人雖不治庖，尸祝不越樽俎而代之，言君子之思不出其位。」

卷十二

《漢書·律曆志》上元至伐桀之歲十四萬一千四百八十年，《列子》楊朱云伏羲至今三十餘萬歲。二説既參差，而《路史》及《外紀》其年代，復與二家參差。邵堯夫《皇極》數斷以天地始終止十二萬八千年。以邵子之言參之《漢書》《列子》，則天地之始終又兩番矣。其孰爲是邪？善乎莊子之言曰「六合之外聖人存而不論」。《漢書》《列子》之言誠荒唐也，邵子之言亦知其的然耶？存而不論可也。

劉歆云：「三皇象春，五帝象夏，三王象秋，五伯象冬。」邵子《皇極》全用之。《孝經緯》引孔子曰，《春秋》屬商，《孝經》屬參，《皇極經世》以《易》《書》《詩》《春秋》配春夏秋冬，有所祖述也。

丹鉛續録

明楊慎撰

卷一

慎謂《易》畫自下而上，圖自右而左，故曰「逆數」。凡上下下曰順，下上上曰逆。左徂右曰順，右徂左曰逆。史稱伏羲「太昊氏」。太昊，春也。邵子以《易》配春，《大戴禮》言伏羲氏以木德王。畫卦自下而上，即木之自根而幹，幹而枝也。其畫三，木之生數也；其卦八，木之成數也。重卦亦兩其三、八其八爾。木行春也，春貫四時，木德仁也，仁包四端。伏羲所以爲羣聖首，而《易》爲五經之源乎？

卷二

伏羲之《易》小成爲先天，神農之《易》中成爲中天，黄帝之《易》大成爲後天。予案邵康節之《易》先天後天，其源出於此。今之讀《易》者知有先天後天而不知有中天，讀《尚書》者知有古文今文而不知有中文，可乎？

希夷易圖

陳希夷曰：「易學意言象數四者不可闕一，其理具見於聖人之經，不煩文字解説，止有一圖，謂先天方圓圖也。以寓陰陽消長之説與卦之生變。圖亦非創意以作，孔子《繫辭》述之明矣。」又作《易龍圖序》，曰龍圖者，天散而示之，伏羲合而用之，仲尼默而形之。希夷以授穆伯長，伯長以授李挺之，挺之即邵康節師也。挺之謂邵雍曰：「科舉外有義理之學，義理外有物理之學，物理外有性命之學。」雍悉傳之作後天圖。見於邵伯温之序。朱子因其出於希夷而諱之，殆掩耳盜鈴也。後作《周易啟蒙》，指孔子《繫辭傳》「天地定位」，曰此先天之學。「帝出乎震」一節，曰此後天之學。「數往者順」一節，曰直解圖意。庱辭誤人，似説《易》元有此圖矣。蓋康節因孔子《易傳》難明，因希夷之圖又作後天圖以示人。如周子因孔子「易有太極」一句而作《太極圖》。今便謂先有《太極圖》而後有《易傳》，可乎？如《詩集傳》有《七月流火圖》，便謂先有此圖而後作《七月詩》，可乎？今程文及舉業，有用先天、後天及横圖、圓圖直解圖意字於破題者，皆不通古今者也。茅塞一世眩惑千古，莫此爲甚。士不知此何以謂之明經，罰飲墨水一石可也。

易圖考證

胡一桂云宋一代之易學，希夷先天一圖開象數之門，至邵子《經世書》而碩大光明，周子《太極》一圖洪理義之門，至程子《易傳》而浩博弘肆。愚觀此言，易圖先天始於希夷而後天續於康節，朱子所以不明言者，非爲康節直以希夷，恐後人議其流於神仙也。藏頭露尾，亦何益哉！

丹鉛總録

明楊慎撰

宋儒論天外

邵康節曰：「天何依，依乎地。地何附，附乎天。天地何所依附，曰自相依附。」自斯言一出，宋儒標榜而互贊之，隨聲而妄衍之。朱子遂云：「天外更須有軀殼甚厚，所以固此氣也。」天豈有軀殼乎，誰曾見之乎？既自撰爲此説，他日遂因而實之曰「北海只挨著天殼邊過」，似曾親見天殼矣。自古論天文者，《宣夜》、《周髀》、《渾天》之書，甘、石、洛下閎之流，皆未嘗言。非不言也，實所不知也。若邵子、朱子之言，人所不言亦不必言也，人所不知亦不必知也，人所不問亦不必問也。莊子曰「六合之外聖人存而不論」，此乃切要之言。孰謂莊子爲虚無異端乎？元人趙緣督始稍正邵子之誕，而今之俗儒已交口議之。又丘長春世之所謂神仙也，其言曰：「世間之事尚不能究，况天外之事乎？」由是言之，則莊子、長春乃異端之正論，而康節、晦翁之言則吾儒之異端矣。本朝劉伯温亦古甘、石、洛下之流，其言曰：「天有極乎，極之外何物也？天無極乎，凡有形必有極，理也，勢也。是聖人所不能知耳。非不言也，故天之行聖人以曆紀之；天之象聖人以器驗之；天之數聖人以算窮之；天之理聖人以《易》究之。天之所闕，人無術以知之者，惟此耳。今不曰不知而曰不言，是何好勝之甚也。」嗚呼！伯温此言，其確論乎？其曰「好勝」者，蓋指宋儒之論天者。予嘗言東坡詩「不識廬山真面目，只緣身在此山中」，蓋處於物之外，方見物之真也。吾人固不出天地之外，何以知天地之真面目歟？且聖賢之學切問近思，亦何必求天外之事耶？

卷二十六

《漢書·律曆志》上元至伐桀之歲十四萬一千四百八十年，《列子》楊朱云伏羲至今三十餘萬歲。二説既參差，而《路史》及《外紀》其年代，復與二家參差。邵堯夫《皇極》數斷以天地始終止十二萬八千年。以邵子之言參之《漢書》、《列子》，則天地之始終又兩番矣。其孰爲是邪？善乎莊子之言曰「六合之外聖人存而不論」。《漢書》、《列子》之言誠荒唐也，邵子之言亦知其的然耶？存而不論可也。

劉歆云三皇象春，五帝象夏，三王象秋，五伯象冬。邵子《皇極》全用之。《孝經緯》引孔子曰，《春秋》屬商，《孝經》屬參，《皇極經世》以《易》、《書》、《詩》、《春秋》配春夏秋冬，有所祖述也。

升菴集　明楊慎撰

卷四十一　易圖考證

胡一桂云，宋一代之易學，希夷先天一圖開象數之門，至邵子《經世書》而碩大光明，周子《太極》一圖，洪理義之門，至程子《易傳》而浩博弘肆。愚觀此言，易圖先天始於希夷而後天續於康節，朱子所以不明言者，非爲康節直以希夷，恐後人議其流於神仙也。藏頭露尾，亦何益哉！

數往者順知來者逆

安公石作《易牖》，此解極爲超邁。自唐宋諸儒，未有是説也。朱子嘗有「一半逆，一半順」之疑矣，而終未能自決之也。公石之説曰：「天下之事，數往者順，知來者逆，《易》爲知來而作，故其數逆數也。往者順，蓋因下句而並舉之，非爲《易》有數往之順數也。」公石於經妙契超詣有如此。趙子崇爲予言此，惜未見其全也。予謂解聖賢之經，當先知古人文法。古人之文，有因此而援彼者，有從此而省彼者。故必曉古人文法，而後可以解聖賢之經。噫！安得起公石於九原而語此哉。慎謂《易》畫自下而上，圖自右而左，故曰「逆數」。凡上下下曰順，下上上曰逆。左徂右曰順，右徂左曰逆。史稱伏羲「太昊氏」。太昊，春也。邵子以《易》配春，《大戴禮》言伏羲氏以木德王。畫卦自下而上，即木之自根而幹，幹而枝也。其畫三，木之生數也。其卦八，木之成數也。重卦亦兩其三、八其八爾。木行春也，春貫四時，木德仁也，仁包四端。伏羲所以爲羣聖首，而《易》爲五經之源乎？

卷四十六

康節不信命

張横渠喜論命，因問康節疾曰：「先生推命否？」康節曰：「若天命已知之矣，世俗所謂命則不知也。」康節之言如此，今世游食術人妄造大定數、蠢子數，托名康節，豈不厚誣前賢！

卷四十七

經史相表裏

蘇老泉曰：「經以道法勝，史以事辭勝。經不得史無以證其褒貶，史不得經無以要其歸宿。」言經史之相表裏也。元儒山東雲門山人張紳士行序定宇陳氏《通鑑續編》衍其説云：「史之爲體不有以本乎經，不足以成一家之言；史之爲體不有以本乎經，不足以爲一代之制。故太史公之史，其體本乎《尚書》；司馬公之《通鑑》，其體本乎左氏；朱子之《綱目》，其體本乎《春秋》；杜佑之《通典》，其體本乎《周禮》。惟《易》《詩》之體未有得之者，而韓嬰之《韓詩外傳》、邵雍之《皇極演易》可謂傑出矣。」此論甚新，余嘗欲以漢唐以下事之奇奧罕傳者彙之，而以蘇、李、曹、劉、李、杜、韓、孟詩證之，名曰《詩史演説》，衰老無暇，當有同吾志者。

卷四十八

宋統似晉

世之説者曰，三代而下，天下一統者漢唐宋而已。秦晉及隋合而復分，祚又不久，不得比之矣。余謂漢唐可稱一統，宋僅與晉比爾，不得並漢唐也。宋自太祖開基僅得五代之土宇，而河東江南閩蜀嶺南十國未平。史氏未嘗以一統例書之。至數年諸國始平，至真宗而納幣於契丹矣。四傳至神宗，而王安石割七百里地以獻遼矣。至徽宗北行，而高宗稱臣矣。河西河北之地，則終宋之代未嘗得其土之一毛。漢唐疆域不如是之隘，而一統之日，曾不得如西晉之久，及其南渡以後，享國差長於典午，而氣息奄奄不啻倍焉。當時有人問邵堯夫國祚，不答，架上取《晉紀》示之。徽、欽之事，正符懷、愍，是宋之擬晉，邵子固有説矣。余嘗謂宋之得國，非有深仁厚澤大烈顯功，幸取於孤兒寡婦之手，與劉知遠、郭威無大相遠，而趙普佐命不足比周之王朴，況敢望張良、李靖乎？方是時，曹翰欲取幽州并契丹，普乃妬忌而巧阻之，以方興之師而不能克久疲之遼，仗全勝之勢而不能制蕞爾之夏。景德之際，寇準之謀不盡用，而有靖康。靖康之中，李綱之策不肯行，而有江左。始也，太祖太宗之時則奉契丹如驕子，繼而真宗仁宗之世則敬之如兄長，至南渡則事之如君父矣。晉之東猶振刷磨淬，滅慕容，滅姚秦，滅李蜀，是蟲死不僵，虎斃猶立也。以此言之，宋尚不得比晉，而況於漢唐乎！

日知録　清顧炎武撰

卷一

若「天一地二」、「易有太極」二章，皆言數之所起，亦贊《易》之所不可遺，而未嘗專以象數教人爲學也。是故出入以度，無有師保，如臨父母，文王、周公、孔子之《易》也。希夷之圖、康節之書，道家之《易》也。自二子之學興，而空疏之人迂怪之士舉竄迹於其中，以爲《易》而其易爲方術之書，於聖人寡過反身之學去之遠矣。

卷十四

度宗咸淳三年，進邵雍、司馬光，以今論之，惟程子之《易傳》、朱子之《四書章句集註》《易本義》《詩傳》及蔡氏之《尚書集傳》、胡氏之《春秋傳》、陳氏之《禮記集説》是所謂代用其書乖於國胄者爾。南軒之《論語解》、東萊之《讀書記》抑又次之，而《太極圖》、《通書》、《西銘》、《正蒙》亦羽翼六經之作也。至有明嘉靖九年，欲以制禮之功蓋其豐昵之失，而逞私妄議，輒爲出入殊乖古人之旨。

白田雜著　清王懋竑撰

卷一

易本義九圖論

《易本義》九圖，非朱子之作也。後之人以《啟蒙》依放爲之，又雜以己意，而盡失其本指者也。朱子於《易》有《本義》有《啟蒙》，其見於《文集》《語録》講論者甚詳，而此九圖未嘗有一語及之，九圖之不合於《本義》《啟蒙》者多矣。門人豈不見此九圖者，何以絶不致疑也？朱子於《本義》叙卦圖約略《大傳》之文，故云自下而上再倍而三以成八卦，三畫已具八卦已成，則又三倍其畫以成六畫，而於八卦之上各加八卦，以成六十四卦，而不敢參以邵子之説。至《啟蒙》則一本邵子，而邵子所傳止有《先天圖》，即六十四卦方圓圖。其《伏羲八卦圖》、《文王八卦圖》，則以

《經世演易圖》推而得之。同州王氏、漢上朱氏《易》皆載《伏羲八卦圖》、《文王八卦圖》，《啟蒙》因之。至朱子所自作横圖六，則注《大傳》語及即六十四卦方圓圖也，邵子語於下，而不敢題云「伏羲六十四卦圖」，蓋其慎重如此。今乃直云「伏羲八卦次序圖」、「伏羲六十四卦次序圖」、「伏羲八卦方位圖」、「伏羲六十四卦方位圖」，是孰受之而孰傳之耶？又云「伏羲四圖，其説皆出邵氏」，按邵氏止有《先天》一圖，其八卦圖後來所推，六横圖朱子所作，而以爲皆出邵氏，是誣邵氏矣。又云「邵氏得之李之才挺之，挺之得之穆修伯長，伯長得之希夷先生陳摶圖南」，此明道叙康節學問源流如此。漢上朱氏以先天圖屬之，已無所據，今乃以移之四圖若希夷已有此四圖者，是並誣希夷矣。文王八卦，《説卦》明言之，《本義》以爲未詳，《啟蒙》别爲之説，而不以入於《本義》。至於「乾天也故稱乎父」一節，《本義》以爲揲蓍以求爻，《啟蒙》以爲乾求於坤，坤求於乾，與「乾爲首」、「乾爲馬」兩節，皆文王觀於已成之卦而推其未明之象，與《本義》不同，蓋兩存之。今乃以爲《文王八卦次序圖》，又孰受之而孰傳之耶？自周子《太極圖》以黑白分陰陽，後多因以爲説。龜山先生於詹季魯問《易》，以一圈示之而墨塗其半，曰「此即易也」，是皆以意爲之。朱子《答袁機仲書》所云「黑白之位」，當亦類此。今此圖乃推明伏羲畫卦之次序，其必以奇偶之畫，而不可以黑白之位代之，彰彰明矣。爲問伏羲之畫以奇偶乎，以黑白乎？則以黑白之位爲伏羲之畫，雖甚愚知其不可也。今直題爲「伏羲八卦次序」、「伏羲六十四卦次序」而皆以黑白之位，又誰受之而孰傳之耶？《答袁書》止有八卦黑白之位，而無六十四卦。又云三白三黑一黑二白一白二黑等語，與今圖亦有不同。此書云「黑白之位亦非古法，今欲易曉，故爲此以寓之」，後書云「僕之前書已自謂非是古有此圖，只是今日以意爲之，寫出奇偶相生次序，令人易曉矣」，則又明指六横圖而言非黑白之位，故竊疑袁書此一節或後人勦入之，以爲九圖張本，而非本文。又其後云「此乃易中至淺至近而易見者」，黑白之位原非易中所有，考其文義都不相屬。《答袁書》凡十一論黑白，僅見於此，而他書皆以奇偶論，其或有所增損改易，而非本文，未可知也。卦變圖，《啟蒙》詳之，蓋一卦可變爲六十四卦，《彖傳》卦變偶舉十九卦以爲説爾。今圖卦變皆自復姤臨遯等十二辟卦而來，以《本義》考之，惟訟晉二卦爲合，餘十七卦則皆不合，其爲謬妄尤爲顯，然必非朱子之舊明矣。故嘗反復參考，九圖斷斷非朱子之作，而數百年以來未有覺其誤者。蓋自朱子既没，諸儒多以其意改《易本義》，流傳既久，有所竄入，亦不復辨。馬端臨《文獻通考》載陳氏説，《本義》前列九圖，後著揲法，疑即筮儀。學者遂以九圖揲法爲《本義》原本所有，後之言《本義》者，莫不據此，而不知《本義》之未嘗有九圖、揲法也。明《永樂大全》出，以《本義》改附《易傳》，而九圖、筮儀遂爲朱子不刊之書矣。今詳筮儀之文，絶不類朱子語，其注有云「筮者北面見《儀禮》」。按《儀禮·士冠禮》、《特牲饋食禮》、《少牢饋食禮》，筮者皆西面，惟《士喪禮》筮宅以不在廟，筮者北面。今直云「筮者北面，見《儀禮》」，此等瞽説，不知何來？推求其故，則學《易》者但見《漢上易·叢説》有引《儀禮》「筮者北面」之文，而並未嘗考之《儀禮》也。朱子豈不見《儀禮》者，而疏謬若是耶？由是以言，筮儀亦斷非朱子之作。而《通考》所云

「前列九圖，後著揲法」者，皆爲相傳之誤，而不可以據信矣，余故曰《易》九圖非朱子之作也。後之人以《啟蒙》依放爲之，又雜以己意而盡失其本指者也。今考其大略如此，其碎義瑣說有相發明者，别附於後。世之君子得以覽觀而審擇其是非焉。

曲洧舊聞

宋朱弁撰

卷一

邵先生名雍，字堯夫。傳易學，尤精于數，居洛中，昭陵末年聞鳥聲，驚曰：此越鳥也，孰爲而來哉？因以易占之，謂人曰：後二十年有一南方人作宰相，自此蒼生無寧歲，君等誌之。朝廷屢詔不起，後即其家授以官，堯夫力辭之，乃申河南府，以病未任，拜起乞留，告身在本府，俟痊安日祗受，朝廷益高之。元豐末卒，謚曰康節。

歐陽公在政府，聞康節之名而未之識也。子棐叔弼之官道洛下，公曰：汝至洛，可往謁邵先生，致吾欽慕而無由相見之意。彼若留汝爲少盤旋，不妨所得言語悉報來。叔弼既到門，堯夫倒屣出迎之，甚喜，延入室説話終日，堯夫又自道平生所見人，所從學，所行事，諄諄不休。已而又問曰：君能記否？至于再至于三，棐雖敬聽之，然不曉其意也。以書報公，公亦莫測。逮元豐間堯夫卒，有司上其行應謚，而叔弼爲太常博士，乃作謚議，乃始恍然悟堯夫當時諄諄，蓋是分付兹事也。先生其神哉！世以比郭景純之於青衣兒，雖其事不同，而前知實相類也。

温公與堯夫水北閒步，見人家造屋，堯夫指曰：此三間，某年某月當自倒。又指曰：此三間，某年某月爲水所壞。温公歸，因筆此事于所著文藁之後，久而忘之，因過水北，忽省堯夫所説，視其屋則爲瓦礫之場矣。問于人，皆如堯夫言。歸考其事，亦同。此事，洛中士大夫多能道之。

嬾真子　宋馬永卿撰

卷三

洛中邵康節先生，術數既高，而心術亦自過人。所居有圭竇甕牖。圭竇者，墻上鑿門，上鋭下方如圭之狀。甕牖者，以敗甕口安於室之東西，用赤白紙糊之，象日月也。其所居謂之「安樂窩」。先生以春秋天色温涼之時，乘安車駕黄牛出遊於諸公家，諸公皆欲其來，各置安樂窩一所。先生將至其家，無老少婦女良賤，咸迓於門迎入窩，争前問勞，且聽先生之言。凡其家婦姑妯娌婢妾有争競經時不能決者，自陳於前，先生逐一爲分别之。人人皆得其懽心，於是酒殽競進，厭飲數日，徐遊一家，月餘乃歸。非獨見其心術之妙，亦可想見洛中士風之美。

墨莊漫録　宋張邦基撰

卷二

康節邵先生堯夫，在洛中嘗與司馬温公論易數，推園中牡丹云：某日某時當毁。是日温公命數客以觀，日向午花方穠盛，客頗疑之。斯須兩馬相踶，絶銜斷轡，自外突入，馳驟欄上，花果毁焉。嘗言天下不可傳此者，司馬君實、章子厚爾。而君實不肯學，子厚不可學也。臨終焚其書不傳，秖以《皇極經世》行於世。

寓簡　宋沈作喆撰

卷一

陳瑩中嘗以邵康節説《易》講解象數，一皆屏絶，質之於劉器之。器之曰：《易》固經世之用，若講解象數，一切屏絶，則聖人設卦立爻復將何用？惟知其在象數者皆寓也，然後可以論《易》，故曰「得意忘象」、「得象忘言」。方其未得之際而遽絶之，則吉凶與民同患之理，將何以兆？恐非筌蹄之意。予謂元城固爲學《易》者説耳，若至忘言之地，象數固無用也，况講解乎？

夢溪筆談　宋沈括撰

卷七

江南人鄭夬曾爲一書談《易》，其間一説曰：乾坤大父母也，復姤小父母也。乾一變生復得一陽，坤一變生姤得一陰。乾再變生臨得二陽，坤再變生遯得二陰。乾三變生泰得四陽，坤三變生否得四陰。乾四變生大壯得八陽，坤四變生觀得八陰。乾五變生夬得十六陽，坤五變生剥得十六陰。乾六變生歸妹本得三十二陽，坤六變生歸妹本得三十二陰。乾坤錯綜，陰陽各三十二生六十四卦。夬之爲書，皆荒唐之論，獨有此變卦之説，未知其是非。予後因見兵部員外郎秦君玠，論夬所談，駭然嘆曰：「夬何處得此法？玠曾遇一異人授此數，歷推往古興衰運歷，無不皆驗，常恨不能盡得其術。西都邵雍亦知大畧，已能洞吉凶之變。此人乃形之於書，必有天譴，此非世人得聞也。」予聞其言往兼復甚秘，不欲深詰之。今夬與玠皆已死，終不知其何術也。

楊公筆録　宋楊彦齡撰

沈存中《筆談》，説江南人鄭夬爲一書，談其間一説云：乾坤大父母也，復姤小父母也。自乾坤六變而六十四卦成。乃云秦玠常遇異人授此數，邵雍亦知其大畧。余近得一圖法甚奇妙，卦起乎坤成乎乾。初以一陰一陽相比如環之無端，然後以此倍之至六爻，則陰陽各三十二而六十四卦成。其卦之覆變數之序，初爻餘爻耦者陽能資始，陰能代終也。自非聖哲不能措意如此。疑此書與鄭夬書同。

春明夢餘録　清孫承澤撰

卷五十八

嘉靖中華湘疏

臣伏揆古今，善治曆者三家，漢《太初》以鍾律，唐《大衍》以蓍策，元《授時》以晷景，而晷景爲近，其所因者本也。欲正曆而不登臺測景，竊以爲皆空言臆見，非事實也。宜掄選疇人子弟諳曉本業者，及冬至前詣觀象臺，晝夜推測，日記月書，至來年冬至以驗二十四氣分至合朔，日躔月離，黄赤二道，昏旦中星，七政紫氣，月孛羅睺，計都之度。視元辛巳所測，委有所差，備録上覽。昔班固作《漢志》，言治曆有不可不擇者三家，專門之裔，明經之儒，精算之士，臣三者無一。夙夜皇皇，罔知所措。乞勅禮部延訪有能知曆理如楊雄、精曆數如邵雍、智巧天授如僧一行、郭守敬者，徵赴京師，令詳定歲差，以成一代之懿制。

仕學規範

宋張鎡撰

卷八

韓公性純厚貌重氣和而寡言，其遇人不設城府，與人語唯恐傷之，至當言職論事上前，亹亹不窮，正直確切，無所回隱，左右爲懼，而公益安徐，不見聽終不已。平生自奉養甚約，室無媵妾，食纔脱粟一肉，所用服器雖敝敗不易，篤於孝友，家事付昆弟，得任子恩亦先推與之，爲守令本於豈弟而能擊姦豪以安良民。其在徐，前守侵用公使錢，公寖爲償之未足，而公罷後守反以文移公，當償千緡，公竭資且假貸償之。久之鈎考得實，公蓋未嘗侵用也。公卒不辨，其容物不校類如此。故司馬温公嘗歎曰：清直勇三德，吾於欽之畏焉。洛之君子邵雍曰：欽之，至清而不耀，至直而不激，至勇而能温，此爲難爾。人以雍言爲然。

言行龜鑑　元張光祖編

卷一

康節先生邵雍，字堯夫，始學于百原，堅苦刻厲，冬不爐，夏不扇，夜不就席者數年。先生嘆曰：「昔人尚友千古，而未嘗及四方，遽可已乎？」于是走吳適楚，過齊魯，客梁晉，久之而歸，曰「道其在是矣」。退居共城，乃覃思易學，三年不設榻，晝夜危坐以思，于是學以大成。

説郛　明陶宗儀撰

卷三十八上

濮上陳摶以先天圖傳种放，种放傳穆修，穆修傳李之才，之才傳邵雍。放以河圖、洛書傳許堅，堅傳范諤昌，諤傳劉牧。修以太極圖傳頤，頤傳二程。濂溪得道於異僧壽涯，晦菴亦未然其事，以異端疑之。

卷四十三下

邵雍，字堯夫，洛陽人也。不應舉，布衣窮居，一時賢者皆與之交游。爲人豈弟和易，可親而喜。以其學教人，其學得諸易數。謂今五行之外復有先天五行，其説皆有條理，而雍用之可以逆知來事，其言屢驗。某在史院時曾得其著書，號《皇極經世》，論者數十卷，讀之不甚可曉。其書中所論，有配律曆及平上去入四聲處，莫可考也。又有《周易》卦圖，未曾見之。或言雍此學無所從授而心自得也，或言雍父得江鄰幾學士家婢而生雍，婢携江氏家書數編來邵氏，雍取而讀之，乃得此學，未知信否？

元明事類鈔　清姚之駰撰

卷二十七

十人從祀

《元史》仁宗朝，詔以宋儒周敦頤、程顥、顥弟頤、張載、邵雍、司馬光、朱熹、張栻、吕祖謙及故中書許衡從祀孔子廟廷。《歐陽元集》：時貢舉法行，非程朱學不式。尋定濂洛以下九儒及衡爲十人，祀孔子廟。

少室山房筆叢　明胡應麟撰

卷十二

邵雍《太玄准易圖》，見《通考》。晁氏論中今傳者尚十餘家，凡《玄》之得失，自前人論之已詳。第此書本名《太玄》，其稱經者班氏文致之詞，後世因遂尊之，非實也。

古今事文類聚　宋祝穆撰

卷六

巢居穴處

熙寧間，故太師王公拱辰即洛之道德坊營第甚侈，中堂起屋三層，最上曰朝元閣。時司馬君實亦在洛，於私第穿地深丈餘作壤室。二公各嘗登處其間。邵雍堯夫見富、鄭二公，問洛中有何新事？堯夫曰：「近有一巢居一穴處者。」遂以二公對，富爲發笑。《麈史》

名賢氏族言行類稿　宋章定撰

卷十二

彦博凝簡莊重，有大臣體，位將相者五十餘年，遍歷公孤，兩以太師致仕。雖位貌隆貴，而平居接物，謙抑尊德樂善，如恐不及。邵雍、程顥、程頤以道學名世，居洛陽，而彦博與之遊。元豐中，與富弼及當時老成而有賢德者十一人，用白居易故事，就弼第置酒相樂，尚齒不尚官。已而圖形妙覺僧舍，謂之洛陽耆英會。司馬光爲文序其事。王拱辰守北都，以書來諗曰：拱辰亦家洛，位與年不居數客後，顧以官守不得執卮酒在坐席，願預名其間，幸無我遺。其爲時所嘉羡如此。

卷四十五

邵雍，字堯夫，衛州人也。刻厲爲學，夜不就席者數年。有王豫者以師自居，聞雍學《易》，召而欲教之。雍往見豫，與語三日，蹶然起拜雍。嘗適吴楚，過秦魯，客梁晉，而歸徙居於洛。士人道洛者，必過其廬。與人言必依於孝悌忠信，樂道人之善，不及其惡，故賢不肖無不親之。其學自天地運化陰陽消長，皆以數推之，逆知其變。世無能曉之者。而雍内以自樂浩如也。初舉遺逸，試將作監主簿。熙寧初以爲潁州團練推官，與常秩同召，而雍卒不起。居洛三十年而卒，謚康節。

羣書考索　宋章如愚撰

卷一

秦燔《詩》、《書》，《易》以卜筮存。初，商瞿受《易》於孔子，五傳至田何。漢之言《易》者，如楊何、施讎、孟喜、梁丘賀之徒，所學皆祖田何。楊何最先出，武帝時已立博士。施、孟、梁丘至宣帝時又立博士，惟焦氏、費氏、高氏三家爲異。焦延壽、高相皆述陰陽災異之言。焦傳之京房，《房易》具存，大抵陰陽律數之事，元帝時亦立學官。費氏初傳民間，至後漢時陳元、鄭康成皆傳《費氏易》。費氏興而餘學息，今所傳即《費氏易》也。魏王弼注上下經，晉韓康伯注《繫辭》、《説卦》、《序卦》，唐孔穎達爲《正義》。本朝則有陳摶、种放、范諤昌、邵雍之徒。

《皇極經世》十卷，邵雍撰。天地運化，陰陽消長，皆以數推之，以窮夫萬物之變。此書以元會運世自開闢以來推其年數，以元經會，以會經運，以運經世。以日經日爲元之元，其數一，日之數一故也。以日經月爲元之會，其數十二，月之數十二故也。以日經星爲元之運，其數三百六十，日之數三百六十故也。以日經辰爲元之世，其數四千三百二十，辰之數四千三百二十故也。則是日爲元，月爲會，星爲運，辰爲世。此《皇極經世》之數也。一元象一年，十二會象十二月，三百六十運象三百六十日，四千三百二十世象四千三百二十時也。蓋一年有十二月三百六十日四千三百二十時故也。經世一元十二會三百六十運四千三百二十世，一世三十年，是爲十二萬九千六百年，是爲《皇極經世》自元之元更相變而至於辰之元，自元之辰更相變而至於辰之辰，所謂《皇極經世》但著一元之數，使人引而伸之，可以終而復始也。起堯即位之二十一年甲辰，終於周顯德六年己未。編年紀治亂興亡之事，以符其學。

玉海　宋王應麟撰

卷十

太玄曆　司馬光

邵雍曰：「曆不能無差。今之學曆者但知曆法，不知曆理。能布算者，洛下閎也。能推步者，甘公、石公也。洛下閎但知曆法，揚雄知曆法又知曆理。」

《太玄經》元圖曰七十二策爲一日，凡三百六十四日有半踦滿焉，以合歲之日而律曆行，故自子至辰，自辰至申，自申至子，冠之以甲，而章會統元與月蝕俱没元之道也。注：元以陰陽爲本，故兼該顓頊太初二曆，踦滿二贊以合歲之日而行律曆也。元告元日書，斗書而月不書，常滿以御虚也。

卷三十五

邵雍曰：「乾坤縱而六子横，《易》之本也。震兑横而六卦縱，《易》之用也。乾坤天地之本，離坎天地之用。是以《易》始於乾坤，中於離坎，終於既未濟，而泰否爲上經之中，咸恒爲下經之首，皆言乎其用也。」

卷三十六

先天圖

陳摶以傳种放，放傳穆修，修傳李挺之，挺之傳邵雍。雍有方圓二圖。「圖雖無文，吾終日言而未嘗離乎是，蓋天地萬物之理盡在其中矣」，「先天學，心法也，故圖皆自中起。萬化萬事生乎心也」，「先天圖中，環中也」，「先天學主乎誠」。先天之數，自一而二，自二而四，自四而八。乾兑離震在左，巽坎艮坤居右。乾南坤北以定上下，離東坎西以列左右。朱震、朱熹、蔡元定、張行成申其説。

卷三十六

周易傳

胡瑗翼之《易傳》十卷，門人倪天隱所纂，非其自著，故序首稱先生。鄭夬揚庭《周易傳》十二卷，姚嗣宗謂劉牧之學，授之吴祕，祕授之夬。夬又作《明數》、《明象》、《明傳道》、《明次例》、《明範》五篇。邵雍言夬竊其學於王豫，沈括亦言夬之學似雍云。

朱震子發《易集傳》十一卷，《易圖》三卷，《叢説》一卷。自謂學以程頤爲宗，會邵雍、張載之論，合鄭玄、王弼之學。

淳熙易書

淳熙八年八月五日，知閬州吕凝之上《易書》四十卷，上問輔臣周必大，奏曰：「此本邵雍之學，蜀人張行成推衍之，凝之必講學於行成。」上曰：「行成所著頗略。」必大曰：「凝之配年以卦爻，所以加密。」乾道二年六月四日，以行成進《易》，可採除直徽猷閣。行成有《述衍》十八卷，《通變》四十卷。以易數生於衍，因先釋《繫辭》之説而復析衍法，窮原疏流，命曰《述衍》。邵雍之學，祖於象數二圖，其用皆起於爻，爻則變，今演解之，命曰《通變》。

淳熙易集解　圖

淳熙二年，曾穜裒程顥、程頤、張載、游酢、楊時、郭忠孝、邵雍七先生之説，爲《大易粹言》十卷。

淳熙易學啟蒙　本義

先天之學，魏伯陽闕見其意，陳摶始發其秘，再傳爲邵雍方圓圖、《皇極經世》諸書。朱震、張行成、朱文公、蔡元定申其說。

漢楊雄太玄

晁説之以光《太玄曆》、邵雍《玄圖》，合而譜之爲《易玄星紀譜》二卷。

邵雍《觀物外篇》曰：「洛下閎改顓頊曆爲太初曆，子雲準太初而作《太玄》，凡八十一卦，九分共二卦，凡一五隔一四，細分之則四分半當一卦，氣起於中心，故首中卦。」

卷五十五

皇極經世

邵雍撰，十卷。以元經會，以會經運，以運經世。天日月星辰陰陽。地水火土石剛柔。變暑寒晝夜。化，雨風露雷。感性情形體。應走飛草木。人目鼻耳口。物聲色氣味。事皇帝王伯體用。業。易書詩春秋心迹。天開於子，地闢於丑，人生於寅。孔子贊《易》自羲軒而下，祖三皇也。序《書》自堯舜而下，宗五帝也。删《詩》自文武而下，子三王也。修《春秋》自桓文而下，孫五伯也。一元之運始於日甲月子星甲辰子，自開闢以來推其年數。雍得之於李挺之，挺之得於穆伯長。自天地運化陰陽消長，皆以數推之，以窮萬物之變。程伯淳謂「加一倍法」。其書以日月星辰水火土石盡天地之體用，以暑寒晝夜雨風露雷盡天地之變化，以性情形體走飛草木盡萬物之感應。以元會運世歲月日辰盡天地之終始，以皇帝王伯《易》《書》《詩》《春秋》盡聖賢之事業。易用九六，經世用十、十二。一元統十二會，十二會統三十運，三十運統十二世，一世統三十年，一年統十二月，一月統三十日，是十二與三十迭爲用也。

《觀物篇解》二卷伯温敘述，蔡元定爲《指要》二篇。以伏羲卦圖列於前，以《皇極經世》疏於後。張行成撰《索隱》一卷，《觀物外篇衍義》九卷。張栻因經世之考自堯甲辰至乾道，改元之歲凡三千五百二十二年，列爲六圖，曰《經世紀年》。周奭爲《節要》。《觀物外篇》門弟子記平生之言，合二卷。雖以次筆授不能無小失，然發明成書爲多。張行成曰：《内篇》理深而數畧，《外篇》數詳而理顯，學先天者當自《外篇》始。

《晁氏志》：《皇極經世》十二卷，起堯即位之二十一年甲辰，終周顯德六年己未。編年紀興亡治亂之事，以符其學。《觀物篇》系於後，其子伯温解。康節先生受業於李之才，先視之以陸淳《春秋》，意欲以《春秋》表儀五經，既可語五經大旨，則授《易》而終焉。

純正蒙求　元胡炳文撰

卷中

康節論鬼　迂叟事神

宋康節先生邵雍，字堯夫。嘗曰：人之畏鬼，亦猶鬼之畏人。人積善而陽多，鬼益畏之矣。積惡而陰多，鬼弗畏之矣。大人與鬼神合其吉凶，何畏之有？宋司馬温公號迂叟，嘗曰或問迂叟事神乎？曰：事神。或曰：何神之事？曰：事其心神。或曰：其事之何如？曰：至簡易，不黍稷，不犧牲，惟不欺之爲用。君子上戴天，下履地，中函心，雖欲欺之，其可得乎？

荆川稗編　明唐順之編

卷四十

辯三分損益之誤　歐陽之秀

宜春歐陽之秀著《律通》，其自序曰：自律度數，不見於經，而釋經者反援《漢志》以爲據，蓋濫觴於《管子》、《吕氏春秋》，流衍於《淮南子》……不得其自然之數，則聲不可得，而言今之制律者不知出此，而顧先區區於秬黍之縱横，古尺之修短，斛斗之廣狹，鐘磬之高下，謀之，是何足以得其聲之和哉！邵雍曰「世人所見者，漢律曆耳。然則三分損益之法，爲未善」，亦隱然矣。

卷六十三

皇極　胡一桂

《皇極經世書》者，宋康節先生邵子之所作也。今畧述先生祖先天方圓圖演數之法，以見作用之大旨，若夫推步之精知來之神，愚何能闖於其藩，所願學焉而未敏也。因得友人查伯復顔叔、俞邦翰孟宣相與講之，粗知其説云。

經世本先天方圓圖説　查顏叔

康節先天之易，尚象而不尚辭。《觀物篇》有所謂律吕圖、聲音圖、八卦交爲十二辰圖、十二辰交而爲十六位圖、太極圖、既濟陰陽圖、掛一圖、三千六百年圖，諸圖之傳，並無一字言其所以然，蓋欲示不言之教。如伏羲六十四卦，初無言語文字也。然其圖雖多，特只本之先天六十四卦方圓圖，且以先天圖言之，圓圖象天包於地外，方圖象地處於天中，是一大陰陽相配也。分圓圖而觀，乾兑離震居左爲天卦，巽坎艮坤居右爲地卦，分陰陽立兩儀，而主運行不息之事。分方圖而觀，西北十六卦天卦自相交，東南十六卦地卦自相交，其斜行則乾兑離震巽坎艮坤，自西北而東南，皆陰陽之純卦也，不能生物。西南十六卦天去交地，天卦皆在上，而生氣在首，故能生動物，而頭向上。東北十六卦地去交天，天卦皆在下，而生氣在根，故能生植物，而頭向下。其斜行則泰損既濟益恒未濟咸否，自東北而西南，皆陰陽得偶之合也，所以能生物也。又合二圖而觀，方圖乾處圓圖亥位，謂之天門，是天氣下降也。方圖坤處圓圖巳位，謂之地户，是地氣上騰也。此兩十六卦，所謂陰陽互藏其宅也。方圖泰處圓圖寅位，謂之鬼方。方圖否處圓圖申位，謂之人路。此兩十六卦是天交天、地交地而生生不息，所以泰居寅而否居申，所謂陰陽各從其類也。夫圓圖主運行之事，方圖主生物之事運，行者氣也，生物者質也。氣非質則無所附麗，質非氣則豈能生物哉！康節《經世書》本先天方圓圖，其作用大畧如此。

經世要旨　俞孟宣

先天之學，本來只是先天六十四卦大横圖一一八八之序。横圖者，卦之所以列，一一八八者，數之所由肇。卦之於數，猶形之於影耳。由是取横圖復至乾三十二卦，自北歷東以至于南，取姤至坤三十二卦自南歷西以終于北，以應天之運，而天根月窟自然之理不假作爲，莫不作對待而圓圖立矣。取横圖乾一宫之八卦，自乾至泰横布於圓圖之内，而兑二宫之八卦自履至臨加布於乾宫八卦之上，餘六卦以次横列而乾居西北，坤居東南，否泰陰陽之交，居于東北西南，以應地之方。横斜曲直之妙理無窮，而方圖立矣。若夫圓圖之發用，則以乾兑離震三十二卦爲陽，爲在天日月星辰之四象，爲元會運世之大四象。震離二宫爲陽中陰，兑乾二宫爲陽中陽，又分天道之陰陽太少。坤艮坎巽三十二卦爲陰，爲在地水火土石之四象，爲歲月日時之小四象，巽坎爲陰中陽，艮坤爲陰中陰，又分地道之柔剛太少，其數則自一一二二以至八八，並以十二、三十累因而爲分秒之數。全數悉具《觀物篇》中，如天地各十六象，皇帝王伯，走飛草木等錯綜敷暢之妙，自見本篇，今不繁具。若夫方圖之取用，則分爲四片，西北十六陽卦爲天卦而乾主之，東南十六陰卦爲地卦而坤主之，否泰所主元會運世，凡三百六十運，四千三百二十世，十二萬九千六百年，皆有當時直事之卦。泝其始，如星甲辰子之直事卦，所謂畫前有易也。直事卦者，即掛一卦也。運世年月皆有之，以掛一全卦之序分去。如每運每世每年每月並用四爻直之，其餘爻即閏也。爲説甚多，今不繁具。或以世卦配運卦，或以年卦配世卦，須合方圖天地卦，分位置左右。若世卦配運，則運卦居左，年卦配世，則世卦居左。左爲天卦，右爲地卦，須變爻卦變以合方圖。考大四象，掛一之卦以求分數。考大四象元會運世是何位，即合掛一何卦，亦得其位之分數矣。按掛一本圖可見也。以此所得之掛一某卦，而質於圓圖，以察理亂休咎，而圓圖陰卦爲歲月日時，主動植事物，自有律呂聲音數合。方圖天地卦位置左右橫看既濟卦，考大小四象而得掛一之卦，以求分秒二數。人用分，物用秒。亦質於圓圖，以觀臧否。謂得掛一卦，以質之圓圖在何處，如陽中陽則極治之時事物皆美，陰中陰極亂之時事物皆惡，陰中陽亂而將治事物終美，陽中陰治而將亂事物終惡。又察其陰陽進退饒乏，卦氣發斂屈伸之類。凡古今治迹，只是憑一定之卦。以推步動植事物，則隨時取聲音數以求卦而占測也。一定卦者，掛一之序也。聲音者，方圖天地卦，以求得掛一卦也。所謂經者，猶言經緯經綸之義。觀天之數以元經會者，猶以十二會爲經，而三百六十運以下爲緯。觀地之數以會經運者，猶以二百五十運爲經，而以二千九百八十四世以下爲緯。觀人之數以運經世者，猶以一百二十世爲經，而三千六百年爲緯。謂一元則經之以會，九會則經之以運，十運則經之以世也。雖曰斷自唐虞以下，而百世亦可推也。邵子志存斯世，故惟以《經世》人事名篇。但動植事物之數，雖屬圓圖陰卦，而歲月日時之下，分秒太細，故以四卷載律呂聲音之變，而悉歸之方圖矣。蓋方圓二圖錯綜而用，變動不居，不可爲典要也。皇極取河圖天五地六，二中以立數。取圓圖太少陰陽剛柔之唱和，得一萬七千二十四，凡日月星辰之變，水火土石之化，律呂聲音之實數同歸于此。以此一萬七千二十四自乘得二萬八千九百八十一萬六千五百七十六，是爲動植通數而用之以取掛一。卦二百五十六者也。以圓圖大四象，每元之元一，大位各全具六十四卦，係十六之乘十六，又四其六十四也。取掛一卦之法，乃用前數二萬八千九百八十一萬六千五百七十六，是爲九位掛其中五之位，看左右位陰陽進退消息虚張，其説繁晦，今故畧之。學者但按邵子所傳掛一卦之定序考之，似不須布籌以自惑也。掛一卦起於元之元之元之元，泰卦乃方圖東北之位，終始萬物之義，故運世與年各用掛一全卦之序，而直事仍取合於方圖天地卦圓圖大小四象，而後分秒之數歸宿矣。今當一元之午會，癸運酉世，即一歲之五月初十日酉時也，是謂大小四象。《皇極經世》以六十四卦四之爲二百五十六卦，一千五百三十六爻，分直二十四氣三百六十日，每一氣首分四爻直閏，謂之藏閏。二十四氣共九十六爻，其餘每四爻直一日，以五行生旺休囚定其休咎據一歲如此，大之而元會運世，小之而歲月日時，一以此推之，謂之加一倍法。程子所謂一日之運即千歲之運，其理不過如此。二百五十六卦，謂之掛一卦起例，在祝氏《鈐》中。以萬物之通數而消息之，不知果是康節置卦之原否也？五行法只以乾坎艮震巽離坤兑爲序，以兑一宫爲例。季秋，冬；季冬，春；季春，夏；季夏，秋。廢休，死囚，没胎，相旺。

御製性理大全書

卷七

皇極經世書一

邵伯温曰：「《皇極經世書》凡十二卷，其一之二，則總元會運世之數易，所謂天地之數也。三之四，以會經運，列世數與歲甲子，下紀帝堯至于五代歷年表，以見天下離合治亂之迹，以天時而驗人事者也。五之六，以運經世列世數與歲甲子，下紀自帝堯至于五代書傳所載興廢治亂得失邪正之迹，以人事而驗天時者也。」

纂圖指要上

西山蔡氏曰：「龍馬負圖，伏羲因之以畫八卦，重之爲六十四卦。」

卷八

皇極經世書二

纂圖指要下

西山蔡氏曰：「一動一静之間者，《易》之所謂太極也。」

卷九

皇極經世書三

觀物内篇之一　邵伯温解

物之大者，無若天地，然而亦有所盡也。

乾陽物也，坤陰物也。乾坤謂之物，則天地亦物也。天地有物之大者耳。既謂之物，則亦有所盡也。

卷十

皇極經世書四

觀物内篇之七

昔者孔子語堯舜，則曰垂衣裳而天下治。

卷十一

皇極經世書五

觀物外篇上

邵伯温曰：「康節先君既捐館，門弟子記其平生之言，合二卷，雖以次筆授不能無小失，然足以發明成書者爲多，故名之曰《觀物外篇》。」

卷十二

皇極經世書六

觀物外篇下

以物喜物，以物悲物，此發而中節者也。

卷十三

皇極經世書七

外書

漁樵問對嵩山晁氏曰：邵雍堯夫設爲問答，以論陰陽化育之端，性命道德之奧云。

御纂性理精義

卷三

皇極經世書

案：邵子，傳先天之學者也。然伏羲卦以天地雷風水火山澤爲八卦之象，而邵子以日月星辰水火土石爲八卦之象，蓋自爲一家之學此，非謂伏羲之本象如也。

《觀物内篇》物之大者，無若天地，然而亦有所盡也。

《觀物外篇》張氏嵱曰：「觀物有内外篇，内篇先生所著之書也，外篇門弟子所記先生之言也。」

草木子　明葉子奇撰

卷一

觀物篇

邵子曰：「形統於首，神統於目，氣統於唇。」

人，陽物之靈也，故能化火。龍，陰物之靈也，故能化水。動物本諸天，所以頭順天而呼吸以氣。植物本諸地，所以根順地而升降以津。故動物取氣於天而乘載以地。

圖書編　明章潢撰

卷九

邵雍曰：「君子於《易》，玩象，玩數，玩辭，玩意。夫《易》者，聖人長君子消小人之具也。及其長也闢之於未然，及其消也闔之於未然。一消一長一闔一闢，渾渾無迹，非天下之至神，其孰能與於此？」

卷十二

邵雍曰：「《春秋》皆因事而褒貶，非有意於其間，故曰《春秋》盡性之書也。」又曰：「《春秋》爲君弱臣强而作，故謂之名分之書。」又曰：「聖人之經渾然無跡如天道焉，《春秋》録其事而善惡形乎其中矣。」又曰：「《春秋》，孔子之刑書也。」

卷二十二

宋邵雍最稱知曆理，其所謂元會運世者，以十二與三十相乘而成，猶之歲月日時也。推天地大數開物於月之寅星之巳，閉物於月之戌星之戊。堯之時正符中數，信有當矣。雖然，歲以十二月日之會也，月以三十日日月之及也，日以十二時時之周天也，皆有據也。彼元會運世則何據以爲十二爲三十乎？自元會運世而上，自歲月日時而下，愈久愈暫而愈不可窮，此何異朝秀日及而論春秋之變哉！天津之兆，豈不或中，雍亦多言矣。大抵乾坤有六子，支干有剛柔陰陽，五行豈無前識，而實者難設，虛者易假，是以古者慎言之也。

卷六十一

蘇門山

蘇門山，古士率棲焉。其著者魏阮籍，晉孫登，宋李之才、邵雍，元許衡、姚樞耳。然諸皆有祠，獨籍不祠也。

諸儒圖書總叙

復姤生六十四卦圖

是圖乃康節之師李挺之所傳，河陽陳氏得之。康節是圖可信，不獨八卦能生六十四卦，又旁通以相生，得此然後《易》之彖辭可知其所從來，所謂象學也。玩是圖，奇偶相生最有次第，較之諸儒卦變之説，惟此爲獨精也。但謂伏羲之意原是如此用心布置，恐亦未然。况謂之爲象學，而天下寧有象外之理哉！

經世衍易圖

西山蔡氏曰：一動一静之間，即《易》所謂太極動静者，《易》所謂兩儀陰陽剛柔者，《易》所謂四象太陽太陰少陽少陰太剛太柔少剛少柔者，《易》所謂八卦也。按動静之間者兩在，不測之謂也。動者陽，静者陰，不曰陰陽而曰動静者，邵子之意本以《説卦傳》有「立天之道曰陰與陽，立地之道曰柔與剛」之言，故分太陽太陰少陽少陰爲天之四象而屬於動，少剛少柔太剛太柔爲地之四象而屬於静，其後日月星辰水火土石。

山堂肆考 明彭大翼撰

卷二十七

邵雍聞鵑

天津橋在河南府西南架洛水上，隋煬帝建用大船連以鐵鎖，南北夾起四樓。唐貞觀中，始甃石爲岸，即宋邵雍聞杜鵑聲處。元順帝至平十八年，大都有杜鵑綱目書法。宋將亂，鵑聲聞于天津。今胡運將衰，鵑至大都。然則國之興亡，謂非其數，可乎？

卷三十三

化成殿醉書

仁宗飛白書「四民安樂」字，題其旁曰：化成殿醉書。邵雍釋之曰：帝雖在酒，所嬪御在列，尚不忘四民，故自帝王以來獨以仁謚之也。

卷四十三

橋上鵑聲

宋治平中，邵雍與客散步天津橋上，聞杜鵑聲不樂。曰：洛陽舊無杜鵑，今始至。天下將治，則地氣自北而南；將亂，地氣自南而北。今南方地氣至矣。禽鳥得氣之先，不二十年，上用南人作相，專務變更，天下自此多事矣。至是，上用王安石，雍言果驗。

卷一百三十五

邵康節

邵雍，字堯夫，河南人。天性高邁，迥出千古，而坦夷温厚不見圭角。先生之學得之李挺之，所著有《皇極經世》、《觀物内外篇》、《漁樵問答》、《擊壤集》行世。卒年六十七，程明道銘其墓，朱文公爲之贊。元祐中賜謚康節。子伯温，孫溥，紹興中除徽猷待制，溥祕書省校書郎。

太極圖説述解　明曹端撰

太極圖説述解原序

噫！自木鐸聲消，儒者所傳周經孔傳之文，而羲圖無傳，遂爲異派竊之而用於他術焉。至宋邵康節始克收舊物，而新其説，以闡其微。及朱子出而爲《易圖説》、《啟蒙》之書，則羲易有傳矣。不惟羲易千載之一明，而實世道人心之萬幸也。伊川程子，康節之同游，傳《易》而弗之及，果偶未之見耶，抑不信邵之傳耶？若夫濂溪周子，二程師也，其於羲圖想亦偶未之見焉，然而心會太極體用之全妙，太極動静之機，雖不踐羲迹，而直入羲室矣。

通書述解　明曹端撰

卷下

伊川程先生見康節邵先生，伊川指食卓而問曰：「此卓安在地上，不知天地安在何處？」康節爲之極論其理，以至六合之外。伊川嘆曰：「平生唯見周茂叔論至此。」此康節之子伯温所記，但云極論而不言其所論者云何。今按康節之書有：「曰天何依，曰依乎地；曰地何附，曰附乎天；曰天地何所依附，曰自相依附。天依形，地附氣，形謂地，氣謂天，其形也有涯，其氣也無涯。」竊恐當時康節所論與伊川所聞于周先生者，亦當如此。因附見之云。

困學紀聞　宋王應麟撰

卷一

上蔡謝子爲晁以道《傳易堂記後序》言：「安樂邵先生《皇極經世》之學，師承頗異。安樂之父，昔於廬山解后文恭胡公，從隱者老浮圖遊。隱者曰：『胡子世福甚厚，當秉國政；邵子仕雖不偶，學業必傳。』因同授《易》書。」上蔡之文，今不傳，僅載於張秬《書文恭集後》。康節之父伊川丈人，名古字天叟。

卷八

康節邵子之父古，字天叟。定律呂聲音，以正天下音及古今文。謂：「天有陰陽，地有剛柔，律有闢翕，呂有唱和。一陰一陽交而日月星辰備焉，一剛一柔交而金木水火備焉，一闢一翕而平上去入備焉，一唱一和而開發收閉備焉。律感呂而聲生焉，呂應律而音生焉。」《觀物》之書本于此，謂闢翕者律，天清濁者呂。地先閉後開者春也，純開者夏也，先開後閉者秋也，冬則閉而無聲。東爲春聲，陽爲夏聲。此見作韻者亦有所至也。銜凡冬聲也。橫渠張子曰：「商、角、徵、羽皆有主，出於唇齒喉舌，獨宫聲全出於口，以兼五聲也。」夾漈鄭氏曰：「聲爲經，音爲緯。平、上、去、入，四聲也，其體縱，故爲經；宫、商、角、徵、羽、半徵、半商，七音也，其體横，故爲緯。」

卷十三

康節邵子《西晉吟》：「有刀難剖公閭腹，無木可梟元海頭。禍在夕陽亭一句，上東門嘯浪悠悠。」考之《晉史》，賈充納女以壬辰，劉曜陷長安以丙子，相去纔四十五年。姦臣孽女之敗國家，吁可畏哉！

卷二十

康節邵子之先，世家于燕，父伊川丈人間道奔本朝，舍世禄爲窶士，乃絶口不言。

伯温子溥，自禮部郎使燕，道涿州良鄉拜墓。洪業寺石刻，蓋統和十年伯温高大父所建。統和十年歲在壬辰，本朝淳化三年也。至宣和六年壬辰，適百二十年，伯温記其異。今按：宣和六年乃甲辰非壬辰也。若璩按：何屺瞻曰，康節墓誌銘乃明道所撰，但言系出召公，故世爲燕人。大王父諱令進，以軍職逮事藝祖，始家衡漳。祖諱德新，父諱古，皆隱德不仕。初未有其父間道來奔之事。令進既逮事藝祖，安得太宗淳化三年尚建寺於遼之境内耶？大抵出自其後人誣妄，喜新者遂傳之耳。

晁景迂曰：博之以五經而約之以《孝經》、《論語》，博之以太史公、歐陽公史記而約之以《資治通鑑》。康節先生曰：「二十歲之後三十歲之前，朝經暮史，晝子夜集，學者當以此爲法。」

識遺　宋羅璧撰

卷二

史闕文

天開於子，地闢於丑，人生於寅，邵康節十二會，謂氣運至子方有天未有地，至丑方有地未有人，至寅方有人。三代皆即天地人始處，建正當堯時在巳，今在未。到戌當人物都消盡。《經世書》以一萬八百年爲一會，自開闢至堯，正當中數。詳此，則戌亥子丑乃古今一日之夜，實天地混沌閉塞之時。堯至宋歷三時，凡三千餘年。上此寅至巳，歷四時，當幾五千年。但孔子書斷自唐虞，茫昧者不究詰，後儒因只據聖經爲説。史家雖上及三皇，然皆裒取後人僻書雜傳而成之，非真有得於當時事實也。但以康節堯、舜上猶有四時説推來，帝皇前世代綿歷，如莊子叙伏羲上猶十一氏。鄭玄《六藝論》、譙周《古史》、皇甫謐《帝王世紀》、羅泌《路史》及《廣雅》，皆述伏羲前帝王數十百氏，年踰數萬。所謂肇自伏羲，特就其所推者言之爾。又以《易·繫》參之，伏羲、黄帝、堯、舜以來之制作，十三卦皆云「蓋取」，則離、涣、豫、隨等卦，伏羲前有矣。卦畫不專伏羲始也。司馬遷《史記》、劉道原《通鑑外紀》，又皆遺伏羲，只斷自黄帝始，不思《周易》萬世文字之祖，經秦火獨完備者也。《大傳》言「伏羲氏没，神農氏作」、「神農氏没，黄帝堯舜氏作」，叙三五傳次甚明。二史不然，故東漢張衡、近代朱文公皆咎遷。《春秋》不王吴、楚以尊周室，所以嚴正僞之辨也。

卷五

隨時救時

宋紹聖間，陳了翁有隨時救時之説。當時童、蔡用事，偏主安石一切，是熙豐鄙元祐，而宗元祐者多正人。了翁典選舉前名，盡取是熙豊者，而是元祐者率録於後，由是正類得獲選，亦不忤當國者之意，了翁因曰「隨時所以救時」也。因思魯人獵較而孔子亦獵較，東漢諸君子疾宦官如仇，而陳寔獨吊張讓；王敦叛晉，而温嶠繆綜其府事；諸武易唐爲周，而狄仁傑肯爲之臣，大抵了翁意也。方新法之行，康節門人欲投劾而去，康節曰「正賢者所當盡力之時」，明道知安石作不順人心事而肯爲其條例司，此豈計從容後福哉！故論當時黨禍，皆衆君子激成，大賢之見真不同。莊子曰「彼且爲嬰兒，亦與之爲嬰兒。彼且爲無町畦，亦與之爲無町畦。達之入於無疵」，又曰「就之不欲入，和之不欲出」，二語尤有理。王臨川云「召公之不悦，不失爲周公之同，孔子之諸仕，不害爲陽貨之異」，亦此意。

卷六

先天太極一理

先天圖總六十四卦爲一圓圖，先儒以爲心法也。玩圖當自心始，圖中心白，太極也。其外左陽畫三十二，右陰爲三十二，兩儀也。又其外十六陽、十六陰相錯爲四，四象也。又其外八陰八陽相錯爲八，八卦也。又其外八分爲十六，十六分爲三十二，三十二分爲六十四，而卦備圖成矣。明道謂「加一倍法者」此也。朱文公謂「本是小變成大，到那大處又變成小」，小變成大者，中心白圈積成大圓圖是也；大又變成小者，圖成而六十四卦備一卦，只管一事是也。故曰只是箇盈虧消息之理，小則必大，大則復小也。康節玩圖，每事怕太盛，直看得此理透。濂溪圖太極只是散布先天圖法。明此理，其上白圈先天中心太極也。其次黑白相錯一圈白陽動黑陰静，兩儀也。動中有静，静中有動，曰動静互根，成四象也。又其次木金水火土各以圈布，曰「五氣順布，四時行焉」者，坎、離、震、兑、乾、坤、艮、巽而成八卦也。其下二圈「乾道成男，坤道成女」、「萬物化生」者，八卦分爲十六，十六分爲三十二，三十二分爲六十四，各正性命之象也。《先天圖》是會萬爲一，《太極圖》是散一爲萬，是或一理也。周子察先天精故圖太極妙。近時興國馮億可説二圖最明，其辭曰：《先天圖》心學也，《太極圖》性學也。《先天圖》總萬爲一，以爲天地造化萬物萬事皆主於心。《太極圖》散一爲萬，以爲天地造化萬物萬事皆攝於理。惟其總萬爲一也，故兩儀、四象、八卦、六十四卦統體一太極。其在人，則心之謂也，所謂「天向一中分造化，人於心上起經綸」是也。惟其散一於萬也，故二氣、五行、乾男、坤女、萬物化生，物具一太極。其在人，則性之謂也。所謂天下無外性之理，而性無不在是也。然而心外無性，性外無心，是或一道也。是故理無與於象，而觀象則可以明理，所以有貴於圖也。《先天圖》之爲象也，如衆星之麗於天而共辰，如三十六輻之周於輪而湊轂也，如萬矢之圍的也，如羣材之聚於根萬而一也。《太極圖》之爲象也，如木之根而榦，榦而枝，枝而葉也；如水之源而派，派而流，流而委也，一而萬也。人能觀《先天圖》之爲象，而得此心之所以爲心，則居中而運四旁，處静而制群動，兩儀、四象、八卦、六十四卦之生在彼，而乾、坎、坤、離、震、艮、兑、巽之體在我，所謂「天地定位，山澤通氣，雷風相薄，水火不相射」，此心之爲也。人能觀《太極圖》之爲象，而得此性之所以爲性，則無有不備，無有不善，無物不具，無時不然，陰陽、五行、萬物、萬事雖紛紜乎無窮，而健、順、五常、人倫、事物之理莫不爲之管攝，所謂天地合德，日月合明，四時合序，鬼神合吉凶，此性之爲也。二圖該説心性理既明備，圖亦粲然。馮名億可兄弟皆第進士，開慶己未，悉戕於兵云。

卜決疑

近代工《易》者三家而各不同，康節《易》主數，伊川《易》主理，晦菴《易》主卜筮。《易經》

羲文周孔四大聖之筆，後世陰陽占驗之書有易似者哉！三代而上事之神者，一倚卜而亦不專徇焉。舜傳位於禹，首曰「惟先蔽志昆命於元龜」。孔氏釋志定然後卜，故必「朕志先定，詢謀僉同」，然後曰「鬼神其依，龜筮協從」。《洪範》言「龜從」、「筮從」，必曰「卿士從」、「庶民從」。又曰「謀及乃心」、「謀及卿士」，是人己之意見合，復假卜筮斷之，乃古人審重之至也。周公都洛，決擇於瀍澗東西，亦是宅中之志素定，而瀍澗東西則審爾。衛文徙楚丘，升望降觀，始曰「卜云其吉」，皆非卜而後居也。所以卜但曰「決疑」。《莊子》、《史記》述蓍龜之神皆數百言，至備述見夢元王之事，而《莊》記仲尼之言曰「神龜能夢於元王，而不能避余且之網，知能七十二鑽無遺策，而不能避刳腸之患」，如是則智有所困，神有所不及也，其神龜無幾矣。漢武嘗聚占家問某日可娶婦，五行家曰可，堪輿家曰不可，建除家曰不吉，叢辰家曰大凶，曆家曰小凶，天人家曰小吉，大乙家曰大吉，辯訟不決，至以狀聞。吁，己見人謀之不詳，而欲一倚占候，鮮不惑，此褚先生所以拳拳於《日者傳》也。

愛日齋叢抄

宋葉某所撰

卷二

康節云，君子落得做君子，小人枉做了小人。張宣公稱下句極是，上句有利心。不若改云君子本分做君子。范忠宣公云「以責人之心責己，恕己之心恕人」。文公稱「上句自好，下句既不知自治其昏，迷以及人，使亦如我之昏」。若横渠云「以愛己之心愛人，則盡仁。以責人之心責己，則盡道」。語便不同，予以是歎修辭之難。先儒立教不敢秒忽放過，凡人可以易言哉！君子小人語，本劉高《尚云記》。宣公之論者，以爲康節語録，傳訛此其微爾。

卷五

河南《聞見録》：「富鄭公與康節食筍，康節曰：『食筍甚美。』公曰：『未有如堂中骨頭之美也。』康節曰：『野人林下食筍三十年，未嘗爲人所奪。公今日可食堂中骨頭乎？』公笑而止。」

正楊　明陳耀文撰

卷四

宋統似晉

世云三代而下，天下一統者，漢唐宋而已。余謂漢唐可稱一統，宋僅與晉比耳，不得並漢唐也。當時有人問邵堯夫國祚，不答，架上取晉紀示之。徽欽之事正符懷愍，是宋之擬晉，邵子固有説矣。

邵康節至京師，士人多謁之，請問休咎。有一人獨問國家運數，先生甚喜，稱嘆再三，謂之曰：「予某日歸，子可與某處相候。」至期，其人往候，先生緘封文字一卷，授之曰：「勿即觀，俟至家發之，視畢焚却。」一人奉教歸而發視，則《五代史》晉出帝紀也。《曾三異因話録》徽、欽事與石晉出帝正符，謂爲懷、愍，邵子意耶？

疑耀 舊本題明李贄撰

卷二

冠服不必反古

今人行誼文章，皆不求如古人，惟於冠服間，動必以古爲式，所稱生今反古者非耶？昔司馬温公依古式作深衣、幅巾、縉帶，每出朝服乘馬，用皮匣貯深衣隨其後，入獨樂園則衣之。嘗謂邵康節曰：「先生亦可衣此乎？」康節曰：「某爲今人，當服今時之衣。」温公嘆其言合理，生今反古者思之。

通雅 明方以智撰

卷十一

宋朝慶曆甲申，凡三百二十一年，三統曆七十六年爲一蔀，二十蔀爲一紀，積一千五百二十歲，凡紀首皆歲甲寅，日甲子，即以甲子之日爲初蔀，名甲子蔀，一也。滿七十六歲，其後年初日次癸卯，即以癸卯爲蔀首，二也。從此以後，壬午爲蔀，三也。乙酉蔀，二十也。是一紀之數終而復始。以今括而言之，漢之章蔀紀元之説，十九年七閏，而至朔同日謂之章，七十六年四章而至朔，同在甲子日，謂之蔀，凡一千五百二十歲而至朔，同在甲子時，謂之紀，凡四千五百六十歲而至朔，同在甲子年，謂之元。此作曆之本也。康節元會運世，以年月日時爲確證，以二六與五六相乘以通期，自乘十二萬九千六百之數符元，其元無盡也。此恒法也。入曆自以盈虚質測定之。趙爽《周髀算經》二十蔀爲一遂，三遂爲一首，首四千五百六十歲。《周髀》云「冬至日照三不覆九，夏至照九不覆三」，謂分十二方而言也。又嘗按諸太西云「自開闢至崇禎甲申，六千八百四十年」，依所製稽古定儀推之，止五千七百三十四年。先儒胡一桂云：「伏羲神農去洪荒未遠，不當知夫羲、農以前，可以千計不可以萬計也。」歲差，黄道積差也，今之法密于古矣。

卷四十八

寒火，即涼餤也。康節曰「世有温泉無寒火」，蓋未見也。《西京雜記》引董仲舒曰「火至陽而有涼餤」，又《抱朴子》曰「火體宜熾而有蕭丘之寒餤」，劉子《從化篇》亦言「蕭丘寒餤」。今海水以杖擊之，火星勃然，此周密説。《木玄虚海賦》云「陰火潛然」，海晦則波如火。元微之送客遊嶺南詩「曙朝霞睒睒，海夜火燐燐」，魚蜃置陰處，亦有火光，今鰉魚亦有火。《本草》言十二種火，不可不知其理。《後山叢談》曰「油絹紙、石灰、麥糠、馬矢、糞草，皆能出火」。

景迂生集 宋晁説之撰

卷三

舉邵伯温自代狀

右臣伏覩某官邵伯温，其父洛陽康節先生。雍國史有傳。伯温束髮謹父庭之訓，皓首推王度之恭，況乃早客司馬光之門，能教子弟以禮法，若使晚與中興之偉績，必復士大夫之廉隅。臣所不如，舉以自代。

卷十 易玄星紀譜

易玄星紀譜後序

説之在嵩山，得温公《太玄集解》，讀之益知揚子雲初爲文王易而作《玄》，姑託基於《高辛》及《太初》二曆，此二曆之斗分强弱，不可下通於今，亦無足議。温公又本諸《太初曆》而作玄曆，其用意加勤矣，然簡畧難明。繼而得康節先生《玄圖》，布星辰辨氣候，分晝夜而《易》、《玄》相參於中，爲極悉矣。復患其傳寫駢委易亂，歲月斯久，莫知其躅手，欲釋而意不置，乃朝讀夜思，取曆於圖，合而譜之於是，知子雲以首準卦，非出於其私意，蓋有星候爲之機括，不得不然。古今諸儒之失，則多矣。如羡準小過而以準臨，則失之，是時水澤腹堅已終於臨上六，而小過初六用事矣。或者以羡準解尤非，是夷準豫而以準大壯，則失之。是時始電，終於大壯上六，而豫初六用事矣。應準咸而非離，沈準觀而非兑，惟震、離、兑、坎是謂四正卦，《易》所不用，則《玄》亦無所準矣。且《玄》既不準坎、震，而乃獨準離、兑邪？永準同人而非恒，先此涼風至，常以準恒，繼之以白露，降度乃準節。今永當寒蟬鳴，則準同人，豈可汩亂後先乃復準恒於後耶？疑準賁而非巽，蓋鴻鴈來而翕準巽，玄鳥歸而聚準萃，羣鳥養羞而積準大畜，雷乃收聲而飾準賁矣。疑當蟄蟲坯户，則又可汩亂後先乃復準巽邪？或者以疑準震尤非，是此難與諸家口舌辨，而按譜以視之，則彼自屈矣。此譜之所以作也。睟準乾而在地中，則無當於乾，沈準觀而在人中，則無當於觀，守再準否而無當於否，則準坤而星窮候盡，則無當於坤，將準未濟而析木之已終，星紀之未建，則火不能降以濟水，水不能升以濟火，此《玄》又以明《易》之陰陽進退盈虚之幾者也。惟坤既無當於卦，則無當於爻，以示爲用者八十而一則虚也。虚一者即虚五也。《易》天地五十五之數，與夫大衍四十九之數，復七日之數，其所以虚而無用者，坤以藏之也。陰虚無用而運行無疆，陽則始終變化而不息，故疆準乾而爲冬至之終，睟又再準乾而爲夏至之始，與馴之準坤者不同也。《易》乾坤之闢闔乃著，《易》以頤、中孚爲一氣，《玄》則始之於中，終之於養，通而候之，則養退乎一日，中進乎一日，《易》之歲功乃建中先乎？周以明中孚之生，復迎先乎？遇以明咸之生姤，《易》之月紀乃正，《易》三百八十四爻以直日，而夜藏其用。《玄》七百二十九贊，則各分晝夜而用事。《易》之日法乃全。曰中，曰更，曰減，是謂三玄，而三易之相盪乃不誣。凡此之類，若《玄》之異乎《易》者，而於《易》則深研幾之功則大矣。如養爲陽而終不爲陰，疏爲金而羨不爲土之類，則又若《玄》之自相詭異者，然變化之微於是乎在，學者按譜以視之，則皆易了矣。圖曆所用斗分自有强弱，不能同。并古今諸家異同之説，悉以著之，學者可自考焉。顧僕之愚，何足以與此，然用意專而私竊好之，以俟將來之知易者。嗚呼！苟不明乎《易》，則亦無以《玄》爲而不通乎。《玄》者則又乃徒爲《易》也，可不勉諸？今之學者，知尚其辭耳，而莫知其辭之所自來，寧顧此邪？或曰：「歐陽公不讀《玄》而於《易》何如？」曰：「子非歐陽公，奈何？」大觀四年庚寅甬江官舍嵩山晁説之序。

卷十六

王氏雙松堂記

昔夏后初都陽城，南踰洛陽百里而遠，成湯遷亳，殷東踰洛陽五十里而近，皆舍洛陽而不都。周興，武王既定鼎郟鄏，厥後召公宅洛邑，周公營成周，其意盛矣。而成王卒不果遷，逮夫宣王中興，自鎬至洛，狩于圃田，及于敖山，因以朝諸侯，《車攻》之詩作焉。豈不欲成周、召之欲歟？且宣王嘗狩於岐，而《石鼓》之詩亦偉矣。夫子乃舍而不録，得非岐之狩爲常，而東都之詩非常乎？惜夫宣王卒亦不果遷也。至平王是遷而周衰矣。尚復何言？唯是三代之盛所遺而不饗者，氣象轇轕輪囷鬱然，發而不施，山含輝而餘秀，川澄淵而軼潤，草木得之異態日新。其在風俗逸豫安舒，特宜搢紳先生潛養之適也。蓋自李耳爲周柱下史而來，風流高矣。而遠不勝道，姑以近世三人者識之：唐盧仝之隱，不資嵩高少室之雄而近在城闕之中，草屋數間，閉門不出者，以歲紀論，徵韓愈殆莫知其賢；哀帝時，宰相楊涉之子凝式，於學無不通，嘗論其父亡唐而復以相梁不得志，因陽狂一時，終五代賢者誅戮不自保之際，逸樂白首其中，蓋有大過人者。觀其丹青遺像，知其爲偉丈夫，而筆墨之妙，凛然生氣猶在也。自慶曆來，康節先生邵堯夫貧居天津之南，獨明先聖之道，不老不釋，卓然振千古之絶學，頗苦志著書，而精深難窺矣。天子嘗命之官，不得辭而身不出，公卿、大夫樂從之遊，而莫能名其器，既死而名益高。夫此三人者，唯洛陽之宜也。所謂逸豫安舒之風，蓋可觀已。嗚呼！名有帝王山川之勝，而實宜夫高人處士之奉。士之奉坐通四海九州之凑，何其盛哉！以故公卿、大夫功成，得謝危樓傑觀水竹花卉之麗，甲天下而不以爲侈，繩樞甕牖之生，終日欣然，亦自以爲孰非所宜者。王君聖徒庭鯉，世爲洛人，躬築别墅建春門裏，植雙松以自見其志，因以雙松名其堂，日與平生故人徜徉圖畫壺觴之樂，四方之賓客如歸焉。靡不適可，且自嘆曰：「吾老矣，恐不得如吾松之壽也。而吾之志，則不可不著之異日。」於是懇予文以記於石。予因道古今之所以然者書之，使後之遊者得以賞焉。崇寧四年四月十七日嵩山晁説之記。

傳易堂記

古者六藝之學，必謹師授……至有宋華山希夷先生陳摶圖南，以《易》授終南种徵君放明伯長授青州李之才挺之，挺之授河南邵康節先生雍堯夫。惟康節先生天資既卓越不羣，而夜不施枕，惟《易》之學者三十年，其兼三才而錯綜變通之妙，始大著明矣。自希夷而來，皆未嘗有書，乃如子木子夏之初歟？有廬江范諤昌者，亦嘗受《易》於种徵君，諤昌授彭城劉牧，而聱隅先生黄晞及陳純臣之徒，皆由范氏知名者也。其於康節之《易》，源委初同而淺深不倫矣。華山舊有希夷先生祠堂，而种徵君實關輔之望，後之好事者并以繪徵君之像，山中有隱者，又知傳《易》之所自，而并康節先生之像繪焉。榜之曰「傳易堂」，遊是山者徘徊俯仰，三峰萬仞之崢嶸峭崒，其意壯矣。及登斯堂，睹三先生之貌，聳然加敬，逖觀上古聖人畫卦之本意，而知夫防憂患於幾微，身與《易》準，則向之所攬者，又將忘之矣，不亦偉乎？是堂之傳，其與山鎮俱不朽歟？康節先生之子伯温，以說之服勤康節之學，俾爲之記，不得辭。乃具道《易》之授受本末，興廢得失之由，以尊三先生之道，亦且效藏名山之意云。大觀元年丁亥十有一月甲戌嵩山晁説之記。

卷十七

太極傳後序

僕年二十有四，偶脱去科舉事業，决意爲五經之學，不専爲一家章句也。是時王氏之説列於學官者既尊，而又日有新説，至自金陵學者，恥其得之後也。從而士子又務爲新異之説，寒士非其黨與者，莫能嚮邇以一言也。僕恨焉，豈無古人之師乎？果於《易》得孟喜、京房、鄭康成、虞翻、關子明之徒，使小王之説不得一日容也。雖然，因是數家異乎王氏則有之，其於聖人制作之本意，又不知果否、合否如何。逮紹聖戊寅，邂逅洛陽楊老朝散賢寶，語及《易》而異之，良非僕平生所嘗聞之之言也。懇從楊老有求，乃得康節先生自爲易圖三，雖輪輹具存，而楊行年將七十，中風語音清濁不端，無由詰問，二三年少在旁，雜以其哂笑，僕獨敬楊之老而尊其圖，謂必可入也。楊且指乾、坤、坎、離四卦爲僕言曰：「得是四卦，則見伏羲之《易》矣。而文王之《易》在其中也。」越明日，如迷人識歸路，有感於三圖，可指循環無方體也。楊老曰：「吾昏病而忘之已久。今日因子之言則如初授此圖時也。」自是入洛，與先生之子伯温游，得先生之遺編殘稿，寶而藏之，服勤不知晝夜，二十年間輒作《易》傳四種，名曰《商瞿傳》，示其有師也。無何，靖康元年丙午冬，金人長驅至南京，所爲《商瞿傳》者與平生衣冠、五世圖書，悉以灰燼，既而避難高郵，從親朋之請追作《易》傳數帙，未有條理。建炎二年戊申正月，真州又遭離亂，而高郵之傳又復灰燼。是時老病之軀，得存於灰燼之外者，幸也。乃避地海陵，病能飲食，而於《易》則曰不能，可乎？益爲親朋以追作，起是年四月十八日辛未，訖七月一日癸未，凡用七十二日草稿具，或忘其舊，或得厥新，凡六卷，名之曰《太極傳》。又有《外傳》一卷，《因説》一卷，備爲《易》一家之書。後有好古識變之君子，恐未必以僕言爲妄作也。嗚呼，吾道其亦艱哉！八月二十五日海陵旅次嵩陽景迂生晁説之記，年七十。

說之大觀四年庚寅冬，赴明州船場，候潮浙江上，遇歐陽三丈叔弼，相與遨遊談話旬日，甚樂。因及三丈所作康節先生謚議，三丈曰：「異哉！吾之斯文也，何吾以道愛之深邪？」曰：「丈人斯文，可謂合矣，何異之有？」曰：「姑聽之。棐從母王宣徽夫人得疾，洛陽先妣夫人亟以棐入洛。時先公參大政，臨行告戒曰：『洛中有邵堯夫，吾獨不識，汝爲吾見之。』棐既至洛，自幸得見先生，何期賜之，從容則起，問其所以宜教者，先生笑曰：『有家法，有家法。』既而作而言曰：『豈無以爲足下言者？』先生乃徐道其立身本末，苦辛備細，畢平生於一席。端出門揖送，猶曰：『足下其無忘鄙野之人於異日。』棐伏念，行李間先生豈不少我哉？未嘗辱教一言，雖欲不忘，亦何事耶？歸白夫人，則喜曰：『幸矣，邵堯夫有以處吾兒也。』其後二十年，棐偶入太常爲博士，次當作先生謚議，乃恍然周省先生當時之言。落筆若先生之自序云爾，無待其家所上文字也。」叔弼丈爲人廉，於名譽俛俛常有退讓之色，其爲說之道此時，意氣甚武，宜其文之健且高也。說之謝曰：「昔郭景純先知行刑者，吾康節先生知謚議博士迹，則類矣。然郭以術，先生則孰知其所以然邪？」叔弼丈曰：「世稱先生數學如何？」說之復言曰：「先生傳先天之學，雖揚雄、張衡、關子明所不及，然亦吾先生《易》中一事也。」叔弼丈歎曰：「先生之《易》，畢能悉備如是，盍爲我道之。」說之辭不敏，且不幸不及先生之門而爲京氏《易》。十餘年後，遇先生門人洛陽楊賓賢，略能發先生《易》之梗概，久之乃有所入，則知先生起卦以四，是謂夏時以六是謂坤，乾以八一作，知其是謂《周易》。先生使夏商之《易》不亡，而《周易》乾、夬之變始終不窮，猶丈人之作謚議也。叔弼丈復謝曰：「吾之文於是乎陋矣。」嗟夫！歲復一星矣，三丈下世已累年，追惟故人存者有幾？先生之子伯温又遠守南充，以書來趣，説之記其事，不得而辭云。宣和四年四月丙申成州清心堂嵩山晁説之記。

卷十九　李挺之傳

李之才，字挺之，青社人，天聖八年同進士出身。爲人朴且率，自信無少矯厲。師河南穆伯長，伯長性卞嚴寡合，雖挺之亦頻在訶怒中，挺之事先生益謹，嘗與參校柳文者累月，卒能受《易》。時蘇子美亦從伯長學《易》，其專授受者惟挺之。伯長之《易》，受之种徵君明逸，种徵君受之夷希先生陳圖南，其源流爲最遠。究觀三才象數變通，非若晚出尚辭以自名者。挺之初爲衛州獲嘉縣主簿，權共城令。所謂康節先生邵堯夫者，時居母憂於蘇門山百源之上，布裘菜食，且躬爨以養其父。挺之叩門上謁勞苦之，曰：「好學篤志，果何以？」康節曰：「簡策迹外，未有迹也。」挺之曰：「君非迹簡策者，其如物理之學何？」他日則又曰：「物理之學學矣，不有性命之學乎？」康節謹再拜，悉受業。於書則先視之以陸淳《春秋》，意欲以《春秋》表儀五經，既可語五經大旨，則授《易》而終焉。世所謂康節先生之《易》者，實受之挺之。挺之器大難乎識者，棲遲久不調，或惜之，則曰「宜少貶以榮進」。友人石曼卿獨曰：「時不足以容君，君盍不棄之隱去。」再調孟州司法參軍。時范忠獻公守孟，亦莫之知也。忠獻初建節鉞帥延安，送者不用故事出境外，挺之獨别近郊，或病之不顧也。居頃之，忠獻責安陸，挺之沿檄見之。洛陽前日遠境之客，無一人來者，忠獻於是乎恨知挺之之晚。友人尹師魯以書薦挺之于葉舍人道卿，因石曼卿致之，曰：「孟州司法參軍李之才，年三十九，能爲古文章，語直意邃，不肆不窘，固足以蹈及前輩，非洙所敢品目，而安於卑位，頗無仕進意，人罕能知之。其才又達世務，使少用於世，必過人遠甚，家貧無貲，不能決其歸心，知之者當成之。」曼卿報師魯曰：「今之業文好古之士至鮮，且不張苟遺，若人其學益衰矣。」是師魯當盡心以成之者也。延年素不喜屈謁貴仕，以挺之書凡四五，至道卿之門通焉而後已。道卿且樂薦之，以是不悔。挺之遂得應銓新格，有格任五人，改大理寺丞，爲緱氏令，未行。會曼卿與龍圖閣直吳學士遵路調兵河東，辟挺之澤州簽署判官，於是澤人劉仲更從挺之受曆法。世稱劉仲更之曆，遠出古今，上有揚雄、張衡之所未喻者，實受之挺之。在澤轉殿中丞，丁母憂，甫除喪，暴卒于懷州守舍。時友人尹子漸守懷也，實慶歷五年二月。子漸哭挺之過哀，感疾不踰月，亦卒。挺之葬青社。後十有二年，一子以疾卒。又二十有四年，有姪君翁乞康節表其墓，曰：「求於天下，得聞道之君子，李公以師焉。」嵩隱晁說之曰：「士生而不能以其所學及乎世，死又不得以名覺乎後之人，豈大雅君子之志哉！李先生者，師事穆伯長，友石曼卿，尹子漸師魯，其爲弟子者曰邵康節、劉仲更。側聞史氏爲六人者立傳，獨不及李先生，何耶？」輒論次以待他日。史官採擇河南邵伯温，曰李挺之康節先生之師也。昔嘗聞之先公曰：「挺之與尹子漸，貌相類又相友善。挺之死於子漸官舍，子漸哭之慟，遂得疾以卒。」嗚呼！二人者，乃所謂朋友歟？

范太史集　宋范祖禹撰

卷三十六　康節先生傳

邵雍，字堯夫，衛州人。家世貧賤，雍刻厲爲學，夜不就席者數年。雍嘗適吴、楚，過齊、魯，客梁、晉，而歸徙居於洛。蓬蓽環堵，躬爨以養父母。講學於家，不强以語人，而就問者日衆。士人道洛者，必過其廬。雍與人言必依於孝悌忠信，樂道人之善不及其惡，故賢不肖無不親之。病畏寒暑，常以春秋時乘小車，一人挽之，行游城中。所過倒屣迎致。居洛三十年，洛人共爲買田宅，士大夫多助之者，雍皆受而不辭。爲人坦夷無表襮防畛，不爲絶俗之行。其學自天地運化陰陽消長以數推之，逆知其變，自以爲有師授，世無能曉之者。而雍内以自樂浩如也。有書十二卷，曰《皇極經世》，詩二千篇曰《擊壤集》。雍初舉遺逸，試將作監主簿，熙寧初以爲潁州團練推官，與常秩同召，雍卒不起。卒年六十七。知河南府賈昌衡言「雍行義聞於鄉里，乞贈恤」。吴充請於上，贈祕書省著作郎，賜粟帛。韓絳守洛，言雍隱德邱園，聲聞顯著，賜謚曰康節。

卷三十七　康節先生誄文

維熙寧十年七月癸丑，安樂先生卒，洛陽士大夫皆來哭弔，且歸賻門人治喪。天子下詔，贈先生著作郎。其年十月丁酉，葬於伊闕之南。嗚呼哀哉！乃作誄曰：

邵居北土，命姓于燕。康公之後，邈矣其綿。皇之家初，乃遷衡漳。
以及先生，其道大光。中和之發，在於明哲。之性之美，之才之傑。
不激不厲，不異不同。亦坦而莊，亦和而恭。其幽惟顯，其外惟中。
少也志壯，始强於學。聖亦我同，彼惟先覺。直趨其奥，力取其卓。
鶴鳴于皋，鴻漸于陸。厥聲載振，于彼淇澳。幅員之大，目所未窺。
博覽遐觀，以爲吾資。徜徉四方，遵海而歸。爰自帝邱，遷宅中土。
考卜澗瀍，周公之宇。陰陽所和，可以游處。初無一廛，莫蔽風雨。
顔子陋巷，原憲環堵。云何不樂，惟孔之苦。推測天地，元化之祖。
旁羅日月，貫穿今古。爰暨草木，昆蟲之微。細入毫末，大包九圍。
探賾索隱，極深研幾。筆之於書，皇極是統。以充其氣，以養其勇。
富貴不降，威武不竦。豈無爵位，孰可致之。亦有軒冕，孰能榮之。
不雕其樸，不耀其奇。玉韞于山，珠藏于淵。豫章偃蹇，蔽日參天。
莫得而用，其材乃全。昔之隱者，或遇衰世。遯跡山林，其流以敝。
先生之隱，其道彌昭。唐虞之際，於以逍遥。龜龍游沼，鱗鳳在郊。
豈必陳力，乃光於朝。先生之化，被於鄉黨。無有遠邇，聞風趨嚮。

來見來請，各滿其望。今也則亡，孰爲師長？嗚呼哀哉！死喪之威，有生所畏。疇昔臨之，精爽不二。委命待終，漠然而寐。惟其一心，俯仰不愧。明明我后，有命自天。錫之好爵，賁于重泉。庶幾來者，景行其賢。嗚呼哀哉！先生之歿，自秋徂冬。不聞其聲，不覩其容。去此故庭，就彼新宫。人誰不歿，名則無窮。惟其令德，有始有終。作此哀誄，播其流風。嗚呼哀哉！尚饗。

龜山集　宋楊時撰

卷十九

康節先天之學不傳於世，非妙契天地之心，不足以知此。某蓋嘗翫之而陋識淺聞，未及足以叩其關鍵。八卦有定位，而先天以乾巽居南，坤震居北，離兑居東，坎艮居西，又以十數分配八卦，獨艮坎同爲三數，此必有説也。以爻當期，其原出於《繫辭》，而以星日氣候分布諸爻，《易》未有也。其説詳於《緯書》，世傳《稽覽圖》是也。揚子草《玄》蓋用此耳。卦氣起於中孚，冬至卦也。《太玄》以中準之，其次復卦，《太玄》以周準之。升，大寒卦也，《太玄》以乾準之。今之歷書亦然，則自漢迄今，同用此説也。而先天以復爲冬至，噬嗑爲大寒，又謂八卦與文王異。若此類，皆莫能曉也。康節之學，究極天人之藴，翫味之久，未能窺其端倪，況敢議其是非耶？以公之精識，貫通古今，於先天必能洞見之矣，願疏示一二。所論康節學伏羲，温公學仲尼，某亦不知其説。夫自八卦重而爲六十四，《易》之大成也。孔子於《易》贊之而已，竊謂無所加損焉。而分爲二説，皆深未諭也，併乞開示。夫孔子之贊《易》尤詳於乾坤二卦，《繫辭》中論釋諸爻亦多矣。然未有及象數者，豈得意而忘象，真孔子之學耶？無由面承，東望徒增企仰耳。

康節先生，某少嘗聞其風矣。每恨不及見。洛中諸嘗從先生游者，皆略識之，亦嘗見其子問之，俱莫能傳其所學萬一也。前書所疑，雖蒙諄誨，愚陋終未能曉。夫八卦有伏羲、文王之辨，於經無見也。天下之賾存焉，豈人私智能爲哉！康節之言，必有稽也。索隱之士，宜知其所以然者，恨未得親叩之耳。乾南而坤北，離上而坎下，位不同也。自乾左而至震一二三四，自坤右而至巽八七六五，本宫之卦乾一、兑二、離三、震四，坤一、艮二、坎三、巽四，數不同也。以爲未嘗同，默而識之可也。位與數相爲異同者明如此，安得無説乎？自羲、農以來，更六七聖人，所因習者八卦而已，六十四卦之名未有也。其制器尚象乃有取於十三卦，則羲、農之世，卦雖未重，而六十四卦之用已在鑪錘之中矣，特其名未顯也，故曰「八卦成列，象在其中矣」。用是言之，文王之《易》固具於伏羲畫卦之初，文王能因而用之，不能有所加損也。乾、坤、屯、蒙之序，意必文王爲之，孔子序卦特釋其義而已。乾、夬、大有、大壯之序，於《易》不見其端倪。所謂文王闔其門而拒其出者，文王闔之，康節闢之，此來書中語。其數其義，必有可玩而習者矣。凡此，皆某所深疑而未諭也。願略疏示，使得稽其門叩其鍵而入，則爲賜多矣。《太玄》之書，昔嘗讀之，雖未竟其義而其略可識也。子雲覃思渾天，三摹而四分之，極於八十一首，旁則三摹九據，極之七百二十九贊，當期之日，又爲踦贏二贊以盡餘分之數，其用自天元惟一晝一夜，陰陽數度，星日之紀，與泰初歷相應。其取數似與《易》異矣。其爲書，則欲自成一家，初無意於贊《易》也。考諸解難之文，可見矣。夫《易》之六十四卦，八卦相錯而成也。《玄》之有方州部家，則各有分域矣，不可相錯也。故一而三之，自三而九，又三之爲二十七，終於八十一，而《玄》之首畢矣。八十一家，又離爲三，以極三玄之數，方州部各三之爲九，又三之爲二十七家，此一玄之數也。以次比之，不可相易。贊辭自一至九，配麗五行，而日星節候分布其間，皆有成數，恐其書特《易》中之一事，與《易經》不盡相涉也。世之治曆者守成法而已，非知曆也。自漢迄今，曆法之更，不知其幾人，未有不知曆理而能創法也。求《玄》於曆理之内，亦恐未足以盡《玄》之妙，更深考之，併以見教。近得温公《太玄論》，閲之皆先儒所共知者，其隱賾不著之事，殆未可窺其藴也。温公之學，篤於自信，雖《論語》亦有未然者，非其深造自得，隱之於心而不疑，不輕以爲信，真善學者，與世之耳濡目染遂以爲得者，有間矣。然子雲、温公之學與《論語》、《孟子》書，其遠近淺深，必有能辨之者，不可誣也。温公自孔子而下，獨揚雄爲知道。雄之論《孟子》曰「知言之要，知德之奥。非苟知之，必允蹈之」，又曰「諸子者以其異於孔子也，孟子異乎不異」。夫雄之言以孟子不異於孔子，則其尊孟子也至矣。温公於《孟子》乃疑之，則雖以雄爲知道，而於雄書亦未盡信也。夫衆言殽亂折諸聖，自漢田、焦、費氏之學興，而三家之傳不一，後雖名儒繼出，而異説益滋，《易》之微言隱矣，學者將安折衷乎？折諸孔子而已。某嘗用是學《易》，以爲孔子之已言者，當詳説而謹守之。其未言而不見其兆者，雖略之可也。《皇極》之書，皆孔子之所未言者，然其論古今治亂成敗之變，若合符節，故不敢略之，恨未得其門而入耳。至其論《易》、《詩》、《春秋》配四時之府生、長、收、藏，與「易之詩」、「易之書」、「易之春秋」之類，竊恐聖人復起，未能易其言也。譬之觀奕，必以李劉爲信。《法言》曰「楊墨塞路，孟子辭而闢之，廓如也。後之塞路者有矣，竊自比於孟子」，夫孟、揚之自任重矣。由漢而來，士以李劉望之非一日也。李劉亦來書語。今其書具在，疑而未信者如此，則後之視今，又焉知不猶今之視昔乎？學者審其是而已，於疑信尤當慎擇也。然某於雄，昔嘗疑之。重蒙誨諭，繼今當力求之以補前過，未由展晤，一决蔽蒙。東望徒增惓耳。

《先天圖》得太極所生自然數，非人私智所能爲也。昔未嘗見幸得一觀，此非堯夫不能知也。蒙示法養觀與相見乎離辭異旨同，開發蔽陋多矣。幸甚世之昧者，安以狂瞽無稽之言眩瞀學者，方自以爲得，惡足與論此哉！然杜順集此，不涉華嚴一字，束以二門，謂足以貫六經之旨，可謂能説約矣。然不知「二門」者於經何施也？願更開示，以警未悟。

梁溪集　宋李綱撰

卷一百三十四　衍數序

道生一，一生二，二生三，三生萬物，自道降而生物，無非數也……雖天地之大，不能違也，而況於人乎，況於萬物乎？極數之變，執神之機在璇衡以觀大運，據會要以知方來，則探賾索隱，鈎深致遠，推陰陽之荒，考神明之隱，若影響之於形聲，夫何疑哉！漢之揚雄、張衡，唐之魏伯陽、邢和璞，本朝之邵雍，皆深於數者，故雄作《太玄》，衡著《靈憲》，伯陽有《參同契》，和璞有《穎陽書》，雍以先天圖作《皇極經世》，皆宗于《易》而輔翼推明之。至數所在，信如蓍龜，不可誣也。精微之幾，不可以言傳，姑取其可陳者，著于篇，作《衍數》。

卷一百六十二　跋了翁書杜子美哀江頭詩

了翁得邵康節易數皇極先天之學，心解神悟，世故多能前知。如丙午歲事，嘗爲所親者預道之。壬寅春公未没前數日，其孫壻蕭君建功以紙求字，公爲書老杜《哀江頭》一篇，乃絶筆也。非惟筆力遒勁，畧無衰病之氣，蓋寓意靖康之變於其間。以公之學，精微知數之必爾，而平生議論，慨然不少屈折，雖流離顛沛，妻子至於凍餓而不顧，可謂不以天廢人矣。蕭君訪余於武昌，出公書以相示，爲歎息者久之。余嘗著論古人處天人之際者，正與公合。因并書以遺之，使讀者知公於古人無間云。

五峰集　宋胡宏撰

卷四

開闢紀年

或傳自開闢，或曰自燧皇至於春秋獲麟之歲二百七十六萬年，分爲十紀，六紀在包羲前，三紀在包羲後，而末紀流訖於黄帝者也。謹按：包羲始畫卦造書契，夫孰知其前之六紀？五百年必有王者興，自包羲至於黄帝兩紀，五十餘萬年間作者惟神農氏一人，其妄可知。故自盤古至於帝嚳，雖有記其年者，皆不敢信。姑載其事而已。西洛先覺邵雍氏作《皇極經世書》，紀堯即位之年起於甲辰，惟雍精及天地之數，必不妄也。故用之以表時序事，庶幾其可以傳信乎？

史記謬妄

太史公記湯崩，太丁蚤死，外丙立二年，仲壬立四年，相繼而崩。然伊尹立太甲，非其實也。何以知非其實？二帝官天下定於與賢，三王家天下定於立嫡。立嫡者，敬宗也；敬宗者，尊祖也；尊祖者，所以親親也。兄死弟及，不敬宗尊祖，本支亂而争奪起矣。豈親親之道也哉！且成湯、伊尹以元聖之德，戮力創王業，乃舍嫡孫而立諸子，亂倫壞制，大開争奪之端乎？故公儀仲子舍孫而立子，言偃問曰：「禮歟？」孔子曰：「否。立孫。」夫孔子殷人也，宜知其先立之故矣，而不以立弟爲是。此以素理，知其非者一也。夫賢君必能遵先王之道，不賢之君反是者也。以殷世考之，自三宗及祖乙、祖甲，皆立子。其立弟者，盤庚耳，必有所不得已也。豈有諸賢聖之君，皆不遵先王之制，而沃丁、小甲諸中才之君反皆遵耶？此以人情，知其非者二也。商自沃丁始立弟，太史公陽甲之紀曰：「自仲丁以來廢嫡，而更立諸弟子，諸弟子或争相代立，比九世亂。」以其世考之，自沃丁至陽甲立弟者九世，則知仲丁之名誤也。沃丁既以廢嫡立諸弟子生亂爲罪，則成湯未嘗立外丙、仲壬，明矣。不然，是成湯首爲亂制，又可罪沃丁乎？此以事實，知其非者三也。唐李淳風通於小數，猶能逆知帝王世數多少。邵康節極數知來，非淳風比也。其作《皇極經世書》，亦無外丙、仲壬名。此以曆數，知其非者四也。經所傳者，義也；史所載者，事也。事有可疑，則棄事而取義可也；義有可疑，則假事以誣義可也。若取事而忘義，則雖無經史可也。

忠正德文集　宋趙鼎撰

卷三

乞追贈邵伯温狀

臣伏見故右奉直大夫提舉江州太平觀邵伯温，康節先生雍之子。伯温自少出入富弼、司馬光、吕公著、韓絳、韓維、范純仁之門，程頤、范祖禹深知之。元祐初，伯温爲布衣，韓維以十科薦可備講讀，後以經明行修命官維又薦學官。范祖禹薦于經筵，司馬光卒，其子康亦亡，乃特差伯温西京教授，俾教其孫植，因以經紀光家事。紹聖初，章惇作相，意欲用伯温。伯温安于筦庫，澹如也。元符末，以上書得罪，名書黨籍，坐廢者四十年。靖康初，召用一時名士，諫議大夫吕好問薦爲諫官，宰相吴敏欲以東宫官處之，時戎事方興，不果用。建炎初，除利州路轉運判官，遂請宫祠以卒。臣宦學關陝二十年，接其議論，熟其爲人。嘗歎其不可企及也。竊惟陛下褒賢念舊，凡黨籍上書人皆被優恤，况伯温大賢之後，行義顯著，平生所學迄不獲用，深爲聖朝惜之。臣輒録伯温元符末所上書進呈，伏望聖慈特賜褒録，優加追贈，以示寵光。豈獨伯温九泉之榮，實爲士夫名節之勸。臣不勝幸甚。按《宋史》伯温傳，鼎少從伯温游，及當相，乞行追録，始贈秘閣修撰。

鶴山集 宋魏了翁撰

卷三十五

答澧州徐教授復

某囚山五年，殆與世絶，聖賢之書重復温尋，益覺義理無窮。歲月易得，獨恨山深路嶮，帶行之書無多。時寮士人亦無儲書者，遇有記憶不明之事，無從參考。然亦坐是功精專，免於博雜。某自初來此，與同志者日讀《語》、《孟》數章。去年方讀《易》，偶曾裒萃周、程、張、邵、楊、游、胡、二朱、二吕諸儒易説成編，日誦數爻，賓主俱覺有得。邵氏書惟有鄉人觀物先生張文饒行成爲之注解者在此，與諸友講論未容輟納，俟令人抄録一本後便寄去。康節家自有邵子文所注本，雖未盡得本旨，然亦可觀，却無帶行者。向來見門下乾離同位之説，固知留意先天之學。後又聞家學淵源已非一日，今無由再晤，相與共講，第切悵悵。邵氏書有《觀物篇》、《先天圖》、《漁樵問對》、《擊壤》詩、《易學辨惑》等非一，不止《皇極經世》。若某萬一歸蜀，則此等書亦非難得，今偶不帶行，但能省記耳。

答池州張通判

《六有齋銘》與扁額皆作小篆納上，勉以讀《易》補《騷》，滋荷期奬之隆。《易傳》與《本義》之異同，則向來固嘗與輔文漢卿細評之。大抵文公所爲邵傳羲易、程演周經者，蓋於邵子多有取焉，而未嘗顯言之。兼東南學者亦罕得邵學，今正欲迨此暇日，合程、邵之異爲一書，尚恨窮理未至，未欲容易爲之也。

答劉司令宰

張、朱、吕諸先生之亡，學者無所依歸，誠哉是言，詳味公《易》，大抵得於邵子爲多。舊見輔漢卿，略知此意。嘗以問之，餘人亦鮮知之。蓋不讀邵易，則茫不知《啟蒙》、《本義》之所以作，平國以爲如何？

答周晦叔應辰

先天之卦，《繫辭》固有之，《參同》亦有此象。自希夷、康節始盡發其祕，必潛心玩索之久，乃可得之，非信筆脱口所可言也。

答朱擇善改之

先天之説，須有人口講面授，乃可以入。若以紙上書之，恐有未盡。擇善試訪尋朱子發震易圖易傳及臨邛人張文饒行成七易讀之，當自得之。或問之賣書人陳思郎可得也。大抵伏羲之《易》，乾、兑、離、震、巽、坎、艮、坤，左邊數往者順，右邊知來者逆，而文王《易》則乾、坎、艮、震、巽、離、坤、兑，《易》所系甚分明。或取朱文公《啟蒙》觀之，亦可見其詳矣。

卷三十六

答楊次房少張

竊窺詞氣日就平實，蓋慮澹而識明者也。向看《三禮》，每嘆後鄭於禮學極有功，敬之而不敢議。近來再三玩繹，覺得礙處極多。蓋諸經中有一語未達，則牽强捏合增成一義，此非面莫。盡易學則義理、象數俱當留意，合程、邵而貫之，乃爲盡善。

答真侍郎德秀

《先天圖》説，舊雖留意，比入山重讀諸經，頭緒正多。《儀禮》尤煩，其間要言精義亦多先儒所未發。既費目力于此，則俟讀畢諸經，粗知大義，然後温尋易學，有如來諭所謂長子代父，長女代母，有邵氏、張氏行成、朱氏諸儒之説，縱某言之，亦不過勦説，未敢容易言之。少頃自見得一二，方以稟布。

答真侍郎

是間士人近忽來商量讀《易》，不下二三十人，每卦分作兩三日看，先從王注、程傳讀起，且令文義分明。如游、楊、吕、謝諸儒，所以輔程者，固不可廢，而横渠之奥澁，康節之圖數，漢上之伏互，晦翁之兼論象占，皆字字鑽求，一月餘間，讀者聽者人人自謂有益。旁近郡亦有來者，萬一中間開發得數人，亦是報國之大者，且不枉此行也。前所呈謬作，乞以一語訂其可否。先天一圖停停當當，愈玩愈有味，此決是古來曾有此説，特不知何爲漢唐千餘年間，更無一人説著。《參同》中雖略有此意，而方圓圖之妙，則未知古人曾見之否？

答丁大監黼

朱氏《易》則大概本諸邵子，《啟蒙》明述《先天圖》而贊《易》之詞，謂邵明義易，程演周經，此意可見。曾親聞輔漢卿廣之説《易》，須是識得辭變象占四字，如初九潛龍云云，此辭也，有九則有六，此變也。潛龍即象，勿用即占。人謂《本義》專主占筮者，此未識先生之意。某每以此看《本義》，誠是精密，邵子無易解，不過《觀物》、《經世》、《先天圖》諸書，《擊壤》詩中亦多有發明先天處。參以《漢上易》，則程、邵之説尤明。第漢上太煩，人多倦看，却是不可廢耳。

卷五十二

邵氏擊壤集序

邵子平生之書，其心術之精微在《皇極經世》，其宣寄情意在《擊壤集》。凡立乎皇王帝霸之興替，春秋冬夏之代謝，陰陽五行之運化，風雲月露之霽曀，山川草木之榮悴，惟意所驅，周流貫徹，融液擺落。蓋左右逢原，略無毫髮凝滯倚著之意。嗚呼！真所爲風流人豪者與？或曰：撰以聖人之中，若弗合也。天何言哉？四時行焉，百物生焉。聖人之動静語默，無非至教，雖常以示人，而平易坦明不若是之多言也。老者安之，朋友信之，少者懷之，聖人平心量直與天地萬物上下同流，雖無時不樂，而寬舒和平不若是之多言也。曰：是則然矣。宇宙之間，飛潛動植，晦明流峙，夫孰非吾事，若有以察之，參前倚衡，造次顛沛，觸處呈露，凡皆精義妙道之發焉者，脱斯須之不在，則芸芸並軀日夜，雜揉相代乎前，故於吾何有焉。若邵子使猶得從游舞雩之下，浴沂詠歸，毋寧使曾皙獨見與於聖人也與？洙泗已矣。秦漢以來諸儒，無此氣象，讀者當自得之。

卷五十九

跋明道先生和康節打乖吟真蹟

聖賢事業本經綸，肯爲巢由繼後塵。三幣未回伊尹志，萬鍾難換子輿貧。且因野老藏千古，已占西軒度十春。時止時行皆有命，先生不是打乖人。

邵氏子嘗以康節先生墓石屬筆于明道先生，久而未得其説，步于庭中，忽躍然曰「吾得之矣，堯夫之學可謂安且成」，乃書之曰「先生少時自雄其才，慷慨有大志，及學益老德益邵，玩心高明，觀於天地之運化，陰陽之消長，以達乎萬物之變，然後頹然其順，浩然其歸」，而最後遂以「安且成」三字終一篇之大指。嗚呼！論康節者多矣，而未有親切的確如斯言者也。學者之觀是詩，誠能以是參焉，而知以打乖自謂，非一於遯，以經綸答賦，非一於通，然後二先生之心可識，而學者亦有所據依也。同時倡疇者如富文忠、王懿恪、文忠烈、司馬文正及洛中時賢，皆有詩。明道獨賦二詩，今所得其蹟惟後一首，而前詩俄空焉。究玩聲畫於百數十年之後，猶足以興起頑儒，况於親炙之者乎？

卷六十一

跋邵康節逢春詩

先生妙極道數，從容於義理之會，雖形諸餘事，無間精粗，莫非實理。秦漢以來，諸儒鮮能及之，此所謂豪傑之士也。陵陽牟君鉉得其所書《逢春詩》，嘗以遺臨卭魏某，辭不敢有，仍書而歸諸。

卷六十二

跋康節先生答富韓公柬

温公《歷年圖》，起共和之庚申汔顯德己未，上下凡千有八百年，以治平元年書成上送，則邵子年五十有四，富公年六十有一矣。帖謂公亦以謂失之，鄙夫亦以謂失之，是富公先有所可否，而康節答之也。前輩講學不倦，聞善相告，聞過相規，若此用能，進則有以尊主庇民，退有以扶世立教也。

跋康節與韓康公唱和詩

惟古於文必己出，而先生此詩全用韓文公送李愿序意，豈人心之所同，固不嫌於相襲邪？

先生雖不爲公卿得時行道，而發明先後天之奥約之於事，必踐於形，所以淑時賢而啟來哲，爲斯世治理之助，其爲公卿不既多乎？

跋秦伯鎮兵部問易康節書

衆人以易觀易而滯於易，先生以易觀心而得乎心。其方圓圖、《皇極經世》諸書，消息陰陽之幾，貫融内外之分，蓋洙泗而後絶學也。其見於《擊壤》諸詩，造次顛沛，無非此理之發焉者，是何嘗有隱於人？特秦伯鎮、鄭揚庭、章子厚諸公，不足以知之耳。先生嘗語鄭曰：「山川風俗人情物理，有益吾學者必取諸焉。」秦曰：「道滿天下何物不有，豈容人關鍵耶？」先生字字言言，莫非推赤心以置人腹中，亦幸夫人之得其傳。彼沈存中謂竟「不知何術」，既不足以語此。邵子文亢其父於太高而待人太薄，亦知汙者也。

跋康節詩

理明義精，則肆筆脱口之餘，文從字順，不煩繩削而合。彼月煆季煉於詞章，而不知進焉者，特秋蟲之吟，朝菌之媚爾。

卷六十三

跋司馬子紀先後天諸圖

涑水司馬叔原，覃思義理之學，自羲文周孔之《易》，河圖洛書之數，陰陽動静之義，日月遲速之度，以及周、程、張、邵、朱、張子之書，旁觀歷覽，爲圖爲書，時賢皆有題識。又欲求一言於予，予遷靖未返，不得與叔原共學，姑識數者之疑於末。

且《先天圖》自魏伯陽《參同》陳圖南爻象卦數始略見此意，至邵堯夫而後大明。千數百年間，不知此圖安所託，而圖南始得此圖亦已奇矣，而諸儒無稱焉。數往者順，謂震離兑乾；知來者逆，謂巽坎艮坤，皆以左旋言之。今叔原以爲自乾至震、自坤至巽，此必有所據。朱文公以十爲河圖，九爲洛書，引邵子説辯析甚精，叔原從之。而邵子不過曰「圓者河圖之數，方者洛書之文」，且戴九履一之圖其象圓，五行生成之圖其象方，是九圓而十方也。安知邵子不以九爲圖、十爲書乎？故朱子雖力攻劉氏，而猶曰「《易》《範》之數誠相表裏爲可疑耳」，又曰「安知圖之不爲書，書之不爲圖」，則朱子尚有疑於此也。近世朱子發、張文饒精通邵學，而皆以九爲圖、十爲書，朱以列子爲證，張以邵子爲主。予嘗以《乾鑿度》及《張平子傳》所載太極五行九宫法考之，即所謂戴九履一者，則是圖相傳已久，安知非河圖也？靖士蔣得之云「當以先天圖爲河圖，生成數爲洛書」，亦是一説。叔原謂「日月亦左旋」，此張説朱意也。第日起北陸，春西陸，夏南陸，秋東陸，而冬返乎北陸，則爲右乎左乎？謂日速月遲，讀書窮理正欲其自得，況叔原所引見處一分虧之詩，即予少作也。吾儕所見本不相遠，第以曆家細算分數言之，則月行十三度，餘者特約法耳。其實則一日至四、二十四至晦，行十四度餘，五日至八、二十至二十二，行十三度餘，惟自九日至十九，僅行十二度餘，此猶二至之晷刻最遲，不爲無理，而叔原反疑之，獨取望日爲證，則望日正行遲之日也。況本乎陽者常舒遲，本乎陰者常急促。若日遲而月速，大者舒而小者促，此亦陰陽自然之分也。叔原之圖，精且密矣，盍更以是審思之。《日食書》甲乙如辛卯，日與辰相克爲異，尤不經。康成雖有是説，然《春秋》壬午日食，亦日與辰相克也，而左氏謂不爲灾，又何邪？叔原謂分星起於漢唐，謂漢則已後，謂唐則滋邈，豈以左氏内外傳與《周禮》爲不可信邪？是三書，亦有可疑，而分次之説相傳已久，獨星不依方而以受封之日爲次，此傳注之可疑而未有説以破之耳。大抵叔原之説，十得六七，予方斂衽之不暇，尚有未能釋然者，姑摘一二以備審訂。他時道夔以如卬，叔原必有以復於予也。紹定四年六月甲子臨卬魏某書。

跋邵康節檢束二大字

趙丞相子直孫必愿所藏二字，下注云「檢謂檢其行止，束謂束其情性」。先生嘗爲詩曰：「憶昔初書大字時，學人飲酒與吟詩。若非益友惟金石，四十五年成一非。」然則兹二大字與「束其情性」之語，未必晚年安且成之時也。後學魏某謹書。

卷一百八　師友雅言

近過廬山靈湯院，見温泉沸如火煎，四面盡冷，此理難言。《漁樵問對》説「水有形，火無形，水以體行，火以用行，水隨而不能迎，火迎而不能隨。故天地有温泉而無寒火」，此理極深，可以意喻而不可言傳。

易數至邵康節皆以四起，日月星辰，元會運世，《易》《詩》《書》《春秋》，皇帝王霸，皆以四言。蓋天下皆有四數，如東西南北，北當虚而不用。春夏秋冬，冬亦斂而不用。康節本説。天數五，其一體也，其四用也。

朱晦翁易大概本諸邵子，《啟蒙》明述先天圖而贊之辭，謂邵明羲易，程演周經，此意可見。某曾親聞輔漢卿廣其説，謂須是識得辭變象占四字。如初九「潛龍勿用」，此辭也。有九則有六，此變也。「潛龍」即義，「勿用」即占。人謂《本義》專主占筮者，此未識先生之意耳。某以此看《本義》誠是精密，邵子無易解，不過《觀物》、《經世》、《先天圖》諸書，《擊壤》詩中亦多有發明先天處，參以《漢上易》則程、邵之説尤明。第漢上太煩，人多倦看，却是不可廢耳。

卷一百九

先天一圖，亭亭當當，愈玩愈有意味，決是古來曾有此説，特不知何爲漢唐千餘年間，更無一人説着，及本朝康節發此義，而吾鄉觀物先生張行成文饒頗得易數之詳，有《通變》、《經世》、《述衍》、《玄翼》、《通靈》等凡七書，而大意謂理者太虚之實義，數者太虚之定分，未形之初因理而有數，因數而有象，既形之後因象以推數，因數以推理，今不可論理而遺數。想朱文公不得見之，可惜。

邵康節首尾吟第六篇「堯夫非是愛吟詩，詩是堯夫默坐時。天欲使閒須有意，人心剛動是無知。烟輕柳葉眉閒皺，露重花枝泪静垂。從諫如流是難事，堯夫非是愛吟詩」，此詩意甚深遠，言人違理而輕動也。

攻媿集　宋樓鑰撰

邵康節《觀物篇》易之傳，尚矣。至本朝而後，有先天後天之説。

卷五十三

歷代帝王總要序

帝王之傳尚矣，鴻荒以來至於高辛，其事莫得而詳，故夫子定《書》斷自唐虞，司馬遷亦以爲薦紳先生難言之。洛陽邵雍爲《皇極經世書》，以爲唐堯即天子位歲在甲辰，推而下之以迄我宋之熙寧，又畧載歲之卦爻以推其政迹，比世之《紹運圖》、《編年》、《通載》、《詮要》等書，最爲優焉。

卷七十六

邵康節觀物篇

《易》之傳尚矣，至本朝而後有先天後天之説，戴九履一，左三右七，二四爲肩，六八爲足，坎以一居北，坤以二居西南，震以三居東，巽以四居東南，乾以六居西北，兑以七居西，艮以八居東北，離以九居南，故《説卦》云「帝出乎震，齊乎巽，相見乎離，致役乎坤，説言乎兑，戰乎乾，勞乎坎，成言乎艮」，此後天之説，文王之《易》也。乾一兑二離三震四巽五坎六艮七坤八，乾自南而左，巽自西南而右，故《説卦》云「天地定位，山澤通氣，雷風相薄，水火不相射」，蓋乾上而坤下，離左而坎右，震東北而巽西南，兑東南而艮西北，二卦各各相對，此先天之説伏羲之《易》也。先儒以此二者爲先天、後天之辨，竊嘗考之《説卦》，惟「帝出乎震」之序合於今人之説，其餘如所謂雷以動之，風以散之，雨以潤之，日以晅之，艮以止之，兑以説之，乾以君之，坤以藏之；曰乾健也，坤順也，震動也，巽入也，坎陷也，離麗也，艮止也，兑説也；曰乾爲馬，坤爲牛，震爲龍，巽爲雞，坎爲豕，離爲雉，艮爲狗，兑爲羊；曰乾爲首，坤爲腹，震爲足，巽爲股，坎爲耳，離爲目，艮爲手，兑爲口；又乾稱父，坤稱母，震巽爲長男長女，坎離爲中，艮兑爲少；又乾爲天，坤爲地，震爲雷，巽爲風，坎爲水，離爲火，艮爲山，兑爲澤。終《説卦》之篇，皆先天之説也，顧未詳考爾。

先天千載絶學，麻衣得之，傳於希夷，累傳至康節而後盛行。然余始在永嘉得先天方圓二圖於薛象先叔，似傳《皇極經世》之書於王木叔柟，而不見其全。後丞外府蜀士吕澤甫凝之，以閬州奏事進《經世》之説，阜陵大喜其書，留爲太府丞，同官爲寮，始得蜀本全帙。因得叩其一二，後有《觀物篇》。隔眼大書云出「康節親筆」。今見此卷，悚然起敬。始知板本失真爲多，然猶恨不見其全也。二圖探索無窮，康節之學雖不易窺測，要皆不出於此。《繫辭》所謂太極生兩儀，兩儀生四象，四象生八卦，明道先生所謂「加一倍法」，盡在是矣。使伏羲文王周公孔子復生，不能加損毫末於此，不如是，何以順性命之理，通幽明之德，類萬物之情哉！熟復嘆仰以還，罄其謏聞，書之以俟知者。

卷一百二

太府卿王公墓誌銘

公自蜀歸，一見即自言此行他無所得，嘗從康節先生孫曾傳易數甚詳，以兼官玉牒，時時相過，論人窮達壽夭奇驗甚衆。許以傳授，久而弗得。語其家人曰：今年我當厄，會萬里之行，其能免乎？一日取其書細焚之而去，未幾遂下世，豈偶然也。

卷一百六

駱觀國墓誌銘

易道不明久矣，夫子之于《易》不可及已，然讀之至于韋編三絶，是時十翼猶未作也。近世通《易》者，莫如康節先生。亦寫《易》一部貼屋壁間，日誦數十遍。今之學者未論，明《易》能讀者蓋寡。嘗聞旁邑有駱君觀國，能凌晨暗誦全帙。大寒暑如一日，至老不廢。每歎以爲難及，而未之識。近者叔父學賔與從子沐致郡，博士楊君成己之意云：有里士駱士宏與之有連，求志其先人之墓，既而沐又介以見，泣拜，且請就閲，行實即觀國也。乃爲序而系之銘。

止堂集　宋彭龜年撰

卷十

易覽圖序

古者史官記事，以事繫日，以日繫月，以時繫年，自司馬氏作《史記》一變其法，然猶以年表存編年之舊。至西漢功臣表繫以大事，始髣髴簡册遺意，自是以後古法寖不復見矣。本朝司馬文正公作《通鑑》一書，易史記爲編年，裕陵錫名《資治通鑑》，簡帙浩大，未易竟編。公嘗自周威烈至周世宗爲《歷年圖》，年舉大事，又嘗修國朝公卿年表，倣司馬法各舉大事于上，最後合二書爲《稽古録》，可謂精當矣。然猶恨《稽古録》不如《歷年圖》一覽可盡見也。今世所傳圖，乃自漢而下，亦未嘗年舉大事，恐非其舊。姑因其圖實以《稽古録》，又參古《資治通鑒》本書及目録，舉要即康節先生《皇極經世書》、新安朱氏《通鑒綱目》、東萊吕氏曰《大事記》、眉山李氏《通鑑長編》，譜而圖之名曰《易覽圖》。非以求簡便也。昌黎韓文公謂記事必提其要，蓋提要則綱領舉而數千年治亂如指諸掌矣。若不韙之罪，則不敢自恕焉。

浪語集 宋薛季宣撰

卷三十

近世大儒司馬文正推太玄曆，邵康節譜《太玄圖》，坎離震兑氣節直卦皆同一行，唯以五卦初爻相次用事，從《易軌》云。今術專本京氏，用六爲法，以辟卦爲局，六時一卦，日法以直卦爲局，一刻一爻，坎、震、離、兑、頤、晉、井、大畜，以分數除減半之。蓋三十日三百六十時六日六百刻皆周，而與《易》象俱終，悔吝吉凶亦可直以經卦世爻爲斷。

渭南文集　宋陸游撰

卷二十九

跋蒲郎中易老解

易學自漢以後寖微，自晉以後與老子並行，其説愈高愈非《易》之舊。宋興，有酸棗先生以《易》名家，同時种豹林亦開門傳授，傳至邵康節遂大行於時。然康節欲以授伊川程先生，乃拒弗受，而伊川每稱胡安定、王荆公《易》傳，以爲今學者所宜讀。惟此二家，王公乃自毁其説，以爲不足傳。著論悔之，《易》之難知如此。夜讀蜀蒲公《易傳老子解》，喟然歎曰：「公於《易》與《老子》，蓋各自立説，迹若與晉諸人同而實異也。」書以遺其族孫申仲，試以予言請問信何如也。嘉泰二年九月丁卯笠澤陸某書。

江湖長翁文集　宋陳造撰

卷三十一

題邵太史西山集

邵公濟博，康節孫，子文之子，溥弟也。其文章贍縟峻整傑出。南渡後，晁以道嘗曰：「恨六一東坡不見子。以道名重一時，非多可者。設二文忠果見之，其必置之蘇子美、毛法曹之間乎。其於熙豐元祐用事，臣涇渭去取正色書之，曾無依違，使人增氣盛德，後所立偉然，天報之也。」此書板在蜀，予丞房陵制置常伯袁公惠五書，此其一。公知我有好書癖，致之不憚遠負以馬，蓋綱卒也。其勤亙忘，况吾之能好常伯之肯致子孫繼吾業歟？皆宜念且寶之。

南軒集　宋張栻撰

卷十四

經世紀年序

太史遷作《十二國世表》，始記甲子起於成周共和庚申之歲，庚申而上則莫紀焉。歷世寖遠，其事雜見，於諸書靡適折衷，則亦傳疑而已。本朝嘉祐中，康節邵先生雍出於河南，窮往知來，精極於數，作《皇極經世書》，上稽唐堯受命甲辰之元，爲編年譜。如去外丙、仲壬之祀，康節以數推知之，乃合於《尚書》「成湯既没，太甲元年」之説。因康節之譜，編自堯甲辰至皇上乾道改元之歲，凡三千五百二十有二年，命之曰《經世紀年》，以便觀覽。間有鄙見，則因而明之。如《孟子》謂「堯舜三年之喪畢，舜禹避堯舜之子而天下歸之，然後踐天子位」，此乃帝王奉天命之大旨，其可闇而弗章，故皆書其服喪踐位之實焉。夏后相二十有八載，寒浞弑相，明年少康始生于有仍氏，凡四十年而後祀，夏配天下失舊物，故於此四十載獨書少康出處，而紀元載於復國之歲，以見少康之君臣經營宗祀絶而復續，足以爲萬代之冠冕。於新莽之篡缺而不書，蓋吕氏不可間漢統，而所假立惠帝子亦不得而紀元，故獨以「稱制」書也。以至周文王之稱王，武王之不紀元於國，皆漢儒傳習之繆。先覺君子辨之詳矣，故皆正而書之。漢獻之末，曹丕雖稱帝而昭烈以正義立于蜀，諸葛亮相之，則漢統烏得爲絶？故獻帝之後即係「昭烈」年號，書曰「蜀漢」，逮後主亡國而始繫魏。凡此皆節目之大者。嗟乎！世有古今而古今不間於一息，事有萬變而萬變卒歸於一原。蓋理義根乎天命而存乎人心者，不可没也。是故《易》本太極，《春秋》書元以著其體用，其示後世至矣。然則《大易》、《春秋》之義，其可以不明乎？乾道三年正月甲子謹序。

卷二十七

觀少康年次

邵康節《皇極經世》中以寒浞滅相係於壬寅，是歲或癸卯，少康生，而克復舊物乃在癸未，凡四十有一年。方少康在襁褓，而夏之臣靡固有滅浞而立之之心，經營許久，乃遂其志。若靡者，可謂忠之盛者矣。方寒浞在上澆豷縱横之時，少康獨有田一成衆一旅，其勢可謂湮微，而卒用以興其間，圖回謀慮必大有曲折，惜不復傳於後，猶幸有《左氏傳》所載耳。要之靡與有鬲氏、有仍氏皆佐少康以有爲者也，若使少康之君臣此數十年中不忍而欲速，則身且不保，而況國乎？惟其潛也若深淵之靚，故其發也如春陽之振動，惟其時者也。

北溪大全集　宋陳淳撰

卷十一

河圖洛書説

河圖、洛書有定義，古今傳者多矣。劉牧之説最爲後出，而世之學者多不自知其誤也。噫！盍亦考其源流之實歟？謹按：孔安國曰「河圖者，伏羲氏王天下，龍馬出河，遂則其文以畫八卦；洛書者，禹治水時，神龜負文而列於背，有數至九，禹遂因而第之以成九類」，而劉歆亦曰「伏羲氏繼天而王，受河圖，則而畫之，八卦是也；禹治洪水，錫洛書，法而陳之，九疇是也。河圖洛書相爲經緯，八卦九章相爲表裏」，此河圖洛書之定説也。又按：關子明曰「河圖之文七前六後，八左九右；洛書之文，九前一後，三左七右，四前左二前右，八後左六後右」，而邵康節亦謂：「圓者河圖之文，歷紀之數其肇於此乎？方者洛書之文，州井之法其放於此乎？」蓋曆法有所謂二始二中二終，正一二五六九十之數，而州井亦以九數爲率，此河圖、洛書之定數也。如劉牧者，又在康節之後，反從而易置之。以九數爲河圖，十數爲洛書，且謂二者「俱出於伏羲之世」，而伏羲之所兼取，託言其傳出於希夷。夫康節亦希夷之後也，豈康節不得之，而牧獨得之乎？吁！是亦未嘗考其源流之實而已矣。

先天圖説

昔者伏羲氏之作《易》也，始畫八卦，又因而重之爲六十四，莫非其理氣象數之自然而然，初無一毫智慮增損於其間。自孔子以來，莫有明其意者，闕以爲伏羲止於八而文王六十四，至我朝邵康節先生闕得其説於《大傳》之文，遂爲之圖，名之曰《先天》。

後天圖説

伏羲之《易》，先天學也。文王之《易》，後天學也。先天之卦，以乾居南坤居北，離居東坎居西，震居東北巽居西南，艮居西北兑居東南。乾坤縱而六子横者，此《易》之所由本也。後天之卦，以離居南坎居北，震居東兑居西，乾居西北坤居西南，艮居東北巽居東南。震兑横而六卦縱者，此《易》之所以爲用也。夫先天之所由本者如彼，而後天變而爲用者乃如此，其故何也？蓋乾本生於子而成於午，坤本生於午而成於子，故乾南而坤北者，天地之成位也。及其交，則乾反其所生於北，坤反其所生於南，於是乎爲泰矣。然乾者陽之極而爲父，坤者陰之極而爲母，父母老則退不用之地，此其再變也，乾所以退乎西北而坤所以退乎西南也。離本升於東，坎本升於西，此日月之常度也。及其交，則東者自上而西，西者自下而東，於是乎爲既濟矣。然坎者乾之中男也，離者坤之中女也，父母既退，則男女得位，此其再變也。坎所以得乾位於北，而離所以得坤位於南也。震爲陽生也，本起於東北，巽爲陰萌也，本伏於西南，然震者乾之長男也，巽者坤之長女也，乾既退，則長男當進而用事以主發生之權，坤既退，則長女當出而代母以司長養之職，此震所以居東而巽所以居東南也。艮爲山也，本高於西北，兑爲澤也，本傾於東南，然艮者乾之少男也，兑者坤之少女也，乾既退，則少男當出附於震之後以習其生，坤既退，則少女當反侍於坤之側以成其養，此艮所以居東北而兑所以居西也。坎離震兑四者，皆當四方之正位而爲用事之卦也。乾坤艮巽四者，當四隅不正之位，乾坤則不用而艮巽則用之偏也。震艮坎三男者，皆相從以承乾而任父事於前也，巽離兑三女者，皆相與以夾坤而輔母儀於左右也。其爲序則始於震，震而巽，巽而離，離而坤，坤而兑，兑而乾，乾而坎，以終於艮也。以其義言之，則爲萬物出乎震，齊乎巽，相見乎離，致役乎坤，説乎兑，戰乎乾，勞乎坎，成乎艮也。此吾夫子之所已發明於《大傳》之文，而非康節臆度而强爲之也。

卷十六

易本義大旨

昔者伏羲氏仰觀俯察，有以見乎陰陽奇耦之相生，交換變易，自然而然，其勢若不容已，於是作《易》以配之，始之爲八卦，一乾二兑三離四震五巽六坎七艮八坤，加倍而重之爲六十四而布之爲圓圖，則乾南盡於午中而姤生焉，坤北盡於子中而復生焉……至我宋康節邵子之圖出，於是乎伏羲之精畫卦以示者，始可得而見。伊川程子之傳，出於是乎？文王周孔之藴因卦以發者，始可得而明。今晦翁先生《本義》之書，蓋又發揮邵圖之法象，而申明程傳之旨趣，本末兼該，精粗具舉。推本四聖所以作述本然之義，而易道之盛至是無餘藴矣。其綱領備於五贊，未可直以占法視之也。抑程子昔以傳示門人曰「只説得七分，後人更自體究」，若晦翁是書，其補程子之三分而上以達于四聖之心也歟？

卷十九

原畫

伏羲作《易》根原，備見於先天一圖。世傳是圖出於邵康節，以爲得之陳希夷、穆伯長而來，而其實固已具於《繫辭傳》「《易》有太極」章及《説卦傳》「天地定位」章矣。

卷二十二

今所刊《本義》六十四卦方位，以乾一八卦居東南，兑一八卦居正東，又蹉退了，不合自然之位。且以復居北之初隅，姤居南之初隅，則是十一月節氣便爲冬至，而五月節氣便爲夏至矣。又無方布，與圖後説不相應，爲悮無疑。書坊所貨《六經圖》有先天象圖，位次恰如此。注出康節，未必果康節，胡本其出此歟？後别换一版者，位次却是，而亦少有未當。如其中方布無卦名，亦可以證圓布之不必注卦名。其八卦界處須有小豎畫以别之，又須注乾一兑二等字於本位之中及冬至子中等語於本方之中。

卷二十五

所論先天順逆之説太泥，左旋右轉相滚雜，終竟未瑩。據《説卦》本語，自古無人曉得字義，直至康節先天之學始説得出，而《啟蒙》、《本義》復用其説而詳之，已甚明白矣。如圓圖之左方，自有乾一而後有兑二離三震四相次而生，而卦氣則自震之初爲冬至，離兑之中爲春分，至乾之末而交夏至焉，皆是順數其已生之卦而言，如順天而左旋，故曰「數往者順」其右方，自有巽五而後有坎六艮七坤八相次而生，而卦氣則自巽之初爲夏至，坎艮之中爲秋分，至坤之末而交冬至焉，是皆逆數其未生之卦而言，如逆天而右行，故曰「知來者逆」。然推原《易》之所作，乃從乾一兑二離三震四巽五坎六艮七坤八相次而生，然後成六十四卦焉，故曰「易逆數也」。凡此所謂逆順，其主意只是「已生」、「未生」爲别，而康節引天左右旋爲譬，亦各就兩邊言之耳。

卷四十二

康節本從數學入，因而究竟得事物之理，一一有自然歸著到那盡頭，遂亦通及本原。如先天圖象、《經世》、《觀物》及《擊壤》中冬至、天根月窟等詩皆可見，只是理義根原正面大體上未能透徹，無周、程等學問意識。周、程是正用功理義之學，於陰陽太極性命原頭，大根大本人事，大體上極瑩徹精熟，而小小節目亦有疏漏處，如易學象數却無康節《先天圖》畫底意思。乃以抑末視之，不屑爲所論聖賢傳道之統者，惟周、程獨當之，而語君子成德之域，則康節亦所不歉。學者考師友淵源，固不可不灼知本末，而亦不可徒爲高山之仰，當各盡其景行之實，然後於切己俱爲益也。

卷八

邵伯温父邵康節，河南人，熙寧丁巳卒於洛，程明道誌其墓。伯温、仲良，其子也。伯温字子文，傳康節易學，節行尤高，以經明行修薦授人名助教。初，温公之子公休卒，温公之後再絶，獨公休之妻張夫人無恙，遂復立族子爲公休後。朝廷遂除子文教授西京經紀，温國之家屬任之，意略亦可見。其後章子厚欲用之，子文不求進也。徽宗即位，日食求言，伯温坐上書，斥幾四十年。建炎初没，於利路轉運副使。紹興七年，趙忠簡當國，上其所著《辨誣》，乞行追録，始贈秘撰，詔藏其書於史館。子文本末備載於忠簡一疏，其守道行，已可謂始終無愧於師友矣。然賢者遇非其時，顧亦有重不幸者。先是，堂吏魏伯芻嘗知石泉軍，宣和中蔡京用伯芻變鹽法，帑藏驟增，擢伯芻爲外府卿，提舉榷務，其後除伯芻徽制，以賞其功。故事，從官除拜，得自舉代，伯芻狀卷：「伏覩朝奉大夫，權知果州。邵伯温識量淵明，學術該博，外寄遠邦，吏民畏愛，儻置要途，必有異能。臣實不如，舉以自代。」伯温早登富公、温公、小申公、二韓忠宣之門，薦之者乃持國范純夫，伯芻小人，據非其位，乃自詭薦賢而不揆，其不韙不知，誰實教之。雖子文名德皭然，彼安能凂然，亦可謂賢者之不幸矣。

性善堂稿　宋度正撰

卷十

四先生畫像記

紹熙二年，正始來見劉公德修於漕使者之第公辱館之門，已而正首言：「濂溪周先生幸仕敝鄉，宜有祠於學官，祠當以明道、伊川配公。」下其說有司，求二先生像不得，則訪之堅父家，堅父固有二先生書無其像，乃徧求之遺老故家，遂併得横渠、康節四像於懿恪王公世孫焉，既以付有司具祠矣。正歸舉以相示曰：「此中原舊物也，正晚生，不及親見四先生道德之容，不知肖否？」冠皆今三山帽，獨康節小異，脣有翼圍之匝，伊川内服純白袍，以黄草色之透見内服，明道、康節袍以黄土色之不見内服。項間見者，明道皂，康節杏紅，領皆白，横渠内服白道袍如内服之色，領緑皂，下横幅，三先生之袍亦如之。繫皆以縚，今吕公縚也。履皆白。大抵明道、横渠、康節冬服，伊川夏服。明道袖而立，貌方而多髯，有坐如枯木，言如春風之意。横渠拱而立，貌圓而寡髯，有至大至剛以直之意。康節竦而立，貌癯而身大，有傲睨萬物之意。伊川左執縚右執麈尾，粲然而立，有温而厲威而不猛之意。每一觀之，如親見四先生也。像之上序贊各一首，康節門人洛陽楊怡作書以隸。正苦留遂得之，載與俱來，凈掃一室，安之其中，起敬起愛。噫！四先生之像，其存者如是。至心之精微，則有若《易傳》，有若《遺書》，有若《正蒙》，有若

《皇極經世》。後之學者不得於心，勿求於貌可也。五年月山陽度正記。

洺水集　宋程珌撰

卷六　講義

易議

易有君子之道四焉，以言者尚其辭，以動者尚其變，以制器者尚其象，以卜筮者尚其占……自王弼以後以至于唐下之人，亦莫有傳此《易》者。江南義疏祖尚虚無，蓋至於唐僅得一孔穎達辨析音義，頗爲當時所宗。然至於聖賢用心，斯道大統，彼固未之深及也。宋興百年，名儒輩出，胡安定得其用也，邵康節得其數也，程明道伊川得其理也，周濂溪得其體也，張横渠得其用也，然後《易》之道遂大明於天下。

蒙齋集　宋袁甫撰

卷十一

贈祝君泌序

康節《觀物篇》，其學自老氏乎？致虚極，守静篤，萬物並作，吾以觀其復，斯道也。豈獨老氏？《易·繫辭》曰「設卦觀象」，物皆象也。又曰「聖人見天下之動，而觀其會通」，物皆動也。

老氏守静，觀復乃動也。易觀其動乃静也，何動非静，何静非動，陰陽剛柔互爲其根。知此者，可以觀矣。祝君好康節書，余大書「觀物」二字遺之，非觀物也，自觀也，觀我生，觀民也，大觀在上，何物何我，祝君識之。

雪坡集　宋姚勉撰

卷七

癸丑廷對

臣伏讀聖策，曰遺逸之召，當取人於巖穴，如藝祖之招王昭素，太宗之召陳摶，真宗之起种放，有光簡册矣。今日亦未有可副明揚之旨者，抑又何歟？臣有以見陛下廣羅人才，而取遺逸於科目之外也。臣聞逸民之舉，天下歸周，幽人之求，民心附漢。遺逸固有國之所先也。然而不求聞達而後可謂之遺逸，借此以釣名者非也。不慕榮貴而後可謂之遺逸。階此以媒進者，非也。漢有樊英，終於敗節。唐有藏用，亦至損名。本朝邵雍、常秩，其初亦無大異，審觀其後，然後秩僞而雍真矣。

卷四十一

書邵堯夫真蹟後

邵子之學，某未能窺其妙也。邵子之妙，烏在在於觀，《觀物篇》所謂皆自我而觀之是也。

觀之妙，妙矣哉！《易》曰「復其見天地之心」，又曰「觀其所感」，又曰「觀其所恒」，又曰「聖人有以見天下之賾而觀其會通」，非謂觀之妙乎。觀象於天，觀法於地，伏羲作《易》之初蓋然矣，觀之妙乎妙矣。自我而觀，妙於觀矣。孟子曰「萬物皆備於我矣，反身而誠樂莫大焉」，程子曰「靜後見萬物自然皆有之意」，皆妙於觀者。邵子之妙，最於觀處得之。邵子臨没且曰「吾欲觀化一巡」，觀至於死生之際，則妙於觀者，蓋不囿於死生而超出乎死生之外矣。妙矣哉！夫觀即格物也，物格則知至矣。此邵子所以妙而神也。雖然，必有以用其力焉。某聞邵子嘗大書「檢束」二字於坐右，夫此心必有檢束，不至放縱，而後可以觀天地萬物古今皇帝王伯之變。檢束者，用力之初也。眉山宋君可傳出邵子《觀物篇》真蹟示某，某焚香竇誦觀之，其字畫莊正，無一筆放縱，其於檢束中得之明矣，後學何敢不力。宋君既珍此帖如金玉，必有得於邵子之學之妙，不知某可與共學否？

卷三十七

康節之詩曰「堯夫非是愛吟詩，詩是堯夫得意時」，詩非愛吟也，得意則詩耳。堯夫之詩不適乎？三百五篇之詩，固有出於塗歌里咏，小夫賤隸之口，未常求爲文也。而其文至後世，老師宿儒有所不能道。此無他，小夫賤隸不求詩而詩，老師宿儒求詩而反不詩，如此可與言詩矣。

竹溪鬳齋十一藁續集　宋林希逸撰

卷十三

題子真人身倡酬集

右五言三百首，石塘林子真所寄也。超倫絶類，出人意表。始若可駭，徐而愛之。曰是詩也，非詩也，真詩也。詩之所以爲詩不如此也，然而必如此也。何爲而不如此，梓匠輪輿，各有規尺，是豈規尺哉？何爲而必如此，蕢桴葦籥，自爲鼓吹，此非鼓吹乎？規尺之常，人人知之，鼓吹之妙，非有道者不知也。删後無詩，固康節言之。然《擊壤》諸吟，何愧於古。彼其規尺，豈與古同，所以鼓吹者，同一機也。康節之後又無詩矣。幸而子真得之，子真之規尺，豈與康節同哉？惟其不同所以爲同，同則不同矣。雖然，難能也，亦難知也。世無康節，人必不知之，雖然，幸而不知也，人人知之。則我不貴而機泄矣。抑不知子真知之乎，人知之乎，身知之乎，倡者知之乎，訓者知之乎，皆不知也。則余又何以知之？子真囑余爲之勘辨，如斯云者，其知乎其不知乎？

卷二十五

太玄精語

子雲作《太玄》以擬《易》，昔人以爲僭，惟韓退之屢稱之。至我朝康節、司馬、老泉却喜其書。康節用其數，老泉論其旨，司馬公爲之註。獨東坡乃謂以艱深之辭文淺近之説，此語固佳，但子雲之辭雖非《易》比，然亦豈《易》能哉？

魯齋集 宋王柏撰

卷四

宇宙紀畧序

伏羲之世，上上古也，天機動而河圖出，人文闢而八卦成。天何言哉？感伏羲之心，假伏羲之手，開千萬世文明之治，伏羲亦何言哉？得於心應於手而自有不可勝言之妙，不知其幾千百年也。至文王繫彖，周公繫爻，吾夫子又從而翼之詞，則費矣。圖將隱矣，夫子憂其圖之遂亡也，以四句十有八字紀之於《大傳》，又不知其幾千百年也。至我本朝康節邵先生始得而傳之，及朱子《本義》之書作，而先天後天之圖於是粲然而大明矣。予往歲於康誠求家見一先天圖，規制甚簡，古云得於徐毅齋，心甚愛之，每疑其中分一半若倒轉，然於造化不合，耿耿久之。壬戌之冬，上蔡書院納交於玉峰車君，首出此圖示予，即向者之所見其可疑者，已正之矣。終日對之如在伏羲之世，甚矣，車君之能古其今也。上天下地，古往今來之紀，孰有大於此者乎？

卷十

夫一非數也，此數之所由始也。天開於子，其體圓而虛，地闢於丑，參乎天中其數爲二，故曰參天兩地，倚數之元，自是一陰一陽，動静變合而生五行。天一生水，地二生火，天三生木，地四生金，天五生土，五行各一陰陽，是曰十干，日月所會之次舍謂之辰，周天凡十有二辰，干辰相摩爲六十甲子，以六十甲子紀其年月日時，此曆數之名號也。後世於曆家窺見此理，則以人之所生歲月日時推其所直之甲子，亦名之曰命。此固不可謂非天之所賦也。於此可以推其性情得於仁義禮智者，孰多孰少，可以推其氣稟得於貴賤壽夭者，孰厚孰薄，苟精其義，亦可入神。又有以五星之躔度吉凶推之，今考其學以日計時，得命十有二次，其六十之十二得命七百二十，計之以日，又六十其七百二十，得命四萬三千二百，又概之以歲，六十其月則得命二百五十有九萬二千矣。夫以二十有二字之至約，參伍錯綜甲子凡三周，敷衍變化，數之繁夥，一至於此。其術可謂神矣。然以古今之遠，四海之廣，人生林林，過者化來者續，維天之命，於穆不已，乃俱囿於二百五十有九萬二千命之中，又何其術之窮也。又有不推五行五星而一依於數者，紛紛衒鬻於天下，如太一之小遊三百六十年，太一之大遊四千三百二十年，軌革之九百六十年，九戹之四千五百六十年，楊氏《太玄》之八十一首，關氏之《洞極》二十七家，司馬公之《潛虚》五十五行，尤局促而易窮也。惟康節邵子之學衍而申之爲最盛，以三十年爲一世，以十二世爲一運，以三十運爲一會，以十二會爲一元。曰元會運世者，不過又加一大年月日時也。然囿於數而終不能無止法，推其極亦不過五萬五千九百八十七萬二千而已。

卷十一

跋趙宰先天圖

嘗讀康節之詩曰「皇王帝伯經褒貶，雪月風花未品題」，蓋直欲以是爲勳業，爲事權比方。聖經爲古人之缺典，先生之詩未易觀也。朱子曰「康節之學，其骨髓在《皇極經世》，其花草便是詩」，草巢之爲編，已於花草上見造化，更能敲出《經世》骨髓，使天下之民皆擊壤而歌之，豈不幸歟？

卷十七

瑩竉示《先天圖》，却於此備見此公之爲學矣。想是他自有願學之心，只是不得師友，不循塗轍，往往自盲撞剽些道理來説，便欲將來立論，誤矣。康節之學非是難學，蓋是不可學。若一定之於數，則王道可廢，世教可息，三綱五常任他作壞，不必扶持，亂臣賊子任他縱横，不必誅戮，何者？其數當如是也。數之爲學，固不可謂無此理。自是天地間一珍祕物事，不可將來治國平天下，此聖人所不學也。以二程與康節如此密熟，甚欲傳與二程，而二程不肯承當者，是誠無用於世教也。但渠精於數，因用心推得天地萬物之理，於吾道無悖，是以程朱以來推尊之而不敢非也。若是正面工夫只是數學，後學求聖人之道，自有正當常行大路，正不必向康節脚下喫辛苦討道理也。於此可以見他無師友盲撞處，亦甚可憐也。

須溪集　宋劉辰翁撰

卷四

《易》至邵康節初有用耳。康節四不出，出遇人云日有未佳即返，顧不知數耶？此其所以知數也。今人語《易》神異，而日用之不知。古人開口必於《易》，故王子廖、知莊子、子太叔皆曰「是在《易》也」。某之某尚須卜耶，通身皆易，通天地皆易，通古今皆易，而不知，知讀而已。讀何用，又未有知無用之用也。

碧梧玩芳集　宋馬廷鸞撰

卷十三

跋蔡以仁經世曆

鄉友蔡兄，宿悟神解，於康節曆書翻覆研精，以己所到爲是。槖其書，將入閩訪之西山後人，求其遺編，參合考訂以行於世。索書題辭。或問季通曆法於文公，公曰：這都未理會得，如今須是也。會布算也，學似他了，把去推測，方見得他是與不是，而今某自不曾理會，如何説得。自古以來，無一箇人考得到這處然也。只在《史記》、《漢書》上，自是人不曾去考。司馬遷、班固、劉向父子、杜佑説都一同，不解都不是。然則《皇極經世》蓋合遷、固、劉向、杜佑之説爲一書，豈獨自空中樓閣出耶？

卷十五

跋黄君觀物外篇詳説

「何啻千年與萬年，歲寒松桂獨依然。若無揚子天人學，安有莊生内外篇」，蓋先生所自賦者若此，張子堅所授，謂非先生遺書不可也。余嘗讀蜀儒觀物張公所爲《衍義》九卷，今又得鄉之隱君子黄君詳説而讀之。張公書既經淳熙聖人天語訪問，已悉上送官矣。黄君精思妙契，藏之名山，意者猶待萬世而一遇也。先儒謂聖人作《易》爲義爲數，知義不知數，雖善無所統。余於數學蒙蒙然如坐雲霧，無以勘辨二家之書所以爲「衍」爲「詳」也，獨於黄君書有感焉。朱文公謂康節之學稍近莊老，今嘗疑其書時有取於老莊之遺。今君於此書扶道貶異，雖先生所援引，不敢苟狥焉，嚴哉！文公又謂康節以十爲河圖九爲洛書，余又疑其書未嘗及此。書謂九十之説，其實特在乎曆紀州井，無以他説攙入，亂其正意，深哉。嘗鼎一臠所見如此，誠有味乎其言之也。余老矣，計吾所知不若其所不知，則莫如釋而弗推。雖然，吾州固多長才秀民，豈無爲君沽酒奉觴親嘗粥藥於百原之上、雲山水竹之間者？君其無謂吾非黄石癡老子，可以跪履取得而試與彼議其將有爲之衍繹者。

卷二十一

讀史旬編自序

《讀史旬編》者，病叟暮年之所著也。昔東萊吕太史著《大事記》，其爲書也，曰《記事》；列事之目，無所褒貶抑揚，曰《通釋》；本《易·繫辭》、《書》《詩》序，旁採劉向、董仲舒、史遷以及胡五峰之説，明帝王之統紀曰《解題》，爲始學者設，所載皆職分之所當知，非事駁雜求新奇，出於人所不知也。初，公之爲書，本起春秋迄五代，書未及成而絶筆於漢武帝征和三年。朱文公屢惜之，傷斯文之不續，後學之不得私淑諸人也。今輒不自揆，本康節邵氏《經世》紀年圖、朱文公《通鑑綱目》，略倣吕氏義例而爲《讀史旬編》。旬者，日之甲癸也，《書》曰「期三百六旬」是也。吾書以日之甲癸比於年之甲癸，謂之「旬編」。自堯甲辰至五代周顯德七年庚申，原注：周以此年正月四日方禪。三千三百一十七年爲三百三十二旬，原注：末旬自甲至庚。類而編之。自康節先生作《皇極經世書》，紀年始唐堯甲辰，而堯之前無年可紀，於是伏羲而下至唐堯之前，本《易大傳》《家語》《五帝德》與夫百家言皇墳者書，其概以備太古之事而譜黄帝之世焉。原注：譜黄帝所以譜唐虞也。唐虞皆爲五帝而皆不傳於子，則無可譜者。又自堯甲辰以下以至周平王己未之前，原注：太史公編年首共和庚申厲王居彘之歲月，今但以春秋初年爲斷。隨年而書其事，無事則虚其年。終之以《詩》《書》雜傳所載，以備二帝三王之事而譜夏商之世焉。原注：唐虞既無可譜，周之世數未也，未可譜。自孔子作《春秋》編年始周平王之四十九年己未，終敬王之三十九年庚申魯西狩獲麟，《左氏傳》終貞定王元年癸酉魯哀公如越。是編入春秋之後，列事目於前，《春秋》之經是也。述解題於後，凡王事伯事之可論者，著之諸國之事，不著其他，則有左氏之傳諸儒之經説，不敢僭焉。自司馬公作《通鑑》始周威烈王之二十三年戊寅，而威烈王戊寅之前，上距貞定之甲戌，《左傳》之所不書，《通鑑》之所未續，則採劉道原《外紀》爲傳鑑補遺之書，亦隨年書其事，無事則虚其年而不敢遺焉。《通鑑》戰國而下以至五代後周之前，亦列事目於前，朱公之《綱目》是也。述解題於後，傚東萊《大事記》，閲諸家之史以廣其見聞，集諸儒之説而訂其得失。若征伐之本末，制度之沿革，亦粗及之，而譜周至五季之世焉。自黄帝迄五季，其子孫之傳序已見於譜矣。漢、三國、六朝、北魏、齊、周以及五季，其疆理之離合又爲圖焉。成書之首，以通説數條，論作史之源流，歷代之首則以《皇極經世》數考氣運之推遷，凡此皆職分之所當知者，而愚恨其不能盡知，且聊欲便省記也。其如孤陋寡聞何？經始於壬午之冬，徹編於乙酉之秋，越三歲而後三十有八帙之書成，姑以備遺忘授兒曹而已。陳了翁言《通鑑》爲藥山學者，惟當愛日孜孜日游此山而已。吾老且倦游矣，東坡云「脚力盡時山正好，莫將有限趁無窮」，唐子西亦云「棋罷收成敗，書慵卷是非」，棋之成敗猶書之是非，罷且慵之時，收且卷之日也。竊陳編以盜竊，長兀兀以窮年。豈七十老翁事哉！雖然，是固不可不令兒輩覺也。乙酉秋澥書。

厲王共和

太史公讀《春秋》曆譜諜至周厲王，未嘗不廢書而歎。蓋太史公十二諸侯年表序篇之説云爾，是春秋譜之所由起也。人知《春秋》編年，不知編年始於共和之初。人知《春秋》成而亂臣賊子懼，而不知亂賊兆於厲王之世。太史公之説微矣哉！或曰：紀年何必始於共和？曰：康節《經世書》始堯即位甲辰者，疑年也；史遷始共和紀年者，實年也。惟其疑，故甲辰紀元起於皇甫謐之説，而《外紀》附注或曰戊寅辛卯，滋紛紛矣。胡五峰謂邵氏精極天地之數，必不妄，是以從之。惟其實，故共和庚申紀年之後千歲之曆可紀，無異説也。然亦非一朝一夕之故，蓋周自昭王以後，無年可紀。《三統曆》劉歆本《史記·魯世家》推魯之年以紀周之年，自伯禽以後魯之傳序皆有年可書，諸國之所無也。此固魯秉周禮之一驗耳。

斐然集　宋胡寅撰

卷十三

邵伯温贈殿撰

士君子依仁守義，雖不見用，乃有追録褒贈之典，施于既死之後。使聞其風者，興起尚論，如見其人，亦何存没之間哉！維先民康節學貫三《易》，懷寶遯世，而爾以孝謹爲之子。維先正弼光公著純仁，道德勳賢，表儀百代，而爾以學行受其知。浮沈下僚，迄不大試，柄臣有請，朕用慨然，寵以論撰之華資，庸示儒林之深勸。

默堂集　宋陳淵撰

卷二十二

己未十一月十七日夜，夢邵康節論數，手持一卷紙，縱横界如棋局，其上有字，不依窠眼翻卷之，示余云「天地之數不可干他，陽生自至」。余嘗論命，以謂上聖至於下愚，莫不有分。分既定矣，不能乘之。以往而欲致力於其間，非贅則虧，故人爲非命也。《孟子》曰「莫之致而至者，命也」，周公告君奭曰「在亶乘茲大命，所以處之」，其説盡矣。由是言之，數既已定又豈可干乎？待其自至可也。世之不知命者，謂人力可以必爲，縱其欲利之心，無所不至，而終無所成者多矣；或者推之荒忽一切，不爲怠惰委靡，使天之所賦莫或助之，其亦自暴自棄而已。二者胥失也。故命於人無不定，聖人安之，君子信之，至於下愚，則役於陰陽而不自知矣。

文忠集　宋周必大撰

卷十七

跋向子諲家邵康節戒子孫文

康節先生心聲正大，可以銘盤，心畫遒勁，可以貫隼。薌林公寶藏以示子孫，厥有旨哉！淳熙戊戌十月十二日觀於擒文堂。

卷十八

跋向氏邵康節手寫陶靖節詩

康節先生藴先天經世之學，顧獨手抄靖節詩集，是豈專取詞章哉，蓋慕其知道也。宣和末，臨漢曾紘謂舊本讀《山海經》詩「刑天無千歲」，當作「刑天舞干戚」。某初喜其援證甚明，已而再味前篇專詠夸父事，則次篇亦當專咏精衛，不應旁及他獸。今觀康節只從舊本，則紘言似未可憑矣。開歲倏「五十」或作「五日」，近歲祁寬謂五十則與辛丑不合。今康節直作「五日」，尚何疑焉？淳熙己酉重明節，舟次臨江，薌林向公之孫士虎出示此軸，因表而出之。

雪山集 宋王質撰

卷八

又如談《易》，自知數始，世之知數者少，惟康節以此遺後人，爲入《易》之門，而人多因辭生理，惟其意之所欲，不知聖人一字不虚發，寓理于數，寓數於理，旁通曲貫，數理並行。所謂吉凶悔咎，皆有自而生，故以邵意、邵辭、邵數、邵理、邵訣、邵驗而爲「六邵」，稍見康節之緒餘，而不爲艱深，盡屬平易，非如張公文饒之有所泥，而不導當世以通津。此某欲妙而未能妙者也。

東萊集 宋吕祖謙撰

卷六

大事記序

司馬子長《年表大事記》，蓋古策書遺法，獲麟以上既見於《春秋》經，周敬王三十九年以下，今采《左氏傳》歷代史、邵康節先生《皇極經世》、司馬文正公《稽古録》、《資治通鑑目録舉要》歷輯而廣之，意所未安，參稽百氏頗爲增損，書法視太史公所録，不盡用策書凡例云，起春秋後，訖于五代。

卷七

與朱侍講

《通書》已依《易傳》板樣刊，但邵康節一段所謂「極論天地萬物之理，以及六合之外」，不知六合如何有外，末載伊川之類，亦恐是邵家子弟欲尊康節，故託之伊川，不知可削去否？其它所疑張丈已報去，更不重出。《太極圖解》近方得本，玩味淺陋，不足窺見精緼，多未曉處……邵氏載康節一段，意主於稱康節而濂溪之語無所見，恐不載亦無害科舉。

西山文集　宋真德秀撰

卷三十

問邵子所謂道之形體

康節先生曰「性者道之形體，心者性之郛郭」，言道不可得而見，因性而後可見，蓋性之所具皆實理也，故曰道之形體。舍性而言道，則流入空虛矣。

鐵菴集　宋方大琮撰

卷二十七

本朝諸儒之學

問學有師承而聖門之教立，聖人之道散見于諸儒答問語言之間，傳得其宗者惟孟子輿氏及韓文公而止耳。荀與楊則大醇而小疵者也。國朝道統一正，師儒輩出，視昔爲盛，粤自柳仲塗以先秦之文倡天下，尹公繼之，歐文忠公又繼之，而古作大振。陳圖南以先天之學授种明逸，一傳而穆伯長，再傳而李挺之，又再傳而邵康節，學始有源。伯長又以《太極圖》授周濂溪，二程子師之，楊、謝、尹、游輩，其流也，性理之學廣矣。安定之門如劉彝以善水利稱，其他如錢如孫如范間，以淵篤純明直温簡亮名世，率皆發明體用之極致。眉山之學雄偉博洽，門人如六君子者，從而光大之，卓卓爲一時冠。横渠張氏、徂徠石氏、泰山孫氏與司馬氏劉或崇經學，或闡理奧，或以力行，篤實爲之倡，承學者和之，翕然丕變矣。夷而考之，自大道既隱，扶持羽翼之功，齊驅並駕，誠未易窺涯涘。然傳道者，必著書或形于已見之自陳，或見于門人之紀録，其詳可得聞歟？伊川與康節極論天地萬物之理，至以數學授之則却而不從。二程學《太極圖》于濂溪，所以啟門人者畧不及《太極圖》一語。康節謂「我能物之則我爲物之人」，蓋得于李挺之，而程子深不然其説。横渠《西銘》之作，伊川謂「理一而分殊」，而楊龜山深辨其兼愛之患。歐公論性非聖人所先，而世謂其性分之内全無見處。坡公權書衡論之作，或謂戰國縱横之書。或黨其師之學，或叛其師之説，脉絡貫穿，孰異孰同？立朝行己之端，正心治國之要，精粗本末，孰先孰後？門人之所得何者爲優，宗派之所傳，何者爲正？考先儒之緒言，印胸中之定見，願相與折衷之，以觀諸君子淵源之學。

字溪集

宋陽枋撰

卷一

答趙傳之論夏時書

蒙不鄙庸謬，教以春秋行夏時之説，考證辨論委折詳盡，無復餘藴，此豈一時臆説淺見所能到？一再審諦，亦疑左氏似有附會，唯見康節論前古歲月日時，却説春秋二百四十二年，無一字之差，則王周正月等書，已經康節看過，亦不曾辨止，恐或以千五六百載而下輕變古書，且當更入思慮，緩緩辨證未晚。又《周禮》曾有「正月之吉，始和布教于邦國都鄙」，則亦正月證據，「正月之吉」却周正十一月朔也。又《周禮》正歲觀治象、教象、政象、刑象之法，則是正歲乃夏時建寅之月，似此則亦有正月可證矣。如「正月繁霜」，此則音政，不當以正月言，要之以一月言亦無害，以正月言亦無礙。夫何苦拘拘孑孑攻此一字，以別生疵病乎？大抵夏時萬世之政，惟三王不相襲禮，或以建寅，或以建丑，或以建子，各盡三統之義，而春秋冬夏竟取正於夏時而已，不必深改也。

卷九

辨惑

康節先生詩云「平生不作皺眉事，到處應無切齒人」，此近仙釋言語，聖人治天下須有慶賞刑威，若無一點皺眉的事，有甚分曉。此語是康節自說，他自己初不以訓俗，今人自體認之方好。

康節言《好善》詩云「若求騏驥方乘馬，只恐終身無馬騎」，甚切當，便是見善如不及的學力。

卷十二

陳希夷先生有云「得便宜處落便宜」，康節先生云「落便宜處是便宜」，余謂康節語不若希夷之寓誡，然「便宜」字亦不必說。

讀《擊壤集》曰：「誠是灑然快活，然有康節之心則方會如此，不然有弊，終不若學孔、顔、曾、孟大中至正，快活無弊也。」

巽齋文集　宋歐陽守道撰

卷十九

跋陸象山包克堂遺墨

大率人於死生之變，有能精明不亂，必其平生一依本分，無愧於爲人本分也者。如子止於孝、父止於慈之類，人道之正也。曾子易簀之言曰「吾何求哉，吾得正而斃焉，斯已矣」，平生得正，至此更無分毫缺少不滿之處，故於垂絶而自幸焉。康節邵子病革，對程子亦有「觀化一巡」之語，其將逝也，大書詩曰「俯仰天地間，浩然獨無愧」，邵子千古人豪，然細讀《擊壤集》中，每見兢兢敬畏修省之意，更在從容閒適之表，此其浩然無愧以生以死，豈一朝一夕之積哉！充本分之極，至於邵子，至於曾子，臨終皆如此，亦無得不謂之異人，非奇怪變幻之謂，蓋舉世昏冥醉生夢死之中，得見如此人絶少耳。

陵陽集　宋牟巘撰

卷九

以齋記

漢嘉以峨眉重，本名眉山郡，後乃易今名。不但山川奇絶聞天下，昔康節翁前知靖康分裂，此爲善地可避兵，故邵氏之孫皆來卜居，「七易」之學遂盛行于蜀。其地距我鄉百里，雞犬聲相聞也。我先人嘗仕焉，當寶慶丁亥而予以生，越十有二年侍親去蜀，昔之善地莽爲荆棘。六十必復，今已踰其數矣。辛丑，曹君克明舉茂異自燕來杭，漢復有人在省需選，聞之良喜。張仲實爲予言，克明篤實有氣義，異乎流俗，閉門讀書，一意于學，謂《易》六十四卦，卦下象皆有「以」

字，因以「以」名其齋。

潛齋文集　宋何夢桂撰

卷七

夏德甫易窩吟序

《易窩吟·自然》，夏德甫之詩也。德甫吟不爲詩人章句，徒玩弄光景而已。而必於「易窩」，蓋有得於康節窩中之趣也。故其詩曰「安樂窩中事事無，惟存一卷伏羲書」，康節二十年工夫全在一窩中，其柳風蓉月，隨寓成功，猶是長物，復姤中間，弄丸得手，樂意無極，此無名公之至妙至妙者歟？德甫詩必有得諸此。

卷九

邵古香行窩記

玄同，邵某古睦清溪家也，而贅寓於嘉禾之雲間，時玄同有母在，出非其志也。母氏敦命之，弗得爲家營，壽樂堂所以娱母也。堂之面與其背竪亭三，以爲游憩也。歲時歸省，着綵稱觴，母子之天躍如也。《蓼莪》篇廢，事與願違，顧瞻維桑。此心未始一息，不在白雲下也。雲間近創行窩，亦參其亭規制，悉視壽樂，此豈爲蓄姬妓、貯歌舞地哉！示不忘故也。康節先生營安樂窩，其別寓爲行窩，今取此以名，蓋行者亦聊寄焉爾，非終止之地也。吾日於是間視吾一窩之與亭也，猶蘧廬然，詎能如蜎蠋烝在桑野乎？或游或休，故家在目，吾處而見吾壽樂於墻也，吾食而見吾壽樂於羹也。有身羈如，有足罿如，而湯沐故鄉，依依喬木，吾於夢寐若或見之。堂下雞犬蓋不知新豐，廬巷之實，非其故也。六一翁信天下士，將去鄉邦而居潁，獨不念汎掃瀧岡乎？文定公寓宅於許，猶謂百歲後將丘首眉山，可以觀君子之所存矣。夫羽毛之類，非人類比也。偶失其故，歷時而復巡其鄉，將悲鳴躑躅而不忍去。世之人忘其故者多矣，尚忍乎哉？吾於行藏之誼，深有感於玄同之不忘其故也。行窩成，諸公作記以落之者，抑衆矣。復徵余言，言非所靳也，得毋復重玄同之感乎？知玄同之心宜莫余若，遂爲後記。大德戊戌仲秋朔記。

勿軒集　宋熊禾撰

卷一

史纂通要序

堯迄今年六十二甲辰矣，自是而上年代不可考，意混茫初開，洪水未有洩，距洪荒之世未甚久也。邵康節以元會運世推皇帝王伯，自始開物至堯甲辰歲數甚闊，大抵三皇之世邈矣，其不可徵矣。五伯權利又君子所不道，有天下者，行帝道而帝，行王道而王，二者而已，外此無他道也。蓋嘗纂《皇王大紀》一編，託始帝堯元載，下逮威烈王二十二年，以爲古今一部通史。適吾友胡庭芳挾《史纂通要》來閩，甚有契焉。益相與討論，間亦蒙取節，不廢其言。蓋以人心道心爲千萬世治亂興亡之機，此河南程子所謂三代而上純是天理，三代而下純是人欲之意。

卷二

三山郡泮五賢祠記

若夫康節、涑水謂非世之大賢，不可。而其學視此則有間矣。駕風鞭霆之英傑，非可與準繩規矩之君子同科。空中樓閣，自是宇宙間一卓偉之見。觀其玩視古今游戲物外，其出言制行不免近于高曠，非可以爲世常法者也。程子與康節居洛三十年，未嘗一語及于學，亦謂是也。若涑水之力行苦節制行非不誠一，而前輩謂欠却致知一段，如尊揚雄而疑孟子，黜漢統而帝曹魏正，自有不可掩者，又不待辨而定也。故五先生直可以繼顔、曾、思、孟之次，配食夫子而邵焉，則亦仍舊祀之典可也。一或謂涑水之學不由師傳，其德言功烈之所就，亦不過盡其天資之所到而已。若康節則《先天》一圖《皇極》一書，謂之無見于斯道則不可，又何以不進之于五賢乎？曰：康節之高明、涑水之平實，蓋各具是道之一體，要其所見，則涑水之於康節則固不可以同日語也。康節《先天圖》心法，與濂溪《太極圖》實相表裏。至于《皇極》一書，則其志直欲以道經世而自處。蓋欲作雍熙泰和以上人物，此豈易以世俗窺測？但其制行不免近于高曠，若使進之聖門，則曾晳非不高明，子貢非不穎悟，終不可謂與顔、曾同得其傳。百世以俟，不易吾言矣。

四如集　元黄仲元撰

卷三

春臺易圖敘

理者太虚之實，義數者太虚之定分。未形之初，因理而有數，因數而有象，既形之後，因象而推數，因數以推理。論理遺數，惡惡可？此朱文公《啟蒙》所以作也。文公《易》得於康節邵先生爲多。春臺黄君之圖又《啟蒙》之義疏，辨析精密，神智盡在是矣。譬如枝頭樹底一一見花活處，不止擔頭看賣桃杏，豈心猛氣粗者所能了了。然竊有疑戴九履一之象圓，五行生成之象方，安知邵不以九爲圖十爲書乎？圖書自圖書，大衍自大衍，以圖書而合大衍，拘矣。「天地定位」此八卦立圖，「帝出乎震」此八卦舒圖，或以前爲羲，後爲文，失之。邵《觀物吟》乾遇巽時，地逢雷處，天根月窟，來往都春，此解《先天圓圖》。《大易吟》否泰、咸損、恒益、既未，四象相反成六十四，此解《先天方圖》。不止乾一坤八也。數往者順，謂天地山澤風雷水火，此已往之象；知來者逆，謂曰雷曰日曰兑，而乾以君之，曰風曰雨曰艮，而坤以藏之，此方來之事。以左爲順，以右爲逆，然乎不也？九十九者蓍之體數，用四十九者以其圜而神也。或以五行言之，何哉？歲月易邁，義理無盡，長江浩渀，音杳，浩渀，水無際也。欲遡從之，邈不可即。何時一樽，與吾春臺細論此事爲快。敬書右方，以答來辱。大德丁未清明莆四如老人黄某七十七筆也。

陵川集　元郝經撰

卷十六

太極圖説

由宋以來，邵康節圖先天以盡卦之理，周茂叔圖太極以盡易之道。張子厚爲《西銘》合先天太極之旨，總爲人道，探於宓犧氏之先，繼於仲尼之後，再造一極而天人之事益備。始則天出圖以示人，末乃人爲圖以契天，而始終一圖。始則以先天爲後天，末乃以後天爲先天，而先後一天，於是太極之道貫萬古而無弊焉。伊洛諸儒，承受開闡，推尊擬議，以爲千載不傳之緒。不爲妄矣。

先天圖説

先儒謂康節先生得是圖於李之才，之才得之於穆修，修得之於希夷先生陳摶。蓋自宓犧氏畫卦已具此圖，而未爲之圖，其意言象數心傳口授，至希夷而傳諸其徒，至康節而遂爲之圖，示之人而筆之書爾；其圖自圓而方，有畫無文；其制作本意則具於《皇極經世書》、《觀物》諸篇；其言論風旨則凡而不目，曰：「圖雖無文，吾終日言而未嘗離乎是。蓋天地萬物之理，盡在其中矣。」曰：「先天之學，心也；後天之學，迹也；出入有無生死之間，道也。」曰：「先天之學主乎誠，至誠可以通神，不誠不可以得道。」曰：「先天圖者，環中也。」有是數語而已，蓋引而不發，欲學者潛心究意以求心法。知天地萬物不外此心，無畫之卦，無體之易，無方之神，盡在于是，則圖亦爲筌蹄矣。經自束髮問學，即以是圖心觀意會，迄今二十餘年，始則見黑白于紙上，後乃見動静于心中。涵茹既久，推而放之，則見開闔於天地，參錯于萬物，變化于鬼神，重重相因，井井不紊，死生消息，莫非自然。反之于心，會爲一圖，乃申而爲之説，以明先生之意云。

按：　乾之《文言》曰「大人者，與天地合其德，與日月合其明，與四時合其序，與鬼神合其吉凶。先天而天弗違，後天而奉天時」，先天之文昉乎此。仲尼以之贊大人也，先生之學大人之學也。以爲能造天地者，太極。能先天地者，此心也。盡心窮理與道不違，默執左契，無往不合，我亦一太極，亦能造一天地。於是謂畫前有易，而以先天名圖，先天即太極也。故濂溪先生則圖太極，先生則圖先天，其原則皆本於河圖。昔者宓犧氏當制作之時，將造書契，以代結繩開斯文之統，作《易》以明道，面目太極以爲萬世用，則必假物以示象，於是因河圖而畫卦。仲尼曰「河不出圖，吾已矣夫」，言雖無圖亦當制作也。故伊川見賣兔者，謂此兔亦可作八卦。宓犧見河圖而畫卦，孔子感麟而作《春秋》，取神物之至著者，以發端爾。故有理而後有象，有象而後有數，象數既具，理在其中。而當其可即物，而皆可畫也。前乎宓犧，豈無聖人，不當其可，雖有河圖而弗畫也。後乎宓犧，豈無聖人，不當其可，復有河圖亦弗畫也。當其可而圖出焉，則宓犧所不得辭，是以畫之，以爲大經大法之始。雖曰後天，其實先天也。然不知何以爲圖，何以爲畫？按《大傳》「河出圖，洛出書，聖人則之」，而不言其何者爲圖，何者爲書，何以爲則？《書・顧命》謂

「天球河圖在東序」，則河圖乃一物，歷代以爲寶，然亦不知其爲何物與其圖之所以制作度數。孔子又嘗嘆「鳳鳥不至，河不出圖」，終不知其所以爲畫，所以爲卦。《周官》雖有太卜筮人，並言「三易」，而亦不言圖書之所以爲卦。由漢以來，孔安國、劉歆、關朗謂《大傳》之天一地二天三地四天五地六天七地八天九地十爲河圖，去十用九而爲洛書，遂以河圖爲八卦，洛書爲九疇，而《大傳》與《書》皆無明文，亦無點誌，孔子則並稱河圖洛書，聖人則之，不別爲八卦九疇。然河圖之數凡五十五，洛書之數凡四十五，而河圖十位洛書九位，不知其何以畫三卦八，重而爲六，錯綜爲六十四。若以位言，則去九與十，而一二三四五六七八合夫乾兑離震巽坎艮坤之序，然不知其所以爲卦，所以爲畫。雖爲推衍湊定，不免牽合，不能合夫畫三卦八之所以然。若以生成之數而言，則一六爲水，二七爲火，三八爲木，四九爲金，五十爲土，祇成五行而無八卦，亦無三畫。若以五十爲衍，毋一九爲衍數，則揲蓍求卦之法非。按圖畫卦之本河圖，卦之本數蓍策擬卦之數，故謂之衍，謂之象，謂之參天兩地而擬數，衍則推之，象則放之，擬則比之也。蓍策出於卦畫，非卦畫出於蓍策也。夫神生數，數生象，象生畫，畫生卦，而後蓍贊神，神藴象，象成數，數成畫，畫成卦，十有八變而成卦，八卦而小成，六十四而大成，故卦畫非點誌之，牽合河圖之象固有之，宓犧因而畫之也。按《大傳》曰「易者，象也。象也者，像此者也」，圖則圖像云耳。易之爲畫象，河圖之像也。夫道有一即有二，二者一之耦也。至於三四五六七八九十皆本然之一二，至十而終之耳。至於百千萬億皆是也，故有静即有動，有陰即有陽，有奇即有耦，死爲生根，實爲虛形，地爲天體，月爲日魄，莫不兩兩對待以成變化，而後生生不窮，所以爲易也。故《大傳》謂：「天一地二，天三地四，天五地六，天七地八，天九地十。天數五，地數五，五位相得而各有合。天數二十有五，地數三十，凡天地之數五十有五，此所以成變化而行鬼神也。」即河圖本然，天地相錯，初無點誌，亦無文字，祇如是耳。天地象數卦畫蓍策，皆具其中，太極爲道之物，主靜而本陰，以靜生動，以陰含陽，故此即太極所謂天地之中也。從中因起以一具兩，一奇爲陽，二耦爲陰，陽旋轉而上而爲天，陰翕聚而下而爲地，相銜相次，兩兩相因，各環乎中，內則參天兩地而爲五，外則參地兩天而爲十，於是一三五之間而有二四，以奇兼耦，天中有地，而陽根陰，六八十之間而有七九，以耦兼奇，地中有天，而陰根陽。參天兩地則陰從陽，參地兩天則陽從陰，於是參伍錯綜，互相依附，陽伏乎陰，陰伏乎陽，天依乎地，地依乎天，陰陽相爲倚伏，天地互相依附，陽變陰化，天推地盪，開闔聚散，擺拉旋轉。人與萬物莫不各具一天地，以本太極三才兼兩卦畫自成，不假作爲，而莫非自然。故一三五之三天而自爲乾，二四六之三地而自爲坤；一天依二地而自爲震，一地依二天而自爲巽；二天間一地而自爲離，二地間一天而自爲坎；二天依一地而自爲兑，二地依一天而自爲艮。太極動而生陽，一變爲天，自子變而進，信而爲神，繼道成性，左旋行健。故一天爲震，二天爲離兑，三天爲乾，至午則極，奇而窮上，靜而生陰，二化爲地，自午化而退，屈而爲鬼，歸根復命，右轉處順，故一地爲巽，二地爲坎艮，三地爲坤，至子極耦而窮下。故一奇一耦合而爲三，錯綜天地爲易真數。陽卦則天包乎地，陰卦則地包乎天。三奇三耦自成本然，三畫奇耦相參自成，本然六位，重卦已在其間矣。又益之以兩，而天地各五者，所以極數之終著重卦之六，爲蓍策之本也。太極不動而居中，則不用之一也，非不用之一，無以爲有用之兩。故五天五地各一太極而爲六，太極則成始之一，十則成終之一，天地之數各五，而不用者各一，故一與十如初上，其四則中爻也。乾知太始，故有一而無十；坤作成物，故有十而無一。分而言之，内各具天地之三，因一以生三，外各因天地之三加兩以成三，合而言之，天無十，因地以成十，地無一，因天以爲一，於是乎奇因十以成耦，耦因一以成奇。始則陽因陽，陰因陰，終則陽因陰，陰因陽，重重相因，從中因出，如水之漣漪，卵之渾淪，而無間斷。道之體用備，内外合吻而爲一，别而爲兩，畫三卦八重而爲六，錯綜而爲六十四，《易》於是乎與天地準矣。故《大傳》復曰「參伍以變，錯綜其數。通其變遂成天地之文，極其數遂定天下之象」，極道之變所以爲易，固無點誌之牽合也。此則河圖之本然，卦畫之具體具在，而未畫未分也。故《大傳》復明畫三卦八之所以然，曰：「易有太極，是生兩儀，兩儀生四象，四象生八卦，八卦定吉凶，吉凶生大業。」夫太極一也，非一莫能生兩，故太極以一具兩，爲易之樞機。天地萬物之根柢，旋轉而生生而又生，所以爲易而爲奇耦之原也。故一分而爲二，二分爲四，四分爲八，别圖定象，其序如此。

左三十二卦，自一陽爲復，至六陽爲乾，内皆陽畫，爲乾兑離震四卦，自震向乾左旋，其卦外皆各具乾兑離震巽坎艮坤，亦皆自震向乾左旋；右三十六卦，自一陰爲姤，至六陰爲坤，内皆陰畫，爲巽坎艮坤四卦，自姤背乾右轉，其卦亦皆各具乾兑離震巽坎艮坤，亦皆自姤背乾右轉。是圖本以《説卦》「天地定位」一節，下「數往者順，知來者逆，是故易逆數也」爲法，故先生謂「數往者順，若順天而行，是左旋也，皆已生之卦也，故數往也。知來者逆，若逆天而行，是右行也，皆未生之卦也，故知來也，夫易之數由逆而成爾」，此制圖之本意也。故其内之一陰一陽而統夫八者，不易之體也。外之陰陽相錯而各具夫八者，變易之用也。變雖八而不變其序者，雖易而不易也。乾直午，坤直子，陰陽之極也。離居東，坎居西，陰陽之中也。震巽兑艮居於四隅，陰陽之偏也。乾兑離震在天爲陽，在地爲剛，巽坎艮坤在天爲陰，在地爲柔，四象於是乎具，八卦以之分也。陰生於午而並乾，陽生於子而並坤，陰根陽，陽根陰也。乾盡午中，坤盡子中，窮則變也。剥復夾坤，夬姤夾乾，死生之交，變通之本，雖盡而不盡，陰陽之幾要，造化之原委，太極之本然，所以易與天地準。乾坤毁，則無以見易者也。故先生謂「天生於動者也，地生於静者也。一動一静交而天地之道盡矣。動之始則陽生焉，動之極則陰生焉，一陰一陽交而天之用盡矣。静之始則柔生焉，静之極則剛生焉，一剛一柔交而地之用盡矣」，又謂「無極之前陰含陽也，有象之後陽分陰也。陰爲陽之母，陽爲陰之父，故母孕長男而爲復，父生長女而爲姤。是以陽始於復，而陰起於姤也」，自乾至復，陰在陽中則陰逆行，自坤至姤，陽在陰中則陽逆行，自復至乾，則陽在陽中，皆順行。自姤至坤則，陰在陰中，亦皆順行。於是天地相銜，陰陽相交，晝夜相雜，剛柔相生，其理自然而其變無窮，其皆本於乾者。先生謂「陽尊而神尊故役物，神故藏用」，又謂

「陽者，道之用，陰者道之體。陽幾於道，故以况道也」，是以圖自中起而止於中，始於乾而終於坤也。乾兑離震居東南爲陽，而震離爲春，當丑寅卯，兑乾爲夏，當辰巳午，巽坎艮坤，居西北爲陰，而巽坎爲秋，當未申酉，艮坤爲冬，當戌亥子。乾知大始，坤作成物也。故先生謂「乾坤定上下之位，坎離列左右之門。天地之所開闔，日月之所出入。是以春夏秋冬晦朔弦望晝夜長短行度盈縮，莫不由乎此矣」。此圓圖之理也。圖之既爲圓而備之矣，又爲方以變之者，復推本三聖吻合一易，以盡卦畫之變也。其在圖之中者，象宓犧變圖畫卦之始也。

卷二十二

先天圖贊并引

宓犧氏按圖畫卦，以造書契而爲民用，初不以爲《易》也。歷黄帝堯舜氏而王法大備，畫卦之説默而不傳，夏殷之世乃有《連山》、《歸藏》以爲卜筮，亦不知其爲《易》也，及紂囚文王於羑里，始以宓犧氏之卦重而制名而謂之《易》，武王有天下代殷爲周，於是謂之《周易》，而河圖之文，畫卦之理，重卦之義，變卦之由，其所以然而莫非自然者，則亦未之言也。至仲尼氏贊易道，於「易有太極」則言河圖之本然，於「天地定位」則言畫卦之本然，於「帝出乎震」則言變卦之本然，於「有天地，然後有萬物」則言重卦之本然。制作犧文之後，超出犧文之前。於是宓犧文王爲後天，仲尼爲先天矣。由仲尼氏以來，學者求易於繇彖文象辭説之間，不復探原窮本，以造夫宓犧氏，至康節先生因仲尼氏之言，推本河圖之文，究竟宓犧之畫，錯綜文王之重，以復八卦之序，爲圓方一圖，以明仲尼氏之所以先天者，曰先天圖不用辭説，再造一《易》而居宓犧之前，河圖之上矣。經潛心玩味踰二十年，近以久在舍館，益得致志，故爲之説，而意味無窮，復拜手而爲之贊曰：

大易全體，渾淪厥初。天地萬物，本然一圖。
匝密充周，自爲規模。停穩妥帖，極盡無餘。
兩兩生生，並爲根株。當爲書契，歷數有在。
匹馬隻輪，上天之載。觀象起本，不假神怪。
太極兩儀，更相禪代。因而爲數，倍而爲卦。
奇則有耦，理不獨生。一則有二，鬼神以行。
影不離形，響即應聲。不作不爲，自然而成。
無慮無營，本真則誠。死生兩原，穿徹一竅。
動端有幾，月窟騰曜。變乃不測，天門龍跳。
神定無方，在物則妙。君看元陽，可以盡道。
乾兑離震，巽坎艮坤。天地列位，日月闢門。
雷風噫氣，山川出雲。變動錯蹂，萬物糾紛。
數爲之位，道爲之君。重以合兩，錯綜旋轉。

意言象數，由此以見。卦爻以背，畫爻以變。
應違則惡，理契則善。本自震出，孰使乾戰。
自犧而文，體用具完。仲尼探賾，扣其兩端。
不復爲圖，衹以文觀。梁折山摧，喪其本原。
刻舟求劍，聽日擊盤。惟無名公，創圖弗説。
獨造犧皇，撑霆裂月。鞭出龍馬，再爲區别。
奇耦重復，先天一訣。顛倒羑里，翻覆乾坤。
分陰分陽，接續韋編。自震右轉，由巽左旋。
一本乎中，皆先乎天。不假刓削，自然而圓。
不離陰陽，皆本兩畫。坎伏于蒙，離轉爲革。
陰陽之精，互藏其宅。復長剥消，姤遇夬決。
陰陽相根，盛衰以别。分陰分陽，用柔爲剛。
倒乾爲坤，旋長爲藏。天地反覆，不失其常。
八卦相錯，焕乎其章。不假裁截，自然而方。
自下而上，不紊其序。由左而右，不失其故。
縱入横出，緯錯綦布。神樞鬼紐，消息散聚。

地中有天，闔闢一户。自奇合耦，以方契圓。
再造一易，自爲二篇。祇是河圖，更無一言。
道以象示，神以方傳。退藏于密，直在畫前。
内聖外王，雜而不越。範圍化幾，經界心法。
層層相呀，宛宛互發。一本萬殊，四面八達。
都無轍迹，但見黑白。造天人際，復地天通。
渾沌破碎，太虚玲瓏。却從有限，推出無窮。
惟有數畫，纔留幾重。天地萬物，盡在其中。
東堂西樓，毁爲一閣。醉裏跳丸，笑傲安樂。
忽把地維，掛向大角。共山雲沉，洛陽花落。
吁嗟先生，萬古絶學。

卷二十九

周易外傳序

宋興，大儒輩出，莫不以闡明易道爲己任。於是華山陳摶肇開宗統，而濂溪周敦頤、西都邵雍遠探羲文周孔之業，推演意言象數之本，至侍講程頤大變傳註，爲《易》作傳，直造先秦，布武聖門，其諸師友更唱迭和，易道幾明，今二百有餘年矣。學者復各擅其師傳立論，馳説求新，角奇誕夸而自聖，言義理者不及象數，象數者不及義理，又往往雜入偏駮小數異端曲學。周、邵、程氏之學，復昧没而不明。其誚王弼蔑《正義》，厚誣妄訾悖理傷道者，不可勝紀，又甚於專門之弊矣。反復壞爛，遂至此極，世代如是之遠，聖人不作如是之久，蠹食穿鑿如是之衆且多也，又豈一人之專見臆戾所能蔽之哉！則聖人之意，終不可得而見矣。竊嘗以爲後世雖無大聖人，兼綜諸聖以述夫聖，如孔子之集大成。苟不以一人自私，曲學自蔽，專門自聖，削去畦町，没夷滋蔓，排斥一我，開示公道，合漢魏唐宋諸儒之學，順考其往，逆徵其來，積數千百年之學問，數十百人之能事，契其所見，會其所得，合天下以一心，通天下以一理，貫古今以一易，聖一而後世百之，聖十而後世千之，遡流求原問津以濟乎道，則亦庶乎其可也。

歸田類稿　元張養浩撰

卷四

《易》曰「易有大極，是生兩儀，兩儀生四象，四象生八卦」，而伏羲因之「以通神明之德，以類萬物之情」，則伏羲之前又若未嘗有傳矣。雖然，聞諸康節邵雍，凡物有形者終入於敝，雖天地亦不能出一十二萬九千六百年之數，推是而論，豈伏羲之前天地亦嘗有弊邪？夫天雖氣之積，地既有敝，天亦安能獨神哉？嗚呼！如其言信，抑不知自有天地新而復敝，既敝復新者凡幾矣。

稼村類藁　元王義山撰

卷十

温公陜人，康節衛人，皆移居於洛。温公買園於尊賢坊，名獨樂園。每出，解鞍縱馬，罷去前呼，著深衣，過天津橋訪康節，相與倡和。諸君子往往慕風土之勝，林壑之美，不曰某水某丘。吾童子時所釣遊也。草塘黄君任伯，吾洪人，自鄉而還於城，好事者寫以爲圖，一翁導前，奚奴相隨，三兒侍行，亦步亦趨，長兒背琴，以次抱書，路逢梅花，笑撚一枝，沉吟索句，且行且遲，道傍聚觀，相語爲誰，望見東湖，拍手大呼，老鶴來迎，白鷗與俱，圖未足以盡之。昔孟東野遷居有詩云「借車載家具，家具少於車」，草堂無家具之可載，胸中之書，筆下之詩，有不用車載者，而草塘以身載之，具載草塘而來，異乎東野之所載者矣。

卷十四

蓋天下之數起於甲，而天下之勢合於庚。自大撓作甲子而有理即有數，據邵雍《皇極經世書》謂帝堯在位一百年，而即位之元爲甲辰，因是而逆推大撓甲子之數，則知盛帝明王即位之元多在甲。黄帝受命之元，其元爲甲子，主三才之統一百年；少昊受命之元，其元爲甲申，主三才之統一百年；帝堯受命之元，其元爲甲辰，主三才之統一百年。若夫《經世》紀年所載，帝舜受命之元，其元爲甲申；大禹受命之元，其元爲甲戌，而壽皆百有餘歲。彼數聖人者，其合乎甲之數，止得其一而主三才且百餘年之久。陛下電繞之年，實在甲子，龍飛之年，實在甲申，親政之年，實在甲午，是陛下之大氣運，又兼乎黄帝少昊堯舜禹之所未有。

桐江續集　元方回撰

卷二十三

次韻全君玉和高士馬虚中道院并序

朱文公所注《參同契》即同美之本，無識也。其一環圖言震至乾、巽至坤，與康節《先天圖》合。康節以此圖，窮易學之奧。魏伯陽，何人哉？進火退火，欲三年而成仙，乃一己之私也。回以爲淺之又淺，非立之立者也。諸人閧然見罵，謂回不識《參同契》，背朱文公之説。回敢謂：汝小子不識回之説。回之説《先天圖》心法學，聖賢也。伯陽道家學偷生逃死，淺之淺者也。世人讀書不究義理，哀哉！

卷三十四

算先天後天易詩序

《易·文言》乾九五之大人，「先天而天弗違，後天而奉天時」，紫陽山叟斷之曰：「我欲如之天從之，先天天弗違，未來之天也；天已如此我從之，後天奉天時，已往之天也。」……康節邵先生神交乎伏羲之《易》，著《皇極經世書》用「加一倍法」圜轉宇宙，曰先天學。其運行不已，光明無窮，變化叵測，代謝弗替之妙，貫已往未來之天於掌握，嘗教人云：「堯之時先天也，堯之後後天也，後天乃傚法耳。」謙復歐陽君子文，善推人命，以予之生辰流年，立先天後天大象小象卦以評之，議論可喜。七十八老翁久無求於世，君之術自成一家，則深敬之不敢忽云。

剡源集　元戴表元撰

卷七

讀易蠡測序

古聖人之經至難言者，莫如《易》……儒者徐君之祥白番《易》，橐所著《易經蠡測》若干言，見余於餘杭。其言象數取《皇極》於康節，取《太極》於濂溪，厥既知所先務，而諸卦之中多詳其變。曰非變無以明《易》，自正體，伏體，互體，變體，反對，體上，下體而通之。一卦有六十四以至於四千九十六，愈變愈通而卦愈不窮，有辯卦中有四畫五畫而成卦者，皆見於《易》，反覆懇欵，實皆不叛於新安、漢上二朱氏之學。

先天圖義序

自漢儒《易林》之傳絶，而士大夫一切以理談《易》，幾二千年。如揚子雲《太玄》、虞仲翔納甲、關子朗《洞極》、魏伯陽《參同契》之類，往往皆古人象數之餘説，而學者疑其近於曆家方士，棄不肯習。迨至近世，乃有《太極》《先天》二圖，於《易》最爲深密，然非濂溪、康節闡張於前，考亭朱先生尊獎於後，則二圖者，安知不以疑廢？今二圖既皆顯行於時，而今談先天者，猶不如太極之盛，何也？太極以理，先天以象數，理易喻而象數難精，前賢所以有狗馬鬼神之論也。

紫山大全集　元胡祇遹撰

卷十四

題晦庵易卦横圖

易圖甚多，不唯不能發明易之藴奥，牽强穿鑿，通滯合離，不見伏羲畫卦本末，生成自然之全圖。惟邵康節《先天圖》，原委條貫，以類相從。然以圓方位置，使人不易曉。晦菴此圖自下而上，大極、兩儀、四象、八卦，分陰分陽，迭用柔剛，而六十四卦粲然成列，乾一至坤八，自然生成，易之全體，無毫髮紊亂虧欠。此圖一出，前人皆廢。乾端坤倪，軒豁呈露，六子萬象，咸具于中。原始要終，不出乎一陰一陽。

卷二十

天地之小，終始四時成歲也。故一歲十二月、三百六十日、四千三百二十時，擴而充之，極其始終之大，則一元十二會、三百六十運、四千三百二十世，每世三十年，計十二萬九千六百年是爲一元之數。以一歲觀之，陽開而陰闔，陽生而陰殺，陽和而陰慘，四分之則氣有生長收藏，而時爲春夏秋冬，四時一陰陽也，陰陽止一氣也。春乃陽之微，夏乃陽之盛，秋乃陰之微，冬乃陰之盛，豈非四時亦陰陽乎？一氣不能長動而無静，長静而無動，動則温，温則暑，故名之曰陽。動極則漸静，静則凉，凉則寒，故名之曰陰。豈非陰陽乃一氣之動静乎。天地之大，亦囿於形氣，當其暑不能不爍石流金，其寒也不能不坼地凝海，形氣之使然也。既囿於形氣，不能永盛而無衰，不能永恒而無變。以小觀之，積十二時爲一日，積五日爲一候，氣至與物類，已不同矣。積三候爲一氣，氣至與物類，又不同矣。積四時而爲一歲，氣至物類始而終，爲之一周矣。是知形氣之稟賦長短雖不同，而變化盛衰則一也。稟之厚者其變遲，稟之薄者其變速。蚊蚋朝菌得一日之氣數者，生成衰死在乎一日之間也。天地之數豈非在一元之間乎？故康節中分之，前六萬四千八百年爲開物，後六萬四千八百年爲閉物，故以大觀之積十二世爲一運，積三十運爲一會，積十二會爲一元，而中間氣至之變物類之化，豈能恒久而若一哉！

天地有數，故萬物莫不有數。何謂之數，一歲四時，二十四氣，十二月，七十二候，晝夜十二時百刻，豈不昭昭然，毫髮之不可差，越日月之蝕尤爲著明。五行之生成衰旺，亦無僭忒。聖人見之明，審之準，推之詳，度之定，故邵康節《觀物篇》曰，有一時，一月，一日，一歲，十歲，百歲，千歲，萬歲，十萬歲，百萬歲之物，蓋其氣稟一定，短長之量，不可增損於其間也。惟人也得天地之秀而最靈，聖人定之以仁義中正，立人極焉，順受其正得終天年，保安天禄，能吉其凶，不桎梏巖牆若壓溺戕伐而死，是又數之所不能拘也。邵康節每歲便作四段看，以天地觀物也。天有四時，故每物不出四節，蓋爲氣數所囿，不能逃生長收藏之數也。物無再盛，盛於春，盛於夏，盛於秋，盛於冬，各有其時。人百年之物，舉盈數則百年皆不能滿，當以八十歲爲四段。弱冠春也，年四十以前夏也，至六十則秋，八十則冬，聖人故戒之色、戒之鬬、戒之得。蓋人之血氣，即天地生長收藏血氣之使然也。

邵康節云「風化物之飛，露化物之草」，百草之死生，歲各不同。今歲此地生蓬蓼，明歲變而爲蒿茅，後歲化而爲莧苔，又後歲復化而爲蒲蘆。有種者不必生，無種者化之而滋殖，豈知百草之生息，在於所感本原之何如，殊不係乎種粒。至於世之治亂，人材之美惡，亦猶草之於露耳。蓋天地泰日月昌時，則聖智賢哲才能美傑，應類而生，發而爲事業，則文物昇明，萬善畢舉，乾坤夷而萬物各得其所。及其天地否，日月不明，氣運舛逆，則明主姦臣，醜類惡物，亦從類而生，則事事物物顛倒錯繆，而天下大亂。是理也，莫非天也。然求其弛張之幾，時出乎氣數流轉之當然，雖天亦無如之何耳。區區薄學，欲以人勝天，辨之以口舌，御之以權謀，可謂陋矣。苟能觀《易》之旨，得聖賢處否之道，則庶幾儉德避難，遯世無悶，危行言遜而無毁無譽矣。不然，則鮮有不陷於禍者也。

吴文正集　元吴澄撰

卷一

太玄敘録

揚子雲擬《易》以作《太玄》，易自一而二，二而四，四而八，八而十六，十六而三十二，三十二而六十四，太玄則自一而三，三而九，九而二十七，二十七而八十一。易之數乃天地造化之自然，一豪知力無所與於其間也。異世而同符，惟邵子《皇極經世》一書而已。至若焦延壽《易林》，魏伯陽《參同契》之屬，雖流而入於伎術，尚不能外乎易之爲數。子雲《太玄》名爲擬易，而實則非易矣。其起數之法，既非天地之正，又强求合於歷之日，每首九贊，二贊當一晝夜，合八十一首之贊，凡七百二十九，僅足以當三百六十四日有半，外增一踦贊以當半日，又立一嬴贊以當四分日之一。吁，亦勞且拙矣。子雲此書，未能見重於當時，後世雖有好者，亦未可謂大行也。宋大儒司馬公愛之甚，嘗有集註，晚作潛虚以擬之，以邵子範圍天地之學，卓絶古今之識而亦稱其書。要之，惟朱子所論可以爲萬世之折衷。本經八十一首，分天玄地玄人玄三篇，蓋擬易之上下經，經後十一篇，則擬夫子之十翼而爲太玄之傳。晉范望始依《周易》彖傳象傳附經例，升首辭於經贊之前，散測辭於各贊之下，首測兩篇之總序，無從而附則合爲一，以寘經端，其牽綴割裂無復成文，殆有甚於《易經》者。《易經》有晁氏吕氏定從古本，而朱子因之，故今於此書亦俾復舊，而第其目如右，兼以讀經者病其揲法不明，驟觀未易通曉，復爲之别白其辭以著於後。雖非願爲後世之揚子雲，亦欲使後之學者知前人之作不可以已意妄有易置。按《法言》序篇，監本共爲一篇，繼十三篇之末，今本亦如書之小序，各冠篇首，併爲考正，於子雲之書蓋不無小補云。

卷三

答田副使第二書

又謂「畫前元有易」，爲言「易之體」，此是錯解了康節詩。然是蔡節齋錯解了。畫者，伏羲奇偶之畫也。有天地以來，不知幾千年，而後有伏羲出來畫卦。伏羲畫卦，所以明陰陽之變易也。然伏羲未畫卦以前，陰陽未嘗不變易，故曰「畫前元有易」。非是指畫字屬陰陽，易字屬空虚之理。若曰未有陰陽之畫以前，先有不屬乎陰陽之理，在此是不知道者之言。康節不如是也。

又云「無極之前陰含陽也」，是又先言用也。亦是蔡節齋錯解了。康節言語，然節齋并改了字，以無字爲太。今所引幸而不曾改字，邵子所謂「無極」即非周子所言之「無極」，但二字相同耳。「無極之前陰含陽也，有象之後陽分陰也」，此是邵子解伏羲六十四卦圓圖，左邊自復卦至乾卦屬陽，陽主生，言生物自無而有也；右邊自姤卦至坤卦屬陰，陰主殺，言殺物自有而無也。「無極之前」謂自坤卦右旋，以至於姤也；「有象之後」謂自復卦左旋，以至於乾也。自坤前至姤皆屬陰，而陰之中有八十陽者，陰中所含之陽也；自復後至乾皆屬陽，而陽之中有八十陰者，陽中所分之陰也，即非先言用也。

澄之以「精氣爲物」爲自無而有，「遊魂爲變」爲自有而無。以《先天圖》左邊爲自無而有，右邊爲自有而無，乃是言萬物形體之無有有無，如春夏所生之物，皆去冬之所無，而今忽有秋冬所殺之物，皆今夏之所有，而今忽無人之生也，漸至於長大，是自無而有。人之死也，遂至於朽腐，是自有而無。

一元凡十二萬九千六百歲，分爲十二會，一會計一萬八百歲，天地之運至戌會之中爲閉物，兩間人物俱無矣。如是又五千四百年而戌會終，自亥會始五千四百年當亥會之中，而地之重濁凝結者，悉皆融散，與輕清之天混合爲一，故曰渾沌。清濁之混，逐漸轉甚。又五千四百年而亥會終，昏暗極矣。是天地之一終也。貞下起元，又肇一初爲子會之始，仍是混沌，是謂太始，言一元之始也。是謂太一，言清濁之氣混合爲一而未分也。又謂之混元，混即太一之謂，元即太始之謂，合二名而總稱之也。自此逐漸開明，又五千四百年當子會之中，輕清之氣騰，上有日有月有星有辰，日月星辰四者成象而共爲天，故曰天開於子，濁氣雖摶在中間，然未凝結堅實，故未有地。又五千四百年而子會終，又自丑會之始，五千四百年當丑會之中，重濁之氣凝結者始堅實而成土石，濕潤之氣爲水流而不凝，燥烈之氣爲火隱而不顯，水火土石四者成形而共爲地，故曰地闢於丑。又五千四百年而丑會終，又自寅會之始，五千四百年當寅會之中，兩間之人物始生，故曰人生於寅。開物之前，渾沌太始混元之如此者，太極爲之也。開物之後有天地有人物如此者，太極爲之也。閉物之後人銷物盡天地又合爲混沌者，亦太極爲之也。

卷十六

皇極經世續書序

邵子之書，其初十二篇，以元經十二會，而繫之以運與世；其次十二篇，以九會經二百四十運，而繫之以世與歲；又其次十篇，以十運經一百二十世，而繫之以歲與字。元之經會始月子訖月亥，效天也；會之經運始星己開物，訖星戊閉物，法地也；運之經世，始辰子二千一百四十九，訖辰亥二千二百六十八，紀人也。紀事起二千二百五十六世内之甲辰，止二千二百六十六世内之己未。唐帝荒以前不紀，無考也；周顯德以後未紀，有俟也。鄭松特立甫爲續二百七十五年，自庚申宋興至甲午金亡。近述邵子《經世》之事，遠繼夫子《春秋》之志，用意宏矣。邵子所紀三千三百一十六年間，頗有更定，書法視昔尤謹。論國統絶續離合，謂興國無所承，亡國無所授者，各爲系。漢、魏、晉、宋、齊、梁、陳，統代一系。魏、周、隋、唐、梁、唐、晉、漢、周、宋，十代一系也。遼、金、國朝，又一系也。斯論也，世儒未之及也。噫！鄭續邵之書，它時豈無續鄭之書者乎？雖千世可知也。特立在前代三預進士貢不第，在今日隱處三十年不仕，獨折行輩與澄友，古今因革，聖賢心迹，每共細商焉。是書之成，以澄能知之，而俾題其端。所纂《經説拾遺》，亦多可取云。

卷三十

贈數學胡一山序

數學至康節而極，《觀物内篇》六十二，演數學者五十篇，始於一五乘而十二萬九千六百者，年數也。元會運世三十有四，干三圓支一徑，其圍象天，始於四三乘而一萬七千二十四者，物數也。聲音六吕十有六，干四唱，支四和，其方法地。康節之數，此二例而已。前乎千歲之日至，可致後乎百世之事，會可知數云乎哉？康節之心，如明鏡止水，不塵不波，凡物無以遯其形，所謂至誠如神者，此心不傳而數固在。近世術家以年月日時干支起數，推人貧賤富貴禍福壽夭，曰先天，曰後天，曰太極，曰皇極，其名至不一，而皆出乎二例之外。坐市肆立標榜以自衒，鬻必「康節」、「康節云」，甚哉！醫之多盧巫，步之多禹也。獨範圍一家，不事假托，初蓋取諸圖，次蓋取諸《玄》，雖其用卦用爻未中理，然視諸家則遠矣。吾里中胡君，手横布竪布，口横説竪説，言之中者十七八，數則同，而所以用其數者，又各不同，是必有獨得於心而吾不與知者，故樂爲之道，而願與世之學數者共屬心焉。

卷四十

約齋記

召公封於燕，燕之有邵舊矣。康節邵子，徙衛徙洛，偉然爲百代人豪。予每尚友其人，樂聞其風雅，推尋其姓所本。今猶有人以否，蓋尊之之至，慕之之深，而不能自已者。來京師，康里衍中爲予言：薊州邵權平衡之賢，質願而守堅，志篤而學粹，安分好修，凡枉己殉人超時競利之意，一毫不萌。生於中薊東門之外、翁同山之下，構一室命之曰「約齋」，讀書其間，泊如也……邵子自言其學於里，學於鄉，學於國，學於古今，學於天地，盡里人、鄉人、國人，古今天地之情，以去己之滓。夫天地古今鄉國之情，不易盡也，而其要歸，則以去己之滓而已。約者蓋如是《孟子》云：「博學而詳説之，將以反説約也。」守之約者，曾子也；約以禮者，顔子也。邵子之學，原於《孟子》，孟子同乎曾子、顔子，曾子、顔子得之夫子者也。吾道一以貫之，約之極至歟？平衡知此，學之進於邵子而上達於孟、曾、顔也。

卷五十六

題陶庵邵庵記後

往年嘗於吾廬之側治一室，置文成張司徒、靖節陶徵士、希夷陳先生、康節邵先生畫像其中，晨夕瞻敬。後以寇擾弗靖，遷徙不常而廢。吾友國子助教虞伯生，取靖節、康節二賢之氏名其庵，與予意豈異也。夫二賢所志所學，有未易窺測者，於其言語文字之遺，時或瞥見彷彿焉，至今尚論其人，不過見所能見，而已身之所寓，心之所會，要不可一概齊而其所以同者一也。

題常道士易學圖

眉山則堂家公，如箕子歸周而不仕周，其外孫臨卭常君，不肯爲農、爲賈、爲胥、爲吏，以賤辱其身，而寄跡于老氏清静之教。公遂爲言老氏所以同於吾聖人之《易》者，而并及陳、邵、周子之學，所望於其外孫者不其遠乎？常君籍記外祖之訓，罔敢墜遺，述一圖以廣羲文八卦之説，可謂不羞其先世，不忝其外氏者矣。邵子曰「老子得易之體」，又曰「孟子得易之用」，進退存亡不失其正，家公有焉，消息盈虚與時偕行，常君有焉。祖孫之所得於易者如是，邵、周授受之次，則頗與予所聞異。予所據者邵子文所記，陳授穆，穆授李，李授邵，而非轉受於种也。种亦得陳學之一支，傳於南方，劉牧承其緒，或以周子與牧同出此一支者，非也。

静修集 元劉因撰

卷十二

書康節詩後

物齊也，齊之則不齊矣。猶之東西也，東自東而西自西，固不齊也。然東人之西，則西人之東也，是曰東亦可，曰西亦可，則是未始不齊也。然東西之形既立，指其西而謂之曰東，則爲東者必將起而争之，而不齊者出矣。不齊之，則物將自齊而平矣。東也西也，吾立於中而制其東西焉，如是則謂之無所著可也。一有所著，則不西而東矣。謂之無所著，可乎？彼空將無所著也。一倚於空，獨非著乎？此程子深有取於邵子之言也。然彼爲其説者，曰是不足以破吾説也。吾曰齊固未嘗齊夫物也，吾曰空固未嘗著夫空也。噫！悠謬輾轉，愈遁而愈無實也。

秋澗集　元王惲撰

卷四十

創建伊洛五賢祠堂記

大德丁酉春，洛陽薛君友諒，即邵氏安樂窩故址起祠，屋中設康節、迂叟、明道、伊川、横渠肖像，庸致歲時香火之奉，榜曰伊洛五賢祠。神嵩清洛，光動户庭。明年秋來京師，屬不肖爲之記。乃告之曰：二帝三王修己治人之道，待孔孟而後明，立極垂憲，貽則無窮。不幸厄于秦，雜于漢，歷六朝、隋、唐，雖有名公碩士間作迭出，其器量足以恢弘至道，闢除異端，奈智識不能盡窺聖賢要奥，擇焉不精，語焉不詳，又局夫章句文辭之末，亂以功利禍福之説，故學者汗漫支離，莫知統紀。時則有衛道之士，而無傳道之儒。陵遲至于五季，其斵喪可謂極矣。伊洛諸公，奮起百世，綰持道樞，探窮淵源，克紹絶學，内有以究聖賢規模之大，外有以備踐履節目之詳，故孔孟之教復明，斯文得歸于正，後學知所適從，蓋二百年於兹矣。然科舉利禄之習既久，遽未丕變，以極夫功用之至。伏遇我世祖文武皇帝，資挺上聖，運啟休明，崇尚儒術，尊禮賢俊，于是許、竇、王、姚諸公宗伊洛學，陳説孔孟立極垂憲之教，以致二帝三王所以修己治人要道，蓋已收明德新民殊效于中統、至元之際。今内而贊助經綸，外而佐理政化，多前日執簡傳經之士，推原本自則伊洛諸賢，發明維持之功，不爲鮮矣。雖配享學宫，天下通祀可也。況二程世家河南，康節、迂叟、横渠、聿來胥宇相從，至數十年之久，聚精會神，推明訂正，莫非修齊治平之方，性命道德之理，至于談笑游衍，亦皆格物致知之餘，篤志力行，清修苦節，專以移風易俗勉勵學者爲主。今讀遺書按故迹，其英邁純粹氣象，尚可髣髴復廟而貌之，俾向之景仰高風者，足以致其誠慤。今而後瞻拜清光者，可以感其善心，尚何俟贅蕪陋於其間哉！敢以不敏辭。友諒曰：昔潮人修韓文公廟，東坡有碑，南雄三先生祠，晦菴作記，謹著歲月以示來者，不爲無例。曰若扳援昔賢，則不肖年迫衰老，懶於筆研，又瞠乎其後。惟友諒先世爲洛中名士，其讀書慎行，名篋仕版，可謂不墜箕裘矣。前任常德府推復九賢祠，今又創兹宇，庶幾有志于修己治人者，非特邀取美名而已也。是不可不書。大德戊戌歲冬十二月臘日記。

卷八十二

中堂事記下

先生字用章，菏澤人。明昌間進士，道號鶴鳴老人。在河南時，於隱士荆先生傳《皇極》數學。己未間，聖上在潛，令張仲一就問禎祥，優禮有加，至是先生已殁。其言盡徵，故有是命以旌其德學云。初張辭去，田繼請以蒲輪來起，公先生笑不答，贈詩以見方來。其辭曰：「丹鳳銜書下九霄，山城和氣動民謡。久潛龍虎聲相應，未戮鯨鯢氣尚驕。萬里江山歸一統，百年人事見清朝。天教老眼觀新化，白髮那堪不肯饒。」明年正月，先生卒於家。愚觀其遺書，所得蓋康節之傳云。嘗與劉尚書才卿講究「焚黄」故事，劉曰：「間嘗聞之高士美云，其勅之全式尚書省牒，故某官某職某人牒，奉勅可追謚某名，牒至準勅，故牒年月日後備具相卿圓押，其勅封上題給付某人第其子孫，録全文如式，火於本官家廟以告，謂之焚黄。」

卷九十六

玉堂嘉話卷之四

康節與客遊嵩山，中途客指所憇樹問曰：「此何日枯悴？」先生久不對，客疑焉。答曰：「非不答，吾有所俟也。」俄一葉墜，先生曰：「比吾二人還，亡矣。」既回，樹已爲人伐去。占法蓋取葉墜時刻而定其存亡者焉。

雪樓集　元程鉅夫撰

卷十五

歷代帝王紀年纂要序

史莫信於《書》《春秋》，莫博於《史記》，後之稽古者，舍此何以哉？然孔子斷自唐虞，政以世近而可信也。司馬遷乃上述黄帝以來，又遠詳其世次，先儒固嘗疑之矣。至於諸家編紀，沿訛襲舛，此皆好博之過。後惟康節《經世書》，以歷紀之始，明白可信。然好奇惑異者，猶不能據依著述，紛然莫之統壹。近平章白雲翁，以政事餘暇悉取諸家紀載而集正之，一以康節爲準，名曰《歷代帝王紀年纂要》，亦上及羲農者，因備博覽而已。嗚呼！白雲知所去取哉！白雲信道篤學，博觀約取，於天下之務莫不盡然。不獨是書也，是書既經乙覽，復徵予序。夫康節所以可信者，以其信孔子也。白雲所以可信者，以其信康節也。然則可信者莫若孔子，信孔子者莫若康節，信白雲者端在此編矣。

卷二十七

韓孔惠孝廉挽詞

杜門三十載，辟世抑何嚴。身隱一時屈，民彝萬古瞻。徵君宋康節，處士晉陶潛。題墓真無媿，三山韓孝廉。

清容居士集　元袁桷撰

卷二十一

易集傳序

觀象畫卦，庖犧之本旨也。因言意而廣象焉，三聖人之本旨也。王弼後出，附《小象》以言理，儒先莫能病。若《繫辭傳》《説卦》等篇，弼莫能措辭，審是則弼幾一偏矣……夫子於《説卦》焉始彙之，彙以窮其變占，則變占者筮之始也。故其首章先於蓍，二章次於卦，先天之説七言之，懼溺於占也。後天之説一言之，人事之本也，而終之以象焉。維昔康節邵先生作方圓環中圖，合於天人，皆本《説卦》充類以至知。夫聰明特達之士，不在於諄告也。若《繫辭傳》設卦之方，窮神之妙，其詳於爻者，毫釐不能以易，積數以成變，易以動肇於方寸，散於六合，幽眇廣大，取而莫窮，應而莫遺，因卦以測，善算喻者不能窮也。舉世舍是，矛盾互持，雖百世莫能以解。吾故曰非《繫辭傳》不能以知《易》，是説也，邵子之説，非僕之説也。

龔氏四書朱陸會同序

五經專門之説不一，既定於石渠鴻都，嗣後學者靡知有異同矣。易學以辭、象、變、占爲主，得失可稽也。王輔嗣出，一切理喻，漢學幾於絶熄。宋邵子、朱子震始申言之，後八百餘年而始興者也。

卷四十二

答高舜元經史疑義十二問

《太玄》以蓋天之法爲之方州部家在上，此地承天之説也，起於牛宿隨天而左行也。方州部家者，以元而生三方，方爲三州，州爲三部，部爲三家，其所謂八十一者，則棄其方州部而言之也。先儒多以辭、象、變、占擬《玄》之方州部家，僕獨以爲非。《易》成六十四卦之後，一卦之内必有辭焉，有象焉，有變焉，有占焉，是四者缺一不可也。揚氏之《玄》，既棄其方州部而獨取家而爲八十一，復取八十一而爲七百二十九以贊，是方州部者緣三以起，於家若無預者焉。先儒嘗言《太玄》與卦氣圖偶合，邵子亦言「《易》之卦始於乾而終於未濟，《玄》之首始於中而終於養」。中者法於中孚，養者法於頤，此始終之異，自邵子、温公、荆公尊《玄》之後，如三蘇譏《玄》之説，遂棄不道，然其中十有七卦分而爲二義，殊不可曉。所謂《卦氣圖》公辟侯大夫卿之定卦，亦不能通。執事其詳思之。

問：邵子謂「天覆地，地載天，天地相函。故天上有地，地上有天」。

答：邵子言「天依乎地」，先儒言地在其中，蓋如磨然。上下皆天，虚者爲氣，只天之形。濁者爲體，只地之形。所謂天上有地者，日月五星周行晝夜，日没於地下，但認得地在其中，則天上天下皆可通矣。

問：邵子謂「數起於午」。

答：數起於午，微妙不可言。已生之數，皆順天而行，復至於乾也。未生之數，皆逆天而行，姤至於坤也。非午不能起，陽盡於午由静而動，此知來之妙，邵子之秘，先儒未嘗言之。

問：邵子謂「天行不息，未嘗有晝夜。人居地上以爲晝夜」，故以地上之數爲人之用。

答：邵子曰「先天學，心法也，圖從中起，萬化萬事生乎心」，又曰「先天圖者，環中也」，方圓之圖尤密，所謂地上之數爲人之用，方圖是也。用九環中，則依天而行，圓圖是也。合天而行，附地而生，故人爲萬物之靈，而乾之九三、九四，其功用尤可見。

道園學古録　元虞集撰

卷二十二

天心水面亭記

天曆三年春，臣集、臣洞、臣九思，得侍清閒之燕，論山川形勝。臣九思曰：「濟南山水似江南，殆或過之。臣洞之居在大明湖上，雍土水中而爲亭，可以周覽其勝，名之曰『天心水面』，可想見其處矣。」於是有勑臣集，書其牓而記之。臣集再拜稽首而言曰：昔宋儒邵雍氏之詩曰「月到天心處，風來水面時」，臣洞蓋取諸此。臣聞雍之爲道，上達乎包羲，以至於帝堯周文孔子之盛。其始學也，隱居百原之山，仰而思之，至忘寒暑，如是者且二十年。其制作在《皇極經世》，其性情寓於詩。程顥氏之言曰「就其所至而論之，可謂安且成矣」。噫！非幾於古之所謂睿知者，其孰能與於此。然則臣何足以知之？雖然，竊嘗聞之斯二言者，豈非陰陽動静之交乎？按《先天圖》陽盡午中而姤生焉，擬之爲月窟。陰盡子中而復生焉，擬之爲天根。天根又曰天心，所謂「天心無改移」是也。以月臨天心，非陰陽之互交者乎？巽之爲卦陰爲主，於物爲風；坎之爲卦陽爲主，於物爲水。以風之初而行乎水之上，非動静之始交者乎？所謂一動一静之間，天地人之至妙，至妙者，庶於此乎可見，而臣不足以言之也。請以人事論之，月到天心清之至也，風來水面和之至也。今夫月未盈則不足於東，既虧則不足於西，非在天心，則何以見其全體？譬諸人心有絲毫物欲之蔽，則無以爲清，墮乎空寂則絶物，又非其至也。今夫水滔滔汩汩，一日千里，趨下而不争，渟而爲淵，注而爲海，何意於衝突？一旦有風鼓之，則横奔怒激，拂性而害物，則亦何取乎水也？必也至平之水而遇夫方動之風，其感也微，其應也溥，涣乎至文生焉，非至和乎？譬諸人心拂嬰於物則不能和，流而忘返又和之過，皆非其至也。是以君子有感於清和之至，而咏歌之不足焉。臣洞天資明爽，應物樂《易》，宜能有取於此，請以是爲記。

定宇集

元陳櫟撰

卷七

答問

問：朱子云康節以品題風月自負，其實勝似《皇極經世書》，如何？

答曰：此一節，亦可疑。《經世書》乃人間奇偉之書，康節問學盡在此，惜吾輩有識不透處，亦實有不必拘泥處。《擊壤集》乃述其平生快活之興趣，康節之餘事也。「天根月窟」一詩乃一部詩中第一首，而「一中造化」、「心上經綸」之聯次之，賢甥以爲如何？

問：《發微》有歲會篇者，元會運世之説也。虚谷云：劉道原《通鑑外記》謂開闢至獲麟二百二十六萬歲，分爲十紀，大率一紀二十七萬六千年。邵子一元開閉却只有十二萬九千六百年，彼何太修，此何太短？且一元十二會三百六十運四千三百二十世。蓋以一歲始終十二月測之，亦以一日一夜十二時，觀之以一歲三百六十日，推十二月自子至午始陽用事而春常治，自午至子始陰用事而秋常亂。專以氣數論，亦有此理。然氣數又繫人君轉移，修德用賢或當亂而亦治，氣數不可泥也。若論氣數而無範圍彌綸，輔相財成天地之人，則生民之絶久矣。其所謂第三會始寅開物，至戌會閉物，人物消盡，十二萬九千六百年，一半爲黑暗晦昧之時，誰得之目擊，而以意揣摩之，恐未必然也。故程子不肯學邵子之數。彬謂自子至巳爲息數，自午至亥爲消數，何可于此分先天後天，此鮑之妄説。《朱子語録》云堯舜時在午，今在未，看來天地今古大氣數極盛時已過了，宜其愈降愈下，不能及古治之盛。康節之説與道原不合。虚谷又述鮑氏之妄説云：京房卦氣，揚子因之爲《太玄》，邵子因之爲《經世》，回不以爲然。虚谷又云：前朝曆必書坎震離兑與夫羣公卿大夫之名，于曆中七十二候亦書之，今曆皆去之。惟于一月之首書六候，亦不失爲曆。焦氏《易林》今傳于世，一卦變六十三卦，四千九十六占，其辭甚率然，京房得之以殺身，揚子又以艱深文淺易爲《太玄》，亦終至于敗名。京房病在于泥數而昧理，揚雄病在學老氏之静而不知動。邵子高妙，開物閉物之説，存之可也，不亦小待天地乎？詩云：「冬至子之半，天心無改移。一陽初動處，萬物未生時。」則冬至節十一月中，陽已復矣，六日七分之説必謂更隔中孚一卦六爻，而後陽復如此，則康節詩不可用也。凡胸中一有滯凝，則道理不容不問。

答曰：劉道原之説，不知何所本，似茫然無統紀。邵子元會運世之説當可據，一元有十二會，一會有三十運，一運有十二世，一世有三十年，一年有十二月，一月有三十日，一日有十二時，大則爲元會運世，小則爲歲月日時，甚有統紀。《朱子語録》中亦屢提掇，甚是其説。但謂寅開物，戌閉物，至戌亥會則人物亦消盡，是以天地造化爲有終窮紀極矣。記蔡西山有一段及此，或問戌閉物以後如何？曰：消極爲復息，無有終窮之理。此説則是天地又重開闢一番，今亦未見得確是如此。自堯舜至今不過三千六百餘年，未、申、酉、戌尚有四個一萬八千年，一治一亂相因，多少番覆，且寬心存此説在胸中，信之可也，不盡信亦可也。半明白半黑暗，如曰半治半亂，半好半不好云耳。前朝曆必書坎震離兑羣公卿大夫之名，此正李溉圖之説，羣公卿大夫似是杜撰。魏鶴山喜《太玄》，証之《朱子語録》，甚笑雄之拙，真是不可行之書。

問：虚谷云：左右順逆四字，以意爲之解。數往者順，知來者逆，只先天一圓圖盡之，不必如邵子所説已生之卦、未生之卦，反爲人纏繞也。《易》中往字有二義，有已往、方往。已往之往，告諸往而知來者，寒來則暑往是也；方往之往，利有攸往，不聞往教與數往者順是也。自子順數至亥是往是順，自亥逆數至子是來是逆。此説如何？

答曰：「數往者順，知來者逆，是故易逆數也」三句，在「天地定位」至「八卦相錯」之下，是結上五句。乾南坤北者，天地定位也；離東坎西者，水火不相射也；兑東南對艮西北，山澤通氣也；巽西南對震東北，雷風相薄也。此正是伏羲八卦之位，因而重之爲六十四卦，亦不過如此，即先天六十四卦圓圖之位也。起震而離而兑而乾，數已生之卦也，故曰「數往者順」；起巽而坎而艮而坤，推未生之卦也，故曰「知來者逆」。《易》之生卦則以乾兑離震巽坎艮坤爲次序，皆是逆數，故曰「《易》逆數也」。邵子如此説，朱子解《易》亦同，極爲明白平正順易，初不見其纏繞也。往對來言，正是已往對未來，不比單言往者，如「利有攸往」，單言往如此。何謂之方往之往，自子順數至亥，且做是數往者順，由一陽至六陽，六陽至一陰，又自一陰至六陰，可以如此言，有情有理。自亥逆數至子，是知來者逆，何必自亥逆數至子，將來作何用，無情無理，又如何解下文「《易》逆數也」四字，全推不去。方公此説不可行也。由乾方生兑，由兑方生離，由離方生震生巽坎艮坤，皆是未生之卦，皆是逆推。今先天圓圖中分六十四卦爲兩段，左邊由一陽而六陽，震離兑乾皆是已生之卦，比之乾一兑二離三震四却倒了，故曰數往者順數，已生之卦爲順，如自今日而説昨日前日，此之謂數往；右邊由一陰而六陰，巽坎艮坤皆是未生之卦，其于巽五坎六艮七坤八却不倒，故曰知來者逆，推未生之卦爲逆，如今日而逆説明日後日，此之謂知來，作如此説，則解得「《易》逆數也」分明。此四字又是總論六十四卦横圖之序也。如方公之説，不特自亥逆數至子，用不著「《易》逆數也」，尤用不著不應《易》只是逆數自亥至子，全不順數自子至亥乎？只以《本義》六十四卦横圖及圓圖觀之，便可見矣。蔡節齋曰：已往者數之而已，未來則當有以知之，順者馴也，馴其舊迹，逆者迎也，迎之于未形，如逆料之逆。按古註韓氏及《繫辭精義》中，張横渠、尹彦明、吕與叔及楊誠齋此五家，解「數往」、

「知來」、「逆數」三句，只泛泛説占《易》之事，全不兼上文「天地定位」以下解之。如今鍾學古之徒，算命知未來事之類甚淺近，全不及先天圓圖橫圖。此「知來者逆」與「極數知來之謂占」全不同。知來之謂占，是説占卦時事。韓、張之徒之説只説得極數知來之謂占，渾同説了，殊不知此三句是結斷自「天地定位」以下五句也。方公謂性理看得好處，自不可及，杜撰如此樣者，又可笑。

滋溪文稿　元蘇天爵撰

卷二十四

答達兼善郎中書

近承賜教，知久病新愈，夫君子之仕，固欲行其志也。然事之齟齬者，十常八九，欲舍而去之，不知者以爲忘斯世矣。閤下由進士得官二十餘年，始以文字爲職業，人則曰儒者也。及官風紀屢行而屢止，孰知其志之所存乎？向諭印祝泌《皇極經世説》，謹裝璜納上。某嘗學於臨川吴先生，聞其言曰：「邵康節，天人之學也。雖其子弗克傳焉，蜀人張行成，蓋能得其彷彿。行成既没，其學又弗傳矣。」祝泌生於宋季，所學者風角鳥占之術，特假《皇極》之名張大之耳。撫州有傳其術者，睹物即知休咎。嘗欲以學授予，予弗從而止。某又嘗學于太史齊公，每見公讀邵子書不去手，晚歲又釋《外篇》，令某傳録其言，曰：「皇極之名，見於《洪範》，皇極之數，始於《經世書》。數非極也，特寓其數於極耳。《經世書》有内外篇，内篇則因極而明數，外篇則由數以會極。」某嘗欲集諸家釋外篇者爲一書，顧未能也。又聞國初李徵君俊民、李翰林冶皆能通邵子之書，或言徵君傳於河南隱士荆先生，而翰林不知得於何人也。世廟在潛邸時，嘗召徵君問之。徵君既亡，復召翰林問之。以某觀之，二公不過能通其數耳，而康節之學蓋未易言也。故曰「欲知吾之學者，當於林下相從二十年方可學也」。因閤下求祝泌之書，偶言及之。

東維子集　元楊維楨撰

卷二十六

雪溪處士邵公墓誌銘

予嘗客雲間，雲間陸先生嘗稱：胥水之南多世家，邵、吕、陳、陸其尤也。先生自其先館邵氏幾七世，歷凡一百五十年。又云：邵氏家老侍僮，亦自高曾曾玄，皆世其職業，禄養爲一家之世臣。予求世家於近代三葉，而不替者鮮矣。矧六葉七葉乎？客有持先生狀雪溪公者，抵予次舍，爲雪溪之壻倪琦也。以墓文爲請，即胥水邵也。予欣然其世澤，爲之叙而銘。公諱彌遠，字子猷，自號雪溪，有譜爲康節公十世孫也。高祖宗穆，流避兵火，渡江至華亭，遂家焉。

卷三

宋九賢遺像記

康節邵子，色微紫，廣顙，身頎然，有顴特然，其下癯骨爽而神清，須長過領，内服皂領，帽有翼圍之，袍緇，履如伊川，聳肩低，袖手立而睨視，坦而莊，和而能恭。

卷二十六

河圖洛書説

或問於宋濂曰：關子明云「河圖之文，七前六後，八左九右；洛書之文，九前一後，三左七右，四前左二前右，八後左六後右」，邵堯夫云「圖者星也，曆紀之數其肇於此乎？方者土也，畫州井地之法其昉於此乎」？是皆以十爲河圖，九爲洛書，唯劉長民所傳獨反而置之，則洛書之數爲十，河圖之數爲九矣。朱子發深然其説，歷指序其源流，以爲濮上陳摶以先天圖傳种放，放傳穆修，修傳李之才，之才傳邵雍。放以河圖洛書傳李溉，溉傳許堅，堅傳范諤昌，諤昌傳劉牧。修以太極圖傳周敦頤，敦頤傳程顥、程頤，其解《易大傳》大概祖長民之意。至于新安朱元晦，則又力詆長民之非，而遵關、邵遺説，且引《大戴禮》書二九四、七五三、六一八之言以證洛書，以爲《大傳》既陳天地五十有五之數，《洪範》又明言天乃錫禹洪範九疇，則九爲洛書，十爲河圖，夫復何疑？其説以經爲據，似足以破長民之惑。臨邛魏華父，則又疑元晦之説，以爲邵子不過曰圓者河圖之數，方者洛書之文，且戴九履一之文其象圓，五行生成之圖其象方，是九圓而十方也。安知邵子不以九爲圖十爲書乎？朱子發、張文饒精通邵學，而皆以九爲圖、十爲書。朱以列子爲證，張以邵子爲主，《乾鑿度》《張平子傳》所載太乙下行九宫法，即所謂戴九履一者，則是圖相傳已久，安知非河圖也。及靖士蔣得之，著論以先天圖爲河圖，五行生成數爲洛書，戴九履一圖爲太乙下行九宫。華父則又以爲劉取太一圖爲河圖，誠有可疑。先天圖卦爻方位縝密亭當，乃天地自然之數，此必爲古書無疑。乃僅見於魏伯陽《參同》，陳圖南爻象卦數，猶未甚白。至邵而後大明得之，定爲河圖，雖未有明證，而僕亦心善之。則是華父心疑元晦之説，而亦無定見也。新安羅端良嘗出圖書示人，謂建安蔡季通傳於青城山隱者，圖則陰陽相合，就其中八分之則爲八卦，書則畫井文於方圈之内，絶與前數者不類。江東謝枋得又傳河圖於異人，頗祖於八卦，而坎離中畫相交流，似於方士抽坎填離之術。近世儒者又有與《太極圖》合者，即河圖之説。又有九十皆河圖，而有一合一散之異。洛書既曰書，而決非圖之説。夫圖書乃儒者之要務，若數者之不同，何也？

濂應之曰：羣言不定，質諸經、聖。經言之，雖萬載之遠，不可易也，其所不言者，固不强而通也。《易大傳》曰「河出圖，洛出書，聖人則之」，《書·顧命》篇曰「河圖在東序」，《論語·子罕》篇曰「河不出圖」，其言不過如是而已，初不明言其數之多寡也。言其數之多寡者，後儒之論也。既出後儒，宜其紛紜而莫之定也。夫所謂「則之」者，古之聖人但取神物之至著者而畫卦，陳《範》苟無圖書，吾未見其止也。故程子謂觀兎亦可以畫卦，則其他從可知矣，初不必泥其圖之九與十也，不必推其即太乙下行九宫法也，不必疑其爲太乙圖也，不必究其出於青城山隱者也，不必實其與《太極圖》合也。唯劉歆以八卦爲河圖，班固以《洪範》初一至次九六十五字爲洛書本文，庶幾近之。蓋八卦、《洪範》見之於經，其旨甚明。若以今之圖書，果爲河洛之所出，則數十載之間，孰傳而孰受之？至宋陳圖南而後大顯邪？其不然也昭昭矣。

或曰：子之所言善則善矣。若鄭康成據《春秋緯》文所謂「河以通乾出天苞，洛以流坤吐地符。河龍圖發，洛龜書感。河圖有九篇，洛書有六篇」者，將果足信乎？

濂曰：龜山楊中立不云乎「聖人但言圖書出於河洛，何嘗言龜龍之兆，又何嘗言九篇六篇乎」？此蓋康成之陋也。此所以啟司馬君實、歐陽永叔之辨，而并《大傳》疑非夫子之言也。

或云：揚雄《覈靈賦》云「大易之始，河序龍馬，洛貢龜書」，長民亦謂「河圖洛書同出於伏羲之世」，程子亦謂「聖人見河圖洛書而畫八卦」，然則孔安國、劉向父子、班固以爲「河圖授羲，洛書錫禹」者，皆非歟？

濂曰：先儒固嘗有疑於此，揆之於經，其言皆無明驗，但河圖洛書相爲經緯，八卦九章相爲表裏。故蔡元定有云「伏羲但據河圖以作《易》，則不必預見洛書而已逆與之合矣。大禹但據洛書以作《範》，則亦不必追考河圖而已暗與之符矣。誠以此理之外，無復他理也」，不必置疑於

其間也

或曰：世傳《龍圖序》謂出於圖南，若河圖由圖南而傳，當以龍圖解河圖可也，而容城劉夢吉力辨其僞焉，何哉？

濂曰：《龍圖序》，非圖南不能作也，是圖南之學也，而非《大易》「河出圖」之本旨也。八卦之設，不必論孤陰與寡陽也，不必論已合之位與未合之數也。

或曰：然則《易》之象數舍河圖將何以明之？

濂曰：《易》不云乎「大衍之數五十，其用四十有九」，又曰「乾之策二百一十有六，坤之策百四十有四」，此固象數之具於《易》然也，不必待河圖而後著也。

或者無辭以對，濂因私記其説而與知《易》者証焉。

卷三十

溟涬生贊有序

溟涬生者，盱江廖應淮海學也。抱負奇氣，好研摩運世推移及方技諸家學。年三十游杭上，疏言丁大全誤國狀，大全怒，中以法配漢陽軍。生荷校，行歌出都門，道傍觀者，嘖嘖壯之。抵漢江濱，遇蜀道士杜可大，揖曰：「子非廖應淮耶？」生愕然曰：「道士何自知之？」可大曰：「宇宙太虚一塵爾，人生其間爲塵幾何？是茫茫者尚了然心目間，矧吾子耶？然自邵堯夫以先天學授王豫天悦，天悦死無所授，同葬玉枕中。未百年而吴曦叛，盜發其冢，得《皇極經世體要》一篇，内外《觀象》數十篇。余賄盜得之，今餘五十年，數當授子。吾俟子亦久矣。」乃言于上官，脱其籍，盡教以家中書。其算蹖聲音起。生神壂穎利，可大指畫未到者，生已先意逆悟，可大自以爲不及。學既成，去，隱宣歙間。遇余安裕弋陽，將教之，安裕勸生業《中庸》，生瞠目厲聲曰：「俗儒幾辱吾康節於地下矣。」復去之杭，客賀外史家，晝市大衍數，夜沽酒痛飲，飲即吐，吐即飲，不醉如泥弗休。醉中嘗大呼曰：「天非宋天，地非宋地，奈何？奈何？」語聞賈似道，遣客叩之，生曰：「毋多言。浙水西地髮白時，是其祥也。」似道未解，復召至，屏人與語。生曰：「明公宜自愛，不久宋鼎移矣。」似道惡其言，掩耳走。生亦徑出，過曾淵子家，索酒轟飲，酒酣作嬰兒啼，曰：「大厦將焚，燕猶呢喃未已耶？」復賦歌以見意，都人士聞之，競指以爲怪民，不與接獨。太學生熊希聖猶時造其廬，生私執熊手，謂曰：「吾端居層樓，聞空中戎馬百萬來，人鬼作哭泣聲。壬申襄樊陷，甲戌宫車晏駕，乙亥長江飛渡，似道亦殛死臨漳，丙子三宫播遷，諸王大臣皆南北亂走嘘吸事耳。子不去，欲何爲？」居亡何，宋事日非，沿江州郡望風奔潰，生大慟曰：「殺氣又入閩廣中，吾不知死所矣。」遂遁去，其言無一不驗。後四年，病死處州學中，年五十二，無子，唯一義女從之。生宗堯夫先天之學，頗自謂知《易》。每見諸《易》師傳疏，不問淺深，輒訕駁以爲樂。及論後天則尊羲畫爲經，彖爻《繫辭》爲傳，黜《文言》、《彖》、《象》二傳爲九師之言，且謂《説卦》非聖筆不能作。上下《繫》乃門人所述，《序卦》直漢儒記爾。蓋生聰明絶人，未聞道而驟語數，故其論經多失中。然性使酒難近，又好訐人陰私，人面頸發赤不顧，罕有從其學者。唯國子簿吴浚進士、彭復樂師之，浚不卒業，復屢受唾斥不怨。生將遁時，召復至，口發例，手布籌，雖平昔所靳若終身不示人者，一舉授復，復後又授鄱陽傅立云。或曰：生瀕死語女曰「吾死後一月中，朝命山姓鳥名使，徵吾及傅立，當過予門，汝可出藏書示之，立當以此致大官」，後皆如其言。所謂山姓鳥名，崔鵬飛也。生所著書有《玄玄集》、《曆髓星野指南》、《象喻統會》、《聲譜》、《畫前妙用數》十萬言，今猶間傳于世。

峴泉集

明張宇初撰

卷一

讀觀物篇

孔孟之書，出而其道明，逮其道晦，則王化弊，非書之不傳，言道者之不明也。列國而下，漢唐之盛，稱知行者寡矣。宋興而道著，周子暢太極未明之藴於前，邵子發先天無窮之理於後，由是而羲文周孔之旨繼絶學者莫是若也。聖人之道本乎心，《易》心學也。邵子之言曰「心爲太極」，爲學養心，先天之學心也。其言心至矣，其論理明矣。暨圖方原以盡《易》之妙，雖天地之大，陰陽之微，鬼神之幽，象數之奥，有無之變，物之至廣，理之至神，皆出乎太極，復歸於無極者，斂之於一心而已。充而宇宙，散而毫忽，其潔凈精微，淵深幽眇，可謂詳矣密矣。此其所謂觀之以心，而觀之以理。又曰不以心觀物，不以我觀物，不以物觀物也，若堯舜禹湯之禪，有德功放殺之異，周秦漢楚運祚之修短，擇乎善惡而已。是知治亂由義利之所尚，邪正由言行之所致。凡三皇五帝三王五伯之事，若水鑑之燭，毫髮不能隱，則其反觀者，所謂聖人能一萬物之情哉。是爲窮理盡性至命之道也。大而化之則天地陰陽之數，以無體之一以況自然，不用之一以況道也。用之者三，以況天地人也。故曰「無極之前陰含陽也，有象之後陽分陰也」。則天根月窟之往來，存乎無極之間矣。與周子之言，豈不合歟？自有《易》以來，後之疏議者千百其人，而造聖人之旨者幾何？能達夫未畫之先乎？然世之慕者徒求之幽閑逸樂之餘，於其道則未知有聞焉。韓子讀荀取其近孔子者，復以雄亦聖人之徒歟？若《太玄》之於《易》，方之邵子之謂「先天之學心也，後天之學跡也」，「出入有無死生者道也」。若用智數由逕而求之，是屈天理而徇人欲也。其見豈不相去遠矣。是足以知其見至廣，其聞至遠，其論至高，其樂至大，能爲至廣至遠至高至大之事而中無一焉，豈非至神至聖者乎？其一信不誣矣。孰得善養心者與之言心學也乎？嗚呼！或曰「六合之外，聖人存而不論」，若邵子者可謂窮神知化矣。復有謂之聖人，所不論者歟？

讀書後

明王世貞撰

卷四

讀皇極經世觀物內篇

邵子之《皇極經世書》，吾所不敢輕言，而中有扞格而不敢輕信者。如《觀物篇》「天生于動，地生于静」，天動地静，誰不知之？第一氣之分，自然輕清上浮，重濁下墮。上浮則自動，下墮則自静。以動静見天地則可，謂動静生天地則不可也。因天有日月星辰，則以少陽爲星，少陰爲辰矣。地有水火土石，則以少陽爲石，少陰爲土，何所見耶？然猶可也，而以星爲晝，辰爲夜者，何也？寒暑久耳，晝夜速耳，何以辨其陰陽太少也？雨露風雷陰陽之所化也，何以屬之地而謂土爲露，石爲雷也？雷之發聲，往往在水土中，不聞在石也。露至輕清，最高在雲之上，不聞在上也。皇帝王霸以配春夏秋冬之升降，可耳，至配生長收藏，抑何贅也？謂三王收而五霸藏，不知其所證引也。夫子有曰「聖人立象以盡意」，至設卦之後始繫辭以盡其言，今以言配五帝，以象配三王者，何也？且夫五霸之時以語冬則可，五霸之術以語冬則不可。冬之藏爲春地也，五霸之藏亦爲三王地乎？不得已而又以體用心跡交互焉，抑何其割裂穿鑿也？使此書在宋前，其見排斥而揮之藩籬之外久矣。

重編瓊臺會藁　明邱濬撰

卷七

章奏

謹按：宋儒邵雍《皇極經世書》謂天地大數以十二萬九千六百年爲一元，國祚大數以九千六百年爲一元，三代以後惟漢唐宋國祚爲最長，然皆不能滿其國祚之元數，多者不過三四百年，如人壽以百二十年爲一元，然非善攝養者，惜元氣，存仁心，謹身節用，不能盡其天年，以滿其元也。是以漢唐宋之世，自百五六十年以後，往往中微，政務日趨於弊，風俗日趨於薄，紀綱日趨於弛，由是馴至於不可振起而底於亡，此無他，中世繼體之君皆生於世道豐亨之際，宫闈安樂之中，不歷險阻，不經憂患，天示變而不知畏，民失所而不知恤，人有言而不知信，好尚失其正，用度無其節，信任非其人，因循苟且無有奮發之志，顛倒錯亂甘爲敗亡之歸故也……邵數以三十年爲一世，至百二十年則四世矣。四世則當四時之數而爲一期也，歲事周矣。月窮於紀星回於天，至是則三陽開泰，萬象惟新之時焉。當此之時，事必更始，使舊者新，廢者起，閉者通，缺者完，然後可以延而長之，以固久遠不拔之基，所以補偏救弊，振仆持顛，洗濯疏達，衍國祚靈長之慶於千萬億年，兹其時也。

望溪集　清方苞撰

卷三

書邵子觀物篇後

余讀邵子《觀物篇》，不能究知其義，問諸朋儕，則曰：「子好之，則能知之。是書之祕，可心喻而不可言傳也。」夫聖言之精者，具《易》與《春秋》，學者雖不極其隱深，而大體固昭然明白也。世乃有理之至者，而不可以言傳乎？邵子自謂因《春秋》以通《易》，今觀其書，以秦穆首四伯，謂其有功於周，伐鄭而敗，悔過自誓，幾於王道。以晉文侯遷平王於洛而進其裔孫於齊桓，其於《春秋》所書事迹顯著者如此，則夫天造物化之絪緼於無形者，其盡可詰耶？余於是書固未能窺其樊，然世之所謂知者，其果能好之耶，抑韓子所云「惟怪之欲聞而利其不可稽尋」者耶？

榕村集　清李光地撰

卷二十八　劄子一

邵雍之説，謂一元有十二會，如一年有十二月；天開於子，如一年之子月，陽氣回也；地闢於丑，如一年之丑月，土膏動也；人生於寅，如一年之寅月，萬物萌芽也。儒者取此以證三皇之説，故謂天皇十二人，是十二會全數，各一萬八百歲者，每會一萬八百年也；地皇十一人，是從丑會算起，去子會而言也，亦各一萬八百歲者，每會亦一萬八百年也；人皇九人，是從寅會開物算起，至戌會閉物而盡，前去子丑後去亥而言也，亦各一萬八百歲者，每會亦一萬八百年也。據此説則當依綱鑑補作一萬八百者爲是。但據此説又須改古書十三爲十一方合。又一本作人皇兄弟九人，合四萬五千六百歲，按九會之數九萬七千二百年，今以開闢至中天折半算，得四萬八千六百年，亦須改古書五千爲八千方合，未知是否？

陰陽之數雖各居其半，然陽饒陰乏，陽多陰少，故數之有餘者，必歸之於陽，其不足者必歸之於陰。此非聖人以意爲之，蓋造化尊陽之理，天地生物之心其本來如此也。故乾坤二策當期之日，然乾之策二百一十有六則七月而有奇，坤之策百四十有四則五月而不足。此邵雍所謂開物於寅，末至戌初而後閉物者。

存研樓文集　清儲大文撰

卷十一

易學圖説會通序

唐貞觀纂注疏，王氏説獨行，至宋初且三百年有奇，而華山象數之學始復傳。夫易道樞鍵，實在象數，雖宋元儒者詮闡義理，不必類輔嗣之虚遠，而象數要不可闕。晉陵符蒼楊子默而著《周易圖説會通》，凡八卷，而前儒之畫圖立説者，寖以備矣。丹黄黑白，展紙瞭然，蓋有功於易學者也。宋王稱傳李之才曰：易學惟邵雍得之，初，華山陳搏以數學授穆修，修授之才，之才授雍。以象學授种放，放授許堅，堅授范諤昌。是象學數學又析而爲二也。後之知數學者鮮矣，奚有於象學乎哉！

皇清文穎

卷四十九

五六天地之中合賦以敬授民時聖人所先爲韻　于振

邵雍《經世》之書，鮮窮其緒。幸長夜之懸黎，比衆星之向所。究之性，率乎命，命本乎天。植鼇維而永奠，法亭毒而不忒。合羲文周孔爲一人，道何分於上下，滙河洛龜龍爲一理，圖何别於後先允矣哉。元圭錫麟符，啟炳吾道於億萬斯年。

宋元學案之百源學案

黃宗羲原本　黃百家纂輯　全祖望次定

點校底本爲道光二十六年道州何紹基刻王梓材重校本

宋元學案卷九　百源學案上

百源學案表

邵雍　祖德新　父古　附師李之才　涑水講友

- 弟　睦
- 子　伯温
  - 孫　溥　別見劉李諸儒學案
  - 趙鼎　別爲趙張諸儒學案
  - 司馬植
- 王豫
- 張崏　並爲王張諸儒學案
- 吕希哲　別爲滎陽學案
- 吕希績
- 吕希純　並見范吕諸儒學案
- 李籲　別爲劉李諸儒學案
- 周純明　別爲劉李諸儒學案
- 田述古　別見安定學案
- 尹材
- 張雲卿　並見涑水學案
- 又九人並見王張諸儒學案

私淑 晁説之 別爲景迂學案

陳瓘 別爲陳鄒諸儒學案

牛師德——子 思純

劉衡

蔡發 附見西山蔡氏學案

王湜

張行成 別爲張祝諸儒學案

並百源續傳

富弼 別見高平學案

程珦 別見濂溪學案

並百源講友

張載 別爲橫渠學案

程顥 別爲明道學案

程頤 別爲伊川學案

並百源學侶

祖望謹案：康節之學，别爲一家。或謂《皇極經世》秖是京、焦末流，然康節之可以列聖門者，正不在此。亦猶温公之造九分者，不在《潛虛》也。述《百源學案》。梓材案：盧氏藏底作《康節學案》，又有作《百泉學案》者。本傳，堯夫「居蘇門山百源之上」。明道先生誌墓云，「先生始學于百原」。蓋「原」爲「源」之本文，「泉」又「原」之省文爾。

涑水講友

康節邵堯夫先生雍祖德新，父古。附師李之才。

邵雍，字堯夫，其先范陽人，曾祖令進以軍職逮事藝祖，始家衡漳。祖德新，父古，皆隱德不仕。先生幼從父遷河南，雲濠案：明道誌先生墓云：「幼從父徙共城，晚遷河南。」今曰「幼從父遷河南」，蓋誤。即自雄其才，力慕高遠，謂先王之事必可致。居蘇門山百源之上，布裘蔬食，躬爨養父之餘，刻苦自勵者有年。已而嘆曰：「昔人尚友千古，吾獨未及四方。」于是踰河、汾，涉淮、漢，周流齊、魯、宋、鄭之墟而始還。

時北海李之才攝共城令，授以《圖》、《書》先天、象數之學。先生探賾索隱，妙悟神契，多所自得。蓬篳甕牖，不蔽風雨，而怡然有以自樂，人莫能窺也。富鄭公、司馬温公、吕申公退居洛中，爲市園宅。出則乘小車，一人挽之，任意所適。士大夫識其車音，爭相迎候。童孺厮隸皆曰：「吾家先生至也。」不復稱其姓字。遇人無貴賤賢不肖，一接以誠。羣居燕飲，笑語終日，不甚取異于人。樂道人之善，而未嘗及其惡，故賢者悦其德，不賢者喜其真，久而益信服之。

嘉祐中，詔舉遺逸，留守王拱辰薦之，授試將作監簿，先生不赴。熙寧初，復求逸士，中丞吕誨等復薦之，補潁州團練推官，皆三辭而後受命，終不之官。新法作，仕州縣者皆欲解綬而去，先生曰：「此正賢者所當盡力之時，能寬一分則民受一分之賜矣！」王安石罷相，吕惠卿參政，富公憂之，先生曰：「二人本以勢利合。勢利相敵，將自爲仇矣，不暇害他人也。」未幾，惠卿果叛安石。先是，于天津橋上聞杜鵑聲，先生慘然不樂，曰：「不二年，南士當入相，天下自此多事矣！」或問其故，曰：「天下將治，地氣自北而南；將亂，自南而北。今南方地氣至矣，禽鳥得氣之先者也。」至是，其言乃驗。疾革，謂司馬公曰：「試與觀化一遭。」公曰：「未應至此！」先生笑曰：「死生亦常事爾！」横渠問疾論命，先生曰：「天命則已知之，世俗所謂命，則不知也。」伊川曰：「先生至此，他人無以爲力，願自主張。」先生曰：「平生學道，豈不知此？然亦無可主張。」伊川問：「從此永訣，更有見告乎？」先生舉兩手示之。伊川曰：「何謂也？」曰：「面前路徑須令寬，路窄則自無著身處，況能使人行也？」先生居内寢，議事者在外甚遠，皆能聞之。召其子伯温謂曰：「諸公欲葬我近地，不可，當從先塋爾。墓誌必以屬吾伯淳。」熙寧十年七月五日卒，年六十七。程伯子爲銘其墓。雲濠案：先生既卒，贈秘書省著作郎。元祐中，賜謚曰「康節」。初，歐陽棐過洛，見先生，先生自序其履歷甚詳，臨別屬之曰：「願足下異日無忘此言。」棐受而疑之，所謂不忘者亦何事邪？後二十年，棐入太常爲博士，當作謚議，方知先生所屬者在是也。所著有《觀物篇》《漁樵問答》《伊川擊壤集》《先天圖》《皇極經世》等書。咸淳初，從祀孔子廟庭，追封新安伯。明嘉靖中，祀稱「先儒邵子」。

百家謹案：周、程、張、邵五子並時而生，又皆知交相好，聚奎之占，可謂奇驗，而康節獨以《圖》《書》象數之學顯。攷其初，《先天卦圖》傳自陳摶，摶以授种放，放授穆修，修授李之才，之才以授先生。始學于百源，堅苦刻厲，冬不爐，夏不扇，日不再食，夜不就席者凡數年。大名王豫嘗于雪中深夜訪之，猶見其儼然危坐。蓋其心地虚明，所以能推見得天地萬物之理。即其前知，亦非術數比。明道嘗謂先生「振古之豪傑」，又曰「内聖外王之道也」。有問朱子：「康節心胸如此快活廣大，安得如之？」答曰：「他是甚麽樣工夫！」又有問朱子：「學者有厭拘檢、樂放舒、惡精詳、喜簡便者，自謂慕堯夫爲人，何如？」曰：「邵子這道理豈易及哉！他胸襟中這箇學，能包括宇宙，始終古今，如何不做得大，放得下。今人卻恃箇甚，敢復如此！」

觀物内篇

百家謹案：先生《觀物内外篇》，《内篇》先生所自著，《外篇》門弟子所記述。《内篇》註釋，先生子伯温也。

物之大者，無若天地，然而亦有所盡也。天之大，陰陽盡之矣；地之大，剛柔盡之矣。陰陽盡而四時成焉，剛柔盡而四維成焉。夫四時四維者，天地至大之謂也。凡言大者，無得而過之也，亦未始以大爲自得，故能成其大，豈不謂至偉者與！天生于動者也，地生于静者也，一動一静交而天地之道盡之矣。動之始則陽生焉，動之極則陰生焉，一陰一陽交而天之用盡之矣。静之始則柔生焉，静之極則剛生焉，一剛一柔交而地之用盡之矣。動之大者謂之太陽，動之小者謂之少陽；靜之大者謂之太陰，靜之小者謂之少陰。太陽爲日，太陰爲月，少陽爲星，少陰爲辰，辰者天之土，不見而屬陰。日月星辰交而天之體盡之矣。太柔爲水，太剛爲火，少柔爲土，少剛爲石，水火土石交而地之體盡之矣。

或曰：「《皇極經世》舍金木水火土，而用水火土石，何也？」曰：日月星辰，天之四象也；水火土石，地之四體也。金木水火土者，五行也。四象、四體，先天也；五行，後天也。先天，後天之所自出也。水火土石，五行之所自出也。水火土石，本體也；金木水火土，致用也。以其致用，故謂之五行，行乎天地之間者也。水火土石，蓋五行在其間矣。金出于石而木生于土，有石而後有金，有土而後有木，金者從革而後成，木者植物之一類也。是豈舍五行而不用哉！五行在其間者，此之謂也。《皇極經世》用水火土石，以其本體也；《洪範》用金木水火土，以其致用也。皆有所主，其歸則一。

混成一體，謂之太極。太極既判，初有儀形，謂之兩儀。兩儀又判而爲陰、陽、剛、柔，謂之四象。四象又判而爲太陽、少陽、太陰、少陰、太剛、少剛、太柔、少柔，而成八卦。太陽、少陽、太陰、少陰成象于天，而爲日月星辰；太剛、少剛、太柔、少柔成形于地，而爲水火土石。八者具備，然後天地之體備矣。天地之體備，而後變化生成萬物也。所謂八者，亦本乎四而已。在天成象，日也；在地成形，火也。陽燧取于日而得火，火與日本乎一體也。在天成象，月也；在地成形，水也。方諸取于月而得水，水與月本乎一體也。在天成象，星也；在地成形，石也。星隕而爲石，石與星本乎一體也。在天成象，辰也；在地成形，土也。自日月星之外高而蒼蒼者皆辰也，自水火石之外廣而厚者皆土也，辰與土本乎一體也。天地之間，猶形影、聲響之相應，象見乎上，體必應乎下，皆自然之理也。蓋日月星辰猶人之有耳目口鼻，水火土石猶人之有血氣骨肉，故謂之天地之體。陰陽剛柔則猶人之精神，而所以主耳目口鼻、血氣骨肉者也，故謂之天地之用。

日爲暑，月爲寒，星爲晝，辰爲夜，寒暑晝夜交而天之變盡之矣。水爲雨，水氣所化。火爲風，火氣所化。土爲露，土氣所化。石爲雷，石氣所化。四者又交相化焉，故雨有水雨，有火雨，有土雨，有石雨。水雨則爲霶霈之雨，火雨則爲苦暴之雨，土雨則爲霢霂之雨，石雨則爲雹凍之雨。所感之氣如此，皆可以類推也。雨風露雷交而地之化盡之矣。

暑變物之性，寒變物之情，晝變物之形，夜變物之體，性情形體交而動植之感盡之矣。雨化物之走，風化物之飛，露化物之草，雷化物之木，走飛草木交而動植之應盡之矣。

人之所以靈于萬物者，謂其目能收萬物之色，耳能收萬物之聲，鼻能收萬物之氣，口能收萬物之味。聲色氣味者，萬物之體也；耳目鼻口者，萬人之用也。體無定用，惟變是用；用無定體，惟化是體。體用交而人物之道于是乎備矣。然則人亦物也，聖亦人也。有一物之物，有十物之物，有百物之物，有千物之物，有萬物之物，有億物之物，有兆物之物。生一物之物當兆物之物者，豈非人乎？有一人之人，有十人之人，有百人之人，有千人之人，有萬人之人，有億人之人，有兆人之人。生一人之人當兆人之人者，豈非聖乎？是知人也者，物之至者也；聖也者，人之至者也。人之至者，謂其能以一心觀萬心，一身觀萬身，一世觀萬世者焉。其能以心代天意，口代天言，手代天工，身代天事者焉。其能以上識天時，下盡地理，中盡物情，通照人事者焉。其能以彌綸天地，出入造化，進退古今，表裏人物者焉。

《易》曰：「窮理盡性，以至于命。」所以謂之理者，物之理也；所以謂之性者，天之性也；所以謂之命者，處理性者也。所以能處理性者，非道而何？是知道爲天地之本，天地爲萬物之本。以天地觀萬物，則萬物爲物；以道觀天地，則天地亦爲萬物。道之道盡于天矣，天之道盡于地矣，天地之道盡于物矣，天地萬物之道盡于人矣。人能知天地萬物之道所以盡于人者，然後能盡民也。天之能盡物，則謂之昊天；人之能盡民，則謂之聖人。

夫昊天之盡物，聖人之盡民，皆有四府焉。昊天之四府者，春、夏、秋、冬之謂也，陰陽升降于其間矣；聖人之四府者，《易》《書》《詩》《春秋》之謂也，禮樂污隆于其間矣。

孔子贊《易》，自羲、軒而下；序《書》，自堯、舜而下；删《詩》，自文、武而下；修《春秋》，自桓、文而下。自羲、軒而下，祖三皇也；自堯、舜而下，宗五帝也；自文、武而下，子三王也；自桓、文而下，孫五霸也。

夫古今者，在天地之間猶旦暮也。以今觀今，則謂之今矣；以後觀今，則今亦謂之古矣；以今觀古，則謂之古矣；以古自觀，則古亦謂之今矣。是知古亦未必爲古，今亦未必爲今，皆自我而觀之也。安知千古之前，萬古之後，其人不自我而觀之也！

人皆知仲尼之爲仲尼，不知仲尼之所以爲仲尼，則舍天地將奚之焉？人皆知天地之爲天地，不知天地之所以爲天地，則舍動静將奚之焉？夫一動一静者，天地之至妙者與！夫一動一静之間者，天地人之至妙至妙者與！是故知仲尼之所以能盡三才之道者，謂其行無轍迹也。故有曰：「予故無言。」又曰：「天何言哉！四時行焉，百物生焉。」其斯之謂與！

夫好生者，生之徒也；好殺者，死之徒也。周之好生也以義，漢之好生也亦以義。秦之好殺也以利，楚之好殺也亦以利。周之好生也以義，而漢且不及；秦之好殺也以利，而楚又過之。天之道，人之情，又奚擇于周、秦、漢、楚哉？擇乎善惡而已！是知善也者，無敵于天下，而天下共善之；惡也者，亦無敵于天下，而天下共惡之。天之道，人之情，又奚擇于周、秦、漢、楚哉？擇乎善惡而已矣！天與人相爲表裏，天有陰陽，人有邪正。邪正之由，繫乎上之所好也。上好德，則民用正；上好佞，則民用邪。邪正之由，有自來矣。雖聖君在上，不能無小人，是難其爲小人；雖庸君在上，不能無君子，是難其爲君子。自古聖君之盛，未有如唐堯之世，君子何其多邪！時非無小人也，是難其爲小人，故君子多也，所以雖有四凶，不能肆其惡。自古庸君之盛，未有如商紂之世，小人何其多邪！時非無君子也，是難其爲君子，故小人多也，所以雖有三仁，不能遂其善。是知君擇臣、臣擇君者，是繫乎人也；君得臣、臣得君者，是非繫乎人也，繫乎天也。

夫天下將治，則人必尚行也；天下將亂，則人必尚言也。尚行，則篤實之風行焉；尚言，則詭譎之風行焉。天下將治，則人必尚義也；天下將亂，則人必尚利也。尚義，則謙讓之風行焉；尚利，則攘奪之風行焉。三王，尚行者也；五霸，尚言者也。尚行必入于義也，尚言必入于利也。義利之相去，一何遠之如是邪！是知言之于口，不若行之于身；行之于身，不若盡之于心。言之于口，人得而聞之；行之于身，人得而見之；盡之于心，神得而知之。人之聰明猶不可欺，況神之聰明乎！是知無愧于口，不若無愧于身；無愧于身，不若無愧于心。無口過易，無身過難；無身過易，無心過難。既無心過，何難之有！吁！安得無心過之人而與之語心哉！是知聖人所以能立無過之地者，謂其善事于心者也。

天由道而生，地由道而成，人物由道而行。天、地、人物則異也，其于由道則一也。夫道也者，道也。道無形，行之則見之于事矣。如道路之道坦然，使千億萬年行之，人知其歸者也。

夫所以謂之觀物者，非以目觀之也。非觀之以目，而觀之以心也；非觀之以心，而觀之以理也。聖人之所以能一萬物之情者，謂其能反觀也。所以謂之反觀者，不以我觀物也。不以我觀物者，以物觀物之謂也。既能以物觀物，又安有我于其間哉！

日經天之元，月經天之會，星經天之運，辰經天之世。以日經日則元之元可知矣，以日經月則元之會可知矣，以日經星則元之運可知矣，以日經辰則元之世可知矣；以月經日則會之元可知矣，以月經月則會之會可知矣，以月經星則會之運可知矣，以月經辰則會之世可知矣；以星經日則運之元可知矣，以星經月則運之會可知矣，以星經星則運之運可知矣，以星經辰則運之世可知矣；以辰經日則世之元可知矣，以辰經月則世之會可知矣，以辰經星則世之運可知矣，以辰經辰則世之世可知矣。元之元一，元之會十二，元之運三百六十，元之世四千三百二十；會之元十二，會之會一百四十四，會之運四千三百二十，會之世五萬一千八百四十；運之元三百六十，運之會四千三百二十，運之運一十二萬九千六百，運之世一百五十五萬五千二百；世之元四千三百二十，世之會五萬一千八百四十，世之運一百五十五萬五千二百，世之世一千八百六十六萬二千四百。

以日經日爲元之元，其數一，日之數一故也；以日經月爲元之會，其數十二，月之數十二故也；以日經星爲元之運，其數三百六十，星之數三百六十故也；以日經辰爲元之世，其數四千三百二十，辰之數四千三百二十故也。則是日爲元，月爲會，星爲運，辰爲世，此《皇極經世》一元之數也。一元象一年，十二會象十二月，三百六十運象三百六十日，四千三百二十世象四千三百二十時也。蓋一年有十二月，三百六十日，四千三百二十時故也。經世一元、十二會、三百六十運、四千三百二十世，一世三十年，是爲一十二萬九千六百年，是爲《皇極經世》一元之數。一元在大化之間，猶一年也。自元之元更相變而至于辰之元，自元之辰更相變而至于辰之辰，而後數窮矣。窮則變，變則生，生而不窮也。《皇極經世》但著一元之數，使人伸而引之，可至于終而復始也。其法皆以十二、三十相乘。十二、三十，日月之數也。其消息盈虛之説，不著于書，使人得而求之，蓋「藏諸用」也。此《易》所謂「天地之數」也。

太陽之體數十，太陰之體數十二；少陽之體數十，少陰之體數十二；少剛之體數十，少柔之體數十二；太剛之體數十，太柔之體數十二。進太陽、少陽、太剛、少剛之體數，退太陰、少陰、太柔、少柔之體數，是謂太陽、少陽、太剛、少剛之用數；進太陰、少陰、太柔、少柔之體數，退太陽、少陽、太剛、少剛之體數，是謂太陰、少陰、太柔、少柔之用數。太陽、少陽、太剛、少剛之體數一百六十，太陰、少陰、太柔、少柔之體數一百九十二；太陽、少陽、太剛、少剛之用數一百一十二，太陰、少陰、太柔、少柔之用數一百五十二。以太陽、少陽、太剛、少剛之用數，倡太陰、少陰、太柔、少柔之用數，是謂日月星辰之變數；以太陰、少陰、太柔、少柔之用數，和太陽、少陽、太剛、少剛之用數，是謂水火土石之化數。日月星辰之變數一萬七千二十四，謂之動數；水火土石之化數一萬七千二十四，謂之植數；再倡和日月星辰、水火土石之變化，通數二萬八千九百八十一萬六千五百七十六，謂之動植通數。

日爲太陽，其數十；月爲太陰，其數十二；星爲少陽，其數十；辰爲少陰，其數十二；石爲少剛，其數十；土爲少柔，其數十二；火爲太剛，其數十；水爲太柔，其數十二。太陽、少陽、太剛、少剛之本數四十，太陰、少陰、太柔、少柔之本數四十有八。以四因四十，得一百六十；以四因四十八，得一百九十二；是謂太陽、少陽、太陰、少陰、太剛、少剛、太柔、少柔之體數。一百六十數之内退四十八，得一百一十二；一百九十二數内退四十，得一百五十二，是謂太陽、少陽、太陰、少陰、太剛、少剛、太柔、少柔之用數也。陰陽剛柔，互相進退，去其體數，而所存者謂之用數。陰陽剛柔所以相進退者，陽中有陰，陰中有陽，剛中有柔，柔中有剛，天地交際之道也。以一百一十二因一百五十二，得一萬七千二十四，謂之水火土石之化數；以一百五十二因一百一十二，得一萬七千二十四，謂之日月星辰之變數。變數謂之動數，化數謂之植數。以一萬七千二十四因一萬七千二十四，得二萬八千九百八十一萬六千五百七十六，是謂動植之通數。此《易》所謂「萬物之數」也。或曰：「經世之數，與大衍之數不同，何也？」曰：《易》用九、六，《經世》用十、十二。用十、十二，用極數也。十去其一，則九矣；十二分而爲二，則六矣。故日，陽也，止于十；月，陰也，止于十二。此之謂極數。大衍、經世，皆本于四。四者，四象之數也。故大衍四，四因九，得三十六，是謂乾一爻之策數；四因六，得二十四，是謂坤一爻之策數。六因三十六，得二百一十有六，是謂乾一卦之策數；六因二十四，得一百四十有四，是謂坤一卦之策數。乾、坤之策，凡三百六十也。三十二因二百一十六，得六千九百一十有二，是謂三十二陽卦之策數；三十二因一百四十有四，得四千六百有八，是謂三十二陰卦之策數。合二篇之策，凡萬有一千五百二十也。如太玄之數，則用三數。聖賢立法不同，其所以爲數則一也。

日月星辰者，變乎暑寒晝夜者也；水火土石者，化乎雨風露雷者也。暑寒晝夜者，變乎性情形體者也；雨風露雷者，化乎走飛草木者也。性情形體者，本乎天者也；走飛草木者，本乎地者也。本乎天者，分陰分陽之謂也；本乎地者，分柔分剛之謂也。夫分陰分陽、分柔分剛者，天地萬物之謂也。備天地萬物者，人之謂也。

觀物外篇

性非體不成，體非性不生。陽以陰爲體，陰以陽爲性。動者性也，靜者體也。在天則陽動而陰靜，在地則陽靜而陰動。性得體而靜，體隨性而動，是以陽舒而陰疾也。陽不能獨立，必得陰而後立，故陽以陰爲基。陰不能自見，必待陽而後見，故陰以陽爲倡。陽知其始而享其成，陰效其法而終其勞，陽能知而陰不能知，陽能見而陰不能見也。能知能見者爲有，故陽性有而陰性無也。陽有所不徧，而陰無所不徧也；陽有去，而陰常居也。無不徧而常居者爲實，故陽體虛而陰體實也。自下而上謂之升，自上而下謂之降，升者生也，降者消也，故陽生于下而陰生于上，是以萬物皆反。陰生陽，陽生陰，陰復生陽，陽復生陰，是以循環而無窮也。

天地之本，其起于中乎！是以乾坤交變而不離乎中，人居天地之中，心居人之中，日中則盛，月中則盈，故君子貴中也。

本一氣也，生則爲陽，消則爲陰，故二者一而已矣，四者二而已矣，六者三而已矣，八者四而已矣。是以言天而不言地，言君而不言臣，言父而不言子，言夫而不言婦也。然天得地而萬物生，君得臣而萬物化行，父得子、夫得婦而家道成，故有一則有二，有二則有四，有三則有六，有四則有八。

氣則養性，性則乘氣，故氣存則性存，性動則氣動也。堯之前，先天也；堯之後，後天也。後天乃效法耳。

氣一而已，主之者神也。神亦一而已，乘氣而變化，能出入于有無死生之間，無方而不測者也。

時然後言，乃應變而言，言不在我也。

氣者，神之宅也。體者，氣之宅也。

陸中之物，水中必具者，猶影象也。陸多走，水多飛者，交也。是故巨于陸者必細于水，巨于水者必細于陸也。虎豹之毛猶草也，鷹鸇之羽猶木也，人之骨巨而體繁，木之幹巨而葉繁，應天地之數也。動者體橫，植者體縱，人宜橫而反縱也。

動物謂鳥獸，體皆橫生，橫者爲緯，故動。植物謂草木，體皆縱生，縱者爲經，故靜。非惟鳥獸草木，上而列宿，下而山川，莫不皆然。至于人，亦動物，體宜橫而反縱，此所以異于萬物，爲最貴也。

天有四時，地有四方，人有四支，是以指節可以觀天，掌文可以察地。天地之理具乎指掌矣，可不貴之哉！

天圓而地方。天南高而北下，是以望之如倚蓋焉。地東南下西北高，是以東南多水，西北多山。日行陽度則盈，行陰度則縮，賓主之道也。月去日則明生而遲，近日則魄生而疾，君臣之義也。陽消則生陰，故日下而月西出也。陰盛則敵陽，故日望而月東出也。天爲父，日爲子，故天左旋，日右行。日爲夫，月爲婦，故日東出，月西出也。

月本無光，借日光以爲光。及其盛也，遂與陽敵。爲人君者可不慎哉！

陽得陰而爲雨，陰得陽而爲風，剛得柔而爲雲，柔得剛而爲雷。無陰則不能爲雨，無陽則不能爲雷。雨，柔也，而屬陰，陰不能獨立，故待陽而後興；雷，剛也，而屬體，體不能自用，必待陽而後發也。雲有水火土石之異，他類亦然。

張嶍曰：「水火土石，地之體也。凡物皆具地之體。先生曰：『水雨霖，火雨暴，土雨濛，石雨雹；水風涼，火風熱，土風和，石風烈；水雲黑，火雲赤，土雲黄，石雲白；水雷霳，火雷虩，土雷連，石雷霹。』故一物必通四象。」

象起于形，數起于質，名起于言，意起于用。天下之數出于理，違乎理則入于術。世人以數而入術，故失于理也。天下之事皆以道致之，則休戚不能至矣。

天之神棲于日，人之神發于目。人之神寤則棲心，寐則棲腎，所以象天也，晝夜之道也。

夫卦各有性體，然皆不離乾、坤之門，如萬物受性于天，而各爲其性也：在人則爲人之性，在禽獸則爲禽獸之性，在草木則爲草木之性。天以氣爲主，體爲次；地以體爲主，氣爲次。在天在地者亦如之。

天之象數則可得而推，如其神用，則不可得而測也。自然而然者天也，惟聖人能索之。效法者人也，若時行時止，雖人也亦天。神者人之主，將寐在脾，熟寐在腎，將寤在肝，正寤在心。

將寐在脾，猶時之秋也；熟寐在腎，猶時之冬也；將寤在肝，猶時之春也；正寤在心，猶時之夏也。

以物觀物，性也；以我觀物，情也。性公而明，情偏而暗。

天地之大寤在夏，人之神則存于心。

鮑時曰：「午則日隨天在南，子則日隨天在北，一日之寤寐也；夏則日正在午，冬則日正在子，一年之寤寐也。日者，天之神也。人之神，晝在心，夏也；夜在腎，冬也。火無體，因物以爲體。金石之火烈于草木之火者，因物而然也。」

曆不能無差。今之學曆者但知曆法，不知曆理。能布算者，洛下閎也；能推步者，甘公、石公也。洛下閎但知曆法；楊雄知曆法，又知曆理。

百家謹案：細觀《太玄》，子雲便未即知曆理。

學不至于樂，不可謂之學。

漢儒以反經合道爲權，得一端者也。權所以平物之輕重。聖人行權，酌其輕重而行之，合其宜而已。故執中無權者，猶爲偏也。

夫《易》者，聖人長君子、消小人之具也。及其長也，闢之于未然；及其消也，闔之于未然。一消一長，一闔一闢，渾渾然無迹。非天下之至神，其孰能與于此！

知《易》者不必引用講解，是爲知《易》。孟子之言未嘗及《易》，其間《易》道存焉，但人見之鮮耳。人能用《易》，是爲知《易》。如孟子，所謂善用《易》者也。

月者，日之影也。情者，性之影也。心性而膽情，性神而情鬼。

心爲太極。又曰：道爲太極。

形可分，神不可分。

木結實而種之，又成是木而結是實。木非舊木也，此木之神不二也。此實生生之理也。

以物喜物，以物悲物，此發而中節者也。

不我物，則能物物。

任我則情，情則蔽，蔽則昏矣。因物則性，性則神，神則明矣。潛天潛地，不行而至，不爲陰陽所攝者，神也。

先天之學，心也；後天之學，迹也；出入有無死生者，道也。

神無所在，無所不在。至人與他心通者，以其本于一也。道與一，神之强名也。以神爲神者，至言也。

陰對陽爲二，然陽來則生，陽去則死，天地萬物生死主于陽，則歸之于一也。

神無方而性有質。

凡人之善惡，形于言，發于行，人始得而知之。但萌諸心，發乎慮，鬼神已得而知之矣，此君子所以慎獨也。

人之類，備乎萬物之性。

人之神，則天地之神。人之自欺，所以欺天地，可不慎哉！

物理之學，或有所不通，不可以强通。强通則有我，有我則失理而入于術矣。

心一而不分，則能應萬變。此君子所以虚心而不動也。

君子之學，以潤身爲本，其治人應物，皆餘事也。

兑，説也。其他説皆有所害，惟朋友講習，無説于此，故言其極者也。

能循天理動者，造化在我也。

學不際天人，不足以謂之學。

人必内重，内重則外輕。苟内輕，必外重，好利好名，無所不至。

天下言讀書者不少，能讀書者少。若得天理真樂，何書不可讀，何堅不可破，何理不可精！

所行之路不可不寬，寬則少礙。

天主用，地主體。聖人主用，百姓主體，故日用而不知。

天使我有是之謂命，命之在我之謂性，性之在物之謂理。

劉絢問無爲，對曰：「時然後言，人不厭其言；樂然後笑，人不厭其笑；義然後取，人不厭其取。此所謂無爲也。」

金須百鍊然後精，人亦如此。

「多聞，擇其善者而從之」，雖多聞，必擇善而從之。「多見而識之」，識，別也。雖多見，必有以別之。

鬼神者，無形而有用，其情狀可得而知也，于用則可見之矣。若人之耳目鼻口手足，草木之枝葉華實顔色，皆鬼神之所爲也。福善禍淫，主之者誰邪？聰明正直，有之者誰邪？不疾而速，不行而至，任之者誰邪？皆鬼神之情狀也。

太羹可和，玄酒可漓，則是造化亦可和可漓也。

易地而處，則無我也。

思慮一萌，鬼神得而知之矣。故君子不可不慎獨。

漁樵問答

百家謹案：《黄氏日鈔》云：「《伊川至論》第八卷載《漁樵問答》，蓋世傳以爲康節書者，不知何爲亦剿入其中？近世昭德先生晁氏《讀書記》疑此書爲康節子伯温所作。」今觀其書，惟「天地自相依附」數語爲先儒所取，餘多膚淺。子文得家庭之説而附益之，明矣。今去其問答浮詞并與《觀物篇》重出者，存其略焉。

祖望謹案：晁氏但云邵氏言其祖之書也，是蓋疑詞，而亦未嘗竟以爲伯温作也。但劉左史安節集中亦載此篇，而頗略，則更可怪。左史未必爲此文也。

漁者曰：「可以意得者物之性也，可以言傳者物之情也，可以象求者物之形也，可以數取者物之體也。用也者，妙萬物爲言者也，可以意得而不可以言傳。」

樵者曰：「天地之道備于人，萬物之道備于身，衆妙之道備于神，天下之能事畢矣。又何思何慮！」

漁者曰：「以我徇物則我亦物也，以物徇我則物亦我也。我物皆致意，由是明天地亦萬物也，萬物亦我也，我亦萬物也，何物不我！何我不物！如是則可以宰天地，可以司鬼神，而況于人乎？況于物乎？」

樵者問漁者曰：「天何依？」曰：「依乎地。」「地何附？」曰：「附乎天。」曰：「然則天地何依何附？」曰：「自相依附。天依形，地附氣，其形也有涯，其氣也無涯。有無之相生，形氣之相息，終則有始，終始之間，天地之所存乎！天以用爲本，以體爲末；地以體爲本，以用爲末。利用出入之謂神，名體有無之謂聖，惟神與聖，能參乎天地者也。」

「竊人之財謂之盜。其始取之也，惟恐其不多也；及其敗露也，惟恐其多矣。夫賄之與贓，一物也，而兩名者，利與害故也。竊人之美謂之徼。其始取之，惟恐其不多也；及其敗露也，惟恐其多矣。夫譽之與毁，一事也，而兩名者，名與實故也。凡言朝者，萃名之所也；市者，聚利之地也。能不以争處乎其間，雖一日九遷、一貨十倍，何害生實喪之有邪？是知争也者取利之端也，讓也者趨名之本也。利至則害生，名興則實喪，利至名興而無害生喪實之患，唯有德者能之。」

樵者曰：「人有禱鬼神而求福者，福可禱而求邪？求之而可得邪？敢問其所以。」曰：「語善惡者人也，禍福者天也，天道福善而禍淫，鬼神其能違天乎？自作之咎，固難逃已；天降之災，禳之奚益？修德積善，君子常分，安有餘事于其間哉！」樵者曰：「有爲善而遇禍，有爲惡而獲福者，何也？」漁者曰：「有幸有不幸也。幸不幸，命也；當不當，分也。一命一分，人其逃乎？」曰：「何爲分？何爲命？」曰：「小人之遇福，非分也，有命也；當禍，分也，非命也。君子之遇禍，非分也，有命也；當福，分也，非命也。」

漁者謂樵者曰：「人之所謂親，莫如父子也；人之所謂疏，莫如路人也。利害在心，則父子過路人遠矣。父子之道，天性也，利害猶或奪之，況非天性者乎！夫利害之移人，如是之深也，可不慎乎！路人之相逢則過之，固無相害之心焉，無利害在前故也。有利害在前，則路人與父子又奚擇焉？路人之能相交以義，又何況父子之親乎！夫義者，讓之本也；利者，争之端也。讓則有仁，爭則有害，仁與害，何相去之遠也。堯、舜亦人也，桀、紂亦人也，人與人同，而仁與害異爾。仁因義而起，害因利而生，以利不以義，則臣弒其君者有焉，子弒其父者有焉，豈若路人之相逢，一日而交袂于中逵者哉！」

樵者謂漁者曰：「無妄，災也，敢問其故？」曰：「妄則欺也，得之必有禍，斯有妄也。順天而動，有禍及者，非禍也，災也。猶農有思豐年而不勤稼穡者，其荒也，不亦禍乎？農有勤稼穡而復敗諸水旱者，其荒也，不亦災乎？故象言『先王以茂對時育萬物』者，貴不妄也。」

漁者謂樵者曰：「春爲陽始，夏爲陽極，秋爲陰始，冬爲陰極；陽始則溫，陽極則熱，陰始則涼，陰極則寒；溫則生物，熱則長物，涼則收物，寒則殺物。皆一氣，其別而爲四焉，其生萬物也亦然。」

樵者謂漁者曰：「人謂死而有知，有諸？」曰：「有之。」曰：「何以知其然？」曰：「以人知之。」曰：「何者謂之人？」曰：「耳、目、鼻、口、心、膽、脾、腎之氣全，謂之人。心之靈曰神，膽之靈曰魄，脾之靈曰魂，腎之靈曰精。心之神發乎目，則謂之視；腎之精發乎耳，則謂之聽；脾之魂發乎鼻，則謂之臭；膽之魄發乎口，則謂之言。八者具備，然後謂之人。夫人者，天地萬物之秀氣也。然而亦有不中者，各求其類也。若全得人類，則謂之曰全人之人。夫全類者，天地萬物之中氣也，謂之曰全德之人也。全德之人者，人之人者也。夫人之人者，仁人之謂也，惟全人然後能當之。人之生也，謂其氣行；人之死也，謂其形返。氣行則神魄交，形返則精魄存。神魂行于天，精魄返于地。行于天，則謂之曰陽行；返于地，則謂之曰陰返。陽行則晝見而夜伏者也，陰返則夜見而晝伏者也。是故知日者月之形也，月者日之影也；陽者陰之形也，陰者陽之影也；人者鬼之形也，鬼者人之影也。人謂鬼無形而無知者，吾不信也。」

漁者問樵者曰：「小人可絶乎？」曰：「不可。君子稟陽正氣而生，小人稟陰邪氣而生，無陰則陽不成，無小人則君子亦不成，唯以盛衰乎其間也。陽六分則陰四分，陰六分則陽四分，陰陽相半則各五分矣，由是知君子小人之時有盛衰也。世治則君子六分，君子六分則小人四分，小人固不勝君子矣。亂世則反是。君君、臣臣、父父、子子、兄兄、弟弟、夫夫、婦婦，謂各安其分也；君不君、臣不臣、父不父、子不子、兄不兄、弟不弟、夫不夫、婦不婦，謂各失其分也。此則由世治、世亂使之然也。君子常行勝言，小人常言勝行，故世治則篤實之士多，世亂則緣飾之士衆。篤實鮮不成事，緣飾鮮不敗事。成多國興，敗多國亡，家亦由是而興亡也。夫興國興家之人與亡國亡家之人，相去一何遠哉！」

樵者問漁者曰：「人所謂才者，有利焉，有害焉者，何也？」漁者曰：「才一也，利害二也。有才之正者，有才之不正者。才之正者，利乎人而及乎身者也；才之不正者，利乎身而害乎人者也。」曰：「不正，則安得謂之才？」曰：「人之所不能而皆能之，安得不謂之才？聖人所以惜乎才之難者，謂其能成天下之事而歸之正者寡也。若不能歸之以正，才則才矣，難乎語其仁也。譬猶藥之療疾也，毒藥亦有時而用也，可一而不可再也，疾愈則速已，不已則殺人矣。平藥則常日而用之可也，重疾非所以能治也。能驅重疾而無害人之毒者，古今人所謂良藥也。《易》曰：『大君有命，開國承家，小人勿用。』如是，則小人亦有時而用之。時平治定，用之則否。《詩》云：『他山之石，可以攻玉。』其小人之才乎！」

宋元學案卷十　百源學案下

先天卦位圖

八卦次序之圖

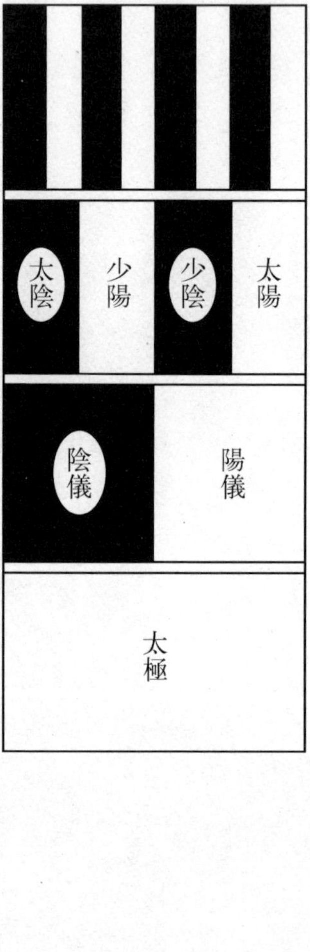

一分爲二，二分爲四，四分爲八也。

《啟蒙》曰：　太極之判，始生一奇一耦，而爲一畫者二，是爲兩儀，其數則陽一而陰二，在《圖》《書》則奇耦是也。兩儀之上，各生一奇一耦而爲二畫者四，是爲四象，其位則太陽一、少陰二、少陽三、太陰四，其數則太陽九、少陰八、少陽七、太陰六。以《河圖》言之，則六者一而得五者也，九者四而得五者也，八者三而得五者也，七者二而得五者也。以《洛書》言之，則九者十分一之餘也，八者十分二之餘也，七者十分三之餘也，六者十分四之餘也。四象之上，各生一奇一耦而爲三畫者八，于是三才畧具而有八卦之名，其位則乾一、兑二、離三、震四、巽五、坎六、艮七、坤八。在《河圖》則乾坤離坎分居四實，兑震巽艮分居四虚。在《洛書》則乾坤離坎分居四正，兑震巽艮分居四隅。《周禮》所謂「大卜掌三《易》之法，夏曰《連山》，商曰《歸藏》，周曰《周易》，其經卦皆八」也，《太傳》所謂「八卦成列」也。

百家謹案：《大傳》，包犧氏仰觀俯察，遠求近取，于是始作八卦，非因《河圖》而作也。至于《河圖》，自漢以來未有定説。孔安國、劉歆以八卦爲《河圖》，《洪範》本文爲《洛書》。鄭康成依《緯書》，則云《河圖》九篇，《洛書》六篇，其一六居下之圖，皆以爲天地之數，初未嘗以此爲《河圖》也。至劉牧謂《河圖》之數九，《洛書》之數十，亦以今之《洛書》爲《河圖》，《河圖》爲《洛書》。而朱子始反置之，作《啟蒙》。説詳先遺獻《象數論》中。據《啟蒙》，以圖中虚五與十爲太極，一六居下、二七居上、三八居左、四九居右，奇耦數各二十爲兩儀，以一二三四合五而成六七八九爲四象，拆四方之合爲乾坤離坎，補四隅之空爲兑震巽艮，并牽扯《洛書》入之，以傅會《大傳》「河出圖，洛出書，聖人則之」之文。而蔡氏謂伏皇但據《河圖》以作《易》，不必豫見《洛書》而已逆與之合，《圖》者伏皇之所由以畫卦，《書》者大禹之所由以衍疇也。其實八卦與《河圖》不相黏合，即朱子自于《原象篇》云：

「惟皇太昊，仰觀俯察，奇耦既陳，兩儀斯設。既幹乃支，一各生兩，陰陽交錯，以立四象。兩一既分，一復生兩，三才在目，八卦指掌。」其《感興篇》又云：「皇羲古神聖，妙契一俯仰。不待龍馬圖，人文已宣朗。」其附録語又謂：「仰觀俯察，遠求近取，安知《河圖》非其中之一事。」據此，殆亦自悟《啟蒙》之失矣。

八卦方位之圖

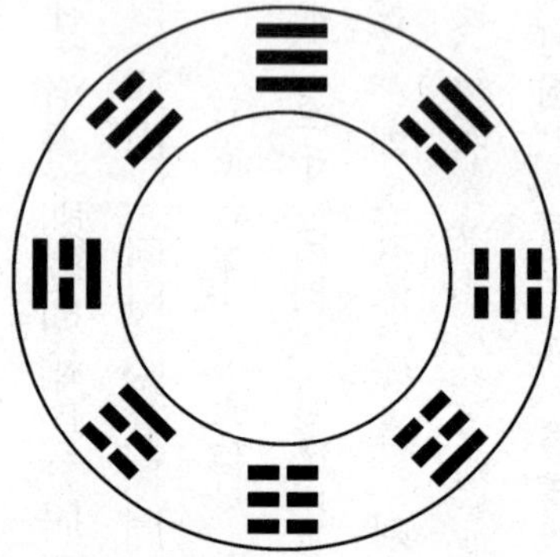

此明伏羲八卦也。又曰：乾南、坤北、離東、坎西、震東北、兑東南、巽西南、艮西北，自震至乾爲順，自巽至坤爲逆。後六十四卦方位倣此。

「八卦相錯」，明交相錯而成六十四卦也。「數往者順」，若順天而行，是左旋也，皆已生之卦也，故云「數往」也。「知來者逆」，若逆天而行，是右行也，皆未生之卦也，故云「知來」也。

胡庭芳曰：「《伏羲八卦方位之圖》，天位乎上，地位乎下，日生于東，月生于西，山鎮西北，澤注東南，風起西南，雷動東北，自然與天地造化合，先天八卦對待以立體如此。八卦之在《横圖》，則首乾，次兑離震巽坎艮坤，是爲生出之序；及八卦之在《圓圖》，則首震一陽，次離兑二陽，次乾三陽，接巽一陰，次坎艮二陰，終坤三陰，是爲運行之序。」

六十四卦次序之圖

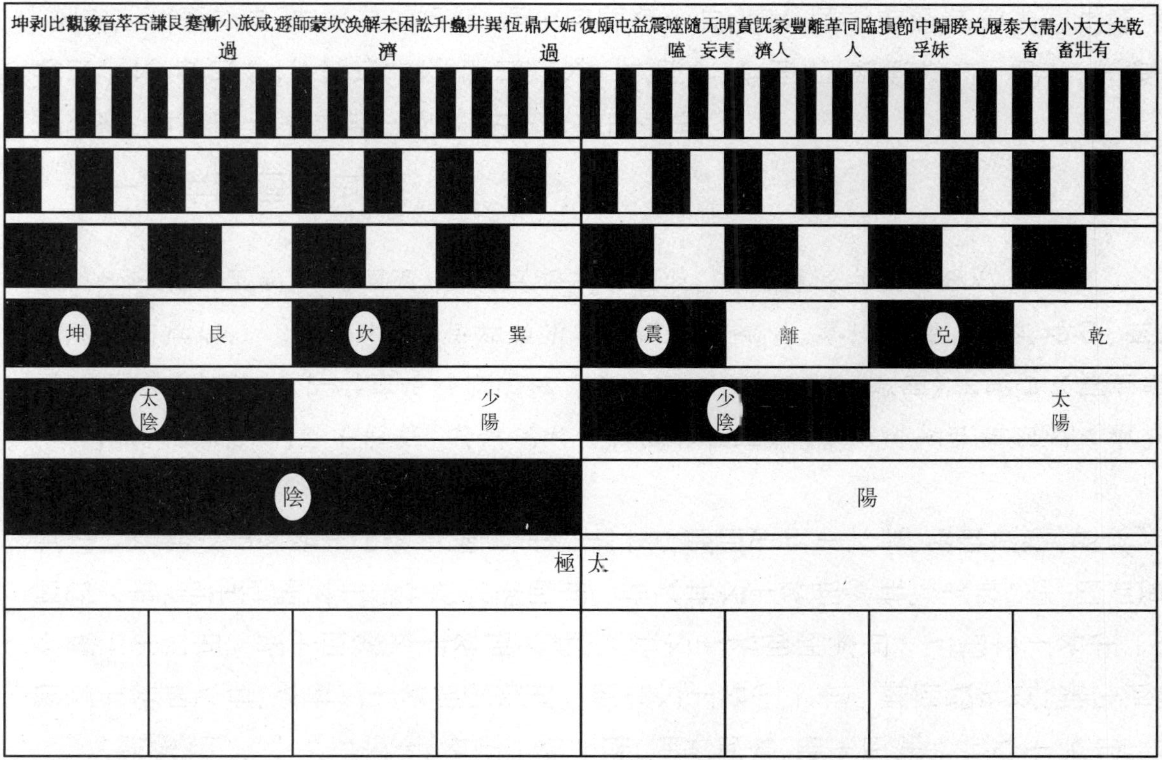
六十四卦
三十二卦
十六卦
八卦
四象
兩儀
坤剝比觀豫晉萃否謙艮蹇漸小旅咸遯師蒙坎渙解未困訟升蠱井巽恒鼎大姤復頤屯益震噬隨无明賁既家豐離革同臨損節中歸睽兌履泰大需小大大夬乾
過 濟 過 嗑 妄夷 濟人 人 孚妹 畜 畜壯有
坤 艮 坎 巽 震 離 兌 乾
太陰 少陽 少陰 太陽
陰 陽
極太

八分爲十六，十六分爲三十二，三十二分爲六十四也。

《啟蒙》曰：「八卦之上，各生一奇一耦，而爲四畫，邵子所謂八分爲十六也。是于兩儀之上各加八卦，八卦之上各加兩儀也。四畫之上各生一奇一耦而爲五畫，邵子所謂十六分爲三十二也。是于四象之上各加八卦，八卦之上各加四象也。五畫之上各生一奇一耦而爲六畫，邵子所謂三十二分爲六十四也。是八卦之上各加八卦，《大傳》謂『因而重之』者此也。自此以上又各生一奇一耦以至爲十二畫，成四千九十六卦，此即焦贛《易林》卦變之數，蓋以六十四乘六十四也。」

百家謹案：此邵子所謂《伏皇先天六十四卦橫圖》也。下三畫即前圖之八卦，上三畫則各以其序重之，而下卦因亦各衍而爲八也。朱子《本義》于《橫圖》用黑白以別陰陽爻畫，其答袁樞有云：「黑白之位，亦非古法。但以奇耦爲之，終不粲然。今欲易曉，固不若黑白之了了心目間也。」《圓圖》即以此序規而圓之，《方圖》以此割而疊之。

六十四卦圓圖方位圖

先天學，心法也。圖皆從中起，萬化萬事生于心也。

乾以分之，坤以合之，震以長之，巽以消之。長則分，分則消，消則翕也。乾坤，定位也；震巽，一交也；兑離坎艮，再交也。故震，陽少而陰尚多也；巽，陰少而陽尚多也；兑離，陽浸多也；坎艮，陰浸多也。無極之前，陰含陽也；有象之後，陽分陰也。陰爲陽之母，陽爲陰之父，故母孕長男而爲《復》，父生長女而爲《姤》，是以陽起于《復》而陰起于《姤》也。自《姤》至《坤》爲陰含陽，自《復》至《乾》爲陽分陰。《坤》、《復》之間爲無極，自《坤》反《姤》爲無極之前。

乾四十八而四分之一分，爲陰所克也；坤四十八而四分之一分，爲所克之陽也。故乾得三十六，而坤得十二也。陽在陰中，陽逆行；陰在陽中，陰逆行；陽在陽中，陰在陰中，皆順行。

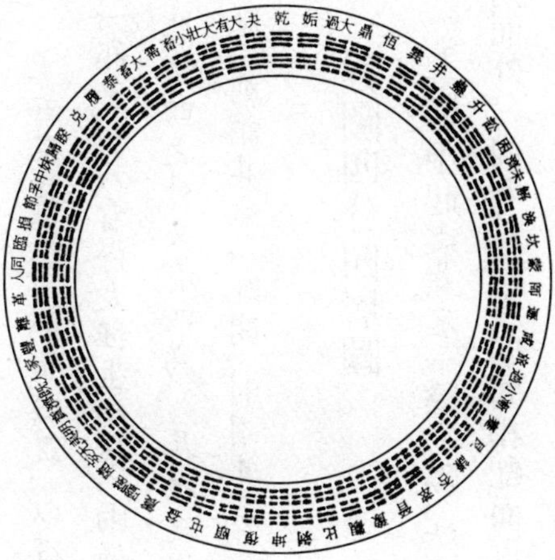

朱子曰：「《圓圖》左屬陽，右屬陰。坤無陽，艮坎一陽，巽二陽，爲陽在陰中逆行。乾無陰，兑離一陰，震二陰，爲陰在陽中逆行。震一陽，離兑二陽，乾三陽，爲陽在陽中順行。巽一陰，坎艮二陰，坤三陰，爲陰在陰中順行。此以内八卦言也。若以外八卦推之：右方外卦四節，皆首乾終坤，四坤無陽，自四艮各一陽，逆行而至于乾之三陽，其陽皆自下而上，亦陽在陰中，陽逆行也。左方外卦四節，亦首乾終坤，四乾無陰，自四兑各一陰，逆行而至于坤之三陰，其陰皆自上而下，亦陰在陽中，陰逆行也。左方外卦四坤無陽，自四艮各一陽，順行而至于乾之三陽，其陽皆自下而上，亦陽在陽中，陽順行也。右方外卦四乾無陰，自四兑各一陰，順行而至于坤之三陰，皆自上而下，亦陰在陰中，陰順行也。以逆順之説推之：陰陽各居本方，則陽自下而上，陰自上而下，皆爲順。若反居其位，則陽自上而下，陰自下而上，皆爲逆。」

復至乾凡百一十有二陽，姤至坤凡八十陽，姤至坤凡百一十有二陰，復至乾凡八十陰。坎、離者，陰陽之限也。故離當寅，坎當申。而數常踰之者，陰陽之溢也。然用數不過乎中也。

百家謹案：邵子之説，以得半爲中，又不敢至于已半，而以將半爲中也。朱子謂：「邵子初只看得太極生兩儀，兩儀生四象，心只管在那上轉，久之理透，一舉眼便成四片。其法四之外又有四焉。凡物纔過到二之半時，便煩惱了，蓋以漸趨于衰也。如見花方蓓蕾，則謂其盛；既開，則謂其衰。其理不過如此。」

方圖四分四層圖

《方圖》中起震巽之一陰一陽，然後有坎離艮兑之二陰二陽，後成乾坤之三陽三陰，其序皆自内而外。内四卦四震四巽相配而近，有雷風相薄之象。震巽之外十二卦縱横，坎離有水火不相射之象。坎離之外二十卦縱横，艮兑有山澤通氣之象。艮兑之外二十八卦縱横，乾坤有天地

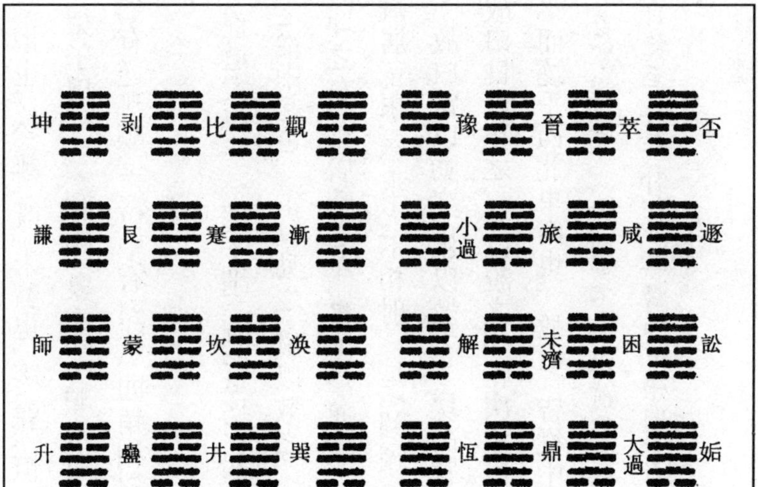
否
遯
訟
姤
无妄
同人
履
乾
萃
咸
困
大過
隨
革
兑
夬
晉
旅
未濟
鼎
噬嗑
離
睽
大有
豫
小過
解
恒
震
豐
歸妹
大壯
觀
漸
渙
巽
益
家人
中孚
小畜
比
蹇
坎
井
屯
既濟
節
需
剥
艮
蒙
蠱
頤
賁
損
大畜
坤
謙
師
升
復
明夷
臨
泰

定位之象。四而十二，而二十，而二十八，皆有隔八相生之妙。以交股言，則乾、坤、否、泰也，兑、艮、咸、損也，坎、離、既、未濟也，震、巽、恒、益也，爲四層之四隅。

朱子曰：「《圓圖》象天，一順一逆，流行中有對待，如震八卦對巽八卦之類；《方圖》象地，有逆無順，定位中有對待，四角相對，如乾八卦對坤八卦之類。此則《方》、《圓圖》之辨也。」

程道大曰：「邵子謂『圖皆從中起』，此『皆』字兼《方》《圓圖》而言。天地定位，《圓圖》之從中起也；雷以動之，風以散之，《方圖》之從中起也。《圓圖》乾、坤當南北之中；艮居坤之右，兑居乾之左，爲山澤通氣；震居坤之左，巽居乾之右，爲雷風相薄；坎居正西，離居正東，爲水火不相射。是《圓圖》起南北之中，而分于東西也。《方圖》，震、巽當圖之中，故曰雷以動之，風以散之；坎次巽，離次震，故曰雨以潤之，日以晅之；艮次坎，兑次離，故曰艮以止之，兑以説之；乾次兑，坤次艮，故曰乾以君之，坤以藏之。是《方圖》起圖之中，而達乎西北東南也。故曰『皆從中起』。」

百家謹案：《方圖》不過以前《大横圖》分爲八節，自下而上疊成八層，第一層即《横圖》自乾至泰八卦，第二層即《横圖》自臨至履八卦，以至第八層即《横圖》自否至坤八卦也。

卦氣圖

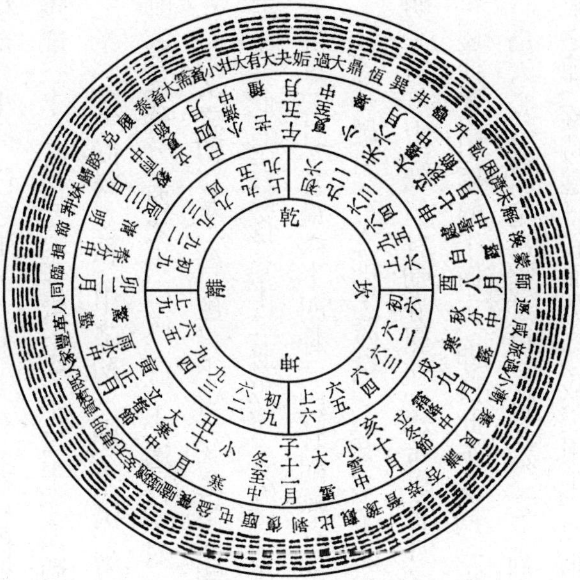

《發微》曰：「邵子先天卦氣皆中起，子午卯酉爲四中，二至、二分當之；寅申巳亥爲四孟，四立當之。○邵子以六十四卦分二十四氣，每月二氣，氣有在月初者，有在月半者，惟二至、二分則日在中，故乾、坤、坎、離當上下左右之中，其實于中亦得半，故以冬至子之半一例明之。○冬至日與天會，月與地會，爲復，天地皆在坤，故坤不用。春分日在卯，爲大壯，日月皆入離，故離不用。夏至日與天遇，月與地遇，爲姤，天地皆在乾，故乾不用。秋分日在酉，爲觀，日月皆入坎，故坎不用。」

胡玉齋曰：「當因邵子子半之説推之，依《先天卦圖》以卦分配節候。復爲冬至，子之半；頤、屯、益爲小寒，丑之初；震、噬嗑、隨爲大寒，丑之半；无妄、明夷爲立春，寅之初；

賁、既濟、家人爲雨水，寅之半；豐、離、革爲驚蟄，卯之初；同人、臨爲春分，卯之半；損、節、中孚爲清明，辰之初；歸妹、睽、兑爲穀雨，辰之半；履、泰爲立夏，巳之初；大畜、需、小畜爲小滿，巳之半；大壯、大有、夬爲芒種，午之初；至乾末交夏至，爲午之半。此左方陽儀三十二卦也。姤爲夏至，午之半；大過、鼎、恒爲小暑，未之初；巽、井、蠱爲大暑，未之半；升、訟爲立秋，申之初；困、未濟、解爲處暑，申之半；涣、坎、蒙爲白露，酉之初；師、遯爲秋分，酉之半；咸、旅、小過爲寒露，戌之初；漸、蹇、艮爲霜降，戌之半；謙、否爲立冬，亥之初；萃、晉、豫爲小雪，亥之半；觀、比、剥爲大雪，子之初；至坤末交冬至，爲子之半。此右方陰儀三十二卦也。二分、二至、四立，總爲八節，每節各計兩卦，餘十六氣每氣各計三卦，合爲六十四卦。以卦配氣者如此。」

周一敬曰：「邵子詩云：『冬至子之半，天心無改移。一陽初動處，萬物未生時。』明乎氣無中歇，但有動静屈伸，幾希可會耳。一歲之元，以此爲根。今第取每歲冬至之日，視屬何甲，甲屬何干何支，即擬此干支爲一歲之冬至矣。再視此日冬至確屬何時，即擬此時爲天心乍轉，定爲復卦矣。自此復之一刻積而引之，五日爲候，或十日，或十五日，爲一氣之節，逐時逐日叙而數之，或爲甲子，或爲乙丑，本日所值之干支即占者所值之卦爻也。凡干支之一日，即卦中之一畫，以畫配日，毫不得謬。于是以干支詳理氣之盛衰，以卦爻詳理氣之當否。理貞者吉，不貞者凶；氣舒者昌，氣促者掩；數長者福，數盡者迍。消息盈虛，歸于太極，萬物萬事莫能遁矣。○如今年歲在辛巳，筮者于六月朔問焉，其日在乙巳，則冬至當在庚辰歲戊子月九日丙戌之辰時矣。由丙戌日之辰時而順數之，至辛巳歲六月之朔，適得二百日，因就復之初爻順數之，遞頤而屯而益，以至姤之上及大過初，適得二百爻，在姤、過乘承之候，其節氣爲小暑矣。視所值爲姤之上邪，則日爲甲辰，于冬至丙戌，干爲生而支爲沖，姤上角剛喜觸，黨助皆剛，無處靜之德。五月木盛，陽氣將窮，正乾盡午中時也。視所值者其大過之初邪，則日爲乙巳，于冬至丙戌，干既逢生，支又助旺，初爻白茅無咎，慎德載物，濟事有人。正月木盛，而藉之用茅，又在陰候，得時得朋，有才有器者也。消息盈虛，理正如此。總之，視冬至之日時以順數，節氣配分卦畫，無不應者，在學者神而明之耳。」

百家謹案：康節《卦氣圖》卦主六日七分，亦京房日法也。而用《先天圖》六十四卦以分布氣候，去乾、坤、坎、離四正卦以主二至二分，蓋六十四卦凡三百八十四爻，去四卦二十四爻，以一爻當一日，恰合當期之三百六十日。朱子謂康節之學似楊子雲。康節謂：「楊雄知曆法，又知曆理。」又曰：「楊子作《玄》，可謂見天地之心者也。」然今觀《太玄》，有氣而無朔，有日星而無月，亦使未可謂知曆理、見天地之心者也。康節《先天卦位》，崇奉之者莫如朱子，至舉其圖架于文王、周公、孔子之上。然而辯之者亦不少。茲畧採辯圖之説于後，以俟千秋論定焉。

附先天圖辯

歸震川曰：「《易圖》，邵子之學也。昔者包犧氏之王天下也，仰觀俯察，觀鳥獸之文，與地之宜，遠稽近取，于是始作八卦，以通神明之德，以類萬物之情。蓋以八卦盡萬物之理，宇宙之間，洪纖巨細，往來升降，死生消息之故，悉著之于象矣。後之人苟以一説求之，無所不通，故雖陰陽小數、納甲飛伏、坎離填補、卜數隻耦之類，人人自以爲《易》。要之，皆可以言《易》也。《易》不離乎象數，象數之變至于不可窮。然而有正焉，有變焉。卦之明白而較著者爲正，此聖者之作也。旁推而衍之者爲變，此明者之述也。伏羲之作，止于八卦，因而重之，如是而已矣，初無一定之法，亦無一定之書，而剛柔、上下、陰陽之變態極矣。今所謂《易圖》者，列《横圖》于前，又規而圓之，左順右逆以象天，填而方之，交加八卦以象地，謂出于伏羲。太古無言之數，何若是紛紜邪？《大傳》曰：『神无方，《易》无體。』夫卦散于六十四，可圓可方。一域于圓方之形，則局矣。故散圖以爲卦而卦全，紐卦以爲圖而卦局。邵子以步算之法衍爲《皇極經世》之書，有分秒直事之術，其自謂得先天之學固以此。要其旨不叛于聖人，然不可爲作《易》之本。故曰推而衍之者變也。此邵子之學也。」

或曰：「邵子所據，《大傳》之文也。《大傳》『《易》有太極』節，先天卦序也。『天地定位』章，先天卦位也。『帝出乎震』節，文王卦位也。」曰：此邵子謂之云爾。夫《易》之法，自一而兩，兩而四，四而八，其相生之序則然也。八卦之象，莫著于八物，天、地也，山、澤也，雷、風、水、火也。八者，不求爲耦而不能不爲耦者也。帝之出入，《傳》固已詳之矣。以八卦配四時，夫以爲四時，則東南西北繫是焉，非文王易置之而有此位也。總之，圖與《傳》雖無乖剌，然必因《傳》爲此圖，不當謂《傳》爲圖説也。

附黎洲《易學象數論》，論《先天圖》曰：「邵子《先天横圖》次序，以『《易》有太極，是生兩儀，兩儀生四象，四象生八卦』爲據。黄東發言：『生兩、生四、生八，《易》有之矣；生十六、生三十二，《易》有之否邪？』某則據《易》之生兩、生四、生八，而後知《横圖》之非也。『易有太極，是生兩儀』，所謂『一陰一陽』者是也。其一陽也，已括一百九十二爻之奇；其一陰也，已括一百九十二爻之耦。以三百八十四畫爲兩儀，非以兩畫爲兩儀也。若如朱子以第一爻而言，則一陰一陽之所生者各止三十二爻，而初爻以上之奇耦，又待此三十二爻以生。陰陽者氣也，爻者質也，一落于爻，已有定位，焉能以此位生彼位哉？『兩儀生四象』，所謂老陽、老陰、少陽、少陰是也。乾爲老陽，坤爲老陰，震坎艮爲少陽，巽離兑爲少陰。三奇（☰）者老陽之象，三耦（☷）者老陰之象，一奇二耦（☳、☵、☶）者少陽之象，一耦二奇（☱、☲、☴）者少陰之象。是三畫八卦即四象也，故曰『八卦成列，象在其中矣』，『八卦以象告』。此質之經文而無疑者也。又曰：『《易》有四象，所以示也。』又曰：『《彖》者，言乎象者也。』今觀《彖傳》必發明二卦之德，則象之爲三畫八卦明矣。是故四象之中，以一卦爲一象者，乾、坤是也；以三卦爲一象者，震、坎、艮與巽、離、兑是也。必如康節均二卦爲一象，乾、離、坎、坤于四象之位得矣，兑之爲老陽，震之爲少陰，巽之爲少陽，艮之爲老陰，無乃雜而越乎？《易》言『陽卦多陰，陰卦多陽』，艮、震之爲陽卦，巽、兑之爲陰卦，可無疑矣。反而置之，明背經文，而學者不以爲非，何也？至于八卦次序，乾、坤、震、巽、坎、離、艮、兑，其在《説卦》者亦可據矣。而易爲乾一、兑二、離三、震四、巽五、坎六、艮七、坤八，以緣飾圖之左陰右陽，學者信經文乎？信傳注乎？『四象生八卦』者，《周禮・太卜》『經卦皆八，別皆六十四』，『占人以八卦占簭之八故』，則六十四卦統言之，皆謂之八卦也。蓋内卦爲貞，外卦爲悔，舉貞可以該悔，舉乾之貞而坤乾、震乾、巽乾、坎乾、離乾、艮乾、兑乾該之矣。以下七卦皆然。證之于《易》，曰『八卦定吉凶』，若三畫之八卦，吉凶何從定乎？曰『包犧氏始作八卦』，其下文自益至夬，所取之十卦已在其中，則八卦之該六十四卦亦明矣。由是言之，太極、兩儀、四象、八卦，因全體而見。蓋細推八卦，即六十四卦之中皆有兩儀四象之理，而兩儀四象初不畫于卦之外也。其言生者，即『生生謂易』之生，非次第而生之謂。康節加一倍之法，從此章而得，實非此章之旨，又何待生十六、生三十二而後出經文之外也？其謂之『先天』者，以此章所生八卦，與前章『始作八卦』，其文相合，以爲宓戲之時止有三畫而無六畫，故謂之先天。又以己之意生十六、生三十二、生六十四，倣此章而爲之，以補羲皇之闕，亦謂之先天。不知此章于六十四卦已自全具，補之反爲重出。《易》言『因而重之』。生十六、生三十二、生六十四，是積累而後成者，豈可謂之重乎？既不難明背，何止如東發言非《易》之所有邪！」

其二曰：「邵子《先天方位》，以『天地定位，山澤通氣，雷風相薄，水火不相射，八卦相錯』爲據，而作乾南、坤北、離東、坎西、震東北、兑東南、巽西南、艮西北之圖。于是爲之説曰：『數往者順，若順天而行，是左旋也，皆已生之卦也。乾一、兑二、離三、震四，生之序也。震初爲冬至，離兑之中爲春分，乾末交夏至。故由震至乾皆已生之卦。知來者逆，若逆天而行，是右行也，皆未生之卦也。巽五、坎六、艮七、坤八，生之序也。巽初爲夏至，坎艮之中爲秋分，坤末交冬至。故由巽至坤，皆未生之卦。』又倣此而演之，以爲六十四卦方位。夫卦之方位，已見『帝出乎震』一章。康節舍其明明可據者，而于未嘗言方位者重出之以爲先天，是謂非所據而據焉。『天地定位』，言天位乎上，地位乎下，未聞南上而北下也。『山澤通氣』，山必資乎澤，澤必出乎山，其氣相通，無往不然，奚取其相對乎？『雷風相薄』，震居東，巽居東南，遇近而合，故言相薄，遠之則不能薄矣。東北爲寅，時方正月，豈雷發聲之時邪？『水火不相射』，南方炎，北方寒，猶之冬寒夏熱也。離東坎西，是指春熱秋寒，誰其信之！此皆先儒所已言者，某則即以邵子所據者破邵子之説。『帝出乎震』之下文『動萬物者莫疾乎雷，撓萬物者莫疾乎風，燥萬物者莫熯乎火，説萬物者莫説乎澤，潤萬物者莫潤乎水，終萬物始萬物者莫盛乎艮』，其次序非即上文離南坎北之位乎？但除乾坤于外耳。而繼之以『故水火相逮，雷風不相悖，山澤通氣，然後能變化，既成萬物也』，然則前之『天地定位』四句，正爲離南坎北之方位而言也，何所容先天之説雜其中邪！且卦爻之言方位者，『西南』皆指坤，『東北』皆指艮，『南狩』『南征』必爲離，『西山』『西郊』必爲兑。使有乾南坤北之位在其先，不應卦爻無闌入之者。康節所謂『已生』『未生』者，因擴圖乾一兑二之序。乾一兑二之序，一人之私言也，則『左旋』『右行』之説益不足憑耳。凡先天四圖，其説非盡出自邵子也。朱震《經筵表》云：『陳摶以《先天圖》傳种放，放傳穆修，修傳李之才，之才傳邵雍。放以《河圖》《洛書》傳李溉，溉傳許堅，堅傳范諤昌，諤昌傳劉牧。』故朱子云宓戲四圖其説皆出自邵氏。然觀劉牧《鉤深索隱圖》，乾與坤數九也，震與巽數九也，坎與離、艮與兑數皆九也。其所謂九數者，天一地八定位，山七澤二通氣，雷四風五相薄，水六火三不相射。則知《先天圖》之傳，不僅邵氏得之也。」

論《天根月窟》曰：「康節因《先天圖》而創爲天根月窟，即《參同契》乾坤門户牝牡之論也。故以八卦言者，指坤震二卦之間爲天根，以其爲一陽所生之處也；指乾巽二卦之間爲月窟，以其爲一陰所生之處也。程前村直方謂天根在卯，離兑之中是也；月窟在酉，坎艮之中是也，引《爾雅》『天根，氐也』，《長楊賦》『西壓月窟』證之，然與康節『乾遇巽時觀月窟，地逢雷處見天根』之詩背矣。以六十四卦言者，朱子曰：『天根月窟指復、姤二卦。』有以十二辟卦言者，十一月爲天根，五月爲月窟。其三十六宮，凡有六説。以八卦言者三：乾一、兑二、離三、震四、巽五、坎六、艮七、坤八之次序，積數爲三十六。乾一對坤八爲九，兑二對艮七爲九，離三對坎六爲九，震四對巽五爲九，四九亦爲三十六。乾畫三，坤畫六，震、坎、艮畫各五，巽、離、兑畫各四，積數亦三十六。以六十四卦言者二：朱子曰：『卦之不易者有八，乾、坤、坎、離、頤、中孚、大過、小過，反易者二十八，合之爲三十六。』方虛谷回曰：『復起子，左得一百八十日；姤起午，右得一百八十日。一旬爲一宮，三百六十日爲三十六宮。』以十二辟卦言者一：鮑魯齋恂曰：『自復至乾六卦，陽爻二十一，陰爻十五，合之則三十六；自姤至坤六卦，陰爻二十一，陽爻十五，合之亦三十六；陽爻陰爻總七十二，以配合言，故云三十六。』案諸説雖異，其以陽生爲天根，陰生爲月窟，無不同也。蓋康節之意，所謂天根者，性也；所謂月窟者，命也。性命雙修，老氏之學也，其理爲《易》所無，故其數與《易》無與也。」

論《八卦方位》曰：「離南坎北之位，見于經文，而卦爻所指之方亦與之相合，是亦可以無疑矣。蓋卦畫之時即有此方位，《易》不始于文王，則方位亦不始于文王，故不當云『文王八卦方位』也。乃康節必欲言文王因先天乾南坤北之位改而爲此。朱子則主張康節之説過當，反致疑于經文，曰：『曷言「齊乎巽」，不可曉。』曰：『坤在西南，不成東北方無地？』曰：『乾西北亦不可曉，如何陰陽來此相薄？』曰：『西方肅殺之氣，如何言萬物之所説？』凡此數説，有何不可曉！巽當春夏之交，萬物畢出，故謂之齊。觀北地少雨，得風則生氣郁然，可驗也。夏秋之交，土之所位，故坤位之，非言地也。若如此致難，則先天方位巽在西南，何不疑東北無風邪？其餘七卦，莫不皆然。乾主立冬以後，冬至以前，故陰陽相薄。觀《説卦》乾之爲寒、爲冰，非西北何以置之？萬物告成于秋，如何不説？朱子注『元亨利貞』之利曰：『利者，生物之遂，物各得宜，不相妨害，于時爲秋，于人爲義，而得其分之和。』非説乎？顧未嘗以肅殺爲嫌也。然則朱子所以致疑者，由先天之説先入于中，故曰主張太過也。康節曰『乾坤交而爲泰』，言文王改《先天圖》之意，先天乾南坤北，交而爲泰，故乾北坤南。『坎離交而爲既濟』，先天離東坎西，交而爲既濟，故離南坎北。『乾生于子』，先天乾居午，而其生在子，故下而至北。『坤生于午』，坤居子，而其生在午，故上而至南。『坎終于寅』，坎當申，交于離，故終寅。『離終于申』，離當寅，交于坎，故終申。所謂交者，不取對待言之也。即以對待而論，則乾南坤北者，亦必乾北坤南而後泰之形可成也，今坤在西南，乾在西北；離東坎西者，亦必離西坎東而後既濟之形可成也，今離在上，坎在下，于義何居？藉變曰『再變而後爲今位』，是乾南坤北之後，離南坎北之前，中間又有一方位矣。乾位戌，坤位未，坎位子，離位午，于子午寅申皆無當也。康節又曰：『震、兑，始交者也。』陽本在上，陰本在下。陽下而交于陰，陰上而交于陽。震一陽在下，兑一陰在上，故爲始交，故當朝夕之位。『坎、離，交之極者也。』坎陽在中，離陰在中，故爲交之極，故當子午之位。四正皆爲用位。『巽、艮，不交而陰陽猶雜也。』巽一陰在下，艮一陽在上，適得上下本然，故爲不交，故當用中之偏。『乾、坤，純陽純陰也，故當不用之位。』東方陽主用，西方陰爲不用。夫氣化周流不息，無時不用。若以時過爲不用，則春秋不用子午，冬夏不用卯酉，安在四正之皆爲用位也？必以西南、西北爲不用之位，則夏秋之交，秋冬之交，氣化豈其惑息乎？康節又曰：『乾坤縱而六子横，《易》之本也。先天之位，震兑横而六卦縱，《易》之用也。』由前之説，則後自坎離以外皆横也；由後之説，則前自坎離以外皆縱也。圖同而説異，不自知其遷就歟？是故離南坎北之位，本無可疑。自康節以爲從先天改出，牽前曳後，始不勝其支離。朱子求其所以改之之故而不可得，遂至不信經文。吁，可怪也！」

附黄晦木宗炎《周易象辭·先天卦圖辯》略曰：「伏皇以前，初無著之方册，代見物理之事。伏皇欲以文字教天下，傳後世，創爲奇耦之畫，使天地雷風水火山澤八象之在兩間者，焕然移于方册之上，正所謂文字也。後聖師其大意，變成斜正縱横之狀，而文字日增。是卦畫者，文字之根原；文字者，卦畫之支流也。八卦者，六書之指事、象形；六十四卦者，六書之聲、意、轉、借也。爲陳、邵之説者視此爲圖，以爲不立言語文字，使人静觀以悟其神妙，何異云孔、孟惡諛墓不爲碑版，慎毁譽不爲序記，《雅》《頌》不爲樂府，風人不爲長律短句也？造爲文、周、孔子只從中半説起。人至三聖，恐無可復加矣，何獨于演《易》贊《易》，不識向上精微，僅從中半説起，自戻伏皇作《易》之大道乎？有周之時，編簡未繁，無堆牀插架之部帙，吾夫子學《易》，韋絶窮思，極其擬議，必曰『昔者聖人之作《易》也』，推原上古，探所由來，漸及于中古，攷其窮變，一一著明，昭然旦晝，獨近摘糟魄，遺向上根原而不顧乎？後此二三千年，去古愈遠，注經解傳，汗牛充棟，乃忽遇夫天根月窟，與伏皇揖遜于一堂，印心于密室。就使事事合符，吾尚未敢信其必然，況乎自相衡決，彼此乖舛，惟以大言壓人邪！試平心静觀，文《彖》、周《爻》、孔《翼》，治亂聖狂，經國修身，吉凶悔吝，揭日月于中天。無論智愚、賢不肖，俱可持可效。循道而行，外之則治國平天下，致斯世于雍熙；内之則窮神知化，盡性以至于命。陳、邵《先天方位》，變亂無稽，徒取對待。《横圖》乾一、兑二、離三、震四、巽五、坎六、艮七、坤八，奇耦疊加，有何義理？有何次序？又屈而圓之，矯揉造作，卦義無取，時令不合。又交股而方之，裝湊安排，全昧大道。帝王之修齊治平安在？聖賢之知天知人安在？庸衆之趨吉避凶安在？反謂文、周、孔子所不能窺，亦是老者曰『孔子，吾師之弟子』之意耳！古人命名立意，有典有則，可觀玩，可諷詠。今用横圓方制爲名號，亦覺俚俗鄙野，大非修辭辭文之旨。五百年來譸張戞聒，令紫色鼃聲奪玄黄鐘鼓之席，推倒周公、孔子，壓于其上，率天下之人而疑三聖人者，非二氏之徒，實儒者之徒也。作《先天諸圖辯》。」

《辯先天八卦方位圖》曰：「邵堯夫引『天地定位』一章，造爲《先天八卦方位圖》，其説云：『「天地定位」，乾南坤北也；「水火不相射」，離東坎西也；「雷風相薄」，震東北、巽西南也；「山澤通氣」，艮西北、兑東南也。』夫聖人所謂定位，即如首章『天高地卑，乾坤定矣』之義，未可贅以南北也。天地之間，山澤最著，故次及之，言山峻水深，形體隔絕，其氣則通，山能灌澤成川，澤能蒸山作雲，未可指爲西北、東南也。雷以宣陽，風以盪陰，兩相逼薄，其勢尤盛，未可指爲東北、西南也。水寒火熱，水溼火燥，物性違背，非克必争，然相遇又有和合之用，不相射害，未可誣以東西也。八象既出，或聯或間，何莫非消息往來之運行，豈必取于對待乎？故總言『八卦相錯』，謂不止于天地之交、山澤之遇、雷風之合、水火之重也。八象遞加，轉展變動，則成二篇之《易》矣。明白斬截，毫無藤蔓，容我裝湊者。其云『乾南坤北』也，實養生家之大旨。謂人身本具天地，俱因水潤火炎，陰陽交易，變其本體，故令☰乾之中畫損而成☲離，☷坤之中畫塞而成☵坎，是後天使然。今有取坎填離之法，挹坎水一畫之奇，歸離火一畫之耦。如鍊精化氣、鍊氣化神之類，益其所不足，離得故有也；如鑿竅喪魄、五色五聲五味之類，損其所有餘，坎去本無也。離復反爲乾，坎復反爲坤，乃先天之南北也。養生所重，專在水火，比之爲天地。既以南北置乾坤，坎離不得不就東西。坎，月也，水也，生于西方；離，日也，火也，出自東方。丹家砂火能伏澒水鉛水，結成金液，所謂火中水，水中金，混和結聚。此之先後，即承上文之變易而言，已不若乾坤之確矣。兑居東南，艮居西北，巽居西南，震居東北，直是無可差排，勉强塞責，竟無義理可尋，緣此四卦不過爲丹鼎備員，非要道也。又水火木金已盡現伏于四正位，止云兑澤連接于正南之乾天，兩金相倚；艮山根種于正北之坤地，兩土相附；雷發于地，風起于天云爾。安見其必然，而欲以此奪三聖之大道與？附會先天方位者，反疑夫子震東兑西爲少長相合于正方，巽東南艮東北爲少長相合于偏方。少長之合非其耦，必若伏羲八卦，以長合長、少合少爲得其耦。豈直以卦畫爲男女邪？父、母、長、中、少，亦象爾，合與耦亦象爾。如必曰男女也，則震坎艮不宜重，巽離兑不宜錯，乾坤烏可加諸六子邪？固哉其爲《易》也！」

《辯先天横圖》曰：「夫子明訓，八卦既立，『因而重之』，又曰『八卦相盪』，又曰『八卦相錯』。自有乾坤六子，以一卦爲主，各以八卦加之，得三畫即成六畫，得八卦即有六十四卦，何曾有所謂四畫、五畫之象，十六、三十二之次第也？四畫、五畫，成何法象？雖謂陰陽剛柔，不可擬爲三才。十六、三十二，何者在先，何者在後？其于天地雷風水火山澤，貞卦不全其八，悔卦無可指名。視之若枯枝敗荄，無理無義，以遂其遞生一奇一耦之説，縱其所如，成乾一、兑二、離三、震四、巽五、坎六、艮七、坤八之位置，初無成見于胸中，絶無關轄于象數。有疑之者，則大言以震撼之，辭色俱厲以拒絶之，使天下盡出于詖淫邪遁之一轍，以反攻其父母。甚矣，儒者之好怪也！苟掩卷而思之，學《易》者何不以三乘三，以八加八，一舉而得六爻，再舉而得六十四卦，明白且簡易，直截且神速乎？惡用是牽纏羈絆，挽之不來，卻之不去者爲哉！聖人作《易》，仰觀俯察，近身遠物，無不勘破其情狀，體悉其至理，若巨若細，盡備于胸臆，然後宣發于文字。豈有漫無成見，隨手畫去，如小兒之搬棋砌瓦，原非心思所主宰，又非外緣所感觸，待其自成何物，然後從而名之？夫子所云『擬議以成其變化』，豈欺我哉！夫焦氏《易》學，傳數而不傳理，響應于一時，聲施于後世者，自有變通之妙用。分爲四千九十六卦，實統諸六十四，是一卦具六十四卦之占。乾坤還其爲乾坤，六子還其爲六子，别卦還其爲别卦，非層累而上，有七畫、八畫以至十二畫之卦也。《易林》一卦中錯綜雜出，變動不拘，豈一畫止生一奇一耦，歷千百而不改，如是其頑冥不靈者歟？兩間氣化，自有贏縮，或陰盛陽衰，或陽多陰少，惡得均分齊一，無輕重、大小、往來、消長之異同乎？若然，則天無氣盈朔虚，無晝夜寒燠，人無仁暴，地無險夷矣。若然，則人皆一男一女，鳥皆一雌一雄，獸皆一牝一牡矣。若然，則續鳧斷鶴，黔鵠浴烏，五行運氣，無偏重之性矣。夫物之不齊，物之情也。造化之參差，理義之所由以立也。聽一奇一耦之自爲盤旋，于教化乎何有？于裁成輔相乎何有？于《易》不可爲典要乎何有？是一定也，非易也。吾直曰：邵氏之《易》，欲求爲京、焦，而力有弗逮也。一奇一耦，層累疊加，是作《易》聖人不因天高地厚而定乾坤，無取雷風動入而成震巽，坎陷離麗未有水火之象，艮止兑説不見山澤之形，但信手堆砌，然後相度揣摩，贈以名號。自乾至復三十二卦爲無母，自坤至姤三十二卦爲無父；山澤未嘗通，雷風未嘗薄，水火未嘗濟；父與少女、中女、長男同時而産，母與少男、中男、長女同時而育；無三畫爲卦之限，無内外貞悔之序；足重半天下，首偏鋭一耦，三十二物聯孿合體，上下大小殊絶，牽纏桎梏，天地不能自有其身，雷風水火山澤不能自完其性。第一畫貫三十二爻，可云廣矣；奇遺姤至坤之半，耦遺復至乾之半，則挂漏之極也。第二畫貫十六爻，第三畫貫八爻，始有八象，吾不知天何私于澤火雷而獨與之同氣，何惡于風水山而杳不相蒙也；地何親于山水風，何疏于雷火澤，親者膠固而無彼此，疏者隔塞而不相應求也。古今事理，惟簡能御繁，一可役萬，故卦止八象，爻止六位，變變化化，運用無窮。如必物物皆備，始稱大觀，則七畫以至十一畫乃魑魅現形，無有人道；及成十二畫，則頭上安頭，牀上置牀，徒覺狀貌之臃腫，取義之贅疣。若其所云日月星辰，水火土石，寒暑晝夜，雷露風雨，情性形體，草木飛走，耳目口鼻，聲色氣味，元會運世，歲月日辰，皇帝王霸，《易》《書》《詩》《春秋》，似校《説卦》爲詳密，而其偏僻疏罔特甚。何天無霜雪雷雹虹霾也？地無城隍田井海岳都鄙也？時無温和旱潦也？人無臟腑手足髮膚也？無盜賊蠻方也？經無《禮》《樂》也？物無蟲魚也？『形體』之與『耳目口鼻』又何其重出也？即萬舉萬當，于神明、化裁、引伸、觸類之謂何！使吾夫子《十翼》退舍而卻行者，其宗陳、邵之流與！」

《辯圓圖》曰：「邵氏以震歷離兑乾爲順，以巽歷坎艮坤爲逆，順爲數往，逆爲知來。則震離兑乾僅能數往，不能知來；巽坎艮坤職在知來，無煩數往。夫乾知大始，乃統天，于知來乎何有，豈可但局之數往！坤以藏之，承天順天，成物代終，于數往冬何有，豈可反以爲知來！亦不類矣。數往順天左旋，乾一、兑二、離三、震四爲已生之卦，知來逆天右旋，巽

五、坎六、艮七、坤八爲未生之卦，已屬鑿空。又云《易》數由逆而成，若逆知四時之謂，豈震離兑乾無當于《易》數，而漫列宂員者與？聖人知來數往，萬理萬物無不兼該，非專爲四時而設，四時節候有治曆之法，千歲日至可坐而定，絶無取乎卦氣也。今屈《横圖》而圓之，云乾生子中，盡午中，坤生午中，盡子中，離盡卯中，坎盡酉中，皆緣冬至一陽爲復，遂充類至義之盡，以六十四卦分配二十四節候，然亦須一候得二卦有奇，乃爲恰合，何以倏多倏少，遠不相謀？復之『至日閉關』，夫子特舉象之一節。若姤爲夏至，未見明訓，未敢信爲必然。臨、泰、大壯、夬、乾與遯、否、觀、剥、坤之配歲周，不免案圖索驥，近于顓愚，矧可牽引六十四卦，矯揉誣罔，一切不符乎？今云冬至復卦一陽生子半，閲頤、屯、益、震、噬嗑、隨、无妄、明夷、賁、既濟、家人、豐、離、革、同人、臨凡十七卦，始得二陽，爲十二月，已是卯半，爲春分矣。損、節、中孚、歸妹、睽、兑、履、泰凡八卦，乃得三陽，爲正月，已是巳初，爲立夏矣。大畜、需、小畜、大壯凡四卦，乃得四陽，爲二月，已是巳半，爲小滿矣。大有、夬止二卦，即得五陽，爲三月，已是午初，爲芒種矣。至乾止一卦，即得純陽，爲四月，已是午半，爲夏至矣。至姤亦止一卦，一陰生午半，閲大過、鼎、恒、巽、井、蠱、升、訟、困、未濟、解、涣、坎、蒙、師、遯凡十七卦，始得二陰，爲六月，已是酉半，爲秋分矣。咸、旅、小過、蹇、漸、艮、謙、否凡八卦，乃得三陰，爲七月，已是亥初，爲立冬矣。萃、晉、豫、觀凡四卦，乃得四陰，爲八月，已是亥半，爲小雪矣。比、剥止二卦，即得五陰，爲九月，已是子初，爲大雪矣。至坤止一卦，即得純陰，爲十月，已是子半，爲冬至矣。將六十四卦破碎割裂，苦死支吾，猶然背畔若此，胡見其自然哉！若卦畫各義，毫無統屬，則精微之正論，反可姑置者也！○何謂已生、未生？八卦如此分屬，尚有全用乎？既有乾一、兑二、離三、震四、巽五、坎六、艮七、坤八之序，則皆已生矣。就彼而言，震巽居中，有長男代父、長女代母爲政之象。震順天左行，自復、頤至夬、乾，行三十二卦，遇姤而息。巽逆天右行，自姤、大過至剥、坤，行三十二卦，遇復而息。夫兩間氣化，轉轂循環，無有端緒。其來也非突然而來，即其去而來已在内；其去也非決然而去，即其來而去已下伏。焉得分疆畫界，釐然中判，其去其來，若左右不相連貫者！震巽東西背馳，亦如人之行路，畢竟先有方向，然後可揚帆策馬，行縢屨屩。焉得東行者，山川原隰，歷歷可指，而云已生；西行者，悉漭瀁無憑，而待行者自爲開闢，乃云未生歟？春夏何其逸，秋冬何其勞也？一二三四五六七八之數自，有則俱有，焉得震獨據一二三四，數往而順；巽獨擅五六七八，知來而逆？且數自一而二三四爲順，今反以四三二一爲順；自八而七六五爲逆，今反以五六七八爲逆；亦難錯説矣！震長男，陽也，陽主創，近乎未生，或可云逆，而反云順。陽而順，是不能制義者也。巽長女，陰也，陰主隨，近乎已生，本可云順，而反云逆。陰而逆，是牝雞司晨者也。陰陽順逆，一切顛倒矣！細心體驗，種種可疑。」

《辯方圖》曰：「邵氏又作《方圖》，謂天圓地方，置之《圓圖》之中，謂天包地外。其説曰『天地定位』，以西北角置乾，東南角置坤爲定位，又非南北故武矣；曰『否、泰反類』，東北角置泰，西南角置否，爲反類；曰『山澤通氣』，兑二斜依乾一，艮七斜依坤八，爲通氣；曰『咸、損見意』，斜依否之咸，斜依泰之損，爲見意；曰『雷風相薄』，以震四斜依離三，巽五斜依坎六，震、巽當中，斜依交會，爲相薄；曰『恒、益起意』，恒自咸而未濟斜來，益自損而既濟斜來，亦交會于子中，爲起意；曰『水火相射』，以坎六自艮七斜接巽五，離三自兑二斜接震四，爲相射；曰『既濟、未濟』，既濟自損來斜連于益，未濟自咸來斜連于恒也。曰『四象相交，成十六事』。夫《横圖》既云陰陽老少爲四象，此則明明用其六畫之卦，何以又稱四象乎？云『十六事』者，乾、坤、否、泰、艮、兑、咸、損、震、巽、恒、益、坎、離、既濟、未濟，俱取老、長、中、少、陰、陽正對，似乎稍有可觀。《易》卦陽爻一百九十二畫，陰爻一百九十二畫，奇耦停勻，隨人牽引，俱可布位整齊。使確守乾父坤母一再三索而搬演之，何嘗不繡錯絲編，爛然秩然，而理則較勝也？《大易》全篇，何莫非神化變通，而僅取否、泰、咸、損、恒、益、二濟爲綱領，將謂此外皆附庸之國乎？總之，先天卦畫，奇耦相加，亂左陽右陰之常經。《方》《圓圖》次第撮湊小巧，紊四時之敍，變八方之位，去君父母子之名分，倒老長中少之行列。曲護其説者，甚至謂乾坤無生六子之理。夫子所云乾父坤母，乾坤《易》之門，乾坤《易》之藴，一筆塗抹；《説卦》三傳，無一可宗。可乎哉！」

百家謹案：《先天卦圖》傳自方壺，謂創自伏皇。此即《雲笈七籤》中云某經創自玉皇，某符傳自九天玄女，固道家術士假托以高其説之常也。先生得之而不改其名，亦無足異，顧但可自成一説，聽其或存或没于天地之間。乃朱子過于篤信，謂程演周經，邵傳犧畫，掇入《本義》中，竟壓置于文《彖》、周《爻》、孔《翼》之首，則未免奉螟蛉爲高曾矣！歸震川疑之，謂因《傳》而有圖，圖未必出于伏聖也。豈知《傳》中所謂「天地定位」，與先天八卦并初無干涉邪！況邵伯温《經世辨惑》云：「希夷易學，不煩文字解説，止有圖以寓陰陽消長之數與卦之生變。圖亦非創意以作，孔子《繫辭》述之明矣。」則以此圖明明直云出自希夷也。惜朱子固不之考，震川亦不之疑耳。

經世衍易圖

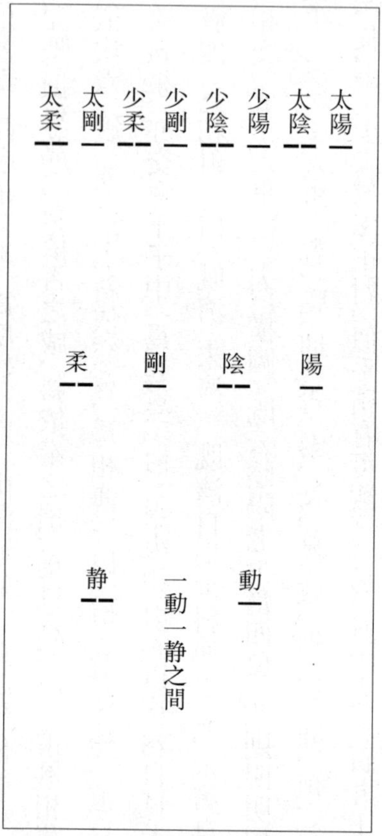

蔡西山曰：「一動一静之間者，《易》之所謂太極也。動、静者，《易》所謂兩儀也。陰、陽、剛、柔者，《易》所謂四象也。太陽、太陰、少陽、少陰、少剛、少柔、太剛、太柔，《易》所謂八卦也。」

經世天地四象圖

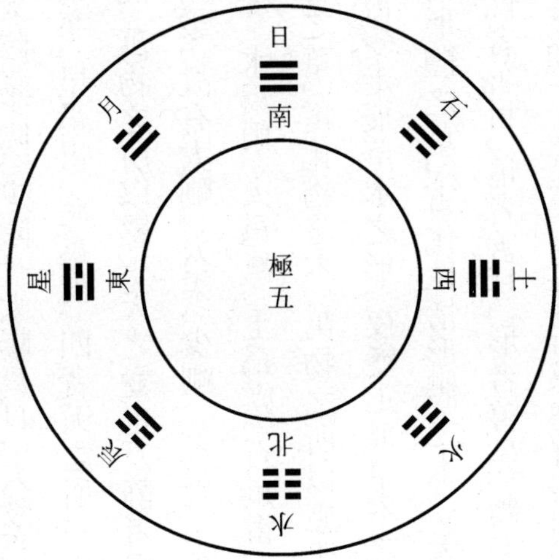

太陽	日	暑	性
	目	元	皇
太陰	月	寒	情
	耳	會	帝
少陽	星	晝	形
	鼻	運	王
少陰	辰	夜	體
	口	世	霸
少剛	石	雷	木
	氣	歲	易
少柔	土	露	草
	味	月	書
太剛	火	風	飛
	色	日	詩
太柔	水	雨	走
	聲	時	春秋

蔡西山曰：「動者爲天，天有陰陽，陽者動之始，陰者動之極。陰陽之中又各有陰陽，故有太陽、太陰、少陽、少陰。太陽爲日，太陰爲月，少陽爲星，少陰爲辰，是爲天之四象。日爲暑，月爲寒，星爲晝，辰爲夜，四者天之所變也。暑變物之性，寒變物之情，晝變物之形，夜變物之體，萬物之所以感于天之變也。静者爲地，地有柔剛，柔者静之始，剛者静之極。剛柔之中又各有剛柔，故有太剛、太柔、少剛、少柔。太柔爲水，太剛爲火，少柔爲土，少剛爲石，是爲地之四象。水爲雨，火爲風，土爲露，石爲雷，四者地之所以化也。雨化物之走，風化物之飛，露化物之草，雷化物之木，萬物之所以應于地之化也。暑變走飛草木之性，寒變走飛草木之情，晝變走飛草木之形，夜變走飛草木之體；雨化性情形體之走，風化性情形體之飛，露化性情形體之草，雷化性情形體之木。天地變化，參伍錯綜而生萬物也。萬物之感于天之變，性者善目，情者善耳，形者善鼻，體者善口；萬物應于地之化，飛者善色，走者善聲，木者善氣，草者善味。蓋其所感應有不同，故其所善亦有異。至于人，則得天地之全，暑寒晝夜無不變，雨風露雷無不化，性情形體無不感，走飛草木無不應。目善萬物之色，耳善萬物之聲，鼻善萬物之氣，口善萬物之味。蓋天地萬物皆陰陽剛柔之分，人則兼備乎陰陽剛柔，故靈于萬物，而能與天地參也。人而能與天地參，故天地之變有元會運世，而人事之變亦有皇帝王霸。元會運世有春夏秋冬，爲生長收藏；皇帝王霸有《易》《書》《詩》《春秋》，爲道德功力。是故元會運世，春夏秋冬，生長收藏，各相因而爲十六；皇帝王霸，《易》《書》

《詩》《春秋》，道德功力，亦各相因而爲十六。十六者，四象相因之數也。凡天地之變化，萬物之感應，古今之因革損益，皆不出乎十六。十六而天地之道畢矣，故物之巨細，人之聖愚，亦以一、十、百、千四者相因而爲十六。千千之物爲細物，千千之民爲至愚；一一之物爲巨物，一一之民爲聖人。蓋人者，萬物之最靈；聖人者，又人倫之至也。自天地觀萬物，則萬物爲物；自太極觀天地，則天地亦物也。人而盡太極之道，則能範圍天地，曲成萬物，而造化在我矣。故其説曰：『一動一靜，天地之至妙歟！一動一靜之間，天地人之至妙歟！』一動一靜之間者，非動非靜而主乎動靜，所謂太極也。又曰：『思慮未起，鬼神莫知。不由乎我，更由乎誰！』所謂範圍天地，曲成萬物，造化在我者也。蓋超乎形器，非數之能及矣。雖然，是亦數也。伊川先生曰：『數學至康節方及理。』康節之數，先生未之學，至其本原，則亦不出乎先生之説矣。」補。

百家謹案：先儒云《經世》全書六十二篇，及弟子所記《外篇》上下，通六十四篇。內元會運世三十四篇，橫列甲子，起堯元年甲辰，終五代周顯德九年己未，繫歲紀事，以驗天時人事之得失；十六篇以聲音律吕更唱迭和，爲圖三千八百四十，以窮萬物之數；又有《皇極體要》、內外《觀象》數十篇。子文又著《一元消息》等圖。書甚浩繁，近世不能得其全書，無傳其學者，茲載入先遺獻《象數論》中所論《皇極》五篇，并《掛一》《既濟》陰、陽三圖，及《聲音論》數篇。其文雖約，大體已備，觸類引伸，一隅可三反矣。

經世掛一圖

元之元	元之元之元之元 泰 冬至	元之元之元之會 損	元之元之元之運 大畜	元之元之元之世 節
	元之元之會之元 需	元之元之會之會 中孚	元之元之會之運 小畜	元之元之會之世 歸妹
	元之元之運之元 大壯	元之元之運之會 睽	元之元之運之運 大有 小寒	元之元之運之世 兑
	元之元之世之元 夬	元之元之世之會 履	元之元之世之運 乾	元之元之世之世 困
元之會	元之會之元之元 咸	元之會之元之會 未濟	元之會之元之運 旅	元之會之元之世 解

續表

	元之會之會之元 小過	元之會之會之會 渙 大寒	元之會之會之運 漸	元之會之會之世 坎
	元之會之運之元 蹇	元之會之運之會 蒙	元之會之運之運 艮	元之會之運之世 師
	元之會之世之元 臨	元之會之世之會 謙	元之會之世之運 坤	元之會之世之世 遯
元之運	元之運之元之元 晉 立春	元之運之元之會 觀	元之運之元之運 比	元之運之元之世 剥
	元之運之會之元 巽	元之運之會之會 升	元之運之會之運 否	元之運之會之世 豫
	元之運之運之元 井	元之運之運之會 豐	元之運之運之運 屯 雨水	元之運之運之世 革

續表

	元之世				會之元
元之運之世之元 恒	元之世之元之元 離	元之世之會之元 家人	元之世之運之元 既濟	元之世之世之元 復	會之元之元之元 損 春分
元之運之世之會 蠱	元之世之元之會 大過	元之世之會之會 震 驚蟄	元之世之運之會 頤	元之世之世之會 同人	會之元之元之會 大畜
元之運之世之運 訟	元之世之元之運 姤	元之世之會之運 鼎	元之世之運之運 萃	元之世之世之運 无妄	會之元之元之運 節
元之運之世之世 益	元之世之元之世 隨	元之世之會之世 噬嗑	元之世之運之世 明夷	元之世之世之世 賁	會之元之元之世 需

續表

	會之元之會之元 中孚	會之元之會之會 小畜	會之元之會之運 大壯	會之元之會之世 睽
	會之元之運之元 大有	會之元之運之會 兌	會之元之運之運 夬 清明	會之元之運之世 履
	會之元之世之元 乾	會之元之世之會 困	會之元之世之運 咸	會之元之世之世 未濟
會之會	會之會之元之元 旅	會之會之元之會 解	會之會之元之運 歸妹	會之會之元之世 渙
	會之會之會之元 漸	會之會之會之會 坎 穀雨	會之會之會之運 蹇	會之會之會之世 蒙
	會之會之運之元 艮	會之會之運之會 師	會之會之運之運 泰	會之會之運之世 臨

續表

	會之會之世之元　謙	會之會之世之會　小過	會之會之世之運　觀	會之會之世之世　剥
會之運	會之運之元之元　蠱　立夏	會之運之元之會　井	會之運之元之運　屯	會之運之元之世　遯
	會之運之會之元　姤	會之運之會之會　訟	會之運之會之運　无妄	會之運之會之世　大過
	會之運之運之元　豫	會之運之運之會　鼎	會之運之運之運　比　小滿	會之運之運之世　巽
	會之運之世之元　坤	會之運之世之會　升	會之運之世之運　萃	會之運之世之世　隨
會之世	會之世之元之元　晉	會之世之元之會　噬嗑	會之世之元之運　否	會之世之元之世　離

續表

	會之世之會之元 革	會之世之會之會 頤 芒種	會之世之會之運 復	會之世之會之世 恒
	會之世之運之元 豐	會之世之運之會 震	會之世之運之運 家人	會之世之運之世 益
	會之世之世之元 既濟	會之世之世之會 賁	會之世之世之運 明夷	會之世之世之世 同人
運之元	運之元之元之元 大畜 夏至	運之元之元之會 節	運之元之元之會 需	運之元之元之世 中孚
	運之元之會之元 小畜	運之元之會之會 歸妹	運之元之會之運 睽	運之元之會之世 大有
	運之元之運之元 兌	運之元之運之會 夬	運之元之運之運 履 小暑	運之元之運之世 乾

續表

	運之元之世之元 困	運之元之世之會 未濟	運之元之世之運 解	運之元之世之世 大壯
運之會	運之會之元之元 恒	運之會之元之會 鼎	運之會之元之運 大過	運之會之元之世 訟
	運之會之會之元 姤	運之會之會之會 隨 大暑	運之會之會之運 旅	運之會之會之世 噬嗑
	運之會之運之元 小過	運之會之運之會 震	運之會之運之運 渙	運之會之運之世 巽
	運之會之世之元 益	運之會之世之會 井	運之會之世之運 屯	運之會之世之世 坎
運之運	運之運之元之元 漸 立秋	運之運之元之會 晉	運之運之元之運 萃	運之運之元之世 泰

續表

	運之運之會之元 蹇	運之運之會之會 豫	運之運之會之運 遯	運之運之會之世 咸
	運之運之運之元 師	運之運之運之會 艮	運之運之運之運 剥 處暑	運之運之運之世 觀
	運之運之世之元 无妄	運之運之世之會 離	運之運之世之運 豐	運之運之世之世 復
運之世	運之世之元之元 蠱	運之世之元之會 革	運之世之元之運 家人	運之世之元之世 否
	運之世之會之元 比	運之世之會之會 升 白露	運之世之會之運 頤	運之世之會之世 賁
	運之世之運之元 蒙	運之世之運之會 謙	運之世之運之運 坤	運之世之運之世 同人

續表

	運之世之世之元 明夷	運之世之世之會 臨	運之世之世之運 損	運之世之世之世 既濟
世之元	世之元之元之元 升 秋分	世之元之元之會 蒙	世之元之元之運 蠱	世之元之元之世 井
	世之元之會之元 坎	世之元之會之會 巽	世之元之會之運 渙	世之元之會之世 解
	世之元之運之元 恒	世之元之運之會 未濟	世之元之運之運 鼎 寒露	世之元之運之世 困
	世之元之世之元 大過	世之元之世之會 姤	世之元之世之運 訟	世之元之世之世 隨
世之會	世之會之元之元 兌	世之會之元之會 乾	世之會之元之運 萃	世之會之元之世 噬嗑

續表

			世之運		
世之會之會之元 夬	世之會之運之元 咸	世之會之世之元 履	世之運之元之元 益 立冬	世之運之會之元 小過	世之運之運之元 既濟
世之會之會之會 否 霜降	世之會之運之會 革	世之會之世之會 泰	世之運之元之會 豐	世之運之會之會 臨	世之運之運之會 晉
世之會之會之運 无妄	世之會之運之運 遯	世之會之世之運 剥	世之運之元之運 歸妹	世之運之會之運 賁	世之運之運之運 損 小雪
世之會之會之世 睽	世之會之運之世 大有	世之會之世之世 頤	世之運之元之世 大壯	世之運之會之世 中孚	世之運之運之世 節

續表

	世之世			
世之運之世之元 家人	世之世之元之元 坤	世之世之會之元 離	世之世之運之元 師	世之世之世之元 觀
世之運之世之會 需	世之世之元之會 謙	世之世之會之會 比 大雪	世之世之運之會 同人	世之世之世之會 震
世之運之世之運 大畜	世之世之元之運 漸	世之世之會之運 蹇	世之世之運之運 旅	世之世之世之運 復
世之運之世之世 小畜	世之世之元之世 艮	世之世之會之世 豫	世之世之運之世 屯	世之世之世之世 明夷

世，三十。

運，三百六十。

會，一萬八百。

元，十二萬九千六百。

世之世，九百。

世之運，一萬八百。

世之會，三十二萬四千。

世之元，三百八十八萬八千。

運之世，一萬八百。

運之運，十二萬九千六百。

運之會，三百八十八萬八千。

運之元，四千六百六十五萬六千。

會之世，三十二萬四千。

會之運，三百八十八萬八千。

會之會，一億一千六百六十四萬。

會之元，十三億九千九百六十八萬。

元之世，三百八十八萬八千。

元之運，四千六百六十五萬六千。

元之會，十三億九千九百六十八萬。

元之元，一百六十七億九千六百十六萬。

元會運世本數四，互相乘，則變爲十六。

世之世之世，八十一萬。以九百乘九百而得。

世之世之運，九百七十二萬。以九百乘一萬八百。

世之運之世之運，一億一千六百六十四萬。以一萬八百乘一萬八百。

世之世之世之會，二億九千一百六十萬。以九百乘三十二萬四千。

世之運之運之運，一十三億九千九百六十八萬。以一萬八百乘十二萬九千六百。

世之世之世之元，三十四億九千九百二十萬。以九百乘三百八十八萬八千。

運之運之運之運，一百六十七億九千六百一十六萬。以十二萬九千六百自乘。

世之世之運之元，四百一十九億九千四十萬。以九百乘四千六百六十五萬六千。

世之世之會之會，一千四十九億七千六百萬。以九百乘一億一千六百六十四萬。

世之運之運之元，五千三十八億八千四百八十萬。以一萬八百乘四千六百六十五萬六千。

世之世之會之元，一萬二千五百九十七億一千二百萬。以九百乘十三億九千九百六十八萬。

運之運之運之元，六萬四百六十六億一千七百六十萬。以十二萬九千六百乘四千六百六十五萬六千。

世之世之元之元，一十五萬一千一百六十五億四千四百萬。以九百乘一百六十七億九千六百十六萬。

世之會之會之會，三十七萬七千九百十三億六千萬。以三十二萬四千乘一億一千六百六十四萬。

世之運之元之元，一百八十一萬三千九百八十五億二千八百萬。以一萬八百乘一百六十七億九千六百十六萬。

世之會之會之元，四百五十三萬四千九百六十三億二千萬。以三十二萬四千乘十三億九千九百六十八萬。

運之運之元之元，二千一百七十六萬七千八百二十二億三千六百萬。以十二萬九千六百乘一百六十七億九千六百十六萬。

世之會之元之元，五千四百四十一萬九千五百五十八億四千萬。以三十二萬四千乘一百六十七億九千六百十六萬。

會之會之會之會，一兆三千六百四萬八千八百九十六億。以一億一千六百六十四萬自乘。

運之會之元之元，六兆五千三百三萬四千七百億八千萬。以三百八十八萬八千乘一百六十七億九千六百十六萬。

會之會之會之元，十六兆三千二百五十八萬六千七百五十二億。以一億一千六百六十四萬乘十三億九千九百六十八萬。

運之元之元之元，七十八兆三千六百四十一萬六千四百九億六千萬。以四千六百六十五萬六千乘一百六十七億九千六百十六萬。

會之會之元之元，一百九十五兆九千一百四萬一千二十四億。以一億一千六百六十四萬乘一百六十七億九千六百十六萬。

會之元之元之元，二千三百五十兆九千二百四十九萬二千二百八十八億。以十三億九千九百六十八萬乘一百六十七億九千六百十六萬。

元之元之元之元，二萬八千二百十一兆九百九十萬七千四百五十六億。以一百六十七億九千六百十六萬自乘。

又以十六數互相乘，如元之會爲一數，其下之運之世爲一數，乘之，變爲二百五十六數，分配二百五十六卦。自《泰》起，元之元之元之元，得二萬八千二百十一兆九百九十萬七千四百五十六億。至《明夷》卦終，爲世之世之世之世，得八十一萬。今舉二十五條爲例。

經世既濟陽圖

元之元

元之元否否泰	水水音八八坤	日日聲一一乾
會之元否遯需	火水音七八剝	日日聲一一乾
運之元否訟大壯	土水音六八比	日日聲一一乾
世之元否姤夬	石水音五八觀	日日聲一一乾

續表

元之會否遯損 水火音八七謙 日日聲一一乾	元之運否訟大畜 水土音八六師 日日聲一一乾	元之世否姤節 水石音八五升 日日聲一一乾
會之會遯遯中孚 火火音七七艮 日日聲一一乾	會之運遯訟小畜 火土音七六蒙 日日聲一一乾	會之世遯姤歸妹 火石音七五蠱 日日聲一一乾
運之會訟遯睽 土火音六七蹇 日日聲一一乾	運之運訟訟大有 土土音六六坎 日日聲一一乾	運之世訟姤兑 土石音六五井 日日聲一一乾
世之會姤遯履 石火音五七漸 日日聲一一乾	世之運姤訟乾 石土音五六渙 日日聲一一乾	世之世姤姤困 石石音五五巽 日日聲一一乾

元之會

元之元否萃咸 水水音八八坤 日月聲一二履	元之會否咸未濟 水火音八七謙 日月聲一二履
會之元遯萃小過 火水音七八剥 日月聲一二履	會之會遯咸渙 火火音七七艮 日月聲一二履
運之元訟萃蹇 土水音六八比 日月聲一二履	運之會訟咸蒙 土火音六七蹇 日月聲一二履
世之元姤萃臨 石水音五八觀 日月聲一二履	世之會姤咸謙 石火音五七漸 日月聲一二履

續表

元之運否困旅 水土音八六師 日月聲一二履	會之運遯困漸 火土音七六蒙 日月聲一二履	運之運訟困艮 土土音六六坎 日月聲一二履	世之運姤困坤 石土音五六渙 日月聲一二履
元之世否大過解 水石音八五升 日月聲一二履	會之世遯大過坎 火石音七五蠱 日月聲一二履	運之世訟大過師 土石音六五井 日月聲一二履	世之世姤大過遯 石石音五五巽 日月聲一二履

元之運

元之元否晉晉 水水音八八坤 日星聲一三同人	會之元遯晉巽 火水音七八剝 日星聲一三同人	運之元訟晉井 土水音六八比 日星聲一三同人	世之元姤晉恒 石水音五八觀 日星聲一三同人
元之會否旅觀 水火音八七謙 日星聲一三同人	會之會遯旅升 火火音七七艮 日星聲一三同人	運之會訟旅豐 土火音六七蹇 日星聲一三同人	世之會姤旅蠱 石火音五七漸 日星聲一三同人
元之運否未濟比 水土音八六師 日星聲一三同人	會之運遯未濟否 火土音七六蒙 日星聲一三同人	運之運訟未濟屯 土土音六六坎 日星聲一三同人	世之運姤未濟訟 石土音五六渙 日星聲一三同人

續表

元之世否鼎剝 水石音八五升 日星聲一三同人	會之世遯鼎豫 火石音七五蠱 日星聲一三同人	運之世訟鼎革 土石音六五井 日星聲一三同人	世之世姤鼎益 石石音五五巽 日星聲一三同人

元之世

元之元否豫離 水水音八八坤 日辰聲一四无妄	會之元遯豫家人 火水音七八剝 日辰聲一四无妄	運之元訟豫既濟 土水音六八比 日辰聲一四无妄	世之元姤豫復 石水音五八觀 日辰聲一四无妄
元之會否小過大過 水火音八七謙 日辰聲一四无妄	會之會遯小過震 火火音七七艮 日辰聲一四无妄	運之會訟小過頤 土火音六七蹇 日辰聲一四无妄	世之會姤小過同人 石火音五七漸 日辰聲一四无妄
元之運否解姤 水土音八六師 日辰聲一四无妄	會之運遯解鼎 火土音七六蒙 日辰聲一四无妄	運之運訟解萃 土土音六六坎 日辰聲一四无妄	世之運姤解无妄 石土音五六渙 日辰聲一四无妄
元之世否恒隨 水石音八五升 日辰聲一四无妄	會之世遯恒噬嗑 火石音七五蠱 日辰聲一四无妄	運之世訟恒睽 土石音六五井 日辰聲一四无妄	世之世姤恒賁 石石音五五巽 日辰聲一四无妄

會之元

元之元否萃損 水水音八八坤 月日聲二一夬	元之會遯萃大畜 水火音八七謙 月日聲二一夬	元之運萃訟節 水土音八六師 月日聲二一夬	元之世萃姤需 水石音八五升 月日聲二一夬
會之元咸否中孚 火水音七八剥 月日聲二一夬	會之會咸遯小畜 火火音七七艮 月日聲二一夬	會之運咸訟大壯 火土音七六蒙 月日聲二一夬	會之世咸姤睽 火石音七五蠱 月日聲二一夬
運之元困否大有 土水音六八比 月日聲二一夬	運之會困遯兑 土火音六七蹇 月日聲二一夬	運之運困訟夬 土土音六六坎 月日聲二一夬	運之世困姤履 土石音六五井 月日聲二一夬
世之元大過否乾 石水音五八觀 月日聲二一夬	世之會大過遯困 石火音五七漸 月日聲二一夬	世之運大過訟咸 石土音五六涣 月日聲二一夬	世之世大過姤未濟 石石音五五巽 月日聲二一夬

會之會

元之元萃萃旅 水水音八八坤 月月聲二二兑
會之元咸萃漸 火水音七八剥 月月聲二二兑
運之元困萃艮 土水音六八比 月月聲二二兑
世之元大過萃謙 石水音五八觀 月月聲二二兑

續表

元之會萃咸解 水火音八七謙 月月聲二二兑	會之會咸咸坎 火火音七七艮 月月聲二二兑	運之會困咸師 土火音六七蹇 月月聲二二兑	世之會大過咸小過 石火音五七漸 月月聲二二兑
元之運萃困歸妹 水土音八六師 月月聲二二兑	會之運咸困蹇 火土音七六蒙 月月聲二二兑	運之運困困泰 土土音六六坎 月月聲二二兑	世之運大過困觀 石土音五六涣 月月聲二二兑
元之世萃大過涣 水石音八五升 月月聲二二兑	會之世咸大過蒙 火石音七五蠱 月月聲二二兑	運之世困大過臨 土石音六五井 月月聲二二兑	世之世大過大過剥 石石音五五巽 月月聲二二兑

會之運

元之元萃晉蠱 水水音八八坤 月星聲二三革	會之元咸晉姤 火水音七八剥 月星聲二三革	運之元困晉豫 土水音六八比 月星聲二三革	世之元大過晉坤 石水音五八觀 月星聲二三革
元之會萃旅井 水火音八七謙 月星聲二三革	會之會咸旅訟 火火音七七艮 月星聲二三革	運之會困旅鼎 土火音六七蹇 月星聲二三革	世之會大過旅升 石火音五七漸 月星聲二三革

續表

元之運萃未濟屯 水土音八六師 月星聲二三革	元之世萃鼎遯 水石音八五升 月星聲二三革
會之運咸未濟无妄 火土音七六蒙 月星聲二三革	會之世咸鼎大過 火石音七五蠱 月星聲二三革
運之運困未濟比 土土音六六坎 月星聲二三革	運之世困鼎巽 土石音六五井 月星聲二三革
世之運大過未濟萃 石土音五六涣 月星聲二三革	世之世大過鼎隨 石石音五五巽 月星聲二三革

會之世

元之元萃豫晉 水水音八八坤 月辰聲二四隨	元之會萃小過噬嗑 水火音八七謙 月辰聲二四隨	元之運萃解否 水土音八六師 月辰聲二四隨
會之元咸豫革 火水音七八剥 月辰聲二四隨	會之會咸小過頤 火火音七七艮 月辰聲二四隨	會之運咸解復 火土音七六蒙 月辰聲二四隨
運之元困豫豐 土水音六八比 月辰聲二四隨	運之會困小過震 土火音六七蹇 月辰聲二四隨	運之運困解家人 土土音六六坎 月辰聲二四隨
世之元大過豫既濟 石水音五八觀 月辰聲二四隨	世之會大過小過賁 石火音五七漸 月辰聲二四隨	世之運大過解睽 石土音五六涣 月辰聲二四隨

續表

元之世萃恒離 水石音八五升 月辰聲二四隨	會之世咸恒恒 火石音七五蠱 月辰聲二四隨	運之世困恒益 土石音六五井 月辰聲二四隨	世之世大過恒同人 石石音五五巽 月辰聲二四隨

運之元

元之元晉否大畜 水水音八八坤 星日聲三一大有	會之元旅否小畜 火水音七八剥 星日聲三一大有	運之元未濟否兑 土水音六八比 星日聲三一大有	世之元鼎否困 石水音五八觀 星日聲三一大有
元之會晉遯節 水火音八七謙 星日聲三一大有	會之會旅遯歸妹 火火音七七艮 星日聲三一大有	運之會未濟遯夬 土火音六七蹇 星日聲三一大有	世之會鼎遯未濟 石火音五七漸 星日聲三一大有
元之運晉訟需 水土音八六師 星日聲三一大有	會之運旅訟睽 火土音七六蒙 星日聲三一大有	運之運未濟訟履 土土音六六坎 星日聲三一大有	世之運鼎訟解 石土音五六涣 星日聲三一大有
元之世晉姤中孚 水石音八五升 星日聲三一大有	會之世旅姤大有 火石音七五蠱 星日聲三一大有	運之世未濟姤乾 土石音六五井 星日聲三一大有	世之世鼎姤大壯 石石音五五巽 星日聲三一大有

運之會

元之元晉萃恒 水水音八八坤 星月聲三二睽	元之會晉咸鼎 水火音八七謙 星月聲三二睽	元之運晉困大過 水土音八六師 星月聲三二睽	元之世晉大過訟 水石音八五升 星月聲三二睽
會之元萃旅姤 火水音七八剥 星月聲三二睽	會之會咸旅隨 火火音七七艮 星月聲三二睽	會之運旅困旅 火土音七六蒙 星月聲三二睽	會之世旅大過噬嗑 火石音七五蠱 星月聲三二睽
運之元未濟萃小過 土水音六八比 星月聲三二睽	運之會未濟咸震 土火音六七蹇 星月聲三二睽	運之運未濟困渙 土土音六六坎 星月聲三二睽	運之世未濟大過巽 土石音六五井 星月聲三二睽
世之元鼎萃益 石水音五八觀 星月聲三二睽	世之會鼎咸井 石火音五七漸 星月聲三二睽	世之運鼎困屯 石土音五六渙 星月聲三二睽	世之世鼎大過坎 石石音五五巽 星月聲三二睽

運之運

元之元晉晉漸 水水音八八坤 星星聲三三離
會之元晉旅蹇 火水音七八剥 星星聲三三離
運之元未濟晉師 土水音六八比 星星聲三三離
世之元鼎晉夽 石水音五八觀 星星聲三三離

續表

元之會晉旅晉 水火音八七謙 星星聲三三離	元之運未濟晉萃 水土音八六師 星星聲三三離	元之世晉鼎泰 水石音八五升 星星聲三三離
會之會旅旅豫 火火音七七艮 星星聲三三離	會之運未濟旅遯 火土音七六蒙 星星聲三三離	會之世旅鼎咸 火石音七五蠱 星星聲三三離
運之會未濟旅艮 土火音六七蹇 星星聲三三離	運之運未濟未濟剝 土土音六六坎 星星聲三三離	運之世未濟鼎觀 土石音六五井 星星聲三三離
世之會鼎旅離 石火音五七漸 星星聲三三離	世之運鼎未濟豐 石土音五六渙 星星聲三三離	世之世鼎鼎復 石石音五五巽 星星聲三三離

運之世

元之元晉豫蠱 水水音八八坤 星辰聲三四嚳	元之會晉小過革 水火音八七謙 星辰聲三四嚳
會之元豫旅比 火水音七八剝 星辰聲三四嚳	會之會旅小過升 火火音七七艮 星辰聲三四嚳
運之元未濟豫蒙 土水音六八比 星辰聲三四嚳	運之會未濟小過謙 土火音六七蹇 星辰聲三四嚳
世之元鼎豫顨 石水音五八觀 星辰聲三四嚳	世之會鼎小過臨 石火音五七漸 星辰聲三四嚳

續表

元之運晉解家人 水土音八六師 星辰聲三四噬嗑	元之世晉恒否 水石音八五升 星辰聲三四噬嗑
會之運旅解頤 火土音七六蒙 星辰聲三四噬嗑	會之世旅恒賁 火石音七五蠱 星辰聲三四噬嗑
運之運未濟解坤 土土音六六坎 星辰聲三四噬嗑	運之世未濟恒同人 土石音六五井 星辰聲三四噬嗑
世之運鼎解損 石土音五六渙 星辰聲三四噬嗑	世之世鼎恒既 石石音五五巽 星辰聲三四噬嗑

世之元

元之元豫否升 水水音八八坤 辰日聲四一大壯	元之會豫遯蒙 水火音八七謙 辰日聲四一大壯	元之運豫訟蠱 水土音八六師 辰日聲四一大壯
會之元小過否坎 火水音七八剥 辰日聲四一大壯	會之會小過遯巽 火火音七七艮 辰日聲四一大壯	會之運小過訟渙 火土音七六蒙 辰日聲四一大壯
運之元解否恒 土水音六八比 辰日聲四一大壯	運之會解遯未濟 土火音六七蹇 辰日聲四一大壯	運之運解訟鼎 土土音六六坎 辰日聲四一大壯
世之元恒否大過 石水音五八觀 辰日聲四一大壯	世之會恒遯姤 石火音五七漸 辰日聲四一大壯	世之運恒訟訟 石土音五六渙 辰日聲四一大壯

續表

元之世姤豫井 水石音八五升 辰日聲四一大壯	會之世姤小過解 火石音七五蠱 辰日聲四一大壯	運之世姤解困 土石音六五井 辰日聲四一大壯	世之世姤恒隨 石石音五五巽 辰日聲四一大壯

世之會

元之元萃豫兑 水水音八八坤 辰月聲四二歸妹	會之元萃小過夬 火水音七八剥 辰月聲四二歸妹	運之元萃解咸 土水音六八比 辰月聲四二歸妹	世之元萃恒履 石水音五八觀 辰月聲四二歸妹
元之會咸豫乾 水火音八七謙 辰月聲四二歸妹	會之會咸小過否 火火音七七艮 辰月聲四二歸妹	運之會咸解革 土火音六七蒙 辰月聲四二歸妹	世之會咸恒泰 石火音五七漸 辰月聲四二歸妹
元之運困豫萃 水土音八六師 辰月聲四二歸妹	會之運困小過无妄 火土音七六蒙 辰月聲四二歸妹	運之運困解遁 土土音六六坎 辰月聲四二歸妹	世之運困恒剥 石土音五六涣 辰月聲四二歸妹
元之世大過豫噬嗑 水石音八五升 辰月聲四二歸妹	會之世大過小過睽 火石音七五蠱 辰月聲四二歸妹	運之世大過解大有 土石音六五井 辰月聲四二歸妹	世之世大過恒頤 石石音五五巽 辰月聲四二歸妹

世之運

元之元豫晉益 水水音八八坤 辰星聲四三豐	元之會豫旅豐 水火音八七謙 辰星聲四三豐	元之運豫未濟歸妹 水土音八六師 辰星聲四三豐	元之世豫鼎大壯 水石音八五升 辰星聲四三豐
會之元小過晉小過 火水音七八剥 辰星聲四三豐	會之會小過旅臨 火火音七七艮 辰星聲四三豐	會之運小過未濟賁 火土音七六蒙 辰星聲四三豐	會之世小過鼎中孚 火石音七五蠱 辰星聲四三豐
運之元解晉既濟 土水音六八比 辰星聲四三豐	運之會解旅晉 土火音六七蹇 辰星聲四三豐	運之運解未濟損 土土音六六坎 辰星聲四三豐	運之世解鼎節 土石音六五井 辰星聲四三豐
世之元恒晉家人 石水音五八觀 辰星聲四三豐	世之會恒旅需 石火音五七漸 辰星聲四三豐	世之運恒未濟大畜 石土音五六涣 辰星聲四三豐	世之世恒鼎小畜 石石音五五巽 辰星聲四三豐

世之世

元之元豫豫坤 水水音八八坤 辰辰聲四四震
會之元小過豫離 火水音七八剥 辰辰聲四四震
運之元解豫師 土水音六八比 辰辰聲四四震
世之元恒豫觀 石水音五八觀 辰辰聲四四震

續表

元之會豫小過謙 水火音八七謙 辰辰聲四四震	元之運豫解漸 水土音八六師 辰辰聲四四震	元之世豫恒艮 水石音八五升 辰辰聲四四震
會之會小過小過比 火火音七七艮 辰辰聲四四震	會之運小過解蹇 火土音七六蒙 辰辰聲四四震	會之世小過恒豫 火石音七五蠱 辰辰聲四四震
運之會解小過同人 土火音六七蹇 辰辰聲四四震	運之運解解旅 土土音六六坎 辰辰聲四四震	運之世解恒屯 土石音六五井 辰辰聲四四震
世之會恒小過震 石火音五七漸 辰辰聲四四震	世之運恒解復 石土音五六渙 辰辰聲四四震	世之世恒恒巽 石石音五五巽 辰辰聲四四震

經世既濟陰圖

歲之歲

水水音一一坤 日日聲八八乾 歲之歲泰泰
水水音一一坤 月日聲七八夬 月之歲泰臨
水水音一一坤 星日聲六八大有 日之歲泰明夷
水水音一一坤 辰日聲五八大壯 時之歲泰復

續　表

水水音一一坤 日月聲八七履 歲之月泰臨	水水音一一坤 日星聲八六同人 歲之日泰明夷	水水音一一坤 日辰聲八五无妄 歲之時泰復
水水音一一坤 月月聲七七兑 月之月臨臨	水水音一一坤 月星聲七六革 月之日臨明夷	水水音一一坤 月辰聲七五隨 月之時臨復
水水音一一坤 星月聲六七睽 日之月臨明夷	水水音一一坤 星星聲六六離 日之日明夷明夷	水水音一一坤 星辰聲六五噬嗑 日之時明夷復
水水音一一坤 辰月聲五七歸妹 時之月臨復	水水音一一坤 辰星聲五六豐 時之日復明夷	水水音一一坤 辰辰聲五五震 時之時復復

歲之月

水火音一二謙 日日聲八八乾 歲之歲泰大畜	水火音一二謙 日月聲八七履 歲之月泰損
水火音一二謙 月日聲七八夬 月之歲臨大畜	水火音一二謙 月月聲七七兑 月之月臨損
水火音一二謙 星日聲六八大有 日之歲明夷大畜	水火音一二謙 星月聲六七睽 日之月明夷損
水火音一二謙 辰日聲五八大壯 時之歲復大畜	水火音一二謙 辰月聲五七歸妹 時之月復損

續表

水火音一二謙 日星聲八六同人 歲之日泰賁	水火音一二謙 月星聲七六革 月之日臨賁	水火音一二謙 星星聲六六離 日之日明夷賁	水火音一二謙 辰星聲五六豐 時之日復賁
水火音一二謙 日辰聲八五無妄 歲之時泰頤	水火音一二謙 月辰聲七五隨 月之時臨頤	水火音一二謙 星辰聲六五噬嗑 日之時明夷頤	水火音一二謙 辰辰聲五五震 時之時復頤

歲之日

水土音一三師 日日聲八八乾 歲之歲泰需	水土音一三師 月日聲七八夬 月之歲臨需	水土音一三師 星日聲六八大有 日之歲明夷需	水土音一三師 辰日聲五八大壯 時之歲復需
水土音一三師 日月聲八七履 歲之月泰節	水土音一三師 月月聲七七兌 月之月臨節	水土音一三師 星月聲六七睽 日之月明夷節	水土音一三師 辰月聲五七歸妹 時之月復節
水土音一三師 日星聲八六同人 歲之日泰既濟	水土音一三師 月星聲七六革 月之日臨既濟	水土音一三師 星星聲六六離 日之日明夷既濟	水土音一三師 辰星聲五六豐 時之日復既濟

續表

水土音一三師 日辰聲八五无妄 歲之時屯泰	水土音一三師 月辰聲七五隨 月之時屯臨	水土音一三師 星辰聲六五噬嗑 日之時屯明夷	水土音一三師 辰辰聲五五震 時之時屯復

歲之時

水石音一四升 日日聲八八乾 歲之歲小畜泰	水石音一四升 月日聲七八夬 月之歲小畜臨	水石音一四升 星日聲六八大有 日之歲小畜明夷	水石音一四升 辰日聲五八大壯 時之歲小畜復
水石音一四升 日月聲八七履 歲之月中孚泰	水石音一四升 月月聲七七兌 月之月中孚臨	水石音一四升 星月聲六七睽 日之月中孚明夷	水石音一四升 辰月聲五七歸妹 時之月中孚復
水石音一四升 日星聲八六同人 歲之日家人泰	水石音一四升 月星聲七六革 月之日家人臨	水石音一四升 星星聲六六離 日之日家人明夷	水石音一四升 辰星聲五六豐 時之日家人復
水石音一四升 日辰聲八五无妄 歲之時益泰	水石音一四升 月辰聲七五隨 月之時益臨	水石音一四升 星辰聲六五噬嗑 日之時益明夷	水石音一四升 辰辰聲五五震 時之時益復

月之歲

火水音二一剥 日日聲八八乾 歲之歲泰大畜	火水音二一剥 月日聲七八夬 月之歲泰損	火水音二一剥 星日聲六八大有 日之歲泰賁	火水音二一剥 辰日聲五八大壯 時之歲泰頤
火水音二一剥 日月聲八七履 歲之月臨大畜	火水音二一剥 月月聲七七兑 月之月臨損	火水音二一剥 星月聲六七睽 日之月臨賁	火水音二一剥 辰月聲五七歸妹 時之月臨頤
火水音二一剥 日星聲八六同人 歲之日明夷大畜	火水音二一剥 月星聲七六革 月之日明夷損	火水音二一剥 星星聲六六離 日之日明夷賁	火水音二一剥 辰星聲五六豐 時之日明夷頤
火水音二一剥 日辰聲八五无妄 歲之時復大畜	火水音二一剥 月辰聲七五隨 月之時復損	火水音二一剥 星辰聲六五噬嗑 日之時復賁	火水音二一剥 辰辰聲五五震 時之時復頤

月之月

火火音二二艮 日日聲八八乾 歲之歲大畜大畜	火火音二二艮 月日聲七八夬 月之歲大畜損	火火音二二艮 星日聲六八大有 日之歲大畜賁	火火音二二艮 辰日聲五八大壯 時之歲大畜頤

續表

火火音二二艮 日月聲八七履 歲之月　損大畜	火火音二二艮 月月聲七七兑 月之月　損損	火火音二二艮 星月聲六七睽 日之月　損賁	火火音二二艮 辰月聲五七歸妹 時之月　損頤
火火音二二艮 日星聲八六同人 歲之日　賁大畜	火火音二二艮 月星聲七六革 月之日　賁損	火火音二二艮 星星聲六六離 日之日　賁賁	火火音二二艮 辰星聲五六豐 時之日　賁頤
火火音二二艮 日辰聲八五无妄 歲之時　頤大畜	火火音二二艮 月辰聲七五隨 月之時　頤損	火火音二二艮 星辰聲六五噬嗑 日之時　頤賁	火火音二二艮 辰辰聲五五震 時之時　頤頤

月之日

火土音二三蒙 日日聲八八乾 歲之歲　需大畜	火土音二三蒙 月日聲七八夬 月之歲　需損	火土音二三蒙 星日聲六八大有 日之歲　需賁	火土音二三蒙 辰日聲五八大壯 時之歲　需頤
火土音二三蒙 日月聲八七履 歲之月　節大畜	火土音二三蒙 月月聲七七兑 月之月　節損	火土音二三蒙 星月聲六七睽 日之月　節賁	火土音二三蒙 辰月聲五七歸妹 時之月　節頤

續表

火土音二三蒙 日星聲八六同人 歲之日大畜旣濟	火土音二三蒙 月星聲七六革 月之日損旣濟	火土音二三蒙 星星聲六六離 日之日賁旣濟	火土音二三蒙 辰星聲五六豐 時之日頤旣濟
火土音二三蒙 日辰聲八五无妄 歲之時大畜屯	火土音二三蒙 月辰聲七五隨 月之時損屯	火土音二三蒙 星辰聲六五噬嗑 日之時賁屯	火土音二三蒙 辰辰聲五五震 時之時頤屯

月之時

火石音二四蠱 日日聲八八乾 歲之歲大畜小畜	火石音二四蠱 月日聲七八夬 月之歲損小畜	火石音二四蠱 星日聲六八大有 日之歲賁小畜	火石音二四蠱 辰日聲五八大壯 時之歲頤小畜
火石音二四蠱 日月聲八七履 歲之月大畜中孚	火石音二四蠱 月月聲七七兑 月之月損中孚	火石音二四蠱 星月聲六七睽 日之月賁中孚	火石音二四蠱 辰月聲五七歸妹 時之月頤中孚
火石音二四蠱 日星聲八六同人 歲之日大畜家人	火石音二四蠱 月星聲七六革 月之日損家人	火石音二四蠱 星星聲六六離 日之日賁家人	火石音二四蠱 辰星聲五六豐 時之日頤家人

續表

火石音二四蠱 日辰聲八五无妄 歲之時益大畜	火石音二四蠱 月辰聲七五隨 月之時益損	火石音二四蠱 星辰聲六五噬嗑 日之時益賁	火石音二四蠱 辰辰聲五五震 時之時益頤

日之歲

土水音三一比 日日聲八八乾 歲之歲泰需	土水音三一比 月日聲七八夬 月之歲泰節	土水音三一比 星日聲六八大有 日之歲泰既濟	土水音三一比 辰日聲五八大壯 時之歲泰屯
土水音三一比 日月聲八七履 歲之月臨需	土水音三一比 月月聲七七兑 月之月臨節	土水音三一比 星月聲六七睽 日之月臨既濟	土水音三一比 辰月聲五七歸妹 時之月臨屯
土水音三一比 日星聲八六同人 歲之日明夷需	土水音三一比 月星聲七六革 月之日明夷節	土水音三一比 星星聲六六離 日之日明夷既濟	土水音三一比 辰星聲五六豐 時之日明夷屯
土水音三一比 日辰聲八五无妄 歲之時復需	土水音三一比 月辰聲七五隨 月之時復節	土水音三一比 星辰聲六五噬嗑 日之時復既濟	土水音三一比 辰辰聲五五震 時之時復屯

日之月

土火音三二蹇 日日聲八八乾 歲之歲大畜需	土火音三二蹇 月日聲七八夬 月之歲大畜節	土火音三二蹇 星日聲六八大有 日之歲大畜既濟	土火音三二蹇 辰日聲五八大壯 時之歲大畜屯
土火音三二蹇 日月聲八七履 歲之月損需	土火音三二蹇 月月聲七七兑 月之月損節	土火音三二蹇 星月聲六七睽 日之月損既濟	土火音三二蹇 辰月聲五七歸妹 時之月損屯
土火音三二蹇 日星聲八六同人 歲之日賁需	土火音三二蹇 月星聲七六革 月之日賁節	土火音三二蹇 星星聲六六離 日之日賁既濟	土火音三二蹇 辰星聲五六豐 時之日賁屯
土火音三二蹇 日辰聲八五无妄 歲之時頤需	土火音三二蹇 月辰聲七五隨 月之時頤節	土火音三二蹇 星辰聲六五噬嗑 日之時頤既濟	土火音三二蹇 辰辰聲五五震 時之時頤屯

日之日

土土音三三坎 日日聲八八乾 歲之歲需需	土土音三三坎 月日聲七八夬 月之歲需節	土土音三三坎 月日聲六八大有 日之歲需既濟	土土音三三坎 辰日聲五八大壯 時之歲需屯

續表

土土音三三坎 日月聲八七履 歲之月需節	土土音三三坎 日星聲八六同人 歲之日需既濟	土土音三三坎 日辰聲八五无妄 歲之時需屯
土土音三三坎 月月聲七七兌 月之月節節	土土音三三坎 月星聲七六革 月之日節既濟	土土音三三坎 月辰聲七五隨 月之時節屯
土土音三三坎 星月聲六七睽 日之月既濟節	土土音三三坎 星星聲六六離 日之日既濟既濟	土土音三三坎 星辰聲六五噬嗑 日之時既濟屯
土土音三三坎 辰月聲五七歸妹 時之月屯節	土土音三三坎 辰星聲五六豐 時之日屯既濟	土土音三三坎 辰辰聲五五震 時之時屯屯

日之時

土石音三四井 日日聲八八乾 歲之歲需小畜	土石音三四井 日月聲八七履 歲之月需中孚
土石音三四井 月日聲七八夬 月之歲節小畜	土石音三四井 月月聲七七兌 月之月節中孚
土石音三四井 星日聲六八大有 日之歲既濟小畜	土石音三四井 星月聲六七睽 日之月既濟中孚
土石音三四井 辰日聲五八大壯 時之歲屯小畜	土石音三四井 辰月聲五七歸妹 時之月屯中孚

續表

土石音三四井 日星聲八六同人 歲之日需家人	土石音三四井 月星聲七六革 月之日節家人	土石音三四井 星星聲六六離 日之日渙家人	土石音三四井 辰星聲五六豐 時之日屯家人
土石音三四井 日辰聲八五无妄 歲之時需益	土石音三四井 月辰聲七五隨 月之時節益	土石音三四井 星辰聲六五噬嗑 日之時渙益	土石音三四井 辰辰聲五五震 時之時屯益

時之歲

石水音四一觀 日日聲八八乾 歲之歲小畜泰	石水音四一觀 月日聲七八夬 月之歲中孚泰	石水音四一觀 星日聲六八大有 日之歲家人泰	石水音四一觀 辰日聲五八大壯 時之歲益泰
石水音四一觀 日月聲八七履 歲之月小畜臨	石水音四一觀 月月聲七七兌 月之月中孚臨	石水音四一觀 星月聲六七睽 日之月家人臨	石水音四一觀 辰月聲五七歸妹 時之月益臨
石水音四一觀 日星聲八六同人 歲之日小畜明夷	石水音四一觀 月星聲七六革 月之日中孚明夷	石水音四一觀 星星聲六六離 日之日家人明夷	石水音四一觀 辰星聲五六豐 時之日益明夷

續　表

石水音四一觀 日辰聲八五无妄 歲之時小畜復	石水音四一觀 月辰聲七五隨 月之時中孚復	石水音四一觀 星辰聲六五噬嗑 日之時家人復	石水音四一觀 辰辰聲五五震 時之時益復

時之月

石火音四二漸 日日聲八八乾 歲之歲小畜大畜	石火音四二漸 月日聲七八夬 月之歲中孚大畜	石火音四二漸 星日聲六八大有 日之歲家人大畜	石火音四二漸 辰日聲五八大壯 時之歲益大畜
石火音四二漸 日月聲八七履 歲之月小畜損	石火音四二漸 月月聲七七兌 月之月中孚損	石火音四二漸 星月聲六七睽 日之月家人損	石火音四二漸 辰月聲五七歸妹 時之月益損
石火音四二漸 日星聲八六同人 歲之日小畜賁	石火音四二漸 月星聲七六革 月之日中孚賁	石火音四二漸 星星聲六六離 日之日家人賁	石火音四二漸 辰星聲五六豐 時之日益賁
石火音四二漸 日辰聲八五无妄 歲之時小畜頤	石火音四二漸 月辰聲七五隨 月之時中孚頤	石火音四二漸 星辰聲六五噬嗑 日之時家人頤	石火音四二漸 辰辰聲五五震 時之時益頤

時之日

石土音四三渙
日日聲八八乾
歲之歲小畜需

石土音四三渙
月日聲七八夬
月之歲中孚需

石土音四三渙
星日聲六八大有
日之歲家人需

石土音四三渙
辰日聲五八大壯
時之歲益需

石土音四三渙
日月聲八七履
歲之月小畜節

石土音四三渙
月月聲七七兑
月之月中孚節

石土音四三渙
星月聲六七睽
日之月家人節

石土音四三渙
辰月聲五七歸妹
時之月益節

石土音四三渙
日星聲八六同人
歲之日小畜既濟

石土音四三渙
月星聲七六革
月之日中孚既濟

石土音四三渙
星星聲六六離
日之日家人既濟

石土音四三渙
辰星聲五六豐
時之日益既濟

石土音四三渙
日辰聲八五无妄
歲之時小畜屯

石土音四三渙
月辰聲七五隨
月之時中孚屯

石土音四三渙
星辰聲六五噬嗑
日之時家人屯

石土音四三渙
辰辰聲五五震
時之時益屯

時之時

石石音四四巽
日日聲八八乾
歲之歲小畜小畜

石石音四四巽
月日聲七八夬
月之歲中孚小畜

石石音四四巽
星日聲六八大有
日之歲家人小畜

石石音四四巽
辰日聲五八大壯
時之歲益小畜

續表

石石音四四巽 日月聲八七履 歲之月小畜中孚	石石音四四巽 月月聲七七兑 月之月中孚中孚	石石音四四巽 星月聲六七睽 日之月家人中孚	石石音四四巽 辰月聲五七歸妹 時之月益中孚
石石音四四巽 日星聲八六同人 歲之日小畜家人	石石音四四巽 月星聲七六革 月之日中孚家人	石石音四四巽 星星聲六六離 日之日家人家人	石石音四四巽 辰星聲五六豐 時之日益家人
石石音四四巽 日辰聲八五无妄 歲之時小畜益	石石音四四巽 月辰聲七五隨 月之時中孚益	石石音四四巽 星辰聲六五噬嗑 日之時家人益	石石音四四巽 辰辰聲五五震 時之時益益

以《方圖》裂爲四片，每片十六卦。西北十六卦爲天門，乾主之；東南十六卦爲地户，坤主之；東北十六卦爲鬼方，泰主之；西南十六卦爲人路，否主之。《陽圖》以天門十六卦爲律，每一位各唱地户吕卦十六位，謂之動數，律左吕右，從右横觀，上體與上體互，下體與下體互，又成兩卦，每一位變西南之卦三十二，共成一千二十四卦。《陰圖》以地户十六卦爲吕，每一位各唱天門律卦十六位，謂之植數，吕右律左，從左横觀，又成兩卦，每一位變東北之卦三十二，共成一千二十四卦。

經世聲音圖

正聲

平 上 去 入

一聲

日月星辰
多可个舌
禾火化八
開宰愛○

二聲

回每退○
良兩向○
光廣況○
丁井亘○

三聲

兄永瑩○
千典旦○
元犬半○

正音

開 發 收 閉

音一

水火土石
古甲九癸
□□近揆
坤巧丘弃

音二

□□乾虯
黑花香血
黃華雄賢
五瓦仰□

音三

吾牙月堯
安亞乙一
□爻王寅

臣引艮○
君允巽○

四聲

刀早孝岳
毛寶報霍
牛斗奏六
○○○玉

五聲

妻子四日
衰○帥骨
○○○德

六聲

龜水貴北
宮孔衆○
龍甬用○
魚鼠去○

七聲

烏虎兔○
心審禁○
○○○十

母馬美米
目皃眉民

音四

夫法□飛
父凡□吠
武晚□尾
文萬□未

音五

卜百丙必
步白莆鼻
普朴品匹
旁排平瓶

音六

東丹帝■
兌大弟■
土貪天■
同覃田■

音七

乃妳女■
內南年■

男坎欠○
○○○妾

八聲
●●●●
●●●●
●●●●
●●●●

九聲
●●●●
●●●●
●●●●
●●●●

十聲
●●●●
●●●●
●●●●
●●●●

老冷吕■
鹿犖離■

音八
走哉足■
自在匠■
草采七■
曹才全■

音九
思三星■
寺□象■
□□□■
□□□■

音十
■山手■
■士石■
■□耳■
■□二■

音十一
■莊震■
■乍□■

音十二

■叉赤■
■崇辰■
■卓中■
■宅直■
■拆丑■
■茶呈■

附聲音論

邵伯温曰：「物有聲色氣味，可考而見，唯聲爲甚。有一物則有一聲，有聲則有音，有律則有呂。故窮聲音律呂，以窮萬物之數。數亦以四爲本，本乎四象故也。自四象而爲八卦，自八卦而爲六十四，天下萬物之數備于其間矣。此與前元會運世其法同。日日聲即元之元、日之日也，日月聲即元之會、日之月也，日星聲即元之運、日之星也，日辰聲即元之世、日之辰也。其餘皆可類推。」

鍾過曰：「天之體數四十，地之體數四十八。天數以日月星辰相因爲一百六十，地數以水火土石相因爲一百九十二。于天數内去地之體數四十八，得一百一十二，是爲天之用聲；于地數内去天之體數四十，得一百五十二，是爲地之用音。凡日月星辰四象爲聲，水火土石四象爲音。聲有清濁，音有闢翕。遇奇數則聲爲清，音爲闢；遇耦數則聲爲濁，音爲翕。聲皆爲律，音皆爲吕，以律唱吕，以吕和律。天之用聲别以平上去入者一百一十二，皆以開發收閉之音和之；地之用音别以開發收閉者一百五十二，皆以平上去入之聲唱之。」

又曰：「東方之音在齒舌，南方之音在脣舌，西方之音在齶舌，北方之音在喉舌。便于喉者不利于脣，便于齒者不利于齶，由是訛正牽乎僻論，是非出乎曲説，繁然殽亂于天下矣！不有正聲正音，烏能正之哉！」

又曰：「天有陰陽，地有剛柔，律有闢翕，吕有唱和。一陰一陽交而日月星辰備焉，一柔一剛交而金土火水備焉，一闢一翕交而平上去入備焉，一唱一和交而開發收閉備焉。日月星辰備而萬情生焉，金土火水備而萬形成焉，平上去入備而萬聲出焉，開發收閉備而萬音生焉。律隨天而變，吕隨地而化，闢隨陽而出，翕隨陰而入，唱隨剛而上，和隨柔而下，然後律吕隨音，宫徵角羽之道各得其正矣。陽生日，陰生月，剛生星，柔生辰；剛生金，柔生土，陽生火，陰生水。日月星辰、金土火水正而天地正焉，是知律吕聲音之道可以行天地矣。日生目，月生耳，星生鼻，辰生口；金生氣，土生味，火生色，水生聲。目耳鼻口、氣味色聲正而人道正焉，是知律吕聲音之道可以行人事矣。目之體數十，耳之體數十二；色之體數十，聲之體數十二。進目鼻氣色之體數，退耳口味聲之體數，是爲正律之用數。進耳口味聲之體數，退目鼻氣色之體數，是爲正吕之用數。以正律之用數協正吕之用數，是爲正音之用數。以正吕之用數和正律之用數，是爲正聲之用數。正律之用數一百一十二，正吕之用數一百五十二，正聲之用數萬有七千二十四，正音之用數萬有七千二十四。律感吕而聲生焉，吕感律而音生焉。律吕與天地同和，聲音與律吕同順。是故古之聖王見天地萬物之情暢，然後作樂以崇之，命工以和之，以詩言志，以歌永言，以聲依永，以律和聲，此所謂八音克諧而百獸率舞，人神以和而鳳凰來儀。則是學也，豈直言釋音文義而已哉！」

祝子涇曰：「宫商角徵羽分太少，爲十聲，管以十干；六律六吕合爲十二音，管以十二支。攝之以聲音之字母二百六十四。聲分平上去入，音分開發收閉，鋪布悉備，以爲三千八百四十圖，各十六聲十六音，總三萬四千四十八音聲，蓋取天聲有字無字與無聲字一百六十位，地音有字無字與無音字一百九十二位，衍忒而成之。聲之位去不用之四十八，止百十二，所以括《唐韻》之内外八轉，而分平上去入也；音之位去不用之四十，止百五十二，所以括切字母脣舌牙齒喉，而分開發收閉也。何謂無聲？百六十位中有位而調不出者。何謂無音？百九十二位中有位而切不出者。以聲音統攝萬物之變，及于無聲無音，則備矣。其間有聲有音，雖無字，皆洪纖高下，遂其生育者也。若有聲而無音，有音而無聲，則天地不相唱和，獨陽不生，獨陰不成，徒有其位，實無其物也。聲音字母二百六十四，相交而互變，始于一萬七千二十四，極于二萬八千九百八十一萬六千五百七十六，以取掛一之二百五十六卦，以觀天地萬物之進退盈虚消長也。」

上官萬里曰：「自胡僧了義以三十六字爲翻切母，奪造化之功。司馬公《指掌圖》爲四聲等字，蒙古韻以一聲該四聲，皆不出了義區域。蓋但欲爲翻切用，而未及于物理也。惟《皇極》用聲音之法，超越前古。以聲起數，以數合卦，而萬物可得而推矣。詳見祝氏《鈐》，而祝氏又或與康節有異同處。」

彭長庚曰：「鄭夾漈云：『四聲爲經，七音爲緯。』江右之儒爲韻書，知縱有四聲，而不知衡有七音。縱成經，衡成緯，經緯不交，所以失立韻之原。今考《經世書》，聲爲律，音爲吕，律爲唱，吕爲和，一經一緯，一縱一横，而聲音之全數具矣。聲有十，音有十二者，如甲至癸十，子至亥十二也。于聲之用數中去音之體數四十八，于音之用數中去聲之體數四十者，如天數無十，地數無一也。以聲配音而切韻生焉，翕闢清濁辨焉，三萬四千四十八音聲在其中矣。天下之聲既具，而天下之若色若臭若味皆在其中矣，此所以爲萬物之數也。」

袁清容《答高舜元問邵子聲音之學及字母淵源》曰：「縱爲四聲，横爲七音，鄭漁仲之説備矣。邵子聲音之學，出于其父，名古，號伊川丈人，有圖譜行于世，温公《切韻》皆源于此。然此學由西域來，今所謂三十六字母亦從彼出。中國四聲甚拙，至沈約始明七音。先儒嘗言中聲合于天籟，若如近世祝泌《觀物解》中韻譜，卻又入樂工清濁之拘。莊子謂『樂出虚』，乃邵子心法，但得伊川丈人圖子一觀，方得髣髴。後漢風角鳥占，亦不出此。然非至静工夫，未易能通也。」

附梨洲皇極經世論

《皇極》之數，一元十二會，爲三百六十運；一會三十運，爲三百六十世；一運十二世，爲三百六十年；一世三十年，爲三百六十月；一年十二月，爲三百六十日；一月三十日，爲三百六十時；一日十二時，爲三百六十分；一時三十分，爲三百六十秒。蓋自大以至于小，總不出十二與三十之反覆相承而已。以《掛一圖》之二百五十六卦分配，凡一運、一世、一年、一月、一日、一時，各得四爻，其爲三百六十者盡二百四十卦。餘十六卦，分于二十四氣，亦每氣得四爻，以寓閏法于其間。不論運世年月日時，皆有閏也。然推求其説，多有可疑。夫自一年成數言之，爲三百六十日；自十二月言之，爲三百五十四日；自二十四氣言之，爲三百六十五日三時；自閏歲言之，爲三百八十四日。今以康節之術，案之于曆，辰法三百六十，其數皆以秒言。日法四千三百二十，月法十二萬九千六百，歲法一百五十五萬五千二百，世法四千六百六十五萬六千，運法五千九百八十七萬二千，會法一百六十七億九千六百十六萬，元法二千一十五億五千三百九十二萬，皆成數也。在一月爲三十日，于朔策强二千一百六十，于氣策弱一千八百九十。在一年爲三百六十日，于歲實弱二萬二千六百八十，于十二朔實强二萬五千九百二十。既不可施之曆矣，乃于二氣相接之際，各增一日以爲閏，以準一年三百八十四之數，可謂巧矣。然三百八十四日，有閏之歲也。閏雖每歲有之，亦必積之三歲兩歲，而後滿于朔實，故有三百八十四日之歲。若一歲之閏策只四萬八千六百，今概之三百八十四日，是歲歲有閏月也，豈可通乎！且所謂閏者，見之于年月日時者也。就如其説，增此四爻，亦當增于三百六十之中，徒增之于卦，其爲三百六十者如故，是有閏之名，而無閏之實矣。是故運世歲無閏，而月日時有閏，六者不可一例。一年之日三百五十四，以運準之，則少六日；一月之時三百五十四，以世準之，則少六時。康節必欲以十二與三十整齊之，其奇零豈可抹殺乎？如以康節之數而立法，歲實一百五十七萬七千八百八十，朔策一十二萬七千四百四十，氣策六萬五千七百四十五，閏法四萬八千六百，由此推而上之爲元會運世，庶乎可通耳！康節之爲此書，其意總括古今之曆學，書歸于《易》。奈《易》之于曆，本不相通，硬相牽合，所以其説愈煩，其法愈巧，終成一部鶻突曆書而不可用也。《皇極一□□》。

乾、兑、離、震爲天之四卦，四卦自交成十六卦，十六而十六之，得二百五十六卦，謂之《掛一圖》，以之分配元會運世年月日時。然在一元，會止十二，止以辟卦配之。一元之中有三百六十運，一會之中有三百六十世，一運之中有三百六十年，一世之中有三百六十月，一年之中有三百六十日，一月之中有三百六十時，凡此六者，則以《掛一圖》配之，皆用四爻直一，三百六十盡二百四十卦。餘十六卦，每氣之首各用四爻，二十四氣恰盡餘卦。顧六者起卦，各有不同。一曰運卦：張文饒得牛無邪之傳，以爲堯當賁之六五，堯即位在日甲、月巳、星癸、辰未之甲辰年，已歷一百八十運。若起元之元之元之元泰卦，至此在會之世之世之世，其卦爲同人，與無邪之傳異矣。惟起于世之元之元之元升卦，則至此是元之世之世之世，始合于無邪之賁直。三四五上爻，一爻直三世，其世在己未，則是五爻以來四十一年也，故文饒據此遂起升卦。番陽祝氏謂起泰者未然之卦，運世用之，起升者已然之卦，歲月日時用之，直以堯當同人。然無邪有所授受，祝氏以意逆之，故不舍無邪而從祝氏也。二曰世卦：起于會首所當之卦。子會起升，丑會起否，寅會起損，卯會起泰，辰會起涣，巳會起屯，午會起損，未會起坎，申會起比，酉會起大畜，戌會起隨，亥會起剥。夏禹八年入午會。祝氏起卦用泰，午會之首在大畜，故以大畜六五至節九二爲世之始，其卦雖異損，其起于午會同也。但以堯之己未世直賁，歷明夷、同人，與午會之大畜相接續，不知逆推而上，則巳會甲子世一千八百一，亦起于大畜矣。以巳會而用午會之起卦，何所取義？蓋祝氏聞堯運在賁之説，用元之元以推運卦，既不能合，而午會世起大畜，其上適與賁接，遂謂無邪所言爲堯之世卦，非運卦也，亦未嘗逆推，知其乖戾耳！文饒言世卦隨大運消長，遇奇卦則取後卦，遇耦卦則取前卦，并二卦以當十二世。據之，是世卦不煩别起，只在運卦左右，如己未世之運卦是賁，爲耦卦，則取前卦之无妄合之，分配癸亥運内之十二世可也。三曰年卦：所謂小運也。以世當月，以年當日，視其世所當之辰而起。子起冬至，丑起大寒，寅起雨水，卯起春分，辰起穀雨，巳起小滿，午起夏至，未起大暑，申起處暑，酉起秋分，戌起霜降，亥起小雪。所謂中朔同起。三十日分二氣，一氣分三候，一月六候。甲己孟季仲各值五日，子午卯酉爲仲，辰戌丑未爲季，寅申巳亥爲孟。仲、孟逆生，先候五日；季順行，後候五日。即如唐堯以己未世爲月，甲辰年爲日，甲辰是大暑，以甲己季日，當後五日起卦，直師之三四五上，至十一年甲寅，得蠱之初六，爲立秋節。己未世之季氣，即庚申世之初氣也。若漢高小運以己未爲月，甲午爲日，亦是大暑。以甲己仲日，當先五日起卦，直歸妹初九。祝氏用《元之元卦圖》，其起卦皆氣後月十五日，非也。四曰月卦：以甲子、甲午年之正月起升、蒙，三十年而一周。文饒文言月卦隨小運進退，如世卦之法。如堯時師爲甲辰年，耦卦，則取前卦艮合之，一爻配一月也。五曰日卦：從氣不從月，以立春起升、蒙，一年而周。六曰時卦：以朔日之子起升、蒙，一月而周。康節當時有數鈐，私相授受，後之爲學者多失其傳，余爲攷定如此。即如十二會之辟卦，朱子曰：「《經世書》以十二辟卦管十二會，綳定時節，卻就中推吉凶消長。」堯時正是乾卦九五。案一會得一卦，會有三十運，是五運得一爻也。巳會當星之己一百七十六，已入乾上九。唐堯在星之癸一百八十，是上爻將終，安得云九五哉！于其易明者且然，況科條煩碎，孰肯究心于此乎！《皇極二·起運》。

《卦氣圖》二百五十六位之序，雖曰乾、兑、離、震四卦自交而成，然案之《方圖》又錯雜，時有出入，則別立取卦之法，于通數中除極數，以謂即見聖人畫卦之旨。通數，二萬八千九百八十一萬六千五百七十六。陽剛太少，其數十，凡四位，爲四十。以四因之，得一百六十。陰柔太少，其數十二，凡四位，爲四十八。以四因之，得一百九十二。以二數相唱和，各得三萬七百二十，謂之動植體數。于一百六十陽數之中除去陰數四十八，得一百十二；于一百九十二陰數之中除去陽數四十，得一百五十二。以一百五十二與一百十二相唱和，各得一萬七千二十四，謂之動植用數。以用數自乘，得通數。極數，元之元一，元之會十二，元之運三百六十，元之世四千三百二十；會之元十二，會之會一百四十四，會之運四千三百二十，會之世五萬一千八百四十；運之元三百六十，運之會四千三百二十，運之運一十二萬九千六百，運之世一百五十五萬五千二百；世之元四千三百二十，世之會五萬一千八百四十，世之運一百五十五萬五千二百，世之世一千八百六十六萬二千四百。假令元之元置通數，從左起，至右六，凡九位。以其中位之一萬分列，于右四位爲九千九百九十九。其通數萬下之六千五百七十六除去不用，以此列之。除卦身八算，在千位除之。又除元之元極數一，餘二萬八千九百八十萬九千九百九十九。以中位萬爲中位。左見八，八屬坤；右見一，一屬乾；左爲外卦，右爲內卦，成地天泰。其第二卦即以第一卦餘算除卦身，除極數。滿六十四卦，方去餘算，再置通數。如在元之會，即以十二餘起。凡除卦身，動中萬除右卦身，進動百萬除左卦身。然取卦往往不能相合，則別有五法：一法退陰，于右卦減一算或二算。二法進陽，于左卦增一算或二算。進退不過三。三法虛張，奇畫虛張五則爲乾六畫。四法分布，耦畫分布十則爲坤十二畫。五法消息，移右算補左謂之消陰息陽，移左算補右謂之消陽息陰，數不過。牛無邪亦傳如此，又謂退陰而不合則又進陽，進陽而又不合則又虛張，以至于消息而止，皆必先右而後左。以某推之則不然。有不合者方用五法，若右合而左不合，當竟用其法于左，安得先陰而後陽乎？左爲陽，右爲陰。右不合者，進退可合則用進退，虛張、分布可合則用虛張、分布，消息可合則用消息，不須從進退以至于消息也。此無邪之説，胡庭芳所以謂之繁晦歟？然用此五法以增減，則無卦不可附會，故必知卦而後可算卦。若欲從卦以定算，則五法俱不可用，而通、極二數有時而窮也。圖之爲序，當必有説，張、祝二家皆影響矣。《皇極三·卦氣序》。

七十二蓍合一曰太極，分爲二以象兩，置左不用，揲右以四，視其餘數，一爲元，二爲會，三爲運，四爲世。既得象矣，元、會、運、世爲四象。復合而分之，取左之四并于右，既分之後，從左手取四策入于右手。取右之四并于左，取右手四策入于左手。置左不用，揲右以八，視其餘數，爲上卦之體。復合而分之，置右不用，揲左以八，視其餘數，爲下卦之體。二體相附，既得卦矣，復合而分之，置右不用，揲左以六，視其餘數，自一爲初，訖六爲上，以定直事之爻。假令初揲餘一，于象爲元；再揲餘五，上體爲巽；三揲餘七，下體爲艮；巽艮合爲漸，在《卦氣圖》得元之漸卦。終揲餘六，則上九爲直事之爻，漸當元之會之會之運。以《律吕圖》求之，元之會爲日月聲，卦當履；會之運爲火土音，卦當蒙；合而爲物數，則卦當遯，因以《觀物》之象準之，爲皇之帝之帝之王，皇帝王霸。飛之走之走之木，飛走草木。士之農之農之工，士農工商。一之二之七之六之類是也。上九爻變陰則爲蹇，爻自下而上，奇位爲陽，耦位爲陰，當位則不變，不當位則變。以九處上爲不當位，故變。上體巽變震則爲小過。乾兑離震居上，坤艮坎巽居下，爲當位。反是，爲不當位。當位則不變，不當位則變。以巽居上體，故變。卦、爻皆以當位爲吉，不當位爲凶。漸者艮歸魂之卦，以九三爲世爻，上九爲應爻。今上九爲當世直事之爻，則應復爲世，與本爻相敵。此占之大畧也。康節本無蓍法，張文饒立之以配《易》《玄》《包》《虚》。《易》《玄》《包》《虚》有辭，而《經世》無辭。有辭者以辭占，無辭者占其陰陽之進退，卦爻之當否，時日之早暮，五行之盛衰。爻者時用也，卦者定體也。爻之變不變以觀其隨時，卦之變不變以觀其大定。變不變者數也，利不利者命也。辨其邪正則有理，制其從違則有義。若愛惡之思不忘于胸中，則吉凶亦情遷矣。雖專心致志，不可謂之誠也。《皇極四·蓍法》。

致用之法，以一定之卦推治亂，以聲音數取卦占事物。凡占一卦，視其卦之當位與否，當位則不變，不當位則變。卦既變矣，視其所直之爻當位與否，當位則不變，不當位則變。以終變之卦爲準，終變之卦即不當位亦不變。本卦爲貞，變卦爲悔。當位則吉，不當位則凶。視其卦爲奇爲耦，于《方圖》中奇卦在右爲陽中陽，在左爲陰中陽；耦卦在左爲陰中陰，在右爲陽中陰。陽爲順，陰爲逆。視其卦在某會某運某世，大運以會當月，以運當日，以世當辰，如堯之巳會、癸亥運、己未世，即一歲之五月三十日未時也；小運以世當月，以年當日，以月當時，如堯之己未世、甲辰年，即一歲之六月十一日也。視其卦之納甲與所當之年月日時有無生剋，視其卦之世應與所值之爻有無倫奪，又以《律圖》求之。運在四大象中某所，得天門唱卦，居左；世在四大象中某所，得地户和卦，居右。合兩卦並觀，在《既濟圖》第幾位，合《掛一圖》何卦，然後以其卦變化進退之，而推其時運之吉凶。若用年配世，則以世求天門唱卦，居左，以年求地户和卦，居右，與上一例。取卦之時，視算位中餘數，以六位配六爻，元自一起，世至九終。無問十百千萬，皆以當一爲甲，二爲辛，三爲丙，四爲癸，五爲戊，六爲乙，七爲庚，八爲丁，九爲壬，十爲己。甲乙爲木，爲饑饉，爲曲直之物。庚辛爲金，爲兵戈，爲刃物。丙丁爲火，爲大旱，爲鋭物。壬癸爲水，爲淫潦，爲流溼之物。戊己爲土，爲中興，爲重滯之物。此致用之大凡也。《皇極》包羅甚富，百家之學無不可資以爲用，而其要領在推數之無窮。宋景濂作《溟涬生贊》，記蜀道士杜可大之言曰：「宇宙太虛一塵耳！人生其間，爲塵幾何，是茫茫者尚了然心目間。」此一言已盡《皇極》之祕，能者自有冥契，則予言亦説鈐也。《皇極五·致用》。

百家謹案：以上均先遺獻《皇極經世論》，見《易學象數論》中。

康節語補。

山川風俗，人情物理，有益吾學者，必取諸。語鄭夬。

道滿天下，何物不有，豈容人關鍵邪？語秦玠。

附録

二程嘗侍太中公訪先生于天津之廬。先生移酒飲月坡上，歡甚，語其平生學術出處之大致。明日，明道謂周純明曰：「昨從堯夫先生遊，聽其議論，振古之豪傑也。惜其無所用于世。」周曰：「所言何如？」曰：「内聖外王之道也。」

居洛四十年，安貧樂道，自云未嘗攢眉。所居寢息處，名「安樂窩」，自號「安樂先生」。又爲甕牖，讀書燕居其下。旦則焚香獨坐，晡時飲酒三四甌，微醺便止，不使至醉。嘗有詩云：「斟有淺深存燮理，飲無多少係經綸。莫道山翁拙于用，也能康濟自家身！」

先生與富鄭公早相知。富初爲相，屬大卿田棐挽之出，先生不答，以詩謝之。文潞公尹洛，以兩府禮召見先生，先生不往。既王拱辰尹洛，以先生與常秩同薦，俱不起。至熙寧二年，詔舉遺逸，吕誨、吴充、祖無擇交薦先生，歐陽文忠薦常秩，除先生祕書省校書郎、潁川團練推官。辭，不許。既受命，即引疾，以詩答鄉人曰：「平生不作皺眉事，天下應無切齒人。斷送落花安用雨，裝添舊物豈須春！幸逢堯、舜爲真主，且放巢、由作老臣。六十病夫宜揣分，監司無用苦開陳。」常秩就官，依附安石，盛言新法之便，天下薄之。較之先生，一龍一豬矣。

先生爲隱者之服，烏帽縚褐，見卿相不易也。

司馬温公見先生，曰：「明日僧修顒開堂説法，富公、晦叔欲偕往聽之。晦叔貪佛，已不可勸，富公果往，于理未便。光後進不敢言，先生曷不止之？」先生曰：「恨聞之晚矣。」明日，富果往。後先生見富，謂曰：「聞上欲用裴晉公禮起公。」富笑曰：「先生以爲某衰病能起否？」先生曰：「固也。或人言：上命公，公不起；一僧開堂，公乃出。無乃不可乎！」富驚曰：「某未之思也！」富以先生年高，勸學修養，先生曰：「不能學人胡亂走也！」

圖數之學，由陳圖南摶、种明逸放、穆伯長修、李挺之之才遞傳于先生。伯長剛躁多怒罵，挺之事之甚謹。先生居百源，挺之知先生事父孝謹，勵志精勤，一日叩門，勞苦之曰：「好學篤志何如？」先生曰：「簡策之外，未有適也。」挺之曰：「君非迹簡策者，其如物理之學何？」他日，又曰：「不有性命之學乎？」先生再拜，願受業。其事挺之也，亦猶挺之之事伯長，雖野店，飯必襴，坐必拜。

一日雷起，先生謂伊川曰：「子知雷起處乎？」伊川曰：「某知之，堯夫不知也。」先生愕然曰：「何謂也？」曰：「既知之，安用數推之？以其不知，故待推而知。」先生曰：「子云知，以爲何處起？」曰：「起于起處。」先生咥然。

晁以道問先生之數于伊川，答云：「某與堯夫同里巷居三十餘年，世間事無所不問，惟未嘗一字及數。」

明道云：「堯夫欲傳數學于某兄弟，某兄弟那得工夫。要學，須是二十年工夫。堯夫初學于李挺之，師禮甚嚴，雖在野店，飯必襴，坐必拜。欲學堯夫，亦必如此。」

明道聞先生之數既久，甚熟。一日，因監試無事，以其説推算之，皆合。出謂先生曰：「堯夫之數，只是加一倍法。以此知《太玄》都不濟事！」

先生與商州趙守有舊，時章惇作商州令。一日，守請先生與惇會，惇縱横議論，不知敬先生也。因語及洛中牡丹之盛，守因謂惇曰：「先生，洛人也，知花甚詳。」先生因言：「洛人以見根撥而知花之高下者爲上，見枝葉而知者次之，見蓓蕾而知者下也。」惇默然。後從先生遊，欲傳數學，先生謂「須十年不仕乃可」，蓋不之許也。

邵子文云：「邢和叔亦欲從先君學，先君畧爲開其端倪，和叔援引古今不已。先君曰：『姑置是！此先天學，未有許多言語。且當虚必滌慮，然後可學。』此和叔《留别》詩有『坦下每慚呼孺子，牀前時得拜龐公』之句。先君和云：『觀君自比諸葛亮，顧我殊非黄石公。』斷章云：『出人才業尤須惜，慎弗輕爲西晉風！』」

百家謹案：先生數學，不待二程求而欲與之。及章惇、邢恕，則求而不與。蓋兢兢乎慎重其學，必慎重其人也。上蔡云：「堯夫之數，邢七要學，堯夫不肯，曰『徒長奸雄』，章惇不必言矣！」

伊川云：「邵堯夫臨終時，只是諧謔，須臾而去。以聖人觀之，則亦未是，蓋猶有意也。比之常人，甚懸絶矣。他疾革，頤往視之，因警之曰：『堯夫平生所學，今日無事否？』他氣微不能答。次日見之，卻有聲如絲髮來，大答云：『你道生薑樹上生，我亦只得依你説。』是時諸公都在廳上議後事，他在房間便聞得。諸公恐喧他，盡之外説話，他皆聞得。一人云『有新報』云云，堯夫問有甚事，曰有某事，堯夫曰：『我將謂收卻幽州也。』以他人觀之，便以爲怪。此只是心虚而明，故聽得。問：『堯夫未病時不如此，何也？』曰：『此只是病後氣將絶，心無念，慮不昏，便如此。』又問：『釋氏亦先知死，何也？』曰：『只是一箇不動心。釋氏平生只學這箇事，將這箇做一件大事。學者不必學他，但燭理明，自能之。』只如堯夫事，他自如此，亦豈嘗學也。」

張崏述行略曰：「先生治《易》《書》《詩》《春秋》之學，窮意言象數之藴，明皇帝王霸之道，著書十餘萬言，研精極思三十年。觀天地之消長，推日月之盈縮，攷陰陽之度數，察剛柔之形體，故經之以元，紀之以會，始之以運，終之以世。又斷自唐、虞，訖于五代，本諸天道，質以人事，興廢治亂，靡所不載。其辭約，其義廣；其書著，其旨隱。嗚呼！美矣，至矣，天下之能事畢矣！」

明道銘其墓曰：「嗚呼先生！志豪力雄。闊步長趨，淩高厲空。探幽索隱，曲暢旁通。在古或難，先生從容。有《問》有《觀》，以沃以豐。天不慭遺，哲人之凶。嗚臯在南，伊流在東。有寧一宫，先生所終。」

百家謹案：《晁氏客語》云：「《邵堯夫墓誌後題》云：『前葬之月，河南尹賈昌衡言于朝。既刻石，詔至，以著作佐郎告先生第，賻粟帛。熙寧丁巳歲也。』」

元祐中，韓康公尹洛，請謚于朝，常博歐陽棐議曰：「君少篤學，有大志。久而後知道德之歸，且以爲學者之患，在于好惡先成乎心，而挾其私智以求于道，則蔽于所好，而不得其真。故求之至于四方萬里之遠，天地陰陽屈伸消長之變，無所不可，而必折衷于聖人。雖深于象數，先見默識，未嘗以自名也。其學純一而不雜，居之而安，行之而成，平夷渾大，不見圭角，其自得深矣」云云。案《謚法》：「温良好樂曰康，能固所守曰節。」

百家謹案：棐字叔弼，文忠公之子，官至大理評事。梓材案：叔弼歷官吏部、右司二郎中，不僅至大理評事。考晁説之集，叔弼謂以道曰：「棐從母王宣徽夫人得疾洛陽，先妣夫人亟以棐入洛。時先公參大政，臨行告戒曰：『洛中有邵堯夫，吾獨不識，汝爲吾見之。』棐既至洛，求教，先生特爲棐徐道其立身本末甚詳。出門揖送，猶曰：『足下其無忘鄙野之人于異日。』棐伏念先生未嘗辱教一言，雖欲不忘，亦何事邪！歸白大人，則喜曰：『幸矣，堯夫有以處吾兒也。』後二十年，棐入太常爲博士，次當作謚議，乃恍然回省先生當時之言，落筆若先生之自序，無待其家所上文字也。」

楊龜山曰：《皇極》之書，皆孔子所未言者。然其論古今治亂成敗之變，若合符節，故不敢畧之，恨未得其門而入耳！

謝上蔡曰：「堯夫直是豪才。在風塵時節，便是偏霸手段。」

又曰：「堯夫詩『天向一中分體用』，此句有病。」補。

又曰：「堯夫見得天地萬物進退消長之理，便敢做大。于下學上達底事，更不施功。」補。

又曰：「堯夫精《易》，然二程不貴其術。」補。

或問：「邵堯夫詩云：『廓然心境大無倫，盡此規模有幾人？我性即天天即我，莫于微處起經綸！』此理説得盡。」横浦曰：「孟子已説了。已説了，則無説。其第一句云『廓然心境大無倫』，料得堯夫于體認中忽然有見，故輒爲此語。不然，又是尋影子，畢竟于活處難摸索。『起經綸』之語，決亦不是摸索不著者，然亦須自家體認得可也。他人語言，不可準擬。」《横浦心傳》。

朱子曰：「康節爲人須極會處置事。爲他神閒氣定，不動聲色，須處置得别。蓋他氣質本來清明，又養得純厚，又不曾枉用了心，他用心都在緊要上。爲他静極了，看得天下事理精明。」

又曰：「康節本是要出來有爲底人，然又不肯深犯手做。凡事直待可做處，方試爲之。纔覺難，便拽身退。正張子房之流。」

又曰：「伊川之學，于大體上瑩徹，于小小節目上猶有疏處。康節能盡得事物之變，卻于大體上有未瑩處。」

又曰：「程、邵之學固不同，然二程所以推尊康節者至矣。蓋以其信道不惑，不雜異端，班于温公、横渠之間。則亦未可以其道不同而遽貶之也。」

葉水心《習學記言》曰：「初分大道非常道，纔有先天未後天。大道、常道，孔安國語；先天、後天，《易》師傳之辭也。《三墳》今不傳，且不經孔氏，莫知其爲何道。而師傳先後天，乃義理之見于形容者，非有其實。山人隱士輒以意附益，別爲先天之學。且天不以言命人，卦畫爻象皆古聖知所爲，寓之于物以濟世用，未知其于天道孰先孰後，而先後二字亦何繫損益。山人隱士以此玩世自足，則可矣；而儒者信之，遂有參用先後天之論。夫天地之道，常與人接，柰何舍實事而希影象也？」補。

又曰：「邵某以玩物爲道，非是。孔子之門惟曾晳。此亦山人隱士所以自樂，而儒者信之，故有雲淡風輕、傍花隨柳之趣。」補。

又曰：「獨立孔門無一事，惟傳顏氏得心齋。案顏氏立孔門，其傳具在，『博我以文，約我以禮』，『欲罷不能，既竭吾才』，非無事也。心齋，莊、列之寓言也。無聽以耳而聽以心，無聽以心而聽以氣，蓋寓言之無理者，非所以言顏子也。」補。

又曰：「邵某《無名公傳》，尊己自譽，失古人爲學之本意，山林玩世之異迹也。」補。

魏鶴山曰：「邵子平生之書，其心術之精微，在《皇極經世》；其宣寄情意，在《擊壤集》。凡歷乎吾前皇帝玉霸之興替，春秋冬夏之代謝，陰陽五行之變化，風雷雨露之霽曀，山川草木之榮悴，惟意所驅，周流貫徹，融液擺落，蓋左右逢源，畧無毫髮凝滯倚著之意。嗚呼，真所謂風流人豪者歟！或曰：揆以聖人之中，若匃合也。『天何言哉！四時行焉，百物生焉』，聖人之動静語默，無非至教，雖常以示人，而平易坦明，不若是之多言也。『老者安之，朋友信之，少者懷之』，聖人之心量，直與天地萬物上下同流，雖無時不樂，而寬舒和平，不若是之多言也。曰：是則然矣！宇宙之間，飛潛動植，晦明流峙，夫孰非吾事！若有以察之，參前倚衡，造次顛沛，觸處呈露，凡皆精義妙道之發焉者，脱斯須之不在，則芸芸並驅，日夜雜糅，相代乎前，顧于吾何有焉！若邵子者，使猶得從遊于舞雩之下，浴沂詠歸，毋寧使曾晳獨見稱于聖人也歟！洙泗已矣！秦、漢以來諸儒，無此氣象。讀者當自得之。」

熊勿軒《祀典議》曰：「或謂涑水之學，不由師傳，其德言功烈之所就，亦不過盡其天資之所到而已。若康節，則《先天》一圖，《皇極》一書，謂之無聞于斯道則不可，又何以不進之于五賢乎？曰：康節之高明，涑水之平實，蓋各具是道之一體。要其所見，則涑水之于康節，固不可以同日語也。康節《先天圖》心法與濂溪《太極圖》實相表裏。至于《皇極》一書，則其志直欲以道經世，而自處蓋欲作雍熙、泰和以上人物。此豈易以世俗窺測！但其制行，不免近于高曠。若使進之聖門，則曾晳非不高明，子貢非不穎悟，終不可謂與顏、曾同得其傳。百世以俟，不易吾言矣！」

又曰：「間嘗以此求正于鄉先生福清林若存，謂：此論直可質無疑而俟不惑。且謂康節作《長曆》，書『建成、元吉作亂，秦王世民誅之』，可與温公作《通鑑》書『諸葛入寇』同科，此亦一證。寧德陳子芳謂：此説已是。程子亦曰『堯夫直是不恭』，又曰『堯夫根本不帖帖地』，其不滿温公處亦多，更以此參之，當益明矣。並識于此，以俟來者。」

胡敬齋曰：「程子言康節空中樓閣，朱子言其四通八達，須實地上安脚更好。」

又曰：「明道作康節墓誌，言七十子『同尊聖人，所因以入者，門户亦衆矣』，是未嘗以聖學正門庭許他。言『先生之道，可謂安且成矣』，是康節自成一家。」

問高忠憲：「明道許康節内聖外王之學，何以後儒論學只説程、朱？」忠憲曰：「伊川言之矣。康節如空中樓閣，他天資高，胸中無事，日日有無雩之趣，未免有玩世意。」

宗羲案：康節反爲數學所掩。而康節數學，《觀物外篇》發明大旨。今載之《性理》中者，註者既不能得其説，而所存千百億兆之數目，或脱或訛，遂至無條可理。蓋此學得其傳者，有張行成、祝泌、廖應淮，今寥寥無繼者。余嘗于《易學象數論》中爲之理其頭緒，抉其根柢。

百源講友

文忠富彦國先生弼別見《高平學案》。

太中程先生珦別見《濂溪學案》。

百源學侣

獻公張横渠先生載別爲《横渠學案》。

純公程明道先生顥別爲《明道學案》。

正公程伊川先生頤別爲《伊川學案》。

百源家學

布衣邵先生睦

邵睦，康節先生異母弟也，少于康節二十餘歲。力學孝謹，其事康節如父。三十三歲暴卒。嘗賦《東籬》之詩，竟殯後圃東籬下，論者以爲其有前知之鑒焉。補。

修撰邵子文先生伯温

邵伯温，字子文，康節之子也。二程、司馬温公、吕申公俱屈名位輩行，與再世交。先生入聞庭訓，出友長者，故學益博，尤熟當世之務。元祐中，以薦授大名助教，調潞州長子縣尉。蔡確之罷相也，邢恕亦被黜知河陽，問道謁確于鄧，謀定策事。恕出司馬温公之門，又與其子康同登第。及是，康免父喪赴闕，恕邀康至河陽。先生力止之，曰：「恕傾巧，必有事要兄，將爲異日之悔。」既恕果勸公休作書，稱確有定策功。後爲梁燾、劉安世所論，始歎先生之前知，悔不用其言也。逮公休卒，子植幼，宣仁后憫之。吕汲公曰：「康素謂伯温可託，請以爲西京教授教之。」先生至，誨植曰：「温公之孫，大諫之子，賢愚在天下，可畏也！」植因力學，有成立。章惇嘗師事康節，及爲相，欲引先生，百計避之。

徽宗初，以日食上書，懇切言：「當復祖宗制度，辯宣仁誣謗，解元祐黨錮，別君子小人，戒勞民用兵。」又爲書曰《辯誣》，爲小人所忌。後置先生于「邪等」中，以此書也。元符末，有旨復元祐后位號，或曰：「上于后，叔嫂也。叔無復嫂之禮。」伊川亦疑之，曰：「論者未爲未說。」先生曰：「不然。《禮》曰：『子不宜其妻，父母以爲善，子不敢言也。』今皇太后同聽政，于哲宗，母也；于后，姑也。母之命，姑之命，何爲不可？非以叔復嫂也。」伊川喜曰：「子之言得之矣！」

歷主管永興軍耀州三白渠公事。聞童貫爲宣撫，出他州避之。除知果州，擢提點成都路刑獄，除利路轉運副使。紹興四年，卒，年七十八。初，康節言世將亂，惟蜀安，可避居。宣和末，先生載家徙蜀，得免于難。丞相趙忠簡公少嘗從先生遊，追贈祕閣修撰，又表其墓曰：「以學行起元祐，以名節居紹聖，以言廢于崇寧。」世以三語足盡其出處。

先生嘗曰：「二程先生教某最厚。某初除服，宗丞謂曰：『人之爲學忌標準。若循循不已，自有所立。』及某入仕，侍講謂曰：『凡作官，雖所部公吏，有罪，立案而後決。或出于私怒，莫倉卒。每決人，有未經杖責者，宜慎之，恐其或有所立也。』某終身行之。」著有《易辯惑》一卷、《河南集》、《聞見録》、《皇極系述》、《皇極經世序》、《觀物内外篇解》。三子：溥、博、傅。

語録

道生一，一爲太極；一生二，二爲兩儀；二生四，四爲四象；四生八，八爲八卦；八生六十四，六十四具而後天地萬物之道備矣。天地萬物莫不以一爲本，原于一而衍之以爲萬，窮天下之數而復歸于一。一者何也？天地之心也，造化之原也。

備天地，兼萬物，而合德于太極者，其唯人乎！日用而不知者，百姓也；反身而誠之者，君子也；因性而由之者，聖人也。故聖人以天地爲一體，萬物爲一身。

一動一静者，天地之妙用也；一動一静之間者，天地人之妙用也。陽闢而爲動，陰合而爲静，所謂一動一静者也；不役乎動，不滯乎静，非動非静，而主乎動静者，一動一静之間者也。自静而觀動，自動而觀静，則有所謂動静；方静而動，方動而静，不拘于動静，則非動非静者也。《易》曰：「復，其見天地之心乎！」天地之心，蓋于動静之間有以見之。夫天地之心于此而見之；聖人之心即天地之心也，亦于此而見之。雖顛沛造次，未嘗離乎此也。《中庸》曰：「道，不可須臾離也。可離，非道也。」「退藏于密」，則以此洗心也；「吉凶與民同患」，則以此齋戒也。夫所謂密，所謂齋戒者，其在動静之間乎！此天地之至妙至妙者也。聖人作《易》，蓋本乎此。世儒昧于《易》本，不見天地之心，見其一陽初復，遂以動爲天地之心，乃謂天地以生物爲心。噫，天地之心何止于動而生物哉！見其五陰在上，遂以静爲天地之心，乃謂動復則静，行復則止。噫，天地之心何止于静而止哉！爲虚無之論者，則曰天地以無心爲心。噫，天地之心一歸于無，則造化息矣。蓋天地之心，不可以有無言，而未嘗有無，亦未嘗離乎有無者也；不可以動静言，而未嘗動静，亦未嘗離乎動静者也。故于動静之間，有以見之。然動静之間，間不容髪，豈有間乎！惟其無間，所以爲動静之間也。

夫太極者，在天地之先而不爲先，在天地之後而不爲後，終天地而未嘗終，始天地而未嘗始，與天地萬物圓融和會而未嘗有先後始終者也。有太極，則兩儀、四象、八卦，以至于天地萬物，固已備矣。非謂今日有太極，而明日方有兩儀，後日乃有四象、八卦也。雖謂之曰「太極生兩儀，兩儀生四象，四象生八卦」，其實一時具足，如有形則有影，有一則有二、有三，以至于無窮皆然。是故知太極者，有物之先本已混成，有物之後未嘗虧損，自古及今，無時不存，無時不在。萬物無所不稟，則謂之曰命；萬物無所不本，則謂之曰性；萬物無所不主，則謂之曰天；萬物無所不生，則謂之曰心。其實一也。古之聖人窮理盡性以至于命，盡心知性以知天，存心養性以事天，皆本乎此也。

待制邵澤民溥別見《劉李諸儒學案》。

百源門人

王天悦先生豫

常簿張先生峿並爲《王張諸儒學案》。

侍講吕原明先生希哲別爲《滎陽學案》。

庶官呂先生希績

侍制呂先生希純並見《范呂諸儒學案》。

校書李端伯先生籲别爲《劉李諸儒學案》。

進士周先生純明别見《劉李諸儒學案》。

簽判田先生述古别見《安定學案》。

學官尹先生材

教授張先生雲卿並見《涑水學案》。

梓材謹案：百源弟子，自别見諸《學案》外，並見《王張諸儒學案》。

百源私淑

詹事晁景迂先生説之别爲《景迂學案》。

忠肅陳了齋先生瓘别爲《陳鄒諸儒學案》。

牛先生師德附子思純。

牛師德者，不知何許人也。雲濠案：先生字祖仁。晁公武曰：「師德自言從温公傳康節之學，未知其信然否。」所著有《先天易鈐》、《太極寶局》二卷。陳直齋曰：「蓋爲邵子而專于術數者。」子思純，傳其學。或曰：《易鈐》師德所著，《寶局》則思純所著也。補。

謝山跋《槁簡贅筆》曰：「章淵乃惇子援之後，此一卷其所著也。其曰：『邵堯夫精《易》數，嘗云惟先丞相申公與司馬温公可傳，申公以敏，温公以專。』此言可爲失笑。淵欲躋其先人于温公之列，不知幽、厲之難掩也。且温公、康節老友，非傳學也。當時如牛師德之徒，妄託言康節傳之温公，温公傳之師德，淵信之耳。惇求附于康節弟子而不得，乃謂與温公並蒙許可，至謂康節之母自江鄰幾家得此書，出爲民妾而生康節，則猶誣妄之言。蓋憤伯温《聞見録》中有詆惇語，故爲此以報之也。惇之後如傑，附會秦檜，興獄于趙豐公鼎謫死之後，汪玉山幾爲所陷，而范炳文以淳夫之孫，至避地避之，世濟凶德。淵薄有文采，亦復謬誕至此！」

子文門人百源再傳。

忠簡趙得全先生鼎别爲《趙張諸儒學案》。

司馬先生植

司馬植，字子立，温公孫，公休子也。公休卒，方數歲。公休素以屬邵伯温，如范純夫内翰輩皆曰，將以成温公之後者，非伯温不可。朝廷知之，伯温自長子縣尉移西京國子監教授，俾得以卒業。既長，其賢如公休，天下謂真温公門户中人也。亦早卒。參《邵氏聞見録》。

百源續傳

庶官劉先生衡

劉衡，字兼道，崇安人。建炎初，以勤王補官。從韓世忠敗敵于濠，累功遷秩。晚年，棄官歸，依郭爲樓，扁曰大隱，閉門謝客，潛心康節之學。久乃徙武夷，爲小隱堂，又爲奪秀亭，與胡致堂遊涉其中。先生吹鐵笛，或慷慨舞劍，浩如也。補。

蔡牧堂先生發附見《西山蔡氏學案》。

王先生湜

王湜，同州人也。潛心康節之學。其《易學》一卷，自序曰：「康節有云：『理有未見，不可强求使通。』故愚于《觀物篇》之所得，既推其所不疑，又存其所可疑。亦以先生之言自慎，不敢輕有去取故也。」補。

郎中張觀物先生行成別爲《張祝諸儒學案》。